中国快递年鉴
（2016 年卷）

《中国快递年鉴》编辑部　编

人民交通出版社股份有限公司
China Communications Press Co.,Ltd.

内 容 提 要

本年鉴客观记载、全面反映了2016年我国快递业的发展情况以及各地区的进展和主要成就。全书共11部分,分别为:特载、发展概览、发展环境、发展数据、人才建设、市场主体、各地纵览、协会活动、人物志、行业展望和附录。

本书为我国快递领域最具权威的综合性、资料性、史册性工具书,是读者全面了解我国2016年快递领域发展情况的翔实史料,可供快递行业相关人员及其他社会各界人士阅读参考。

图书在版编目(CIP)数据

中国快递年鉴. 2016年卷/《中国快递年鉴》编辑部编. —北京:人民交通出版社股份有限公司, 2017.7

ISBN 978-7-114-13898-0

Ⅰ. ①中… Ⅱ. ①中… Ⅲ. ①邮件投递—中国—2016—年鉴 Ⅳ. ①F618.1-54

中国版本图书馆CIP数据核字(2017)第130799号

书　　名:中国快递年鉴(2016年卷)
著 作 者:《中国快递年鉴》编辑部
责任编辑:黎小东
出版发行:人民交通出版社股份有限公司
地　　址:(100011)北京市朝阳区安定门外外馆斜街3号
网　　址:http://www.ccpress.com.cn
销售电话:(010)59757973
总 经 销:人民交通出版社股份有限公司发行部
经　　销:各地新华书店
印　　刷:北京市密东印刷有限公司
开　　本:880×1230　1/16
印　　张:54.25
插　　页:8
字　　数:1330千
版　　次:2017年7月　第1版
印　　次:2017年7月　第1次印刷
书　　号:ISBN 978-7-114-13898-0
定　　价:396.00元
(有印刷、装订质量问题的图书,由本公司负责调换)

《中国快递年鉴》编委会

尹贻军　国家邮政局职业技能鉴定指导中心原副主任
李惠德　中国快递协会原常务副会长兼秘书长
王永利　吉林省邮政管理局原局长
梁　勤　广西壮族自治区邮政管理局原局长
李云山　云南省邮政管理局原局长
李洛郑　陕西省邮政管理局原局长

特邀委员: 李　雄　中国邮政速递物流股份有限公司董事长
王　卫　顺丰控股股份有限公司董事长兼总经理
陈德军　申通快递有限公司董事长兼总裁
喻渭蛟　圆通速递有限公司董事长兼总裁、党委书记
聂腾云　韵达速递董事长兼总裁
赖梅松　中通快递董事长
周韶宁　百世集团董事长
周少华　百世快递总经理
奚春阳　天天快递董事长
陈加海　全峰集团总裁
余联兵　优速物流有限公司董事长
崔维星　德邦物流股份有限公司董事长兼总经理

《中国快递年鉴》编辑部

编 辑 说 明

《中国快递年鉴》是我国快递领域最具权威的综合性、资料性、史册性工具书，旨在客观记载、全面反映我国快递领域发展情况以及各地区每年度取得的最新进展和主要成就，可为读者全面了解我国快递领域的发展提供翔实的史料。

《中国快递年鉴(2016 年卷)》着重反映 2016 年期间我国快递领域的发展情况。全书共 11 部分，具体内容如下。

1. 特载：包括交通运输部和国家邮政局有关领导的重要讲话及专文专访；

2. 发展概览：包括 2016 年快递服务发展综述，快递领域十大事件，快递发展大事记，各省(区、市)快递发展大事记，以及各省(区、市)落实《国务院关于促进快递业发展的若干意见》的情况；

3. 发展环境：包括 2016 快递市场监管和安全监管情况，2016 年市(地)邮政管理工作综述，2016 年施行的快递法律规章及规范性文件，快递发展相关规划，快递标准，快递政策，重要规划标准解读，同时包含部分市(地)关于快递服务的政策法规；

4. 发展数据：包括 2016 年邮政行业运行情况及发展统计公报，2016 年快递业测试调查报告，2016 年快递服务满意度调查结果及邮政业消费者申诉情况通告，以及 2016 年度中国快递发展指数报告；

5. 人才建设：包括 2016 年快递人才队伍建设概述，2016 年职鉴工作进展，职鉴数据统计情况和各骨干企业人才培养特色举措；

6. 市场主体：介绍了 2016 年快递市场主体发展情况以及我国快递市场 11 家重点企业发展情况；

7. 各地纵览：介绍了全国各省(区、市)快递市场发展及管理情况；

8. 协会活动：介绍了中国快递协会及各省(区、市)快递协会 2016 年工作情况；

9. 人物志：介绍了第二届中国梦 · 邮政情"寻找最美快递员"活动评选出的"最美快递员"中的 10 位基层快递员和 4 支团队代表，以及发生在他们身上的感人事迹；

10. 行业展望：介绍了我国快递领域未来的发展趋势；

附录：包括与快递领域有关的重要文件。

《中国快递年鉴(2016年卷)》的出版，得到了国家邮政局各有关部门，各省(区、市)邮政管理部门、中国快递协会及各省(区、市)快递协会、有关快递企业的大力支持。在此，我们向所有为本年鉴编辑出版做出贡献的单位和个人表示衷心感谢！

本年鉴资料内容未包括香港特别行政区、澳门特别行政区和台湾省资料。

《中国快递年鉴》编辑部

2017年6月

2016年3月3日下午，中国人民政治协商会议第十二届全国委员会第四次会议在人民大会堂开幕。全国政协主席俞正声代表政协第十二届全国委员会常务委员会向大会作工作报告。在回顾2015年工作时俞正声指出，灵活运用双周协商座谈会，深入协商《快递条例》的制定等切口小、专业性强、接地气的具体问题。随后，陈晓光副主席在《中国人民政治协商会议全国委员会常务委员会关于政协十二届三次会议以来提案工作情况的报告》中亦提及“快递”。全国政协常委会报告中提及“快递”，这是历年来首次，而全国政协的两份重要报告中分别对快递业着墨，则实属“空前”。

2016年10月5日至6日，第26届万国邮联大会进行了2017—2020周期行政理事会理事国和邮政经营理事会理事国选举，我国分别以124票和113票高票当选新一届理事国，当选大会副主席国和新一届行政理事会万国邮联改革特设工作组及邮政经营理事会实物业务和电子商务委员会主席国。我国提交的规范万国邮联单式使用和完善国际铁路运邮机制的提案获得大会一致通过。我国成功当选新一届万国邮联行政理事会理事国和邮政经营理事会理事国，将对推动我国邮政深入参与国际邮政事务，扩大我国在邮政领域影响，推动我国邮政业发展“走出去” 战略实施和加强我国“一带一路”建设中推进中欧铁路运邮项目实施具有重要作用。

2016年4月13日至15日，全国政协副主席王家瑞带领全国政协“优化金融服务，支持创业创新”专题调研组在浙江调研期间，先后前往杭州下沙跨境电商园区、浙江网仓科技有限公司、顺丰速运萧山机场航空枢纽，调研邮政业服务“大众创业、万众创新”的探索实践。调研期间，王家瑞表示，我国快递服务需求量庞大，市场潜力巨大，当然竞争也激烈，包括顺丰在内的我国快递企业要立足国内市场、放眼国际市场，创新理念，明确战略，优化流程，苦练内功，进一步提升竞争能力。全国政协委员、国家邮政局局长马军胜陪同调研。图为王家瑞一行在马军胜陪同下调研顺丰速运萧山机场航空枢纽。

2016年11月10日晚，交通运输部党组书记杨传堂，部党组副书记、部长李小鹏分别带队到快递服务网点和邮件处理中心，调研快递旺季服务保障工作，并向奋战在一线的邮政、快递员工和邮政管理干部表示慰问。强调要深入学习贯彻党的十八届六中全会精神，紧紧围绕“两不（全网不瘫痪、重要节点不爆仓）”“三保（保畅通、保安全、保平稳）目标，继续坚持“错峰发货、均衡推进”核心机制，延伸上下游节点，打造全链条服务，以最佳状态、最实举措、最优业绩确保寄递渠道安全畅通、平稳运行，力争向全社会交出一份满意的答卷。国家邮政局党组书记、局长马军胜参加调研，国家邮政局副局长刘君陪同调研。图为杨传堂在北京顺丰公司东四营业部了解快件分拣情况。

2016年9月14日，交通运输部部长李小鹏到国家邮政局调研，并与局领导班子进行座谈。他强调，要坚决贯彻党中央、国务院决策部署，落实好国务院关于促进快递业发展的若干意见，加快推进供给侧结构性改革，坚持创新发展，保障寄递安全，进一步推进邮政公共服务均等化，让人民群众在交通运输发展中有更多获得感。李小鹏强调，邮政业是现代服务业的关键产业，是推动传统流通方式转型、促进消费升级的现代产业，是物流领域的先导产业。希望国家邮政局在现有的基础上，再接再厉、继续奋斗。国家邮政局党组成员、副局长王梅、赵晓光、刘君、邢小江出席会议。交通运输部机关和国家邮政局有关司局负责同志参加会议。图为李小鹏在马军胜陪同下了解邮政业安全监管信息系统运行情况。

2016年8月28日至29日，在G20寄递渠道安全保障工作进入关键阶段之时，国家邮政局局长马军胜奔赴杭州检查督导G20峰会寄递渠道安全保障工作。马军胜强调邮政管理部门、邮政企业和快递企业要不断增强使命感和责任感，全力以赴，负重奋进，严把“三次安检”关口，严格“三项制度”落实，筑牢寄递安全防线，坚决打赢寄递渠道安全保障攻坚战。图为在邮（快）件安检服务中心，马军胜听取公安人员关于处置疑似易爆易燃物品的介绍。

2016年5月30日下午，国家邮政局局长马军胜来到北京国家会议中心，视察第四届京交会快递服务展区，逐一参观20家参展快递企业及关联产业企业的展示，与普通工作人员、企业管理者沟通交流，了解企业发展情况，擘画行业发展未来。国家邮政局副局长刘君一同视察。图为马军胜参观申通快递自动分拣线沙盘。

2016年9月26日至27日，国家邮政局局长马军胜一行赴河北省平泉县调研定点扶贫工作，与贫困群众面对面交流，共谋脱贫致富路。调研期间，马军胜指出，在产业扶贫上，既要生产有机产品，保证产品品质，又要打造自有品牌，畅通销售渠道。特别要注重发挥邮政业推动流通转型、促进消费升级的先导优势，拓展平泉特色产品销售范畴。马军胜强调，坚持精准扶贫精准脱贫，坚持发挥邮政行业优势与立足定点扶贫县实际相结合，创新帮扶方式，统筹资源配置，加快经济薄弱村和贫困户脱贫增收，为全面建成小康社会贡献行业的力量。图为马军胜在平泉镇哈叭气村蔬菜大棚内调研产业扶贫情况。

2016年10月12日，国家邮政局副局长王梅赴天津调研工作，分别就快递绿色包装、邮政管理信息化工作以及智能快件箱在高校的应用等方面了解情况。王梅在同百得纸业和一撕得两家企业的负责人座谈时表示，邮政体制改革以来，我国快递业得到了快速发展，年业务量已经超越美国成为世界第一。但是，我国的快递服务在快速发展的同时，也对环境带来了一定的影响，主要就是快件的过度包装产生了一定数量的包装垃圾。王梅强调，破解这一环境难题，要靠政府以及产业链上的所有企业共同努力。王梅希望企业加强技术研发，不断开发出符合我国快递业发展的环保型快件包装产品，在提升企业效益的同时，为绿色邮政建设，也为环境友好型社会建设做出贡献。图为王梅在企业调研绿色包装情况。

2016年6月28日至7月1日，国家邮政局副局长赵晓光带队赴辽宁省调研了农村综合服务平台建设情况等工作情况。在铁岭调研期间，赵晓光深入了解基层邮政网点负责人相关业务开展情况，了解邮政企业如何利用邮政网络优势，组织设立“邮农丰”合作社，通过“邮农丰”体系服务“三农”、服务农村电商、实现农产品进城和小家电下乡，如何拉动快递包裹寄递、邮政储蓄双增长的情况。赵晓光还现场用手机在辽宁邮政的“微商城”手机平台，购买了铁岭的特产白高粱米，测试其寄递速度和服务质量。2016年，辽宁邮政企业组织农民成立“邮农丰”专业合作社1202个。

2016年5月28日，国家邮政局副局长刘君应邀出席由京交会组委会与世界贸易组织共同主办的全球服务贸易峰会。峰会召开前夕，刘君来到北京国家会议中心，参观了快递服务展区。刘君充分肯定了参展快递企业在技术、产品、服务、环保等方面的创新，并勉励企业进一步加大科技研发力度，不断提升服务能力和水平，为国内外消费者提供更优质、更安全、更便捷、更绿色的快递服务，并利用好京交会这个展示平台，让公众和消费者深入了解快递品牌，加快企业“走出去”的步伐。作为第四届京交会的重要内容之一，快递业总签约额突破1000亿元，刷新了历届快递服务板块签约纪录，成为本届京交会上的一大亮点。

2016年6月7日，在浙江杭州召开的邮政行业科技创新座谈会上，围绕国家邮政局局长马军胜《坚持创新驱动加强科技应用推动建设与小康社会相适应的现代邮政业》的主旨讲话，国家邮政局副局长邢小江指出，要认真领会和准确把握科技创新座谈会会议精神，深化对行业科技创新工作紧迫性的认识，准确把握行业科技创新的总体思路和主要着力点，切实发挥企业主体作用，更好地发挥政府作用，大力推动标准的制定和实施。图为邢小江到快递企业调研行业科技创新。

2016年4月27日上午，由国家邮政局精神文明建设指导委员会主办，国家邮政局机关党委、中国邮政快递报社、中国快递协会共同承办的第二届中国梦·邮政情“寻找最美快递员”活动揭晓发布会在人民大会堂隆重举行，10名基层快递员和4个快递员集体荣获“最美快递员”称号。此次获奖的快递员个人和集体来自不同企业和地区，代表了快递产业链的不同岗位和工种。他们中，既有爱岗敬业、开拓创新的业务骨干，又有诚实守信、见义勇为的道德模范；既有大众创业、万众创新，服务民生的优秀代表，又有奉献社会、热心公益的先进典型。活动的成功举办，在社会上产生了良好反响，各地快递行业掀起了寻找和争当“最美”的风尚，极大地促进了邮政业精神文明建设及行业发展。

2016年5月30日，2016中国快递行业(国际)发展大会在北京举行。本届大会以“助力新经济培育新动能服务新业态”为主题，围绕一带一路、供给侧改革等国家战略，展望“十三五”快递业发展蓝图，探讨快递业“向西、向下、向外”发展，与上下游产业的协同发展，以及快递人才队伍的培养与建设。会议邀请了相关部委、研究机构、行业协会、快递企业及产业链上下游企业的专家与学者，共同展开对话与讨论，就快递业的现状与未来、机遇与挑战以及行业热点问题各抒已见，全方位阐释行业发展前沿趋势，推动行业科学健康发展。会上发布了2015年度中国快递发展指数，并举行全国“互联网+快递”大学生创新创业大赛启动仪式。

2016年10月20日，由国家邮政局指导，中国邮政快递报社主办，《快递》杂志、《中国邮政快递报》和快递经理人俱乐部共同承办的2016中国快递“最后一公里”峰会在北京召开。峰会除继续发布《2016年中国快递领域新能源车发展现状及趋势报告》《2016年中国快递末端服务创新现状及趋势报告》外，还首次发布了《2016年中国快递领域绿色包装发展现状及趋势报告》。此外，围绕“绿色驱动智引未来”这一主主题，峰会还取得了推动快递绿色包装北京共识诞生等一系列成果。图为国家邮政局与山东省青岛市人民政府签署“建设快递业绿色发展产学研协同创新示范基地”框架协议。

2016年10月20日，圆通速递完成借壳，成为A 股市场上第一只快递股；10月27日，中通快递在纽约证券交易所正式挂牌交易，标志着中国民营快递企业正式登陆国际资本市场；申通、韵达、顺丰上市指日可待，全峰、天天、优速等多家企业获得战略投资……2016年，快递业吸引着资本目光的聚焦，也成为了中国快递企业上市元年。快递企业上市，将有助于促进企业加速建立现代企业制度、提升科技化水平、加快引进高端人才，实现转型升级。

2016年12月16日，2016年首届全国“互联网+”快递大学生创新创业大赛全国第二轮总决赛在浙江省绍兴市圆满落幕，30支参赛队经过现场答辩、专家评审等多个环节的激烈角逐，最终决出了优胜者。国家邮政局副局长邢小江出席总决赛颁奖典礼并为金奖获得者颁奖。本次大赛由国家邮政局人事司，教育部高等教育司、职业教育与成人教育司指导，全国邮政职业教育教学指导委员会主办，浙江邮电职业技术学院承办，国家邮政局职业技能鉴定指导中心、中国快递协会、中国邮政快递报社协办。大赛自2016年5月正式启动以来，经过校级初赛，共有100余所高校选送的约200件作品参评，通过专家网上匿名评定，最终产生100个项目入围全国第一轮总决赛，其中30个项目进入全国第二轮总决赛。在总决赛现场，多功能智能货箱管理系统设计、公交化物流体系计划书等六个参赛优秀项目团队还与多家投资机构就合作事宜进行了沟通。

2016年11月25日，重庆市政府与国家邮政局签署协议，决定共建重庆邮电大学现代邮政学院和邮政研究院。至此，国内四所邮电大学全部开办邮政业高层次人才培养学院，邮政业高层次人才培养支撑体系基本形成。在此之前，7月29日，陕西省政府和国家邮政局签署协议决定合作共建西安邮电大学现代邮政学院和邮政研究院。10月29日，国家邮政局与江苏省政府签订协议共建南京邮电大学现代邮政学院、现代邮政研究院，2017年开始招生。按照协议，西安邮电大学、南京邮电大学将在学科专业设立、专项人才培养计划，打造产教融合、校企联合的教育、培养和科研新模式，衔接高等职业教育与大学本科教育等方面进行积极探索与合作。9月18日，北京邮电大学现代邮政学院首批本科新生开学，标志着邮政快递高等人才教育培养工作正式进入实施阶段。图为国家邮政局局长马军胜、重庆市人民政府副市长吴刚共同为重庆邮电大学两院揭牌。

2016年12月2日，北京市邮政管理局联合市交管局举办快递电动三轮车规范管理启动仪式。这标志着北京市5.7万余辆快递电动三轮车的规范管理、安全通行迈入了新阶段，对打通“最后一公里”瓶颈，改善邮政快递服务，促进行业升级发展具有重要意义。北京市邮政管理局局长、市交管局局长及市快递协会常务副会长兼秘书长参加启动仪式并讲话。启动仪式结束后，全市90辆统一形象、统一标识、统一编码的快递电动三轮车统一发车上路。市交管局、市邮政管理局和全市40余家快递企业共260余人参加启动仪式，中央电视台、北京日报等十余家媒体现场报道。

截至2016年12月20日，2016年我国快递业务量已突破300亿件，继续稳居世界第一。这也标志着“十三五”时期快递业发展取得“开门红”。国家邮政局监测数据显示，2016年第300亿件快件产生于贵州省遵义市湄潭县，是当地一位茶农通过中通快递遵义湄潭网点寄出的茶叶。近年来，得益于快递“向西”“向下”工程的实施，我国乡镇快递网点覆盖率已提升至80%，每年带动农副产品进城和工业品下乡数千亿元，仅2016年前10个月支撑全国农产品网销额就超过1000亿元，行业在助力广大农民利用网络打开市场、盘活渠道、增加收入等方面发挥了积极作用。图为12月20日，在贵州省快递物流园区，第300亿件快递受到了中央媒体和当地媒体的“夹道欢迎”。

目　录

第一篇　特载

第二篇　发展概览

第三篇 发展环境

第四篇　发展数据

第五篇　人才建设

第六篇　市场主体

第七篇　各地纵览

第八篇　协会活动

第九篇　人物志

第十篇 行业展望

附录

第一篇 特 载

服务全局 勇于担当 开拓创新 推动邮政业发展迈上新台阶

——交通运输部部长杨传堂在2016年全国邮政管理工作会议上的讲话

2016年1月4日

同志们:

很高兴参加2016年全国邮政管理工作会议。会前,军胜同志代表局党组报告了2015年和"十二五"时期的主要工作,以及"十三五"时期发展思路、工作重点和2016年工作安排。部党组认为,工作报告符合中央精神和要求,符合我国邮政业发展实际。对这个报告,部党组完全赞同。

党中央、国务院高度重视我国邮政事业发展。习近平总书记和李克强总理多次对邮政发展做出重要指示批示。2015年政府工作报告明确提出要"发展物流快递,把以互联网为载体、线上线下互动的新兴消费搞得红红火火"。去年10月,国务院出台了关于促进快递业发展的若干意见,这是邮政体制改革以来国务院出台的第一个指导快递业发展的纲领性文件。张德江、马凯等中央领导同志对邮政快递工作的改革发展高度重视,多次做出批示,提出要求,给予精心关怀和有力支持。这都充分体现了党中央、国务院对邮政业发展的高度重视和关心,也是对邮政行业广大干部职工的鼓舞和鞭策,我们要认真学习领会,抓好贯彻落实。

回顾"十二五"时期,可以说这是邮政业发展进程中很不平凡的五年,也是发展速度最快、效果最好的时期之一。在党中央、国务院正确领导下,全行业以科学发展为主题,紧紧围绕加快建设与全面小康社会相适应的现代邮政业发展目标,团结协作、开拓创新,加快"五个邮政"建设,圆满完成了"十二五"规划目标任务。五年来,邮政业基础性先导性服务性作用更加突出。2015年邮政业业务总量突破5000亿元,五年翻了两番,业务收入超过4000亿元,占GDP比重从0.3%提高到0.6%。快递业务发展迅猛,2015年业务量达到200亿件,稳居世界第一,业务收入完成2760亿元,五年分别增长了7.8倍和3.8倍,成为中国经济的"黑马",年支撑网络零售交易额突破3万亿元,累计新增100万个以上就业岗位。五年来,邮政业体制机制改革取得重大进展。建立357个市(地)邮政管理机构,县级邮政管理机构组建取得突破,三级邮政管理体系全面确立。深入推进简政放权,取消和下放了一批邮政审批项目,审批流程持续优化。全面开放国内包裹快递市场,邮政服务价格改革取得突破,平稳实施了"营改增"税制改革,邮政市场体系逐步健全完善。五年来,邮政业公共服务能力明显提升。全国邮政普遍服务营业场所达到5.3万处,村邮站达到21万个,建制村直接通邮率达到94%,总体实现了"乡乡设所、村村通邮"。邮政小包等业务快速发展,2015年出口近7亿件,成为跨境电商寄递主渠道。邮政服务功能不断增强，旺季服务保障能力明显提高，服务民生、服务“三农”领域不断拓展。五年来，企业竞争力不断增强。中国邮政集团运营规模进入世界500强，各地邮政企业改革顺利推进，发展活力和抗风险能力进一步增强。邮政快递企业规模化、集约化程度进一步提高，已有9家快递企业年营业收入超百亿元。企业国际化步伐明显加快，国际运营能力不断提升。五年来，邮政业转型升级成效显著。快递营业网点达14.5万处，重点快递企业乡镇网点覆盖率达70%，网络覆盖广度和深度大幅提升。建成了一批快件分拨中心和快递物流园区，行业信息化、智能化水平明显提升。监管手段、监管能力不断提高，平安邮政稳步增强，人民群众的满意度有效提升。交邮协同发展进一步深化，跨境电商快递业务持续增长。

2015年是全面完成“十二五”规划的收官之年，面对复杂严峻的国内外形势和艰巨繁重的工作任务，国家邮政局认真贯彻落实党中央、国务院决策部署，凝心聚力、主动作为，坚持抓改革、促发展、惠民生，圆满完成了全年预期目标任务，各项工作都取得了新进展、新成效。一是行业发展政策体系更加完善。围绕贯彻落实国务院关于促进快递业发展的若干意见，联合相关部门颁布了系列行业政策文件，有力推动和保障了邮政业持续快速健康发展。邮政基础设施网络纳入国家“十三五”规划纲要建议，完成了《邮政业发展“十三五”规划（征求意见稿）》，并做好了与综合交通运输发展规划等有序衔接。发布实施了安全生产设备配置规范等15项行业标准，首次发布了中国快递发展指数。二是行业改革持续深化。进一步简政放权和转变职能，制订了邮政行政管理“三个清单”，快递业务经营许可审批流程进一步优化，中国邮政集团公司顺利完成企业法人体制调整，县级邮政管理机构组建有序推进，邮政管理体系逐步健全。三是行业依法行政步伐加快。完成了邮政法二次修订，加快快递条例立法进程，修订颁布邮政普遍服务监督和快递经营许可管理办法，加强执法监督、普遍服务监督和社会监督，积极推进快递业信用体系建设，依法治邮迈出新步伐。四是服务水平稳步提升。新建村邮站4.6万个，8440个空白乡镇邮政局所全部投入运营，新增快递物流园区31个，邮政综合枢纽建设取得积极成效，干线运输服务能力大幅提升，末端服务能力持续改善。快递电商协同发展和服务制造业取得新成效，农村邮政物流稳步发展，电商服务站达到11万个。五是行业安全监管能力切实提升。建立完善寄递渠道安全管理协作机制，督促企业落实安全生产设备配置强制性标准，全面实施收寄验视，加快实施用户实名交寄和过机安检制度，开展寄递渠道危化品专项清理整顿。“双11”业务旺季实现“两不三保”目标，有效完成了纪念抗战胜利70周年等重大活动期间寄递渠道的安全保障任务。

总的来看，“十二五”时期，邮政业改革发展取得了突出成绩，这是党中央、国务院正确领导的结果，是各有关部门、地方党委政府和人民群众大力支持的结果，是国家邮政局党组认真贯彻落实中央决策部署，科学谋划、改革创新的结果，也是邮政系统广大干部职工兢兢业业、团结拼搏的结果。在此，我代表部党组，向以军胜同志为班长的局党组，向关心支持邮政工作的各级党委政府和各有关部门、全国邮政系统广大干部职工和离退休老同志表示衷心的感谢！

党的十八届五中全会描绘了全面建成小康社会的宏伟蓝图，明确了今后五年我国发展的指导思想、目标任务和重大举措。中央经济工作会议就落实“十三五”规划要求、做好明年经济工作进行了全面部署，明确了推进结构性改革、推动经济持续健康发展等工作重点。我们要紧紧围绕和服务于国家发展大局，认真落实十八届五中全会和中央经济工作会议的决策部署。12月28日召开的全国交通运输工作会议，认真传达学习了马凯副总理关于交通运输工作的重要批示，提出“十三五”时期要坚持五大发展理念，推进结构性改革，更好认识、适应、引领经济新常态，推动交通运输科学发展，为全面建成小康社会当好先行。其中特别强调，要加快推进综合交通运输体系建设，发挥各种运输方式比较优势，促进各种运输方式融合发展、协同发展。邮政业与综合交通运输体系紧密相连，是推动经济社会发展、服务国家战略、保障改善民生的重要载体。在新的一年里，希望国家邮政局认真贯彻落实中央精神，认真学习贯彻马凯副总理的重要批示精神，继续用力落实《国务院关于促进快递业发展的若干意见》，乘势而上、奋发有为，切实做好邮政改革发展各项工作，努力实现“十三五”良好开局。

一会儿，军胜同志还将代表局党组作工作报告，希望各级邮政管理部门认真贯彻会议精神，落实好各项工作部署。在这里，就做好2016年重点工作，我再强调几点意见，与大家共勉。

第一，全面深化改革，推动邮政业切实增加有效供给。中央经济工作会议作出了“推进供给侧结构性改革”的重大决策，目的是打破体制机制障碍，引导资本、劳动、创新能力等要素资源优化配置，增加供给的精准性、有效性。落实这一新要求的关键在于深化改革。要推动改革向纵深推进，充分尊重企业市场主体地位，维护市场秩序，净化市场环境，充分激发市场活力。要加大简政放权力度，优化快递经营许可备案流程，发挥法律法规、规划、标准的规范引导作用，降低制度性交易成本。要建立快递企业违法失信主体“黑名单”及联合惩戒制度，营造诚实守信的市场环境。要加快构建开放型经济新体制，坚持“引进来”与“走出去”相结合，进一步开放国内包裹快递市场，加快企业国际化步伐，主动对标国际一流，提升核心竞争力。要积极参与全球邮政业治理，增强国际话语权。

第二，坚持创新引领，加快快递服务业转型升级。快递业迅猛发展的同时，创新能力不强的问题也日益凸显。例如，关键装备和技术研发应用不足，同质化竞争严重，高附加值产品培育滞后。我们要把快递业的发展基点放在创新上，实现由依靠外延投入为主、数量增长型的“规模红利”，向内涵提升为主、质量增长型的“生产率红利”转变。要提升行业信息化、智能化、标准化水平，推动现代信息技术与服务、管理全面融合，实现快递业管理信息化、生产自动化、运输综合化、配送智能化、过程可视化、装备高效化等。要依托“互联网＋”重塑创新体系、培育新兴业态。引导快递企业与电商企业深度合作，促进线上线下互动创新，共同发展体验经济、社区经济、逆向物流等便民利商新业态。要积极融入智能制造、个性化定制等制造业新领域，促进制造企业降成本、提效率，推动跨产业的技术、产品和服务创新。要积极参与涉农电子商务平台建设，构建农产品快递网络，服务产地直销、订单生产等现代农业新模式。要加快快递业与综合交通运输体系的衔接，大力实施快递“上车、上船、上机”工程。

第三，提升普遍服务质效，加快推进邮政公共服务均等化。利用邮政网络搭载公共服务，既可用活现有资源、避免重复建设，也有利于消除城乡二元结构、加速城乡公共服务均等化进程。要按照党的十八届五中全会“坚持普惠性、保基本、均等化、可持续方向，提高公共服务共建能力和共享水平”的要求，不断提升邮政普遍服务质量和水平。要继续扩大普遍服务覆盖面，拓展民生服务领域，支撑带动精准脱贫，构建覆盖城乡、惠及全民、功能集成的邮政普遍服务体系。要优化基础设施网络，以邮区中心局为节点、邮政网点为终端、便民服务站和村邮站为末梢，逐渐完善东中西协调、城乡一体化发展的邮政普遍服务网络。要强化共建共享，引入多元供给主体，健全政府主导、社会参与的邮政普遍服务终端服务体系。需要强调的是，在提升普遍服务供给质效的同时，要面向市场，围绕生产和消费领域的多元化、个性化、高端化需求，从需求侧和供给侧两端发力，着力构建便捷高效、技术先进、服务优良的快递服务体系，不断提升快递服务的便利化、精细化、品质化。

第四，始终把安全发展放在首要位置，实现邮政业可持续发展。当前，邮政业业务量尤其是快递业务量急剧增加，行业安全发展任务十分繁重。我们必须牢固树立以人为本、安全发展的理念，始终绷紧安全生产这根弦。要强化责任落实，加强邮政安全制度体系建设，有效覆盖政府部门、企业和相关环节，全面落实企业安全生产主体责任、政府监管责任和用户安全用邮责任。要加强安全监管，提升执法装备水平和监管信息化水平，强化安全检查措施，推动收寄验视、实名收寄、过机安检制度落实，保障寄递渠道安全。要落实寄递渠道安全管理工作机制，加强跨部门、跨区域协作配合，提升安全监管与应急处置能力。要依法严格保护寄递服务用户个人信息安全，保护用户合法权益，维护邮政通信与信息安全，促进邮政行业健康发展。

第五，全面落实从严治党要求，切实加强班子和队伍建设。始终要把加强各级领导班子建设和高素质干部职工队伍建设作为邮政业科学发展的坚强保障来抓。要全面加强各级领导班子思想、组织、作风、制度和反腐倡廉建设，不断提高班子和干部抓大事、谋全局、促发展的能力。要把纪律和规矩挺在前面，落实好“两个责任”，从严从实管理党员干部。要深入持续整治“四风”，严格贯彻和执行中央八项规定精神，继续狠抓时间节点和关键环节，不断加大执纪监督力度。要完善选人用人机制，坚持多层次、多岗位培养锻炼干部，营造风清气正、干事创业的良好氛围。

春节在即，邮政业将迎来新一轮高峰，行业将面临新的考验。国家邮政局要早作安排，搞好应对，采取有效措施保证生产运营正常进行。要督促邮政快递企业合理调配人力，提升服务能力，全力保障春节前“不休网、不拒收、不积压”。要强化落实安全管理措施，提高应急处置能力，确保人民群众的财产物资安全及时快捷寄送，度过一个欢乐祥和的新春佳节。

同志们，2016 年是全面建成小康社会决胜阶段的开局之年，各项任务艰巨繁重。希望国家邮政局继续发扬优良传统，服务全局，勇于担当，开拓创新，推动邮政业发展迈上新台阶，为实现中华民族伟大复兴的中国梦做出新的更大贡献！

新春佳节将至，借此机会，我也代表部党组，向全国邮政快递系统广大干部职工和同志们致以新春的问候，祝大家春节愉快，阖家幸福，工作顺利，万事如意！

凝心聚力 披荆斩棘
履行好交通运输先行官的神圣使命

——交通运输部部长李小鹏在国家邮政局调研时的讲话提纲

2016 年 9 月 14 日

同志们：

非常高兴今天有机会到国家邮政局与大家见面、交流。这次来主要是调研学习，同时也是来看望、慰问大家。今年 9 月 3 日全国人大常委会决定任命我为交通运输部部长。在山西工作期间，我对邮政工作有一定的了解。刚才又通过听取军胜同志的介绍，进一步加深了对邮政快递事业的认识，更加为这些年邮政快递事业的迅猛发展和取得的突出成绩感到振奋和鼓舞。下面，我讲几点体会，与大家共勉。

邮政业与现代综合交通运输体系紧密相连，在推动经济社会发展、服务国家战略、保障改善民生等方面发挥着重要作用。在党中央国务院的坚强领导和亲切关怀下，邮政局历届党组团结带领全行业广大干部职工忠诚履职、攻坚克难，行业体制机制健全完善，规模快速增长，服务能力持续提升，企业实力不断增强，实现了跨越式发展，主要表现在 4 个方面。

一是行业改革发展取得重要突破。你们坚决贯彻中央决策部署，深化推进邮政体制改革，实现了政企分开，建立健全了企业自主经营、政府依法监管的新邮政体制，三级邮政管理体系全面确立，行业治理能力和水平逐步迈上新台阶。深入推进放管服，全面放开国内包裹快递市场，平稳实施“营改增”，邮政市场体系逐步健全完善，业务量和业务收入持续增长，在国民经济中发挥越来越重要的作用。

二是邮政普遍服务水平显著提升。你们坚持把“人民邮政为人民”作为出发点和落脚点，不断完善邮政普遍服务机制和标准，圆满完成空白乡镇局所补建、西部和农村地区邮政局所改造和邮政机要通信基础设施建设等重大工程，总体实现了“乡乡设所、村村通邮”目标，邮政基本公共服务能力显著增强。

三是邮政快递业迅猛发展。近 5 年来，全国快递年业务量、业务收入分别增长了 7.8 倍和 3.8 倍，累计新增 100 万个以上就业岗位，2015 年业务量跃居世界第一，支撑网络零售交易额突破 3 万亿元，成为我国经济的一匹“黑马”。邮政快递企业竞争力不断增强，中国邮政集团进入世界 500 强，9 家快递企业年营业收入超过百亿，国际化步伐明显加快，国际运营能力不断提升。

四是行业安全发展水平不断提升。你们坚持将安全发展作为重中之重，不断夯实安全监管基础，加快推进实名收寄等安全制度落地，出色完成北京奥运会、抗战胜利 70 周年、G20 峰会等重大活动的寄递渠道安全保障任务，“双 11”业务旺季服务保障工作逐年进步，安全监管和应急保障能力大幅提升。

这些成绩的取得，充分说明了近年来国家邮政局的工作是卓有成效的，邮政队伍是一支善打硬仗、能打硬仗的队伍，是一支敢于拼搏、忠诚担当的队伍。希望大家在前期工作的基础上，再接再厉、继续奋斗。

一是要坚持创新发展，加快推进行业转型升级。坚决贯彻党中央、国务院决策部署，针对人民群众对邮政业特别是快递服务多元化、个性化、高端化的需求，落实好国务院关于促进快递业发展的若干意见，加快推进供给侧结构性改革，激发市场主体活力和创造力，不断创新商业模式、服务形式和管理方式，更好地融入并衔接现代综合交通运输体系，更好地服务大众创业、万众创新，更好地满足人民群众日益增长的寄递需求，更好地服务国民经济和社会发展。

二是要坚持人民利益至上，千方百计做好邮政基本公共服务。邮政普遍服务是国家基本公共服务的重要组成部分，也是保障和改善民生的重要领域。要坚决贯彻落实党的十八届五中全会“坚持普惠性、保基本、均等化、可持续方向，提高公共服务共建能力和共享水平”的要求，构建覆盖城乡、惠及全民、功能集成的普遍服务体系，加快推进邮政公共服务均等化，让邮政改革发展成果更多、更好地惠及人民群众。

三是要坚持安全第一，全力以赴保障寄递安全。安全是一切工作的前提，不仅关系到行业的健康发展，更关系到社会的和谐稳定，是一条不可逾越的红线。当前，寄递渠道安全日趋复杂，邮政业面临严峻的安全形势考验。大家要高度重视、清醒认识，把安全发展放在首要位置，牢固树立底线思维和红线一是，始终绷紧安全生产这根弦，进一步健全制度机制，全面强化企业安全生产主体责任、政府监管责任和用户安全用邮责任，不存空白、不留死角，全力保障寄递渠道安全。

同志们，邮政业是现代服务业的关键产业，是推动传统流通方式转型、促进消费升级的现代产业，是物流领域的先导产业。做好邮政工作，我们使命光荣、责任重大。交通运输部将一如既往高度重视、大力支持邮政工作，也希望大家能够一如既往支持部里的工作。让我们凝心聚力、披荆斩棘，共同履行好党中央、国务院赋予交通运输先行官的神圣使命。

明天就是中秋佳节，祝愿大家中秋快乐，阖家幸福，万事如意！谢谢大家！

坚持创新引领 推进结构改革
加快与小康社会相适应的现代邮政业建设进程

——国家邮政局局长马军胜在2016年全国邮政管理工作会议上的讲话

2016年1月4日

同志们:

这次会议的主要任务是:深入贯彻党的十八大,十八届三中、四中、五中全会和中央经济工作会议精神,学习贯彻习近平总书记系列重要讲话精神,总结2015年和"十二五"时期工作,部署2016年任务,全面落实《国务院关于促进快递业发展的若干意见》,抓住新机遇,谋划新蓝图,加快与小康社会相适应的现代邮政业建设进程。下面,我讲三个方面意见。

一、2015年主要工作与"十二五"时期总体回顾

2015年是全面深化改革的关键之年,也是全面完成"十二五"规划的收官之年。全行业按照稳中求进工作总基调,坚持依法治邮,坚持提质增效,加强创新驱动,加强公共服务,确保运行安全,实施精准调控,主动克服"马鞍效应"等带来的不利影响,保持了持续快速发展的良好态势。全年完成业务总量5070亿元,同比增长37%;业务收入4020亿元(不含邮政储蓄银行直接营业收入),同比增长25%。其中,快递业务量完成206亿件,同比增长48%,最高日处理量超过1.6亿件;快递业务收入完成2760亿元,同比增长35%。邮政业改革突出重点,突破难点。邮政普遍服务和快递服务满意度稳中有升,消费者申诉处理满意率达到97%。邮政普遍服务营业场所实现全国乡镇全覆盖,快递服务"三向"工程成效显著,全面完成了各项目标任务,为国家"稳增长"战略实施做出了积极贡献。

(一)发展环境显著优化。一是政策体系更加完善。国务院出台关于促进快递业发展的若干意见,从国家战略高度对快递业发展作出总体部署,明确了快递业发展的总体要求、重点任务和政策措施。制订促进邮政服务创新发展指导意见,积极引导邮政企业发展新兴业务。联合相关部门颁布推进快递"向西向下"、加快发展农村电子商务、推动农村物流健康发展等政策文件。二是规划编制有序推进。邮政业发展"十三五"规划以及邮政普遍服务、快递服务和监管体系建设3个专项规划编制进入全面征求意见阶段,京津冀、长三角、珠三角3个区域规划以及各地规划编制工作同步推进。着力推动落实"一带一路"、京津冀协同发展和长江经济带等国家重大战略规划,与国家和地方"十三五"国民经济和社会发展规划纲要、综合交通运输发展等重点专项规划编制有序衔接,"加快完善邮政基础设施网络"等内容纳入中央五中全会规划建议。三是科技与标准工作成效明显。编制完成邮政业安全生产设备配置规范等15项行业标准。首次发布中国快递发展指数。电子运单日趋普及,主要品牌快递企业协议客户电子运单使用率超过60%。引导企业强化绿色发展理念,开展节能减排新技术新材料研究,新能源汽车使用范围不断扩大。四是地方支持力度不断加大。与北京市签署战略合作协议共同建设"国内领先、国际一流"的首都现代邮政业,与吉林省签署合作协议加快推进快递下乡服务"三农",与上海、浙江等地联合举办快递业发展论坛。广东、福建、山东等地为行业发展和安全生产安排专项扶

持资金，北京、浙江、河南、西藏和宁夏等地对企业购置安检设备给予财政补贴，大连、泉州等市（地）出台政策明确具体支持措施。

（二）行业改革持续深化。一是同步推进简政放权、放管结合和优化服务。制定邮政行政管理权力清单、责任清单和负面清单。邮政普遍服务两项行政审批、快递分支机构名录核定发放、年度报告审核、分支机构备案和许可注销初审等多项职权全面下放到市（地）局。落实注册资本登记制度改革，进一步优化快递业务经营许可审批流程，实现全流程网上办理，准入材料由22项减为9项，准入审批时限由45个工作日压缩至25个工作日，许可变更绿色通道企业压缩至15个工作日。完成邮政行政许可中介服务事项清理。与海关总署确定国际邮件互换局设立审查机制，同意设立义乌、宁波国际邮件互换局兼交换站。二是着力推动邮政企业加快改革创新。中国邮政集团公司顺利实现法人体制调整，完成了县级分支机构更名换牌工作，“一体两翼”发展战略稳步实施。放开了明信片、印刷品和竞争性包裹寄递等部分国内邮政业务资费。逐步健全邮政企业负责人经营业绩考核办法。三是不断完善邮政管理体系。国家邮政局邮政业安全中心启动运行，江苏省和合肥市邮政业安全中心挂牌成立，行业运行安全的监测预警和应急管理能力持续增强。县级邮政管理机构组建有序推进，批复成立54个县级派出机构，邮政管理工作向纵深推进。

（三）服务能力明显提升。一是基础设施建设迈上新台阶。各级邮政管理部门采取统筹推动、重点督导、销号管理等措施确保工作进度，全国8440个空白乡镇邮政局所全部投入运营，四川、湖南、河北、贵州、西藏、山西、甘肃、新疆、青海等地攻坚克难，为补建目标顺利实现做出了积极贡献。完成西部和农村地区邮政局所改造和邮政机要通信基础设施建设工程，整修、翻建和改造网点1.3万处，邮政网点标准化、信息化水平稳步提升。出台《村邮站服务规范》，全年新建村邮站4.6万个，北京、天津、吉林、浙江、河南、广东、海南等多地实现了行政村全覆盖，河北、山西、内蒙古、黑龙江、云南等多地超额完成建设任务，全国农村地区直接通邮率达到94%。全年新增快递物流园区31个，无锡苏南、贵州龙里、河南郑州等大型园区产业集聚效应开始发挥。综合枢纽建设取得积极成效，EMS华中转运中心、顺丰华东航空枢纽等投入运营。干线运输能力大幅提升，新增车辆2.2万辆，湖北国际快递枢纽项目进入选址阶段，圆通货运航空公司正式获批。末端服务能力持续改善，快递公共服务站、连锁商业合作等第三方服务平台不断涌现，全国主要城市安装智能快件箱已逾6万组。企业信息化自主研发能力不断增强，信息系统综合效能日益显现。二是重大工程实施取得新成效。深入推进邮政服务创新工程，邮政小包等新业务迅猛增长。农村邮政物流稳步发展，服务农村电商成效明显，邮政农村电商服务站已达11万个。跨境电商出口主渠道作用不断强化，全年国际小包和国际E邮宝出口近7亿件，同比增长70%。全面推进快递“三向”工程，新增农村地区快递服务营业网点4.5万个，全国乡镇快递服务营业网点覆盖率提升至70%，江苏、上海、天津实现100%全覆盖。全国农村地区收投快件量超过50亿件，带动农副产品进城和工业品下乡超过3000亿元，江西铜鼓、广西百色、重庆石柱、贵州铜仁、陕西洛川和甘肃成县等多地通过“快递下乡”帮助老少边穷地区走出了一条脱贫致富的新路。圆通发起成立全球包裹联盟，顺丰、申通、中通、韵达等企业也加快国际网络建设，大力开展跨境网购寄递服务等新兴业务。深入推进快递电商协同发展试点工程，第一批5个城市试点效果初步显现，第二批6个城市中央财政扶持资金全部到位，基本形成“可复制、可推广”的协同发展模式。加快推进服务制造业工程，天津、吉林、山东、广东、四川、陕西等地开展92个服务制造业示范项目，形成涵盖航天、汽车、造船、电子、制药等多个领域的服务制造业实验群。

（四）依法行政能力不断增强。一是法规建设和执法监督工作持续完善。完成邮政法二次修正。加快推进快递条例立法进程。积极参与电子商务立法。修订颁布《邮政普遍服务监督管理办法》和《快递业务经营许可管理办法》。安徽、山东、福建、新疆等地出台邮政地方法规规章，市（地）立法试点稳步推进。开展行政执法监督配套制度建设，建立法治邮政建设指标体系，出台行政执法评议考核制度，不断加大政府信息公开力度，依法办理行政复议和诉讼案件197起。二是邮政普遍服务监督不断加强。严守"两条红线"，邮政企业未经审批擅自撤销营业场所和停限办业务的现象明显减少。有效推进经营邮政通信业务、仿印邮票图案及其制品审批工作。圆满完成抗战胜利70周年纪念邮票发行和全国集邮巡展等服务保障工作。制定《邮政机要通信保密检查工作规定》，规范大学生档案在邮政机要通信渠道的寄递。开展邮政专用标志车辆使用、无着邮件处理和重大题材邮票印制销售等专项检查。社会监督作用进一步加强。三是邮政市场监管水平进一步提高。深入开展快递企业经营范围规范和清理、快递服务质量整治以及打击违法招揽加盟商等专项工作。持续强化行业诚信建设，制订加强快递业信用体系建设的若干意见，与发展改革委、工商总局等37个部门共同建立失信企业协同监管和联合惩戒合作机制。印发通知加强国家机关公文寄递管理，与最高检联合规范检察法律文书寄递工作。颁布《智能快件箱投递服务管理规定》，规范智能投递方式。充分发挥消费者申诉与市场监管联动机制作用，全国主要快递企业有效申诉率平均下降45.7%，为消费者挽回经济损失2388万元。加强集邮市场监管，开展"3·15"集邮市场诚信主题活动。继续做好邮政用品用具生产监制工作，开展质量抽检。各级快递协会服务、协调和自律职能进一步发挥。

（五）安全监管和应急保障能力再上台阶。一是安全监管工作有效推进。建立完善各级寄递渠道安全管理协作机制，将寄递渠道安全管理纳入综治考评。推动企业贯彻落实邮政业安全生产设备配置强制性标准。全面实施收寄验视，加快实施实名收寄和过机安检制度，西藏、宁夏率先在全区实行实名收寄制度。会同有关部门开展寄递渠道危化品清理整顿专项行动。完善安监平台和视频监控系统，充分发挥信息化、大数据等先进技术的支撑作用。配合公安、国家安全、安监、质检、海关、商务、新闻出版、民航等部门开展寄递渠道信息安全、反恐、禁毒、打击侵权假冒、扫黄打非和航空邮件快件监管等工作。二是重点地区和重大活动的安全保障工作圆满完成。中国人民抗日战争暨世界反法西斯战争胜利70周年纪念活动期间，严格落实进京邮件快件"三个100%"安全措施，在进京邮件快件高达2828万件的情况下，全行业未发生一起重大生产安全事故。"双11"业务旺季期间，继续发挥"错峰发货、均衡推进"核心机制作用，坚持系统三级联动和社会三维互动，在业务量同比增长45%的情况下，实现了"全网不瘫痪、重要节点不爆仓，保畅通、保安全、保平稳"的目标。切实做好全国"两会"等重大活动期间寄递渠道安全保障任务。严肃查处个别快递企业违规收寄毒品和化学品泄漏事件。妥善应对天津港"8·12"特别重大火灾爆炸、广西柳城"9·30"连环爆炸等突发事件。

（六）对外交流合作日益深化。贯彻落实中央外事工作会议精神和对港澳台工作部署，巩固发展与"一带一路"沿线国家和周边国家邮政交流机制，与俄罗斯等8个国家签署合作文件。参与世贸组织贸易政策审议，中美、中欧投资协定谈判和中澳、中韩等自由贸易协定谈判，推动邮政业贸易政策合规工作。积极参加万国邮联、亚太邮联等国际组织工作，完成3项国际条约国内核准，首次向万国邮联紧急援助基金和亚太邮联培训中心捐款。成功举办世界海关组织—万国邮联邮关合作研讨会，组织参加第44届国际少年书信比赛、纽约书展－中国邮票展和新加坡世界邮展等活动。

建立协同工作机制，积极推进中欧班列运输邮件快件试点。深化港澳台邮政交流，组织参加两岸邮政交流研讨会和珍邮特展，增设苏州两岸邮件封发局，支持昆山、平潭先行先试，拓宽电商邮件快件寄递渠道。

（七）人才队伍和支撑体系建设扎实推进。一是邮政管理干部队伍建设进一步强化。拓宽选人用人视野和渠道，规范选拔任用资格和程序，对26个单位领导班子进行调整充实。加大干部交流挂职力度，多岗位锻炼培养干部。首次组织优秀市（地）局长评选。进一步健全干部考核评价机制，强化结果运用。从严管理监督干部，严格干部选拔任用工作监督，开展干部选拔任用“一报告两评议”专项工作，严格执行干部任免报审报备和个人事项报告核实制度。开展违规持有因私出国（境）证件专项治理，完成系统干部档案专审。加强干部教育培训，举办赴亚太邮联培训班、市（地）局长能力培训班等各类培训班17个，受训人员达1241人次，实现了市（地）局长三年轮训一遍目标。二是行业人才队伍建设进一步加快。与教育部联合印发加快发展邮政行业职业教育的指导意见，签署协议共建北京邮电大学现代邮政学院，构建高等职业教育与大学本科教育有效衔接的人才培养机制。鼓励探索校企联合培养人才模式，推进邮政行业人才培养基地建设。快递员等3个新职业纳入国家职业分类大典。组织63家快递企业员工参加“振兴杯”全国青年职业技能大赛，快递业务员首次列入国家级一类大赛竞赛职业。高级业务师实现零突破。全年完成快递业务员职业技能鉴定14万人次，从业人员能力素质水平不断提升。三是支撑体系建设进一步完善。基本实现系统财务检查全覆盖，财务支撑保障及风险防范能力不断增强。顺利完成首次统计专项调查，开展全行业统计检查，纳入统计范围机构增加到3.4万家。快递许可信息系统上线运行，执法系统在全国推广应用，基本实现各信息系统业务应用模块互联互通和向下延伸。新闻宣传平台进一步拓展，利用新媒体壮大主流舆论阵地，中央媒体对行业宣传力度显著加大。养老保险和事业单位分类改革有序推进。

（八）全面从严治党和精神文明建设成效明显。坚持党要管党、从严治党，不断强化“两个责任”。认真学习领会《中国共产党廉洁自律准则》和《中国共产党纪律处分条例》，把党的纪律和规矩挺在前面。建立健全国家局党建工作领导小组，切实加强对全系统党建工作的领导。扎实推进“三严三实”专题教育，突出问题导向、坚持以上率下，把整改落实与推进行业改革发展紧密结合起来。贯彻落实中央反腐倡廉工作新精神新要求，围绕推进简政放权履行监督职责，组成8个检查组对31个省（区、市）局进行了分区检查，加强中央八项规定精神落实情况监督检查，对重点突出问题加大整改和惩处力度。制定《国家邮政局党组管理干部新任职廉政谈话办法》。加大培训力度，不断提升纪检监察干部能力水平。行业精神文明建设取得新成效，印发《关于进一步加强邮政行业精神文明建设的指导意见》，大力开展艾克帕尔·伊敏等先进人物宣传活动。深入开展文明创建活动，50个单位和个人荣获“全国青年文明号”“全国文明单位”“全国巾帼文明岗”等荣誉称号。适应新形势新要求做好工会、老干部和共青团工作。

“十二五”时期是邮政业发展进程中跨越提升、极不平凡的五年。党中央国务院高度重视邮政业发展，习近平总书记和李克强总理多次对邮政业改革发展做出重要指示批示，极大坚定了全行业加快发展的信心决心。这五年，行业活力全面迸发，要素资源有效汇集，产业融合日益紧密，业务量收迅猛攀升，监管体系不断健全，人才队伍显著壮大，两个文明齐头并进，全行业紧紧围绕建成与小康社会相适应的现代邮政业奋斗目标，主动适应经济发展新常态，积极应对各种复杂环境的严峻考验，顺利完成“十二五”规划目标任务，实现了行业做大愿景。

行业基础性先导性作用更加显著。邮政业业务总量和业务收入分别增长 2.9 倍和 2.1 倍，快递业务量和业务收入分别增长 7.8 倍和 3.8 倍，行业收入占 GDP 比重从 0.3% 提高到 0.6%。五年新增就业岗位 100 万个以上，年支撑国内网购交易额突破 3 万亿元。公共服务能力水平稳中有升。全国邮政普遍服务营业网点达到 5.3 万处，村邮站达到 21 万个，总体实现了“乡乡设所、村村通邮”。邮件全程时限水平和营业时间达标，投递频次和服务得到改善，服务满意度和均等化指数分别提升了 6.4 个和 2.2 个百分点。快递服务能力水平大幅提高。快递业务量突破 200 亿件，稳居世界第一。快递“三向”工程成效显著，全国快递服务营业网点达 14.5 万处，快递专业类物流园区达 202 处。快件航空运输网络基本形成，高铁快递和电商班列取得突破性进展。快递产品体系不断丰富，时限准时率相对稳定，有效申诉率逐年下降，旺季服务保障能力明显加强。企业竞争实力不断增强。中国邮政集团公司进入世界 500 强，2015 年位列 143 位。初步形成 6 家年营业收入超 200 亿元、9 家年营业收入超 100 亿元的快递企业集群。企业加大国际网络布局力度，“走出去”步伐明显加快。

五年来，我们坚决贯彻中央各项决策部署，始终坚持发展第一要务。全系统坚持“安全为基、发展为要、服务为上”的工作方针，将建设“五个邮政”作为实现奋斗目标的重要抓手。进一步加强发展战略、规划、政策的制定和实施，建立健全行业三级规划体系，强化规划衔接落地，提升对行业的宏观调控能力。不断优化政策环境，推动将邮政普遍服务纳入国家基本公共服务范畴、快递业纳入国家鼓励发展产业目录，出台多项措施有效解决基础设施、车辆通行、末端投递、人才建设等方面的问题。加大行业宣传力度，营造良好的舆论氛围，全社会关注邮政业发展、支持邮政业发展的大环境已经形成。

五年来，我们深入推进邮政改革，不断破除体制机制障碍。稳步推进完善省级以下邮政监管体制工作，组建了 357 个市(地)一级邮政管理机构并在业务集中、情况特殊的县(市)设立机构，为推动行业健康发展提供坚强的组织保障。进一步简政放权，深化行政审批制度改革，取消 1 项、下放 2 项行政审批，将 1 项审批改为工商登记后置。着力优化政府服务，简化许可备案流程，大大缩短办理时限。平稳实施“营改增”税制改革，助力行业结构调整转型升级。邮政企业改革创新顺利推进，国有经济活力、影响力、控制力和抗风险能力进一步增强。

五年来，我们充分发挥市场在资源配置中的决定性作用和更好发挥政府作用，持续优化资源配置。尊重市场规律，强化企业的市场主体地位和主体责任，结合行业特点引导和支持企业选择适合自身特色的模式发展壮大。全面开放国内包裹快递市场，建立健全优胜劣汰的快递市场主体退出机制。放开部分竞争性包裹寄递资费，完善主要由市场决定价格的机制。最大限度减少政府部门对微观事务的管理，清除市场壁垒，维护市场秩序，强化事中事后监管，促进商品和要素自由流动、平等交换和资源高效配置。加快构建邮政业诚信体系，大力营造诚实、自律、守信、互信的行业信用环境。

五年来，我们深入推进法治邮政建设，着力提升政府治理能力和水平。基本形成以邮政法为主干，由行政法规、部门规章、地方性法规和政府规章等构成的多层次邮政法规体系，初步形成邮政业标准体系，三级邮政管理机构均实现了职权法定，行业依法治理能力进一步增强。完善执法程序、严格执法责任、加强执法监督、推进综合执法，强化行政执法信息化建设，行政执法的规范化、标准化水平和监管效能大幅提升。明确邮政管理部门层级职权，将 31 项职责下放到市(地)局，实现执法重心下沉。健全完善安全管理制度，不断夯实安全基础，切实加强行业安全管理。对外合作交流不断深化，在国际邮政事务中影响力显示增强。

五年来，我们全面加强党的建设，努力形成“较真、务实、从严、共进”的干事创业氛围。坚持从严治党、依规治党，严明党的政治纪律和政治规矩，营造风清气正的政治生态。党的基层组织建设稳步加强，非公快递企业党建工作取得突破。深入扎实开展党的群众路线教育实践活动、“三严三实”专题教育，坚决贯彻落实中央八项规定精神，驰而不息纠正“四风”，以零容忍态度反对腐败，大力弘扬井冈山精神、延安精神和西柏坡精神，努力锤炼出一支理想信念坚定、政治品质过硬的邮政管理干部队伍。人才培养体系建设力度不断加大，从业人员素质稳步提升。

实践证明，我们走过的道路是完全符合中央精神的，是完全符合行业实际的，取得的成就是有目共睹的。这些成绩的取得，是中央坚强领导和亲切关怀的结果，是交通运输部直接领导和中央有关部门、地方各级党委政府大力支持的结果，是全行业、全系统广大干部员工同心同德奋力拼搏的结果，更离不开社会各界的关注、理解和支持。在此，我谨代表国家邮政局党组，向关心支持邮政业改革发展的领导、离退休老同志和社会各界朋友，向在各个岗位上辛勤付出的全体干部员工，致以崇高的敬意和衷心的感谢！

二、牢固树立和贯彻落实“五大发展”理念，坚定不移地推进我国从邮政大国向邮政强国迈进

“十三五”时期是全面建成小康社会的决胜阶段，党的十八届五中全会全面分析国际国内形势，明确了未来五年我国发展的指导思想和主要目标，提出了“创新、协调、绿色、开放、共享”的发展理念和若干重大任务举措。中央经济工作会议就落实“十三五”规划建议要求、做好明年工作进行了全面部署，就推进结构性改革进行了重点部署。国家邮政局深入学习领会十八届五中全会精神，认真分析发展规律和国情业情，认为邮政业作为现代服务业的重要组成部分，作为推动流通方式转型、促进消费升级的现代化先导性产业，对推动国民经济供给侧结构性改革、加快培育新的发展动能，特别是对去库存、降成本、补短板具有重要作用，将在引领新常态中又一次迎来重大发展机遇。

今后五年将是邮政业改革创新、转型升级的攻坚时期，是建成与小康社会相适应的现代邮政业的决胜时期，也是我国从邮政大国向邮政强国迈进的重要时期，我们要下定决心、攻坚克难、发挥优势、补齐短板，既要充分把握有利条件，更要清醒认识严峻挑战。

一是行业发展将高位运行，但结构性矛盾突出，增强发展协调性、包容性、可持续性的任务依然艰巨。“十三五”时期，我国经济将保持中高速增长，服务业占比进一步上升，消费对经济增长贡献明显加大，邮政业规模到2020年将突破万亿。但与经济社会发展需要仍有较大差距，城乡区域不协调、收投分布不均衡、交邮衔接不紧密等问题仍然存在，西部农村地区快递服务覆盖率有待提升，“最后一公里”难题有待解决，包装和车辆面临的资源环境压力日益突出，寄递安全形势日趋严峻，迫切需要提高发展的协调性、包容性和可持续性。

二是企业规模将快速扩张，但粗放性问题凸显，提升供给适应性和有效性的任务依然艰巨。“十三五”时期，邮政企业核心竞争力将持续增强，世界五百强排名有望进位，同时将产生若干家收入超500亿元甚至千亿元的大型快递企业。但邮政网络资源优势未能有效发挥，快递企业基础仍比较薄弱，量收增长不够匹配，同质化竞争严重，嵌入供应链程度不深，跨境服务能力不强，难以满足个性化、综合化、国际化的多层次用邮需求。随着我国产业迈向中高端，先进制造业发展加快，消费结构逐步升级，新业态新模式不断涌现，“走出去”步伐持续加快，迫切需要加强供给侧改革力度，提高邮政业服务供给的适应性和有效性。要

强化企业创新主体地位，充分发挥企业家作用，引导企业坚持创新驱动，加快动力转换，拓展发展空间，推进流程再造，丰富产品体系，提升管理效率，推动模式转变，提高国际运营能力，加快向综合性寄递物流运营商转型。

三是发展环境将不断优化，但协同性亟待加强，推动政策落地、补齐行业短板的任务依然艰巨。国家对邮政业高度重视，赋予更高定位，给予更高期望，特别是《国务院关于促进快递业发展的若干意见》的出台，为行业发展注入了强劲动力。融资环境不断改善，社会资本对行业保持高度关注，跨界融合渐成趋势。社会各界对行业发展给予了更多包容理解。但快递车辆通行难、枢纽建设征地难、末端投递难以及安全基础薄弱、监管能力不足等问题亟待解决，迫切需要加强协同形成合力，推动各项政策落地见效，补齐制约行业发展的短板。

建成与小康社会相适应的现代邮政业，使命光荣，责任重大，我们要以国际视野、全局高度和战略思维来统筹谋划、精准发力、狠抓落实。国家邮政局研究提出，当前和今后一个时期，要深入贯彻落实党的十八届五中全会精神和中央经济工作会议精神，落实《国务院关于促进快递业发展的若干意见》要求，坚持目标导向和问题导向，以“互联网+”邮政业为发展方向，加大供给侧结构性改革力度，牢固树立和贯彻落实创新、协调、绿色、开放、共享的发展理念，紧盯目标不放松、引领发展不停步，坚定不移地推进我国从邮政大国向邮政强国迈进。

(一)坚持创新发展，更加注重扩大邮政业的有效供给

在国内包裹快递市场全面开放和我国经济发展迈向中高端的背景下，必须把创新摆在行业发展全局的核心位置，推动行业从被动适应型向主动引领型转变。推进机制创新，增强发展动力。持续推进简政放权，激发企业发展活力；创新邮政普遍服务提供机制、深化邮政企业改革；创新市场监管方式，利用信息化提升行业现代治理能力。推进技术创新，提升发展能力。通过协同攻关，强化大数据、云计算、互联网、物联网等信息技术，以及智能终端、自动分拣、数据分单、数据派单、运载工具、智慧仓储、机器人等共性关键技术的研发应用，加快推进“智慧邮政”建设。推进产品创新，厚植发展优势。提升冷链快递、高端快递、极速快递、逆向快递、精准弹性投递等寄递服务能力，拓展仓储、金融、保险、通关、货代、解决方案一体化等增值服务。推进模式创新，拓展发展空间。深化与电子商务的协同，促进线上线下互动，发展便民利商新业态；发挥行业优势，积极融入智能制造和个性化定制等制造业新领域；加强与农产品电商及原产地的合作，打造生鲜农产品流通新模式。

(二)坚持协调发展，更加注重补齐邮政业的发展短板

协调发展是行业持续健康发展的必然要求，要坚持区域协同、城乡一体、收派均衡、交邮融合，在协调发展中拓展空间，在补齐短板中增强后劲。支持东部地区率先发展。依托区位优势和产业基础，进一步提升行业发展水平、竞争层次、科技含量，着重在产业联动、系统服务、跨境寄递等方面形成示范打造标杆，带动和辐射中西部发展。持续推进“向下、向西”工程。提升中西部和农村地区网络的均衡度和稳定性，支持企业加强与农业、供销、商贸企业的合作，打造“工业品下乡”和“农产品进城”双向流通渠道，下沉带动农村消费。加强中西部分拨中心和信息系统建设，加大运力与综合服务平台投入，逐步缩小西部和农村地区快件收派比差距。实施“上车、上船、上飞机”工程。推动邮件快件处理中心、运输通道、接驳场所等功能区与交通枢纽同步规划同步建设；健全陆运网络，提高邮件快件多式联运、甩挂运输比例，提升运输作业效率。推进自主航空网络建设，鼓励发展国际快递航空网，鼓励企业加大专用货机投入力度。推进高铁快递发展，形成稳定便捷的邮件快件铁路运输通道。因地制宜发展水路邮件快件运输。

（三）坚持绿色发展，更加注重促进邮政业的低碳环保

将“绿色邮政”融入美丽中国建设之中，服从服务于国家生态文明建设大局。不断完善行业绿色发展制度体系。加强邮政业能耗和污染物排放测算方法研究，建立相应统计监测体系，加快建立绿色邮政评估标准，营造绿色发展政策环境。大力推广环保包装辅材应用。制定绿色包装标准，出台相应管理规定。鼓励企业技术装备改造更新，研发推广使用可降解的胶带、环保填充物、可再生纸张和环保油墨印刷的封装用品等物料辅料。引导企业推广使用可回收利用的包装材料，倡导用户适度包装，加强包装废弃物的回收处置管理。创新生产模式，积极推广包装箱、总包袋的循环利用。持续推进生产运行中的节能减排。引导企业合理配置各类运输方式，加快运输周转速度，提升运输装载率。淘汰落后老旧车辆，推广使用节能新车型，扩大新能源车辆使用比例，提升清洁能源使用比重。鼓励封装容器“袋改箱”，加快标准化、绿色化装载工具的推广应用。

（四）坚持开放发展，更加注重增强邮政业国际竞争力

坚持互利共赢原则，丰富开放发展内涵，推动邮政业开放向纵深拓展。主动将技术资本“引进来”。进一步开放国内包裹快递市场，推行准入前国民待遇加负面清单制度，推动内外资公平有序竞争，倒逼内资企业改善经营管理、提升服务能力。积极推动我国企业“走出去”。鼓励邮政企业深化体制机制改革，做大做优做强；引导优势快递企业加快兼并重组步伐，建立现代企业制度，打造具备国际竞争力的“快递航母集群”；鼓励企业“抱团出海”，锻造整合优势；支持企业加强海外仓建设，在重点口岸城市建设国际快件处理中心，提高运营效率；引导企业加大与境外寄递企业合作力度，加快发展跨境电商寄递业务。大力推进国际和港澳台合作。借助“一带一路”建设，推动与有关国家和地区在邮政领域的深度合作，深化与港澳台地区邮政合作；依托自由贸易区战略，利用好政策红利，探索快递业发展新策略。积极参与全球行业治理。加强与万国邮联、亚太邮联等国际组织的沟通合作，着力在终端费、邮关合作、邮铁合作等国际规则修订工作中发挥作用，优化邮政快递企业的国际化发展环境。

（五）坚持共享发展，更加注重提升邮政业普惠水平

坚持保基本、均等化、可持续原则，进一步加强“普惠邮政”建设，提高邮政业的共建能力和共享水平。提高邮政普遍服务质量和效率。着力解决邮政普遍服务供给与需求不相适应的问题，切实提高基础服务质量，提升便利程度，延伸服务深度，扩大覆盖范围，有效满足人民群众基本寄递需求，尤其要加强对边远地区、民族地区行政村的业务覆盖。创新普遍服务供给方式。推动邮政业基础设施的共建共享，提高邮政基础网络利用率，鼓励和引导社会力量采用多种方式提供邮政普遍服务，提高邮政普遍服务供给效率。扩大贫困地区邮政业基础设施的覆盖面，打造特色农副产品的新型流通模式，支撑服务精准脱贫工作。让基层员工拥有更多尊严。鼓励快递大众创业，带动增加就业，提升从业人员素质，提高劳动生产率，改善基层员工待遇，让行业员工更加有归属感，更加体面地工作。

我们要时刻牢记“安全为基”，持续深入推进“安全邮政”建设。要突出预防为主，从事后处置向主动管控转变。要落实“三个责任”，调动各方资源，形成政府监管、企业负责、用户自律、社会支持的安全管理工作格局。要坚持科技引领，完善并发挥好监控平台和安检设施的作用，推动寄递安全工作和大数据技术高度融合。要加强安全管理能力建设，提高安全管理工作的系统性和科学性。

面对“十三五”的新形势、新任务、新要求，我们要全面加强党的领导，充分发挥各级党组织领导核心作用,进一步加强制度化建设,强化党风廉政建设,巩固反腐败成果,创新工作机制和方式方法,不断提升科学决策水平。各级邮政管理部门领导干部要坚持以民生为根本、以法治为保障,加快推进转型升级,进一步发挥邮政业在引领新常态中的先导性和基础性作用,全面夺取建成与小康社会相适应的现代邮政业的最后胜利。

三、2016 年工作安排

2016 年是建设小康社会决胜阶段的开局之年,也是推进结构性改革的攻坚之年,做好邮政业改革发展工作意义重大。今年工作的总体要求是:全面贯彻落实党的十八大,十八届三中、四中、五中全会和中央经济工作会议精神,牢固树立和贯彻落实“五大发展”理念,适应经济发展新常态,坚持稳中求进工作总基调,以落实《国务院关于促进快递业发展的若干意见》为主线,坚持创新引领,坚持服务民生,推进结构改革,推进合作开放,巩固发展态势,巩固安全基础,不断满足亿万商家和广大人民群众日益增长的用邮需求,为全面建成与小康社会相适应的现代邮政业而努力奋斗。

预计全年邮政业业务总量完成 6340 亿元,同比增长 25%;业务收入完成 4820 亿元,同比增长 20%。其中,快递业务量完成 275 亿件,同比增长 34%;快递业务收入完成 3530 亿元,同比增长 28%。邮政、快递服务满意度持续提高。要重点抓好以下工作。

(一)把握重点,稳定行业发展态势

一是认真做好规划编制、衔接和落实。贯彻中央“十三五”规划建议和《国务院关于促进快递业发展的若干意见》精神,编制完成邮政业发展“十三五”规划、专项规划、区域规划和各地邮政业发展规划。做好与国民经济和社会发展规划纲要、综合交通运输发展等专项规划、部门规划的衔接。大力开展“十三五”时期邮政业各项规划的宣传贯彻,以重大项目、重大工程和重大政策为抓手推动规划落地实施。

二是加快推进立法立标工作。推动出台《快递条例》并组织好宣贯。继续参与电子商务立法。修订施行《集邮市场管理办法》和《快递业务经营许可管理办法》。积极开展邮政地方立法,加强对市(地)的立法指导。制定邮政业“七五”普法工作规划。修订颁布邮政普遍服务标准,推动出台快递专用机动车辆标准,研究制定快递专用电动三轮车、快递封装用品等国家标准,提升行业发展标准化、规范化水平。按照“三个清单一张网”要求,全面加强依法履职能力。依法开展行政复议和行政应诉工作,进一步加强执法监督。组织邮政行政执法资格考试,做好颁证换证工作。

三是继续完善支持政策。按照《国务院关于促进快递业发展的若干意见》要求,出台支持企业兼并重组、加快形成若干家具有国际竞争力的大型骨干快递企业的工作方案。鼓励各类资本依法进入快递领域,支持企业上市融资。推动对符合条件的快递企业落实省(区、市)内跨地区经营总分支机构增值税汇总缴纳政策。完善邮政普遍服务保障机制,研究制订邮政普遍服务网点和作业场地分类标准并开展核定试点工作。发挥市场机制作用,推动建立完善邮政服务定价管理机制。

(二)创新驱动,提高供给质量和效率

一是以深化改革促进邮政企业服务创新。支持邮政企业和快递企业创新合作模式,提高邮政基础设施利用效率。推动农村邮政电商寄递网络建设,完善国际邮件便利通关机制,促进邮政新业务保持高速发展。鼓励创新与规范管理相结合,完善经营邮政通信业务企业的代理服务模式。

二是以示范工程带动快递企业服务拓展。启动快递示范建设工程,选优选强树立一批快递示范城市和示范园区,形成可复制经验向全国推广。加快推进快递服务制造业工程,出台与工信部门联动工作方案,实施联合示范项目,实现试点省份、示范项目扩围。启动快递服务现代农业示范工程,推动各地开发“快递 + ”特色农产品,打造一批服务农村电商的示范县、示范乡和示范项目。

抓紧建设跨境快递引导工程，在广东、上海、浙江、河南、重庆、天津等6省（市）开展试点，进一步提升跨境试点城市快递服务能力，有效承接跨境业务。继续推进快递与电子商务协同发展第二批试点项目落地，力争在西部省份开展第三批协同试点。进一步优化城市收投环境，推动各地出台快递专用电动三轮车用于城市收投服务的管理办法，着力解决快递车辆城市通行难、停靠难、作业难等问题，启动“快递三进”工程。

三是以质量提升为重点加快科技标准推广应用。开展质量品牌提升行动，引导重点企业对标国际一流水准，加快自动化分拣、数据化处理、智能化服务等技术应用，强化品质管理，不断提升能力效率。全面推广电子运单应用，主要品牌快递企业协议客户电子运单使用率达到70%。出台促进环保科技在邮政业推广应用的指导意见，开展绿色包装试点工程，倡导适度包装，试点环保包装材料应用和分类回收处理，促进资源循环利用。拓宽行业新能源汽车应用示范范围，协调落实相关支持政策。

四是以开放合作为突破口推动企业国际化发展。加强企业间“走出去”合作，引导企业共建共享全球资源，共同拓展国际市场。支持有条件的企业发挥众筹、众包优势，拓展国际网络建设，探索建立配送海外仓，加强国际运力能力建设。优化企业“走出去”的外部环境，加强与海关、检验检疫和外汇管理部门沟通协调，扩大跨境快件清单核放、汇总申报通关模式的适用地域范围，推动完善检验检疫、结汇退税等相关管理措施。加快推进中欧班列运输邮件快件试点。进一步开放国内快递市场，引导国内企业学习借鉴世界先进经验，提高服务能力水平。

（三）完善布局，优化基础网络设施

一是加强基础设施和能力建设。推动邮政企业加强邮件分拣处理能力建设，健全普遍服务末端网络，创新城市地区投递模式，提升包裹类业务的处理、运输和投递能力。持续推动村邮站与村级电商平台的统筹建设，制定实施民族地区建制村直接通邮的工作方案。完善国际邮件互换局和交换站布局，研究自贸区、经济合作区和边境地区跨境邮政服务机制。明确快递专业类物流园区城市布局，引导快递企业参与园区建设，加强重点企业、重要区域、重要节点的大型枢纽项目建设。积极争取中央预算内投资，支持农村和西部地区基础性、公益性快递基础设施建设。深入推进“快递下乡”工程，年底全国乡镇快递服务网点覆盖率要达到80%。推动企业加强营业场所标准化建设。

二是加大与综合交通运输体系衔接力度。会同相关部门出台快递“上车、上船、上飞机”政策措施。推进湖北国际快递枢纽和北京新机场邮件快件处理中心等重点航空快递枢纽及处理设施的规划建设，支持企业加强自有航空运力建设。会同相关部门明确试点线路和实施条件，推进高铁快递示范工程。推动在北京、天津、大连、上海、南京、无锡、杭州、福州、泉州、厦门、青岛、郑州、武汉、广州、深圳、南宁、重庆、成都、昆明、西安20个重点城市建设航空快件优先配舱、优先安检、加速通关的“绿色通道”。加快出台快递运载专用设备相关标准，推动和铁路、民航、公路等运输工具标准的无缝对接。加快重点企业、重点区域陆运网络建设，提高甩挂运输比重，扩大公路客运班车代运邮件快件范围。

（四）加强监管，打造放心用邮环境

一是加强邮政普遍服务监督。积极落实《邮政普遍服务监督管理办法》，推动邮政企业信息系统联网，加强邮政专用标志车辆监督管理，依法处理境外邮政企业在我国违规提供邮政服务的行为。依法履行局所撤销审批、停限办业务审批、经营邮政通信业务审批和邮票发行相关审批职责。突出重点，开展农村地区普遍服务达标检查、重大题材邮票印制销售检查和经营邮政通信业务事中事后监管。修订普遍服务行政处罚自由裁量权基准。继续做好邮件时限监测、消费者满意度调查和均等化指数测算。修订《邮政机要通信保密管理规定》，强化机要通信安全运行管理，完善机要通信突发事件应急处置机制。做好孙中山诞生一百五十周年等国家重大题材邮票发行工作。加强社会监督管理，优化社会监督员结构，强化社会监督效果。

二是强化邮政市场监管。深化快递业商事制度改革，推动对同一工商登记机关管辖范围内企业实施“一照多址”模式。出台快递末端网点备案管理规定，实行快递企业网上年报。实施“双随机”抽查机制。开展快递码号资源统一管理。健全跨区域协作执法和部门协作机制。开展“双整”专项行动，遏制企业无证经营和末端网点不备案行为。开展快递业信用体系建设试点，建立失信企业“黑名单”和违规寄递处罚警示制度。加强集邮市场和邮政用品用具质量监管，严厉打击制售虚假集邮票品、侵犯消费者合法权益等违法行为。加强 12305 申诉服务工作，完善举报处理制度，畅通社会公众举报渠道。

（五）扭住关键，全面加强安全监管

一是推进寄递渠道安全监管“绿盾工程”建设。根据行业安全监管需要，启动建设集行业安全法规体系、安全责任体系、预防控制体系、支撑保障体系、宣传教育体系为一体的“绿盾工程”项目。加快推进以信息化为主的支撑保障体系建设，逐步建成国家、省、市三级安全监管中心、安全执法平台、安全检查平台“一中心两平台”项目。重点建设国家局邮政安全监管数据中心，在现有安监信息系统基础上，实现升级扩容改造，建设可监测、可预防、可调控的大数据中心；加快推进市（地）级处理中心、营业网点视频监控系统建设，重点市（地）企业网点集中联网接入率达到 50%；完善邮政管理一线执法人员移动执法、安全检测、应急处置等装备配置。

二是推动寄递渠道安全监管三项制度落实。认真贯彻落实反恐怖主义法，全面实施收寄验视制度，严厉查处未经验视直接收寄的行为，明确协议客户安全责任和交寄流程，实现安全协议应签尽签，确保协议客户安全管理全覆盖。全面实施实名收寄和物品信息登记制度，出台《邮件、快件实名收寄实施办法》，严格执行用户身份核对和信息登记，企业要尽快建立用户信息数据库，确保寄递用户信息可录入、可查询、可核对、可追溯。抓好《邮政业安全生产设备配置规范》实施，采取多种方式实现地市以上大型处理中心安检设备全部配置到位。推动北京、新疆、西藏等地区建立邮件快件集中安全检查中心，对重点部位、重点时期的邮件快件实施二次检查。

三是加强安全监管和应急保障能力建设。强化预防为主的安全理念，建立预警、预控的动态监测体系及常态化的督导促进机制。积极争取地方政府和相关部门支持，继续推动省、市两级邮政业安全中心建设，充实安全监管力量。会同有关部门研究制定特殊物品安全管理制度，继续强化危险化学品和易燃易爆物品的安全整治。强化企业安全主体责任的落实，推动企业建立完善安全管理内控制度，建立安全管理台账，加强从业人员安全教育培训和用户安全用邮宣传。继续发挥寄递渠道安全管理领导小组协作机制作用，推动寄递安全属地化综合治理，逐级强化督查考评，联合做好寄递渠道禁毒、反恐、打击侵权假冒、扫黄打非等工作。完善应急管理机制和应急预案，加强应急处置物资装备和队伍建设。建立舆情监测预警制度，加强寄递安全热点舆论引导。做好重大活动寄递渠道安全保障工作。

（六）转变作风，持续提升履职能力

一是贯彻落实全面从严治党要求。深入学习贯彻习近平总书记系列重要讲话和党的十八届五中全会精神，全面落实从严治党的要求，发挥党建工作领导小组作用，加强对党建工作的研究指导，坚持思想建党和制度治党紧密结合，夯实思想基础，推进基层党组织建设，发挥战斗堡垒作用和党员先锋模范作用。落实党风廉政建设主体责任和监督责任，坚持守土有责，强化责任担当。落实好中央纪委派驻机构全覆盖工作部署，深入推进党风廉政建设。深入学习贯彻《中国共产党廉洁自律准则》和《中国共产党纪律处分条例》，教育引导党员干部严守政治纪律和政治规矩，自觉遵纪守法，切实加大各项法规制度执行力度。进一步加强行业精神文明建设，牢固树立社会主义核心价值理念，大力开展创先争优活动，办好第二届“寻找最美快递员”评选活动，积极开展文明创建和青年文明号创建工作，树立先进典型。认真做好老干部工作。贯彻落实中央群团工作会议精神，充分发挥工会、共青团、妇联等群团组织的作用，调动各方面积极因素助力行业发展。

二是着力加强干部和行业人才队伍建设。加强人事制度建设，进一步提高工作的制度化、规范化、科学化水平。加强领导干部队伍建设，选优配强领导班子和干部队伍，建立健全后备干部和优秀年轻干部培养机制。推进东、中、西部干部交流，加大对基层干部的培养和挂职锻炼力度。完善领导班子考核体系，试点公务员平时考核，强化考核结果运用，探索公务员及时奖励机制。加强干部管理监督，形成从严管理监督干部常态化。落实《干部教育培训工作条例》，提高干部教育培训质量。贯彻行业职业教育指导意见，推动实施行业人才素质提升工程、人才培养提速工程、合作办学牵手工程，扩大人才培养规模，建设专业人才队伍，提高行业人才素质。引导和支持院校设置邮政、快递相关专业，加快遴选和建设邮政、快递专业示范点，筹划快递产学研论坛。启动新职业标准开发，联合制定高职专业教学标准，协调推进职业培训、职业技能鉴定和职业技能竞赛，筹备国家级一类职业技能大赛，指导举办快递专业大学生创业创新大赛，加大“双创”人才培养力度。

三是拓展深化对外交流合作。落实“一带一路”国家战略，巩固中日、中韩等现有双边多边邮政交流机制，建立中俄邮政管理对话机制，积极开展与沿线国家务实合作。积极参与万国邮联等国际组织活动，做好两个理事会理事国竞选工作。配合参加中美、中欧投资协定和区域全面经济伙伴关系（RCEP）等自贸协定谈判。认真做好中国2016年亚洲国际集邮展览筹备工作。支持杭州做好二十国集团（G20）峰会邮政各项工作。落实海峡两岸电子商务经济合作实验区邮政快递相关工作，深化与港澳台邮政合作。

四是持续提升支撑服务能力。继续加大政府信息公开力度，加强重大政策发布和宣传解读，发挥报刊网及新媒体在行业宣传中的主渠道作用，积极引导社会舆情。开展省市局信息公开及网站管理考核评比。遵循“先评审后安排”原则推进预算管理。出台《省级邮政管理部门财务管理工作考核办法》，增强省市两级财务管理能力。完善统计信息系统，进一步提高经济运行分析质量。推进邮政业安全生产监管和电子政务内网等信息系统建设，拓展视频会议系统功能，实现三级互联互通，提升行业预研预判预警水平。

实现“十三五”目标，完成好2016年各项工作，任务繁重，使命光荣。我们必须抢抓机遇，始终保持锐意进取狠抓落实之风，困难面前不退缩，矛盾面前不推诿，挑战面前不胆怯，以坐不住的危机感、等不起的紧迫感、慢不得的责任感，坚持在执行上比精神、拼进度、见高低，努力在解放思想中实现新突破，在务实苦干中再获新业绩，共创邮政业更加美好灿烂的未来。

同志们，新常态带来新机遇，新定位开启新征程。“十三五”时期是全面建成小康社会的决胜阶段。站在新的历史起点上，我们要乘势而上、顺势而为，让我们紧密团结在以习近平同志为总书记的党中央周围，勇于担当、主动作为、攻坚克难、砥砺奋进，为全面建成与小康社会相适应的现代邮政业而努力奋斗！

坚持创新驱动 加强科技应用 推动建设与小康社会相适应的现代邮政业

——国家邮政局局长马军胜在2016年邮政行业科技创新座谈会上的讲话

2016年6月7日

同志们:

今天,我们召开邮政行业科技创新座谈会。这是继2010年全国快递服务科技工作座谈会之后的又一次以科技创新为主题的会议。这次会议的主要任务是:深入贯彻党的十八大,十八届三中、四中、五中全会精神和习近平总书记系列重要讲话精神,学习贯彻全国科技创新大会精神,总结“十二五”时期邮政业科技发展情况,深入分析行业科技工作面临的新形势新要求,全面部署“十三五”时期邮政业科技创新工作,统一思想、凝心聚力、真抓实干,全面提升邮政业科技创新能力和水平。

下面,我讲四个方面的意见。

一、“十二五”邮政业科技创新取得显著成效

科学技术是第一生产力,是推动经济社会发展的重要动力源泉。习近平总书记强调,科技兴则民族兴,科技强则国家强,必须牢牢抓住科技创新这个核心,发挥科技创新的支撑引领作用,推动实现有质量、有效益、可持续的发展。国家邮政局重组以来,特别是在“十二五”时期,十分重视行业科技创新工作,大力推进行业科技进步,各方面取得显著成效。

一是科技创新环境明显优化。各级政府陆续出台相关政策和措施,促进行业科技创新和转型升级。国务院出台关于促进快递业发展的若干意见,从国家战略高度对行业发展作出总体部署,明确要求坚持创新驱动,促进“互联网+快递”发展,支持快递企业加快推广应用现代信息技术,不断创新商业模式、服务形式和管理方式。国家邮政局召开快递服务科技工作座谈会,出台关于推进邮政行业科技进步的指导意见,有效促进了全行业科技创新能力和科技应用水平的提升。地方政府密集出台扶持邮政业发展的科技政策,不断优化行业科技发展环境。山东、福建鼓励快递企业加大技术创新和升级改造力度,符合条件的享受高新技术企业政策;江苏支持快递企业开展研发活动,实行研发费用加计扣除;安徽、河南鼓励企业开发、研制、使用先进物流技术和设备,申请国家和省高新技术产业化专项资金,鼓励金融机构为快递企业购置先进技术设备提供融资租赁服务等。

二是科技进步带动运营和服务模式不断创新。截至2015年底,全行业拥有智能手持终端76.6万台,可供64%的收派人员实时采集和上传收投信息,为广大消费者全程、即时跟踪查询订单提供了便利。电子运单加速推广,主要品牌快递企业协议客户电子运单使用率达60%以上,打印速度比传统纸制运单快2~5倍,成本节约1倍以上。数据分单、数据派单等技术在主要企业中普遍应用,大大提高了处理速度,进一步提升了服务质效。全国已建成并投入使用的智能快件箱接近9万组,为用户提供了更多的末端投递服务选择,受到广大消费者的高度评价。

三是新设备新流程促进生产组织和商业模式加速变革。全国建成了一批快递分拨中心、仓储中心和快递专业类物流园区。南京EMS、杭州顺丰等快递航空集散中心建成投产。在这些重要节

点，自动化的传输流水线、全自动或半自动的分拣设备加速推广应用，推动企业不断改进作业组织方式，实现规模化有序生产。供应链管理、仓分和仓配一体化、海外仓等新商业模式不断推出。顺丰向华为、小米科技和小米电视提供一站式仓储、配送和售后服务。京东采用自动化立体仓库、自动分拣机等设施设备，建立现代化仓储中心，集管理、控制、分拣和配送于一体，以更好地适应电子商务、制造业等关联产业发展需要和用户对高品质服务的需求。

四是信息科技助力行业管理水平大幅提升。信息技术在客户服务、运营管理等方面发挥着不可替代的重要作用。邮政集团加强信息化规划，建成新一代寄递业务信息平台、集中式呼叫中心和指挥调度中心，推进 ERP（企业资源计划）、CRM（客户关系管理）、大数据、云计算平台建设，以科技创新推动业务发展；顺丰依托互联网和物联网技术、智能化及自动化设备，通过智能媒介、智能交互、智能管控打造智慧物流，实现运营管控的精细化和全方位可视化，加快企业由劳动力密集型向科技密集型转变的步伐；“三通一达”等企业紧紧依靠信息科技，积极开展流程监控、重量核查、成本核算、账目清算和车辆管控等工作，创新管理方式，提升服务能力。信息化和大数据广泛应用，有效应对了“双 11”等高峰期的超强度作业压力。信息技术进一步提升了邮政管理部门的服务质效，强化了监管效能。全国建设完成了 17 个省级邮政业视频监控中心和 30 个地市级邮政业视频监控系统；邮政业申诉受理、经营许可、安全监管、统计分析、行政执法等系统相继上线运行，为行业管理部门进一步“简政放权、放管结合和优化服务”提供了坚实的科技保障。

五是科技创新和行业标准化结合日趋紧密。顺应科技创新对标准化工作新要求，国家邮政局重新界定邮政领域国家标准和行业标准制定的主要范围和重点领域，构建了由基础标准、安全标准、设施设备与用品标准、服务与管理标准，以及信息化标准组成的邮政业标准体系。聚焦邮政业生产安全与信息安全、信息化建设、服务规范、新技术应用等关键领域，先后出台 28 项国家和行业标准，更好地满足了科技发展需要。依托国家快递物流可信服务物联网应用示范工程，推动科技示范引领与标准制订紧密结合，组织开展快件寄递状态分类与代码、手持终端技术要求等标准的制定，引导企业对车辆、揽投作业人员进行实时管控，积极探索快递全程跟踪调度和时限监测新模式。加速推动智能快件箱、快递电子运单、车辆定位系统等科技创新成果转化为技术标准，提高标准的技术含量。开展环保科技在邮政业推广应用研究，出台相关指导意见，为快递封装用品等标准的修订奠定坚实基础。

六是行业科技支撑体系初步建立。组建国家邮政局发展研究中心，着力开展邮政业发展战略规划、政策法规和标准规范等综合性研究，为行业监管信息系统和电子政务系统的建设和运行维护提供支撑。组建国家邮政局邮政业安全中心，切实加强邮政业安全监管信息系统的建设、管理和维护等工作。成立首届国家邮政局科技专家咨询组并顺利完成换届工作，注重发挥业内外专家的智力优势，为推动行业科技进步提供决策咨询。推动企业建立专门的科研队伍，提升创新能力。邮政集团新成立软件开发中心，增强应用软件自主研发能力；顺丰组建 2000 人的专业技术队伍，专门从事信息技术研究、开发和运维工作，服务企业技术进步和业务创新。支持在北京邮电大学、南京邮电大学设立现代邮政学院，通过学科建设和产学研合作，着力加强行业管理和科技人才的培养。

“十二五”期间，邮政业科技创新工作取得了显著成效，对促进邮政业持续快速发展发挥了重要作用。在看到成绩的同时，我们更要清醒地认识到，行业科技水平虽然有所提升，但相对于邮政业快速发展需要和人民群众日益增长变化的服务需求，科技创新的问题仍然较为突出。具体表现在:不少企业科技创新主体意识不强,紧迫性不足,依靠科技创新驱动企业发展的理念和路径还没有形成;科技创新基础十分薄弱,科技应用水平总体不高,信息化集成应用层次依然偏低,科技密集型特征远未显现;标准化运作水平偏低、网络全流程不平衡性矛盾突出,“短板”现象凸现,重硬轻软现象十分普遍;科技创新对行业发展的贡献度不高,科研投入不足,R&D(研究与开发)经费占行业业务总收入的比例还比较低;政府部门对行业科技创新的统筹规划不足,缺乏积极有效的引导,政策支持和激励力度也不够。我们认为,这些问题的产生,根源在于整个行业还处在发展的初级阶段,服务能力、服务水平与市场需求仍不适应,科技应用的市场价值仍未得到普遍认同,邮政管理部门在推动科技创新工作中的作用仍未充分发挥。行业科技创新还缺乏顶层设计和总体部署,一些体制机制问题也在一定程度上制约了行业科技创新活力的释放。

我们深深感到,做好邮政业科技创新工作,必须强化服务意识,要始终把科技创新服务于行业发展放在首位,紧紧围绕行业发展中的热点难点开展技术研发,科技创新才有生机和活力;必须强化主体意识,企业是科技创新的主体,企业要主动依靠科技创新提升服务质量,提高运行效率,降低运营成本,才能不断增强核心竞争能力,在市场竞争中赢得先机;必须强化协同意识,要注重产学研用协同创新,注重运作环节和服务对象协同创新,充分发挥各自优势、互促共进,将科学理论和行业实践紧密结合,才能不断提升创新的针对性和有效性;必须强化企业家意识,科技创新需要长期积累,不可能一蹴而就,企业家要有长远眼光和坚定信心,要关心支持科技创新工作,创造条件,加大投入,激发热情,科技成果才会不断涌现,才能为企业发展提供源源不断的动力。这些宝贵经验,既是“十二五”行业实践的总结,也是科技创新工作必须长期遵循的原则,要在“十三五”期间进一步坚持和发扬。

二、深刻认识邮政业科技创新面临的形势

当前,世界新一轮科技革命和产业变革正在孕育兴起和交互影响,科技创新加速推进,成为重塑世界格局、创造人类未来的主导力量。党的十八大作出了实施创新驱动发展战略的决策部署,党的十八届五中全会强调创新是引领发展的第一动力,全国科技创新大会指出要把科技创新摆在更加重要位置,吹响了建设世界科技强国的号角,明确了建设的总体要求、主要目标和重点任务。国家邮政局提出,“十三五”时期要以推动行业改革和创新发展为主线,全面建成与小康社会相适应的现代邮政业,推动我国从邮政大国向邮政强国迈进。这些都为“十三五”时期邮政业科技创新工作带来了难得的机遇,也对邮政业科技创新工作提出了更高的要求。

一是国家实施创新驱动发展战略,为行业科技创新提供了基本遵循。十八届五中全会把创新发展列为五大发展理念之首,指出必须把创新摆在国家发展全局的核心位置,必须把发展基点放在创新上,让创新贯穿党和国家一切工作,让创新在全社会蔚然成风。习近平总书记在全国科技创新大会上强调,科技是国之利器,国家赖之以强,企业赖之以赢,人民生活赖之以好。实现“两个一百年”奋斗目标,实现中华民族伟大复兴的中国梦,必须坚持走中国特色自主创新道路,必须面向世界科技前沿、面向经济主战场、面向国家重大需求,加快各领域科技创新,掌握全球科技竞争先机。这些重大决策部署和重要论述深刻阐述了当前科技创新的重要性和紧迫性,明确提出了建设创新型国家和世界科技强国的迫切要求,既是“定海神针”,又是“冲锋号角”,为邮政业推进科技创新指明了战略方向,提出了任务要求。

二是国际邮政业的探索实践,为行业科技创新提供了重要借鉴。创新作为四大发展目标之一列入多哈邮政战略,电子邮政和电子商务被认为是创新的关键领域。特别是随着跨境电商的强劲

增长，各国邮政积极进行战略转型，并从优化运营网络、加强信息技术应用等方面大力推进科技创新。新加坡邮政打造电子商务物流枢纽，建设线上线下购物中心。日本、俄罗斯邮政进行网络重组，提高电子通关能力。同时，网络安全、移动接入和大数据正在成为世界邮政创新的重点。美国邮政利用私有云为用户提供身份认证服务，德国邮政运用云服务优化全球货运业务流程。此外，绿色发展成为创新的新趋势。万国邮联把促进全球邮政业节能减排提升到前所未有的战略高度，着力推动各国邮政向低碳、可持续发展方向转型。此外，机器人技术创新日渐兴起。英国邮政开发的快递机器人，能够准确定位顾客地址，在 30 分钟内完成从分拣站到顾客手中的运送任务；德国邮政采用机器人，监控仓库库存情况，看管贵重物品。我们还应看到，冷链技术应用已逐步成熟。日本邮政积极拓展冷冻配送服务，精确控制冷藏（0～10℃）和冷冻（－15℃以下）温度，承诺在72～80个小时内将货物送至我国香港、台湾地区以及新加坡、马来西亚、越南以及法国。

三是实施供给侧结构性改革，为行业科技创新明确了主攻方向。实施供给侧结构性改革，就是更加注重提高供给的质量和效率，增强经济增长的新动能。就是要以市场化需求为导向，按需而变，按需调整，减少无效和低端供给，扩大有效和中高端供给。纵观行业内部，过去几年虽然保持了高速增长，但发展模式单一、同质化竞争严重、中高端服务能力不强，这些问题日益成为制约行业发展的瓶颈。“十三五”期间，推进邮政业供给侧结构性改革，必须要根本性地转换推动发展的内生动力，要更多依靠创新驱动，更多发挥科技创新的引领性作用，形成新服务理念，创造新服务产品、服务模式和服务手段，推进邮政和快递服务向多元化、精细化、品质化发展，拓展仓储、冷链、供应链管理、金融等增值服务，深入实施快递“向下、向西、向外”工程，提高邮政业服务供给的适应性和有效性。

四是加快推进行业转型升级，为行业科技创新工作提出了迫切要求。科技创新从来就以一种不可逆转、不可抗拒的力量推动人类社会向前发展。经验表明，科技革命总是能够深刻改变世界发展格局，科技创新能力越强的国家和地区，其竞争力就越强，转型升级的步伐就越快。具体到行业发展，也是这个道理。邮政业是现代服务业的重要组成部分，是推动流通方式转型、促进消费升级的现代化先导性产业，在基础设施建设、技术装备升级、服务方式优化、运营模式改善等方面，科技进步与创新的空间十分广阔。邮政业“十三五”宏伟目标能否如期实现，邮政业转型升级能否顺利推进，关键在于能否切实发挥科技第一生产力、人才第一资源、创新第一动力作用，关键在于能否切实转变粗放型发展方式，使发展转移到真正依托科技进步、人力资源提升和管理改进上来。科技创新已经成为加快转变行业发展方式、推进行业转型升级的必然选择。

三、“十三五”时期邮政业科技创新的总体思路

党中央、国务院提出，要深入贯彻五大发展理念，深入实施科技兴国战略和人才强国战略，深入实施创新驱动发展战略，统筹谋划，加强组织，优化我国科技事业发展总体布局。全国科技创新大会要求，各地区各部门要切实增强责任感和紧迫感，使创新贯穿到经济社会发展各个领域各个环节，补好基础研究短板、突破应用研究产业化瓶颈、大力推动协同创新，塑造更多依靠创新驱动的引领型发展。习近平总书记就优化我国科技事业发展总体布局提出了五点要求，强调要夯实科技基础，强化战略导向，加强服务供给，深化改革创新，弘扬创新精神。这些都为“十三五”时期进一步做好邮政业科技创新工作规划了蓝图、指明了方向。

全面贯彻落实党中央、国务院的决策部署，“十三五”时期邮政业科技创新工作必须做到四个

坚持:坚持需求导向,紧扣邮政业发展重大需求,增强科技创新对邮政业经济增长、转型升级的贡献度;坚持企业主体,突出企业在科技创新决策、研发投入、科研组织和科技成果转化等方面的主体作用,激发创新活力;坚持政府引导,更好地发挥政府在战略规划、政策标准制定、组织重大攻关和服务交流等方面的作用,营造良好环境;坚持协同创新,推动企业、科研机构、高校等创新主体协同,人才、技术、资金等创新要素协同,大众创业、万众创新与科技创新协同,加速释放创新潜能,培育新动能。

“十三五”时期邮政业科技创新工作要着力实现四个目标:一是科技应用水平进一步提升。8家主要企业基本实现内部作业自动化、服务设施设备智能化;行业管理、客户服务和企业运营的信息化水平基本达到发达国家水平;邮件快件包装规范化、绿色化水平显著提升,包装材料循环利用率不断提高。二是科技进步贡献率进一步提高。科技创新步伐明显加快,在与行业发展关联度大和带动性强的关键技术领域取得重大突破,科技创新成为行业发展的主要支撑和引领力量。三是科技创新能力进一步增强。R&D经费占行业业务总收入的比例显著提升,研发投入明显加大;建成一批工程技术中心并发展成为国家级科研基地,行业创新能力布局得到优化;创新型人才队伍不断发展壮大,科技创新整体效能大幅提高。四是科技创新体制机制进一步完善。企业更多参与重大科技项目和技术标准研制,科技专家咨询纳入行业重大发展问题决策程序,科技管理机构和人员落实到位,科技沟通和协调机制不断健全,科技成果交流平台运转顺畅,促进科技成果转化法在行业内深入实施。

“十三五”时期邮政业科技创新工作必须紧紧围绕国家供给侧结构性改革总体要求,重点在服务智能化、生产自动化、协同信息化、运输高效化、运营绿色化和管理科学化六个方面狠下功夫,不断加快科技创新,不断加快成果转化,不断加大科技投入,大力提升发展后劲,持续增强发展实力。

一是服务智能化。随着互联网、移动互联网等新一代信息技术加速发展,社会生产和生活方式正在发生重大变革,“足不出户”“一站式消费”将带动邮政服务和快递服务加速升级。邮政业要顺应发展新趋势,引领发展新常态,积极推进“互联网+”战略。要重点开发基于互联网、移动互联网的应用平台,提供自助下单、全程跟踪查询、服务咨询、电子支付、产业互联等个性化、多样化、定制化服务功能,通过互联网和移动互联网实现与消费者的多渠道、全天候互动,大幅提升用户体验。要实现服务环节数据信息大共享,不断提高作业精益化水平。要大力推动二维码、电子签名等新技术,为用户提供快捷安全的寄递服务,保护个人信息。要积极依托智能快件箱提供7×24小时投递服务,及时准确反馈投递信息,拓宽服务渠道,延长服务时间。要利用互联网、移动互联网等平台,深入开发质量通报、统计分析等功能,及时发布行业发展服务动态等信息,促进行业管理智能化。

二是生产自动化。随着业务量的持续增长,受人员、场地等资源所限,传统的、一贯制串联式的、以劳动密集型为特征的内部作业方式难以为继,企业迫切需要引入创新型、智能化生产方式。要通过自动化装卸、传输和分拣等先进设备的应用来降低劳动强度,控制企业成本。企业要不断调整和优化生产流程,重点投入智能柔性设备,提高装备水平,提升处理效率。在业务集中度高、处理量大的分拨、转运等中心,要通过集成技术,实现邮件快件的自动分拨和快速转运。要围绕信息化和自动化的结合,深入推广数据分单、数据派单等技术应用,提高运行效率,提升生产效能。要加大对业务生产流程的优化力度,研究将收寄验视、安全检查、海关申报等作业程序前置,缩短全程服务时限,满足实名收寄、收寄验视、过机安检等操作要求。

三是协同信息化。随着“互联网+”战略的大力实施，邮政、快递服务电子商务、跨境贸易、先进制造业、现代农业、医药卫生等关联产业的广度和深度将不断拓展，网络协同对于提高服务效率和服务质量至关重要。要加快融入生产、流通和消费等环节，形成内嵌式的协同作业模式以及标准化的协同作业流程。要重点实现与关联产业的信息互通和信息共享，提前接入相关数据，实时了解和掌握生产资源的实际需求，及时对生产人员、运输车辆、仓储场地等资源进行整合利用、合理调配，提高服务响应速度和资源使用效率。要进一步完善企业信息化运营平台，为关联产业提供逆向物流、代收货款等服务，及时反馈各环节邮件快件的状态信息和突发情况，使关联产业随时了解服务运行状况，加强内部管控，合理调整需求配置，共同提升服务能力和水平，更好推动产业链上下游协同发展。

四是运输高效化。运输是邮政业生产环节的重要一环，其运行效率高低、运输速度快慢直接影响到整体运行效能和服务质量。要积极衔接综合交通运输体系，大力实施“上车、上船、上飞机”工程，提高运载效率，拓展服务网络，提升服务能力。要不断优化企业运输网络，按照统筹学原理，依靠大数据仿真、设计最优拓扑路网结构，合理应用飞机、火车和汽运等运输资源。要推动处理中心、运输通道、接驳场所等功能区与交通枢纽同步规划同步建设，突出抓好环节间绿色通道建设，提升基础设施服务能力。要总结高铁快递和电商快递运输经验，优化安检、装卸和盘驳流程，加大装卸专用设备投入，提高作业效率。要重点加大标准化集装容器的推广应用，积极开展多式联运、甩挂运输和甩箱运输试点，加快运载工具周转速度，提高作业效率，减轻劳动强度，推动邮政业集约化运营。

五是运营绿色化。随着全社会环保意识的不断提升和对环境保护的日益重视，依靠要素成本优势、大量投入资源和消耗环境的粗放型发展方式难以为继。国家邮政局提出要创新发展、转型升级、提质增效，这就要求企业必须要把节能减排、低碳环保、绿色发展放在更加突出的位置。要重点开展新材料的研究，支持企业研发生产可循环使用和可降解的包装材料，支持推广环保车、环保箱和环保袋使用。要大力推广使用电子运单，提升处理效率，降低生产成本，减少耗材使用量。要鼓励企业优化生产作业流程，推广使用中转箱、笼车等设备，减少编织袋和胶带的使用。要研究推广使用新型电池，提高电动车辆的安全性能和续航能力，积极在中转盘驳、城市配送等环节推广使用电动车辆。要在分拨中心、数据中心、管理中心等场所推广应用节水、节电和节能等新技术新设备，实施能源管理，降低能源消耗。

六是管理科学化。随着信息技术的快速发展，信息技术与经济社会的交汇融合引发了数据迅猛增长，对这些数量巨大、来源分散、格式多样的大数据进行挖掘、分析，将为科学管理与决策提供强有力的数据支撑和保障。邮政企业和快递企业要重点加快大数据及云平台等基础设施建设，推动信息化应用向“快递云”平台迁移。要充分运用云计算、大数据等技术手段，整合邮件快件全生命周期数据，形成面向生产组织全过程的决策服务信息，实现对运行发展形势、用户需求、市场潜力更加精准的获取、分析和预测，实现对业务发展、内部运营、服务质量和服务能力更加准确的监测、分析、预测和预警，提高管理决策的针对性、科学性和时效性。要进一步挖掘业务数据的商业价值，为客户提供特定行业发展态势、特定用户群体消费行为分析等个性化服务，拓宽服务领域，培养新的业务增长点。

四、扎实做好“十三五”时期邮政业科技创新重点工作

为全面贯彻党中央、国务院关于科技创新工作的决策部署，落实邮政业“十三五”科技创新的总体思路，不断提升行业科技创新的能力和效率，要着力做好八个方面的工作：

一是着力加强顶层设计。科技创新工作是一项复杂的系统工程，要具有全球视野、把握时代脉搏，准确判断科技突破方向。国家邮政局将组织开展邮政业技术研发体系研究，集中全行业智慧，研究提出涵盖基础通用、关键共性、典型应用等多层次、多领域的研发架构，制定关于促进邮政业科技创新发展的指导意见，引导和支持各类企业、科研院校有效开展科技攻关工作。推动加快形成大中小企业共同参与、产学研用紧密结合、各级政府部门有机衔接的行业科技创新工作格局，多方联动，形成合力。各级邮政管理部门更要进一步完善工作机制，把推动行业科技创新作为一项重要内容摆上议事日程，加强研究部署，持续推动本区域内的行业科技创新工作。

二是着力强化重大问题研究。按照邮政业技术研发体系的总体部署，聚焦行业发展战略性、基础性、前瞻性重大问题开展研究，集中科技资源，集中申报重大专项，着力突破关键技术。在具体项目上，要加快研发集扫描、打印、定位、支付等功能于一体的智能服务终端；加快研发智能快件箱，增强安全监控、多模式识别、多功能存储、代收货款等功能。要重点突破自动供件、模糊识别、地址匹配等关键技术，提高自动分拣的精准度和处理速度；要加强枢纽型基地业务与技术集成研究，推动有关项目加快部署，形成规模效益；要研究推出服务涵盖医疗保健、先进制造业、冷链、高价值物品等专业垂直解决方案；要跟踪实名制信息化解决方案实施情况，并适时进行优化，提高服务效率和安全管理水平。要科学构建行业云计算、大数据研发平台，加快突破数据挖掘、数据智能分析、数据可视化等关键技术，研究形成云、端、网技术标准体系，提高对业务发展的支撑能力。围绕绿色化发展，研发新材料新工艺，提升对包装用品中重金属、残留溶剂等有害物质的检测能力，推动邮政业使用环保型包装材料，提高资源利用率，降低污染排放。省级邮政管理部门也要深入分析区域经济技术发展特征，聚焦具有区域特点的关键共性技术，组织力量加强攻关，为区域可持续发展提供强有力的科技支撑。

三是着力发挥专家咨询组织作用。继2010年成立第一届科技专家咨询组之后，国家邮政局又成立了第二届科技专家咨询组。这是推动行业科技创新工作的重大举措，是提升邮政业科技创新能力、促进邮政业科学发展的客观需要，也是深入推进依法行政、提高治理能力的迫切需要。各位专家学识渊博，经验丰富，要继续发扬科技界追求真理、服务国家、造福人民的优良传统，继续秉持前瞻的意识、探索的精神、客观的态度和改革的勇气，紧紧围绕国家邮政局中心工作和行业发展热点难点问题，积极出谋献策，为行业发展贡献智慧。局相关单位和各地邮政管理部门也要做好组织协调和支撑服务工作，为专家发挥作用创造有利条件。对于科技创新活动活跃的地区，也可以利用社会资源，建立科技专家智慧库，成立专家咨询组织，充分发挥专家的咨询评议和智力支持作用。

四是着力加大政策扶持力度。各级邮政管理部门应积极主动与有关部门沟通，反映行业创新诉求，争取政策扶持，拓宽科技创新资金来源。同时，要对现有扶持政策进行梳理，对照企业特色，推动政策落地，激发企业创新热情。要支持重点企业利用国家或省级科技研发资金、服务业发展引导资金、信息化发展专项资金等，开展技术创新，推动科技成果产业化；要鼓励科技型中小企业利用创新基金，通过贷款贴息、研发资助等方式开展技术创新活动；要引导企业建设市、省、国家三级企业技术中心，享受高新技术企业扶持政策；要推动落实企业研发费用税前加计扣除政策，引导企业改进研发费用计核方法，提高研发设备折旧更新速度，为开展科技创新活动争取政策扶持。

五是着力加强科技创新力量布局和人才队伍建设。企业是科技创新的主体，要推动建立企业为主体、市场为导向、产学研用紧密结合的技术创新体系。国家局要建设一批工程技术中心，组织开展全国性重大科技任务研发，并积极支持骨干企业申报市、省、国家级企业技术中心。要充分发挥国家局发展研究中心、科研院所在科技研发中的骨干作用，不断提高研发水平，促进技术成果工程化、产业化。要充分发挥高等学校的基础和生力军作用，积极采取创建邮政学院、增设邮政和快递专业等方式，大力培养与产业需求相结合的人才。要鼓励邮政企业和主要快递企业与科研院所、高等学校联合组建产业技术创新联盟，合作开展相关基础研究和前沿核心技术研发，联合培养科技人才，共享科研成果。探索开展邮政业科技奖励和表彰活动，对科技水平先进、创新成效突出的科研队伍和人员进行奖励。引导企业加强知识产权管理，保护科技创新成果，规范产权收益分配，保障权利人获得合理回报。推动企业强化激励机制，给予科技人员更多的利益回报和精神鼓励，调动科研人员创新积极性。

六是着力提升行业标准化水平。标准是规范行业发展、提升服务质量、构建良好市场秩序的重要支撑，也是推动政府职能转变、加快治理能力建设、加强事中事后监督的重要手段。要认真贯彻落实国务院深化标准化工作改革方案，建立更加科学合理的邮政业标准体系。整合强制性标准，优化完善推荐性标准，增强快递服务类标准的有效供给，解决好普遍服务类一些标准的老化问题；培育发展团体标准，鼓励区域性协会在技术创新活跃、增值服务发展蓬勃的领域，先行先试；放开搞活企业标准，鼓励制定具有明显竞争力的企业标准，积极推动企业进行产品和服务标准的自我声明公开。同时，进一步加强标准制修订工作。积极推进快递专用车辆标准和绿色环保包装标准的制定，研究制定快递冷链服务规范和逆向快递服务规范，抓紧制定邮政业与关联产业之间信息交换标准，促进与电子商务、先进制造业、现代农业、信息技术等产业协同发展。此外，要更加注重标准的实施和监督。要将标准执行情况作为市场检查的一项常规内容，加强对标准实施情况的督导。邮政企业和快递企业要精心组织、周密部署，加强对标准的学习和培训，推动标准落地。通过大家的共同努力，要在邮政业真正形成“人人知标准，自觉用标准”的良好氛围。

七是着力构建科技交流平台。李克强总理在全国科技创新大会上指出，打通科技成果转化通道，重点要在解决“最先一公里”和“最后一公里”问题上下功夫。科技交流是推动解决这一问题的重要手段。邮政管理部门要借助峰会、论坛等渠道，推动科技信息交流，为企业、科研机构和设备厂商等合作牵线搭桥，推进科技成果转化运用。鼓励科技服务机构为中小企业提供技术信息、技术咨询、技术转让和人才培训等服务，提高中小企业的科技创新能力。推进质量检验检测机构通过市场化服务，加强对包装材料、服务单式、服务设备、运载车辆的质量检测，为科技创新提供良好支撑。研究设立科技交流平台，开放共享科技信息资源和科技研发成果，避免重复投入、盲目研究和资源浪费。加强国际科技交流与合作，通过“走出去、请进来”，拓宽视野，提高科技创新水平。

八是着力加强科技宣传工作。提高科技创新意识，搞好科技创新工作，离不开良好的舆论环境。要充分发挥传统媒体作用，积极利用新兴媒体，普及邮政业相关科学知识、弘扬科学精神、传播科学思想、倡导科学方法。要向全社会积极宣传和展示邮政业重大科技创新成果、优秀创新人物和先进典型事迹，激励大家开拓进取、争创一流。要积极营造崇尚科技、敢于创新的浓厚氛围，大力弘扬敢为人先、宽容失败的创新精神，在全行业形成尊重知识、尊重人才、鼓励创新的良好风气，推动形成讲科学、爱科学、学科学、用科学的良好氛围，激发创新创业活力，推动大众创业、万众创新。

同志们,创新始终是推动一个国家、一个民族不断向前发展的重要力量。站在新的历史起点,机遇和挑战并存。我们必须增强紧迫感、使命感和责任感,以严的精神和实的作风,勇于担当、锐意进取、真抓实干、久久为功,全面增强科技创新能力,全面提升科技应用水平。让我们共同努力、攻坚克难、奋发有为,为推动我国从邮政大国向邮政强国迈进做出新的更大的贡献!

牢固树立和全面贯彻五大发展理念 加快建设与小康社会相适应的现代邮政业

——国家邮政局局长马军胜第47届世界邮政日致辞

2016年10月9日

在举国欢庆中华人民共和国67华诞的日子里，我们迎来了第47届世界邮政日。借此机会，我代表国家邮政局，向关心、支持我国邮政事业发展的各地区、各部门和社会各界表示崇高的敬意和衷心的感谢！向全世界邮政业的同行们，特别是我国邮政行业的广大干部职工致以节日的问候和良好的祝愿！

邮政体制改革实施十年来，我们坚持“人民邮政为人民”的根本宗旨，坚定不移抓改革、一心一意促发展，全力保障邮政普遍服务，全力激发市场主体活力，全力汇聚行业发展新动能，推动了邮政业实现跨越式发展，书写了让世界瞩目的“中国故事”。邮政业业务总量、业务收入规模分别增长6.3倍和9.4倍，快递业务量跃居世界第一。邮政业已成为中国增长最快的服务行业，我国已成为全球增长最快的邮政市场。

邮政业作为现代服务业的重要组成部分，在推动流通方式转型、促进消费升级中发挥着越来越重要的作用，正处于大有可为的战略机遇期。然而，行业大而不强、大而不优，提高供给质效的任务十分艰巨，寄递渠道安全形势复杂严峻，行业管理任重道远。我们必须按照“五位一体”总体布局和“四个全面”战略布局要求，牢固树立和全面贯彻五大发展理念，不折不扣地落实好国务院关于促进快递业发展的若干意见，继续树立“大邮政”的理念、坚持“大发展”的导向、把握“大融合”的关键、践行“大民生”的宗旨、坚定井冈山精神这个“大信念”不动摇，加快建设与小康社会相适应的现代邮政业，坚定不移向邮政强国迈进。

坚持创新发展，更加注重扩大邮政业的有效供给。把创新驱动尤其是供给侧结构性改革摆在行业发展全局的核心位置，全方位、多层次、宽领域推进体制机制、技术应用、服务模式和产品等方面的创新，增强发展动力、提升发展能力、厚植发展优势、拓展发展空间。加速实现行业发展动力从传统动能向新动能转化、发展方式从量的增长向质的提升转变、发展路径从被动适应向主动引领转型。

坚持协调发展，更加注重补齐邮政业的发展短板。推动区域协同、城乡一体、收派均衡、交邮融合，在补齐短板中增强发展后劲、在协调发展中提升整体服务水平。支持东部地区率先发展、打造示范标杆，带动和辐射中西部发展。深入推进快递“三向”工程，不断完善农村、西部地区服务网络，构建覆盖国内外的寄递体系。加快实施快递“三上”工程，更好地融入并衔接现代综合交通运输体系。

坚持绿色发展，更加注重促进邮政业的低碳环保。将“绿色邮政”融入美丽中国建设中，服从服务于国家生态文明大局。不断完善行业绿色发展制度体系，加快建立绿色邮政评估标准，营造绿色发展的政策环境。大力推广环保包装辅材应用，倡导适度包装，加强包装废弃物的回收处置管理。持续推进生产运行中的节能减排，扩大新能源车辆使用比例，提升清洁能源比重。

坚持开放发展，更加注重增强邮政业的国际竞争力。按照互利共赢的原则，丰富开放发展内涵，推动邮政业开放向纵深拓展。主动将技术资本“引进来”，倒逼市场主体改善经营管理、提升服务能力。积极推动我国企业“走出去”，鼓励邮政企业深化体制机制改革，做大做强做优，引导快递企业加快兼并重组，打造具有国际竞争力的“快递航母集群”。大力推进国际和港澳台合作，积极参与全球行业治理。

坚持共享发展，更加注重提升邮政业的普惠水平。提高邮政普遍服务质量和效率，有效满足人民群众基本寄递需求，加强对边远地区、民族地区行政村的业务覆盖。创新普遍服务供给方式，打造特色农副产品的新型流通模式，支撑服务精准脱贫。使广大消费者共享行业改革发展成果，让行业基层员工更加有归属感、更加体面地工作，拥有更多的尊严。

坚持依法治邮，打造服务型政府部门。始终把维护消费者合法用邮权益摆在更加重要的位置。持续推进法治邮政建设，建立完善各级邮政管理部门的“三个清单”，坚决做到“法定职责必须为”“法无授权不可为”。不断提高运用法治思维和法治方式推动发展、破解瓶颈、解决问题的素养和能力，加强邮政普遍服务监督和邮政市场监管。进一步深化“放管服”改革，全力打通各项改革举措落地生根见成效的“最先一公里”和“最后一公里”。切实加强事中事后监管，全面实施“双随机、一公开”，提升邮政管理系统的监管效能。时刻牢记“安全为基”，保障寄递渠道安全畅通。

回顾昨天，“雄关漫道真如铁”；展望明天，“长风破浪会有时”，我们坚信邮政业必将迎来更加广阔的发展前景和空间。在党中央、国务院的坚强领导下，让我们不忘初心、继续前进，努力开创行业改革发展的新局面，为经济社会发展和人民生活改善、全面建成小康社会做出新的更大贡献。

积极探索新形势下反腐倡廉模式
促进党风廉政建设和反腐败工作不断取得新成绩

——国家邮政局纪检组组长解畅在2016年全国邮政管理系统党风廉政建设工作会议上的报告

2016年1月4日

同志们：

受国家局党组委托，我向会议作2015年全系统党风廉政建设工作报告。

刚刚过去的2015年，是全面深化改革的关键之年，也是全面推进依法治国、依法治邮的开局之年。一年来，在国家局党组的高度重视和正确领导下，全系统各级党组织和纪检监察部门深入学习贯彻党的十八大、十八届中央历次全会和习近平总书记系列重要讲话精神，按照中央纪委五次全会的各项部署，认真落实主体责任和监督责任，坚持从严治党、依规治党，把严明政治纪律放在首位，加强纪律建设，强化责任担当，不断推进纪检监察工作改革创新，党风廉政建设和反腐败工作取得了新的进展和成效。

一、落实依规治党的要求，加强纪律建设

围绕权力运行健全制度体系。国家局印发《贯彻落实〈建立健全惩治和预防腐败体系2013－2017年工作规划〉实施办法》，研究制定《邮政管理系统主要领导干部经济责任审计工作办法》《国家邮政局党组管理干部新任职廉政谈话办法》《全国邮政管理系统党风廉政建设分区检查工作办法》《邮政管理系统纪检监察信访工作办法》，坚持把制度建设落实到权力制约和监督的各个方面，不断发挥制度的治本作用。配合国家局各项制度规定的实施与落实，河北、辽宁、重庆等局加强廉政风险防控机制建设，完善和修订关键领域权力运行制约制度，推动以制度管人管事；上海、西藏等局研究制定局党组贯彻落实《建立健全惩治和预防腐败体系2013－2017年工作规划》实施办法，明确了今后一段时期党风廉政建设工作的目标任务；湖南局制定法治环境建设指导意见，出台执法过错责任追究办法、重大处罚案件合议等制度，进一步规范权力运行；贵州局实施重要岗位轮岗制度，对行政审批、财务等重要岗位人员进行轮换，防范廉政和监管风险。

瞄准"关键少数"落实纪律要求。国家局先后完成5家单位主要领导干部离任经济责任审计工作，并对审计中发现的问题督促进行整改，推动完善内部管控机制。各省局认真落实《邮政管理系统主要领导干部经济责任审计工作办法》，对52名市（地）局主要领导干部进行了离任审计，并对发现的问题及时进行了处理。根据《国家邮政局党组管理干部新任职廉政谈话办法》，国家局纪检组对4名党员领导干部进行了廉政谈话；根据来信来访，对85名拟提任领导干部出具了廉政意见。黑龙江、江苏、安徽等13个省局研究建立了新任职干部任前廉政谈话制度，并对新提任干部开展了廉政谈话，进一步夯实廉洁从政的思想基础。

二、落实"两个责任"的要求，严守责任担当

紧紧抓住落实主体责任这个"牛鼻子"。国家局长期坚持责任书制度，根据每年反腐倡廉重点任务，充实完善党风廉政建设责任书内容，由国家局党组书记与各单位各部门主要领导现场签订，

有效强化"一把手"抓党风廉政建设的担当意识和责任意识。国家局党组印发《关于落实党风廉政建设主体责任和监督责任的意见》,把主体责任和监督责任"清单化",为深入落实"两个责任"提供制度保障;转发中央纪委关于落实主体责任和监督责任不力而受到责任追究的典型案例通报,要求各级党组织主要负责人汲取深刻教训,自觉主动把主体责任落实到位;组织举办落实主体责任专题培训班,要求基层党组织书记在党风廉政建设上不能做"甩手掌柜",切实把管党治党责任扛在肩上、抓在手上。各省局在落实党风廉政建设责任制上不断出实招、求实效,天津、上海等局健全责任落实机制,出台《行政效能问责办法》等规定;山西局出台《关于进一步加强干部队伍建设的指导意见》,吉林局制定《关于加强市州局领导班子建设的意见》和考核办法,在抓班子、带队伍,切实抓好落实上下功夫;黑龙江、福建等局出台关于落实"两个责任"的实施意见,促进党组、纪检监察机构认真履职尽责;广西、新疆等局通过执行"签字背书"、落实责任报告等制度,督促党员领导干部认真履责用权。

坚持聚焦主业落实监督责任。国家局纪检组主动从各类业务联席会议中退出,不再参与各类项目评审、结题等会议,集中力量做好"监督的再监督、检查的再检查";深入总结 2014 年分区互查经验,进一步完善分区检查机制,变"区内互查"为"分区检查",围绕国家局党组落实简政放权的要求,组织 8 个检查组开展全面互查,推进国家局党组重大部署有效落实,保证政令畅通。各省局围绕强化监督下功夫、做文章,北京局建立预算执行考核机制,强化对"三公"经费、会议费、政府采购的监督;福建、青海等局制定纪检监察部门落实党风廉政建设监督责任的规定,进一步强化纪检监察部门的责任担当;山东局专门设立纪检监察室,加强人员配备,为做好纪检监察工作奠定组织基础;河南局制定巡察制度,强化对市局工作的指导检查,切实负起管理责任;湖北局出台《加强党政主要负责人监督的实施办法》,建立"七大监督制度";海南局制定党员干部作风建设情况监督检查办法、执纪检查工作意见等制度规定,不断完善监督检查制度体系。

三、落实作风建设的要求,加大整治力度

抓住重要节点开展专项整治。国家局党组在元旦、春节及五一、十一、中秋等节日前,专门发出通知,重申节日期间纪律要求,开展作风建设专项整治活动,防止"四风"反弹回潮。天津局在节前向干部职工发放《廉政提示函》,做到早教育、早提醒;山西、福建等局注重假日节点教育,节前印发通知,明确纪律规定,严禁不正之风;江西局开展以"节前廉情提醒、节中督促检查、节后公示反馈"为主要内容的节日廉情监督活动;云南局组织各市局开展明察暗访活动和严禁领导干部收送"红包"专项整治,组织各部门、单位和全体公务员签订廉洁自律承诺书;宁夏局以"一个时间节点一个时间节点扭住不放、一寸不让"的精神,组织开展明察暗访和专项检查。

针对突出问题深化整改落实。国家局组织各省局采取先自查、后抽查的方式,对市(地)局财务管理和会议费、接待费等经费支出情况进行专项检查,并针对发现的问题推进落实整改;充分发挥内部审计的作用,加强财务监督,强化遵守财经纪律的意识,防微杜渐,防患于未然。各省局采取各种措施,狠抓作风不放松。北京局向快递企业发放《反"四风"、改作风调查回访函》和《"为官不为""为官乱为"问题调查回访表》,江苏局向管理对象下发《廉政回访函》60 份,自觉接受社会监督;广东、甘肃等 9 个省局对各市局财务管理、经费使用、干部选拔和中央八项规定精神落实情况进行了专项检查,及时发现问题,及时督促整改;海南局印发实施《党风政风行风建设社会评价工作方案》,深入推进整治慵懒散奢贪等突出问题。

紧盯重要对象加强改进作风。国家局纪检组认真对反映个别领导干部公务用车问题进行了解

核实，并督促立查立改，同时在全系统通报批评，加强警示；按照重大事项报告制度，对领导干部申报子女举办婚宴的请示进行审核，提示遵守廉洁自律规定，带头移风易俗。各省局加大对党员干部作风问题的整治力度，天津局作出明确规定，要求党员干部与企业交往过程中，既不“勾肩搭背”，也不“背靠背”，做到交往有道，各级党员干部主动上交监管企业赠送的礼金4.25万元；内蒙古局针对部分干部作风建设方面存在的问题，通过函询、诫勉谈话等方式，抓早抓小，将问题遏制在萌芽中；黑龙江局下发《关于规范领导干部操办婚丧嫁娶喜庆事宜的通知》，要求党员领导干部要率先垂范，做到“七个严禁”；浙江局与各处室签订承诺书，提示党员干部远离“酒局”“牌局”，把主要精力放在工作上；贵州局对外公布《干部“十五不准”》，要求企业对在监管执法中是否存在“吃拿卡要、执法不严、滥用职权”等问题进行反馈，强化社会监督。

四、落实正风肃纪的要求，加强信访举报核实

进一步加强信访核实工作。国家局纪检组对反映局党组管理的领导干部及重要问题的线索，坚持亲自查办，进行谈话和调查取证。山东局针对群众举报反映的问题，及时组织人员在查清事实的基础上做出处理；青海局严格信访件办理，对相关人员该谈话的谈话，该处理的处理，认真落实严肃执纪的要求。2015年，邮政管理系统共受理群众来信115件，其中国家局纪检组收到42件，属于受理范围的34件；各省局收到来信73件，属于受理范围的23件，均通过调查核实、函询说明和谈话了解等方式及时办理。

纪检监察信访工作日益规范。国家局研究出台《邮政管理系统纪检监察信访工作办法》，明确三级邮政管理部门纪检监察信访办理的基本原则、受理范围和工作流程，为处理群众来信来访提供了依据和指南。各省局按照国家局规定，进一步细化纪检监察信访工作流程，宁夏局建立了纪检监察部门重要信访举报线索重大事项报告制度，各省局都把信访办理纳入纪检监察培训范围，不断提高纪检监察业务水平。

五、落实抓早抓小的要求，夯实思想基础

进一步强化政治理论学习。着眼于提高党员干部的政治理论素养，国家局认真组织局机关和直属单位党组织学习习近平总书记系列重要讲话精神，特别是通过学习《习近平关于党风廉政建设和反腐败斗争重要论述摘编》，提高贯彻落实全面从严治党要求的自觉性；邀请中央纪委案件审理室领导，做“加强纪律建设，把守纪律讲规矩摆在更加重要的位置”的专题辅导报告，引导党员干部自觉增强纪律意识。各省局结合“三严三实”专题教育，开展各具特色的理论学习活动，湖北局编印发放《中央八项规定等重要文件汇编》《十八大以来廉政新规定》等资料，海南、陕西等局将反腐倡廉理论和党纪法规教育纳入年度中心组学习计划，坚持常抓不懈；重庆局与重庆邮电大学联合组织开展干部管理能力培训，把反腐倡廉教育纳入其中，要求党员干部守住底线不放松。

进一步强化党内法规制度的学习宣传。国家局党组印发《关于认真学习贯彻〈中国共产党巡视工作条例〉的通知》，要求各级党组织深刻领会精神实质，不断完善党内监督机制；印发《关于认真学习贯彻〈中国共产党廉洁自律准则〉和〈中国共产党纪律处分条例〉的通知》，对学习贯彻党内两部法规作出具体部署，要求各级党组织切实担当和落实好管党治党的政治责任，增强党员干部的纪律意识。辽宁局深入开展学习《党章》活动，广东局进行《党章》知识测试，着力营造学党章、守党章的浓厚氛围；江西局邀请省纪委领导解读《准则》和《条例》，宁夏局开展《准则》和《条例》学习月活动；吉林局对辽源局原局长违纪违法案件进行深刻总结、剖析，“以案说法”，强化廉洁从政理念；上海局开展“党委书记谈落实党风廉政建设主

题责任”主题征文活动；福建局在内部信息系统建立“警钟长鸣”群，不定期发布中纪委和省纪委通报的各类违规违纪案例，在电子宣传栏中定期制作纪检监察专题宣传页。

廉政教育活动深入开展。国家局注重结合邮政管理系统实际，利用典型案例和抓住突出问题警示提醒广大党员干部汲取深刻教训，严守自律底线；组织机关和直属单位处级以上党员领导干部到人民法院旁听案件审理，组织机关青年到廉政教育基地参观学习。各省局也积极开展不同形式的廉政教育活动，北京局组织市局机关全体公务员和各派出机构负责人参观北京市反腐倡廉法制教育展览，河北局在西柏坡举办专题学习研讨班，并组织党员干部参观西柏坡纪念馆和廉政建设纪念馆。上海、浙江、河南等局组织党员领导干部参观警示教育基地，接受警示教育；湖北局采取集中观看警示教育片等方式，在全系统开展警示教育 50 余次；安徽局组织省市两级 57 名科级干部赴井冈山进行革命传统专题教育培训，并评选出 20 篇心得体会汇编成册；四川局组织所有市（州）局局长集中进行专题廉政教育，邀请省直纪工委的领导进行辅导授课；新疆局组织党员干部在自治区纪委监察厅网站、天山网就党的纪律和规矩有关内容进行网络答题，强化纪律意识。

六、落实自身建设的要求，加强教育培训

国家局纪检组先后赴江西、宁夏、吉林、甘肃、黑龙江、山西等省局及部分市（地）局开展调研，了解基层党风廉政建设工作现状和纪检监察队伍情况；派员参加中央纪委纪检监察干部监督工作培训班，认真组织学习王岐山同志在纪检监察干部监督工作座谈会上的重要讲话精神和关于纪检监察队伍建设方面的讲话精神，树立“打铁还需自身硬”的理念，强化自律意识；以“打造忠诚干净担当的纪检监察干部队伍”为主题，举办全系统 120 余人参加的纪检监察干部培训班，着力解决不会监督、不敢监督的问题，提高监督执纪的能力和水平。山西、陕西等 10 个省局组织了纪检监察干部专题培训班，浙江局以举办纪检监察工作专题讲座的形式，组织大家学习研究纪检监察业务；甘肃局专门组织纪检监察干部分赴南梁、高台革命纪念馆接受革命教育，强化纪检监察干部履职尽责的责任感和使命感。

总结回顾 2015 年的工作，市（地）局在推进党风廉政建设方面也积极探索，主动作为。湖北各市（州）局均建立了落实“两个责任”实施办法和廉政风险防控机制；云南临沧等局以落实党风廉政建设责任清单为抓手，推动主体责任的落实；山西运城局制定了党风廉政建设责任制实施办法和责任分工表，明确领导班子、领导干部在党风廉政建设中的责任；江西宜春等局规范行政权力运行，认真梳理《行政职权目录》，公开权力清单和责任清单；黑龙江牡丹江局出台了《礼品礼金登记上交管理办法》；广西各市局创新方式方法，积极参与地方行风热线和行风评议等活动；河北承德局制定《行政效能社会评议制度》，参加市“百姓热线”活动，现场受理、解决群众反映的问题；安徽合肥局推动建立包公主题邮局和微信公众号，以包公文化和廉政文化为依托开展廉政教育。

同志们，一年来，全系统党风廉政建设和反腐败工作有力保障了邮政行业的科学健康发展。这些成绩的取得，得益于各级党组织和部门的高度重视，更得益于全系统党员干部群众的积极参与，也凝聚着广大纪检监察干部的辛勤劳动和不懈努力。在此，我代表国家局党组向大家表示衷心的感谢！

成绩固然让人欣慰，但问题不能忽视。我们必须清醒地看到，随着邮政行业的快速发展、行业监管任务加重，各种风险挑战也越来越大。当前，反腐倡廉工作中还存在一些不容忽视的问题：如有的部门“一把手”管党治党的意识不强，落实党风廉政建设主体责任不到位；部分党员领导干部对党纪党规缺乏了解，个别党员组织纪律涣散；个别单位和领导干部在制度的执行上仍然

心存侥幸、打“擦边球”，执行力不强；纪检监察工作针对新情况新问题需要不断创新，队伍自身建设方面“能力不足”、“本领恐慌”的问题突出。对此，我们必须高度重视，切实采取措施，认真加以解决。

十八大以来，党中央坚持党要管党、从严治党，坚定不移惩治腐败，坚定不移改进作风，把党风廉政建设和反腐败斗争不断引向深入。全系统各级党组织和纪检监察部门积极适应新形势、新任务的要求，坚定地把思想和行动统一到中央的判断和部署上来，聚焦中心任务，强化监督执纪，推动反腐倡廉工作不断取得新成效。总结过去，我们有以下体会：

第一，必须坚持党要管党、从严治党。十八大以来，以习近平同志为总书记的党中央，深刻分析党风廉政建设和反腐败斗争形势，坚持党要管党、从严治党，态度坚决、措施有力。党中央从严治党的一贯立场和决策部署，是我们把握反腐倡廉工作方向的指针和力量源泉。实践证明，哪个单位和部门党组织管党治党责任落实得好，哪个单位和部门党风廉政建设工作就成效显著。牢牢抓住落实主体责任这个“牛鼻子”，把全面从严治党的主体责任压实压紧，党风廉政建设就步步深入。党风廉政建设和反腐败是一场输不起的斗争。当前，邮政业发展迅猛，邮政管理部门作用日益凸显，“越是这种时候，我们越要有忧患意识，越要居安思危”，只有深刻认识党要管党、从严治党的极端重要性和现实紧迫性，真正落实好主体责任，我们才能从容自信应对依然严峻复杂的党风廉政建设和反腐败斗争形势。

第二，必须坚持监督执纪、勇于担当。监督执纪问责是纪检监察部门的主要任务和职责。面对严峻复杂的反腐败形势，纪检监察干部作为主力军，处在反腐败斗争的前沿，坚持有腐必反、有贪必肃、有案必查，“老虎”、“苍蝇”一起打，既要打好持久战，又要打好歼灭战，党风廉政建设和反腐败工作的任务十分艰巨。邮政管理系统的纪检监察干部克服困难，在干中学，边学边干。实践使我们深深体会到，认真落实习近平总书记“权力就是责任，责任就要担当”的要求，只有把这份责任真正扛起来，坚持党的利益、人民的利益高于一切，勇于担当，才能为邮政业改革发展提供坚强保证。

第三，必须坚持抓早、抓小、抓细。“祸患常积于忽微”，任何违规违纪违法现象都有一个从无到有、从小到大、从轻到重的演变过程。反腐败查处的典型案例表明，党员干部“破法”者，无不从“破纪”始，因此，加强日常的教育监督，从小处入手，从具体突破，从细节完善，治病于未发之时，解决问题于初始阶段，实现监督执纪问责常态化至关重要。各级党组织和纪检监察部门只有学会经常红红脸、出出汗、咬咬耳朵、扯扯袖子的工作方式，真正把纪律挺在前面，抓早抓小，动辄则咎，发现苗头及时提醒，触犯纪律及时处理，才能减少“病树”，保护好“森林”。

第四，必须坚持与时俱进、改革创新。与时俱进、改革创新是社会发展进步的强大动力，也是邮政管理系统党风廉政建设不断深入的宝贵经验。这几年，我们在认真落实中央部署的同时，结合邮政管理系统实际，相继推出了如主要领导干部经济责任审计工作办法、纪检监察信访工作办法、党风廉政建设分区检查工作办法等制度、措施，使反腐倡廉工作适应不断发展的形势，常抓常新。实践证明，只有把上级的部署和本系统的实际紧密结合起来，才能使党风廉政建设工作更加富有成效；只有围绕解决难点问题积极探索，才能保持与时俱进、改革创新的持久活力和不竭动力。

同志们，党的十八大以来，纪检监察系统聚焦主责主业，围绕监督执纪问责，转职能、转方式、转作风，开创了反腐倡廉工作的新局面。去年12月1日，中央纪委召开了派驻机构全覆盖工作动员部署会议，部署派驻机构全覆盖工作，全面实现对中央一级党和国家机关全面派驻。实施派驻机构全覆盖,是党内监督的重要组织制度创新。这是坚持全面从严治党、巩固党的执政基础的重要途径,是强化党内监督、确保监督无盲区的有力举措。我们要积极适应纪律检查体制的改革,进一步强化主体责任意识,强化内部监督管理,自觉接受派驻机构的监督,积极探索新形势下的反腐倡廉模式,促进邮政管理系统党风廉政建设和反腐败工作不断取得新成绩!

不忘初心　开拓进取
不断取得行业新闻宣传工作的新突破

——国家邮政局副局长王梅在2016年度全国邮政管理系统新闻宣传工作会议上的讲话

2016年9月27日

同志们：

在邮政体制改革实施十周年之际，我们召开全国邮政管理系统新闻宣传工作会议，主要任务是深入学习贯彻习近平总书记关于意识形态和新闻舆论工作的系列重要讲话精神，贯彻落实国家邮政局党组《关于进一步加强邮政业新闻宣传工作的意见》，回顾总结邮政体制改革十年来新闻宣传工作取得的成就和经验，部署今后一个时期重点任务，共同推动邮政业新闻宣传工作再上新台阶。

下面，我讲三个方面的意见。

一、邮政体制改革以来行业新闻宣传工作主要成绩和基本经验

邮政体制改革十年来，企业自主经营、政府依法监管的邮政体制建立健全，邮政普遍服务和特殊服务保障有效加强，市场主体活力极大激发，邮政业实现了跨越式发展。十年间，行业新闻宣传工作也伴随着邮政管理和行业发展一起不断成长壮大，一同走过风雨历程，发挥了重要的支撑保障作用。十年来，行业新闻宣传工作认真贯彻落实中央关于新闻宣传舆论工作的要求部署，把握正确的政治方向，坚持正确的舆论导向，围绕中心、服务大局，以“讲述好行业故事，传播好行业声音，服务好行业发展”为主旨，紧跟中央精神，紧抓行业大事，紧扣发展脉搏，深入践行“走转改”，体制机制更加完善，新闻载体更加丰富，舆论引导更加有效，为邮政管理工作和行业发展营造了良好的舆论氛围，提供了强大的新闻舆论支撑。

（一）精心构建“3＋X”的行业新闻宣传格局

十年来，邮政业新闻宣传工作走过两个阶段：第一个是委托阶段，即委托人民邮电报建设和运营国家邮政局网站、借助人民邮电报和中国交通报等媒体进行行业宣传工作；第二个阶段就是自办阶段，即从2009年成立国家局的新闻宣传机构，网站实现自主运行，《快递》杂志、《中国邮政快递报》先后创刊，三位一体的新闻宣传平台正式建立。同时，我们还不断整合优化资源，发挥主要中央媒体、行业媒体、地方媒体、内刊、手机报等多种载体作用，不断提升行业影响力，形成了行业新闻宣传的“3＋X”格局，行业影响力不断扩大，社会关注度不断提升。

“3＋X”格局中的不同媒体平台通过优势互补进一步形成传播合力，增强舆论引导能力。《中国邮政快递报》从周报到周二报，内容持续丰富、质量持续提升、时效持续增强，及时准确传达国家局党组声音、反映行业改革发展全貌、报道各级邮政管理工作成效，累计达8000余篇。《快递》杂志聚焦市场深化转型，定位更加清晰，报道更加到位，品牌更加优质，更多反映企业关注的政策解读、案例分析、企业经营问题解答等内容。读者面越来越广，涉及快递上下游产业链，已成为企业宣传形象的重要载体和平台。各级邮政管理部门负责人通过杂志进行政策解读210余次。报刊均成为全国“两会”上会媒体，连续两年在备受瞩目的记者会上获得提问机会，打出了行业媒体品牌。网站信息发布频次不断加快，信息价值不断提升，重要信息实现当日上网，在国务院网站考评排名

中名列部委管理国家局前茅。在“X”端，依托国家局、省局、市(地)局三级联动的新闻宣传工作体系，各省、市(地)局通过编发《邮政管理动态》《邮政行业信息》《行业资讯》，促使地方党委政府和相关部门更加了解关注支持邮政管理工作和行业发展，成为宣传行业的有效途径和手段；《中国邮政报》《顺丰通讯》《申通快递》《圆通人》《中通》杂志等企业报刊伴随着企业发展不断提高办刊水平，在加强交流、树立形象方面发挥了重要作用；中央媒体、行业媒体和地方媒体对行业发展给予更多关注，加大报道力度，从而形成了传播力度更大、传播效能更高、传播范围更广的行业新闻宣传“矩阵”效应。

(二)建立健全行业新闻宣传工作体制机制

十年来，行业新闻宣传在工作体制、新闻发布制度、中央媒体协作机制等方面进行了成功探索，取得了重大突破。

在工作体制方面，建立了国家局、省局、市(地)局的新闻宣传三级工作体制。国家局成立了新闻办公室负责管理、指导、协调行业新闻宣传和新闻发布工作，由中国邮政快递报社提供全面支撑保障；各省、市(地)局加强组织领导，健全工作机构，加大资源配置，建立工作制度，为行业新闻宣传的开展奠定了扎实基础。截至今年9月，北京、甘肃、吉林、辽宁、宁夏、西藏等24个省局已成立或计划成立新闻宣传工作领导小组，由主要负责人挂帅；四川、广东、陕西、河北、山东、上海、黑龙江等7个省局已成立了新闻办或新闻宣传中心；31个省局记者站建设实现全覆盖并不断向下延伸；天津、重庆、河南、湖北、云南、海南等27个省局已出台或计划出台新闻宣传工作管理办法；安徽、福建、贵州、青海、内蒙古、山西等28个省局已出台或计划出台政务信息管理办法。

在新闻发布制度方面，制定了《国家邮政局新闻发布工作制度》，设立了新闻发言人，规范了新闻发布的内容、形式、程序和工作机制；加强与中央宣传主管部门的沟通联系，构建综合发布渠道体系，及时发布重要信息，回应社会关切，塑造邮政管理部门形象，营造良好发展环境。同时，浙江、江苏、江西、广西、河北等26个省局也按要求建立或计划建立新闻发言人制度。2007年以来，国家局领导共出席国务院新闻办公室新闻发布会和中国政府网在线访谈8次，出席国家局新闻发布会8次；各司室负责人参加国家局新闻发布会11次，参加国家局网站在线访谈15次；各省局主要负责人参加国家局网站在线访谈12次。

在中央媒体协作机制方面，积极筹划，主动出击，与《人民日报》、新华社、《光明日报》、《经济日报》、中央人民广播电台、中央电视台、中国国际广播电台、《人民政协报》、《工人日报》、中国网等中央媒体和网站，以及《中国交通报》、《人民邮电报》等行业媒体深化合作，提供新闻素材，加强正面宣传，引导社会舆论。邮政管理工作和行业发展相关报道数量逐年上升，2010年以来中央媒体采用国家局推送的新闻信息，累计刊(播)发报道1647篇(条)，其中《人民日报》、新华社、中央电视台等6家主要中央媒体共计871篇。各地也充分利用当地主流媒体加大宣传报道力度，有效扩大了邮政管理工作和行业发展成就的宣传影响。

同时，组建了国邮智库专家委员会，作为行业新闻宣传的智力支撑，来自各大主要院校与科研机构、行业协会与企业、主要中央媒体、有关政府部门的50多名智库专家，已经成为行业的观察家、研究者，国家局决策部署的传播者、宣传者，媒体舆论的引导者、解读者，很好地发挥了行业新闻宣传的智囊团作用。

(三)不断推进行业新闻宣传模式创新

十年来，行业新闻宣传工作与邮政体制改革和行业发展同频共振，载体、形式、手段不断创新，成绩显著。

在载体上不断创新。通过组织中国梦·邮政情“寻找最美快递员”和“黑马杯快递业篮球邀请赛”等多种活动，以精准有效宣传，助力打造具有行业特色的精神文明建设活动品牌。通过举办快递“最后一公里”峰会，聚焦行业发展的热点难点问题，汇聚各方智慧和力量，有效放大宣传效应。各省、市（地）局积极融入地方经济社会发展和新闻宣传大局，主动参加有关部门和媒体组织的行风政风热线、公仆走进直播间、行风坐标等栏目，宣传邮政改革、介绍行业发展、回应社会关切，营造全社会共同关心关注支持行业发展的良好氛围。

在手段上不断拓展。国家局在人民日报客户端移动政务发布厅开通账号，及时发布行业政策法规和各级邮政管理部门监管动态等信息，并荣获“移动政务创新十佳奖”。主动适应“互联网+媒体”新趋势，以报刊微博微信为媒体融合的着力点，通过及时准确发布权威内容，抢占行业热点事件中的制高点和话语权，初步建立起“资源通融、内容兼融、宣传互融”的新型媒体融合格局。河南、福建、湖北、四川、广西等省（区）局和市（地）局陆续开设微博、微信平台，与国家局媒体形成了高效互动。河南局率先创办手机报，目前已向国家局和地方政府以及新闻媒体发刊170余期。

在形式上不断丰富。顺应新闻传播规律主动创新，行业新闻宣传综合运用图文、图表、动漫、视频等多种形式，增强新闻信息的吸引力、感染力、传播力。国家局和各省、市（地）局上下联动，在央视和地方相关媒体平台以及各大视频网站播出寄递安全公益广告和知识宣传片，让寄递安全深入人心，营造全社会关注寄递安全、依法用邮的良好氛围。拍摄制作邮政业发展宣传片，在京交会上滚动播出，展示行业形象，宣传行业发展。各地结合本地和行业实际，在世界邮政日、国际禁毒日、“3·15”、全国法制宣传日、全国安全生产月等主题宣传中，通过设置宣传点、摆放宣传板、发放宣传资料、利用交通工具移动电视和显示屏播放多种形式有针对性地加强宣传力度。

（四）充分发挥支撑保障作用

十年来，行业新闻宣传工作充分发挥新闻宣传的窗口载体作用，做好重大政策、重大活动、重点工作的宣传支撑和服务保障。

在重大政策宣传方面，各级邮政管理部门齐心协力，整合系统内外宣传资源，扎扎实实做好以邮政法为主干的邮政业法规体系的宣传，以《国务院关于促进快递业发展的若干意见》为代表的系列重大产业政策的宣传，邮政业发展“十一五”“十二五”规划及规划衔接的宣传，邮政业标准体系建设的宣传，为确保法律法规宣贯、产业政策落地、规划标准实施，加快“五个邮政”建设，促进行业创新驱动、转型升级、提质增效起到了重要的推动作用。各省、市（地）局按照国家局部署安排，围绕区域行业发展特点，找准与地方经济社会发展的切入点和结合点，积极有效开展地方党委政府重大决策部署的宣贯工作。

在重大活动和重要节点宣传方面，充分调动全系统全行业新闻宣传力量，以高度的政治责任感和强烈的使命感，做好北京奥运会、北京APEC会议、中国人民抗日战争暨世界人民反法西斯战争胜利70周年、G20杭州峰会、上海世博会、广州亚运会以及历年全国、地方“两会”等重大会议重大活动寄递安全和服务保障的宣传报道。近年全国两会期间，广东、陕西、江苏、河南、新疆、山东、湖北、湖南等地省局领导和记者站站长协助报社完成对省长、市长等政要的专访。认真总结经验，加强策划组织，由被动适应向主动引导转变，做好“双11”“双12”等业务旺季服务保障工作的宣传，用行业全力奋战保服务的生动场景，向社会全面反映邮政管理部门和企业为保障旺季服务作出的努力和取得的成果，争取社会的理解和支持，为行业发展营造良好氛围。

在重点工作宣传方面，各级邮政管理部门聚焦“建成与小康社会相适应的现代邮政业”奋斗目标，全力以赴做好落实邮政基本公共服务均等化、空白乡镇邮政局所补建、邮政企业创新发展、快递“三向”“三上”与“1+1”向“1+3”拓展工程、“五个邮政”建设、依法治邮、从邮政大国向邮政强国迈进等重大战略决策的宣传，凝聚各方共识，推动形成抓改革、促发展、稳增长、惠民生的强大合力。在党建和精神文明建设宣传方面,加大对全系统践行科学发展观、开展党的群众路线教育实践活动、“三严三实”专题教育和“两学一做”学习教育的宣传,加大对行业开展文明创建活动、努力践行“诚信、服务、规范、共享”的“4S”核心价值理念的宣传,先后推出北京东四邮局、尼玛拉木、王顺友、“顺丰八哥”、艾克帕尔·伊敏、马朝立夫妇等一大批先进典型,传递行业正能量。

(五)着力打造坚强有力的行业新闻宣传队伍

十年来,行业新闻宣传人才建设不断强化,队伍不断壮大,业务能力不断提升。

这支队伍从无到有不断壮大。经过十年的不懈努力,目前行业新闻宣传已经形成50多人的专业团队和近千人的特约记者和骨干通讯员队伍。这支队伍年轻有朝气,对工作热爱,对事业执着,有敢于担当、执行有力、拼搏奉献的精神,报社专业团队平均年龄33岁,通讯员队伍平均年龄29岁,学历绝大部分都在本科及以上,相当大一部分还是新闻传播专业科班出身。为了跟得上党组要求、跟得上行业发展、跟得上时代步伐,在报社组织全系统专业培训的同时,各省、市(地)局发挥主观能动性和创造性,建立定期培训制度,利用“微课堂”、微信群等拓宽培训渠道,提高业务素养,提升专业能力,为“3 + X”格局建设发挥了重要作用。

这支队伍在实践中不断成长。行业新闻宣传队伍认真贯彻“走转改”要求,俯下身、沉下心,察实情、说实话、动真情,把关注视角投向基层,投向企业,投向一线从业人员,发掘鲜活典型,发掘生动案例,发掘先进经验。在空白乡镇局所补建、快递下乡、产业联动、民营快递20年、百亿时代、200亿时代、邮政体制改革实施十周年等重要选题策划实施过程中,各省、市(地)局通讯员队伍与报社专业团队紧密配合,分工合作,较为出色地完成了局党组交代的宣传任务,做到了“打一仗、进一步”。

这支队伍在困难面前经受住了考验。在重大突发事件面前,在地震、台风、泥石流、暴雨等重大自然灾害面前,全系统新闻宣传队伍发扬“特别能吃苦、特别能战斗、特别能奉献”的作风,快速反应,主动出击,千方百计抢第一时间、抓第一现场,进行及时准确的报道,为邮政管理部门提供信息支撑和决策参考。特别是所在地的记者站和一线通讯员,不辞辛劳、不讲条件、不畏艰险,对中央媒体、行业媒体做好行业积极应对、妥善处置的报道提供了宝贵的一手资料和新闻素材。

邮政体制改革实施十年来行业发展取得的成就,得到了党中央国务院的充分肯定以及全社会的高度关注,行业影响力日益提升。这不仅得益于行业快速发展的本身,也得益于我们始终加强对行业发展的宣传,使我们的工作为人所知为人所识。这充分证明了国家局党组加强新闻工作领导、组建新闻宣传机构这一决策的正确性,既符合党对新闻宣传工作的要求,也很好地满足了行业发展和行业管理工作的需要。在局党组的重视和关怀下,行业新闻宣传工作不断得到加强,从无到有,从小到大,用新闻报道见证了邮政管理工作的务实创新,也见证邮政行业的持续快速发展。回顾10年来行业新闻宣传工作的发展,我们有以下五点体会。

一是坚持党组统一领导。十年来,国家局党组高度重视行业新闻宣传工作,始终坚持统一领导,与业务工作同部署、同安排、同检查。从国家局新闻宣传工作机制的建立,到网站的建设、《快递》杂志刊号的申请、《中国邮政快递报》的创刊,甚至是报刊网的改版增刊,局党组都作为重要工作召开专题会议研究部署。马军胜局长多次对新闻宣传工作作出重要批示,提出明确要求。各省局坚决贯彻国家局党组要求,切实加强组织领导,充分发挥系统优势,把国家局党组对行业新闻宣传工作的重视和要求层层传导下去,形成了各级邮政管理部门领导同志重宣传、抓宣传、管宣传、用宣传的良好局面。

二是坚持正确舆论导向。十年来，行业新闻宣传战线紧紧围绕中央对新闻宣传工作的要求，加强理论、政治、政策学习，在新闻宣传工作中坚持党性原则，坚持马克思主义新闻观，牢牢把握住了正确的业务方向；努力学习国家局对行业管理的理念、思路、做法，洞察行业发展的变化，对事关行业发展的重大举措或者重大政策等社会关注问题，行业新闻宣传平台及时发出管理部门的声音，有对政策的解读，有对误解的化解，有对批评的回应，有效防止了媒体的不良炒作；积极挖掘行业发展中的先进典型，举办了两届寻找最美快递员活动，向社会展示了全行业积极向上的精神风貌。

三是坚持紧扣行业发展热点。十年来，围绕行业重大政策、重大活动、重点工作，国家局、省局、市（地）局坚持上下联动，坚持整合资源，坚持与时俱进，坚持舆情先导，注重加强对邮政体制改革成效的宣传，注重加强对行业发展成就的宣传，注重加强对邮政管理效能的宣传，注重加强对企业转型升级的宣传。围绕重大突发事件，建立快速反应机制，有效加强舆情应对，在山东“毒快递”、天津港“8·12”特别重大火灾爆炸、广西柳城“9·30”连环爆炸和呼和浩特、深圳等地“禁摩限电”等的应对中，充分发挥“3+X”立体宣传优势，沉着冷静，主动发声，及时澄清谬误，有效引导舆论。

四是坚持丰富新闻宣传载体。十年来，行业新闻宣传工作发展的历程，是行业新闻宣传载体不断丰富的历程。从委托宣传到自办报刊网，以及各省、市（地）局和企业刊物百花齐放，从报刊微博微信到覆盖全系统全行业的“国邮新媒”矩阵，从纸质媒体到视频、动画等多媒体，从媒体平台到活动平台，拓展了行业新闻宣传阵地，提升了行业新闻宣传能力，增强了行业新闻宣传实效，国家局党组的声音得到了更好的传播，行业发展的成就得到了更好的展示，基层和一线的心声得到了更好的反映。

五是坚持深化各方联动。十年来，行业新闻宣传牢固树立“大宣传”的工作理念，把新闻宣传工作同邮政管理工作紧密地结合，与行业发展紧密结合，实现了上下联动、左右联动和内外联动。建立了三级新闻宣传顺畅的沟通机制和平台，围绕中心服务大局，确保了宣传效果；把新闻宣传工作同企业实际需求结合，以举办活动为载体，为快递企业、关联企业搭建平台，在促进企业交流、提升行业凝聚力向心力方面发挥了积极作用；把行业新闻宣传同媒体关注结合，带动了中央媒体对行业大量正面报道，扩大了社会影响力，新闻宣传全方位、大格局逐渐形成。

在肯定成绩的同时，我们必须清醒地认识到，面对中央关于新闻舆论工作的新要求，面对全面建成与小康社会相适应的现代邮政业的新使命，面对国家局党组关于进一步加强邮政业新闻宣传工作的新部署，行业新闻宣传工作还存在着一些短板，亟待补齐：一是对破解行业发展难题切入点的聚焦还有待进一步精准，二是践行“走转改”还有待进一步深入，三是全系统新闻发布制度与国务院的要求还有一定差距，四是利用地方媒体强化行业宣传的力度还需进一步加大，五是新闻宣传队伍的能力素质还需进一步提升。

同志们，十年来行业新闻宣传成绩的取得，与各级邮政管理部门领导的重视支持分不开，也是在座的同志们共同努力奋斗的结果。在此我代表国家局党组，对大家的辛勤工作表示衷心的感谢！

二、认真学习贯彻习近平总书记系列重要讲话精神，以中央对意识形态工作的要求为纲领，推动行业新闻宣传工作不断创新突破

党的十八大以来，以习近平同志为总书记的党中央高度重视意识形态和新闻舆论工作，多次研究有关问题，作出重要部署。习近平总书记反复强调，意识形态工作是党的一项极端重要的工作。做好党的新闻舆论工作，事关旗帜和道路，事关贯彻落实党的理论和路线方针政策，事关顺利推进党和国家各项事业，事关全党全国各族人民

凝聚力和向心力，事关党和国家前途命运。国家局党组认真学习贯彻习近平总书记系列重要讲话精神，高度重视行业新闻宣传工作，出台了《关于进一步加强邮政业新闻宣传工作的意见》。全系统特别是各级领导班子要深入学习领会习近平总书记系列重要讲话的基本精神、基本内容和基本要求，深刻把握习近平总书记对新闻舆论宣传重要讲话的新思想、新观念和新创建，学深悟透，联系实际，认真贯彻。按照国家局党组部署要求，坚持从党的工作全局出发，切实担负起本单位意识形态工作主体责任，扎实做好新形势下党的新闻宣传工作，为建成与小康社会相适应的现代邮政业、实现从邮政大国向邮政强国迈进提供强大精神动力和舆论支持。

（一）始终坚持正确政治方向

习近平总书记指出，在新的时代条件下，党的新闻舆论工作的职责和使命是“高举旗帜、引领导向，围绕中心、服务大局，团结人民、鼓舞士气，成风化人、凝心聚力，澄清谬误、明辨是非，联结中外、沟通世界”。要承担起这个职责和使命，就必须把政治方向摆在第一位，牢牢坚持党性原则，牢牢坚持马克思主义新闻观，牢牢坚持正确舆论导向。做好行业新闻宣传工作，要从以下三个方面把握：

一是旗帜鲜明地坚持党性原则。无论时代如何发展、媒体格局如何变化，党管媒体的原则和制度不能变。党和政府主办的媒体是党和政府的宣传阵地，必须姓党，必须坚持党性和人民性的统一，成为党和人民的喉舌。邮政业新闻宣传工作各个方面、各个环节要切实增强“四个意识”，增强政治定力、站稳政治立场，提高政治敏锐性和鉴别力，确保牢牢掌握行业新闻舆论主导权。

二是理直气壮地坚持以人民为中心的工作导向。作为党的耳目喉舌，邮政业新闻宣传工作各个方面、各个环节要把马克思主义新闻观作为“定盘星”和“导航仪”，不仅要做党的政策主张的传播者，还要做时代风云的记录者、社会进步的推动者和公平正义的守望者。要俯下身去，沉下心来，扎根基层，深入一线，贴近行业实际，唱响行业主旋律，讲述行业好故事。

三是毫不犹豫地坚持正面宣传为主。邮政业新闻宣传工作各个方面、各个环节要坚持正确舆论导向，按照习近平总书记提出的“有利于坚持中国共产党领导和我国社会主义制度，有利于推动改革发展，有利于增进全国各族人民团结，有利于维护社会和谐稳定”的要求，遵循团结稳定鼓劲、正面宣传为主的基本方针，凝聚人心，汇集力量，激发全系统全行业团结奋斗、攻坚克难的强大动力。调动各方面的积极性、主动性和创造性，宣传行业发展成果，传播行业正能量，推动邮政事业和邮政产业双轮驱动、齐头并进。

（二）不断提高新闻宣传工作能力和水平

习近平总书记强调，做好党的新闻舆论工作，要遵循新闻传播规律，创新方法手段，不断提高能力水平。要坚持问题导向，改革创新，讲求实效，创新理念、内容、体裁、形式、方法、手段、业态、体制、机制，牢牢掌握党的新闻舆论工作主动权。做好行业新闻宣传工作，要从以下三个方面把握：

一是着力增强针对性，提高传播力，掌握主动权，打好主动仗。提高邮政业新闻宣传工作能力水平，增强针对性至关重要。在舆论环境、媒体格局、传播方式发生深刻变化的新形势下，不断巩固全行业为邮政强国宏伟目标共同奋斗的思想基础，就必须适应分众化、差异化传播趋势，突出行业特色，精准定位受众，科学设置议题，善于挖掘事实，生动多样表达，有力引导舆论走向。要积极探索国际传播能力建设，加大邮政业发展“中国模式”“中国样本”的宣传，构建舆论引导新格局。

二是扎实推动融合发展，激发创造力，不断巩固和拓展舆论阵地。提高邮政业新闻宣传工作能力水平，推动融合发展是必由之路。我们要主动借助新媒体传播优势，完善运用体制机制，畅通并用好同政府、企业、社会、消费者和广大从业人员信息交流的新渠道，有效占领新媒体阵地。行业新闻宣传平台要加快从相“加”阶段向相“融”阶段迈进，着力打造新型主流行业媒体，以传统主流媒体的内容优势赢得新媒体条件下的传播优势。

三是准确把握好“时度效”，提升引导力，增强新闻宣传工作实效性。提高邮政业新闻宣传工作能力水平，必须“从时度效着力，体现时度效要求”。没有时效性就没有新闻，要把握好时机、节奏，重视“首发效应”，做好“早”和“快”的文章；要精准研判舆情，恰当掌控舆论引导的密度和尺度，合理运用媒体和宣传方式；要找准思想认识的共同点、情感交流的共鸣点、利益关系的交汇点、化解矛盾的切入点进行舆论引导，积聚人气、深入人心，不断激发行业干部职工干事创业激情，不断营造全社会关注支持邮政业发展的大环境。

（三）持续强化行业新闻宣传工作队伍建设

习近平总书记指出：“媒体竞争关键是人才竞争，媒体优势核心是人才优势。做好党的新闻舆论工作，关键在人。新闻舆论工作队伍的政治素养、理论水平、政策水平、业务能力，直接关系党的新闻舆论工作效果。要适应新形势新任务的要求，加快培养造就一支政治坚定、业务精湛、作风优良、党和人民放心的新闻舆论工作队伍。”做好行业新闻宣传工作，要从以下三个方面把握：

一是增强政治家办报意识，保持头脑清醒、方向正确。党的新闻舆论工作是政治性、政策性很强的工作，没有清醒的政治头脑，就无法做好工作。要牢固树立马克思主义新闻观，要有坚定的政治意识、大局意识、核心意识、看齐意识，要忠实宣传党的理论和路线方针政策，要严格遵守党的政治纪律、宣传纪律，要保持政治定力，牢记社会责任，解决好“为了谁、依靠谁、我是谁”这个根本问题，在围绕中心、服务大局中找准坐标定位，做到服从服务于行业发展大局不错位、维护消费者合法权益不缺位。

二是提高业务能力，做到与时俱进、履职尽责。思想理论高度决定新闻宣传深度，业务能力决定新闻宣传效果，做好邮政业新闻宣传工作，要有较高的理论水平、扎实的业务功底，始终保持思想的敏锐性和创新性。行业新闻宣传工作者要加强理论学习，夯实理论根基，用科学理论指导实践；要完善知识结构，拓宽知识领域，善用现代传播手段，勤学习、勤用脑、多锻炼、多动笔，按照“精、深、高”的要求不断提高自身政策理论水平和业务能力，精心培养和打造讲政治、懂行业、会宣传、肯奉献的行业新闻宣传队伍。

三是转作风改文风，坚持扎根基层、多出精品。好的新闻报道，要靠好的作风文风来完成。邮政业广大新闻宣传工作者要增进对人民的忠诚，增强对行业的感情，增加对事业的担当，把勤于实践和深入基层当作最好的课堂，深化“走转改”，不断锤炼脚力、眼力、脑力、笔力，不断推出有思想、有温度、有品质的作品，达到润物细无声的宣传效果。要充分发挥先进典型示范带动作用，更好地引导全行业把思想和行动统一到国家局党组推进“五个邮政”建设、加快与小康社会相适应的现代邮政业建设进程的决策部署上来，激发不忘初心继续前进的强大动力。

（四）着力加强和改善党对新闻舆论工作的领导

习近平总书记强调，党的新闻舆论工作是党的工作的重要组成部分。各级党委要自觉承担起政治责任和领导责任，主动谋划本地区本部门新闻舆论工作。党委主要负责同志要定期听取新闻舆论工作汇报，对重要工作靠前指挥，对重要稿件亲自把关，在重要关头加强对媒体的指导调控。做好行业新闻宣传工作，要从以下三个方面把握：

一是高度重视行业新闻宣传工作。各级邮政管理部门党组要高度重视，要把新闻宣传工作作为党的建设的重要内容，切实履行好指导、组织、协调、落实和督查的职责。主要领导作为新闻宣传工作的第一责任人，重要工作要亲自部署，重要问题要亲自过问，重大事件要亲自处置，分管领导作为直接责任人，要抓好统筹协调指导工作，具体工作要落实到部门落实到具体人员。要正确处理好新闻宣传工作与业务工作之间的关系，把新闻宣传纳入总体工作计划，与邮政管理工作一同部署、一同落实，加大支持力度。

二是用好用足行业主流媒体资源。全系统各级领导干部要增强同媒体打交道的能力，善于运用媒体宣讲政策主张、了解社情民意、发现矛盾问题、引导社会情绪、动员人民群众、推动实际工作。对于行业主流媒体，要勤关注、善运用、多支持，把新闻报道作为自己干事创业的好参谋好帮手，更好地把握党中央国务院关于邮政工作的方针政策和交通运输部、国家局党组的决策部署，学习各地各部门的有益经验，有所启发，有所思考，有所行动，有所创造，不断开创邮政管理工作的新局面。

三是关心爱护行业新闻宣传工作者。新闻宣传工作是一项崇高的职业，也是一项很辛苦的职业，在我们邮政管理系统更是如此。各级邮政管理部门都要关心爱护行业新闻宣传工作者，理解支持他们的工作，为他们拓展成长空间，搭建事业平台，在政治上充分信任、工作上大胆使用、生活上真诚关心，让广大新闻宣传工作者热情更高、干劲更足，敬业奉献、奋发进取，为行业新闻宣传事业做出贡献。

三、紧抓机遇，聚焦重点，凝聚共识，形成合力，为行业发展保驾护航

邮政业发展“十三五”规划已经制定，到2020年行业发展的目标是全面建成与小康社会向社会相适应的现代邮政业，改革发展任务十分艰巨繁重。当前和今后一个时期，行业新闻宣传工作要以习近平总书记关于新闻舆论工作的系列重要讲话精神为引领，按照“四个全面”战略布局要求，牢固树立和贯彻落实五大发展理念，主动适应和引领经济发展新常态，坚持围绕中心、服务大局，坚持问题导向、需求导向，坚持变革创新、促进发展，紧紧围绕行业“十三五”发展规划和国家局党组系列决策部署，不断提质增效，更好地服务于行业改革发展和邮政管理工作全局。

一是用心做好行业发展规划、政策、标准方面的宣传报道。明年是“十三五”规划实施的第二年，以国发61号文件为代表的国务院以及省（区、市）和市地三级促进行业发展的政策体系将更加完善，邮政业标准体系将更加健全，要扎实做好宣传，以推动规划、政策、标准更好落地实施。

二是用心做好行业重要法规、规章方面的宣传报道。近年来，法治邮政建设成绩斐然。《电子商务法》和《快递条例》即将要出台，国家局修订了《集邮市场管理办法》等多部规章，还将修订《邮政普遍服务标准》等，邮政业地方性法规规章建设也将进一步突破，要通过有效宣传营造邮政管理部门依法治邮、寄递企业依法经营、消费者依法用邮的良好氛围。

三是用心做好邮政普遍服务监督保障方面的宣传报道。“十三五”时期，各级邮政管理部门将以提高邮政基本公共服务均等化水平为出发点和落脚点，不断完善基础设施网络、推动均等协同发展、创新普遍服务提供方式、保障机要通信安全，我们要切实加大宣传力度，开展广泛深入的宣传。

四是用心做好邮政市场监管工作方面的宣传报道。全系统持续加强市场监管，为维护行业公平公正的市场秩序和消费者合法权益、保障寄递渠道安全畅通作出了不懈努力，要继续加大规范市场秩序、业务旺季服务保障收寄验视、实名收寄、过机安检三项安全制度落实落地、安全监管“绿盾工程”建设等的宣传力度。

五是用心做好行业创新驱动转型升级方面的宣传报道。在“互联网＋”大背景下，要深入挖掘典型，做好邮政企业创新发展、邮政服务农村电子商务、补白网点持续运营、快递“三向”“三上”工程、快递服务现代农业和先进制造业、快递园区建设、行业科技创新、新模式新服务新产品等方面的宣传，以促进示范带动效应更好地发挥。

六是用心做好全系统党建和行业精神文明建设方面的宣传报道。特别是要做好国家邮政局党组落实全面从严治党要求、驰而不息抓党建抓作

风建设、扎实开展“两学一做”学习教育的宣传报道。要继续办好寻找最美快递员等活动，大力宣传精神文明建设中涌现出的先进的典型人物和先进事迹，传播行业发展正能量。

还有三项具体工作我再做些重点强调。一是按照国家局党组部署安排，明年报纸将由周二刊增加到周三刊，报社要做好准备，各地记者站要加强新闻采写，强化内容保障支撑。各省局要加强组织领导，全力配合报社做好发行工作，充分利用一报一刊扩大行业的影响力，使之发挥应有的传播效果。二是要扎实做好国家局微信微博的建设和运营工作，做好对政府官方网站运行维护工作，坚决杜绝“僵尸”“睡眠”网站现象。三是报社要进一步夯实管理基础，不断完善制度建设并狠抓落实，不断创新载体，加强媒体融合，提升科学发展水平。

同志们，“十三五”时期是全面建成与小康社会相适应的现代邮政业攻坚期，邮政管理工作和行业发展任重道远，新闻宣传要为行业发展营造良好的舆论氛围，同样面临着较大的挑战和考验。我们要继续探索创新，继续攻坚克难，不忘初心，凝神聚力，开拓进取，砥砺奋进，不断取得行业新闻宣传工作的新突破，为全面建成与小康社会相适应的现代邮政业做出更大的贡献。

不忘初心　总结经验　再创辉煌

——国家邮政局副局长赵晓光在全国邮政管理局长座谈会上的讲话

2016 年 9 月 12 日

同志们：

昨天，听了马军胜局长的工作报告，我和大家一样深受鼓舞，又一次提振了我们的精气神。十年前，邮政法提出的“促进邮政业健康发展，适应经济社会发展和人民生活需求”的宗旨和目标初步实现了，邮政业成型了、成势了、兴旺发达起来了。所以，我非常理解马军胜局长的报告精神，我们要不忘初心，总结经验，继续前行，再创辉煌。利用今天这个机会，我结合上半年的具体工作以及和马军胜局长交流汇报的一些心得，谈几点意见，就像王梅副局长刚才指出的“没有统一的思想就没有统一的行动”，我们就朝着统一思想去努力。

一、坚持推动邮政企业服务创新

总结十年来的发展经验，我们现在面临着一个改革发展中客观存在的问题，就是“一腿粗、一腿细”的问题。邮政企业在寄递业的发展过程中经历了曾经的“一统天下”到后来的“半壁江山”再到今天的“险些丢掉江山”的局面。今天我们能不能说，前十年快递取得了飞速的发展，而后十年我们要更多地关注邮政的发展。这是我们应当承担的重要历史使命，也是行业发展的客观需要，没有邮政国企参与的市场是不够完善的市场，这个问题应当引起我们的高度重视。今年年初的普服工作会上，我讲了要关注、支持和鼓励邮政创新发展，推动邮政业务创新、模式创新和服务创新，支持企业提供具有地方特色、满足地方需要的服务产品。可喜的是，各省在推动邮政创新发展方面都取得了很大的进展。从去年下半年到今年上半年，我走了十几个省，包括河南、安徽、广东、江苏、浙江、辽宁、吉林、甘肃、北京、天津等地，各地的精神面貌和思想观念都在发生着深刻变化，孕育着生机盎然的景象，江苏盐城、辽宁铁岭等地都在积极思考如何作为，这种向上的劲头让人感触很深。邮政企业越来越多的人认识到，邮政最大的优势就是网点平台，这样的资源不能闲置，邮政要发展必须开放，必须借势借力，要和快递企业融合发展、要叠加业务。这充分说明邮政企业内部思想观念在发生变化，企业在逐步活起来，出现了崭新的发展状态。

从全国来看，今年上半年，邮政包裹类业务继续保持快速增长。上半年全国快递业务量累计完成 132.5 亿件，同比增长 56.7%；而邮政企业的快递包裹业务量 2.6 亿件，同比增长 73.2%。国际及港澳台快递业务量累计完成 2.8 亿件，同比增长 51.6%；而邮政企业的国际小包业务量 3.5 亿，同比增长 60%。可以看出在竞争日益激烈、资本大举进入快递市场的环境下，邮政企业并没有掉队，不但跟上了步伐，增速比同类型的快递业务还能略高一些，这种奋起直追的劲头是值得肯定和令人欣喜的。在寄递业务快速发展的同时，今年上半年邮政服务农村电商也在全面推开。这是邮政企业至关重要的发展领域，也是邮政业新的巨大的增长点。目前集团公司开始部署实施“一一四四”战略，村邮乐购站点已遍布全国 31 个省市，总量超过 15 万户，全国月活跃度保持在 70% 以上，交易规模超过 140 亿元。到年底，邮政企业要通过直营、加盟等方式努力建成 20 万个标准化的“村邮乐购”站点，2017 年要达到 50 万个，到“十三五”末要建成100万个。集团公司决心很大。而目前全国农村淘宝建点刚刚超过1万个，京东、苏宁等电商企业更少点，邮政的优势是非常明显的。截至六月底，已有31个电子商务进农村的示范县明确表示将综合示范工作交予邮政全面承接（比如四川的西贡、石棉、陕西黄陵、吉林通化、青海共和、湖南桃江等）；有9个县政府表示将物流体系交予邮政（例如江西的广丰、四川的安岳、重庆的石柱、吉林的敦化等）。邮政服务农村电商总计已获得3亿元的政府支持资金。

看到邮政企业这些可喜的变化和较好的发展势头，我有三点认识和大家交流一下。

第一，坚持普遍服务“三个没有变”就是走创新发展之路。不用过多的分析和论述，这几年的实践让我们认识到，邮政普遍服务已经不能再固守、不能再局限于传统的函包汇发业务，有了新的现实需求。前年的工作会上我们提出了普遍服务的“三个没有变”，就是邮政普遍服务在国家公共服务中的重要地位没有变，政府提供邮政普遍服务的职责没有变，与时俱进提供高质量邮政普遍服务的任务没有变。特别是从邮政服务农村电商精准扶贫、推动全面实现小康来看，政府提供邮政普遍服务的职责愈显重要，从中看出邮政业对于实现“两个一百年”的中国梦是至关重要的，邮政业需要大型国有企业的支撑。因此，我们一定要正确理解和把握邮政普遍服务面临的新形势、新定位和新要求。

所谓新形势，一是邮政业已经形成了完整的体系、业态和模式，并在不断发展；二是邮政业已经成为电子商务的重要支撑和拉动力；三是邮政业已经成为对外贸易不可或缺并愈发重要的形式；四是邮政业与社会生产生活的渗透和关联愈发紧密；五是社会投资已经成为邮政业发展的重要驱动力；六是邮政业已经出现了高度融合、合作发展的趋向，行业内外、邮快企业和上下游融合发展趋势愈发明显。从京东目前的发展趋势来看，快递已经不是单纯的第三方快递，第一方、第二方快递都在踊跃出现，很了不起。在这种发展形势下，邮政企业是不能独善其身、单打独斗的，迟疑和固守都会影响发展。

所以我们要有新定位。第一，邮政企业不但是国家普遍服务的承担者，更是生龙活虎的市场主体，要发挥它的本能去竞争，不能一直背着普遍服务的包袱等待政府的扶持，企业必须依靠自我的内生动力发展起来；第二，邮政企业是大型国有企业，是寄递业的先行者，要重新焕发生机。有了这样的新定位，就决定了邮政企业必须要满足新的需求。所以，我们要推动邮政企业继续高举普遍服务大旗，坚持均等惠民、服务国家大局，要不断强化和优化普遍服务的功能和新的定位，督促企业向社会提供与行业地位相适应的普遍服务。与行业地位相适应，就是能够满足最广大人民群众的寄递需求，发挥国有企业的影响力，为整个行业的发展起到基础性、保障性作用。我们推动邮政服务农村电商，发展跨境业务，就是在激发企业发展活力，通过鼓励企业创新发展，来培育邮政普遍服务发展的新动力，来丰富邮政普遍服务的新内涵，来满足邮政普遍服务的新需求。

第二，要理直气壮做大做强国有企业。昨天上午报告中，马局长也做了强调。习总书记在全国国有企业改革座谈会上指出，“国有企业是壮大国家综合实力、保障人民共同利益的重要力量，必须理直气壮做强做优做大，不断增强活力、影响力、抗风险能力”。这也是衡量邮政企业发展的标准。我理解，国有企业不但是国民经济的重要支柱，而且是我们党执政的基础和政权稳定的基础。对此，大家必须要有清楚、牢固的政治意识。

目前，中国邮政集团公司不能说不大，不能说发展不快，它已经站在“世界五百强”的第105位、“国内一百强”的第20位，这已经接近邮政企业2020年进入“世界五百强”前100名、“国内一百强”前20名的目标了，但这主要是邮储和代理金融业务的偏大带来的，而邮政企业在CEP市场（Courier同城速递；Express快递；Parcel包裹，三类为一个市场)的份额很低,也就是10%上下。这与邮政企业应当发挥的作用是不相称的,也与国家的保障支持政策是不相称的。我们要看到,邮政企业有强起来的基础和希望,一是它的网络优势在逐步增强,这使它在邮政行业中的地位和作用不但不应该削弱,而且还要不断提升。从补白工程、村邮站建设、争取保障政策等一路走来,邮政企业在不断做大,但还没有做强,没有用好网络平台优势。二是大数据的分析运用会推动邮政企业做大做强。大数据的形成会对整个行业的结构性改革产生很大的促进作用,大数据可能会实现对微观经济和中观经济的有计划安排,大数据会带来大仓储、大物流和同城寄递。2002年时我与商务部赴德国考察时看到,麦德龙超市运用大数据对牙膏、红酒等商品进行仓配。现在看,我们的行业很适应大数据的分析运用。而邮政企业以县级分公司为基础,乡乡设所、村村通邮的组织架构,系统性强,组织化程度高,与政府联系紧密,与农村农民贴近,最适合行业的这个发展趋势。

我们做大做强邮政企业,就是要推动邮政企业当好市场经济主体,放下身段,全身心地投入到市场中,开拓拼搏,按照市场的规则和要求,调整生产要素、合理配置资源、创新产品和服务。现在邮政企业已经越来越有活力和生机。因此,我们要在时间上给邮政企业以压力,要在空间上给邮政企业以包容。对于以市场为导向、同市场对接的改革,我们都要积极的支持和鼓励。

第三,包容邮政快递包裹业务的发展。离开包裹业务,邮政服务创新发展、邮政企业"一体两翼"战略推进和邮政企业寄递服务重振雄风等等都无从谈起。所以,马局长对这个问题非常重视,多次说起。我要讲的是,我们对"快递包裹"能否采取包容的态度。最近,北京、安徽、贵州、湖北等多个省局向国家邮政局反映,当地工商等部门向邮政管理部门问询,"快递包裹"未取得快递许可是否违法;用户也问"快递包裹"是属于普遍服务还是属于快递服务。我估计,不仅工商部门在问,信访部门在问,用户在问,咱们管理部门自己也在问。省局提出这个问题,没什么不对,是履职尽责的体现。我想讲讲个人的观点,看能否统一一下思想。我理解,从理论到实践、于情于理来看,"快递包裹"的发展我们是能想得通的。对这个问题,我做了一些了解,"快递包裹"是邮政企业在2001年8月就开办的业务,在邮政法修订前就已经有了。"快递包裹"和"普通包裹"都是邮政企业经营的包裹类产品,是利用一个网络提供的时限更快的服务,具有普遍服务性质。只不过那时没有电商这样巨大的需求,所以没有发展起来。现在市场大了、机制活了,规模就起来了。有的省的同志也想给邮政企业办个快递许可证,认为这样就可以像快递企业一样监管,并且把这个问题正式向国家邮政局提出来。怎么办?去年的年中会上,我讲了一些不能给邮政发快递证的道理,这里再提出几个观点和大家商量。

首先,从邮政普遍服务角度看,是否可以把"快递包裹"看作是普遍服务。邮政法对邮政普遍服务规定了四个要素,"国家规定的业务范围、国家规定的服务标准、合理的资费、境内所有用户持续提供"。这其中需要注意的是,2015年邮政法修订,专门把邮政普遍服务定义中的"国家规定的资费标准"修改为"合理的资费",就是为了适应普遍服务创新的需要。合理的资费标准,既包括政府定价,也包括企业自主定价。而快递包裹就是企业自主定价,而且在全国范围内提供服务,服务标准满足普遍服务标准。因此,快递包裹完全符合普遍服务的四个条件。而且,邮政法规定10千克以下包裹寄递属于普遍服务,没有说慢递包裹属于普遍服务,快递包裹不属于普遍服务。这其中最大的疑问就是享受普遍服务补贴的"快递包裹"与快递企业是否存在不公平竞争的问题。对此,我们要从历史的、现实的、长远的角度来看。邮政企业的定位既是普遍服务的承担者,又是市场主体。国家对邮政企业的补贴,是因为邮政企业还担负着机要通信服务、特殊服务、老少边穷地区的邮政服务的责任,甚至可以将补贴理解为是对政企分开、体制改革、快递成为合法市场主体的补偿。市场发展的空间也充分证明,邮政企业与快递企业竞争并没有优势地位,现在的市场空间是在不断扩大的,不存在挤压快递企业业务的情况。快递企业也走过一段业务不合规却得到管理部门包容、最终发展壮大的过程。所以邮政企业开展快递包裹业务,于情于理都是可以理解的,就目前来看对邮政企业的补贴不会引起不公平竞争。

其次,从快递业务角度看,如果给邮政企业办理快递许可证,就把快递包裹从普遍服务业务变成竞争性业务了。按照邮政法规定,普遍服务业务与竞争性业务必须分业经营,而不是分业核算啊！那么,就又要分出一个 EMS 来,单独成立一个公司独立经营。这是不是又会造成邮政大网的分割？进一步考虑,如果快递包裹成了快递业务,普遍服务下滑趋势将进一步加剧,普遍服务存在的必要性可能都会受到质疑。我这两天在贵州黔南州调研,贵州是典型的西部地区,当地普包每年业务量下降 22%,这是难以想象的。黔南州邮政去年全年普包业务量为 8000 多件,今年 1 ~ 8 月份业务量为 4968 件,收入 12.7 万元,比去年同期减少 3.6 万元,普遍服务仅局限在普通包裹行吗？而今年当地“快递包裹”业务量却增长 139%,业务收入由 200 多万元增长到 400 多万元,这是很残酷的现实。普遍服务继续萎缩,国家财政也不会无限的进行补贴,那普遍服务会不会逐渐消除？我们政府部门在继包容“快递企业”后,对“快递包裹”的再次包容是否可以推动普遍服务更好发展？这一系列的问题需要我们在做决定前认真思考。

再次,现在的问题主要是监管和统计的问题。安全监管肯定是包括快递包裹的。邮政企业也不会说快递包裹不执行“三个百分之百”。现在统计上快递包裹是缺项的,可以通过完善我们的统计工作来解决。下一步,可以想办法把快递包裹纳进来、单独列出来。其实,快递包裹之所以出现属性和定位的争议,主要在于“快递”二字。“快递”二字在邮政法有明确定义,但是邮政企业提供快递包裹服务是在邮政法之前,其本质又是属于邮政普遍服务。所以,还是归为普遍服务业务更为合理。

当然,我谈的这些想法,有政策依据、法律上能说得通,在现在的政策环境下是一种比较稳妥的选择,但是也不做定论。从长远看,邮政与快递的融合是行业的发展趋势。像德国,德国邮政的全称就是“德国邮政 DHL 集团”。业务领域如何划分呢？德国邮政板块负责国内信件、印刷品、窗口服务,DHL 板块负责国内包裹、国际信件、国际包裹。很难说它是个邮政企业还是个快递企业。现在我们国内的市场空间还很大,圆通是每天 1000 万件,申通每天 800 万件,顺丰每天 700 万件,快递包裹每天才 200 万件,还没有形成太大的竞争关系。而且,邮政市场的集中度处在下降的状态,这个市场没有国企的参与,是不完整的。希望大家能够统一思想,对快递包裹更包容一些。同时我们还要看到,快递的创新越来越多,一些处于政策边缘的新业态、新模式不断出现,像美团网、饭桶网这样的送餐快递,像人人快递、菜鸟裹裹这样的众包平台正在拓展,据说滴滴打车也要搞快递。对这些新业态新形式,我们都要以包容的眼光看待。当年快递企业本身也是经历了一个属性之争的过程,才有了邮政法的规定。所以涉及顶层设计的事情,要多看多想,慎重处理。

在统一思想的基础上,我希望省局重点关注四个邮政服务创新的领域。

第一,关注邮政服务农村电商。马局长在国内动态清样上批示:“邮政服务农村电商的优势明显,应予大力支持。”邮政有以县级为基础的三级网络架构支撑,这是得天独厚的优势。马局长在这次报告中提到,这是邮政发展的永恒主题,农产品进城关系到农业生产,关系到农村建设,更关系到农民致富,推动有机农业、无公害农业等现代农业的发展。邮政集团公司正在实施“一一四四”工程,即:建设一个线下渠道(加盟店建设),打造一个线上平台(邮乐网建设)、抓好四大业务发展(快消品批销、耐用品代购、农产品返城、一体两翼联动)、落实四大保障举措(打造运营支撑体系、投递网改造、人财物保障等及争取政府支持)。尤其是邮政企业在农产品包装上下了功夫,正在制定各类农产品的包装标准。比如在江西模式中,企业选好"邮掌柜",他一肩两头挑,一头是农业户、合作社,一头是网销平台上的消费者,邮政企业在中间做好农产品的包装。目前,江苏、浙江、辽宁、云南、贵州、吉林等多地创新了邮政服务农村电商的各种模式,互补叠加,共同发挥作用,促进了农产品进城。我们要鼓励并促进这项工作。

邮政服务农村电商,我们要更侧重服务地方经济,帮助农民把农产品卖出去、送进城,这是农民最需要的。工业品下乡,有很多渠道,邮政不一定都有优势。但是,农产品进城是邮政的优势。邮政通过发展农村电商和寄递,帮助农民把宁夏固原的土豆、铁岭的黄米和榛子、大连的樱桃、葫芦岛的山楂、山西的大枣、延安的苹果、荆州的莲藕、广西百色的芒果等等各地的特色农产品卖出去、送进城,既可以服务农村经济、为农民创收,还可以推动绿色农业、有机农业、现代农业,一举多得。

我们管理部门需要注意的是如何用好补建的空白网点,用好村邮站。现在看起来我们做了件造福千秋万代的大好事。补白网点大都设在农村最落后的地方,也是精准扶贫任务最重的地区,这些地方需要农村电商来带动发展。村邮站是邮政企业连接农村的纽带,就在农民身边,具有示范作用。省局和地市局要发挥好8440个补建网点和20万个村邮站的作用。我们要积极与地方政府沟通,争取把补建网点建设成农村电商的中转点、仓储点,把村邮站建设成农村电商的配送点,纳入地方的农村工作、扶贫工作,纳入地方的美丽乡村建设。

第二,关注邮政服务跨境电商。跨境电商是邮政天然的优势,这个优势在今天显现出来了。在万国邮联框架下,邮政服务运送范围广,覆盖全球,手续便捷,资费低廉,而且持续稳定。现在很多地区都在推动跨境电商的发展。已经获批的"1+12"跨境电商综合实验区(杭州、广州、深圳、天津、上海、重庆、合肥、郑州、成都、大连、宁波、青岛、苏州),试点方案基本都提到了邮政服务,提出要加大国际邮件的直封直飞力度。我在年初的工作会上,要求这些城市的省局要主动联系,积极参与,争取成为工作组成员、联席会议成员。天津就做得非常好,还成立了专门机构。其他相关省局要在年底前把这项工作的进展情况向国家邮政局报告一下。前不久,党中央、国务院决定,在辽宁、浙江、河南、湖北、重庆、四川、陕西新设立7个新的自贸试验区,加上之前的上海、天津、广东、福建,就有11个自贸试验区。这11个省份,与前面的"1+12"有一些重合,省局也要争取加入相关的工作机制。积极参与相关的工作机制,其实就是要争取政策:

一是争取地方政府的政策支持。跨境电商发展,已经从沿海沿边地区延伸到内陆地区。河南、重庆、安徽、山东为推动跨境电商发展,都对邮政企业给予大力支持,以极优惠的价格为邮政企业征地,建设国际邮件处理中心。二是争取地方海关的支持和配合。邮政与海关的合作程度,确定了国际邮件的通关效率。三是发挥邮政管理部门设置国际互换局的优势。互换局对促进邮政服务跨境电商具有重要意义。例如,开通东莞互换局后,国际小包出口业务量增幅会以每年50%~80%比例持续增长。互换局也是我们推动工作的抓手,只要有量的支撑,有利于地方经济,原则上我们都会积极促进。

第三,关注智能信包箱的建设。多年来,信报箱一直是邮政与广大人民群众之间的天然纽带,是那个时代的标志。现在情况发生了变化。一方面信报箱长期闲置,大多数地区的信报箱利用率只在10%左右;另一方面邮政包裹和快递急剧增加,用户却只能自取,或者使用第三方的快件箱。

但是，智能快件箱存在着进社区难、收费就没人用、不收费就运营不下去等诸多问题，现在就出现过智能快件箱运营商倒闭的情况。如果包裹的投递能像信件投递一样，通过信包箱来完成，这对普遍服务来讲是一件大事。因为它为普遍服务由信函向包裹的转型创造了可依托的条件。从行业上讲，这对减少投递人员和投递车辆、提高投递效率都有好处。马局长在《天津普遍服务创新调研报告》上就批示，“信报箱出路应予重点关注”。可喜的是，有一些地方局已经做了积极的探索。总结一下有天津模式、盐城模式、福州模式、广州模式，几种模式各有所长。天津模式是在一户一箱的基础上，增加能够投递包裹和快件的智能箱，能够很好地解决已建小区存量信报箱的改造问题。盐城模式是管理部门会同市规划、建设、房产等部门共同下发《关于加快推进住宅小区智能信包箱和邮政服务用房建设有关事项的通知》，将智能化的信包箱在小区建设时就作为固定设施建好并交给小区物业管理，适用于新建小区的增量建设。福州模式是将信报箱增加智能化包裹投递功能，并采取注册制解决使用率低的问题，还实现与市局监管信息系统的对接。广州模式在投递信件包裹的基础上叠加了政务服务、民生服务功能，把信包箱建设成“社区服务综合体”。从现在来看，上述几种模式既满足需要，又各有特点，而且在当地都受到了用户的欢迎和肯定。

信报箱建设，也就是“户箱工程”，曾经是我们的重要工作。在建局之初我们做了各种努力，制定了《住宅信报箱》产品标准、《住宅信报箱工程技术规范》、《住宅设计规范》，把一户一箱写进了强制性条文，形成了规划、设计、施工、验收的闭环管理。现在，希望我们做同样的努力，适应新情况、新要求，开展新的“户箱工程”。新“户箱工程”应该是智能的、向快递开放的。我们要把新“户箱工程”建设成整个邮政业创新发展、绿色发展、开放发展的标志，成为与老百姓之间新的纽带。

第四，关注邮政快递企业合作。关于邮政快递合作，马局长作出过专门批示，“此事属市场性合作，好事多磨，在磨合中不断增进共识、巩固基础。”因此，我们要找准政府在这项工作中的定位和重点，为增进共识合作共赢，搭建交流沟通的平台。目前江西、宁夏、内蒙古、海南等地都取得了较大的进展，效果也比较明显。从合作环节上看，目前邮快合作基本都在投递环节，四川雅安等个别地区还开始尝试分拣场地与快递企业的共同使用。

今年，国家邮政局决定在内蒙古赤峰、辽宁铁岭、浙江杭州、江西吉安、湖北恩施、四川雅安6个城市开展邮政与快递合作试点。这六个城市的市局和所在省局，要加强组织领导，搞好综合协调，落实试点任务。其他地区也要积极探索，撮合双方对接，优化政策环境，发挥好倡导者、引领者和协调者的作用。

二、坚持做好村村直接通邮工作

建制村直接通邮，是党中央对民族地区工作提出的政治任务，也是国家“十三五”规划提出的明确要求。这项工作有一定难度，但是和“十二五”的补白工作一样，是一场必须要打而且必须打赢的硬仗。

我先强调一下这项工作的重要性。

建制村直接通邮，是新形势下党中央国务院提出的要求。我们在认识上不能打折扣。第一，在2020年国家要总体实现基本公共服务均等化，全面建成小康社会。其中，建制村直接通邮，是邮政普遍服务均等化的标志。第二，直接通邮，是与邮政普遍服务的使命联系在一起的。快递下乡工作是政府倡导和推动；而村村直接通邮，是政府要求，邮政企业必须落实到位的。因为，我们必须让人民群众感受到，邮政普遍服务是政府持续提供的公共服务，而且是不能完全靠市场提供的服务。第三，建制村直接通邮，是一项为民谋福利的实事，有利于方便农民用邮，激发农村经济活力，助力邮政精准扶贫；也是一项普惠邮政建设的实事，有助于邮政服务农村电商，开拓农村市场。

在提高认识的基础上，我们还要坚定直接通邮工作的信心。

我们前期对建制村通邮现状做了一些调研。可以说，建制村没有直接通邮，主要存在于那些交通不便、人口稀少、居住边远的地区。但是我们也要看到，现在未实现直接通邮的建制村也只有三万多个，仅占全部建制村数量的6%左右，总体数量并不大。而且我们在实施过程中不搞一刀切，国家邮政局制定统一标准，各地分类实施。

在这里，我也想和大家商量一下，对建制村直接通邮的标准如何掌握。因为各地的情况不同，需求也不同。东部地区已经做到投递到户了，就不能再提投递到村了。而西部有些地区还是通了，但无法保证固定频次。就整体来讲，多少频次为妥，是不是也要因地因需而定。东部地区应该做到全部建制村每周至少投递三次；中西部地区大部分的建制村可以每周投三次，一小部分可以每周投两次，极个别的可以每周投一次，甚至每两周投递一次。这样可能更符合实际一些，因为有的游牧民每隔一段时间才会回到聚居的地方，要求投递三次是不切实际的。同时，从实现方式上，极少的地区或少量的建制村允许企业采取委托、外包等方式，只要做到责任明确、频次固定、质量稳定，能够保障村民直接收到邮件，就算达到标准。

对于具体的工作部署，我有一些设想。

下半年，国家邮政局打算在三方面开展工作，一是摸清底数、建立台账。底数清、情况明，是工作的基础。我们要向中央精准扶贫那样，全面准确地掌握全国四十万个建制村的通邮情况，实行销号管理。二是提出标准、对标落实。我们要在底数清的基础上，提出直接通邮的标准和原则，由各省在国家邮政局确定的大原则和基本标准要求下，自主确定具体的服务标准和模式。三是沟通协调、制定方案。村村直接通邮，实施的主体是邮政企业，要通过邮政企业来落实，要明确邮政企业的责任。我们要与邮政集团公司共同研究，提出切实可行的工作方案，明确推进时间表。

做好这项工作需要上下联动，共同推进。国家邮政局的工作是以省局工作为基础的，省局工作要以地市局为基础。为此，各省局下半年的工作重点有三项：一是全面摸清建制村通邮现状。要按照国家邮政局确定的标准，确定建制村通邮的情况。一方面，要与邮政企业沟通，获取数据；另一方面，不能完全以企业的数据为准。要借鉴补白工作的经验，自主进行摸底调查，避免出现漏报或多报、避免出现反复和被动。二是建立完备的台账。这个台账，是信息化台账，是实时更新、公开透明的。台账是精准施策的基础，下一步要实行销号管理。三是加强实地调研。调研要达到两个目的，既要核实情况，确认企业提供的通邮数据和状况，又要研究对策，因地制宜地确定需要什么水平的通邮服务。因此，要与邮政企业共同搞调研，共同想办法、共同提方案。

内蒙古、湖南、广西、云南、甘肃、青海等六个试点省，还有第四项工作，就是制定本省工作方案。在现状调研和基础数据调查的基础上，要结合本省实际，提出投递频次等服务标准，制定切实可行的工作方案。要明确推进时间表，明确邮政管理部门、邮政企业及地方政府、当地社会组织等各方职责。

建制村直接通邮工作，可以说是补白工作的延伸。补白工作为直接通邮奠定了良好的基础。我相信在大家的共同努力下，我们一定能够按时保质保量地完成党和国家交办的这项任务。

三、做好经营邮政通信业务审批

前段时间，我专门到辽宁、江苏、上海、浙江、广东、天津等地，开展了经营邮政通信业务审批的调研，对这项工作有了一些新的认识。

第一，利用社会资源开展普遍服务，或者说社会主体参与普遍服务，是市场经济发展带来的新模式，是公共服务专业化、社会化的必然。当邮政企业自身无法更好地满足用户的新需求时，通过委托代理、服务外包等形式，由专业公司替邮政企业完成一部分工作，有助于邮政服务的创新发展。因此，经营邮政通信业务与服务创新发展在内涵上是一致的。

第二，社会主体经营邮政通信业务，可以解决邮政企业机制不灵活的问题，可以降低普遍服务成本，而且对大众创业、万众创新还有积极的促进作用。类似服务外包和专业代理的形式，不是权宜之计，范围会越搞越宽，分工会越来越细，内容会越来越多。可以说社会主体经营邮政通信业务，也是普遍服务向社会开放的开端，具有普遍服务体制机制创新的意义。

第三，对于社会主体经营邮政通信业务、对于邮政企业的服务外包，只要是有利于普遍服务水平的保障与提升，有利于邮政企业、社会主体共同发展、互利共赢，有利于提升企业自我管理能力、提升政府社会管理水平、创造更多就业机会，邮政管理部门都要鼓励和支持。但是，普遍服务不同于纯粹的商业活动，属于公共服务，政府有标准、有要求，邮政形象在某种程度上代表着政府，代表着人民群众的信任和要求，因此社会主体经营邮政通信业务，邮政管理部门要进行审批把关。

那么我们要审批什么呢？

去年《经营邮政通信业务审批工作细则（试行）》印发以来，截至目前已经有20家企业获得了审批许可。这些企业经营模式、经营范围、经营内容均不同，各有代表性。按照经营模式分，可以分为独立经营模式和代理外包模式。代理外包模式又可以分为网点代理、劳务外包和业务外包三类。

调研中，部分省局和邮政企业就提出，从经营邮政通信业务的定义上看，审批对象涵盖了所有外包对象。但是，从实践看，对某些环节的外包进行审批，其必要性还值得商榷，不是所有外包都需要纳入审批。比如说，有的单位认为劳务外包不应属于经营邮政通信业务的审批范围。也有的单位认为邮件的内部处理和运输环节，不应当属于审批范围。

综合各方面意见，我考虑是否可以从外包的外部性角度进行界定。所谓外部性，就是社会主体是否与用户发生直接对接，是否独立使用邮政品牌为用户提供服务。如果只是劳务外包，外包人员在邮政的场地作业，在邮政企业的直接管理下作业，规章制度和作业流程没有变，邮政企业主体责任没有变，只不过是操作的人变了，这就没有审批的必要了。因此，是不是可以做三方面排除：

一是明确在邮政企业的直接管理下的劳务外包，不属于经营邮政通信业务的行为。界定劳务外包还是业务外包，可以从该企业与邮政企业的结算关系来判断。主要按照外包的业务量结算的，属于业务外包；按照外包人数结算的，属于劳务外包。将业务外包纳入审批，将劳务外包排除在审批之外。

二是单一的运输环节的业务外包，不需要经过审批。运输环节外包，属于生产过程中对运输企业的选择，与选择铁路企业或民航企业进行运输在本质上没有差异，没有必要进行审批。

三是在邮政企业的邮件处理中心开展的分拣环节的业务外包，不需要经过审批。单一的分拣环节，如果在邮政企业的封闭空间进行，且不与用户发生关系，没有必要进行审批。

对上面的意见，我们正在研究，希望省局也多提建议意见。总体原则就是实现有限审批、有效审批。那么经营邮政通信业务审批的重点对象是什么？应当是那些独立自主经营、影响服务质量、使用邮政形象、关系用户利益的社会主体。

第一种情况，是营业网点批量外包的企业。我们了解到，天津、甘肃都出现了把某一个县的营业网点，特别是补白网点，批量的外包给社会主体。广东梅州把80多个网点整体外包出去。这种情况是我们审批的重点。因为它不同于以往的委代办，也不同于劳务外包，而是把网点的业务经营权、管理权给外包了，而且外包给独立经营的社会主体，甚至私人企业。营业网点直接面对社会公众，而且批量外包，数量大，涉及广，要引起高度重视，做好把关，更要做好监管。

第二种情况，是独立经营的平台型企业。比如说，我们审批的燕文物流公司。该公司主要业务就是国际小包的收寄分拣。其业务模式就是以自身名义揽收国际邮件（主要是电商小件包裹），由客户选择或由燕文自主决定，是通过中国邮政、还是国际快递，或者燕文自办的直通渠道进行寄递和通关。不同的方式，其时限和资费也不同。用户选择通过中国邮政通关的，由于燕文公司已经与邮政企业签订了“大宗国际小包客户用邮协议”，燕文公司就可以将邮件分拣后，以较低的资费，直接交给邮政企业。这个模式的特点，一是独立性强，邮政企业参与少。二是收入来源于客户，而非邮政企业。三是主要为跨境业务，很少涉及国内业务。这种模式下，社会主体的自主性强，涉及环节较多，而邮政企业主体责任模糊，应当是经营邮政通信业务审批的重点对象。

下一步，为了把经营邮政通信业务审批落实到位，各省要先做好两项工作。

第一，全面掌握行业规模和重点企业。各地的情况有很大的差异，东部地区独立经营的企业可能比较多，而西部地区网点批量外包的可能比较多。这些情况，我们都要心里有数。摸清底数，是下一步工作的基础。为了明确经营邮政通信业务审批的强制性，激活相关处罚条款，我们考虑下发一个公告，安排一个过渡期，符合条件的企业可以在过渡期内直接申请。超过过渡期的还没有办理审批的，就要进行处罚。但是，我们对经营邮政通信业务的企业数量、大体规模还不是很了解，到底是有几十家还是上百家，还是上千家？只有确定了大体的量，才能合理确定过渡期，才能提前做好准备。各省一定要高度重视。不要现在说我们省里没有，发了公告之后来了很多家来申请，弄得措手不及。

第二，加强事中事后监管和行业统计。对经营邮政通信业务的企业，要按照《邮政普遍服务监督管理办法》的规定，参照邮政企业进行管理，要达到普遍服务标准，满足安全监管要求。同时要明确邮政企业责任，督促邮政企业在委托协议中明确服务质量等各项责任义务，督促邮政企业对外包企业进行质量管控和安全管控。出了问题要一事双责、一事双罚。一事双罚不是要重复处罚，是要分清邮政企业和社会主体分别承担什么责任。对于燕文物流这样的独立经营模式，无论是与本地企业有协议，还是与外地企业有协议，无论是国家邮政局批的，还是省局批的，都要进行属地管理，纳入行业统计，避免出现管理缺位。

总体来说，经营邮政通信业务审批是一项全新的工作。对邮政管理部门来讲是一项新的课题。大家要多想多看多关注，及时与国家邮政局沟通请示，力求把这项工作做实做好。

四、深化邮票发行监督检查工作

今年上半年，中央巡视组对国家邮政局的反馈意见中，明确提出“近年来群众对购买纪念特种邮票难反映较多，邮政局却很少对邮政集团公司是否按计划数量投放零售市场开展过检查”。反馈意见指出的这个问题，一针见血。纪念特种邮票的销售检查，每年都搞，而且每次发行热门题材邮票，都会在全国范围内组织检查。但是，邮政企业是否按照计划投放到了零售市场，我们确实很少进行检查。

这暴露出我们工作中的问题：第一，检查有缺项、有漏洞，邮票发行工作的履职尽责还不到位。第二，检查重点没能很好地回应群众的关注，忽视了群众购票难、为了购票提前一夜排队的辛苦。第三，对邮票发行工作的定位有偏差，有些偏离邮票的本质属性。邮票的本质属性是邮资凭证，不能完全成为邮政企业谋利的手段。因此，下半年我们一定要深化邮票发行监督检查工作。

首先，希望大家从政治高度看待这项工作。

第一，这项工作是我们政治意识、看齐意识的体现。邮票是邮资凭证，又是国家的名片，本身就是一项讲政治的工作。而且，群众无小事，对群众长期反映的热门邮票购票难的问题，我们需要从和谐社会、维稳维权、保障民生的高度给予关注和重视。习总书记讲，“民生无小事、枝叶总关情”。对群众呼声的漠视，就是看齐意识还不够的体现。

第二，这项工作是我们是否依法履职的评判依据。邮票发行的监督检查，我们有《邮政法》《邮票发行监督管理办法》作为依据。邮政企业的邮票销售行为是否合规，我们的监督检查是否到位，都有明确的规定。巡视组提出“很少对是否按计划数量投放零售市场开展过检查”，是在认真研究了咱们的法律法规之后，做出的评判。

第三，这项工作是“宽松软”还是“严紧硬”的评判依据。我们的政治定力是不是够，主要体现在面对主要监管对象时，腰杆硬不硬、底气足不足。而邮票销售监督检查，显然会影响企业的经济效益。下面的邮政企业，是不是按照计划进行零售，我想咱们的局长都心知肚明。在窗口卖100块钱的东西，留下来做成邮品就可以卖1500块钱，谁都会动这个心思。但是我们要站在群众的角度看待问题，站在法律的角度看待问题，坚持“严紧硬”的原则。

那么，如何对邮票发行销售进行监督检查？

我理解，邮票发行销售的监督检查，绝不仅仅是看看有没有邮票在卖，有没有排队，有没有维持秩序的。我们开展监督检查，要按照邮政企业上报的数据，有重点、有记录、有结果的检查。有重点，就是要重点检查邮票销售网点是否提前公告了新邮销售信息，尤其是零售数量；是否按照公告的零售数量进行的销售；是否存在违规销售行为。有记录，不但要拍一拍排队的盛况，而且还要有当日集邮总公司、省公司、市公司邮票进库出库记录的复印件，邮票销售网点的邮票接收、退回记录的复印件，必要时还要有预订户领取记录的复印件。有结果，就是要通过监督检查，对实际检查的网点也好，对本市本省整个地区也好，是否存在违规行为，进行认定和上报。如果认定不存在违规行为，事后通过随机检查抽查，或用户投诉举报发现存在违规的，要追究省局市局的责任。

国家邮政局已经向邮政集团公司下发文件，要求邮政集团公司在邮票发行日20个工作日前，将每套邮票的套票预订、零售、邮品开发与库存合计等分省数据表盖章后报送国家邮政局备查。各省局也要向省公司相应的下发文件，要求省邮政公司把分地市数据表，盖章后报送省局备查。地市局也要以此类推。

国家邮政局、省局每半年组织一次纪特邮票计划发行数量的核查，并且在全国范围内组织重点题材纪特邮票的销售服务专项检查，重点检查邮票零售。之前有的省局市局表示不会检查邮票销售，查不出问题。现在具体要求有了，普服司也组织培训了，希望大家采取实际行动，强化监管职责。这项工作不是走走过场，要讲政治，做好回头看的准备，要抓实抓细，落到实处，留档备查。

在做好监督检查的同时，我们还要加强信息公开，重视人民群众反映。

信息公开，既是政府部门的应尽义务，又是我们对邮票发行监督检查是否履职的证明，更是督促邮政企业的重要手段。邮政企业对涉及邮票发行销售的新闻、消息和舆论动态，是相当敏感的。

我们提出三公开，一是及时公布纪特邮票销售监督检查情况的通报；二是及时公布邮票销售的行政处罚情况；三是国家邮政局、省局定期公布年度邮票发行监管报告。我们要注意提高这三个公开的质量。不能太虚，要结合实际，实事求是，有一说一，查了几个网点，就通报几个网点，要回应热点，有具体案例，有具体结果。

同时，大家要重视群众关于纪特邮票零售所反映意见建议。要采取有效措施，回应群众关注。对群众反映的问题，要建立专门档案，进行研究、追踪处理。对群众举报的线索，要开展调查，认真核实，如企业违规事实明确、证据确凿的，要及时依法按程序处理。

最后，大家比较关心快递条例的进展，在这里我介绍下情况。

快递条例是快递市场的首部行政法规。2014年国家邮政局起草上报了快递条例草案,2015年经国务院法制办审核,已报分管副总理审定。今年1月21日,全国政协召开第46次双周协商座谈会,围绕"《快递条例》的制定"建言献策。俞正声同志主持会议并讲话。马局长到会作了很好的发言。全国政协讨论邮政立法工作,这是本行业头一次,提升了本行业、本部门的影响力,进一步汇聚增强了社会对条例的关注度、信任度。在我们积极推动下,快递条例于3月份列入了国务院立法计划,明确为"全面深化改革急需的项目"。同志们,国务院的立法计划一般分为"力争年内完成的项目、预备项目、研究项目",就是我们常说的"一类、二类、三类计划"。而这次快递条例所属的"全面深化改革急需的项目",重要性位于一类计划之上,可见国务院的重视程度和扶持力度。

快递条例还要经历三个重要节点,首先是国务院法制办的办务会审议,其次是相关部门复核,最后提请国务院常务会议审议。今年5月中央巡视后,国家邮政局已做好法制办办务会审议的准备。但紧接着,法制办也迎来巡视整改,立法项目大范围暂停,近期才刚刚开始恢复。最近法制办又提出,按照领导指示,待国务院发展研究中心"关于分步推进实名寄递实施方案的评估报告"出台后,快递条例草案再上法制办办务会研究,争取年内上报国务院常务会议审议颁布。在推进快递条例立法的同时,我们还着手推动《快递业务经营许可办法》的修订,作为立法配套。

对于条例拟解决的主要问题,我也做一下介绍。

快递条例是行政法规,效力仅次于邮政法,高于部门规章和地方性法规规章,在行业法规体系中处于承上启下的关键位置。没有快递法,条例就是最高的法。国家邮政局对行业关心、社会关注的问题,对快递发展的一些关键问题,在条例立法层面进行了积极探索。

一是首次立法阐释了"快递加盟"的内涵,就是"两个以上经营快递业务的企业采用统一的商标、商号或者快递运单经营快递业务"。这一定位,有利于加强总部品牌企业的管理责任,有利于加盟体系内各企业统一服务、统一安保、统一查询、统一投诉。条例草案规定,受损失的用户可以向商标、商号或者快递运单所属企业要求赔偿,也可以向实际提供快递服务的企业要求赔偿,这就为总部、加盟商承担连带赔偿责任明确了规矩,能更好地保护消费者合法权益。

二是规定了快递末端网点备案制,并规定无需办理营业执照,以减轻企业布局设点的制度成本,也破解了末端网点"无证经营"的尴尬。条例草案赋权国家邮政局会同工商总局制定具体规范。我在这里提前和同志们通气,末端网点备案制是企业法人许可、分支机构备案的下位制度安排。备案不包括分支机构,分支机构的管理还按原来的规定办。快递企业分支机构之下设立末端网点,或者规模较小的同城快递企业直接设立的末端网点,适用备案制。至于具体这一刀怎么切,国家邮政局正在和工商总局磋商。

三是提出了寄件人身份信息核对要求,对反恐法设立的客户身份查验、登记制度作了细化。快递条例是下位法,不足以对上位法搞突破,国家邮政局、法制办顶住压力,将反恐法规定的50万罚款上限调整为20万,过机安检的法律责任设置从10万元下限降为1万元起罚,以符合我们这个行业的实际。最重要的是,条例设立了"核对"措施,因为反恐法只规定了查验。我们的系统第一次是查验,以后就是核对了。这样降低操作成本,有利于行业发展,也使我们的系统有了运用的依据。

四是优化行业发展外部环境,促进快递业发展。条例草案明确要求地方政府支持快递基础设施建设,做好规划衔接;要求地方公安、交通运输等部门与邮政管理部门加强协调配合,给予从事快递服务的车辆通行停靠便利;要求机关、企事业单位、住宅小区管理单位等为快件投递提供便利；明确国家鼓励快递业与制造业、农业等建立协同发展机制，推动快递业与电子商务融合发展，引导和推动快递业与铁路、公路、水路、民航等进行标准对接；规定海关、检验检疫部门和邮政管理部门建立协作机制，完善跨境快件管理，实现便捷通关。

对于快递条例草案，我们没有回避问题，而是迎难而上、积极作为，尽最大可能争取制度建设符合行业发展要求。条例立法过程中，严格按程序调研、座谈、论证，先后两次上网公开征求意见。自立法工作启动至今，条例草案一方面紧扣行业敏感问题，坚持促进行业发展的立场；另一方面，注重立法技巧，在各种意见建议中充分博弈，没有形成立法分歧，这是很不容易的。

谢谢大家！

坚定信心 抢抓机遇 乘势而上 实现邮政市场监管工作“十三五”良好开局

——国家邮政局副局长刘君在2016年全国邮政市场监管工作会议上的讲话

2016年2月25日

同志们:

本次工作会议的主要任务是:深入贯彻党的十八大,十八届三中、四中、五中全会和中央经济工作会议精神,贯彻落实《国务院关于促进快递业发展的若干意见》和2016年全国邮政管理工作会议精神,回顾总结2015年和“十二五”时期邮政市场监管工作,深入分析当前面临的机遇与存在的问题,全面部署2016年工作任务,全力推动“十三五”时期邮政市场监管工作实现良好开局。下面,我讲三个方面的意见。

一、2015年和“十二五”时期邮政市场监管工作回顾

2015年是“十二五”规划的收官之年,也是快递业攻坚克难保持稳健增长的一年,更是迈上新的历史台阶,迎来重大发展机遇的一年。回首过去的一年,各级邮政市场监管部门按照稳中求进的工作总基调,坚持市场主导、坚持提质增效,努力克服经济下行压力,主动适应安全监管环境变化,精准调控、定向施策,快递业保持了持续快速发展的良好态势。快递业务量迈上200亿件新台阶,全年完成206亿件,同比增长48%,最高日处理量超过1.6亿件;实现快递业务收入2760亿元,同比增长35%。快递服务满意度和时限准时率双获提升,消费者申诉处理满意率达到97%。快递服务“三向”工程成效显著,“1+3”服务拓展战略深入推进,全面完成了邮政市场监管各项目标任务,为稳增长、促改革、调结构、惠民生做出了积极贡献。

(一)精准施策力保良好态势

全面推进快递业发展“十三五”规划编制工作,积极推进快递业规划与邮政业总规划的内容衔接,谋划快递业发展路径。国家邮政局审时度势、科学研判、统筹指挥,齐心协力克服经济下行压力,平稳应对年初“马鞍效应”,为保增长打下了坚实基础。全力推进快递业发展“1+3”战略,快递“向西、向下、向外”加速拓展。国家邮政局、商务部联合出台《关于推进“快递向西向下”服务拓展工程的指导意见》,联手释放政策红利,“向西向下”发展打开了新局面。国家邮政局与吉林省人民政府签署加快推进吉林省快递下乡合作协议,探索建立中西部地区农特产品“出口”新通道。江西省全面启动农村快递服务体系建设战略合作,快递、邮政携手推动服务资源高效共享。内蒙古、安徽、河南、海南等省(区)邮政管理部门与商务部门联合出台扶持快递发展政策,江西、重庆、贵州、陕西等多省(市)局先后推动地方政府对快递下乡工作进行专门部署。全国乡镇快递服务覆盖率提升近20个百分点,超过70%。“向西向下”工程的持续推进,不断释放出中西部地区和农村市场活力,全年农村收投快递的包裹量已超过50亿件,成为地方政府扶贫、致富工作的有力抓手。

快递与电子商务协同发展工作开辟新局面,国家邮政局、财政部、商务部连续推出两批快递与电商协同试点城市,第一批试点效果正在显现,各试点城市陆续出台多部地方政策、规划,天津、贵

阳相继建成快递物流园，福州快递处理场所面积增加了2倍，石家庄财政给予专门配套资金支持。5个城市累计培训快递从业人员超过5000人次。通过协同发展试点工作，一些可落地、可推广、可复制的成功经验正在逐步形成，巨大的示范效应也逐步显现。

快递服务制造业工作快速推进，通过天津、吉林、山东、广东、四川等省（市）试点带动，全国共培育了92个快递服务制造业示范项目，已经形成涵盖航天、汽车、电子、制药、服装等多个领域的服务制造业实验群，基本形成入场物流、仓储配送一体化、订单末端配送、区域性供应链、嵌入式电子商务快递等五种服务模式，涌现出中国重汽、青岛海尔、四川长虹、小米科技、康佳电子等一批龙头项目。黑龙江、内蒙古、河南等省（区）邮政管理部门与工业信息化部门联合出台了一批协同发展政策。

快递"走出去"和跨境电商继续保持较快增长势头，以国际小包、E邮宝为主的国际快递成为跨境电商出口的主渠道。顺丰在日本推出"日淘免费运"服务，开通大陆地区至俄罗斯全境的收件服务，韵达新西兰服务中心在奥克兰正式运营，圆通发起成立全球包裹联盟，中通加快推进南非、津巴布韦等非洲市场开发，申通布局加拿大、俄罗斯和亚太市场等。北京、上海、杭州、广州、深圳等城市邮政管理部门积极协调推动便捷通关工作，山东省政府出台跨境电子商务专门政策。

（二）多措并举提升发展质效

积极引导快递企业提升基础能力。全年新增快递物流园区31个，大型园区产业集聚效应逐步显现。各企业不断开辟快递新航线，圆通货运航空已获颁公共航空运输企业经营许可，并首航成功，自主航空能力进一步增强。增加干线运输车辆2.2万辆。手机客户端、微信等移动服务能力快速提升，主要品牌企业已基本全面推广使用。电子运单技术不断成熟，使用范围进一步拓展。产品创新日益丰富，以顺丰、EMS为代表的快递企业逐步拓展生鲜冷链快递服务，让广东荔枝、青岛蓝莓和烟台樱桃通达各地。顺丰、圆通、韵达等企业以顺丰家、妈妈店、"快递+"便利店等形式，丰富末端服务网络，主动创新、提升服务。快递服务质量稳步提升，2015年快递服务总体满意度为74.0分，同比提升0.3分。快递服务时限水平出现双改善，全程时限均值为59.20小时，同比缩短0.21小时，72小时准时率73.85%，同比提升1.84个百分点。在业务量高位增长的情况下，消费者有效申诉率大幅下降。首次向社会发布中国快递发展指数，向公众传导快递市场发展预期。先后推动并组织召开了2015中国快递论坛和首届中国（杭州）国际快递业大会，行业综合影响力持续提升。与电商企业协同落实"错峰发货、均衡推进"的核心机制，上下游实施有效联动，顺利度过"双11""双12"两个业务高峰期。业务旺季期间，快递业连续保持高量运转，在超常规、超预期的情况下顺利实现了"两不""三保"的既定目标。组织63家快递企业员工参加"振兴杯"全国青年职业技能大赛，快递业务员首次列入国家级一类大赛竞赛职业，全年完成快递业务员职业技能鉴定14万人次，从业人员能力素质不断增强。

推进市场创新与依法监管的有效衔接，出台《智能快件箱投递服务管理规定（暂行）》，加强智能投递方式的规范管理。与最高检联合印发《关于以检察专递方式邮寄送达有关检察法律文书的通知》，进一步明确检察法律文书的寄递要求。加强国家机关公文寄递管理，印发《关于进一步加强国家机关公文寄递管理的通知》。推动行业诚信体系建设，与国家发改委、工商总局等37个部门共同印发《失信企业协同监管和联合惩戒合作备忘录》，共享信用信息，实施联合惩戒。印发《关于加强快递业信用体系建设的若干意见》，明确建设目标和主要任务，快递业信用体系建设迈出了实质性的步伐。江苏、河南、广东等地继续开展诚信等级评定、最美快递员评选等活动。邮政业消费者申诉受理与市场监管工作衔接联动机制得到有效落实。

(三)简政放权优化准入办理

认真贯彻落实国务院关于行政审批制度改革和简政放权的工作部署,改革优化快递许可准入、变更、年报、备案、注销等审批事项。企业申请材料总体精减了55%,准入审批时限由45个工作日压缩至25个工作日以内,许可变更绿色通道企业压缩至15个工作日以内。分支机构名录核定发放、年度报告审核等多项权限下放到市(地)局。全面升级改造快递许可信息系统,实现了许可审批事项全流程网上办理,做到了件件可查询、可追踪、可督办,大幅提高了审批效率,切实减轻了企业负担,有效释放了市场活力。依法做好快递许可受理审核和年度报告工作。

(四)强基固本夯实安全基础

成立国家、省、市三级寄递渠道安全管理领导机构,明确职责分工。将寄递渠道安全管理工作纳入综治考评,制定首个年度寄递渠道安全管理工作综治考评实施办法。加快推进三项制度实施,出台《邮件快件收寄验视规定(试行)》,收寄验视规则进一步完善。积极推进实名收寄制度研究,制定《邮件、快件实名收寄管理规定(试行)》,浙江、福建、广东、云南、宁夏等地全面推行实名收寄试点。积极推动寄递企业安检设备配备,各主要快递企业省际大型分拨中心安检机配置逐步到位。宣传贯彻《邮政业安全生产设备配置规范》强制性标准。启动修订《禁限寄管理办法及指导目录》。强化寄递渠道安全教育和公益性宣传。继续强力整治危化品寄递行为,会同中央综治办等15部门联合部署开展危爆物品寄递物流清理整顿专项行动,严厉打击利用寄递渠道违法犯罪活动。国家邮政局邮政业安全中心作用逐步发挥,监管信息系统运行稳定,申诉作用不断体现,安全运行保障有力。

圆满完成抗战胜利70周年纪念活动期间寄递安全保障工作任务,在特殊时段对进京邮(快)件落实了"三个100%"措施,全行业未发生一起重大安全生产事故,得到了国务院领导同志的高度肯定。强化应急管理,严格执行《邮政业安全信息报告和处理规定》。切实做好全国"两会"、西藏自治区成立50周年、新疆维吾尔自治区成立60周年、上合组织成员国总理第十四次会议和第二届世界互联网大会期间寄递渠道安全保障任务。扎实做好寄递渠道禁毒、反恐、扫黄打非、打击侵权假冒等专项工作。

(五)狠抓落实强化监管能力

加强执法能力建设,印发《关于加强跨区域协作监管的通知》,实施《邮政行政执法案件案号和文书编号规则》。对全国邮政市场监管情况实施季度通报制度。升级改造邮政行政执法管理信息系统。以综合执法、全面执法为切入点,实现系统互联互通,推广应用移动执法终端设备,通过信息化手段有效提升执法效率和规范化水平。指导基层开展案卷评查,重视发挥问题反馈机制作用,推进执法水平提升。

继续开展快递服务质量专项整治工作。完成《集邮市场管理办法(修订草案)》起草,并上报交通运输部。做好集邮市场和邮政用品用具市场监管工作。精心组织"讲诚信、守诚信,共建诚信集邮市场""3·15"主题宣传活动。开展2015年邮政用品用具监督检查和抽样检测,落实日常监管工作。

总体上看,2015年快递业发展及市场监管工作均较好地完成了"十二五"时期的收官任务,为快递业持续健康发展、迈向新的起点打下了坚实基础。回首2011-2015年的发展历程,既是团结拼搏、努力探索的五年,也是见证历史、创造辉煌的五年,既充满了艰辛挑战,也收获了累累硕果。

"十二五"时期,市场环境获得明显改善。《邮政法》修订实施,《快递条例》列入立法计划,一批事关行业发展的重要规章和规范性文件相继出台,行业标准体系不断完善,简政放权深入落实,快递许可制度进一步完善。党中央、国务院高度关注快递业发展,李克强总理先后7次点赞3次走访、张德江委员长亲赴网点调研、俞正声主席在双周会听取专题汇报，汪洋、马凯两位副总理也多次就行业发展做出重要批示，以《国务院关于促进快递业发展的若干意见》为代表的一大批国家层面鼓励、支持、促进快递业发展的规制、政策相继出台，行业发展掀开了崭新一页。

“十二五”时期，综合实力取得明显提高。快递业务量和业务收入分别增长了7.8倍和3.8倍，快递业成为推动流通方式转型、促进消费升级的现代化先导性产业，在降低流通成本、支持电子商务、服务生产生活、扩大就业渠道等多方面发挥了积极作用。市场主体发展壮大，已有6家年营业额突破200亿元的品牌企业。基础能力不断提升，14.5万处快递服务网点遍布城乡，全国新建、在建快递物流园区超过200个，集聚发展成为新趋势。综合运力明显加强，干线车辆超过20万辆，已有3家自主航空公司，运营全货机83架，快件占国内货邮吞吐量比例已超一半。服务质量明显提升，快递服务公众满意度从68.9分提高到74分。创新驱动作用显著，电子运单、自动化分拣、智能化终端技术广泛应用，智能快件箱、快递公共服务站、连锁商业合作、第三方服务平台等创新不断涌现，助推服务能力跃上新台阶。快递企业“走出去”步伐明显加快，国际竞争力逐步显现。

“十二五”时期，监管体制取得积极突破。三级邮政监管体系逐步健全完善，县级监管机构在多地不断延伸，监管组织架构得到系统优化。简政放权成效显著，依法下沉下放了多项监管职能，行业监管能力、服务水平显著提升。快递服务公众满意度、快递时限准时率、用户申诉率和快递市场年度报告四维并举的“三率一报告”质量监控体系逐步成熟，已经成为业内外评价行业服务、关注市场监管的重要窗口。社会监督功能进一步发挥，三级协会组织建设成效明显，基本形成覆盖全国的行业自律组织体系，在促进企业自律、政企沟通衔接、企业合作互补、优化舆论引导等方面发挥了重要作用。

“十二五”时期，安全监管能力有效提升。发展和安全并重的治理理念成为共识，“安全为基、发展为要、服务为上”的方略深入人心。行业安全工作红线意识、底线思维全面树立，寄递渠道安全管理逐步成为社会治安防控体系的重要组成部分，行业主管、部门联动、属地管控的寄递渠道安全监管格局基本形成。集行业安全法规体系、安全责任体系、预防控制体系、支撑保障体系、宣传教育体系为一体的“绿盾工程”项目正在启动，安全监管能力建设正在以“抓铁有痕、踏石留印”的决心和韧劲不断得到提升。

“十二五”时期，信息技术应用成效凸显。以邮政业安全监管信息平台为基础，一批信息化应用技术相继嵌入管理流程，监管的科学性、时效性、针对性显著提升，市场监管手段进一步多样化，在许可审批、旺季保障、安全监管、应急处置、执法检查等多个领域都发挥了重要作用，邮政市场监管的信息手段初步具备了“千里眼、顺风耳”功能，监测预警、科学决策、综合预判、远程调度能力明显增强，邮政市场现代化监管路径基本形成。

回顾“十二五”时期，快递业发展所取得的斐然成就，是党中央、国务院和国家邮政局党组正确领导的结果，也是全体邮政市场监管战线的同志们不畏艰难、直面挑战、爬坡过坎、勤勉奉献的结果，更是全体从业人员努力拼搏、砥砺奋进、务实奋斗的结果。在这里，我谨代表国家邮政局党组，向全体邮政市场监管工作者们致以诚挚的问候和衷心的感谢！

二、当前面临的良好机遇与艰巨挑战

2015年和“十二五”时期快递业取得的成绩，为“十三五”时期进一步持续健康发展打下了坚实基础，中国快递业进入了难得的发展机遇期。

（一）快递业处于最佳的政策发展机遇期

近年来，党中央、国务院先后在大力发展电子商务加快培育经济新动力、积极推进“互联网+”行动计划、中国制造2025等重大国策中给予快递业巨大的政策支持，尤其是2015年专门印发了《国务院关于促进快递业发展的若干意见》，对未来五年乃至更长时期的快递业发展作出了总体部署和系统安排。在国家的“十三五”规划纲要中，对快递业发展也给予了诸多支持政策和重大工程保障。五大发展理念为快递业发展指明了方向、规划了路径，中央提出的供给侧结构性改革更为快递业发展提供了新的动力、创造了新的机遇。同时，各级地方政府也相应出台了很多含金量极高的促进快递业发展的区域政策，社会各界对快递业发展都充满新的期待。应当看到，“十三五”时期，我国快递业进入了最佳的政策发展机遇期，作为现代化先导性产业，中国的快递业必将迎来新的发展春天，必将在建设与小康社会相适应的现代邮政业中做出更大的贡献。

（二）资源聚合为转型升级增添强大动力

伴随市场经济改革的不断深入，特别是“互联网+”行动计划和供给侧结构性改革的实施，快递业的转型升级又被赋予了新的时代内涵，迎来了新的调整机遇。市场对资源配置决定性作用的进一步发挥，要素整合推动市场主体升级作用逐步凸显，伴随资本的不断涌动，将有力推动市场主体兼并重组，实施现代企业制度改革。同时，外部资本的积极介入，先进的管理理念和优秀人才也将向优质企业汇集，市场的导向作用将愈发明显。“互联网+”行动计划推动各类资源要素流入快递市场，“大众创业、万众创新”让创新驱动蓬勃涌现，部分品牌企业已经成为“创新”的重要载体和“互联网+”的实验平台。快递业推进供给侧结构性改革，将打破单一化、同质化、低质化现状，向多元化、规范化、精细化转型，压减低效供给，提高质量效率，实现科学发展将是大势所趋。

（三）快递业做大做强具有坚实基础

做大做强中国快递业是全行业的梦想，我国的快递业虽然历史不长，尚处于发展的初级阶段，但我们仅用30年的时间就完成了发达国家近百年才实现的量的积累，在发展历程中积淀了较为坚实的发展基础和实践经验。统一开放、竞争有序的市场格局已经形成，不同市场主体都能在较为健全完善的法制环境下竞相发展。符合中国国情的“互联网+快递”发展模式引领创新，红红火火。快递“1+3”发展战略稳步推进，步伐坚实，快递与电子商务协同发展以点带面，形成较为显著的示范效应。快递服务制造业努力探索，拓展广阔的发展领域。快递“走出去”、服务国际贸易和跨境电子商务发展实现较大突破。快递“三向”工程与国民经济发展同向，得民心、聚民意、惠民生，快递业深耕广大农村这片“蓝海”前景可期。几年来，快递业的生产能力、技术装备、管理水平、人员素质、文化建设也得到了全面的强化与提升。这些实践积累，为中国快递业做大做强奠定了发展基础，坚定了发展方向，更增强了发展信心。

面对良好的发展机遇，各级邮政管理部门要充满信心、鼓足干劲、拼搏奋进，争取良好开局。同时，也应看到，行业的发展现状距离践行中央提出的“创新、协调、绿色、开放、共享”的发展理念仍有较大差距，对照局党组明确提出的“5+1”发展方向，不协调、不适应的深层次问题依然突出，“开好局”面临着艰巨挑战，我们必须清醒地意识到这些短板和不足。

（一）供给结构与发展短板亟待调整补齐

伴随互联网经济的快速发展，快递业已逐步成为支撑电子商务发展的主渠道，实现了“十二五”时期的增长。但是受制于上游的发展方式，造成行业内生动力不足，主动调整能力较弱，经营风险较大。经营产品同质单一，企业靠量取胜，低价格、低水平、低成本简单竞争，企业再生产投入不足，网络延伸和末端服务不稳的问题凸现。受制于各种因素，快递企业“走出去”国际化发展能力还较弱。虽已培育成长起一批本土品牌企业，但与国际一流企业对标仍有不小差距。面对剧烈的市场竞争，行业效率、效益低下的短板也越发显现，信息化、自动化、智能化水平急需提升，综合运输体系的融合，综合收投平台的建设急待加强。

（二）安全防范与化解风险能力存在不足

安全是行业底线、红线，伴随快递业的异军突起、快速发展，寄递渠道存在的安全问题和隐患越发突出，整体防范防控能力较弱。一是思想认识尚有差距。面对严峻复杂的安全形势和巨大挑战，个别基层同志对抓安全工作的认识还存在偏差。一些企业对安全工作敷衍塞责，主体责任落实不到位，只唯发展、不重安全。二是安全防范能力欠账较大。企业基础投入不足，员工安全教育不够，安全防范的技术标准、基本制度不健全。三是部门协作有待加强。寄递渠道的安全管理涉及多部门、多渠道、多环节，必须齐抓共管联合防控。

（三）依法监管与服务发展面临现实挑战

行业规模快速壮大，社会关注日益增多，行业发展中的新情况、新问题层出不穷，对传统监管模式提出了新的挑战。各级邮政管理部门亟待加强对行业发展和监管工作规律的研究和再认识，要在精准施策、定向发力、主动调控、下先手棋方面作文章，要进一步解放思想，开阔思路，学会将各种社会资源为我所用，在联合监管、协作合作上求突破。

三、2016年邮政市场监管重点工作

2016年是全面建成小康社会决胜阶段的开局之年，也是全面推进“十三五”时期邮政市场监管各项工作的起步之年，在新的历史起点上，邮政市场监管队伍承担的各项工作艰巨繁重、意义重大、影响深远。今年工作的总体要求是：全面贯彻落实中央经济工作会议精神，牢固树立和贯彻落实“创新、协调、绿色、开放、共享”发展理念，坚持稳中求进工作总基调，以落实《国务院关于促进快递业发展的若干意见》为主线，以全国邮政管理工作会议精神为指引，主动适应经济发展新常态，主动推进转型升级、提质增效，全面巩固行业发展态势，全面巩固寄递安全基础，强引领、补短板、求突破、重实绩，为推动由快递大国向快递强国迈进贡献力量。

（一）优化发展环境，推进供给改革，全面巩固发展态势

要充分发挥规划、政策对快递业发展的引领作用，积极推动企业供给侧改革，最大限度释放发展活力，在稳步发展中调结构、提质效。

一是强化政策规划标准引领。科学编制快递业发展“十三五”规划，做好与邮政业总体规划和关联产业规划的协同衔接，组织开展好规划宣贯，注重规划政策落地，用规划引领促进重大工程项目建设。

全面贯彻落实《国务院关于促进快递业发展的若干意见》，重点研究出台打造我国快递航母的工作方案。按照“政府引导、抓大并小、分类施策、发展特色”的思路，进一步深化改革，推动创新，整合资源，优化布局。支持快递企业上市融资、兼并重组，依法做好准备期的协同配合工作。

积极推动快递专用车辆、专用电动三轮车国家标准的制定和实施，抓好各项重点工程的推进落实；以宣贯落实《快递电子运单》标准为抓手，全面推广电子运单技术的应用；积极推动新能源汽车在快递领域的应用，要主动配合地方政府，拓宽新能源汽车应用范围；各地要抓紧推动出台贯彻落实《国务院关于促进快递业发展的若干意见》的具体实施意见，形成上下联动的工作局面，力争年内基本完成省级扶持政策的全覆盖。

二是加快推进供给结构改革。以调结构、补短板、强服务为重点，努力实现快递业发展由被动适应型向主动引领型转变，增强发展的内生动力。启动质量品牌提升行动，引导和推动主要品牌企业对标国际一流水准，加快个性化、差异化、定制化品牌建设，提高品牌服务“粘性”；鼓励企业积极推进冷链快递、仓储服务和快运产品的创新发展，加快丰富产品类型。推广自动化分拣、数据化处理、智能化服务等技术的应用，提升运营效率；加快手机APP推广应用，提升线上线下耦合度，创造更便利的服务环境。全面强化服务质量监测功能，重点关注末端服务监控，实施快递服务公众满

意度、时限准时率、用户申诉率排名发布制度，强化对市场主体服务质量的监测引导。继续完善快递发展指数的编制发布流程，提升社会影响力。做好快递业务员职业技能确认工作，满足员工提升职业能力需求，增强企业服务能力。

强化能力和标准化建设，引导快递企业参与物流园区建设，加强重点企业、重要区域、重要节点的大型快递枢纽项目建设；依据快递示范城市评选标准和示范园区建设要求，在东中西部分别培育选创出快递示范城市和示范园区。加快快递网点标准化建设。

推进相关法律制度健全完善，研究修订《快递业务经营许可管理办法》等相关规章、规范性文件，明确快递业务经营许可简政放权法律依据。出台《快递末端网点备案管理办法》。加强同工商部门的沟通协调，推动对同一工商登记机关管辖范围内企业实施“一照多址”模式。

积极推进绿色快递包装推广应用。推动出台快递业绿色包装相关标准，依标加强用品用具监制，积极引导快递企业使用可降解、可再生的材料，加大包装材料回收力度。开展绿色包装试点，探索包装材料分类回收处理。

(二)推进系列工程，开展示范引领，激发增长内生动力

按照全国邮政管理工作会议要求，落实《国务院关于促进快递业发展的若干意见》重点任务，着力开展好各项示范工程建设，以点带面、重点突破，积极推动服务创新、拓展发展空间。

一是深入推进“三向”工程。继续推进快递企业向西、向下发展，深入落实国家邮政局、商务部《关于推进“快递向西向下”服务拓展工程的指导意见》，因地制宜，整合资源，加快推进末端公共收投服务平台建设，中西部地区要努力争取地方政府的政策扶持，积极借势推动地方特色产品走出去，要协调和推动企业总部加大对末端网点的扶持力度，增强末端网络的稳定性。启动快递服务现代农业示范工程。

加快快递“走出去”步伐。各地要积极推动协调解决实物流、信息流、资金流和通关事务“三流一关”问题，协调国际电商企业与快递企业合作，推动跨境电子商务的开展。天津、上海、杭州、重庆、合肥、郑州、广州、成都、大连、宁波、青岛、深圳、苏州等13个国家试点城市及所在地省(市)两级邮政管理部门，要与地方海关、商检、口岸办等部门建立工作机制，协调企业提升跨境业务承接能力。要积极引导快递企业加强合作，抱团出海，支持有条件的企业发挥众筹、众包优势，拓展国际网络，探索建立配送海外仓。

二是积极推动“上机上车”工程。加快推进“绿色通道”建设，北京、天津、大连、上海、南京、无锡、杭州、福州、泉州、厦门、青岛、郑州、武汉、广州、深圳、南宁、重庆、成都、昆明、西安等20个重点城市邮政管理部门要根据企业需要，积极协调民航部门抓紧解决航空快件优先配舱、优先安检、加速通关的问题。继续推动快递上列车、上高铁工作，充分发挥政府、协会、企业多方面作用，加快推动建立容器、载具等相关通用标准的对接，优化作业流程，为快递上车创造更好环境。要按照综合交通运输体系建设的要求，加快重点企业、重点区域陆运网络建设，提高甩挂运输比重，广大中西部地区要探索扩大公路客运班车代运邮件、快件范围。

三是加快推进“三进”工程。积极引导快递企业努力提升末端服务能力，综合利用智能快件箱、快递公共服务站、连锁商业合作、第三方服务平台等创新模式，多措并举解决“三进”问题。重点推动破解快递进高等院校问题，各地区要积极调动快递企业、邮政企业、专业第三方、院校等各方面积极性，力争以市(地)为单位基本解决进院校问题。要借势解决快递车辆通行、停靠难等问题，在快递专用电动三轮车国家标准出台前，各地要因地制宜、主动作为，在用好现有政策的基础上，上下合力，政企同心，不等不靠，求突破、解难题。

四是继续抓好产业联动拓展工程。深入推进快递服务制造业示范工作,在去年试点省的基础上,推进江苏、浙江、福建、河南、陕西五省试点扩围。全国要以符合快递业服务实际的、细分的制造业产业领域为重点关注,集中培育出具备全行业服务特征的示范工程,重点推开。支持各主要品牌快递企业总部推出一批协同示范项目,总结经验、积极推广。各级快递协会组织要与相关领域的制造业协会组织建立良性互动机制,加速推进产业间协同发展。持续抓好快递与电子商务协同发展试点工作,总结快递与电商协同发展第一批试点工作经验,调研督导深入推进第二批试点项目落地。

(三)把握工作重点,突破监管难点,全面巩固安全基础

坚持精准发力,健全企业主体、政府监管、属地管理三个责任体系,全面强化安全监管基础建设,着力推动行业安全监管工作由被动向主动转变,确保寄递渠道安全畅通。

一是重点推进"绿盾工程"建设。加强顶层设计,制定完善寄递渠道安全监管"绿盾工程"建设指导意见,加快"一中心两平台"建设,逐步建成国家、省、市三级安全监管信息中心、安全执法平台和安全检查平台。完善邮政管理部门一线执法人员移动执法、安全检测、应急处置等装备配置。各地邮政管理部门要督促企业加快市(地)级处理中心、营业网点视频监控系统建设。

二是全力推进"三项制度"落实。推动落实"收寄验视+实名收寄+过机安检"三项安全制度,是今年各项工作的重中之重,是安全监管工作的核心任务,必须要统一思想,提高认识,明确目标,要强化顶层设计,坚持试点先行,坚定不移地合力推动,力争通过一年的努力,取得实质性突破。

认真贯彻落实《反恐怖主义法》,出台《禁寄物品管理办法及指导目录》,强力推动收寄验视制度落实,严把收寄关口,严厉查处未经验视直接收寄行为。以贯彻实施《邮政业安全生产设备配置规范》《快递安全生产操作规范》两个强制性标准为抓手,强化企业安全生产流程管控。实施实名收寄制度,严格执行用户身份查验、核对和信息登记,确保用户信息可录入、可查询、可核对、可追溯,出台《邮件、快件实名收寄实施办法》。加快推动安检机的配置,贯彻《关于加强邮件、快件寄递安全管理工作的若干意见》要求,推动寄递企业完善安检机配置。出台《寄递企业安检设备配置规范》。推动北京、西藏、新疆等地区建立邮件快件集中安全检查中心,对重点部位、重点时期的邮件快件实施二次安检。

三是加强安全监管和应急保障建设。强化责任管理,探索建立寄递安全责任量化考评体系,将安全生产纳入各级邮政管理部门绩效考核。强化企业主体责任,推动企业完善安全管理内控制度,建立安全管理台账,加强人防、物防、技防建设,切实做到安全责任到位、安全投入到位、安全培训到位、安全管理到位、应急救援到位。健全培训教育宣传机制,加强从业人员安全教育培训和用户安全用邮宣传。强化应急处置能力,进一步完善应急管理机制和应急预案,健全省级以下邮政管理机构应急管理机制,督促寄递企业加强应急处置物资储备和队伍建设。着力做好全国"两会"、二十国集团领导人杭州峰会、业务旺季等重要节点的寄递安全保障工作。

(四)坚持依法治邮,强化监管能力,全面提升监管水平

以提升依法监管能力为着力点,创新监管模式,丰富监管手段,切实强化事中事后监管,规范市场运行秩序,有效管控服务质量,推动市场监管水平与快递业发展相适应。

一是落实"三张清单一张网"。严格执行权力清单,坚决依法行使各项职权,防止行政乱作为。深入推进市场监管规范化建设,完善市场执法检查模板,规范检查、执法流程和文书制作,修订国家邮政局案由规定,推动实现执法罚没管理规范

化。依法公开执法信息,实施重大案件督办制度。充分发挥行政执法管理信息系统的支撑作用。严格执行责任清单,切实履行应负职责,坚决防止行政不作为。认真执行市场准入负面清单,依法实施禁止准入类措施、限制准入类措施,坚持做到放管结合。着力加强日常督导检查,对变相审批、违法增设或加重企业义务等行为,坚决予以纠正。强化行政执法管理信息系统应用。

二是依法开展许可管理工作。继续完善和落实快递许可优化工作,贯彻执行《邮政业安全生产设备配置规范》等制度规范和安全标准,严格核查、严格把关,严守安全底线。继续升级改造快递许可信息系统,提升企业基础信息准确度。依法做好快递许可企业网上年报和全流程的许可工作。

三是创新市场监管工作模式。着力推动实施"双随机"检查工作机制,制定《双随机抽查事项清单和工作规则》,年内全面推开随机抽取被检查对象、随机选派检查人员工作模式。进一步健全跨区域协作执法和部门协作机制。进一步完善市场监管与消费者申诉工作衔接和联动机制,完善案件线索的转办程序。推进快递业信用体系试点建设,选取天津、吉林、浙江、河南、湖北和陕西六省(市)开展快递业信用体系建设试点,在试点基础上进一步修改完善《快递业信用管理办法》,实现信用监管的规范化与常态化。加强与国家发改委、工商总局的沟通协作,逐步实现行业信用信息与企业信用信息公示系统、"信用中国"等国家统一平台的信息互通。

四是加强集邮和用品用具市场监管。宣传贯彻修订后的《集邮市场管理办法》,加强对取消许可后集邮市场的事中事后监管。升级改造集邮市场管理信息系统,实现集邮市场管理的全流程网上办理。继续做好邮政用品用具生产监制工作,加强质量检查抽检。

同志们,2016 年邮政市场监管工作任务艰巨繁重,邮政市场监管队伍肩负着推动快递业持续健康发展的重要使命,在发展与安全两个方面责任重大,克难攻坚靠坚韧,打铁更需自身硬,作风建设必须始终挺在前面,我们必须更加坚定地践行"三严三实",按照"较真、从严、务实、共进"的总要求,坚持守土有责,强化责任担当,务必保持和发扬艰苦奋斗的优良作风。2016 年是推动创建快递强国的初始之年,快递业迎来难得的发展机遇,我们深感光荣,更应倍加珍惜,要高标准、严管理、强执行,把强化落实作为检验工作的重要标尺,坚持谋长远、出良策、见实效,确保市场监管各项工作扎实推进,为建成与小康社会相适应的现代邮政业贡献力量。

谢谢大家!

持续优化快递业发展政策环境　全力推动行业转型升级提质增效

——国家邮政局副局长邢小江在贯彻落实《国务院关于促进快递业发展的若干意见》座谈会上的讲话

2016 年 10 月 18 日

同志们:

《国务院关于促进快递业发展的若干意见》(以下简称《意见》),迄今已经出台一周年了。国务院高度重视《意见》贯彻落实工作,将其列为今年第三次大督查的重要内容,责成我局牵头跟踪了解各有关部门落实重点工作任务的情况。今天,我们召开贯彻落实《意见》工作座谈会,主要是向大家通报过去一年来《意见》的总体落实情况,交流工作经验,部署下一阶段重点工作,鼓足干劲、乘势而上,不断加大《意见》落实力度,持续优化快递业发展政策环境,全力推动行业转型升级提质增效。下面,我讲三方面内容。

一、一年来《意见》的落实成效

去年 10 月 14 日,国务院第 108 次常务会议审议通过了《关于促进快递业发展的若干意见》。10 月 23 日,《意见》正式印发。这是邮政体制改革以来国务院出台的第一部全面指导快递业发展的纲领性文件,对"十三五"期间乃至更长时期的快递业发展作出总体部署和系统安排,打出一套政策"组合拳",具有里程碑意义。

文件出台后,国家局立即召开电视电话会议部署落实工作,会同交通运输部、国家发改委联合出台了经国务院领导同意的《促进快递业发展重点工作分工方案》(交邮政发〔2016〕49 号),印发了《促进快递业发展重点工作系统内分工方案》(国邮发〔2015〕267 号),对相关重点任务和政策措施作了细化分解,明确了工作要求。一年来,各地区、各有关部门积极落实《意见》各项重点任务,出台具体配套措施,特别是各省(区、市)邮政管理部门主动作为、勇于创新、迎难而上,做了大量卓有成效的工作,取得了阶段性成果,为快递业继续保持快速发展态势提供了有力保障。2016 年 1 - 9 月份,全国快递业务量完成 211 亿件,同比增长 54%;业务收入达到 2704 亿元,同比增长 44%。企业实力不断增强,服务水平持续提升,快递业对稳增长、促改革、调结构、惠民生的积极作用进一步发挥。

(一)支持快递企业做大做强

推动骨干企业上市融资。2015 年以来,申通快递、圆通速递、顺丰控股、韵达快递陆续公告重组上市计划,中通快递启动了赴美上市进程。截至目前,在证监会、国家邮政局支持下,圆通速递、顺丰控股已获得重组上市批复,交易作价分别为 175 亿元、433 亿元。骨干快递企业陆续上市,是快递业发展历程中的一件大事,资本市场融资平台将为壮大企业实力、加快转型升级、提高产业影响力提供有力支持。证监会明确表示鼓励和支持小微快递企业登陆"新三板"(全国中小企业股份转让系统)。目前,"新三板"已有 16 家业务范围涉及快递业的挂牌公司,总股本达 6.39 亿股。

引导企业提升科技水平。召开 2016 年邮政行业科技创新座谈会,提出了"十三五"时期邮政业科技创新的总体思路,部署科技创新重点工作。出台《国家邮政局关于促进环保科技在邮政业推广应用的指导意见》,起草了《国家邮政局关于促进邮政行业科技创新工作的指导意见》,完成征求意见工作。印发《推进快递业绿色包装工作实施方案》。积极鼓励创新能力强、创新机制好、示范作用大的重点快递企业创建和申报企业技术中心。大力推广快递电子运单,目前协议客户电子运单使用率已提升至65%。推动科技部在《先进制造技术领域"十三五"科技发展规划》中对快递相关技术装备研发作出部署。

促进服务质量持续提升。不断优化申诉处理系统,建立健全快递服务质量分析联席会议制度。召开快件延误丢失损毁赔偿机制评估会,要求企业健全快递消费纠纷内部处理机制和流程,依法妥善处理纠纷。充分运用约谈、执法等手段加强对品牌企业总部的质量约束和预警。今年以来全国主要快递企业有效申诉率稳步下降,服务满意度持续提升。保监会引导保险公司推进货物运输保险、物流责任保险等传统快递险种,积极开发网购退货运费保险、快递损失责任保险等新品种,有效保障用户权益,化解行业风险。

(二)健全快递服务体系

不断拓展快递服务网络。会同有关部门大力实施快递下乡工程。截至2016年9月底,已实现年初确定的全国乡镇快递网点覆盖率达到80%的目标。北京、湖北、江苏、海南、辽宁、河北、河南、安徽、广东、山西、陕西、重庆等地快递下乡取得突出进展,覆盖率均已超过90%。全国已建成快件分拣中心逾千个,快递物流园区超200个,安徽、福建、广西、河北、黑龙江、湖北、吉林、江苏、江西、广东、辽宁、宁夏、天津、贵州、重庆等地园区建设成效明显。引导快递、交通、农业、供销、商贸企业共同构建农村物流配送网络,打造"工业品下乡"和"农产品进城"双向流通渠道。推动商务部、海关总署等部门开展跨境电子商务综合试验区试点,支持快递企业提升跨境业务承接能力。印发《关于在赤峰等6个城市开展创新邮政与快递合作模式综合试点工作的通知》,指导地方借助智能包裹柜、村邮站等平台开展邮政和快递企业的投递合作。

促进与综合交通顺畅衔接。国家局与铁路总公司、铁路局就在铁路枢纽配套建设快件运输通道和接驳场所问题进行密切沟通,研究落实措施。大力开展中欧班列运邮(快)件工作。推进湖北鄂州国际快递货运枢纽建设,机场选址方案已获国家发改委批准并纳入民用机场布局规划。会同民航局形成快递上机政策联席会议机制,指导20个重点城市建设和完善航空快件处理设施和绿色通道。河南、上海、江苏、辽宁、天津、广东等地推动重要交通枢纽"绿色通道"建设取得积极进展。

推进快递和相关产业深入联动。会同财政部、商务部继续开展第二批快递物流与电子商务协同发展试点项目,加快形成可复制可推广的经验。会同农业部加快出台快递服务现代农业示范工程评选工作方案,计划每个市(地)至少培育一个本地"快递+"特色农产品样板项目。会同工业和信息化部研究形成快递服务制造业联动工作方案,推动开展项目示范。截至2016年9月底,全国快递服务制造业试点项目已达322个,其中重点项目109个,累计产生快件量1.27亿件,实现收入33.15亿元,服务制造业产值1206.51亿元。

(三)完善快递发展综合政策保障

加强财税金融土地支持。会同国家发改委开展公益性、基础性快递基础设施建设相关研究,筹备启动快递物流园区示范工程。财政部、税务总局陆续颁布《关于全面推开营业税改征增值税试点的通知》、《总分机构试点纳税人增值税计算缴纳暂行办法》等政策,明确总分机构汇总缴纳增值税相关管理规定。银监会出台提升银行业服务实体经济质效相关政策,要求金融企业针对快递业适当扩大抵押品范围。国土资源部在《全国土地利用总体规划纲要(2006—2020年)调整方案》和全国土地利用计划中,统筹考虑快递业等新经济增长点用地需求,推动土地利用结构和布局优化,降低企业用地成本。安徽、福建、贵州、广东、新疆、内蒙古、天津、陕西、河南、湖北、江苏等多地通过专项资金等形式给予快递业财政扶持,重庆通过产业引导基金吸引社会投资者合力助推快递业发展。

促进进出境快件便捷通关。海关总署发布《关于跨境电子商务零售进出口商品有关监管事宜的公告》，明确所有跨境电子商务零售出口商品均采取“清单核放、汇总申报”方式办理报关手续。发布《海关总署关于启用新快件通关系统相关事宜的公告》，于 2016 年 6 月 1 日正式启用新版快件通关管理系统，实现进出境快件报关单全部电子化申报，简化海关通关作业手续。

改善快递运营车辆管理。会同工业和信息化部、公安部、交通运输部、国家标准委等起草《快递汽车技术条件》《纯电动货车技术条件》等快递专用机动车辆标准，明确车辆类型、专用标识和安全设备配置等要求。稳妥推进快递专用电动三轮车国家标准的制订工作。积极指导地方借鉴深圳交通整治经验，推广快递运营标准化车辆。安徽、甘肃、广西、贵州、河北、江苏、广东、宁夏、陕西、重庆等地结合实际，不断加强对快递专用电动三轮车的规范管理，保障快递运营需求。天津等地推进行业应用新能源车辆工作取得积极进展。

建设快递专业人才队伍。推动教育部设置“快递运营管理”专业（专科），在物流工程技术专业下设置快递方向。目前全国共有 14 所院校开设“快递运营管理”专业，招生 1200 多人。会同教育部联合印发《关于加快发展邮政行业职业教育的指导意见》，加快构建快递人才教育培养体系。推动在北京邮电大学、南京邮电大学、西安邮电大学共建现代邮政学院、邮政研究院，开展快递相关专业本科录取。推动人力资源社会保障部在《职业分类大典》中新增“快递员”“快件处理员”2 个技能类职业，完善覆盖全国的快递职业技能鉴定组织实施体系，通过鉴定补贴等手段鼓励劳动者参加职业鉴定。

（四）提升行业治理能力

加快立法立规立标工作。推动法制办加快《快递条例》立法进程，将其列为国务院 2016 年立法计划“全面深化改革急需项目”。推动在《国民经济和社会发展第十三个五年规划纲要》中首次纳入快递业发展内容。加快制订快递业发展“十三五”规划，编制京津冀、长三角、珠三角快递服务规划，做好快递规划和综合交通运输、物流业、现代服务业、电子商务、物流园区等专项规划的衔接。加快制订《快递用集装容器　第 1 部分：集装笼》行业标准。

深入实施“放管服”改革。印发《快递业务经营许可工作优化方案》，积极简化快递业务经营许可程序。企业申请材料由 22 项减为 9 项，审批流程由 8 个环节减为 6 个，实现全流程网上办理。承诺办结时限由法定 45 个工作日减为 25 个工作日，压缩时限近一半。进一步精简企业分支机构备案材料，授权市（地）局审核发放分支机构名录。部分省局探索将快递业务许可申请和变更初审权限下放到市局。部署开展快递末端网点备案工作。会同工商总局积极研究推进落实快递企业同一工商登记机关管辖范围内“一照多址”模式。

规范快递市场竞争环境。出台《邮政市场监管约谈暂行办法》，规范邮政管理部门约谈程序。完善行政执法管理信息系统，及时公开执法信息。完善邮政业消费者申诉和市场监管衔接联动机制，依法查办消费者申诉受理发现的案件线索。研究制订《双随机检查工作细则》和《双随机检查事项清单》。会同交通运输部、工商总局等研究建立信用信息共享机制，推动将快递业信用体系建设纳入邮政局自身能力建设项目。印发《快递业信用体系建设试点方案》，在天津、内蒙古、吉林、浙江、河南、湖北和陕西七省（区、市）开展试点工作。

（五）加强寄递渠道安全监管

加快完善安全监管体系。会同中央综治办、公安部、国家安全部等部门深化寄递安全联合监管机制建设，形成监管合力。制定《部分省（区、市）邮政业安全中心组建实施方案》，在国家邮政局指导和地方政府的支持下，目前北京、河北、上海、江苏、浙江、福建、山东、河南、广东、四川、陕西、新疆12省(区、市)成立了省级安全中心。出台《加强寄递企业安全生产和应急管理组织建设的工作方案》,督促各地寄递企业健全完善内部安全生产和应急管理组织机构。建立健全包括国家局安全中心、省局安全中心、重点企业在内的三级安全和应急预警机制,实现安全应急值班常态化。开展寄递安全工作综治考核,督促企业落实主体责任,提高安全风险防范能力。

强化寄递渠道监管措施。会同公安部、国家安全部、海关总署修订《禁止寄递物品管理规定》,拟近期联合发布。制定《寄递企业信息化数据和视频监控数据安全管理办法》,大力提升安全监管信息化水平,已实现对全国17个省288个分拨中心的视频监测覆盖。加强数据资源共享,向公安部开放信息系统数据。委托国务院发展研究中心开展第三方评估,会同公安部、国家安全部抓紧开展寄递实名制工作。开展寄递渠道危爆物品清理整顿专项行动和安全生产大检查,做好G20峰会等安保工作,坚持"出重拳、用重典",严厉打击寄递渠道违法犯罪活动。

夯实安全监管工作基础。完成寄递渠道安全监管"绿盾"工程项目可研报告并报国家发改委审核,目前已取得重大进展。发布《邮政业安全生产设备配置规范》《快递安全生产操作规范》强制性标准和《邮件快件微剂量X射线安全检查设备配置管理办法》,全面部署安检设备配置工作。截至2016年8月底,全国安检机已配备到位6246台。北京、贵州、河南、湖北、湖南、吉林、江苏、江西、宁夏、天津、西藏、辽宁、安徽、青海等多地争取到地方政府划拨的安全监管相关财政补贴,金额总计超过4.8亿元。

二、当前的形势和存在的问题

快递业经过十年的发展,在国民经济体系中的地位和影响力与日俱增,已成为现代服务业的重要组成部分,成为推动流通方式转型、促进消费升级的现代化先导性产业,引起了全社会的广泛关注。中央领导同志高度重视快递业的发展,多次作出重要指示批示。国务院连续多年把快递相关内容纳入政府工作报告重点工作,持续加大政策支持力度。《意见》提出了到2020年促进快递业发展的总体要求,明确了各项重点任务和配套政策措施,更是体现了党中央、国务院对快递业发展的殷切期望和巨大支持。

当前,我国经济步入新常态,新的增长动力正在孕育形成,经济长期向好的基本面没有改变,我国快递业持续健康快速发展的总体趋势没有改变。随着供给侧结构性改革加快推进,大众创业、万众创新全面深化,快递业相关政策环境持续改善,未来几年将是我国快递业转型升级、提质增效、加快发展的难得机遇期,也是我国从快递大国向快递强国迈进的关键窗口期。

一是供给侧结构性改革为快递业发展提供新动力。国家重点实施供给侧结构性改革,着力推动产业结构升级,扩大有效供给,满足有效需求,将在更高层次推动供需矛盾的解决。新型工业化、信息化、城镇化、农业现代化和绿色化的协同推进,将为快递业有效延伸产业链,充分发挥便民利商服务功能开辟更加广阔的空间,逐步打破当前行业发展单一化、同质化现状,加快向多元化、规范化、精细化转型。

二是"互联网+"行动为快递业发展提供新引擎。"互联网+"行动计划涉及各行各业,将推动形成网络化、智能化、协同化的产业发展新形态。在"互联网+"背景下,快递业作为对接供需两端的基础性产业,将向更广领域延伸发展,提高服务匹配能力,深化与电子商务的协同,开拓服务农业订单生产、工业个性化定制等新模式。"互联网+"还将带动快递企业应用云计算、物联网、大数据等新一代信息技术,优化服务网络布局,提升运营管理效率,加快向综合性快递运营商转型。

三是开放型经济新体制为快递业发展创造新契机。我国正在加快构建开放型经济新体制,实施"一带一路"和自由贸易试验区战略,推进高水平双向开放。区域间贸易活动将更加频繁，国际物流战略通道建设将不断加强，中国制造“走出去”步伐将进一步加快，为我国快递业实施“跟随发展”战略，拓展跨境网络和服务，加快形成一批具有国际竞争力的快递企业集团创造有利条件。同时，内资快递企业将更多面临外资的竞争挑战，形成倒逼企业转型升级的有利态势。

四是“放管服”改革释放快递业发展活力。简政放权、放管结合、优化服务，是中央推进行政体制改革，激发市场活力和社会创造力的重大举措。坚持简政放权，不断优化快递业务经营许可程序，推进商事制度改革，破除阻碍发展的体制机制障碍，有利于推动社会资源聚合，持续释放快递经营主体活力。坚持放管结合、优化服务，加强快递业事中事后监管，有利于提高政务服务效率，规范市场秩序，保障快递市场公平竞争。

当前的有利形势，为顺利实现《意见》提出的2020年发展目标打下了坚实基础，提供了有力保障。邮政管理部门要抢抓机遇、乘势而上，坚持发展第一要务，更好发挥政府作用，切实把《意见》各项重点任务和政策措施落实到位，充分发挥政策“组合拳”的综合效应，推动行业发展再上一个新台阶。

从一年来各地落实《意见》的情况看，总体上是好的。目前已有河北、内蒙古、辽宁、吉林、黑龙江、浙江、安徽、福建、江西、广东、海南、重庆、四川、贵州、云南、西藏、陕西、甘肃、新疆19个省（区、市）政府出台了具体实施意见，其他省份邮政管理部门也在紧锣密鼓地推动发文进程，天津、山西、上海、湖北、广西、青海已将送审稿报本级政府审议。各地根据《意见》政策导向和工作部署，主动向当地政府领导汇报，对接各有关部门，在充分调研的基础上，围绕本地行业发展重点、难点问题，主动作为、攻坚克难、求实创新，争取到不少细化实化的政策红利，在财政扶持（福建、内蒙古等）、快递园区（江苏、天津等）、快递下乡（安徽、湖北等）、车辆通行（广东、陕西等）、上车上机绿色通道（上海、贵州等）等重点问题上实现了突破，具有很强的示范效应。这些都是促发展、促转型的“真金白银”，成果来之不易，各地在其中都付出了艰苦努力。稍后典型发言环节，有关同志还要作进一步介绍和分享。

同时也应看到，《意见》落实中还存在一些不容忽视的问题：各地落实《意见》的进度参差不齐，仍有一些省份的出台实施意见工作进展较慢；有的地方虽出台了实施意见，但还存在配套措施不实、不细、不到位的问题，政策难以落地；有的地方持观望态度，不同程度存在等和靠的想法，未能结合地方实际主动沟通协调，取得地方政府领导和有关部门的理解支持。同时，《意见》落实中还面临一些现实的困难和障碍，需要加强研究和有效解决。

一是推动发展政策落地还需进一步努力。《意见》以解决制约快递业发展的突出问题为导向，针对性地提出了一系列政策措施，但更多是宏观性、指引性的。快递业长期积累的政策难题，如车辆通行、财税支持、园区用地、实名收寄等，涉及面广、利益关系复杂、社会关注度高，不可能仅凭这一宏观性的指导意见就药到病除。我们的任务，就是在《意见》指导下，充分结合各地实际，把问题搞准、搞透，把症结找准、开对药方，推动出台符合国情、业情、省情的具体措施。要扎实细致开展工作，充分发挥中央和地方两个积极性，加强沟通协调，创新工作方法，努力推动《意见》落地实施。

二是企业核心竞争力还需进一步增强。《意见》明确了培育壮大快递企业的目标，其关键是增强企业核心竞争力。近年来快递企业的重组上市步伐不断加快，科技运用水平持续提升，服务质量有效改善，但整体而言，“大而不强”问题仍普遍存在，以技术、品牌、质量、服务为特征的核心竞争力尚未形成，相对于国际先进快递企业还有很大差距。企业核心竞争力的形成是个长期积累沉淀的过程，需要市场竞争的洗礼磨砺，也需要产业政策的扶持促进。下一步，要大力抓好培育骨干企业工作，以增强核心竞争力为重点，推动建设若干具有国际竞争力的航母级企业，带动整个产业发展。

三是与综合交通衔接还需进一步深化。快递“上车、上船、上飞机”是提高转运效率，降低物流成本、提升服务质量的重要保障。当前，大多数快递企业还未形成成熟的“快递－铁路”合作模式，中欧班列运输快件工作尚未破题。快件“上船”仅在部分沿海、沿江地区有少量试点，还未形成整体思路。快递航空、铁路“绿色通道”工作仍待进一步突破。在综合交通枢纽、重点口岸系统布局快递专业类物流园区工作尚需加大力度。邮政管理部门要充分发挥大部制综合优势，加强和交通、铁路、民航部门的对接协调，搭建快递企业和运输企业合作平台，持续推进快递和综合交通衔接。

四是安全监管基础还需进一步夯实。近年来，利用快递渠道实施的违法犯罪活动逐年增多，安全监管形势日益严峻复杂。企业落实“三个100%”工作要求、《邮政业安全设备配置规范》等安全管理制度的情况不容乐观，行业还存在一定安全隐患。与此同时，行业发展与监管力量不平衡的问题也日益凸显，信息化监管效能尚未充分发挥。尽快建设一支与行业安全形势相适应的监管队伍，形成一套行之有效的监管制度，是需要认真研究和解决的重大课题。

三、下一阶段重点工作

一分部署，九分落实。能否把《意见》各项部署落实到位，有效实现党中央、国务院的战略意图，是对各级邮政管理部门“四个意识”的重大检验，也是对工作能力和作风的重大考验。要在前一阶段工作的基础上，认真总结经验，寻找工作短板，加强政策创新，以舍我其谁的使命感、时不我待的紧迫感，继续抓好《意见》的贯彻落实，做到踏石留印、抓铁有痕，保障如期实现建成与小康社会相适应现代邮政业的目标。下面，我就《意见》下一阶段落实工作再强调以下几点：

第一，加快完善促进快递业发展政策体系。《意见》确立了快递业发展顶层设计，出台了一系列有针对性的政策措施。同时，《意见》有效落实还有赖于加快形成涵盖中央和地方两个层面，包括财税、土地、金融、通关、车辆、人才、监管等各个领域的政策体系，把《意见》精神体现在具体的政策支持上。随着中央有关部门陆续实施了一批含金量高、力度大的工作举措，多数省份出台了具体实施意见，快递业发展政策体系初步成型，行业政策环境有了较大改观。下一步，尚未出台实施意见的省（区、市），相关邮政管理部门要切实加大工作力度，主动向当地党委和政府汇报情况，对接省内各有关部门，抓紧推动出台实施意见。国家局各司、室，要按照《意见》落实分工方案要求，加强和有关部委的沟通协调，推动各项政策措施落到实处。

第二，建立健全《意见》落实督促检查机制。落实《意见》应当树立重实效的正确导向，坚决杜绝以文件落实文件，将中央决策部署简单化、教条化的现象。各级邮政管理部门都要会同当地发展改革部门、交通运输部门建立《意见》落实督促检查机制，做到事前有部署、事中有督查、事后有评估，不断提高《意见》落实工作的科学化规范化水平。一是做好任务分工。根据本地实施意见，抓紧出台系统内、外的分工方案，明确各有关部门的重点任务。同时，要树立统筹推进工作的主责意识，将各项工作分解到系统内的各市局、各机构和具体人员，明确要求、细化措施，按照时间进度推进工作。二是建立督查长效机制。要把《意见》重点工作推动纳入地方政府的重大工程、民生工程、折子工程，作为重点督查考核事项。要建立工作责任台账，实现《意见》落实督查考核的常态化、长期化。三是跟踪《意见》落实效果。要加强调查研究，充分听取企业和社会各方意见，综合评判政策落实效果，发现问题及时协调解决。

第三，不断改进工作方式方法。《意见》相关工作任务的涉及面广，推进难度大，落实《意见》需要充分运用科学方式方法，调动各种积极因素，形成多方配合、共同发力的态势。一是注重部门协调。快递业产业链条长，涉及多个领域，促进快递业发展离不开各有关方面的支持。要加强和交通、发改、商务、公安、财政、国土、工信、农业等部门沟通协调，抓紧建立省级、市（地）级的常态化工作协调机制，共同推动解决重大问题。二是注重试点示范。对具有全局性影响的重点事项，要坚持试点先行，争取形成可复制、可推广的经验，再以点带面整体推开。国家局开展全国范围试点时，要科学选择试点地区，发挥试点最大效果。要及时总结试点经验，供系统内各单位学习借鉴。三是注重宣传引导。要通过持续广泛深入的宣传工作，及时报道《意见》贯彻的进展情况，展现落实成果，提振发展信心，汇聚多方力量，形成相关各界齐抓共促的生动局面。

第四，下一阶段抓紧落实的几项重点工作。贯彻落实《意见》是一项长期任务，需要统筹谋划、远近结合、突出重点、持续推进。结合行业发展实际，近期要在前一阶段工作基础上，在若干重点工作上精准发力，取得突破。一是培育壮大骨干快递企业。研究制定加快形成若干家具有国际竞争力的大型骨干快递企业的工作方案。相关省（市）局要加强对本地快递企业总部的支持。二是加快立法立规。推动《快递条例》、《快递业发展“十三五”规划》尽快出台实施。相关省（市）局要牵头做好重点区域快递业规划编制工作。三是推动衔接综合交通体系。要抓紧推进“绿色通道”建设。各地结合本地实际，稳妥推进公路客运班线代运快件和快件甩挂运输试点。依托“一带一路”战略，探索建立中欧班列运输快件机制。四是加大政策扶持力度。各地要继续争取有关专项资金支持快递业发展，跟踪总分支机构增值税省内汇总缴纳政策落实情况，协调解决企业用地难问题。五是加强改进快递车辆管理。积极稳妥推进快递专用电动三轮车国标制定工作，组织样车试用和技术性能检测。制定快递专用电动三轮车生产、使用和管理规定，推动各地出台快递专用电动三轮车用于城市收投服务管理办法。六是强化寄递渠道安全监管。推动企业落实收寄验视、过机安检、实名登记“三个100%”制度，尽快启动实施“绿盾工程”。各地要切实用好安全监管信息平台，提升监管效率和效果。全力做好“双11”期间安全保障工作。

同志们！去年这个时间，国务院出台《意见》，为快递业开启了前所未有的广阔发展前景。一年来的实践表明，国务院关于快递业产业定位、功能作用、发展路径的决策是完全正确的，相关工作部署和配套措施符合国情业情和各界期望。下一步，《意见》落实工作仍然繁重复杂，各级邮政管理部门要牢固树立大局意识、机遇意识、紧迫意识、责任意识，坚持发展第一要务不动摇，锐意进取、勇于担当，确保落实《意见》的各项工作部署不折不扣执行到位，全力推动快递业转型升级提质增效，为国家稳增长、促改革、调结构、惠民生做出新的更大贡献。

谢谢大家！

第二篇　发展概览

第一章　2016 年快递服务发展综述

2016 年是全面建成小康社会决胜阶段的开局之年,也是推进结构性改革的攻坚之年。全行业牢固树立新发展理念,按照稳中求进工作总基调,主动适应经济发展新常态,坚持创新引领,坚持服务民生,推进结构改革,推进合作开放,巩固发展态势,巩固安全基础,保持了持续快速发展。快递服务满意度稳中有升,消费者申诉处理满意率达到 97.6%。全力推进重点工作落地见效,扎实开展“十三五”规划编制工作,有效推进快递企业改制上市,圆满完成 G20 杭州峰会寄递渠道安全和服务保障任务,高票当选万国邮联行政理事会和邮政经营理事会理事国。行业在经济社会发展中的作用不断发挥,支撑网络零售额超过 4 万亿元,占社会消费品零售总额比重达到 12.5%,新增就业 20 万人以上,为国家“稳增长、促改革、调结构、惠民生、防风险”战略实施做出了积极贡献。

一、行业影响力和社会关注度继续提升,快递发展利好政策不断出台

快递业是现代服务业的重要组成部分,是推动流通方式转型、促进消费升级的现代化先导性产业。近年来,快递业在降低社会流通成本、支撑电子商务、服务生产生活、扩大就业渠道等方面发挥了不可替代的积极作用。2016 年,我国快递业在国民经济中的基础性作用更加凸显,快递已成为现代社会生产生活不可或缺的组成部分。全国快递服务企业业务量累计完成 312.8 亿件,最高日处理量达到 2.5 亿件,日均服务人次超过 1.7 亿,直接服务农产品外销超过 1000 亿元,直接服务制造业产值超过 1200 亿元。

2016 年,快递业发展继续获得党中央、国务院的关注和重视,发展利好政策不断出台,社会各界对行业发展的关注度持续提升。李克强总理在政府工作报告中明确部署“完善物流配送网络,促进快递业健康发展”。中央一号文件《中共中央　国务院关于落实发展新理念加快农业现代化实现全面小康社会目标的若干意见》明确提出实施“快递下乡”工程,加强农产品流通设施和市场建设,加强商贸流通、供销、邮政等系统物流服务网络和设施建设与衔接,加快完善县、乡、村物流体系。

与此同时,《国务院关于支持沿边重点地区开发开放若干政策措施的意见》《国务院关于促进加工贸易创新发展的若干意见》《国务院关于促进外贸回稳向好的若干意见》《国务院关于深化制造业与互联网融合发展的指导意见》《国务院关于深入推进新型城镇化建设的若干意见》《中共中央办公厅　国务院办公厅关于加大脱贫攻坚力度支持革命老区开放建设的指导意见》《国务院办公厅关于深入实施“互联网 + 流通”行动计划的意见》《国务院办公厅关于转发国家发展改革委〈物流业降本增效专项行动方案(2016－2018 年)〉的通知》《国务院办公厅关于推动实体零售创新转型的意见》以及国家发展改革委、交通运输部、国家邮政

局等部门联合出台的《关于加强物流短板建设促进有效投资和居民消费的若干意见》《国家发展改革委 交通运输部关于推动交通提质增效提升供给服务能力的实施方案》,国家发展改革委印发的《“互联网+”高效物流实施意见》《中欧班列建设法治规划(2016－2020)》,交通运输部、国家发展改革委、国家邮政局等11部门联合出台的《关于稳步推进城乡交通运输一体化 提升公共服务水平的指导意见》等多份文件,为快递基础设施建设、产业协同发展、加快“走出去”等提供了一系列重要的政策支持。

2016年,《人民日报》、新华社、中央电视台等主流媒体对快递业进行了持续关注,全年中央媒体和行业媒体共刊(播)发国家邮政局新闻信息420条(篇),同比增长12.9%,深度报道占报道总量的47.8%。6大中央媒体发稿140篇,其中《人民日报》24篇,中央电视台34篇。中央媒体和行业媒体制作专版、专题报道共14次,向社会展示了行业的发展成就,大大提升了行业的社会关注度和影响力。

国务院总理李克强关注和点赞快递

·2016年1月25日,李克强召开专家学者和企业界人士座谈会,听取对《政府工作报告(征求意见稿)》和《“十三五”规划纲要(草案)(征求意见稿)》的意见建议时说,快递业的发展之迅速、带动就业之多,远远超出了想象,有的企业有数十万甚至更多的员工,大大降低了全社会物流成本。

·2016年7月20日国务院常务会议上,李克强指出:“这些年快递行业的发展速度超出我们的想象!”他强调,快递业作为新业态对GDP的拉动作用虽然有限,但却容纳了大量就业,也大大降低了全社会的物流成本。会议强调,发展互联网+物流,一定要和大众创业、万众创新结合起来。在推进互联网+物流的过程中,还会诞生许多新业态,也可能会出现一些新情况、新问题,政府部门不要一开始就“拦住”“管死”。

·2016年11月23日,国务院常务会议上,李克强指出支持产煤产钢地区将去产能与产业优化布局、新旧动能转换相结合,尤其要拓宽就业创业渠道,加大对困难人员就业援助力度,深入细致做好职工安置。“东北一些煤炭城市今年以来快递业快速增长,就是通过发展农产品网上销售等业务,以‘双创’带动就业。”李克强说,“就业是民生之本,是头等大事。各地一定要做好职工安置工作,要立‘军令状’保证!”

二、行业继续保持高位增长,市场规模再登新量级

(一)年业务量突破300亿件,业务规模连续三年稳居世界第一

2016年,快递业继续保持持续高速增长态势,市场规模再创新高,快递业务量首次突破300亿件,业务规模连续三年稳居世界第一。全国快递服务企业业务量累计完成312.8亿件,同比增长51.4%;业务收入累计完成3974.4亿元,同比增长43.5%。其中,同城业务收入累计完成563.1亿元,同比增长40.5%;异地业务收入累计完成2099.3亿元,同比增长38.8%;国际/港澳台业务收入累计完成429亿元,同比增长16.1%。

2016年,同城、异地、国际/港澳台快递业务收入分别占全部快递业务收入的14.2%、52.8%和10.8%;业务量分别占全部快递业务量的23.7%、74.3%和2%。与去年同期相比,同城快递业务收入的比重下降0.3个百分点,异地快递业务收入的比重下降1.8个百分点,国际/港澳台业务收入的比重下降2.5个百分点。

2016年,东、中、西部地区快递业务收入的比重分别为81.1%、10.7%和8.2%,业务量比重分别为80.9%、11.9%和7.2%。与去年同期相比,东部地区快递业务收入比重下降了0.8个百分

点，快递业务量比重下降了1.1个百分点；中部地区快递业务收入比重上升了0.4个百分点，快递业务量比重上升了0.7个百分点；西部地区快递业务收入比重上升了0.4个百分点，快递业务量比重上升了0.4个百分点。2016年，快递服务品牌集中度指数CR8为76.7，较1～11月份下降了0.1。

2016年，快递业务收入在邮政行业收入中的占比超过了七成，达到73.9%，较上一年提高了5.3个百分点；收入占国内生产总值的比重继续提升，上升至5.3‰，比上年提高1.2个千分点。这说明快递服务在邮政行业发展中发挥了不可替代的重要作用，快递服务经济、民生的能力和水平进一步显著提升。按照国家统计局《2016年国民经济和社会发展统计公报》全国人口数据计算，2016年年人均快递使用量接近23件，是2009年的16.4倍；年人均快递费用支出为287.4元，同比增长42.7%，是2009年的8倍。与上一年度相比，人均使用快件量增长了近7件，人均快递费用支出增加了85.9元。

2009—2016年人均快递使用量和快递支出情况

指　　标	2009年	2010年	2011年	2012年	2013年	2014年	2015年	2016年
人均快递使用量(件)	1.4	1.7	2.7	4.2	6.8	10.3	15	23
人均快递支出况(元)	35.9	42.9	56.3	77.9	106.0	150.4	201.5	287.4

（二）快递业务旺季服务保障能力持续提升

2016年“双11”当天，主要电商企业全天共产生快递物流运单3.5亿件，全天邮政、快递企业共处理快递包裹2.5亿件，同比增长52%。国家邮政局根据不同企业的处理能力合理调节资源，引导电商企业错峰发货、快递企业均衡推进，全网运行平稳顺畅。11月11日至16日期间，全行业共揽收邮件快件11.2亿件，比去年同期增长43.6%，最高日处理量达到2.51亿件，比2015年增长57%，是日常处理量的2.9倍。

快递已日益成为联系亿万商家和广大人民群众的民生服务，2016年“双11”旺季，是“十三五”时期快递业迎来的首个“战高峰”旺季服务保障期，是群众参与热情高、社会关注度高、涉及面广的一个热点，也是容易成为舆论炒作引发矛盾的一个焦点。做好旺季服务保障工作，对于推动国民经济供给侧结构性改革，特别是对去库存、降成本、补短板具有积极意义。因此，这项工作也是全行业不能有任何闪失、来不得半点马虎、容不下一丝侥幸的政治任务。全行业深感责任重大、意义重大，力争抢前抓早、周密部署、精心组织，认真总结历年好的经验和有效做法，以最佳状态、最实举措、最优业绩全力保障行业安全畅通、平稳运行。

旺季期间，全行业呈现业务量集中“井喷”，重点城市出口压力激增，西部及广大农村投递量剧增，跨境寄递业务显著增长，安全生产任务更加繁重等特点。国家邮政局举全系统全行业之力切实做好“双11”旺季服务保障工作，推动线上线下有效衔接，实现了“全网不瘫痪、重要节点不爆仓”及“保畅通、保安全、保平稳”的既定目标。主要做法包括以下六个方面：

一是坚持早下手，动员部署先绸缪。自下半年起，国家邮政局就着手准备旺季服务保障工作，坚持细与实的原则，10月中旬前已向全行业进行了周密的动员部署。10月底已印发工作方案，建立起国家、省、市邮政管理部门三级联动和政府、协会、企业三维互动的保障机制，形成了“全网一盘棋”合力保障平稳发展的共识和态势，具备了全力以赴打硬仗的信心和决心。

二是坚持抓关键，确保高峰不积压。国家邮政局继续强化“错峰发货、均衡推进”的核心机制，提前与电商平台进行沟通协调，适时跟踪电商平台动态信息，督促电商平台切实引导网络卖家在“双11”期间错峰发货。督促指导邮政、快递企业均衡把控收投节奏，避免出现大批量积压延误，维护消费者合法权益。要求全行业既要保持量收的增长，又要注重服务质量的提高，做高质量、高效益、高美誉度的“双11”。

三是坚持增能力，强化储备补短板。国家邮政局积极指导各企业总部加强能力保障，提前做好人力物力各项准备，合理组织和使用生产要素，有效改进薄弱环节。预计“双11”期间，全行业有超过200万名一线人员投入到快递服务中，较去年同期增长近50%，干线车辆同比增长约59%，航空运力同比增长约40%左右。

四是坚持上水平，科技应用提效能。协议客户电子运单使用率超过65%，新增的自动化分拨设备、大数据分单技术等助力企业实现规模化高效运转。近80万台智能手持终端、近10万组智能快件箱，以及首次投入使用的智能机器人设备，大大提高了邮件、快件收投和处理时限，行业不断提升的科技化、自动化、智能化、信息化水平能够有效对冲和缓解业务高峰压力。

五是坚持强安全，严格制度抓落实。国家邮政局要求企业在旺季期间认真落实收寄验视、实名收寄、过机安检等安全措施，坚决将各类违禁物品堵截在寄递渠道之外。要求各级邮政管理部门主要领导深入一线，既要抓协调保畅通，又要管安全保稳定，加强安全执法检查，严厉打击各类违法违规行为，严格落实应急信息报告和值班值守制度，坚决杜绝重特大安全生产责任事故的发生。

六是坚持重引导，宣传报道全方位。旺季期间，在国家邮政局官方网站设置了专栏，及时向社会发布业务量变化、流量流向信息以及消费提示等。适时召开新闻媒体通气会，组织主流媒体深入企业和基层网点采访，动员地方媒体共同参与，通过电视、网络、报纸、新媒体多种方式宣传报道，坚持正面引导，传递正能量，弘扬主旋律，形成全社会共同关注、支持理解的良好舆论氛围。

（三）快递市场结构呈现的突出特点

在主体结构方面，市场集中度继续下降，快递“航母群”“BESTY”❶初步形成。2016年，我国快递业务收入排名前八快递品牌占全国的比重（CR8）为76.7%，同比下降0.6个百分点。业务收入排名前四快递品牌占全国的比重（CR4）为50.2%，同比下降0.2个百分点。市场集中度持续下降说明我国快递市场激烈竞争的格局没有改变，特别是业务收入排名靠前的快递品牌之间的竞争仍在加剧。

2016年，快递业务收入超过200亿元的快递品牌达到7个，快递业务量超过20亿件的快递品牌7个，基于这7个主要快递品牌形成的快递航母群初见雏形，已初步具备发展成为快递航母的潜力。“BESTY”快递品牌竞相上市，10月20日圆通速递上市，10月27日中通快递登陆纽交所，12月30日申通快递上市，韵达股份和顺丰控股登陆资本市场，七大快递品牌中已经有五个实现上市，百世快递亦在加快上市步伐。

在业务结构方面，异地和跨境快递增长迅猛。异地快递增长迅猛。2016年，异地快递完成业务量232.5亿件，同比增长56.7%，比上年提高9.6个百分点。完成业务收入2099.3亿元，同比增长38.8%，比上年提高5个百分点。异地快递业务仍占主导地位，业务量占比74.3%，比上年提高了2.5个百分点。随着跨境电商的兴起，国际/港澳台业务量增速加快，2016年，国际/港澳台业务量6.2亿件，同比增长44.9%，增速比上年高14.6个百分点，成为我国快递发展的亮点。

在区域结构方面，中西部地区快递业务量增速加快，业务占比全面提升。中西部地区快递业务量增速提升。2016年，中部地区完成业务量37.1亿件，同比增长60.8%，比上年提高4.7个百分点，其中安徽省、河南省、江西省三省业务量增速超过60%。西部地区完成业务量22.5亿件，同

❶“BESTY”中，S代表顺丰速递，T代表圆通、中通和申通，Y代表韵达速递，E代表EMS，B代表百世快递。

比增长60.9%,比上年提高25个百分点,其中陕西省、甘肃省、黑龙江省三省业务量增速超过70%。东部地区仍是快递增长的主力,完成业务量253.2亿件,同比增长49.3%。

2016年,东、中、西部地区快递业务收入的比重分别为81.1%、10.7%和8.2%,业务量比重分别为80.9%、11.9%和7.2%。与去年同期相比,中部和西部地区快递业务收入比重同步上升了0.4个百分点,快递业务量比重分别上升了0.7个百分点和0.4个百分点。

(四)2016年度中国快递发展指数情况

2016年中国快递发展指数(CEDI)为538.5,同比提高40.8%。指数显示,快递行业总体保持了持续高速发展的态势,对社会经济增长的贡献显著提升,实现了"十三五"时期的良好开局。我国快递业务量规模继续稳居世界首位,在全球占比超过四成,对世界快递业务量增长的贡献率达60%。我国已经成为全球快递市场发展的新引擎。

从四个一级指标来看,发展规模指数高速增长。2016年,中国快递发展规模指数为1104.6,同比提高49.5%。业务量首次突破300亿件大关,达到312.8亿件,同比增长51.4%,居现代服务业前列,成为我国新经济的亮点。快递日均处理量达到8571万件,最高日处理量超过2.5亿件。日均服务人次超过1.7亿,年人均快递使用量接近23件。2016年我国快递业务收入接近4000亿元,比上年增长43.5%,是同期国内生产总值增速的6倍以上。我国已形成6家年营业收入超300亿元、10家年营业收入超100亿元的快递品牌集群。

服务质量指数稳步上扬。2016年,中国快递服务质量指数为95.8,同比提高5.5%。服务质量指数从2013年开始稳步上扬,呈现逐年改善的迹象。快递服务公众满意度持续提升,2016年为74.7分,较上年提高0.7分。重点城市间72小时准时率连续两年改善,2016年72小时准时率为75.5%,较上年提高1.6个百分点。有效申诉率连续四年下降,2016年快递有效申诉率为8.4件/百万件快件,较上年下降4.9件/百万件快件。

发展普及指数保持增长。2016年,中国快递发展普及指数为340.2,同比提高19.3%。网点人口密度从2010年每十万人4.8个快递网点,增加至2016年每十万人15个快递网点,网点面积密度从2010年每千平方公里6.7个快递网点,增加至2016年每千平方公里21.6个快递网点。2016年快递业务收入占国内生产总值的比重上升至5.3‰,同比提高1.2个千分点。随着国家邮政局"快递向西向下"服务拓展工程的推进和农村电商协同发展,重点快递企业乡镇覆盖率超过80%。城市快递网点标准化建设持续推进,全国城市快递网点标准化率达到51.4%,布放智能快件箱累计超过10万组,年投递快件超过10亿件。快递普惠程度不断提升,既是快递业服务民生基础性作用的重要体现,也是快递新一轮高速增长的新引擎。

发展趋势指数积极向好。2016年中国快递发展趋势指数基本平稳,为99.8。从业务增长预期指标来看,预计2017年,我国快递业务量将完成423亿件,同比增长35%;快递业务收入完成5165亿元,同比增长30%。随着快递发展基数增大,每个增长点的增量更高,2017年35%的增量将比2016年51.4%的增量还要大。

三、行业发展环境不断优化,发展态势得以巩固

(一)行业规划工作和政策引领成效明显

国家邮政局与国家发展改革委、交通运输部联合印发《邮政业发展"十三五"规划》,对"十三五"时期邮政业改革发展做出全面部署。编制发布《快递业发展"十三五"规划》,按照行业规划"1+3"格局,在更高平台上科学谋划中国快递业发展蓝图,明确提出基本建成"普惠城乡、技术先进、服务优质、安全高效、绿色节能"的快递服务体系,

形成“覆盖全国、联通国际”服务网络的发展目标。规划衔接取得重大突破，邮政快递基础设施建设、网络终端建设、安全管理、快递下乡和邮政班列发展7项重点内容纳入了国家规划纲要。加强与现代综合交通运输体系、电子商务等多部规划衔接。

国家邮政局持续强化与相关部委间的协调沟通，分别与民航局、铁路局、工信部、农业部、公安部等部门，围绕61号文件提出的快递“上机上车”、快递服务先进制造业和服务现代农业等重点工作进行政策对接，积极推动快递专用车辆、专用电动三轮车国家标准的制定。在落实“互联网+”、促进电子商务和物流发展等多个文件中，主动反映行业诉求，争取政策支持。同时，积极推动快递企业上市融资，为顺丰、圆通、中通、申通、韵达等企业上市提供了有力支持。各地区政策落地更显实效。截至2016年年底，已有河北、内蒙古、浙江、安徽、广东、新疆等25个省(区、市)政府出台了落实61号文件的具体实施意见，省级政策覆盖率已达87%。北京市多部门合力推进5.7万余辆快递电动三轮车纳入形象、标识、编码“三统一”通行管理，为解决城市快递车辆道路通行开辟了新思路。此外，河北唐山、山西晋中、辽宁抚顺、安徽滁州、福建宁德、山东威海、湖北咸宁、贵州黔西南、陕西宝鸡、青海西宁等50余个市(地)也纷纷出台落实快递业发展的实施意见，快递业政策红利集中释放，上下联动的叠加效应逐步显现。

各地《国务院关于促进快递业发展的若干意见》(国发〔2015〕61号)落地情况

自《国务院关于促进快递业发展的若干意见》(国发〔2015〕61号)(以下简称《意见》)出台以来，引起强烈反响，各省(区、市)政府高度重视。各地区、各有关部门积极落实《意见》各项重点任务，出台具体配套措施，特别是各省(区、市)邮政管理局主动作为、勇于创新、迎难而上，做了大量富有成效的工作，取得了阶段性成果，为快递业继续保持快速发展态势提供了有力保障。企业实力不断增强，服务水平持续提升，快递业对稳增长、促改革、调结构、惠民生的积极作用进一步发挥。在各级邮政管理部门协调推进下，全国已有山东、湖北、天津、广西、山西等25个省(区、市)政府出台关于促进快递业发展的实施意见(方案)等政策文件。河北唐山、山西晋中、辽宁抚顺、山东德州等超过50个市(地)政府也出台相应政策，促进《若干意见》在本市落地。

各地根据《意见》政策导向和工作部署，主动向当地政府领导汇报，对接各有关部门，在充分调研的基础上，围绕本地区行业发展重点、难点问题，主动作为、攻坚克难、求实创新，争取到不少细化实化的政策红利，在财政扶持、快递园区、快递下乡、车辆通行、上车上机绿色通道等重点问题上实现了突破，具有很强的示范效应。《意见》落实中还存在一些不容忽视的问题：各地落实《意见》的进度参差不齐，仍有一些省份的出台实施意见工作进展较慢；有的地方虽出台了实施意见，但还存在配套措施不实、不细、不到位的问题，政策难以落地；有的地方持观望态度，不同程度存在等和靠的想法，未能结合地方实际主动沟通协调，取得地方政府领导和有关部门的理解支持。

下一阶段落实工作需重点解决以下问题：第一，加快完善促进快递业发展政策体系。包括财税、土地、金融、通关、车辆、人才、监管等各个领域的政策体系，把《意见》精神体现在具体的政策支持上。第二，建立健全《意见》落实督促检查机制。落实《意见》应当树立重实效的正确导向，坚决杜绝以文件落实文件，将中央决策部署简单化、教条化的现象。第三，不断改进工作方式方法。《意见》相关工作任务的涉及面广，推进难度大，落实《意见》需要充分运用科学的方式方法，调动各种积极因素，形成多方配合、共同发力的态势，注重部门协调、试点示范和宣传引导。第四，下一阶段抓紧落实的几项重点工作。

贯彻落实《意见》是一项长期任务，需要统筹谋划、远近结合、突出重点、持续推进。一是培育壮大骨干快递企业，二是加快立法立规工作，三是推动衔接综合交通体系，四是加大政策扶持力度，五是加强改进快递车辆管理，六是强化寄递渠道安全监管。

（二）快递业供给侧结构性改革深入推进

新兴业务迅速发展。快递企业主动加强品牌和能力建设，适应新需求、创造新供给，提升发展质效。主要品牌企业对标国际一流水平，不断加快个性化、差异化、定制化产品开发，圆通、申通先后推出"承诺达"服务，提高品牌服务"黏性"，顺丰冷运、百世云仓、中通快运等服务创新发展，产品类型加快丰富，满足市场需求能力有效提升。冷链快递加速推进，顺丰、圆通等主要快递品牌加快冷链方面投入，顺丰冷运华东和华中物流中心启用，并通过购置冷运车辆与温控设备提高冷链运输速度和质量，与赛诺菲和红石国际等企业合作拓展医药冷链供应链市场。圆通通过大闸蟹项目渗透冷链领域，开通7条冷链专线，覆盖全国13个省份。云仓建设效果显现，百世云仓在全国100个重点城市建设了170个云仓，运作面积超过240多万平方米，为用户提供方案设计、仓储配送管理、系统支持、一站式客服等一体化服务。

分拣处理效率不断提升。2016年，顺丰、圆通、中通、申通、韵达等主要快递品牌应对快递业务规模的高速增长加快重点区域、重要节点分拨中心建设和原有分拨中心的改建扩建，全国累计建成快递分拨中心逾千个，增加自动化分拣配置比例，快递业自动分拣率达到35%，申通等快递品牌尝试利用机器人分拣，极大提升了分拨中心的处理效率。部分快递企业拓展分拣中心的运输、仓储、配送、信息等功能，打造具备仓配一体功能的分拨中心，提升综合服务能力。

2016年全国主要快递企业分拨中心建设及升级改造情况

邮政EMS	完成贵州分拨中心改造
顺丰速运	新建东南、贵州转运中心，实现北京、山西、福州分拨中心搬迁
圆通速递	新建北京、贵州等分拨中心，扩建山西转运中心，完成湖北分拨场地搬迁
中通快递	新建华北陆运分拨中心、常州转运中心、无锡空港转运中心、东莞集散中心、南充转运中心。扩建山西进出口分拨中心、晋城转运中心、沈阳转运中心、武汉转运中心，完成哈尔滨转运中心的搬迁
申通快递	新建北京陆运中心、山西出港件操作专业仓库、盘锦转运中心、金华转运中心、西安转运中心、漯河转运中心等，扩建广东分拨中心、北京分拨中心等
韵达速递	新建北京陆运分拨中心、北京同城分拨中心、天津分拨中心、揭阳分拨中心等，改建扩建太原快件操作场地、山东分拨中心、贵州分拨中心等
百世快递	新建北京陆运分拨中心等，改造扩建太原转运中心、杭州分拨中心等

科技应用水平不断提高。全面推广规范使用电子运单，主要品牌快递企业已在总部网站公告电子运单合同内容，协议客户电子运单使用率提升至70%。进一步普及自动化分拣，快递业自动分拣率达到35%，占快递业务总量近八成的7家品牌企业投入使用全自动分拣设备156套，其中2016年新增71套。电子分单、大数据派单、智能机器人等应用提速，隐形运单正式投入使用。

基础能力建设不断增强。重点企业、重要区域、重要节点的大型快递枢纽项目加快建设，2016年全国新增芜湖市皖南快递产业园、荆州市电商快递产业园等20个，全国快递物流园区数量超过220个。园区功能趋向综合化、智能化的全产业链服务平台转变。义乌快递园区、苏南快递产业园、银川电商快递物流产业园、鄂尔多斯市快递物流电商产业园区等较成熟园区集聚示范效应显著，有力促进了当地社会经济发展。快递网点标准化建设持续推进，全国城市标准化网点数量达到4.1万个，标准化率达到51.4%，其中北京、河南、广东、宁夏标准化率突破80%。布放智能快件箱累计超过10万组，年投递快件逾10亿件，对末端服务能力提升形成有效支撑。

2016年全国部分省(区、市)快递物流园区建设及企业入驻情况

北京	北京邮政综合服务园区、北京邮政EMS园区接受北京市推进跨境电子商务发展工作小组授牌，成为北京首批6家跨境电子商务产业园
天津	天津空港航空快递物流园区用地面积65公顷。已进驻园区内的韵达、顺丰、百世快递区域分拨仓储中心已投入使用，圆通、中通等10家快递企业的区域分拨中心即将建设竣工。快递企业入驻园区累计投资额已超10亿元
山西	山西万昌快递物流园区进行改造，对新入驻企业在搬迁费、房租减免上给予扶持。已有中通、申通、京东、顺丰等快递公司进驻园区
内蒙古	巴彦淖尔快递产业园区转型升级为快递电商融合发展示范园区。内含上线产品展示及体验区，服务临河区绒毛、籽仁、羊肉、枸杞、脱水菜、番茄等外贸出口型企业线上经营。园区入驻快递公司10家，目前直接带动就业近2000人
江苏	苏宁航空物流园包括航空货运基地和华东物流中心两大功能，占地面积0.25万亩，具有航空基地、物流云综合平台、跨境电商、社会开放平台等融合线上线下、空中地面的全方位综合物流云处理能力
山东	顺丰建立山东威海电商产业园，项目总投资4亿元，占地128亩，规划建设办公及综合配套服务中心、智能仓储中心、快件中转中心三大板块
河南	天天快递公司将在河南郑州投资建设“郑州(中原)云商速配小镇”，打造集区域运营总部、华中全自动分拨中心、都市集中智能配送、大数据中心等功能于一体的综合性区域中心。项目打造天天快递、申通快递、长虹电器区域总部集群，力争成为华中区域都市圈生活配送枢纽
湖北	湖北省新建了石首市长兴物流园、湖北赤壁康华智慧物流园、荆州市电商快递产业园。天河空港综合物流园和东西湖综合物流园是省内规模最大的快递产业园，已入驻EMS、顺丰、申通、圆通等13个品牌快递企业
湖南	湖南邮政EMS电商产业园的前身是网商创业园，已吸引50余家企业入驻电商产业园
广东	顺丰佛山建设珠宝综合产业园，投资10亿元，预计2019年建成投入使用，产业园将在物流仓储设施的基础上，加入快递物流、智能云仓、供应链金融等配套服务
四川	南充市电商快递产业示范园一、二期项目建设完成，项目总投资3亿元，占地面积300亩，京东、顺丰、中通、当当等10余家大型电商快递企业入驻，日最高处理快件200万件，是川渝地区除成都、重庆外最大的快递产业区域中心和集散中心；内江市川南快递物流园一期规划310余亩，已入驻苏宁易购等企业，邮政、EMS等企业签约入驻；广安远成快递物流园区已开工建设，预计2017年交付使用；遂宁市跨境电商快件集散中心已有9家快递企业入驻，快递分拣与仓配等使用面积达5万平方米；宜宾电商快递产业园已有20家电商企业入驻
宁夏	邮政EMS、顺丰、中通、申通、韵达、德邦等8家快递企业入驻海原电商扶贫创业孵化园，携手电子商务助力精准扶贫

2016年全国部分地区推进快递标准化网点建设情况

天津	天津局指导快递协会印发《天津市快递营业场所星级服务窗口达标评定方案》，对20家快递企业进行星级评比
河北	河北局制定快递网点标准化建设工作方案，与快递行业协会联合成立工作机构，将建设工作分为企业自建、选定标杆、全面推广和评选模范企业四个阶段，有序推进相关工作。邢台局对新申请的分支机构一律按照标准化要求进行核查。邯郸局在全市开展评选“最佳快递门店”活动
吉林	吉林局出台《吉林市开展快递标准化门店建设实施方案》《吉林市快递企业安检设备配置实施方案》《吉林市快递行业服务规范工作方案》《吉林市智能自提柜设置管理规范》，积极推进标准化建设工作

续上表

江苏	无锡局联合市快递协会组织开展了邮政行业标准专题培训,以"平安寄递示范点"创建工作为抓手,督促寄递企业以安全生产为要求,实现依法合规经营
安徽	蚌埠、阜阳和宣城局对快递营业场所建设、车辆标识、设备配置、诚信服务等提出明确的规范标准,全面实行标准化、制度化管理。马鞍山局积极配合国家物流标准化试点市工作,开展"放心快递"工程建设活动,推进快递服务场所、运输车辆、从业人员和服务制度四个规范化项目建设
湖北	恩施局制定《全州快递营业场所标准化建设工作方案》《全州快递企业标准化管理工作实施方案》,要求企业建立"一套制度,四本台账"制度
宁夏	宁夏局制定了快递企业标准化规范化建设方案,拟定了检查验收标准,通过企业自查、市局复查、联合检查、交叉检查等形式组织验收。区市两级邮政管理部门通过人对点、人对人的形式,采取分两组包点包片、集中蹲点、全面铺开的方式,逐条逐项指导快递企业完善创建,指导快递企业严格按照《宁夏快递服务规范化标准化建设实施办法》要求,全面推进快递企业网的标准化建设

运输能力建设持续加快。自主航空能力显著增强。2016年,快递机队规模进一步扩大,国内快递专用货机达到81架,比上年增加10架,申通国际全货机实现首航,顺丰成为国内第一家拥有B767宽体全货机的快递公司,圆通与波音公司签订了20架改装订单。快递航空枢纽建设取得突破,湖北鄂州国际快递货运机场选址方案获批并纳入民用机场布局规划。陆地运输能力继续增强。公路运输能力强化,2016年,全国快递干线车辆超过20万辆,快递企业根据业务流量流向增开多条直达公路班次,部分快递企业尝试甩挂运输等运输方法。铁路运输成为快递运输的重要补充,国内电商快递班列正常运行、"苏满欧""渝新欧"等中欧班列尝试运快件,快递上高铁成为"双11"新亮点。

绿色快递试点稳步推进。国家邮政局印发《推进快递业绿色包装工作实施方案》,积极推动提升快递包装领域资源利用效率,降低包装使用量,减少环境污染。组织开展以绿色化、标准化、减量化和分类回收利用为重点的快递绿色包装试点工作,制定《绿色包装试点指南》,指导部分企业先行先试。积极践行低碳减排,努力推动新能源车辆在快递领域的探索应用,全国快递企业共投入使用新能源汽车4545辆。2016年,顺丰等快递企业在包装减量化、包装循环使用、包装材料可降解等方面进行了很多有益的尝试,顺丰在中转场正逐步以可重复使用的帆布袋代替普通编织袋、采用可降解的EPP做循环保温箱箱体材质等手段提高快件包装领域资源利用效率,申通自主研发的"芯片"耐用环保袋已在全网大面积推广使用,全峰快递在全网推广使用的塑料中转箱,北京EMS使用可回收再利用的"绿色包装",并采取可重复使用的环保封装容器进行"绿色操作"。电子运单的广泛使用,极大减少了纸张的消耗。

(三)快递发展系列工程有序有效推进

"三向"工程有力推进。国家邮政局坚定不移推进快递"向西、向下"发展,使"快递下乡"成为服务"三农"的组成部分、精准扶贫的重点工程,以及中西部经济结构调整的重要抓手。全国快递服务乡镇网点覆盖率已超过80%,能够基本满足5.9亿农村人口的快递服务需求,天津、辽宁、上海、江苏、福建、湖北、广东、海南等8省(市)覆盖率达到100%,中西部地区整体提升超过12个百分点,快递业通达城乡的双向通道基本形成。为强化示范引领,广泛调动地方政府和各种社会资源的积极性,国家局推出快递服务现代农业示范工作,全国60个城市踊跃申报,苏州阳澄湖大闸蟹、百色芒果、赣南脐橙等7个优秀项目当选首批示范。

2016 年全国部分地区推进快递“向西、向下”工程情况

北京	北京局联合市交通委、市农委印发《关于协同推进首都农村物流健康发展加快服务农业现代化的意见》
吉林	吉林局推进“快邮合作”“快递超市”和“村巴快递”项目，引导快递企业加强与农产品电商及原产地合作，通过“快递＋电商”，拓展线上线下多种销售渠道
江苏	江苏局积极推动“村村通快递”，鼓励企业快件直投入村。利用商务、农委、村邮站等各种资源，不断丰富拓展农村地区快递服务平台。与省农委整合推进“快递下乡”与“信息进村入户”工作
江西	江西局引导品牌快递企业通过“股份合作”“成立第三方公司”等方式将乡镇网点进行整合，形成可复制、可推广的快递“抱团下乡”模式。发挥“电子商务进农村”示范县优势，指导邮政企业和快递企业加强合作，形成独具特色的“电商＋合作社”生产经营模式
重庆	重庆局推动快递企业利用邮政车辆转投快件、共享农村电商服务站、探索建立快递服务中心三种方式深化“快邮合作”。三分局探索试行“村邮站＋快递超市＋电商平台”快递通达至村新模式，实现了快递营业场所乡镇、行政村覆盖率双100%
四川	四川局建立了快递公司抱团下乡、通过平台公司下乡和快邮合作等多种具有代表性的服务模式
云南	云南局推动省政府办公厅印发《关于促进农村电子商务加快发展的实施意见》。与省商务厅联合印发《关于推进“快递下乡”加快农村电子商务与邮政快递协同发展的实施意见》。保山局、红河局推动当地政府出台《关于加快农产品电子商务发展的实施意见》。德宏局依托“快递下乡”工程将“快递超市”的模式推进到乡镇，引导各快递企业“抱团下乡”
青海	海西局印发《海西州邮政管理局推进“快递下乡”工作实施方案》
宁夏	石嘴山局、吴忠局、中卫局借助全区开展农村电子商务示范建设项目机遇，积极争取示范县补贴资金，定向补贴农村电商物流快递体系、县级电商服务中心、乡村一级电商服务终端站等。石嘴山市平罗县政府对本地出港邮件、快件每件补贴5元，其他县区对本地出港邮件、快件每件补贴2元

2016 年快递服务现代农业示范优秀项目情况

苏州阳澄湖大闸蟹	各快递企业加强基础设施、冷链包装和时效保障，提供大客户驻场、冷藏车串点收件、临时揽收点、中转场24小时收件点等多种揽收模式，建立专项客服制度，为客户提供包装、收件、中转、派件、售后等方面快递物流解决方案外，还为客户提供销售、推广、金融等服务，为大闸蟹的养殖、销售、运输全程提供资金保障，实现互利共赢。阳澄湖大闸蟹通过快递走向了全国300多个主要城市，甚至远销境外。七成大闸蟹通过快递进行销售，2015年快递件量达559万件，快递收入2.1亿元，带动农业总产值5.1亿元
百色芒果	11个品牌74家快递企业及其分支机构参与百色芒果的寄递。目前，百色市快递企业服务芒果寄递的方式主要有四种：一是在芒果直产地的乡镇设立快递网点，全市4个县(区)14个乡镇的芒果产地都设有快递网点。二是到当地芒果销售市场设点。2016年，全市4个芒果销售市场共有快递临时网点52个。三是主动上门收件，形成“微商＋芒果销售商＋快递”的合作模式。四是对规模较大电商企业实行“上门收件，专车发件”的VIP服务。2016年芒果快件量已达到216万件，同比增长204%，业务收入3004万元，同比增长166%，带动农业总产值1.08亿元
赣南脐橙	各快递企业在“向下”拓展中，在平台建设、宣传推广、价格政策、寄递保障等方面全力支撑脐橙电商销售，为赣南脐橙冲出赣州、走向全国做出了切实贡献，形成了“快递＋脐橙”的良好合作典范，形成嵌入式电子商务、快递入基地、“仓储＋配送”一体化三种新模式。2014年和2015年，全市快递业带动脐橙产值分别达2.65亿元、4.64亿元，线上销售量分别为4.76万吨、10.7万吨
锡林郭勒羊肉	自项目启动以来，快递企业对贫困农牧民给予了更为优惠的发运政策，并且为农牧民免费提供冷运羊肉需要的保温箱和冰袋等物料，2016年，免费提供的物料金额达到400多万元。通过快递企业寄递羊肉，时限快递业务收入6500万元，带动农业总产值18900万元
松原查干湖鱼	2014年，查干湖鱼“爆红”，在松原市邮政管理局的精心组织和协调下，京东商城、顺丰、EMS、韵达、中通等快递企业纷纷进驻查干湖渔场，通过邮政、快递渠道将美味的查干湖鱼寄到千家万户的餐桌上。2014年冬捕期间，通过各快递企业寄递查干湖鱼130吨，占总销量的2.6%，寄出快件量2.25万件；2015年在查干湖冬捕现场的寄递企业增至7家，各快递企业利用自身运输优势，在网上开店销售查干湖品牌系列产品，以“互联网＋实体店＋快递”模式扩大经营，冬捕期间，各快递企业本身“互联网＋实体店”销售量达251.2吨，通过快递企业寄递出查干湖冻鱼569.48吨，快件量达12.38万件，带动农业总产值2081.6万元

续上表

烟台大樱桃	烟台市政府出台《关于促进邮政业健康发展的意见》，推广快递企业'收寄+直供+电商'寄递烟台大樱桃模式，鼓励邮政（快递）企业开展冷链物流服务。2016年设立标准寄递服务点600多个，快递企业通过服务电商寄递、与优质电商进行承运合作两种模式与樱桃电商融合。2016年烟台大樱桃项目带动农业产值3.96亿元，发送樱桃11487吨，直接解决3000多人就业，间接提供上万个就业机会
中卫枸杞	快递企业为中宁枸杞等优质农产品走向全国提供了强有力的支撑，邮政EMS、顺丰、韵达、圆通、中通等快递品牌相继进入市场为中卫电商和农村特色产业的发展提供了有力的支撑。2015年起，顺丰速运（宁夏）有限公司中卫分公司相继启动"顺丰杞航""杞运天下，一路顺丰"鲜枸杞全国配送项目，全市枸杞鲜果全部通过顺丰速递冷链进行配送。据统计，2016年1~8月全市枸杞及深加工产品快件量达86.5万件，快递收入1150万元，形成产值1.73亿元

"走出去"取得新的进展。各级邮政管理部门结合"一带一路"国家战略与自贸区建设的良好契机，推进快递跨境产业园区建设，指导快递企业与跨境电商企业做好业务对接，通过数据对接和互联互通，为其开展跨境贸易提供通关、通检、支付、物流等全流程"一站式"服务。天津、上海、杭州等13个城市开展跨境引导工程，与地方海关、商检、口岸办等部门建立更加密切的工作联系，重点推动提升快件通关能力。开展跨境电子商务寄递服务"三流一关"课题研究，着力配合有关部门完善跨境电商工作机制。积极利用"京交会"平台推动中国快递走出去。部分品牌企业积极响应"一带一路"号召，努力拓展国际网络，顺丰、申通加快布局东南亚、俄罗斯、北美市场，中通、圆通、韵达积极建立海外仓，快递服务跨境电商能力有效提升。

2016年主要快递企业海外网络建设情况

邮政EMS	邮政EMS开设中邮海外仓项目，优化跨境电商物流服务流程，仓库接收到订单指令后，可在24小时内出库配送，已在美国、英国、澳大利亚、德国等国家设立
顺丰速运	国际特惠派件范围已覆盖41个海外国家，包括新加坡、马来西亚、日本、韩国、美国、俄罗斯、巴西、欧盟（28国）、新西兰、文莱、阿联酋、孟加拉国、斯里兰卡、巴基斯坦
	顺丰国际，再开通中国至印尼、印度、柬埔寨三国快递服务。顺丰国际标快开通加拿大、墨西哥、缅甸流向服务
圆通速递	圆通速递韩国公司正式成立，这是继在中国香港、中国台湾、澳大利亚、德国等国家和地区布局之后的又一全球化布局
中通快递	中通快递先后在美国设立了波特兰、洛杉矶、特拉华3个中转仓，在中国台湾设立了7个中转仓，在德国、法国、日本、韩国、新西兰等国家都设立了中转仓。正式成立泰国公司
天天快递	天天快递推出跨境出口服务，开通了出口专线、邮政小包、商业快件三大出口业务，共设有7条出口专线，直航南亚、中东、非洲、俄罗斯、美国、德国等国家和地区，送达范围覆盖全球近80个国家和地区
	天天快递跨境业务平台——天天国际上线，已完成欧洲、澳洲、泰国、加拿大、韩国、港台等重点国家和地区的布点，拥有功能齐全的海外仓13个，满足跨境进出口的需要

2016年全国部分城市推进跨境引导工程情况

天津	天津局积极推进东疆港发展海运保税跨境电商快件业务，建立快递服务与跨境电商协同发展定期沟通座谈机制，开发建设跨境电商服务平台，加快推进与空港管委会在监管信息互联互通、跨境电商服务平台与邮政安全监管平台系统的信息对接
上海	上海市跨境电子商务第一批示范园区在外高桥保税区正式启动，上海局与市出入境检验检疫局通关处沟通协调联合发文、共同推进便利通关，加快建设跨境电商邮（快）件绿色通道
苏州	苏州局与海关、检验检疫等部门积极协调，跨境电子商务"单一窗口"平台于2016年4月开通运行

续上表

杭州	杭州局积极打造跨境电商B2B等示范园区，建设跨境电商特色小镇、众创空间，激发“大众创业、万众创新”活力。全市形成了“一核一圈一带”，全区域覆盖的综试区总体布局，建成了九个线下产业园区
合肥	合肥局利用中国（合肥）跨境电子商务综合试验区获国务院批准设立的良好发展机遇，大力推动跨境电子商务各项进出口业务，积极构建信息共享、金融服务、智能快递物流、电商信用、统计监测和风险防控等六大体系，打造跨境电子商务完整产业链和生态圈。印发出台《关于促进跨境电子商务发展若干政策意见》，积极协调安徽民航机场集团、合肥海关等部门，加快建设国际快件监管中心，打通合肥市乃至安徽省进出境商业快件的寄递渠道
青岛	青岛局在青岛跨境电商综合试验区建设机遇和市政府的大力扶持下，胶州国际机场快递物流园区、李沧邮政跨境电商产业园作为市级重点工程纳入政府工作报告，获得优惠政策带动园区建设青岛流亭国际机场“航空快件绿色通道”正式挂牌，青岛西海岸快件监管中心启用，运用高度信息化的处理平台、便利的通关政策，满足跨境电商企业低成本、高效益的服务需求
郑州	郑州局加快发展航空跨境快递业务，充分利用郑州机场国际航线资源，拓展跨境快件的直运、直封、直发业务。依托郑州海关快件监管中心，鼓励快递企业与国际电子商务企业、国外快递企业联合发展。加快推进跨境贸易电子商务服务试点工作，优化创新通关通检流程。建设“单一窗口”综合服务平台，积极配合海关、税务、外汇、出入境检验检疫、商务、工商、交通、金融、信用保险等部门建立多位一体的跨境电子商务“单一窗口”综合服务平台建设，督促邮政快递企业积极参与。加快推进航空邮件快件公共分拨中心建设
广州	广州局与海关、公安、安检等部门建立协调小组。推动实行“互联网＋自助报关”业务流程，推行快件物联网，实现快件信息共享
重庆	重庆局联合机场集团共同推动重庆市快件集散中心项目建设，建立航空快件特定时段优先安检制度。针对特定时段大批量快递航空快件享受独立收货通道的服务，缩短航空快件安检时间，保障快件时效
成都	成都局与海关、国检、跨境园区等相关部门建立协调机制，推动成都市人民政府办公厅《成都市人民政府办公厅关于促进跨境电子商务发展的若干意见》

“三上”“三进”工程取得新成效。国内快递专用货机总数达到81架，上海、天津、杭州、厦门、泉州、郑州重庆等城市快件“绿色通道”建设成效突出。快递上高铁成为“双11”新亮点，1525万件快件“坐高铁”为快铁合作掀开了崭新一页。积极推进快递进高校工作，因地制宜调动快递企业、专业第三方、院校等各方积极性，全国高校规范收投率达到83.9%，其中黑龙江、湖北、海南等3省达到100%，校园快递服务得到明显改善。江苏、安徽、宁夏等地开展城市快递综合服务平台建设，北京、上海利用社区生活圈建设加载快递服务功能，均收到较好成效。

2016年全国部分地区推进绿色通道发展情况

北京	北京局将“新机场快递园区规划建设工程”作为重大工程写入北京市“十三五”时期邮政业发展规划，同时加强与新机场临空经济区规划部门的衔接
天津	天津局与天津滨海国际机场签订合作协议，推进双方在打造航空邮（快）件“绿色通道”、推进邮政业与航空运输业协同发展，提升航空货邮吞吐量，助力国际航空物流中心建设
上海	上海局与上海海关、上海检验检疫局、市口岸办、上海机场集团等部门建立联合推进工作机制。同时与上海机场集团签订合作备忘录基础上，支持国内民营快递企业入驻浦东机场建设区域转运中心，拓展航空快递业务，深化国际中转集拼业务，打造快递“向外”航空枢纽高地
江苏	南京局与民航安全监管部门初步建立定期交流研讨、联合调研和沟通协调机制。积极引导快递企业依托南京空港物流集聚区全面开展新一轮快递分拨中心建设，形成江宁湖熟和禄口空港两个快递集聚区。徐州局与交通部门联合，全力推动快递企业与观音机场合作，促进机场为快递企业开通2条绿色安检通道。出台相关管理办法，为快件安检提供专门安检通道，配备专用快件装卸设备，并在快递货运飞机落地方面给予操作标准优化等便利

浙江	浙江局与浙江机场集团有限公司签订《促进浙江快递业健康快速发展，打造航空快递枢纽战略合作协议》，将规划衔接、环境优化、基础建设、绿色通道、信息互通、企业培育、安全监管等方面作为合作重点。杭州局在萧山国际机场建立航空快件集散绿色通道，在飞行航线、航班时刻、货机配置、用地、通关等方面给予便利
福建	福州局与机场公安建立航运渠道寄递禁限寄物品沟通联系、案情通报机制，组织寄递企业参加福州市首届安全检查员培训。泉州局推动实现跨境快件"陆地港通关，晋江机场运输"模式，在晋江机场设立快件接驳区与晋江陆地港进行国际快件业务交接，设立5条专门安检通道，开通港澳台及日本大阪等7条国际航线，场航线资源进一步拓展。厦门局联合民航厦门安全监督管理局出台《关于促进厦门快递与民航产业协同发展的意见》，联合口岸、民航等部门召开快递产业链发展会，建立"绿色通道"服务
河南	河南局与河南省机场集团签署《促进河南快递业与民航业融合战略合作协议》，就促进河南航空快递业发展、航空快件公共分拨中心建设、"绿色通道"建设达成共识，推进快递"上机"工程。开展快件上高铁专题调研，与河南投资集团、郑州铁路局等达成战略合作协议，推动郑州高铁南站快递分拨中心建设，推进快递"上车"工程
广东	深圳局与中国民用航空深圳安全监督管理局建立联席会议制度，积极推动在近机场或机场范围内合理规划建设快递处理场地
重庆	重庆局与重庆机场建立航空快件特定时段优先安检制度，联合重庆机场集团共同推动重庆市快件集散中心项目建设，将航空快件的安全发运纳入重庆市邮路安全监管办公室的工作内容，创新违禁品监管模式

2016年全国部分地区推进快递进校园、进社区情况

天津	天津局联合市教委出台《天津市高等学校快递服务进校园管理办法》，并在天津财经大学、天津职业技术师范大学等高校开展快递配送服务中心试点建设。引进并指导本地企业研发"智能邮件箱"、"智能快件箱"等创新实验项目，初步形成了服务电子商务快件投递、便利消费者的网络购物快件收取、政府对快件安全和服务监管的可持续发展模式。建设遍布社区的区域物流快递综合配送体系，充分利用宁河家乐等现有商超连锁零售网点，建设快递综合服务中心
吉林	吉林局鼓励高等院校与经营快递业务的企业开展校企合作，采取设立高校快件派送收发室、划定区域建立快件集中派送场所等方式为师生提供快递服务。吉林市局协助第三方公司宅窝窝进驻吉林市北华大学、东北电力学院等多所高校
江苏	无锡局积极助推江南大学快递超市提档升级。常州局主动对接相关部门，加强与高校联系，陆续在10家高校建成了校园快递服务中心。南通局通过企业互助、第三方投资等多种运营模式，不断完善末端快递投送平台。苏州局初步建立智能与人工相结合、门店建设与平台建设相结合、自建与第三方相结合的综合快件末端配送体系
安徽	安徽局和省教育厅联合下发《关于做好高等院校快递服务工作的意见》，鼓励快递企业创新服务，开设适应高等院校师生消费需求和作息规律特点的服务产品。合肥局推动陆军军官学院快递集中服务中心建成运行，成为该省首个设在军事院校的标准化快递服务中心。蚌埠局将快递投递点纳入社区商业便民服务中心。芜湖局将"10分钟快递便民圈"纳入国家物流标准化试点项目。淮南局通过构建快递协会及物业协会沟通平台，建立3处社区快递服务中心。宿州局推动市区各快递企业共同出资成立第三方公司，开展快递末端投递平台建设
河南	焦作局协调河南理工大学在超市中划批10余处经营摊位专供各快递企业入驻。许昌局引导10家规模以上快递品牌进驻许昌学院校园
广西	梧州局与市教育局联合出台《关于规范校园快递服务加强学校安全管理的指导意见(试行)》。首个校园邮政快递服务点正式投入运营
重庆	重庆局与国土房管局联合印发《关于加强物业管理区域邮政快递末端服务工作的通知》。与市商委共同印发了《关于统一规范物流快递末端公共取送点标识的通知》。联合市商委、市财政局出台《关于做好2016年电商物流末端配送网点转型公共取送点项目申报工作的通知》，积极为快递末端平台争取市商业资金补贴。推广"快递加盟商+商超经营者"合作投资及社会资本自建三方平台的模式，鼓励企业推广应用共同配送和夜间配送等新型配送模式

产业联动拓展工程纵深开展。快递与电子商务协同发展试点成效显著。快递与电子商务协同发展11个试点城市加快推进步伐，国家邮政局与财政部、商务部联合对首批试点进行经验总结，对第二批试点开展督导考核。相关省市两级邮政管理部门加强部门协调，提高资金使用效益，争取地方政府政策支持，在提升监管能力、增强基础服务、强化互联互通等各方面取得有益经验，试点工作卓有成效。深入推进快递服务制造业示范工程，推进江苏、浙江、福建、河南、陕西五省试点扩围。2016年，全国开展快递服务制造业试点项目共计322个，累计产生快件量1.27亿件，直接服务制造业累计产值超过1200亿元。全面开展产业联动项目库建设，初步建立统计制度。组织开展全国快递服务制造业项目库建设工作，为开展全国快递服务制造业示范工作奠定基础。各级邮政管理部门加强与工信部门的合作，通过规划引领、政策引导、试点示范等方式，拓展快递服务制造业发展空间，解决行业发展难题，推动行业转型升级。组织开展全国快递服务制造业项目建设工作，为开展全国快递服务制造业示范工作奠定基础。2016年，全国已纳入项目库项目790个，涵盖纺织服装、服饰、农副食品加工、医药制造等27个制造业门类。积极引导地方政府和社会资源支持快递业发展，组织开展快递示范城市创建评选工作，从12个省（区、市）23个城市中评选出辽宁省大连市、江苏省苏州市、浙江省宁波市、安徽省合肥市、福建省厦门市、山东省青岛市、湖北省武汉市、广东省揭阳市等8个“中国快递示范城市”。开展快递示范城市评选，对于快递业持续健康发展、推进供给侧改革、行业提质增效具有十分重要的现实意义。上海市青浦区被授予“全国快递行业转型发展示范区”称号。

2016年快递示范城市相关情况

大连市	大连市成立了促进快递发展领导小组，给予快递业在资金、土地等方面的支持，对本特农产品海产品增量部分实行每寄一件补贴1元，其余本地产品增量每件0.5元。大连区位优势明显，快递物流体系发达，农副产品丰富，为快递电商发展提供有利条件
苏州市	苏州市出台了14项促进快递发展的政策，并提供资金支持。快递普及程度高，人均使用量41件，乡镇覆盖率100%。业务发展指标、特色及相关工作成效较为突出，交通区位优势明显，获评“全国集聚发展示范园区”。监管工作开展良好，相关立法、车辆通行、创新模式、远程视频监控系统有示范作用
宁波市	宁波市每年安排700万元支持快递发展。快递普及程度较高，乡镇覆盖率100%，2015年人均快件量39件，高于全国15件的水平
合肥市	合肥市出台了十多项促进快递发展的政策，并从2017年起每年安排不少于1千万元资金支持快递发展。业务增长速度较快，近三年快递业务量均高于全国平均水平
厦门市	厦门市经济社会发展和综合交通运输体系完善，为快递业提供良好发展基础。厦门市先后出台了20多份促进快递发展的政策文件
青岛市	青岛市2014年拨付918万元扶持资金，并出台《促进快递健康发展实施意见》。青岛市快递发展基础扎实，经济发展总量和交通区位优势明显。城市快递服务网络体系健全，辐射能力较强，有一定的示范带动作用
武汉市	武汉市区位优势明显，经济发展水平较高，居民消费能力强，电商普及度高，快递需求旺盛。吸引众多快递企业、物流企业进驻，区域总部数量83个，经转该市快件量3.8亿件
揭阳市	揭阳市快递业的发展得益于该市空港、海港、河港、高铁、高速“五位一体”的交通优势和扎实的制造业基础。市政府工作报告提出创建快递示范城市，并推动出台《揭阳市促进快递发展若干意见》。区域带动作用显著，电商平台投资积极性高

2016 年全国部分地区推进快递服务制造业发展情况

天津	天津局联合市工信委印发《关于加快推进快递服务制造业发展的实施意见》，组织召开快递服务制造业座谈会，推动快递企业和制造业企业进行业务对接
河北	河北局推动省政府出台《关于加快制造业与互联网融合发展的实施意见》，从政策上为快递与制造业融合发展明确方向
辽宁	辽宁局选取已成型的快递服务制造业项目，建立辽宁省快递服务制造业项目库，作为快递服务制造业的项目典型予以推广
吉林	吉林局在延边、白山、四平开展试点工作，服务领域从汽车、医药、袜业拓展到食品加工、生物工程等领域
黑龙江	黑龙江局出台《黑龙江省快递服务制造业实施意见》，借助国家邮政局启动快递服务制造业项目库的建设契机，鼓励快递企业加强与制造业的合作
福建	厦门局印发加快推进快递服务制造业工作实施方案，推动了"厦门百世快递服务服装制造业""优速服务向高电子"等一批具有典型示范性的项目落地发展。泉州局推动"快递＋制造业"项目不断延伸服务领域，通过发展逆向物流、制定个性化方案、借助大数据就近备货等方式提高物流时效
陕西	陕西局与省工信厅出台《关于加快推进快递服务制造业工作实施意见》。选定西安、宝鸡、咸阳、汉中作为快递服务制造业试点城市，积极引导快递企业发展再包装、报关、保险、仓储等增值服务

（四）行业安全发展基础不断巩固

加强安全监管顶层设计。成立邮政业安全领导小组，加强对邮政行业安全管理工作统一领导；在中央大力支持下，推动在国家邮政局层面设立专门安全监管机构，成立安全监督管理司；大力推动省级及省级以下邮政业安全监管支撑保障机构建设，北京、河北、上海、江苏、浙江、福建、山东、河南、广东、四川、陕西、新疆等 12 个省（区、市）和内蒙古乌兰察布，辽宁大连，江苏苏州，浙江绍兴，安徽合肥、淮南，福建厦门、福州，山东东营，四川眉山等 10 个市（地）以及浙江义乌成立邮政业安全中心。持续抓好中央九部门 24 号文件的贯彻落实，深化省、市寄递渠道安全管理领导小组机制建设，实现国家、省、市三级寄递渠道安全管理联合监管机制全覆盖。发挥各级综治考评作用，进一步强化属地管理责任，寄递渠道安全管理"齐抓共管、综合治理"工作格局基本形成。认真宣贯安全生产法、反恐怖主义法，会同公安部、国家安全部印发《禁止寄递物品管理规定》及指导目录，制定颁布《快递安全生产操作规范》，会同民政部联合出台《赈灾包裹寄递服务和安全管理规定》，印发《邮件快件微剂量 X 射线安全检查设备配置管理办法（试行）》等，不断健全行业安全发展制度保障。

省市纳入综治考评情况

天津	综治部门将"依法加强对邮件、快件寄递的安全管理工作，切实保障邮件、快件寄递安全"纳入全市社会治安综合治理考评，权重 1 分
河北	综治部门将"推进寄递物流安全管理规范化建设"设定为社会治安综合整理工作 12 个考核项目之一，并给予 8 分的分值对地方政府进行考核
江苏	邮政管理部门与综治部门联合开展"平安寄递"创建活动，将寄递渠道安全管理工作纳入平安建设整体格局，同时将省"平安寄递"创建考核评价指标体系进一步完善
福建	福建省政府将寄递物流安全管理纳入全省六个专项治理，作为基本得分项，权重达 2 分（满分 100 分），纳入对地方政府的综治考评
湖北	综治部门将寄递渠道安全管理工作纳入 2016 年省级综治考评体系，寄递渠道安全管理工作在社会治安综合治理考核中的权重，由 2015 年 1 分加大至 2 分

强化寄递安全“三项制度”落实。国家邮政局利用近半年时间，组织专门力量，集中开展寄递渠道安全监管“绿盾”工程可行性研究，明确了总体思路、项目架构和分期实施安排，并正式上报国家发展改革委。积极落实禁寄物品管理规定，按照“谁收寄、谁负责”要求，强化企业收寄验视责任，加大危险化学品和易燃易爆品管控力度，对危化品实行零容忍。制定《邮件快件实名收寄实施办法》及信息化解决方案和技术规范，研究开发实名收寄管理信息系统和“公共版”APP，并在浙江、宁夏等3个省(区)和顺丰等7家企业试点应用。大力推进寄递企业安检设备配置工作，2016年全国寄递企业已配备X光机8869台，北京、浙江、河南、广东等29个省(区、市)地方政府先后给予安检机配置财政补贴6亿多元。各主要品牌快递企业省、市大型分拨中心安检机配置基本到位，安检保障能力迈上新台阶。

强力推动安全生产主体责任落实。督促企业严格落实《邮政业安全生产设备配置规范》和安全监管“三项制度”，认真贯彻落实中央关于安全生产工作要求，深入开展安全生产大检查，突出检查重点，加大执法力度，确保各类安全隐患整改到位。邮政业安全中心和快递企业建立了安全工作对接机制，顺丰等企业相继配置了专门的安全管理员。宁夏等地区通过对企业分级分类管理，有效提高了企业安全管理水平。

全力做好重大安保任务及应急管理工作。圆满完成二十国集团领导人杭州峰会寄递安全保障任务，峰会期间，按照“全国保浙江、浙江保杭州”总要求，部署构建环浙寄递安保圈和“护城河”工程，坚决严格落实峰会核心区专人、专岗、专车、专项服务、专项检查“五专”要求，确保峰会寄递服务优质高效，寄递渠道安全畅通，向中央交出了满意答卷，得到了国务院领导的高度肯定。切实做好全国“两会”、第三届世界互联网大会、新疆亚欧博览会、甘肃文博会等重大活动期间寄递安全保障工作。严格执行《邮政业安全信息报告和处理规定》，有效应对汛期连续强降雨天气和数次台风对行业带来的不利影响。妥善处置北京日益通、港中能达、安信达等快递企业加盟商群访事件。扎实做好寄递渠道禁毒、反恐、扫黄打非、打击侵权假冒等专项工作。

(四)行业监管能力和水平持续提升

“放管服”改革深入推进。持续推进简政放权，进一步激发市场活力。推进快递末端网点规范化管理工作，积极协调工商部门探索“一照多址”改革。持续优化许可管理工作，减少许可申请受理材料，优化完善许可信息系统，实现全流程网上审批，全面推进许可企业信息公开。加强许可日常管理，2016年各级邮政管理部门共核发快递业务经营许可证4443件，全年核准变更申请23589件。严格实行分支机构实地核查制度，落实安全生产强制性标准。完善退出机制，对不再实际开展快递业务经营活动的企业依法履行注销程序，全年共注销许可证1006件。

依法行政能力不断增强。全面推进“双随机一公开”，制定印发《邮政管理部门随机抽查工作细则》和《随机抽查事项清单》，优化完善执法系统双随机抽查功能。持续推进“三清单一张网”建设，认真贯彻《邮政行政执法信息公开规定》，及时公开执法检查信息。继续向社会发布快递市场监管报告和中国快递发展指数。加强舆情监测，进一步健全市场监管支撑体系。升级改造行政执法、集邮市场和用品用具管理信息系统。深化消费者申诉和市场监管联动机制。建立国家局快递服务质量提升联席会议制度，印发《邮政市场监管约谈办法(试行)》。指导各地依法查处辖区快递企业参与“空包刷信”的违法行为，先后约谈多家企业总部。对无证经营、超地域范围经营和违反加盟管理规定等违法行为开展专项整治。认真做好《集邮市场管理办法》宣贯实施，完善集邮市场日常监管。各级邮政管理部门全年共执法检查11.6万次查处违法违规行为2.3万次，办理邮政市场行政处罚案件4600多件。

信用体系建设扎实推进。签署《失信企业协同监管和联合惩戒合作备忘录》，与国家发展改革委、工商总局等38个部委对工商领域失信当事人共同实施联合惩戒。选取天津、内蒙古、吉林、浙江、湖北、河南、陕西等七省（区）开展快递业信用体系建设试点，指导建设快递业信用管理信息系统，已为近2.5万个市场主体、近17万从业人员建立了信用档案。上海、江苏、广东等省（市）结合实际，探索推进信用体系建设。行业信用监管组织架构和工作机制初步建立。组织开展“诚信快递、你我同行”3·15主题诚信宣传活动，设计快递业诚信专用标识，开展诚信主题征文活动，积极营造诚信用邮氛围。

2016年七省（区、市）开展快递业信用体系建设试点情况

天津	天津局完成843家快递企业和12659名快递从业人员信用信息的录入和审核工作。与天津市市场监管委建立快递企业信用信息共享制度，将全市快递企业纳入“天津市市场主体信用信息公示系统”，实现快递企业失信行为“一处违法、处处受限”
内蒙古	内蒙古局印发《内蒙古自治区快递业信用体系建设工作方案》，12个盟市局结合实际制定了相应的指标体系，共设立加分指标180项，减分指标70项
吉林	吉林局印发《吉林省快递业信用体系建设实施方案（试行）》，组织快递业信用管理信息系统培训指导。吉林电视台、吉林日报、新文化报等媒体对快递业信用体系建设工作进行了宣传报道
浙江	浙江局下发《关于做好快递业信用体系建设试点工作的通知》，各市局基本完成企业信息审核工作，正在逐渐补充各企业信用代码，企业从业人员信息审核工作也在进一步开展中
河南	河南局开展快递行业诚信企业评选活动，104余家申报了诚信快递企业。统一组织信用系统数据清理，督促企业及时录入人员信息，全省共录入审核快递企业数据4730条，督促快递企业录入人员信息30000余条
湖北	湖北局印发《关于开展2016年全省快递行业诚信体系建设活动的通知》，制订《快递业信用体系建设试点操作指南》和《快递业信用指标评定试点方案》，召开了快递业信用管理信息系统培训班，建立全省快递企业、从业人员诚信档案，目前全省完成5638企业，17264从业人员信用信息的录入和审核工作
陕西	陕西局出台信用信息管理办法，与38个部门联合建立失信企业协同监管和联合惩戒机制

不断提升服务质量监测能力和水平。建立提升快递服务质量的长效工作机制。制定《国家邮政局快递服务质量提升联席会议制度》，组织快递企业召开快递服务质量提升联席会议，通报快递服务质量方面存在的快件丢失损毁、索赔难等主要问题。积极参与消费者权益保护工作部际联席会议。加强与工商总局的沟通联席，共同研究筹建消费者权益保护工作部际联席会议。参与网络市场监管专项行动，严厉打击利用网络侵犯消费者合法权益的行为。参与质检总局2016年“质量月”活动。充分发挥申诉与市场监管工作衔接和联动机制作用。实现申诉与执法衔接常态化，将申诉处理发现的严重问题与市场监管工作有效对接，由监管部门依法查处。2016年各级邮政管理部门通过申诉受理渠道获取案件线索200多起，其中立案处罚185起。拓宽消费者申诉渠道，开通邮政业消费者申诉微信平台。改造升级邮政业消费者申诉受理信息系统，提升申诉受理工作效率。2016年全年受理申诉130.7万件，邮政业消费者申诉处理满意率达到97.6%，通过申诉渠道为消费者挽回经济损失4900.6万元，有力地维护消费者合法权益，推动邮政业寄递服务质量提升，并为行业运行安全监管提供支撑。

监管队伍建设常抓不懈。坚持以党建工作全面统领干部队伍建设和作风建设，深入开展“两学一做”学习教育，不断提升市场监管干部队伍的政治意识、大局意识、核心意识和看齐意识。严格按照中央巡视工作部署和国家局党组《巡视反馈意见整改方案》有关要求，全面落实巡视整改各项措施，规定时限、逐条整改、件件落实，各项整改任务全部完成，宗旨意识、服务意识有效增强。坚持“两不误、两促进”，一手抓作风过硬，一手抓能力提升，先后围绕快递业发展、经营许可管理、寄递安全监管和行政执法检查开展专题业务培训。各级邮政市场监管干部以“忠诚、干净、担当”为职业追求，以高度的责任感和使命感，埋头苦干、勤勉奋进，一心一意谋发展、扎扎实实强监管、全心全意做服务，为全年工作任务的圆满完成做出了积极贡献。

行业精神文明建设不断加强。组织第二届“寻找最美快递员”评选活动，评选出党旭延等10名最美快递员和中通快递海南团队等4个最美快递员团队。开展2015－2016年度全国青年文明号创建和评选工作，一批单位和个人获得表彰或授牌。举办全国邮政行业精神文明建设工作培训班，开展创建工作经验交流，全面推进行业精神文明建设迈上新台阶。各级邮政管理部门积极发挥行业管理部门作用，组织企业党组织积极承担社会责任，建设先进企业文化，开展精神文明创建活动，促进全行业精神文明建设不断取得新的成果。

四、快递服务评价体系持续完善

2016年，以服务满意度、时限准时率等为主要指标的快递服务质量评价体系持续完善，测试结果显示，消费者对快递服务质量的满意度持续提升。快递服务满意度和时限准时率双获提升，消费者申诉处理满意率达到97.6%。

（一）快递服务总体满意度得分连续8年稳步提升

2016年快递服务满意度调查范围覆盖50个城市，包括全部省会城市、直辖市以及19个快递业务量较大的重点城市，具体为：北京、天津、上海、重庆、杭州、太原、南昌、郑州、兰州、昆明、济南、南京、石家庄、福州、乌鲁木齐、西宁、长春、海口、合肥、拉萨、银川、长沙、贵阳、哈尔滨、成都、呼和浩特、武汉、南宁、广州、西安、沈阳、深圳、东莞、中山、汕头、金华、温州、宁波、苏州、无锡、厦门、泉州、青岛、大连、洛阳、芜湖、株洲、遵义、宝鸡和桂林。测试对象为2015年国内快递业务总量排名靠前且服务水平较好的10家全网型快递服务品牌，包括：邮政EMS、顺丰、圆通、中通、申通、韵达、百世、天天、国通和宅急送。调查由2016年使用过快递服务的用户对受理、揽收、投递和售后4个快递服务环节及16项基本指标进行满意度评价，通过计算机辅助电话访问和在线调查等方式，共获得有效样本93884个。

调查显示，用户对于快递业的服务品质表示肯定，快递服务总体满意度得分连续8年稳步提升。2016年快递服务总体满意度得分为74.7分，较2015年提升0.7分；其中，公众满意度为80.5分，时测满意度为68.9分。

快递企业总体满意度排名和得分依次为：顺丰（84.6分）、邮政EMS（80.0分）、中通（76.9分）、圆通（74.8分）、申通（74.7分）、韵达（74.3分）、百世（72.3分）、宅急送（71.4分）、天天（70.8分）和国通（65.8分）。其中，中通、韵达、圆通以及百世总体满意度提升较为明显。

公众满意度方面，在涉及评价的4项二级指标中，受理环节满意度得分为83.2分，较2015年降低0.4分；揽收环节满意度得分为83.2分，较2015年降低1.2分；投递环节满意度得分为81.2分，较2015年提升1.0分，进步幅度较大；售后环节满意度得分为75.4分，较2015年提升2.2分，进步明显。

在涉及评价的16项三级指标中，用户满意度较高的指标是：揽收员服务、查询服务、普通电话受理、揽收质量、派件员服务、送达质量。满意度有所提升的指标是：查询服务、普通电话受理、派件员服务和统一客服热线受理。满意度有所降低的指标是：揽收员服务、投诉服务、揽收质量和上门时限。

在受理环节，普通电话受理、统一客服热线受理、网络受理满意度得分分别为85.5分、81.9分、

81.6分，与2015年相比均有改善。各快递企业在普通电话受理服务方面差异较小，服务均达到较高水平；各快递企业在统一客服热线受理方面差异较大，部分企业仍需加强；网络受理作为一种新型受理方式得到用户认可，但仍有进一步提升空间。在受理环节表现较好的企业有：顺丰、圆通、中通、韵达和申通。

在揽收环节，上门时限与揽收质量满意度得分分别为82.9分、85.3分，与2015年相比均略有下降。揽收员服务满意度得分为87.0分，虽然得分最高，但较2015年下降1.2分，值得关注。费用公开透明满意度得分为80.7分，需进一步提升。在揽收环节，除顺丰、申通外，其他快递企业满意度得分较2015年均出现一定幅度的下降。

在投递环节，送达质量与派件员服务满意度得分均为83.7分，其中派件员服务较2015年下降2.3分，下降明显；送达时限、网络覆盖、签收信息反馈三项指标的满意度得分分别为78.2分，79.6分，77.2分。投递环节表现较好的企业有：顺丰、邮政EMS、中通、圆通和申通。

在售后环节，查询服务表现最好，满意度得分相较2015年提升1.2分，达到86.1分；投诉服务满意度得分较低，为51.4分，较2015年下降0.5分；问题件处理满意度得分为67.4分，与2015年基本持平；发票服务满意度得分为80.4分，顺丰速运和邮政EMS得分远超其他快递企业。售后环节表现较好的企业有：顺丰、中通和申通。

分地区观察，我国东部地区受理、揽收服务表现佳，中部地区投递、售后服务获用户肯定。大区方面，东北地区满意度较高，西南、华南尚有进一步提升的空间。2016年快递公众满意度得分居前15位的城市是：北京、杭州、天津、长春、上海、苏州、郑州、哈尔滨、洛阳、大连、温州、深圳、石家庄、无锡和金华。

2016年度调查中，还对部分与快递服务紧密相关的事项进行了抽样调查。

从快件接收场景来看，用户对于家、物业门卫、公司单位、学校、快递网点、智能快件箱、便利店超市等场景接收快件的服务质量普遍比较认可。但不同接收场景的用户评价差异较大，学校接收的满意度得分达88分；以智能快件箱为代表的新型终端模式得到用户的肯定，得分为86.8分，与家中接收并列第二；便利店超市代收得分仅为75分，仍有进一步提升的空间。

从用户对快递员形象的评价来看，超5成用户接触到的快递员身着工服。用户对快递员形象的满意度得分为74.6分，顺丰速运、邮政EMS和中通快递员工着装较为规范。

从投递不成功快件后续处理情况来看，超8成用户感到满意。在赔偿满意度方面，顺丰速运和邮政EMS的满意度评价显著高于其他快递企业。

在快件包装方面，用户收到快件后，对包装最主要的处理方式为直接扔掉和卖废品，占比分别为43.5%和35.2%；用户反映导致快件包装回收率较低的主要原因是无专业的回收机构和较少有快递企业对包装进行回收。

在快件电子运单使用方面，用户的满意度为86.1分。用户认为电子运单的优点主要有：地址清晰、节约成本和打印方便等；同时仍有部分用户认为电子运单修改不方便，机器易出故障，表明电子运单仍有优化空间。

在快递APP的使用方面，近3成用户使用过快递APP，用户对快递APP服务的满意度为80.5分，操作便捷性和企业本身服务水平是影响用户选择的主要因素。

调查还显示，快递企业在应对高峰期、春节假期的服务保障能力均有所提升，特殊时期快递服务有所优化，已逐步获得用户的认可。2016年，用户对春节期间快递服务满意度的得分为78.5，高于当月总体水平76.7分；“双11”等业务高峰期的满意度为78.4分，较2015年略有提升。

（二）时限准时率保持相对稳定

2016年快递服务时限准时率测试范围覆盖50个城市，包括全部省会城市、直辖市以及19个快递业务量较大的重点城市，具体为：北京、天津、上海、重庆、杭州、太原、南昌、郑州、兰州、昆明、济南、南京、石家庄、福州、乌鲁木齐、西宁、长春、海口、合肥、拉萨、银川、长沙、贵阳、哈尔滨、成都、呼和浩特、武汉、南宁、广州、西安、沈阳、深圳、东莞、中山、汕头、金华、温州、宁波、苏州、无锡、厦门、泉州、青岛、大连、洛阳、芜湖、株洲、遵义、宝鸡和桂林。测试对象为2015年国内快递业务量排名靠前且服务水平较好的10家全网型快递服务品牌，包括：邮政EMS、顺丰、圆通、中通、申通、韵达、百世、天天、国通和宅急送。测试方式为系统抽样测试和实际寄递测试，有效样本合计330万个。

在全程时限方面，2016年全程时限均值为58.71小时，同比缩短0.49小时。2016年72小时准时率均值为75.53%，同比提升1.68个百分点。从较长周期观察，在快递业务量持续高速增长的背景下（自2010年23.4亿件增长至2016年313.5亿件），快递服务时限水平基本保持平稳上升趋势，全程时限处于58～60小时，72小时准时率从2012年72.4%提升到2016年75.53%。从各月表现来看，多数月份全程时限在60个小时以内，72小时准时率在75%上下平稳波动。受春节假期影响，1、2月份全程时限接近70个小时，72小时准时率低于70%。

在分环节时限方面，寄出地处理环节平均时限为12.3小时，运输环节平均时限为31.17小时，寄达地处理环节平均时限为11.22小时，投递环节平均时限为4.02小时。四个环节中，寄出地处理时限、寄达地处理时限均有所改善，运输时限略有延长，投递时限保持稳定，表明处理能力建设进一步加强。

在不同寄送距离时限方面，1000公里以下平均时限为46.85小时，同比延长0.66小时；1000～2000公里平均时限为59.34小时，同比缩短0.05小时；2000～3000公里平均时限为69.10小时，同比缩短0.49小时；3000公里以上平均时限为78.89小时，同比缩短3.46小时。2000公里以下快件全程时限基本稳定，2000公里以上尤其是3000公里以上提升明显。

在分区域时限方面，寄往东部地区的快件平均时限为56.66小时，同比延长0.27小时；寄往中部地区的快件平均时限为57.93小时，寄往西部地区的快件平均时限为61.13小时，同比分别缩短了1.87小时和2.25小时。快递普惠水平进一步提升，各区域时限服务更加均衡。

东部地区终端服务时限（该区域寄出快件收寄时限与寄达该区域快件投递时限的平均值）为3.43小时，同比缩短0.05小时，中部地区和西部地区终端服务时限为3.88小时和2.75小时，同比缩短了0.59小时和0.54小时。东部地区处理时限（该区域寄出快件处理时限与寄达该区域快件处理时限的平均值）为11.28小时，同比缩短0.27小时，中部地区和西部地区处理时限为12.54小时和12.79小时，同比缩短了0.09小时和0.45小时。中西部揽投两端服务时限、处理时限均改善明显，快递“向西向下”成效显著。

由于寄送距离更长，乡镇地区寄往城市的快件全程时限比城市间快件全程时限长5个小时；同时，城市寄往乡镇地区的快件全程时限比城市间快件全程时限长7个小时。

五、行业人才队伍建设成效显著

人才培养模式不断创新。国家邮政局推动教育部设置“快递运营管理”专业（专科），在物流工程技术专业下设置快递方向。目前全国共有14所院校开设“快递运营管理”专业，招生1200多人。推进职业教育专业设置与职业分类对接、课程内容与职业活动对接、教学过程与生产过程对接、毕业证书与职业资格证书对接。国家邮政局有关部门会同教育部职业教育与成人教育司、高等教育司指导举办全国快递大学生创新创业大赛，推动建立以创新创业教育为导向的人才培养模式，不断提高人才培养质量。推动在北京邮电大学、南京邮电大学、西安邮电大学、重庆邮电大学共建现代邮政学院、邮政研究院，开展快递相关专业本科录取，合作院校、人才培养基地、共建学院和研究院“四位一体”的邮政行业人才培养体系初步形成。

人才队伍建设统筹推进。成功通过申报人社部专业技术人才知识更新工程项目，举办“互联网+”快递先进技术高级研修班。推动人力资源社会保障部在《职业分类大典》中新增“快递员”“快件处理员”两个技能类职业，完善覆盖全国的快递职业技能鉴定组织实施体系。建立涵盖初、中、高级和业务师四级的快递业务员国家职业技能标准考评体系，继续开展快递业务员职业技能鉴定。全年完成职业技能鉴定9.7万人次，从业人员能力素质不断提升。

现代邮政学院建设情况

北京邮电大学	7月，北京邮电大学现代邮政学院物流工程和工商管理两个专业圆满完成本科生招录工作，同时校内2015级实验班组建完成。9月18日，现代邮政学院迎来了首批本科学子180人
南京邮电大学	5月，江苏省人民政府和国家邮政局联合出台《关于共建南京邮电大学现代邮政学院和邮政研究院的意见》，决定共建南京邮电大学现代邮政学院和邮政研究院。南京邮电大学现代邮政学院下设物流管理、邮政管理、网络工程（邮政工程）3个本科专业；南京邮电大学现代邮政研究院下设4个研究所
西安邮电大学	7月29日，陕西省人民政府、国家邮政局签约共建西安邮电大学现代邮政学院、邮政研究院，12月20日，西安邮电大学现代邮政学院、邮政研究院正式揭牌成立
重庆邮电大学	11月25日，重庆邮电大学现代邮政学院、邮政研究院在重庆邮电大学揭牌。学院计划设立邮政管理、物流管理、邮政金融等5大专业

六、对外交流合作日益深化

积极开展与“一带一路”沿线国家务实合作，巩固深化多双边和区域性邮政交流机制，积极参与万国邮联、亚太邮联等国际组织活动，做好万国邮联改革特设工作组、实物寄递和电子商务委员会主席国工作，深入参与规则及标准制定。做好亚太邮联秘书长竞选连任工作。继续参与中欧投资协定、区域全面经济伙伴关系等多双边谈判，优化企业“走出去”国际环境。做好世贸组织贸易政策审议、电子商务议题、中美商贸联委会等涉外工作。扎实推进中德货运班列运邮双向测试，稳步推进中德、中俄等货运班列运邮常态化。继续深化与港澳台邮政合作，认真做好海峡两岸邮政交流协会换届工作。

七、市场主体积极投身公益事业传递行业正能量

近年来，各快递企业在努力提升快递服务质量和水平的同时，积极履行企业社会责任，参与各种公益活动，尽己所能回报社会，传递正能量，爱心递四方。

湖南邮政爱心帮扶贫困村。11月上旬，张家界市桑植县澧源镇丰子山小学收到了由湖南邮政捐赠的50个爱心包裹（书包）、50本写字王和11750元捐款。这是湖南邮政开展支部联基层“爱心助学”帮扶活动的一个缩影。桑植县澧源镇洋公潭村是湖南邮政2015年至2017年的驻村帮扶联系点。2015年4月，湖南邮政启动对洋公潭村扶贫工作以来，已向洋公潭村发放慰问（助学）金18万元；斥资68.6万元用于村基础设施建设，筹措资金40万元用于扶贫帮扶。

顺丰援建云南首所小学在双江县落成。9月27日，云南省临沧市双江县沙河乡邦木村内热闹非凡，邦木顺丰莲花小学竣工典礼在此举行，114名孩子告别了简陋阴暗的危房，搬进了宽敞明亮的新教室，开启新学期的学习。该校正是顺丰在云南援建的第一所小学，也是在国内建的第七所顺丰莲花小学。据顺丰云南分公司总经理李华兵介绍，学校由顺丰基金会与双江县教育局共同筹资约320万元建设，重建了教学楼、宿舍楼、厕所、浴室、大门等，力求为师生们提供安全、舒适的校

园环境。

据了解，顺丰于2013年启动了顺丰莲花小学项目，已先后在甘肃省、贵州省等偏远地区提供整校援建支持，为近千名师生改善了教学环境，目前第三批莲花小学援建工作已启动。此外，顺丰公益基金会先后在双江县、巍山县累计资助了400余名贫困生完成学业，用实际行动传递爱心，践行民营企业的社会责任。

圆通贴心护航首批7340套小书包。2016年4月20日，圆通携手鸿基金“爱的背包”公益传递活动启动发货仪式在河北省保定市白沟镇举行，首次公益传递圆通将7340套“爱的背包”通过圆通京蒙管理区北京转运中心发往全国8个省份151所学校，面对鸿基金“爱的背包”托付圆通将一路贴心护航。早上6点，圆通爱心专列从北京转运中心发车前往河北省保定市白沟镇与鸿基金公益组织汇合。上午9点30分鸿基金志愿者与快递员们一起将印有圆通logo“圆通速递，爱心传递”的413只“爱的背包”纸箱装进爱心专列，其中每个纸箱的尺寸为76cm×46cm×62cm，每箱装20套“爱的背包”，约33公斤，爱心公益使者通过自己肩膀的力量为留守儿童筑起一道爱的护航。

首次“爱的背包，圆通护航”启动路线，由圆通京蒙管区北京中心从河北省保定市白沟镇揽件后，发往安徽、云南、山西、广西、河南、江西、陕西等8个省份，并通过圆通全网各省管区、转运管理部分拨中转，由各基层网点快递员分别派送至49家小学。

申通启动“小红心暖阳助学计划”。“许下心愿，伸出友爱之手，用点滴爱心，汇聚爱的海洋，让孩子们不再因为贫困而放弃求学之路……”2016年1月22日，申通快递“小红心暖阳助学计划”正式启动，并在会上发布了“七彩阳光为爱众筹”首批助学认领情况。“七彩阳光为爱众筹”是“小红心暖阳助学计划”其中的一个项目。下一步，申通快递还将开展万人助学项目，设立芽苗基金，成立“小红心”志愿者服务队等项目，为需要帮助的学子提供更多可能的帮助，圆每个孩子的读书梦，尽每个申通人的力量，为他们创造更好的生活和学习环境。

仪式现场，公益大使陈小英带领申通高管，以一对一认领的方式，为贵州省毕节地区三所小学的贫困学生提供学费及生活帮助，助力每个孩子圆梦。志愿者们，将一份份装满爱的沉甸甸的认领证书传递给每一位认领者，愿这份爱心继续传递。

中通山西公司组织开展扶贫济困公益活动。2016年3月15日是第十个国际社工日，今年国际社工日的中国主题是“发展社会工作，助力扶贫济困”。以此为契机，3月16日至17日，中通山西公司组织开展了“爱在行动携手共进”进社区主题公益活动，旨在更好地回馈社会与服务大众。

此次进社区活动以扶贫济困捐赠形式开展，中通山西公司主动参与其中，安排专人参与捐助、专车进行运送，累计为山西省阳曲、娄烦两地150多户农村贫困留守老人捐助了价值3万元的爱心物资，并得到了中通快递上海总部的大力支持。

韵达携手公益团队助力马吉米。韵达携手由腾讯公益等社会组织组成的“守望马吉米　让爱1+1”暑期志愿团队，共同助力马吉米，为当地及周边的孩子们送上爱心。

韵达发起的“为了溜索上的孩子”乐捐项目正式上线，得到了韵达人和各界爱心人士的大力支持，所得善款将全部用于为马吉米村的孩子们购买生活学习用品及助学活动。在这基础上，韵达将免费运送“守望马吉米　让爱1+1”暑期志愿团队募集到的爱心物资，并携手团队成员一同前往马吉米村开展助学活动，为当地及周边特困学生发放韵达助学金。

马吉米村位于云南省怒江州福贡县马吉乡，福贡县是国家级贫困县，马吉乡是福贡县最北端也是最贫困的乡镇。当地不少孩子每天需步行10多公里的山路前往学校，至今仍有不少孩子通过溜索上学。韵达在践行“传爱心，送温暖，更便利”

企业使命的同时，秉承“日行一善”的公益理念，用自己的努力去影响身边的每个人，让更多的爱心人士参与到公益活动中来，让爱的力量覆盖更广阔的区域。

德邦公益寄件服务拓展至 30 个城市。2016 年夏季开始，德邦联合菜鸟裹裹、壹基金等公益团体，一起发起了可追踪的“一 Jian 公益”行动，大家用“一件”衣物即可开始做公益，只需要在菜鸟裹裹 APP“一键”呼叫快递员上门，德邦快递小哥便可上门揽件。参与公益的市民在寄送德邦快递时，将享受首重 1 公斤快递免费。德邦全程参与两个重要环节：一是捐赠人将衣物捐给公益机构时，由德邦快递上门取件运至公益机构；二是公益机构对衣物进行消毒处理、分拣后，由德邦递送到受捐人、爱心义卖机构等地方。

截至 2016 年 12 月，这项行动已经从刚开始的 6 个城市，扩展到了 30 个城市，和德邦快递、菜鸟裹裹合作的公益团体，也从 3 家新增至 20 家。随着越来越多热心人士的加入，让每一个市民做公益更加简单便捷。公益寄件的 30 个城市包括：北京、上海、广州、深圳、杭州、南京、无锡、宁波、苏州、成都、重庆、天津、西安、武汉、长沙、郑州、福州、泉州、厦门、青岛、沈阳、东莞、佛山、温州、金华、济南、大连、石家庄、南昌、合肥。

2016 年全国各省（区、市）快递服务企业业务量和业务收入情况

单　　位	快递业务量累计（万件）	同比增长（%）	快递收入累计（万元）	同比增长（%）
全国	3128315.1	51.4	39743601.3	43.5
北京	196029.0	38.6	2565681.3	41.2
天津	41005.4	60.0	634879.9	45.8
河北	90392.4	64.6	942582.7	67.8
山西	18665.2	62.6	221412.2	44.8
内蒙古	8470.6	56.6	185011.0	50.4
辽宁	39825.9	61.4	556909.3	40.7
吉林	13894.0	54.1	251313.4	48.2
黑龙江	21769.8	72.3	331634.7	55.4
上海	260274.4	52.4	7095143.5	55.9
江苏	283823.2	23.9	3391633.5	16.7
浙江	598770.0	56.3	5412544.6	41.0
安徽	68878.3	72.5	705619.0	53.0
福建	128985.8	45.3	1348336.3	33.7
江西	38304.6	63.2	412915.5	49.2
山东	120533.9	64.2	1389811.6	43.2
河南	83875.3	63.0	943664.1	49.5
湖北	77348.1	52.1	871650.5	46.3
湖南	48603.5	52.9	515976.6	52.2
广东	767241.6	53.0	8802789.8	42.9
广西	22835.4	82.1	338879.1	55.6
海南	4869.4	64.9	100338.6	58.2
重庆	28382.5	38.3	389617.2	36.0
四川	80147.8	64.2	963552.7	53.2
贵州	11260.1	60.1	217919.1	64.6
云南	17445.8	57.0	289569.0	44.0
西藏	734.4	27.0	20713.0	23.1

续上表

单　位	快递业务量累计(万件)	同比增长(%)	快递收入累计(万元)	同比增长(%)
陕西	36901.6	81.3	456462.2	67.3
甘肃	6065.1	71.3	125040.5	72.4
青海	1078.6	50.5	30040.5	64.7
宁夏	3241.5	45.2	58591.2	21.2
新疆	8661.9	22.9	173369.1	34.1

2016 年全国部分省、市邮政立法情况

省、市	日　期	事　件
四川	2016 年 6 月 6 日	《四川省人民政府 2016 年立法计划》将《四川省邮政条例》(修订)纳入调研论证项目
南京	2016 年 9 月 1 日	2016 年 6 月 29 日,江苏省南京市第十五届人民代表大会常务委员会第二十六次会议制定实施《南京市邮政条例》,2016 年 7 月 29 日江苏省第十二届人民代表大会常务委员会第二十四次会议批准,2016 年 9 月 1 日正式施行
郑州	2016 年 4 月 26 日	2016 年 4 月 26 日,河南省郑州市政府召开第 42 次常务会议,统筹推进 2016 年度政府立法工作。其中,《郑州市快递业管理办法》作为预备项目被纳入《郑州市 2016 年度政府规章制定计划》
唐山	2016 年 3 月 29 日	2015 年 12 月 24 日。河北省唐山市第十四届人民代表大会常务委员会第二十二次会议通过《唐山市邮政条例》,2016 年 3 月 29 日河北省第十二届人民代表大会常务委员会第二十次会议批准,自 2016 年 6 月 1 日起施行
济宁	2016 年 5 月 7 日	2016 年 5 月 7 日,经山东省济宁市政府同意,济宁市政府办公室发布了《济宁市邮政业发展管理办法》(济政办发〔2016〕18 号)。办法自 2016 年 6 月 8 日起施行,有效期至 2021 年 6 月 7 日

2016 年国家相关部门支持快递发展的部分政策文件

部　委	政策文件名称
中共中央　国务院	中共中央　国务院关于落实发展新理念加快农业现代化　实现全面小康目标的若干意见
国务院办公厅	国务院办公厅关于转发国家发展改革委物流业降本增效专项行动方案(2016－2018 年)的通知(国办发〔2016〕69 号)
国家发展改革委	国家发展改革委关于印发《"互联网＋"高效物流实施意见》的通知(发改经贸〔2016〕1647 号)
国家发展改革委	关于加强物流短板建设促进有效投资和居民消费的若干意见(发改经贸〔2016〕433 号)
国家发展改革委　交通运输部	国家发展改革委　交通运输部印发《关于推动交通提质增效提升供给服务能力的实施方案》的通知(发改基础〔2016〕1198 号)
国家发展改革委　交通运输部	国家发展改革委　交通运输部关于印发《推进"互联网＋"便捷交通　促进智能交通发展的实施方案》的通知(发改基础〔2016〕1681 号)
商务部等六部门	商务部等六部门关于印发《全国电子商务物流发展专项规划(2016－2020 年)》的通知(商流通发〔2016〕85 号)
交通运输部 国家发展改革委等十一部门	交通运输部　国家发展改革委　公安部　财政部　国土资源部　住房城乡建设部　农业部　商务部　供销合作总社　国家邮政局　国务院扶贫办关于稳步推进城乡交通运输一体化提升公共服务水平的指导意见(交运发〔2016〕184 号)
交通运输部	交通运输部关于推进供给侧结构性改革　促进物流业"降本增效"的若干意见(交规划发〔2016〕147 号)
国家邮政局　民政部	国家邮政局　民政部关于印发《赈灾包裹寄递服务和安全管理规定》的通知(国邮发〔2016〕57 号)

2016 年全国部分省(区、市)支持快递发展政策

省(区、市)	支持政策文件名
北京	北京市邮政管理局　北京市发展和改革委员会关于印发《北京市“十三五”时期邮政业发展规划》的通知(京邮管〔2016〕131 号)
	北京市交通安全委员会办公室、北京市邮政管理局、北京市公安局公安交通管理局《关于印发本市邮政寄递行业交通安全管理工作方案的通知》(京交安办字〔2016〕17 号)
天津	天津市人民政府关于印发天津市国民经济和社会发展第十三个五年规划纲要的通知(津政发〔2016〕2 号)
	天津市人民政府办公厅关于转发市商务委拟定的中国(天津)跨境电子商务综合试验区实施方案的通知(津政办发〔2016〕52 号)
	天津市人民政府办公厅关于转发市交通运输委拟定的天津市建设北方国际航运核心区实施方案的通知(津政办发〔2016〕59 号)
	天津市人民政府办公厅关于印发天津市促进外贸回稳向好和转型升级工作措施的通知(津政办发〔2016〕65 号)
	天津市人民政府办公厅关于印发天津市服务贸易创新发展实施方案的通知(津政办发〔2016〕66 号)
	天津市人民政府办公厅转发市发展改革委关于积极推进“互联网+”行动实施意见的通知(津政办发〔2016〕68 号)
	天津市人民政府办公厅关于印发我市支持快递业加快发展十项措施的通知(津政办发〔2016〕98 号)
	市发展改革委关于印发天津市生产性服务业发展“十三五”规划的通知(津发改规划〔2016〕560 号)
	天津市发展改革委关于印发天津市邮政业发展“十三五”规划的通知(津发改规划〔2016〕929 号)
	天津市教育委员会　天津市邮政管理局关于印发《天津市高等学校快递服务进校园管理办法》的通知(津教委〔2016〕25 号)
	天津市邮政管理局关于印发天津市跨境电子商务快递企业管理办法的通知(津邮管〔2016〕67 号)
	天津市邮政管理局　天津市工业和信息化委员会印发《关于加快推进快递服务制造业发展的实施意见》的通知(津邮管〔2016〕74 号)
河北	河北省农业厅、发改委、商务厅、工信厅、邮政管理局、供销合作总社、团省委、妇联等 8 部门《关于印发〈河北省推进农业电子商务发展行动计划〉的通知》(冀农市发〔2016〕1 号)
	河北省委、省政府《关于加快推进美丽乡村建设的意见》(冀发〔2016〕3 号)
	河北省政府《关于印发河北省建设全国现代商贸物流重要基地规划(2016－2020 年)的通知》(冀政发〔2016〕9 号)
	河北省政府办公厅《关于加快推进“互联网+”产业集群建设的实施意见》(冀政办字〔2016〕37 号)
	河北省政府《关于降低实体经济企业成本若干政策的通知》(冀政发〔2016〕14 号)
	河北省政府《关于深入推进新型城镇化建设的实施意见》(冀政发〔2016〕27 号)
	河北省政府办公厅《关于深入推进“互联网+流通”行动计划的实施意见》(冀政办字〔2016〕99 号)
	河北省政府办公厅《关于推进农村一二三产业融合发展的实施意见》(冀政办发〔2016〕19 号)
	河北省政府《关于加快制造业与互联网融合发展的实施意见》(冀政发〔2016〕39 号)

续上表

省(区、市)	支持政策文件名
河北	河北省政府《关于促进外贸回稳向好的实施意见》(冀政发〔2016〕40号)
	河北省发改委、省交通运输厅《关于落实〈推动交通提质增效提升供给服务能力的实施方案〉的通知》(冀发改基础〔2016〕1251号)
山西	山西省人民政府关于印发山西省进一步支持服务业发展若干措施的通知(晋政发〔2016〕32号)
	山西省人民政府关于印发山西省支持快递业发展若干措施的通知(晋政发〔2016〕58号)
	山西省人民政府办公厅关于促进农村电子商务加快发展的实施意见(晋政办发〔2016〕29号)
	山西省财政厅关于对寄递企业购置X光安检机给予专项资金补贴的意见(晋财行〔2016〕58号)
	山西省交通运输厅　山西省邮政管理局　关于我省邮政专用车辆免费通行高速公路有关事宜的通知(晋交财发〔2016〕234号)
	山西省邮政管理局 山西省商务厅关于促进快递业与电子商务协同发展的意见(晋邮管〔2016〕20号)
内蒙古	《关于深入推进供给侧结构性改革着力做好补短板工作的实施方案》(内党办发〔2016〕38号)
	《内蒙古自治区人民政府关于印发自治区重点领域重点项目工程建设实施方案的通知》内政发〔2016〕149号
	《关于推进农村牧区电子商务加快发展的实施意见》(内政办发〔2016〕112号)
	《关于贯彻落实自治区党委办公厅和政府办公厅印发的〈关于深入推进供给侧结构改革着力做好补短板工作的实施方案〉有关工作计划的通知》(内商流通字〔2016〕1340号)
	自治区邮政管理局 自治区教育厅联合下发《关于推进快递服务进校园工作的意见》(内邮管联〔2016〕5号)
辽宁	《辽宁省人民政府关于促进快递业健康发展的实施意见》(辽政发〔2016〕9号)
吉林	吉林省人民政府关于促进快递业发展的实施意见(吉政发〔2016〕17号)
	吉林省人民政府关于积极推进吉林省"互联网+"行动的实施意见(吉政发〔2016〕15号)
	吉林省人民政府关于大力发展电子商务加快培育经济新动力的实施意见(吉政发〔2016〕8号)
	吉林省人民政府办公厅关于印发2016年促进农民增收行动计划实施方案的通知(吉政办发〔2016〕21号)
	吉林省发改委联合省商务厅、省工信厅、省交通厅等17部门关于加强物流短板建设　促进有效投资和居民消费的实施方案(吉发改经贸联〔2016〕482号)
	吉林省社会治安综合治理委员会办公室、省财政厅、省公安厅、省国家安全厅、省邮政管理局关于下发寄递企业X光安检机购置补贴资金的通知(吉邮管〔2016〕17号)
黑龙江	《关于推进电子商务健康发展的指导意见》(黑政发〔2016〕7号)
	黑龙江省政府《关于印发黑龙江省国民经济和社会发展第十三个五年规划纲要的通知》(黑政发〔2016〕13号)
	黑龙江省政府《关于印发黑龙江省2016年推进简政放权　房管结合　优化服务改革工作方案的通知》(黑政发〔2016〕20号)
	《黑龙江省人民政府关于促进快递业发展的实施意见》(黑政发〔2016〕22号)
	黑龙江省政府印发了《关于加快推进"互联网+"行动指导意见(2016年版)》(黑政发〔2016〕31号)
	《黑龙江省推进跨境电子商务健康快速发展工作方案》(黑政办发〔2016〕22号)
	黑龙江省政府办公厅发布《关于推进农村一二三产业融合发展的实施意见》(黑政办发〔2016〕31号)
	《黑龙江省推进线上线下互动加快商贸流通创新发展转型升级工作方案》(黑政办发〔2016〕35号)
	黑龙江省人民政府办公厅关于印发黑龙江省加快农村电子商务发展工作方案的通知(黑政办发〔2016〕37号)

续上表

省(区、市)	支持政策文件名
黑龙江	黑龙江省政府办公厅印发《黑龙江省农民创业三年行动方案(2016－2018年)》(黑政办发〔2016〕79号)
	《黑龙江省"互联网+流通"行动计划》(黑政办发〔2016〕103号)
	黑龙江省政府办公厅出台《关于促进医药产业健康发展的实施意见》(黑政办发〔2016〕110号)
	黑龙江省政府办公厅《关于印发黑龙江省地方性法规专项清理和省政府规章全面清理工作方案的通知》(黑政办综〔2016〕14号)
上海	上海市人民政府关于印发中国(上海)跨境电子商务综合实验区实施方案的通知(沪府发〔2016〕23号)
	上海市人民政府关于印发上海市服务业发展十三五规划的通知(沪府发〔2016〕65号)
	上海市人民政府关于印发上海国际航运中心建设规划的通知(沪府发〔2016〕71号)
	上海市人民政府关于印发上海市推进智慧城市建设十三五规划的通知(沪府发〔2016〕80号)
	上海市人民政府关于印发上海市综合交通十三五规划的通知(沪府发〔2016〕88号)
	上海市人民政府办公厅关于印发本市大力发展电子商务加快培育经济新动力实施方案的通知(沪府办发〔2016〕10号)
	上海市人民政府办公厅关于转发市发改委制订的上海市物流业发展十三五规划的通知(沪府办发〔2016〕48号)
	关于加强物流短板建设促进有效投资和居民消费的若干意见(发改经贸〔2016〕433号)
江苏	《江苏省邮政管理部门申诉处理质量考核办法(暂行)》(苏邮管〔2016〕36号)
	《江苏省快递业务经营许可工作细则》(苏邮管〔2016〕56号)
	《江苏省寄递企业X光安检机购置费用奖补实施方案》(苏邮管〔2016〕83号)
	《全省快递市场清理整顿专项行动工作方案》(苏邮管〔2016〕90号)
	《江苏省邮政管理局　江苏省商务厅关于推进"快递下乡"工程 促进农村电子商务发展的意见》(苏邮管〔2016〕100号)
	《江苏省快递服务警示制度(试行)》(苏邮管〔2016〕101号)
	《江苏省邮政管理局　江苏省农业委员会关于推进快递服务"三农"工作的意见》(苏邮管〔2016〕117号)
	《江苏省快递行业放心消费创建先进、示范单位认定管理办法(试行)》(苏邮管〔2016〕122号)
	《江苏省邮政管理局　江苏省住房和城乡建设厅关于加快推进住宅区等邮政服务用房规划建设实施的指导意见》(苏邮管〔2016〕161号)
	《江苏省快递业务经营许可工作细则(2016年修订)》(苏邮管〔2016〕185号)
浙江	浙江省人民政府关于促进快递业发展的实施意见(浙政发〔2016〕10号)
	浙江省人民政府办公厅关于进一步降低企业成本优化发展环境的若干意见(浙政办发〔2016〕39号)
	浙江省综治办、省邮政管理局、省公安厅关于印发《浙江省全面推进寄递渠道登记验视信息化工作方案》的通知(浙综委办〔2016〕10号)
	浙江省财政厅、省商务厅、省邮政管理局转发财政部办公厅、商务部办公厅、国家邮政局办公室关于做好电子商务与物流快递协同发展试点绩效评价工作的通知(浙财企〔2016〕12号)
	关于印发省现代服务业发展工作领导小组成员单位与服务业强县(市、区)试点地区联系服务制度的通知(浙服务业办〔2016〕15号)

续上表

省(区、市)	支持政策文件名
浙江	中国(杭州)跨境电子商务综合试验区工作领导小组办公室关于印发中国(杭州)跨境电子商务综合试验区工作领导小组主要职能及各成员单位工作职责的通知(浙综试办〔2016〕1号)
	浙江省邮政管理局、省综治办、省财政厅关于做好寄递业安检机现场验收和补贴资金清算工作的通知(浙邮管〔2016〕61号)
安徽	中共安徽省委　安徽省人民政府关于推进“电商安徽”建设的指导意见（皖发〔2016〕33号）
	安徽省人民政府关于推进商贸流通创新发展转型升级的实施意见（皖政〔2016〕26号）
	安徽省人民政府办公厅关于促进快递业发展的实施意见（皖政办〔2016〕9号）
	安徽省人民政府办公厅关于印发安徽省“互联网+”现代农业行动实施方案的通知（皖政办〔2016〕46号）
	安徽省人民政府办公厅关于印发安徽省物流业降本增效专项行动实施方案(2016—2018年)的通知（皖政办〔2016〕80号）
	安徽省人民政府办公厅关于印发安徽省营造良好市场环境推动交通物流融合发展实施方案的通知(皖政办秘〔2016〕230号)
	安徽省邮政管理局　安徽省教育厅关于做好高等院校快递服务工作的意见(皖邮管〔2016〕95号)
江西	《江西省人民政府关于促进快递业发展的实施意见》(赣府发〔2016〕9号)
	《江西省推进落实“互联网+”高效物流工作方案》(赣发改经贸〔2016〕1333号)
山东	《省政府邮政和快递服务业转型升级座谈会纪要》(山东省人民政府〔2016〕51号)
	《贯彻落实〈关于深入推进供给侧结构性改革的实施意见〉重点工作方案的通知》(鲁政发〔2016〕13号)
	《关于加快电子商务发展的意见》(鲁政发〔2016〕27号)
	《关于贯彻国办发〔2015〕78号文件促进农村电子商务发展的实施意见》(鲁政办发〔2016〕31号)
	《关于转发省邮政管理局山东省邮政和快递服务业转型升级方案的通知》(鲁政办字〔2016〕132号)
	《关于加强物流短板建设促进有效投资和居民消费的实施意见》(鲁发改经贸〔2016〕801号)
	关于印发《推进城市共同配送末端(智能快件箱)建设实施方案》的通知(鲁商字〔2016〕78号)
	关于推进快递向下服务拓展工程的实施意见(鲁邮管〔2016〕93号)
	《关于推进快递服务进校园的通知》(鲁邮管〔2016〕134号)
	关于印发《山东省邮政业发展“十三五”规划》的通知(鲁邮管〔2016〕191号)
河南	河南省人民政府关于大力发展电子商务加快培育经济新动力的若干意见(豫政〔2016〕16号)
	河南省人民政府关于印发中国(郑州)跨境电子商务综合试验区建设实施方案的通知(豫政〔2016〕28号)
	河南省人民政府关于印发河南省推进服务业供给侧结构性改革专项行动方案(2016—2018年)的通知(豫政〔2016〕70号)
	河南省人民政府办公厅关于印发2016年河南省服务业重点领域发展行动方案的通知(豫政办〔2016〕67号)
	河南省人民政府办公厅关于印发河南省国民经济和社会发展第十三个五年规划纲要重点任务及责任分工的通知(豫政办〔2016〕127号)
	河南省人民政府办公厅关于印发河南省推进供给侧结构性改革促进产业转型升级专项行动方案(2016—2018年)的通知(豫政办〔2016〕143号)
	河南省人民政府办公厅关于印发河南省交通基础设施重大工程建设三年行动计划实施方案的通知(豫政办〔2016〕158号)

续上表

省(区、市)	支持政策文件名
河南	河南省人民政府办公厅关于印发扩大和促进消费带动转型升级行动实施方案的通知(豫政办〔2016〕166 号)
	河南省人民政府办公厅关于印发河南省推动交通物流融合发展工作方案的通知(豫政办〔2016〕182 号)
	河南省人民政府办公厅关于积极发挥新消费引领作用加快培育形成新供给新动力的实施意见(豫政办〔2016〕192 号)
	河南省人民政府办公厅关于印发河南省"十三五"现代服务业发展规划的通知(豫政办〔2016〕228 号) 河南省邮政管理局关于加强快递业务师职业发展有关工作的通知(豫邮管〔2016〕4 号)
	河南省综治办　河南省公安厅　河南省邮政管理局　河南省工商行政管理局关于联合开展清理整顿非法邮政快递网点行动的通知(豫邮管〔2016〕14 号)
	河南省邮政管理局关于印发《快递市场清理整顿专项行动工作方案》的通知(豫邮管〔2016〕75 号)
	河南省邮政管理局关于印发《快递业信用体系建设试点工作方案》的通知(豫邮管〔2016〕84 号)
	河南省邮政管理局关于加强"快递营业场所标准化"建设及管理工作的通知(豫邮管〔2016〕95 号)
	河南省邮政管理局关于印发《河南省快递服务质量提升联席会议制度(试行)》的通知(豫邮管〔2016〕117 号)
	河南省邮政管理局关于印发《2016 年快递业务旺季服务保障工作方案》的通知(豫邮管〔2016〕133 号)
	河南省邮政管理局关于印发《河南省"互联网 +"邮政快递工作方案》的通知(豫邮管〔2016〕142 号)
湖北	湖北省人民政府印发《关于促进全省快递业健康发展的实施意见》(鄂政发〔2016〕64 号)
	《湖北省人民政府办公厅关于加快推进农村电子商务发展的意见》(鄂政办发〔2016〕75 号)
	《湖北省邮政管理局　湖北省教育厅关于加快发展湖北邮政行业职业教育的实施意见》(鄂邮管〔2016〕23 号)
湖南	湖南省人民政府办公厅关于印发《湖南省积极发挥新消费引领作用加快培育形成新供给新动力实施方案》的通知(湘政办发〔2016〕64 号)
	湖南省人民政府办公厅《关于加强寄递物流安全管理工作的实施意见》(湘政办发〔2016〕98 号)
广东	广东省人民政府关于促进我省快递业发展的实施意见(粤府〔2016〕40 号)
	广东省人民政府关于印发大力发展电子商务加快培育经济新动力实施方案的通知(粤府〔2016〕41 号)
	广东省人民政府办公厅关于加快新能源汽车推广应用的实施意见(粤府办〔2016〕23 号)
	广东省人民政府办公厅关于印发推进线上线下互动加快商贸流通创新发展转型升级实施方案的通知(粤府办〔2016〕42 号)
	广东省人民政府办公厅关于印发广东省深入推进"互联网 + 流通"行动计划实施方案的通知(粤府办〔2016〕100 号)
	广东省人民政府关于印发中国(广州)、中国(深圳)跨境电子商务综合试验区实施方案的通知(粤府函〔2016〕119 号)
	广东省邮政管理局关于印发促进广东省快递业发展重点工作系统内分工方案的通知(粤邮管〔2016〕106 号)
	广东省邮政管理局关于印发《推进 2016 年广东省"快递下乡"工程实施方案》的通知(粤邮管〔2016〕110 号)
广西	广西壮族自治区人民政府关于印发广西积极推进"互联网 +"行动实施方案的通知(桂政发〔2016〕13 号)
	广西壮族自治区人民政府关于降低实体经济企业成本若干措施的意见(桂政发〔2016〕20 号)
	广西壮族自治区人民政府关于印发中国—东盟信息港建设推进工作方案(2016—2017 年)的通知(桂政发〔2016〕29 号)
	广西壮族自治区人民政府关于促进广西快递业发展的实施意见(桂政发〔2016〕51 号)

续上表

省(区、市)	支持政策文件名
广西	广西壮族自治区人民政府办公厅关于印发脱贫攻坚大数据平台建设等实施方案的通知(桂政办发〔2016〕9号)
	广西壮族自治区人民政府办公厅关于印发广西物流业发展“十三五”规划的通知(桂政办发〔2016〕91 号)
	广西壮族自治区人民政府办公厅关于印发广西北部湾经济区“十三五”规划的通知(桂政办发〔2016〕105 号)
	广西壮族自治区人民政府办公厅关于印发广西现代服务业发展“十三五”规划的通知(桂政办发〔2016〕154号)
	广西壮族自治区人民政府办公厅关于印发广西壮族自治区综合交通运输发展“十三五”规划的通知(桂政办发〔2016〕176 号)
	广西壮族自治区邮政管理局关于印发《广西壮族自治区邮政业发展“十三五”规划》的通知(桂邮管〔2016〕186号)
	关于申报寄递业配置 X 射线安检机补助资金的通知(桂邮管〔2016〕75 号)
海南	海南省人民政府《关于印发海南省促进快递业发展实施方案的通知》(琼府〔2016〕37 号)
	海南省人民政府办公厅《关于印发海南省邮政业发展“十三五”规划的通知》(琼府办〔2016〕191 号)
	海南省人民政府《关于大力推广应用新能源汽车促进生态省建设的实施意见》(琼府〔2016〕35 号)
	海南省人民政府办公厅《关于深入推进“互联网 + 流通”行动计划的实施意见》(琼府办〔2016〕268 号)
	海南省人民政府办公厅《关于印发海南省促进电子商务加快发展奖励扶持办法(试行)的通知》(琼府办〔2016〕199 号)
	海南省人民政府办公厅《关于推进线上线下互动加快商贸流通创新发展转型升级的实施意见》(琼府办〔2016〕289 号)
	海南省人民政府办公厅《关于印发海南省跨境电子商务综合示范区实施方案的通知》(琼府办〔2016〕293 号)
	海南省人民政府《关于推进国内贸易流通现代化建设法治化营商环境的实施意见》(琼府〔2016〕109 号)
	海南省邮政管理局、海南省综治办、海南省财政厅《关于印发海南省寄递企业购置安检机财政补助实施方案的通知》(琼邮管〔2016〕102 号)
重庆	《关于促进快递业发展的实施意见》(渝府发〔2016〕20 号)
	重庆市人民政府印发了《中国(重庆)跨境电子商务综合试验区实施方案》(渝府办发〔2016〕143 号)
四川	中共四川省委　四川省人民政府关于牢固树立发展新理念加快推进农业现代化同步实现全面小康目标的意见(省委〔2016〕1 号)
	四川省人民政府办公厅关于印发四川省服务业“三百工程”实施方案(2016—2020 年)的通知(川办发〔2016〕46 号)
	四川省发改委、省邮政管理局等 11 个部门联合出台四川省出台加强物流短板建设实施方案(川发改经贸〔2016〕217 号)
	四川省第十二届人民代表大会第四次会议通过《四川省国民经济和社会发展第十三个五年规划纲要》
	四川省邮政管理局、省发展改革委联合发布四川省邮政业发展“十三五”规划(川邮管〔2016〕113 号)
云南	《云南省人民政府关于促进快递业发展的实施意见》(云政发〔2016〕79 号)
	《云南省人民政府〈关于印发云南省现代物流产业发展“十三五”规划及实施意见〉的通知》(云政办发〔2016〕114 号)

续上表

省(区、市)	支持政策文件名
西藏	西藏自治区人民政府关于贯彻促进快递业发展若干意见的实施意见(藏政发〔2016〕62 号)
陕西	陕西省人民政府关于促进快递业发展的实施意见(陕政发〔2016〕3 号)
	陕西省人民政府关于深入推进新型城镇化建设的实施意见(陕政发〔2016〕47 号)
	陕西省人民政府办公厅关于推进"互联网+流通"行动计划的实施意见(陕政办发〔2016〕99 号)
	陕西省邮政管理局　民航陕西监管局联合出台《关于促进快递与民航产业协同发展的意见》(陕邮管〔2016〕183 号)
	陕西省邮政管理局　省工信厅联合出台《关于加快推进快递服务制造业工作实施意见》(陕邮管〔2016〕188 号)
甘肃	《甘肃省人民政府关于印发甘肃省国民经济和社会发展第十三个五年规划纲要的通知》(甘政发〔2016〕23 号)
	甘肃省政府发布《甘肃省人民政府关于全面推进快递业发展的实施意见》(甘政发〔2016〕25 号)
	《甘肃省人民政府关于加快发展生活性服务业促进消费结构升级的实施意见 》(甘政发〔2016〕26 号)
	《甘肃省人民政府关于积极发挥新消费引领作用加快培育形成新供给新动力的实施意见》(甘政发〔2016〕28 号)
	甘肃省人民政府办公厅关于印发《甘肃省"十三五"综合交通发展规划》的通知 (甘政办发〔2017〕17 号)
	甘肃省人民政府办公厅关于印发《甘肃省"十三五"铁路发展规划》的通知(甘政办发〔2016〕176 号)
	甘肃省人民政府办公厅关于印发《甘肃省"十三五"交通运输发展规划》的通知 (甘政办发〔2016〕179 号)
青海	青海省关于积极发挥新消费引领作用加快培育形成新供给新动力的指导意见(青政〔2016〕31 号)
	青海省人民政府关于促进全省快递业发展的实施意见(青政〔2016〕83 号)
	青海省政府办公厅《青海省加快发展生活性服务也促进消费结构升级实施方案》(青政办〔2016〕57 号)
宁夏	宁夏回族自治区人民政府办公厅关于实施农村电子商务筑梦计划的意见(宁政办发〔2016〕60 号)
	宁夏回族自治区人民政府办公厅关于印发营造良好市场环境推动交通物流融合发展实施方案的通知(宁政办发〔2016〕157 号)
	宁夏回族自治区人民政府办公厅关于深入推进"互联网+流通"行动计划的实施意见(宁政办发〔2016〕219 号)
	宁夏回族自治区人民政府办公厅关于推进线上线下互动加快商贸流通创新发展转型升级的实施意见(宁政办发〔2016〕226 号)
	宁夏回族自治区公安厅关于印发《物流寄递行业安全管理举报奖励办法》的通知(宁公通〔2016〕5 号)
	宁夏回族自治区商务厅、财政厅、扶贫办关于印发《全区 2016 年电子商务进农村综合示范工作方案》的通知(宁商发〔2016〕111 号)
	关于加强城乡快递末端设施建设促进有效投资和居民消费的实施方案(宁邮管发〔2016〕106 号)
	关于印发《快递服务质量提升联席会议制度》的通知(宁邮管发〔2016〕139 号)
	宁夏邮政业绿色环保行动纲要(宁邮管发〔2016〕203 号)
新疆	新疆维吾尔自治区人民政府关于促进快递业发展的实施意见(新政发〔2016〕92 号)

第二章　2016 年中国快递业十大事件

1. 邮政体制改革迎来实施十周年

2006 年 8 月 24 日，国家邮政局集中批复同意成立 31 个省（区、市）邮政监管机构，正式拉开邮政体制改革实施的序幕。这十年，是中国邮政业筚路蓝缕的创业史，也是中国快递从默默无闻的"黑快递"成长为关系国民经济的"黑马"的蜕变史。这十年，是我国邮政业发展速度最快、改革开放力度最大的时期，也是邮政业基础性和先导性作用显著增强、行业地位显著提升、国际影响力显著扩大的时期。行业政策环境不断优化、发展活力不断迸发，持续保持了快速增长态势，成为全球增长最快的邮政业市场、中国发展最快的服务行业。

2. 快递业在国民经济中的产业地位基本确立

2016 年，"促进快递发展"在国家层面受到前所未有的重视。1 月 21 日，全国政协主席俞正声主持召开第 46 次双周协商座谈会，围绕"《快递条例》的制定"建言献策；1 月 27 日，改革开放以来指导"三农"工作的第 18 份中央一号文件《中共中央　国务院关于落实发展新理念加快农业现代化实现全面建设小康社会目标的若干意见》正式发布，实施仅两年多的"快递下乡"工程被纳入其中；3 月 3 日至 16 日召开的全国政协十二届四次会议和十二届全国人大四次会议上，"快递"首次出现在全国政协常委会工作报告中，政府工作报告也连续三年提及"促进快递发展"，"快递"成为代表委员们热议的关键词之一。这意味着，快递业作为现代服务业的关键产业，在国民经济中的产业地位基本确立。

3. 五大快递企业集中上市登陆资本市场

2016 年的最后一个交易日，12 月 30 日，申通快递在深圳证券交易所挂牌上市，成为第二家正式登陆国内 A 股市场的快递股。此前的 10 月 20 日，圆通速递率先完成借壳上市，成为国内 A 股市场的第一只快递股。10 月 27 日，中通快递也远赴美国，在纽约证券交易所挂牌交易，登陆国际资本市场。2016 年，中国快递业迎来了"上市潮"，除已经完成上市的三家企业外，顺丰借壳上市的方案也在 10 月 11 日获得证监会有条件通过，壳公司鼎泰新材 12 月 28 日晚间发布临时股东大会决议公告，王卫等 8 名顺丰高管被选为鼎泰新材非独立董事，意味着顺丰系将全面接管鼎泰新材；韵达速递的借壳方案在 11 月 8 日获证监会有条件通过后，壳公司新海股份也于 12 月 23 日通过议案，拟将证券简称变更为"韵达股份"，韵达上市步入最后冲刺阶段。国内五大快递企业集中上市，意味着中国快递正式步入资本时代。

4. 我国快递年业务量突破 300 亿件

国家邮政局监测数据显示，截至 2016 年 12 月 20 日，我国快递年业务量突破 300 亿件，"十三五"时期快递业发展取得开门红。这也是我国快递业在 2014 年首次进入百亿时代，2015 年突破 200 亿件大关后，再次冲上新高点，并坐稳"世界第一快递大国"的宝座。2016 年，我国快递业呈现稳中有进、进中向好的趋势，仅 11 月份就完成快递业务量 37.6 亿件，同比增长 44.5%，日均快递业务量超过 1.25 亿件，是上年同期的 1.4 倍，其中"双 11"当天共产生快递物流订单 3.5 亿件，同比增长 59%；全天各邮政、快递企业共处理包裹 2.51 亿件，同比增长 52%。11 月也成为"史上最忙快递月"。

5. 圆满完成 G20 峰会寄递渠道安全服务保障工作

2016 年 9 月 4 日至 5 日，G20 峰会在中国杭州召开。按照“全国保浙江、浙江保杭州”的总要求，全行业密切配合、上下联动，充分发挥“护城河”作用，形成全国一张网、全行业一盘棋的整体工作格局，以“最高标准、最严措施、最佳状态”全力做好 G20 峰会期间的寄递渠道安全保障工作。8 月 20 日至 9 月 6 日，在全国邮(快)件量高达 13.2 亿件，在浙江和杭州邮(快)件进出口量分别达到 1.9 亿件和 4862 万件的情况下，未发生一起重大生产安全事故，成功保障了峰会期间全国寄递渠道安全畅通，圆满完成 G20 峰会寄递渠道安全保障任务。

6. 第二届“寻找最美快递员”活动在京揭晓

2016 年 4 月 27 日，由国家邮政局精神文明建设指导委员会主办，国家邮政局机关党委、中国邮政快递报社、中国快递协会共同承办的中国梦·邮政情第二届“寻找最美快递员”活动揭晓发布会在北京人民大会堂隆重举行，10 名基层快递员和 4 个快递员集体荣获“最美快递员”称号。本次活动在邮政管理部门、快递和电商企业、媒体、社会监督员以及普通消费者的积极参与下，共有 470 位候选人参与评选，收到各方投票近 300 万票。经过激烈的角逐，49 名“最美快递员”候选人脱颖而出，再由业内专家、媒体代表、消费者代表及邮政社会监督员代表等组成的评审委员会，依照公开、公平、公正的原则，评选出最终结果。

7. 邮政业高层次人才培养支撑体系基本形成

2016 年 11 月 25 日，重庆市人民政府和国家邮政局签署协议，共建重庆邮电大学现代邮政学院和邮政研究院。这是继 2015 年北京邮电大学现代邮政学院、2016 年西安邮电大学现代邮政学院和邮政研究院、南京邮电大学现代邮政学院和邮政研究院成立之后，邮政业合作办学牵手工程再结硕果。至此，国内最具影响力的四所邮电大学全部开办邮政业高层次人才培养学院，标志着邮政业高层次人才培养支撑体系基本形成。

8. 三部门联合印发《邮政业发展“十三五”规划》

2016 年 12 月，国家邮政局会同国家发展改革委、交通运输部联合印发《邮政业发展“十三五”规划》，明确了全行业“十三五”期间的奋斗目标是“到 2020 年全面建成与小康社会相适应的现代邮政业，推动我国由邮政大国向邮政强国迈进”，并提出了“贯穿一条主线，实现两个转变，打造三个优势，实现五个跨越”推动行业发展的基本思路。具体而言，是“以推动行业改革和创新发展为主线”“转变发展路径和发展方式”“打造邮政业在推动流通方式转型、促进社会消费升级、引领物流发展三个方面的优势”“推动邮政业在发展规模、创新能力、服务能力、服务水平、竞争实力五个方面实现大幅跨越”。

9. 国家邮政局推动快递业绿色发展

2016 年 10 月 20 日，由国家邮政局指导、中国邮政快递报社主办的 2016 中国快递“最后一公里”峰会在京举行。峰会聚焦“绿色驱动、智领未来”的主题，探讨如何推动快递“最后一公里”绿色发展、智慧发展。峰会发布了《中国快递领域绿色包装发展现状及趋势报告》《中国快递领域新能源汽车发展现状及趋势报告》和《中国快递末端服务创新发展现状及趋势报告》，并达成《推动快递绿色发展北京共识》。国家邮政局高度重视推动快递业绿色发展，2016 年 8 月出台了《推进快递业绿色包装工作实施方案》，提出要稳步推进快递业包装的依法生产、节约使用、充分回收、有效再利用，实现“低污染、低消耗、低排放，高效能、高效率、高效益”的绿色发展。到 2020 年，基本淘汰有毒有害物质超标的包装物料，基本建成社会化的快件包装物回收体系。

10. 第四届京交会快递板块签约金额超1000亿元

2016年5月29日至6月1日，第四届中国（北京）国际服务贸易交易会（京交会）召开。作为第四届京交会的重要内容之一，快递板块总签约金额超1000亿元，刷新了历届京交会快递服务板块签约纪录，成为本届京交会上的一大亮点。本次签约项目共20余项，涉及快递业与国内外电商平台和金融业、制造业等行业企业，以及科研院所、高等院校、行业协会的多个战略合作。其中，国内企业与国际同行的战略签约、快递绿色包装签约堪称两大亮点。

第三章 2016年中国快递发展大事记

杨传堂部长传达马凯副总理重要批示

1月4日，交通运输部党组书记、部长杨传堂出席2016年全国邮政管理工作会议，传达了国务院马凯副总理重要批示精神并强调，要认真贯彻中央精神，牢固树立创新、协调、绿色、开放、共享的发展理念，做好邮政业改革发展各项工作，乘势而上、奋发有为，切实增加有效供给，加快转型升级，努力实现邮政业“十三五”良好开局。

国家邮政局召开2016年全国邮政管理工作会议

1月4日，2016年全国邮政管理工作会议在北京召开。会议提出，以“互联网+”邮政业为发展方向，加大供给侧结构性改革力度，牢固树立和贯彻落实创新、协调、绿色、开放、共享的发展理念，推动我国从邮政大国向邮政强国迈进，全面建成与小康社会相适应的现代邮政业。交通运输部党组书记、部长杨传堂出席会议并做重要讲话。国家邮政局党组书记、局长马军胜做工作报告。局党组成员解畅、王梅、赵晓光、刘君、邢小江出席会议。中央有关部门的相关负责同志应邀出席会议。

国家邮政局召开全国邮政管理系统党风廉政建设工作会议

1月4日，全国邮政管理系统党风廉政建设工作会议在北京召开。国家邮政局党组书记、局长马军胜主持会议并做重要讲话，局党组成员、纪检组长解畅做工作报告，局党组成员、副局长王梅、赵晓光、邢小江出席会议。马军胜在讲话中充分肯定了2015年全系统的党风廉政建设与反腐败工作。为落实“部门党组履行主体责任，坚持守土尽责，真正挑起从严治党，加强党风廉政建设重担”的要求，马军胜代表局党组对2016年党风廉政建设工作进行了部署。中央国家机关纪工委党风宣教室主任刘波莅临指导。

2016年快递企业座谈会在京召开

1月4日，作为2016年全国邮政管理工作会议的重要组成部分，2016年快递企业座谈会在京召开，国家邮政局副局长刘君出席会议并讲话。刘君表示，刚刚收官的“十二五”，行业实现了“做大”的目标，业务量稳居世界第一；接下来，行业必须由“做大”向“做强”转变，从被动适应型向主动引领型转变。

中国快递协会二届三次会员大会召开

1月5日，中国快递协会二届三次会员大会在北京召开，国家邮政局副局长刘君、中国快递协会会长高宏峰出席会议并讲话。刘君表示，过去一年，中国快递协会在促进行业健康发展方面做出了大量富有成效的工作，特别是在奔走呼吁解决行业瓶颈问题、搭建交流合作平台、推动快递企业“走出去”与服务制造业以及加强行业自律等方面取得了一系列成绩，并获得行业的肯定和认可。

赵晓光副局长会见“中华邮政”董事长翁文祺

1月7日，国家邮政局副局长赵晓光在浙江杭州会见了台湾中华邮政股份有限公司董事长翁文祺率领的代表团全体成员。赵晓光副局长对翁文祺董事长一行的来访表示欢迎，并介绍了近期大陆邮政业发展情况，希望两岸邮政保持密切交流，创新两岸邮政合作模式，为两岸民众的交往和经济发展做出新的贡献。翁文祺董事长感谢赵晓光副局长的会见，并希望两岸邮政进一步增进合作，促进交流，巩固2015两岸邮政发展研讨会取得的成果，利用百年邮政品牌和信誉，开拓业务合作，惠及两岸民众。

马军胜局长会见广西壮族自治区人民政府副主席陈刚

1月11日，国家邮政局局长马军胜在北京会见了广西壮族自治区人民政府陈刚副主席一行，双方就中国2016亚洲国际邮展筹备及自治区邮政业发展等工作交换了意见。

邮政业安全领导小组第一次会议召开

1月12日，国家邮政局党组书记、局长马军胜主持召开局邮政业安全领导小组第一次会议，学习贯彻国务院全国安全生产电视电话会议精神，回顾过去一年邮政业安全工作情况，分析当前安全形势，研究部署2016年重点任务。国家邮政局党组成员、副局长刘君出席会议。

刘君副局长会见UPS亚太区总裁南多·赛萨罗内

1月13日，国家邮政局副局长刘君在京会见了来访的美国联合包裹公司（UPS）亚太区总裁南多·赛萨罗内一行。双方就UPS在华业务的发展和中国快递业的发展等情况进行了交流。

国家邮政局公布2015年邮政行业运行情况

1月14日，国家邮政局公布2015年邮政行业运行情况。2015年，邮政企业和全国快递服务企业业务收入（不包括邮政储蓄银行直接营业收入）累计完成4039.3亿元，同比增长26.1%；业务总量累计完成5078.7亿元，同比增长37.4%。

马军胜局长会见联邦快递全球首席运营官简力行

1月19日，国家邮政局局长马军胜在京会见了来访的美国联邦快递公司全球首席运营官兼国际业务总裁简力行先生一行。双方就全球快递业务发展、跨境电子商务、中国快递市场等有关情况交换了意见。

内地与港澳邮政交流会议召开

1月19日，内地与港澳邮政交流会议在广东省中山市召开。国家邮政局副局长赵晓光、香港邮政署署长丁叶燕薇及澳门邮政局局长刘惠明出席了会议并致辞。本次会议深入交流了内地与港澳邮政近期发展情况及对未来发展展望，进一步完善了内地与港澳邮政联系机制，对如何加强内地与港澳集邮合作、通关便利共享、运输资源互补、跨境电商发展机遇合作、电子邮政等方面进行了深入研讨，三方分析各自优势与合作基础，并提出了建设性意见。期间，赵晓光副局长在分别会见了丁叶燕薇署长及刘惠明局长一行。

马军胜局长赴河北调研快递服务农村电子商务

1月19日至20日，国家邮政局局长马军胜一行到河北邢台就快递服务农村电子商务有关情况等进行专题调研。他强调，河北邮政业要注重发挥县域经济的优势，协同服务特色产业，主动适应新业态新模式，不断创新服务提升能力，更好地促进地方经济社会发展。

全国政协双周协商座谈会聚焦《快递条例》

1月21日，全国政协在京召开第46次双周协商座谈会，围绕“《快递条例》的制定”建言献策。全国政协主席俞正声主持会议并讲话。全国政协副主席张庆黎、卢展工、陈晓光出席座谈会。交通运输部部长杨传堂在会上介绍了我国快递业发展及《快递条例》制定等相关情况。全国政协委员、国家邮政局局长马军胜就推动中国快递业实现“从大到强”新跨越做了发言，并就《快递条例（征求意见稿）》提出了建议。全国政协委员高宏峰、李国华、甄贞、计时华、孙步新、吴鸿、侯欣一、余渐富、徐冠巨、胡亚东、骆沙鸣、汤维建、李军,以及企业代表刘强东、王卫在座谈会上发言。公安部副部长孟庆丰、国务院法制办副主任袁曙宏、国家邮政局副局长赵晓光参加会议并与委员互动交流。

邮政行业职业技能鉴定工作座谈会召开

1月21日,2016年度邮政行业职业技能鉴定工作座谈会在北京召开。会议回顾了"十二五"期间及2015年行业职业技能鉴定工作的主要情况,并对2016年重点工作进行了安排部署。国家邮政局党组成员、副局长邢小江出席会议并讲话。邢小江对"十二五"期间的行业职鉴工作取得的成绩给予充分肯定,要求要凝神聚力,主动作为,深刻认识新时期担负的责任和使命;要解放思想,坚定信心,推动职鉴工作在务实苦干中再创辉煌。

2016年中国邮政集团公司工作会召开

1月23日,交通运输部党组书记、部长杨传堂,国家邮政局党组书记、局长马军胜出席2016年中国邮政集团公司工作会议。杨传堂强调,交通运输部将一如既往大力支持邮政事业改革发展,充分尊重企业的市场主体地位,希望中国邮政集团公司牢固树立和贯彻落实五大发展理念,切实加强总体设计,切实加强供给侧结构性改革,切实提升公共服务水平和治理能力,切实打牢安全基础,努力实现"十三五"发展良好开局,开创世界一流邮政企业新局面。

"快递下乡"写入中央一号文件

1月27日,改革开放以来指导"三农"工作的第18份中央一号文件——《中共中央国务院关于落实发展新理念加快农业现代化实现全面小康目标的若干意见》正式发布,将实施"快递下乡"工程写入其中。"快递下乡"提出仅两年就成为国策。这也是近期继《国务院关于促进快递业发展的若干意见》出台、全国政协双周协商会聚焦《快递条例》后,中央促进快递业发展的又一重大利好。

刘君副局长建言献策北京市邮政业发展

1月22日至28日,北京市十四届人大四次会议上,北京市人大代表、国家邮政局副局长刘君在向大会提交的建议中分析了北京市邮政业发展面临的机遇和挑战,并就如何统筹协调加快北京市邮政事业发展,提出加强规划引领、强化整体布局、注重政策落地等方面的建议。

解畅组长调研江苏邮政业发展情况

1月下旬,国家邮政局党组成员、纪检组长解畅赴江苏,调研邮政业发展情况。期间,解畅会见了江苏省委常委、副省长徐鸣。双方就邮政业特别是快递业发展现状、形势和前景等内容交换了意见。徐鸣充分肯定了邮政业在经济社会发展中的地位和作用,认为邮政体制改革以来,江苏邮政业发展迅速,为地方经济社会发展做出了积极贡献,他表示省政府将继续给予关注和支持。

实名收寄信息化解决方案研讨会召开

1月29日,为进一步健全寄递渠道安全防范机制,规范邮件、快件实名收寄行为,国家邮政局召开实名收寄信息化解决方案研讨会,对《邮件、快件实名收寄实施办法(征求意见稿)》、实名收寄信息化解决方案、寄递企业安检机配置管理规范等内容进行深入研讨。国家邮政局副局长刘君出席会议并讲话。

马军胜局长赴安徽调研邮政业发展和服务情况

1月31日至2月1日,国家邮政局党组书记、局长马军胜利用周末时间赴安徽调研邮政业发展和服务情况,代表局党组亲切慰问邮政管理系统、邮政、快递企业一线干部职工和部分离退休老干部，向他们致以新春问候和良好祝愿。在皖期间，马军胜还会见了安徽省委书记王学军和省委常委、副省长陈树隆，就加快邮政业与地方经济社会协同发展深入交换了意见。

2016 年全国邮政市场监管工作会议召开

2 月 25 日至 26 日，2016 年全国邮政市场监管工作会议在安徽合肥召开，会议总结回顾 2015 年和“十二五”时期邮政市场监管工作，分析研判当前行业发展的机遇和挑战，对 2016 年邮政市场监管重点工作进行部署。国家邮政局副局长刘君出席会议并讲话。会议要求，全面贯彻中央经济工作会议精神，牢固树立和贯彻落实“创新、协调、绿色、开放、共享”发展理念，坚持稳中求进工作总基调，以落实《国务院关于促进快递业发展的若干意见》为主线，以全国邮政管理工作会议精神为指引，主动适应经济发展新常态，主动推动转型升级、提质增效，全面巩固行业发展态势，全面巩固寄递安全基础，强引领、补短板、求突破、重实绩，推动我国由快递大国向快递强国迈进。

马军胜局长会见美国德勤公司邮政行业总监保罗・沃格尔

2 月 28 日，国家邮政局局长马军胜在京会见了来访的美国德勤公司邮政行业总监保罗・沃格尔先生一行。双方就全球邮政和快递的发展现状及未来趋势进行了交流，并就中国邮政业如何更进一步促进电子商务的发展，适应不断变化的市场和客户需求，从而实现企业在国内和国际市场的更好发展等交换了意见。

刘君副局长在京检查全国两会期间寄递服务和安全工作

2 月 29 日，全国两会即将召开之际，国家邮政局副局长刘君到北京市检查全国两会期间寄递服务和安全工作。他强调，保障两会期间寄递渠道的安全畅通是一项重要政治任务，北京邮政业要切实做好两会期间的邮政、快递服务和安保工作，为两会顺利召开创造良好的寄递环境，力争做到安全万无一失，服务优质高效。

《快递条例》的制定被写入大会报告

3 月 3 日，中国人民政治协商会议第十二届全国委员会第四次会议在北京人民大会堂开幕。全国政协主席俞正声代表政协第十二届全国委员会常务委员会，向大会报告工作，《快递条例》的制定被写入大会报告。随后，陈晓光副主席在《中国人民政治协商会议全国委员会常务委员会关于政协十二届三次会议以来提案工作情况的报告》中亦提及“快递”。全国政协主席大会报告中提及“快递”，这是历年来首次，而全国政协的两份重要报告中分别对快递业着墨，则实属“空前”。

快递业连续三次写进政府工作报告

3 月 5 日，第十二届全国人民代表大会第四次会议在人民大会堂召开，国务院总理李克强代表国务院，向大会作政府工作报告。在谈到 2016 年重点工作和相关要求时，李克强明确提出——鼓励线上线下互动，推动实体商业创新转型。完善物流配送网络，促进快递业健康发展。这是快递业连续三次写进政府工作报告。与前两次不同的是，今年的政府工作报告中，快递业并没有和其他关联产业“打包”，而是被单独提及并赋予“重任”。

赵晓光副局长赴福建调研邮政业

3 月 7 日，国家邮政局副局长赵晓光一行到福建省福州市邮政管理局指导工作，强调保持创新精神，持之以恒破解行业发展难题。赵晓光对福州市邮政业发展工作，尤其是对传统信报箱智能改造升级、快递车辆标识管理工作予以高度肯定。

马军胜局长会见万国邮联国际局总局长比沙尔·侯赛因

4月10日，国家邮政局局长马军胜在京会见了来华出席跨境电子商务邮政高层论坛的万国邮联国际局总局长比沙尔·侯赛因。双方就跨境电子商务发展和万国邮联框架下的国际邮政事务交换了意见。国家邮政局副局长赵晓光和外事司有关负责同志参加了会见。马军胜表示，中国政府高度重视电子商务，将发展电子商务、邮政和快递作为培育新动能、发展新经济的重大举措。中国是世界最大的电子商务市场，邮政是跨境电子商务的主要参与者和重要渠道。侯赛因总局长出席本次会议，充分反映了万国邮联对中国跨境电子商务和邮政发展的重视与支持。

马军胜局长赴京东调研

4月12日，国家邮政局局长马军胜赴京东调研，并会见了京东集团首席执行官刘强东，就京东发展和行业未来走向及趋势进行了深入交流。马军胜肯定了京东快递为行业发展所做的贡献，希望京东快递加快发展，成为有品牌、有品质、有体验的快递公司，更快更好地满足用户需求，提升运行效率，为中国快递业转型升级提质增效贡献力量。

2016中国跨境电商邮政高层论坛在渝举行

4月12日，2016中国跨境电商邮政高层论坛在重庆举行。自亚欧非26个国家和地区的邮政代表以“合作共赢、促进发展”为主题，以服务跨境电商、发展跨境包裹寄递业务为核心，进行了深入交流，分享了新产品开发、邮政改革创新等方面的经验和做法，提出了创新的合作设想，并一致通过了《重庆宣言》。万国邮联秘书长比沙尔·侯赛因、重庆市市长黄奇帆、国家邮政局副局长赵晓光、中国邮政集团公司总经理李国华出席开幕式并致辞。会议期间，赵晓光副局长深入重庆江津区、渝北区实地调研校园快递第三方服务平台、农村电商服务平台和城市社区综合服务平台建设情况。

赵晓光副局长会见DHL集团亚太区高级副总裁史念杨

4月20日，国家邮政局副局长赵晓光在京会见了德国邮政DHL集团亚太区高级副总裁史念杨先生一行。双方就该公司在华业务发展所关心的问题进行了交流。赵晓光副局长对史念杨先生的到访表示欢迎。他指出，DHL作为较早进入中国的快递企业，在中国取得了较好的发展成绩。他表示，国家邮政局既是监管部门，也是服务部门，一直在努力规范市场秩序，维护市场竞争的公平和公正，积极为企业营造良好的发展环境。他希望DHL公司能够在自觉遵守法律法规方面成为市场的榜样，为中国快递行业的健康有序发展做出更大贡献。

刘君副局长在京调研高效快递服务情况

4月22日，国家邮政局党组成员、副局长刘君前往北京部分高校调研快递进校园和末端网点服务情况。刘君一行先后来到中国农业大学东校区的“近邻宝”和“小麦公社”快递服务点、北京航空航天大学的“永嘉易站”快递服务点，实地查看提供校园快递服务场地及相关设施设备，详细了解利用信息化平台派送快件的具体操作流程，询问企业运营过程中存在的问题和困难，对企业利用信息化平台结合快递行业特点解决快递进校园问题的思路给予肯定。

第二届“寻找最美快递员”活动揭晓发布会在京举行

4月27日，由国家邮政局精神文明建设指导委员会主办，国家邮政局机关党委、中国邮政快递报社、中国快递协会共同承办的中国梦·邮政情第二届“寻找最美快递员”活动揭晓发布会在北京人民大会堂隆重举行，10名基层快递员和4个快递员集体荣获“最美快递员”称号。本次活动在邮政管理部门、快递和电商企业、媒体、社会监督员以及普通消费者的积极参与下，共有470位候选人参与评选，收到各方投票近300万票。经过激烈的角逐，49名最美快递员候选人脱颖而出，再由业内专家、媒体代表、消费者代表及邮政社会监督员代表等组成的评审委员会，依照公开、公平、公正的原则，评选出最终结果。

国家邮政局召开青年干部座谈会

5月4日，国家邮政局召开青年干部座谈会。局党组书记、局长马军胜出席并寄语邮政业广大青年，珍惜机遇、立足本职、施展才华，在行业“奋战十三五、传递邮政情、共筑中国梦”的事业中成就自我，建立新功。局党组成员、机关党委书记解畅主持会议。马军胜在讲话中指出，邮政业是朝阳产业，青年是行业改革发展的生力军，正发挥着越来越重要的作用。当前全行业正处于大有作为、大有可为的战略机遇期和加快建设与小康社会相适应的现代邮政业的关键决胜期，广大青年干部职工要将个人美好的前程和行业发展的目标紧密结合起来，不负光阴、不辱使命，奋勇争先、真抓实干。

国家邮政局召开邮件、快件安检设备配置与管理工作座谈会

5月5日，国家邮政局组织19家寄递企业召开邮件、快件安检设备配置与管理工作座谈会，国家邮政局副局长刘君出席会议并讲话。刘君指出，加强安检设备配置与管理工作是今年的一场“硬战”，国家邮政局将把该项工作进行重点督导，强化问效问责，对落实不到位的企业将严格按照有关规定进行责任追究，夯实行业安全管理基础，切实保障行业生产运行安全。

国家邮政局公布《2015年邮政行业发展统计公报》

5月10日，国家邮政局公布《2015年邮政行业发展统计公报》，2015年，既是“十二五”的收官之年，也是邮政行业发展的突破之年。全行业坚持“稳中求进”总基调，坚决贯彻落实党中央、国务院决策部署，主动适应经济发展新常态，坚持问题导向、坚持创新引领、坚持提质增效，行业发展呈现出增长快速、结构优化的发展态势，全年业务总量突破5000亿元，业务收入突破4000亿元，快递业务量突破200亿件，圆满完成了“十二五”规划的各项发展目标，为“十二五”时期邮政行业发展画上圆满句号。

王梅副局长率团访问澳大利亚

5月11日至14日，国家邮政局副局长王梅率国家邮政局代表团访问澳大利亚，与澳大利亚通信与艺术部进行了深入会谈，并实地调研了澳大利亚的邮政设施。王梅感谢澳方在国际邮政组织事务中给予中方的支持，并表示中方愿意与澳大利亚在内的亚太各国分享改革发展经验，继续加强交流与合作，共同推动亚太地区邮政事业的发展。希望通过两国邮政部门的共同努力，扩大双方在邮政各个领域的合作，加强双方在亚太邮联和万国邮政联盟等国际邮政组织中的配合和支持，推动双边关系取得新的更大发展。

赵晓光副局长会见埃及邮政、通信部门代表一行

5月17日，国家邮政局副局长赵晓光在京会见了来访的埃及邮政总局副局长艾哈迈德·萨拉赫和埃及通信部信息技术工业发展署副总裁侯赛姆·奥斯曼一行，就两国邮政业发展情况进行交流，并共同签署关于加强邮政领域交流合作的备忘录。

《2015年度快递市场监管报告》获审议通过

5月19日，国家邮政局局长马军胜主持召开2016年第5次局长办公会，审议并通过《2015年度快递市场监管报告》。局领导解畅、王梅、赵晓

光、刘君、邢小江出席会议。马军胜指出，今年的报告内容丰富，全面反映了“十二五”期间特别是2015年我国快递市场发展和市场监管所取得的重大进展，对促进快递业提质增效、转型升级和邮政管理部门进一步改进监管工作具有重要意义。

马军胜局长应邀率团访问香港邮政署

5月23日，国家邮政局局长马军胜应邀率团访问香港邮政署，与香港邮政署署长丁叶燕薇、副署长魏永捷等进行了深入会谈交流，并实地参观了位于九龙湾的香港邮政中央邮件中心。马军胜局长一行参观了香港邮政中央邮件中心的基础设施。5月24日，参观了在香港亚洲国际展览馆举办的2016年国际邮政博览会和国泰航空货运服务中心。

邮政市场放管服改革座谈会召开

5月25日，邮政市场放管服改革座谈会在山东济南召开。天津、河北、江苏、浙江、安徽、山东省（市）邮政管理局，部分省级以下监管机构和国家邮政局市场监管司有关人员参加了会议。国家邮政局党组成员、副局长刘君出席会议并讲话。此前，刘君还在山东进行了工作调研。

马军胜局长应邀率团访问澳门邮政

5月26日，应澳门邮政局邀请，国家邮政局局长马军胜率团访问澳门邮政。在澳期间，马军胜局长与澳门邮政局局长刘惠明进行座谈，听取了澳门邮政业发展、澳门邮政电子认证、安全电子邮政服务、易邮箱（eLocker）推广应用，以及澳门邮政改革等方面情况的介绍。马军胜局长介绍了近年来内地邮政业发展和促进转型升级、推动“互联网+”所做的工作，并对内地与澳门邮政业项目合作、支持澳门邮政参与万国邮联事务等共同话题进行了沟通和研讨。会后，马军胜局长参观了澳门大学邮政分局，详细了解了该分局新技术应用和相关业务数据。

快递服务板块亮相第四届京交会

5月28日，由中华人民共和国商务部、北京市人民政府共同主办的第四届中国（北京）国际服务贸易交易会在京开幕。国家邮政局副局长刘君应邀出席由京交会组委会与世界贸易组织共同主办的全球服务贸易峰会。快递服务是京交会的重要组成板块。2016年的京交会，国内外主要快递服务企业再一次集中亮相，围绕科技、安全、绿色、国际化等主题集中展现两年来快递创新发展的主要成果，不仅展示了快递业的快速发展势头，也反映了其今后发展的趋势。

第四届京交会快递板块签约金额超过1000亿元

5月30日，2016中国快递行业（国际）发展大会在京召开。本次大会作为第四届京交会重要内容之一，以“助力新经济、培育新动能、服务新业态”为主题，举办了主题演讲和互动对话，进行了中国快递服务战略合作签约，总签约额超1000亿元，多项合作对促进中国快递业实现绿色发展、国际化发展以及与上下游行业融合发展将起到重要的推动作用。国家邮政局副局长刘君、中国快递协会会长高宏峰为大会开幕致辞，并与北京市副市长张建东等共同见证签约仪式。

国家邮政局发布2015年中国快递发展指数

5月30日，在2016中国快递行业（国际）发展大会上，国家邮政局发布了2015年中国快递发展指数。2015年中国快递发展指数为386.1，同比提高36.7%；2010－2015年，发展指数持续走高，年均提高超过31%。数据显示，我国快递业继续处于较高景气区间，高速发展的趋势仍将持续，同时，快递服务质量稳中向好，普惠程度不断提升。

国家邮政局召开邮政行业科技创新座谈会

6月7日，国家邮政局在浙江杭州召开邮政行业科技创新座谈会，总结“十二五”时期邮政业科技发展情况，深入分析面临的新形势新要求，全面部署“十三五”时期邮政业科技创新工作。国家邮政局党组书记、局长马军胜在会上作了主旨讲话，并向第二届局科技专家咨询组专家颁发聘书。马军胜强调，要深入贯彻党的十八大，十八届三中、四中、五中全会精神和习近平总书记系列重要讲话精神，学习贯彻全国科技创新大会精神，以严的精神和实的作风，勇于担当、锐意进取、真抓实干、久久为功，全面增强科技创新能力，全面提升科技应用水平，为全面建成与小康社会相适应的现代邮政业、推动我国向邮政强国迈进做出新的更大的贡献。国家邮政局党组成员、副局长邢小江主持会议并作总结讲话。

国家邮政局着力推进邮政业科技创新工作

6月中旬，国家邮政局召开干部大会，传达学习全国科技创新大会、两院院士大会、中国科协第九次全国代表大会精神，并重点传达学习了习近平总书记和李克强总理在大会上的重要讲话精神。国家邮政局党组成员、副局长邢小江主持会议，并代表局党组强调，全系统要深入贯彻落实大会精神和部署，进一步深化认识，结合邮政管理工作实际和2016年邮政行业科技创新座谈会精神，着力推进邮政业科技创新工作。

刘君副局长赴河南调研邮政快递服务情况

6月21日至22日，国家邮政局副局长刘君赴河南郑州调研快递服务跨境电商及邮政业寄递安全落实情况，并组织召开河南省寄递安全三项制度专题座谈会。刘君要求，一是从法律、政策等方面做好寄递安全三项制度的顶层设计，增强可操作性；二是督促企业落实主体责任，再造业务流程，嵌入安全管理，确保全国任务目标按期实现；三是河南局要继续发挥示范带头作用，在安检机配置后的人员培训、制度建设、信息联网、责任落实等方面先行先试，为全国工作推进积累经验。

国家邮政局召开快递服务质量提升联席会

6月23日，根据中央第十四巡视组巡视反馈的问题意见，为全面落实整改措施，国家邮政局在北京组织召开快递服务质量提升联席会议。EMS、顺丰、圆通、申通、中通等22家品牌快递企业，国家邮政局市场监管司、邮政业安全中心、《中国邮政快递报》社和中国快递协会的有关代表参加了会议。会议要求，各品牌快递企业要将思想统一到中央巡视组提出的巡视意见上来，统一到国家邮政局工作部署上来，高度重视快递服务质量工作，紧扣症结，落实整改，采取有效措施降低有效申诉率，着力解决消费者索赔难等问题。

《邮件快件微剂量X射线安全检查设备配置管理办法》和修订后的《禁止寄递物品管理规定（试行）》获审议通过

6月24日，国家邮政局召开2016年第7次局长办公会，审议并原则通过《邮件快件微剂量X射线安全检查设备配置管理办法》和修订后的《禁止寄递物品管理规定（试行）》。马军胜指出，近年来，邮政业面临的安全形势日益复杂严峻，要以两项规范性文件的发布为契机，切实推动用户更好地履行交寄责任，推动寄递企业更好地落实三项安全制度，推动寄递安全管理迈向更高水平。局领导赵晓光、刘君出席会议。

邢小江副局长率团访问捷克

6月22日至26日，国家邮政局副局长邢小江率国家邮政局代表团访问捷克，与捷克工贸部邮政行业主管部门进行了会谈。双方就进一步加强邮政领域合作交换了意见，并签署了会议纪要。在捷克期间，代表团还应邀参观了布拉格中心邮局和捷克最大的邮件分拣中心，了解了当地的邮政运营、邮政普遍服务、跨境寄递业务、邮政网络规划和邮政设施建设等情况。

国家邮政局发布《2015年度快递市场监管报告》

6月27日，国家邮政局发布了《2015年度快递市场监管报告》。数据显示，2015年，随着快递服务网络不断延伸，基础建设、运输能力持续完善，末端投递方式更加多元，信息系统综合效能日益显现，我国快递业综合实力不断增强，服务能力、服务水平稳步提高。2015年快递服务满意度总体得分为74分，同比提高0.3分，实现连续5年持续攀升；快递有效申诉率则呈现下降态势。

邢小江副局长率团访问罗马尼亚通信管理局

6月26至28日，国家邮政局副局长邢小江率团对罗马尼亚通信管理局进行友好访问，与罗马尼亚通信管理局总裁马里乌斯·卡塔林·马里内斯库进行了会谈，并签署了关于进一步加强两国邮政领域合作的谅解备忘录。

交通运输部表彰“两优一先”

6月28日，交通运输部庆祝建党95周年暨“两优一先”表彰大会在北京举行。交通运输部党组书记、部长杨传堂出席会议并作重要讲话，交通运输部党组成员、国家邮政局局长马军胜出席会议并为获奖代表颁奖。会上通报了国家邮政局人事司三处主任科员朱佳鹏被评为中央国家机关“优秀共产党员”。彭美华、屈凯、王卉文、王毅4位同志获得交通运输部“优秀共产党员”荣誉称号，张星朝、林虎2位同志获得交通运输部“优秀党务工作者”荣誉称号，政策法规司党支部和中国邮政快递报社党支部被评为交通运输部“先进基层党组织”。

国家邮政局公布2016年上半年邮政行业运行情况

7月12日，国家邮政局公布2016年上半年邮政行业运行情况，上半年，邮政行业业务收入（不包括邮政储蓄银行直接营业收入）累计完成2475.8亿元，同比增长32.3%；业务总量累计完成3238.3亿元，同比增长49.2%。

国家邮政局分析上半年邮政行业经济运行情况

7月15日，国家邮政局局长马军胜主持召开2016年第8次局长办公会，分析上半年邮政行业经济运行情况，研判行业发展形势，并部署下一步工作重点。马军胜提出行业三个“没有变”，要求全行业统一认识，保持定力、集中精力、精准发力、齐心协力，确保完成全年目标任务。局领导王梅、赵晓光、刘君、邢小江出席会议。根据国家统计局公布的数据计算，上半年行业业务收入占GDP的比重达到0.73%，比去年底大幅提升；快递业务量增长迅猛，业务收入增幅是GDP的6.5倍，创近年新高。

刘君副局长应邀率团访问加拿大

7月18日，为落实和深化中加两国邮政领域交流合作机制，应加拿大邮政邀请，国家邮政局副局长刘君率团访问加拿大，与加方就行业改革发展、邮政战略规划、邮政市场安全监管等情况进行交流座谈。

李克强总理部署推进互联网+物流

7月20日，国务院常务会议上，李克强总理在听取国家邮政局局长马军胜讨论发言后指出，快递业作为新业态对GDP的拉动作用虽然有限，但却容纳了大量就业，也大大降低了全社会的物流成本。此次会议的重点是部署推进互联网+物流，降低企业成本便利群众生活。此前，总理已先后7次点赞快递业、3次亲临快递企业视察。

世界500强排名中国邮政超过美国邮政

7月20日，美国《财富》杂志发布新一期世界500强排行榜，中国110家企业入围，上榜数量继续增长。中国邮政集团公司较上一年提升38位，列第105位，首次超过美国邮政。

中美邮政行业监管研讨会召开

7月20至23日，国家邮政局副局长刘君率领国家邮政局代表团访问美国。期间，代表团与美国邮政监管委员会举行了中美邮政行业监管研讨会，就进一步完善两国邮政监管部门职责进行了交流。在美期间，中国代表团还与顺丰、申通、韵达等快递企业在美国华盛顿和波士顿的网点负责人进行了会谈，实地了解了快递企业国际业务的拓展情况和未来规划，听取了企业对于行业政策支持的建议。

王梅副局长赴广东专题调研快递包装

7月25至26日，国家邮政局党组成员、副局长王梅带领调研组深入广东东莞和深圳进行专题调研，对快递包装产业链追根溯源，分环节实地了解快递包装的发展现状，听取相关企业的意见和建议。研究推动《国家邮政局关于推进快递业绿色包装工作的实施方案》落地。专题调研结束后，26日下午，王梅出席了《省级以下邮政管理机构业务用房建设标准》编制工作座谈会，听取了相关5个省局和5个市(地)局的情况汇报，并就下一步工作进行了部署安排。

陕西省人民政府和国家邮政局签署共建协议

7月29日，陕西省人民政府和国家邮政局在西安签署协议，决定合作共建西安邮电大学现代邮政学院和邮政研究院，邮政业高等人才教育布局进一步完善。中共陕西省委书记、省人大常委会主任娄勤俭，陕西省省长胡和平，国家邮政局党组书记、局长马军胜，中国快递协会会长高宏峰见证签约并举行会见，就高站位提升陕西邮政业发展水平、加强快递业与地方发展同频共振、更好促进“一带一路”建设等话题深入交换意见。陕西省副省长庄长兴与国家邮政局副局长邢小江代表双方在协议上签字。陕西省委常委、省委秘书长刘小燕，省政府秘书长陈国强参加了会见。

全国寄递渠道安全监管工作召开

7月29日，国家邮政局召开全国寄递渠道安全监管工作电视电话会议，就加强寄递渠道安全监管、推进寄递渠道安全管理“三项制度”贯彻落实以及切实做好二十国集团(G20)峰会期间寄递安保和下半年行业安全生产工作进行部署，对《二十国集团(G20)峰会寄递安全保障工作实施方案》和《邮件快件微剂量X射线安全检查设备配置管理办法(试行)》进行了解读。局党组成员、副局长刘君出席会议并讲话。

国家邮政局召开G20峰会寄递渠道安全保障工作专题会

8月8日，国家邮政局召开G20峰会寄递渠道安全保障工作专题会议，听取了浙江省邮政管理局关于G20峰会寄递渠道安全保障工作情况的汇报，并对下一步工作进行安排部署。国家邮政局局长马军胜、副局长刘君出席会议。马军胜指出，自G20峰会寄递渠道安全保障工作启动以来，邮政业全力以赴做好G20峰会寄递渠道安全保障工作。邮政管理部门尤其是浙江局履行主体责任、主动作为、细化措施、扎实工作，抓实、抓严、抓细，严格落实好各项措施，严防死守、严控严治，全力保障寄递渠道安全。

赵晓光副局长吉林调研邮政行业发展

8月8日至10日，国家邮政局副局长赵晓光先后来到吉林省长春市、白城市，就邮政业服务地方经济和服务三农情况开展实地调研，并对邮政管理工作、机关党建工作进行指导。调研期间，赵晓光轻车简从、不辞劳苦，先后深入市区、乡镇和农村，密集调研基层邮政支局、快递企业一线网点10余处，认真听取吉林省、市局以及省、市、县、乡镇邮政、快递企业负责人相关情况汇报，详细了解行业发展情况。

马军胜局长赴广西深入调研邮政行业发展

8月9日至11日，国家邮政局局长马军胜赴广西深入调研邮政企业、快递企业和邮政管理部门,重点了解行业发展情况。马军胜强调,广西邮政行业要按照中央给予广西“三个定位”要求,发挥优势注重特色,集成项目拓展网络,提升能力奋发进位,继续巩固邮政业务发展成效,不断做大做强快递业务,为广西区经济社会发展和完成“两个建成”目标任务贡献力量。马军胜肯定了广西邮政业发展和邮政管理工作的成效,要求广西邮政管理部门坚决贯彻落实中央大政方针,时刻牢记党的基本路线,坚持发展第一要务不动摇,勇于创新不停步,把握机遇、巩固态势、突出重点、真抓实干,推动广西邮政业在跨越式发展中奋发进位。

赵晓光副局长会见泰国邮政代表团

8月22日,国家邮政局副局长赵晓光在京会见了由泰国信息和通信技术部通信局执行局长皮亚达·素甘婉女士率领的泰国邮政代表团。赵晓光表示,中国和泰国同为发展中国家,在国际邮政组织中有着广泛的共识。两国在万国邮联和亚太邮联框架下,一直保持着密切沟通,相互支持,为促进亚洲国家邮政业的共同发展做出了很大的贡献。

刘君副局长赴新疆、甘肃督导G20峰会寄递安全保障工作

8月19日至23日,国家邮政局副局长刘君带队到新疆维吾尔自治区和甘肃省一线调研督导G20峰会寄递安全保障工作。刘君指出,除G20峰会外,新疆和甘肃还分别承担着中国—亚欧博览会和敦煌文博会寄递渠道安全保障重任,做好各项工作意义深远、责任重大。可喜的是,在两省区党委、政府的指导下,各成员单位讲政治、顾大局、高标准、严要求,不断强化联合工作机制,创新工作措施,全面提升了寄递渠道安全管理能力,为G20峰会寄递渠道安全保障工作打下了扎实的基础,取得了较好的成效,尤其是新疆的很多工作都走在了全国前列,值得总结和推广。

赵晓光副局长赴江苏调研邮政行业发展情况

8月24日至26日,国家邮政局副局长赵晓光专程赴江苏淮安、盐城等地调研邮政业发展情况。调研考察过程中,赵晓光还详细询问了江苏省管局以及地市管局的党建工作,对江苏省管局和地市管局加强党建工作、落实三会一课制度,以及采取讲党课等多种形式开展两学一做教育活动提出了要求,并到盐城市邮政管理局进行视察,对盐城管局党建宣传栏的内容和形式给予了肯定。

马军胜局长赴杭州督导G20峰会寄递渠道安全保障工作

8月28日至29日,在G20寄递渠道安全保障工作进入关键阶段之时,国家邮政局局长马军胜奔赴浙江杭州检查督导G20峰会寄递渠道安全保障工作。马军胜强调邮政管理部门、邮政企业和快递企业要不断增强使命感和责任感,全力以赴,负重奋进,严把“三次安检”关口,严格“三项制度”落实,筑牢寄递安全防线,坚决打赢寄递渠道安全保障攻坚战。

刘君副局长在京督导G20峰会寄递渠道安全保障工作

8月29日晚间,国家邮政局副局长刘君带队督导检查北京地区G20峰会寄递渠道安全保障工作。刘君先后来到位于北京市朝阳区的中通快递和百世快递快件处理中心,听取企业负责人关于G20峰会寄递安保相关工作的汇报,现场查看了处理中心生产运行、安检机配置、安检组织实施等情况。

《邮政市场监管约谈暂行办法》获审议通过

8月31日,国家邮政局局长马军胜主持召开2016年第10次局长办公会,审议并原则通过《邮政市场监管约谈暂行办法》。局领导王梅、赵晓光、刘君、邢小江出席会议。马军胜强调,要以《办法》的出台为契机,进一步加强邮政业行政执法规

范化建设；进一步提高全系统依法行政能力和水平；进一步强化事中事后监管，充分调动基层执法人员行政执法的积极性、主动性，更好地规范市场秩序，促进邮政业健康持续发展。

全行业圆满完成 G20 峰会寄递渠道安保工作

9月4日~5日，G20峰会在中国浙江杭州召开。按照“全国保浙江、浙江保杭州”的总要求，全行业密切配合，上下联动，充分发挥“护城河”作用，形成全国一张网、全行业一盘棋的整体工作格局，以最高标准、最严措施、最佳状态全力做好活动寄递安保工作。8月20日~9月6日，在全国邮件快件量达13.2亿件、浙江和杭州邮件快件进出口量分别达1.9亿件和4862万件的情况下，未发生一起重大生产安全事故，成功保障了峰会期间全国寄递渠道安全畅通，圆满完成了G20峰会寄递渠道安保任务。

马军胜局长贵州调研基层邮政业发展

9月9至10日，国家邮政局局长马军胜利用参加全国邮政管理局长座谈会之机，赴贵州铜仁万山、印江、石阡等县（区）基层一线调研邮政、快递服务农村电子商务发展有关情况。他强调，邮政业要加强服务地方经济，加强联动融合特色产业，推动地方农特产品规模化、产业化、品牌化发展，为脱贫攻坚和农业转型做出积极贡献。调研期间，马军胜还与地方负责同志就加快邮政业发展、服务电商发展等交换了意见。

全国邮政管理局长座谈会召开

9月11日至12日，在邮政体制改革迎来实施十周年的历史性时刻，国家邮政局在贵州省贵阳市召开全国邮政管理局长座谈会，深入推进“两学一做”学习教育，持续深化巡视整改工作，系统总结改革十年来行业发展成就和基本经验，部署下一阶段重点任务。局党组书记、局长马军胜出席会议并作重要讲话，党组成员、副局长王梅、赵晓光、刘君出席会议并讲话，党组成员、副局长邢小江主持。会议期间，国家邮政局领导与贵州省委副书记、省长孙志刚，省委常委、副省长慕德贵等进行了工作座谈，就进一步深化邮政业与贵州省经济社会协同发展交换了意见。

王梅副局长贵阳调研快递业绿色包装应用情况

9月13日，国家邮政局副局长王梅在出席全国邮政管理局长座谈会后，利用返京前的间隙，再次深入贵阳市快递末端服务站点及分拨场地，调研快递业绿色包装应用情况。她表示，“材料不环保”和“过度包装”是当前快递用户反映较为集中的问题，鼓励快递企业和上下游企业一起，使用可自然降解的环保材料，探索简约包装、减少二次包装，实现快递业包装的绿色化、减量化和可循环，对于节约资源、保护环境和促进快递业可持续发展具有重大意义，必须引起社会各界的重视。

李小鹏部长到国家邮政局调研

9月14日，交通运输部部长李小鹏到国家邮政局调研，并与局领导班子进行座谈。他强调，要坚决贯彻党中央、国务院决策部署，落实好国务院关于促进快递业发展的若干意见，加快推进供给侧结构性改革，坚持创新发展，保障寄递安全，进一步推进邮政公共服务均等化，让人民群众在交通运输发展中有更多获得感。在听取了国家邮政局党组书记、局长马军胜的工作汇报后，李小鹏指出，国家邮政局党组团结带领全行业广大干部职工忠诚履职、攻坚克难，行业改革发展取得重要突破，邮政普遍服务水平显著提升，邮政快递服务迅猛发展，行业安全发展水平不断提升，在国民经济中发挥着越来越重要的作用。李小鹏强调，邮政业是现代服务业的关键产业，是推动传统流通方式转型、促进消费升级的现代产业，是物流领域的先导产业。希望国家邮政局在现有的基础上，再接再厉、继续奋斗。

首家现代邮政学院首批本科新生开学

9月18日，全国第一个现代邮政学院——北京邮电大学现代邮政学院首批本科新生开学典礼隆重举行，标志着邮政快递高等人才教育培养工作正式进入实施阶段。邮电领域老领导吴基传、朱高峰、刘平源、刘立清、盛名环，国家邮政局党组书记、局长马军胜，北京邮电大学党委书记王亚杰、校长乔建永等出席仪式。仪式由北邮副校长郭军主持。2015年10月，教育部与国家邮政局签署协议共建北京邮电大学现代邮政学院。2016年6月，学院面向2015级本科在校生组建“邮政快递实验班”。同年7月，学院开设了物流工程（邮政快递智能工程）和工商管理（邮政快递管理工程）两个本科专业，并招收2016级本科新生150人。

邢小江副局长率调研组赴广西深入调研

9月26日至29日，国家邮政局党组成员、副局长邢小江率调研组赴广西北海、桂林两地开展调研，重点了解邮政业发展“十三五”规划、快递物流园区建设、电子商务与快递业协同发展等情况。他指出，邮政业当前正处于发展的重要战略机遇期，广西既沿边又靠海，在特色产品及旅游资源等方面有着得天独厚的条件，在“十三五”期间，自治区、市两级邮政管理局要切实把握机遇，探索思路、完善举措，在发挥监督管理前沿和基础支撑作用的基础上，以创新发展为主线，发挥优势、注重特色，深入推进快递“三向”工程，抓好特色项目集成的落实，为推动桂货出区、精准扶贫、农民致富做好服务支撑，为服务经济和民生发展做出更大贡献。

第26届万国邮联大会部长级会议召开

10月4日，第26届万国邮联大会部长级会议在土耳其伊斯坦布尔召开。土耳其交通海事和通信部部长阿尔斯兰、万国邮联总局长比沙尔·侯赛因、大会联席主席科特迪瓦邮政与信息通信技术部部长布鲁诺·纳巴涅·科内出席开幕式并致辞。国家邮政局局长马军胜率中国代表团应邀出席会议，并作主旨发言。他指出，今年是中国第十三个五年规划的开局之年，也是万国邮联2017－2020伊斯坦布尔全球邮政战略启航之年，中国愿意和全球邮政业同仁携起手来，共同构建一个创新、活力、联动、包容的全球邮政业，为促进贸易便利化、增进人民福祉做出更大贡献。

我国高票当选新一届万国邮联行政理事会和邮政经营理事会理事国

10月5日至6日，第26届万国邮联大会进行了2017－2020周期行政理事会理事国和邮政经营理事会理事国选举，我国分别以124票和113票高票当选新一届理事国。经过三周的紧张工作，10月7日第26届万国邮联大会在伊斯坦布尔圆满落幕。经国务院授权，国家邮政局局长马军胜于10月6日代表中国政府签署了新修订的万国邮联法规。中国代表团参加了新一届行政理事会和邮政经营理事会第一次全体会议。

马军胜局长应邀率团赴以色列和希腊进行工作访问

10月8日至11日，应以色列通信部和希腊国家邮电委员会邀请，国家邮政局局长马军胜率团于赴以色列和希腊进行工作访问，加强与两国邮政管理部门的政策协调，健全完善与两国邮政的双边交流工作机制，进一步推动中国与“一带一路”沿线国家在邮政领域的深度合作。访问两国期间，马军胜指出，作为成功当选的新一届万国邮联行政理事会和邮政经营理事会理事国，中国愿意继续发挥作用，在促进邮政改革和寄递经营等方面加强与各国的协调，进一步落实万国邮联2017－2020世界邮政战略，推动全球邮政业的创新、包容和联动发展。

刘君副局长赴江苏调研邮政业发展情况

10月9日至11日，国家邮政局副局长刘君一行赴江苏徐州、无锡、苏州等地调研邮政业发展情况。调研过程中，刘君对当地快递企业积极服务电商及制造业发展给予了充分肯定，并提出希望，将苏南（无锡）快递产业园区打造为“提高企业运行效率的平台、整合地方资源的榜样、产业集聚发展的标杆、推动行业对外辐射的典范”，并推广园区的示范引领作用，扩大发展规模，提升服务水平，不断开创快递业发展新局面。

王梅副局长天津调研快递绿色包装等工作

10月12日，国家邮政局副局长王梅到天津调研工作，她先后来到天津百得纸业、天津市邮政管理局和南开大学，分别就快递绿色包装、邮政管理信息化工作以及智能快件箱在高校的应用等方面了解情况。王梅强调，破解包装垃圾这一环境难题，要靠政府以及产业链上的所有企业共同努力，一是要从源头上减少快递包装材料的使用，二是要加强快递包装箱的回收利用。

国家邮政局部署快递示范城市等工作

10月12日，国家邮政局在江苏苏州召开工作座谈会，就快递示范城市、快递示范园区、快递服务现代农业示范基地和快递服务制造业项目库建设等快递系列示范工程进行动员部署，并对旺季服务保障等下一阶段市场监管重点任务提出明确要求。国家邮政局党组成员、副局长刘君出席会议并讲话。

马军胜局长会见柬埔寨邮电部部长陈尤德一行

10月19日，国家邮政局局长马军胜在京会见了来华访问的柬埔寨邮电部部长陈尤德先生和国务秘书温迪先生一行。双方就落实两国邮政主管部门签署的谅解备忘录内容，进一步加强两国邮政领域合作交流进行了会谈。国家邮政局副局长赵晓光以及有关司室负责同志参加了会见。

2016中国快递“最后一公里”峰会在京举行

10月20日，由国家邮政局指导，中国邮政快递报社主办的2016中国快递“最后一公里”峰会在京举行。峰会聚焦“绿色驱动，智领未来”的主题，探讨如何推动快递“最后一公里”绿色发展、智慧发展。国家邮政局副局长王梅、青岛市人民政府副市长牛俊宪出席会议并致辞，国家邮政局副局长刘君出席会议。峰会上，国家邮政局、青岛市人民政府签订了建设快递业绿色发展产学研协同创新示范基地的框架协议。此外，与会代表还达成了《推动快递绿色包装北京共识》。

《快递末端投递服务信息交换规范》等标准、方案获审议通过

10月21日，国家邮政局局长马军胜主持召开2016年第13次局长办公会，审议并原则通过《邮政业信息系统安全等级保护基本要求》《快递末端投递服务信息交换规范》两项标准和《2016年快递业务旺季服务保障工作方案》，部署2016年快递旺季服务保障工作。局领导王梅、刘君出席会议。会议还审议并原则通过《关于加快长江经济带邮政业发展的指导意见》，研究了其他事项。

国家邮政局部署旺季工作目标和任务分工

10月26日，国家邮政局召开快递业务旺季服务保障工作会议，部署旺季期间工作目标和任务分工。国家邮政局副局长刘君出席会议并讲话，他强调要以最佳状态、最实举措、最优业绩，落实局党组工作要求，全力以赴确保今年旺季安全畅通、平稳运行。刘君强调，全行业要提高认识、加强领导、周密部署、协调推动、狠抓落实，继续发挥好“错峰发货、均衡推进”的核心机制作用，坚持服务与安全并重，确保“两不”“三保”，确保寄递渠道安全畅通、平稳运行。

长江经济带邮政业发展座谈会召开

10月26日，国家邮政局在重庆召开长江经济带邮政业发展座谈会，部署《关于加快长江经济带邮政业发展的指导意见》贯彻落实工作，研究长江

经济带邮政业发展思路。国家邮政局副局长邢小江出席会议并讲话。邢小江指出，加快长江经济带邮政业发展，既是区域邮政业发展的内在需要，也是贯彻落实国家重大战略的必然要求，对推进长江经济带邮政业转型升级提质增效、服务长江经济带产业发展等具有重要意义。

南邮启动邮政、快递高等教育

10 月 29 日，国家邮政局与江苏省人民政府共建南京邮电大学现代邮政学院、现代邮政研究院揭牌仪式在南京举行。国家邮政局局长马军胜、江苏省副省长张敬华共同为南邮现代邮政两院揭牌并讲话。这标志着继北京邮电大学之后，南京邮电大学也在新形势下正式启动了邮政、快递高等教育，国家邮政局大力推动的人才兴邮战略和行业人才素质提升工程、人才培养提速工程、合作办学牵手工程又迈出了坚实一步。按照规划，南邮现代邮政学院将于 2017 年开始招生，首批设邮政快递管理、物流管理、网络工程（邮政快递工程），到 2020 年将形成 1000 名本科生、200 名研究生的办学规模。

马军胜局长在京会见香港邮政署代表团

10 月 31 日，国家邮政局局长马军胜在北京会见了香港邮政署长丁叶燕薇女士率领的香港邮政署代表团。马军胜局长对丁叶燕薇署长一行来访表示欢迎，并介绍了近期内地邮政业发展情况。马军胜指出，内地邮政业改革十年成效突出，行业发展稳中有进，快递业务增幅高位企稳，业务结构不断优化，助力流通转型、消费升级作用不断显现。希望内地与香港邮政保持密切交流，创新合作模式，进一步加强在电子商务、物流、集邮、万国邮联等领域的合作，为经济社会发展做出新的贡献。

中国快递企业步入资本时代

2016 年 10 月 11 日，顺丰借壳上市获证监会有条件通过；10 月 20 日，圆通速递完成借壳，成为 A 股市场上第一只快递股；10 月 24 日，申通快递借壳上市方案获证监会有条件通过；10 月 27 日，中通快递在纽约证券交易所正式挂牌交易，中国民营快递企业正式登陆国际资本市场；11 月 8 日，韵达借壳上市方案获证监会有条件通过。除此之外，二三线快递企业集中融资，资本市场助力快递发展，中国快递正式步入资本时代。

《国家邮政局关于促进邮政行业科技创新工作的指导意见》获审议通过

11 月 1 日，国家邮政局局长马军胜主持召开 2016 年第 14 次局长办公会，审议并原则通过《国家邮政局关于促进邮政行业科技创新工作的指导意见》。局领导王梅、赵晓光、刘君出席会议。马军胜指出，《指导意见》是贯彻落实习近平总书记关于科技创新的重要讲话精神和 2016 年全国邮政行业科技创新座谈会精神的具体举措，将科技创新摆在邮政业发展全局的突出位置，对贯彻落实国家重大战略部署、加快推进邮政行业转型升级、切实提升邮政行业科技创新的能力和效率具有重要的指导意义。

王梅副局长赴上海专题调研快递绿色包装项目

11 月 2 日，国家邮政局副局长王梅赴上海专题调研快递绿色包装项目，就快递包装中污染最严重、治理难度最大的包装袋问题展开重点调研。王梅指出，上海作为快递企业总部的聚集地，在推动快递绿色包装应用方面有着天然优势，华东作为我快递包装供应商的三大聚集区之一，在快递绿色包装的研发和生产上也有着独特的地缘优势，未来，两者可以充分结合、互为补充，在绿色包装研发、生产、应用和回收等方面先行先试，为快递包装的“绿色化、减量化、可循环”探索有益的经验。

刘君副局长接受中国政府网在线访谈

11 月 8 日，国家邮政局副局长刘君接受中国政府网在线访谈，围绕做好快递业务旺季服务保障等热点话题与网友互动交流。刘君介绍,2016年快递业务旺季的一大显著特点是业务量增长仍然迅猛。同时,国际国内快递业务双轮驱动,但快递出口面临较大的压力;农村网购态势持续升温;社会各界对"双11"期间的快递服务关注度比往年更高;极端天气可能给"双11"期间的快递服务带来较大压力。

国家邮政局正式开通政务微信公众号

11月8日,国家邮政局正式开通政务微信公众号,公众号名称为"国家邮政局",旨在建设邮政管理系统新闻发布的新阵地、政务公开的新平台、便民服务的新窗口、政民互动的新渠道。据了解,国家邮政局政务微信主要将发布邮政管理工作,以及行业发展过程中的重大政策措施、重要工作部署、重要运行数据、重要法律法规、行业先进典型以及重大突发事件应急处置等内容,并及时回应公众关切的热点问题。

刘君副局长黑龙江督导"双11"快递旺季保障备战情况

11月8日至9日,国家邮政局副局长刘君一行到黑龙江省,检查督导"双11"快递业务旺季保障备战情况。他指出,寄递企业已经经历了多个"双11",积累了丰富的实战经验和完善的应对措施。在寄递渠道安全形势严峻和"双11"的双重考验下,寄递企业面临较大压力,要抓住这一提升自身实力和服务水平的契机,要以最佳的状态、最实的举措、最优的业绩,全力以赴,确保旺季安全畅通、平稳运行。

赵晓光副局长湖北调研邮政行业旺季生产情况

11月8日至10日,国家邮政局副局长赵晓光在湖北十堰市竹山县参加全国"四好农村路"运输服务工作现场会。会议前后,赵晓光一行分别赴襄阳、十堰两地,对邮政、快递"双11"旺季生产保障及相关工作情况进行调研。赵晓光对襄阳、十堰邮政业主动落实安全主体责任、积极备战"双11"业务旺季的有关工作予以了肯定。他还要求,邮政普遍服务质量关系到群众的切身利益,邮政管理部门要尽职尽责,支持和督导邮政企业结合地方优势、抓住发展机遇、强化服务能力,进一步推进邮政普遍服务均等化进程。

交通运输部领导带队调研快递旺季服务保障工作

11月10日晚,交通运输部党组书记杨传堂,部党组副书记、部长李小鹏分别带队到快递服务网点和邮件处理中心,调研快递旺季服务保障工作,并向奋战在一线的邮政、快递员工和邮政管理干部表示慰问。强调要深入学习贯彻党的十八届六中全会精神,紧紧围绕"两不(全网不瘫痪、重要节点不爆仓)""三保(保畅通、保安全、保平稳)"目标,继续坚持"错峰发货、均衡推进"核心机制,延伸上下游节点,打造全链条服务,以最佳状态、最实举措、最优业绩确保寄递渠道安全畅通、平稳运行,力争向全社会交出一份满意的答卷。国家邮政局党组书记、局长马军胜参加调研。国家邮政局副局长刘君陪同调研。

王梅副局长福建督导"双11"快递旺季服务保障情况

11月10日至11日,国家邮政局副局长王梅一行到福建省检查督导"双11"快递旺季服务保障情况。王梅先后来到福州顺丰、中通、百世等企业,认真听取了各企业负责人关于"双11"旺季保障情况汇报,详细询问了企业的人力、场所、运力、设备和应急准备情况。督导期间,王梅对各企业的"双11"备战和努力给予肯定,要求省市两级邮政管理部门要进一步密切与新闻媒体联系,积极宣传行业正能量,为行业凝聚共识,推进行业平稳运行。

"双11"快递业务旺季全行业处理快递包裹超过10.5亿件

国家邮政局监测数据显示,2016年11月11

日，主要电商企业全天共产生快递物流订单3.5亿件，同比增长59%；全天各邮政、快递企业共处理2.51亿件，同比增长52%。“双11”期间，即11月11日至16日，全行业处理的邮（快）件业务量将超过10.5亿件，比去年同期增长35%。国家邮政局建立了国家局、省局、市局三级联动和政府、协会、企业三维互动的保障机制，以“全网一盘棋”的整体布局迎接旺季保障任务，快递企业准备充分，积极应对，确保“双11”期间“两不”“三保”目标的完成。

马军胜局长深入上海调研督导快递旺季服务

11月13日至14日，国家邮政局局长马军胜赴上海深入邮政、快递企业调研督导快递旺季服务保障工作，慰问奋战在一线的行业员工。上海是快递企业总部聚集地，马军胜十分关心各寄递企业应对旺季快件高峰的情况。13日晚，他一下飞机，就奔赴寄递企业作业现场，在25小时内对6家寄递企业展开密集督导，先后到韵达货运、申通快递、中通快递、上海邮政分公司邮区中心局、圆通速递和上海邮政速递物流国际快件监管中心进行调研。在督导间隙，马军胜利用早餐时间邀请5位行业专家为邮政业未来发展献计献策。

赵晓光副局长豫、浙两地督导“双11”快递旺季服务

11月14日至16日，国家邮政局副局长赵晓光一行赴河南、浙江，深入邮政、快递企业一线，督导检查“双11”快递旺季服务保障情况。在督导检查中，赵晓光始终强调邮政快递对社会和群众的服务保障、安全保障和绿色保障责任。他指出，河南和浙江要放开地域眼光，站在全局定位，做好服务保障。河南在保障本省进出港快件高效运行的前提下，还要主动发挥区域集疏中转的重要作用；浙江要不断加快邮政快递现代化进程，争取为行业发展提供更多的典型和示范。

刘君副局长在京深入一线督导“双11”业务旺季服务

11月16日，国家邮政局副局长刘君一行深入北京快递企业生产一线，督导检查“双11”业务旺季期间服务与安全保障工作。刘君对做好下一阶段的旺季服务保障工作提出四点要求。一是要全力以赴坚持做好“双11”业务旺季服务保障工作，特别是后期要重点做好派送服务。二是任何时候都不能放松安全意识，确保生产安全。三是鼓励加大信息化建设投入，提供差异化产品，提高电子运单使用率，为用户提供优质高效的快递服务。四是要关心解决好员工生活等后勤保障问题，让员工全身心投入旺季工作中，保障旺季服务水平优质高效。

马军胜局长宁夏调研督导快递旺季服务保障工作

11月16至18日，国家邮政局局长马军胜奔赴宁夏，前往邮政、快递企业，调研督导快递旺季服务保障工作。从银川邮区中心局到县电子商务公共服务中心到村邮站；从快递企业自治区级分拨中心到市级公司到县级网点再到末端快递服务站，马军胜深入快件收转运派各个环节，探实情，问数据，解难题，为奋战在一线的行业员工鼓劲加油打气。在督导间隙，马军胜还前往宁夏回族自治区邮政管理局、石嘴山市和吴忠市邮政管理局调研，听取工作汇报。

赵晓光副局长云南调研邮政业发展情况

11月19至20日，国家邮政局党组成员、副局长赵晓光到云南省调研邮政业发展情况。调研中，赵晓光先后听取了云南省邮政管理局、昆明市邮政管理局、玉溪市邮政管理局工作汇报，对云南省及昆明、玉溪市邮政管理工作情况表示肯定，尤其是对云南省邮政管理局认真开展党建工作给予了肯定。

2016两岸邮政发展研讨会召开

11月21日，以“邮政服务社会”为主题的

2016两岸邮政发展研讨会在云南昆明召开。这是自2008年以来，两岸邮政同仁连续第九年通过举办研讨会的形式沟通交流。云南省政府副省长董华，国家邮政局副局长赵晓光，海峡两岸邮政交流协会会长张亚非，中华邮政股份有限公司董事长、财团法人台湾邮政协会荣誉顾问翁文祺等出席开幕式并致辞。研讨会由中国邮政集团公司副总经理张荣林主持。

刘君副局长会见孟加拉邮政代表团

11月22日，国家邮政局副局长刘君在京会见了孟加拉邮政副总局长巴哈德拉率领的孟加拉邮政代表团。双方就两国邮政业发展和进一步加强邮政领域交流合作交换了意见。刘君副局长对巴哈德拉副总局长一行访华表示欢迎。他指出，中国和孟加拉是友好邻邦，两国在政治、经济、贸易、文化等各领域的交流合作不断深入，邮政业发展前景广阔。会上，双方还就加强两国邮政管理部门在行业发展规划、普遍服务、国际邮政事务等领域的机制性交流问题进行了探讨。

王梅副局长青岛调研绿色包装

11月22日至24日，国家邮政局副局长王梅来到山东青岛，先后在青岛中德生态园和4家印刷包装企业，就快递绿色包装等工作进行实地调研。在青岛期间，王梅会见了青岛市委常委、市政府常务副市长牛俊宪，就共同推动快递业绿色发展产学研协同创新示范基地建设等工作交换了意见。她还专程来到青岛市邮政管理局，看望了干部职工。

马军胜局长会见台湾邮政代表团

11月24日，国家邮政局局长马军胜在重庆会见了由中华邮政股份有限公司董事长、财团法人台湾邮政协会荣誉顾问翁文祺率领的台湾邮政代表团。此前，台湾邮政代表团在昆明参加了2016两岸邮政发展研讨会。马军胜对台湾邮政代表团的到来表示了热烈欢迎。他指出，自2008年两岸正式签署《海峡两岸邮政协议》，实现两岸同胞渴望已久的全面、直接、双向通邮以来，两岸邮政交流密切，合作顺畅，成果丰硕，希望进一步促进两岸邮政持续合作，不断深化交流领域，促进两岸邮政共同发展，增进两岸同胞民生福祉。

重邮现代邮政学院和邮政研究院签约揭牌

11月25日，重庆市人民政府与国家邮政局共建重庆邮电大学现代邮政学院和邮政研究院签约及揭牌仪式在重庆市举行。国家邮政局局长马军胜、重庆市人民政府副市长吴刚共同为重庆邮电大学两院揭牌并讲话。继北京邮电大学、西安邮电大学、南京邮电大学之后，邮政行业合作办学牵手工程再结硕果。至此，国内四所邮电大学全部开办邮政业高层次人才培养学院，邮政业高层次人才培养支撑体系基本形成。

赵晓光副局长应邀率团赴柬埔寨进行工作访问

11月24日至27日，应柬埔寨邮电部邀请，国家邮政局副局长赵晓光率团于赴柬埔寨进行工作访问。11月25日上午，赵晓光副局长与柬邮电部国务秘书温迪就深化两国邮政部门交流合作举行会谈，并共同签署了《中华人民共和国国家邮政局与柬埔寨邮电部关于开展人员培训合作的协议》。根据协议，中方将应柬方需要，为柬方高级邮政管理人员在华举办培训班或派专家赴柬提供邮政业务和技术培训。

国家邮政局部署进一步抓好安全生产工作

11月28日，国家邮政局局长马军胜主持召开专题会议，传达学习习近平总书记和李克强总理关于安全生产工作的重要指示批示精神和全国安全生产电视电话会议精神，并对邮政行业进一步抓好安全生产工作做出部署。局领导王梅、刘君、邢小江出席会议。就坚决贯彻落实习近平总书记、李克强总理等中央领导重要指示批示精神和全国安全生产电视电话会议精神，进一步抓好行业安全生产工作，马军胜提出四点要求一是进一步强化红线意识和底线思维，严格落实安全生产责任。二是强化行业安全监管基础，完善行业安全监管工作体系。三是按照较真从严的要求，进一步深入开展安全生产大检查，排查隐患，堵塞漏洞。四是要学习借鉴先进行业安全监管经验，结合行业实际强化创新，不断开创行业安全监管新局面。

2016 年亚太邮联产业论坛召开

11 月 28 日至 30 日，2016 年亚太邮联产业论坛于在泰国曼谷亚太邮联总部召开。国家邮政局副局长赵晓光率团出席会议并就我国邮政寄递服务的创新转型作主旨发言。来自中国、日本、印度、泰国、印度尼西亚等 22 个亚太邮联成员国邮政部门、万国邮联、阿里巴巴集团和 DHL 等赞助商的 90 余名代表出席了 2016 年亚太邮联产业论坛。与会各国代表围绕邮政业发展战略、地区合作与技术创新、电子商务、可持续的商业模式等议题介绍了本国经验，并就邮政业未来发展趋势进行了讨论。

全国邮政行业精神文明建设工作培训班开班

12 月 5 日至 6 日，全国邮政行业精神文明建设工作培训班在海口举办，举办此次培训班旨在深入学习贯彻党的十八届六中全会精神，践行社会主义核心价值观，弘扬邮政行业“诚信、服务、规范、共享”的核心价值理念，全面推进行业精神文明建设迈上新台阶。国家邮政局党组成员、副局长、机关党委书记邢小江作动员讲话，并为行业文明创建先进单位和先进个人颁奖。

刘君副局长宁夏调研邮政行业发展情况

12 月 8 日，国家邮政局副局长刘君利用在宁夏参加会议的机会，赴宁夏银川市进行了调研。刘君对宁夏局在基础管理、引领行业发展、快递标准化建设、市场安全监管和快递产业园区建设等方面的做法和成效表示充分肯定。他指出，引领推动行业发展、支撑带动地方经济发展、维护寄递渠道安全是邮政行业管理部门的重要职责，邮政管理部门要明确思路，牢记使命，抓实抓好，抓出成效。

《邮政业监管体系建设“十三五”规划》获审议通过

12 月 13 日，国家邮政局局长马军胜主持召开 2016 年第 15 次局长办公会，审议并原则通过《邮政业监管体系建设“十三五”规划》。局领导王梅、赵晓光、刘君、邢小江出席会议。马军胜指出，《邮政业监管体系建设“十三五”规划》是邮政业“十三五”规划体系的重要组成部分，紧扣行业规划对完善监管体系的总体要求，符合行业发展实际和发展趋势，具有较强的前瞻性、指导性和战略性。全系统要牢固五大发展理念，主动适应引领经济发展新常态，准确把握新形势、新机遇、新需求和新任务，不断夯实行业监管基础、完善监管体系。

国家邮政局传达学习中央经济工作会议精神

12 月 16 日，国家邮政局党组书记、局长马军胜主持召开党组扩大会议，传达学习中央经济工作会议精神。他强调全系统、全行业干部职工要认真学习领会会议精神，牢固树立新发展理念，全面推进五个邮政建设，以务实创新精神推进《国务院关于促进快递业发展的若干意见》和邮政业“十三五”规划的落实，不断巩固发展态势、不断提高发展质效、不断优化业务结构、不断补齐发展短板，力求 2017 年行业发展稳中求进、进中求好，以优异成绩迎接党的十九大胜利召开。局党组成员、副局长王梅、刘君出席会议。

《邮政业发展“十三五”规划》发布

2016年12月20日，国家邮政局会同国家发展改革委、交通运输部，联合印发了《邮政业发展“十三五”规划》。《规划》提出了“上百、过千、超万、破十万”的目标，即“十三五”期间，全行业累计新增就业岗位100万个以上，到2020年，邮政行业年服务用户超过千亿人次，年业务总量和收入超越1万亿元，年支撑网络零售交易规模突破10万亿元。同时，《规划》还明确了创新能力、服务能力、服务水平、竞争实力等方面的目标，着力推动行业提升发展质量和水平。

我国快递业快递业务量突破300亿件

截至2016年12月20日，2016年我国快递业务量已突破300亿件，继续稳居世界第一。这也标志着“十三五”时期快递业发展取得“开门红”。国家邮政局监测数据显示，2016年第300亿件快件产生于贵州省遵义市湄潭县，是当地一位茶农通过中通快递遵义湄潭网点寄出的茶叶。截至2016年年底，全年快递业务量完成312.8亿件，同比增长51.4%，而全球的包裹量约为700亿件。这意味着，中国的快递市场几乎占据了全球包裹的半壁江山。

第四章 2016年各省(区、市)快递发展大事记

北京市快递发展大事记

邮政业发展将纳入北京市"十三五"发展规划

1月7日,北京市邮政管理局与北京市发展改革委召开会议,研究讨论"十三五"规划对接事宜。双方就"十三五"规划工作展开了深入研讨,一致同意将邮政业内容纳入北京市国民经济和社会发展第十三个五年规划纲要,将快递业发展的内容纳入北京市"十三五"时期服务业发展规划,将智能快件箱等快递服务设施纳入相关规划。同时,京津冀地区快递服务发展"十三五"规划和北京市邮政业发展"十三五"规划将增加服务地方经济的内容,更好的体现北京市"四个中心"建设的内容,更好的落实"创新、协调、绿色、开放、共享"的发展理念。

韵达速递和北京日报社开启共创共赢新局面

1月15日,北京市金韵达速递有限公司和北京日报社在新闻大厦举行了合作签约仪式,韵达快递租赁使用北京日报社106亩土地建设现代化快件分拨处理中心的工作正式启动,北京市邮政管理局局长靳兵、北京日报社党组书记、社长傅华、北京市快递协会常务副会长王宝华等领导出席了签字仪式。从2015年10月22日至今,经过100余天的多轮洽谈,在国家邮政局、首都规划委、通州区委、市邮政管理局、市快递协会等多部门的共同努力和支持下,促成韵达快递和北京日报社合作,实现了引导企业良性发展做大做强,提升管理水平和科技含量的目标,成为大型国有企业与民营快递合作共赢的成功案例。

调研"收发室"线上线下平台

2月25日,北京市商委主任带队和北京局共同前往天创世缘社区和望京科技园摩托罗拉大厦调研"互联网+收发室"末端配送站。"互联网+收发室"末端配送站是城市末端公共配送的一种创新探索,也是北京地区推进快递进社区、快递进商厦的新模式。该模式由第三方公司与居民社区和商务楼宇的物业公司洽商场地,整合快递企业末端投递和信息对接资源,引入广告利润分成,从而实现多方共赢的目标。

北京局会同市规划委共商首都邮政业发展大计

3月4日,北京市邮政管理局局长靳兵亲自带队前往北京市规划委员会,座谈沟通规划对接、快递用地和行业稳定等重大事宜。经过座谈,双方就邮政行业发展达成重要共识:一是积极做好《京津冀地区快递服务发展"十三五"规划》《北京市"十三五"时期邮政业发展规划》与《物流设施专项规划》的对接工作。二是在北京城市总体规划特别是北京新机场的规划布局中统筹邮政和快递设施用地,共同协调相关区政府落实相关土地政策,支持发展快递物流园区,更好地发展航空快递等高精尖业态。三是鼓励投递末端的创新,支持和规范新兴业态的发展。四是共同维护"两会"期间行业的稳定,积极稳妥地推进违章建筑设施的拆迁拆除工作,实现"腾笼换鸟"和转型升级。五是进一步加强双方全面合作,建立邮政管理部门和规划部门的长效沟通协调机制。

推动首都寄递安全管理工作

3月8日，北京市公安局治安总队副总队长闫武军一行前来北京市邮政管理局调研座谈，双方就进一步强化首都寄递安全工作机制建设，推动寄递安全三项制度落实，加强邮政行业信息化建设、从业人员管理等工作进行了充分交流。双方将在以下三个方面加强合作：一是加强部门协作机制，落实安全制度，开展联合检查，督促企业严格落实三项制度，保障全市寄递渠道安全畅通。二是推进寄递安全管理信息化建设，发挥部门合力，探索研究行业大数据分析，强化寄递安全工作信息化支撑。三是加强从业人员管理，规范人员档案管理，加强安全背景审查，推动开展相关工作试点，加快完善从业人员信用管理体系。

加快构建农业电商综合服务体系

4月，北京市出台《中共北京市委　北京市人民政府关于落实发展新理念　全面提高新时期城乡一体化发展水平的意见》，对创新发展互联网+现代农业做出了重点部署，对邮政快递服务农村电商提出明确要求。4月16日，北京市召开全市农村工作会议，对2016年北京市农村工作进行部署。会议由市长王安顺主持，副市长林克庆做报告，市委书记郭金龙做重要讲话。会议研究部署了《中共北京市委　北京市人民政府关于落实发展新理念　全面提高新时期城乡一体化发展水平的意见》，明确今年北京农村工作的一项重点任务就是：创新发展互联网+现代农业，大力推进农业电子商务发展，构建农业电商综合服务体系，探索线上线下融合、城市乡村贯通的农产品流通和农业生产资料销售的电子商务模式，促进本地农产品销售和名特优新农产品优质优价，充分利用邮政网点、村邮站、供销合作社基层网点等资源，探索建立一批农业电子商务区域集散网点，提高农产品流通效率。实施“一村一品一电商”示范工程，支持新型农业经营主体与电子商务平台、城市社区对接。

北京市商务委出台三项资金支持政策

在北京市邮政管理局的积极协调下，北京地区末端配送网点建设项目、智能快件箱建设项目、促进现代物流发展项目纳入北京市商业年度专项资金支持。4月，市商务委出台2016年度商业专项资金申报通知，对促进生活性服务业品质提升，推动商业便民利民等项目，采取项目补助、政府购买服务、以奖代补等形式给予支持。其中末端配送网点和智能快件箱建设被列入新建或规范便民商业网点支持项目；城市末端配送、现代物流新模式等示范类建设项目纳入促进现代物流发展项目。

刘君副局长调研北京高校快递进校园和末端服务工作

6月，国家邮政局副局长刘君前往北京部分高校调研快递进校园和末端网点服务情况。刘君一行先后来到中国农业大学东校区的“近邻宝”和“小麦公社”快递服务点、北京航空航天大学的“永嘉易站”快递服务点，实地查看提供校园快递服务场地及相关设施设备，详细了解利用信息化平台派送快件的具体操作流程，询问企业运营过程中存在的问题和困难，对企业利用信息化平台结合快递行业特点解决快递进校园问题的思路给予肯定。针对做好校园快递服务工作，刘君提出三点要求：一是有效发挥智能化的数据支撑的作用。要在确保用户信息安全的基础上，提高快递业务操作的科技化和智能化应用水平，做好快件相关信息的互联互通，提高快件投递效率；二是坚持政府主导和市场化运作的原则，充分利用好多种社会资源，推动多部门间协作；三是要做到尊重用户体验，满足用户需求，切实维护消费者权益。

推进“农邮通”服务站建设

6月17日，京郊区域农产品集散配送中心暨“农邮通”服务站建设工作现场会在密云区河南寨镇“密农人家”举行，标志着北京市“农邮通”服务站建设工作全面启动。会上，密云区首个以区域农产品集散配送为重点的“农邮通”服务站举行了揭牌仪式。北京密农人家农业科技有限公司与中国邮政集团公司密云区分公司签订了合作协议，共同开通了密云区首条农产品“邮政配送服务专线”，并实现了首单启运。此次揭牌成立的密农人家“农邮通”服务站，是全市首个具备区域农产品集散配送功能的“农邮通”服务站。

邮政业发展纳入《北京市“十三五”时期重大基础设施发展规划》

7月，北京市政府第120次常务会议审议通过了《北京市“十三五”时期重大基础设施发展规划》。该项规划是北京市市级重点专项规划，其中明确提出：“十三五”时期要完善国际邮件处理中心，建设农村邮政公共服务平台，推进邮政快递设施建设，优化邮政快递服务网络，提升邮政快递服务能力和安全监管水平。此次邮政业发展相关内容被纳入市级重点专项规划意义重大，这是北京局贯彻落实国家邮政局提出的邮政业“向下、向西、向外”工程的具体体现，是北京局多次与市发改委等相关部门沟通对接，积极反映邮政业在基础设施发展方面的趋势及诉求的成果。随着《规划》的落地实施，今后将从规划层面进一步鼓励企业发展跨境电商快递业务，推动邮政企业服务农村电商，促进企业发展“快递下乡”业务，解决农村“最后一公里”问题，逐步完善邮政快递网络覆盖率和稳定性，提高邮政基础设施利用效率，促进首都邮政快递服务水平的提升。

“交邮融合”专题纳入北京市“十三五”时期交通发展建设规划

8月，《北京市“十三五”时期交通发展建设规划》通过市政府审定发布。“促进交通与邮政融合发展”作为专题章节被写入规划的“推动现代物流集约高效发展”板块，主要包括三方面内容：一是加强基础设施规划对接。以建设京津冀综合运输服务示范平台为契机，推动北京新机场邮政处理中心、快递园区规划纳入新机场临空经济区规划，同时完善天竺邮政快递核心区建设。推动邮政、快递基础设施专项规划与城市综合交通体系规划全面深入对接。鼓励支持交通枢纽场站加载邮政便民服务。二是加强邮政与干线综合运输方式衔接。鼓励邮政快递企业与铁路、公路、民航运输企业深度合作，深入实施快递“上车、上船、上飞机”工程，完善快件处理设施和绿色通道，辐射相关带动电子商务等相关产业集聚。大力推动快件航空运输，加强航空快件运能保障。研究利用北京周边区域内既有铁路货运场站，配套建设快件运输通道和接驳场所，发展高铁快递和电商快递班列。加强与高速公路沿线物流园区的衔接。三是合作构建“最后一公里”服务体系。鼓励交通与邮政、快递企业依照“有偿、互惠、共赢”的原则，开展城市货运、社区配送等多层次的设施和网络运营合作，在郊区各乡镇开展公共配送平台建设，打通新城与乡镇之间的快件运输网络，鼓励农村地区有条件的交通站点拓展邮政、快递的仓储和物流输送功能。

张建东副市长表示支持首都邮政行业发展

8月18日，北京市邮政管理局局长王跃、副局长韩敬华一行专程拜访分管邮政工作的北京市副市长张建东。王跃局长向张建东副市长汇报了邮政管理部门在市政府的正确领导下，带领首都邮政行业加快转型升级、保障寄递安全、促进绿色发展等情况。张建东副市长对北京市邮政管理局主动适应经济发展新常态，依托京津冀协同发展战略，不断强化寄递渠道安全管理，促进北京邮政行业健康发展等工作给予肯定，并表示今后将继续支持首都邮政行业发展，希望北京市邮政管理局认真落实北京市委、市政府决策部署，引领首都邮政行业持续健康发展。

北京市政协调研智能快件箱应用

9月1日，北京市政协科技委主任申建军带队，调研北京校园快递智能快件箱应用管理工作。申建军主任对北京快递末端智能快件箱应用管理工作给予了充分肯定，表示市政协将继续关注和支持北京智能快件箱规范管理工作，积极推动政府开展前瞻性研究，出台相关支持政策、管理标准，逐步解决智能快件箱进社区难等突出问题，加快推进快递末端智能快件箱的推广应用，提升快递末端服务科技化、信息化、智能化水平。

赵晓光副局长赴京东集团调研

9月2日，国家邮政局副局长赵晓光前往位于北京市通州区的京东集团总部调研电商与快递创新融合、协同发展情况。赵晓光副局长一行考察了京东集团总部，重点参观了京东所属的马驹桥仓配中心，并组织座谈会听取企业发展情况及意见建议的汇报。赵晓光副局长对京东集团勇于创新，以科技应用提升企业服务能力，将马驹桥仓配中心打造成集仓储、分拣、配送于一体的电商快递综合服务中心等做法予以肯定，他对京东集团提出了五点希望：一是希望注重品质发展，保持高品质的产品和服务，成为引领行业发展的典型电商快递企业；二是希望注重绿色发展，广泛应用绿色环保包装，树立绿色物流的品牌效应；三是希望注重安全发展，严格执行收寄验视 + 实名验视 + 过机安检三项制度，确保企业和行业安全发展；四是希望注重创新发展，将科技创新发展作为企业的发展战略之一，实现产品和服务的持续创新；五是希望注重融合发展，不仅要将实体店和电商各自的优势有机结合起来，更要促进电商与快递协同发展、合作共赢。

全面部署安检机购置工作

9月13日，北京市邮政管理局、首都综治办、公安局、国家安全局等联合组织召开邮政行业安检机购置工作部署会。会议要求，一要提高政治意识和大局意识，增强社会责任感，牢固树立安全发展理念，坚持安全第一，坚持首善标准，高度重视安检机配置工作。二要抓紧时间采取有力措施，加快推进安检机配备工作，各企业要按照业务需求做到应配尽配，同时严控标准选配高质量的安检机，选拔培训高素质的工作人员，尽快发挥安检机使用效能。三要强化依法行政，加强监督管理，促进行业安全健康发展。邮政管理部门要把安检机配置作为当前工作的重中之重，要将企业安全保障能力纳入监督管理的重要内容，联合公安、国家安全等有关部门加大安全监管和执法检查力度。对三项制度落实不到位、安全保障措施不达标、安全隐患整改不及时的企业"零容忍"，更好地保障首都寄递渠道安全规范运行，为维护首都安全稳定做出我们邮政行业应有的贡献。公安、国家安全、市区两级邮政管理部门和150家快递企业参加会议。

首都邮政业发展获北京市政策支持

9月，北京市政府办公厅印发《关于促进外贸稳定增长的若干措施》，明确提出"加大对外贸新业态的支持力度，扩大邮政小包和首都机场快件个人物品出口规模。"北京市邮政管理局和市商委、北京海关等部门及市邮政公司作为责任单位，共同推进跨境电子商务创新发展。

政协副主席带队调研首都快递行业发展情况

9月20日，北京市政协副主席李长友带队，前往邮政EMS、顺丰速递分拨中心和"近邻宝"快递末端服务网点，调研首都快递行业发展情况。调研组先后查看了邮政EMS望京分拨中心跨境邮件、快件的处理情况和顺丰华北区分拨中心的业务运作情况，观看了智能快件箱末端投递模式"近邻宝"的现场演示。李长友副主席表示市政协将持续关注和支持快递行业发展，下一步还将组织召开专题座谈会，邀请相关部门负责人和邮政、快递企业有关人员参加，听取促进行业发展的意见、建议,形成专题调研报告,积极献言献策,推动首都快递行业创新发展、转型升级,不断满足首都人民群众日益增长的寄递需求。

邮政行业两家园区成为中国(北京)首批6家跨境电商产业园

9月29日,北京邮政综合服务园区、北京EMS园区接受北京市推进跨境电子商务发展工作小组授牌,成为中国(北京)首批6家跨境电子商务产业园。数据显示,2010-2015年,北京邮政跨境小包年度处理量从2010年的288.81万件,发展至2015年全年累计处理邮件量1.06亿件,年均增速为78.67%,为北京跨境电商的飞速发展提供了强有力的支撑。作为北京市推进跨境电子商务发展工作小组成员单位,北京市邮政管理局将充分关注跨境电子商务发展趋势,在通关、财政补贴等方面为企业争取更多的政策支持,促进邮政行业跨境电子商务健康发展。

北京局赴粤、沪两地快递企业总部调研

10月17日至20日,北京市邮政管理局联合市政协城建环保委、市发改委,赴广东、上海两省市调研学习。调研组实地参观走访了联邦快递亚洲分拨中心、中国邮政上海国际速递分公司国际邮件互换局和申通、圆通两家快递企业总部的分拨中心,并与企业座谈交流。重点了解跨境邮件、快件的发展趋势和运作模式,充分听取快递企业总部介绍运行情况和管理经验及在北京经营发展的规划、诉求和意见建议。调研组还与广东省邮政管理局座谈,学习其在依法监督管理、促进快递发展、争取地方政策等方面的成绩和经验。

张建东副市长肯定北京邮政行业"双11"快递旺季服务保障工作

11月10日,北京市副市长张建东听取北京局关于"双11"快递业务旺季服务保障工作的情况汇报,对北京局督导行业旺季服务保障的各项工作部署表示肯定,并对奋战在北京邮政行业的广大干部职工表示慰问。张建东副市长要求北京邮政行业要进一步增强安全意识,在保障旺季服务质量的同时,抓好安全责任落实,确保行业安全生产,同时做好旺季服务舆情宣传引导工作。

倡议快递电商企业诚信经营提高服务品质

11月10日,北京市快递协会联合北京电子商务协会向全市快递企业、电商企业发起倡议,共同号召企业积极行动,同心协力,提高企业诚信服务意识,营造和谐的服务环境,保护用户的合法权益,形成讲诚信、守信誉、重服务的良好氛围,为社会提供优质、高效、安全的网购及快递服务,维护快递市场、电商市场经营秩序,促进快递行业和电商业持续健康发展。倡议主要包含六项内容。一是倡导企业严格遵守国家法律法规,自觉维护公平竞争的市场秩序,保护消费者合法权益,通过公开、公平、公正的市场竞争促进行业健康有序发展。二是倡导企业坚持"服务社会、服务顾客"的经营理念,坚持公平、合法、诚实、守信的经营原则。三是倡导企业各负其责,维护国家利益和消费者合法权益,杜绝各类违禁品和危险品进入快递渠道和流通领域,确保首都社会安全稳定。四是倡导企业诚信为本,严格兑现承诺,坚决反对虚标原价、虚假促销等不诚信行为,提前告知公众错峰发货等措施,加大服务投入,完善用户体验。五是倡导企业大力弘扬社会主义核心价值体系,自觉践行"诚信、规范、服务、共享"的核心价值理念。六是倡导企业自觉承担社会责任,树立行业良好的社会形象。

《北京市"十三五"时期邮政业发展规划》正式发布

11月,经北京市政府批准,北京市邮政管理局与北京市发展和改革委员会联合发布了《北京市"十三五"时期邮政业发展规划》(简称《规划》),

这是北京市首次将邮政业发展规划纳入市级专项规划体系发布。《规划》指明了“十三五”时期北京市邮政业发展的方向和路径，是今后五年全市邮政业改革发展的重要指导性文件，对推动全市邮政业发展具有重要指导意义。

刘君副局长督导检查北京“双11”快递服务与安全保障工作

11月16日，国家邮政局副局长刘君一行深入北京快递企业生产一线，督导检查“双11”业务旺季期间服务与安全保障工作。刘君副局长对做好下一阶段的旺季服务保障工作提出四点要求。一是要全力以赴坚持做好“双11”业务旺季服务保障工作，特别是后期要重点做好派送服务，确保“全网不瘫痪、重要节点不爆仓”，实现“保畅通、保安全、保平稳”目标。二是任何时候都不能放松安全意识，确保生产安全。要抓住北京市对邮政行业安检机购置补贴的有利契机，在分拨中心及业务量较大的站点配齐配好安检设备，提升企业安全保障能力。三是鼓励加大信息化建设投入，提供差异化产品，提高电子运单使用率，为用户提供优质高效的快递服务。四是要关心解决好员工生活等后勤保障问题，让员工全身心投入旺季工作中，保障旺季服务水平优质高效。

市发展改革委支持快递产业政策出台

11月24日，北京市邮政管理局局长王跃与北京市发展和改革委员会副主任燕瑛会面，就制定出台《促进北京快递业发展的意见》（简称《意见》）相关事宜交换了意见。燕瑛副主任表示，快递业是首都服务业的重要组成部分，对服务地方、保障民生等方面发挥了很重要的作用，发改委下一步要继续关注快递业的发展。同时强调要加快落实国务院出台的《关于促进快递业发展的若干意见》文件精神和市领导批示要求，大力支持做好《意见》的制定和上报工作。

5.7万余辆快递电动三轮车规范管理和安全通行迈入新阶段

12月2日，北京市交管局和北京市邮政管理局联合举办快递电动三轮车规范管理启动仪式，标志着北京市5.7万余辆快递电动三轮车的规范管理、安全通行迈入了新阶段，对打通最后一公里瓶颈，改善邮政快递服务，促进行业升级发展具有重要意义。启动仪式结束后，全市90辆统一形象、统一标识、统一编码的快递电动三轮车统一发车上路。市交管局、市邮政管理局和全市40余家快递企业共260余人参加启动仪式，中央电视台、北京日报等十余家媒体现场报道。

天津市快递发展大事记

召开全市邮政管理工作会议

1月12日，天津市政府召开2016年全市邮政管理工作会议，副市长孙文魁出席并讲话。他要求，“十三五”时期将是邮政业深化改革、转型升级的攻坚时期，2016年是“十三五”开局之年，全市邮政行业要为加快建设与小康社会相适应的现代邮政业进程而努力奋斗。一要抓好产业提质增效，服务经济社会发展。制定完善配套政策，鼓励、支持、培育大型优质邮政快递企业，加快产业转型升级，促进邮政快递与电子商务、先进制造、跨境电商、现代农业、金融保险等业态融合发展。二要提升普遍服务效能，更好保障服务民生。加快邮政基础设施建设，进一步健全政府主导、社会参与的邮政普遍服务体系，融合多种公共服务功能，不断提升邮政普遍服务的质量和水平。三要严守安全生产底线，确保行业安全稳定。压实企业安全主体责任，切实加强部门安全监管，强化属地安全管理，建立健全网格化安全监管机制，加大安全查验力度，确保邮政管理安全工作万无一失。

首次出台两项邮政业地方标准

天津市市场监管委正式批准发布由市邮政管理局组织起草的《农村地区邮政与快递服务规范》《智能邮件快件箱》两项标准，自 2016 年 1 月 1 日起实施。这是天津市首次出台邮政业地方标准。

建设 500 个社区快递服务设施列入市 2016 年 20 项民心工程

2 月，天津市委、市政府印发 2016 年 20 项民心工程，其中在第八项“提升社区服务功能”中提出要建设 500 个社区快递服务设施。这是天津市首次将快递基础设施建设纳入 20 项民心工程。

促进快递业加快发展写入落实市委十届八次全会《建议》重要举措分工方案

2 月，天津市委办公厅、市政府办公厅印发《关于贯彻落实市委十届八次全会〈建议〉重要举措分工方案》。其中，“促进快递业加快发展”明确写入《分工方案》，并确定市邮政管理局作为责任单位负责推动落实。《分工方案》还就加快发展现代物流、电子商务等重点产业，增强对先进制造企业全过程服务能力，加快推进交通一体化发展，建设跨境电子商务服务试点城市，持续实施“百万技能人才培训福利计划”等工作内容确定牵头单位和参加单位。

天津市快递专业类物流园区规划通过专家评审

2 月 26 日，天津市邮政管理局组织召开专家评审会，《天津市快递专业类物流园区规划（2016－2030 年）》通过专家评审。与会专家分别就规划的题目、框架、内容、依据、空间布局以及此规划的前瞻性、科学性、合理性进行了论证。大家一致认为，该规划通过对快递业产业和空间布局的背景及现状分析，明确了发展目标，提出了天津市快递专业类物流园区空间布局方案和具体实施的政策建议。该规划内容全面、资料翔实、方案合理，达到了预期要求，体现了创新性。规划对促进“十三五”以及更长远时期天津市快递业及相关产业发展，实现快递设施空间合理布局具有重要意义。与会专家还提出了应进一步完善规划成果、突出天津快递物流业发展特色、细化研究空港、东疆港、武清三个快递专业类物流园区的功能定位、进一步加强与天津市“十三五”规划和各专项规划的对接等意见建议。

邮政业发展首次纳入全市国民经济和社会发展规划

3 月，《天津市国民经济和社会发展“十三五”规划纲要》经市十六届人大四次会议审议通过，邮政业发展首次纳入全市国民经济和社会发展规划，并明确提出了重点发展标准化快递、大力发展跨境电子商务、积极发展快递服务新模式、建设航空物流园区、打造国际航空物流中心等支持邮政业发展的利好政策。

“快递下乡”工程列入市委市政府贯彻落实中央 1 号文件实施意见

3 月，市委、市政府印发《关于贯彻落实〈中共中央、国务院关于落实发展新理念加快农业现代化实现全面小康目标的若干意见〉的实施意见》，提出实施“快递下乡”工程，并明确市邮政管理局为牵头部门。天津邮政业获政策利好。《实施意见》提出，实施农产品物流中心区建设工程，打造农产品物流沿海发展带，建设国际农产品进出口基地。加快农产品批发市场转型升级，提升信息采集发布、物流配送、检疫检测等综合服务功能。健全农村现代物流网络，建立畅通高效、技术设备先进的农产品冷链物流体系。加快发展农村电子商务，促进线上线下融合、农产品进城与农资和消费品下乡双向流通。鼓励大型电商平台企业开展农村电商服务。实施“快递下乡”工程，建设快递配送公共服务中心，实现“乡乡有网点、村村通快递”。

出台群众举报寄递违法行为奖励办法

3月，天津市邮政管理局发布了《群众举报寄递服务违法违规行为处理与奖励办法》。《办法》共列举了违反收寄验视制度或者违反规定收寄禁止（限制）寄递物品，未按有关规定对邮（快）件进行X光机安检，非法扣留、倒卖、隐匿、毁弃邮（快）件，未经邮政管理部门批准，邮政企业撤销邮政普遍服务营业场所、停止办理或者限制办理邮政普遍服务业务和特殊服务业务等14类寄递服务违法违规行为。《办法》还规定，任何单位、组织和个人均可通过拨打邮政业消费者申诉电话“12305”、天津市便民服务专线“88908890”以及书信、走访等方式向邮政管理部门举报寄递服务违法违规行为。经核查确认寄递服务违法违规行为属实的，邮政管理部门将在举报事项办结后，根据举报线索的种类、案情等给予举报人500－3000元不等的奖励。

天津局与滨海国际机场共商建设航空快件“绿色通道”

3月17日，天津市邮政管理局局长陈凯与天津滨海国际机场总经理阎欣座谈，共商快递业与航空运输业协同发展、建设航空快件“绿色通道”事宜。双方就进一步加强合作达成三点共识：一是推进国际邮件互换局平台建设，通过政府搭台、企业唱戏，服务天津市跨境电子商务综合试验区建设。二是近期召开邮政企业、快递企业和航空公司业务对接会，进一步挖掘航空货邮潜力，推进邮政业与航空运输业协同发展。三是根据双方合作的契合点，4月底前签订双方战略合作协议，进一步提升航空快件吞吐量，更好地服务京津冀协同发展和天津自贸区建设。

打造“一轴两圈三园多结点”快递服务体系空间布局

3月20日，天津市邮政管理局接受媒体采访时表示，按照天津市城市空间发展战略，“十三五”期间全市快递服务体系将规划形成“一轴两圈三园多结点”的布局结构，形成大分散、小集中的空间特点，与城市空间格局、交通体系和快递物流发展目标相适应。天津市邮政管理局局长陈凯介绍说，“一轴”指沿京津塘高速公路形成快递物流发展轴。“两圈”指沿中心城区外环线周边和滨海新区核心区周边分布形成的两个快递物流聚集圈。“三园”指空港航空快递物流园、东疆港跨境快递物流园、武清电商快递物流园。“多结点”指在津南、西青、静海、滨海、北辰、宁河、宝坻和蓟县等区域设置二级快件处理中心。陈凯表示，到“十三五”末，天津基本形成快递专业类物流园区—快件处理（分拨）中心—快递营业场所—基础性快递末端公共服务平台的四级快递网络布局和服务体系。

邮政行业与航空运输业协同发展对接会召开

4月21日，天津市邮政管理局与天津机场联合召开邮政行业与航空运输业协同发展对接会。会上，天津机场介绍了机场航空货运业务的概况、发展趋势、航线航班信息等情况，并就天津市支持民航运输行业发展制定出台的相关政策进行了说明。各寄递企业详细介绍了本企业航空快件业务情况，对开展航空快件业务过程中遇到的问题进行了说明，就如何加强邮政行业与航空运输业进行深度合作提出了意见和建议。本次会议是天津市邮政管理局与天津机场就推进促进天津市邮政行业与航空运输业协同发展联合召开的第一次行业对接会。

陈凯局长会见联邦快递中国区副总裁陈信孝一行

4月26日，天津市邮政管理局局长陈凯会见联邦快递中国区副总裁陈信孝一行。陈信孝汇报了联邦快递近期业务发展、落实国家“三个100%”安全保障制度及下一步工作打算等情况，对市邮政管理局在保障快递车辆通行、优化行业发展环境等方面给予企业的大力支持表示感谢。陈凯对联邦快递认真贯彻国家法律法规，扎实推进收寄验视、实名收寄、过机安检及持卡认证等安全保障制度落实给予充分肯定，表示将一如既往支持联邦快递在津的发展。他就下一步联邦快递在津发展提出四点意见。

组织召开“网农对接”系列活动

4月29日，天津市邮政管理局会同市农委、静海区政府等单位组织召开天津市“网农对接”系列活动。市政府副秘书长李森阳出席活动并讲话。活动上，顺丰、百世作为快递企业代表，就快递企业在服务网农、推进快递下乡方面的举措和特色服务做了推介发言，尤其对冷链运输、区域分仓、同城配等适用于农产品网上销售的特殊业务进行重点介绍，并表示将进一步加强与电商企业、农产品企业及供销合作社的沟通合作，充分发挥“互联网+快递”等模式，为天津市农产品网络销售做好支撑和服务。天津市十家快递企业在此次活动中与相关农产品企业进行洽谈对接。市农委同京东集团签订了战略合作框架协议，阿里巴巴集团与静海区政府签订了战略合作协议，天津市40余家品牌农产品企业与20家电商企业、快递企业签订了合作意向书。

天津局与空港经济区管委会开展战略合作

5月12日，天津市邮政管理局与天津空港经济区管委会签订战略合作框架协议。天津市邮政管理局局长陈凯与天津港保税区工委书记尤天成出席签约仪式，并与保税区工委副书记、管委会主任杨兵代表双方签订合作框架协议。双方签订战略合作协议旨在落实京津冀协同发展规划纲要，更好地服务天津自由贸易试验区发展，建设符合天津城市定位、适合空港经济区发展的现代邮政业，形成便捷高效、竞争有序、技术先进、服务优质的快递服务体系，培育新经济增长点，满足人民群众不断增长的寄递服务需求。根据《协议》，双方将重点在七个方面开展合作。

市政府专题会议研究市快递专业类物流园区规划

6月，天津市政府召开专题会议，研究《天津市快递专业类物流园区规划》有关事宜。天津市副市长孙文魁以及市政府副秘书长李福海出席，天津市邮政管理局局长陈凯就规划编制工作情况作了专题汇报。市发展改革委、市建委、市财政局、市规划局、市国土房管局、保税区管委会、东疆港管委会、滨海新区政府及武清区政府相关负责同志参会。

出台快递服务进校园管理办法

6月12日，天津市邮政管理局联合市教委出台了《天津市高等学校快递服务进校园管理办法》。《办法》分为总则、服务中心的设立、日常经营管理、违规违约处理及退出和附则等共5章29条。《办法》明确，高校要通过引进具有快递业务经营许可资质且经营多家快递品牌业务的第三方快递企业，在校园安全隔离的专用区域内设立快递配送服务中心，为学生提供快递服务。

寄递企业配置安检设备获市政府2000万元资金补贴

6月，经天津市人民政府同意，决定对全市寄递企业配置安检机给予2000万资金补贴。补贴采取政府补贴（政府补贴资金不超过50%）加企业自筹的方式，财政补贴资金以租赁费的形式分年度拨付市邮政管理局。

邮件快件寄递安全管理纳入天津市社会治安综治考核

6月，天津市综治办印发《〈2016年天津市社会治安综合治理目标责任书〉(区县部门)考评细则》,将“依法加强对邮件、快件寄递的安全管理工作,切实保障邮件、快件寄递安全”写入《考评细则》,并确定市邮政管理局对全市各区县落实相关工作情况进行考核打分,分值为1分。《考评细则》从组织落实、安全保障制度贯彻实施、强化信息沟通、妥善处置突发事件等四方面对考核内容进行了细化,对各区县更好的落实寄递渠道安全管理工作具有较强的指导性和操作性。

出台跨境电子商务综合试验区实施方案

6月,天津市政府办公厅转发了市商务委拟定的《中国(天津)跨境电子商务综合试验区实施方案》,助力破解跨境电子商务发展中的深层次矛盾和体制性难题,为促进快递业与跨境电商协同发展提供了大量利好政策。方案明确,建设跨境电子商务仓储物流中心区。充分发挥天津海空两港优势,逐步完善与跨境电子商务相适应的仓储物流、分拨配送、贸易服务、线下体验等全产业链支撑体系。支持东疆保税港区探索利用班轮运输优势,开展中韩、中日海运快件业务。增强天津滨海国际机场的进出口货运能力。积极争取国家邮政局、中国邮政集团公司加大天津国际邮件快件直封力度,在天津设立国际邮件互换局,深化货邮吞吐能力。建设服务京津冀、辐射北方地区的跨境电子商务仓储物流集散中心。

推进全面深化寄递渠道实名制管理

7月,市邮政管理局会同市公安局发布《关于全面深化落实寄递渠道实名制管理的通告》。通告明确了寄递企业在落实实名收寄方面的职责,确定了寄件人在寄递邮件快件时应履行的义务,以及违反相关规定承担的法律责任。通告指出,寄递企业主要负责人为本单位落实邮件快件100%实名登记要求的第一责任人,寄递企业应严格落实实名登记各项制度规范,要定期组织开展邮件快件实名登记教育培训。同时,寄递企业及从业人员应采取有效措施,确保收寄件人相关寄递信息安全,非经法定程序,不得提供在从事寄递服务过程中获取的信息。通告规定,寄递企业要预留符合行业监管部门标准的数据接口,按照规定与政府管理部门的信息系统联网。寄递企业未落实邮件快件实名登记相关规定的,邮政管理部门将依法处理。通告明确,寄件人在寄递物品时,应配合落实邮件快件实名登记工作,并按照相关法律规定出示有效身份证件并登记真实有效的电话号码。寄件人违反法律法规规定,邮寄危险品、禁寄物品,将受到治安管理处罚或追究刑事责任。

建设北方国际航运核心区实施方案出台

7月,天津市政府办公厅转发了市交通运输委拟定的《天津市建设北方国际航运核心区实施方案》,明确天津市邮政管理局作为北方国际航运核心区建设工作领导小组成员单位,天津市邮政业获多项政策利好。《方案》提出,利用5年左右时间,建成航运基础设施完善、航运资源高度集聚、航运服务功能优良、资源配置能力突出的国际一流大港、国际一流口岸、国际物流网络重要节点、京津冀协同发展重要载体和我国高水平对外开放平台。到2020年,天津机场旅客吞吐量达到2500万人次,货邮吞吐量60万吨。根据《方案》,天津市将着力打造具有天津特点的海空港枢纽、航运服务业、临港产业三大功能承载区。其中,航空服务业承载区将打造小白楼、东疆、于家堡、北疆南疆、航空物流区等5个航运服务集聚区。

促进快递业发展内容纳入全市生产性服务业发展“十三五”规划

7月,天津市发展改革委印发市重点专项规划《天津市生产性服务业发展“十三五”规划》,并采纳天津市邮政管理局意见建议,将促进快递业发展内容纳入相关重点工程、重点领域。规划明确要加快大物流体系建设。加快空港航空快递物流园、东疆港跨境快递物流园、武清电商快递物流园建设。优化城市配送网络，建立高效、绿色、便捷的“物流园区—配送中心—社区集散点”城市配送服务网络，推动建成四级快递网络布局和服务体系，推进农村物流服务体系建设。探索建立区域共同配送中心。规划提出，要推动“互联网+”物流高效发展，加快建设物流信息服务平台，建设智能仓储和配送调配体系。要推动第三方物流现代化。提升快递企业全程跟踪、自动分拣、收派模式多元、技术水平先进的智能服务能力。

快递业全面融入全市现代物流业发展“十三五”规划

8月，天津市发展改革委印发了《天津市现代物流业发展“十三五”规划》，天津市快递业发展相关内容全面融入该规划。《规划》进一步明确建设三大快递专业类物流园区，明确提出要建设海陆空联动的全球物流资源配置载体、搭建对接国际连接腹地服务全国的物流网络、发展融入全球价值链的高端物流、培育具有全国影响力和国际竞争力的领军企业、实施一批具有引领作用的物流示范工程、营造公平开放竞争有序的发展环境等六大任务。

服务贸易创新发展实施方案出台

8月，天津市政府办公厅印发《天津市服务贸易创新发展实施方案》，邮政业获政策支持。《方案》提出，到2020年，全市服务贸易总额突破500亿美元，年均增长18%以上。服务贸易总额全国排名继续保持前列。《方案》明确八方面主要任务，包括推进金融服务创新发展、推动技术贸易提升水平、促进文化贸易融合发展、推动运输服务做大做强、探索其他领域创新发展等。在推动运输服务做大做强方面，《方案》提出要全面完善海港、空港、铁路、公路等国际运输服务基础设施，完善货物集疏运体系，降低国际货物通关及中转成本，建设中国北方国际航运核心区和中国国际航空物流中心。研究制定国际物流快递业务支持政策，培育具有较强竞争力的物流快递服务龙头企业。创新口岸监管模式，开展海运集装箱和航空快件国际中转集拼业务。依托亚欧大陆桥连接功能，完善多式联运体系。

《关于积极推进“互联网+”行动的实施意见》出台

9月，天津市政府转发市发展改革委《关于积极推进“互联网+”行动的实施意见》，明确市邮政管理局有关职责分工，邮政业获多项政策利好。在“互联网+高效物流”方面，《意见》指出，要发挥港口优势，依托重点物流园区，深化互联网在物流领域应用，建设智能高效、智慧便捷、共享互通、成本降低的现代物流体系。创新物流服务模式，积极发展精准服务、体验服务、无人机快递物流等物流新模式，推进制造业物流、农村物流、电子商务物流、城市配送、冷链物流和国际物流等智能化发展。完善智能仓储系统，建设智能化物流仓储基地和货物集散中心。健全智能配送物流体系，布局建设一批智能化、现代化的物流配送中心，加快推进货运车联网与物流园区、仓储设施、配送网点等信息互联，鼓励发展冷链储藏柜、代收服务点等新型社区化配送模式，推进农村配送中心和农村物流体系建设。

市邮政快递新能源汽车充电基础设施建设获得中央财政补贴

9月18日，天津市发改委召开会议，会上传达了天津市发改委、市财政局、市科委联合下发的《2014年新能源汽车充电基础设施建设补助资金使用方案》及天津市发改委下发的《关于申报新能源汽车充电基础设施建设资金补助的通知》，此次中央财政补贴的对象为天津市公交、邮政快递、企业用客车及环卫等领域的专用充电桩建设。

王梅副局长到天津调研工作

10月12日，国家邮政局副局长王梅到天津调研工作，王梅先后来到天津百得纸业、天津市邮政管理局和南开大学，分别就快递绿色包装、邮政管理信息化工作以及智能快件箱在高校的应用等方面了解情况。

加快推进快递服务制造业发展实施意见出台

10 月，天津市邮政管理局联合市工信委印发了《关于加快推进快递服务制造业发展的实施意见》，指导天津市快递业与制造业合作共赢，协调发展。《意见》提出，通过快递服务制造业的五种基本模式与有关制造业领域及环节的紧密结合，促进两业深度融合发展：一是以“入场物流”模式服务于制造业集群；二是以“仓储 + 配送 + 增值服务”一体化模式服务于定制化生产；三是以“订单末端”配送模式服务于制造业销售环节；四是以“区域性供应链”模式服务于中小制造企业；五是以“嵌入式电子商务”快递模式服务于国际化制造业。《意见》明确通过优化政策环境、提升服务意识、拓展服务领域，打造示范工程、促进信息共享、加强人才培养等五方面工作举措，深化服务内涵、提升服务层次，促进实体经济健康发展。

快递专业类物流专项规划获市政府批复

10 月 28 日，历时近两年时间、由天津市邮政管理局组织编制的《天津市快递专业类物流专项规划(2016－2020 年)》获市政府正式批复并印发实施。作为全国首个获批的省级快递控制性详细规划，该规划明确全市快递物流设施用地规模达 15000 亩。规划期限为近期到 2018 年，远期展望到 2030 年。

出台支持快递业加快发展十项措施

11 月 22 日，《天津市人民政府办公厅关于印发我市支持快递业加快发展十项措施的通知》正式发布。《通知》明确，到 2020 年，天津市快递业务量达到 13.5 亿件，业务收入达到 170 亿元，年均增长率达到 45%。快递业航空货邮吞吐量达到 18 万吨。年支撑网络零售交易额突破 3000 亿元，新增就业岗位 4 万个以上，全市快递从业人员规模达到 8 万人，日均服务用户 600 万人次以上。快递业实现新能源车辆保有量 3000 辆左右，积极推广智能快件箱等智能寄递服务终端达到 5000 组以上。培育和引进全国性或区域性快递企业总部 8 家以上。快递服务公众满意度处于全国领先水平。为确保实现上述目标，《通知》提出支持快递业加快发展十项措施。

市领导批示肯定天津局“双 11”快递旺季服务保障

11 月 25 日，天津市副市长孙文魁在市邮政管理局呈报的《关于 2016 年“双 11”快递旺季服务保障和今年以来寄递渠道安全管理工作情况的报告》上作出批示，对天津局今年快递业务旺季及寄递渠道安全管理所做工作给予充分肯定。孙文魁在批示中指出，邮政管理系统干部职工通过艰苦努力的工作，有力保障了“双 11”及今年以来寄递业的安全、稳定和发展，同意下一步工作安排。

《天津市邮政业发展“十三五”规划》发布实施

12 月，天津市发改委正式印发《天津市邮政业发展“十三五”规划》。《规划》全面分析了“十三五”时期国内外经济发展形势、邮政业发展总体形势、政策环境及面临的重大机遇，明确了邮政业在国家产业体系、行业发展、空间布局及协同发展中新定位，提出了做大“三区”“三港”集聚、实现“六进”“六向”发展、确保一条红线、建设五个邮政和推动六个联动的基本思路。“十三五”期间，天津市将加快推进天津空港航空快递物流园、东疆港跨境快递物流园和武清陆港电子商务快递物流园建设，鼓励快递服务网络向深、向下发展，推动快递服务枢纽向边、向外发展，加快快递服务业务向高、向专发展，实现农村进乡镇、城市进社区，快递企业运营中心进口岸、进国外，快递企业定制化服务进商圈、专业化服务进园区，保障邮政普遍服务可持续发展，建设普惠邮政、智慧邮政、安全邮政、诚信邮政和绿色邮政，推动快递服务与电子商务、制造业、商贸流通业、交通物流业、现代农业及金融服务协同发展。《规划》还提出了八项任务、九大工程和六点措施。

天津局与天津滨海国际机场签订战略合作协议

12月16日，天津市邮政管理局与天津滨海国际机场签订《战略合作协议》。《协议》主要内容包括加强政策引领、促进协同发展和做好信息共享等三大方面。《协议》确定了双方以天津自贸区和天津空港航空快递专业类物流园建设为依托，积极营造良好的发展环境，为邮政、快递企业及航空运输企业争取政策支持；打造航空邮件、快件"绿色通道"，大力发展航空邮件、快件业务，提高天津机场货邮吞吐量规模；通过调整货运航线网络和地面班线网络布局，提升邮件、快件业务异地交运业务量；支持、鼓励快递企业开通或增加至天津的全货机航线、航班等相关内容。

天津自贸区邮政管理办公室挂牌运行

12月21日，天津自贸区邮政管理办公室挂牌正式运行。天津市邮政管理局局长陈凯、天津空港经济区管委会副主任吕英博共同为自贸区邮政管理办公室揭牌。天津市邮政管理局副局长王东、空港物流区管理局局长黄正月为天津市邮政业安全培训中心、天津市自贸区邮政业应急指挥中心、天津市邮政业双创培育孵化基地揭牌。

河北省快递发展大事记

国家邮政局局长马军胜到河北邢台进行专题调研

1月19日至20日，国家邮政局局长马军胜一行到河北邢台就快递服务农村电子商务有关情况等进行专题调研。马军胜强调，河北邮政业要注重发挥县域经济的优势，协同服务特色产业，主动适应新业态新模式，不断创新服务提升能力，更好地促进地方经济社会发展。调研期间，马军胜与河北省副省长姜德果进行了会晤，双方就促进河北邮政业发展交换了意见。

河北省邮政业安全中心设立

2月4日，河北省机构编制委员会办公室印发《关于设立河北省邮政业安全中心的通知》。同意设立河北省邮政业安全中心。主要职责负责全省邮政行业安全监管信息系统的建设、管理和维护，参与邮政行业安全监管和应急管理相关研究、行业运行安全监测和应急处置等工作。

"最美快递员"被列入"美丽河北"推选展示活动

3月3日，河北省委宣传部下发《"美丽河北"推选展示活动实施方案》的通知，在全省组织开展"美丽河北"推选展示活动，通过广泛参与、集中展示、群众推选、社会评议、全面宣传等方式，充分展示河北之美，树立河北崭新形象。"最美快递员"被列入其中。

河北省政法委秘书长调研寄递渠道安全管理工作

3月31日，河北省政法委秘书长李永君到石家庄市申通快递有限公司调研指导寄递渠道安全管理工作，指出要加大扶持力度，加强沟通协作，对标全国先进，推动全省寄递安全管理工作跃上新台阶。

国家邮政局副局长邢小江到河北平泉调研定点扶贫工作

4月6日至7日，国家邮政局副局长邢小江带领局机关相关司局和直属单位负责人赶赴河北省平泉县,就定点扶贫工作展开密集调研。调研组一行先后调研了南五十家子镇后甸子村、平泉镇哈叭气村、卧龙镇中润公司食用菌扶贫园区等地的发展情况,并与当地群众交流。调研组强调,要因地制宜,通过产业脱贫增强贫困户的内生动力,实现可持续性发展;要积极探索,利用寄递渠道搭建农特产品流通"直通车",实现精准脱贫;要开动脑筋,利用"快递+电商"等多种模式,打通农特产品产业链条。

河北省召开唐山世园会邮路安保动员部署大会

4月14日,河北省邮政管理局联合省综治办组织召开了唐山世园会邮路安保动员部署大会。省局领导、省综治办领导分别讲话。唐山局、省EMS、顺丰、申通等4家单位作表态发言。与会企业负责人签订了唐山世园会寄递渠道安保承诺书。

"美丽河北·最美快递员"推选展示活动启动

4月22日,由河北省委宣传部、省邮政管理局联合举办的"美丽河北·最美快递员"推选展示活动启动仪式在石家庄举行。活动旨在通过"美丽河北·最美快递员"的推选,展现河北省快递员的良好精神风貌,深入发掘快递员工立足岗位、服务社会的感人事迹,展现河北人文之美,弘扬中华民族美德,提升快递行业服务水平和品牌形象,塑造行业文明,展示河北省快递行业安全规范、优质高效的服务风貌。

张家口市张建明同志获得全国"最美快递员"称号

4月27日,由国家邮政局精神文明建设指导委员会主办,国家邮政局机关党委、中国邮政快递报社、中国快递协会共同承办的第二届中国梦·邮政情"寻找最美快递员"评选活动结果在京揭晓。中国邮政集团公司张家口分公司张建明同志作为基层快递员,获得"最美快递员"称号。

全省首部市级邮政条例正式施行

6月1日,《唐山市邮政条例》正式施行。《条例》共六章40条,内容涵盖邮政普遍服务、快递服务、市场监管、法律责任等,对监控设备、收寄药品、露天分拣、智能快件箱推广、快递服务车辆标识和通行等问题做出了具体规定,是全省各设区市制定出台的第一个地方性邮政条例,对全市邮政业的发展将产生积极影响,为新时期邮政业发展提供法制保障。

《河北省邮政业发展"十三五"规划》通过省政府审定

7月11日,《河北省邮政业发展"十三五"规划》作为省级专项规划,通过河北省政府审定同意发布实施。《规划》坚持创新、协调、绿色、开放、共享、安全的发展理念,以建设"五个邮政"为抓手,以京津冀协同发展为契机,以"互联网+邮政"为发展方向,提出"十三五"期间要积极推进行业供给侧改革,主动适应经济发展新常态,坚持市场主导,深化依法治邮,突出创新驱动,强化安全保障。

开展G20峰会寄递渠道安保工作专项督查

8月4日至19日,河北省邮政管理局对G20峰会寄递渠道安全保障工作开展了专项督查。抽调人员分成三个督查工作组,对全省10个市局开展了督导检查。督查组听取了各市局的情况汇报,并对工作部署情况和基础资料进行查阅,同时深入邮件、快件分拨中心、企业分支机构和营业网点现场,详细检查了邮件、快件收寄验视、实名登记情况,查看了分拨中心快件过机安检制度执行情况。

《农村地区快递服务规范》被列入河北省地方标准制修订项目计划

8月22日,河北省质监局印发了《关于下达2016年度河北省地方标准制修订项目计划(第二批)的通知》,由河北省邮政管理局提出的《农村地区快递服务规范》，被列入该项目计划。《通知》要求各标准提出单位加强督导，尽快把计划落实到标准起草单位。

姜德果副省长支持肯定邮政管理工作

9月21日，河北省邮政管理局局长訾小春向河北省副省长姜德果汇报了2016年以来河北省快递业发展、行业扶贫、筹备全国快递产业集聚发展高端会议等工作情况。姜德果对省邮政管理局转变职能、服务企业、加强监管，促进快递业迅速发展的做法给予肯定，并表示今后将继续支持邮政行业发展。他指出，快递业既是传统物流领域转型升级的先导产业，也是“互联网＋”结合紧密的战略性新兴产业，对服务我省经济发展、促进消费升级和缓解就业压力起到了积极作用，希望省邮政管理局认真落实省委、省政府的决策部署，积极发挥行业引领作用，为地方经济发展做出新的更大贡献。

国家邮政局局长马军胜赴河北平泉调研精准扶贫工作

9月26日至27日，国家邮政局局长马军胜一行赴河北省平泉县调研定点扶贫工作，与贫困群众面对面交流，共谋脱贫致富路。马军胜强调，坚持精准扶贫精准脱贫，坚持发挥邮政行业优势与立足定点扶贫县实际相结合，创新帮扶方式，统筹资源配置，加快经济薄弱村和贫困户脱贫增收，为全面建成小康社会贡献行业的力量。马军胜指出，在产业扶贫上，既要生产有机产品，保证产品品质，又要打造自有品牌，畅通销售渠道。特别要注重发挥邮政业推动流通转型、促进消费升级的先导优势，拓展平泉特色产品销售范畴。调研期间，马军胜会见了承德市委书记周仲明，就进一步推进定点扶贫工作深入交换了意见。

“美丽河北·最美快递员”推选结果揭晓

9月27日，“美丽河北·最美快递员”推选结果揭晓，经过网络投票、专家评审等综合评议后，张泳、任成飞、刘森、郑荣权、张自峰、朱丽霞、陈浩、李四忠、白国成、张博、黄兴芹、王强、谷亚琦、米娜、杨小龙15位快递员获“美丽河北·最美快递员”荣誉称号。

召开快递业务旺季服务安全保障工作培训部署会议

10月28日，河北省邮政管理局召开了快递业务旺季服务安全保障工作培训部署会议，动员全省邮政系统积极备战、全力应对，确保实现全网不瘫痪、重要节点不爆仓“两不”和保畅通、保安全、保平稳“三保”目标。会议对1～9月份行业经济运行和服务质量情况进行分析通报，宣读了《河北省2016年快递业务旺季服务安全保障工作方案》，就2016年快递业务旺季服务安全保障工作进行安排部署。会上签订安全责任书，省快递行业协会及三家邮政快递企业代表分别作表态发言。

召开旺季服务安全保障工作新闻通气会

11月4日，河北省邮政管理局召开了全省旺季服务安全保障工作新闻通气会。会议发布了1～3季度邮政快递行业经济运行、服务质量和2016年全省快递业务旺季预测数据，介绍了邮政管理部门和邮政快递企业旺季保障工作准备情况，并就做好旺季服务保障工作进行再动员再部署。河北日报、河北经济日报、河北电视台、河北青年报、河北工人报、燕赵都市报、燕赵晚报、长城网等8家省市级主要新闻媒体；省局相关处室、省邮政业安全中心、省行业协会负责人；省邮政EMS、顺丰、申通、圆通、中通、百世汇通、韵达、中外运、联邦等网络型快递企业代表参加了会议。

举办首次重点寄递企业投诉处理人员培训班

11月10日，河北省邮政管理局组织举办了首次重点寄递企业投诉处理人员培训班。通报了全省1～9月份消费者申诉情况，总结了日常工作中发现的典型申诉案例，逐一进行了分析讲解，提出了改进提升措施。组织部分市局及快递企业代表交流介绍了申诉、投诉日常处理工作经验，征求了各市局及企业对省局申诉处理工作的意见建议。

组织新闻媒体采访快递企业“双11”旺季生产情况

11月11日，河北省邮政管理局组织河北日报、河北青年报、河北长城网等新闻媒体，赴石家庄市邮政速递、石家庄邮件处理中心等快递企业分拨中心，参观快件转运场地，对企业负责人进行现场采访，深入了解全省快递业发展现状。企业负责人就媒体关心的“双11”旺季业务量、行业动向、寄递安全、配送时效以及采取的应对方式、智能化设备等热点问题进行了回复，介绍了“双11”快递业务旺季期间快递员早出晚归，保障服务，确保旺季快递服务质量情况。

召开全省快递业务师职业资格评审会议

12月7日，2016年河北省快递业务师职业资格评审会议在唐山召开。省、市局相关负责人以及院校专家等组成的评审委员会按程序进行了评审。会议严格按照《快递业务师职业技能鉴定考评工作实施办法》和《关于加强快递业务师职业技能鉴定考评工作的通知》要求，开展了综合评审。

河北省首个县级邮政管理局揭牌成立

12月23日，河北省首个县级邮政管理局——清河邮政管理局正式揭牌成立，这是省以下完善邮政监管体系工作的一项重大突破，是深化邮政监管体制改革的具体表现，也是邢台市邮政业改革发展取得阶段性成果的重要标志。河北省邮政管理局局长訾小春、邢台市副市长刘飚共同为清河邮政管理局揭牌。

山西省快递发展大事记

付建华副省长对邮政管理工作给予充分肯定

1月18日，山西省邮政管理局局长秦红保就2016年全国邮政管理工作会议情况和2015年全省邮政管理工作及发展情况向山西省委常委、副省长付建华作了汇报。付建华副省长在听取汇报后对全省邮政管理工作和邮政业发展所取得的成绩给予充分肯定，并对山西邮政管理工作提出殷切期望和明确要求。

山西省邮政管理工作会议

1月19日至20日，山西省邮政管理工作会议在太原召开。山西省邮政管理局党组书记、局长秦红保作2016年全省邮政管理工作报告。省局领导班子，机关全体人员和全省11个市局局长、副局长、办公室主任，共50余人参加了会议。会议由省局党组成员、市场监管处处长李建斌主持。

促进山西省快递业与电子商务协同发展的意见

1月26日，山西省邮政管理局与省商务厅联合印发《关于促进快递业与电子商务协同发展的意见》，在创优发展环境、明确发展目标、推进发展任务、强化发展保障等方面作出多项政策安排，为全省快递与电商协同发展提供了支持与保障。

促进山西省农村电子商务加快发展的实施意见

3月25日，山西省人民政府印发《关于促进农村电子商务加快发展的实施意见》，对全省农村电子商务发展作出规划，提出要完善农村快递服务网络，逐步构建现代农村商业流通和服务体系。《意见》指出，到2020年，全省将逐步建成安全可靠、绿色环保、网络完善、寄递快捷的农村电子商务市场体系，打通农村日用消费品流通渠道，基本实现“乡乡有网点、村村通快递”的农村快递服务网络,不断提升农村电子商务应用水平。

11 部门联合发文提升物流业整体发展和服务水平

4 月 12 日,山西省发展和改革委员会、山西省商务厅、山西省邮政管理局等 11 部门联合下发《关于加强物流短板建设促进有效投资和居民消费的实施方案》,邮政业村镇末端配送设施、城乡配送网络体系建设等邮政业相关内容纳入其中,省邮政管理局被列为建设责任单位。方案的出台加快了完善物流基础设施网络,提升物流业整体发展和服务水平。

寄递渠道安全隐患大排查大整治活动

5 月 6 日,山西省邮政管理局印发《全省开展寄递渠道安全隐患大排查大整治活动的实施方案》,要求 4 月至 11 月在全省部署开展寄递渠道安全隐患大排查大整治活动,助推平安山西建设深入开展。根据《方案》,本次活动分排查梳理、集中整治和巩固完善三个阶段实施。全省寄递渠道安全管理成员单位要深入排查寄递渠道安全隐患,堵塞管理漏洞,坚持"谁主管谁负责"和"属地管理"相结合的原则,积极开展寄递渠道安全隐患大排查大整治活动。

山西省加快发展生活性服务业促进消费结构升级的实施方案出台

5 月 18 日　山西省人民政府印发了《山西省加快发展生活性服务业促进消费结构升级的实施方案》,《方案》提出,要大力发展大型物流(仓配)配送中心、农村邮政物流设施、快件集散中心和农产品冷链物流设施;要着力完善各地物流服务功能,建设一批集展示交易、现代仓储、加工配送等功能于一体的商贸物流中心,培育一批龙头企业的骨干配送企业;要深入推进"快递下乡"工程,继续发展农超对接,打通工业品下乡、农产品进城的双向流通渠道,打造城乡一体化商品流通网络。快递物流园区、"快递下乡"工程等邮政业相关内容获利好政策。

召开全省快递市场清理整顿专项行动动员会

6 月 3 日,山西省邮政管理局召开全省快递市场清理整顿专项行动动员会,部署全省快递市场清理整顿专项行动。山西局副局长赵俊芝主持会议并讲话。山西局市场监管处全体人员,各市局分管局领导、市场监管(行业管理)科负责人参加了会议。

山西跨境电子商务发展获政策利好

6 月 15 日,山西省印发《关于促进跨境电子商务发展的实施意见》,推动全省跨境电子商务快速发展,物流快递配送网络建设获政策利好。《意见》提出,加快全省物流业发展,推进跨境电子商务物流快递配送网络建设。启动国际邮件互换、快件一体化监管中心建设,不断优化进出境邮件和快件通关流程,提升寄递实效。鼓励跨境电子商务产业园区在电商孵化、服务模式创新、公共平台建设、产业链条搭建、物流快递配送等方面先行先试。支持跨境电商、物流快递企业、第三方支付机构对接公共服务平台。鼓励有条件的企业依托海外仓在境外建设物流快递分拨中心。争取中国邮政集团公司支持,增加国际普邮包裹、航空挂号线路和 EMS 快递直封、直发邮路等服务。

山西省出台意见进一步支持服务业发展

6 月 27 日,山西省人民政府印发《进一步支持服务业发展的若干措施的通知》,将进一步促进全省服务业发展,加大对服务业的支持力度,邮政快递业发展补助奖励项目列入其中,邮政行业发展进一步获政策资金支持。《通知》涵盖了放宽市场准入、加大财政扶持力度、完善土地支持措施等 11 个方面 50 项具体措施。其中,涉及邮政业发展奖励补助政策有五项:一是邮政业基础设施项目可按公用设施用途落实用地;二是允许符合条件的未开发房地产用地依法变更用途，转向发展物流、文化等产业；三是对快递企业购置纳入国家节能与新能源汽车目录汽车的，按照省新能源汽车政策给予资金补助；四是快递专业类物流园区或具备快递服务功能的物流园区及快递企业改扩建的分拨处理场所的服务设施，新增投资额100万元以上（不含土地价款）、快递企业用地面积占总用地面积的60%以上、运营1年以上且未发生重大安全事故的，按新增投资额10%的标准给予最高50万元补助；五是对首次评定为4A、5A级的物流快递企业，分别给予20万元、50万元奖励。

全省邮政行业市场监管综合培训班

7月27日至29日，山西省邮政管理局举办全省邮政行业市场监管综合培训班。邀请了国家邮政局市场监管司和发展研究中心有关同志、山西省安监局培训中心专家进行讲解。各市局市场监管（行业管理）科负责人及相关人员，共40余人参加培训。培训期间，邀请中科富创、菜鸟驿站对智慧校园建设、社区建设和快递进校园等方面的推进方法、工作特色，进行了深入细致的讲解和示范，进一步拓展市场监管知识面，创新监管工作新思路，扎实推进“三进”工程。

检查指导G20峰会期间寄递渠道安全保障工作

7月29日，山西省邮政管理局在太原组织召开二十国集团（G20）峰会山西省寄递渠道安全保障工作动员部署会，省局党组书记、局长秦红保出席会议并作动员讲话。省局局领导、相关处室，各市局局领导、市场监管（行业管理）科负责人及相关人员，各寄递企业省级公司负责人共80余人参加会议。

山西省寄递渠道安全管理领导小组第二次会议

8月19日，山西省寄递渠道安全管理领导小组第二次会议在太原召开。会议由省寄递渠道安全管理领导小组组长、省邮政管理局局长秦红保主持。省委政法委副书记、省综治办主任薛永辉出席会议并讲话。省寄递渠道安全管理领导小组各成员单位负责人，太原市邮政管理局负责人参加会议。

调研快递进校园工作进展

8月23日，山西省邮政管理局党组书记、局长秦红保到太原专题调研快递进校园工作进展，重点了解中北大学校园快递服务中心建设情况，参观了已建成的智能投递柜组，并与校方和项目负责人进行座谈，太原局主要负责人陪同调研。

刘杰副省长检查指导G20峰会期间寄递渠道安全保障工作

9月1日，山西省副省长、省公安厅厅长刘杰率联合检查组深入太原部分重点寄递企业检查指导G20峰会期间寄递渠道安全保障工作。省委政法委副书记、省综治办主任薛永辉，省邮政管理局局长秦红保，省公安厅、省国安厅相关领导陪同检查。刘杰对全省邮政行业G20峰会期间寄递渠道安全保障工作给予了充分肯定。检查过程中，刘杰对做好全省G20峰会期间寄递渠道安全保障工作提出三点要求：一是认清形势，把思想统一到中央和省委、省政府对于保障G20峰会安全的部署上来；二是坚持安全第一，加强源头管控，确保G20峰会期间全省寄递渠道万无一失；三是加大行业安全监管力度，落实企业安全生产主体责任。

省快递服务质量提升联席会议第一次会议召开

10月28日，根据《山西省邮政管理局快递服务质量提升联席会议制度（试行）》有关规定，山西省邮政管理局组织召开了省快递服务质量提升联席会议第一次会议。山西省邮政管理局分管领导，省快递协会、44家品牌省级企业负责人参加联席会议。会议要求，各品牌快递企业在即将到来的快递业务旺季，针对自身存在的服务质量问题，要制定有效措施；对于突发事件有可能导致的急速性增长的申诉，要制定完善好应急措施，妥善解决。要强化企业投诉人员的业务水平和能力，提高投诉、申诉处理质量，并按规定做好落实整改。

山西省人民政府印发支持快递业发展的若干措施

11月3日，山西省人民政府正式印发《山西省支持快递业发展的若干措施》，大力支持我省快递业发展。《若干措施》从保障快递业发展建设用地、完善快递服务网络、培育壮大快递企业、改善快递服务车辆管理、优化行业发展环境、提高行业服务能力、提升行业管理水平、健全完善工作机制八个方面明确了重点工作任务，提出了加强用地规划、加快快递物流园区建设、推进“快递下乡”等23项具体工作措施，促进快递业健康快速发展。

《山西省支持快递业发展的若干措施》宣贯培训会

11月21日，山西省邮政管理局在太原召开《山西省支持快递业发展的若干措施》宣贯培训会，深入解读《若干措施》，并对宣传贯彻工作进行安排部署。山西局党组成员、副局长赵俊芝出席会议并讲话。山西局机关相关处室负责人、各市局主要负责人、各快递企业负责人60余人参加了会议。

给予全省规模以上寄递企业购置安检设备专项补贴

12月5日，山西省人民政府出台方案，对全省规模以上寄递企业购置安检设备给予专项补贴，促进过机安检制度落实到位。方案明确，此次发放专项补贴是按照《山西省人民政府关于印发山西省支持快递业发展若干措施的通知》（晋政发〔2016〕58号）文件中的有关规定，以全省规模以上寄递企业分拨中心所购置的安检机为补贴对象，省、市两级财政各提供50%补贴资金，分别按寄递企业X光安检机购买价格的50%给予财政补贴，省级财政下拨专项资金440万元，其他资金由各市人民政府配套拨付。

内蒙古自治区快递发展大事记

内蒙古首个县域邮政监管机构揭牌成立

1月19日，内蒙古自治区首个县域邮政监管机构——满洲里邮政管理局正式揭牌成立，内蒙古自治区邮政管理局局长钟奇志、满洲里市副市长梁劲松为满洲里局揭牌。仪式后，满洲里市委书记杨博与内蒙古自治区邮政管理局局长钟奇志进行了会谈。

王波副主席批示肯定自治区邮政业发展

1月28日，全区邮政管理工作会议召开。会前内蒙古自治区邮政管理局向自治区人民政府和副主席王波汇报了行业发展情况。王波对自治区邮政业发展予以高度肯定并作出批示。批示指出，在过去的一年里，自治区邮政业发展稳中向好，快递业迅猛发展，邮政快递网络覆盖广度和深度大幅提升，服务地方经济、服务地方民生的能力和水平显著提高，为自治区经济社会发展做出了积极贡献。要求内蒙古邮政管理部门以“五大发展理念”为引领，不断融入地方经济发展大局，夯实发展基础，加快行业转型升级，努力开创自治区邮政行业发展新局面，为自治区经济社会发展做出新的更大贡献。

刘君副局长赴内蒙古慰问邮政、快递职工

1月30日至31日，国家邮政局副局长刘君一行深入内蒙古机要通信局和鄂尔多斯市快递物流电商产业园区、伊金霍洛旗邮政分公司、邮政机要通信网点和空白乡镇补建邮政局所，代表国家局

党组看望、慰问了坚守在一线的广大邮政快递职工,向他们表示了诚挚的问候和新春的祝福,并检查了春节旺季服务保障工作和快递物流园安全生产情况。

内蒙古局就服务申诉率过高约谈自治区邮政公司

4月11日,内蒙古自治区邮政管理局就邮政服务质量问题约谈内蒙古邮政分公司相关负责人,并要求邮政企业认真进行整改。内蒙古局要求邮政企业立即采取有效措施提升邮政服务质量:一是全面加强普遍服务能力,切实提升寄递服务水平,加大对服务质量运行的检查考核力度。二是落实投诉首问负责制,加强对11185客服中心工作人员的指导培训,第一时间解决客户提出的投诉问题,避免因回复不满意造成用户投诉升级。三是要求邮政企业暂时安排一名专门人员到内蒙古邮政业申诉中心负责协助处理邮政服务方面的服务申诉,以更好的处理消费者申诉。内蒙古邮政分公司负责人表示,将严格按照区邮政管理局约谈告诫的要求积极整改。

全区寄递企业购置X光安检设备获800万资金补贴

4月,经内蒙古自治区政法委、财政厅同意,自治区综治办下发《关于对寄递企业配备X光安检机进行经费补贴的通知》,决定对全区95家重点省际邮件快件处理中心配备X光安检设备提供总计784万元资金补贴,占全区企业购置费用的50%,以确保全区100%过机安检制度的落实。

中通快递员捡4万元物归原主

5月16日,中通内蒙古通辽西苑分公司业务员在打扫营业厅时,无意间在打包间发现4万多现金,疑是当天邮寄快件的客户遗留。连等两天都没有消息后,网点的快递员、客服、老板娘齐上阵,找出当日的发货底单,打电话联系失主杨女士。杨女士对快递小哥的拾金不昧感激万分。

内蒙古局就贯彻落实自治区48号文件提出具体要求

5月17日,内蒙古自治区邮政管理局下发通知,就各盟市邮政管理局贯彻落实《内蒙古自治区人民政府关于促进快递业发展的实施意见》(内政发〔2016〕48号)提出五项具体要求:一是要认真学习领会精神,把贯彻落实《国务院关于促进快递业发展若干意见》和自治区《实施意见》作为今后一段时期的重要工作,全力以赴抓好落实。二是要主动向地方政府和分管领导做好汇报,加强与其他相关部门的沟通协作,积极争取地方政府和相关部门的重视和支持,形成良好的政策环境。三是加强组织领导,推动成立本地区促进快递业发展领导小组,明确责任分工,制定切实可行的贯彻落实方案,确保各项政策措施落实到位。四是要将《实施意见》提出的主要任务、政策支持和保障措施迅速贯穿到当前行业管理工作中,要与年初确定的重点工作紧密结合起来,利用《实施意见》出台的有利契机,加快推进重点工作,加快快递业与地方特色产业等相关产业的联动,争取在推动快递业与电子商务协同发展、服务"三农三牧"、服务地方经济社会发展等方面取得突破。五是要将《实施意见》中促进快递业发展的相关举措内容纳入本地区邮政业发展"十三五"规划,确保行业规划与相关规划紧密衔接,为下一步本地区邮政业改革发展开好头、起好步。

内蒙古自治区人民政府出台关于促进快递业发展的实施意见

5月,内蒙古自治区人民政府出台《关于促进快递业发展的实施意见》,提出着力构建便捷高效、竞争有序、技术先进、服务优质的快递服务体系。《实施意见》提出,到2020年,基本实现"盟市有园区、旗县有分拨中心、乡镇有网点、村村通快递"的网络服务体系。快递业务量达到2

亿件，业务收入达到36亿元，年服务达到10亿人次，累计增加就业岗位2万个。同时明确了培育壮大快递市场主体、协同推进“互联网+”快递、健全完善快递服务网络、加强快递业信息化建设、提升快递业标准化水平、促进快递业与综合交通运输体系融合和全面提升监管水平七项主要任务。此外，《实施意见》还配套了八个方面的政策支持。

邮政快递网络体系建设被纳入内蒙古供给侧结构性改革和补短板内容

8月，内蒙古自治区党委办公厅和自治区人民政府办公厅印发了《关于深入推进供给侧结构性改革着力做好补短板工作的实施方案》，方案确定了9个专项45项工程，采纳了自治区邮政管理局意见，将邮政快递网络体系建设纳入“现代物流工程”和“电子商务工程”中。“方案”指出，要“加快配送中心、快递分拨中心、冷链物流中心和农村牧区双向流通综合物流平台建设，加强商贸流通、供销、邮政等系统物流服务网络和设施建设与衔接，促进连锁经营、物流配送、电子商务、快递等现代流通方式向农村牧区延伸，加快完善县乡村物流体系。”“完善盟市、旗县、苏木乡镇、行政村四级电商快递网络体系建设，推动线上线下融合发展。”“方案”同时明确，由自治区商务厅牵头，发展改革委、经济和信息化委、邮政管理局、交通运输厅铁路办等单位配合做好“现代物流工程”和“电子商务工程”。

“牛羊鸣天下”项目在呼和浩特启动

9月20日，顺丰速运《牛羊肉寄递行业解决方案》发布会在呼和浩特召开，推出了国内首个牛羊肉行业寄递解决方案，打造牛羊肉寄递全产业链，让属于北方的美食通过更快的快递物流走向全国，标志着内蒙古“牛羊鸣天下”项目正式启动。内蒙古自治区邮政管理局局长钟奇志，市委常委、副市长蔡裕东等领导出席了启动仪式。内蒙古“牛羊鸣天下”项目进一步丰富了全区牛羊肉线上销售模式，快递企业与牛羊肉企业的直接合作有效降低了牛羊肉企业的流通成本，极大拓宽了销售途径，提高了内蒙古地区牛羊肉的品牌知名度。邮政管理部门表示，将全力支持EMS、顺丰等主要品牌快递企业牛羊肉寄递项目，推动快递企业与现代农牧业的深度融合与无缝对接，全力推进“快递下乡”，为“农产品进城”和“工业品下乡”提供便捷顺畅的流通渠道，更好地服务地方经济发展。

约谈天天、优速、国通、快捷四家快递企业

10月28日，内蒙古自治区邮政管理局约谈了天天、优速、国通、快捷四家快递企业负责人，向企业负责人通报了前三个月的消费者申诉情况，要求四家企业说明造成申诉率较高的原因，现场提出解决对策并立即整改，并将后续整改情况书面报告邮政管理局。内蒙古局同时要求四家快递企业加强人员、车辆、场地、设备等能力储备，妥善应对即将到来的“双11”业务高峰，提升服务质量，保障用户合法权益。四家企业负责人表示将在限期内认真做好整改工作，切实提升服务能力和服务质量，做好旺季服务保障工作。

呼和浩特市人民政府组织召开2016年快递业旺季服务保障新闻发布会

11月2日，呼和浩特市人民政府在内蒙古国际会展中心新闻发布厅召开2016年呼和浩特市快递业旺季服务保障新闻发布会。市邮政管理局、市商务局、市交警支队负责人出席发布会，三十余家区内外新闻媒体参加了会议。发布会上，市邮政管理局、商务局、交警支队分别就媒体代表的提问进行了答复，详细解答了2016年“双11”期间快递本身如何增加人力投入、保障车辆通行、应对旗县业务增量较大的情况、保障旺季生产安全、提升快递服务质量以及新能源车辆上户通行、全市电子商务发展现状等问题。

《物流业降本增效专项行动方案（2016－2018年）》实施方案出台

11月，根据内蒙古自治区发改委相关安排，内蒙古自治区邮政管理局针对《国务院办公厅关于转发国家发改委物流业降本增效专项行动方案（2016－2018年）》中涉及邮政管理部门职责的内容进行了研究梳理，结合自治区邮政业发展实际，制定了《内蒙古自治区邮政管理局关于落实〈物流业降本增效专项行动方案（2016－2018年）〉实施方案》。该《方案》从简政放权、优化行业行政审批，优化货运车辆通行管控，完善城市物流配送体系，健全农村物流配送网络等方面工作，提出了主要目标、完成时限，明确了具体措施和重点工程。

快递服务进校园工作意见发布

11月，内蒙古自治区邮政管理局与自治区教育厅联合下发了《关于推进快递服务进校园工作的意见》。《意见》详细分析了当前快递校园服务现状，强调了快递服务进校园工作是贯彻落实国家、自治区相关要求的重要举措，同时也是广大师生办事的合理选择，对提高快递服务效率水平，营造和谐校园环境有着重要意义。《意见》明确了快递服务进校园工作的主要措施及日常管理要求，确保了校园服务中心合法合规设立运营，快件畅通便利寄递，广大师生安全便捷用邮。同时《意见》重点强调服务中心的设立应满足《邮政业安全生产设备配置规范》要求，配备可拆卸智能快件箱、实名收寄设备、视频监控等设施设备，并与邮政管理部门安全监管系统联网，保证做到收寄过程有记录，安全问题能追溯。

全区邮政速递物流首次实现出口大于进口

根据内蒙古自治区邮政管理局统计数据，“双11”期间（11月11日至16日），邮政公司和邮政速递物流公司业务量同比增长78.53%，出口件量同比增长82.05%。其中，邮政速递物流首次实现出口件量超过进口件量，出口件量同比增长130%。“双11”期间，各大电商将农村地区作为促销和宣传重点，邮政企业的乡镇以下网络较为健全，在乡镇的网络覆盖率达到93.6%，在行政村的网络覆盖率达66.7%，承担了农村电商业务的主要收投服务，县域以下快递业务量连续六天出现双向高峰。由于邮政企业提前加强了能力储备，通过增加运输线路、人员车辆、处理场地等，全网运行稳定。

辽宁省快递发展大事记

刘强副省长批示肯定邮政管理工作冀望再获新发展

1月，辽宁省副省长刘强对《全省邮政业管理工作2015年工作情况及2016年工作安排的报告》做出批示，充分肯定了2015年邮政管理工作，并对邮政行业发展寄予殷切期望。批示指出：“在刚刚过去的一年，我省邮政实现了又好又快的发展，局所实现了乡镇全覆盖，业务实现了两位数的增长。今年，随着‘互联网＋’的广泛实施，邮政业面临新机遇，望更加努力，更快发展，为辽宁的转型振兴做出更大贡献。”

大连市首批30辆快递专用新能源汽车正式投入使用

1月，大连市邮政管理局组织召开了全市首批快递新能源电动车启动仪式，30辆快递专用新能源汽车正式投入使用。大连市委常委、常务副市长曹爱华出席仪式，市政府副秘书长王新主持仪式。市经信委、交通运输局、公安局交警支队等部门负责人参加了仪式。大连局在仪式上介绍了市快递业在降低流通成本、支撑电子商务、服务生产生活、扩大就业渠道等方面发挥的积极作用。

出台《关于大力发展电子商务加快培育经济新动力的实施意见》

1月,辽宁省政府下发《关于大力发展电子商务加快培育经济新动力的实施意见》,从多个方面对发展完善了辽宁省邮政业基础设施予以支持。《意见》提出"支持物流配送终端及智慧物流平台建设""规范物流配送车辆管理""合理布局物流仓储设施"等内容。

省政府工作报告提出支持快递物流产业园区建设

1月26日至30日,辽宁省第十二届人民代表大会第六次会议在沈阳召开,辽宁省省长陈求发代表辽宁省政府做了政府工作报告。报告中指出要支持快递物流产业园区建设;发挥供销社和邮政企业的优势与作用,形成服务三农的综合平台。按照信息化、标准化、集约化要求,加快推进商贸流通业转型升级,发展电子商务、现代物流、连锁经营、共同配送、绿色流通等新兴业态。发展外贸综合服务企业、跨境电商、采购贸易、外贸海外仓。大力实施"互联网+"行动计划,促进电子商务、工业互联网和互联网金融健康发展。

发布《关于促进快递业健康发展的实施意见》

2月,辽宁省政府发布《关于促进快递业健康发展的实施意见》,提出培育现代服务业新的增长点,服务大众创业、万众创新,更好地发挥省快递业对稳增长、促改革、调结构、惠民生的积极作用。《实施意见》包括三方面共十九项内容,重点提出了促进产业协调发展、培育壮大骨干企业、落实"互联网+"战略、提升服务管理水平、完善末端投递服务体系、提升寄递安全保障能力等内容,并对省快递业在基础建设、车辆通行和人才队伍建设等方面加大了政策支持力度。

省政府密集出台多项政策利好邮政业

2月,辽宁省政府相继印发《关于促进商贸流通发展的实施意见》《辽宁省积极推进"互联网+"行动实施方案》等多项政策性文件,全力推动省快递业、电子商务等新兴消费产业成为经济增长点,对电子商务与物流快递协同发展、完善末端配送网络等方面做出规划和部署。

邮政工作融入省政府构建大众创业万众创新支撑平台总体安排

2月,辽宁省政府出台《关于加快构建大众创业万众创新支撑平台的实施意见》,其中针对邮政行业发展指出:要完善市场准入制度。简化快递业务经营许可程序,优化快递业务经营许可工作,压缩工作时限、提高工作效率;要加强行业自律规范。强化行业自律,规范四众从业机构市场行为,保护行业合法权益。完善行业纠纷协调和解决机制,鼓励第三方以及用户参与平台治理。研究建立在线争议解决、现场接待受理、监管部门受理投诉、第三方调解以及仲裁、诉讼等多元化纠纷解决机制;要保障网络信息安全。提升四众平台企业技术安全水平,提高发现和有效应对各类网络安全事件能力,确保网络平台安全稳定运行。加强用户资料和交易信息保管,保障信息安全。强化守法、诚信、自律意识,营造诚信规范发展的良好氛围。

锦州市一快递员获2015辽宁好人称号

3月,锦州市中诚物流有限责任公司(圆通)快递员洪东被评为2015年"辽宁好人·身边好人"。2015年度辽宁省共推选出6位"辽宁好人·时代楷模",88位"辽宁好人·最美人物"和140位"辽宁好人·身边好人"。

鞍山率先发布《鞍山市关于促进快递业健康发展的实施意见》

3月15日,《鞍山市关于促进快递业健康发展的实施意见》正式发布。这是鞍山市第一个以市政府名义出台的专门指导、规范、促进快递业健康发展的政策文件。

省政府印发促进城市配送发展实施意见

4月，《辽宁省人民政府关于印发促进城市配送发展的实施意见》正式出台，提出要加强城市配送体系建设，提高城市配送发展质量和水平。《实施意见》指出，要完善机制、整合资源、合理布局、优化结构，营造城市配送发展的良好环境，推进城市配送服务体系建设，满足广大居民消费升级、现代流通和经济社会发展的需要。合理有效组织商业、物资、邮政、供销等仓储、配送资源，提高资源利用率。

东北快递（电商）物流产业园开工建设

5月18日，申通快递盘锦电商物流分拣中心项目开工奠基仪式，拉开了东北快递（电商）物流产业园开工建设的序幕。园区位于京哈、丹锡两条高速公路网络节点处，辐射东北三省、京津冀、内蒙古等地，规划总面积2.61平方公里，预计总投资27.65亿元，其中基础设施建设投入12.23亿元。园区集快递物流区、仓储物流集聚区、物流运输保障区、综合电商服务区、物流商业配套区、电商产品组装加工区六大版块及附属设施区于一体，围绕快递、电商、物流为主体的产业链、供应链、价值链，汇集上下游产业融合，实现完整产业生态圈。

省快递行业人才培训培养基地成立

6月7日，辽宁省快递行业人才培养培训基地揭牌仪式暨合作双元培育座谈会在鞍山市交通运输学校举行。辽宁省快递协会会长张俊山、辽宁省邮政管理局人事处副处长崔松清、鞍山市职教城管委会、鞍山局、鞍山市快递协会、鞍山市交通运输学校相关负责同志及鞍山市快递企业代表出席了揭牌仪式。鞍山韵达、圆通、天天、中通四家快递企业代表与交通运输学校共同签订了合作意向书。

促进农村电子商务加快发展的实施意见出台

7月，《辽宁省人民政府办公厅关于促进农村电子商务加快发展的实施意见》出台。《实施意见》以促进电子商务与农村实体经济线上线下深度融合为重点，以电子商务进农村综合示范创建为抓手，以特色农产品网络销售为突破，将进一步加快电子商务在农村地区的推广应用，形成覆盖全程、高效有序、便捷实惠、安全通畅的农产品现代流通体系和服务网络。

省政府出台“互联网＋流通”行动计划实施方案

7月29日，辽宁省政府出台《辽宁省“互联网＋流通”行动计划实施方案》。《方案》提出要加强智慧流通基础设施建设，加大对物流基地建设扶持力度，推广先进配送模式，推进大连市电子商务与物流快递协同试点城市建设，及时总结试点成果，形成可复制、可推广的制度、做法和经验。探索建立适合电子商务快速发展的物流快递管理服务体系，着力解决各地区快递运营车辆规范通行、末端配送、电子商务快递从业人员基本技能培训等难题，补齐电子商务物流发展短板。要深入推进农村电子商务，鼓励邮政企业等各类市场主体整合农村物流资源，建设改造农村物流公共服务中心和村级网点，切实解决好全省农产品进城“最初一公里”和工业品下乡“最后一公里”问题。要积极促进电子商务进社区，促进全省社区电子商务应用，探索建设直观、互动、方便、快捷的社区电子商务服务平台，发展以生活服务业为核心的电子商务服务，整合社区现有便民服务设施资源，开展物流分拨、快件自取、电子缴费等服务，提升社区居民生活品质。

启动许可注销工作

8月，辽宁省邮政管理局启动许可注销工作，对海城丹沙速递服务有限公司等8家经营许可证有效期届满未换证，或连续六个月未经营的企业予以注销公示。

辽宁局助力地方促进消费带动转型升级

根据辽宁省政府相关部署，辽宁省邮政管理局从降低企业设立成本和挖掘农村电商消费潜力两方入手，助力居民消费扩大和升级，加快培育发展新动力。为了降低企业设立成本，辽宁局制定了《关于加强快递业务经营许可审批若干问题的通知》《关于开展快递业务经营许可规范清理工作的通知》《关于开展快递业务经营许可审核工作专项检查工作的通知》等文件，进一步推进简政放权、优化快递市场环境。为了挖掘农村电商消费潜力，辽宁局以服务农村电商发展为重点，引导企业加大农村营业网点建设，鼓励快递企业与邮政企业通过多种方式加强合作，增强乡镇快递服务网络的稳定性，提升农村快递末端服务质量。推动“快递＋”特色农产品样板项目，以示范项目为抓手，鼓励快递企业积极参与农产品电子商务项目，多种方式搭建农产品快递服务网络，服务农产品产地直销、订单生产等现代农业生产新模式，助力特色农产品通过快递网络实现“农产品进城”。

国务院督查组赴辽实地督查东北快递物流产业园

9月20日，国务院第20督查组在国家行政学院常务副院长马建堂的带领下，来到辽宁盘锦实地督查指导东北快递(电商)物流产业园区建设工作。督查组详细了解了园区规划定位、基础设施配套和入驻园区项目开工建设情况。省、市、县和盘锦市邮政管理部门主要负责同志、入驻快递企业负责人陪同考察并介绍情况。督查组还召集企业家进行座谈，了解新业态、新产业、新模式发展情况及存在的问题。

沈阳邮政、快递企业项目纳入赴捷谈判项目清单

10月，按照市发改委要求，沈阳局向全市寄递企业下发《关于申报中捷网上丝绸之路合作相关材料的通知》，广泛开展调研工作，指导企业积极申报。经各公司报总部研究后，中国邮政速递物流沈阳公司、沈阳中通快递有限公司申报的项目需求被纳入中方相关单位赴捷谈判项目清单。谈判人员就市邮政、快递企业有意愿在捷克设立分公司，承包捷克全国落地配业务及代理捷克水晶制品、皮革制品及保健品等事项与捷克相关部门进行商讨。

辽宁局制定遏制重特大事故工作方案

10月，辽宁省邮政管理局印发《辽宁省邮政行业标本兼治遏制重特大事故工作方案》，推动全省邮政行业安全监管制度体系建设。《方案》分指导思想、工作内容、工作要求三部分，重点从四个方面强化行业安全风险管控，遏制重特大事故。一是构建邮政行业安全风险分级管控和隐患排查治理双重预防性工作机制。建立安全风险和事故隐患等级，实施事故隐患排查治理闭环管理，构建安全风险分级管控机制。二是强化安全生产技术保障。按照《邮政业安全生产设备配置规范》《快递安全生产操作规范》等要求，强化邮政行业安全生产技术防范。三是严厉打击惩治各类违法违规行为。加强安全执法规范化建设。坚持依法行政，强化行政执法信息公开，加大执法监督力度。建立健全“双随机”执法检查制度。四是提升应急处置能力。健全快速响应机制，加强应急能力建设，强化员工培训教育，切实提升寄递企业应急能力。

省邮政业“十三五”规划发布

11月，辽宁省邮政管理局与省发展和改革委员会联合制定发布《辽宁省邮政业“十三五”规划》。《规划》明确了坚持依法治邮、建设普惠邮政、建设智慧邮政、建设平安邮政、建设诚信邮政、建设绿色邮政六大主要任务；提出积极推动快递园区建设、城市邮政业安全监管平台建设工

程、从业人员素质提升三大重点工程；提出城市邮政业公共服务平台建设、推进快递企业转型发展、完成诚信邮政体系建设三大重点项目。同时，《规划》明确了全面履行政府职能、落实法律法规制度、政策扶持、加强标准化建设、加强人才队伍建设、促进行业自律、优化监管环境七项保障措施。

盘锦市政府首批命名授牌“快递服务制造业示范基地”

11月，盘锦市人民政府正式命名授牌盘锦高新区海兴科技园为首批“快递服务制造业示范基地”。盘锦高新区海兴科技园是中国塑料家居用品生产龙头企业之一，生产近万种各类智能化、环保型塑料家居用品。项目一期工程已于“双11”前投入使用，中通、圆通、韵达、汇通等快递企业已正式入驻，3万件家居用品通过快递、物流寄递渠道运往全国各地，受到盘锦市政府和高新区管委会的肯定。

陈求发省长肯定全省邮政业发展成效

11月27日，辽宁省省长陈求发主持召开省长办公会议，听取省GDP相关指标、国务院和省政府下达重点任务完成情况的汇报。在听取辽宁省邮政管理局关于全省邮政业务总量指标情况的汇报后，陈求发为全省邮政业今年年初以来的快速发展和2017年发展目标预安排点赞，邴志刚还勉励邮政业把握电子商务蓬勃发展契机，实现邮政行业与电子商务的融合发展、同步发展，为全省经济发展和民生改善多做贡献。

吉林省快递发展大事记

姜有为副省长充分肯定省邮政业发展成效

1月13日，吉林省副省长姜有为专题听取了省邮政管理局关于贯彻落实全国邮政管理工作会议精神、省邮政业“十二五”时期和2015年主要工作成绩、“十三五”发展目标和2016年重点工作任务的情况汇报。姜有为对省邮政管理局2015年各项工作予以充分肯定，并批示指出：过去的一年，省邮政管理局积极作为，奋力进取，做了大量卓有成效的工作，邮政业务和快递业务都实现了较大幅度增长，为全省经济社会健康发展做出了积极贡献。全省邮政管理系统在2016年要再接再厉，巩固发展态势，提升监管效能，加快改革创新，以时不我待的紧迫感做好各项工作，确保多项目标任务圆满完成。

省政府工作报告明确提出2016年实现快递乡镇网点全覆盖目标

1月，吉林省十二届人大五次会议召开。吉林省省长蒋超良在会上代表省政府作工作报告。报告对促进快递电商协同发展进行了部署，并明确提出了2016年实现快递乡镇网点全覆盖的目标。报告指出，要深化与阿里巴巴、京东等知名电商合作，加强启明信息、欧亚易购等电商平台建设，打造智慧商圈和智慧特色街区，完成吉林市国家级电商快递协同发展试点城市和8个国家级电商进农村综合示范县(市)建设，电商综合服务平台覆盖300个城市社区，快递乡镇网点覆盖率达到100%。报告强调，要加快推进长吉图综合物流园等项目建设，提升物流快递业发展水平。

省政府安排专项资金保障寄递渠道安全

2月，经吉林省邮政管理局多方协调、努力争取，吉林省政府决定一次性给予吉林省寄递企业财政补贴908万元，专项用于全省寄递企业X光安检设备购置。

省政府出台推动农村电商加快发展实施意见

2月，吉林省政府办公厅出台《关于推动农村电子商务加快发展的实施意见》，从指导思想、基本原则、发展目标三个方面明确了总体要求，提出了六项重点任务和三项保障措施，为农村电商快递协同发展提供了进一步的方向指导和政策保障。

省政府和中国邮政集团公司开展战略合作

2月22日，吉林省人民政府和中国邮政集团公司在长春签署战略合作协议。吉林省省长蒋超良、中国邮政集团公司总经理李国华出席签署仪式。仪式上，吉林省委常委、常务副省长高广滨和中国邮政集团公司副总经理李雄分别代表双方签署战略合作协议。吉林省副省长姜有为主持签署仪式。吉林省邮政管理局局长王永利参加活动。

吉林省局引导快递企业着力供给侧改革

为进一步释放行业发展活力，实现企业转型升级，吉林省邮政管理局引导快递企业积极进行供给侧改革，取得了初步成效，多家快递企业调整战略思路，提升服务水平，积极融入经济发展：吉林省顺丰公司与吉林省大型商业企业欧亚集团合作，为在欧亚集团消费的顾客提供同城商品满额包邮、三小时到家的服务产品，实现了商企营业收入、快递企业量收的双提升，同时，顺丰提供的3小时同城服务，日益得到广大消费者认可，并在逐渐改变群众的消费理念，一个崭新的市场正在不断发展；申通网络各加盟网点负责人从广大用户需求着手，利用网络便捷优势，组成申通微商联盟，使下单用户可以在最短的时间内享受到质优、价廉的海南、广东、新疆等地的土特产品，得到了广大用户的好评，生意红火。

王君正市委书记调研长春市快递产业园建设

3月15日，吉林省委常委、长春市委书记王君正，在调研长春市城区经济社会发展情况期间，来到了位于二道区的长春市快递产业园进行调研。王君正对长春市快递产业园区项目给予了充分肯定，并指出该项目的建成对于促进长春市发展与民生都有着深远意义。同时，要求各级政府和相关部门要切实帮助企业解决困难，推动快递产业园项目尽快开工建成。

邮政业发展重点内容纳入2016年省政府重点工作目标任务

3月，吉林省人民政府印发《2016年省政府重点工作目标责任制》，明确将“完成吉林市国家级电商快递协同发展试点城市和8个国家级电商进农村综合示范县(市)建设，快递乡镇网点覆盖率达到100%”“推进长吉图综合物流园等项目建设，提升物流快递业发展水平”等邮政业发展重点内容纳入省政府2016年重点工作任务。

省首家圆通速递电商培训基地落户白山市江源区

3月20日，圆通速递电商培训基地揭牌仪式在白山市江源区举行。通过系统培训，将培育出一批电子商务人才和电商微商企业，一方面通过实现当地产品的出口提高业务量收；一方面利用政策优势和人才优势，吸引当地电商微商与学校合作，进一步壮大市场规模，扩大客户资源。同时，培训学校还解决了当地农村人口回乡就业问题，促进了当地经济的发展，对农村电子商务加快发展起着重大推动作用。

快递业内容首次纳入全省国民经济和社会发展规划纲要

4月15日，吉林省人民政府印发《吉林省国民经济和社会发展第十三个五年规划纲要》，快递业相关内容纳入其中，这也是快递业相关内容首次纳入全省国民经济和社会发展规划纲要。规划纲要在“打好服务业发展攻坚战，引领结构优化升级”部分，加快重点领域发展章节，现代物流方面，明确提出：推进城市共同配送试点建设，健全城乡配送网络，加快发展快递服务业，开展“快递下乡”和“城乡货的”等工程，解决“最后一公里”。并将长春快递产业园区建设纳入现代物流重点工程。在电子商务方面，提出：推进电子商务示范城市、示范基地、示范企业建设，培育特色产业集群和骨干企业，促进吉林统泰“一网全城”等快递电商平台发展。推动县市与阿里巴巴、京东商城等国内知名电商合作建设特色馆，打造各具特色的农产品电子商务产业链，构建城乡双向流通渠道。并将顺丰集团跨境电子商务园区建设纳入电子商务重点工程。

省政府发文提出深化快递与电子商务协同发展

4月，吉林省人民政府出台《关于大力发展电子商务加快培育经济新动力的实施意见》，提出要在培育省内电子商务平台、推动农村电子商务发展等多个方面深化快递与电子商务协同发展。实施意见强调，积极探索电子商务与物流快递协同发展，逐步建立完善电子商务快速发展的物流快递管理制度和服务体系。支持邮政、快递企业按照《快递营业场所技术规范》建设标准化营业网点，深入社区、农村解决末端配送难题。

关于促进快递业发展的实施意见出台

4月26日，《吉林省人民政府关于促进快递业发展的实施意见》正式出台。实施意见提出，到2020年，基本建成普惠城乡、技术先进、服务优质、安全高效、绿色节能的快递服务体系，努力使快递业对全省经济增长的贡献度明显提高，全省快递业发展水平处于全国先进行列，基本实现快递业现代化。

省政府再次明确提出加快推进快递下乡

5月，吉林省政府出台《2016年促进农民增收行动计划实施方案》，提出从“增、保、减、降”入手，强化政策措施，拓宽增收渠道，挖掘增收潜力，确保完成2016年农民增收目标，并对加快推进快递下乡、农村电商快递协同发展等内容作出部署。

省政府发文大力打造“互联网+”高效物流

5月，吉林省政府印发《关于积极推进吉林省“互联网+”行动的实施意见》，提出从构建物流信息共享互通体系、建设深度感知智能仓储系统、完善智能物流配送调配体系三个方面入手，着力打造“互联网+”高效物流。

省寄递企业安检机补贴方案正式出台

5月，吉林省邮政管理局与省综治办、省国家安全厅、省公安厅、省财政厅联合下发通知，对寄递企业购置X光安检机给予财政补贴。通知指出，本次补贴以省内邮件、快件省际分拨中心所在的寄递企业和具有分拨中心功能的市（州）级（含扩权强县试点市）寄递企业作为补贴对象。经各市州局认定，文件明确了可享受补贴企业名单。通知明确，本着“先购置后补贴，一次性补贴”的原则，对符合要求的寄递企业在2016年1月1日至6月15日期间购置X光安检机的费用按照40%的标准给予补贴。补贴资金按照属地管理原则，由省级财政负担60%，市（州）财政负担40%。凡通过本次财政补贴购置的安检机，不得向其他省市进行调用。

吉林省局出台进一步加强全省邮政业新闻宣传工作的实施意见

5月，吉林省邮政管理局印发了《吉林省邮政管理局党组关于进一步加强全省邮政业新闻宣传工作的实施意见》。实施意见从工作总体原则、健全工作制度、加强宣传报道、强化组织保障四个方面对全省邮政业新闻宣传工作进行了部署。实施意见要求，各市（州）局要高度重视新闻宣传工作，主要领导负总责；要建立健全新闻宣传工作机构和工作体系，明确工作规则；要落实好全年新闻宣传重点，并积极配合省局完成专题约稿；要积极开展新闻宣传人员培训，提升队伍专业素质。

启动快递市场清理整顿专项行动

6月，吉林省邮政管理局印发《吉林省快递市场清理整顿专项行动实施方案》，全面启动快递市场清理整顿专项行动。此次专项行动重点针对弄虚作假骗取经营许可、未经许可经营快递业务、违反加盟管理规定、委托未经许可企业经营、超地域范围经营、未按规定办理变更手续、设立分支机构未备案、未按期提交年度报告书、停止经营未告知并交回许可证等9项违法违规经营快递业务行为开展专项整治。

媒体团采访吉林省快递服务制造业发展

7月18日至20日，中国邮政快递报社组织中央媒体和行业媒体到吉林省采访快递服务制造业发展情况。为总结宣传近年来快递服务制造业的先进做法和典型经验，并为推进快递服务制造业工程提供智力支撑和良好的舆论环境。

多部门联合印发加强物流短板建设实施方案

7月，吉林省发展改革委联合省商务厅、省工信厅、省交通厅等17部门印发了《关于加强物流短板建设 促进有效投资和居民消费的实施方案》。其中，快递行业在健全农村物流网络体系、促进物流新模式发展中的重要作用凸显，获多项利好政策支持。实施方案提出，实施“快递下乡”工程。在长春、吉林、延边等地规划建设一批具备集中仓储、分拣处理、快速集散、统一配送、商品展示等服务功能的现代化快递园区。支持乡镇快递服务中心和村屯快递服务网点建设。试点推广新能源电动快递专用车，大力发展智能快件箱，为快递终端投递和揽收提供便利服务。

吉林省局与政府部门间建立企业信息共享机制

8月，吉林省邮政管理局与省工商局等部门通过参加培训、座谈沟通、企业信息公示系统数据录入等形式，初步建立了政府部门间企业信息共享机制。从而加强协同监管，进一步实现邮政管理部门与其他政府部门之间信息共享交换、互联互通。

推动众创支撑平台实施意见出台

8月，吉林省人民政府印发《关于加快构建大众创业万众创新支撑平台的实施意见》，加快推动四众等新模式、新业态发展。其中，快递业作为四众模式发展的重点领域，发展空间得到进一步拓展。实施意见提出，“十三五”期间，建设和完善一批四众支撑平台。到2020年，大众创业万众创新支撑平台和普惠性的政策扶持体系更加完善，创新创业成本极大降低，产业分工更加灵活，就业空间进一步拓展，共享经济进一步壮大，形成一批新的经济增长点。围绕全面推进众创、积极推广众包、立体实施众扶、稳健发展众筹等4个方面提出了大力发展专业实体众创、积极发展网络平台众创、鼓励发展科研技术平台众创、培育发展大型企业众创、加快发展研发创意众包、积极推动制造运维众包、加快推广知识内容众包、鼓励发展生活服务众包、积极推动社会公共众扶、鼓励倡导企业分享众扶、大力支持公众互助众扶、积极开展实物众筹、稳步推进股权众筹、规范发展网络借贷等14项重点任务。

省政府出台“互联网+流通”行动计划实施意见

8月，吉林省政府就深入推进“互联网+流通”行动计划下发实施意见，邮政业发展获得大量政策支持。实施意见强调，推进电子商务与快递物流协同发展，鼓励各地积极探索电子商务与物流快递协同发展，深化吉林市电子商务与物流快递协同发展试点，形成可复制、可推广的模式、做法和经验，着力解决快递运营车辆规范通行、末端配送、电子商务快递从业人员基本技能培训等难题，补齐电子商务物流发展短板。畅通农村物流，鼓励邮政企业等各类市场主体整合农村物流资源，建设改造农村物流公共服务中心和村级网点，县、乡、村三级物流体系要实现全覆盖，60%以上的行政村48小时内物流配送到达村（屯）。

省政府要求提升农村快递配送能力

9月，吉林省人民政府办公厅印发《关于推进农村一二三产业融合发展的实施意见》，要求提升农村快递配送能力，打通电子商务“最后一公里”，完善农村市场双向流通。实施意见指出，要完善农产品市场体系。大力发展农村电子商务，加强县域电商服务中心和村级服务站建设，深化县（市）农村电子商务综合示范。提升农村快递配送能力，打通电子商务“最后一公里”，完善农村市场双向流通。支持吉林名优产品建立线上线下销售平台，促进农村经营主体与省内外知名电商平台合作。加强城市配送发展，对区域性智慧物流平台开展公益性服务给予政策支持。围绕农业产前、产中、产后服务需求，开展科技指导、信息服务、物流配送、金融支持、专业培训等社会化服务。

促进跨境电商发展快递业获利好

10月，吉林省政府办公厅印发《关于促进跨境电子商务发展的实施意见》，进一步提升吉林跨境电商贸易的综合竞争力，为跨境快递服务发展带来利好。实施意见提出，以统筹规划和政策支持为先导，以跨境物流通道建设为依托，通过引进与培育相结合的方式，全面建成“跨境电子商务线上平台＋跨境电子商务线下产业园区＋跨境电子商务物流运输通道＋跨境电子商务综合服务体系＝跨境电子商务全产业链条生态圈”的整体跨境电子商务发展框架，初步建成交易活跃、物流便捷、支付简单、监管高效、具有良好生态圈和浓郁地方特色的跨境电子商务发展基地和区域中心。

《吉林省邮政业发展“十三五”规划》发布

12月，吉林省邮政管理局与省发展改革委员会联合印发《吉林省邮政业发展“十三五”规划》，这是吉林省局第一次与地方政府部门联合印发邮政行业发展中长期规划。规划提出了提升普遍服务均等水平、推动快递服务转型升级、推动交邮协同融合发展、促进关联产业协同发展、推动跨境寄递有序发展、保障寄递渠道安全稳定、推进行业低碳经济环保等七大主要任务，“邮政普遍服务基础设施建设”“快递专业类物流园区”“快递下乡”“快件‘上机上铁’”“邮件快件进出境通道”等六项重大工程，加强规划统筹协调、推进法治邮政建设、优化行业发展环境、提升行业监管水平、加强人才队伍建设等五大保障措施。

黑龙江省快递发展大事记

省政府工作报告明确提出促进商贸物流业发展

1月27日，黑龙江省省长陆昊在省政府工作报告中提到邮政业收入和增长数据，在2016年工作任务明确提出促进商贸物流业发展。报告在部署2016年八项主要任务时，在“更加积极有效推进服务业快速发展”任务中明确提出，要促进商贸物流业发展，加快邮政快递集散分拨中心、冷链物流和哈尔滨航空物流中心等流通体系建设，打造华南城对俄经贸物流园区，推动哈尔滨城市共同配送体系建设。在“推动创驱动，开展大众创业万众创新”任务方面提出，推动“互联网＋”物流业加快融合发展。

建立打击寄递渠道涉烟违法活动联合机制

2月，黑龙江省邮政管理局与省烟草专卖局经过共同协商，联合下发了《关于建立打击寄递渠道涉烟违法活动联合工作机制的意见》，意见明确了黑龙江省邮政管理局四项职责，一是做好烟草专卖法律法规宣贯工作,监督寄递企业落实,配合烟草专卖管理部门开展对寄递企业的相关检查工作;二是监督寄递企业严格落实收寄验视制度,对烟草专卖品的寄递要注明物品名称和数量;三是监督寄递企业严格执行烟草专卖品限量寄递规定;四是依法向烟草专卖部门移交涉及烟草专卖的违法违规案件、提供涉案线索和配合案件查处工作。

与省商务厅就快递电商协同发展达成六点共识

2月5日,黑龙江省邮政管理局联合省商务厅召开全省快递电商协同发展座谈会议。双方就快递与电子商务协同发展等方面工作达成六点共识。一是就共同推动《黑龙江省促进快递业发展指导意见》进行了研究讨论,双方表示高度重视,将力促省政府尽快出台。二是双方表示近期将联合出台全省促进快递电商协同发展意见,切实推动快递业与电子商务融合发展。三是双方表示将结合黑龙江地域实际,联合出台促进快递与农村电商协同发展意见,全面推动黑龙江特色农产品"走出去"和工业品"下乡"。充分发挥邮政、快递企业优势,延伸服务链条,合理配置资源,在支持农村淘宝"千县万村"计划等方面开展紧密合作。四是联合出台邮政、快递服务跨境电子商务发展的实施意见。五是建立全省快递行业协会与电子商务协会的工作对接机制。六是联合开展调研,共同商讨促进全省快递电商协同发展的务实举措,推进全省"互联网+"快递发展。

下发2016年首批605张快递车辆通行证

2月,黑龙江省邮政管理局联合省交警总队、省道路运输管理局向省内13个市(地)的53家快递企业下发了今年首批共605张快递车辆通行证。

推进电商发展指导意见出台

2月,黑龙江省政府出台《关于推进电子商务健康快速发展的指导意见》,提出全面推进全省实施"互联网+流通"行动计划,强调发挥省邮政业支撑作用,对省邮政业支持对俄跨境电商、农村电商发展提供了进一步的方向指导和具体的政策措施保障。指导意见在主要任务中提出,一是大力发展对俄跨境电子商务;二是探索与俄罗斯物流企业合资合作,建立服务范围覆盖俄罗斯全境的跨境电子商务物流枢纽中心,提供贸易、仓储、配送和售后等系统化服务;三是要加快农村电子商务应用,支持电子商务企业向农村延伸业务;四是进一步发展集电子商务、电话订购和城市配送为一体的同城购物,推进传统零售业与网络零售有机接轨;五是提升物流服务水平;六是打造对俄跨境电子商务哈尔滨航空物流大通道和绥芬河、黑河陆路口岸电子商务货运大通道,支持从事电子商务物流快递企业在哈尔滨保税区内建仓,为电子商务企业提供仓储配送服务,不断完善对俄跨境电子商务物流服务体系。

省跨境电商发展方案出台

3月,黑龙江省政府出台《黑龙江省推进跨境电子商务健康快速发展工作方案》,提出了一个总体目标和五项重点任务,并对推进全省跨境电商快递协同发展进行了部署。工作方案提出,以提升跨境电子商务物流仓储服务能力、加快跨境电子商务产业园区建设和构建跨境电子商务服务体系为抓手,全力推动跨境电子商务健康快速发展,努力将黑龙江打造成为全国区域性跨境电子商务交易中心、物流中心和结算中心。力争到2020年实现全省跨境电子商务物流仓储服务能力进一步提高,大型跨境电子商务"边境仓"和"海外仓"各达到5个以上的目标。

陆昊省长会见苏宁集团董事长张近东一行

3月25日,黑龙江省邮政管理局訾小春局长应邀陪同陆昊省长会见了全国民间商会副会长、苏宁控股集团董事长张近东一行。在会见中,陆昊省长指出,2015 年黑龙江省邮政业业务量同比增长 20.4%,特别是小件快递业务量同比增长 80.15%,充分证明黑龙江农特产品“走出去”有着巨大潜力,希望苏宁集团为黑龙江电商物流发展带来新思维、新模式,催生新的市场。也希望全省邮政业紧密结合苏宁的先进物流优势和线上线下营销平台优势,加强物流特别是冷链物流方面的合作,积极抢抓新市场、新机遇,发挥在我省优质农产品、高品质乳制品、畜牧产品“走出去”和“卖得好”方面的支撑作用,加大行业供给侧改革力度,激发行业内生发展动力,助力全省经济转型发展。黑龙江省人民政府与苏宁控股集团战略合作框架协议签字仪式于 25 日下午在哈尔滨举行。

部署防范和查处快递参与空包刷信用等违法行为

4 月,黑龙江省邮政管理局下发紧急通知,部署防范和查处快递参与空包刷信用等违法行为。通知要求,各市(地)局要依法规范快件收寄行为,督促快递企业严格执行收寄验视制度,提示用户如实填写寄递详情单。对无内件的空包,要提示用户不得利用寄递渠道从事非法和失信活动。用户拒绝验视、拒不如实填写寄递详情单,快递企业不予收寄。通知指出,各快递企业要树立诚信经营、规范发展的理念,采取有效措施加强内部规范管理。明确行为规范和从业人员行为准则,加强对加盟企业、分支机构管理,注重行为约束,健全自查机制,严禁组织或者参与从事违法违规活动。

省政府补贴 1100 万元资金为全省寄递企业购置 X 光安检设备

4 月,经黑龙江省政府同意,省财政厅审议,决定对全省寄递企业购置 X 光安检设备提供 1100 万元资金补贴。补贴采取企业自筹加政府补贴(自筹 60%、财政补贴 40%)的方式,财政补助的资金按照安全属地管理原则,计划省级财政拨付 60%,市(地)财政拨付 40%。

省政府提出支持农村邮政服务体系建设

4 月 12 日,黑龙江省政府办公厅发布《关于推进农村一二三产业融合发展的实施意见》。实施意见明确提出支持农村邮政服务体系建设、实现农产品物流园区与邮件、快件处理中心对接等,要求省邮政业为全省农产品电子商务发展提供服务。实施意见提出,一是大力发展农产品电子商务,完善配送及综合服务网络。推动“电子商务进农村”综合示范县(市)加快发展,支持省邮政业建设提升改造农村电子商务综合服务及配送网络,为农产品配送以及线下代购、网上缴费、普惠金融等提供服务;二是将农村物流基础设施纳入城乡建设规划,统筹规划建设农村物流设施,逐步健全以县、乡、村三级物流节点为支撑的农村物流网络体系。统筹规划建设具备农产品流通加工、仓储、运输、配送等综合服务功能的物流园区,做好与邮件、快件处理中心的对接;三是加快农产品冷链物流体系建设,支持优势产区产地批发市场建设,推进市场流通体系与储运加工布局的有机衔接。

省快递业通过线上线下互动获推动发展

4 月,黑龙江省政府出台《黑龙江省推进线上线下互动加快商贸流通创新发展转型升级工作方案》,提出发展线上线下融合等新模式、新业态,并对省快递业、快递企业、快递包裹、快递服务,邮政快递资源、物流节点等发展内容作出部署,同时明确了黑龙江省邮政管理局两项主要工作任务。

胡亚枫副省长要求大力推动全省交邮合作和农村快递物流发展

5 月 12 日,黑龙江省副省长胡亚枫在省交通运输厅调研时,听取了省交通运输厅和省邮政管理局关于全省交邮合作开展情况工作汇报。胡亚枫高度评价近期省快递业发展成效,并要求大力推动全省交邮合作和农村快递物流发展。

促进快递业与电商协同发展实施意见出台

5月，黑龙江省邮政管理局联合省商务厅出台《关于促进快递业与电子商务协同发展的实施意见》，从加强快递与电商协同发展的政策环境、对俄跨境电子商务发展、打造末端配送网络、农村电商发展、信息数据对接信息共享、电商产业园区、部门合作联动机制等11个方面提出具体要求，为全省快递电商协同发展提供政策支持与保障。

黑龙江局与省民航监管局达成合作共识

6月，黑龙江省邮政管理局与省民航监管局就设立快件绿色通道、航空代寄服务、快件保税区、邮件安全监管合作等方面达成三点合作共识：一是设立航空快件处理中心"快件绿色通道"，解决快递设施布局离散带来的系列问题；二是结合民航时刻资源情况和快递企业需求，给予快递企业淡季航空远程代寄运输服务的优惠政策，加强快递企业与民航开展战略合作；三是支持和引导快递企业入驻机场邮(快)件保税区，为跨境电商提供便捷服务。

推动行业"三位一体"诚信体系建设

6月，黑龙江省邮政管理局制定出台《关于加强黑龙江邮政业诚信体系建设的指导意见》，积极打造以政务诚信、邮政企业诚信、快递企业诚信为一体的全行业诚信体系建设。根据意见，到2020年底，在全省邮政业形成诚信建设的规章制度和标准体系，以信用信息采集、分析、利用为主要内容的邮政业信用信息系统基本建成，信用考核标准基本健全，行业信用监管体制基本理顺，全行业信用档案建立，守信激励和失信惩戒机制基本建立并初步发挥作用。全行业诚信意识普遍增强，行业发展信用环境明显改善。

省政府出台《关于促进快递业发展的实施意见》

7月，黑龙江省政府出台《关于促进快递业发展的实施意见》，明确了全省快递业发展的指导思想、发展目标、重点任务、政策措施和组织实施等内容。实施意见提出了促进全省快递业发展的五项重点任务：一是培育壮大快递企业；二是推进相关产业协同发展；三是构建完善服务网络；四是衔接综合交通体系；五是加强行业安全监管。

"互联网+精准扶贫"计划出台

8月，黑龙江省政府制定出台"互联网+精准扶贫"行动计划，提出建立覆盖全省建档立卡贫困村的"互联网+精准扶贫"体系，力争使全省3万户贫困户受益，10万贫困人口脱贫。计划在具体目标中提出，鼓励和扶持物流企业在贫困乡镇建立符合电商发展需要的物流配送门店，在贫困村建立快递服务点，开展集中收购、集中配送，功能覆盖到村；打造5个电商基础较好的贫困县成为线上农产品销售或线下为群众服务的示范县，100个以上"一村一品"电商专业村；培育1000个电商致富带头人、100家电商脱贫典型。

省政府出台《关于加快推进"互联网+"行动指导意见(2016年版)》

9月，黑龙江省政府印发了《关于加快推进"互联网+"行动指导意见(2016年版)》，提出加快推进"互联网+"行动，促进互联网与各领域的深度融合与创新发展，其中将"交通运输及流通领域"列为"互联网+重点行动"中的八个重点领域之一。指导意见明确提出，要推动电子商务与物流快递协同发展，逐步建立较为完善的交通出行信息服务体系和具有黑龙江省特色、专业化的物流公共信息平台。要突出对俄跨境贸易、农村和农业、商贸流通、社会生活等重点领域，加快培育电子商务平台和电子商务服务企业。要壮大电子商务产业园区，打造省级电子商务示范体系，提升电子商务服务能力，完善电子商务产业链条。重点实施"互联网+交通""互联网+流通"行动计划。

农民创业三年行动方案出台

10月，黑龙江省政府办公厅印发《黑龙江省农民创业三年行动方案（2016－2018年）》，提出推进全省农民创业工作，打造县、乡、镇三级物流基础设施网络，全省交邮合作、快邮合作、快递下乡获利好。方案在主要任务中提出，要加大交通物流等基础设施投入，支持乡镇政府、农村集体经济组织与社会资本参与建设智能电子商务物流仓储基地，电子商务快件分拨中心，依托现有村邮站、邮政“三农”服务站打造上接县、中通乡（镇）、下联村的县、乡、镇三级物流基础设施网络。鼓励邮政、物流快递企业加强合作，共同完善快递下乡体系。提升冷链物流快递配送能力，畅通农产品进城与工业品下乡的双向流通渠道。此外，在完善创业园支持政策中提出，要帮助农民创业园完善交通、物流等基础设施。同时，进一步明确了邮政管理与交通部门的工作职责。

促进医药产业健康发展实施意见出台

10月，黑龙江省政府办公厅出台《关于促进医药产业健康发展的实施意见》，将建立医药产业的现代营销模式和加快流通体系建设作为主要任务，省邮政业服务医药产业获得政策支持。意见提出，建立医药产业现代营销模式，积极推进医药流通领域的物联网系统建设，加快电子商务发展，支持品牌企业开展营销创新。充分利用邮政、快递等公司的网络优势，推动建立起价格合理、方便快捷、质量保证满足药品储存特性的运输配送体系。

高铁快运助力快递旺季服务达成合作

11月，黑龙江省邮政管理局、省快递行业协会引导快递企业与哈尔滨铁路部门对接，共同促成省邮政EMS、顺丰、韵达、快捷、京东与中铁快运哈尔滨分公司达成合作，实现了快递业务旺季服务与铁路“电商黄金周”服务的对接。在2016年即将到来的“双11”活动期间，快递、电商企业将与铁路部门联手，开出电商快车，让快递企业快件搭乘高铁动车便捷高效地抵达目的城市。

陆昊省长批示肯定省快递业“双11”业务旺服务保障

11月，黑龙江省省长陆昊对《黑龙江邮政管理局关于“双11”快递业务旺季服务保障工作的报告》作出批示，指出全省快递业在“双11”业务旺季“准备充分，工作很有成效”，并对行业发展成效给予充分肯定。

出台促进内外贸易流通发展利好政策

12月，黑龙江省人民政府连续出台了《关于推进国内贸易流通现代化建设法治化营商环境的实施意见》和《黑龙江省促进外贸回稳向好的若干措施》，就进一步深化全省内外贸流通供给侧结构性改革，创新现代流通方式，完善城乡流通网络，积极挖掘消费潜力，做大做强商贸服务业提出实施意见，省邮政、快递业迎多项利好政策。

电子商务物流发展专项规划出台

12月，黑龙江省出台《黑龙江省电子商务物流发展专项规划（2016－2020年）》，其中涉及邮政、快递业的五项重点工程。规划提出以哈尔滨、牡丹江、大庆为重点，推进实施电子商务物流示范工程，重点培育5个电子商务物流园区（基地）、10个电子商务快递转运和分拣中心、3000个左右末端配送点的发展目标及涉及邮政、快递业发展的多项任务。提出拓展跨境电商物流货运通道、完善跨境电商物流服务体系、加快中小城市和农村电商物流发展、打造电商物流网络服务体系、加快民生领域电商物流发展等主要任务。提出加强政策支持力度，做好电商物流的仓储、分拨、配送等规划选址和用地保障，落实好现有鼓励政策。完善城市交通和配送管理政策，解决城市配送及快递车辆通行、停靠等交通管理问题。

上海市快递发展大事记

上海局网站获评"2015 年上海市重点网站运行安全优秀工作单位"称号

1 月,上海市网络与信息安全应急管理事务中心授予上海市邮政管理局网站"2015 年上海市重点网站运行安全优秀工作单位"称号。按照《关于加强本市重点网站运行安全保障工作的通知》(沪网安办〔2013〕3 号)要求,上海市网络与信息安全应急管理事务中心受市网络与信息安全协调小组办公室委托,定期对全市重点网站运行安全情况进行监测。经严格评测,上海局官方网站在 2015 年运行情况良好,安全通畅、信息更新符合要求,各季度运行安全情况评价均为Ⅰ级且未发现安全风险,被本市网络与信息安全协调小组办公室授予"2015 年上海市重点网站运行安全优秀工作单位"的荣誉称号。

上海市实施人才引进新政

1 月,上海市发布《关于服务具有全球影响力的科技创新中心建设实施更加开放的国内人才引进政策的实施办法》,相比之前的本市落户政策有较大突破,解决了长期困扰上海市邮政业发展的人才落户难等问题,为邮政行业领军人才和高素质人才落定带来春风。

曾军山局长会见"中华邮政"董事长翁文祺一行

1 月 8 日,上海市邮政管理局局长曾军山会见了中华邮政股份有限公司董事长翁文祺率领的代表团全体成员。曾军山局长对翁文祺董事长一行的来访表示欢迎,并介绍了近期上海邮政业发展情况。翁文祺董事长感谢曾军山局长的会见,并希望沪台邮政进一步增进合作,共同提升两岸邮政服务水平,为促进两岸人文交流、经贸合作等创造更好条件。

智慧城市互联网 + 末端投送创新服务联盟成立大会召开

1 月,上海市智慧城市互联网 + 末端投送创新服务联盟正式成立。"联盟"创始成员共 26 家,涉及多个快递关联行业,包括电商企业、智能快件箱运营企业、快递企业、新能源车生产企业、互联网企业、落地配企业、传统信报箱企业、电动车生产企业和部分中小型创新型企业。成立大会上,联盟成员代表递易、零公里、赛峰、申通和东方网等企业分别发言表态。上海市邮政管理局党组书记、局长曾军山出席成立大会做重要讲话。

上海局集中表彰行业先进模范

1 月 18 日,上海市邮政管理局组织召开"上海市邮政业 2016 年工作会议",集中表彰 2015 年度本市邮政行业各领域先进模范。其中,会议分别表彰了获得"全国交通运输行业文明单位"称号的中通快递上海分公司、获得"全国交通运输行业文明示范窗口"称号的申通快递上海罗泾公司,并授予圆通、中通、申通"2015 年度上海市快递业发展贡献突出企业"称号,授予顺丰、EMS、中通"2015 年度上海市快递业申诉处理质量优胜企业"称号,东方网智慧屋、物联 e 站、零公里、递易智能科技、金山快递超市获颁"上海市快递业末端创新孵化点"。会议同时表彰 2015 年度上海市快递行业精神文明建设评选活动及服务竞赛中涌现的先进集体和个人。

制定《邮政、快递企业申诉处理质量考核办法(试行)》

1 月,上海市邮政管理局制定出台了《上海邮政、快递企业申诉处理质量考核办法(试行)》,以加强上海邮政业消费者申诉工作质量,提升申诉处理质量和行业满意度，促进行业健康持续发展，更好的服务广大消费者。该办法从考核原则、主体、周期、范围、内容、指标、评分、表彰、管理、其他等十个方面对申诉处理工作进行全方位考评。

上海市“十三五”规划纲要发布

2月1日，上海市发布《上海市国民经济和社会发展第十三个五年规划纲要》，快递业相关内容首次纳入上海市国民经济和社会发展规划中，纲要明确指出：一要“大力发展航空货运，构建专业航空货运体系，建设国际空运货物分拨集拼中心和浦东机场国际快件转运中心，发展机场多式联运”，巩固提升亚太航空枢纽港地位。二要“高起点规划建设虹桥服务创新试验区和浦东航空经济集聚区，打造国际临空经济示范区”，为建设浦东祝桥国际现代快递物流园区提供有力支撑。三要提升国际贸易中心服务辐射能级，“巩固旅游、国际物流等服务贸易优势领域规模”，“促进现代物流业提质增效，积极培育供应链物流服务集成商和第三方专业物流服务商，打造物流综合服务平台”。四要在与沿江省市共建长江经济带的过程中，“强化大通关协作机制，与沿江省市共同构建长江物流一体化运营平台”。

上海局与上海东方网股份有限公司签署战略合作协议

2月3日，上海市邮政管理局与上海东方网股份有限公司签署战略合作协议。协议以推进社区快递收派端管理建设、加大本市邮政业宣传、做好邮政管理领域舆情收集和应对工作、推动邮政管理业务大数据分析的探索应用等四个方面为战略合作重点，依托东方网作为上海最具影响力新闻门户网站的优势，全力推进本市“六化”快递收派服务体系建设，进一步推进解决本市快递收派端问题，上海局党组书记、局长曾军山，上海东方网股份有限公司党委书记、董事长何继良出席仪式并讲话。

推进“互联网＋”行动利好邮政行业

2月，上海市发布《上海市推进“互联网＋”行动实施意见》，邮政行业发展获相关政策层面支持。意见确定21个专项行动，以期在2018年实现互联网与经济社会各领域深度融合，形成有利于互联网创新的宽松制度环境，确立上海互联网发展的优势地位。其中，在“互联网＋供应链”“互联网＋商贸”等专项行动中，明确提出要利用互联网同步信息流与物流，推动供应链管理向互联网模式转型，将重构商业模式从租售模式演进为信息、物流、互联网金融等创新盈利模式。在“互联网＋电子商务”中，提出推进跨境电商创新，鼓励和引导跨境电子商务以“海外仓”的模式开展出口业务等内容，为推进市邮政业服务跨境电子商务提供引领和支撑。

上海局推进智慧邮政信息化建设

3月11日，上海市邮政管理局与上海中安电子信息科技有限公司、上海物联网有限公司、上海永驿管理咨询有限公司等三家研究机构举行签约和授牌仪式，共同签署《合作框架协议》，深入推进上海市邮政业信息化建设相关工作，提高上海市邮政快递行业信息化监管能力，提升行业信息化服务水平。上海局授予三家研究机构“上海市邮政业创新发展研究基地”铭牌。

上海市跨境电子商务示范园区启动

3月15日，上海市跨境电子商务示范园区举行启动仪式。上海市政府副秘书长、浦东新区区长、自贸试验区管委会常务副主任孙继伟出席。上海局副局长夏颐参加启动仪式并为“上海市跨境电子商务示范园区”挂牌单位授牌。上海市跨境电子商务示范园区作为2016年1月12日国务院批复同意在上海等12个城市设立国家跨境电子商务综合试验区之后本市设立的第一批示范园区，标志着上海市跨境电子商务综合改革试点进入一个新阶段，也是自贸试验区先行先试、深化改革的又一重大举措。

邮政行业相关工作纳入上海市贸易流通体制改革发展综合试点方案

3月，上海市制定《上海国内贸易流通体制改革发展综合试点方案》，邮政行业多项工作内容列入方案。方案明确要创新流通基础设施发展模式，要"发展城市共同配送，完善以'重点物流园区分拨中心、公共及专业配送中心、城市末端配送网点'为架构的城市配送物流三级服务网络，推广'网订店(点)取'等服务模式及新能源城市配送车辆应用，整合存量配送资源，建设城市末端配送节点网络"。在工作任务清单中，将上海局列入鼓励发展跨境电商、发展现代物流业和研究制定电子商务、农产品流通、物流快递等领域的经营技术规范和管理服务标准等工作内容的配合单位。同时，上海局作为电子商务发展联席会议成员单位，承担着"重点推进基于大数据的精准信息服务、基于第三方支付及互联网金融的支付服务、基于城市智慧物流配送服务等技术的示范应用"相关工作内容。

《上海市邮政业安全管理实施纲要(2016－2020)》出台

3月，上海市寄递安全管理工作领导小组研究制定《上海市邮政业安全管理实施纲要(2016－2020)》，并经市寄递安全管理工作领导小组会议讨论通过，正式印发。文件明确了"十三五"期间上海邮政业安全管理工作目标任务，落实职责分工，细化推进时序，强化保障措施，要求本市各寄递企业成员单位结合《关于本市进一步加强邮件、快件寄递安全管理工作的实施意见》要求，深入抓好贯彻落实，推动本市邮政业安全管理工作整体协调发展，实施"寄递渠道安全三项制度"，依法筑牢邮政、快递渠道以收寄验视为重点的外围防线、以全程管控为重点的内控防线和以源头控制为重点的追溯防线，把上海建成全国邮政业安全最优质、最满意、最放心的城市。

上海市明确建500个电商快递配送综合服务点

3月，上海市召开电子商务联席会议，明确将"推动电子商务与物流快递协同发展"作为服务民生的重点工作，计划2016年本市建成15个智慧商圈、500个电商快递配送综合服务点、50个农村电商服务站。

邮政行业相关内容纳入国际航运中心建设2016年重点工作

4月，上海市政府办公厅印发《上海国际航运中心建设2016年重点工作安排的通知》，明确将邮政业相关内容纳入2016年重点工作安排。其中，在"发展现代航运服务体系"重点领域中，上海局作为牵头单位负责"建设浦东航空城；推进祝桥国际现代快递物流园区建设，申报国家级快递物流园区"。在"推动航运发展制度创新"重点领域中，上海局作为配合单位协助"推进航空快件分运单模式中转集拼业务创新。加快推进浦东机场快件中心配套查验设施建设，争取完成海关、检验检疫联合查验平台的方案布局。推进浦东机场海关快件公共库项目，对接上海市跨境电子商务公共服务平台"。

印发上海市跨境电商工作要点

4月11日，上海市发展改革委印发《上海市跨境电子商务发展2016年重点工作》，提出创新邮路监管措施，邮政业发展获得新机遇。同时，上海市邮政管理局被列为相关工作重要推进单位。文件提出，协调邮政企业参与试点，推进邮政快件产品与公共服务平台对接，对主要通过邮路实现进出口的重点平台纳入跨境电子商务业务范围；积极创新对邮路的监管模式，满足邮路渠道快速增长的通关、仓储等需求。

上海快递员荣获"全国物流行业劳动模范"称号

5月20日，人力资源和社会保障部、中国物流与采购联合会在人民大会堂举行全国物流行业先进集体、劳动模范和先进工作者表彰大会。上海市邮政管理局推荐的"首届全国最美快递员"百世汇通李元明和率先救助车祸司乘人员的圆通速运公司快递员周建飞获得"全国物流行业劳动模范"荣誉称号。

上海市2016年智慧城市建设重点工作计划纳入邮政行业内容

5月，上海市智慧城市建设领导小组办公室印发《上海市2016年智慧城市建设重点工作计划》，明确纳入邮政业相关内容。该领导小组办公室在"智慧商务"部分将上海市邮政管理局作为推进部门，负责推进"提升快递业信息化水平和快件末端投递智能化水平，加快邮政、快递门店和综合服务站建设，全面推进收派端网络化发展"相关重点工作。

上海局相关工作首次纳入2016年上海市政府重点工作

5月，上海市政府督查室印发《2016年市政府重点工作责任单位和节点目标安排表》，首次将市邮政业内容纳入其中。安排表从深化中国(上海)自贸试验区建设、加快建设具有全球影响力的科技创新中心、加快推进上海国际金融中心建设、加快推进上海国际航运中心建设、加快推进国际贸易中心建设等14个方面(项目)全面梳理了2016年市政府重点工作。其中，"加快电子商务示范城市建设，争取启动跨境电子商务综合试验区试点"项目，明确发布《中国(上海)跨境电商综试区实施方案》、创建2016年度本市电子商务示范企业和园区、加快"互联网+"商务创新实践区建设、开展电商快递配送末端综合服务示范工作、制订"物联网+流通"行动计划等工作，明确由上海市邮政管理局等单位负责协作推进。

推动上海市邮政、快递企业开展合作

5月，上海邮政EMS与"零公里"平台共同签署战略合作协议，合作开展解决快递配送"最后100米"难题。同时，上海市邮政管理局主动谋划、积极牵线搭桥，引导上海邮政EMS与浦东农协会达成合作意向，启动"极速鲜"瓜果类销售、寄递业务项目，从西瓜配送入手开展服务创新活动，搭建由农户、合作社、电商客户构成的原产地生鲜类农副产品配送链，共同探索"互联网+三农"服务新模式，方便市民群众足不出户享受最新鲜的水果、蔬菜和特色生鲜。

推进寄递安全地方立法

6月2日，上海市邮政管理局召开《关于抓紧制定上海市寄递安全条例》的议案研究办理会议，上海局在会上介绍市人大1号议案的研究办理情况，提出上海邮政业发展现状、寄递安全工作开展情况及立法需求，汇报寄递业安全立法工作的开展情况，并听取讨论相关各方关于《上海市寄递安全条例(草案稿)》的意见建议。市人大城建环保委、市政府法制办、市交通委、市公安局、市立法研究所参加会议。

公布跨境电商综试区实施方案

6月8日，上海市政府公布《中国(上海)跨境电子商务综合试验区实施方案》，实施方案提出的主要任务共计5个方面23项，包括建设跨境电商公共服务平台、推进跨境电商园区建设、集聚跨境电商企业主体、完善跨境电商监管制度以及探索国际通用规则。方案指出，要"推进邮政管理与海关和检验检疫部门之间管理信息互通，完善邮包业务统计工作。支持邮政企业进一步完善国际邮政服务，提高配送效率"，并明确上海市邮政管理局为责任单位。

薛潮副主任一行调研《上海市禁毒条例》贯彻执行情况

6月20日，上海市人大常委会副主任薛潮率市人大相关部门负责同志考察调研本市快递行业

贯彻执行《上海市禁毒条例》情况。调研中，薛潮充分肯定了各单位、各部门在邮政寄递渠道方面贯彻落实条例所做出的努力，并对下一步工作提出了三点要求。上海市政法委、上海市综治委、上海市禁毒委、上海市公安局、上海市邮政管理局、青浦区政府等相关单位负责人陪同考察。

开展寄递行业治安信息员队伍建设工作联合督导

6月，上海市邮政管理局与市公安局、各派出机构组成4个联合督导组对本市寄递行业治安信息员队伍建设工作开展联合督导。督导工作共涉及全市17个区县的公安派出所、23家邮政与快递网点，督导重点为上海市寄递行业治安信息员队伍物建工作是否落地以及如何开展工作。通过与网点负责人的现场交流与沟通，联合督导组详细了解网点治安信息员建设、网点运营、安全制度落实等情况，重申网点参与治安信息员工作的重要意义与社会责任，对网点治安信息员如何开展工作、如何加强公安派出所与邮政、快递网点之间的对接联络给予现场指导，并要求网点牢固树立安全责任意识，抓好经营秩序规范，全力做好寄递渠道安全工作，确保行业安全健康发展。

快递综合末端体系建设工作获政策利好

6月，上海市委、市政府召开贯彻中央城市工作会议精神推进大会，会议印发的《关于深入贯彻落实中央城市工作精神，进一步加强本市城市规划建设管理工作的实施意见》明确提出：鼓励有条件的社区将快件收派服务纳入社区服务中心服务范围。该政策为推进快递综合末端体系建设，切实解决社区派送“难点”、寄送渠道的“堵点”和行业提质的“痛点”再添政策保障和工作推力。

启动全市邮政行业专用车辆监管平台建设工作

7月15日，上海市邮政管理局组织召开全市邮政业专用车辆监管平台建设专题研讨会，就平台模块设置、功能分类、权限管理以及界面显示等问题进行深入探讨与研究。建成后的全市邮政业专用车辆监管平台，将把包括全市快递货运机动专用车辆与快递电动专用车辆等邮政业专用车辆纳入其中，在充分运用互联网、数据库以及4G通讯等技术的基础上，实现车辆运行轨迹管理、车辆违规行为管理、车辆运行分析等功能。

开展邮政业安全生产标准化建设试点工作

7月21日，上海市邮政管理局、市快递行业协会召开邮政业安全生产标准化建设试点工作专题部署会。上海局发布解读《关于开展上海市邮政业安全生产标准化建设试点工作的通知》，并对试点企业提出三点要求。会上，市交通委发展研究中心专家讲解邮政业安全生产标准化建设情况，市快递行业协会表示将充分发挥桥梁作用，督促企业加大安全投入力度，依照相关行业安全标准加强规范和提升。

上海市民营快递企业总部成长性评估项目通过专家评审

7月，“上海市民营快递企业总部成长性评估项目”评审会在上海召开，上海市快递协会、研究机构、政府部门的业内专家及企业代表参加评审。经研讨，多方认为评估报告框架结构合理、内容体例完整，评估结果客观实际，分析结论全面深刻，建议举措切实可行，对于指导快递总部发展壮大具有较强的前瞻性和可操作性，对行业发展和转型升级具有重要的引领和指导作用。与会专家一致同意通过评审，并对报告提出了修改完善的意见建议。

上海国际航运中心建设条例出台

8月1日，《上海市推进国际航运中心建设条例》正式施行，这是国内第一部关于航运中心建设的地方性法规，为推动上海邮政快递打造“向外”航空枢纽提供了利好支持。条例明确提出：“支持国内外航空公司以及综合物流服务商在上海机场地区建设航空物流转运中心，推广应用物联网技术，开展多式联运，加快航空货运业务发展。支持主运营基地在上海的航空公司构建以上海为核心、立足全国、辐射全球的枢纽航线网络。支持优化调整本市空域结构，提升枢纽空域容量，合理分配航权和新增航班时刻资源，提升航线网络的通达性、衔接性和枢纽航班密度。鼓励主运营基地在上海的航空公司以及国内外其他航空公司和航空联盟共同建设品质领先的世界级国际航空枢纽。”

《上海市快递末端综合服务站标准》通过专家评审

8 月，上海市邮政管理局组织召开《上海市快递末端综合服务站标准》专家评审会。评审专家审议认为《标准》框架结构合理，研究充分，符合编制要求，是全国首部快递末端综合服务站标准，标准的制定符合上海市快递业末端建设的实际和趋势，对于提升本市快递末端服务提出了更高要求，在引导和规范快递末端服务，探索“互联网 +”快递创新实践，促进快递业与其他行业深度融合，提高社会有限资源运行效率等方面具有重要意义，并一致同意通过评审。

上海局实现行政执法证全生命周期管理

8 月，上海市邮政管理局完善制度，强化部署，圆满完成全局行政执法人员国家邮政行政执法证换证、注销、清理工作，进一步规范行政执法证件管理，实现行政执法证全生命周期管理。

市供给侧改革实施意见出台

8 月，上海市出台《上海市推进供给侧结构性改革的意见》，意见明确九大类别、三十项具体任务全面推进上海市供给侧改革，其中两项涉及邮政业相关内容。在“降低企业税费负担”中，明确提出落实小微企业所得税优惠、物流业大宗商品仓储设施用地城镇土地使用税减半征收等税收优惠政策；在“深化贸易便利化制度创新”中，提出要拓展国际贸易“单一窗口”功能，扩大货物状态分类监管试点，深化通关一体化改革，推进口岸监管部门之间信息互换、监管互认、执法互助，扩大贸易便利化措施的集成效应。

《“十三五”时期上海国际贸易中心建设规划》发布

8 月，上海市发布《“十三五”时期上海国际贸易中心建设规划》，规划从六方面明确未来五年的 9 项专栏、24 项主要任务和措施。其中在“专栏 8：生活性服务业提质工程”中首次提及快递相关内容，明确提出要“整合社区服务网点资源，布局 100 家左右集养老、家政、洗衣、餐饮、维修、理发、生鲜、寄存、快递等为一体的社区便民生活服务示范区，解决‘最后一公里服务难题’”。

《上海市危险化学品安全管理办法》出台

10 月，上海市政府公布新修订的《上海市危险化学品安全管理办法》，于 2017 年 1 月 1 日起施行。新修订的办法全面明确危险化学品运输单位的资质要求，寄递企业不属于危险化学品运输单位范畴，禁止承运危险化学品。办法首次明确危险化学品单位发送和接收危险化学品时，发现通过邮件、快件寄送危险化学品违法行为未向邮政管理部门报告的，由邮政管理部门按照职责分工，责令改正，可处以 1 万元以上 5 万元以下罚款。这是地方立法层面重大突破，对于加强综合治理、加强部门间协同监管以及推动本市寄递业安全地方立法，具有重要意义。

圆通速递胡瑞琦获评上海市城乡建设交通青年人才发展计划杰出青年奖

10 月，第三届“城市之星——上海市城乡建设交通青年人才发展计划”杰出青年评选及表彰大会在上海核工程研究设计院隆重举行，上海市邮政管理局团委推荐候选人圆通速递胡瑞琦荣获“城市之星——上海市城乡建设交通青年人才发展计划”杰出青年奖。

上海局命名18家上海市快递行业文明单位

10月,上海市邮政管理局印发文件授予中国邮政速递物流股份有限公司上海市分公司浦东区域公司陆家嘴营业部等18家单位为2014—2015年度“上海市快递行业文明单位”,在全行业中树立典型、表彰先进,进一步引导、激励广大从业人员奋发进取,推动精神文明创建活动深入开展。

综合交通“十三五”规划多项内容衔接邮政行业发展

10月,上海市发布《上海市综合交通“十三五”规划》,其中多项内容与上海市邮政业规划有效衔接。在规划“重点任务”中为上海邮政行业带来四项利好:一是明确将“着力推进浦东机场国际快件转运中心建设,支持浦东祝桥国际现代快递物流园区的建设,鼓励新兴航空物流集成商入驻;大力发展冷链物流、跨境电子商务等新业务,创新航空快件集拼中转监管模式,提高航空货运枢纽的竞争力”。二是提出要“推进综合货运枢纽和物流园区建设。支持物流园区发展,引导传统货运场站向物流园区,尤其是向具有公共服务性质的货运枢纽型物流园区转型升级”。三是上海将在“十三五”期间持续扩大包括物流配送车在内的新能源车使用比例。四是将“推动公用型城市配送节点及邮政快递作业枢纽建设。结合分拨中心、转运场地等邮政快递基础设施规划建设,布局智能快递终端;在社区、商务区等区域规划设置一批公共的货物集散点”。

《上海市现代物流业发展“十三五”规划》发布

11月,上海市人民政府办公厅转发市发展改革委制订的《上海市现代物流业发展“十三五”规划》,规划首次将邮政快递业作为重点内容纳入其中,明确将快递业作为专业物流基地之一,纳入“5+4”空间布局即五大重点物流园区和四类专业物流基地中。

《上海15分钟社区生活圈规划导则(试行)》发布实施

11月,上海市正式发布实施《上海15分钟社区生活圈规划导则(试行)》,导则服务篇中明确将快件收发功能纳入社区生活服务中心,并明确了相关建筑面积标准。这是自2015年以来,上海市邮政管理局在相关地方规划和政策文件中持续纳入快递末端服务需求内容的细化、落实。导则提出要实现类型丰富、便捷可达的社区服务,建立多层次的社区服务体系,贴近居民基本生活购物需求,提供便民多样的商业服务。其中,快递收发功能纳入品质提升类的生活服务中心项目,要求5分钟的步行可达距离(200~300米),建筑面积最小规模每处不少于100平方米。

姜平书记一行调研上海市寄递业安全管理工作

12月7日,上海市委常委、政法委书记姜平率领市委政法委调研组深入调研本市寄递业安全管理工作,并实地视察圆通速递公司。调研中,姜平充分肯定快递业在促进经济社会发展过程发挥的积极作用,表示要在加强安全监管的基础上,进一步支持上海市快递业实现健康平稳有序安全发展。姜平强调:一要提高思想认识;二要创新管理模式;三要加强部门联动。上海市委政法委副书记、市综治办主任李余涛、市邮政管理局局长夏颐,市交通委、市公安局、青浦区政法委等相关部门负责同志参加调研。

《上海市邮政业发展“十三五”规划》发布

12月30日,上海市邮政管理局与市发展改革委联合印发了《上海市邮政业发展“十三五”规划》,规划指明了“十三五”时期上海市邮政业发展的方向和路径,是今后五年全市邮政业改革发展的重要指导性文件，对推动行业健康发展和促进邮政业与地方经济深度融合具有重要指导意义。规划提出了六个重点任务、十大工程和五项保障措施。

江苏省快递发展大事记

划拨6000万元专项资金推进寄递企业购置X光机

1月，江苏省政府出台政策，对全省寄递企业购置X光机实行一次性以奖代补。省、市两级财政拟划拨专项资金约6000万元用于补助企业购置安检机。

省政府发文深化快递与电子商务协同发展

2月，江苏省政府出台了《关于大力发展电子商务加快培育经济新动力的实施意见》，提出要在推动快递配送终端建设等多个方面深化快递与电子商务协同发展，并明确了每项工作的责任部门。具体内容包括：一是创新服务民生方式；二是积极发展农村电子商务；三是推动快递配送终端建设；四是支持快递信息平台建设；五是规范快递配送车辆管理；六是合理布局快递仓储设施；七是加快电子商务“走出去”；八是实施快递人才培养项目。

许可快递企业突破一千家

截至2月22日，江苏省依法取得快递业务经营许可企业达1004家，首次突破1000大关。其中跨省经营快递业务企业3家，省内经营快递业务企业960家，经营国际快递业务企业57家。

江苏局走进省电台开展快递消费维权活动

3月8日，江苏省邮政管理局市场监管处、政策法规处相关人员走进省新闻广播电台直播间，参加了“3·15”消费者权益保护特别节目，在线开展快递服务消费维权活动。

江苏局制定申诉处理质量考核办法

3月17日，江苏省邮政管理局下发了《江苏省邮政管理部门申诉处理质量考核办法（暂行）》。办法中设申诉处理准时率、申诉处理正确率、消费者对邮政管理部门申诉处理工作满意率、企业答复准时率四项考核指标，对于每个指标都设有详细的计算考核和评分标准。江苏局表示，将每月向全省通报各市局申诉处理质量考核情况，并对全年考核综合评分排名前5位、同时消费者满意率达到96%以上的市局进行表彰。

交邮战略合作添新成果

3月，江苏省邮政速递物流公司与苏州市交通运输局及苏汽物流集团在南京签署战略合作框架协议。这标志着江苏交通邮政战略合作又迈出了坚实的一步。该协议是苏州交通部门与邮政速递物流企业第一次签署战略合作协议，内容包括全面推动双网整体衔接融合、全面深化干支线邮路运输合作、全力推进同城配送服务合作试点、全面推进保障服务和管理立体化合作、充分利用线下线上资源合作、择机推进资源条件要素的延伸合作等6个方面，涵盖整个快递物流产业链的各个环节。

邮政行业“平安寄递”创建活动实施方案出台

3月，江苏省寄递渠道安全管理领导小组印发了《2016年度江苏省“平安寄递”创建活动实施方案》，扎实推进全省“平安寄递”创建工作。方案要求，按照“属地管理”的原则，建立长效监督管理机制，将寄递渠道安全管理工作纳入平安建设整体格局中，推动寄递行业落实各项安全防范措施。

高邮邮政管理局揭牌成立

4月1日，江苏省扬州市首家县级邮政管理机构——高邮邮政管理局揭牌成立。高邮是全国两千多个县(市)中唯一以“邮”命名的城市，有着丰厚独特的邮文化资源，已成功举办七届中国邮文化节，境内的盂城古驿是我国现存规模最大、保存最为完好的古代驿站。高邮也是苏中地区经济强县之一，连续九年跻身全国百强县之列。江苏省邮政管理局局长张水芳、高邮市市长潘学元共同揭牌。揭牌仪式由高邮市委常委、常务副市长、组织部长孙建年主持。高邮市委、市政府有关部门，邮政、快递企业负责人共40余人参加了揭牌仪式。

开展寄递行业规范经营“清源”专项整治行动

4月，江苏省综治办、公安厅、邮政管理局联合下发了《全省寄递行业排查整治“清源”行动实施方案》，要求在全省范围内组织开展为期半年的寄递行业规范经营专项整治行动。此次“清源”专项整治行动，旨在理顺寄递企业经营主体关系，落实企业主体责任，规范经营行为，确保行业安全有序运营、健康持续发展。

江苏一个人一集体获全国“最美快递员”称号

4月27日，第二届中国梦·邮政情“寻找最美快递员”评选结果揭晓，全国10名基层快递员和4个快递员集体荣获了“最美快递员”称号。其中，泰州市百世快递公司快递员曹晓祥和顺丰速运江苏团队榜上有名。

张雷副省长肯定扬州快递服务中心模式

5月6日，江苏省副省长张雷一行赴扬调研城市规划建设管理工作。调研期间，张雷一行考察了扬州名都华庭智慧物业项目，张雷对扬州“智慧物业”目前取得的成效予以充分的认可，尤其表示，解决快递“最后一公里”难题的小区快递服务中心是一项可借鉴的创新模式，未来可充分推广。

江苏省快递发展专家委员会在全国率先成立

5月27日，江苏省快递发展专家委员会正式成立，专家委员会由来自省委省政府政策研究室、省政府法制办、省邮政管理局、省政府相关部门、省内相关高校、重点快递企业等领域的领导和专家共18人组成。这是促进江苏省邮政管理局科学决策、民主决策的一项重要举措。此举在全国省级层面尚属首次。江苏省邮政管理局局长张水芳为委员颁发聘书并致辞。

邮政业发展被纳入江苏省第十三个五年规划纲要

5月，《江苏省国民经济和社会发展第十三个五年规划纲要》发布，邮政业作为现代服务业的重要内容多次被提及，并被纳入规划纲要重点推进。规划纲要在“构建产业新体系”章节中提出，要围绕全产业链的整合优化，重点发展电子商务、现代物流等生产性服务业，大力发展新兴业态；在“创造新供给释放新需求”中提出，要重点支持快递业等领域发展，促进分享经济拓展领域、快速成长；在“完善现代基础设施支撑体系”中提出，要优化城乡配送通道网络，完善邮政快递服务，提升无锡苏南快递产业园建设水平；在“大力发展现代农业”中提出，要培育农业新型业态，加快实施“互联网+现代农业”行动，大力发展农产品电子商务和农村快递物流业，健全农村电商综合服务网络；在“切实保障公共安全”中提出，要建立健全寄递、物流业收寄验视、实名制等安全检查制度，健全安全生产长效机制。

东台邮政管理局正式揭牌成立

6月16日，东台邮政管理局揭牌成立，这是盐城市第一家县级邮政监管机构。江苏省邮政管理局局长张水芳，东台市委副书记、市长王旭东共同为东台邮政管理局揭牌。省邮政管理局副局长陈京生，东台市委、市政府有关部门，以及邮政公司、12家快递企业负责人参加了成立仪式。东台市委常委、副市长邱海涛主持揭牌仪式。

江苏局获省级财政市场监管科技项目建设资金2000万元

6月，“江苏快递行业安全监管与服务云平台项目”获省发展改革委批准，省级财政计划拨付2000万元用于项目建设资金。该平台将通过技术手段对寄递渠道收寄验视、实名收寄、过机安检、网点基础数据等数据信息进行采集，运用大数据、云计算等现代信息技术，实现寄递信息可追溯、责任可倒查、隐患可预警等功能，切实解决寄递企业在执行“三项制度”工作中存在的不规范、不严格、不到位的问题。

江苏局与永驿物联智库签署合作协议

6月28日，作为推进全省邮政行业专家智库建设和科技创新工作的一项重要内容，江苏省邮政管理局与永驿物联智库举行签约仪式。江苏省邮政管理局局长张水芳、副局长陈京生和永驿物联智库负责人邵钟林共同出席签约仪式。

推进“快递下乡”意见出台

6月，江苏省邮政管理局与省商务厅联合出台了《关于推进“快递下乡”工程　促进农村电子商务发展的意见》。意见提出，到2020年，江苏省每个地市至少建设1个电商快递产业园县级示范点，基本实现“县县有分拨、乡乡有网点、村村通快递”。意见首次将“快递服务与电子商务协同发展”纳入江苏省电子商务发展政策支持范围，将邮政快递企业、快递产业园列入省级电子商务示范企业、示范基地培育创建计划。意见明确了五项主要任务：一是建设县级电商快递产业园区；二是健全农村快递服务网络；三是完善农村快递运输方式；四是发展农特产品快递服务；五是提升农村地区快递服务水平。

昆山邮政管理局成立

6月30日，江苏省苏州市第二家县级邮政管理机构——昆山邮政管理局正式揭牌成立。江苏省邮政管理局局长张水芳、昆山市人民政府副市长沈晓明共同为昆山邮政管理局揭牌。

快递服务警示制度出台

7月，江苏省邮政管理局制定印发了《江苏省快递服务警示制度（试行）》。该制度的警示对象为在江苏省经营快递业务的企业及其所经营品牌的企业总部。警示制度实施后，邮政管理部门每年将从寄递时限、服务满意度、消费者申诉率、违法违规情况、安全生产情况等方面对快递企业的服务水平进行分析评估，并对服务水平靠后的快递企业按照警示标准分别进行红色、橙色、黄色三级警示。邮政管理部门将按年度，在行业内对快递服务警示情况进行通报，并通过政府网站向社会公示。对受到警示的快递企业按警示级别实施限期整改、行政约谈或重点监管，限制受警示企业参加快递行业“放心消费”先进、示范企业评选，限制受到橙色以上警示企业申办快递专用机动车辆统一标识、享受许可备案绿色通道企业资格，将服务警示情况纳入快递企业信用信息采集范畴。

快递服务三农意见出台

7月26日，江苏省邮政管理局与省农业委员会联合出台了《关于推进快递服务“三农”工作的意见》。意见提出，到2020年，全省建设1000个以上具备快递服务功能的益农信息社，形成10个以上“快递+”特色农产品样板项目，行政村（农村社区）快递网点覆盖率达50%以上、快递服务通达率达100%。意见首次明确将快递服务相关涉农内容纳入支农政策范围。

李世贵书记会见张水芳局长

8月9日，江苏省南京市委常委、江宁区委书记李世贵会见了江苏省邮政管理局党组书记、局长张水芳。双方就江宁邮政业发展相关内容进行了深入交谈。

江苏局首次召开快递服务质量联席会议

8 月,江苏省邮政管理局组织召开了首次快递服务质量联席会议。会议讨论通过了《江苏省快递服务质量联席会议制度》,通报了 2016 年上半年全省快递服务质量情况,从业务发展、消费申诉、寄递时限、行政执法等方面对省内各主要快递品牌的服务质量进行了全面分析,结合全省快递服务警示制度对相关服务指标排名靠后的品牌企业给予了重点提示,并要求各品牌企业对照检查整改,强化网络管理,改进服务措施,完善用户体验。会议还要求各市局尽快建立健全本地区快递服务质量联席会议机制,有效推进快递服务水平的提升。

江苏局与南京邮电大学共商邮政人才培养体系建设

8 月 12 日,江苏省邮政管理局局长张水芳会见了南京邮电大学副校长蒋国平一行,双方就进一步加强邮政业人才培养体系建设和学科研究进行了深入的交流。张水芳分析了邮政行业对人才总量、高层次人才、专业特色人才等方面的需求,并提出通过三种方式拓宽政产学研合作路径:一是建立由相关部门、单位参加的政产学研联席会议制度,切实形成政府推动、市场驱动、院校主动、企业联动的人才培养体制机制;二是拓展政产学研合作内涵,根据邮政行业全程全网特点,突出聚焦企业总部、聚焦省内乃至华东地区重点邮政快递企业,推动校企合作,积极推动定向招生、校企联合培养、一体化育人;三是注重政产学研人才融合,推动“双师型”教师队伍建设。

江苏局建立快递服务质量提升联席会议制度

8 月,江苏省邮政管理局制定出台了《快递服务质量提升联席会议制度》,联席会议按照政府引导、企业自治、行业自律、社会共治的原则,由江苏局办公室、市场监管处、消费者申诉中心及省快递协会、主要品牌快递企业等单位参与。联席会议每半年至少召开一次,解读快递服务有关法律法规规章标准,根据行政执法、舆情监测、消费者申诉、满意度调查、时限测试和社会监督等情况,综合分析各品牌快递企业快递服务质量,对主要品牌快递企业实施分级警示,督促企业落实各项监管政策,整改相关问题,不断提升快递服务质量。

省政协委员视察江苏邮政业发展情况

9 月 27 日,江苏省政协组织部分政协委员专门视察邮政业发展情况。江苏省政协委员、省邮政管理局局长张水芳陪同视察。

发布邮政业“十三五”规划

10 月,江苏省邮政管理局联合省发改委共同发布了《江苏省邮政业“十三五”规划》。这是江苏局继“十二五”规划后第二次与省发展改革委联合发布邮政业规划,此举对提高规划发布层级、推动规划贯彻执行具有重要意义。

张敬华副省长视察邮政管理工作

10 月 26 日,江苏省副省长张敬华专程来到江苏省邮政管理局,视察邮政管理工作情况。张敬华对近年来全省邮政行业发展取得的成绩及对江苏经济社会发展所做出的贡献表示充分肯定,并对今后工作表示大力支持。江苏省政府副秘书长陆永泉及省住建、交通、农委、商务等部门负责人陪同视察。

推进住宅小区邮政服务用房建设意见出台

10 月,江苏省邮政管理局与住建厅联合印发了《关于加快推进住宅区等邮政服务用房规划建设实施的指导意见》。意见要求,在新建住宅小区,建设单位应严格按照《城市居住区规划设计规范》公共服务设施配建控制指标的相关要求,设置与其规模相适应的邮政服务场所;老旧小区更新改造时,要尽可能按照业主需求将邮政服务场所纳入更新改造内容。同时,要求建筑面积 5 万平方米以上的住宅小区,尽可能提供不低于25平方米的邮政服务场所;在校学生数量超过1万人的高等院校,应在校区内提供面积适合的邮政服务场所,以保障用户的用邮便利和邮件、快件的安全。

快递服务农业、制造业业务量超亿件

截至2016年10月底,江苏省快递服务农业、制造业业务量合计突破1亿件,累计形成业务收入超14亿元。

“双11”期间快递业务量首次破亿件

2016年“双11”期间,江苏省14个重点快递品牌的快件业务总量过亿件大关,达到1.33亿件,同比增长42.5%;快件投递总量1.05亿件,同比增长47.25%。日峰值达2500万件,同比增长66.7%。全省投、发件量较大的地区为苏州、南京、南通、无锡。

新吴邮政管理局成立

11月30日,新吴邮政管理局揭牌成立,这是无锡市第一家县(区)邮政监管机构,是国家级高新区内建立邮政管理机构,在江苏省内尚属首次。同时,新吴区快递产业服务中心揭牌成立。新吴区区委书记魏多,江苏省邮政管理局副局长陈京生,原副市长、市快递协会会长吴建选共同揭牌。

全省首个地市级邮政业安全监管发展中心获原则通过

11月,苏州市邮政业安全监管发展中心成立报告由市编办提交市编委审批通过,这标志着全省首个地市级邮政业安全监管发展中心已正式进入实质性组建阶段。

整合推进“快递下乡”与“信息进村入户”工作

12月,江苏省农委组织召开全省信息进村入户工作会议。江苏省邮政管理局受邀参加会议并就推进快递业与现代农业的协同发展作专题发言,提出联动推进“快递下乡”与“信息进村入户”工作,受到农业主管部门的肯定。

无锡市邮政安全发展中心获批成立

12月5日,无锡市机构编制委员会印发了《关于建立无锡市邮政安全发展中心的通知》。获批的无锡市邮政安全发展中心,为市财政全额拨款事业单位,主要负责全市邮政行业运行安全监测、预警,参与邮政行业安全监督和应急管理等。

江苏发布系列专项规划

12月,江苏省政府及相关部门发布了《江苏省“十三五”物流业发展规划》《江苏省“十三五”电子商务人才发展规划》等一系列专项规划,均将推进快递服务相关工作列为重要内容,快递业发展带来了多重政策利好。

东海邮政管理局成立

12月6日,东海邮政管理局成立暨行业发展座谈会在东海县行政中心举行。这是连云港市首家邮政监管机构。江苏省邮政管理局党组书记、局长张水芳和东海县县长高美峰共同为东海邮政管理局成立揭牌。连云港市邮政管理局、东海县四套班子领导,以及当地邮政快递企业负责人等出席了活动。

省高院明确快递服务消费纠纷审判标准

12月,江苏省高级人民法院召开第27次审判委员会,专题讨论了消费者权益保护纠纷案件审理中的若干问题,并印发会议纪要对快递服务等新型消费纠纷的审判标准进行了明确和统一。此举对各级人民法院审理涉及快递服务合同纠纷案件、维护快递企业和消费者的合法权益具有重要指导意义,为快递行业的健康发展营造了良好的法制环境。

浙江省快递发展大事记

浙江局召开G20杭州峰会安全保障动员部署大会

1月20日,浙江省邮政管理局召开全省邮政管理系统G20峰会安保动员大会。浙江局党组书记、局长詹永枢出席会议并对G20峰会寄递服务安全保障进行动员部署。浙江局党组成员、纪检组长、副局长黄立群主持会议。会议强调,全省全行业要进一步行动起来,以更高的标准、更实的作风、更佳的效果,为承办一届精彩、成功、具有里程碑意义的峰会贡献应有的力量。

省十大民生实事两项涉及邮政业

1月24日,浙江省十二届人大四次会议开幕,会议确定了浙江省十个方面民生实事,其中有两条涉及邮政业发展。一条是"加快电商服务网络建设。新建3000个农村电商服务站,新建3000个城市社区智能投递终端"。另一条是"加快推进'互联网+政务服务',实现相关证照网上申请、在线服务、快递送达"。

德清、长兴、安吉邮政管理局成立

2月24日,湖州市德清、长兴、安吉三县邮政管理局正式授牌成立,标志着湖州市实现三县邮政管理机构设立全覆盖。浙江省邮政管理局党组书记、局长詹永枢,湖州市委常委、常务副市长杨建新出席仪式并讲话。三县政府分管领导、市级有关部门、邮政快递企业负责人等80多人参加了授牌仪式。

浙江局与浙江机场集团开展战略合作

3月11日,浙江省邮政管理局与浙江机场集团有限公司正式签订促进浙江快递业健康快速发展,打造航空快递枢纽战略合作协议。浙江局党组书记、局长詹永枢,党组成员、纪检组长、副局长黄立群,浙江机场集团董事长王敏、总经理郑向平等出席会议,各处室负责人,浙江机场集团各部门负责人参加仪式。

萧山邮政管理局成立

3月28日,萧山邮政管理局在萧山区政府正式授牌,标志着全省第一家区邮政管理机构正式成立。浙江省邮政管理局党组书记、局长詹永枢,萧山区委副书记、区长卢春强出席仪式并讲话。杭州市邮政管理局、萧山区相关部门负责人,市快递协会、企业代表等参加揭牌仪式。

浙江局被授予2015年度平安创建工作先进单位

3月31日,浙江省委、省政府召开全省平安浙江工作会议暨G20杭州峰会维稳安保工作动员万人大会。会上表彰了平安市、县(市、区)和社会治安综合治理优秀市、平安创建工作先进单位。浙江省邮政管理局与15个省级单位荣获全省2015年度平安创建工作先进单位,浙江局也是唯一一个获此殊荣的中央垂直管理行政单位。

省委领导批示肯定邮政管理系统G20峰会安保工作

4月,浙江省委常委、杭州市委书记、国际峰会杭州市筹备工作领导小组组长赵一德在浙江省邮政管理局编报的《G20杭州峰会寄递渠道安保工作简报》(第1期)上作出重要批示,特别指出邮政管理系统工作措施扎实,充分肯定了全省邮政管理系统G20峰会寄递安保工作。

关于促进快递业发展的实施意见出台

3月25日,浙江省人民政府出台《关于促进快递业发展的实施意见》，提出到2020年，全面建成普惠城乡、技术先进、服务优质、安全高效、绿色节能的快递服务体系，保持全省快递业发展位居全国第一方阵。

全国政协副主席王家瑞浙江调研邮政业

4月13日至15日，全国政协副主席王家瑞带领全国政协“优化金融服务，支持创业创新”专题调研组在浙江调研期间，先后前往杭州下沙跨境电商园区、浙江网仓科技有限公司、顺丰速运萧山机场航空枢纽，调研邮政业服务“大众创业、万众创新”的探索实践。全国政协委员、国家邮政局局长马军胜陪同调研。

浙江局与浙江邮电职业技术学院签订人才强邮战略合作协议

4月27日，浙江省邮政管理局与浙江邮电职业技术学院举行了战略合作框架协议签订和“邮政行业人才培养基地”揭牌仪式。浙江省邮政管理局局长詹永枢与浙江邮电职业技术学院院长叶柏林代表双方签订了战略合作框架协议，并共同为“浙江省邮政行业人才培养基地”揭牌。

省委常委批示感谢国家邮政局和浙江局支持

6月30日，浙江省委常委、杭州市委书记赵一德在G20寄递安保办上报的《G20杭州峰会寄递安保工作简报》（第15期）上批示：感谢国家邮政局和省邮政管理局对杭州G20峰会寄递安保工作的高度重视和大力支持。

二十国集团（G20）峰会寄递安保“护城河”会议召开

7月22日，国家邮政局在杭州召开二十国集团（G20）峰会寄递安保“护城河”会议暨实名收寄推进工作研讨会，会议学习了习近平总书记、李克强总理重要讲话和指示批示精神，传达了全国安全生产电视电话会议精神和国家邮政局邮政业安全领导小组会议有关工作部署和要求，深入分析寄递渠道安保工作形势，就做好G20峰会寄递安保工作和推进落实寄递渠道安全管理三项制度进行研究部署。

浙江省快递发展专家委员会成立

8月1日，浙江省快递发展专家委员会成立，这是促进浙江省快递业发展科学决策、民主决策的一项重要举措。成立会议上，浙江省邮政管理局局长詹永枢致辞并与浙江邮电职业技术学院院长叶柏林共同为委员颁发聘书。

省委省政府主要领导批示肯定全省G20寄递安保工作

G20峰会结束后，浙江省邮政管理局第一时间向省委省政府上报了关于G20峰会寄递渠道安保工作情况的报告，省委省政府领导高度重视，纪委领导分别在浙江局报告上作出了重要批示。省委书记夏宝龙批示：应予表彰。省长车俊批示：向邮政管理系统为保障峰会做出的积极贡献表示敬意，有关问题请高兴夫副省长阅研。省委副书记、政法委书记王辉忠批示：安全保障工作出色，应该表扬。副省长高兴夫批示：全省邮政管理部门在省邮政管理局的正确领导和精心组织下，在G20峰会寄递安保保障中充分体现了高度的政治责任和担当意识，周密部署、抓早抓实、措施有力、严防严控、成效明显，对G20杭州峰会的成功举办做出了卓越贡献，应予充分肯定和表扬。望总结经验，巩固创新成果、长效管控机制，以更高水平抓发展、保安全、惠民生，为“十三五”高水平全面建成小康社会再立新功。

浙江局被授予“G20峰会服务保障先进集体”称号

9月20日，浙江省委、省政府召开“G20杭州峰会浙江省总结表彰大会”，总结峰会服务保障工作成功经验并表彰为峰会做出突出贡献的集体和个人。会上,浙江省邮政管理局被浙江省委、省政府授予G20峰会服务保障先进集体的荣誉称号,此外浙江省邮政管理局和各市局推荐的邮政业16名干部职工荣获了G20峰会保障先进个人荣誉称号。浙江局党组书记、局长詹永枢出席总结表彰会。

绍兴柯桥邮政管理局成立

11月15日,绍兴柯桥邮政管理局挂牌成立。浙江省邮政管理局局长詹永枢、柯桥区委副书记马芳妹共同为柯桥邮政管理局揭牌。绍兴市邮政管理局、柯桥区乡镇(街道)、相关部门领导及邮政、快递企业负责人等参加仪式。柯桥区拥有亚洲最大的布匹集散中心——中国轻纺城,曾连续多年位列全国县域经济基本竞争力十强,邮政快递业保持良好的发展态势。

江局寄递渠道禁毒工作获省禁毒委肯定

12月,浙江省禁毒委在省民政厅副厅长江宇带领下对浙江寄递渠道禁毒工作进行了督导,浙江省邮政管理局局长詹永枢就全省邮政业寄递渠道禁毒工作作了专题汇报,获得了督导组的充分肯定。

浙江省邮政业发展“十三五”规划发布实施

12月,浙江省邮政管理局颁布实施《浙江省邮政业发展“十三五”规划》,这是“十三五”时期推进省邮政行业发展的行动纲领,对推动行业健康快速发展,促进邮政业与地方经济深度融合具有重要意义。规划明确了八项主要任务与重点工程:一是深化市场改革,完善政府服务职能;二是城乡统筹发展,提升普遍服务水;三是完善网络体系,增强行业服务能力;四是创新发展方式,推动快递企业做强;五是拓展业务领域,推进产业融合发展;六是加强监督管理,切实保障行业安全;七是融入地方经济,服务全省发展全局;八是加快开放发展,助推跨境业务拓展。规划提出了四项保障措施:一是加强组织领导,做好统筹协调;二是健全法律法规,强化监督管理;三是落实保障政策,完善配套服务;四是优化发展环境,加快绿色发展。

安徽省快递发展大事记

陈树隆副省长对邮政业发展作出重要批示

1月,安徽省委常委、副省长陈树隆在省邮政管理局上报的工作报告上作重要批示:“过去一年,全省邮政系统主动作为,务实创新,做了大量卓有成效的工作,有力地支持了全省经济社会持续发展。借此机会,谨向全省邮政系统的同志们表示衷心感谢和诚挚问候!希望你们在新的一年里再接再厉,再创佳绩,为推动邮政快递业快速发展、建设创新型‘三个强省’做出新的更大贡献!”

六安EMS快递员卢海龙荣获市五一劳动奖章和青年岗位能手称号

1月,六安市快递员卢海龙分别被市总工会、市劳动竞赛委员会和团市委授予六安市五一劳动奖章和六安市青年岗位能手称号。2015年11月,卢海龙取得全国青年职业技能大赛快递业务组第6名优异成绩,六安市邮政管理局分别向市总工会、团市委和市人社局为卢海龙申报五一劳动奖章、市青年岗位能手和市首席技师等称号。

安徽省政府工作报告肯定省邮政业发展成效

2月,在安徽省第十二届人民代表大会第六次会议上,省人民政府省长李锦斌作政府工作报告,肯定全省邮政业发展成效。报告指出2015年全省物流快递业快速成长,同时明确提出2016年要加强综合性、专业性物流园区规划和建设,完善县乡村快递物流体系，推进电商产业园、国家电商示范基地建设。同时财政将加大电子商务、物流快递试点建设支持力度。

关于促进快递业发展的实施意见出台

2月，安徽省政府出台了《关于促进快递业发展的实施意见》，明确全省邮政业发展的总体要求、发展目标及重点任务，并提出具体落实措施和主要责任单位。实施意见指出，规划建设一批快递物流园区，完善园区快递服务功能，加快合肥快递后台服务基地建设，规划建设合肥新桥机场航空快件转运中心，依托合肥国际邮件互换局建立进出境快件24小时通关机制；支持邮政企业和快递企业创新合作模式，完善城市快递配送模式，推进"快递下乡"工程，拓展村邮站服务功能；支持各类资本依法进入快递领域，鼓励快递企业增加研发经费投入，培育打造有影响力的快递服务品牌，同时要落实行业安全和服务标准，保障用户权益；鼓励快递企业充分利用信息技术，发挥供应链管理及地方特色优势，积极参与涉农电子商务平台建设，推进电子商务与物流快递协同发展试点，统筹推进"快递下乡"和"电子商务进农村"；实施快递"上车、上船、上飞机"工程，强化运输保障和综合服务能力；实施寄递渠道安全监管"绿盾工程"，健全寄递渠道安全管理工作机制，大力推进行业安全监管信息技术，强化安全检查措施。

出台规范信报箱和智能快件箱验收备案文件

2月，安徽省邮政管理局联合省住建厅印发了《关于做好信报箱和智能快件箱验收备案工作通知》文件。文件明确要求，在住宅建筑工程竣工验收时，各市邮政管理局应依据《住宅设计规范》《住宅信报箱工程技术规范》等国家标准实施信报箱验收，信报箱工程验收未通过的，建设行政主管部门不得予以验收备案。鼓励建设智能快件箱，智能快件箱设置数量应根据居民收件数量确定并适当考虑未来发展需要。智能快件箱可按照"自愿有偿"原则使用。对已建成使用的住宅建筑未设置信报箱的，在住宅建筑改造时，应当将信报箱作为公用设施集中设置建设。也可设置单一的智能快件箱供邮政、快递企业共同使用。对邮政企业利用智能快件箱投递普遍服务邮件应予免费。

蜀山邮政管理局成立

3月，蜀山邮政管理局和蜀山区邮政业发展中心揭牌成立，安徽省邮政管理局局长李勇，市委常委、副市长周善武共同揭牌。蜀山区是合肥市四个中心城区之一，交通优势突出，邮政业发展基础雄厚，囊括了合肥环状产业园的西区和南区，顺丰、优速等重点品牌快递的分拨中心、呼叫中心以及新近获批的合肥国际邮件互换局兼交换站均坐落区内，有各类邮政快递企业和网点300余家，居全市各区之首。

吴存荣市委书记调研快递企业

3月，安徽省委常委、合肥市委书记吴存荣赴安徽百世快递分拨中心调研。吴存荣听取了合肥市邮政管理局负责同志关于全市快递业发展情况的汇报，向安徽百世快递负责人了解了企业经营状况。吴存荣表示，近年来合肥快递业高速发展，在服务电子商务、服务先进制造业、服务现代农业等方面成效明显，为地方经济发展和服务民生做出了应有贡献。吴存荣强调，合肥市委、市政府高度重视快递业发展，希望合肥邮政业积极作为，在畅通跨境电商和贸易流通渠道，为服务"一带一路"国家战略和长江经济带发挥应有作用。他要求，一要注重科技成果研发应用，通过全自动化分拣设备等先进技术手段提升服务能力和服务水平；二要实现邮政业绿色发展，做到集约化发展，坚持低污染、低排放、高效能和高效益的发展，打造绿色邮政、环保邮政；三要抓好服务水平提升，在提供差异化、多样化快递服务方面下功夫，实现智能化制造、个性化服务。

安徽省政府将完善快递物流体系纳入2016年重点工作内容

3月，安徽省人民政府下发了《关于2016年重点工作及责任分解的通知》，将完善快递物流体系纳入全省2016年重点工作内容，并明确省邮政管理局为责任单位之一。《通知》指出，要加强综合性、专业性物流园区规划和建设，完善县乡村快递物流体系，推进电商产业园、国家电商示范基地建设；平衡各种运输方式，降低物流成本。同时，明确省委常委、常务副省长陈树隆为牵头领导，要求省邮政管理局协同配合发改委、交通运输厅、商务厅等部门推进此项工作。

省政府将邮政业发展纳入推进商贸流通重点任务

3月，《安徽省人民政府关于推进商贸流通创新发展转型升级的实施意见》出台，将邮政业发展纳入重点工作任务，并明确省邮政管理局为责任单位之一。实施意见在重点任务“构建城乡一体化流通体系”中明确指出，要完善流通网络布局，整合商务、供销、邮政、快递等资源，推进农村商品物流服务体系建设，引导大中型商贸流通企业合理布局建设农村商品配送中心等，构建工业品、农产品双向畅通的流通渠道；要加快发展农村电子商务，依托“宽带安徽”“快递下乡”等重点工程，加快推进国家电子商务进农村综合示范县建设，着力培育多元化农村电子商务主体。

省政府将完善快递物流体系纳入2016年重点工作内容

3月，安徽省人民政府下发了《关于2016年重点工作及责任分解的通知》，将完善快递物流体系纳入全省2016年重点工作内容，并明确安徽省邮政管理局为责任单位之一。通知指出，要加强综合性、专业性物流园区规划和建设，完善县乡村快递物流体系，推进电商产业园、国家电商示范基地建设；平衡各种运输方式，降低物流成本。同时，明确安徽省委常委、常务副省长陈树隆为牵头领导，要求省邮政管理局协同配合发改委、交通运输厅、商务厅等部门推进此项工作。

合肥国际邮件互换局运营

5月，中国(合肥)跨境电子商务综合试验区揭牌暨合肥国际邮件互换局正式运营启动仪式在安徽(蜀山)跨境电子商务产业园内举行。安徽省人大副主任花建慧，合肥市委常委、常务副市长韩冰及省市相关部门领导参加揭牌仪式。安徽省邮政管理局局长李勇见证签约仪式。合肥市邮政管理局主要负责同志及蜀山邮政管理局全体同志参加此次活动。合肥国际邮件互换局运营后，合肥市将实现对美国、日本、法国、韩国、英国、俄罗斯等10个主要跨境出口国家和地区的国际邮件总包直封，时间将较以往加快2～3个工作日，每天可发送国际包裹近4万件。邮件通关提速将显著增强合肥乃至全省现代快递物流发展和商贸发展的新优势。

加快农业现代化实现全面小康目标的实施意见出台

5月，安徽省委、省政府出台《关于落实发展新理念　加快农业现代化　实现全面小康目标的实施意见》，将邮政、快递业发展纳入相关内容。实施意见在“加强农产品流通设施和市场建设”内容中提出，要“加强商贸流通、供销、邮政等系统物流服务网络和设施的建设与衔接，加快完善县乡村物流体系。实施‘快递下乡’工程”。

邮政业内容纳入安徽省国民经济社会发展“十三五”规划

5月，安徽省政府印发安徽省国民经济和社会发展第十三个五年规划纲要，规划纲要在“加快发展现代服务业”一章，提出“稳步推进电子商务进农村和‘快递下乡’”；“完善城乡快递服务网络，大力发展社区便民商业，加快推进农村商品流通服务体系建设”；合肥环状快递产业园纳入“十三五”全省现代服务业重点项目。在“互联网+”商务重点领域中，提出“引导电商与快递企业合作发展便民利商新业态，推进蚌埠国家级电子商务与物流快递协同发展试点”。在“城镇基础设施建设重点领域”中，将“智慧邮政”纳入“智慧城市”建设范畴，提出“打造包括公共停车场、物流配送、便民超市、平价菜店、家庭服务中心、快递服务等在内的便捷生活服务圈”；大力发展农村社会事业，“完善学校、卫生室、文化站、社区就业社会保障服务站、村邮站等公共服务设施”。规划纲要还提出推进大通道大平台大通关建设，“高水平规划建设合肥国际航空物流港，完善国际中转、国际快递、国际货代、仓储保税等功能”。

促进电商发展纳入扎实推进供给侧结构性改革实施方案

5月，安徽省委、省政府印发《安徽省扎实推进供给侧结构性改革实施方案》，将促进电商发展纳入相关内容，并明确省发改委、邮政管理局等部门按职能分别负责落实。方案在“降低物流成本”部分提出，要深入推进电子商务进农村综合示范县建设，培育打造一批省级电子商务进农村示范县、示范乡镇和“电商村”。大力发展跨境电子商务，推进合肥跨境电子商务综合试验区建设；要加强现代物流园区和智慧物流建设。

邮政快递下乡纳入支持革命老区开发建设项目

5月，安徽省委办公厅、省政府办公厅印发《关于加大脱贫攻坚力度　支持革命老区开发建设的实施意见》，将鼓励邮政快递服务向农村延伸纳入相关项目建设内容，并明确省邮政管理局等部门配合省农委落实相关工作。实施意见在“大力发展现代农业”部分提出，要加强老区农村物流服务体系建设，鼓励邮政快递服务向农村延伸；支持老区开展农产品电子商务示范行动和电子商务进农村综合示范试点。

快递内容纳入安徽省“十三五”物流业发展规划

5月，安徽省政府办公厅印发《安徽省“十三五”物流业发展规划》，快递等邮政业相关内容纳入规划达20多处，其中直接涉及快递业务的重点工程项目11个。

合肥快递业获市政府3000万元资金扶持

6月21日，合肥市政府召开常务会议，研究国务院和安徽省出台的关于促进快递业发展的实施意见，并明确2017年至2019年，每年给予合肥市快递业1000万元行业扶持资金。

马军胜局长点赞合肥市支持快递业发展政策

7月，国家邮政局局长马军胜就安徽省邮政管理局《关于合肥市委、市政府推动邮政业发展情况的报告》作出重要批示：安徽省局、合肥市局推动地方政府出台政策，优化环境工作成效显著，政府扶持措施有力，政策含金量高，政策实施后对行业有序发展意义重大。望加大政策宣传贯彻力度，加快发展进程，不断改善服务，强化安全监管，为提升快递对地方经济社会发展而贡献力量。

滁州首家县级快递园区开业运营

7月，滁州明光市广大快递园区正式运营，标志着滁州市“十三五”期间建设6个县级快递园区的工作任务取得了重要突破。该园区面积5000平方米，采取门面统一装修、安全设施统一配置的形式进行营业场地建设。目前，已有12家快递企业入驻园区，从业人员200余人。园区的建立，在解决快递企业用地难、租房难问题方面起到了积极作用，将有力地提升明光市快递企业标准化水平。

优速快递全国呼叫中心落户合肥

8月2日，优速快递全国呼叫中心揭牌仪式在安徽（蜀山）跨境电子商务产业园内顺利举行。安徽省邮政管理局局长李勇、蜀山区委书记李学明、蜀山经济开发区副主任李华文、合肥局及优速总部负责人出席揭牌仪式。优速呼叫中心位于蜀山电商园三期,初期规划500个客服座席。中心宽敞明亮,环境优美,技术先进,设施完备,以话务、多媒体服务、客户关怀为主要业务,将逐步打造为优速快递的数据中心、电商服务中心、信息指挥调度中心等五大中心。

"快递下乡"工程被纳入省推进现代农业建设方案

8月,安徽省人民政府办公厅印发《关于扎实推进现代农业建设的实施方案》,实施"快递下乡"工程被纳入重点工作任务,安徽省邮政管理局被列为推进该工作的责任单位。实施方案明确了推进现代农业建设的四大方向、十五项工作任务和四项保障措施。其中在"创新农业营销服务"工作任务中,提出"开展降低农产品物流成本行动。推动农村商品服务体系试点县和电子商务进农村综合示范县建设,实施'快递下乡'工程"。实施方案还提出结合全省"十三五"规划,加强农业项目谋划和储备,强化资金投入和扶持。

安徽局和省教育厅联合发文推动快递进校园工作

9月,安徽省邮政管理局和省教育厅联合下发《关于做好高等院校快递服务工作的意见》,对推动快递进校园工作,提升高等院校校园快递服务质量,维护高等院校管理秩序,提出了具体指导意见。意见要求各市邮政管理局、教育局、高等院校、中等职业学校要充分认识做好高等院校快递服务工作的重要意义;要创新快递服务方式,多种模式设立快递服务机构;要推广应用智能快件箱,方便师生自取快件;要鼓励快递企业创新服务,开设适应高等院校师生消费需求和作息规律特点的服务产品。

"电商安徽"建设指导意见出台

9月,安徽省委省政府印发《关于推进"电商安徽"建设的指导意见》,指导意见明确提出:加快改造传统经营模式和生产组织形态,推动一二三产业、线上线下、内外贸深度融合发展。加快完善基础设施,统筹电子商务物流、配送仓储等公共设施建设,加快分拨中心、配送中心和末端网点建设,推动电子商务与物流快递协同发展,合理规划物流(快递)配送车辆通行路线和货物装卸搬运地点,推动城市配送车辆标准化、专业化发展。鼓励邮政企业等各类市场主体整合农村物流资源,建设改造农村物流公共服务中心和村级网点。加快发展国际物流和保税物流,支持新开通国际货运航线,支持优势电商物流企业加强联合,在条件成熟的国家和地区建立海外物流基地和仓配中心,提供一站式仓储配送服务。

淮南邮政业首批100万元奖补资金纳入2017年地方财政预算

10月,淮南市邮政管理局根据《淮南市人民政府办公室关于促进快递业发展的实施意见》,向市财政局报送了邮政业2017年预算项目建设内容,行业首批100万"以奖代补资金"纳入市财政2017年资金预算。资金扶持项目预算计划包括:一是入驻快递产业园快递企业基础设施项目;二是快递企业安检机购置费用补贴项目;三是入驻高校快递服务站补贴项目;四是安全中心建设项目;五是快递行业人才项目。

安徽省发布邮政业发展"十三五"规划

10月,安徽省邮政管理局、发展改革委联合印发《安徽省邮政业发展"十三五"规划》。规划的编制与发布,是落实《安徽省国民经济和社会发展第十三个五年规划纲要》《国务院关于促进快递业发展的若干意见》《邮政业发展"十三五"规划》相关部署的重要措施,是未来五年安徽省邮政业发展的行动指南,对充分发挥市场主体作用,利用各方资源,加强邮政基础设施建设,推动产业协同发展,促进安徽省邮政业转型发展和更好服务地方经济社会发展具有重要意义。

安徽省快递协同发展试验区揭牌

10月14日，中通皖北快递电商产业园等项目开(竣)工暨淮上区重点项目集中签约活动在蚌埠市淮上区中通速递电商产业园举行，安徽省邮政管理局党组成员、副巡视员鲍黎霞和市人大主任何金良、市委副书记王诚、市政府副市长秦武、市政协副主席刘沛学共同启动中通产业园等项目开工，鲍黎霞为试验区授牌。安徽省快递协同发展试验区位于淮上区蚌埠工业园内，占地700亩，目前已有7家快递企业项目入驻园区，总投资约17亿元。其中，百世项目已竣工，中通皖北(蚌埠)分拨中心及电商仓储项目已开工建设，圆通皖北(蚌埠)分拨中心及电商仓储项目即将开工建设。申通项目、韵达项目、天天项目、蒙牛华东云仓项目参加本次集中签约仪式，顺丰在此次签约仪式上签订项目意向书。8家快递企业总部均拟建区域快递分拨中心，建成后的试验区业务中转量和业务量预计占全市快递业务中转量和业务量的90%。

2016国际徽商大会召开

10月19日，2016中国国际徽商大会“电商安徽”推介会在合肥举行。本次大会的主题是“新徽商·新电商·引领未来”。安徽省副省长周春雨，合肥市市长凌云分别致辞。省商务厅在会上作“电商安徽”推介，安徽省邮政管理局、发展改革委、农委等部门负责人出席推介会。国内外知名电子商务、物流快递及相关企业负责人参会。推介会期间还举行了“电商安徽”物流快递战略合作签约仪式、“电商安徽”电子商务项目签约仪式。中通区域运营总部项目、百世物流跨境项目等电商、快递总部项目落户安徽。

《安徽省战略性新兴产业“十三五”发展规划》出台

10月，安徽省出台战略性新兴产业“十三五”发展规划，提出未来5年全省重点发展新一代信息技术、高端装备和新材料、生物和大健康、绿色低碳和信息经济等五大战略重点产业。《安徽省战略性新兴产业“十三五”发展规划》要求加快完善电商物流体系，合理规划布局物流仓储和快件处理中心，支持各地建设快递物流园区，降低流通成本，提高流通效率。鼓励快递企业总部在我省建设快件分拨(转运)中心或后台服务(呼叫)中心，加快建设快递区域总部经济。合肥环状快递产业园、亳州圆通速递皖北区域现代产业综合服务中心、蚌埠区域性快递分拨中心、阜阳皖北快递产业园、芜湖皖南快递产业园、芜湖顺丰电商产业园、宣城电子商务与快递业融合发展集中区、安庆区域性快递分拨中心等纳入省电子商务产业重点项目。

合肥市政府立项2017年合肥市快递业发展支持资金

10月，合肥市政府同意立项2017年合肥市快递业发展支持资金，并于2017年正式拨付，项目资金共计1103万元。根据《合肥市人民政府办公厅关于促进快递业发展的实施意见》，从2017年开始，在现代服务业产业政策资金中，设立促进快递业发展专项资金，连续三年，每年不少于1000万元，对区域性总部建设、分拨中心建设、呼叫中心建设、数据中心建设、智能快件箱建设、安检机配备等给予补贴。此次立项的1103万元财政资金分为两个方面：第一方面是2017年行业发展专项支持资金1000万元；第二方面是合肥市邮政业安全监管中心建设资金，第一批74万元，第二批29万元，共计103万元。

池州市东至县快递物流业获县政府450万元资金扶持

10月，池州市东至县政府印发《东至县电子商务进农村综合示范专项资金使用管理办法》，安排450万元专项资金补助县、乡镇、村三级快递物流配送体系建设。办法明确，一是对县级快递物流园场所租赁费用按每月每平方米6元的标准给予补助；二是对整合其他快递物流企业配送农村物件的，给予单件0.5～1元的县向下配送补助；三是吸引快递物流企业入驻县级快递物流园，按不超过2万元/家的标准给予装修补助。

中国(合肥)快递后台服务基地初具规模

11月2日，百世快递全国呼叫中心项目揭牌仪式在合肥蜀山电商产业园隆重举行。安徽省邮政管理局李勇局长、百世总部快递客服总监赵斌及合肥市邮政管理局、安徽百世公司、蜀山电商园管委会、蜀山邮政管理局负责人参加仪式。百世快递全国呼叫中心项目落地意味着中国(合肥)快递后台服务基地已初具规模。

促进民间投资意见出台

11月，安徽省委、省政府出台《关于进一步促进民间投资的若干意见》，快递产业园区在用地等方面再获有力政策保障。若干意见提出要进一步开放民间投资市场准入、拓宽民间投资领域、强化要素资源保障、构建“亲”“清”的新型政商关系，并明确规定：依法利用存量土地资源建设物流等新业态项目，可在5年内继续按原用途和土地权利类型使用土地；在工业园区投资建设物流等生产性服务业的，参照执行工业用地价格。

肥东邮政管理局成立

12月6日，肥东邮政管理局和肥东县邮政业发展中心挂牌成立。安徽省邮政管理局局长李勇、市政府副秘书长汪维明、合肥局主要负责人、肥东县县长孙良鸿共同为肥东局和发展中心揭牌。安徽省邮政管理局人事处、省快递协会负责人以及肥东县政府机关、快递企业、媒体代表共90余人参加了仪式。

顺丰速运智能分拣合肥基地项目启动

12月7日，“顺丰速运智能分拣合肥基地项目”启动仪式在合肥市蜀山区电商产业园举行。安徽省邮政管理局局长李勇、蜀山区区委书记李学明出席仪式。安徽省快递协会、合肥市邮政管理局、顺丰电商产业园运营中心负责人以及项目承建单位等各界代表参加仪式。作为全国规模最大、技术最领先、功能最完善的快递一级分拣基地“顺丰速运智能分拣合肥基地项目”投入运营后，产品的分拣、封装能力将达到每小时3.5万件，将能满足顺丰速运整个华东地区物流需求，预计新增销售收入有望达到44.7亿元，税收1.5亿元。项目建成后，既是全国最大的智能化分拣物流基地，同时也是顺丰速运华东区的物联网运营中心、电子商务中心、呼叫中心和共享服务中心，对于促进全市快递行业转型升级、提升服务水平具有重要作用，同时也进一步确立了合肥市邮政业在华中地区乃至全国范围内的区域中心地位。

省、市两级邮政业发展“十三五”规划全部发布

截至12月15日，安徽省及16个市邮政业发展“十三五”规划全部印发，并对外发布。

新申通快递蚌埠转运中心投入使用

12月21日，“申通蚌埠转运中心乔迁典礼”在蚌埠市淮上区安徽省快递协同发展试验区举行。新申通快递蚌埠转运中心位于蚌埠市淮上经济开发区，处于北京至福州、上海至西安高速公路的交汇处，占地18000平方米，毗邻铁路货运站和淮河货运码头，现代交通区位占优。目前服务下属17家网点公司，日常进出港吞吐量500吨左右，集合快件转运集发、办公生活为一体，实现现代化快递转运枢纽功能。安徽省邮政管理局局长李勇、蚌埠市副市长秦武、淮上区区长冯中元出席活动，安徽省快递协会、蚌埠市邮政管理局、申通快递负责人以及各界代表参加仪式。

福建省快递发展大事记

公安部副部长黄明赴厦调研快递物流安全工作

2月，公安部副部长黄明到厦门鹭申通快递服务有限公司调研快递物流安全工作。厦门市邮政管理局领导和厦门鹭申通快递服务有限公司负责人全程陪同，引导参观快件分拣操作，演示实名收寄系统，并介绍了全市快递业落实“三个100%”措施等安全生产管理制度的情况。

王惠敏副省长视察福州市邮政基层网点

2月16日，福建省副省长王惠敏率领省安监局、交通运输厅、消防总队等有关部门领导，赴福州市邮政城北分公司祭酒岭支局检查指导春节期间邮件安全工作。在祭酒岭支局，王惠敏副省长对网点员工春节期间坚持岗位表示亲切慰问，并认真听取网点负责人关于邮件收寄安全规定的落实情况汇报，现场查看了网点邮件收寄过程。王惠敏指出，邮政作为邮件寄递的主要部门之一，安全责任重大，希望广大邮政员工切实落实邮件寄递安全“三个100%”要求，把好收寄关，确保寄递渠道安全。

王丰局长就贯彻落实“闽七条”接受国家邮政局网在线访谈

2月24日，福建省邮政管理局局长王丰就“借力‘闽七条’，实现福建省快递业换挡提速”接受国家邮政局网在线访谈。访谈围绕“闽七条”深度解读展开，王丰介绍了“十二五”期间全省邮政业发展的总体情况以及“十三五”时期愿景，回答了网友关心的“闽七条”出台经过、制定原则、具体内容、补助资金、解决行业发展瓶颈等方面内容，并对下一步宣传贯彻进行了说明。

福建省邮政业发展纳入全省“十三五”规划纲要

3月11日，《福建省国民经济和社会发展第十三个五年规划纲要》经省十二届人大四次会议批准后正式发布。继“十二五”之后，福建邮政业发展重要内容再次纳入全省“十三五”规划纲要。

厦门市238辆快递车辆获通行年费减半政策扶持

3月23日，厦门市交通运输局下发《关于减征市重点物流企业专业货运车辆、邮件（快件）运输车辆通行年费的通知》，厦门市邮政管理局申报的238辆快递营运车辆全部符合减征条件，可享受在厦道路车辆通行年费减征50%年费的扶持政策。

福建省政府与苏宁、京东、阿里巴巴将共建“闽货网上行”

3月31日，福建省政府分别与苏宁云商集团、京东集团、阿里巴巴集团负责人签署战略合作框架协议、电子商务合作备忘录。

《南平市快递物流园区发展规划》获市政府批复

4月6日，南平市人民政府正式行文批复同意发布《南平市快递物流园区发展规划（2016－2030）》。该规划在充分考虑南平快递产业发展现状的基础上，按功能、规模设置“市级快递物流园区—县级快递物流园区—乡镇级快递配送站（收派点）”三个层次的快递网络节点，在理论上构建了功能完备、业务覆盖无死角的南平市三级快递物流服务体系。

全国首份县域促进快递业发展政策文件出台

4月27日，晋江市政府常务会研究通过全国首份县域促进快递发展扶持政策，并以晋江市政府文件正式印发。该意见是晋江市政府首次对快递业综合发展制定的纲领性文件，是成立县级邮政管理机构对于获得县级政府支持和促进行业发展的重要体现，也是《国务院关于促进快递业发展的若干意见》《福建省促进快递行业发展办法》《泉州市促进快递服务业发展的意见》等各级扶持行业发展政策在县域的进一步贯彻。

宁德市王功亮荣获全国"最美快递员"称号

4月27日，第二届中国梦·邮政情"寻找最美快递员"活动揭晓发布会在人民大会堂隆重举行，宁德市申通快递王功亮荣获"最美快递员"称号。

福建省公安厅召开落实三项措施专题座谈会

5月12日，福建省公安厅在莆田召开落实三项措施专题座谈会，重点讨论实名制系统和安检机配置进展情况，以及存在的问题和相关建议。莆田局、市公安局及市邮政EMS、顺丰、"四通一达"、全峰、国通等十三家企业参加了座谈会。

两项邮政业标准列入省地方标准制定项目

5月24日，福建省质监局《2016年第一批福建省地方标准制修订计划项目》同意将全省两项邮政业标准《智能信报快件箱技术规范》《快递公共投递服务站设置与服务要求》列入省地方标准制定项目。

《智能快件箱运营服务规范》地方标准通过专家审定

5月24日，福建省质量技术监督局组织召开省地方标准《智能快件箱运营服务规范》专家审定会。省商务厅、质量技术监督局、邮政管理局、标准化研究院等有关单位和院校，以及省电商协会、快递协会、邮政快递企业代表、智能快件箱生产运营企业代表组成的专家组一致同意标准通过审定。

福建省"十三五"现代服务业发展专项规划发布

6月22日，福建省政府发布《福建省"十三五"现代服务业发展专项规划》，省快递业发展获政策支持。规划将现代物流、电子商务、商贸流通、信息服务、服务外包、商务服务等十五类领域列为发展重点，并提出改造提升和新建一批区域综合物流园区和大宗商品专业物流园区，促进电商物流园、快递产业园和空港智慧物流园等物流园区建设。加速推进农村电子商务发展，完善农村电商配套设施和物流配送体系，推动电商快递园区建设，完善快递服务网络，促进电子商务与快递业协调发展。规划还将泉州顺丰速运物流仓储中心、泉州（晋江）快递物流电子商务园区暨海峡两岸快件集散中心、莆田市快递电商物流园等项目列为现代物流和电子商务重大项目

福建局与省发展改革委就联合发布邮政业"十三五"规划达成一致意见

7月15日，福建省邮政管理局拜访省发展改革委副主任俞开洋，双方就联合发布省邮政业"十三五"规划等事宜进行沟通协调并达成一致意见。俞开洋指出，邮政业是民生项目、民心工程，福建省里历来十分重视和支持邮政业发展，省发展改革委也对邮政业给予关注和支持。邮政业发展规划是"十三五"时期全省行业发展的重要指导性文件，要确保执行有力有效，要多渠道筹集行业发展资金，积极争取中央和地方支持，用好用足相关专项资金，同时充分发挥市场功能，引导社会资本投资建设邮政业发展项目，最终达到规划的预期目标，实现规划确定的各项任务。

福州市获2015年度电子商务与物流快递协同发展试点扶持

7月19日，经福建省商务厅、邮政管理局、财政厅批复下达的福州市2015年度电子商务与物流快递协同发展试点项目第一批扶持资金已发放到位，此次下达扶持资金共1873.25万元。

三明获批国家物流标准化试点城市

7月20日，在商务部、财政部等组织开展的

2016年全国物流标准化试点中，经竞争性比选、评审，三明成功入选国家物流标准化试点城市，今后两年将获得1.6亿元的中央财政试点扶持资金，目前已下拨8000万元。

厦门入选全国首批“国家示范物流园区”

8月1日，厦门保税物流（区港联动）园区荣获全国首批“国家示范物流园区”称号。据悉，厦门保税物流（区港联动）园区是福建省唯一获此殊荣的物流园区。

福建局建立快递服务质量提升与发展联席会议制度

9月1日，福建省有着管理局出台了《福建省快递服务质量提升与发展联席会议制度》。联席会议按照政府引导、企业自治、行业自律、社会共治的原则，由福建局市场监管处、办公室、消费者申诉中心、福建省快递行业协会，各品牌快递企业福建总部及省内品牌企业等部门和单位参与，按季度召开。旨在传达和通报全省一段时期以来的市场监管有关情况，学习全国快递服务质量提升联席会议纪要，建立完善快递服务质量综合评价体系，对安全、服务与发展中存在的问题提出整改提升意见。

厦门跨境电商监管中心启用

9月13日，位于福建自贸试验区厦门片区海沧园区的厦门跨境电商监管中心揭牌正式启用。监管中心将通过全国首创的“前店后仓”的模式进行进口验放，更大程度提高通关通检效率。

马军胜局长心系厦门寄递业受灾情况

9月15日3时5分，超强台风“莫兰蒂”在福建厦门翔安沿海登陆，登陆时最大风力17级，平均风力14级。厦门邮政业遭受巨大损失，出现运输中断、信息阻断、分拨场地办公场所严重受损、网点进水现象，未发生人员伤亡事件。灾害发生后，国家邮政局局长马军胜心系灾区，连夜多次致电厦门局领导了解灾区寄递企业受灾情况，亲自致电受灾严重的鹭申通快递企业慰问指导，并就灾后重建工作对厦门市邮政管理局作出重要指示。

《积极发挥新消费引领作用促进转型升级行动方案》出台

9月19日，福建省人民政府出台了《积极发挥新消费引领作用促进转型升级行动方案》，提出要降低物流成本，支持快递业发展。方案明确，要推动跨地区跨行业跨所有制的物流信息平台建设，改造提升和新建一批区域综合物流园区和大宗商品专业物流园区，加快建设电商物流园、快递产业园和空港智慧物流园等，以及快件处理中心、快递仓储配送中心、智能信包箱（智能投递终端）等城市快递基础设施。在快递等行业推行同一县（市、区）级管辖范围内“一照多址”模式改革，简化快递末端网点备案手续。在邮政管理部门备案的同一县（市、区）级管辖范围内的快递末端网点，可免于办理工商营业执照。

福建省寄递渠道G20杭州峰会安保工作获表扬通报

10月10日，福建省召开全省G20杭州峰会维稳安保工作总结电视电话会议，福建省副省长王惠敏宣读了省委省政府对峰会维稳安保有关单位和参战人员的表扬通报，福建省邮政管理局、公安厅、交通厅、武警总队、信访局以及南平市、宁德市受到表彰。

福建首个快递园区正式投产运营

10月13日，位于沙县生态工贸新城的闽中快递物流园正式投产运营，标志着福建首个快递产业园区正式建成，这将加快推动三明快递产业集聚，为打造闽西北快递的集散中心及快递发展高地提供重要平台支撑。

福州市首个县级邮政监管机构获批成立

11月7日，闽侯邮政管理局获国家邮政局批复成立,这是获批复成立的福建省第5个县级邮政监管机构,福州市首个县级邮政监管机构。其职责是贯彻执行国家邮政业法律法规、政策和服务标准;协助市邮政管理部门开展邮政相关业务的监督检查;承办上级邮政管理部门和县委、县政府交办的其他事项。

省、市两级邮政业“十三五”规划发布实施

11月16日,厦门市政府办公厅正式批复同意发布《厦门市邮政业发展“十三五”规划》,至此,福建省市两级邮政业“十三五”规划全面发布实施,省邮政业“十三五”规划由福建省邮政管理局与省发展改革委联合发布实施,各市级邮政业“十三五”规划分别由市政府发布或者与市发展改革委联合发布实施。

三明市沙县邮政管理局获批成立

12月7日,三明市首家县级邮政监管机构沙县邮政管理局获批成立,是符合有机构、有场所、有人员、有经费的“四有”监管机构。这为推动完善县域邮政监管体系,加强重要地区、重要节点邮件和快件安全监管奠定坚实基础。

张志南副省长表示加大邮政业发展扶持力度

12月9日,福建省委常委、常务副省长张志南专题听取邮政管理工作汇报,充分肯定今年以来全省邮政业发展和邮政管理工作成绩,表示将加大邮政业发展扶持力度。

石狮市邮政业发展服务中心获批成立

12月21日,中共石狮市委编办正式下发文件成立石狮市邮政业发展服务中心。文件指出在石狮市运输管理所加挂“市邮政业发展服务中心”牌子,中心由石狮市交通和城市建设局统一管理,核定事业编制3名,主要职责为协助邮政管理部门研究拟定石狮市邮政业发展规划、协助开展邮政业监督管理、行政执法等。

漳州邮政获电子商务与快递业协同发展专项资金

12月22日,根据《福建省人民政府支持快递业加快发展七条措施》及省财政厅、省商务厅下发《关于做好2016年电子商务与快递业协同发展专项资金申报工作的通知》等政策精神,漳州市邮政管理局积极联系邮政企业,指导企业上报2016年度电子商务与快递业协同发展专项资金补助工作申报材料,经项目申报、初步审核、现场核查后,平和县邮政分公司申报的“快递综合服务站点建设补助”,获得100万元资金扶持。

三明团队荣获首届全国“互联网+”快递大学生创新创业大赛银奖

12月23日,备受瞩目的2016年首届全国“互联网+”快递大学生创新创业大赛全国第二轮总决赛圆满落幕。经过现场答辩、专家评审等多个环节的激烈角逐,三明学院三明易捷配送服务有限公司智能配送服务系统开发荣获创新产品设计赛项银奖。

《福州市促进现代物流业(含快递业)加快发展的若干措施》出台

12月14日,作为快递“闽七条”落地政策的《福州市促进现代物流业(含快递业)加快发展的若干措施》由市政府办公厅印发出台。若干措施作为福州市贯彻落实快递“闽七条”的文件,从提升发展水平、完善网络布局、培育物流市场、提供通行便利、加强用地保障、加快人才培引、强化资金保障等7个方面提出加快福州市现代物流业、快递业发展23条具体措施。其中涉及快递行业的具体措施包括:支持设备更新;促进信息化建设;支持企业规范发展;推动标准化建设;推进物流枢纽建设;加快终端网点建设;完善农村物流网络;规范城市配送车型和管理;强化用地供给;专业人才的培训、引进及资金保障等。

江西省快递发展大事记

关于促进快递业发展实施意见出台

3月，江西省政府出台《关于促进快递业发展实施意见》，明确要促进快递业健康发展，进一步搞活流通、拉动内需，服务大众创业、万众创新，培育现代服务业新增长点。意见提出到2020年，江西基本建成普惠城乡、技术先进、服务优质、安全高效、绿色节能的现代快递服务体系，形成覆盖城乡、联通国际的快递服务网络。快递年业务量达到8亿件，业务收入达到80亿元，行业年承载3600亿元以上货值的商品流通。建成辐射国内外的航空货运快递体系。国内重点城市间快件实现48小时送达，省内设区市间实现24小时送达。日均服务用户超过1000万人次，新增就业岗位3万个以上。

省邮政业消费者申诉中心连续五年受表彰

3月，江西邮政业消费者申诉中心被评为全国邮政业消费者申诉处理工作先进集体，这是自2011年国家邮政局对各省申诉工作进行表彰以来，全国邮政管理系统唯一一家连续五年喜获先进集体的单位。五年来，江西邮政业消费者申诉中心累计受理群众申诉37121件，为消费者挽回经济损失143万元。处理的申诉件平均正确率达99.94%，居全国邮政管理系统第一。申诉处理工作消费者满意度连年均在97.5%以上。

举办首次全省“最美快递员”表彰会

4月15日，江西省“最美快递员”表彰会召开。会议播放了江西邮政业“十二五”巡礼宣传片《风鹏正举海天阔》和“最美快递员”事迹短视频，为全省“最美快递员”和优秀快递员颁发奖杯和荣誉证书。最美快递员代表王超向全省快递员发出了“诚实守信，满意快递”自律倡议，呼吁信守承诺、奉献社会，为践行行业责任，打造“满意放心快递”作出不懈努力。江西省文明办、省团委、省总工会领导参加，省邮政管理局杜继涛局长发表讲话。

一名快递企业负责人获市“青年五四奖章”

5月4日，江西鹰潭团市委召开“鹰潭市纪念五四运动97周年大会暨青年助力脱贫攻坚启动仪式”，对全市12位优秀青年进行表彰。其中，鹰潭市新园通速递有限公司负责人、市快递物流行业协会会长邱玖强荣获第八届“鹰潭青年五四奖章”。邱玖强创业有道，热心公益，回馈社会，捐资助学，吸纳困难青年就业，多次免费寄递救灾衣物。

首个快递项目争取到中央预算内投资支持

7月，国家发展改革委下达物流业转型升级项目2016年中央预算内投资计划，中央预算将以投资补助300万元的方式支持铜鼓县县乡村三级快递配送网络转型升级项目建设。江西省邮政管理局通过主动联系省发改委、指导企业项目申报，推荐首个快递项目争取到中央预算内投资支持。

吉安市被纳入全国创新邮政与快递合作模式试点城市

7月，国家邮政局正式将吉安市纳入开展创新邮政与快递合作模式综合试点城市，全国仅6个城市被纳入试点范围。

实现快递许可审批时限按时完成率“3个100%”

为落实中央巡视组反馈意见及国家局相关文

件要求,江西省邮政管理局通过采取调阅纸质档案、审查许可系统、个人交叉检查等方式,在全省全系统开展了许可审批自查整改工作,并建立快递业务经营许可审批工作考核制度,明确任务分工,责任落实到人。江西局按月通报全省快递许可审批时限情况,在通报各市局办理许可审批完成数量、按时完成数量、按时完成率和平均办结时间的基础上,增加初审超期数量通报项目,从审批源头抓起,督促各市局认真梳理审批流程,确保各环节零超时。在全省邮政管理系统的共同努力下,江西省许可申请、变更以及申请协查三项审批工作的按时完成率实现了“3 个100%”。

首部市邮政业“十三五”发展规划发布

9 月 5 日,江西省萍乡市政府印发了《萍乡市邮政业“十三五”发展规划》,这是江西省向社会发布的首部市级邮政业“十三五”发展规划。规划明确了“十三五”时期萍乡市邮政业发展指导思路与主要目标,确定了村邮工程、快递园区建设工程、“快递下乡”工程、快递“三进”工程、安全邮政工程、绿色邮政工程、赣湘直邮工程、信用体系建设工程等八个重点工程和九项保障措施,提出要充分发挥萍乡的地理优势和便捷的交通优势,力争到 2020 年将萍乡打造成江西省西部重要的邮政业枢纽城市,实现邮政业跨越式发展。

签署《失信企业协同监管和联合惩戒合作备忘录》

9 月,江西省邮政管理局与发展改革委等 38 部门共同签署《失信企业协同监管和联合惩戒合作备忘录》。备忘录要求,签署部门在履行法定职责过程中记录的,依据法律法规应予以限制或实施市场禁入措施的严重违法失信企业和个人,属于当事人范围,将纳入联合惩戒范围。根据备忘录,邮政管理部门可与工商管理部门共享监管信息和数据,并对邮政业企业协同采取监管措施。备忘录指出,签署部门可对存在经营异常和严重违法失信行为的当事人联合采取一种或多种惩戒措施,实现“一处违法、处处受限”,包括融资授信限制、工程招投标限制、取得政府资金支持限制、高消费行为限制、获得相关荣誉限制等十七种限制措施。邮政管理部门可根据工商部门提供的经营异常名录和严重违法失信企业保单,依法在审批和监管过程中对当事人的行为予以限制或禁止。

省快递业务员职业技能鉴定工作跻身全国前三位

11 月,国家邮政局职业技能鉴定指导中心下发《关于 2016 年 1 ~ 10 月全国快递业务员职业技能鉴定有关情况的通报》,根据通报相关数据,2016 年 1 ~ 10 月,江西省参加快递业务员职业技能鉴定考试的人数为 3635 人,已超额完成年度鉴定目标,达到 121.2%,排名全国第三位。其中,初级技能鉴定人数为 3109 人,完成计划比例 138.2%,中级技能鉴定人数为 467 人,完成计划比例 116.8%,分别排名全国第三位和全国第四位。

4 家青年集体被命名为 2014 - 2015 年度全省青年文明号

12 月,江西省创建青年文明号活动组委会公布江西省快递协会 4 家青年集体——中国邮政速递物流有限公司南昌市分公司红角洲揽投部、江西顺丰速运有限公司市场销售部、江西省圆通速递有限公司客服部、杭州百世网络技术有限公司南昌分公司被命名为 2014 - 2015 年度全省青年文明号。

山东省快递发展大事记

王书坚副省长批示肯定邮政管理工作

1月，山东省人民政府副省长王书坚在山东省邮政管理局呈报的《关于2016年全国邮政管理工作会议精神和全省邮政管理工作情况的报告》上作出重要批示，批示指出："2015年乃至'十二五'期间，山东邮政系统干部职工努力工作，各项业务工作取得显著成绩，为促进全省经济社会发展做出了积极贡献。希望新的一年继续努力，为'十三五'开好局、起好步，推动各项工作迈上新台阶。"

启动"十三五"快递人才"123"培养工程

2月29日，山东省邮政行业职业技能鉴定工作座谈会在济南召开。会议明确，2016年山东省邮政行业职鉴工作的总体工作思路是，紧紧围绕国家邮政局及山东省邮政管理局重点工作部署，以服务行业科学发展为宗旨，力争实现全年6000人以上的鉴定任务目标，并启动"十三五"快递人才"123"培养工程，即以强化行业人才培养、提高行业综合素质为宗旨，实现全省高技能人才达到1万人以上；以扩大行业影响力、提高社会认知度为动力，举办2次省级技能大赛；以推进校企合作、加快培养行业急需高层次人才为目标，使全省合作院校达到30所以上，为行业转型升级提供服务和支撑。

省邮政业发展纳入全省国民经济和社会发展规划

3月，《山东省国民经济和社会发展第十三个五年规划纲要》经省十二届人大五次会议审议通过并发布，邮政和快递业发展首次纳入规划纲要，为"十三五"期间全省邮政业发展绘定总体架构和目标蓝图。规划纲要共四处提及邮政、快递，山东邮政业获得新的发展活力。

14人获"山东省青年岗位能手"荣誉称号

3月，团省委授予198名青年选手"山东省青年岗位能手"称号，快递行业有14人位列其中。山东省青年职业技能大赛由团省委、省人社厅、省总工会主办，各快递企业积极组织优秀青年选手参加比赛。经角逐，邮政速递物流公司李晓晓、杭州百世山东分公司栾峰等5人脱颖而出，其中一等奖3名，二等奖2名。根据大赛文件规定，按照申报程序，取得各职业（工种）比赛前2名的选手被推荐申报"山东省青年岗位能手"称号，并按照有关条件为其申报晋升职业资格。山东邮政职鉴中心等13家承办单位获"优秀组织奖"。另有参加市级青年职业技能竞赛取得优异成绩的9名快递员，同时被授予"山东省青年岗位能手"称号。

济宁市政府发布《济宁市邮政业发展管理办法》

5月，经济宁市人民政府同意，市政府办公室发布了《济宁市邮政业发展管理办法》。办法经市法制办审查备案，对法治邮政建设、发展规划、政策扶持和行业监管等方面作出了详细规定。办法同时对邮政、快递企业履行安全生产主体责任，严格落实"收寄验视＋实名收寄＋过机安检"三项安全制度，加强邮政业诚信体系建设等方面作出了明确规定。

齐河邮政管理局、齐河县邮政发展中心揭牌成立

5月20日，齐河邮政管理局暨齐河县邮政发展中心揭牌仪式在齐河县举行。山东省邮政管理局党组成员、副局长刘长春，齐河县委书记、县人大常委会主任孟令兴，县委副书记董庆新，县委常委、常务副县长李彬彬、德州市邮政管理局党组书记、局长张统柱参加活动，齐河县公安局、商务局

等单位分管负责人及齐河县邮政、快递企业负责人列席参会。

加快电子商务发展的意见出台

5月,山东省人民政府制定印发《山东省关于加快发展电子商务的意见》,完善支撑体系,强化政策支持,优化发展环境,推动电子商务跨越发展。邮政业获多项政策支持,邮政管理部门被列为多项措施的责任单位。

山东EMS中韩海运业务邮路出口业务开通

6月1日,山东EMS举办中韩海运邮路出口业务正式开通仪式。中韩海运邮路出口业务是山东邮政速递物流与韩国邮政开展业务合作,基于“威海—仁川”海运邮路,共同设计研发的跨境电商海运新产品。以“航空速度、海运价格”优势助力威海乃至山东跨境电商企业实现对韩产品进出口。中韩海运业务在为企业节省大量物流成本的同时,运用高度信息化的处理平台、便利的通关政策,通过提供一揽子的清关、退税、运输、寄递等质高价优的综合服务,最大化满足跨境电商企业低成本、高效益的物流服务需求,营造跨境电商企业与邮政速递物流企业互利共赢的良好市场氛围,实现威海及我省跨境电商产业持续、健康发展,并将威海打造成为全国跨境电商重要口岸。

针对寄递市场违法行为作出山东首例处罚

6月3日,针对潍坊都市物流有限公司(经营天天快递品牌)存在未依照规定收寄验视,违规收寄甲醛溶液致使危险化学品流入寄递渠道,并在分拣时甲醛泄漏导致现场多名人员身体不适一事,潍坊市邮政管理局依法履行了立案、调查、告知、依申请公开举行听证等法律程序后,依据《中华人民共和国反恐怖主义法》,对该公司下达了罚款人民币25万元、对直接负责的主管人员和直接责任人员分别罚款1万元行政处罚决定。

省人民政府专题会议研究邮政和快递服务业转型升级工作

6月7日,山东省人民政府召开邮政和快递服务业转型升级座谈会,专题研究山东省邮政和快递服务业转型升级实施方案。会议由山东省省长郭树清主持。郭树清强调,要着力解决邮政和快递服务业发展面临的车辆通行、设施建设、网络拓展等问题,积极推广“邮政服务三农”“快递+特色农产品”“冷链快递”等服务模式,不断扩大服务有效供给。坚持创新驱动,充分运用云计算、大数据等现代信息技术,推进邮政和快递与电子商务、先进制造业、现代农业、综合交通运输等产业协同发展。切实提升安全监管能力,实现寄递各环节信息可追溯。各相关部门和行业协会要进一步简政放权、优化服务,为邮政和快递服务业转型升级、提质增效营造良好环境。

省快递协会与山东天壮环保科技有限公司签署战略合作协议

6月,山东省快递协会与山东天壮环保科技有限公司签署了战略合作协议。此次战略合作协议的签订,以提供氧化生物双降解塑料包装技术及产品为主旨,由山东天壮环保科技有限公司提供补贴,用优质环保可降解的快递塑料包装袋及包装类产品,以袋等质等价的基础上,逐步替代企业正在使用的普通塑料包装及包装产品,有效解决白色污染问题。

推进“快递向下”服务拓展工程实施意见发布

6月,山东省邮政管理局会同省商务厅,联合印发《关于推进“快递向下”服务拓展工程的实施意见》。意见强调,要对接阿里巴巴集团“千县万村”计划、京东集团“千县燎原”计划和山东邮政农村电商“县、乡、村”三级运营体系行动,建设一批电子商务县级运营中心、村级服务站和邮政、快递服务网点,实现线上线下融合发展,形成覆盖县、乡、村的电子商务与快递协同运营网络。

山东局接受国家局网站在线访谈

6月，山东省邮政管理局党组书记、局长赵民就“加强党建工作，促进行业发展”接受国家局网站在线访谈，与广大网友深入交流了山东省邮政管理系统基层党建与行业发展情况。访谈节目系统阐述了全省邮政管理系统深入开展“两学一做”学习教育等系列工作，回顾总结了多年来基层党建工作所取得的成绩，结合党建相关工作，联系行业实际，认真分析了山东省邮政业发展情况，一一解答了主持人及网友现场提出的问题。

推进共同配送末端网点（智能快件箱）建设

7月，山东省邮政管理局会同省商务厅，联合印发《关于推进城市共同配送末端网点（智能快件箱）建设的实施方案》，大力推进共同配送末端网点（智能快件箱）建设。方案强调，按照“整体规划、分步实施”的原则，省市联手，共同推动，加快智能快件箱的布放。采取示范建设方式，发挥财政资金扶持作用，在济南、烟台引导承建企业加快集中布设智能快件箱，形成示范效应，为全省做出可复制样板。省级扶持资金重点向泰安、聊城、菏泽3市主城区共同配送末端网络（智能快件箱）建设倾斜。对上述5市建设的智能快件箱，省财政原则上给予每个快件箱补贴5000元左右、最高不超过10000元的扶持资金，共计1400万元。

青岛市快递末端公共配送服务平台被纳入国家电子商务重大工程项目

青岛市邮政管理局积极同市发展和改革委协调沟通，推动将全市“城市智慧物流（快递）末端公共配送服务平台”项目纳入了国家电子商务重大工程项目扶持范围。该平台项目重点涵盖数据平台开发和实物传递网络建设两方面内容。在综合信息平台开发上，通过大数据、云计算等技术集成化应用，搭建起服务于三方的综合性信息平台，有效发挥配送信息集成、调度，配送能力分析、统计等功能。同时还推出“云递驿站 App”服务终端，进一步优化提升便捷服务功能；在公共配送网络建设上，重点在政府机关、院校、商务区、社区、农村推进公共配送网点建设，一期计划建设1200个网点，并加大与城市公共服务、交通、金融、通讯等行业融合，拓宽服务范围。

推进农村电子商务发展意见出台

7月，山东省人民政府办公厅制定印发具体实施意见，推动建设开放、规范、诚信、绿色、安全的农村电子商务市场体系。山东省邮政管理局被列入多项任务责任落实部门。意见提出，支持快递经营网点向农村延伸，为农村电子商务发展提供快捷方便的快递支撑服务。整合邮政和快递物流资源，支持乡镇邮政局（所）向快递企业开放。支持快递企业设立县域分拨中心，提高服务水平。鼓励通达乡镇、村庄的客运班车代运快件，降低物流成本。意见要求，发挥农村供销、邮政、“万村千乡”商贸网店和渠道，建设农村电子商务综合服务站点，推动各地建立县、乡、村三级电子商务公共服务体系。意见强调，支持电商、物流、商贸、金融、邮政、快递等企业加强合作，实现优势资源整合，参与农村电子商务，提供配套支撑服务。

四部门联合发文推进快递服务进校园

7月，山东省邮政管理局联合省教育厅、省公安厅、省商务厅印发了《关于推进快递服务进校园的通知》，规范高等学校快递配送末端网点进校园工作，深入推进城市共同配送末端网点（智能快递箱）建设，进一步促进电子商务与快递协同发展。

邮政和快递服务业转型升级实施方案

8月，山东省人民政府办公厅转发了《山东省邮政和快递服务业转型升级实施方案》。方案明确提出了邮政、快递服务业转型升级的指导思想和主要目标，确定了五项主要任务：一是培育壮大邮政、快递企业；二是促进邮政、快递服务与关联产业协同发展；三是大力发展跨境寄递服务；四是开展邮政、快递服务专项提升行动；五是健全完善行业诚信体系。为保障全省邮政、快递服务业转型升级目标的实现，方案还提出了推进地方法规建设、强化规划引领、深入推进简政放权、加强邮政市场监管、完善市场监管体制机制、强化人才队伍支撑和发挥行业协会服务功能等 7 项保障措施。

济南国际邮件互换局兼交换站获批成立

8 月，济南国际邮件互换局兼交换站经海关总署、国家邮政局批复同意设立。济南国际邮件互换局兼交换站的设立可实现山东中西部 11 个地市国际邮件总包与境外互换局邮包互换，对于优化国际邮路，提升邮件运输时限，加快邮政服务跨境电商协同发展，带动全省经济社会发展具有重要意义。

加强物流短板建设促进有效投资和居民消费实施意见出台

9 月，山东省发展和改革委、省交通厅、省邮政管理局等十部门，联合发布《关于加强物流短板建设促进有效投资和居民消费的实施意见》，通过加大投入力度，加强物流短板建设，打造特色优势，促进有效投资和居民消费。意见强调，要进一步加大对薄弱环节基础设施建设的支持力度，对符合规划要求的物流设施建设项目，加快用地审查报批和手续办理，保障项目依法依规用地；对企业自有的大宗商品仓储设施用地，减按所属土地等级适用税额标准的 50% 计征城镇土地使用税；充分发挥政府资金的引导作用，探索设立专项资金，重点支持五大工程和示范项目建设；建立重点项目建设的绿色通道和调度机制，研究制定用车标准规范，优化城市配送车辆通行管理，打通城市配送渠道。

中央新闻媒体采访东营市寄递安全管理工作

9 月，CCTV12、人民网、法制网、中新社 5 名记者由山东省有关部门负责同志陪同，赴东营采访寄递安全管理工作。采访期间，在东营市邮政管理局会议室召开记者座谈会，观看了《压实责任保安全——东营市寄递行业落实三个百分之百工作纪实》专题片，并就东营市寄递安全管理工作具体做法及措施进行了深入交谈。中央新闻媒体记者实地采访了市寄递安全信息服务中心、东营申通、EMS、广饶圆通、东营邮政分公司以及广饶公安局指挥中心监控平台。

全国首家快递业绿色发展产学研协同创新示范基地落户青岛

10 月，国家邮政局和青岛市人民政府在北京签署了“建设快递业绿色发展产学研协同创新示范基地”框架协议，全国首家快递业绿色发展产学研协同创新示范基地落户青岛。根据协议约定，双方将共同推动建设“快递业绿色发展产学研协同创新示范基地”，在快递包装、冷链快递、智能仓储、物联网技术、快递规划仿真和快递信息系统等领域，将青岛中德生态园打造成为具有国际水平、国内一流的“科技创新、成果转化和产业示范”基地。同时，积极发挥各自优势，通过政策支撑和项目支持，实现快递业相关绿色技术孵化落地，在青岛建设快递业绿色仓储示范中心、绿色分拨示范中心、绿色配送示范中心、绿色包装示范中心、包装回收示范中心等，共同打造快递业绿色示范城市。

全省首家联合驻园快递安全监管办公室挂牌成立

10 月，济宁市邮政管理局和市公安局在海天电商快递物流园成立联合驻园快递安全监管办公室。该安全监管办公室是全省首家驻快递园区安全监管专门机构，人员由市公安局按照“一园两人”标准长期派驻，市邮政管理局确保业务旺季及重要安保时间节点派人值班。该机构正式开展工作后，主要承担法律法规宣传教育、联合执法检查、督促寄递企业推进寄递信息管理系统建设、落实岗前安全培训制度、指导寄递企业加强内部治安保卫等职责。

潍坊寿光邮政管理局获批成立

11 月，山东潍坊寿光邮政管理局获国家邮政局批复成立。这是山东省第 9 个获批复成立的县级邮政管理机构，也是潍坊市首个县级邮政管理机构。寿光市人民政府将同时组建公益一类事业单位寿光市邮政业发展服务中心，由寿光邮政管理局负责统一管理。

新泰邮政管理局暨新泰市邮政业发展中心揭牌成立

11 月，泰安市首个县级邮政管理机构——新泰邮政管理局正式揭牌成立。山东省邮政管理局党组成员、纪检组长、副局长胡世光与新泰市委常委、组织部长桑民，共同为新泰邮政管理局和新泰市邮政业发展中心揭牌。

山东省邮政业发展“十三五”规划发布

12 月，山东省邮政管理局会同省发展和改革委，联合发布了《山东省邮政业发展“十三五”规划》。这是山东局首次与地方政府部门联合印发邮政业发展规划，将对引领行业健康快速发展，促进邮政业与地方经济深度融合具有重要意义。

河南省快递发展大事记

马朝立被国家邮政局确定为“2015 年感动交通十大年度人物”候选人

1 月，根据交通运输部、全国总工会《关于开展“2015 年感动交通十大年度人物”推荐宣传活动的通知》精神，经国家邮政局研究，决定推荐鹤壁中通马朝立同志为全国邮政系统“2015 年感动交通十大年度人物”候选人。

省政府一号文件明确表示大力支持航空快递发展

2 月，河南省人民政府出台《关于进一步加快民航业发展的意见》，提出要巩固扩大电子消费品货运市场，积极开发冷链物流、航空快递、跨境电子商务等新兴市场，建立完善协作机制，促进航空货运与邮政、快递、电子商务等行业协同发展。

支持农村电商快递发展意见出台

2 月，河南省委、省政府出台了《关于落实发展新理念加快农业现代化实现全面小康目标的实施意见》，提出加强商贸流通、供销、邮政等系统物流服务网络和设施的建设与衔接，加快完善县乡村物流体系，促进农村电子商务加快发展。

省政府印发国民经济和社会发展计划新增指标

4 月，河南省人民政府印发《河南省 2016 年国民经济和社会发展计划新增指标》，文件指出，要强化郑州航空港经济综合实验区开放优势，深入实施航空货运国际国内“双枢纽”战略，推进郑州南站高铁快件物流集散中心前期研究，加快构建“四港联动、多式联运”体系，着力打造境外集货分拨枢纽，推动商贸流通、航空物流等产业发展。要加快郑州跨境电子商务综合试验区建设，支持建设跨境电商园区、仓储物流中心、海外仓，着力打造跨境电子商务制度高地，建设包括综合物流集成商在内的完整的产业链和生态圈。要支持郑州申建国家现代物流创新发展示范城市，争取新增1～2家国家级示范物流园区，推动物流园区智能化、信息化和标准化改造建设。要加快推进电子商务进农村示范点创建，新增10个电子商务进农村省级示范县(市)，培育100个电子商务示范企业、30家示范基地。要统筹推进内河航运、邮政物流设施建设。加快建设中原云计算和大数据产业园。河南省邮政行业发展再获良机。

河南邮政业发展纳入全省十三五规划纲要

4月，《河南省国民经济和社会发展第十三个五年规划纲要》正式发布，邮政业作为现代服务业的重要内容被纳入全省十三五规划纲要重点推进。规划纲要明确指出，要建设高成长服务业大省；要建设网络经济大省；要构筑现代基础设施网络。

省政府出台文件强调加快发展现代物流业

5月，河南省政府印发《关于推进国内贸易流通现代化建设法制化营商环境的实施意见》，实施意见提出，要加快发展现代物流业，到2020年基本形成规则健全、竞争有序、监管有力、城乡一体、内外融合、畅通高效的现代流通体系。

推进构建开放型经济新体制邮政行业发展

5月，河南省委省政府为加快构建开放型经济新体制，坚持“引进来”与“走出去”相结合，主动适应经济发展新常态，明确将“加快郑州航空港经济试验区建设”“建设中国(郑州)跨境电子商务综合试验区”“建设高铁快件大型集散分拨中心”等邮政业发展项目作为重点大力推进。

河南局与河南机场公司签订战略合作协议

7月15日，河南省邮政管理局与河南省机场集团有限公司在郑州签署《促进河南快递业与民航业融合战略合作协议》，双方就共同促进河南省航空快递业发展建立战略合作关系。根据战略合作协议，双方共同致力于以下几方面的合作：一是为省内航空快递业发展争取政策支持，协调航空快递服务链相关部门和企业，提升航空快件通关效率，提升通关保障；二是支持航空快递物流设施建设，推动加快郑州机场临空航空快件公共分拣中心项目建设；三是打造航空快递物流公共平台，支持具有国际竞争力的航空快递企业在郑州集聚发展，在飞行航线、航班时刻、货机配置、用地、通关等方面向快递企业提供便利；四是推进互联网信息技术在航空快递领域的应用，支持航空快递信息集成系统建设，鼓励各类平台创新运营服务模式；五是协同民航、海关等部门，共同加强航空邮件快件的安全监管与检查，严格落实对航空快件及载运安全检查责任，严防各类违法违规行为发生。

河南局与省工商行政管理局开展信息资源共享应用战略合作

9月12日，河南省邮政管理局与河南省工商行政管理局签订了“河南省企业信用信息公示监管警示系统信息资源共享应用战略合作框架协议”。该协议的签订，标志着河南省邮政行业信用管理将统一纳入省企业信用信息公示监管警示系统，推进了部门、地方、行业信息互联互通，为社会公众和政府提供信息服务更加便捷，将进一步加强企业事中事后监管，促进社会信用体系建设，提升政府监管效能。

河南省第二届快递业务员职业技能竞赛落幕

9月20日，由河南省邮政管理局、河南省国防邮电工会共同主办的河南省第二届快递业务员职业技能竞赛在河南交通运输培训中心落下帷幕。大赛以省辖市为单位，共有17支代表队的96名选手参加，产生了12个个人单项奖及7个团体奖、10个组织奖。河南省邮政管理局、河南省总工会等部门领导现场观摩了比赛。

省政府出台“三年行动计划”实施方案

9月,河南省政府办公厅印发了《河南省交通基础设施重大工程建设三年行动计划实施方案》,河南省快递航空物流港建设等相关内容被列入其中。方案明确四大任务:一是加快航空港、铁路港、公路港以及物流园区建设,加强与海港功能对接,推动河南省国际快递物流港和河南全国性快递集散交换中心工程建设。二是加强航空快递物流设施建设,推动郑州机场航空快件公共服务分拨中心、跨境电商物流中心、大型货物集散中心、顺丰电商产业园和中国邮政航空邮件处理中心以及莆田等物流基地建设。三是支持省辖市加快建设支线机场、高速铁路站、港口码头及公路运输场站等枢纽设施,配套建设公共枢纽站,完成二级铁路物流基地建设,建成区域性重要港口。四是重点推进高速铁路网和高速公路网建设,充分利用快速交通网络,实施快递“上车、上飞机”工程,实现快递网络在各种运输方式间的无缝衔接、高效转换和快速通达。

河南省邮政安全发展中心挂牌成立

12月26日,河南省邮政安全发展中心在河南省交通运输厅正式挂牌成立,这是河南省贯彻落实中央综治办、交通运输部、国家邮政局等九部门《关于加强邮件、快件寄递安全管理工作的若干意见》,加强邮政行业安全监管工作的重大举措。

河南局获“全国交通运输行业文明单位”荣誉称号

12月,在全国邮政行业精神文明建设工作培训班上,河南省邮政管理局荣获“全国交通运输行业文明单位”称号,河南鹤壁中通公司马朝立获得“全国交通运输行业文明职工标兵”称号。

湖北省快递发展大事记

许克振副省长专题批示要求做好2016年全省邮政管理工作

1月11日,湖北省副省长许克振专题听取湖北省邮政管理局工作汇报,并对2016年全省邮政管理工作作出重要批示,强调全省邮政业要进一步适应经济发展新常态、进一步做好改革发展各项工作,努力实现“十三五”良好开局。

快递员张洋勇救被困火中女子受多项表彰

2月,嘉鱼快递员张洋徒手救助被困火中女子的事迹引起百余境内外主流媒体关注报道,张洋见义勇为的行为也受到多方表彰:咸宁市邮政管理局向全市邮政、快递企业印发《关于在全市邮政行业开展向快递员张洋学习活动的通知》和《关于授予张洋同志“咸宁市邮政行业见义勇为先进个人”的决定》,号召全市邮政行业学习嘉鱼圆通张洋见义勇为先进事迹;被救者孙女士的家人特地制作“大火无情人有情,快递小哥显真情”的锦旗;嘉鱼县综治委授予张洋“嘉鱼县见义勇为先进个人”荣誉称号;湖北省邮政管理局、湖北省快递行业协会联合印发《关于对张洋见义勇为行为通报表彰的决定》,授予张洋“湖北省优秀快递员”称号,并在全省邮政业通报表彰。

推动宜昌综合利用村邮站平台试点“快邮合作”

3月,湖北省邮政管理局赴宜昌实地调研综合利用村邮站平台试点“快邮合作”有关工作。座谈会上,市邮政分公司与全市8家品牌快递企业开展了战略合作需求对接,各方表示将积极支持邮政与快递合作试点工作,优化战略合作方案,合力打造村级邮政及快递综合便民服务平台,在全市做好试点示范并逐步推广。

《关于加快发展全省邮政行业职业教育的实施意见》出台

4月6日，湖北省邮政管理局、省教育厅联合印发《关于加快发展湖北邮政行业职业教育的实施意见》，提出充分发挥湖北省教育资源优势，加快推进全省邮政行业职业教育发展，更好地适应全省邮政行业改革创新、转型升级、提质增效。意见明确提出以八大措施促进全省实现邮政职业教育规模稳定增长、人才培养质量不断提升、从业人员素质明显提高三大目标。意见还提出成立湖北省邮政行业职业教育指导委员会，协调和处理邮政行业职业教育发展中的重大事项。要求全省各地教育行政部门、邮政管理部门加强组织领导和政策保障，加强宣传，确保意见各项措施落地实施。

湖北省邮政业发展纳入全省“十三五”规划纲要

4月，湖北省人民政府发布了《湖北省国民经济和社会发展第十三个五年规划纲要》，明确将全省邮政业相关内容发展纳入其中。纲要共有三处内容部署湖北省邮政行业发展，涉及基础设施、网络布局、城乡配送等方面。

快递员张洋当选全国“最美快递员”

4月27日，由国家邮政局主办的第二届中国梦·邮政情“寻找最美快递员”揭晓发布会在北京人民大会堂举行。经公众票选、网上公示、评委会评选审定，湖北省咸宁嘉鱼圆通快递员张洋当选10名“最美快递员”之一。

深入推进快递行业诚信体系建设

5月，湖北省邮政管理局印发了《关于开展2016年全省快递行业诚信体系建设活动的通知》，对2016年全省快递行业诚信体系建设活动作出全面部署。活动在全省所有取得快递业务经营许可的企业和直营型企业县级以上分公司范围内开展，从企业依法经营、规范服务、用户满意度、服务质量、安全管理、企业诚信文化建设等六个方面进行考核评选，年终评选出“年度诚信企业”，向社会公布并授牌。活动还将以快递品牌为单位，综合考虑各企业得分及满意度调查、时限测试和品牌内部管理等情况，评选出湖北省快递行业诚信品牌，向社会公众和新闻媒体推荐。

国际物流核心枢纽项目纳入全省五大重点项目

5月初，湖北省政府办公厅印发《关于成立省五大重点项目建设指挥部的通知》，湖北国际物流核心枢纽项目纳入其中。湖北国际物流核心枢纽项目由湖北省与顺丰速运共同规划建设，选址在鄂州燕矶。该项目规划由以全货机运作为主的4E级机场、多模式物流运输基地和产业园组成，目标是建成为全球第四个、亚洲第一的航空物流枢纽。

湖北局枝江抗灾救灾驻点工作获省督查组肯定

8月18日，湖北省抗灾救灾督查组一行赴枝江市实地督查抗灾救灾工作，在枝江市政府召开工作会议。经听取汇报、开展座谈、实地查看，督查组对湖北省邮政管理局抗灾救灾工作组的驻点工作及枝江市抗灾救灾工作表示充分肯定，认为湖北局能够克服“人员编制少、业务管理工作压力大”的实际困难，认真履行省委、省政府关于组派抗灾救灾工作组的工作要求，体现了高度的政治责任感。

许克振副省长批示肯定全省邮政快递业务旺季服务保障工作

11月22日，湖北省邮政管理局向省人民政府报送了《关于2016年邮政快递业务旺季服务保障工作的报告》。当日，湖北省副省长许克振专题批示肯定了“双11”期间全省邮政快递业务旺季服务保障工作，他指出，信息网络催生了新经济、新业态，邮政快递实现转型升级，焕发出了新活力、新动力，做出了新贡献。他向全省奋战在一线的邮政、快递工作人员表示慰问，希望全省邮政、快递企业继续努力，确保旺季邮政快递业务安全、平稳、有序运行。

《关于促进全省快递业健康发展的实施意见》出台

12 月，湖北省人民政府印发了《关于促进全省快递业健康发展的实施意见》，全省快递业发展获重大利好。实施意见提出了全省快递业的发展目标：到 2020 年，全省基本建成普惠城乡、技术先进、服务优质、安全高效、绿色节能的快递服务体系。同时，从业务规模、竞争能力、网络体系、服务水平等方面细化了目标要求。

邢小江副局长专题调研湖北国际物流核心枢纽项目建设情况

12 月 21 日至 22 日，国家邮政局副局长邢小江一行赴湖北，专题调研由湖北省与顺丰速运共同规划建设的湖北国际物流核心枢纽项目建设情况。邢小江对湖北国际物流核心枢纽项目各项工作给予了肯定，他希望大家再接再厉，紧抓当前行业发展的有利时期，充分发挥鄂州燕矶临路、临江、临铁的区位优势，打造水陆空铁多式联运的综合枢纽，为快递服务的时效性和可靠性提供更优质的保障。他还调研了位于武汉的顺丰华中区陆运分拨中心和华中冷链仓库，要求顺丰公司进一步夯实基础、提升效能，提高品牌服务满意度，努力为快递产业以及地方经济社会的发展做出新的更大贡献。

《湖北省邮政业发展“十三五”规划》发布

12 月 22 日，湖北省邮政管理局与湖北省发展改革委联合印发了《湖北省邮政业发展“十三五”规划》。这是湖北邮政管理局首次与地方政府部门联合印发邮政业发展规划，对引领行业健康快速发展，促进邮政业与地方经济深度融合具有重要意义。

湖南省快递发展大事记

省政府出台意见促进电商快递深度融合培育经济新动力

1 月，湖南省政府出台大力发展电子商务加快培育经济新动力的实施意见。意见提出，加快电子商务与快递等产业的深度融合，释放新需求，创造新供给，培育新动力，构建促进创业、稳定就业、改善民生的重要平台。意见要求，全省各地加强统筹，积极引导各类电子商务业态的功能聚集，合理布局物流仓储设施，将物流仓储规划纳入城乡规划，明确用地配置标准，推进并加快建成一批国内知名的集研发设计、快递配送、配套服务于一体的电商快递物流园。

省政府建立电子商务联席会议制度

4 月，湖南省政府建立省电子商务联席会议制度。省政府明确了各成员单位职责分工，要求部门各司其职，建立协调联动、紧密配合的工作机制，完善财政税收信贷政策，支持重大项目建设和配送、支付、技术、认证等配套行业发展，推动各行业电子商务应用，加快推进快递与电商协同发展，完善电子商务产业基础和配套服务设施。

省委省政府将培育发展快递村列为扶贫工程

4 月，湖南省委、省政府下发贯彻中共中央、国务院关于打赢脱贫攻坚战的实施意见，将培育发展淘宝村、快递村列为扶贫工程。意见强调，省委、省政府对脱贫攻坚工作严格实行督查问责。各行业部门要将精准扶贫、精准脱贫作为“十三五”规划的重点内容，全面落实脱贫攻坚责任制。任务分工中属于项目、行动、工程和政策实施的，要尽快制定具体落实方案和年度计划。

城乡邮政快递配送体系建设纳入省八大重点物流工程之一

4月，湖南省政府发布了经省十二届人大五次会议批准的《湖南省国民经济和社会发展第十三个五年规划纲要》，城乡邮政快递配送体系建设纳入全省八大重点物流工程之一。规划纲要指出，要统筹城乡建设，推进快递下乡工程，完善农村物流网络。要促进电子商务、邮政快递、现代交通、物流配送与现代产业体系有机对接和配套融合，提升物流业服务供给能力。在现代物流发展行动计划中，明确将城乡物流配送工程列为全省八大重点物流工程之一，要求规划布局物流园区、配送中心、末端配送网点等三级配送节点，加强农村邮政网点、村邮站、“三农”服务站等邮政终端设施建设，促进农村地区商品双向流通。要推动服务型“互联网+”，培育新兴服务模式和服务业态。在“互联网+”行动计划中，明确要建设智慧物流云平台，开展智慧物流服务模式创新，打通派单、揽收、送货等末梢环节信息化盲区，实现全流程监控与管理服务。

徐守盛书记、李微微主席视察寄递企业

5月11日，湖南省委书记、省人大常委会主任徐守盛视察郴州市资兴圆通快递公司。同日，省政协主席、省委常委、省委政法委书记李微微视察邵东圆通快递公司。视察过程中，徐守盛充分肯定寄递企业标准化、网络化建设及安全防控工作的积极成效，高度赞扬邮政行业主动服务“三农”，加强线上线下融合互动，助推当地农产品“走出去”，在推动城乡流通、促进消费升级等方面功不可没，勉励邮政企业、快递企业加快发展，满足群众多样化需求，为全面建成小康社会、开创湖南发展新局面添劲加力。李微微叮嘱企业加大安全设施投入要求，落实收寄验视、实名收寄、过机安检“三个100%”制度。要求地方政府推进寄递业规范化管理，运用现代信息技术手段，特别是要升级安保措施，严控管制刀具、仿真枪支、毒品等危禁品进入寄递渠道。

湖南局部署开展快递服务农业示范项目培育创建活动

6月，湖南省邮政管理局下发通知，就开展“快递+”特色农产品示范项目培育创建活动进行安排部署。要求市州邮政管理局通过沟通商务、农业部门、召集快递企业座谈交流和实地调研，详细了解当地村淘业务、特色农产品品牌培育、“触网”销售、产业发展基础等情况，精准掌握快递跟随服务“产地直销”“订单生产”“时令预订”模式，产业协同、抱团发展的成功实践。通过摸底调研，筛选出一批带动当地农民创业、辐射全国、成长性好、有影响力的特色农产品示范项目库，从产业之间的配套协同、快递发展的动力转换、农民体验服务的获得感等方面，多层面广视角挖掘和展现快递发展的活力、对经济社会的支撑作用。通过示范创建活动，深入实施“快递下乡”国家战略，切实使邮政管理工作与中央精神、国家局要求，保持路径同向、步调同频。

全省第一家市级寄递安检服务中心建成

8月29日，永州市寄递安检服务中心揭牌成立。湖南省邮政管理局党组书记、局长周国繁，省公安厅副厅长谭和平，永州市委常委、政法委书记唐能武，市政府副市长、公安局局长刘新良共同揭牌并致辞。永州市寄递安检服务中心是全省第一家挂牌成立的安检服务中心，总投资300余万元，占地面积2200平方米，配置4台大型安检机，从业人员20余人，安检能力可达每天3万余件。安检服务中心正式启动运行后，通过落实实名登记、开箱验视、过机安检“三个100%”，会有效破解全市寄递业安全监管基础管控不到位、安全制度不落实、实战效能不明显、管理责任不明晰等难题，成为寄递领域违禁物品出入流转的第一道关卡和寄递安全监管的第一道保险。

省政府突出发挥邮政快递对新消费的引领作用

9月，湖南省人民政府办公厅印发《湖南省积极发挥新消费引领作用加快培育形成新供给新动力实施方案》，要求健全电子商务快递支撑体系、实施消费升级重点行动、发挥服务业专项财政资金作用，加快培育形成新供给新动力。

开展打击利用寄递渠道寄运枪支爆炸物品毒品案件专项行动

10月，湖南省邮政管理局组织全省寄递企业集中开展打击遏制利用寄递渠道运送寄运枪支爆炸物品毒品的违法犯罪行为专项行动，严厉查处寄递渠道制度贯彻不认真、落实不到位、执行不严格的现象，以零容忍的态度，通过严格执法促进寄递渠道安全形势持续好转。同时，敦促企业履行好主体责任，把法律和制度作为刚性约束，做到行有所戒、令行禁止。

湖南省邮政业发展“十三五”规划发布

12月，湖南省邮政管理局与省发展改革委联合印发《湖南省邮政业发展“十三五”规划》，这是“十三五”时期湖南省推进邮政业发展的行动纲领，对推动湖南省邮政业健康快速发展，促进邮政业与地方经济深度融合具有重要意义。

关于加强寄递物流安全管理工作的实施意见出台

12月，湖南省人民政府办公厅出台了《关于加强寄递物流安全管理工作的实施意见》。意见明确了企业企业主体责任和部门监管职责，要求各级人民政府强化属地管理责任，高度重视寄递物流安全管理工作，主动适应新形势，努力解决影响社会公共安全的源头性、根本性问题。按照分级负责、属地管理的要求，乡镇人民政府协助做好安全巡查工作。各级综治部门要认真履行职责，加强组织协调、督导检查和考评推动，建立健全会议联系、工作联动、信息联通、案件联处的工作机制，协助落实寄递、物流安全工作属地管理责任。各有关职能部门、监管单位要加强资源整合和力量统筹，推进安全管理工作精细化、信息化、法治化。

广东省快递发展大事记

梅州快递业获财政专项补助资金3000万元

1月，由梅州市快递企业荣嘉国际远洋货运有限公司建设的荣嘉国际综合商贸现代物流园被列入梅州市节能减排财政政策综合示范项目，并获得财政部2016－2018年每年1000万元的财政专项补助资金。该物流园立足建设具有现代经营模式和未来发展潜力的国际物流园区，重点建设国际快件监管中心、保税物流中心、发展跨境电子商贸中心、公用型保税仓和出口监管仓。项目建设将进一步推动梅州市快递行业转型升级，为“快递向外”发展提供依托。该项目已列入广东省重点建设项目和中央苏区、梅州市节能减排财政政策综合示范城市建设项目。

海丰邮政管理办公室成立

1月28日，广东省第三个县级邮政管理机构——海丰邮政管理办公室正式揭牌成立，是继顺德邮政管理办公室、普宁邮政管理办公室之后广东省成立的第三个县级邮政管理机构。

朱小丹省长在省政府工作报告中提出实施快递下乡工程

1月25日至30日，广东省第十二届人民代表大会第四次会议在广州举行，广东省省长朱小丹在会上代表省政府做工作报告。报告充分肯定“十二五”期间工作成绩，指出五年来坚定不移推进经济结构调整，着力构建现代产业体系，围绕提升发展先进制造业推动研发设计、科技服务等生产性服务业发展,积极发展电子商务、物流快递等新业态,现代服务业增加值占服务业比重提高到60.4%。对于2016年工作,报告指出,要为"十三五"经济中高速增长开好局、起好步,多渠道扩大消费,实施快递下乡工程,扩大农村消费。

省政府领导充分肯定广东省邮政业工作

2月,广东省省长朱小丹在广东省邮政管理局报送的《关于广东省2015年邮政业改革发展情况的报告》上作出批示,充分肯定广东邮政业2015年取得的成绩,勉励新的一年继续努力,为广东经济社会发展做出新的贡献。

物流快递体系建设纳入省电子商务中长期发展规划纲要

2月,广东省商务厅发布的《广东省电子商务中长期发展规划纲要(2016－2025年)》,将完善物流快递配送体系作为健全电子商务发展支撑体系的重要内容之一。规划提出了"要完善城市物流(快递)配送点、智能快件箱、自主取货店等末端服务设施网络布局,支持快递服务网络向农村地区延伸,推进电子商务与物流快递协同发展。规范物流配送车辆管理,合理规划物流(快递)配送车辆通行路线和货物装卸搬运地点"等内容,地方政府的政策支持将进一步推动广东电商快递的跨越发展。

广东省2016年邮政业发展专项资金总体方案获批

3月,由广东省邮政管理局和省财政厅联合呈报的《2016年度广东省邮政业发展专项资金安排总体计划》获得省政府批准。计划提出了2016年度的建设目标是贯彻和落实中央、省委有关决策部署,牢固树立五大发展理念,加快对邮政和快递基础设施的省级改造,加强行业安全监管,助力广东邮政业向"邮政强省"转型。按照省十二届人大四次会议审议通过的2016年省级财政支出预算,2016年拟安排邮政业发展专项资金6000万元,使用方向分别为邮政基本公共服务均等化和快递业发展扶持两个方向。

省政府印发意见支持邮政业电动车发展

4月,广东省政府正式印发《广东省人民政府办公厅印发关于加快新能源汽车推广应用的实施意见》,重点推进新能源汽车在公共服务领域的应用,首次将省邮政管理局纳入新能源汽车推广应用责任单位。意见要求:"公共服务领域每年新增或更新车辆选用新能源汽车的比例不得低于50%且逐年提高5个百分点,其中纯电动汽车比例不低于30%且逐年提高5个百分点。""实行物流车辆限行措施的城市要允许外观符合一定规格要求、载重量不超过1.5吨的纯电动物流车辆在城市道路行驶。"意见明确新能源汽车的系列补贴政策,指出"相关领域专项资金可用于补贴车辆购置、整车租赁、电池租赁、车辆运营补贴、车辆运营维护以及路桥通行费、停车费、充换电电费等"。

邮政投递员谢坚当选"2015年感动交通十大年度人物"

4月28日,交通运输部在北京举行视频报告会,揭晓"2015年感动交通十大年度人物"评选结果。广东省珠海市外伶仃岛邮政所投递员谢坚成为唯一获此殊荣的邮政员工。

邮政快递发展内容纳入广东省十三五规划纲要

5月,广东省政府印发《广东省国民经济和社会发展第十三个五年规划纲要》,省邮政快递发展内容纳入其中。规划纲要第三章"大力推进供给侧结构性改革,基本建立具有全球竞争力的产业新体系"的第三节"提升现代服务业发展水平"中提出,"促进生产性服务业专业化,……加快现代物流业发展,大力发展第三方、第四方物流和冷链物流、快递物流、供应链管理,实施物流标准化服务示范工程，加快建设现代物流公共信息平台和物流标准体系”；在第七章“强化三农基础地位，建设幸福美丽新农村”的第四节“稳步推进农村综合改革”中，提出“完善农村基础设施，……加强农村邮政设施和宽带网络建设，继续实施新农村现代流通网络工程”；在第八章“加快构建现代基础设施体系，增强经济社会发展后劲”的第一节“建设现代综合交通运输体系”中提出“建设功能完善的综合交通网络，……完善邮政基础设施建设，推进交邮融合”，“打造一体高效的综合交通枢纽，……依托机场枢纽建设航空快件中心，统筹布局空港物流园区，推动航空物流做大做强”。

广东出台关于促进快递业发展的实施意见

5月，广东省政府正式出台《关于促进我省快递业发展的实施意见》，明确了全省快递业发展的指导思想、基本原则、发展目标、重点任务和保障措施，并提出了重点任务和保障措施责任单位。

省政府印发方案发展电子商务

5月，广东省政府印发《广东省大力发展电子商务加快培育经济新动力的实施方案》，进一步优化电子商务发展环境，推进电子商务创新发展。实施方案将省邮政管理局纳入多项措施的责任单位，邮政业作为电商支撑体系获政策支持。

东莞国际邮件互换局兼交换站获批设立

6月，海关总署、国家邮政局先后复函同意设立东莞国际邮件互换局兼交换站。设立东莞国际邮件互换局和交换站，有利于减少东莞市及周边地区国际邮件流通环节，缩短邮件进出口时间，对促进国际贸易发展、更好地服务跨境电商企业具有重要意义。

胡春华书记充分肯定邮政业发展成绩

6月5日，中共中央政治局委员、广东省委书记胡春华，专程来到位于揭阳空港经济区的圆通速递粤东总部，调研揭阳和圆通快递发展情况。胡春华书记对揭阳航空业与快递业的发展给予充分肯定，并对广东邮政业发展予以好评。广东省领导邹铭、袁宝成等参加调研。

2016年广东省推进“快递下乡”工程实施方案出台

6月，广东省邮政管理局印发了《2016年广东省推进“快递下乡”工程实施方案》。方案提出，2016年广东省计划新增乡镇快递服务网点500个；以落实快递业安全发展扶持资金为抓手，建设乡镇示范服务网点超400个；至2016年底乡镇快递服务现实全覆盖。2016年全省乡镇快递业务量力争达12亿件，业务收入达120亿元。

推进线上线下互动加快商贸流通创新发展转型升级实施方案

6月，广东省政府办公厅印发《广东省推进线上线下互动加快商贸流动创新发展转型升级实施方案》，邮政业发展成为加快商贸流通创新发展转型升级的有力支撑。方案提出要鼓励线上线下互动创新、激发实体商业发展活力、健全现代市场体系，明确了十一项工作任务和七项政策措施，并确定了相关单位的工作分工。

“快递下乡”工程纳入全省加快农业现代化建设总体部署

6月，广东省委、省政府联合印发《关于落实发展新理念加快农业现代化率先实现全面小康目标的实施意见》，对“十三五”期间广东省“三农”工作进行了总体部署。意见提出要加快发展农村电子商务，加强商贸流通、供销、邮政等系统物流服务网络和设施建设与衔接，加快完善县乡村物流体系，实施“快递下乡”工程。要培育农业社会化服务综合体，引入供销合作社、农业企业、农民合作社、农业专业协会、农民经纪人、邮政服务等进驻站点，面向家庭适度规模经营和新农村建设，发挥综合服务作用。

广东局推进法律顾问和公职律师制度

6月,广东省邮政管理局印发了《关于推进法律顾问制度和公职律师制度的通知》。通知要求,各市局主要负责同志要作为推进法治建设第一责任人,将法律顾问制度建设工作纳入本单位重点工作和责任制考核,明确指定相关部门承担本局法律顾问事宜。各单位在讨论、决定重大事项和起草论证重要文件前,应当听取法律顾问、公职律师的法律意见。通知提出,2017年底前各市局均设立法律顾问,同时鼓励有条件的市局设立公职律师。通知还要求建立法律顾问及公职律师备案制度。

跨境电商综合试验区实施方案出台

6月,广东省政府印发《中国(广州)跨境电子商务综合试验区实施方案》和《中国(深圳)跨境电子商务综合试验区实施方案》,方案就加快广州、深圳跨境电子商务发展提出了业务流程、监管模式和信息化建设等方面的任务措施,邮政业服务跨境电商获政策利好。

推进国内贸易流通现代化

7月,广东省政府正式印发了《推进国内贸易流通现代化建设法治化营商环境实施方案》。方案提出,到2020年,全省内贸流通基础设施条件显著改善,区域和城乡流通网络更加畅通,基本形成规则健全、统一开放、竞争有序、监管有力、畅通高效的现代化流通体系,国内贸易流通对国民经济的基础性支撑和先导性引领作用进一步得到巩固。方案在优化内贸流通网络布局、推进“互联网+流通”行动、促进传统流通业转型升级等重点措施方面将广东省邮政管理局列为责任单位。

广东省邮政业“十三五”规划发布

7月,经广东省政府批准,广东省邮政管理局与省发展改革委联合印发《广东省邮政业“十三五”规划》,这是广东省邮政管理局第一次与地方政府部门联合印发邮政行业发展中长期规划,对推动规划的落地实施具有重要意义。

深入推进“互联网+流通”

10月,广东省政府办公厅印发《广东省深入推进“互联网+流通”行动计划的实施方案》。方案就推进广东省互联网与流通业深度融合,推动流通转型升级和创新发展,提出了一个发展目标、八项重点工作、五项保障措施,并把广东省邮政管理局列入其中多项重点工作和保障措施的责任单位。

促跨境电商发展工作方案出台

10月,广东省政府印发《关于促进我省跨境电子商务健康快速发展工作方案》,方案提出,支持中国邮政集团公司广州市分公司、广东邮政邮件快件服务有限公司拓展跨境电子商务零售出口业务。支持珠海、江门、东莞市发挥当地国际邮件互换局作用,进一步扩大跨境电子商务进出口业务。依托邮政系统开通跨境电子商务零售出口业务统计。方案明确,推进跨境电子商务海外仓建设,强化资金扶持,重点扶持龙头企业,带动行业稳定持续发展,认定一批海外仓龙头企业作为试点企业,形成示范带动效用。同时,加快规划建设集保税展示、物流、交易、服务于一体的跨境电子商务产业园、产业基地等。

开展服务业质量提升专项行动

11月,广东省政府办公厅印发《广东省实施质量强省战略2016－2017年行动计划》,明确2016－2017年广东省质量工作重点,邮政行业发展再获得政策支持。计划提出,重点在交通运输、现代物流、邮政通信等领域,制定一批服务质量标准,开展服务业质量提升专项行动。依托广州、深圳等中心城市和自贸区、先进制造业基地,在重点行业和领域加快建成一批现代服务业集聚区。大力发展境内外电子商务，鼓励工业电子商务支撑体系集成创新，开展省、市工业电子商务区域试点，推动工业电子商务发展。创新服务外包检验监管模式，对承接国际服务外包业务所需的进出口工业产品提供通关便利。

广东邮政业收入首破千亿

截至12月25日，广东省快递业务量突破75亿件，达75.1亿件；全行业业务收入在全国率先突破1000亿元，达1002.5亿元，成为全国首个邮政行业收入超千亿的省份，标志着“十三五”时期广东邮政业发展取得“开门红”。

省财政安排财政资金补贴寄递渠道X光机

为贯彻落实中央和广东省委关于全面落实寄递物流“三项制度”要求，广东省财政对广东省寄递企业配备X光机给予财政补贴，安排财政补贴资金6700万元。经各市邮政管理局和财政局（委）申报、公示、监督、和兑付，该项工作于2016年底全部完成，共补贴X光机1301台，有力支撑了寄递企业过机安检工作，对保障重要时期，特别是杭州G20峰会寄递渠道安全保障工作发挥了重要作用。

广西壮族自治区快递发展大事记

首家民营企业获得自治区级快递业青年文明号荣誉称号

2月，广西壮族自治区邮政管理局与共青团广西区委员会联合印发《关于命名广西快递业青年文明号的决定》，命名广西顺丰速运有限公司江南分部江南点部为自治区级快递业青年文明号，这是广西区首例参加青年文明号创建活动并通过审核的民营快递企业，实现了全区快递业青年文明号集体零的突破。

寄递业配置X光安检机获政府资金支持

6月，广西壮族自治区邮政管理局启动企业配置X光安检机补助资金申报工作。全区寄递业获自治区人民政府专项补助资金总计1600万元。专项资金补助对象为2014年9月26日至2016年8月31日期间，购买X光安检机配置在广西区范围内并已投入使用，具有设备权属的寄递企业或其分支机构。补助方式为“先买后补”，一次性补助。补助资金不超过设备含税总价的50%，单台设备补贴金额最高不超过15万元，鼓励企业配置性价比高的X光安检设备。补助资金适当向各主要快件分拨中心、收件量较大的企业网点、出省快件重要节点倾斜。

马军胜局长赴广西调研邮政业发展

8月9日至11日，国家邮政局局长马军胜赴广西深入调研邮政企业、快递企业和邮政管理部门，重点了解行业发展情况。马军胜强调，广西邮政行业要按照中央给予广西“三个定位”要求，发挥优势注重特色，集成项目拓展网络，提升能力奋发进位，继续巩固邮政业务发展成效，不断做大做强快递业务，为广西区经济社会发展和完成“两个建成”目标任务贡献力量。

广西物流业发展“十三五”规划出台

8月，广西壮族自治区人民政府办公厅印发《广西物流业发展“十三五”规划》，规划明确了打造三中心、建设五基地、发展六条带、培育多节点的物流空间布局，提出了夯实物流基础、降低物流成本、促进物流产业优化升级、扩大物流领域开放合作、发展国际物流、推进物流现代化六大任务，其中多项内容直接利好邮政业发展。

区副主席表示将继续支持邮政业发展

8月25日，广西壮族自治区副主席陈刚会见了广西壮族自治区邮政管理局局长韦慧一行，并听取了广西局关于行业发展情况的汇报。陈刚首先对广西邮政业发展取得的成绩表示赞赏，对行业快速发展的同时能够保证安全平稳运行给予充分的肯定，希望广西局能够不断开拓创新，挖掘新领域、探索新方式，为人民群众提供更加安全、便捷、快速、贴心的邮政服务。陈刚表示，将一如既往地支持广西局在国家邮政局和自治区党委、政府的领导下继续更好地开展工作。

《关于促进广西快递业发展的实施意见》获审议通过

9月28日，广西壮族自治区人民政府召开第81次常务会议，会议审议并原则通过了由广西壮族自治区邮政管理局代拟的《关于促进广西快递业发展的实施意见》。实施意见明确了到2020年，基本建成普惠城乡、技术先进、服务优质、安全高效、绿色节能的快递服务体系，基本实现"市市有快递物流园区、县县有快件集散中心、乡乡有网点、村村通快递"，年均新增就业岗位约4500个，全区快递年业务量突破4亿件，年业务收入达到62亿元，年服务全区用户15亿人次以上，年支撑全区网络零售交易额突破600亿元，有效降低商品流通成本。实施意见还围绕重点任务和快递行业发展中的瓶颈问题提出7项政策支持措施。

邢小江副局长赴广西调研邮政业改革发展情况

9月26日至29日，国家邮政局党组成员、副局长邢小江率调研组赴广西北海、桂林两地开展调研，重点了解邮政业发展"十三五"规划、快递物流园区建设、电子商务与快递业协同发展等情况。在桂调研期间，邢小江肯定了广西邮政业发展和邮政管理工作的成效。他指出，邮政业当前正处于发展的重要战略机遇期，广西既沿边又靠海，在特色产品及旅游资源等方面有着得天独厚的条件，在"十三五"期间，区、市两级邮政管理局要切实把握机遇，探索思路、完善举措，在发挥监督管理前沿和基础支撑作用的基础上，以创新发展为主线，发挥优势、注重特色，深入推进快递"三向"工程，抓好特色项目集成的落实，为推动桂货出区、精准扶贫、农民致富做好服务支撑，为服务经济和民生发展做出更大贡献。

互联网+高效物流实施方案出台

11月，广西壮族自治区发展改革委联合商业厅印发《广西互联网+高效物流实施方案》，方案提出建设公共物流信息平台、推动多式联运信息交换共享、推进企业物流信息化建设、完善口岸物流联动体系、加快智能仓储配送设施网络建设、加强先进仓储配送技术研发和应用、完善智慧物流配送功能、加快发展电子商务物流、推动道路货运无车承运人发展、发展"互联网+"供应链管理新模式十项任务，多项涉及利好邮政业发展内容。

广西"双11"旺季快件日处理量破400万件

11月11日至18日，广西壮族自治区快件平均日处理量超过400万件，较去年同期增长了69%。11日至18日，全区各快件分拨中心处理的出港快件从广西各地发出的590万件快递支撑的网络零售交易额超过9亿元。部分快递品牌数据显示，在广西收寄、外省投递的快件约占出港快件的80%。

海南省快递发展大事记

毛超峰副省长肯定全省邮政管理工作

1月，海南省委常委、常务副省长毛超峰听取了海南省邮政管理局的工作汇报，并在海南局呈报的《关于全国邮政管理工作会议精神和2016年我省邮政管理工作安排的报告》批示指出：2015年全省邮政管理工作成效明显值得肯定，2016年希望全省邮政系统进一步解放思想、抢抓机遇、加快发展，尤其是快递业务向下发展，更好地服务于全省经济社会发展。

寄递企业安检设备购置资金获省政府大力支持

2月，海南省邮政管理局向省政府申请安检设备资金扶持政策，经省财政厅审议，同意对海南省寄递企业新购置的X光安检机按照购置金额的50%给予财政补助，补助资金由省财政统一拨付，补助金额约800万元。

圆满完成博鳌亚洲论坛2016年年会

3月22日至25日，澜沧江—湄公河合作首次领导人会议和博鳌亚洲论坛2016年年会分别在三亚和博鳌举行。海南省邮政管理局坚持高标准严要求，早部署抓落实，采取六项工作措施，圆满完成了两个会议的寄递渠道安全和服务保障工作。

邮政业发展相关内容纳入省“十三五”规划纲要

4月，海南省第五届人民代表大会第四次会议审议通过《海南省国民经济和社会发展第十三个五年规划纲要》，明确将全省邮政业相关内容发展纳入其中，并将全省邮政业发展“十三五”规划列为省级重点“十三五”专项规划之一。纲要四处内容明确部署海南省邮政业发展，涉及基础设施、网络布局、城乡配送等方面，其中，海南快递物流集散中心(海口)、海口美兰快递快件分拨中心、海口邮件处理中心工程等3项工程被纲要明确为海南省现代物流业重点工程，体现了邮政业对于国际旅游岛建设和其他行业的支撑。

《海南省促进快递业发展实施方案》发布

4月，海南省人民政府正式印发《海南省促进快递业发展实施方案》。实施方案共分总体要求、主要任务、保障措施和组织实施四个方面内容，并将促进快递业发展工作细化成42项具体任务，各项任务均明确了具体的牵头单位和配合单位。

邮政、快递车辆被纳入新能源汽车推广应用整体部署

4月，海南省政府印发《关于大力推广应用新能源汽车促进生态省建设的实施意见》，实施意见提出加大在城市公交、环卫、物流、邮政、机场、景区等公共领域新能源汽车推广力度。选择一批邮政、快递企业使用新能源汽车进行物流配送，推广绿色物流配送方式。同时，实施意见还提出了加快充电基础设施建设和完善落实新能源汽车推广等扶持政策，对购买列入国家《新能源汽车推广应用推荐车型目录》的纯电动汽车、插电式(含增程式)混合动力汽车和燃料电池汽车，原则上省内配套补助与国家同期补贴按1∶1的比例确定补助标准，省、市县两级财政按一定比例承担，三级财政补贴总额不超过车辆销售价格总额的60%。

中通海南团队荣获“最美快递员”称号

4月27日，由国家邮政局精神文明建设指导委员会主办，国家邮政局机关党委、中国邮政快递报社、中国快递协会共同承办的第二届中国梦·邮政情“寻找最美快递员”活动揭晓发布会在人民

大会堂举行，中通海南团队作为当选的4个快递员集体之一荣获“最美快递员”称号。全国总工会副主席、书记处书记焦开河出席发布会并为中通海南团队颁奖。

引导鼓励快递航空专机落地助推地方特色农特产品出岛

5月9日，海南顺丰B737-300型号航空货运专机降落海口市美兰机场，海南快递航空专机落地，有力助推地方特色农特产品特别是季节性农产品出岛，更好地服务海南经济社会发展。

部署做好卫星首发寄递渠道安全保障工作

6月下旬，“长征七号”运载火箭在海南文昌卫星发射中心首次发射升空。海南省邮政管理局部署做好文昌卫星发射期间寄递渠道安全保障工作。

海南全面实现“乡乡通快递”

7月，海南省196个乡镇全部实现快递网点全覆盖，总数达684个，平均每个乡镇3.4个，全面实现了“乡乡有网点，乡乡通快递”的目标。“快递下乡”激活了城乡双向流通，推动了城乡一体化进程，促进了农村经济进一步发展。

海南现代物流业发展专项资金将邮政业纳入整体部署

7月，由海南省交通运输厅牵头组织相关部门，召开海南省现代物流业发展专项资金管理暂行办法座谈会，现代物流业发展专项资金将邮政业纳入整体部署。管理办法初步明确了现代物流业发展专项资金扶持的范围、扶持内容和标准、资金的申报和拨付以及监督管理等内容，提出了特色物流企业成长奖励，对实际投资2000万元以上的快递集散中心，采取贷款贴息的方式给予扶持，每个项目年度最高补助不超过200万元，享受该类型补助不超过3年。同时，对海南省提供进出口快递服务，年度营业收入1000万元以上且年增长率超过15%的企业，每家企业给予不超过30万元的奖励。此外，对农产品年度运输量达10万吨以上的企业，按企业缴纳税中地方税收分成总额的50%给予补助，每年最高补助不超过100万元。

《海南省邮政业发展“十三五”规划》发布

8月9日，经海南省人民政府同意，省政府办公厅正式印发《海南省邮政业发展“十三五”规划》，明确提出未来五年海南省邮政业发展的指导思想、基本思路、发展目标、主要任务、重点工程、保障措施等。

罗保铭书记批示点赞全省邮政管理工作

11月15日，海南省委书记罗保铭听取海南省邮政管理局党组书记、局长唐健文关于全省邮政业发展和监督管理工作的汇报，并在海南局呈报的《关于海南省邮政业发展和监督管理工作情况的报告》批示指出：海南邮政、快递业务健康快速发展，邮政系统的服务精神、社会责任突出，长远发展对地方经济的带动作用很强，请日报、电视做深入采访，突出报道。11月16日，海南省电视台《新闻联播》《直播海南》等栏目播出题为《省邮政管理局：扛起社会责任 彰显服务精神》《提前布局 提高效率 海南快递日投递量突破100万件》等系列报道，为全省邮政行业健康有序发展营造了良好氛围。

部署开展邮政行业禁毒三年大会战

12月，为贯彻落实海南省委常委会关于禁毒工作的重要指示精神及全省禁毒三年大会战动员大会上的工作部署，海南省邮政管理局召开专题会议部署安排邮政业禁毒工作，并制定印发了海南省邮政业禁毒三年大会战行动方案。海南局成立了以局领导为组长的邮政业禁毒三年大会战工作领导小组，对邮政业禁毒工作作出阶段性部署安排。

邢小江副局长在琼调研

12月5日至8日，国家邮政局副局长邢小江在琼出席全国邮政行业精神文明建设工作培训班和全国邮政管理系统纪检监察干部培训班。期间，邢小江副局长深入海口、儋州、琼海、定安等多市县密集开展工作调研。了解掌握海南省邮政行业发展，邮政管理部门机关党建工作和行业管理工作，行业精神文明建设工作等情况。对海南省邮政管理局坚持以优良党风带政风促行风，推动全省邮政业发展取得的成绩予以肯定。

重庆市快递发展大事记

重庆市快递服务满意度稳步提升

根据国家邮政局2015年快递服务满意度调查结果显示，重庆市快递服务公众满意度位列前五。

赵晓光副局长在渝调研寄递末端平台建设

4月11日至12日，国家邮政局副局长赵晓光赴重庆出席2016中国(重庆)邮政高层论坛间隙，深入重庆江津区、渝北区实地调研校园快递第三方服务平台、农村电商服务平台和城市社区综合服务平台建设情况。

重庆局与南川区政府签订推进快递电商协同发展合作协议

4月20日，重庆市邮政管理局与南川区政府举行了推进快递电商产业协同发展合作协议签约仪式，重庆局局长和南川区区长曹清尧出席仪式并签署协议。协议约定，双方合作共建渝南快递物流园、农村物流配送体系、跨境电商服务体系、邮乐站，并明确各自责任和义务。协议对于进一步发挥南川区区位优势、交通优势，整合快递物流业资源，全面推进区快递电商快速发展、协同发展具有重要意义。

争取政策促进南川区快递业发展

4月，南川区政府出台《关于进一步促进快递业发展的实施意见》，意见指出，对设在南川区的快递总部企业采取“一企一策”原则给予重点扶持；将快递物流园、邮件、快件分拨中心等快递服务基础设施建设纳入南川区城乡规划和土地总体规划，对入驻园区的快递企业，在租金、物业管理费上给予一定期限减免或补贴。落实国家鼓励类服务业收费价格政策，快递企业用水、用电、用气实行与工业企业基本同价政策；对于入驻渝南区快递物流园的快递企业，按1.5元/件的标准给予物流费用补助；鼓励快递企业选用新型能源车辆作为寄递车辆，并享受政府相关优惠政策；城市新建住宅小区和旧城改造应当将快递服务网点(智能包裹柜)纳入社区服务基础设施。鼓励企业通过自建或与第三方合建等形式建设快递综合便民站，新建占地20平方米以上的服务站给以一定资金支持；鼓励邮政企业利用邮政报刊亭建设遍布城区的自提网络并给予一定资金支持；对于在乡镇增设网点的快递企业，一次性给予2000元场租补贴；鼓励快递企业加大技术改造，符合条件的可享受高新技术企业政策；支持快递企业引入高层次创业创新人才，符合条件的享受南川区引进高层次人才相关政策待遇。

“大力发展快递业”纳入重庆市“十三五”规划纲要

5月，邮政行业多项内容纳入《重庆市国民经济与社会发展第十三个五年规划纲要》，成为市政府“十三五”建设重点项目，重庆市邮政行业迎来发展新机遇。规划纲要明确指出，大力发展快递业，推广建设“网购店取”等末端公共取送点；推进市级、区县和末端三级配送网络建设，合理布局一批现代配送中心。加强农村邮政设施和宽带网络建设；完善"渝新欧"国际班列运行机制，着力提升物流信息化水平，积极拓展跨国邮包运输通道，打造内陆国际邮件互换中心，全面增强国际物流集散功能，塑造国际物流品牌。

重庆市关于促进快递业发展的实施意见出台

6月3日，重庆市政府出台《关于促进快递业发展的实施意见》，为重庆市快递业发展带来新的机遇，注入新的活力。实施意见细化了快递业发展的目标，明确了促进快递业发展的主要任务，并给予政策、资金等各方面的支持。

江津区关于进一步促进快递业发展的实施意见出台

8月，江津区政府出台《关于进一步促进快递业发展的实施意见》，实施意见提出坚持规划先行，将快件集散中心、快件处理中心、城乡快递服务网点、快递末端配送站点等快递服务设施作为重要的公共基础设施纳入城市建设规划，保障用地需求。对适宜快递业发展的工业园区、商业区、住宅区，要优先考虑快递企业网点进驻，支持快递企业利用工业企业旧厂房、仓库和存量土地资源，建设快递服务基础设施；完善寄递渠道安全监管制度，全面推进快递业法治化、标准化建设。严格落实收寄验视、实名收寄、过机安检"三个100%"制度，依法实行运输、寄递客户身份、物品信息登记。"积极探索利用信息技术提升寄递渠道安全监管能力，明确镇街属地责任，实行"网格化"管理模式，实现全区快递服务网点安全防控全覆盖。

重庆局与永川区政府签订战略合作协议

9月，重庆市邮政管理局与永川区人民政府签订《推进快递与工农商贸产业发展合作协议》，重庆局局长徐文葛与永川区委书记熊雪、区长罗清泉等出席签约仪式。协议提出，双方将合作共建永川区邮政快递产业园、区域性邮政快递物流分拨中心、农村物流配送体系、跨境电商服务体系和区域性快递人才培训基地，共同推进产业协同发展。协议的出台，有利于进一步贯彻落实重庆市人民政府《关于促进快递发展的实施意见》，有利于推动快递业转型升级，服务永川区地方经济展。

綦江区关于进一步促进快递业发展的实施意见出台

9月，綦江区政府出台《关于进一步促进快递业发展的实施意见》，实施意见指出，规划建设1～2个集电子商务、物流、仓储、快递分拨中心、配送、信息平台为一体的物流中心，有效整合工业园区、食品园区、商贸物流基地、购物中心等资源，鼓励快递、邮政、物流、电商企业深度融合，集聚发展，实现相关产业之间的无缝连接；推动快递企业和电子商务企业深度融合发展，构建合作发展平台和公共信息服务平台，探索"仓配一体化"等新型配送模式，为电商提供仓储、包装、分销、配送一条龙服务；稳步推进"快递下乡"工程，加快完善城乡快递服务体系，疏通"工业品下乡"和"农产品进城"双向流通渠道；推动产业协同发展，促进快递业与上下游产业密切联系和融合，鼓励快递企业进驻工业园区，与制造业加强合作，实现快递服务业与制造业"互动双赢"；积极探索利用信息技术提升寄递渠道安全监管能力，鼓励快递企业"网格化"管理模式，实现全区快递服务网点安全防控全覆盖。

重庆局与市供销合作总社开展战略合作

9月26日，重庆市邮政管理局与重庆市供销合作总社举行战略合作签字仪式，邮政与供销的战略合作全面推进与实施。战略合作框架协议从合作宗旨、合作内容、推进措施等方面明确了合作的框架。双方利用双方在农村地区的网点资源，发挥互补优势，推动完善农村地区物流体系，试点建设"农村社区综合服务中心（邮政快递电商服务中心）”，努力打造“农产品进城”和“工业品下乡”双向流通渠道，逐步缩小城乡差距，提高城乡居民生活质量。

借力“渝新欧”助推内陆国际邮件交换中心建设

10月，借助“渝新欧”铁路，通过中邮重庆分公司运往德国的139件国际邮件顺利运达法兰克福邮件处理中心，中欧间铁路不通邮的历史由此改写，助推重庆内陆国际邮件交换中心的建设工作将进一步加快。

永川区关于加快全区快递业健康发展的实施意见出台

10月26日，永川区人民政府出台了《关于加快全区快递业健康发展的实施意见》。意见坚持以解决制约快递业发展的突出问题为导向，以“互联网+快递”为发展方向，以培育壮大市场主体为目标，对永川区快递产业发展给予相关政策和资金等方面的支持。

唯品会旗下品骏快递全国总部落户重庆

11月，唯品会旗下品骏快递全国总部签约落户重庆两江新区，成为首家落户重庆的全国性品牌快递企业，这是重庆市做强快递业总部经济、打造现代服务业基地的重要举措。

防范危爆物品流入寄递渠道

11月，重庆市邮政管理局与市经信委、市公安局联合印发《关于切实防范危爆物品流入寄递渠道的通知》，着力做好重庆市危爆物品寄递安全管理与保障工作。通知明确指出：一是落实企业责任，提高防范意识。相关企业要落实防范危险品流入寄递渠道的安全管理主体责任，快递企业要进一步落实寄递安全主体责任，提高防范意识。各危险物品生产经营企业和寄递企业要认真做好安全隐患排查，加强安全管理；二是加强安全监管，强化源头治理。监管部门通过“源头控制、定点销售、流向管控、实名登记”等全过程管理措施，严防危爆物品非法流散社会；三是加强互联互通，建立协作机制。重庆局与经信、公安等部门明确专门联络人员，加强日常沟通和信息共享。完善执法联动机制，通过定期检查、随机抽查等方式加强安全监管，防范危险品流入寄递渠道。

推进“邮快合作”，服务农村电商

在重庆市邮政管理局的推动下，梁平县邮政分公司积极协调启动快递进村共同配送处理中心建设，2016年与当地“四通一达”等12家快递企业签订协议，开展快递进村共同配送业务。同时，通过主动开放企业配送网络资源，搭建“快递下乡”共同配送体系，坚持“三定”“四统”“五优”原则，解决了“寄递最初一公里”问题。梁平县邮政分公司还以“邮乐网”为核心资源，以“邮掌柜”系统为连接纽带，建成“梁平特产馆”，引进本地企业40余家，上线产品108款，促进了“工业品下乡”和“农产品进城”。2016年，梁平县邮政分公司已经建成村级电商服务站206个，平台交易达到126.86万笔。

巴南关于进一步促进快递业发展的实施意见

12月，巴南区政府出台《关于进一步促进快递业发展的实施意见》，实施意见指出，要积极推动“快递下乡”工作，建立“快递+农村电商”的电子商务经营平台，构建立体化、全天候的城际、城区和农村配送网络，基本实现“镇街有网点、村村通快递”，实现土特生鲜产品快件的直封、直发、直运、直销，解决农产品运输问题，打造特色农产品销售渠道。

《重庆市邮政业“十三五”规划》发布

12月30日，重庆市邮政管理局会同市发展改革委、市交委共同发布《重庆市邮政业发展“十三五”规划》。规划对于引领行业健康快速发展，促进邮政业与地方经济深度融合具有重要意义。

推动区域性快递集中处理中心的建设

在南岸茶园地区建立了重庆市首个区域级快件集中处理中心，通过多品牌快递企业集中开展快件收寄、分拣和投递，有效降低人力成本和场地成本，发挥快递企业集约化经营优势，提升辖区快递服务时效性和安全性。区域性快递集中处理中心的建成，是快递企业在市场行情低迷，竞争激烈的环境下自发抱团合作，共同发展的选择。这表明主城区快递企业的发展战略已由过去低层次的“价格战”转向高层次以时效性、安全性以及用户服务体验为主的服务质量竞争。

四川省快递发展大事记

四川局与内江市政府共商推进市邮政业发展

1月8日，四川省邮政管理局局长成建政会见内江市副市长陈朗，双方就推进内江市邮政业发展进行了座谈交流。陈朗介绍了内江市经济社会发展情况，重点阐述了内江电子商务与快递业协同发展情况，以及内江建设川南快递物流园区的规划定位、区位优势、扶持政策、产品特色等情况。四川局对内江市委、市政府长期以来给予市邮政业的支持和帮助表示感谢，对建设川南快递物流园区表示肯定和支持，并表示四川局将在政策扶持、规划引领等方面对内江邮政业给予关注，促使内江邮政业更好地服务地方经济民生。会后，四川局还组织内江市政府与省内主要快递企业进行座谈，为企业入驻川南快递物流园区搭建桥梁。

省政府出台多项政策性文件邮政业获利好

2月，四川省政府相继印发《关于加快电子商务产业发展的实施意见》《四川省积极发挥新消费引领作用加快培育形成新供给新动力实施方案》《关于推进国内贸易流通现代化建设法治化营商环境的实施意见》等四项政策性文件，全力推动省快递业、电子商务等新兴消费产业向标准化、专业化、法治化发展，对电子商务与物流快递协同发展、智能快递箱建设、快递车辆便捷通行、完善末端配送网络等方面做出规划和部署，四川省邮政业再获多项政策利好。

建立寄递物流渠道监管长效机制

2月，四川省综治办相继印发两个文件加强寄递物流渠道收寄验视和实名收寄工作，分解各相关政府部门寄递渠道安全责任，推进寄递渠道联合执法，建立齐抓共管的良好格局和长效机制。

加快推进农业现代化同步实现全面小康目标的意见出台

2月，中共四川省委四川省人民政府印发《关于牢固树立发展新理念加快推进农业现代化同步实现全面小康目标的意见》，为破解邮政业与相关产业融合发展、快递下乡等瓶颈问题提供了思路。实施意见指出，要推进农产品市场和流通体系建设。推动公益性农产品市场建设，支持农产品营销公共服务平台、农产品产地中小型集散市场、集配中心、公益性批发市场建设，开展降低农产品物流成本行动。加强供销、邮政、商贸流通等系统物流服务网络和设施的建设与衔接，加快完善县、乡、村物流体系，有效破解“起初一公里”难题。协同推进快递下乡与电子商务进农村，统一纳入政策支持范围。

首个县级邮政监管机构揭牌成立

3月10日，四川省首个县级邮政监管机构——南部县邮政管理局举行成立暨揭牌仪式，标志着四川省完善三级邮政监管体制取得重大突破。四川省邮政管理局局长成建政、南充市政府相关领导、南充市邮政管理局局长、南部县政府相关领导及相关部门负责人、各寄递企业负责人参加了揭牌仪式。仪式后，成建政局长与南充市委常委、副市长潘国华进行了会谈。

提出电商精准扶贫

4月，四川省商务厅印发《2016年四川省电子商务精准扶贫工作要点》，提出设立10个省级电商精准扶贫试点县，省邮政行业获发展获新机遇。同时，四川省邮政管理被列为重要协助推进单位。文件提出，启动全省省级电商精准扶贫试点，2016年，设立10个省级电商精准扶贫试点县，建20个农特产品线上线下结合“体验直销店”，帮助贫困县培育打造“一乡一品”“一村一品”特色农产品，拓开销路。引导大型电商企业构建双向流通体系，推进建设电商服务网络2000个，着力支持“电商企业+资本+专合组织+农户”的闭环精准扶贫模式。2015年至2016年，将安排8400万元省级电子商务产业扶贫资金，用于电子商务培训，支持非试点贫困县运用电商平台加强镇村农产品推广、物流等电商配套设施建设。2020年，力争实现88个贫困县电商全覆盖。

省政府办公厅印发2016年物流业发展工作推进方案

4月，四川省政府办公厅印发2016年物流业发展工作推进方案，提出优化现代物流业发展环境，培育壮大一批具备物流综合服务能力的物流企业，四川省邮政管理局为责任单位之一。方案明确五个主要任务，全面推进物流服务通道建设；着力构建多点多极物流节点体系；努力提升物流现代化水平；大力实施联动工程；夯实发展基础。方案提出要组织实施《四川省物流园区发展规划》，推进物流园区（中心）、港（口）、站（场）的标准化改造和集疏运体系建设，拓展采购、流通加工、包装、配送、信息处理等现代物流服务功能，打造一批要素集聚发展的枢纽型物流功能平台，申创全国示范物流园区。要编制《四川省城乡配送网点建设规划》，以物流园区（中心）为载体，构建大型公共配送中心、社区配送中心、末端配送节点3级网络体系；开拓城市社区物流和村镇物流，大力发展电子商务物流。

寄递安全管理纳入社会治安防控体系建设

4月，四川省委、省政府与各市（州）党委、政府及各省直部门的主要领导、分管领导签订了2016年《四川省维护社会稳定和社会治安综合治理目标责任书》，责任书明确将寄递物流安全管理“三个100%”制度纳入社会治安防控体系建设。责任书要求，深入开展危爆物品、寄递物流、禁毒防艾等专项整治，探索建立长效管理机制。落实寄递物流安全管理收寄验视、实名寄递、过机安检“三个100%”制度，加强责任追究，健全管理制度，严防发生重大公共安全事件。同时，还对加强工作考核、实施责任追究、落实工作措施等相关工作提出具体要求。

快递业与电子商务融合发展列入2016年政务调研课题

5月，四川省政府印发2016年度政务调研课题通知，明确四川省邮政管理局具体承办快递业与电子商务融合发展调研课题，同时还有电子商务与现代物流协调发展研究等7个调研课题与邮政业发展紧密相关。

21个市（州）将寄递安全管理纳入社会治安综治治理考核

5月，四川省21个市（州）党委和政府分别与全省183个县（市、区）党委和政府的主要领导、分管领导签订了2016年维护社会稳定和社会治安综合治理目标责任书，均明确将寄递安全管理和收寄验视、实名寄递、过机安检‘三个100%’制度纳入考核内容。

西充“邮政 +”农村电商模式获国家商务部肯定

5 月，国家商务部市场建设司将四川省西充县牵手邮政整体推进电子商务进农村，作为全国电子商务进农村五大工作机制之一，正式向全国推广。

首个县级邮政业安全中心成立

5 月，南部县委机构编制委员会批复，南部县邮政业安全中心正式成立，这是四川省成立的第一个县级邮政业安全中心。批复明确“南部县邮政安全中心为南部县邮政管理局直属事业单位，核定事业编制 4 名，经费形式为核定收支、全额拨款”。该中心成立后，将履行保障邮政通信与信息安全职责，推动“三个 100%”制度的落实，进一步强化综治、公安、国安、交通、邮政管理等部门在寄递安全管理工作中的联动机制，促进建立情报信息共享、技术手段互补、监管执法联动、案件问题联处的合作机制。

省供给侧结构性改革措施为邮政行业增添新动力

5 月，四川省政府印发《促进经济稳定增长和提质增效推进供给侧结构性改革政策措施》，将降低物流运输成本列为 17 项措施之一重点推进。文件指出，要降低物流运输成本，继续对产成品、原材料铁路运输实行运价下浮政策，进一步健全完善并动态调整铁路运输价量互保、以价促量机制，严禁价外收费，降低铁路运输成本。同时，清理规范对各类物流运输企业的相关收费。

加强物流快递短板建设方案出台

6 月，四川省发展改革委、省邮政管理局等 11 个部门联合印发《四川省加强物流短板建设促进有效投资和居民消费的实施方案》，提升全省物流快递业整体发展和服务水平。其中，四川省邮政管理局被列为责任单位之一。

省邮政条例修订纳入省政府 2016 年立法计划

6 月，四川省人民政府办公厅下发的《关于印发四川省人民政府 2016 年立法计划的通知》明确将《四川省邮政条例》修订纳入立法计划。通知将省邮政条例纳入立法计划的调研论证项目，并强调要落实政府立法工作责任，各相关部门要抓紧开展立法调研，形成阶段性成果。

全省首家市级邮政业服务中心获批成立

7 月 18 日，中共眉山市委机构编制委员会正式下发《关于设立眉山市邮政业服务中心的批复》，同意设立眉山市邮政业服务中心。

省政府印发跨境电商综试区实施方案

7 月，四川省政府印发《中国（成都）跨境电子商务综合试验区建设实施方案》，要求推动物流快递与电商融合发展。方案强调，建设西部电子商务消费之都。丰富线上线下消费者的商品供应，在成都主要商圈，市（州）邮政核心营业网点及综合保税区开设跨境线上线下（O2O）体验店，以日用消费品为主，为消费者提供跨境电子商务商品展销和线下体验、线上下单两种购物体验。

省政府出台关于促进快递业健康发展的实施意见

7 月，四川省政府印发《四川省人民政府关于促进快递业健康发展的实施意见》，明确全省快递业发展的指导思想、发展目标、重点任务和保障措施，并提出重点任务和保障措施的责任单位。实施意见提出，到 2020 年，全省年快递业务量超过 11 亿件，年业务收入超过 130 亿元，省内重点县级以上城市间和全国重点城市间的快件实现 48 小时内送达，快递服务实现乡镇覆盖率 100%，行政村快递通达率 90%，新增就业岗位约 10 万个，基本建成普惠城乡、技术先进、服务优质、安全高效、绿色节能的快递服务体系，形成覆盖全川、联通国内、畅达国际的快递服务网络，将我省建成西部最大快递物流中心和连接“一带一路”、长江经济带最便捷的快递服务中心。

省政府办公厅印发服务业“三百工程”

7月，四川省政府办公厅印发《四川省服务业“三百工程”实施方案（2016－2020年）》，促进服务业提质增效升级，明确将26个物流快递园区建设纳入2016年四川省服务业100个重大项目。同时，明确四川省邮政管理局为责任单位之一。

建立提升快递服务质量联席会议制度

8月，四川省邮政管理局出台《四川省邮政管理局提升快递服务质量联席会议制度》，联席会议按照政府引导、企业自治、行业自律、社会共治的原则，由四川局市场监管处、消费者申诉中心、新闻宣传中心，成都市邮政管理局，四川省快递协会，各品牌快递企业驻川区域总部及省内品牌企业等参与，结合参与成员单位具体职责，明确任务分工，建立政府、企业、行业协会和社会公众共同参与的综合协调机制。联席会议实行半年例会制度，每年3月和9月召开。

快递业与电子商务融合发展研究纳入年度省物流重大研究课题

8月，四川省人民政府口岸与物流办公室印发《关于下达2016年度四川省物流重大研究课题的通知》，明确将四川省邮政管理局与省快递协会联合申报的《快递业与电子商务融合发展研究》纳入其中。

推进农业现代化方案出台

9月，四川省人民政府办公厅印发《贯彻落实〈中共四川省委四川省人民政府关于牢固树立发展新理念加快推进农业现代化同步实现全面小康目标的意见〉责任分工方案》，明确加强邮政基础设施建设和流通网络建设，并明确省邮政管理局为责任单位之一。方案指出，将农村邮政基础设施纳入新农村建设公共服务项目中统一规划实施；要推进农产品市场和流通体系建设。推动公益性农产品市场建设，支持农产品营销公共服务平台、农产品产地中小型集散市场、集配中心、公益性批发市场建设，开展降低农产品物流成本行动。加强供销、邮政、商贸流通等系统物流服务网络和设施的建设与衔接，加快完善县、乡、村物流体系，有效破解“起初一公里”难题。协同推进快递下乡与电子商务进农村，统一纳入政策支持范围；支持农产品烘干、仓储、分选设施建设，完善鲜活农产品一体化冷链物流体系。

创造良好市场环境进一步促进消费意见出台

10月，四川省政府出台《关于创造良好市场环境进一步促进消费的意见》，指出要推进快递下乡与电子商务进农村，推动快递企业落实收寄验视、实名收寄、过机安检等管理措施，四川省邮政业获多项发展利好。

商务发展第十三个五年规划纲要出台

10月，四川省商务厅发布《四川省商务发展第十三个五年规划纲要》，明确要推动电商物流快递发展，鼓励整合县域物流快递企业资源，建成连接城乡的物流配送体系，四川省邮政业发展获利好。

四川省邮政业“十三五”规划发布

11月，四川省邮政管理局与省发展改革委联合印发《四川省邮政业发展“十三五”规划》。这是四川局首次与地方政府部门联合印发邮政业发展规划，对邮政业进一步融入地方经济发展具有重要意义。

省政府印发《成都天府国际机场临空经济区规划纲要》

12月，四川省政府印发《成都天府国际机场临空经济区规划纲要》，纲要规划临空经济区总面积298平方公里，提出要积极发展航空快递物流，打造中国西部航空快递中心和分拨中心。

2017年重点物流项目推进方案印发

12月，经四川省政府同意，四川省政府物流口岸办印发《四川省2017年重点物流项目推进方案》，明确要支持快递下乡工程和邮政、供销、快递融合发展。方案支持方向主要包括物流服务通道建设、物流节点建设、物流现代化建设、城乡配送体系建设、市场主体培育等6个方面。

四川省批复设立省邮政业安全中心

12月，中共四川省委机构编制委员会正式批复设立四川省邮政业安全中心，为推动全省邮政业安全管理工作提供有力保障。批复明确，四川省邮政业安全中心为四川省邮政管理局的事业单位，主要职责是：承担邮政行业安全监管信息系统的管理、运行和维护，以及邮政行业安全监管和应急管理相关事务性、技术性、辅助性工作。

富顺邮政管理局成立

12月9日，富顺邮政管理局揭牌成立，标志着自贡市完善邮政监管体系工作取得重大突破。同时，富顺县邮政业发展中心揭牌成立。四川省邮政管理局局长成建政和自贡市人民政府党组成员龙腾鑫共同揭牌。自贡局负责人、邻近部分市（州）邮政管理局负责人，富顺县委、县政府领导及相关部门、该县邮政、快递企业负责人参加仪式。

寄递物流安全管理责任追究办法出台

12月，四川省政府办公厅印发《四川省寄递物流安全管理责任追究办法（试行）》。办法坚持属地管理、谁主管谁负责、谁经营谁负责的原则，对四川省行政区域内寄递物流安全管理中，各级人民政府、相关部门和单位及其工作人员不履行或不依法依规履行工作职责的进行责任追究。

农村物流运输发展实施意见大力推进运邮合作

12月，四川省交通运输厅运管局印发《关于进一步加快我省农村物流运输发展的实施意见》，推进全省农村物流发展和运邮合作，建立完善农村物流服务体系。意见强调，各地要积极主动联系商贸、邮政、供销、农业等部门，签署战略合作协议，充分发挥道路运输行业比较优势，加强部门协作，形成战略联盟，整合客运站、物流企业、邮政服务、农资生产、农村商超等多种资源，对农资、农产品、农村生活必需品开展特色配送服务。加强与农业、供销、邮政快递等部门的联合，积极开展运邮合作和连锁配送业务，打造农村物流发展新模式。鼓励物流骨干企业在贫困地区建设物流网点，使用客运站物流服务基础设施，逐步形成辐射城乡的物流配送体系。

贵州省快递发展大事记

农村邮政快递综合服务平台建设启动

1月，贵州省政府办公厅以黔府办函〔2016〕10号文件形式印发《贵州省农村邮政快递综合服务平台建设实施工作方案》，突出强调农村邮政电商服务平台、便民服务平台、交邮服务平台、“三农”服务平台、普惠金融服务平台五大重点建设任务，提出在邮件收寄、报刊订投服务基础上，让农村邮政网点逐步搭载电商购销、农村金融、代收代缴等多种惠农服务功能。截至2016年底，全省共搭建农村邮政快递综合服务平台试点500个。

邮政业“十三五”发展规划正式印发

8月，省邮政管理局联合省发展改革委正式印发贵州省及九个市（州）邮政业“十三五”发展规划(简称《“1+9”规划》)。《“1+9”规划》回顾总结了贵州省邮政业“十二五”时期取得的成绩和存在的问题,对“十三五”时期全省邮政业发展形势进行了科学、合理的分析判断,并在此基础上结合邮政普遍服务均等化、快递业现代化和智慧邮政建设,增加了对“十三五”时期贵州省邮政业农村通邮、通快递、快递园区建设等发展需求的预测,将邮政普遍服务、快递服务能力发展与农村电子商务发展需求、同步小康目标要求相结合,分别对全省及九个市(州)提出了发展目标、发展重点和保障措施,进行统筹规划,突出了资源共享、协同发展、业态创新。

全国邮政管理局长座谈会在贵阳召开

9月11日至12日,在邮政体制改革迎来实施十周年的历史性时刻,全国邮政管理局长座谈会在贵阳召开,会议系统总结了邮政体制改革十年来行业发展的成就和基本经验,部署了下一阶段重点任务,并组织全体参会人员赴贵州双龙临空经济区,集体观摩了贵州快递物流园区。国家邮政局党组书记、局长马军胜出席会议并作重要讲话,党组成员、副局长王梅、赵晓光、刘君出席会议并讲话,会议由党组成员、副局长邢小江主持。会议期间,贵州省委副书记、省长孙志刚,省委常委、副省长慕德贵会见了国家邮政局马军胜一行,并进行了工作座谈,就进一步深化邮政业与贵州省经济社会协同发展交换了意见。

“双11”快递业务旺季服务保障工作圆满完成

2016年“双11”期间,全省邮政行业实现了网络不瘫痪、快件不爆仓和保畅通、保安全、保平稳的总体目标。各品牌快递企业增投入、增设备、增人员、扩场地,新增投资1.8亿元;新增从业人员4000余人,其中包括在校大学实习生600多人;新增运输投递车辆353辆,快件分拣设备116条,X光安检机13台;新增快件处理中心面积5万多平方米,圆通、顺丰、韵达品牌的全省快件处理中心赶在旺季到来前建成投产,省邮政分公司邮区中心局旺季前投资7000万元完成设备工艺改造。旺季期间全省14家主要快递企业共处理快件2403万件,较上年同期增长55.88%,其中进港完成2121万件,比上年增长57.65%,出港完成282万件,比上年增长63.61%,平均日处理量达240万件,这是贵州省邮政业历史上首次快件日处理量突破200万件。

贵安新区邮政事业发展办公室和邮政分公司相继挂牌成立

11月22日,贵州贵安新区邮政事业发展办公室正式挂牌运行,该机构为省邮政管理局主管的正县级公益一类事业单位,实行以省邮政管理局管理为主,贵安新区管委会协管的管理模式,内设综合科、普遍服务科和特殊服务科,履行协助省邮政管理机构依法对贵安新区邮政、快递市场监管及安全监管等职责。12月8日,中国邮政集团公司贵安新区分公司正式挂牌成立,下辖4个支局、2个投递部、3个校园邮局和8个邮政代办点。分公司的成立,将为新区夯实基础服务功能,更好地提供邮政寄递、金融、电商等服务,助推新区建设和经济社会提速发展。

顺丰速运全货运飞机首降贵阳

12月9日,顺丰速运一架波音B737-300型全货运飞机首次降落贵阳龙洞堡机场,执行贵阳—杭州快递货运航线。该航线为我省首条全货机航线,全货机的开通运行,将大大提升全省农产品外销的时效,进一步刺激生鲜产品的种植、销售和产品开发,助推“黔货出省”。

2016年全国第300亿个快件产生于贵州湄潭县

国家邮政局监测数据显示,2016年第300亿个快件于12月20日上午9时左右产生于贵州省湄潭县,是当地一位茶农通过中通快递遵义湄潭网点寄出的一包茶叶。中央电视台、中央人民广播电台、人民网、新华网以及中新网等17家省内外媒体记者团随后赴现场进行了专题报道，获得社会热烈反响。随着国家邮政局“向西、向下、向外”工程以及贵州“黔货出省”战略实施，不仅遵义湄潭的茶叶，毕节的樱桃、黔南的火龙果、黔东南的蓝莓等也通过寄递渠道，成为畅销全国的农特产品。

“城市动静快递英雄”评选活动启动

12月20日，贵州广播电视台新媒体中心携品牌栏目《百姓关注》联合推出的“城市动静·快递英雄”大型主题评选活动在贵州广播电视台启动，贵阳市邮政管理局作为活动指导单位之一与各快递企业、邮政企业一起参加了启动仪式。此次活动旨在海量的用户推荐信息中，寻找让你我感动的“快递英雄”，讲述他们艰辛、用心、创新、暖心的身边故事，同时引导公众参与到活动中来，为共同传递行业中的正能量做出贡献。

《贵州省贫困村电子商务扶贫实施方案》出台

12月，贵州省出台《贵州省贫困村电子商务扶贫实施方案》。方案明确了以2020年与全国人民同步实现全面小康为指导思想，将物流快递支撑作为贵州省贫困村电子商务扶贫工作的七个重点内容之一，提出要支持邮政企业补建乡镇网点搭载农村电商等多项惠农服务，要支持快递企业参与贫困乡镇的“快递下乡”工程，着力做好“小康讯”邮政基础设施建设向贫困村延伸，保障贫困村实现“村村通邮”，共享寄递服务均等化。

云南省快递发展大事记

丁绍祥副省长充分肯定全省邮政业发展成效

1月，云南省副省长丁绍祥在听取关于云南省邮政业发展及省邮政管理工作情况后作出重要批示：2015年全省邮政系统以改革促发展、以管理促效益、以创新促升级，呈现出邮政业快速增长、邮政基础设施建设稳步推进、交通邮政有效融合、市场监管能力明显提高的良好发展态势，取得的成绩值得充分肯定。丁绍祥希望全省邮政管理系统能认真贯彻落实五大发展理念，狠抓供给侧结构性改革，充分发挥职能作用，外树形象、内强素质，全面提升服务质量和服务水平，以“严”和“实”的作风做好各项工作，促进邮政工作再上新台阶，为全省稳增长、调结构、惠民生做出更大的成绩。

西双版纳州快递网点覆盖全部乡镇及主要村寨

西双版纳州快递产业发展迅猛，据不完全统计，截至2016年2月，全州共有16个快递品牌，256家各类寄递网点（含邮政EMS网点），已覆盖全州32个乡镇（街道办事处）及主要村寨，方便了广大人民群众生产生活，推动本地特产外销，带动农民群众增收致富。

云南局申诉中心被国家邮政局评为“2015年度先进集体”

2月，云南省邮政管理局12305邮政业消费者申诉中心被国家邮政局评为2015年度全国邮政业消费者申诉处理工作先进集体。在2015年期间，申诉受理中心通过建立每月申诉通报制度及快速处理机制，完善邮政业消费者申诉受理与市场监管工作衔接和联动机制，加强督导企业主动做好投诉处理工作，有效提升了申诉处理工作效率，申诉处理率100%，为消费者挽回经济损失共计55.81万元。

西双版纳州局与绿城投资公司签订快递产业园区项目合作框架协议

3月，西双版纳州邮政管理局与西双版纳绿城投资开发有限责任公司签订快递产业园区项目合作框架协议。初步规划，快递产业园区选址在景洪市西双版纳州嘎洒机场附近，占地面积200亩左右，投资预计2亿元以上，建设以快递物流、网店、仓配、信息咨询、冷链、查验、办公、生活等功能一体化的配套服务平台。

加快推进“快递下乡”与农村电子商务协同发展

3月，云南省邮政管理局联合省商务厅下发了《关于推进“快递下乡”加快农村电子商务与邮政快递协同发展的实施意见》。意见提出：“十三五”期间，农村快递网点乡镇覆盖率要在现有基础上每年努力提升10～20个百分点；到2020年，基本形成覆盖城乡、配套衔接、布局合理、便民惠民的快递骨干网和末端投递网络，农村快递网点乡镇覆盖率要达到80%以上，基本实现“乡乡有网点，村村通快递”。

关于促进农村电子商务加快发展的实施意见出台

8月，云南省政府办公厅印发了《关于促进农村电子商务加快发展的实施意见》，意见的出台为进一步转变农村经济发展方式、促进农民创业就业、致富增收和促进城乡一体化建设提供了有力的指导，具有十分重要的意义。意见指出，到2020年，要打造20个以上省级农村电子商务示范县，创建100个以上省级农村电子商务示范企业，建立覆盖全省的省、州（市）、县（区）、乡（镇）四级农村电子商务综合服务体系。

大理开启“快递+金融”新模式

9月，中国邮政储蓄银行大理州分行下发了《关于邮储银行大理州分行为大理州快递行业提供综合金融服务的通知》，通知的下发对着力解决资金结算不便、贷款融资困难等快递企业发展过程中较为突出的金融服务问题起到了十分重要的作用，为进一步促进大理州快递行业健康发展提供了保障。根据通知所列事项，邮储银行大理州分行将主要为大理州各邮政、快递企业提供资金结算和贷款融资两大类服务。其中，针对快递企业的商户小额贷款、房地产抵押小企业贷款等将实行各类贷款限制条件下的最低利率优惠。

关于促进快递业发展的实施意见出台

9月，云南省政府出台《关于促进快递业发展的实施意见》，确定了促进全省快递业发展的总体要求、重点任务和政策措施。这是云南省出台的全面指导快递业发展的纲领性文件，行业发展获重大利好。

王梅副局长深入昆明、玉溪两市调研指导工作

11月，国家邮政局副局长王梅深入昆明、玉溪两市邮政管理局及当地快递企业进行调研指导工作。国家局市场监管司司长韩瑞林、云南省邮政管理局局长赵和玉陪同调研。在滇期间，王梅副局长先后走访了中国邮政速递物流云南邮件处理中心、百世快递昆明分拨中心、玉溪中通快递、玉溪申通快递，实地了解企业绿色快递包装工作推进和“双11”业务旺季备战情况，并勉励各企业加大利用信息化手段，提升服务能力和水平，加快推进绿色发展。同时，王梅副局长还希望各快递企业能进一步增强安全生产责任意识，强化管理，加强与电商企业的合作，积极拓展新的业务领域，不断提高企业服务能力和水平，提高市场占有率，扩大行业规模，促进行业转型升级。

赵晓光副局长赴云南调研工作

11月19日至20日，国家邮政局副局长赵晓光到云南省调研邮政业发展情况。调研过程中，赵晓光副局长指出分拣现场个别员工操作不够规范等问题，要求企业进一步提高认识，认真整改，要求邮政管理部门进一步加强监督检查，确保用户邮件安全。鼓励邮政企业进一步解放思想，积极在邮政末端网点开展多种业务，服务老百姓的同时促进自身业务不断发展。赵晓光副

局长对云南省邮政管理局认真开展党建工作给予了肯定，并对云南邮政管理工作提出四点要求。

全国首家国际陆路快件监管中心项目开工

12 月，中国磨憨口岸国际陆路快件监管中心在西双版纳勐腊（磨憨）重点开发开放试验区动工兴建。磨憨口岸国际陆路快件监管中心项目是国家批准设立的首家国际陆路快件监管中心。项目总建筑面积 2 万平方米，投资 0.6 亿元，由西双版纳红星东红贸易有限公司负责平台建设，中国邮政速递物流股份有限公司云南分公司负责运营管理，海关负责日常业务监管。项目定位为集快件分拣、仓储、报关于一体的综合性涉外快件物流通关平台。磨憨国际快件监管中心建设，不仅能满足省州内开展进出境快件业务的迫切需求，也为跨境电子商务活动提供强有力的物流服务平台，极大提升贸易便利化水平，促进全州全省跨境电子商务的发展，推动地方社会经济的可持续发展，更好地服务百姓民生。

西藏自治区快递发展大事记

寄递安全管理工作纳入全区综治工作考评细则

1 月，西藏自治区寄递渠道安全管理工作领导小组办公室开展了全区 7 个市（地）的综治考评（平安建设）中"邮件、快件寄递安全管理工作"考评，西藏自治区邮政管理局组织并完成了该次考评。

加快发展邮政快递业纳入 2016 年经济工作会议主要任务

3 月，西藏自治区党委办公厅、政府办公厅印发《关于落实全区经济工作会议主要任务的分工方案》的通知，将加快发展邮政快递业纳入 2016 年经济工作会议主要任务，并明确西藏自治区邮政管理局为牵头单位之一。通知指出，要以商贸物流为支撑、扩大社会消费，完善城乡市场网络体系和流通体系，推进电子商务工程，加快发展物流配送和邮政快递业。建设七地市邮政快递物流中心。

自治区农村工作会议提出邮政业发展内容

4 月，西藏自治区召开全区农村工作会议，会议中多处提及邮政业。会议要求，坚持开放发展，拓宽农牧业农村发展空间。实施"互联网 + 现代农业"行动，推动电子商务与农牧业融合发展，带动农产品生产、流通、消费的变革，搭建西藏特殊优势农产品"网上天路"，促进农产品产销衔接，实现营销增收。坚持共享发展，推动农村民生不断改善。继续深入实施水、电、路、讯、邮政、农家书屋、广播电视、优美环境"八到农家"工程。

邓小刚副书记批示加大督导检查力度确保安检设备正常运行

5 月，西藏自治区党委副书记、区政府常务副主席、区党委政法委书记、区综治委主任邓小刚在《关于全区寄递渠道安检机安装及使用情况的报告》中作出批示，同意报告的安排建议。在自治区党委、政府的高度重视、相关部门的积极沟通协调以及快递企业的密切配合下，区政府采购的 50 台寄递渠道安检机全部安装完成并投入使用，设备运行正常。

专题会议研究关于贯彻国务院"61 号文"的实施意见

5 月 24 日，西藏自治区人民政府副秘书长胡宾主持召开政府专题会议，研究《西藏自治区人民政府关于贯彻〈国务院关于促进快递业发展的若干意见〉的实施意见》相关事宜，自治区政府法制办、综治办、发展改革委、交通运输厅、工信厅、国土资源厅、公安厅、国家安全厅等部门领导参加了会议。

关于贯彻国务院关于促进快递业发展若干意见的实施意见出台

7月，西藏自治区人民政府出台关于贯彻国务院关于促进快递业发展若干意见的实施意见，意见明确，到2020年，全区快递业发展要努力实现：一是产业规模跃上新台阶；二是服务水平大幅提升；三是监管能力明显增强。意见还提出了5大主要任务、4项支持政策和3项保障措施。

自治区“互联网+精准扶贫”专项行动利好邮政业发展

9月，西藏自治区商务厅、扶贫开发办公室联合下发《关于开展“互联网+精准扶贫”专项行动的通知》，并印发专项行动方案。方案明确，要加大物流快递支撑。加大对物流、快递企业的扶持力度，多形式、多渠道、多类型发展物流快递服务业，积极构建县、乡、村三级电商服务网站，建设县级农村电商物流配送分中心。探索解决农牧区物流配送“最后一公里”问题。依托第三方平台，整合仓储与物流配送资源，集约化管理，提高仓储物流效率，降低损耗。通过和邮政公司合作，全面铺开农牧区快递物流网络，打通农牧区网络购销运输配送渠道。

陕西省快递发展大事记

庄长兴省长批示肯定邮政管理工作并提出新要求

1月，陕西省副省长庄长兴对陕西省邮政管理局提交的《关于2016年全国邮政管理工作会议召开情况的报告》作出批示，指出全省邮政管理系统能认真贯彻中央决策部署，在基础设施建设、行业监督管理、安全监管应急等方面都取得新的进展，邮政普遍服务能力和运行效率显著提升，为全省经济社会发展做出了积极贡献。批示还对2016年工作提出希望，要深入贯彻创新、协调、绿色、开放、共享发展理念，依托“互联网+”加快行业转型升级，进一步扩大邮政业有效供给，进一步提升邮政业普惠水平，为建设“三个陕西”和全面建成小康社会做出新的更大贡献。

促进快递业发展实施意见出台

1月，陕西省人民政府发布《关于促进快递业发展的实施意见》，全面推进“十三五”期间全省快递业发展，打造现代服务业新亮点，通过优化政策环境和快递业空间布局，解决发展中存在的突出问题。意见提出，到2020年，全省快递业务收入突破120亿元、业务量突破10亿件，进出省逆差（派收比）控制在2∶1、新增就业3万人，实现省内县级以上城市24小时投递、全国重点城市48小时投递，国际快件通达效率达到国内先进水平，基本建成普惠城乡、技术先进、服务优质、安全高效、绿色节能的快递服务体系，将陕西打造成为“一带一路”最便捷的快递服务中心。

关于大力发展电子商务加快培育经济新动力的实施意见出台

2月，陕西省政府出台《关于大力发展电子商务加快培育经济新动力的实施意见》，实施意见提出了“十三五”期间全省电子商务发展目标；建成完善的物流、支付和认证等支撑体系和高效的电子商务体系，形成诚信安全的电子商务信用环境；

电子商务与其他产业深度融合，成为促进创业、稳定就业、改善民生服务的重要途径和推动全省经济健康快速发展的新动力。明确了通过创新服务民生方式、推动传统商贸流通企业发展电子商务、积极发展农村电子商务、大力发展跨境电子商务和推广金融创新等方式推动转型升级；通过物流配送终端及智慧物流平台建设、规范物流配送车辆管理和合理布局物流仓储设施完善物流基础设施等主要任务。陕西省快递业获发展良机。

省委“一号文件”多项内容涉及邮政业

4 月 18 日，中共陕西省委、陕西省人民政府发布《关于贯彻落实〈中共中央国务院关于落实发展新理念加快农业现代化实现全面小康目标的若干意见〉的实施意见》。意见第三部分“推进农村一二三产业融合发展，拓宽农民增收渠道”中提出，加强农产品流通设施和市场建设。统筹规划农产品流通设施布局，建立完善覆盖城乡的农产品流通网络。支持供销合作社、邮政物流、粮食流通、大型商贸企业等参与农产品批发市场、仓储物流体系的建设经营。大力发展农村电子商务，创建 10 个农产品电子商务示范县，在全省 80% 以上县城设立农村电子商务服务中心。建立农村电商销售农产品质量安全监管体系。加强以青年为重点的农村电商人才培养。第五部分“破解制约农村发展难题，不断深化农村改革”中强调，“不能因乡镇撤并降低公共服务能力和水平，电信、电力、金融、邮政和便民服务中心等公共服务机构不能撤”。

王莉霞副省长调研邮政业发展情况

5 月 31 日，陕西省副省长王莉霞先后到圆通快递西北转运中心、西安邮区省际邮件处理中心和中邮物流陕西电商物流园区调研省邮政业发展情况。王莉霞副省长调研时强调，将积极引导行业转型升级，把企业打造为助推全省电商不断拓展海外市场的重要力量之一，把陕西打造为“一带一路”最便捷、西北最大的快件集散中心。

邮政运输车辆免缴车辆通行费

6 月，陕西省交通厅下发《关于加强全省邮件运输车辆管理的通知》，符合条件的相关车辆将免费通行全省收费公路。通知明确了享受免费的车辆范围、办理程序和其他细节规定。其中包括，符合条件的邮政运输车辆在通过初审和复核后，由省邮政管理局和省交通运输厅为其办理《陕西省邮件运输车辆通行证》，通行证载明车牌号、核定载重、运行路线、有效期限等内容，并加盖有省邮政管理局、省交通运输厅公章，相关车辆凭通行证免缴通行费。

建立联合打击寄递渠道涉烟违法行为的合作

7 月，陕西省烟草专卖局、邮政管理局联合成立打击寄递渠道涉烟违法活动工作领导小组，签订《关于建立联合打击寄递渠道涉烟违法行为的合作协议》。协议明确，寄递企业要严格执行烟草专卖品限量收递的规定，即：同一寄件人同批次寄给同一收件人的卷烟、雪茄烟每件以 2 条（400 支）为限（二者合寄时亦限 2 条），烟叶、烟丝每件以 5 公斤为限（二者合寄不得超过 10 公斤）；严格落实收寄验视、实名收寄等制度，寄递企业应要求交寄烟草制品的用户按规定在快递面单上准确注明物品名称、数量和规格，并认真登记寄件人身份信息。

建立推进快递业发展协调联动机制

8 月，陕西省交通运输厅、邮政管理局联合出台意见，牵头建立推进快递业发展协调联动机制，强化省各部门和单位协调联动合力推进任务落实，加快构建陕西快递业“辐射中西部、联通丝绸之路经济带”的战略格局，确保“十三五”基本建成普惠城乡、技术先进、服务优质、安全高效、绿色节能的快递服务体系，将陕西打造成为“一带一路”最便捷的快递服务中心。为快递业发展营造良好的服务环境，推动陕西加快成为全国快递业“向西向外”发展的重要战略支点。

推进电子商务与邮政业融合发展实施意见出台

11月，陕西省人民政府出台《关于线上线下互动加快商贸流通创新发展转型升级的实施意见》，进一步推进电子商贸与邮政业融合发展，推动“互联网+快递”工程。实施意见强调，争取三年内形成全省大型商贸流通企业主体线上线下互动发展格局，传统商贸流通企业基本实现在线化，市场活力和竞争力明显增强，电子商务服务在大型社区和县城、乡村实现全覆盖，线上线下互动成为各类商贸企业的重要营销方式。

推进“互联网+流通”行动计划的实施意见发布

11月，陕西省人民政府出台《关于推进“互联网+流通”行动计划的实施意见》，推进实体商业转型升级，拓展消费新领域，增强经济发展新动力。其中四项内容涉及邮政行业。

刘小明副部长在圆通西北管理区考察快递业发展情况

11月16日，交通运输部党组成员、副部长刘小明就交通运输供给侧结构性改革，推进物流业降本增效在陕西省进行专题调研时，到圆通速递西北管理区考察快递业发展情况。调研期间，刘小明指出，要紧密围绕供给侧结构性改革要求，贯彻落实创新、协调、绿色、开放、共享五大发展理念，做好基础设施建设和科技创新，加快推进转型升级，拓展行业发展空间；抓好快递业“三向”“三上”工程，打通“农产品进城和工业品下乡双向流通渠道”；坚持创新引领，深化“放管服”改革，充分发挥综合协调职能，为行业发展营造良好政策环境；坚持安全底线，深化事中事后监管，提升行业安全发展的能力与水平。

西安邮电大学现代邮政学院、邮政研究院成立

12月20日，国家邮政局、陕西省人民政府共建的西安邮电大学现代邮政学院、邮政研究院揭牌仪式在西安邮电大学举行。陕西省委高教工委书记董小龙、陕西省邮政管理局局长孙海伟等出席揭牌仪式并讲话。国家邮政局全国邮政行业人才培育基地同步揭牌，陕西省委第二巡视组、省教育厅、省教育厅领导出席揭牌仪式。

加快推进快递服务制造业实施意见出台

12月，陕西省邮政管理局联合省工业和信息化厅联合出台《关于加快推进快递服务制造业工作实施意见》，进一步促进全省快递业与制造业协同发展和转型升级，充分发挥快递在服务制造业发展过程中的重要支撑作用，切实提高服务质量和经济效益。实施意见提出，要以加快转变发展方式为主线、以提质增效节能为中心、以促进快递业与制造业融合创新发展为目标，围绕企业服务外包、优化生产流程、节约资源成本、提高服务质量和效益等环节，积极推进快递业与制造业协调发展和转型升级，全面促进全省经济加快发展。

关于促进快递与民航产业协同发展的意见出台

12月，陕西省邮政管理局、民航陕西安全监督管理局联合出台《关于促进快递民航产业协调发展的意见》，助推快件服务链（陆空）对接优化协调，全面促进全省快递与航空货邮运输协同发展。

《陕西省“十三五”邮政业发展规划》发布

12月，陕西省邮政管理局会同省发展改革委、交通运输厅正式发布《陕西省“十三五”邮政业发展规划》，进一步发挥邮政业对经济社会发展的基础性、先导性作用。规划强调，一是突出一个主题。突出行业供给侧改革和创新驱动发展主题，以供给侧改革和创新驱动作为转型升级、提质增效为长久动力。二是强化三个转变。强化发展路径转变、强化发展方式转变、强化发展思维转变。三是实现五个跨越。实现邮政业在发展规模、创新能力、服务能力、服务水平、竞争实力五个方面的大幅跨越。

首个县级邮政监管机构成立

12月30日，陕西省首个县级邮政监管机构——韩城邮政管理局和韩城市邮政业发展服务中心揭牌成立。陕西省邮政管理局局长孙海伟、渭南市副市长吴蟒成等出席揭牌仪式。

甘肃省快递发展大事记

关于全面推进快递业发展实施意见出台

3月，甘肃省政府出台《关于全面推快递业发展的实施意见》，确定了全省快递业基本原则、发展目标和重点任务，提出了任务落实责任单位及政策措施。实施意见指出，全省快递业的发展要坚持市场主导、安全为基、创新驱动、协同发展的基本原则，到2020年快递业产业规模、服务能力、行业形象、科技水平和综合效益都获得大幅提升。

王小敏获"最美快递员"荣誉

4月27日，由国家邮政局精神文明建设指导委员会主办，国家邮政局机关党委、中国邮政快递报社、中国快递协会共同承办的第二届中国梦·邮政情"寻找最美快递员"活动揭晓发布会在北京人民大会堂隆重举行，10名基层快递员和4个快递员集体荣获"最美快递员"称号，其中甘肃省优速快递负责人王小敏获得"最美快递员"荣誉。

省快递电商园区建设获得突破

7月，第22届兰洽会榆中县(专场)项目签约仪式上，兰州市政府计划建设的甘肃快递电商产业园项目的签约标志着甘肃快递电商产业园建设工作获得重要突破。该项目计划在榆中县和平镇徐家营先期建成占地200亩，投资2亿元的甘肃省快递电商产业园区，园区将集"电子商务仓储集散中心、快递企业运营中心(区域转运中心和分拨中心)、快递监管服务中心、快递配套服务中心"四位为一体。力争2016年完成各项前期工作具备开工条件，2017年实现首批3家重点企业入驻，2018年达到10家重点企业入驻，日处理量超过100万件，可提供1000人以上就业岗位。该园区建成将有效解决甘肃省会兰州市快递企业用地难、快递与电子商务融合对接不畅的制约发展瓶颈，大大降低企业运营成本，实现精准化的仓储配送服务，为全省快递业发展提质增效起到了保障作用。

首开邮航全货包机定期飞行航线

9月6日，中国邮政航空公司与省民航机场集团联合举办了"兰州—天津—南京"邮航货运包机定期航线开航仪式。这是甘肃省历史上首次开航国内货运包机定期飞行。甘肃省政府副省长黄强出席仪式并宣布正式开航。甘肃省交通运输厅、省邮政管理局、省民航机场集团公司、省邮政公司等政府有关部门领导和相关企业负责人参加了仪式。此次邮航开通将大幅度提升中邮速递甘肃分公司(邮)快件处理时效，将实现甘肃到全国24个省(区、市)的"次晨达"和"次日递"，其中从兰州出港并能实现"次日达"的城市将由目前的6个增加至66个，全程平均时限将缩短12~24小时。

顺丰航空自有全货机落地兰州

9月12日，顺丰航空自有全货机正式落地兰州中川机场。甘肃省副省长黄强出席了首航仪式并宣布"顺丰航空乌鲁木齐—兰州—杭州定期航线航班正式启航"，甘肃省财政厅、省商务厅、省政府国资委和省、市邮政管理局相关领导参加了首航仪式。顺丰航空此航线执飞机型为波音757-200F自有全货机，载重28吨，每周5班，周二至周六每天一班，主要承担杭州、兰州、乌鲁木齐顺丰速运快件的进出口运载任务，从杭州机场起飞，在兰州经停后飞抵乌鲁木齐。

成功举办首届“快递杯”男子篮球赛

10月1日，由甘肃省邮政管理局精神文明建设指导委员会主办，甘肃省快递协会承办的2016年甘肃省第一届“快递杯”男子篮球赛，在历时3天的紧张比赛中落下帷幕。本次“快递杯”男子篮球赛由邮政管理局、顺丰、EMS、圆通等在兰快递企业组成15支参赛队，经过25场激烈比拼，最终顺丰速运甘肃分公司代表队争得冠军荣誉，邮政管理局代表队荣获亚军，宅急送代表队获得季军，万通速运和兰州邮政代表队分别获得了精神文明奖及优秀组织奖。

黄强副省长对旺季服务保障工作做出重要批示

11月11日，甘肃省邮政管理局向分管副省长黄强提交了《关于全省快递业发展及旺季服务保障工作情况的报告》，详细汇报了国家邮政局相关工作要求、全省邮政行业发展情况、快递服务制造业以及农特产品情况、全省旺季期间预计业务量以及邮政管理部门采取的保障措施等方面内容。黄强副省长批示指出：“感谢省邮政管理局卓有成效的工作！请进一步提高服务质量，提升监管效能，为群众提供更加便捷、优质的服务。”

甘肃局邀请多家媒体夜访快递企业分拨中心

11月16日晚，甘肃省邮政管理局组织新华社甘肃分社、甘肃日报、甘肃电视台、甘肃广播电台、甘肃经济日报、兰州日报、兰州晨报等10多家媒体走进快递企业分拣中心进行实地调研和现场采访。媒体采访团前往雁滩邮区中心局、圆通快递和百世快递，详细了解了各企业当日业务量、处理能力状况、人员车辆保障、安全生产防范、员工福利保障、对接服务电商企业等情况，部分新媒体采用直播报道方式，现场报道了各企业作业情况。

《甘肃邮政业发展“十三五”规划》发布

12月30日，甘肃省邮政管理局会同省发展改革委、省交通厅正式发布了《甘肃邮政业发展“十三五”规划》。规划的发布对引领全省邮政行业健康快速发展，促进与地方经济深度融合具有重要意义。

青海省快递发展大事记

韩建华副省长表示全力支持全省邮政业发展

1月，青海省副省长韩建华听取了青海省邮政管理局关于贯彻落实全国邮政管理工作会议精神、省邮政业“十二五”时期和2015年主要工作的情况汇报，对2015年全省邮政管理系统取得的成绩给予了充分肯定，表示将继续大力支持全省邮政业发展。

《关于大力发展电子商务加快培育经济新动力的实施意见》出台

4月，青海省政府出台《关于大力发展电子商务加快培育经济新动力的实施意见》，提出“大力发展农牧区电子商务，鼓励电商、物流、商贸、金融、供销、邮政、通信、快递等各类社会资源加强合作，构建农牧区电子商务网络平台，实现优势资源对接与整合”“充分发挥电子商务与快递服务的协同作用，加快推进‘快递向西乡下’服务拓展工程，支持快递服务网络向农村牧区延伸，统筹利用邮政所、供销社等现有资源，在农村建设物流配送站”“完善物流配送车辆城市通行、停靠、装卸管理措施，确保快件传递畅通，鼓励物流企业与符合条件的农牧区公路客运站加强合作，通过农牧区客运班车搭载快件,降低运输成本”。青海省快递业获发展良机。

加快发展生活性服务业促进消费结构省级实施方案出炉

4月,青海省政府办公厅印发《青海省关于加快发展生活性服务业促进消费结构升级的实施方案》,方案明确:“加强现代流通体系建设,合理规划城乡流通基础设施布局,鼓励发展农村邮政物流设施、快件集散中心,农产品冷链物流设施……”此外,为进一步明确加强物流信息平台建设,方案指出:“推动跨地区跨行业跨所有制的物流信息平台建设,在城市社区和村镇布局建设共同配送末端网点,提高‘最后一公里’的物流配送效率。”青海省邮政业末端配送服务水平增添新动力。

韩建华副省长对全省邮政业发展成效给予充分肯定

5月31日,青海省副省长韩建华听取了全省邮政管理工作汇报,对青海省邮政管理局2016年上半年工作成效给予了充分肯定,,韩建华副省长对全省邮政管理工作和邮政业发展提出了三点希望和要求。一是创新思维、转变观念;二是整合资源、取长补短;三是强化监管、提升质量。

全媒体联合采访团对青海寄递渠道安全保障工作进行采访

7月20日至22日,“平安法治青海建设进行时”全媒体记者采访团深入西宁、海东、海北邮政管理部门、邮政快递网点、快件分拨中心等地,对青海省邮政管理部门和寄递企业在开展“安全邮政”“法治邮政”建设工作中的好做法好经验进行了集中采访。

首届全国党报电商物流联盟大会

8月,由全国党报发行协作会、青海日报社、青海省邮政管理局、省商务厅共同举办的首届全国党报电商物流联盟大会在青海西宁召开。来自全国29个省区共35家省级党报媒体近80名代表参加会议。会议讨论并通过了全国党报电商物流联盟章程及运营方案,签署以农产品进城、特色产品全国联销、打通乡镇和社区快递节点为主的“昆仑宣言”,揭开了青海省电商与物流快递协同发展的新篇章。青海省邮政管理局党组书记、局长赵群静参加会议并致辞。

玉树推动快邮合作破解快递进村“最后一公里”障碍

8月,玉树州邮政分公司与玉树州中通快递、百世快递签署《合作协议》,由快递公司委托邮政企业面向快递网点未覆盖的地区从事收寄服务。快邮合作模式可以充分整合资源、节约成本,推动产业转型升级,提升农牧区快件的安全保障,有效推动“快递下乡”,破解寄递“最后一公里”投递障碍,并拉动农村电子商务发展,促进快递、电商协同发展。

海北成立全省首批县级寄递渠道安全管理工作领导小组

9月,海北州邮政管理局、海北州综治办在深入沟通对接的基础上,联合发文成立了州属海晏、刚察、门源、祁连4县寄递渠道安全管理工作领导小组,有效加强了邮政管理部门与当地党委、政府有关部门的协调联动,推动工作重心下移,延伸了监管工作触角,全省县级以下邮政监管体制建设取得重要突破。

开通省内支线航空邮路

10月10日,搭载着邮件的西宁至德令哈、玉树、格尔木三条省内支线航班启航,标志着青海邮政省内支线航空邮路正式开通。青海邮速与青海机场达成协议:“省内支线航空组开通省内经济货运邮路,将进口标准特快、快递包裹等符合上航条件的邮件全部发航空运输。”青海省成功开通航空邮路业务，不仅填补了青海邮政空运的空白，结束了青海邮政没有航空邮路的历史，同时也进一步完善了机场功能，提高了机场航空物流的保障能力。

青海省邮政业发展纳入省交通运输“十三五”发展规划

10月，青海省交通运输厅“十三五”发展规划发布，邮政业发展纳入青海省交通运输“十三五”发展规划当中。规划将“创新发展现代邮政业”列为“十三五”期间主要任务之一，支持邮政业与综合交通运输协调发展。

“互联网+流通”实施意见出台

10月，青海省政府办公厅印发了《关于贯彻落实“互联网+流通”行动计划的实施意见》，在促进快递分拨中心建设、末端投递、车辆运行、技能培训、快递电商协同发展、“快递下乡”等多个方面予以支持和保障。

《关于促进快递业发展的实施意见》出台

11月，青海省人民政府制定出台《关于促进快递业发展的实施意见》，采取十二项措施，确保到2020年，全省快递业务量达到1800万件，年均增幅20%，快递业务收入达3.6亿元，年均增幅15%；消费者申诉处理满意度达到95%；新增就业7000人，快递从业人数达到1万人；省内重点城镇间、省内重点城镇与全国重点城市间快件实现72小时内送达。

全省“双11”期间快递收派量突破300万件

据青海省邮政管理局监测数据显示，2016年“双11”期间，青海省快递业务呈现出迅猛增长态势。截至11月18日，全省快递收寄量同比增长45.59%，达到55.7万件；派件量同比增长48.53%，达到249.1万件；收派量相当于2014年与2015年“双11”期间收派量之和，突破300万件。

《青海省邮政业发展“十三五”规划》发布实施

12月，青海省邮政管理局印发《青海省邮政业发展“十三五”规划》，明确了“十三五”时期青海省邮政业发展的方向、路径和主要内容，是指导全省邮政业未来五年发展的纲领性文件，对推动全省邮政业持续健康发展、建设与全面小康相适应的现代邮政业具有重要意义。

海北州出台《加快快递业与电子商务协同发展的意见》

经海北州电商领导小组研究决定同意，《加快快递业与电子商务协同发展的意见》正式由海北州委、州政府发文出台。这标志着海北州快递业与电商协同发展新模式，正式进入实施推进阶段。《海北州电子商务发展扶持奖励暂行办法》已于同年6月初正式实施。

宁夏回族自治区快递发展大事记

郝林海副书记批示肯定自治区邮政管理工作

1月，宁夏回族自治区政府党组副书记郝林海就宁夏邮政管理局上报的2015年及“十二五”时期工作总结和2016年工作安排上作出批示，指出2015年，自治区邮政管理局在深化邮政行业改革、优化行业发展环境、完善基础设施和基础能力、提升行业监管能力和依法行政水平、加强队伍建设等方面做了大量工作，有些工作走在了全国前列，为宁夏经济社会发展和民生改善做出了贡献。希望全区邮政管理系统干部职工，2016年再接再厉，为建设开放富裕和谐美丽宁夏做出新的更大贡献。

自治区人民政府工作报告提出加快邮政业发展重点任务

1月11日，宁夏回族自治区第十一届人民代表大会第五次会议召开，自治区政府主席刘慧作工作报告。工作报告将加快邮政业发展相关内容纳入了2016年全区重点工作，为全区邮政业发展提供了政策支持。自治区政府报告在2016年主要工作任务中明确提出："启动网上丝路宁夏枢纽工程，建成宁夏邮翔国际物流快递中心，建设中阿航空邮件分拨中心、跨境电商交易服务平台，支持建立'海外仓'和展示中心。"

自治区"十三五"规划为全区邮政行业提供利好

3月，《宁夏回族自治区国民经济和社会发展第十三个五年规划纲要》发布，邮政业发展相关内容首次纳入全区国民经济和社会发展规划。规划纲要提出：一要"加快发展生产性服务业，打造区域性国际物流中心。对接陆路丝绸之路和空中丝绸之路，构建公路、铁路、航空相互配套的国际物流体系"。二要"加快建设宁夏国际航空物流园、银川通航产业园和宁夏交通物流园，大力发展空地、公铁、铁水等多式联运，实现口岸、中心、市场、企业'四位一体'无缝对接"。三要"培育发展第三方物流，完善物流配送体系，促进城乡物流网络一体化，打造区域性国际物流中心"。四要"加快发展生活性服务业，改造提升传统生活性服务业，开展电子商务进农村综合示范，在全区60%的县(区)建成三级公共服务平台和四级物流快递体系，实施便利消费进社区、便民服务进家庭'双进工程'"。五是在重点项目支撑中提出"建设国际快件分拨集散中心、农产品保鲜仓储配送中心、仓储物流中心、等物流基础设施"。

《宁夏物流寄递行业安全管理举报奖励办法》出台

3月，宁夏公安厅正式发布《物流寄递行业安全管理举报奖励办法》，奖励办法规定了详细的报告、举报方式、查证办法及表彰奖励渠道及办理程序，明确对全区寄递、物流从业人员举报或提供不法分子利用物流、寄递渠道寄递禁限寄物品及举报寄递物流企业存在重大治安隐患、事故隐患、安全生产违法行为的，经查实后给予30元至2000元的表彰奖励，对涉及重大刑事案件的举报追加1000元到50000元的奖励。奖励办法提高了物流寄递业从业人员举报涉及物流寄递行业的各类违法犯罪行为和灾害事故的积极性，进而更加有效地防范、打击不法分子利用物流寄递渠道进行违法犯罪活动，保障社会的和谐与平安。

宁夏局与区商务厅座谈助推快递业快速健康发展

4月，宁夏回族自治区邮政管理局与自治区商务厅就促进全区快递行业与电子商务协同发展进行了座谈，重点研究了快递下乡、快递与电子商务协同发展、支持快递行业发展优惠政策等工作。自治区商务厅表示将积极协调相关部门和单位，为快递行业发展争取更多优惠政策：一是通过将快递业纳入"千村电商"、农村电商等工程中予以统一考虑和布局；二是为自治区级快递园区建设争取土地、资金及相关优惠政策；三是指导快递企业争取区、市两级和相关部门的产业发展引导基金，为快递行业发展争取更多的支持资金；四是将协调相关部门解决快件补贴、车辆通行等难题。

自治区政府发文加快发展农村电子商务

4月，宁夏回族自治区人民政府印发《关于实施农村电子商务筑梦计划的意见》，对培养农村电子商务主体、加强农村电子商务人才建设、完善农村快递和绿色通道网络等任务做了重点部署，明确提出了完善农村电子商务配送支持政策，邮政业发展再获重大支持。

刘可为副主席表示大力支持宁夏邮政业发展

4月29日，宁夏回族自治区人民政府副主席刘可为专题听取了宁夏局关于宁夏邮政业整体发展情况汇报。听取汇报后，刘可为副主席充分肯定了宁夏局在促进地方经济社会发展等方面的工作和取得的成效。刘可为副主席希望宁夏局把贯彻落实《国务院关于促进快递业发展的若干意见》作为工作重点，借助“互联网+”的大平台，积极推动邮政业与电子商务的深度融合，推动各项有利政策落地，优化行业发展环境，强化行业安全生产，全面提升普遍服务工作水平，更好地满足人民群众的用邮需求。针对宁夏局提出的亟需地方政府协调解决的困难和问题，刘可为当即表示，原则同意召开全区加快邮政业发展专题工作会议，适时出台促进全区邮政业健康快速发展的实施意见，并促成自治区人民政府与国家邮政局签订《关于加快推进宁夏邮政业建设与发展合作协议》，促进全区邮政业转型升级和提质增效。

宁夏邮政业发展“十三五”规划发布

9月，宁夏回族自治区邮政管理局与自治区发展改革委联合印发了《宁夏邮政业发展“十三五”规划》。规划的发布，对全面落实《宁夏回族自治区国民经济和社会发展第十三个五年规划纲要》《国务院关于促进快递业发展的若干意见》《邮政业发展“十三五”规划》相关部署具有重要的指导作用，是未来五年全区邮政业发展的行动纲领和邮政业基础设施建设的重要依据，对整合国家及地方资源，实现区域邮政业发展统一规划，凝聚关联产业发展合力，促进宁夏邮政业持续、快速、健康发展和服务地方经济社会发展具有重要意义。

推动交通物流融合发展实施方案出台

10月，宁夏回族自治区人民政府办公厅印发了《营造良好市场环境推动交通物流融合发展实施方案》，提出进一步推动交通物流一体化、集装化、网络化、社会化、智能化发展，建成设施一体衔接、信息互联互通、市场公平有序、运行安全高效的交通物流发展新体系，有效降低社会物流成本。实施方案将邮政业作为“互联网+城乡配送”的发展主体，鼓励利用邮政、供销社等网点，开展农村共同配送，打通农资、消费品下乡和农产品进城高效便捷通道。邮政业与交通业融合发展获政策利好。

刘可为副主席对全区寄递旺季服务保障工作作出批示

11月10日，宁夏回族自治区邮政管理局向自治区政府呈报了《2016年全区寄递业务旺季服务保障工作方案》，详细汇报了全区邮政业发展现状、2016年全区快递业务旺季服务保障工作面临的新形势及全区邮政管理部门和寄递企业采取的保障措施等方面内容。自治区人民政府副主席刘可为批示指出：“方案很好，望抓好落实，确保旺季寄递业务安全畅通。”

马军胜局长宁夏督导快递旺季服务保障工作

11月16日至18日，国家邮政局局长马军胜赴宁夏，前往邮政、快递企业，调研督导快递旺季服务保障工作。从银川邮区中心局到县电子商务公共服务中心到村邮站；从快递企业自治区级分拨中心到市级公司到县级网点再到末端快递服务站，马军胜局长深入快件收转运派各个环节，探实情，问数据，解难题，为奋战在一线的行业员工鼓劲加油打气。

李建华书记勉励宁夏邮政业

12月，宁夏回族自治区党委书记李建华在宁夏回族自治区邮政管理局提交的《关于2016年快递业务旺季服务保障工作开展情况报告》上作出重要批示，为邮政业服务地方经济发展“点赞”，并勉励邮政业“在全区改革发展中再立新功”。批示指出:“这些年来,宁夏邮政管理局落实国家邮政局的要求,围绕自治区党委、政府中心工作,搭建服务平台、完善服务网络,履行市场监管责任,有效发挥了服务保障作用。特别是在管理快递业发展方面积极行动、主动作为,邮政系统普遍服务和快递服务满意度大幅提升,为我区经济社会发展做出了积极贡献。我代表自治区党委、政府,向邮政战线的广大干部职工表示感谢!当前,全区上下正在深入学习贯彻党的十八届六中全会和习近平总书记来宁视察重要讲话精神,加快‘四个宁夏’建设,努力实现与全国同步全面建成小康社会的目标。实现这一目标,离不开各级邮政管理部门的大力支持和参与。希望你们始终坚持围绕中心、服务大局,充分发挥邮政行业基础性先导性作用,扎实做好服务保障特别是旺季服务保障工作,在全区改革发展的生动实践中再立新功。要进一步强化行业监管,规范市场运行秩序,提升和管控服务质量,优化市场服务环境,支持快递行业做强做大,使之成为促进全区经济发展、产业转型的新亮点。要进一步创新工作思路,主动融入‘一带一路’,借助互联网创新邮政服务产品,推动‘电商+快递’模式升级,促进线上线下互动,在服务‘三农’、发展跨境电商、提升管理效能等方面取得新突破。要进一步提升基层服务保障能力,不断完善网络布局,加快邮政下乡进村入户,推动邮政服务向基层、向农村、向偏远地区延伸,不断扩大覆盖面,做到有老百姓的地方就有邮政服务,特别是要通过多种方式助力精准脱贫、精准扶贫,在脱贫攻坚战中做出‘邮政贡献’”。

刘君副局长到宁夏调研指导工作

12月8日,国家邮政局副局长刘君利用在宁夏参加全国会议的机会,赴宁夏银川市进行了调研。调研期间,刘君副局长肯定了银川快递电商产业园“快递+电商+仓储”的园区建设模式,园区集聚示范效应显著,行业基础设施日趋完善,行业产业链进一步延伸,有力促进了行业的转型升级和提质增效。同时,刘君副局长对宁夏快递企业标准化建设,以及通过抱团共建综合服务站方式解决快递行业末端配送短板的有益尝试给予充分肯定,标准化建设不仅提升了快递企业的外在形象,同时提升了企业发展内涵和发展潜力。

推动“互联网+流通”行动计划实施意见出台

12月,宁夏回族自治区人民政府印发了《关于深入推进“互联网+流通”行动计划的实施意见》,提出了加强智慧流通基础设施建设、发展绿色流通和消费、实施电子商务进农村、推动电子商务进社区、发展跨境电子商务、支持“互联网+创新创业”等十一项工作任务,明确要充分发挥自治区政府产业引导基金的作用,推进流通行业+互联网快速发展。多项内容利好邮政业发展。

新疆维吾尔自治区快递发展大事记

自治区党委政策研究室赴南疆开展快递物流发展综合调研

3月,为了解南疆快递物流与电子商务协同发展带动当地就业和农民增收的情况,自治区党委政策研究室调研组一行到南疆五地州开展快递物流发展综合调研活动。南疆五地州邮政管理局在本地州全程陪同调研。

新疆局与新疆交通职业技术学院达成深化合作共识

3月22日,新疆邮政管理局副局长安长来在局机关会见了新疆交通职业技术学院副院长李绪梅一行。双方就开展全方位多层次合作进行了交流,并达成深化合作共识。双方在会谈中达成五点深化合作共识。一是联合建设新疆邮政行业人才培养基地,共建科研室和学生实践基地。二是充分发挥高校办学优势,大力建设新疆邮政行业继续教育基地。三是鼓励支持院校设置邮政、快递相关专业,深入企业走访调研,提高行业人才培养的针对性。四是充分发挥合作示范带动作用,努力把双方合作关系打造成为新疆邮政行业现代技术、技能人才队伍共建的示范点,推动集团化办学。五是借助行业发展良好态势,进一步探索和深化校企合作、产教融合,开展订单式人才培养,推动多方合作共赢。双方还就电商进农村、快递进校园、快递产业园区建设、快递员职业技能鉴定大赛筹办、先行试点现代学徒制办学、推动“快递下乡＋精准扶贫”课题研究等双方关心的问题进行了深入交流。

区人民政府出台关于促进快递业发展的实施意见

8月8日,新疆维吾尔自治区人民政府正式出台《关于促进快递业发展的实施意见》,实施意见以解决制约新疆快递业发展的突出问题为导向,促进快递企业健康快速发展为目标,确立了推动快递业发展的主要任务,明确了保障快递业发展的政策措施。实施意见从加快基础设施建设,提升快递服务能力;推动企业转型升级,培育壮大快递企业;推进“快递下乡”工程,助力农村经济;发展跨境快递业务,服务“一带一路”;加强交邮融合,构建综合运输通道;坚持创新发展,推进“互联网＋”快递;强化安全监管,确保寄递渠道安全等七个方面出发,细化目标,分解任务,为行业确立了科学合理的发展方向和目标。

刘君副局长到新疆调研督导

8月19日至20日,国家邮政局副局长刘君一行到新疆调研督导G20峰会和亚欧博览会期间寄递渠道安全保障工作情况,检查收寄网点“三项制度”落实情况和邮件处理中心寄递安保情况。新疆邮政管理局党组书记、局长张建军,党组成员、副局长安长来、市场监管处调研员马青陪同调研。

新疆首个快递产业园区正式启用

10月30日,南疆快递产业园区启用暨韵达快递分拨中心启用仪式在库尔勒经济技术开发区南疆快递产业园区内举行,新疆首个快递产业园区正式启用。仪式由国家级库尔勒经济技术开发区管委会党工委副书记陈雷主持,巴州党委常委库尔班江·胡土勒克出席并发表重要讲话,新疆邮政管理局市场监管处调研员马青、上海韵达速递有限公司副总裁曾永刚出席并致辞。

新疆交通职业技术学院电子商务物流服务中心孵化基地启动

11月18日,新疆交通职业技术学院电子商务物流服务中心孵化基地启动仪式举行。电子商务物流服务中心孵化基地是新疆交通职业技术学院与新疆近邻居信息科技有限公司双方合作与发展的平台,是新疆交通职业技术学院开展创新创业教育合作的首次探索与实践,双方将在人才培养、社会培训等多领域进行深入合作。电子商务物流服务中心孵化基地的启动有利于做好校园快递服务工作,有利于维护广大师生的消费者合法权益,有利于维护校园及其周边的安全秩序,有利于提供快递企业的服务效率和服务水平,对方便师生,营造和谐校园环境,规范快递服务行为,提高校园综合服务管理水平具有重要意义。

第五章 2016年各省(区、市)落实《国务院关于促进快递业发展的若干意见》的情况

北京市邮政管理局

贯彻落实《国务院关于促进快递业发展的若干意见》精神,配合推动北京市出台促进快递业发展的具体措施,组织开展课题研究,在汇总整理国家及其他省市快递业相关政策文件的基础上,立足北京市"四个中心"建设的功能定位,提出了促进北京市快递业发展的政策建议。牵头组织完成《北京市人民政府促进首都快递业发展意见》文件制订的基础工作。北京局会同市发展改革委组织了市商务委、市交通委、市规划国土委等二十多个委办局座谈会征求意见,组织到本市、广东和上海进行开展实地调研,听取快递企业和相关政府部门的意见。在深入调研的基础上起草了《意见(征求意见稿)》,征求了26个部门的意见,并提请市政府法制办进行了审查,形成了《意见(报审稿)》,与市政府办公厅对接上报审议事宜。

天津市邮政管理局

贯彻落实《国务院关于促进快递业发展的若干意见》,推动出台《我市支持快递业加快发展十项措施》。天津局成立专门工作组,全面梳理天津市已出台的、散落在各个文件中的惠及快递业发展的政策条款,加强与有关部门单位沟通联系,牵头起草国务院61号文件在津落地实施方案,并会同市交通运输委多次征求各区政府、相关委办局意见,形成报审稿报市政府。2016年11月17日,《天津市人民政府办公厅关于印发我市支持快递业加快发展十项措施的通知》正式印发。《通知》明确,到2020年,天津市快递业务量达到13.5亿件,业务收入达到170亿元,年均增长率达到45%。快递业航空货邮吞吐量达到18万吨。年支撑网络零售交易额突破3000亿元,新增就业岗位4万个以上,全市快递从业人员规模达到8万人,日均服务用户600万人次以上。快递业实现新能源车辆保有量3000辆左右,积极推广智能快件箱等智能寄递服务终端达到5000组以上。培育和引进全国性或区域性快递企业总部8家以上。快递服务公众满意度处于全国领先水平。为确保实现上述目标,《通知》提出支持快递业加快发展十项措施,即落实用地保障和实施用地优惠政策、完善快递服务网络、支持开设快递货运航线、优化行业发展环境、保障快递车辆通行、推进行业绿色发展、推动产业协同集聚发展、推进企业技术创新和升级改造、加强人才队伍建设和加大财政扶持力度。

2016年,天津市政府及相关部门出台的涉及邮政业利好政策达20余件,行业发展环境持续优化。《天津市国民经济和社会发展第十三个五年规划纲要》首次将重点发展标准化快递、积极发展邮政业综合服务平台、智能快(邮)件箱等快递服务新模式内容纳入其中。天津市委市政府贯彻落实"中央一号文件"实施意见将"快递下乡"工程列入。会同市教委出台《天津市高等学校快递服务进校园管理办法》,推广"人工服务站+智能快件箱"模式,有效解决快递进高校"最后一公里"问题。会同市工信委出台《关于加快推进快递服务制造业发展的实施意见》,鼓励快递企业以"入场物流"、"仓储+配送+增值服务"一体化、"订单末端"配送等5种模式服务制造业。与天津空港经济区管委会签订合作框架协议,深化双方在建

设空港航空快递专业类物流园、支持自贸区邮政管理机构开展工作等方面的合作。与天津滨海国际机场签订合作协议，推进双方在打造航空邮（快）件“绿色通道”、推进邮政业与航空运输业协同发展、提升航空货邮吞吐量，助力国际航空物流中心建设。天津市静海区政府出台《关于加快电子商务、物流产业发展的若干意见》，每年统筹安排1000万元财政资金作为电子商务、物流快递产业发展项目资金。会同天津市公安交管部门核发邮政快递专用通行证2712个，保障快递车辆通行便利。

作为全国首个省级快递物流专项规划，2016年10月28日，《天津市快递专业类物流专项规划（2016－2020年）》获天津市政府批复并印发实施，保障用地总规模达到1000公顷，全市将形成“一轴两圈三园多节点”的快递物流体系空间布局，建设由“3个快递专业类物流园区、15个市级快递处理（分拨）中心以及若干数量的快递营业场所和基础性快递末端公共服务设施”组成的四级快递设施体系。作为天津市重点专项规划，《天津市邮政业发展“十三五”规划》由天津市发改委发布实施，将实施骨干节点、普遍服务、安全监管、末端服务、信息平台、绿色邮政等九大工程，行业发展目标和路径进一步明确，并实现与我市现代物流业、现代服务业等规划的衔接。

天津局会同市商务委、市财政局印发《天津市电子商务与物流快递协同发展试点项目验收办法》，联合向市政府呈报《关于电子商务与物流快递试点城市建设目标及资金使用调整情况的请示》，将中央试点资金向快递企业、信息化项目倾斜。用于上述项目补贴资金超过4500万元，有效拉动配套投资超过1.7亿元，试点项目补短板取得明显成效。快递与电商协同发展公益性信息平台上线试运行，涵盖服务体系、业务信息、诚信管理、统计分析、实名制管理、安检机联网等九大模块，已实现与本市主要快递和电商企业实时数据对接，接入全市960余个寄递营业场所视频监控。

天津局督促各快递企业落实“收寄验视、实名寄递、过机安检及持卡认证”四项安全保障制度，初步形成天津市寄递安全管理的连锁链条：一是会同市公安局发布《关于全面深化落实寄递渠道实名制管理的通告》，明确寄递企业在落实实名收寄方面的职责，确定寄件人在寄递邮件快件时应履行的义务，并在全市快递企业中推广使用“寄递实名盾”APP。自上线以来，通过实名寄递已发现多名网上追逃人员，有效防范了寄递安全隐患。二是会同市综治办印发《天津市寄递企业安检机配置工作实施方案》，明确微剂量X射线安全检查设备配置工作的有关要求，督促各快递企业足额配备安检机，确保用足用好天津市2000万元安检机配置补贴资金。同时积极推进快递企业与电商企业签订安全保障协议的备案工作。三是会同市综治办印发《天津市寄递人员从业卡管理办法》，将邮政企业与快递企业从业人员认证管理规范化。其中，快递从业人员已累计制卡2.2万余张，并实现与公安机关数据联网比对。通过实名认证已经发现多名隐藏在快递企业中的网上追逃、涉毒、涉稳等重点管控人员。寄递从业人员持卡认证管理作为天津经验在全国社会治安综合治理创新工作会议上作了经验交流。

天津局鼓励引导企业适应“互联网＋”要求，发挥企业技术创新主体作用。数据分单技术广泛应用，自动传输、机器人配货分拣等新技术开始应用，提升了服务效率。引导支持申通快递建成目前国内最大的全自动智能快递机器人分拣系统，分拣效率比人工提高4倍；在空港快递专业类物流园区内，百世快递、韵达快递分别建成自动分拣线和矩阵式拨杆自动流水线，全面提升企业自动化水平。通过与天津机场共建航空快递“绿色通道”，顺丰速运全货机由2架增至3架，圆通快递开通全货机航线。加快智能寄递终端设置，已布放智能快件箱和智能信报箱超过3000组、格口近10万个，年投递邮（快）件逾2500万件。深入推进快递服务制造业示范工程，累计开展联动试点项目29个，直接服务的制造业年产值达530亿元。制造业快件量超6000万件，占全市快递业务总量的15%。国际小包继续保持跨境电商寄递的主渠道地位，业务量同比增加38.7%。启动服务现代农业示范工程，全年农村地区收投包裹超过8000万件，直接服务农产品外销60亿元以上。推进快递业绿色包装工作，主要品牌快递企业电子运单使用率达到70%。加大新能源汽车在邮政快递领域推广力度，全市邮政快递企业新能源汽车保有量突破800辆，累计享受中央、地方财政补贴8000余万元，每年可减少二氧化碳排放1.6万吨，为绿色邮政和美丽天津建设做出贡献。

河北省邮政管理局

积极与省人民政府沟通，河北省政府在全国率先印发了《关于促进快递业发展的实施意见》。意见从优化产业空间布局、培育壮大快递企业、推进"互联网+"快递、完善快递服务网络、衔接综合交通体系、强化安全监管等6个方面提出了42项重点任务，落实了27个省直部门的责任。9个市政府已出台快递业发展实施意见。

山西省邮政管理局

推动山西省政府出台支持快递业发展若干措施。《山西省支持快递业发展的若干措施》于2016年11月2日，由山西省政府正式印发。措施共分8部分23项。为了有效落实相关措施，山西局积极推进快递和电子商务协同发展，联合省商务厅出台了《关于促进快递业与电子商务协同发展的意见》，在创优发展环境、明确发展目标、推进发展任务、强化发展保障等方面做出多项政策安排，为全省快递与电商协同发展提供了支持与保障。推动大同市电子商务与物流快递协同发展试点城市项目落地，与省财政厅、省商务厅联合发布《大同市电子商务与物流快递协同发展方案》，细化了工作目标、进度安排和重点工程，从政策、组织、资金等方面明确了保障措施。重视农村电子商务发展对"快递下乡"工程的拉动作用，推动山西省人民政府印发《关于促进农村电子商务加快发展的实施意见》，对全省农村电子商务发展作出规划，逐步构建现代农村商业流通和服务体系。

基于山西的农业基础和特色，山西局将"互联网+快递"的重心放到快递服务农业方面，在全省市场监管工作会议上，明确提出2016年要重点推进"快递+"服务现代农业项目。一是以特色农产品为抓手和突破口，要求辖区每个市局至少培育一个本地区"快递+"样板项目。如晋中局围绕太谷饼、平遥牛肉、左权莲藕等产品，运城局、临汾局根据区域特点围绕苹果、樱桃、山楂等产品，吕梁局围绕柳林红枣、汾阳核桃等产品，长治局围绕小米等杂粮产品，太原局围绕山西老陈醋等知名产品，以市场为主导发挥快递服务特色农业的作用。二是以商务部电子商务进农村示范县为依托，要求太原、忻州等属地市局依托清徐（太原）、静乐（忻州）、兴县（吕梁）、左权（晋中）、武乡（长治）、陵川（晋城）、侯马（临汾）、垣曲（运城）8个商务部电子商务进农村示范县，大力推进快递和电子商务协同发展。

山西局要求属地市局深入调研当地市场，积极参与涉农电子商务平台建设，构建农产品快递网络，服务产地直销、订单生产等农业生产新模式。目前"快递+农业"项目成果显著。太原局牵头省快递协会、山西圆通、清徐县依诺达德电子商务有限公司三方面共同筹建清徐县快递+电商+特色农产品培训基地、快递+电商+特色农产品形象示范店；运城局积极引导快递企业与农村电商融合发展，全市13个县（市）区实现特色项目全覆盖，通过"快递+"销售苹果占全市苹果产量近10%、樱桃近25%，苹果、樱桃、甜瓜、油桃、柿子、樱桃等特色农产品业务量达220余万件，收入1600余万元，产值近8000余万元；大同局推动的"快递+京杏"销售模式，极大助力了农产品的销售，全市邮政、快递企业累计销售京杏约1.18万余票，3.57万多斤，销售额达到32.13多万元。

山西局联合省发展改革委、交通厅等十一个

部门印发《关于加强物流短板建设促进有效投资和居民消费的实施方案》，提出加强村镇末端配送设施和城市配送设施建设，着力解决邮政业基础设施、末端网络、信息服务等制约行业发展的瓶颈问题。推动山西省人民政府印发《山西省加快发展生活性服务业促进消费结构升级的实施方案》，快递物流园区、“快递下乡”工程等邮政业相关内容获利好政策。加强与省人民政府的有效沟通，将快递物流工程、邮政业城乡基础设施、快递服务网络等多项邮政业相关内容纳入《山西省国民经济和社会发展第十三个五年规划纲要》及《山西省“十三五”服务业发展规划》，为实施快递“向下、向西、向外”工程、支持快递企业加强与农业、供销、商贸企业的合作、鼓励传统邮政业进一步加快转型发展等创造了良好政策环境。截至2016年9月底，全省乡镇网点总数达3124个，1196个乡（镇）已覆盖1112个，乡镇覆盖率达到93%，太原、晋城、运城、阳泉、晋中、长治6市实现辖区乡镇网点全覆盖。全省78所规模以上高校中快递服务已进入校园且规范收投的高校62所，规范收投率达79.5%，其中大同、忻州、吕梁、晋城、晋中、朔州6市实现辖区高校百分百入驻。

山西局对完善服务网络工作进行部署并明确了考核目标，山西局每季度对推进情况进行通报，并将完成情况纳入全年“管理杯”考核范畴。在“快递下乡”方面，山西局要求市局做好“三个加法”，处理好“三个关系”。一是“执行＋推动”，处理好行业发展与服务三农的关系，实现多方共赢。二是“主导＋引导”，处理好政府与市场的关系，助推企业唱响主角。三是“监管＋服务”，处理好宽进和严管的关系，创新作为、放水养鱼。在“快递末端服务平台”方面，山西局以高校快递服务平台建设为突破口，探索最后一公里投递模式。山西局局长秦红保以晋冀蒙（大张乌）长城金三角区域邮政业合作机制为平台，牵头组织河北、内蒙古局领导及省、市局的相关领导赴乌兰察布调研，实地考察乌兰察布市校园快递综合服务中心模式，并以大同大学为试点，研究制定快递综合服务中心落地事宜，明确了“既要借鉴有益经验，又要解决实际问题。探索出一套独具本土特色，又可落地、可复制、可推广的校园快递末端派送新成果”的工作思路。经过多方努力，最终由“三通一达”合资注册并取得经营资质的大同市南郊蜗牛与菜鸟商业有限公司挂牌运营。同时借助大同市被列入全国电子商务与物流快递协同发展试点城市有利契机，“快递超市”这一有效提升快递服务“最后100米”能力的新模式在大同市内各大高校、社区全面推广，开启快递共同配送服务“零公里”模式。

山西局落实寄递渠道安全管理工作机制。牵头召开2016年山西省寄递渠道安全管理领导小组会议，落实邮政业安全生产设备配置规范等强制性标准。山西局先后举办《邮政业安全生产设备配置规范》专题培训及全省邮政行业市场监管综合培训班，对《邮政业安全生产设备配置规范》《快递安全生产操作规范》等强制性标准进行宣贯。各市局严格督导辖区企业，分阶段完成安全生产设备配置，以贯彻实施《邮政业安全生产设备配置规范》《快递安全生产操作规范》两个强制性标准为抓手，强化企业安全生产流程管控。山西局印发《寄递渠道安全隐患大排查大整治活动实施方案》，在全省部署开展寄递渠道安全隐患大排查大整治活动；开展快递市场经营秩序及安全生产交叉检查，抽调市局相关业务科室人员组成四个检查组，深入全省11个市严查企业在市场经营秩序和落实安全生产责任、执行安全防范措施等方面存在的违法违规行为；节日及重大会议、活动期间，省局领导班子带队分赴各地市对行业安全生产工作进行专项检查督导。各市局结合辖区实际，在节日及重大会议期间对邮政、快递分拨中心和营业网点持续开展寄递渠道安全专项执法检查，督导企业严格落实“三个100%”制度，严把邮件、快件“出省关口”，从源头防范禁寄物品流入寄递渠道。

内蒙古自治区邮政管理局

积极与自治区人民政府沟通协作，下发了《内蒙古自治区人民政府关于促进快递业发展的实施意见》文件。2016年各盟市邮政管理局抓住贯彻落实《意见》契机，立足实际、真抓实干。其中巴彦淖尔、乌兰察布、呼和浩特、通辽、鄂尔多斯等市出台了关于促进快递业发展的实施方案，阿拉善、包头、兴安盟将对快递发展的扶持政策纳入盟市或旗县加快推进电子商务发展的实施方案中。呼伦贝尔市局以推动落实邮政“一法一条例”贯彻，保障“互联网+”快递、县级机构等工作。

辽宁省邮政管理局

鼓励、引导和支持快递企业转变发展方式，创新管理模式，加快与物流业、电子商务、制造业融合发展。沈阳、营口等市在推进现代物流配送体系建设，提高邮政快递业服务水平、完善农村邮政物流配套网络等方面做出有益尝试。积极组织电子商务与快递物流协同发展试点城市申报工作，大连市被列为全国电子商务与快递物流协同发展试点城市，国家和地方财政按照1∶1提供资金补贴。联合工信等部门争取产业联动扶持政策，出台快递服务制造业工作方案，促进快递与制造业协同发展。积极推进绿色纯电动车辆在快递行业应用，为快递企业购置新能源汽车争取政策支持。推动大连华晨汽车研发使用快递行业专用车型，大连春丰快递、德隆运通等快递公司购置新能源汽车200台。实施“互联网+”战略和“快递下乡”战略，快递下乡基本实现全覆盖，快递扶持农产品发展取得很大成效，快递服务渗透到千家万户。《关于促进农村电子商务加快发展的实施意见》《辽宁省“互联网+流通”行动计划实施方案》的出台，使辽宁大连的樱桃、鞍山的南国梨、本溪的山货、丹东的草莓、朝阳的大枣和盘锦的河蟹，通过“快递+”从农村走向了城市、从辽宁走向全国。

大幅提高快递服务水平。全省快递服务网点达2500个，各类快递物流园区9个，快递下乡基本实现全覆盖，旺季服务保障能力明显加强。全省投放智能快件箱2000余处，总格口近10万个，覆盖了沈阳、大连等城市重点区域，快递终端服务水平获得提升。全面加快快递物流园区建设步伐。沈阳市加强政策用地沟通协调，引入10家快递企业参与国家物流示范园区建设，形成规模效益；大连市在新机场规划建设约350亩的快递园区，届时将有10家骨干企业进驻，发挥城市口岸优势作用；抚顺、本溪市依托“交邮合作”，在交通物流产业园中建设快递产业园，解决快递企业分拨用地问题，本溪市政府明确了快递企业享受电商企业同样的扶持政策；营口市快递园区已投入运营，日均处理快件4万件；本溪交通快递物流产业园已全面竣工，总建筑面积达12000平方米，快递企业进园区享受政府物业费补助；盘锦市顺丰电商物流园项目已正式签约，总部计划投资2亿元，建设辐射辽西、辽南、辽北等地区的快件分拣处理中心。

支持沈阳、大连等城市快递企业向民航部门争取国际货运航空资源，深化邮政和快递企业与铁路运输合作，快递物流与民航、铁路绿色通道建设。顺丰速运公司桃仙机场航空快件分拨中心正式投入运营，日吞吐快件量达10万票。针对快递车辆通行难问题，沈阳局为快递配送车辆核发291张车辆通行证，并联合市公安局向全市邮政企业、快递企业下发了《关于保障快递企业电动三轮车通行及做好平安志愿者队伍建设的通知》，全市近3000台载有专用标志的电动三轮车不受市内禁行限制，并纳入备案管理。全市寄递企业在电动三轮车技术规范未正式出台前，已备案并在车厢两侧粘贴或悬挂印有“文明出行，平安沈阳”专用标志的快递服务使用的电动三轮车，交警部门给予通行便利。大连市局为快递车辆核发100张高峰通行证和300张快递服务专用标识。

推进了“收寄验视+实名收寄+过机安检”三项制度落实。全省共配置安检机163台，快递企业省际分拨中心安检设备已全部配置到位，基本实现邮件、快件100%过机安检。大连局协调政府投资450万元购买的17台X光机全部配置到位，同时督促大连市各骨干快递企业购置X光机16台，大连市政府2016年继续投资600万元用于快递行业X光机配置工作；营口市政府划拨2台安检机，通过抽检全市出口快件，落实了过机安检。强化了全省邮政行业安全监管。组织开展了邮政行业安全生产大检查、安全生产百日行动、安全生产活动月、安全生产隐患大排查、寄递渠道危险化学品专项整治行动，进一步强化了寄递企业安全生产主体责任、政府部门监管责任。大连局会同市综治办、市公安局，举行寄递物流渠道应急处突演练和消防应急演练；本溪局推动“四色”安全预警管理制度，联合市公安局开展联合执法检查和安全培训；辽阳局实行安全检查项目表格化管理。

吉林省邮政管理局

引导快递企业加强与农产品电商及原产地的合作，积极培育“快递＋”特色农产品样板项目，长春鹿制品、吉林市大米木耳、四平红果节、延边泡菜、通化蓝莓季、白山人参、松原、白城的冬捕鱼等。松原查干湖冬捕项目成为首批“全国快递服务现代农业示范基地”。2016年，查干湖渔场共捕捞鱼产品1200吨。直接支撑当地产值2759.5万元。各快递企业共寄递鱼品829吨，销售263吨，销售额达850万元，产生运费393万元。全面推进网点标准化建设。2016年，吉林省许可企业401家，分支机构1382家，其中229家许可企业通过省快递协会达标验收，标准化率61.12%。城区网点中标准化网点数量906个，标准化率达到73.66%。吉林局委托省快递行业协会组织开展全省快递服务标准化建设验收工作，2016年验收168家许可企业，其中121家达标，合格率72%。

推进“互联网＋”快递。“快递＋电子商务”方面：丰泰电商产业园区落户长春，总投资10亿元，提供包括商务办公、产品展示、仓储物流、人才培训、技术交流、创业融资、生活配套等集成性服务的电商产业园区。园区内拟建面积约20万平方米的仓储配送中心，建成运行后长春将作为顺丰的东北枢纽；吉林市作为第二批“电子商务与物流快递协同发展”试点城市，完成10余家标准店面建设，建成校园综合服务站1个，投放智能快递箱20组；在延边州开启“延吉共创”快递、电商一体化发展模式，目前由快递企业主创的规模化电商产业园区两个，分别是延吉市芝麻开门国家级高新区电子商务示范基地和长白工坊中国特色长白山馆；助力圆通在江源区建立电商培训学校，成为吉林圆通“快递＋电商”孵化基地。“快递＋制造业”方面：长春、通化、辽源、延边、白山、吉林相继推动快递服务制造业示范项目，在汽车、医药、袜业、食品加工、生物工程等领域，快递服务制造业累计业务量达到915万件，业务收入1.4亿元，直接服务的制造业累计产值54亿元。通化局在“通化人参文化节”期间，通过快递服务制造业实现收入逾2000万元，助推人参总体销售额突破亿元大关。

继续推进“快递下乡”工程。落实《吉林省人民政府办公厅关于支持“快递下乡”的意见》《国家邮政局和吉林省人民政府关于加快推进吉林省“快递下乡”合作协议》加强农村物流配送体系建设。快递服务覆盖637个乡镇，覆盖比率达到100%，乡镇快递网点达到1740个，快递网点乡镇覆盖比率达到97.65%：“快邮合作”深入推进，延边组织邮政企业及快递企业负责人到江西进行快邮合作工作考察学习，白城、白山等达成合作协议；“快递超市”运营初见成效，白城、白山、吉林等积极推进“快递超市”运营模式，运营效果良好；“村巴快递项目”顺利推进，长春推动吉林省壹品速递有限公司采用与客运班车合作方式开展农村快递配送，目前主要配送顺丰在农安县的超范围寄递快件；通化县县域快递物流体系初步建成，通化局积极推动通化县政府在物流分拨中心建设、物流车辆、物流配送等方面提供专项补贴，现已促成天天、韵达、圆通3家快递公司与邮政公司合作。

推动长春快递产业园区项目。长春快递产业

园区取得实质性进展，中通、申通在园区内分拣中心已经投入使用，圆通主体建筑完成，2017 年“双 11”前投入使用。长春顺丰电商产业园占地 20 万平方米，整体规划预计投资 10 亿元，计划在 2018 年进行项目验收。

引导企业拓展跨境寄递渠道。结合吉林省区位优势，在对朝、对俄寄递渠道拓展方面取得重大突破，跨境网购寄递服务等新兴业务有效开展。顺丰直飞爱沙尼亚塔林货运航班正式开通。开通珲春至俄罗斯符拉迪沃斯托克、朝鲜罗先的邮路。推动延边申通快递有限公司、延边法拉盛国际货运代理有限公司、延边集翔国际货运代理有限公司 3 家企业入驻延吉空港快件监管中心，提升企业跨境业务能力。

深入开展“三进”工程。吉林省共有普通高等学校 58 所，实现规范收投的高校 51 所，规范投递率达到 87.93%。吉林市局协助第三方公司宅窝窝与菜鸟驿站进驻吉林市北华大学、东北电力学院等多所高校。

支持和引导邮政企业创新发展。吉林局结合实际研究制定了《吉林省邮政管理局关于促进邮政服务创新发展的实施意见》。结合精准扶贫工作探索邮政服务农村电商模式。吉林、通化、四平、白城、白山等地将村邮站与村级“一站式”政务大厅、便民服务站、“村淘”电商服务站等对接建设，叠加金融、物流、网购、便民等服务业务，推动了农村邮政网络资源的综合利用和城乡邮政服务一体化发展。通化局积极引导邮政与快递企业合作，推动业务创新，梅河口市和通化县邮政代收代投农村地区快件量达千余件。

与吉林省交通运输厅联合印发《关于交通运输与邮政业融合发展的指导意见》，鼓励快递企业与交通运输企业在县乡两级开展合作。支持顺丰和壹品快递合作，依托壹品网农村电子商务平台，积极推动“村巴快递项目”，采用客运与自营相结合进行物流配送，在农安县建立村店货栈作为物流节点，有效节约成本，提升运营效率，解决乡镇、村屯配送难题。

强化寄递安全“三项制度”落实。召开全省寄递渠道安全管理联席会议 2016 年第一次会议，与省公安厅开展联合检查。举办全省寄递渠道反恐工作培训班。申请专项资金对寄递企业分拨中心购置安检设备予以补贴。目前，全省市（州）级寄递企业共新增 X 光机 58 台，全省寄递企业安检机数量达到 93 台，省、市两级主要品牌寄递企业分拨中心均已完成安检机配置工作，邮件、快件 100% 过机安检目标要求初步实现。

强化安全生产主体责任落实。督促企业加强安全体系建设，做到安全投入到位、安全培训到位、基础管理到位、应急保障到位。推进寄递企业建立健全安全管理机构，EMS、顺丰、中通、韵达、圆通等重点企业都成立安全委员会，由企业主要负责人担任委员会主任，切实加强安全管理。强化基础管理，督促企业加强人员培训，建立培训考评机制，并配合相关部门完善内控机制建设，加强消防、交通、内保等方面的隐患治理，加强人防、物防、技防建设。各市、州局与企业层层签订了安全生产责任书，建立安全联络员，及时掌握汇总企业安全信息。强化收寄、分拣、运输、投递等各环节安全管理制度。吉林市局还推动建立了红、蓝、黄、绿、紫“五色”安全生产管理台账制度，进一步完善企业安全生产长效机制。

做好重大活动特殊时期寄递服务安全保障工作。“春节”、“两会”和 G20 峰会期间，全面部署做好寄递服务安全保障工作。举办全省邮政市场监管综合培训班和 G20 峰会期间寄递渠道安全保障工作培训班，对提高行业安全监管能力和提升行业安全生产水平进行有针对性的培训，有效保障寄递渠道安全畅通。被国家局授予“G20 峰会寄递安全服务保障先进集体”，马良被授予“G20 峰会寄递安全服务保障贡献突出个人”。

加强应急管理工作。举办全省邮政业消防应急演练，邀请松原市消支队专家进行了现场指导，对突发事件应急逃生、应急处置措施、消防设备使用等进行详细讲解。严格执行《邮政业安全信息报告和处理规定》，实行24小时值班制度，行业安全的预警、监测和管控能力不断加强。妥善应对7月连续强降雨、9月台风狮子山及入冬后多次寒潮所带来的不利影响，在保证服务质量的同时，确保人身、车辆、邮（快）件安全，实现全省寄递渠道安全全年零重大事故工作目标。

提升行业监管能力，结合行业特点和工作实际，从实战角度出发，举办了寄递渠道反恐工作培训班。通过通报国际、国内反恐形势，分析寄递渠道反恐工作经典案例，并聘请专家学者对《反恐法》进行解读，为下一步加强行业安全监管，坚持依法行政打下坚实基础。延边州电视台对此次培训进行了跟踪报道。

深入推进简政放权，严格把控审批时限，重点关注跨省申请，发放快递业务经营许可证109个，核准许可证变更申请74项，许可审批按时完成率达到100%，平均办结时间10.4个工作日。严格实行分支机构实地核查制度，落实安全生产强制性标准，依法审批分支机构436个。完善退出机制，依法履行注销程序，全年共注销许可证12件。换发有效期届满的快递业务经营许可证47个。按时完成282家许可快递企业的年度报告审核工作，并将年度报告工作情况向全社会公布。

不断强化服务质量保障。2016年，吉林省邮政业消费者申诉受理中心通过“12305”申诉电话和国家邮政局网站，共受理消费者申诉11227件，为消费者挽回经济损失45.3万元。消费者对申诉处理满意度为98.8%，申诉工作综合考评位居全国第三名。推进信用体系建设。制定印发《吉林省快递业信用体系建设实施方案（试行）》，召开全省快递业信用体系建设动员部署会议。按照“一企一档”“一人一档”原则，做好信用档案建立工作，完善信用信息采集工作机制，做好信用评定和评定结果的利用，全面推进行业诚信文化建设。目前，已为1818个市场主体、13419名从业人员建立了信用档案。积极配合省工商局建立“市场主体名录库”，完成1314家行政许可信息和101起行政处罚案件的公示。

印发《吉林省规范快递末端服务网点备案工作的指导意见》，目前，全省接收末端网点登记备案材料1842份。以分区互查的方式，对各市、州局快递末端网点备案登记工作开展情况进行督导检查。检查小组通过听取汇报、查阅资料、与当地主要快递企业负责人座谈、实地检查等方式，对全省9个地市、51个乡镇、151个网点进行检查。检查中发现的问题已经移交当地局处理，目前，已确认处罚45家，撤销5家末端网点。

改进快递车辆管理从加强行业交通安全管理的角度，制定《吉林省邮政行业交通安全管理工作方案》，积极与软环境办和交警部门沟通，希望通过成立领导小组，规范车辆管理、建立学习制度、落实企业主体责任和驾驶员直接责任、加强路面执法与源头管理联动、营造整体宣传氛围等措施，推进交通安全管理的规范化、系统化，提升行业交通参与者的安全意识，消除道路交通安全隐患风险，创造更加安全、有序、畅通的道路交通环境，从而解决车辆通行问题。

推进快递人才培训基地建立。搭建校企合作平台，推动省内多家规模以上快递企业先后与长春市职业技术学院、吉林工业经济学校、长春建设技工学校建立了正常的沟通渠道，在学生实习和就业方面已开展了密切合作。推动吉林交通职业技术学院、吉林铁道职业技术学院、白城技师学院等邮政业人才基地建设的向前迈进。不断扩大合作规模，创新合作方式方法。发挥政府服务引导作用，畅通快递企业和职业院校的合作渠道，实现院校与企业的资源共享和互利双赢。开展农村劳动者岗前培训。与省农委共同举办“‘冬春大培训’——全省农村劳动者快递行业岗前培训”。培训共分八期，共计培训来自全省有意向从事快递行业的农村劳动者707人。培训班对参培人员进行了登记备案，并将备案名录提供给品牌快递企业，备案的参训人员将得到企业的优先录用资格。

黑龙江省邮政管理局

先后4次向省政府相关部门提交黑龙江省快递业发展报告，并与省商务厅协调沟通，经过多轮征求意见，黑龙江省《促进快递业发展实施意见》于2016年7月初出台。为切实做好《黑龙江省人民政府关于促进快递业发展的实施意见》宣贯落实工作，黑龙江局赴省政府发展研究室，对下一步细化实施意见进行会议研讨，经研讨初步形成了包括在哈尔滨市建设一级快递园区、支持快递企业包机、包仓运递快件等28项具体的细化政策。

哈尔滨局经过与相关部门沟通协调，起草《哈尔滨市人民政府出台《关于促进快递业发展的实施意见(征求意见稿)》，融入并突出了"快递+农村电商"、快递业服务汽车制造业、冷链快递运输、对俄跨境电商包裹等具有哈尔滨特色的重点发展方向及政策支持，将促进五常大米快递电商园区、邮政和顺丰发展医药冷链配送、顺丰与哈飞汽车零件制造合作、中国北方跨境电商物流中心等一批在全省具有示范性项目的落地和快速发展。2016年底，形成哈尔滨市政府《关于促进快递业发展的实施意见(送审稿)》。大庆局多举措贯彻落实文件精神：一是全市邮政业"十三五"规划分别纳入到市政府及交通部门"十三五"规划当中；二是结合大庆市快递行业三轮车辆通行实际情况，研究制定了《大庆市快递行业电动三轮车通行管理办法》，市综治办、公安局、交通局均已同意联合发文，进入文件会签阶段；出台了《关于支持大庆市邮政业服务地方经济发展的实施意见》；与市商务局联合制定出台《快递与电子商务协调发展的意见》，文件已起草，联合发文提交市法制办审议。双鸭山局草拟本地区的《关于加快推进我市快递行业健康发展的实施办法》，现已提交市政府，等待政府常务会议研究后以市政府名义发布。

绥化局积极推进快递下乡。截至目前，全市共有八大品牌企业推进了快递下乡，设有网点1275个。推进"互联网+"快递。引导快递企业与电子商务企业深度合作，促进线上线下互动创新。搭建快递与电商合作平台。鼓励快递与电子商务合作成立电子商务快递转运中心。比如，通过推进，安达市电子商务中心与中通、圆通、申通、韵达4家品牌快递企业合作，建成了占地面积2000平方米，日处理能力2万件快件转运中心，为用户提供中转、仓储一体化服务，实现了快件即收即转，提高了转运效率，带动了周边电商群体的快速发展，为安达市乳制品等绿色畜产品网上销售赢得了空间和时间优势。鼓励快递自营电商业务。引导快递企业建立自营电商平台，利用自身优势，发展电商业务，积极推动绿色农特产品走向全国。比如，庆安通达快递服务有限公司发起成立了黑龙江省"农淘惠"电子商务有限公司，启动了"农淘惠快递电商平台"，致力于为生产企业、经销企业提供一个高效的营销平台。目前，该电商平台已与上百家生产企业签订合作协议，在自有"农淘惠"电商平台销售优质杂粮、马铃薯粉条、山特产品等绿色农产品，同时利用自家快递网络进行寄递，实行无缝对接，实现了"互联网+快递+绿色农业"的有机融合。促进快递与生产基地合作。梳理本地快递服务现代农业特点，明确发展方向、思路、目标和任务，提出"围绕基地建点，服务直接上门"，逐步推动快递服务向庆安大米、安达和望奎畜产品、绥棱林产品、海伦和明水杂粮、青冈特色食品等优势绿色农产品产业带聚集。2016年，庆安大米项目已经申报全国快递服务现代农业"一市一品"项目示范基地。做好"十三五"规划衔接工作。上报并宣传绥化市邮政业"十三五"规划，得到了绥化市发展和改革委员会正式批复，正式纳入《绥化市国民经济和社会发展第十三个五年规划纲要》，确保其指导思想和发展目标符合行业发展需要，主要任务和重大工程与全市目标任务相衔接、相吻合，与绥化经济社会发展总体要求相一致。完善安全监管工作机制。将寄递渠道安全管理工作纳入全市社会治安防控体系。制定《绥化市邮政管理局安全生产监督管理工作规范》。与辖区内20家快递企业负责人签订了

2016年度责任书，将消防、扫黄打非、旺季保障、收寄验视、信息安全等内容纳入其中。

上海市邮政管理局

加强统筹积极谋划。在行业内外开展国务院“61号文”件精神宣贯的同时，按照市政府办公厅有关要求，于2016年初成立编制小组负责《关于促进上海市快递业发展的实施意见》具体编制工作。深入开展内容研讨。通过走访、座谈、调研、专题研讨等形式，多方听取本市相关政府部门、重点快递企业、业内专家及科研单位的意见和建议，于2016年6月份形成征求意见稿。广泛开展意见征求。2016年7月，向上海市16个区和30个政府部门书面征求意见。根据各单位反馈意见，于2016年10月形成建议印发稿，提请市交通委报市政府发文。2016年12月底，上海市副市长陈寅组织召开专题会议，听取工作汇报。会后，上海局又对文本做进一步修改完善，提交市政府常务会审议。

《意见》提出到2020年，上海市快递业务量达到50亿件，业务收入1100亿元，基本建成与上海城市地位相适应的技术先进、服务优质、安全高效、绿色节能、普惠城郊、城乡一体的现代快递服务体系，形成规模化、集约化、规范化、融合化、国际化和低碳化发展的快递服务网络，培育一批具有较强国际竞争力的快递总部企业，打造具有全球影响力、全国领先的上海快递业。

培育壮大快递企业。打造本市快递业“航母”基地，形成一批品牌化、规模化、网络化、信息化发展的大型快递企业集团；支持企业“走出去”开展跨境快递业务，实现跨越式发展。推进“互联网+”快递发展。加强智能终端、物联网、绿色包装、自动分拣、云计算、大数据等先进技术研发与应用，支持骨干企业建设工程技术研究中心。打造“互联网+”快递发展新模式，促进行业提质增效和转型升级，形成发展新优势。完善快递服务网络。建设浦东祝桥国际现代快递物流园区，服务先进制造业和跨境电子商务，打造国际航空快递枢纽。巩固青浦全国快递行业转型发展示范区引领作用。推动快递配送末端服务模式创新，在社区、高校、园区、商务楼宇等开展综合服务试点。加速进出境快件通关“绿色通道”建设，实现便捷通关。衔接综合交通体系。发挥本市综合交通运输体系和大交通平台资源优势，支持在机场、铁路站、综合客货运枢纽等交通枢纽等同步建设快递仓储、配送设施，为快件运输“上车、上船、上飞机”提供便利条件。推进公路客运班车代运快件试点和快件甩挂运输，推广快递作业新能源车辆应用。推动产业协同发展。支持快递企业与电商企业加强协作、协同发展，为跨境电商提供采购、运输、仓储和寄递等综合服务。鼓励快递服务深度融入制造业产业链，支持快递企业参建城市共同配送体系。开放普惠邮政设施资源，将快递服务纳入基本公共服务目录。加强快递安全监管。完善本市安全监管体系和管理体制，实施本市寄递渠道安全监管“绿盾”工程，建设邮政业安全监管与应急指挥综合信息平台，推进行业从业人员实名注册登记管理，全面推进落实收寄验视、实名收寄和快件过机安检等三项制度。

深入推进简政放权，简化许可程序和备案手续；加强规划建设衔接，快递基础设施纳入城市相关配套设施建设工程，完善快递基础网络和末端配送体系；加强财税金融支持，落实税收优惠政策，减轻企业负担；提供便利通行条件，研究制定投递车辆临时停靠和揽投电动专用自行车等政策，解决快递车辆通行难题；加大人才队伍建设，落实本市就业创业和人才引进相关政策，提升人才素质。

江苏省邮政管理局

培育壮大快递企业。鼓励各类资本依法进入快递企业，支持快递企业兼并重组，上市融资。目前江苏省苏州“门对门”公司已经成功上市，晟邦快递公司也正在开展融资工作。江苏局积极支持和鼓励苏宁云商“走出去”，目前苏宁已取得国际快递业务许可证。加强对快递服务服务质量监测。制定《江苏省快递服务警示制度》,从寄递时限、服务满意度、消费者申诉率、违法违规情况、安全生产情况等方面对快递企业的服务水平进行分析评估。每年将对服务水平靠后的快递企业进行红色、橙色、黄色三级警示,并将服务警示与"放心消费"评先、车辆统一标识管理、日常监管等管理措施相结合。推进绿色快递工程。大力推广新能源汽车,正会同相关部门制定发布江苏省快递行业新能源汽车推荐目录。进一步规范快递机动车辆统一标识管理工作,快递机动车辆统一标识证原则上只向放心消费参创企业发放,并为新能源车办证提供便利政策。宿迁、常州、无锡、东台等局因地制宜推进快递专用电动三轮车合法上路,大部分地市基本保障通行。

推进"互联网+"快递。引导快递企业与电子商务企业深度合作。与江苏省商务厅联合下发《关于推进"快递下乡"工程促进农村电子商务发展的意见》,要求在电子商务发展较快的县(市)建设具备仓配一体化、冷链配送等功能的电商快递产业园县级示范点,并逐步在全省各县(市)均推动建设具有地方特色的电商快递产业园区。支持在电子商务产业园中引入快递企业并与电商企业享有同等优惠政策,鼓励电子商务产业园配套建设快递服务功能区。鼓励示范县开展政策先行先试,出台土地出让、税费减免、业务发展优惠措施,在营造发展环境、加强规制建设、完善服务体系等方面发挥示范引领作用。推动快递与现代农业、农村电子商务的协同发展。联合江苏省农业委员会出台《关于推进快递服务"三农"工作的意见》,推进农村快递基础设施建设,推进快递服务点与益农信息社共建。努力增加快递服务供给,积极利用平台优势,不断提升快递服务在农村地区的有效覆盖。加大快递服务制造业力度。明确常州、连云港、盐城等地作为全省快递服务制造业试点城市,要求所在市局在原有快递服务制造业工作基础上,集中培育出一批具备全行业服务特征的示范典型项目,推动快递服务于制造业的规模化发展,鼓励企业积极开发增值服务,提供一体化供应链解决方案。截至目前,全省共有快递服务制造业项目105个,2016年快递服务制造业项目形成的业务量达8000余万件,累计业务收入近13亿元,直接服务支撑制造业累计产值近340亿元。

构建完善服务网络。以农产品流通为主要内容,全面实施"快递下乡"。在2015年率先实现"乡乡有网点"的基础上,积极推动"村村通快递"。与省商务厅联合出台文件,将"快递服务与电子商务协同发展"纳入江苏省电子商务发展政策支持范围。同时,细化责任落实,要求每个市局至少推动培育1个本地区"快递+"特色农产品样板项目,通过整合资源、优化布局,利用商务、农委、村邮站等各种资源和平台,不断丰富拓展农村地区快递服务平台,着力提高"快递下乡"质量。截至目前,全省36个"快递+"特色农产品项目累计产生业务量达到4500余万件,累计业务收入近4.34亿元,直接服务支撑的农业产值近56.19亿元。快递服务现代农业示范基地阳澄湖大闸蟹项目被评为首批全国快递服务现代农业示范基地。引导快递企业开展跨境寄递业务,加快快递"走出去"步伐。指导市局与海关、商务、商检、口岸办等部门加强联系,协调企业提升跨境业务承接能力。苏州、无锡、常州、南京、扬州、南通等局积极开展相关试点工作,跨境寄递业务稳步增长。镇江局参与推进市跨境电商产业园的申报和建设工作。以园区建设为重要载体,不断发挥集聚发展优势。无锡苏南快递产业园发展迅速,今年已开通个人物品类国际快件通关业务,苏南顺丰电商产业园、菜鸟网络(无锡空港)、中国邮政长三角邮件集散中心、友和道通航空物流仓储用房及配套用房建设四大项目先后入驻,并被列为市级重点项目。盐城电商快递产业园已发展成为快递与电商协同、产学研同步、仓配一体化、功能较完备的省级示范电商产业园。淮安苏北快递产业园推进顺利,新沂、沭阳等地县级快递产业园运营顺利。

衔接综合交通体系。进一步强化快递与交通

协同发展。与省交通运输部门在公路客运班车、镇村公交代运快件等方面开展试点，适时出台相关指导性文件。加快航空“绿色通道”建设，在南京、无锡等重点地区积极协调民航部门解决航空快件优先配舱、优先安检、加速通关的问题，鼓励快递企业利用现有平台与邮政企业开展合作。持续推动快递上列车、上高铁工作，引导快递企业有效利用铁路运力资源。推进“定时、定点、定线的农村物流快递货运班线模式”。与江苏省商务厅联合下发《关于推进“快递下乡”工程　促进农村电子商务发展的意见》中规定：在有条件的地区，加快推广定时、定点、定线的农村物流快递“货运班线”模式，开展县至乡镇、沿途行政村的双向快递运输配送服务，提高农村快递运输的时效性和便捷性。鼓励县乡客运班车、镇村公交代运邮件和快件，健全小件快运服务体系，降低快递运输成本。引导运输企业与农村商贸流通企业、供销合作社、邮政快递企业共同制定运输、配送计划，积极发展以城带乡、城乡一体的农村物流快递共同配送模式。

加强行业安全监管。联合综治办开展全省“平安寄递”创建活动，将寄递渠道安全管理工作纳入地方平安建设体系。联合综治办、公安部门，在全省范围内组织开展为期半年的寄递行业排查整治“清源”行动，摸排行业经营实体基本情况，理顺企业经营主体关系，落实企业主体责任，规范经营行为。全力保障“两会”、汤尤杯、“G20”期间寄递渠道安全。对全省寄递企业购置X光安检机按照购置费用的50%实行一次性以奖代补，由省市两级财政划拨专项资金约6000万元。目前，省级财政资金已下拨。为确保政策实施效果，与财政部门多次沟通，审核下达安检机购置计划，制定印发安检机购置奖补实施方案，明确安检机购置标准和相关工作要求。苏快递行业安全监管与服务云平台项目获省发改委批准，省级财政拨付2000万元用于项目建设。各市局联合公安部门，开发推广寄递业管理信息系统及手机客户端，用科技手段保障收寄验视及实名收寄制度落实。

深入推进简政放权。提高许可审批效率，按照《邮政法》《快递业务经营许可管理办法》等法律法规，进一步提高许可审批的规范化水平，严把资料审核关口，严控许可审批时限。截至2016年底，全省依法取得快递业务经营许可企业1223家。全年快递业务经营许可审批平均办理时限为16.2个工作日，比承诺办理时限缩短8.8个工作日。许可证变更按时完成率达96.86%。优化许可审批程序。规范许可审批程序，细化形式审查及实地核查的程序任务，全面加强对许可工作的监督管理，保证权力公开透明运行。健全市场退出机制，对存在快递业务经营许可有效期届满未延续、快递业务经营许可证有效期内停止经营等情形的企业依法启动注销程序，累计注销快递业务经营许可证65份。强化许可制度建设。印发《江苏省快递业务经营许可工作细则》，进一步完善快递业务经营许可制度建设。明确了省、市邮政管理局职责分工，规范了初审、受理、核查、审批等许可工作流程，细化了形式审查及实地核查的程序任务，建立执行双人审查、时限通报、重大疑难问题集体讨论、纪检监察全过程监督等一系列措施，全面加强对许可工作的监督管理，保证权力公开透明运行。

优化快递市场环境。部署开展全省快递市场清理整顿专项行动，重点查处未经许可经营快递业务、未按规定办理变更手续、设立分支机构未备案等9类违法违规行为。2016年，全省邮政管理部门共作出行政处罚决定183次，其中责令停产停业7次，罚款金额169.9万元。积极推进行政执法系统的应用，定期通报行政执法情况。建立健全用户申诉与执法联动机制。积极探索服务质量提升新手段，建立《快递服务质量提升联席会议制度》《快递服务警示制度》，出台《申诉处理质量考核办法》。全年“12305”共处理消费者申诉13.5万件，其中有效申诉近3万件，同比降低4.8%。经调解，已全部妥善处理，为消费者挽回直接经济损失近468万元。组织开展快递行业“放心消费”创建活动。制定《江苏省快递行业放心消费创建先进、示范单位认定管理办法(试行)》,明确增设市级先进、示范单位,延长省级先进、示范单位培育期,对先进、示范企业实施定期复核,建立动态管理机制。对30家省级快递行业放心消费创建活动示范单位和先进单位进行表彰,当前共有省级放心消费创建示范、先进单位103家。参加省级“3·15”消费者权益保护特别节目和互联网消费投诉咨询服务日活动,并受到省工商局发函致谢。

优化行业发展环境。健全行业政策法规体系,联合省发展改革委共同发布了《江苏省邮政业发展“十三五”规划》,邮政业发展被纳入江苏省第十三个五年规划纲要。全省13个市级《规划》全部通过评审并正式发布。推动《江苏省邮政条例》修正案列入2017年立法计划。《南京市邮政条例》正式施行,《盐城市快递市场管理办法》《镇江市快递管理办法》《常州市寄递行业安全管理办法》列入立法计划,《徐州市邮政条例》列入立法调研计划。盐城智能信包箱地方标准已获准立项,完成初稿起草工作。组织开展全省邮政行业发展重大课题的研究。积极争取地方政府支持,地方政府越来越重视邮政业发展,省、市政府领导专程视察邮政管理工作并给予大力支持。省政府出台了《关于大力发展电子商务加快培育经济新动力的实施意见》,提出要在推动快递配送终端建设等多个方面深化快递与电子商务协同发展。连云港市政府出台了《关于促进快递业健康发展的实施意见》,常州市出台了《常州市电商快递协同发展示范企业创建工作的意见》市级层面行业发环境日渐优化。地方财政支持力度加大,省财政先后拨付6000万元用于推进寄递企业购置X光机、2000万元用于市场监管科技项目建设、拨付近2000万元用于村邮站建设。徐州、扬州、常州、连云港、南通、新沂、高邮等地政府投入奖补资金共超千万元。泰州市设立1亿元专项扶持资金推进苏中快递产业园建设。研究制定了全省邮政管理“三张清单”和邮政管理办事指南。积极做好省政务平台上线工作,12305对接且并入12345平台。出台《江苏省邮政市场行政执法案由规定(试行)》,规范案由使用,强化完善案卷评查制度。严格按照要求开展行政复议及应诉工作。加强体系建设和队伍建设。在全国率先成立了江苏省快递发展专家委员会。省邮政业安全中心由自收自支调整为全额拨款的公益一类事业单位,无锡、苏州邮政业安全中心获批成立;南京江宁等8个县级邮政管理局挂牌成立,县级机构在全国率先实现地区全覆盖。配合国家邮政局、南京邮电大学成立现代邮政学院和邮政研究院。积极开展快递从业人员培训鉴定服务工作。

浙江省邮政管理局

在提请省政府审核的扶持快递业健康发展实施意见的基础上,结合国务院文件精神进一步修订完善,出台符合浙江实际的实施意见。3月25日,浙江省人民政府正式出台《关于促进快递业发展的实施意见》,提出到2020年,全面建成普惠城乡、技术先进、服务优质、安全高效、绿色节能的快递服务体系,保持全省快递业发展位居全国第一方阵。实施意见明确了五方面的保障措施:一是加强协调推进机制。要求各级政府及有关部门重视支持快递业发展,建立相关工作机制。省级层面建立省促进快递业发展联席会议制度,及时协调解决快递业发展中的各类问题。二是加大政策支持力度。将快递业发展纳入国民经济和社会发展规划,明确省本级财政预算内投资通过投资补贴和贴息等方式,支持公益类、基础类快递设施建设。对符合条件的快递企业和项目纳入各级财政专项资金的支持范围。各地在土地利用总体规划和年度用地计划中统筹安排支持快递专业类物流园区,支持规模以上快递企业在规划园区内设置大型快递分拨中心。对跨省设立营业机构的本省快递企业总部、新引进的省外快递企业总部在3年内按规定减免地方水利建设基金。快递企业用电、用气等价格按照不高于一般工业标准执行，等等。三是方便快递车辆通行。交通运输主管部门、公安机关交通管理部门会同邮政管理部门制定出台便利快递服务车辆通行的管理办法，会同有关部门根据城市道路交通的实际情况，研究制定相应的管理措施，优先给予快递服务车辆通行和停车便利。对快递企业使用新能源交通工具，按照相关规定给予补贴。四是推进人才队伍建设。落实就业创业和人才引进政策，支持快递企业人才职业培训和职业技能鉴定，对符合条件的有关部门可按规定给予补贴。五是规范快递行业秩序，建立违法失信主体黑名单及联合惩戒制度。加强事中事后监管，营造统一、开放、竞争、有序的市场环境。各市局和义乌局也都结合当地实际，力争有重点、有特色地创造各方面良好的发展环境。湖州局在与市运管联合评定 2014 － 2015 年度重点扶持快递企业的基础上，积极与市物流办沟通协调，修订大物流资金补助条款，提高对快递企业运营管理和基础设施投资等方面的资金补助标准，同时搭建政银企三方合作平台提高快递企业融资服务能力。衢州市人民政府提出，推动快递物流仓储等电子商务配送体系建设，对建成启用 5000 平方米以上并为本地电子商务配套服务的智能化快递物流仓储中心，给予 20% 的一次性补助。绍兴市俞志宏市长批示："快递行业电瓶三轮车市区通行问题要专题研究，既要维护好城市形象、提升城市品位，也要研究如何解决快递派送问题。请文孝副市长牵头作一研究。"

以贯彻落实意见为契机，依托浙江快递业现有基础，加快转型升级，壮大产业规模，提升服务水平，增加综合效益，提出"四个率先"发展思路，促进浙江率先从快递大省向快递强省迈进。

一是率先引领转型发展新常态。以推进"互联网 + "为切入点，支持快递企业充分利用移动互联、物联网、大数据、云计算等信息技术，优化服务网络布局，提升运营管理效率，拓展产业协同空间，不断创新商业模式、服务形式和管理方式。总结推广杭州快递与电子商务协同发展经验，促进线上线下互动创新。积极参与涉农电子商务平台建设，构建农产品快递网络。认真落实省邮政管理局与省经信委联合下发的《关于推进快递服务制造业工作的实施意见》，跟踪已有初步协同发展的项目扎实推进。以优化发展环境为着力点。积极有为，主动对接地方政府及相关部门，争取政策支持，着力创建快递示范城市。以培育做大做强为落脚点。鼓励各类资本依法进入快递领域，支持快递企业兼并重组，整合中小企业，优化资源配置，实现优势互补，培育壮大快递企业。

二是率先建立快递服务新体系。坚持共享快递发展成果理念，鼓励快递企业"下乡""出海"，提高快递服务通达性、便捷性、可靠性、安全性，不断扩大服务范围"辐射区"，增加服务群体"朋友圈"，改善服务体验"舒适度"。实施"快递向下"工程，加快基础设施、信息网络、末端网点的健全完善，切实提升农村地区快递网络覆盖，打通"工业品下乡"和"农产品进城"双向通道。实施"快递向外"工程。鼓励快递企业发展跨境电商快递业务，加大对快递企业走出去的服务力度。实施"网络净化"工程，全面取缔无证经营的快递企业，完成超范围超地域经营行为整治任务。规范快递末端投递服务，做好末端网点登进和数据定期更新。实施"消费维权"工程。认真做好快递用户消费维权，畅通用户申诉渠道，依法公正处理申诉件。及时运用约谈、警示、责令改正等手段，督促快递企业改进服务质量。建立健全用户申诉与执法联动机制，依法查处严重侵犯消费者合法权益违法违规行为。

三是率先开创依法行政新局面。树立法治思维，严格依法行政，规范市场执法行为，以执法促进快递行业优胜劣汰，真正营造公平竞争的市场环境。继续推进简政放权。深化快递许可制度改革，探索对快递企业实行同一工商登记机关管辖范围内"一照多址"模式。实行"绿色通道"制度，简化快递业务经营许可程序，实行全程网上审批，对审批环节超期限的市局及时公布并予以纠正。改革快递企业年度报告制度。强化事中事后监管，创新日常检查方式，鼓励市局实施分类管理，集中力量抓重点。坚持公正文明执法，严格执法程序，坚持合理行政，规范自由裁量权。及时公开执法信息，自觉接受各方面监督。加强执法人员培训，组织开展典型案例交流和案件研讨分析，提高办案水平。

四是率先构筑安全管理新机制。以推进快递企业安全生产标准化建设为抓手，全面实施寄递渠道安全监管"绿盾"工程，夯实快递业安全基础。落实快递企业安全责任，完善从业人员安全教育培训制度，筑牢寄递渠道安全基础。建立事故隐患排查治理制度，及时消除事故隐患。引导快递企业加大安全投入，强化安全检查措施，严格执行收寄验视制度。在当地综治部门的牵头协调下，扎实推进收寄实名制和邮件、快件过X光机安检制度，从源头上防止和减少事故的发生。落实监管责任，省市和部分县邮政管理部门要牢固树立安全发展理念，认真履行安全监管职能。主要领导要亲自抓，定期听取工作汇报、分析研判形势、及时协调问题。要加强对快递企业安全生产工作的监督检查，对重大事故实施挂牌督办，督促事故隐患整改，加大对违法行为处罚力度，严肃责任追究。要指导企业建立重大事故应急预案并组织演练。要发挥好省安全中心参谋作用。实行部门联动。认真落实省综治办等10部门《关于加强邮件快件寄递安全管理工作的实施意见》，发挥好寄递业安全管理领导小组的作用，实行分工负责制，齐抓共管，共同推进寄递安全管理。

安徽省邮政管理局

2016年2月初，《安徽省人民政府办公厅关于促进快递业发展的实施意见》出台，提出了全省快递业发展的总体要求、发展目标及重点任务，明确落实措施。9月，安徽省委、省政府出台《关于推进"电商安徽"建设的指导意见》提出加快分拨中心、配送中心和末端网点建设，推动电子商务与物流快递协同发展；鼓励邮政企业等各类市场主体建设改造农村物流公共服务中心和村级网点。

2016年，全省16个市中，已有合肥、淮南、亳州、滁州、淮北、黄山、池州、阜阳、蚌埠、宿州、六安等11个市政府出台了促进快递业发展的实施意见，明确政策保障和资金支持措施。合肥市政府明确2017年至2019年，对快递企业区域性总部建设、智能快件箱建设、分拨中心建设等方面每年给予1000万元扶持资金。蚌埠市政府配套电商与物流快递协同发展试点3000万元，重点用于支持电商快递公共信息服务系统建设、快递产业园建设、快递分拨中心升级改造、末端服务体系建设等。芜湖市政府将"10分钟快递便民圈"快递服务站建设工作纳入全市"国家物流标准化试点城市"的共同配送体系项目，享受总额不超过500万元的资金补贴。阜阳市对以购地自建方式进入皖北快递产业园的企业给予基础建设奖励，一期工程合计奖励近2000万元。宣城市将快递与电商融合发展集中区项目列为市政府创新工程，一期投资5000万元建设快递企业分拣处理场所。滁州市对符合条件的邮政、快递企业给予服务业发展专项资金支持，已申报资金近百万元。六安市在市服务业发展资金中安排扶持快递业专项资金。淮北市对进入快递园区的企业场地租赁费给予50%减免，并对出港快件给予0.1元/件补助。宿州市对新进入快递物流园的6家企业给予127万元的资金补贴。

福建省邮政管理局

全力推进"闽七条"落地。贯彻落实国务院《若干规定》，深入推进落实"闽七条"，印发重点任务分工方案，推动出台快递业扶持资金补助项目申报指南，确定了快递综合服务站点建设、快递投递终端建设、快递企业兼并重组、快递企业省外设立分支机构、培育壮大快递企业规模、推进仓配一体化、支持设施投入和技术改造等7个资金支持内容，明确各级邮政管理部门作为企业申报材料的审核单位之一，共同参与对申报项目的推荐、评审。经组织申报后，共对7个补助项目下达专项补助资金450万元。全年，“闽七条”落实分别在全国市场监管工作会议和《若干规定》贯彻落实会议上进行全国经验介绍。

积极推进地市出台落实措施。福州、泉州、宁德、漳州、龙岩等地出台支持快递业加快发展的专门政策。漳州地区邮政快递企业获得补助资金达377.21万元。泉州市积极创建“中国快递示范城市”，企业共获得快递服务发展专项资金补助301.18万元。晋江市政府出台促进快递服务业发展的意见，这是全国首份县域促进快递发展扶持政策。三明成功入选国家物流标准化试点城市，三明局被列入市物流标准化试点工作领导小组成员单位。

江西省邮政管理局

深入开展调研，主动向分管省领导汇报，积极和政府部门对接，组织起草了促进快递业发展的政策文件。2016年2月29日，江西省人民政府出台了《关于促进快递业发展实施意见》。《意见》提出了培育壮大市场主体、推进“互联网+快递”、构建普惠高效的服务网络、统筹衔接综合交通体系、增强寄递安全保障能力等五项主要任务，从行业规划、财税支持、企业融资、土地供给、快递车辆管理、人才队伍建设和优化市场环境等方面，配套了八项政策措施。如，在城乡规划、土地利用规划、公共服务设施规划中合理安排快递基础设施的布局建设；对快递企业购置用于环境保护、节能节水、安全生产等专用设备的投资额，可以按一定比例实行税额抵免，对列入各级重点的快递基础设施项目，按规定给予城市基础设施配套费减免；对符合土地利用总体规划和国家产业政策的快递项目，用地指标予以倾斜，快递项目用地出让年限可在法定最高年限范围内按需设定，出让金按设定的出让年限计收，对一次性缴纳土地出让金确有困难的快递企业，可在合同签订后按规定缴纳50%的出让首付价款；按省邮政管理部门的规范要求喷涂统一专用标识的城区快递运输车辆，经当地公安交通管理部门同意，在确保安全的前提下可以通行禁行路段等等。同时，明确了相关单位职责分工，要求各地、各有关部门加强组织领导，健全工作机制，完善工作措施，强化协同联动，为全省快递业发展营造良好环境。

督促各市局积极对接。江西局将制定落实文件精神，作为2016年全省邮政管理工作重点，要求各市局主动衔接汇报。经过各市局努力，宜春、抚州、上饶、鹰潭相继出台《实施意见》，细化政策措施，积极争取当地党委政府在快递园区建设、农村电商发展、快递包裹配送、智能快件箱、乡村网点建设等方面的政策、资金、项目支持。

争取政策落地见实效。江西各市局抓住地方政府制定相关政策的契机，积极融入，争取政策干货，更争取政策落地见效。抚州、赣州、上饶、鹰潭、宜春、新余等市结合物流业降本增效、农村电商发展和精准扶贫等专项政策的出台，全省全年共争取各类资金2000余万元，有力地促进行业发展。其中，江西局和宜春局积极主动争取国家发改委项目支持，为“铜鼓模式”一次性争取专项资金300万元，这是国家专项资金首次对江西省快递企业进行投资支持。

山东省邮政管理局

与省政府政策研究室共同开展了关于邮政和快递服务业的调研，通过问卷调查、座谈会、考察调研等形式，摸清了当前邮政和快递服务业发展面临的主要困难和问题，研究提出了促进山东省邮政和快递业发展的意见建议，形成《关于促进山东省快递业发展的调研报告》呈报省长郭树清同志等省领导，该专题调研列入2016年山东省政府系统10项重大调研课题之一。为加快邮政和快递服务业转型升级，提质增效，积极做工作，由省发展和改革委向省长郭树清、常务副省长孙伟呈报了《关于加快邮政和快递服务业发展》的专报，促成邮政和快递业列为山东省2016年服务业转型升级的6个重点行业之一。同年6月7日,郭树清省长主持召开邮政和快递服务业转型升级座谈会,第一次系统听取山东局关于邮政和快递服务业的情况汇报,为推动山东省出台促进邮政和快递服务业政策奠定了基础。经与省政府办公厅及相关部门积极协调,山东省政府办公厅印发《座谈会议纪要》和《山东省邮政快递服务业转型升级实施方案》。《座谈会议纪要》明确省政府出台《关于促进邮政和快服务业发展的实施意见》。《意见》共制定了22条措施,并明确了责任单位。其中包括强化规划引领作用、支持邮政普遍服务创新和保障、支持邮政服务农村电商、扶持快递企业加快发展、鼓励引进快递总部企业、支持邮政和快递提供便民服务、服务"三农"、支持企业开展供应链一体化试点、支持快递产业园区建设、实施快递"上飞机、上车、上船"工程、优化城区快递交通运输管理、提高跨境寄递通关效率、深化快递业商事制度改革、支持推广应用科技信息技术、积极推进邮政和快递业绿色发展、推进寄递安全属地化综合治理、强化邮政业安全监管、加强财政政策资金引导、加大税收金融扶持、加强行业诚信建设、人才队伍建设等内容。

河南省邮政管理局

成立了以丁平局长为组长的推进"61号文"落实工作领导小组,迅速研究下发了《河南省邮政管理局关于印发促进快递业发展重点工作系统内分工方案的通知》文件,要求各市局、省局机关各处室制定本单位本部门细化分工方案,省局办公室汇总形成总台账,列为今后五年重点督查事项。

各市局按照部署,采取多种措施推进"61号文"落实。一是加强组织领导。全省17个市局全部成立了落实"61号文"领导小组,均由局长担任组长。二是加强学习宣传。除了组织全体管理人员认真学习文件精神,统一思想认识外,还做好对快递企业和社会层面的宣传贯彻。深入快递企业,送文件上门,利用召开座谈会、小型培训会的方式,深入讲解"61号文"精神。各市局还利用广场宣传、设立咨询台、展板、图片展览、发放宣资料等形式开展宣传。三是利用新闻媒体造势。各市局主动与当地新闻媒体结合,走出去宣传讲解,请进来接受采访。组织撰写新闻稿件在当地报纸、电台、电视台等新闻媒体上发表,舆论造势,使"61号文"广泛传播,深入人心。

河南局建立了通报制度,各省辖市邮政管理局将"61号文"贯彻落实情况按季度总结上报,省邮政管理局汇总后按季度通报。建立落实"61号文"专题QQ群,同时在《快递信息》上开辟专栏,及时发布信息,交流情况,推广经验,推进"61号文"的全面落实。

河南省人民政府已在2014年出台《关于促进快递服务业发展的意见》(豫政〔2014〕47号)。"61号文"发布后,河南各市局以贯彻落实"61号文""47号文"为契机,深入快递企业开展调查研究,主动与政府相关部门沟通协调,拟定本辖区快递业发展意见提交政府部门,全省已有13个省辖市人民政府正式印发了《关于促进快递服务业发展的实施意见》,提出了具体落实目标和政策保障措施。

建立快递服务质量提升联席会议制度,开展快递服务质量监测,委托零点公司对邮政EMS、圆通、申通、顺丰、韵达、中通、百世汇通、天天、宅急送、国通快递等10家品牌快递企业开展快递服务满意度和快递时限调查分析。通过调查,找出河南省快递服务中存在的不足,提出合理化、策略性建议。

积极参与涉农电子商务平台建设,加快推进快递服务制造业,积极开展快递服务制造业项目库建设。2016年,发掘培养快递服务制造业项目124个,形成业务量2492.18万件、收入1.93亿元、直接服务制造业产值达203亿元。南阳局引导快递企业与相关产业加速融合,信阳局开展快递服务制造业现状调研,拓展快递业与上下游产业链融合空间。商丘局携手政府重点电商平台积极推进农村电子商务发展。荥阳河阴石榴、开封汴绣、许昌瑞贝卡假发、南阳仲景香菇酱、宛西制药、信阳光山羽绒、焦作温县铁棍山药等与快递企业持续深化合作，成效显著。

推动“快递下乡”工程转型升级，通过开展快递市场清理整顿专项行动，对部分不能满足合作网点要求的非法快递网点进行清理；鼓励乡镇网点间的兼并重组，积极推动乡镇合作网点从硬件设施、人员配置、安全培训等方面升级，鼓励企业在乡镇设立合法分支机构；鼓励“菜鸟”“京东”等网络平台布局乡镇网点，形成资源相对集中、满足农村市场需求的乡镇网点。截至2016年底，全省共设立乡镇快递网点8268个，实现全省乡镇100%全覆盖，全省乡镇及以下快件派送量占全部派送量的比例从2015年初的15%提升到2016年的30%。

鼓励快递企业发展跨境电商快递业务。积极引导快递企业服务河南跨境贸易电子商务发展，EMS、申通、中通等品牌快递企业积极入驻河南保税物流中心，企业国际运营能力不断提升。郑州局抓住E贸易试点建设、“绿色通道”试点建设机遇，积极引导快递企业加强合作，抱团出海，支持有条件的企业发挥众筹、众包优势，拓展国际网络，探索建立配送海外仓，推动快递“向外”发展。

组织召开郑州高铁南站快运基地筹建交流座谈会，赴郑州陆港公司就中欧班列运行体制进行调研。积极向河南省政府请示并获得批示支持，加快推进河南省国际快递物流港项目建设。7月15日，河南局与河南省机场集团有限公司在郑州签署《促进河南快递业与民航业融合战略合作协议》，双方就共同促进河南省航空快递业发展建立战略合作关系，共同致力于以下几方面的合作：一是为省内航空快递业发展争取政策支持；二是支持航空快递物流设施建设，推动加快郑州机场临空航空快件公共分拣中心项目建设；三是打造航空快递物流公共平台，支持具有国际竞争力的航空快递企业在郑州集聚发展；四是推进互联网信息技术在航空快递领域的应用；五是协同民航、海关等部门，共同加强航空邮件、快件的安全监管与检查效率。

加强“快递营业场所标准化”建设。确保2017年年底前营业场所标准化达标率100%，实现全行业营业网点标准化、分拨中心规范化、作业流程制度化。落实快递企业和寄件人安全责任，免费发放《邮政行业法律法规汇编》《危险化学品目录》，强化安全检查措施，严格执行收寄验视、实名收寄、过机安检三项制度。严格执行“双随机一公开”工作机制。进一步完善用户申诉与执法联动制度。落实寄递渠道安全管理工作机制，加强跨部门、跨区域协作配合，提升安全监管与应急处置能力。8月17日至9月7日，联合省公安厅、省国家安全厅组成21个联合检查组对全省寄递渠道安全管理工作进行专项检查。共检查企业1425家，责令整改231起，约谈11家，立案处理96件，查封违法企业52家，有效保障了寄递渠道安全畅通。

探索对快递企业实行同一工商登记机关管辖范围内“一照多址”模式。简化快递业务经营许可程序，改革快递企业年度报告制度，精简企业分支机构、末端网点备案手续。认真落实“放管服”改革，有效释放市场活力。各级财政专项资金积极支持快递业发展。河南省政府一次性给予河南省邮政业财政补贴4500万元，专项用于全省快递企业X光机购置。推动快递企业申请执行省内跨地区经营总分支机构增值税汇总缴纳政策。

郑州局紧抓市政府联合市商务局形成《郑州市快递配送车辆城市通行问题及解决建议》，提出放宽快递配送货车通行、快递专用电动三轮车纳入城市配送车辆体系等建议措施。鹤壁局统一全市所有快递车辆外观标识，获得政府认可和社会理解，改善了车辆通行。焦作局与公安交通管理部门协调，邮政、快递服务三轮车在标识统一，并依法上牌照后可上路通行。驻马店局组织快递企业购置标准统一的电动三轮车，韵达、圆通、申通等10家快递企业为员工统一购置了专用电动三轮车166部。

河南局按照《国务院关于促进快递业发展的若干意见》要求对14项重点任务进行了逐项落

实，指导各市局结合实际情况对促进快递业发展进行了认真落实和积极探索。在落实"61 号文"过程中也存在一些问题：一是各地市人民政府印发《关于促进快递服务业发展的实施意见》后，跟进落实机制不完善，各项支持措施和优惠政策落地实施进展不快；二是衔接综合交通体系难度较大，在推进公路客运班车代运快件试点和快件甩挂运输方式方面需进一步探索；三是专业人才队伍建设滞后，在引导高校开设物流快递专业方面探索不够，需进一步加强快递人才培训基地建设。

针对落实"61 号文"落实中出现以上的问题，河南局将在下一步工作中努力做好以下工作：一是进一步加大"61 号文"各项任务落实力度，以更大的决心和勇气解决"61 号文"落实过程中的难题，努力在薄弱环节取得重点突破，确保各项重点任务全面落实；二是主动向省委、省政府汇报"61 号文"落实情况，推动建立健全"61 号文"实施工作机制，强化部门协同联动，形成推动快递行业发展的强大合力；三是继续推动各市局深入落实"61 号文"，促进各项政策措施及时转化，支持各市局积极开展探索创新，确保重点工作任务和重要政策落实到位。

湖北省邮政管理局

将全面落实《国务院关于促进快递业发展的若干意见》作为当前的中心工作和首要任务，把握机遇、巩固态势、突出重点、真抓实干，推动"61 号文"在全省落地实施。省湖北政府高度重视，分管省领导批示，要求省交通运输厅牵头，会同有关部门尽快研究提出贯彻落实国务院文件和促进全省快递业发展的意见和措施。根据省领导指示，省交通运输厅联合省局组织开展深入调研，并起草了《湖北省人民政府关于促进全省快递业发展的实施意见(代拟稿)》。

2016 年 11 月，湖北省人民政府印发了《关于促进全省快递业健康发展的实施意见》提出了全省快递业的发展目标：到 2020 年，全省基本建成普惠城乡、技术先进、服务优质、安全高效、绿色节能的快递服务体系。同时，从业务规模、竞争能力、网络体系、服务水平等方面细化了目标要求。明确了培育壮大快递企业、加强快递枢纽建设、推进"互联网 +"快递、提升快递末端配送服务水平、健全农村快递服务体系、弥补跨境快递业务短板、衔接综合交通运输体系、改进快递车辆管理、加强行业安全监管九项重点任务，并从加强规划引领、保障快递用地、加强财税支持力度、拓宽融资渠道、落实安全监管责任、规范市场秩序、建设专业人才队伍七个方面提出了具体政策措施。要求省交通运输厅、省发展改革委、省邮政管理局会同有关部门做好政策贯彻落实的统筹协调及督促检查工作。省邮政管理局表示，下一步将深入贯彻执行省政府的各项要求，加强与相关部门的沟通、协调，细化各项任务分工并大力推进，确保政策落实到位。

各市(州)邮政管理局也积极推动《意见》落实，2016 年，咸宁市人民政府办公室出台了《关于促进快递业加快发展的实施意见》(咸政办发〔2016〕40 号)，十堰竹山县人民政府出台《关于促进快递业发展的实施意见》(竹政发〔2016〕20 号)，为当地快递业发展提供了良好的政策环境。

湖南省邮政管理局

先后召开局党组会议、办公会、推进会 20 余次，局领导带队走访部门 19 个，加强部门、行业、地方的衔接沟通，强化快递同经济对接、同产业对接、同精准扶贫对接，把快递打造促进经济增长和就业创业的新引擎。省政府《关于促进快递业发展的实施意见》即将出台。在《湖南省国民经济和社会发展第十三个五年规划纲要》中，"快递下乡"被列为重点工作，城乡邮政快递配送体系建设纳入全省八大重点物流工程。协调争取省政府建立省电子商务联席会议制度，加快快递与电商协同发展，完善电子商务产业基础和配套服务设施。协调省政府出台大力发展电子商务加快培育经济新动力的实施意见和实施方案，将快递纳入促进消费升级十大领域和消费升级重点行动，推动服务业专项财政资金对快递的覆盖支持，促进电子商务与快递深度融合，加快培育形成快递新供给新动力。协调争取省政府核拨X光机省级财政补贴2300万元，全省安检机配置达554台，覆盖所有县市。将安检关口前移到市县一级，在永州设立全省第一家寄递安检服务中心，推动邮件快件实施就地安检，探索集中安检新模式。推动株洲国家电子商务与物流快递协同发展试点城市建设，邮政企业桃江县电子商务产业园模式在全国推广。

广东省邮政管理局

积极牵头、认真落实，《广东省人民政府关于促进我省快递业发展的实施意见》2016年4月发布。结合《意见》相关内容，广东局主动加强与省相关部门的沟通对接，将行业发展多项工作任务纳入相关部门政策文件之中，包括省政府《关于大力发展电子商务加快培育经济新动力实施方案》《关于促进跨境电子商务健康快速发展的实施意见》《广东省深入推进“互联网+流通”行动计划实施方案》及《广东省加快发展服务贸易行动计划》。梅州、肇庆、潮州、云浮、阳江等市根据《意见》要求出台当地的促进快递业发展的实施方案和具体意见，汕尾、东莞、江门等市相关文件也在积极推动制定之中。结合行业发展实际，认真组织编制完成《广东省邮政业发展“十三五”规划》文本，与省发展改革委联合发布至各市人民政府及省有关单位，进一步提升了行业规划发布层次，有利于促进规划衔接落地实施。各市局也主动发布了市级邮政业发展“十三五”规划，形成上下衔接的良好局面。加强与省发改、商务、交通等部门的沟通，将邮政业发展相关内容纳入广东省国民经济和社会发展“十三五”规划纲要、广东省电子商务中长期规划、广东省物流业中长期规划等相关规划中，进一步促进了多项规划的横向衔接。

加大财税支持力度。省财政厅安排2016－2018年每年3000万元快递发展专项资金，同时给予1000万元快递安全专项资金及6700万元邮件快件安检X光机购置补贴资金，财政支撑力度位居全国前列。省科技厅加大快递产业高新技术企业培育力度，培育和壮大嘉诚国际、捷世通及宝供等一批竞争力强的高新技术企业。对申报认定经认定为国家高新技术企业的物流、物流信息平台企业，可减按15%的税率征收企业所得税。各地财政支撑取得突破，云浮市财政划拨2016年邮政业安全发展专项资金50万元，用于建设云浮市快递企业远程视频监控系统、电商一快递产业园区建设补贴、快递企业入驻园区补贴、快递业务员技能培训；清远市财政安排清远市快递物流园“十三五”专项规划编制工作经费30万元，开展“十三五”快递物流园区规划调研活动；梅州市“快递下乡”工程列入2016年市政府十件民生实事项目，获地方政府150万财政资金补贴，用于支持新增快递末端服务网点基础设施建设和网点收派件业务开展。

助推企业融资上市。积极协助开展上市企业合法性审查，配合国家邮政局完成申通、圆通、顺丰、韵达、德邦等公司上市的审查工作，2016年，顺丰、中通、申通、圆通、韵达等公司成功上市，进一步增强了企业实力和管理水平。省金融办推动信贷产品创新，优化工作机制提高金融服务效率，积极协调银行机构为快递行业提供信贷支持，促进综合信用信息平台建设，规范股权交易中心、金融资产交易中心发展，支持快递企业直接融资。

强化科技创新发展。促进企业科技创新，支持企业提升信息化、智能化水平。继续推广视频监控系统，继在广州、深圳、东莞、佛山四市35个大型分拨中心安装了视频监控系统之后，广东局安排236万专项资金在全省其他18个地市79个分拨场地推广视频监控系统。在全省积极推行国家邮政局邮政业安全中心研发的实名收寄信息化系统企业版和公共版，指导市局做好辖区企业账号开设和网点录入的管理工作，印发《关于做好实名收寄信息化系统试点应用工作的通知》。推进广东省实名收寄信息化系统（广东省寄递业大数据中心）项目立项、可研、方案制定等系列工作。省科技厅完善快递产业创新体系建设，加强产学研结合，促进物流、物流信息平台等企业与高校、科研院所合作。省经信委推进互联网与现代物流融合发展，贯彻落实《广东省“互联网＋”行动计划（2015－2020年）》，2016年研究制定并开展实施《广东省“互联网＋现代物流”专项实施方案（2015－2020年）》，促进广东省现代物流业转型升级。汕头局积极引导和推动辖区内企业安装智能化分拣设备和扩大使用电子面单范围；揭阳局引导揭阳圆通在揭东区投资创建智能化电商园＋全自动快递分拣示范基地；茂名、清远、湛江、河源、汕尾等市局积极引导企业引进冷链运输服务。

提高行业人才培养质量。广东局组织快递业务员职业技能鉴定，全年完成职业技能鉴定12275人次。省人社厅大力实施全民技能提升储备计划，开展各类职业技能培训，使包括快递业从业人员在内的广大劳动者技能水平得到普遍提升。省教育厅助推技工院校大力培养快递专业技能人才，广东省约60所技工院校开设现代物流等与快递行业有关的专业，培养层次涵盖预备技师、高级工和中级工，招生3175人，毕业2730人，为快递业相关专业发展培养技能人才。揭阳、珠海、云浮等市快递行业协会举办了快递业务员职业技能培训、全市邮政业电子商务知识培训班。惠州局搭建校企合作平台，积极引导惠州广播电视大学在现有的物流专业上设置快递方向专业。东莞局争取地方支持，积极引进和培养快递业急需的专业人才被纳入《东莞市十三五规划纲要》。

推进交邮融合进程。搭建交邮互通平台，积极协调相关部门，促进邮政及快递企业在广州白云机场、深圳宝安机场及省内重要铁路、公路枢纽区域加快建设邮政快递处理中心等基础设施；积极推动快递“上飞机”工程，加强与民航、机场等部门的对接，为企业积极利用省内航空资源开展业务奠定基础；深化交邮业务对接，进一步鼓励快递企业在各类交通站点设置服务网点，拓展服务范围；推动各地市局开展相关业务，揭阳积极与顺丰速运沟通，引导其在揭阳潮汕机场开通“揭阳—长沙—杭州—长沙—揭阳”全国首条非省会城市间全货机固定航线；深圳局协调民航部门开拓“绿色通道”建设，解决航空快件优先配舱、优先安检、加速通关等问题；阳江积极协调与帮助阳江市粤运朗日物流有限公司开展了农村快递网点建设，利用交通场站、县乡班车等交通运输资源，为快递企业提供网点设置和快件运输服务，搭建城乡运输平台。

加快快递物流园区建设。2016年广东省21个地市共规划和建设有快递园区41个，快递园区包含单一快递园区、电子商务园区、跨境电商园区、自贸区和保税区等5大类型，总占地面积1200余亩，入住快递企业60余家，涵盖全部主要快递品牌。省国土厅高度重视快递物流园区、快件集散中心等基础设施用地保障工作，在下达年度用地指标时，要求各地重点保障广东省快递业发展用地；积极做好快递物流园区、快件集散中心等基础设施用地的相关规划工作；对用地予以业务指导没在建设项目用地预审、用地审批等相关手续办理上开辟“绿色通道”。各地积极推进园区建设工作，梅州市梅县区电子商务产业园和梅江区客天下农电商产业园被评为“广东省农村电子商务示范基地”，清远市积极组织编制快递物流园区“十三五”规划，揭阳市获评“中国快递示范城市”称号，并积极申报建设国家级快递物流示范产业园，河源市推动当地快递企业进驻粤东物流快递园，形成聚集效应，珠海市专项制定邮政业基础设施布局“十三五”规划，中山市布局建设北部、中部、东部三大物流（快递）集散中心。

推进末端基础设施建设。进一步推广智能快件箱的应用，全省共建设智能快件箱（含邮政包裹柜）2.4万组，共计格口数127万个，日均投递快件80万件。结合快递进社区、校区、商区的工作要求，加强与省教育厅沟通协调，积极研究制定《关于促进和规范高等学校快递服务进校园工作的意见》，多种方式促进快递入校园，同时积极探索末端网点服务模式，建立快递驿站联盟或快递超市等末端服务网点，有效推进快递服务基层。

解决快递车辆通行难题。积极主动衔接交通、公安交警，制定相关措施。省公安厅对在中心城区域通行的快递、邮政货运车辆，提前报备及发放通行证，方便临时停靠装卸货物；对在“限摩”“禁电”的城市行驶的快递派送摩托车、电动车，公安交警部门采取教育为主、处罚为辅的方式进行管理，最大限度地给予末端快递派送车辆通行便利。广州市局推动正在审议的《广州市非机动车和摩托车管理条例》规定邮政、快递行业可使用符合快递专用电动三轮车国家标准的电动三轮车在规定区域内从事社区配送服务。揭阳、清远、惠州、茂名等市局联合市交通局、市交警支队和市工商局等印发了关于保障快递企业运输车辆便捷通行的相关文件，加强快递车辆便捷通行的管理；珠海局与市科工贸信局推出购买小货车补贴每辆一次性补贴人民币10000元的政策。

积极开展快递下乡。广东局制定发布《2016年广东省推进“快递下乡”工程实施方案》，快递下乡工程被列为省政府重点工作任务，推动快递服务特色农业发展项目培育，发展“互联网＋农产品”模式，全省农村乡镇快递网点总数达7180个，乡镇快递通达率实现100%。各市局积极利用当地优势，多形式开展工作，湛江局支持邮政企业利用网点经营农产品零售及配送业务，发展农产品冷链物流；河源局积极实施“互联网＋”战略，稳步推进“快递下乡”工作，支持当地特产交易平台发展；潮州立足“互联网＋精准扶贫”，指导“乡城品”项目在扶贫点建立试点，为特色农产品提供包装、仓储、运输的标准化、定制化服务，从而推动扶贫模式从“救济式”向“自主式”转变，给农村经济社会发展带来的实实在在的利好。

深入推进快递服务制造业。深化快递业与制造业融合发展，在原有快递服务制造业5种基本模式的基础上，实证性地提出了“产业链整合”“服务延伸”和“多渠道协同物流”三种新的模式。佛山局积极落实“快递＋”战略，与科研机构合作开展“快递服务制造业”专项课题研究，推动实现产业协同发展智力支持，组织品牌快递企业参展第二届中国（广东）国际“互联网＋”博览会，推进邮政快递业与互联网跨界融合。东莞加强引导，促进快递业向产业链上下游延伸，引导快递企业以制造业企业服务需求为导向，发展定制化服务、“仓储＋配送”一体化、“区域性供应链”等模式。

促进企业向外发展。大力推进跨境电商快递服务，拓展海外业务。借助广东自贸区建成的契机和省政府加快广州、深圳跨境电子商务发展的政策，在推动快递“向外”发展上不断发力。广东出入境检验检疫局完善跨境电商监督管理模式，建设推广跨境电商“单一窗口”，推动电商企业、检验检疫和地方政府三方信息的互联互通。广东海关开发通关作业系统，实现与电商、物流、支付等相关企业的系统对接；支持广东省跨境电子商务综合试验区建设工作，帮助企业平稳过渡税收新政。湛江局推动快件进出口监管中心的建成投入使用，汕头局引导支持市邮政速递服务有限公司向海关申办跨境快件便捷通关项目，阳江局促进中国邮政速递物流阳江（汇达）跨境电商快件分拣清关中心建设，江门局支持快递企业建设跨境快件物流中心，大力发展跨境电商快递服务，配套建设保税物流仓储等业务，助力跨境电商快件业务发展。

深入推进简政放权，优化行政审批。广东局印发《广东省邮政管理局推进简政放权放管结合优化服务改革工作方案》和《广东省邮政行政管理权力清单、责任清单和市场准入负面清单》，全面部署“放管服”工作，统筹推进许可申请材料精简、审批工作下发、许可审批时限压缩、信用体系建设、末端网点备案等重点工作。2016年核发新快递业务经营许可证348家，新设分支机构914家，完成对391家快递企业各类型许可变更601项，完成2016年年度报告企业1657家。积极推进末端网点登记备案工作，全年累计备案末端网点超过3500家。严格企业退出机制，注销297家企业许可证。省工商局实施住所(经营场所)登记改革,简化快递企业经营场所登记,促进物流业加快发展,允许"一照多址"登记,推进工商登记标准化建设,统一规范工商登记条件、登记程序、申请表格以及提交材料规范,发展行政审批标准化的应用平台。积极推动电子营业执照建设。

加大市场执法检查力度。2016 年全省邮政管理部门共开展快递行业行政执法检查 1.3 万人次,检查企业 5200 家,发现违法违规行为 1211 件,其中,书面责令改正 387 件,口头责令整改 628 件,约谈 129 件,行政处罚 137 起,执行罚款 103.6 万元,停业整顿 10 起。加强服务质量监管,受理申诉 25.5 万件,其中处理申诉 14.4 万件,为消费者挽回经济损失近 950 万元。全面落实收寄验视等三项制度,与省公安厅制定了《广东省寄递物流活动身份证识别解决方案》,定期组织开展寄递物流安全管理检查,积极探索寄递物流信息化管理手段,推动辖区寄递物流企业及其从业人员普及安装使用手机 APP 实名采集系统,并配合省经信委开展寄递物流安全明察暗访工作,开展物流寄递安全工作调研、物流寄递行业安全管理措施落实情况明察暗访,指导企业不断完善收寄验视制度落实,兑付 7500 万专项资金,补贴寄递企业近 1400 台安检机购置;持续加强安全监管,组织开展安全生产月及安全生产万里行、危险化学品安全专项整治、防台防灾和安全隐患排查等工作。省安监局将邮政寄递行业安全生产工作纳入全省安全生产工作统一安排,督促推动各地、各有关部门和单位抓好邮递安全生产工作,配合邮政管理部门开展邮政寄递行业"两清理一排查"专项行动;认真贯彻落实《反恐怖主义法》和《广东省禁毒条例》,联合多部门开展了寄递渠道禁毒、反恐、打击侵权假冒等专项工作,协调配合省公安厅严厉打击涉寄递物流违法犯罪,加强寄递物流行业治安防控,并制订下发了《2016 年全省公安机关加强寄递物流安全管理工作实施方案》。

广西壮族自治区邮政管理局

牵头拟稿《关于促进广西快递业发展的实施意见》,由自治区十二届人民政府第 81 次常务会议审议原则通过,2016 年 10 月 24 日自治区人民政府以桂政发〔2016〕51 号文件印发《广西壮族自治区人民政府关于促进广西快递业发展的实施意见》,根据《意见》,广西局制定宣贯工作方案,细化措施,明确了任务分工。贯彻落实工作已取得了一些成效。

推进"互联网+"快递。一是快递多种方式融入跨境电商。在边境口岸城市形成"互市+边民+网购"和"互市+边民+电商企业+线上线下分销"两种业务模式。利用边民互市贸易将货品进口到国内再进行网上销售,支撑国内快递业务。跨境电商平台则是利用人民币和越南盾直接兑换的跨境支付及两日快速通关和快速配送的物流优势,通过将同一类商品打包通过集货的方式通关,然后在对岸再进行分拣并依托越南当地快递公司实现投递,有效降低边贸快递服务成本。二是农产品快递网络逐步构建,助力全区农村电商蓬勃发展。快递服务柳州螺蛳粉、百色芒果、龙滩珍珠李、灵山荔枝、玉林百香果、容县沙田柚、富川脐橙等项目,成为当地快递业务量的主要寄递产品。其中快递服务百色芒果项目被评为"全国快递服务现代农业示范项目"。

构建完善服务网络。一是快递物流园区建设取得进展。全区共有 3 个地市 6 个已建成的物流园区入驻了多个品牌的快递企业,9 个地市的多个快递专业类物流园区项目纳入自治区及所在地市的相关规划,其中桂林临苏快递物流园第一期工程——占地 120 亩的申通快递物流园、广西邮政在南宁空港物流园电商快递枢纽基地的处理中心项目和南宁综合保税区的进出境邮件互换局项目、百色城区快递物流园均即将投入使用。二是快递服务网络加快拓展,城乡区域差距正在缩小。全区快递服务网络不断完善,目前全区快递服务网点超过 3700 处,覆盖了全区所有市县城区以及超过80%的乡镇。

加强行业安全监管。区局及14个市局全部建设安全监控中心，极大地提高全区邮政安全监管的技术水平。贯彻落实寄递安全“三项制度”方面，争取到自治区人民政府补助资金1600万元，帮助企业配置X光安检机355台。

健全法规规划体系。《广西邮政业发展“十三五”规划》于2016年9月30日由区局印发颁布实施。经过积极争取，行业发展与地方多个规划进行了重点衔接。广西“十三五”规划纲要、综合交通运输“十三五”规划、服务业发展“十三五”规划、物流业发展“十三五”规划、北部湾经济区“十三五”规划、现代服务业集聚区发展规划（2015－2020年）、广西促进现代物流业跨越式发展三年行动计划（2015－2017年）、广西服务业发展重点项目实施方案（2015－2020年）等多个规划都纳入了利好邮政业发展的内容，9个地市的快递专业类物流园也作为这些规划的重点工程列入其中。

加大政策支持力度。《关于促进广西快递业发展的实施意见》明确加强快递基础网络建设、培育若干大型骨干快递企业、推动行业转型升级、推进创新协同发展、推进快递与交通运输系统的融合衔接、加强监管力量建设、落实安全监管责任7项重点任务，围绕重点任务和广西快递业发展中的瓶颈问题提出了加强快递用地保障、支持快递车辆便捷通行与停靠、保障快件收寄和投递便利、深入推进简政放权、加大财政税收扶持力度、改善融资环境、加强快递人才培养7项政策支持措施。

改进快递车辆管理。各市局加强与交警部门沟通，助力快递车辆便捷通行。河池与交警部门共同研究制定城区内快递电动三轮车临时性规范标准，统一尺寸、统一编号、统一停放。钦州市快递协会与交管部门协调制定《三轮车管理制度》，规定快递企业投递用电动三轮车统一编号、统一备案，驾驶员持证上岗等。《关于促进广西快递业发展的实施意见》中明确了“支持快递车辆便捷通行与停靠。邮政管理部门对从事快递业务车辆的快递专用标志实行统一管理，经当地公安机关交通管理部门同意，喷涂统一快递专用标志的车辆在确保安全的前提下可以通行禁行路段或者临时停靠禁止停车的地点。鼓励快递服务企业购置新能源汽车作为城市快件运输和收投服务工具，允许符合标准并经过审核登记的快递专用电动三轮车用于城市收投服务，解决“最后一公里”通行难问题。

海南省邮政管理局

2016年4月，海南省政府印发《海南省促进快递业发展实施方案》。《方案》强化创新驱动、聚焦重点推进、建立健全体系，提出8项主要任务和7项保障措施，明确14个方面42项具体分工，共涉及全省33个相关部门和19个市县政府，推动快递发展形成全社会共识、共担、共治局面。《方案》印发后，海南局组织召开宣贯会议进行全面动员部署，研究制定《2016年海南省促进快递业发展工作重点及任务分工方案》，联合省发改、交通、农业、公安等部门召开相关政策研讨会，研究政策衔接。各市（地）局结合各地实际，积极研究草拟市县《实施方案》，并协调、报请市县政府印发。东方市政府印发了《东方市促进快递业发展实施方案》、乐东黎族自治县政府办公室印发了《乐东黎族自治县促进快递业发展实施方案》、琼中黎族苗族自治县政府办公室印发了《琼中黎族苗族自治县促进快递业发展工作方案》，为海南快递业持续保持快速发展态势提供了有力的政策保障。

重庆市邮政管理局

推动市政府出台《促进重庆市快递业发展的实施意见》。2016年6月3日，在重庆局积极推动下，重庆市政府出台《关于促进快递业发展的实施意见》。《意见》细化了《国务院关于促进快递业发展的若干意见》的目标，明确了促进快递业发展的主要任务，并给予政策、资金等各方面的支持。《意见》要求，将重庆市快件集散中心、快件处理中心和城乡快递服务网点、快递末端配送平台、智能快件箱等快递服务基础设施作为重要的公共基础设施纳入城乡规划;在新建工业、商业项目和居住小区中合理布局快递末端配送网点,新建写字楼、住宅小区和旧城改造要将快递服务平台、智能快件箱纳入社区服务基础设施,同步规划、同步建设;通过财政补贴、贷款贴息、购买服务等方式支持快递企业总部落户、区域性功能设施建设、城市末端平台打造、农村快递体系建设,充分发挥财政资金的引导作用;结合实际,研究制定快递专用电动三轮车、摩托车用于城市收投服务的管理办法,解决"最后一公里"通行难问题。当前在快递服务车辆通行方面已取得重大突破,允许取得车辆通行证件的快递车辆在城市区域装载快件,不受货运车辆管制时间限制。

积极与地方政府及相关部门联系,推进政策落实。2016 年 4 月南川区政府出台《关于进一步促进快递业发展的实施意见》,提出对设在南川区的快递总部企业采取"一企一策"原则给予重点扶持;对于在乡镇增设网点的快递企业,一次性给予 2000 元场租补贴。2016 年 9 月与永川区人民政府签订《推进快递与工农商贸产业发展合作协议》,合作共建永川区邮政快递产业园、区域性邮政快递物流分拨中心、农村物流配送体系、跨境电商服务体系和区域性快递人才培训基地,共同推进产业协同发展,推动快递业转型升级,服务永川区地方经济展。2016 年 12 月,永川区人民政府出台《关于加快全区快递业健康发展的实施意见》。永川区将从强化财政扶持,保障快递车辆通行,加快快递人才培养,加强联合监管等 9 个方面为快递业发展营造良好环境,推进快递业持续健康发展。重点加强快递服务基础网络建设,推进快递产业园区、区域性快递分拨中心建设,大力推进快递下乡、快递"三进"工程,促进快递业与制造业、电子商务、商贸旅游等协同发展,推进快递人才培养基地建设。2016 年 9 月,重庆局与市供销部门签订《战略合作框架协议》,充分利用供销系统在农村地区的网点资源,发挥互补优势,试点建设"农村社区综合服务中心(邮政快递电商服务中心)",努力打造"农产品进城"和"工业品下乡"双向流通渠道,逐步缩小城乡差距,提高城乡居民生活质量。

将《意见》重要内容纳入地方政府十三五规划纲要。《意见》重新定位快递产业,提出促进快递业发展的总体要求、重点任务和政策措施,为重庆市邮政业的发展指明了方向,重庆局以《意见》要求为目标,深入研究行业发展现状和规律,认真分析行业发展前景,突出地方特色,因地制宜,细化措施,继续完善"十三五"规划。2016 年"大力发展邮政快递业、完善农村快递服务网络、打造内陆国际邮件互换中心"等内容已纳入重庆市国民经济和社会发展第十三个五年规划纲要,确保与相关行业规划紧密衔接,推动快递业加快融入生产、流通和消费环节,实现与先进制造业、现代农业、信息技术等产业协调发展。同时,加强与区县政府十三五规划相衔接,万州区人民政府审议通过并印发了《万州区中心城区邮政设施专项规划(2012 — 2020)》,黔江区人民政府审议通过了《重庆市黔江区邮政设施专项规划(2013 — 2020)》,永川区人民政府审议通过了《重庆市永川区邮政设施专项规划(2015 — 2025)》,大足、荣昌、铜梁、潼南等区县邮政基础设施也陆续纳入了地方城乡总体规划之中;与荣昌区规划局协调,将快递园区建设作为重要组成内容纳入了《重庆市荣昌区物流园区规划》中。

研究健全完善风险管理体系,完善寄递安全"技防"保障机制。重庆局针对"邮政业突发事件风险管理"开展了项目研究。修订完善了《邮政业突发事件风险管理制度》《突发事件风险管理流程》《邮政业突发事件风险评估标准》《邮政业突发事件风险控制方案》,拟定了《邮政业风险识别与登记实施细则》《邮政业风险评估实施细则》《邮政业突发事件风险控制实施细则》,汇集整理 9 大应急预案,归纳邮政业 17 个风险点。组织邮政快递企业填报风险信息 1002 条,完成评估程序和管控措施332条，涵盖重庆市38个区县、21家主要企业、68家加盟或代理快递企业，有计划、有落实、有督查地开展风险管理工作，促进邮政业突发事件风险防控管理进一步规范化、系统化和科学化。积极探索利用信息化技术手段落实收寄验视制度，与市公安局、珂擎物联共同研发建设寄递物流行业安全监管信息系统、收寄验视查验系统，通过信息分析和比对，努力实现对企业内保工作、物流活动的全程跟踪与检测，该系统已在垫江局试行。

四川省邮政管理局

认真组织全省各级邮政管理部门落实《国务院关于促进快递业发展的若干意见》，在省委省政府的大力支持下，经过充分调研和多次征求相关部门意见，《四川省人民政府关于促进快递业健康发展的实施意见》已于2016年7月19日经省政府常务会议审议通过并印发。《意见》明确了培育壮大快递企业、建设快递物流园区、推进“互联网+”快递、完善快递服务网络、衔接综合交通体系、加强行业安全监管“六项重点任务”，提出了推进简政放权、优化市场环境、加强法规建设、加大财税金融政策扶持、改进车辆管理、建设专业人才队伍“六大保障措施”。

《意见》出台后，四川局积极联系当地新闻媒体，进行广泛解读宣传。四川日报连续发四篇《〈四川省人民政府关于促进快递业健康发展的实施意见〉解读》，四川省人民政府网站进行全文转载。省局随后制定并印发《贯彻落实〈四川省人民政府关于促进快递业健康发展的实施意见〉工作方案》，对重点任务进行分工落实。截至2016年底，全省有自贡、遂宁、广安等市（州）政府印发《关于促进快递业健康发展的实施意见》，其他市（州）支持快递业发展政策正在起草和征求意见中。成都、攀枝花、绵阳、广元、内江、南充、雅安等市（州）以政府名义或联合发改、交通等部门发布各地邮政业发展“十三五”规划。

贵州省邮政管理局

延伸网络，完善服务体系。通过简政放权、优化审批、开展备案等多种方式鼓励快递企业铺设网点，争取毕节市、黔东南州被列为全国首批快递末端网点备案登记试点城市，通过备案登记制度促进快递企业在乡镇、社区、学校地区设立服务网点。截至2016年底，全省民营快递服务已实现每个县至少有5个品牌提供寄递服务，新增乡镇地区民营快递网点618个，快递乡镇网点覆盖率接近80%，80.7%的高校已实现规范收投，全省寄递流通渠道全面打通，寄递服务乡镇以上地区全覆盖。为进一步延伸服务网络，贵州局积极争取省政府印发《省人民政府办公厅关于转发〈省邮政管理局农村邮政快递综合服务平台建设工作方案〉的通知》，鼓励邮政企业在贫困农村地区建成邮政综合服务平台试点500个，更好的服务基层群众，延伸末端服务网络。

各市（州）分拨节点、快递物流园区加快建设，安顺快递物流园区已有6家骨干快递企业入驻园区，贵阳、毕节、铜仁、黔东南、黔西南等地市级快递物流园区正在抓紧建设。顺丰、圆通、韵达、汇通以贵阳为一级分拨中心，以交通枢纽、节点城市为二级分拨转运中心的疏通体系已基本建成，全省寄递运输“大动脉”功能更加强大。

贵州省快递物流园区建设进一步加快，继2015年申通、中通、百世、天天快四家快递企业分拨中心建成投入使用之后，2016年，EMS、乡飞、圆通、全峰四家快递企业也相继入驻园区。申通、中通、百世二期工程已经启动，圆通200亩二期工程正在积极筹划。随着园区一期工程全面建成投产，行业服务地方经济发展能力空前提升，产业集聚效应迅速显现，带动周围4000多亩的其他物流产业聚集，形成了8个大型商贸物流聚集的综合体项目，被省发改委授予“重点现代服务业集聚区”。目前，园区附近已有万科、双龙商贸物流城、万豪总部城、深国际综合物流港、贵龙港商贸中心等五家综合物流项目，项目总投资达260多亿元，实现了"以500亩撬动5000亩"。

截至2016年底,全省分拨转运能力最高可537万件/天。2016年"双十一"期间,全省14家主要快递企业共处理快件2403万件,较去年同期增长55.88%,其中进港完成2121万件,同比增长57.65%,出港完成282万件,同比增长63.61%,平均日处理量达240万件,贵州省邮政业历史上第一次日处理量突破200万件/天。2016年,全省出省件达到1.12亿件,首次突破1亿件,全国第300亿个快件也产生于贵州湄潭县一位茶农手中。

助力"黔货出山",探索"快递+"发展模式。牵线邮政、电商企业与省扶贫办联合启动电商精准脱贫工程。指导邮政企业今年在全省66个贫困县全部建立邮政电商精准脱贫站,建设以贫困县为中心、辐射周边区县的农产品体验店1000个,通过做实地方特色产品电商孵化园、连通地方特色产品"线上+线下"销售,努力实现贫困县农产品买卖、就业创业、精准脱贫目标。牵线京东集团与贵州省扶贫办联合启动丹寨电商扶贫项目,双方就互联网+现代物流、互联网+"三农"等方面开展紧密合作,甄选优质农特产品、手工艺品等特色产品,通过京东平台销售,让丹寨"黔货"走出去、卖得好,提升当地贫困人口收入。2016年,邮政企业已先后多次开展农村电商精准扶贫销售活动,先后在51分钟内售罄印江12000斤紫薯、两天售罄安顺平坝区齐伯镇50000余斤小黄姜、四天销售剑河20000斤握梨、一周销售息烽约20000斤西红柿等,累计销售农产品13.5万斤,带动包裹2.7万个,产生资费收入22.3万元,带动脱贫人口169名,得到了各方面的肯定,开创了贵州省寄递企业服务"农产品进城"的新模式,为缺乏经营手段的农民进行一对一帮扶,使农特产由"卖不出"变成"不愁卖"。

参与涉农电子商务平台建设。主动对接"贵农网",该网络由省供销社发起成立,注册资金5000万元,是以集物流、资金流、信息流、服务流"四流合一"的综合电子商务服务平台。积极参与该网络平台构建,发布对应快递服务网点信息,并将全省各县(区)主要农产品构成、成熟期、产量等详情表发给快递企业,构建农产品快递网络。贵州农特产品通过快递、电商平台找到销路,直接带动本地产品外销产值超过20亿元。

探索"快递+"新业态。积极引导快递企业融入贵州产品供应链、运销链,打造"快递+"特色样板项目,全省快递行业已与50多家重点企业签订战略合同协议,直接带动本地产品外销产值超过20亿元。其中,韵达与茅台集团、五星酒业达成长期合作协议,每年寄出酒100多万单,近期开展的金沙回沙酒大型寄递促销活动,产生4万件快递业务量;圆通的快递业务量中约3成运力服务于贵州各类酒产品运销;中通快递与牛头牌牛肉干、贵茶等企业深度合作,每天对外运销牛肉干、茶叶超过2000单,每年对外寄递牛肉干超过30万单,寄递茶叶超过800吨,产品价值超过2亿元;申通快递与多家狗粮生产企业开展仓配一体化项目合作,成为整个西南地区狗粮配送基地,每天对外寄递狗粮平均2500单。这些"快递+"项目的运作,为"黔货出山"提供了有力支撑。

在《省人民政府办公厅关于促进快递业加快发展的实施意见》(黔府办发〔2015〕53号)中明确:一是衔接高速路网,利用全省"县县通高速"的路网优势,优化干线运输,并支持和鼓励邮政、快递企业加强与汽车客运合作代运快件,健全体系,降低成本。已在黔南州部分县份开展试点;二是衔接铁路网络,完善铁路配套建设,开拓高铁运输新渠道。贵州省中铁快运已开展高铁快件寄递,下一步贵州局将加强调研,引导企业间强化合作,推动多种运输方式的无缝联合作业;三是衔接航空网络,由民航贵州监管局和机场集团负责推动"快件商务通道"建设。

在《关于研究加快全省邮政快递业发展有关问题的会议纪要》中提出:加强车辆服务。支持邮政快递车辆服务农村电商,交通部门要参照农产品运输绿色通道做法,对邮政快递车辆给予支持和照顾。文件下发后，贵州局一把手亲自带队到省交通运输厅沟通该项政策措施支持。2016 年 3 月 10 日，省发展改革委、省财政厅、省交通运输厅联合印发《关于印发降低企业物流成本若干措施的通知》，对货运车辆通行费实行持卡优惠、阶梯优惠、重点企业特殊优惠和政府购买服务方式降低流通成本。

及时将国家邮政局等部委编制的《快递专用电动三轮车技术要求》《快递运输车技术条件》《快件处理场所设计指南》《快递用集装容器　第 1 部分:集装笼》标准及时向全省邮政管理系统和寄递企业征求有关意见建议并反馈国家邮政业标准化委员会，以促进全国快递设施有关标准体系的建设。

参与顺丰全货机降落贵阳龙洞堡机场项目的落地工作。局领导多次带动到顺丰调研，并行文向省发展改革委沟通有关情况，召开专题协调会。12 月 9 日，顺丰速运全货运飞机首次降落贵阳龙洞堡机场，执行深圳—贵阳—杭州快递货运航线。该航线为贵州省首条全货机航线，全货机的开通运行，填补了贵州省民航无全货机的空白，大大提升全省农产品外销的时效，进一步刺激生鲜产品的销售、种植和产品开发，为“黔货出山”插上翅膀。

实施寄递渠道安全监管“绿盾”工程。争取省政府支持，获批 450 万财政补贴用于购置、补贴快递企业配备安检机，全省安全监管能力得到技术保障。持续推进企业安全生产标准化建设，将《邮政业安全生产设备配置规范》强制标准纳入许可现场核查条件，要求所有具备出省能力的寄递企业务必配备安检机，并与下属加盟企业全部签订过机安检协议，对于无法提供安检协议的企业，一律不予许可。截至 2016 年底，全省各品牌企业配置 X 光安检机 64 台，比 2015 年新增 43 台；争取到省财政 450 万元专项补贴资金。安顺局采取“两天一督促，每周一汇报”形式，对未按规定购买安检机的企业，严格按相关法律法规进行查处，共督促企业新增 X 光安检机 5 台，成绩显著。

落实企业主体责任。贵州局明确要求企业切实承担起安全生产主体责任，严格执行好邮政业安全生产“三项制度”，以贯彻实施《邮政业安全生产设备配置规范》《快递安全生产操作规范》两个标准为抓手，强化企业安全生产流程管控。与公安、国安部门建立了人员联合培训机制，2016 年已先后 12 次开展联合培训，参培人员超过 2000 人次，各市(州)局亦先后 20 余次联合公安、国安等部门开展安全生产培训。同时，购买了 3000 本《反恐怖主义法》和 2000 本《快递安全生产操作规范》，发放到全省各寄递企业，做好邮政业安全生产宣传工作。同时，各市(州)局督促辖区寄递企业严格按照法律法规要求，对寄递客户做好身份、物品信息登记和保存，为邮政业安全监管打下坚实基础。

强化安全检查。贯彻落实国家邮政局有关部署，开展快递网点清理整顿工作、春节前后及“两会”期间安全检查、数博会和“G20 峰会”寄递渠道安全保障、实名制寄递专项检查、安全生产大检查等工作，其中，贵阳市邮政管理局荣获 G20 峰会寄递安全服务保障工作先进集体称号。2016 年，全省开展市场检查 2280 次，出检 878 天，检查 2359 个单位，出检 5714 人次，查处各位违法违规行为 515 次，下达整改通知书 260 份，开展行政处罚 135 次，累计罚款金额 37.54 万元。

2016 年年初，贵州局按照国家邮政局统一部署，加强许可审批工作，守住安全底线，取消了“绿色通道”制度。就新修订的《快递业务经营许可管理办法》，出台的《快递末端网点备案登记实施办法(试行)》等相关规章、规范性文件，结合工作实际，认真研究讨论，提出意见建议，配合推进相关法律制度健全完善。为贯彻落实《国务院关于促进快递业发展的若干意见》(九)深入推进简政放权。“精减企业分支机构、末端网点备案手续”，毕节市、黔东南州作为全国快递末端网点备案模块 7 个试点工作地区，已于 2016 年 5 月 10 日开始按照《快递末端网点备案登记实施办法(试行)》开展试点工作。试点通过末端备案登记制度促进快递企业在乡镇、社区、学校地区设立服务网点，简化审批流程，促进“快递下乡”，促进“黔货出省”。2016年全省共计核查企业快递经营许可申请265起，核查通过许可企业169家；核查许可变更106起，核查通过97家，审核受理分支机构变更1167起、核查分支机构728个，核查通过723个，平均办结时间9.3天，许可审批时限大幅缩短；受理分支机构备案409起，新增备案分支机构382个；审核2015年企业年度报告314家。

云南省邮政管理局

针对云南省快递业发展政策环境、资金环境、交通环境、市场环境等进行积极调研、充分摸底，确保相关工作的开展切合云南省实际情况。在《国务院关于促进快递业发展的若干意见》的框架下，尊重市场规律的基础上，云南局主动作为，通过草拟文稿、征求意见、反复沟通，有效推动了《云南省人民关于促进快递业发展的实施意见》于2016年9月正式印发。《意见》包括总体要求、重点任务、政策措施和组织实施四个方面，《意见》涵盖了培育壮大市场主体、推进“互联网+”快递、完善和加快快递基础设施布局及建设、推进快递服务网络建设、衔接综合交通运输体系、推进国际快件(邮件)跨境服务体系建设、推进快递业与关联产业融合发展、加强行业安全监管与应急能力建设等八个方面内容，为全方位促进云南省快递业发展提供了目标和方向。积极指导各州(市)邮政管理局做好和当地政府的沟通协调，抓好贯彻落实工作，其中，保山、临沧、怒江、版纳等州(市)政府相继出台了符合当地实际情况的促进快递业发展的政策文件。

西藏自治区邮政管理局

快递业发展继续保持稳步增长态势。全区快递业务品牌23个，新增3个(德邦、远成和速尔)，撤销1个(全峰)。快递经营单位293家(包括许可企业、分支机构和代办点)，新增93家，同比增长46.50%。其中，许可企业37家，新增8家，撤销1家。快递企业从业人员共1267人，大型运输车辆共27辆，小型面包车和汽车共98辆，三轮车共480辆，手持终端共923个。

健全县乡级地区网点覆盖。推进快递“向下”工程和农村电商协同发展，完善乡镇基层网络体系。如拉萨局发挥试点带头作用，率先在辖内曲水县、达孜县开展“快递便民服务点”试点工作，大胆创新，整合资源。全年，快递服务范围继续向县乡级地区延伸，县乡快递覆盖率明显提高。全区县级快递经营单位108家，覆盖47个县，县级网点覆盖率为66.20%。乡级快递经营单位17家，覆盖12个乡镇，乡镇网点覆盖率为1.73%。

2016年，全区快递服务企业业务量累计完成734.39万件，同比增长27.01%；全区快递服务企业业务收入完成0.21亿元，同比增长19.19%。全区加大智能快件箱投入力度，安装智能快件箱113组，共计6340个格口数，智能快件箱投递快件量约26.50万件。

陕西省邮政管理局

积极推进将快递业发展纳入《陕西省物流业发展中长期规划》，规划包括主体培育、产业升级、交邮融合、园区建设、城市配送、末端服务、协同发展、服务三农等17项工作任务和9个重点建设项目。

快递“向下”加速拓展。陕西省邮政管理局、省商务厅联合出台《关于推进“快递向下”服务拓展工程的指导意见》，为进一步加快实施“快递下乡”工程明确了思路。其中，渭南“大荔模式”得到国家局领导充分肯定。榆林局联合供销系统力推快递网络向下覆盖。咸阳武功、延安洛川等地积极探索邮政快递服务农产品电商的新模式，引起社会广泛关注。全省新增乡镇快递网点735个，覆盖率达到82%，西安、宝鸡、渭南、咸阳、铜川、延安等地部分县(市、区)覆盖率达到100%。“向下”工程的持续推进，不断释放出农村市场活力，快递服务农村经济的效果开始显现，通过快递销售的农特产品数量持续增加，逐步实现了“网货下乡、农货进城”的双向流通，成为地方政府扶贫、致富工作的有力抓手。

快递与电子商务协同发展新局面。陕西省政府出台的《关于进一步加快电子商务发展的若干意见》《关于大力发展电子商务加快培育经济新动力的实施意见》《关于促进内贸流通健康发展的实施意见》等一系列文件都对行业协同发展给予了政策支持。西安局鼓励中小快递企业为电商企业提供更加优化的落地配服务。宝鸡局纳入宝鸡市推进电子商务发展领导小组。咸阳局推动武功县电商与快递协同发展，初步形成“基地 + 公司 + 电商”和“网店、快递兼营”等多种发展模式。汉中局组织辖区快递企业开展“汉中春茶免费寄全国”、汉中城固柑橘外销寄递等活动，留坝县创建电子商务示范县还对快递入驻给予补贴。铜川、渭南、延安、安康、商洛等市局积极引导辖区快递企业深化与涉农电子商务企业的合作，为当地特色农特产品提供包装、仓储、运输的标准化、定制化服务。通过协同发展，一些可落地、可推广、可复制的成功经验正在逐步形成，巨大的示范效应也逐步显现。

快递服务制造业快速推进。重点快递企业纷纷加强与制造业企业的合作，逐步由服务生活领域向服务生产领域拓展，为汽配、电子、服装、医药等制造企业提供整体快递物流解决方案和多种快递物流方式，初步形成了入场物流、仓储配送一体化、订单末端配送、区域性供应链、嵌入式电子商务快递等五种服务模式，整合企业需求，延伸寄递服务，跟进比亚迪、法士特、西飞、宝鸡钛森、中航电测、汉王药业等一批龙头项目，有效提升制造业企业生产效率和效益。

在综合交通运输体系的大背景下，快递与铁路、航空互联互动更加紧密，航空快递和高铁快递发展走上了快车道。EMS（西安—南京）、顺丰（西安—杭州，西安—深圳）往返航线已开通运行；圆通“西安—杭州”往返航线首航成功，辐射华东、西北地区的杭州、上海、西安、银川、兰州等十多个城市。西安高铁快递开通运行，辐射全国 200 多个城市，西安市民可享受当日达、次晨达、次日达等高铁快递服务。各地利用客运班车代运邮件快件、利用城乡客运站处理快件，邮政企业大力发展代理票务等业务蓬勃兴起，综合运输效能陆续显现，交邮合作不断深化。

快递业加快推进快递设施网络建设。榆林久旭快递产业园正式开园，西安邮区中心局（草滩）省际邮件处理中心和圆通、韵达西北转运中心投入使用，园区产业集聚效应逐步显现。快递服务网点标准化建设有序推进，全省共建成标准化快递网点 416 个，完成达标企业 77 家，达标企业比例突破 20%。

全面提升快递末端投递水平。在企业自主与政府指导相结合、自身建设与合作创新相结合、科技创新与产品创新相结合和高效便捷与保障安全相结合的原则下，引导企业加强自身能力建设，鼓励企业开展第三方合作模式创新，积极探索和推广智能投递等方式，提升快递末端投递服务水平。各快递企业进一步丰富末端服务网络，支持顺丰家、“快递 +”便利店、小麦公社、京东帮、校园派、智能快件箱等，进社区、进学校、进单位、进商区。

加快新能源车辆推广应用。全省快递业以加快转变快递运输发展方式为主线，以服务绿色交通建设为目标，以优化行业能源消费结构为核心，创新推广应用模式、落实扶持政策、完善体制机制，加快推进新能源汽车在快递业的推广应用。西安市与中国普天新能源公司沟通确定了快递新能源车辆的推广草案；宝鸡组织快递企业赴陕西通家汽车公司进行考察，并争取当地政府对新能源投递车的补贴利好政策；榆林市鼓励快递企业与陕汽榆专进行深入合作，《关于新能源车辆在快递领域推广应用的需求分析报告》摸清了新能源汽车在全市快递业推广的深度和速度。

切实维护消费者合法权益。坚持“保护消费

者权益和增进人民福祉”这个出发点和落脚点，促进行业不断转型升级提质增效，始终致力提升服务质量，拓宽服务深度，使群众放心消费、安全消费、满意消费。同时，加强邮政业消费者申诉情况数据分析，督导企业采取有效措施改善服务质量，降低有效申诉率。在全省快递业务量高位增长的情况下，消费者有效申诉率大幅下降，全年处理有效申诉3350件，同比下降12.4%，为消费者挽回经济损失59.6万元。

甘肃省邮政管理局

按照刘伟平省长和黄强副省长“根据甘肃实际，起草出台甘肃促进快递业发展实施意见”的批示要求，结合甘肃快递业发展实际，积极沟通，多方协调，组织人员，集中精力，深入各市州局和各快递企业进行调研，召开座谈会听取多部门意见建议，于2015年11月底形成实施意见初稿，2016年2月23日省政府第112次常务会议审议通过了实施意见，3月8日《甘肃省人民政府关于全面推进快递业发展的实施意见》正式印发。

甘肃局依据国务院《若干意见》和甘肃省《实施意见》结合甘肃快递业发展的实际情况，重点抓了以下7个方面的工作：主动与相关政府部门协调，初步达成了甘肃省内快递园区建设用地、手续审批等工作协议，兰州快递园区建设项目正在实施中。省会兰州市大型快递车辆“进城难”的问题得到解决；统一了快递电动三轮车车型、“甘肃快递”标识、编号和备案手续，方便了管理的同时，也加快推进了快递“六进”工程。认真履职尽责、落实安全责任制度，督促协调全省快递企业配备安检机134台，全省各市州局从严、从细、从实督查辖区内企业落实三项制度，保障寄递渠道安全。全力推进快递下乡进村。在全省范围内积极推动“快递+”产业，“快递+”特色农产品、“快递+”名优中药材、“快递+”民族工艺品以及快递服务制造业等项目，形成了全省快递业新的增长点。全力推动国务院和省政府文件落地，目前全省有11个市（州）政府出台了《促进快递业发展的实施意见》或《实施方案》，为促进地方快递业发展给予了多项政策倾斜，营造了快递业发展的良好环境。（平凉、武威、嘉峪关、甘南州、白银、庆阳、临夏州、定西、张掖、天水、陇南）与相关部门协调，完成了组建全省首个县级机构——敦煌邮政管理局的相关工作。推动中国邮航和顺丰航空全货运定期飞行航班落地兰州，弥补了甘肃地处偏远西部交通不便利的短板，大幅度提升了甘肃中邮速递和顺丰快递进出口快件时限水平，将实现甘肃到全国多个省份、多城市的“次日递”和“次晨达”，为甘肃省“工业品下乡、农产品进城”创造了便利的交通条件。

青海省邮政管理局

不断加大省级政策支持力度。2016年11月15日，《青海省人民政府关于促进全省快递业发展的实施意见》正式印发。《实施意见》坚持贯彻国家政策与青海实际相结合，从十二个方面提出保障措施，明确相关部门责任分工，在新起点上推进快递业持续快速健康发展。此外，《青海省加快发展生产性服务业促进产业结构调整升级的实施方案》《青海省加快发展生活性服务业促进消费结构升级实施方案》《青海省关于积极发挥新消费引领作用加快培育形成新供给新动力的指导意见》等政策性文件陆续出台，全省快递业发展迎来重大发展机遇。

地方政府推动力度不断加强。各市州局把贯彻落实《国务院关于促进快递业发展的若干意见》，完善配套政策措施作为重点工作来抓，不等不靠，先行先试，积极推动出台了一系列政策措施。西宁市、海东市、黄南州出台了促进快递业发展的措施，行业发展政策不断完善。海北州出台了《加快快递业与电子商务协同发展的意见》和《海北州电子商务发展扶持奖励暂行办法》，为促进快递业与电商协同发展提供了政策依据和保障。

宁夏回族自治区邮政管理局

重新修改完善了《关于促进全区邮政业健康快速发展的实施意见》，形成了《关于进一步促进我区邮政业健康快速发展的报告》和《宁夏邮政管理局提请印发〈关于促进全区邮政业健康快速发展的实施意见〉的请示》上报自治区政府。自治区政府办公厅已完成了《关于促进全区邮政业健康快速发展的实施意见》的意见征求工作。现宁夏局正结合各厅局反馈意见及国家邮政局对邮政业的新定位新要求，对《实施意见》进行再次修改，提请自治区政府组织召开专题协调会议，进一步修改完善《实施意见》，力促早日出台。

简化快递业务经营许可审批程序，将快递业务经营许可准入审批材料由22项简化为9项，审批时限由45个工作日压缩至25个工作日以内；将邮政普遍服务营业场所撤销和停限办邮政普遍服务和特殊服务业务的审批权限及快递许可变更、分支机构名录核定发放、年度报告审核、分支机构备案和许可注销初审等多项职权下放到市级邮政管理局，实现执法重心下沉；我局制定发布了区市两级邮政管理部门权力清单及责任清单，经梳理区市两级邮政管理权力清单146项，其中行政许可项目5项，责任清单108项。组织对非行政许可审批事项进行了全面清理，严格规范和控制新增审批事项以及市级邮政管理局自行设立的审批、核准、备案、登记等事项，上述各类审批事项均未新增。

积极推动自治区人民政府将"城市社区建设网络购物快递投送场所，新建住宅小区、商业区将快递投送场所纳入规划，落实快递车城市通行、禁限制停靠路段停靠"等优惠政策纳入《关于促进电子商务发展加快培育经济新动力的实施意见》，逐步完善宁夏物流快递配送；向自治区人民政府上报《关于进一步促进我区邮政业健康快速发展的报告》，积极推动出台《关于促进全区邮政业健康快速发展的实施意见》，自治区人民政府分管领导原则同意适时召开专题会议，研究印发促进行业发展实施意见，并积极促成自治区人民政府与国家邮政局签订《关于加快推进宁夏邮政业建设与发展合作协议》；三是与综治办、公安厅、安全厅等9厅局联合印发了《关于加强寄递行业安全管理工作的实施意见》，成立了区、市、县三级寄递行业安全监管领导小组，建立了联合监管联动机制，率先在全国开展了实名收寄、开箱验视、过机安检三个100%工作，将寄递渠道安全管理工作列为地方综治工作年度考评内容。

科学编制邮政业发展十三五规划，积极与自治区发改委、商务厅、交通运输厅、信建办、规划办等相关部门加强沟通对接，切实推动邮政基础设施规划、重大项目布局等相关内容与自治区"国民经济和社会发展第十三个五年规划"、服务业"十三五"规划、交通运输"十三五"发展规划、宁夏空间发展战略规划的总体安排相衔接，并广泛征求意见，经修订、完善、评审后，与自治区发改委联合印发了《宁夏邮政业发展"十三五"规划》。将快递下乡、完善物流配送体系，建成三级公共服务平台和四级物流快递体系，快递物流园区建设等内容纳入《自治区国民经济和社会发展第十三个五年规划纲要》。

争取地方财政支持力度。积极协调对接商务厅、石嘴山市政府、固原市政府，2015年各争取了200万元、100万元、25万元的补贴资金，为全区34个品牌快递企业配备的35台X光安检机进行了补贴，2016年，我局继续争取到100万元用于企业安检机配置补贴；协助建设银川电商快递物流产业园，将部分规模以上品牌企业分拨中心引导入驻产业园区，全区快递园区建设取得较大突破，全区已建成市级快递物流园区3个，在建市级园区1个、县级园区2个，并均取得了减免租金、免费配置安检设备、物业管理费用补贴等支持政策。帮助快递企业争取了物流政策，依法享受企业所得税优惠政策。贺兰县委、县政府专门印发《贺兰县关于推进电子商务发展的若干意见（试行）》，明确对快递企业的补贴政策。争取《自治区人民政府办公厅关于实施农村电子商务筑梦计划的意见》文件中明确了以下快递业利好政策:“在乡(镇)设立品牌快递物流配送综合站点的,由注册地人民政府给予 2 年宽带资费和 50 平方米房租全额补贴;从 2016 年 5 月至 2017 年 12 月,对乡(镇)与自然村之间的农产品进城和农资下乡物流配送给予补贴,10 公里以内每单补 1 元,10 公里以上 30 公里以内每单补 2 元,30 公里以上每单补 3 元。”石嘴山局、吴忠局、中卫局积极协调相关部门,引导邮政公司参与电子商务进农村综合示范工程,整合资源打造农村电商综合服务平台,完善了农村寄递服务基础设施,并争取到了出港快件运费补贴政策。石嘴山市平罗县政府对本地出港邮件、快件每件补贴 5 元,其他县区对本地出港邮件、快件每件补贴 2 元。

切实为快递车辆区内、市内、小区通行争取政策。与自治区公安厅交通管理局、自治区道路运输管理局联合印发了《关于印发〈宁夏快递车辆运行管理办法〉的通知》,将给予自治区境内运行的宁夏快递车辆高速公路免费通行的优惠政策纳入了《自治区人民政府关于促进电子商务发展加快培育经济新动力的实施意见》中;各市局与当地交管局、住建局等部门联合下发了快递电动三轮车市内通行、进入小区通行的管理规定,为快递车辆的城市通行和临时停靠作业提供了方便。其中,石嘴山市局联合当地交警部门对快递电动三轮车进行上牌管理,已有 27 家快递企业所属 35 个网点的 161 辆快递三轮车纳入规范管理。推动将给予自治区境内运行的宁夏快递车辆高速公路免费通行的优惠政策纳入了《自治区人民政府关于促进电子商务发展加快培育经济新动力的实施意见》中。

开展标准化规范化管理。在全国率先研究制定《宁夏快递企业经营管理规范化标准化实施办法》,从场所标准、操作标准、人员管理、安全管理、统计登记、投(申)诉与赔偿、分支机构管理、加盟企业管理、建立健全企业管理制度、党群团组织建设、企业精神文明建设等各方面规定了实施标准,引导快递企业实现规模化、规范化、均衡化发展,提升快递行业的整体形象和管理水平。全区已有 95% 的快递营业网点、分拨中心完成了硬件设施的更新改造。

建设专业人才队伍。搭建校企邮政行业人才培养平台,加强与自治区教育厅和区内高等院校联系对接,组织召开全区邮政业人才培养暨校企合作座谈会,与各大院校协商达成了关于设置快递专业的合作意向,探索学校、科研机构、协会和企业联合培养模式,实施快递人才素质提升工程,支持快递企业组织从业人员参加职业培训和职业技能鉴定,并向地方政府提交了按规定给予补贴的建议。贯彻落实《邮政行业人才队伍建设中长期规划(2009 — 2020)》,进一步完善职业鉴定组织体系,经局党组研究决定,宁夏邮政职鉴中心增配专兼职工作人员 2 名,地市邮政管理局各增设兼职工作人员 1 名,进一步完善了全系统职业鉴定组织体系。认真组织开展邮政行业职业技能鉴定考试工作,宁夏全区共组织职业鉴定考试 11 次,报名人数 2694 人,获证人数 1996 人,获证率 74%,其中初级资格 1859 人,中级资格 121 人,高级资格 16 人。争取在《自治区人民政府办公厅关于实施农村电子商务筑梦计划的意见》文件中明确:积极支持返乡大学生、大学生村官、农村青年、致富带头人开展农产品网上销售及快递物流配送等业务,吸引高素质人才加入快递行业,有力推动“快递下乡”工程。

推进快递下乡,全区“快递下乡”工程推进取得较大进展,银川、吴忠两市分别达到 100%、98%,石嘴山、固原、中卫三市快递服务乡镇覆盖率均达到 80%。石嘴山局积极协调市政府及有关部门,全力打造平罗“快递下乡”示范县;固原局充分整合资源,引导快递企业利用市政府“互联网 + 农村扶贫电子商务”平台,“快递下乡”取得实质性突破,推动建成首个“校园快递服务中心”,成功解决校园快递服务“最后一公里”问题。

积极探索精准扶贫新路径新模式。结合全区邮政业实际，多次调研后，宁夏局制定印发了《宁夏寄递行业精准扶贫实施方案》，各市局按照实施方案部署了相关工作。其中固原市政府与京东集团就设立固原市京东服务中心、建立农村合作点、完善配送体系、建立线上、线下固原市级特色馆、设立电商扶贫基金等10多项内容签订合作协议，对固原市产业结构调整和脱贫攻坚起到重大的推动作用。中卫局联合市扶贫办印发了《中卫市邮政业扶贫工作实施意见》，并深入各县区协调推动意见落实，为进一步深入推动邮政业精准扶贫工作奠定了基础。

新疆维吾尔自治区邮政管理局

2016年8月8日，新疆维吾尔自治区人民政府颁发了《关于促进快递业发展的实施意见》。

塔城地区行署将《塔城地区邮政业十三五规划》和《塔城地区关于促进快递业发展实施意见》纳入《塔城地区国民经济和社会发展第十三个五年规划纲要》和《塔城地区交通运输“十三五”发展规划》，明确规定：“积极发展邮政和快递服务业，加快诚信邮政服务网络建设，健全完善邮政设施布局。提升城乡快递服务能力，力争到2020年在塔城市、乌苏市和沙湾县建设快递物流园，全区乡（镇）和建制村实现乡乡设网点村村通邮、村村通快递。”“依托巴克图口岸，建设邮政物流对外‘绿色通道’，建设三级邮政快递处理场所，积极推进快递下乡，完善快递网络，构建重点突出，辐射全地区的快递园区网络。”

博尔塔拉蒙古自治州政府将《博尔塔拉蒙古自治州邮政业发展“十三五”规划》纳入《博尔塔拉蒙古自治州国民经济和社会发展第十三个五年规划纲要》，明确规定：“积极发展邮政快递业，加快城乡邮政服务网络和农村物流配送网络建设，提升城乡快递服务能力。积极发展国际邮件交换业务。”

昌吉回族自治州吉木萨尔县人民政府与昌吉回族自治州邮政管理局签订了《邮政业服务农村电商工作战略合作框架协议》，明确规定，吉木萨尔县人民政府每年安排50万元专项资金，对承担县以下乡村邮路的中国邮政集团公司吉木萨尔县分公司进行补贴；对承担上行农产品的所有邮政、快递企业每件给予1～2元的资费补贴；对邮政、快递企业建设并运营正常的电子商务仓储配送平台，县电商扶助资金给予实际投入资金10%的补助；对邮政、快递企业开展电商运营进行的后台维护、系统开发、数据分析等工作产生费用，按照每年实际产生费用的50%给予补助。

哈密市高度重视快递（电商）集散中心的建设工作，在高新技术开发区规划建设快递物流（电商）集散中心项目。项目占地215亩，2016年已完成规划、备案、环评以及“七通一平”等基础设施，邮政快递、圆通快递确定入驻，并办理了土地手续。

第三篇 发展环境

第一章 2016年快递市场监管和安全监管情况

第一部分 一季度市场监管和安全监管情况

2016年第一季度，各级邮政管理部门深入贯彻《国务院关于促进快递业发展的若干意见》，认真落实全国邮政管理工作会议和全国邮政市场监管工作会议有关部署，结合本地区实际，按照从严、务实、较真的作风，扎实推进市场监管各项工作，取得明显成效。

一、持续推动行业提质增效

国家邮政局全面推进快递发展"十三五"规划编制工作，支持企业上市融资，部署各级邮政管理部门对顺丰、申通、圆通和韵达品牌自有企业开展调查，为上市融资开具相关证明文件。开展企业兼并重组调研、快递上机上铁调研。与商务部组成3个联合工作组，赴第二批6个电子商务试点城市进行调研督导，召开专题会议通报情况并就下一步工作提出要求；与财政部、商务部联合下发《关于做好电子商务与物流快递协同发展试点绩效评价工作的通知》。印发《智能快件箱投递服务管理规定（暂行）》。

（一）行业扶持政策力度不断加大。安徽、江西、陕西、甘肃等省局，山西晋中、山东青岛、广东云浮、贵州黔西南等市（地）局推动地方政府出台了促进本地快递业发展的实施意见。山西局推动省政府印发《关于促进农村电子商务加快发展的实施意见》。福建局印发《〈关于支持快递业加快发展七条措施的通知〉重点工作分工方案的通知》。云南省邮政业"十三五"规划纳入云南省交通运输业"十三五"规划和云南省国民经济与社会发展"十三五"规划纲要，明确实施昆明新机场航空邮件处理中心二期等工程；楚雄州快递园区被纳入《楚雄州加快物流产业发展三年行动计划（2015－2017年）》，怒江、保山快递园区建设工作被纳入到地方"十三五"发展规划大盘子。安徽芜湖皖南快递产业园管理委员会正式成立，由鸠江区政府、市邮政管理局分管领导担任负责人，力争在"十三五"末支撑芜湖市进入全国快递40强。陕西榆林局联合市供销社积极协调政府财政安排4545万元用于快递物流业发展及农村电子商务物流快递综合服务中心项目建设。

（二）快递向西向下步伐加快。山西省开展"枣聚吕梁"行动，以优质吕梁红枣网络销售为突破口，为农产品走出乡村提供快捷的寄递服务。吉林局与农委共同开展第二、第三期全省农村劳动者快递行业岗前培训。吉林长春局积极推动"村巴快递项目"，采用客运与自营相结合的方式进行物流配送，解决乡镇、村屯配送难题。河南省1803个乡镇已经设立快递服务网点，快递下乡覆盖率达到99%。贵州局推动省政府转发《贵州省农村邮政快递综合服务平台建设实施工作方案的通知》，推进农村邮政快递综合服务平台建设。云南局联合省商务厅印发《关于推进“快递下乡”加快农村电子商务与邮政快递协同发展的实施意见》，提出农村快递网点乡镇覆盖率要达到80%以上，基本实现“乡乡有网点，村村通快递”。江西新余局制定《新余市农村电商快递服务体系建设方案》，提出2016年在全市26个乡镇设立电商快递综合服务中心，实现“村村通快递”目标。河南商丘局发挥“快递下乡”工程优势，积极引导16家快递企业解决宁陵县酥梨滞销问题。南阳局引导快递企业服务特色农产品外销，种类已达20多个，年销售产值近千万元。

（三）积极推进快递“1+3”工程。天津局赴华宇、易客满等第三方国际物流企业进行调研，了解跨境电子商务发展面临的困境。山西局联合省商务厅出台《关于促进快递业与电子商务协同发展的意见》，与省财政厅、省商务厅联合发布《大同市电子商务与物流快递协同发展方案》，为快递与电商协同发展提供了支持与保障。吉林省局推动省政府出台《关于推动农村电子商务加快发展的实施意见》。推进长春汽车制造业示范项目，由申通和EMS承担一汽大众全国1288家4S店的备件服务。江苏省政府出台《关于大力发展电子商务加快培育经济新动力的实施意见》，提出在推动快递配送终端建设等多个方面深化快递与电子商务协同发展。福建局推动邮政业服务农产品进城省级重点项目，其中宁德古田食用菌项目月均5万件，泉州安溪茶叶项目月均量7.5万件。海南省政府办公厅印发《关于推进跨境电子商务发展的意见》，将邮政业纳入了跨境电子商务发展整体部署，为快递业“向外”发展创造了良好的政策环境。吉林通化局为顺丰速运与天骏食品有限公司搭建合作交流平台，将该企业的保健产品上架顺丰优选。白山局打造“万良人参”品牌，建立长白山人参、黑木耳、山野菜等地方特色农产品货源带，引导快递企业外销白山市地域特色农产品。辽源局积极联系袜业园区管理部门，为快递企业争取场地租赁等有利政策，推动纺织袜业企业与快递企业深度融合发展。江苏淮安市、苏州常熟市分别印发了《2016年加快发展“4+3”服务业特色产业工作方案》《关于推动商务转型发展若干政策实施细则》，推动快递电商协同发展。国务院批复安徽合肥市设立跨境电子商务综合试验区，合肥局推动市政府出台文件明确支持跨境电子商务港建设。安徽蚌埠局推动市政府下发《电子商务与物流快递协同发展试点工作实施方案》，明确打造“五大体系”，力争到2017年建成皖北品牌快递区域总部集聚中心、皖北电商与快递人才培训中心。江西上饶局推动市政府印发《关于进一步促进我市电子商务发展的若干意见》，明确了至2017年底市财政每年安排100万元作为电商物流专项经费。湖北咸宁局推动市政府先后出台了《关于积极推进电子商务发展的实施意见》和《关于支持现代物流业发展的实施意见》。广东清远局向市政府争取出台《关于印发清远市加快电子商务发展的若干政策的通知》，由市财政每年安排100万元资金完善各县农村电商物流配送体系。贵州贵阳局扎实推进电商协同发展试点项目，对快递物流园区、网订店取等电商协同发展项目进行评审，现场验收85家标准化快递门店，完成所有试点工作。

（四）着力协调车辆通行问题。天津局持续加强与公安交管部门的沟通协作，累计为全市快递车辆办理邮政快递车辆通行证2558个，就2015年雾霾期间快递车辆违章事宜与交管部门进行沟通，撤销快递车辆违章记录。黑龙江局积极与省道路运输局、省交警总队沟通协调，为全省13个市（地）53家快递企业累计发放快递车辆通行证605张。广东局对全省快递车辆通行政策、快递末端配送摩托车、电动车情况进行了统一摸底调查,并与省公安厅交通管理局进行了对接协调。辽宁沈阳局联合公安部门为全市符合条件的快递企业核发2016年首批191张快递服务车辆通行证,大连局发放2016年首批100张高峰通行证。江西南昌局为全市8家品牌企业共150辆快递车辆发放2016年度通行证。河南焦作局向市政法委上报《关于协调解决邮政、快递服务三轮车市内通行相关事宜的请示》,与相关部门加强沟通,争取到邮政、快递服务三轮车在标识统一、依法上牌后即可上路的政策。驻马店局联合市快递协会与生产厂家洽谈购置统一标准的电动三轮车,目前已有10家快递企业购置专用电动三轮车166部。湖北武汉局为EMS办理80张电动汽车市区全天候通行证;为EMS、UPS、世阳快运等企业新增、续办281张货车通行证。广东深圳局积极应对市交警局开展的"法治通城2016禁摩限电"专项行动,妥善解决快递企业被扣人扣车、员工罢工、快件积压等问题,在原有13000个两轮电单车配额基础上新增两轮电动车配额5000个。珠海第二批344台快递摩托车上牌获市政府审批通过拟投入使用。

(五)加强快递园区和标准化门店建设。一季度已有19个省(区、市)启动本地区标准化门店建设工作摸底和达标推动,上述地区城区自营网点标准化率为31%。江苏苏南快递产业园功能进一步升级,一是机场集团、无锡海关、顺丰速运三方代表签署《加强个人物品类国际快件监管合作备忘录》,标志着国际快件监管中心正式开展个人物品类国际快件进口业务;二是菜鸟网络斥资近18亿元,占地面积380亩,在苏南快递产业园启动江苏首个核心节点项目,打造集信用、物流和数据为一体的电子商务生态产业园。青海局加快推进海东临空工业园快递园区建设工作,确定了"统一规划、定位明细、按需取地、自筹资金、组团建设、集聚发展、功能集中"的快递园区建设与发展模式。江苏南通首家跨境电子商务众创园开园,占地6350平方米。江西萍乡局积极推动江西春蕾集团与市邮政快递物流行业协会签订战略合作协议,正式启用萍乡春蕾邮政快递物流园区。安徽合肥局打造政务区石台路"合肥快递服务示范街"。蚌埠局召开全市快递网点标准化工作现场推进会暨蚌埠市圆通标准化示范店授牌仪式,推进网点标准化工作。

(六)推动解决末端配送问题。重点推动破解快递进高等院校问题,一季度已有17个省启动实施,上述地区快递进高校率为71.6%。天津局多次赴市建委沟通信报箱验收事宜,编制《天津市住宅信报箱(智能邮件快件箱)验收流程》,做好智能邮件快件箱验收工作。山西大同大学校园快递综合服务超市正式揭牌运营。江苏淮安市政府明确将建设城市末端公共配送站点作为完善便民服务体系的一项重要工作,列入2016年市政府为城乡居民办十件实事项目,计划总投资1500万元,在主城区建设100个末端公共配送点(智能柜自提点)。贵州黔南局选取1~2个乡镇就乡镇客运站与快递合作进行试点。

二、切实履行邮政行业安全监管职责

国家邮政局召开2016年寄递渠道安全管理领导小组第一次全体会议,总结2015年寄递渠道安全管理工作部署2016年工作。启动绿盾工程可研报告编制工作,3月13日至25日赴安徽、上海、新疆等地调研,对业务需求和建设规模进行摸底调查。向社会公开征求《禁止寄递物品管理规定(试行)》意见。起草《邮件、快件实名收寄实施办法》《邮件快件微剂量X射线安检设备配置管理规范》并向社会公开征求意见。传达学习《中共中央 国务院关于进一步加强反恐怖工作的意见》《中共中央办公厅 国务院办公厅反恐怖主义工作责任制实施办法》等文件精神,研究部署《反恐怖主义法》贯彻落实和2016年邮政业反恐怖工作。下发通知,部署做好全国"两会"期间邮政、快递服务和安全工作。

（一）紧抓“收寄验视、实名收寄、过机安检”三项制度落实。天津局召开全市寄递行业落实四项安全保障制度专题工作会，部署落实收寄验视、实名寄递、过机安检和持卡认证“四个100%”安全保障制度落实工作；组织各派出机构召开四项安全保障制度专项检查“互比互看”汇报会，提高执法人员的安全意识和工作能力。福建局印发《关于加快寄递业实名收寄验视监管系统基础数据完善工作的通知》，按日按周通报各地市实名收寄系统使用情况，加快推广应用实名系统，对监管版和业务员收寄版APP进行优化，开发完成市民版APP“快递到家”并在福州地区试用，共注册企业937家，2479家网点，登记从业人员32441名，共实名收寄2283079票快件，单日实名收寄最高已达51393票，快递到家共实名注册523人，使用2015次。浙江局联合省公安厅在前期新昌、桐乡实名信息化试点的基础上部署开发应用于全省的收寄实名信息化系统。山东局三次会同省综治办、公安厅成立联合调研组分赴临沂、济南、东营专题调研三项制度落实情况。河南局联合省综治办、公安厅和国安厅，对全省15个市、县的15个分拨中心、52个寄递企业营业网点三项制度落实情况进行了实寄测试。四川局与省交通厅、公安厅联合下发《关于进一步加强寄递物流渠道实施收寄验视和实名收寄制度的通知》，进一步细化收寄验视和实名收寄制度相关措施，与省、市两级各部门组成联合督导组深入辖区邮政、快递企业开展专项检查，督导落实情况；联合省综治、公安部门开发推广“寄递e通”App，实现对快件的跟踪溯源，更好地加强寄递渠道的监管。云南局联合省综治办向全省4000多万移动、联通、电信手机用户发送了宣传三项制度的提示短信，营造良好社会氛围；先后对曲靖、昆明等州市邮政管理部门及部分企业负责人就加强寄递安全监管及管理工作进行了约谈。江苏徐州局联合市公安局在徐州市物流寄递业管理信息系统电脑客户端的基础上，推动研发了“寄递通”手机App，可即时采集上传用户信息及运单信息，现已投入使用。江西九江局制定下发《收寄散件试行“拍照内件留存待查”的通知》，要求寄递企业收寄零散邮件、快件时必须拍照内件、留存待查。河南郑州局制定《郑州市邮政行业寄递安全管理制度实施细则（暂行）》。云南曲靖、大理局联合综治、公安、国安等部门发布了《关于落实寄递安全三项制度确保寄递安全的通告》，下发至各寄递企业营业窗口张贴。陕西安康局积极探索通过手机App推动三项制度落实。

（二）提高企业安检能力。天津局多次与市财政局、综治办进行座谈，沟通以租赁方式解决安检机配置问题。山西局通过专题会议、座谈会、约谈等方式督导各企业加快安检机配置步伐，除邮政及EMS外，规模以上快递企业在省级出口处理中心均配置了安检机。内蒙古局对接区综治办，拟订《关于加快推进我区寄递企业安检机配置工作的请示》《内蒙古自治区邮政快递企业安检机购置费用补贴管理办法》，向区政法委争取补贴资金800万，制定完成2016年安检设备配置计划。吉林局联合省综治办、省公安厅、省国家安全厅向省政府申请安检设备购置补贴资金908万元，对寄递企业分拨中心购置安检设备予以补贴。黑龙江局向省政府提交《关于解决邮件、快件过机安检问题的报告》，最终争取到由企业承担60%、省财政承担20%、地方财政承担20%的补贴方案。江苏局积极争取省政府划拨6000万元专项资金推进寄递企业购置X光机。广东局与省财政厅联合印发《2016年广东省快递业发展专项扶持资金实施办法》，省级财政安排6700万元用于补贴寄递企业。海南局向省政府争取对海南省寄递企业新购置的X光安检机按照购置金额的50%给予财政补助800万元。安徽蚌埠局向市政府争取450万元补贴配备30台X光机安检设备。湖北襄阳局积极争取50万元地方财政资金用于企业购置安检机补贴。

(三)加强部门联合监管机制建设。吉林省召开全省寄递渠道安全管理联席会议2016年第一次会议,通报2015年全省寄递渠道安全管理工作开展情况,部署2016年吉林省寄递渠道安全管理工作。黑龙江局积极参与全省综合和平安黑龙江建设,被评为2015年度省综治委成员单位综治目标考评优秀单位。江苏省寄递渠道安全管理领导小组印发了《2016年度江苏省"平安寄递"创建活动实施方案》,扎实推进全省"平安寄递"创建工作。浙江召开省寄递渠道领导小组扩大会议,会同综治、公安、国安、工商、海关等十部门商讨G20峰会寄递渠道安保方案,并予以印发。福建局为做好寄递物流安全管理专项治理,下发《2016年福建省寄递安全管理工作要点》,推动各市局落实专项治理实施方案。湖南局联合省综治办、省公安厅、省交通运输厅组成4个联合检查组,对全省28个重点县市区寄递企业进行明察暗访,逐一检查市州有关部门履职情况。山西晋城、晋中局荣获"平安建设先进集体"荣誉称号。

(四)深入开展寄递渠道安全检查和清理整顿。天津局向全市寄递企业转发市安委会2016年安全生产工作要点,印发《关于深入开展邮政行业春季安全大检查的通知》。河北局印发《集中开展寄递渠道清理整顿专项行动的工作方案》,要求企业严格落实"收寄验视+实名收寄+过机安检"三项制度。黑龙江局制订了《邮政业安全服务交叉大检查工作方案》,落实企业安全生产主体责任。上海局编制印发《上海市邮政业安全管理实施纲要(2016－2020年)》,组织快递总部企业签订《2016年上海市邮政业寄递渠道安全和服务责任书》。广东局将全省21个市局分为7个小组,开展全省邮政业市场监管暨安全生产交叉督导检查工作。江西南昌局向全市快递企业下发了《关于快递企业安全生产台账设置工作的通知》,进一步规范企业台账设置,督促企业强化安全生产管理工作。鹰潭局开展危爆物品寄递专项查禁工作,将"冷焰火"等与危爆物品名称类似且不能出具专业部门安全证明的物品列为禁寄物品。湖北黄冈局联合市经信委、市安监局印发了《关于加强化学品寄递安全管理的通知》。宜昌局与市经信局、安监局联合印发文件,实行普通化学品定点收寄制度。贵州黔东南局以寄递渠道清理整顿专项行动为抓手,开展了安全生产百日攻坚专项行动。

(五)做好寄递渠道禁毒、反恐、扫黄打非、打击侵权假冒等专项工作。内蒙古局明确重点监管地区,将寄递企业禁毒教育培训列为毒品预防教育项目,联合自治区烟草专卖局、公安厅、交通运输厅及呼和浩特市铁路局联合下发《打击物流运输领域涉烟违法犯罪活动联合工作机制的意见》。辽宁局印发《关于切实加强寄递渠道禁毒工作的通知》,部署禁毒工作。黑龙江局积极加强与禁毒委、综治办沟通协作,推荐齐齐哈尔局为全省禁毒工作先进集体,推荐哈尔滨局1人为全省禁毒工作先进个人;部署3·15期间集中销毁寄递详情单行动,统一安排,加大宣传,共集中销毁寄递详情单约4248.02万份,61.4吨。福建局印发《关于转发福建省2016年打击走私综合治理工作要点的通知》,做好打击走私综合治理各项工作任务;下发《关于加强福建省邮政业禁毒工作的通知》。甘肃局荣获2015年甘肃省执行禁毒责任书先进单位。宁夏局荣获2015年全区"扫黄打非"工作先进集体。辽宁朝阳市局联合烟草专卖部门建立寄递渠道涉烟违法行为监管协作机制。黑龙江伊春局与市烟草专卖局联合下发了《关于建立〈打击寄递渠道涉烟违法活动联合工作机制〉的通知》。

（六）加大寄递渠道安全宣传培训力度。吉林省举办寄递渠道反恐工作培训班，对《反恐怖主义法》进行详尽解读。辽宁局借助省内圆通、天天、国通等重点品牌快递企业召开网络大会时机，组织开展省邮政业安全知识宣传教育活动。黑龙江局在省快递行业协会配合下召开了快递企业安全生产培训，采用分区分片的方式，将培训对象延伸至县（市），内容涵盖安全、服务、申诉、许可等多个方面。山东局对市、县两级执法人员开展了《邮政业安全生产设备配置规范》《反恐怖主义法》等法律法规培训。贵州局购置了3000本《反恐怖主义法》单行本分发至各市（州）局，积极开展《反恐怖主义法》的宣传贯彻落实工作。山西大同、临汾、晋中、运城等市局多举措开展《反恐怖主义法》宣贯活动，吕梁局举办新《安全生产法》专题培训班，进一步提高寄递企业的安全生产意识。湖北荆门局组织开展《快递安全生产操作规范》等培训，邀请国安部门对寄递渠道涉恐涉暴安全进行专题培训，现场观摩顺丰公司快件涉毒案应急演练。黄冈局组织召开《快递安全生产操作规范》和《反恐怖主义法》宣贯培训会，组织编印《邮政行业标准摘录》学习读本向企业发放。贵州贵阳局组织全市独立许可企业及部分分支机构负责人召开“贵阳市邮政业2016年寄递渠道安全工作暨《反恐怖主义法》宣贯培训”，邀请公安反恐专家解读《反恐怖主义法》。六盘水局结合本市寄递行业特点，设计印制了《反恐怖主义法》宣贯海报和DM单向各寄递企业和广大市民发放。青海西宁局送法进企业，切实达到了行业普法教育的良好效果。

（七）加强安全监管能力建设和突发事件应急处置。天津局为执法人员增配执法记录仪等设备，将快递企业视频监控系统接入信息安全中心。河南局继续加强省市两级视频监控平台建设，对17个省辖市各主要快递分拨中心和较大营业网点进行实时安全监控管理。上海局妥善处理圆通延吉网点快件积压事件，约谈圆通总部。青海西宁局妥善处理青海天天快递有限公司拖欠工资导致的快件积压事件，对延误投递快件安排第三方妥投，对青海天天快递有限公司做暂停营业处理。山西运城、忻州、阳泉市邮政业突发事件应急预案纳入全市应急预案体系。

（八）做好“一节两会”及重大活动特殊时期寄递服务安全保障工作。北京局、天津局按照品牌全覆盖、重点区域全覆盖的原则，联合地方政府部门开展监督检查工作，充分发挥综合治理、部门协作的机制作用，督促寄递企业落实主体责任。山西局下发《关于切实做好岁末年初及2016年元旦春节期间邮政业安全生产工作的通知》和《关于做好全国“两会”期间邮政、快递服务和安全工作的通知》，分赴各地市进行专项检查督导。内蒙古局印发《关于做好全国“两会”期间邮政、快递服务和安全工作的通知》，全面落实各项安全措施。吉林局下发《关于切实做好岁末年初及2016年元旦春节期间邮政业安全生产工作的通知》，向地市局提出高度重视、狠抓安全、措施严落、加强宣传4点要求。长春局下发《关于加强我市春节、“两会”期间寄递渠道安全生产工作的通知》，并运用网络“口令红包”向快递企业积极宣传安全生产。江苏局联合省公安厅、国家安全厅开展了全省寄递渠道安全保障督导检查工作。安徽局联合省公安厅、省国家安全厅开展冬季安全生产暨全国“两会”期间寄递渠道服务保障工作督查，随机抽取亳州、宿州、合肥等市16家快递企业营业部、分拨中心，采取明察暗访的方式，检查收寄验视和实名收寄执行情况。福建局联合省反恐办组成督导检查组对福州、泉州、莆田、平潭四地分组分批开展“两会”期间寄递渠道安全检查。重庆局联合市综治办、公安局、信访办、安监局分为四组对20个区县(自治县)"两整顿一化解"专项行动开展情况进行督导。新疆局对乌鲁木齐等重点地区活动期间寄递安全工作情况进行督导检查。河北局制定《2016年唐山世界园艺博览会期间寄递渠道安全保障工作方案》,全面推进三项制度,确保世界园艺博览会期间寄递渠道安全畅通。浙江局开展G20杭州峰会寄递渠道安保铁腕行动,清理、整顿寄递渠道各项安全隐患。海南局圆满完成博鳌亚洲论坛2016年年会和澜湄会议期间寄递安全服务保障工作。

三、依法开展许可工作

针对快递市场存在的问题,国家邮政局于2月15日下发了《关于加强快递业务经营许可工作的若干意见》,要求进一步加强许可管理工作,严格审核跨省经营许可申请。一是跨省许可申请企业应具备相应网络运营能力,各局要严格实地核查,重点对分拣处理场所、处理设备、人员、运输车辆以及客服系统等进行审查。二是国家邮政局加强对跨省经营许可申请实地核查的组织指导,对不符合安全强标或不具备跨省经营服务能力的企业,一律不予核准。三是严格审核跨省经营企业增设分支机构。省局负责对跨省许可企业增设分支机构进行审核,对新设分支机构一律要求市地局实地核查。新设分支机构所在省份,该企业总部需设有符合安全强标的较大分拣处理中心。四是对业务量较少的跨省经营企业申请增设分支机构,进行重点关注。对存在材料瑕疵、不符合安全强标以及不具备相应服务能力等问题的新增分支机构,一律不予核准。

内蒙古局做好许可系统数据的补录和清理工作。福建局备案末端网点2333个、智能快件箱2571组。河南局举办全省快递业务经营许可工作培训班,传达学习了国家局《关于加强快递业务经营许可审批工作若干问题的通知》,针对省、市局快递业务经营信息系统端口的不同特点,通过模拟许可准入、许可变更等审批业务操作,提高市局实务操作能力。陕西局制定《快递业务经营许可工作审核流程》《快递企业经营许可分支机构名录模板》及《分支机构编号规则》。安徽合肥局召开会议部署快递末端网点备案登记前期工作,要求各市局积极主动开展本辖区快递末端网点调查摸底工作。

四、依法维护邮政市场秩序和消费者合法权益

国家邮政局继续加大行政处罚信息公开力度,升级行政执法管理信息系统和执法信息公开模块,确定行政执法管理信息系统"双随机功能"需求和流程,向社会发布《2015年邮政市场行政执法情况通告》《2015年快递服务满意度调查结果的通告》《2015年快递服务时限准时率测试结果的通告》。就服务质量问题约谈申通、韵达、天天、宅急送品牌企业总部;就刷信问题约谈申通、快捷品牌企业总部。就快递企业刷信问题开展调查研究,印发《关于防范和查处快递参与空包刷信用等违法行为的通知》,指导与督促黑龙江、上海、江苏、浙江、云南依法查处快递企业涉嫌参与空包刷信用问题。对麦力、日益通、瑞丰、广通、一站通和易迅等跨省(区、市)经营的品牌企业在全国的经营情况和风险状况进行调查,发布消费风险提示,部署各地邮政管理部门严厉打击超范围经营、违法招揽加盟商等行为。与邮政业消费者申诉中心举行季度联席会议,深化衔接和联动机制。针对涉嫌通过网络渠道销售假邮票的行为进行调查取证。指导内蒙古、河北、江苏、湖北、新疆处理消费者举报的网售假邮票案件。建设集邮市场和邮政用品用具管理信息系统,在长春召开项目需求研讨会,确定系统建设的基本框架。继续做好邮政用品用具监制工作,一季度共发放《邮政用品用具生产监制证》19个。通报2015年邮政用品用具产品质量检查抽检

情况。

（一）清理整顿市场秩序。天津局继续实施快递市场清理整顿专项行动，严厉查处无证经营、分支机构未备案、未经验视直接收寄等违法行为。山西局深入推进快递市场经营秩序整顿工作，展开地毯式排查，重点针对未按规定办理合法手续经营快递业务的企业进行清理整顿，并严格按照相关法律法规进行查处，截至3月底，全省快递企业合法化率达到94.9%。河南局联合省综治办、公安厅和工商局开展清理整顿非法邮政、快递网点行动，明确标准，全面梳理，突出重点，发挥合力，规范和清理整顿末端网点3539家，合作网点登记829家，增设分支机构488家，责令停业整顿1330家，行政处罚27起。湖北黄石局与市工商局联合印发《关于综合治理全市寄递渠道无证无照经营的通知》，对于未取得快递业务经营许可、未办理备案手续的由邮政管理部门依法处罚，对取得经营许可或分支机构名录，但未取得营业执照擅自经营快递业务的，由工商部门依法查处。

（二）加强集邮市场和邮政用品用具监管。天津局赴邮币卡交易中心开展调研，了解该中心运营模式、邮品鉴定、实物交割等有关情况，为集邮票品交易监管打下基础。内蒙古局配合通辽局依法处理假邮票一案。陕西局开展全省邮政用品用具产品质量年检及抽检工作，现场检查了企业资质及产品质量、企业设备和生产管理现状，还对部分快递企业使用的快递运单、封套、包装箱的外观、格式等内容进行抽查。

五、提升邮政市场监管能力

国家邮政局起草《邮政管理部门随机抽查工作规则》和《随机抽查事项清单》，明确随机抽查的方法步骤。研究制定《邮政监管约谈暂行办法》，规范约谈告诫的适用范围和具体程序。印制《2014年邮政市场行政执法案件汇编》发放至各级邮政管理部门以供参阅。从2015年2801件邮政市场行政执法案件中，按照案件类别、省份全覆盖的原则随机抽取50个案件进行评查，评价各级市场监管部门行政执法能力和案件制作水平。对张强信访一事与当事人进行面谈，部署江苏局对宿迁局办理的天天快递超越地域范围经营一案进行复查，完善执法程序。

（一）创新监管制度。天津局出台《群众有奖举报邮政业违法行为管理办法》，畅通社会公众举报渠道。河北局制定《2016年河北省邮政市场监管效能评估工作方案》，采取日常统计与年终评估相结合，自我测评与组织评查相结合，定性评估与定量测评相结合。评估内容主要包括行业发展、市场规范、行政执法、安全管理等四个方面。黑龙江局制定安全生产检查清单报省安委会，同时下发《寄递企业安全生产执法检查表》和邮政行业安全生产执法检查流程图，进一步规范安全执法程序。上海局编制《2015年度市场监管规范性文件汇编》。湖南局印发了《湖南省市州邮政管理局邮政市场监管目标管理考评办法》和《湖南省快递行业先进企业考评办法》。云南局制定《云南省寄递企业安全生产管理人员备案管理制度（试行）》，从安全生产管理机构设置、安全管理人员配备、履职保障、备案管理、教育和培训、执法监督等方面强化企业主体责任的落实。江苏扬州局向执法相对人发放“廉政监督卡”，主动接受执法相对人的监督，出台了《重大行政处罚案件集体讨论决定制度》。河南开封局、商丘局联合下发《关于联合开展“内外兼修，结对互促”活动共同提升能力水平的实施方案》，开展“内外兼修，结对互促”活动，加强市局间交流学习，推进自身建设方式创新。

（二）提升行政执法水平。内蒙古局印刷收寄验视执法案例案卷80册，为执法工作中的难点问题提供参考。青海局印发《关于做好全省邮政市场执法检查工作的通知》《2016年青海省邮政监督执法异地交叉检查工作方案》,明确执法检查工作重点任务,在全系统内部开展行业全覆盖的交叉检查工作。

(三)加强督导考核。天津局及时汇总各部门系统使用过程中出现的问题,积极与国家局市场司、发展研等部门进行反馈、沟通,及时解决问题,确保系统的正常使用。内蒙古局印发《关于加强行政执法信息系统应用的有关通知》《内蒙古自治区邮政管理局行政执法信息系统应用情况的通报》,指出存在问题,提出工作要求。河北、上海、湖北、云南局编写辖区内2015年邮政市场检查情况通报,分析市场检查情况,督导下级邮政管理部门加大执法力度。

六、加强行业诚信建设

国家邮政局指导杭州建设信用信息管理系统,起草快递业信用体系建设试点方案,为试点工作做好准备。开展以"诚信快递、你我同行"为主题的3·15诚信宣传活动,通过现场宣传、企业座谈会等形式,营造诚信经营、诚信用邮的氛围。召开品牌快递企业总部座谈会,部署企业打造信用文化,开展诚信宣传;推出快递业诚信宣传专用标识,组织在全行业开展诚信主题征文活动。在国家邮政局门户网站开设专栏,宣传各地活动开展情况。赴江苏、河南和宁夏现场督导宣传活动开展情况。活动期间,全国各级邮政管理部门累计发放宣传材料(册)73650份、宣传单56550张、宣传画33500幅、宣传卡片30万张、宣传车贴5000张;解答消费者诉求457余条,受理咨询2295件,现场收集消费者意见建议1154条;召开座谈会295次。通过本次活动,提高了消费者诚信安全用邮和依法维权的意识能力,进一步强化了快递业市场主体诚信合法经营责任意识,进一步扩大了行业影响力,为快递业信用体系建设夯实了基础。内蒙古局编写上报《内蒙古自治区企业守信激励实施办法(试行)》的反馈意见,力争将快递业纳入激励实施办法当中。江苏局联合省放心消费创建办表彰2015年度全省快递行业放心消费创建活动示范和先进单位。8年来,放心消费创建活动参创企业累计达到681家,表彰创建示范单位44家、先进单位121家,全行业的服务质量进一步提升,消费安全得到进一步保障,投诉监督和消费维权网络进一步健全和完善。江西景德镇局召开"3·15诚信快递"座谈会,出台《诚信快递企业评选活动方案》,通过评选考核加年底表彰、通报的方式推动行业诚信体系建设。新余市快递行业协会印发《关于印发〈新余市快递行业协会自律公约〉〈新余市快递企业客户黑名单管理制度(试行)〉的通知》,规范行业从业者行为,建立行业自律机制。

第二部分 二季度市场监管和安全监管情况

2016年第二季度,各级邮政管理部门认真贯彻落实全国邮政市场监管工作会议精神和国家邮政局有关工作部署,结合本地实际,进一步加大邮政市场监管力度,依法履行监管职责,各项工作稳步推进。

一、改善发展环境,巩固发展态势

国家邮政局前往公安部等部委,就快递专用电动三轮车上路通行等进行政策对接调研,商讨工作方案;积极向发改委、工信部、商务部等牵头部门反馈行业在安全监管"绿盾"工程建设、系统推进产业融合创新发展等方面的需求。制定印发《邮政管理部门对拟上市快递企业出具重大违法行为证明操作指引(试行)》,明确为拟上市企业出具无违法证明标准。着眼于优化基础设施布局,改进快递服务水平，重点推进乡镇网点建设、网点标准化建设、“三进”工程、快递服务制造业、绿色通道建设、跨境寄递引导等6项任务，启动快递示范城市、快递示范园区、快递服务制造业和现代农业等4项示范工程。截至5月底，全国乡镇网点覆盖率达到75.1%，比上年末提高了5个百分点。辽宁、湖北、广东、海南4省达到100%。全国标准化网点数量达到31521个，网点标准化率达到47.8%。全国高校规范收投率达到70.6%，其中湖南、青海达到100%。快递服务制造业重点项目数达427个，累计产生快件量5192万件，实现收入6.65亿元。

（一）发展环境不断优化。山西局联合省发改委、交通厅等十一部门印发《关于加强物流短板建设促进有效投资和居民消费的实施方案》，推动省政府印发《山西省加快发展生活性服务业促进消费结构升级的实施方案》。浙江局与浙江机场集团签订打造航空快递枢纽战略合作协议，进一步深化合作，提升运行效率和服务水平。河南局与省机场集团有限公司签署了《促进河南快递业与民航业融合战略合作协议》，正式建立战略合作关系，实行航空邮件快件安检前移，提高航空快件通关效率，加快“绿色通道”建设。海南省政府出台《关于印发海南省促进快递业发展实施方案的通知》，提出了8项主要任务和7项保障措施。重庆局推动市政府出台《关于促进快递业发展的实施意见》。四川省政府审议通过《关于促进快递业健康发展的实施意见》。青海省政府先后出台《关于大力发展电子商务加快培育经济新动力的实施意见》《加快发展生活性服务业 促进消费结构升级实施方案》，为快递业发展添动力。江苏扬州市政府出台《关于加快现代服务业发展的意见》，支持快递业与电子商务融合发展，支持建立快递电商产业园，鼓励布局农村快递末端投递平台，并给予扬州邮政跨境电商产业园财政支持50万元。连云港市政府印发《关于促进快递业健康发展的实施意见》，提出13项保障措施。无锡市政府出台《关于加快发展现代服务业增强城市集聚辐射能力的实施意见》，就加快园区建设、解决车辆通行和最后一公里问题提出要求。《宿迁市全民创业专项行动“创九条”扶持政策》提出为网络创业者提供快递费用补贴。淮安局联合市发展改革委、经信委等9家单位联合出台《促进消费带动转型升级实施方案》，在有条件的行政村建立村级电子商务服务点，形成县、乡、村三级农村电商运营服务网络。安徽合肥市政府明确2017年至2019年每年给予合肥市快递业1000万元行业扶持资金。江西吉安市委市政府印发《吉安市贯彻落实降低企业成本优化发展环境专项行动的实施意见》，提出对新建农村电商快递综合服务点和乡镇快递网点销售当地农产品进行财政补贴，并对快递园区给予扶持。鹰潭市委市政府出台《关于降低企业成本优化发展环境的若干政策措施》，对有固定运营路线的快递企业，每年每条线路给予10万元资金扶持。赣州市财政对农村快递综合服务站点一次性补贴10万元，对下乡快件每件补贴一元，对新建乡镇、村物流快递站点补贴5000元；章贡区对于新建、改建符合标准的快递末端配送站点给予一次性补贴3万元。湖北孝感市政府出台《关于加快推进电子商务发展的意见》，由市财政对乡镇物流配送站点和村级（社区）物流配送站点给予补贴。湖南张家界局积极引导市快递协会及骨干快递企业与湖南空港实业股份有限公司张家界分公司联手打造湘西北乃至武陵山片区空运快递中心。贵州六盘水局积极推动市政府出台《关于促进全市快递业加速发展的实施意见》。云南西双版纳州政府出台了《关于规范和加快邮政业发展的意见》。曲靖市政府印发《关于加快邮政业发展的实施意见》，明确“十三五”期间每年为邮政业提供500万元的资金支持。

(二)持续推进"1+3"工程。黑龙江局联合省商务厅出台《关于促进快递业与电子商务协同发展的实施意见》。江苏局与省商务厅联合出台《关于推进"快递下乡"工程 促进农村电子商务发展的意见》,将"快递服务与电子商务协同发展"纳入省电子商务发展政策支持范围,将邮政快递企业、快递产业园列入省级电子商务示范企业、示范基地培育创建计划。河南信阳局联合市商务局出台《关于快递下乡与农村电子商务协同发展的实施方案》。湖南局协调争取省政府将邮政管理部门列入省电子商务联席会议成员单位。广东局二季度全省建设快递服务制造业重点项目52个,集中在汽车制造、家电、电子产品等领域,直接服务的制造业产值203.75亿元。广东中山局与市发改局、商务局联合开展中山市电子商务物流配送示范企业和示范基地的认定工作。广西贺州局积极推动市政府出台《贺州市加快电子商务发展实施意见》。钦州局联合市政府办、市商务局召开快递电商协同发展座谈会,将灵山荔枝推向全国,日发件量4000余件,销量达4万多斤。玉林局组织协调快递企业与主要制造业企业签署合作协议,达成合作项目4项,累计完成业务量1.79万件,实现业务收入114.58万元,服务制造业企业实现产值18016.77万元。陕西汉中局与洋县人民政府正式签订《共同推进邮政快递与农村电子商务协同发展战略合作协议》。青海海西局力促快递企业与柴达木电商绿洲基地达成合作协议,助推电商与快递融合发展。吉林白山局协调靖宇县EMS与广药东阿中药材开发公司签署相关寄递协议,积极引导医药产业与快递企业合作。

(三)着力推动快递园区建设。黑龙江佳木斯市政府将"建设佳通快递物流园区、综合物流园区和空港物流园,推动电商、快递、邮政和智能仓储联动发展"的目标任务列入2016年市政府工作督查要点。湖北恩施局向州政府递交《关于建设恩施州城电商快递产业园区的请示》获批复,园区进入实质规划选址阶段。黄冈局与蕲春县政府达成协议,约120亩的快递物流园正式落户蕲艾电商产业园。广东中山拟建设顺丰电商产业园,签约总面积250亩,投资11亿元。云浮局为入驻产业园的快递企业争取到10万元/家的补贴和一年每平方米5元/月的租金补贴。广西防城港市政府将桂海跨境电商快递物流园区项目列入市"边海经济带"重点项目,获得自治区180万元资金补助。云南曲靖市物流快递园区项目正式纳入2016年曲靖市100项新开工重点建设项目,项目占地近450亩,总投资约7.9亿元。普洱市中心城区快递物流园纳入"普洱市综合交通建设5年大会战"和"普洱市建设国家绿色经济试验示范区"两项重点项目。西双版纳筹建磨憨国际陆运快件集散中心项目,规划打造集海关、检验检疫、快件进出口通关、物流仓储、物业租赁综合平台。陕西汉中市快递园区建设项目通过四届人大七次会议审议,纳入《汉中市2016年重点项目计划》,预计占地106.5亩,计划投资1.8亿元。咸阳市中通快递仓储物流园开工建设,项目投资1.2亿元,占地54.3亩,预计2017年6月完工。

(四)快递下乡工作不断深化。黑龙江继续推进快递下乡工作,网点累计5748个,快递服务网点覆盖率达到81%。海南局制定《海南省乡镇快递网点全覆盖工作实施方案》,引导企业采取整合资源"抱团下乡"与农村淘宝网代购服务点进行合作的方式。云南局联合省商务厅印发《关于推进"快递下乡"加快农村电子商务与邮政快递协同发展的实施意见》。吉林省首家圆通"快递+电商"孵化基地—江源区圆通电商培训学校成立并公开授课。安徽黄山局协助顺丰在黄山举行"茶叶寄递、唯有顺丰"发布会,向全国推广黄山顺丰+茶业模式。江西赣州已形成"县级快件集散中心、乡镇电商快递综合服务中心、村级快递综合服务站”的建设模式，全市所有行政村实现快递综合服务站全覆盖。九江积极打造本地板鸭、羽绒服两个“快递+农特产品”样板项目，有效解决了特色农产品商贸流通问题。鹰潭局积极打造贵溪市雷溪乡多肉植物产业和余江县黄溪乡红糖产业两个“快递+农产品”试点项目，日均发件量均达到200件以上。湖北黄冈蕲春快递企业对蕲艾产品“优先发货+物流信息一对一查询+专人上门揽收+热敏打印免费安装”定制服务使得蕲艾产值突破10亿。广东茂名市快递企业与村级电商网点建立快递叠加合作，重点在荔枝主产地设置收揽点，日完成荔枝业务量33.3万件，荔枝收寄重量2576吨。梅州快递下乡工程纳入市政府十件民生实事项目，市级财政资金补贴150万用于支持100个新增快递末端服务网点基础设施建设和业务开展。云南普洱局向市政府提交《普洱市推进“快递下乡”工程实施方案》，政府补助184万元引导快递企业到乡（镇）设立快递服务网点。

（五）积极推动解决车辆通行和环保问题。天津局今年已累计为新增车辆核发邮政快递车辆专用通行证3000个。江苏局印发《关于进一步做好快递机动车辆统一标识管理工作的通知》，全面规范快递机动车辆管理流程，进一步方便企业申办统一标识。海南省政府印发《关于大力推广应用新能源汽车促进生态省建设的实施意见》，对邮政、快递企业购买新能源车辆给予资金扶持。宁夏局联合交管部门对行业从业人员进行道路安全培训，并以石嘴山市大武口区为试点，对电动三轮车进行上牌，实行人车对应、精准管理，规范寄递行业电动三轮车驾驶行为。辽宁沈阳局与相关部门沟通协调，保障快递配送电动车通行。河南郑州局联合市商务局开展快递行业配送车辆通行问题调研，形成《郑州市快递配送车辆城市通行问题及解决建议》，提出放宽快递配送货车通行、快递专用电动三轮车纳入城市配送车辆体系等建议。广东广州市正在审议《广州市非机动车和摩托车管理条例》，规定邮政、快递行业可使用符合快递专用电动三轮车国家标准的电动三轮车在规定区域内从事社区配送服务。珠海第二批344台快递摩托车已获市政府审批通过，上牌完毕并投入使用。东莞局落实《东莞市快递车辆专用证明管理规定（试行）》，新申请快递车辆专用证明132个，换证297个。海南海口局牵头制定《海口市快递业专用车辆通行管理办法（暂行）》提交市交通联席会议审议。云南玉溪局与市交通、交警等部门进行协调，为快递企业的干线运输车办理入城通行证。陕西西安局联合公安局交通管理局出台《规范全市快递专用电动三轮车通行管理的实施意见》，全面规范快递专用电动三轮车管理。

（六）加快三进和标准化建设步伐。安徽局联合省教育厅召集部分高校参加关于做好高等院校快递服务工作的座谈会，征求各高校负责人对于快递服务工作的意见。合肥局召开智能快件箱运营管理办法新闻发布会，明确智能快件箱运营企业和快递企业责任，确保快件安全、信息安全和用户合法权益。合肥陆军军官学院快递集中服务中心建成运行，成为省内首个设在军事院校的标准化快递服务中心。黄山局联合市直机关事务管理局印发《加强市直机关快递服务管理通知》，选择市委市政府大楼、市人大市政协大院为试点建立机关快递服务站。淮南局通过构建快递协会及物业协会沟通平台，在该市3处较大社区进行快递服务中心挂牌试点运营。江西新余市印发《关于利用邮政便民服务站、智能包裹柜提供快递服务的通知》，宜春市印发《关于快递进社区服务的指导意见》，有效解决智能包裹柜进驻城区问题。河南郑州局、开封局促成快递企业与小麦公社、好望角等第三方服务平台开展业务合作，有计划、分步骤地进入校园。广西梧州局与市教育局联合下发《关于规范校园快递服务加强学校安全管理的指导意见（试行）》，鼓励多种模式推进快递服务进校园。黑龙江局结合《邮政业安全生产设备配置规范》《快递安全生产操作规范》《快递营业场所设计基本要求》，制定下发了新的"三化建设标准"。湖南局编制快递企业标准化门店建设指导手册，组织全省快递企业深入开展品牌质量提升活动。安徽合肥局打造合肥市石台路快递网点标准化示范街。蚌埠局召开全市快递网点标准化工作现场推进会暨蚌埠市圆通标准化示范店授牌仪式。淮南局对标准化网点建设特别突出的企业，联合团市委颁发"青年文明号"荣誉称号。

二、完善基础建设，强化安全监管

国家局认真宣贯《中华人民共和国反恐怖主义法》，督促企业严格执行安全查验等制度。《邮件、快件实名收寄实施办法》《禁止寄递物品管理规定》《邮件快件微剂量 X 射线安检设备配置管理办法（试行）》经局长办公会审议通过。成立国家局邮政业安全领导小组，先后两次召开会议研究部署安全工作。开展寄递渠道安全管理工作综治考核，会同中央综治办联合下发《2015 年全国寄递渠道安全管理工作综合治理考核评价实施办法》，考核结果纳入 2015 年全国综治工作考评体系。委托第三方机构对寄递企业落实收寄验视等措施情况进行监测评估，定期通报结果。截至 7 月底，全国安检机已配备到位 5805 台，投入经费 71880 万元；共计有 23 个省份地方政府补贴金额合计 48799 万元。

（一）加大行业安全检查力度。天津局印发《关于深入开展邮政行业春季安全大检查的通知》，开展春季安全大检查。山西局印发《寄递渠道安全隐患大排查大整治活动实施方案》，深入排查整治寄递渠道安全隐患。辽宁局开展安全生产百日治理专项行动和安全生产活动月活动，进行安全生产主题宣传，全面排查整治各类安全隐患。黑龙江局制定《黑龙江省邮政业安全服务异地交叉大检查工作方案》，开展邮政业安全服务异地交叉大检查。安徽局组织开展全省范围寄递渠道危化品安全专项整治行动，对 2015 年寄递渠道危化品和易燃易爆品安全专项整治活动发现的问题开展"回头看"，强化三项制度落实。山东局按照《关于深入开展寄递企业安全生产主体责任落实暨"双随机"专项检查的通知》和《关于开展快递市场"两个专项"行动协作执法工作要求的通知》文件要求组织开展专项检查。河南局制定《河南省邮政行业夏季消防安全检查工作方案》。宁夏石嘴山局联合两区一县综治办、公安、商务、安监、市场监督管理、消防等部门，围绕各经营网点收寄开箱验视制度执行情况、实名登记制度执行情况、监控设备安装使用情况以及从业人员的教育管理培训等内容对全市快递企业开展拉网式检查。

（二）加强寄递渠道安全综合管理。北京局加强与综治、公安、国家安全部门沟通协作，积极配合查处打击寄递渠道违法犯罪活动。天津局将切实保障邮件、快件寄递安全纳入综治办《〈2016 年天津市社会治安综合治理目标责任书〉（区县部门）考评细则》。江苏局在南通召开省寄递渠道安全监管现场推进会，分析全省寄递渠道安全监管工作形势，交流各地安全监管工作经验，谋划部署全省寄递渠道安全监管和 G20 峰会安保工作。湖南局会同省综治办，沟通协调相关 16 个部门，加快推进《关于加强寄递物流渠道安全管理工作的实施意见》起草制订工作。广东局根据省政法委统一部署，开展寄递渠道安全落实情况明察暗访专项行动。四川局印发《关于规范县域寄递渠道安全管理工作的意见》。陕西省召开 2016 年寄递渠道安全管理领导小组第一次会议，总结通报了 2015 年工作情况，明确寄递渠道安全管理下一步工作措施。

（三）完善机制牢筑安全监管基础。天津局制定《天津市寄递渠道应急处置管理办法》《邮政、公安寄递信息数据交换工作规定》。江苏局“快递行业安全监管与服务云平台项目”经省发改委批准，通过技术手段对收寄验视、实名收寄、过机安检、网点基础数据等信息进行采集，实现信息可追溯、责任可倒查、隐患可预警，获省级财政支持2000万元。山东局建立了行政执法远程视频监察系统，实现执法现场和后台监控的实时传出，联合公安部门推行实名收寄APP系统，提高信息化水平。云南局制定《寄递企业安全生产管理人员备案管理制度（试行）》，强化企业主体责任的落实；与当地综治、公安、安全等部门探索开发实名制登记系统，已有保山、玉溪、临沧、丽江、文山、普洱、大理、楚雄、德宏、红河、版纳11个州市局推广和应用。江西南昌局印发《关于规范快递企业安全生产台账设置的通知》，督促企业配齐安全生产管理机构和安全管理人员，强化企业内部日常安全管理；景德镇局印发《景德镇市快递企业安全管理指导手册》，明确快递企业各安全生产岗位责任。湖北武汉市快递行业信息管理系统上线运行，可实现快递企业基本情况、安全生产责任书、用户信息安全保密协议以及从业人员实名认证等安全信息数据采集和备案管理；黄石局联合市公安局建立寄递企业治安管理档案，配备社区民警，实现一对多网格化监管。宜昌、随州局联合市综治办、市公安局等部门实施寄递渠道安全信息举报奖励制度，畅通举报渠道。湖南郴州局、怀化局完成远程监控中心建设，通过电脑与手机两个终端，实现对市级快递企业处理中心的实时动态监控。广西北海局向寄递企业下发了《关于寄递企业配备安全员的通知》，在全市寄递企业中大力推行安全员制度。防城港局积极推进邮政业应急管理工作纳入全市应急管理体系，市人民政府印发《防城港市邮政业突发事件应急预案》。陕西宝鸡局建设的快递企业分拨中心视频监控系统投入使用，共安装视频探头20个，实现24小时、全方位监控全市快递企业分拨中心现场生产情况。宁夏银川局印发《关于进一步强化和落实寄递企业主体责任的通知》和《关于进一步加强快递行业经营秩序的通知》，进一步督导落实快递企业主体责任。

（四）严格三项制度落实。天津安检机配置资金补贴请示获市政府批复，按照50%比例，补贴2000万元，招标采购方案已基本完成。浙江局6月中旬在全省各企业全面实现寄递渠道登记验视信息化，建成全省寄递用户身份数据库；各企业新购置X光机694台。吉林局联合综治、公安、国安、财政出台《关于下发寄递企业X光安检机购置补贴资金的通知》，向省政府争取908万元专项资金用于补贴寄递企业配置X光机。广西局争取到位自治区财政1600万元资金，用于补助寄递企业购置X射线安检机。海南局联合省综治、省财政印发《海南省寄递企业购置安检机财政补助实施方案》，明确安检机财政补助对象、配置要求、补助标准及实施程序等。重庆局向市政府争取X光安检机补贴，由市财政按采购价20%予以一次性补助。云南局公安部门联合下发了《关于与禁毒部门联合开展邮政业安检人员查堵技能培训的通知》，开展全省邮政业安检人员查堵技能培训。甘肃局举办X光安检机操作培训班，对X光安检机操作、图像识别技术原理、识别X光机图像的方法以及常见禁寄物品的图像特征等知识作了培训，进一步提高了违禁物品的识别能力。新疆局已配备X光机332台，对进出港的邮件快件实行100%过机安检。安徽芜湖市政府对快递企业购置安检机给予总额为150万元的财政补贴。蚌埠局对邮政、快递网点和分拨中心进行了拉网式“收寄验视”和“实名登记”专项检查，对问题企业进行严厉处置。河南商丘局、湖北武汉局、荆州局开展安检机操作专项培训，有效提高了寄递企业人员安检机操作能力。咸宁局与市公安局联合制作了实名寄递提示牌400多个并逐一下发到快递营业网点。云南曲靖、大理局联合综治、公安、国安等部门发布了《关于落实寄递安全三项制度确保寄递安全的通告》。昆明、玉溪、保山制作发放“实名登记民警提示”牌。广西梧州局联合市公安局、综治办召开梧州市邮政业实名寄递工作推进会,分析了当前实名寄递工作推进中存在的问题,并就在全市推广使用“快递小哥”APP软件作了动员部署。钦州局与市综治办、公安局联合制作三项制度告示牌和公示台卡各290个,免费发放到全市各邮政、快递企业网点。

(五)积极开展行业禁毒、扫黄打非和打击侵权假冒等专项行动。北京局组织辖区内快递企业开展了以“邮寄快递”为主题的反恐宣传周普法宣传活动。山西局印发《关于做好2016年全省邮政行业“扫黄打非”工作通知》和《关于开展邮政行业“扫黄打非·清源2016”专项行动的通知》,部署全省邮政业“扫黄打非”工作。江西局下发《关于进一步加强寄递渠道反恐工作的通知》,切实贯彻落实《寄递渠道反恐怖工作标准》。河南局制定《关于开展邮政行业网络扫毒专项行动的通知》。海南局开展“5·14”毒品查缉行动、邮政业网络扫毒专项行动以及“6·26”国际禁毒日主题宣传活动,争取了禁毒专项资金15万元。云南局制定印发《云南省邮政业“5·14”毒品查缉行动方案》,开展对行业禁毒先进个人的表彰激励,调动寄递企业参与禁毒人民战争的积极性和主动性。北京南区局参加了公安部门组织的反恐宣传周启动仪式,宣传寄递安全、反恐防范有关知识。安徽淮北局配合公安禁毒支队开展专项行动,对全市寄递企业三项制度执行情况进行检查。河南周口局联合公安禁毒部门专家对从业人员进行培训,提升寄递企业人员辨识毒品的意识和能力。洛阳局向寄递企业下发化学品生产、销售单位名单,督促寄递企业落实安全查验和化学品登记制度、建立化学品寄递台账、健全化学品事故应急预案和处置流程。驻马店局督促寄递企业与化学品生产厂家和销售网点签订安全协议,建立危险化学品寄递用户名单。湖北黄冈、宜昌、孝感、荆州、黄石等局联合市经信委、市安监局印发《关于加强化学品寄递安全管理的通知》。广西南宁局、桂林局组织开展全市邮政业“扫黄打非”专项工作知识培训,促进工作的开展。海南省西部局印发了《邮政业网络扫毒专项行动的通知》,组织开展邮政业禁毒系列活动,下发禁毒宣传材料300余份,并邀请禁毒办专家对企业进行禁毒知识宣传培训。贵州贵阳局邀请禁毒支队对辖区内许可企业进行禁毒宣传教育。云南曲靖局与公安局、食药监局、工信委、工商局、广电局等部门建立打击利用互联网及邮政快递渠道销售假劣药品联席会议制度。德宏州快递行业协助查获毒品案件16起,共缴获毒品30.03千克。宁夏银川局召开二季度行业安全生产例会,与各企业签订了《银川市邮政行业安全生产工作责任书》。

(六)加强突发事件应急管理和汛期安全防范。北京局妥善处置北京日益通速递有限责任公司加盟商上访事件,接待上访加盟商90余人次,引导上访人员采取合法合理途径方法解决纠纷,维护社会和谐稳定,并积极联系日益通公司安排有关负责人出面沟通解决问题。江苏局积极组织应对盐城龙卷风冰雹特别重大灾害,指导盐城局及时启动突发事件应急预案,密切持续跟踪并及时上报灾害及救援情况,指导快递企业积极开展自救,尽快恢复生产,保障寄递渠道畅通。江西宜春局制定印发《加快寄递企业安全和应急管理组织建设方案》。襄阳局妥善处置优速快递快件积压事件。宜昌局积极应对到港危险化学品泄漏事件,按规定隔离现场,依法扣留相关快件。宁夏银川局制发了《关于在银川市寄递行业开展各类矛盾问题集中排查化解稳控专项行动的通知》《银川市寄递行业社会矛盾问题集中排查化解稳控专项行动工作方案》，深入开展行业内部矛盾纠纷化解工作。黑龙江局、云南局下发《关于做好强降雨天气防范应对和汛期安全生产工作的通知》，切实做好强降雨天气防范应对和汛期安全生产工作。四川局在汛期每天安排专人收集权威部门发布的全省汛期气象预警信息，先后向达州、凉山、巴中、阿坝、攀枝花、雅安、甘孜、广安等8个市（州）局发布高温、雷电、暴雨预警12次。安徽黄山、六安等局深入重点企业生产一线，查看安全生产和防汛工作落实情况。安庆局启动应急预案，部署各企业妥善处置好乡镇滞留快件。合肥、马鞍山局通过微信公众号、短信等平台，发布雨情预警和安全生产提示。广西柳州、梧州、河池、桂林等市局启动应急预案督导快递企业应对暴雨天气，深入企业督导落实安全防范措施情况，指导各寄递企业采取应对措施。贵州黔南局每天及时在品牌快递企业负责人QQ群发布次日黔南州内各县（市）天气预报情况，提醒各寄递企业妥善安排邮（快）件投递，协助受灾企业认真做好宣传、解释和赔付工作。

（七）做好重大活动寄递渠道安全保障。天津局圆满完成达沃斯期间寄递行业安全保障工作。江苏局全力确保苏州昆山“汤尤杯”羽毛球赛期间寄递渠道安保工作。浙江局召开全省邮政业护航G20寄递安保工作誓师大会，开展平安护航G20系列活动之“平安寄递创建活动”和邮政行业安全生产专项整治行动。安徽局开展唐山世界园艺博览会期间寄递渠道安保工作，做好路由控制和安检控制，确保寄往唐山地区的邮件快件全部过机安检。海南局多措并举做好“长征7号”卫星首发期间邮政业安全服务保障工作。海南省中部局督导做好海南（屯昌）农民博览会期间寄递渠道安全和服务保障工作。贵州局做好2016中国大数据产业峰会暨中国电子商务创新发展峰会期间寄递渠道安保工作。云南局印发了《关于做好第4届中国一南亚博览会期间邮政业安全保障工作的紧急通知》，实行安全信息每日报告，组织全省做好南博会期间全省邮政业安全保障和寄递服务各项工作。

（八）完善面单销毁机制。广西柳州局落实“定时上报、定点销毁、过程管控”的监管模式，实现快递详情单销毁工作制度化、常态化，监督企业在指定的造纸企业集中打浆销毁250余万份过期快递详情单。海南省西部局组织80余家寄递企业对超过规定保存期限的快递面单进行集中销毁，共销毁面单8.93吨，约810余万份。青海海西局建立快递企业与销毁厂家的直接交接制度，与公安部门联合监督，共销毁寄递详情单530万份。陕西铜川局联合市保密局在全市范围开展过期快递面单集中销毁工作，共销毁面单4.5吨，全部转化为可再生利用纸浆。

三、依法开展许可工作

上半年，国家邮政局共颁发快递业务经营许可证26件。其中跨省（区、市）快递业务经营许可3件，国际快递业务许可23件。各省（区、市）局共颁发快递业务经营许可证2297件。国家邮政局加强市场主体退出管理，共注销许可证71件，其中跨省（区、市）经营国内快递业务并经营国际快递业务经营许可2件，跨省（区、市）快递业务经营许可7件，国际快递业务许可62件。

国家邮政局加强与工商部门的沟通，初步确定“一照多址”的范围和思路：快递企业分支机构（分公司）下设的同一工商登记（税收）辖区内的网点，经过邮政管理部门认可的，免予办理工商执照。黑龙江局规范快递末端网点登记备案管理，制定《黑龙江省规范快递末端网点备案实施细则》《末端网点登记表》《末端网点授权标识牌示例》。江苏局印发《江苏省快递业务经营许可工作细则》，进一步完善快递业务经营许可制度建设，提出了双人审查、时限通报、重大疑难问题集体讨论、纪检监察全过程监督等要求。浙江局开展为期2天的全省快递业务经营许可培训，部署各市局开展快递末端网点备案工作。湖南局依法公示并注销部分快递业务经营许可到期未换证的"僵尸企业"，发布合法经营快递业务的监管提示，提醒加盟人审慎投资。广西局召开会议部署快递末端网点备案登记前期工作，全区范围内已开展辖区内快递末端网点调查摸底工作。新疆局组织开展快递末端网点的摸排调查，重点是乡镇(包括兵团农牧团场)及以下网点的数量、性质、设立形式、设立主体等内容，全面掌握辖区快递末端网点详细情况，在此基础上有序、稳妥开展快递末端网点备案登记工作。广西北海局开展了快递末端网点的普查登记，玉林局联合工商、公安部门对行业内无证无照经营工作进行常态化清理。

四、依法维护三大市场秩序和消费者合法权益

2016年上半年，全国邮政管理部门继续加大邮政市场检查和行政执法工作力度，出动执法人员116165人次，执法检查48166次，检查单位48166家次，出检天数13462天，查处违法违规行为9089次，办理邮政市场行政处罚案件1647件。

(一)全面净化快递市场秩序。国家邮政局部署开展快递市场清理整顿专项行动，印发《快递市场清理整顿专项行动工作方案》，召开电视电话会议，自2016年6月起至12月底集中开展专项行动，重点查处包括未经许可经营快递业务、未按规定办理变更手续等在内的九类违法行为。专项行动开展以来，共出动执法人员46234人次，检查单位19971家次，查处问题3559次，其中未经许可经营快递业务285次，未按规定办理变更手续588次，设立分支机构未备案1246次，超地域范围经营35次，违规委托经营65次，违反加盟管理规定24次，未按期提交年度报告282次，申请许可、变更等弄虚作假7次，停止经营未按规定办理49次，其他978次；约谈1349次，责令整改1839次，行政处罚646件，信息公开320次。江苏局与省综治办、公安厅联合下发《全省寄递行业排查整治"清源"行动实施方案》，开展寄递行业规范经营"清源"专项整治行动，结合快递市场清理整顿专项行动，全面摸排全省寄递行业经营实体基本情况，严格落实证照管理、登记备案制度和寄递渠道安全三项制度，严查9类违法行为。浙江局结合快递市场清理整顿专项行动开展护航G20寄递业隐患大排查大整治铁腕行动，严厉查处无证经营等违法行为。云南局与省工商局、公安、交通部门联合下发《关于集中开展寄递物流无证无照经营专项整治行动的通知》，严厉打击涉及寄递领域的违法犯罪活动。广西桂林局与工商部门建立密切联系，联合开展快递网点持照经营情况检查，定期向市工商局提供快递网点持证情况，督促已办理分支机构名录的快递网点及时办理营业执照并完成分支机构备案手续，共同促进快递企业依法依规发展。玉林局联合工商、公安部门对行业内无证无照经营工作进行常态化清理。

(二)加强集邮市场监管。国家邮政局印发《关于严厉查处制售假〈丙申年〉邮票等违法行为的通知》，部署各地邮政管理部门严厉查处制售假邮票行为。4月在内蒙古呼和浩特组织部分省、市局进行打击制售假邮票专项调研，指导内蒙古、河北、江苏、湖北、新疆处理消费者举报的网售假邮票案件，研究打击制售假邮票违法行为。新修订的《集邮市场管理办法》已于2016年5月12日经交通运输部第9次部务会议审议通过，2016年8月1日起施行。建设集邮市场和邮政用品用具管理信息系统，在长春召开项目需求研讨会，确定系统建设的基本框架，目前已完成系统建设，准备

上线试运行。

（三）做好邮政用品用具市场监管。继续做好邮政用品用具监制工作，上半年共发放《邮政用品用具生产监制证》47个。通报2015年邮政用品用具产品质量检查抽检情况。印发《关于开展2016年邮政用品用具产品质量检查及抽检工作的通知》，部署开展2016年监督检查和抽检工作。继续委托邮政科学研究规划院对邮政用品用具质量进行监测，并加入快递包装有害物质检测项目。部署开展以快递包装绿色化、标准化、减量化和分类回收利用为重点的绿色包装试点工作，委托北京印刷学院正在就试点内容、范围、方式、期限、涉及的重点地区、有关企业、预期效果等情况进行研究，探索环保包装材料应用和分类回收处理的技术实现路径和政策路径，优化生产流程，完善配套政策制度，探索可在全行业推广的绿色包装管理手段。江苏局印发《关于进一步做好邮政用品用具市场监管工作的通知》，全面完善市场准入机制、绿色通道机制、质量评价机制和市场退出机制，不断强化邮政用品用具市场监管。湖南局开展专项清理整顿，对企业档案资料顺线延伸，加大对过期未换证行为的查办力度，依法注销9家企业生产监制证书。

（四）推动快递服务质量稳步提升。发挥消费者申诉和市场监管衔接联动机制，与邮政业消费者申诉中心举行季度联席会议，深化衔接和联动机制。起草印发《国家邮政局服务质量联席会议制度》，并于6月24日召开快递服务质量提升联席会议2016年第1次会议。黑龙江局开展服务质量通报分析会议，责成哈尔滨局在季度运行分析会议上对受理、揽收、投递、售后等服务环节问题进行深入分析解读，要求各重点品牌快递企业全面提升服务质量管理水平。江苏局出台快递服务警示制度，每年对本地区快递企业服务水平进行评估，按照红色、橙色、黄色三级进行分级管理，加强快递服务质量监管。亳州局联合市发改委（市物价局）印发《关于开展快递行业价格行为专项整治活动的通知》。

五、加强邮政市场监管基础建设

国家邮政局跟踪完善邮政行政执法管理信息系统功能，建设双随机抽查功能模块，完成需求和流程设计。向社会发布《2015年邮政市场行政执法情况公告》和《2016年上半年邮政市场行政执法情况公告》。起草《邮政管理部门随机抽查工作细则》和《随机抽查事项清单》，向社会公开征求意见。从2016年上半年邮政市场行政执法案件中随机抽取50个案件进行二季度案卷评查，督促各级市场监管部门提升行政执法能力和案件制作水平。加强舆情监测，委托专业机构对邮政市场监督检查相关舆情进行采集和分析，为监管工作提供支撑。落实跨区域协作监管机制，协调各地邮政管理部门跨区域协作监管事项。

（一）完善制度建设，加强督导考核。吉林局积极配合工商部门建立市场主体名录库，完成全省快递企业信息归集公示工作。黑龙江局修订《市场监管工作考核管理办法》，在考核评价表内加入安全监管三项基本制度、执法系统信息录入等内容，提高考核的科学性。上海局初步建立"双随机"检查机制，开发双随机应用软件，编制《执法案由检查处罚手册》，利用局综合监管平台，提出分类分级实施方案，着手实行常态化抽检，推行分类分级、有奖举报、口袋手册、安全积分、顶格处罚等制度。江苏局在全国率先成立由省委省政府政策研究室、省政府法制办、省邮政管理局、省政府相关部门、省内相关高校、重点快递企业等领域的领导和专家共18人组成的江苏省快递发展专家委员会，并与永驿物联智库签署合作协议，充分共享该智库遍布全国的专家资源，积极构建"省内+省外，业内+业外"全方位的智力支持和决策咨询机制。江西局印发《邮政市场监管工作考核办法》，提高邮政市场监管效能；加大执法成果通报和通告力度，执行季度通报和年度报告制度。四川局在分析全省历年行政执法案件基础上，梳理出二十三个常用且易误用案由，明确适用和不适用情形，印发《关于规范邮政市场行政执法案件案由使用的通知》。广西南宁局成立综合执法工作小组，切实加大辖区内邮政市场检查和行政执法力度，建立实施网点随机、人员随机的“双随机”检查机制。

（二）加大培训力度，提升行业管理水平。黑龙江局联合省快递行业协会召开快递企业安全生产培训，培训对象广度延伸至县（市）。上海局召开市场监管工作例会，举办专题培训班，对行政执法人员进行邮政市场执法检查综合培训。浙江局举办全省邮政行业安全及执法培训班。山东局自编自创了《寄递企业安全主体责任落实》系列漫画书和漫画挂图。湖南局召开案件警示通报会议，通过典型案例讲评，重点对非法运输爆炸物品罪、非法出售公民个人信息罪、重大责任事故罪、非法运输毒品罪进行法律解读，并就寄递业务发展、安全管理提出法律风险提示。重庆局开展案卷评查工作，以案释法，组织各分局执法人员学习优秀案例，解析行政处罚公文写作规范。广西局举办全区邮政安全监管业务培训班，加强对邮政业突发事件应急处置、履职风险规避等内容的培训。甘肃局邀请省安全厅组织快递企业学习了邮路反恐知识、安检机相关理论及实际操作等知识。安徽阜阳局召开安全管理培训暨安全管理工作会议，通过案例分析、企业交流，深入提升企业负责人安全管理思想认识。湖北荆门局组织开展《快递安全生产操作规范》等培训，邀请国安部门对寄递渠道涉恐涉暴安全进行专题培训，现场观摩快件涉毒案应急演练。黄冈、荆州局组织召开了《快递安全生产操作规范》和《反恐法》宣贯培训会，组织编印《邮政行业标准摘录》学习读本向企业发放。湖南长沙局和市公安局联合举办全市落实“三个100%”暨寄递行业安全知识培训班，组织专家讲座、收寄模拟操作及消防演练。广西百色局邀请市禁毒办、扫黄打非办、反恐办就寄递渠道安全生产进行业务培训。梧州局组织辖区寄递企业开展了邮政业危险化学品应急处置演练活动。海南东部局邀请了省国家安全、省“扫黄打非”办、琼海市禁毒办等相关单位专家就当前国内外安全形势、非法出版物识别、毒品种类及危害、保障寄递渠道安全等方面进行专题培训。陕西咸阳局联合市公安局、市“扫黄打非”办等部门共同举办了全市寄递行业安全工作培训会；联合市公安局消防支队举办邮政业消防演练活动，全市快递企业共计130余人参与演练。宁夏石嘴山局联合惠农区公安局举办了寄递行业安全培训。固原局邀请市反恐办相关人员进行了《反恐怖主义法》专题培训。海南西部局邀请消防支队专家为企业负责人进行消防安全知识培训，并进行灭火实战演练。青海西宁局举办2016年西宁市邮政行业消防及危化品泄漏处置应急演练。玉树局与寄递企业签订《“扫黄打非”暨反恐禁毒工作安全责任书》，从严落实安全责任。果洛局举办2016年度全州邮政业安全生产培训班，邀请公安、保密等部门讲解寄递渠道安全、禁毒等知识，不断提高企业安全生产水平。海西局联合州公安局、州消防支队开展反恐防暴及消防演练，通过系统全面的培训和现场实际操作。

（三）积极开展行业宣传，营造良好社会氛围。广东局开展“6·26”国际禁毒日大型禁毒知识咨询和宣传活动。广西局印发《自治区邮政业2016年“安全生产月”活动方案》，统一部署和指导全区邮政业安全生产月活动，重点宣传反恐怖主义法、邮政业收寄验视制度、实名寄递等措施，发放安全生产知识手册和宣传资料共2.3万多份，接受群众有关邮政行业法律法规咨询约计1500多人次。青海局开展以“强化安全发展理念，提升全民安全素质”主题宣传咨询日活动，进一步提升了邮政业和邮政管理工作认知度。湖北宜昌局推动市综治办将寄递渠道安全纳入社区网格化管理，发动全市网格员累计张贴《关于加强寄递安全管理的通告》2000余张，发放《寄递安全宣传手册》3万余册。重庆四、五分局联合渝中区安委会举办安全生产月宣传活动，开展为期半年的“快递安全到家”活动。贵州黔西南局向群众发放禁寄物品宣传资料及《反恐怖主义法》，向群众提供政策法规和安全常识等方面的咨询与服务。六盘水局举办全市快递企业学法用法守法知识竞赛，30家快递企业和120余名快递从业人员响应参加。陕西渭南市城区主要街道、公园、客运站等人员密集场所的LED电视自4月1日起循环播放寄递渠道安全宣传片，内容包含收寄验视制度介绍、禁限寄物品目录等内容，重在提高消费者安全用邮意识。宝鸡局在安全宣传咨询日当天开展主题宣传活动，重点对《邮政业安全生产设备配置规范》《快递安全生产操作规范》等法律法规进行宣贯，对“收寄验视＋实名收寄＋过机安检”三项安全制度进行了解释和说明。青海海西局开展“综治（平安建设）宣传日”活动，发放《邮政法》等宣传资料200余份，接待群众咨询100余人。海北局通过开展邮政业法律法规知识竞赛、快递业务员技能大赛和参加州法治宣传等活动，拓宽宣传载体，全方位宣传邮政监管工作成效。

六、加强行业诚信建设

国家邮政局在全行业开展诚信主题征文活动，共收到征文1099篇，其中管局组368篇，企业组731篇，经过专家评审，评选出管局组和企业组一等奖各5篇，二等奖各10篇，三等奖各15篇，优秀奖各25篇。山西、辽宁、黑龙江、江苏、安徽、河南、湖北、重庆、甘肃和新疆10省（区、市）局被评为优秀组织奖。在陕西西安召开快递业信用体系建设试点动员部署会议，印发《快递业信用体系建设试点方案》，动员部署在天津、内蒙古、吉林、浙江、河南、湖北和陕西七省（区、市）于2016年6月～12月开展快递业信用体系建设试点工作。指导杭州建设信用信息管理系统，已部署上线供试点省份试用。吉林局召开快递业信用体系建设工作动员部署会议，下发《吉林省快递业信用体系建设实施方案（试行）》《快递业信用体系建设操作指南》及《快递行业信用评定方案》，要求各局、各企业根据文件要求，第一时间部署、开展工作。江苏局开展快递行业诚信建设年专项活动，重点内容主要包括诚信经营、诚信服务和诚信用工，按照动员部署、自查整改、推进提升、总结评估四个阶段开展工作。广西局印发《关于加强全区快递业信用体系建设的指导意见》，配合推进市场主体信用监管，完善市场主体信用体系建设。安徽宣城局推进企业诚信档案建设，建立“一企一档”制度。马鞍山局布置开展“诚信经营、诚信服务、诚信用工、诚信台账”四个诚信建设，引导协会实施快递员实名上岗制度，统一制作发放胸牌。广西钦州局制定《钦州市快递行业“诚信经营规范服务”活动方案》及相关活动评分细则，启动“诚信经营规范服务”活动。陕西渭南局积极落实省局创建文明行业工作部署，印制宣传画、宣传标语分发企业，宣扬行业“诚信、服务、规范、共享”的“4S”核心价值理念，营造创建活动良好氛围。宝鸡诚信邮政建设纳入宝鸡市诚信系统管理，邮政、快递企业违法信息通过宝鸡市人民政府官方网站“诚信宝鸡信息查询平台—诚信邮政”进行公布。

第三部分 三季度市场监管和安全监管情况

2016年第三季度,各级邮政管理部门认真贯彻落实全国邮政市场监管工作会议精神和国家邮政局有关工作部署,进一步深化简政放权,积极推动快递业供给侧结构性改革,全面推进系列示范工程,加大事中事后监管力度,工作成效明显。

一、巩固行业发展态势,持续扩大服务优势

国家邮政局印发《关于启动"中国快递示范城市"创建工作的通知》《关于组织开展全国快递服务制造业项目库建设工作的通知》《关于组织开展全国快递服务现代农业示范工作的通知》,明确系列示范工程的工作要求,指导各地抓好组织落实。积极贯彻落实《国务院关于促进快递业发展的若干意见》分工方案,赴农业部沟通快递现代农业示范项目建设思路,推动发改委、工信部等部门联合召开物流部际协调会议,研究讨论《快递服务制造业三年行动计划(2016－2018)》,均获积极支持。深化快递与电子商务协同发展,与商务部联合向第二批试点城市通报进度评估报告,并督促解决存在问题。全面推进快递业"十三五"发展规划编制工作,分别召开部委代表和快递企业代表征求意见座谈会,吸收采纳多方意见,经认真修改完善后形成专项规划送审稿。印发《邮政管理部门对拟上市快递企业出具重大违法行为证明操作指引(试行)》,明确无重大违法行为证明出具标准和流程。积极支持企业上市融资,组织各级邮政管理部门为顺丰、申通、圆通、韵达和德邦上市融资开具相关证明文件。

(一)利好政策持续助推行业发展。黑龙江、四川、云南、西藏、新疆5省(区、市)人民政府出台了关于促进快递业发展的实施意见(方案),全国已出台此类文件省份达18个。河南洛阳,陕西渭南、榆林,甘肃定西、白银、嘉峪关、庆阳、临夏等市政府陆续出台了促进快递业发展的实施意见。山西省政府出台《山西省进一步支持服务业发展若干措施的通知》,将购置新能源汽车、快递物流园区、分拨中心改扩建等纳入补助奖励项目。福建省商务厅、财政厅联合下发《关于做好2016年电子商务与快递业协同发展专项资金申报工作的通知》,全省共有17个电商快递企业项目通过初审,进入专家评审。广西壮族自治区人民政府印发《广西物流业发展"十三五"规划》,广西电商快递物流园、桂林市电商快递物流园、玉林电子商务快递物流园等重点工程被纳入规划。海南省政府办公厅印发《海南省邮政业发展"十三五"规划》,将邮政业纳入现代物流业发展专项管理,对实际投资2000万元以上的快递集散中心项目每年最高补助200万元,对提供进出口快递服务年度营业收入1000万元以上的企业最高给予30万元的奖励。云南局引导企业加快"绿色通道"建设,EMS直接进驻机场飞行隔离区,机场安检站进驻航空邮件处理中心,实现了全国邮政速递物流在自有场地进行邮件安检的零突破。江苏连云港局积极推动地方将快递业纳入财政补贴项目,14家快递企业将获财政补贴100余万扶持资金。福建泉州局推进快递服务发展专项资金落地,总申报金额达1043.3万元。晋江市政府颁布《关于加快跨境电子商务发展六条措施》,助推邮政快递跨境业务发展。漳州局联合商务、财政部门累计申报补助项目10个,邮政快递企业获得补助资金达277.21万元。厦门市出台《关于促进厦门快递与民航产业协同发展的意见》,逐步解决航空快件优先配舱、优先安检、加速通关的问题。江西上饶市下发《2016年全市电子商务产业发展引导资金使用管理办法》,每年从电子商务发展基

金中专门调配50万元用于补贴快递业。鹰潭出台《关于降低企业成本优化发展环境的若干政策措施》，对自建村级网点覆盖40%以上的行政村、有固定频次和运营路线的企业，每年每条线路给予10万元资金扶持。湖北宜昌市远安县出台《关于加快全县电子商务发展的实施意见》《远安县加快电子商务发展扶持办法》，安排500万元专项资金扶持电商、快递等新兴产业发展。海南海口局积极争取将快递企业纳入扶持奖励范围，快递企业每个项目最高可获得50万元补贴。云南玉溪市政府制定出台了《促进中心城区快递服务业健康发展的实施意见》。

（二）"1+3"工程取得阶段性突破。截至三季度末，全国累计开展快递服务制造业试点项目数322个，其中重点项目数109个，累计产生快件量1.27亿件，累计实现快递收入33.15亿元，直接服务的制造业累计产值1206.51亿元。快递服务制造业项目以占总体业务量0.6%的比重，贡献了1.4%的业务收入。江苏局与省农委联合出台《关于推进快递服务"三农"工作的意见》，提出到2020年全省建设1000个以上具备快递服务功能的益农信息社，形成10个以上"快递+"特色农产品样板项目，行政村（农村社区）快递网点覆盖率达50%以上、快递服务通达率达100%。河北秦皇岛局鼓励快递企业与康泰医学等大型制造企业建立长期稳定的战略合作关系，服务项目32个，累计业务量1864万件，业务收入3240万元，直接服务的制造业累计产值15330万元。吉林通化局以"2016年人参文化节"为契机，出台《通化市快递业支持医药健康产业发展工作方案》，针对鲜参制品保险运输难题引导寄递企业制定出了"纸箱+泡沫箱+无污染青苔/保湿海绵+冰袋/冰瓶"的特色保鲜服务。江苏苏州市出台政策对通过搭载中欧铁路货运班列进出口的跨境邮件按照运费的10%进行奖励。江西南充局与市经信委印发《关于推进快递服务制造业工作的实施意见》、与市农牧业局印发《关于推进邮政快递服务现代农业的实施意见》。陕西宝鸡局组织全市快递企业召开"快递+猕猴桃"寄递服务推进会暨重点工作部署会，培育"快递+猕猴桃"特色农产品项目。

（三）快递园区建设稳步推进。吉林延边局推动建立空港快件监管中心，占地面积6160平方米，预计日处理快件约20吨，现已通过海关总署验收，正式服务延边韩国商品集散中心。福建厦门局积极协调市政府办公厅、市规划局，拟定《厦门市快递物流产业发展园区选址规划》。宁德市快递物流园建设已列入蕉城区"十三五"规划。江西吉安、赣州、上饶、萍乡等市快递园区已建成投入运营；宜春市快递园区已初步建成；南昌、九江、鹰潭、新余等市通过政府规划、企业购地自建、与第三方合作的方式，正在加快园区建设。河南温县快递园区正式挂牌成立，成为河南省首家县级快递园区，占地面积40000平方米，总投资225万元。云南曲靖滇中快递物流园区正式开工建设，总规划面积450亩，总投资6亿多元。甘肃快递电商产业园项目成功签约，计划占地500亩，投资近5亿元，日处理量超过100万件。

（四）"快递下乡"工程提前完成年度目标。三季度末，全国乡镇网点覆盖率达到80.5%，比二季度提高5.4个百分点。宁夏、重庆、广西、四川、内蒙古、青海、山西、云南、吉林、福建等省份提升速度较快，天津、辽宁、上海、江苏、海南、广东、湖北6省（市）达到100%。河南局通过清理整顿、兼并重组、升级转型和引入网络平台四项措施促进快递下乡从"下得去"向"立得住""走得好"转型。重庆局与市供销部门签订《战略合作框架协议》，充分利用供销系统在农村地区的网点资源，试点建设邮政快递电商服务中心。河北衡水局培育"快递+深州蜜桃"示范项目，提高农产品销量200%，为当地桃农增收30%。

秦皇岛局推动“电商+农户+快递”合作模式，各企业通过冷链运输邮寄山海关大樱桃3.5万余箱。吉林长春局积极推动壹品网和农安县公交公司村巴速递合作，建成网点60余家，结合20余条客运线路和自有车辆，实现了农安县域内乡镇覆盖100%，村屯覆盖50%；四平局、松原局、延边局推动“快邮”合作，进一步加大快递下乡工作力度。安徽淮北局推动市政府出台文件，明确快递企业在乡镇建设营业网点由县区政府给予每个网点2000元的补助。江西上饶局引导企业通过“合伙人加盟”的方式，在广丰区、玉山县和余干等地建立了7个快邮合作点。广西南宁市横县以快递+茉莉花茶及相关花产品为主线，初步形成了茉莉花种植、加工、销售、运输的完整链条。柳州市螺蛳粉日均网上销售量已达10多万包，日产生寄递包裹2万多票，年均增长率超过100%，占全市快递量40%。北海市特色农产品海鸭蛋快件业务量达北海电商快件业务量的80%以上。云南红河州政府出台《关于加快农产品电子商务发展的实施意见》，充分利用现有农村服务中心、农家店等便民服务网点及平台搭载快递投递业务。宁夏银川局召开城乡配送座谈会，探讨建立以寄递服务体系为支撑的城乡配送体系。

（五）继续协调解决车辆通行和环保问题。天津局与市公安交管局就企业车身喷涂事宜进行沟通，已喷涂logo车辆在交管部门进行备案，年审中无需恢复裸车状态。辽宁局推动快递新能源车辆享有国家、地方每辆车每千瓦时补贴3800元的补贴政策，同时享有在市内通行不受高峰时段禁行限制的政策，沈阳、大连已投入使用200多台。江西南昌局与公安交警部门积极协调，为8家主要品牌企业的150辆快递运输车发放专用车辆通行证，方便持证车辆在限行区域通行及临时停靠。抚州局联合交警、运管部门为25家快递企业的52辆大型车辆办理临时通行证。贵州黔西南局针对2016国际山地旅游暨户外运动大会期间临时交通管制措施，协调交通部门为企业提供23张车辆通行证。陕西咸阳局与公安局联合印发《关于规范全市快递专用电动三轮车管理的实施意见》，铜川局与公安局联合出台《关于规范全市快递专用投递交通工具管理的实施意见》，进一步规范快递末端交通工具管理。榆林局争取财政补贴专项资金1000万元用于加快新能源车辆在快递行业的推广应用。

（六）三进和标准化建设成效显著。截至三季度末，全国高校规范收投率达到83.9%，快递进高校规范收投率大幅提高，其中黑龙江、湖北、海南3省达到100%。全国城市标准化网点数量达到41153个，网点标准化率达到51.4%，比二季度提升4个百分点，城市营业网点标准化率提前完成年度目标。标准化率超过80%的有宁夏、河南、北京、广东；70%~80%的有青海、山西、四川、上海。安徽局和省教育厅联合下发《关于做好高等院校快递服务工作的意见》。福建省地方标准《智能快件箱运营服务规范》已由省质量技术监督局公告发布，系全国首个关于智能快件箱运营服务方面的地方标准。重庆局联合市商委、市财政局出台《关于做好2016年电商物流末端配送网点转型公共取送点项目申报工作的通知》，加大城市电商快递末端公共取送点规范建设。河北张家口局出台《快递企业标准化建设实施细则》，选取10家快递企业的42个营业部作为试点。江苏宿迁市政府办公室印发《关于实施中心城市社区服务中心两年达标提升计划(2016—2017年)的通知》和《宿迁市城乡社区服务中心功能设置导则》，进一步明确城乡社区快递配送点建设目标和建设标准。安徽蚌埠局制定《蚌埠市标准化快递营业场所建设标准指导手册》和《蚌埠市快递标准化营业场所示范店管理办法（试行）》，形成了从建设到申报到后续管理等一系列动态管理机制。六安局联合市住建委印发

《关于做好信报箱和智能快件箱验收备案工作的通知》《六安市智能快件箱管理办法（试行）》，共同推进全市住宅小区智能快件箱备案管理工作。福建厦门局出台《厦门市邮政快递配送车辆标准及通行管理办法》和《厦门市邮政快递配送服务管理办法》。陕西商洛局制定《商洛市快递营业网点标准化建设指导意见》，助推标准化门店大幅提升。银川局对全市建成的253个标准化网点开展复查工作，巩固标准化建设成果。

二、圆满完成G20峰会等重大活动寄递安全服务保障任务

各级邮政管理部门按照峰会安保组统一部署，加强领导，超前谋划、精心组织，狠抓寄递安保各项工作落实，较好地实现了“四个严防”“三个确保”目标，圆满完成保障任务。浙江局被授予“G20峰会服务保障先进集体”称号。

（一）高度重视，加强组织领导。国家邮政局专门成立安保工作领导小组和驻杭一线安保指挥部，多次召开专题会议进行研究部署，结合实际制定工作方案，细化分工，明确责任。各地邮政管理部门、邮政企业、快递企业均成立安保工作机构，“一把手”负总责，分管领导具体抓，层层签订安全承诺书，确保安保工作责任落到实处。

（二）严密部署，营造浓厚氛围。国家邮政局先后召开全行业电视电话会议、环浙“护城河”暨寄递企业总部负责人会议，4次下发通知，会同公安部、国家安全部联合印发公告，分阶段、分区域、分层级广泛动员部署，层层传导压力，明确目标任务，压实责任要求。部署开展快递市场专项清理行动，依法取缔关停无证经营网点2000多个，各寄递企业采取组织安全培训、悬挂横幅标语、设立现场安全员等形式，营造峰会安保浓厚氛围。

（三）强化管控，落实防范措施。严格执行收寄验视、实名收寄、过机安检三项安全制度，8月20日至9月7日期间，对各地寄往浙江的邮（快）件必须100%实名收寄、100%过机安检和100%开箱验视。在浙江省全面推行实名收寄信息化管理系统；对全国寄往杭州的邮（快）件进行二次落地安检，对寄往核心区的邮（快）件进行三次集中安检。

（四）注重督导，严促工作落实。国家邮政局组成三个督导组分赴浙江、江苏、上海、江西、新疆、甘肃、北京等重点省（区、市）进行专项督导检查。局领导先后2次对杭州地区寄递安保工作进行重点督导。各地邮政管理部门充分发挥寄递安全联合监管机制作用，会同综治、公安、国家安全等部门深入开展“护航G20”安全生产专项治理活动，依法严肃查处违法违规行为，保持高压态势。

（五）加强值守，妥善应对突发事件。建立国家局、省（区、市）局、市（地）局三级联动和主管部门、寄递企业、协会组织、协作单位四维互动的寄递安保联防共治机制，全面实行24小时值班、领导带班及“零报告”制度，确保寄递安保信息渠道畅通。邮政业安全中心注重发挥安全监管信息系统作用，坚持每日监测、每日分析、每日通报行业安全运行情况。

此外，河北保定局结合河北省首届旅游发展大会，联合市国家安全局切实做好大会期间寄递渠道安全保障工作，加强对寄往涞源、涞水和易县的邮件、快件的安全检查。甘肃局圆满完成敦煌文博会邮路安保工作，通过X光安检机安检邮件近30万件，发现和堵截仿真枪支、管制刀具等违禁物品36件。

三、强化安全监管，严守安全红线

国家邮政局制定《邮件快件实名收寄信息化解决技术方案及相关技术标准》，选取11家主要品牌寄递企业作为试点单位，在浙江启动“企业版”上线应用。配合国务院发展研究中心全面启动寄递实名制行政评估工作。下发《关于进一步做

好汛期和下半年安全生产工作的通知》并召开电视电话会议，要求各地邮政管理部门进一步强化红线意识和责任意识，把防大事故作为当前安全生产工作的首要任务，全力做好汛期安全防范工作和下半年安全生产工作，坚决防范遏制重特大事故发生。加快推动过机安检措施落实，出台《邮件快件微剂量X射线安检设备配置管理办法》，督促各地严格执行《关于报送2016年度邮件、快件安检机配置计划的通知》要求，对安检设备配置管理工作实行规范标准研究、工作部署、督办落实三位一体同步进行，每月统计汇总全国配置情况，组织开展专题调研，委托第三方机构采取实寄测试、明察暗访、问卷调查等形式，对寄递企业落实收寄验视等措施情况进行监测评估，定期通报结果。

（一）严格落实三项制度。截至9月底，全国安检机已配备到位6647台，投入经费8亿多元；共计有25个省份地方政府补贴金额合计约5亿元。天津局督导寄递企业强化落实四项安全保障制度，协助公安部门发现在逃人员8名，刑事犯罪前科、涉毒、涉稳、肇事肇祸等各类重点人员1104人。黑龙江局通过实寄测试评估重点品牌快递企业落实实名收寄、收寄验视制度情况和服务水平；与省综治办、省财政厅联合下发快递企业安检机购置补贴方案，预计年内将实现地市以上大型处理中心安检设备全部到位。福建局全面梳理企业网点和人数情况，继续完善实名收寄系统功能，加快系统推广应用，新增公安监管版和国安监管版实名收寄系统APP，截至9月27日，系统共接入许可企业和备案网点5007家，从业人员57166人，累计完成实名收件1857.67万件。市民版实名认证注册人员37715人，累计使用271685次。山东局对全省2584处寄递服务营业场所实施了实名收寄公示告知，对2万余名收寄验视岗位人员进行专题培训。湖南省财政核拨资金2300万元专项补贴安检设备购置。云南局8月中旬联合综治办向全省所有手机用户发送宣传三项制度的提示短信。江苏淮安局约谈圆通、快捷、全峰等3个品牌淮安地区负责人，要求企业切实落实安全主体责任，全面落实“三项制度”。河南安阳局建立企业安全检查设备档案，详细登记企业安检设备的品牌、型号、购买时间、安全管理员等信息，全面掌握企业安检设备配置情况。南阳局组织召开全市邮政、快递企业X光安检机安检员培训。湖南永州成立全省首个寄递安检服务中心，建立就地安检模式。贵州六盘水局印制2000份《关于严格邮件、快件寄件人身份信息查验登记的通告》发放到辖区寄递网点。云南昆明、版纳、红河、德宏、临沧局联合公安、国安部门专家对安检机操作人员及安全管理人员进行现场授课，培训人数350余人。陕西榆林局争取到财政补贴专项资金400万元用于安检机配置。宁夏石嘴山局通过做大宣传、做细培训、做严监管和做好服务加大寄递实名制软件“安易递”推广力度。

（二）加强突发事件应急管理和汛期安全防范。北京局组织开展寄递渠道安全反恐应急演练，有关部门及全市20家规模以上寄递企业观摩。山西局印发《关于做好汛期全省邮政行业安全生产工作的紧急通知》，并通过门户网站发布《关于汛期快递服务消费的提示》。福建局积极应对第14号超强台风“莫兰蒂”，及时做好信息上报、损失统计、用户申诉解释、灾后恢复生产。江西局成功处置鹰潭天天罢工事件、江西韵达快运有限公司车祸事件以及赣州全南快递员罢工事件等突发事件。湖北局驻点宜昌枝江灾区，先后出动50余人次，深入一线参与抗洪工作。广西局周密部署，妥善应对，确保台风“妮妲”过境期间全区寄递业平稳运行。海南局积极指导寄递企业做好热带风暴“银河”、台风“电母”以及强降雨期间邮政业安全防范工作。辽宁沈阳局联合市公安局举办沈阳市邮政业突发事件应急演练活动。广西北海、桂林、钦州等局组织辖区快递企业开展了消防知识辅导、消防灭火暨应急疏散演练活动。甘肃兰州、嘉峪关等局开展邮政行业消防安全知识培训暨消防、反恐应急演练。陕西渭南局组织全市快递从业人员300余人开展快递电动三轮车突发事件应急演练。

（三）做好行业禁毒、扫黄打非和打击侵权假冒等工作。通过对快递企业举报案件线索的关联比对，湖南局协同省、市公安机关侦破一起跨地区的特大网络贩枪案件，缴获枪支配件8436件、成品气枪7支、生产机床设备7台。陕西局与省烟草专卖局联合成立打击寄递渠道涉烟违法活动工作领导小组，签订合作协议，规范全省卷烟市场经营秩序。湖南长沙局协同公安部门查获一起通过寄递渠道邮寄作案工具的电信诈骗案件，共收缴70余张身份证和40余张银行卡。陕西宝鸡局联合市公安局组织召开邮政业“互联网禁毒”培训会。甘肃邮政管理部门协助公安机关在兰州、酒泉、天水等地破获利用寄递渠道贩毒案件11起，查获冰毒、海洛因等毒品。

（四）维护寄递信息安全。广西钦州局组织寄递企业集中销毁详情单约6吨。贵港局建立过期寄递详情单销毁记录台账，详细记载各企业寄递详情单销毁情况，组织监督销毁过期寄递详情单107万份。

四、深化简政放权，严格许可管理

三季度，国家邮政局共颁发快递业务经营许可证9件，均为国际快递业务许可。各省（区、市）局共颁发快递业务经营许可证1334件。加强市场主体退出管理，按照进退有序，闭环管理工作思路，对不再实际从事经营快递活动，即符合快递业务经营许可注销管理规定的快递企业，履行注销程序。国家邮政局共注销许可证9件，其中跨省（区、市）经营国内快递业务并经营国际快递业务经营许可1件，跨省（区、市）快递业务经营许可4件，国际快递业务许可4件。按照《国家邮政局推进简政放权放管结合优化服务改革工作方案》，落实审批时限承诺制度，持续推动压缩审批时限，全面推进许可企业信息公开。每月按时通报各级邮政管理部门审批时限，要求审批超期的省份提交整改报告并落实整改措施，目前整体审批时限已经大幅缩短。起草修订《快递业务经营许可管理办法》。推动快递业务经营许可信息系统建设完善工作，向各省及主要快递企业补充征求意见。开发完成末端网点备案功能模块，在部分省份试运行后全面推广上线。

山西局对2015年12月—2016年6月全省依法取得快递业务经营许可的企业开展许可审批“回头看”专项督导检查，对未持续符合《邮政业安全生产设备配置规范》等安全强标的，责令相关企业限期完成整改。对224家许可企业进行全面梳理，逐一排查是否存在许可证有效期内停止经营、连续六个月未营业、许可证有效期届满未延续等符合《快递业务经营许可注销管理规定》的情形，依法注销3家企业的快递业务经营许可证。福建局印发《福建省快递业务经营许可审批工作制度》，明确许可事项的职责分工、申请受理和核查审批流程、组织纪律等要求。广西玉林局开展行政审批制度改革“回头看”，对行政审批制度改革工作进行全面梳理回顾，同时，建立健全行政审批许可台账，引入行政许可案卷索引编号制度，对各类许可事项进行详细统计和归类。

五、全面加强邮政市场事中事后监管

三季度，全国邮政管理部门继续加大邮政市场检查和行政执法工作力度，出动执法人员92208人次，检查单位37230家次，出检天数10911天，查处违法违规行为6921次，办理邮政市场行政处罚案件1633件。

（一）全面净化快递市场秩序。开展快递市场清理整顿专项行动，截至9月底，各级邮政管理部门共出动执法人员116222人次，检查单位49172家次，查处问题7055次，其中未经许可经营快递业务447次，未按规定办理变更手续1132次，设立分支机构未备案2356次，超地域范围经营63次，违规委托经营149次，违反加盟管理规定51次，未按期提交年度报告330次，申请许可、变更等弄虚作假8次，停止经营未按规定办理79次，其他2440次；约谈2013次，责令整改4060次，行政处罚1446件，信息公开917次。

（二）做好邮政用品用具市场监管。三季度，国家邮政局共发放用品用具生产监制证117个。在全国开展邮政用品用具质量检查和抽检工作，目前已全部完成抽检和检查。8月赴上海、杭州、广州、东莞和深圳开展快递绿色包装专项调研。制定《快递绿色包装试点工作方案》，明确试点的目标、原则、主要工作任务、时间安排和工作要求等。

（三）推动快递服务质量稳步提升。7月，国家邮政局在上海召开主要快递企业丢失损毁赔偿机制专项评估会，对12家主要品牌快递企业进行丢失损毁赔偿机制专项评估。江苏、安徽、福建、重庆、四川等局制定《快递服务质量提升联席会议制度》并召开首次联席会议。江西局组织开展全省快递服务公众满意度和服务质量及寄递安全监测调查工作。广西桂林局开展快递时限测试工作，选择EMS、顺丰、圆通等主要快递品牌作为测试对象，向全国各地共发出测试快件336件。陕西延安局配合区文明办积极开展“最美服务窗口最美服务之星”评选活动。

（四）加强行业信用体系建设。国家邮政局与信用交通网站进行信息对接，向交通运输部报送2016年1～9月公开的许可信息和行政处罚信息。组织快递业信用管理信息系统使用培训，并在河南洛阳组织召开了双随机检查机制与快递业信用体系建设推进会议，针对快递业信用体系建设听取意见。天津、内蒙古、吉林、浙江、河南、湖北陕西省（区、市）邮政管理局按国家邮政局工作部署，扎实推进信用体系建设试点工作，印发了实施方案，成立了领导小组，开展了信息系统培训，陆续建立了辖区快递企业和从业人员信用档案。吉林局将前期行政处罚、行政许可信息录入公示系统，通过企业信息公示系统数据录入，初步建立了政府部门间企业信息共享机制，目前完成1314家行政许可信息和101起行政处罚案件的公示。江苏局与省放心消费创建办公室联合制定印发了《江苏省快递行业放心消费创建先进、示范单位认定管理办法（试行）》，进一步加强和规范全省快递行业放心消费创建先进、示范单位认定管理工作，促进快递行业放心消费创建工作的健康发展。安徽局继续推进“快递行业诚信建设年”为主题的专项活动，形成诚信规范、竞争有序的快递行业市场环境。广西防城港市消费维权工作领导小组办公室印发《防城港市“诚信经营，放心消费”创建活动工作方案》，首次将诚信快递建设纳入“诚信经营，放心消费”创建工作。

六、完善市场监管基础建设

国家邮政局举办2016年全国邮政业安全监管培训班，重点就寄递渠道重大活动安保、反恐防暴、寄递渠道禁毒、寄递渠道濒危物种保护等工作进行指导讲解，并组织现场观摩处置危险化学品泄漏事件应急演练。出台《邮件快件微剂量X射线安全检查设备配置管理办法》，起草《邮件快件实名收寄实施办法》。会同公安部、国家安全部联合签署《关于严格邮件、快件寄件人身份信息查验登记的通告》。起草《禁寄物品管理规定及指导目录》并积极推动与公安部、国家安全部、海关总署联合发布。完成“绿盾工程”可行性研究报告编制工作，围绕“三个100%制度”落实和“五可”目标实现，完成了六个方面建设内容的规划设计，已经提交国家发改委进行项目立项的初步审查。研讨《快递绿色包装试点调研报告》《快递绿色包装试点方案》,督导快递市场清理整顿专项行动和快递业信用体系建设试点工作。编制《2015 年邮政市场行政执法案件汇编》。起草《邮政管理部门随机抽查工作细则》和《随机抽查事项清单》。制定《邮政市场监管约谈暂行办法》,规范约谈告诫的适用范围和具体程序。组织精干力量对一、二季度抽取的 100 个邮政市场执法案卷进行评查。开展邮政市场舆情监测,收集全国各省、地市主要媒体名录,拓宽监测来源,提升舆情利用率。跟踪完善邮政行政执法管理信息系统功能,建设双随机抽查功能模块,完成原型设计。

(一)完善监管机制建设。天津局与市公安局联合印发《天津市寄递渠道应急处置管理办法》;以寄递渠道领导小组文件形式起草《邮政、公安寄递信息数据交换工作规定》;起草《天津市邮政业落实 < 中华人民共和国反恐怖主义法 > 实施办法》,征求相关部门、企业意见。上海局出台《上海市邮政业反恐怖防范工作规范》。广东局在广州、深圳、东莞、佛山四市 35 个大型分拨中心安装了视频监控系统后,继续安排 238 万专项资金在其余 17 个地市推广视频监控系统。内蒙古局指导呼和浩特市局联合快递企业负责人开展快递市场巡查,落实企业主体责任,首轮巡查对 3 个品牌 34 个分支机构下达《责令限期整改通知书》12 份。辽宁本溪局对快递企业实施邮政业绿色、黄色、红色、黑色四色安全预警动态管理,并将考评结果在全市范围内 36 个网点进行公示。安徽合肥局建立“分区划片”管理制度,将监管部门工作人员和寄递企业安全员按区域进行划分,确定片区安保工作责任人。福建三明局出台《三明市寄递安全管理专项治理实施方案》。江西南昌局印发《关于规范快递企业安全生产台账设置的通知》,督促企业配齐安全生产管理机构和安全管理人员。上饶局印发《上饶市邮政行业落实企业安全生产主体责任实施细则》,景德镇局印发《景德镇市快递企业安全管理指导手册》,鹰潭局印发《鹰潭市邮政业落实企业安全生产主体责任指导意见》,明确快递企业各安全生产岗位责任,并确立多项安全生产管理规章制度。湖北荆州局、宜昌局建立了安全员制度,要求每家企业配备一名专职安全员。陕西咸阳局与市公安局联合印发《咸阳市寄递企业安全检查监督规定》,规范公安机关寄递行业执法行为。宁夏石嘴山局印发《网络视频监控室管理办法》,全面实施和完善网络视频监控。

(二)加大培训宣传力度,提升行业管理水平。山西局举办全省邮政行业市场监管综合培训班,深入讲解新安全生产法、《快递安全生产操作规范》、行政执法信息系统操作等方面的监管内容。黑龙江局组织执法能力提升培训班,总结安全服务异地交叉大检查经验和不足,提升执法人员水平。江苏局举办快递服务质量管理与申诉处理培训班,对《邮政法》《合同法》《快递市场管理办法》《快递服务》国家标准关于快件丢失、损毁赔偿相关规定进行了解读,结合典型申诉案例帮助企业深入查找快递服务过程中出现的突出问题。海南局组织快递企业参加专题培训,全面解读《反恐怖主义法》,重点组织企业学习了收寄验视、实名收寄等相关法律规定。甘肃局举办行政执法暨快递业务经营许可培训班,解读《快递业务经营许可优化方案》《快递业务经营许可证延续和换发办法》《快递末端网点备案登记实施办法》,并就做好末端网点备案登记管理工作进行部署。辽宁本溪局联合相关部门举办主题为“安全生产,从我做起”的邮政行业安全生产知识竞赛,26 家快递企业 668 名快递从业人员参加。安徽滁州、芜湖局拍摄标准收寄流程示范宣传片,编制企业培训教材;蚌埠、淮南、亳州市邮政管理局印发《寄递渠道三项制度安全手册》等宣传指导手册,做到企业一线员工人手一册。福建福州局开展邮件快件 X 光安检机操作员培训。河南开封局邀请市开发区消防大队针对快递行业生产、运输、仓储等环节特点，进行夏季消防培训。贵州黔东南局组织辖区快递品牌主要负责人50余人参加国安、禁毒、反恐专题安全教育培训。宁夏石嘴山局制作了《石嘴山市寄递行业安全生产警示教育专题片》，提高企业安全生产红线意识。

第四部分 四季度市场监管和安全监管情况

第四季度，各级邮政管理部门认真贯彻落实国家邮政局有关工作部署，结合本地实际，采取有效措施扎实开展快递市场监管工作，取得良好成效。

一、持续巩固良好的发展态势

国家邮政局完成《快递业发展“十三五”规划》编制。大力推进“中国快递示范城市”和“快递服务现代农业”示范基地评选。经过严格审核，评选出大连、苏州、宁波、合肥、厦门、青岛、武汉、揭阳8个快递示范城市，锡林郭勒盟、松原市、苏州市、赣州市、烟台市、百色市和中卫市7个首批“全国快递服务现代农业示范基地”。建成第一批快递服务制造业项目库。加大与相关部委协调力度，重点开展了电子商务与物流快递协同发展成效及可复制经验总结。各地邮政管理部门深入贯彻落实国务院61号文件精神，采取有效措施持续巩固良好的发展态势。

(一)争取出台利好政策，为行业发展营造良好的环境。天津局发布实施《天津市邮政业发展“十三五”规划》；正式发布《天津市人民政府办公厅关于印发我市支持快递业加快发展十项措施的通知》，市政府出台《关于积极推进“互联网+”行动的实施意见》，明确市邮政管理局有关职责分工，邮政行业获多项政策利好。《天津市快递专业类物流专项规划(2016—2020年)》获天津市政府批复并印发实施。河北省明确将邮政业纳入质量强省战略主要任务，河北局被列为质量强省战略领导小组成员单位。山西省政府出台《山西省支持快递业发展的若干措施》。阳泉市政府将邮政快递业列入发展补助奖励项目。江苏省出台《江苏省“十三五”物流业发展规划》，将基本形成便捷高效的城乡配送体系与快递物流体系列为重点发展目标，提出允许符合技术标准要求的电动三轮车等小型运输工具依法实施终端配送作业。安徽全省已有10个市政府出台《关于促进快递业发展的实施意见》。蚌埠市政府办公室正式印发《蚌埠市电子商务与物流快递协同发展实施意见》。福建福州、泉州、宁德、漳州、龙岩等地出台支持快递业加快发展的专门政策，三明成功入选国家物流标准化试点城市，三明局被列入市物流标准化试点工作领导小组成员单位。湖北省人民政府印发《关于促进全省快递业健康发展的实施意见》。甘肃甘南州人民政府出台《关于促进农牧村电子商务发展的贯彻意见》，邮政管理部门被列为多项措施的牵头单位。陕西省政府出台《关于促进快递业发展的实施意见》，陕西局会同省发展改革委、交通运输厅正式发布《陕西省“十三五”邮政业发展规划》。榆林市政府安排4500万元专项资金用于支持快递物流业发展及农村电子商务物流快递综合服务中心项目建设。云南省政府出台《关于促进快递业发展的实施意见》。大理局联合当地邮政储蓄银行印发《关于邮储银行大理州分行为大理州快递行业提供综合金融服务的通知》，开启大理“快递+金融”新模式。河南省人民政府办公厅《关于印发2016年河南省服务业重点领域发展行动方案的通知》。郑州局起草的《郑州市快递业管理办法(草案)》纳入政府规章制定计划,参与制定市区配送车辆通行管理办法。洛阳局参与制定《洛阳市小微企业创业创新基地城市示范工作推进方案(2016－2018)》,拟对快递行业给予资金补助。内蒙古乌兰察布市政府办公厅印发《乌兰察布市快递物流体系建设专项资金使用管理办法》,明确了12个补贴项目。山东局联合省发改委,发布了全省邮政业发展"十三五"规划,山东省和17市邮政业发展"十三五"规划相关内容,纳入省及所属地市国民经济和社会发展第十三个五年规划纲要。青海省政府印发《青海省人民政府关于促进全省快递业发展的实施意见》,出台《青海省关于积极发挥新消费引领作用加快培育形成新供给新动力的指导意见》等政策性文件。海北州出台了《加快快递业与电子商务协同发展的意见》和《海北州电子商务发展扶持奖励暂行办法》。重庆局永川区出台《重庆市永川区人民政府关于加快全区快递业健康发展的实施意见》。湖南局协同省发改委等24部门制定出台《关于印发推进十大扩消费行动的实施意见》,将快递纳入全省十大重点消费领域。贵州贵阳市出台《促进快递业加快发展的实施方案》,毕节市人民政府办公室印发《关于促进快递业加快发展的实施意见》。

(二)积极推动快递服务制造业、农业等产业,稳步提升服务能力。天津局与市工信委联合下发《关于加快推进快递服务制造业发展的实施意见》。山西局推进快递+特色农产品项目建设。吉林长春局召开快递业创新发展座谈会,推进快递服务制造业(汽车零配件)重点项目。白山局协调促使广药东阿集团、大山合集团等10个企业与快递公司签订了长期合作协议,设立服务网点。松原局将查干湖鱼的寄递立为"快递服务现代农业示范项目"。江苏快递服务现代农业示范基地阳澄湖大闸蟹项目被评为全国快递服务现代农业示范基地,初步建成省级快递服务制造业项目库。安徽马鞍山市EMS和桂龙药业紧密合作,为企业提供仓储管理、信息系统、快递物流配送等一条龙服务。福建宁德局推动建立古田县食用菌电子商务创业园,泉州局鼓励快递企业与安溪茶叶产业深度合作,莆田局积极引导快递企业为鞋服、电商品牌企业提供仓配一体化服务。宁夏银川局通过推进"快递+电商+特色农产品"服务模式,引导快递企业做长产业链条,为本地盐池羊肉、灵武长枣等农特产品搭建快递企业线上线下推广销售平台。吴忠局推动利用盐池县本地"绿金在线"电商平台销售本地的药材、土鸡蛋、小杂粮、滩羊肉等天然有机食品。陕西省打造快递服务制造业试点项目25个,结合"一县一业",着力打造快递服务农副产品外销的示范项目。陕西局、省工业和信息化厅联合出台《关于加快推进快递服务制造业工作实施意见》。山东局先后联合菏泽、潍坊市政府召开快递电商协同发展座谈会,大力发展"快递+"特色农产品服务模式。浙江局引导快递企业在涌泉、仙居等农副产品集中地区设置20多家快递营业网点,服务当地橘子、杨梅等农副产品网上销售。

(三)着力推动快递向外发展,加快走出去步伐。吉林省吉林局推动快递企业入驻吉林市保税物流中心,延吉空港快件监管中心即将投入运营,延边申通快递有限公司已在韩国建立仓配一体化仓储库。安徽合肥市印发出台《关于促进跨境电子商务发展若干政策意见》。福建泉州市政府印发《泉州市建设"中国快递示范城市"实施方案》,提出支持泉州晋江国际机场快件绿色通道建设。厦门地区积极打造厦金台货进口航线平台,实施台湾地区输大陆商品快速验放机制,进出境邮件、快件监管中心建设通过海关验收,正式投入运营,并获厦门市政府1000万元资金补助。河南安阳市政府出台《关于促进跨境电子商务健康快速发展的若干意见》。山东济南获批设立国际邮件互换局，青岛流亭国际机场“航空快件绿色通道”正式挂牌，青岛西海岸快件监管中心启用，青岛邮政跨境电商产业园列入山东省跨境电商综合试验区实施方案。

（四）深入推进快递“三上”“三进”工程，提升末端投递能力。天津局与天津滨海国际机场签订战略合作协议，天津航空快递“绿色通道”建设取得实质进展。黑龙江局引导快递企业与铁路部门对接，促成中邮速递、顺丰、韵达、快捷、京东等5家企业与中铁快运达成合作。江苏省徐州快递上机项目获评市“多式联运”示范项目称号。福建福州顺丰尝试与铁路企业合作，“双11”期间开通至天津、北京的高铁包舱专列，实现快件“一日达”。陕西局、民航陕西安全监督管理局联合出台《关于促进快递民航产业协调发展的意见》，咸阳国际机场快递专用货运航线达到5条。河南局推动高铁与快递业融合发展，11月份中铁快运股份有限公司郑州分公司面向全省快递企业开通“快递上高铁”业务。山东局积极协调中铁快运济南分公司与EMS、韵达等快递企业合作，开通高铁快递专列，推进中韩EMS海运邮路运营。浙江舟山局积极对接嵊泗县政府、舟山通达客运有限公司，推进快递上船。贵州省顺丰快递全货机首降，填补了贵州民航史上没有全货运航班的空白。安徽各市局落实省局和省教育厅联合下发的《关于做好高等院校快递服务工作的意见》；马鞍山局会同住建委、规划局、经信委等部门联合印发了《关于推进邮政服务末端投递智能化建设的通知》。福建龙岩、宁德、三明等局通过建立快递超市、与学校合作建设网点、第三方公司进驻等多种形式解决快递进校园。汉中局印发《关于规范汉中市校园快递服务和安全管理工作的通知》。浙江局推进校园“快递超市”新平台项目，打造浙江大学宁波理工学院“快递超市”，并在4所高校开展试点。重庆局推动快递进院校发展新模式，通过服务平台自主研发的高校生活圈App，做好快递服务的同时搭载公共服务。

（五）加大快递园区建设力度，产业规模聚集效应逐渐显现。北京局推进跨境电商园区建设，北京EMS园区成为中国（北京）首批6家跨境电子商务产业园之一。《天津市快递专业类物流专项规划（2016－2020年）》获市政府批复并印发实施；在空港航空快递物流园区内，快递企业分拨作业面积达9.5万平方米，日处理快件量达230余万件；大力建设电子商务快递物流园，菜鸟网络一期工程已建成8个分拨仓，面积达10万平方米；苏宁、唯品会、京东、当当等电商企业落户武清建设仓配物流中心，日快件出港量超20万件。河北局加快发展国际快递，设立快件监管中心和国际邮件互换局，开辟国际快件、邮件通道，带动跨境电商快递产业园区建设。吉林省松原市局、延吉局规范物流园区配备设施设备，并协调快递企业入驻，解决快递公司分拨场地问题；敦化局与地方政府协调，在商贸物流城为快递业划拨运营仓储空间；在长春建设快递产业园，已入驻三家快递企业；长春顺丰率先在兴隆保税区建设占地20万平方米的电商产业园。黑龙江局鼓励快递企业入驻园区，4个物流园区已有10家快递企业入驻。江苏泰州市设立1亿元专项扶持资金推进苏中快递产业园建设；扬州快递产业园规划通过中期评估。安徽砀山建立了智能仓、储、配、发、运一体化“快递物流综合园区”；安徽省快递协同发展试验区在蚌埠揭牌运行；淮北市凤凰山快递协同发展试验区建成运行。三明沙县闽中快递物流园正式投产运营，圆通、韵达等品牌分拨中心入驻并运营。龙岩市积极推动物流园区、电商园区加载快递园区功能，实现“三园合一”。福建厦门市快递物流产业发展园区一期规划选址已基本确定；莆田顺丰仓配物流园已初步确定地块；福州市高速物流园三期电商物流园完成土地征迁，2017年将开工建设。陕西局推进顺丰西安电商产业园和陆运中心、申通西北转运中心、EMS集散中心、咸阳中通快递仓储物流园、榆林市久旭快递物流园区二期工程等重点项目建设，推动圆通科技中心10亿元投资项目落地陕西。广西南宁市政府与圆通蛟龙集团就在南宁市建设圆通速递广西区域总部项目达成合作框架协议。宁夏已建成4个市级快递物流产业园，5个县级园区。新疆局建立了南疆第一个快递园区。河南局推动郑州国际快递物流园建设，圆通、申通入驻；安阳规划建设豫北快递电商物流园区。辽宁盘锦局积极推进快递物流园区建设，将快递园区建设纳入地方政府目标考评体系；营口快递物流园区正式启动，共5家快递企业进驻营业。内蒙古巴彦淖尔市临河区创业创新孵化基地正式开放运营。山东临沂申通电商快递园项目一期工程于2016年11月投入使用。中通在浙江黄岩地区购置300余亩，打造现代化快递操作场地。贵州快递物流园区8家公司主体工程已建成；京东在贵阳建设“亚洲一号”仓配基地。江西省吉安快递园区被市政府列为全市电子商务示范基地，赣州电商与快递物流中心等项目已纳入赣州市“十三五”货运枢纽（物流园区）规划，萍乡市邮政快递园区被纳入萍乡市十三五规划纲要的生产性服务业重点工程之一，新余快递产业园一期工程已建成投入运营，南昌快递园区已全面开工；已有22个县区快递企业集群入驻县级电商快递园区，并享受三年免租、税收减免等优惠政策。

（六）稳步推进快递下乡。江苏局与省农委联合出台的《关于推进快递服务“三农”工作的意见》明确要求整合推进“快递下乡”与“信息进村入户”工作，提出了“推进快递服务点与益农信息社共建”等六项措施。福建局提前实现“乡乡有网点”。河南驻马店局按照《驻马店市综治办市公安局市邮政管理局关于联合开展清理整顿非法快递网点专项行动的通知》，优化乡镇快递网点布局。河南平顶山局联合商务局出台《推进快递下乡与农村电商协同发展实施方案》。青海海西局印发《海西州邮政管理局推进“快递下乡”工作实施方案》。重庆局助推“一县一品”进城，加快推进农村末端网点布局；联系市商委、市财政局，推进末端配送网点转型公共取送点申报工作。

（七）因地制宜化解车辆管理难题，确保快递车辆通行。北京局与交通、交管部门出台《本市邮政寄递行业交通安全管理工作方案》，与公安交管等三部门联合印发《关于印发本市邮政寄递行业交通安全管理工作方案的通知》，对全市快递电动三轮车统一外观标识和编码。山西省对电动车登记管理和车辆通行进行了规范明确，赋予电动车辆合法道路通行权。吉林省白山局协调市公安局交通警察支队联合成立白山市邮政业快递服务车辆管理领导小组进行具体运作。安徽黄山局、淮北局分别和当地公安交警联合印发《关于规范黄山市邮政、快递电动三轮车通行管理的通知》和《淮北市邮政快递揽投车辆市区通行管理暂行办法》；淮南市邮政管理局协调市交警部门，对符合标准的快递车辆发放绿色通行证。福建厦门市积极争取邮件（快件）运输车辆通行年费减免政策；莆田局协调相关部门对快递电动三轮车登记挂牌；泉州市妥善处理市区超标电动自行车整治导致的快递车辆通行难题；厦门局鼓励快递企业购置新能源汽车作为城市快件运输和收投服务工具；福州局将新能源车辆的推广使用纳入电商与物流快递协同发展试点资金扶持项目；三明市政府出台文件加快新能源汽车推广应用，明确对新能源非公交汽车进行市财政补助。湖北鄂州局为主城区的25家快递企业共计368辆符合要求的快递三轮车统一张贴了快递专用通行标志；襄阳局与市交警支队确立快递运输服务三轮车外观样式“四统一”标准，制作下发快递三轮车专用牌照300张；宜昌局联合市交警支队向各快递企业发放快递三轮车便捷通行标识近600份。陕西西安、咸阳、渭南、铜川等地市先后出台了关于快递专用电动三轮车通行管理工作的具体措施。宁夏局依据《宁夏快递车辆运行管理办法》，为快递企业510辆运输车辆核发和换发了《快递服务车辆运行使用证》；石嘴山局、中卫局联合交警部门对电动三轮车实行上牌管理。内蒙古巴彦淖尔局出台《快递三轮车管理办法》，对快递电动三轮车统一编号、统一形象、统一管理。山东济南市出台《济南市城市共同配送车辆管理实施意见》，将济南快递企业投递车辆纳入城市共同配送体系。

二、全面加强邮政行业安全监管

国家邮政局联合公安部、国家安全部印发《禁止寄递物品管理规定及指导目录》，开展《邮件快件实名收寄实施办法》《寄递服务协议用户安全管理规定》等专项课题研究。先后2次召开邮政业安全领导小组会议研究部署安全工作。中央编办批准在国家局设立专门安全监管司，大力推动省级以下邮政业安全监管支撑保障机构建设，在12个省局和8个地(市)局成立邮政业安全中心。积极推动寄递渠道安全监管“绿盾”工程建设，按照“两联、两实、一预警”功能实现要求和信息化管理“五横三纵”总体布局，编制完成“绿盾”工程可行性研究报告，正式报送国家发改委申请项目立项。坚持以信息化管理为主要手段推动落实实名收寄制度，开发“企业版”实名收寄信息系统和“公共版”APP，在顺丰、圆通、中通等14家企业和天津、浙江、福建、宁夏等5个省(区、市)进行试点应用，委托国务院发展研究中心完成实名收寄制度评估。大力推进寄递企业安检机配置工作，截至12月底，全国各寄递企业已配备X光机8869台，北京、河南等29个省(区、市)地方政府先后给予安检机配置财政补贴5亿多元，各主要快递企业省、市大型分拨中心安检机配置基本到位。

(一)继续健全体制机制，强化属地化综合治理及部门协作。北京局加强寄递渠道安全管理协调工作机制建设，与市综治办多次组织召开全市邮政行业寄递安全工作会议和各类专题会议，切实保障寄递渠道安全。天津局联合国安、公安等部门，在“双11”、G20、十八届六中全会等重要时期，对寄递企业开展联合检查；会同综治部门向市财政争取安检机购置补贴资金2000万元。江苏局在全省树立首批“平安寄递”创建先进企业，更好地发挥示范引领作用。安徽局赴省综治委成员单位平安建设联系点芜湖市鸠江区开展调研，及时掌握了解联系点的平安建设工作相关情况。马鞍山局成立寄递业“平安信使”志愿服务队，协助开展社会面的志愿活动。福建局组织厦门局，邀请省公安厅等部门的同志赴浙江学习G20安保经验，为厦门金砖峰会做准备。厦门局完善警务联络室工作机制，实现警务联络室与安全中心合署办公，组建安全专家巡查督导队伍，委托专业机构定期开展各类寄递安全专项检查及巡查，形成了专业与专家相结合的监管机制。福州局借助公安部门的力量，采取区域片警巡视、入驻快递企业网点方式加强市场监管。湖北局联合公安等部门对快递企业分拨中心进行3个100%制度落实情况的联合检查。四川省政府办公厅印发《四川省寄递物流安全管理责任追究办法》。四川局印发《关于规范县级寄递渠道安全管理工作的通知》，推动建立县域寄递渠道安全监管长效机制。河南周口局联合市综治、国安、安监、治安、反恐、禁毒、消防、工商、扫黄打非等部门对快递从业人员进行全面培训。辽宁沈阳局积极与市工商局、市税务局等部门沟通协调，指导企业利用好行业发展支持政策，享受到增值税汇总缴纳政策。山东局同省综治办向省寄递安全领导小组相关成员单位印发了《关于开展全省寄递渠道安全管理综治考核自评工作的通知》，指导各市自评及对县区的考核工作。浙江杭州局联合市综治办、公安局、交通运输局、市场监管局出台《关于进一步加强寄递渠道安全管理工作的通知》。温州局建立与公安部门之间的案件移交与处理规范。台州出台《台州市寄递渠道安全管理长效机制》。

（二）稳步落实三项制度，夯实行业安全基础。天津局多次召开安检机购置专题推动会，对企业“三项制度”落实情况加强督导检查。吉林延边局联合延边分众传媒在全州415个电梯间的电视屏幕播放安全寄递宣传片。江苏南通局快递实名制系统协助公安机关成功抓获逃犯。安徽局印发《安徽省邮政管理局关于全省邮政营业、处理场所监控设备安装情况的通报》。合肥、芜湖、蚌埠、安庆、亳州、马鞍山、阜阳、池州、宿州等市政府给予一定比例的安检机财政资金补助。福建局创新安全监管方式，利用福建省寄递业实名收寄验视系统推进实名登记制度落实。山东局与省综治办、省公安厅联合下发了《关于进一步推进过机安检工作的通知》。陕西西安局、安康局联合公安部门在全市推广使用手机APP实名收寄系统，通过技术手段落实实名收寄和验视制度。宝鸡局、榆林局率先完成市级快递企业分拨中心远程视频监控系统建设。新疆全区寄递企业均登记寄递用户实名信息，过机安检制度实行分拨中心安检和各网点安检的双重安检。四川成都、德阳、南充、宜宾、泸州、攀枝花等地政府财政共补贴959万元，支持快递企业购置安检设备。河南郑州局制定《郑州市邮政行业寄递安全管理制度实施细则》，明确了郑州市实名登记操作流程和实名登记格式。山东东营、德州、滨州、临沂已经开展寄递渠道手机APP“三拍一输入”系统推进落实工作。临沂市政府财政补贴640万元补助已购买安检机。浙江局率先推出寄递渠道实名登记验视信息化，全面推广“巴枪”和“APP”等模式。

（三）依法履行应急管理职责，及时有效应对突发事件。吉林局与54家企业签订了《安全生产承诺书》，组织应急演练。白城局、延边局、辽源局联合市消防大队，对全市各品牌快递进行了安全应急演练培训。安徽淮北局联合相山区人民政府、武警淮北市消防支队等多部门，开展了邮政业消防应急演练。宿州局成立园区应急队，协调园区无偿提供了3000平方米的应急场地。福建局做好第14号超强台风“莫兰蒂”防范应对，及时上报信息、损失统计、用户申诉解释，指导灾后恢复生产等工作。龙岩局修订《全市邮政行业突发事件应急预案》。泉州局组织快递企业开展安全生产消防实战演练。三明局成功处置快递企业车辆事故、系列罢工等行业突发事件。湖北襄阳局联合市安监局组织全市寄递企业开展邮政行业危爆品处置应急演练。恩施局联合寄递渠道领导小组成员单位、消防等单位在州邮政速递物流公司分拨中心联合开展了演练活动。广东部分市局全力做好“海马”强台风防御工作，到现场了解受灾情况，并提供恢复生产的帮助。河南局组织开展全省危险化学品泄漏应急演练，开封局、洛阳局、漯河局、信阳局等积极响应，组织辖区企业开展了应急演练。新乡局联合市公安消防支队要求各企业落实主体责任，配备相应的应急物资。辽宁锦州局开展邮政业突发事件应急演练。辽阳局开展邮政行业消防知识培训。山东局四季度组织寄递企业组织开展安全培训56次，开展应急演练199次，完成安全生产应急预案备案工作247家。湖南局召开寄递渠道安全管理办公室成员单位联席会议，通报典型案例和《邮政业突发事件应急预案》修订情况。四川局参加省禁毒委组织的2016年堵源截流全省第四次实战拉练行动；妥善处置了成都百世快递快件运输车自燃和中通员工跳楼事件。宁夏中卫、固原市局指导企业妥善应对旺季期间的暴雪灾害。吴忠局创新施行的“四色安全预警管理”机制。西藏局与拉萨局组织开展了消防培训演练。

（四）做好行业禁毒、扫黄打非和打击侵权假冒等工作，确保国家有关工作部署在行业有效落地。吉林长春局联合省、市禁毒办共同举行全市快递业建立快递员禁毒宣传员队伍活动，向快递员发放1000件带有禁毒标识T恤衫和2.5万张禁毒易碎贴。江苏盐城局与市烟草专卖局成立了联合执法协作工作领导小组，建立执法协作工作机制。河南洛阳、新乡、濮阳、许昌、周口、驻马店、南阳等市局深入开展了“打击侵犯知识产权和制售假冒伪劣商品”“打击邮政行业互联网领域侵权假冒行为”等专项整治行动。浙江湖州通过寄递安检系统查获了一批外地进湖毒品、危化品、管制刀具、仿真枪等禁寄物品，会同烟草部门开展“利剑行动”，共查获寄递渠道违法运输卷烟440条，涉案金额30万余元。湖南局协同省公安厅、省高院、省高检组织开展打击遏制利用寄递渠道寄运枪支爆炸物品毒品的违法犯罪行为专项行动。甘肃全省邮政管理部门协助公安机关破获利用寄递渠道贩毒案13起。

三、着力做好业务旺季保障工作

“双11”期间和“双12”当日，全行业揽收快件分别达到11.2亿件、1.76亿件，同比分别增长43.6%、55.8%。在单日处理量再创新高的情况下，基本实现了“不爆仓、不积压”。

（一）及早动员部署，精心组织实施。天津局于10月中下旬召开全市寄递企业座谈会和旺季服务保障动员部署会，印发《2016年天津市寄递业务旺季服务保障工作方案》，与各寄递企业签订《2016年寄递业务旺季服务安全保障责任书》。山西局组织召开快递业务旺季动员部署会暨安全监管工作培训，印发解读《2016年快递业务旺季服务保障工作方案》。安徽局召开年度旺季服务保障动员部署会，对主要快递企业负责人和各市局工作人员、县级监管机构工作人员进行培训动员。福建省市两级邮政管理部门提前部署，印发方案，召开旺季服务保障工作会议，详细解读业务旺季服务保障工作方案。辽宁局制定下发《辽宁局2016年快递业务旺季服务保障工作方案》和《辽宁省2016年“双11”快递业务旺季形势分析》。山东局制定下发《2016年快递业务旺季服务保障工作方案》和《寄递旺季生产安全专项应急预案》。河南局提早做好准备，于10月28日召开备战旺季座谈会；制定印发《河南省邮政管理局2016年快递业务旺季服务保障工作方案》《快递业务旺季服务保障工作督导检查方案》和《关于做好2016年旺季期间申（投）诉工作的通知》。

（二）持续加大投入，提升保障能力。天津申通快递首次使用智能机器人分拣系统，百世快递启用“风暴自动分拣系统”，融合大数据分析、云计算、智能终端、图像处理等多项技术，韵达快递引进矩阵式拨杆自动流水线，全面提升快件分拣效率，提升企业自动化水平。安徽合肥局组织企业通过12305申诉处理实战演练切实提升客服处理技巧和能力。福建局指导快递企业根据实际增加场地、人员、车辆等能力储备。湖北局派出督导组，督促14家主要品牌省级寄递企业及时与总部、有关电商做好业务信息对接，对业务量峰值进行预测、研判，根据自身处理能力，加强人员、运力、场地等能力储备。各市（州）局深入一线，对城市小区集中、高校集中、投递量大的区域网点和县域、农村乡镇末端网点的应急储备情况进行检查，切实掌控辖区内寄递企业服务保障能力信息。浙江局指导企业加强行业运行监测，预测业务压力，合理增加物资保障。

（三）强化监督检查，确保要求有效落地。山西局成立三个督导组，分别于11月7日～17日期间深入临汾、运城等市县寄递企业营业网点、分拨中心连续开展三轮调研督导。通过全省快递企业视频监控平台及邮政行业安全监管信息系统，掌握旺季生产动态。上海局制定

《2016年上海市快递业务旺季服务保障工作手册》，应用安监系统新增的实时柱状图、地图监测、实名率统计、电商率统计、流量流向功能和电商协同数据平台系统省级功能，及时掌握行业运行动态信息。江苏局督促指导各地对旺季期间业务量作出预测，框定较大规模品牌企业最大的日处理能力及旺季保障能力准备情况。安徽合肥局设计《合肥市快递业务旺季服务保障及安全生产工作检查表》，在旺季期间不间断开展工作检查。福建局利用安监系统和远程视频监控系统实时监控，加强指挥调度，加大督导巡检力度，强化旺季保障。陕西局在“双11”期间下发《关于进一步加强旺季期间企业生产运营监督检查工作的紧急通知》，要求对于快件野蛮分拣坚决做到零容忍。

（四）及时提示预警，科学引导消费。天津局及时发布消费提示，引导广大消费者合理消费。黑龙江局召开新闻媒体通气会，强化行业旺季新闻宣传先后三次发布旺季消费提示，引导社会预期和消费者合理使用快递服务，赢得普遍理解。江苏局及寄递企业相关负责人走进“政风热线”直播室，直面社会诉求，回应社会关切，对听众反映的问题进行了交办及跟踪督办。

（五）注重舆情导向，营造良好氛围。天津局组织媒体对旺季服务保障工作和旺季生产现场进行采访报道，首次使用无人机拍摄、首次公开亮相智能快件分拣“机器人”，首次现场直播快递分拣场地有序分拣场面。吉林省局组织吉林省电视台都市频道、中国吉林网、新文化报等电视、网络和平面媒体，开展旺季服务宣传活动。山西局主动争取地方媒体持续关注“双11”服务保障工作，在高峰期深入生产一线现场采访报道，引导社会预期和消费者合理使用快递服务，营造良好旺季舆论氛围。辽宁局指导各市局组织做好媒体吹风会、企业通联会、新闻采访等工作，树立行业正面形象。安徽局举办旺季服务保障新闻通气会，本地多家媒体出席会议。合肥、蚌埠、滁州、阜阳、六安等市主动召开新闻媒体通气会、吹风会，陪同媒体深入快递企业采访旺季服务保障准备情况。宁夏局协调新华社宁夏分社、中央人民广播电台驻宁夏记者站、宁夏日报、宁夏电视台、宁夏新闻网、华兴时报、银川日报、新消息报等新闻媒体从11月8日至20日共对快递服务报道50余次。

四、全面深化放管服改革

（一）深化简政放权，严格许可管理。第四季度全国共核准快递业务经营许可申请638件，其中国家局核发17件，包括跨省经营3件，经营国际业务14件。全国共收到许可变更申请9974件，受理7297件，核准5585件，共处理变更事项8634项。全国依法注销78家快递企业，并启动对北京日益通和上海麦力两家公司注销前的调查摸底工作。印发《跨省经营快递业务许可审批实地核查操作指引（试行）》，严格审核标准，明确对企业处理场所、营业场所、从业人员及服务能力等方面的核查要求。在国家邮政局网站发布监管提示，重申法律规定，提示谨慎评估风险。引入提醒告诫制度，对新准入企业，在许可批复前，要求其签署承诺文书，承诺严格遵守行业相关法律法规，认真履行职责义务。根据市场检查和统计系统数据，对部分业务量持续减少、生产经营异常的企业，约见了解情况，并开展调查摸底工作，同时提示相关省局重点关注，严格把关、审慎审批相关企业的新增分支机构及加盟企业。依法受理审核圆通、申通上市企业的跨省经营快递业务许可申请。基本完成许可信息系统升级改造开发应用。

各地邮政管理部门按照国家邮政局的部署，认真做好许可相关工作。一是持续推进简政放权。北京局继续深化简政放权，研究解决行政审批过程中遇到的疑难问题，做好许可企业信息的归集整理工作，依法推进末端网点备案登记工作。山西局严格遵守审批时限，积极落实许可退出制度。黑龙江局举办《快递许可优化工作专项培训班》，重点讲解同城快递、县域许可、跨省分支机构审批流程。江苏局对《江苏省快递业务经营许可工作细则》进行了部分修订，进一步下放行政许可审批权限。青海局印发《青海省快递业务经营许可审核流程优化方案》并组织培训。二是依法严格做好许可受理和注销等工作。山东局整理了《新申办许可企业材料初审指导意见》，指导市局规范企业申办材料预审程序。湖北局印发了《关于协助做好快递业务经营许可注销管理工作的通知》，要求各市（州）局认真梳理辖区内许可企业，符合注销条件的，按照规定予以注销。三是稳妥开展快递末端网点备案登记工作。河北局对快递末端网点备案登记工作进行培训指导。山西局开展摸底排查，严格按要求组织开展快递末端网点备案登记工作。安徽六安局联合市工商质监局印发了《关于做好快递末端网点备案登记规范管理工作的通知》。青海省邮政管理局召开全省快递许可管理工作培训会，重点对快递末端网点备案登记范围、指标等相关内容进行了培训。重庆局制定印发《转发关于印发〈快递末端网点备案登记实施办法（试行）〉的通知的通知》，结合快递市场清理整顿专项行动和快递末端配送网点转型公共取送点申报工作。

（二）强化监督检查和行政执法，提升依法治理水平。2016年，全国各级邮政管理部门共出动执法人员313813人次，执法检查116213次，检查单位128205家次，出检天数35376天，查处违法违规行为22891次，办理邮政市场行政处罚案件4665件。编制《2015年邮政市场行政执法案件汇编》，发挥已有案例的指导和参考作用。建立季度案卷调阅评议制度，分两次从各地随机抽调100个案卷进行评议。指导各地开展跨区域协作，通报上海和安徽局跨区域协作典型案例。印发《邮政管理部门随机抽查工作细则》，牵头制定《随机抽查事项清单》，完善邮政行政执法系统中双随机抽查模块功能。针对央视报道天天、全峰等业务旺季期间野蛮分拣、偷吃内件食物等问题，约谈两家企业总部。圆满完成快递市场清理整顿专项行动，期间全国共出动执法人员167705人次，检查单位72443家次，查处问题9445次，约谈2543次，责令整改5395次，行政处罚1952件。安徽局联合省工商局、省公安厅、省国家安全厅下发《关于开展快递市场清理整顿联合专项检查的通知》，组成联合督导组到宿州、淮北等市开展专项督导工作。福建局根据印发的《2016年快递市场监管工作考评办法》，每月对地市“系统登录率、检查信息录入率、案件信息录入率”情况进行考评并通报，考评结果作为各市局年度管理绩效考评依据。四川局印发《关于规范邮政市场行政执法案件案由使用的通知》，梳理出23个常用且易误用邮政行政执法案由，明确适用和不适用情形。宁夏局印发《宁夏邮政管理系统法治邮政建设考核指标体系》，举办2次行政执法培训班。河南局结合实际情况，联合综治、公安、工商等部门开展了非法邮政快递网点清理整顿专项行动。广东按照跨区域协作监管机制要求，迅速处理了6起外省转办的广东属地案件。新疆局针对喀什连续发生4起仿真枪案件，与广东4省协作查处违反“三项制度”的寄递企业。

（三）加强快递服务质量监管，着力推进行业提质增效。国家邮政局组织EMS、顺丰、圆通、申通、中通等22家品牌快递企业召开第三季度快递服务质量提升联席会议，通报问题，提出整改要求。北京局制定实施了《北京市邮政管理局邮政业消费者申诉与行业监管工作衔接联动制度（暂行）》。天津局做好邮政业申诉中心和市政府“8890”便民服务热线对接工作，及时处理消费者申诉事宜。山西局制定《山西省邮政管理局快递服务质量提升联席会议制度（试行）》，10月28日组织召开了省快递服务质量提升联席会议第一次会议；进一步健全申诉工作与市场监管的联动机制，按期通报申诉情况。吉林省局举办全省邮政业申诉处理工作培训班。安徽、福建、四川、河南等省局建立并实施快递服务质量提升联席会议制度，定期召开联席会议。河南南阳局及时办理市长信箱、市长热线、315热线、局长信箱等渠道转交的申诉案件，深入开展了快递服务时限测试、抽查快件投递服务质量等活动。湖南局召开快递服务质量联席会议，通报企业申诉排名情况，约谈申诉量靠前企业。江西局委托专业调查研究机构开展了2016年度全省快递服务满意度调查和服务质量监测活动。

（四）稳步推进快递业信用体系建设，探索市场监管新模式。国家邮政局组织开展快递业信用体系建设试点工作中期评估，对天津、内蒙古、吉林、浙江、河南、湖北、陕西七省（区、市）邮政管理部门工作开展情况进行全面检查。针对试点过程中信用管理信息系统暴露出来的若干问题，组织开展数据库的清理，及时解决试点工作中系统遇到的各类问题。各省（区、市）邮政管理部门认真学习国家邮政局印发的工作方案，采取有效措施抓好贯彻落实。一是高度重视，抓好部署。天津局多次召开局长办公会研究试点工作。吉林、内蒙古、河南、湖北、陕西等也先后成立了领导小组，加强领导，为试点工作的有序开展奠定了坚实基础。湖北局将行业信用体系建设作为“3＋1”工程的重要组成部分，列为2016年市场监管重点工作加以推进。二是精心部署，广泛动员。内蒙古局对信用评定指标在国家局60%以外按照省局10%和盟市局30%的权重进行了划分，辖区12个盟市局均增设了评定指标，共设立加分指标180项、扣分指标70项。组织召开全区快递业信用体系建设动员大会，对试点工作进行全面部署。吉林局建立月度通报制度，强化各项任务落地。三是加强培训，注重应用。各试点省（区、市）局先后组织了相应培训班，解读试点工作方案、讲解信用管理信息系统使用操作。内蒙古局先后分两次在包头和乌兰察布举办培训班，解读试点实施方案，对信用管理信息系统使用进行培训。河南局在7月份信用试点专题培训班基础上，结合工作开展情况将其作为10月份市场监管培训班的重要内容。为确保效果，陕西西安局对辖区100多家企业，分三批次进行了培训。四是建立档案，完善台账。各省（区、市）邮政管理部门克服系统不顺畅、功能不完善等困难，认真收集汇总辖区企业和从业人员基本信息，全面清理许可系统同步数据，档案和台账建立工作取得明显成效。天津局根据已掌握的全市寄递人员从业卡制发情况，对比各快递企业在信息系统上填报的信息，对审核中发现的填报不准确等问题及时督促企业修改，确保信息真实和完整。内蒙古呼和浩特局、兴安盟局在信用管理信息系统使用不畅的情况下，以EXCEL表格的形式获取企业和从业人员基础信息，在系统顺畅时导入，确保了工作进度。吉林局组织地市局对企业建档过程中存在的问题进行细致解答，将有关问题及其解答整理成笔记发放给地市局和企业。五是健全机制，增强实效。天津、内蒙古通辽和锡林郭勒、吉林长春等局均成立了信用评定委员会，大胆探索信用管理工作机制。天津局与市场监管委建立信用信息共享机制。内蒙古兴安盟局编制800本《快递业诚信手册》下发企业和从业人员，组织企业签订《快递行业信用承诺书》。湖北黄冈局与市公安局加强对接，建立了快递业从业人员信息档案共享机制。

第二章 2016年市(地)邮政管理工作综述

2016年是全面建成小康社会决胜阶段的开局之年。面对“十三五”时期的新形势、新任务和新要求,各市(地)邮政管理局在“创新、协调、绿色、开放、共享”发展理念的指引下,认真落实《国务院关于促进快递业发展的若干意见》要求,坚持目标导向和问题导向,加大供给侧结构性改革力度,不断提升行业管理水平和能力,持续优化行业发展水平,增强快递业与地方经济发展的黏性,行业影响力显著增强。

一、抢抓机遇,继续推动行业政策在地方落地

2016年年初,“快递下乡”工程首次被写入中央一号文件,并被列入《国民经济发展和社会发展第十三个五年规划纲要》;全国政协双周协商座谈会围绕《快递条例》的制定建言献策;全国“两会”上“促进快递业发展”的话题受到代表委员们热议。国家层面对快递业发展的高度重视,为行业发展营造了前所未有的舆论氛围。以此为契机,各市(地)邮政管理局抢抓机遇、积极作为,争取地方政府主要领导的理解和支持,推动行业政策在地方落地。

落实《国务院关于促进快递业发展的若干意见》和《河北省人民政府关于促进快递业发展的实施意见》,河北省秦皇岛市、保定市、沧州市、唐山市、邯郸市、邢台市、衡水市先后出台了本市促进快递业发展的实施意见。其中,秦皇岛市《关于促进快递业发展的实施意见》提出,推进快递物流园区建设、培育壮大快递企业,提升行业整体实力;坚持创新发展,推进“互联网+”快递,完善快递服务网络,提高快递普惠水平、促进资源共享,有效衔接综合交通体系。沧州市《关于促进快递业健康发展的实施意见》则围绕快递物流园区建设、完善快递末端服务体系、促进关联产业融合发展、实施寄递渠道“绿盾”工程、加强快递市场监督管理等5项重点任务,从落实规划及用地保障、加大财政和金融支持、完善并创新监管体制、重视人才引进培养和优化通行环境等方面提出了促进市快递业健康快速发展的保障措施。除此之外,廊坊市、秦皇岛市、保定市、衡水市、沧州市将促进邮政业发展纳入本市“十三五”规划。

山西省晋中市政府出台的《关于促进快递业健康快速发展的实施意见》,明确将在全市重点培育5家具有核心竞争力的骨干快递企业参与地方经济转型项目建设,并对符合条件的重点快递企业给予财政补贴;进一步加快快递网络与乐村淘、供销合作社便民店、农民专业合作社等商品流通平台的规划建设步伐,稳步健全完善基础网络和涉农对接体系;支持以PPP、BOT的发展模式,全力推进大学城快递综合服务平台建设,打造一校一平台、一平台多品牌的校园服务新模式;充分利用地方交通、区位优势,在太原、晋中接壤处规划建设占地500亩以上的物流园区。

内蒙古自治区通辽市《关于促进快递业发展实施方案》围绕落实培育壮大快递市场主体、协同推进“互联网+”快递、健全完善四级服务网络、加强快递业信息化建设、提升快递业标准化水平、促进快递业与综合交通运输体系融合和全面提升监管水平等7项主要任务,从简政放权、优化快递市场环境、健全法规规划体系、加大政策支持力度、人才支持政策、保障通行政策、末端建设政策等7个提出了多项政策保障措施。提出力争到2020年,建成自治区东部以通辽市为中心,覆盖旗县(市、区)、苏木乡镇、嘎查村的功能完善、运行高效

的四级电商快递综合服务平台，基本实现“盟市有园区、旗县有分拨中心、乡镇有网点、村村通快递”的局面。巴彦淖尔市《关于促进快递业发展的实施意见》也明确，鼓励快递企业建设适应电子商务发展的快件配送体系，探索“仓储一体化”等新型配送模式，建设快递企业与电商合作发展平台；鼓励通过快递企业自主设立、合作设立、委托第三方设立的方式，增加快递末端服务网点。鼓励物业管理企业提供一定的封闭场所作为物业快递服务中心，按照快递企业有偿使用的原则，为业主提供收件、派件、自提等快递服务，推广普及智能快件箱。

四川省遂宁市人民政府出台的《关于促进快递业健康发展的实施意见》，从深入推进简政放权、优化快递市场环境、加强快递业规划建设、加大政策扶持力度、改进快递车辆管理、建设专业人才队伍等方面提出了促进市快递业健康快速发展的保障措施。明确到2020年基本建成普惠城乡、技术先进、服务优质、安全高效、绿色节能的快递服务体系。

二、属地联动，行业发展频获大礼包

2016年，各市（地）邮政管理局加强属地联动，得到相关部门的大力支持，借力打力、形成合力，行业发展频频收获地方政府送出的“大礼包”。

茂名市作为广东省第一农业大市，农业资源丰富，为发挥地方资源优势，抢抓“互联网+”机遇，茂名市邮政管理局深入调研，两年来多次向地方政府汇报，力促市快递业与果农业、电商业的联动发展。茂名市财政从2016年起连续3年每年投入超2000万元，主要用以扶持农村电商发展，其中包括扶持支撑农村电商发展的农村快递物流体系建设。中山市出台《关于加快农产品电子商务发展的意见》，鼓励利用社区智能快件箱，提高农产品的配送效率；支持冷链物流企业建立田头预冷、仓储保鲜、冷藏冷冻混合运输等冷链系统，解决从田间到商场、超市、电商企业和消费者的物流问题。

陕西省宝鸡市人民政府出台的《关于加快发展生产性服务业的实施意见》，邮政业获政策利好。一是加快推进重点物流通道建设，建设丝绸之路经济带国际物流带通道，实现与“一带一路”区域和全球主要经济体的互联通道。二是实施“互联网+高效物流”战略，建立统一有效的物流信息管理平台，为企业提供商贸流通各环节的全程控制和管理，有效降低物流成本。三是集中抓好物流园区建设，实现产业集聚，打造综合型快递物流园区。四是培育大型骨干快递物流企业，促进各种运输方式无缝衔接和高效联运，实施快递物流业与制造业联动工程，实现企业现代化转型。五是培育电子商务示范工程，建设市级电子商务公共信息服务平台，实施电子商务进企业、进农村和进社区工程，加快建设集交易、快递、融资、培训、创业等多业态为一体的电子商务创新孵化器。

河南省商丘市出台《现代物流业发展三年行动计划》，明确指出要依托商丘综合交通和区域市场优势，加快快递物流基地建设，搭建以服务电商为主导的快递物流园区，引进全国知名快递企业设立区域分拣中心，实现快件的集中分拣、集中配送，建成豫鲁苏皖结合部区域性重要快递转运中心。同时还明确，商丘市政府设立物流业发展专项资金，每年度不低于1000万元，三区政府每年度不低于500万元；在财税方面，研究制定支持现代物流业发展的资金扶持政策，扶持重点园区、重点企业、重点项目建设，积极研究“营改增”后减轻物流企业税收负担的措施。

山东省济南市将邮政业发展纳入全市综合运输服务示范城市建设体系，提出争取利用3～5年时间建成国内一流的综合运输服务示范城市，乡镇快递覆盖率实现100%，城市配送体系进一步完善。济南市邮政管理局作为牵头部门负责打造国际邮件集散中心、健全城市快递网络配送网络、培育城市配送服务名牌等项目工程，将致力于完善济南国际邮件互换局（兼交换站）功能；开通济南至周边国家、地区的国际全货机航线；搭建山东跨境电商平台；完善城市快递配送网络；鼓励邮政、快递企业积极参与农产品直接配送服务；打造一批城市配送品牌；鼓励快递企业采用甩箱运输、甩挂运输等先进运输方式。

海南省海口市商务局根据《海口市人民政府关于印发我市促进电子商务发展扶持若干措施（试行）的通知》，将快递企业纳入电子商务扶持奖励范围，对电商（包括物流快递）企业及电子商务产业园区（楼宇、基地）围绕电商发展而开发或新建的交易中心、信息安全、物流服务、仓储用地、信息发布等功能的项目，经相关部门认定或批准的，将给予实际投资额30%的补助，每个项目补助额最高不超过50万元。

在江苏省泰州市邮政管理局的积极推动和努力协调下，泰州市城北物流园区管委会明确设立1亿元专项引导扶持资金，对入园的快递项目给予奖励扶持，推进苏中快递产业园建设进程。优惠政策中包含了财政扶持政策、人才鼓励政策、发展保障政策等三方面扶持政策。财政扶持政策中明确了奖励项目和奖励标准，对新建和已入园项目一律予以奖励扶持，根据入园项目的投资规模和年纳税额度分别给予建设规模奖励、税收奖励、基建配套补贴、物业配套补贴和融资奖励；人才鼓励政策中明确了对于区域总部结算中心项目招聘的高层次人才可享受免费入住园区公租房、个人所得税比例返还、户籍、就医、子女入学等方面的奖励和便利；发展保障政策中明确了优先安排用地指标、基础设施以及帮助解决融资难题等。

广西壮族自治区防城港市政府将桂海跨境电商快递物流园区项目列入市“边海经济带”重点项目。该项目占地约280亩，规划总建筑面积约37万平方米，总投资约11.2亿元，于2015年10月开工建设，预计2018年建成。建成后，可容纳线上线下1500家以上中小商贸服务商户，直接带动5000人就业。

三、趁热打铁，重点工程渐入佳境

2016年，各市（地）邮政管理局顺应行业发展大势，在往年工作成效的基础上，趁热打铁，夯实已有成果，“快递下乡”“快递服务制造业”“快递服务现代农业”“快递三进工程”“冷链物流”等继续深入推进，重点工程渐入佳境。

广东省中山市出台《关于加快农产品电子商务发展的意见》，提出要推动中山市农产品流通骨干网建设，完善农村公路、货运站场等物流基础设施建设、支持建设复合型农村物流枢纽和节点，鼓励依托农村客运站拓展物流服务功能，促进农村物流枢纽基地与农产品生产基地园区、批发市场以及城市社区、超市的有效衔接。鼓励利用社区智能快件箱，提高农产品的配送效率。支持冷链物流企业建立田头预冷、仓储保鲜、冷藏冷冻混合运输等冷链系统，解决从田间到商场、超市、电商企业和消费者的物流问题。

辽宁省大连市邮政管理局以樱桃销售旺季为契机，积极协调市旅游局，加快推进农邮对接工作，为快递企业深挖农村经济蓝海创造便利条件。快递企业在总结了前两年承运樱桃的经验基础上，扩大樱桃揽收点数量，采取快递员进村等多种方式，为广大市民邮寄樱桃提供便利。同时，为保障樱桃发运及时和果品质量，继续优化线路，采用多种运输手段相结合的方式，为樱桃出港发运提供有力保障。此外，通过精选优质包装箱、环保冷藏冰袋和专业吸水纸，提升包装专业度，推出“保鲜服务”、“即日”等增值产品，快递时效及品质保障更加专业。

黑龙江省牡丹江市邮政管理局以第四届中国国际农产品冷链物流峰会在牡丹江召开为契机，组织市快递行业协会、顺丰速运企业参会，引导企业积极对接冷链物流项目。一是注重政策引导，提升企业发展意识，引导企业充分认识冷链物流对于农业贸易的重要性。二是发挥协会引领作用。发挥市快递行业协会作为物流行业领军者的推动作用，引导快递企业拓展业务范围，突破行业发展瓶颈，加快实现转型升级。三是抢抓发展机遇。目前，牡丹江市已推动全市建设7个冷链物流产业园区，初步形成产业基础和规模，市顺丰快递将在今年内以租赁的方式积极进入冷链物流园。

广西壮族自治区钦州市邮政管理局主动对接市、县两级政府和商务部门，大力推进“快递+电商+现代农产品”销售模式，让荔枝搭上快递的“顺风车”销往全国各地。一是深入调研，明确思路。针对荔枝保鲜难、时限短的特点，引导大品牌企业引进冷链运输设备，采取预冷处理、生物冰袋保鲜、食品恒温包装等措施，调整和优化线路运能，保障按时保质寄递，在承诺的服务时限内将荔枝从原产地送到消费者手中。二是凝聚合力，协同发展。积极对接市、县两级政府和商务部门，召开快递、电商的协同助力荔枝销售座谈会，达成了降本惠民、优化合作、诚信服务等多方共识，凝聚行业合力。三是搭建平台，拓宽领域。深入县区、乡镇召开“电商+快递+果农”专题推介会，搭建各方企业、客户、果农的交流平台，拓宽当地荔枝、海鸭蛋、脆瓜皮等土特产品外销市场。

在福建省发展改革委下达的2016年第二批省级预算投资计划中，福州市邮政管理局获批专项资金100万元用于设立推广智能信包箱，于2016年至2017年在部分省直机关单位和住宅小区安装布设智能信包箱，实现信报、包裹、快件箱一体化。自福州市率先在福建省推出首批居民楼智能信包箱以来，福州局多次走访协调福州市政府相关部门，召开8次部门协调会议，实地调研45个不同类型居民小区，顺利推进旧住宅小区智能信包箱升级改造工程纳入“福州市2016年五城区旧住宅小区综合整治项目”，全力促进智能信包箱改造工作不断创新突破。

山东省枣庄市邮政管理局联合市商务局出台意见，提出要把推进快递与电子商务协同发展作为一项重点工作，按照“积极引导、创新推进”的总体要求，认真抓好落实。一是引导快递企业加快基础设施建设，健全完善末端网点，提升农村地区快递网络覆盖率；二是推动快递服务与电子商务信息共享；三是鼓励快递企业构建与电子商务配套的服务体系，大力发展跨境电子商务快递业务；四是推动企业信用体系建设，提高服务诚信度，增强消费者信心；五是加强资源整合、共享与合作开发，实现合作共赢；六是建立“快递向下”与农村电商协同发展联动机制，定期召开联席会议，协商政策解决问题。

四、安全为基，咬定青山不放松

2016年，面对寄递渠道安全管理出现的新情况、新要求，各市（地）邮政管理局在国家邮政局和各省（自治区、直辖市）邮政管理局的坚强领导下，攻坚克难，全力保障寄递渠道安全畅通。特别是在G20杭州峰会期间，全行业密切配合、上下联动，形成全国一张网、全行业一盘棋的整体工作格局，成功保障了峰会期间全国寄递渠道安全畅通。这其中，各市（地）邮政管理局作为“一线指挥部”，发挥了重要作用。

浙江省杭州、宁波、温州、台州、嘉兴、绍兴、义乌等地邮政管理局先后召开护航G20峰会寄递安保攻坚行动动员部署会议，对峰会期间寄递渠道安保工作做出周密部署。义乌局要求全市各寄递企业务必抓好寄递安全三项管理制度的落实，全面排查整改安全隐患，强化突发事件应急处置演练，着力在破难补短、解决实际问题上下功夫，坚决打好峰会维稳安保主动战，全面筑牢G20峰会安全防线。一是要推进标准化建设，对寄递行为不规范、存在问题、隐患的企业管理人员、收派件员等企业员工进行针对性教育，提升企业整体安全生产水平。二是企业要确认第一责任人，消除安全死角和盲区，压实主体责任，配足人员进行自查，进一步掌握法律法规的要求，在企业之间进行互查。三是对派往杭州的邮件（快件）进行专人、专机、专项集中安检，实现“三个到位、十个确保”，有力抓好、落实好 G20 期间各项安保工作。

台州局夜巡企业督查 G20 寄递安保落实情况，督促品牌企业加强员工教育培训，建立安全管理长效机制，严格落实品牌安全主体责任，重点做到：(一)严格执行收寄验视制度，全面使用验视卡，加大惩处力度促 100% 落实收寄验视；(二)严格执行实名登记制度，全面使用寄递实名登记信息化软件，100% 履行实名登记职责；(三)严格做好过机安检工作，强化安检机安装投用和操作员岗前培训，100% 落实品牌企业过机安检工作；(四)着力加强许可规范管理，严格履行区域管理职责，进一步巩固快递市场清理整顿工作成果，坚决阻断无证非法网点反弹回潮。

以重大活动安保工作为契机，各市(地)邮政管理局加强与相关部门的沟通协调，争取资金支持，对快递企业购置安检机等设备进行补贴。福建省厦门市出台《厦门市邮政业安全生产设备购置补贴管理办法》，明确全市获得年度先进安保部称号的企业均可向市邮政业安全中心申请安全生产设备购置补贴。《管理办法》明确，在年度先进安保部考评工作中获得一等奖的寄递企业的补贴金额按购置费用的 50% 计算，每家最高不超过 10 万元；获得二等奖企业的补贴金额按购置费用的 40% 计算，每家最高不超过 8 万元；获得三等奖企业的补贴金额按购置费用的 30% 计算，每家最高不超过 6 万元。审核通过后，补贴资金将直接汇入企业对公账户。

为推动收寄验视、实名寄递、过机安检“三个 100%”制度的贯彻落实，河南省鹤壁市邮政管理局联合市综治办、鹤壁高铁派出所、快递协会组织开展全市邮政业安全服务培训大会暨第一届安检机技能大赛。安检机业务大赛由笔试和实操两部分组成，所有配备安检机的企业安全员都参加比赛。笔试试卷由高铁派出所所长亲自拟题，考察参赛人员安检机理论知识及识别各种违禁物品成像特点能力。实操部分由鹤壁东站资深安检员亲自制作比赛用测试件，将各类违禁品用常见伪装手段放置在测试件中，并担任裁判，实际检验安全员学习效果。

四川省泸州市邮政管理局积极协调，推动市综治办印发《泸州市社会治安综合治理委员会办公室关于将寄递物流安全管理纳入网格化服务管理工作的通知》，明确将寄递物流安全管理纳入社会治安综合治理网格化服务管理范畴。一是各区县要把网格员协助邮政管理部门开展“三项”工作作为常态化工作抓好抓实。要把寄递行业治安隐患作为重点来抓，对辖区每一个寄递点、代办点做拉网式排查，确保落实到位。二是各区县要在认真落实好“三个 100%”制度的基础上，对寄递企业和从业人员再提出“三个 100%”的要求，即所有寄递企业从业人员都要 100% 接受安全责任教育、100% 签订安全责任书、对造成安全责任事故的寄递企业和从业人员 100% 追究责任，确保寄递工作扎实有效开展。三是各区县综治、公安、交通等部门要狠抓工作落实，推动寄递安全管理依法常态化治理。进一步加强网格化管理，发挥基层网格员作用，经常性深入寄递企业、寄递网点、代办点督导检查。

云南省保山市寄递渠道安全管理领导小组以打造民众放心邮政、快递企业为目标，高度重视全市寄递安全工作，采取一系列措施，狠抓寄递渠道收寄验视、实名寄递、过机安检、全员安全业务培训“4 个 100%”制度落实，并充分利用电视新闻、微信平台、手机短信、广播电台、报刊等宣传媒体大力宣传寄递渠道安全管理“4 个 100%”制度。

五、夯实基础，营造公平有序市场环境

2016 年，各市(地)邮政管理局结合各项具体工作的开展，通过各种形式加强队伍建设，夯实了行业管理的基础，营造了公平有序的市场环境。

为进一步推进行政执法制度化、规范化建设，规范和保障依法行使职权，确保情节复杂或有重大违法行为的行政执法案件合法有效，广东省深圳市邮政管理局结合日常监管工作实际，建立了

《邮政行政处罚重大复杂案件集体讨论制度》，从重大复杂案件的定义、情形，集体专题讨论的召集流程、审议程序、审议内容，案卷档案的归档管理等几个方面对深圳邮政行政处罚重大复杂案件进行了规范。

内蒙古自治区鄂尔多斯市邮政管理局建立行政执法人员以案释法制度。该制度根据“谁执法谁普法”责任制要求，将主体确定为鄂尔多斯局所有行政执法人员。以案释法的对象，既包括案件当事人、参与人和邮政行业从业人员，也包括社会大众。同时通过以案释法加强对执法人员的业务培训，提升执法能力和水平。以案释法的主要案件为易发多发的案件、群众反映强烈的案件、社会广泛关注的案件、具有普遍警示教育意义的案件以及法律效果、社会效果和政治效果较好的案件。

为贯彻落实国家局、省局关于规范清理整顿快递市场、的相关工作要求，进一步深化“放管服”改革，加强快递市场监管，辽宁省盘锦市邮政管理局启动了针对乡镇地区快递末端网点的摸底普查工作，详细了解末端快递代办点代理的快递品牌、日常收派件数量、投递方式等信息，重点询问了如何保证投递时效、发生快件丢失损毁情况如何划分责任、是否向消费者违规收取费用等关键问题。通过摸底调查，对快递末端网点的运作方式、营运规模和存在的问题有了进一步的了解。

河北省秦皇岛市邮政管理局以暑期邮路安保和快递市场清理整顿行动为契机，努力拓展执法新思路，不断加大市场监管力度，针对全市快递市场网点多、分布广、人员杂、素质低等情况，采取严格执法、精准执法和人性化执法等措施规范快递市场秩序。一是采取召开现场会和分片区培训等措施进行法律法规宣贯，尤其是在对全市快递企业网点负责人开展的10期法律业务知识培训中，对“三项制度”、暑期安全、G20峰会安保、反恐禁毒和典型违法案例视频等重点内容进行了逐项讲解，从正面直接明确了企业的法律责任。二是将《寄递企业法律责任须知》《暑期安全监管事项告知书》以及国家邮政局下发的《G20峰会安全保障工作通告》等相关法律事项全部以公告样式编排印刷后交各快递企业网点张贴上墙，时刻提醒从业人员应尽的法律责任，通过从市局到企业网点的点对点宣贯措施，强化了企业分支机构从业人员的法律意识，提升了各品牌企业基层网点负责人的法律水平。三是在市场执法工作中，重点对违反安全管理、许可经营和服务规范类的违法行为进行了梳理，将违法行为按照法律后果进行分类。

山西省晋城市邮政管理局积极实施“五化监管”，推进行业安全监管工作。一是网格化监管。与市公安部门联合执法，将全市一区一市四县划分为三个片区，建立起横向到边、纵向到底、责任到人、监管到位、运转高效、覆盖全面的监管体系。二是格式化检查。执法人员检查时，按规定的检查项目逐项检查，避免了检查的盲目性和随意性。三是规范化管理。对查出的一般问题，责令企业限期整改，对发现的重大问题，责令企业停业整顿，涉及违法行为的，依法查处。四是法制化保障。加强法制宣传，让监管对象知法守法。全面推进依法行政，把行业安全监管各项工作纳入法治化轨道。通过行刑衔接，形成高压态势，对行业违法行为进行严厉查处。五是社会化共治。利用邮政特邀监督员形成群防群治的社会共治体系。

部分市（地）邮政管理局2016年工作亮点及特色举措

市（地）	工作亮点及特色举措
沈阳	辽宁省沈阳市邮政管理局指导市快递协会积极协调铁路部门，充分利用铁路网络密集优势，保快件寄递畅通，助力“双11”。“双11”期间，沈阳铁路局提供了到达大连、哈尔滨、长春、北京、郑州、西安等方向的8列高铁列车的最后一节车厢装运高铁快件，每列限重2吨，价格最低可优惠至3折。同时推出沈局管内8趟高铁确认车，时速可达300公里，用于辽吉两省部分城市间的较大批量、重量在10吨以内的快件运输，这8趟列车由沈阳分别开往盘锦、大连、长春、丹东等市

续上表

市(地)	工作亮点及特色举措
通化	吉林省通化市邮政管理局推进快递服务医药健康产业发展取得新突破。在通化市人民政府发布《关于加快推进医药健康产业发展的实施意见》的基础上，通化局迅速出台了《通化市快递业支持医药健康产业发展工作方案》，确立"突破传统格局，引领健康需求，形成示范效应，确立领先地位"的战略导向，依托通化市医药健康产业发展的特色优势，做足"互联网＋"文章，开启快递与医药健康产业电子商务合作新模式另一方面，注重不断提升快递业服务能力。顺丰速运针对鲜参制品的特点，设计出"纸箱＋泡沫箱＋无污染青苔/保湿海绵＋冰袋/冰瓶"的特色保鲜服务，赢得了用户的一致好评
合肥	为建立健全安徽省合肥市邮政业预警机制，增强风险防控能力，全面提升行业监管水平，合肥市邮政管理局出台《合肥市邮政业预警制度(试行)》。《预警制度》对合肥市邮政行业统计报送、服务申诉、安全生产、许可申办等4项工作进行预警管理，明确了预警发现、等级划分、处置管理等要求，确保邮政行业健康发展
龙岩	福建省龙岩市邮政管理局针对山区县域快递企业发展状况，因势利导，鼓励快递企业抱团发展，通过整合人、财、物等要素资源，采取"集中运输、集中处理、集中揽投"方式，开展集约经营，进行集中管理，推动县域快递"三集中"。经过一年多来的发展，试点工作取得了良好成效，企业实现了降本增效、内部管理进一步加强，行业实现了高速增长、服务质量进一步提升，安全生产得到强化，监管效率得到提高，受到企业和消费者的欢迎
济南	山东省济南市邮政管理局开通全市市场主体事中事后监管服务平台，推动多部门联合监管。济南市局立足部门职能，充分发挥协调机制作用，不断推动事中事后多部门联合监管工作，着力构建"信息共享＋数据分析＋信用监管"三位一体的全新监管模式。济南市市场主体事中事后监管服务平台的开通，能够实现邮政管理与工商部门间的企业信息双向实时传递，有效归集全市快递企业注册信息，运用大数据加强对市场主体服务和多部门综合监管
黔西南州	为推动自治州农村地区生产生活服务的有机整合，将乡镇邮政、快递网点打造成完善的农村综合服务平台，活跃农村生产消费，贵州省黔西南州制定出台《黔西南州农村邮政快递综合服务平台建设实施方案》，提出2016至2017年全州建成60个农村邮政、快递综合服务平台，逐步搭载电商购销、农村金融、农资销售、客运服务、政务服务、代收代缴等多种惠农服务功能，满足农户"足不出户、畅享服务"需求的目标要求
铜川	陕西省铜川市邮政管理局印发《铜川市邮政普遍服务网点和快递服务网点分级管理办法》，对辖区各邮政、快递服务网点实行分级管理。《管理办法》明确，对辖区内48个邮政普遍服务网点和157个快递服务网点依据相关条件分别划分为A、B、C三个等级，在监督管理上各有侧重，对A类网点一般监督管理，对B类网点加强监督管理，对C类网点重点监督管理，同时确定各网点检查频次
赣州	江西省赣州市出台《关于建设中心城区配送绿色通道的实施方案》，提出要建成一批现代化配送中心，培育一批城市配送物流企业，做到"大车入园不进城，小车统一标识、统一线路、定时定点停靠"，初步形成城市配送绿色通道体系。《方案》还明确以重点物流园区为一级分拨中心，以公共及专业配送中心为二级配送网络，在大型公共活动场地为配送车辆设立专门的停靠点和货物装卸点。由企业自愿申报车型、线路、停靠点，市物流办审核并为配送车辆颁发统一标识或通行许可证。市交通、交警、城管等部门人员在路面执勤执法中不得随意拦停检查有统一标识或通行许可证的车辆

第三章 快递法律规章及规范性文件

（2016年施行）

国家邮政局关于印发《智能快件箱投递服务管理规定（暂行）》的通知

国邮发〔2016〕2号

各省、自治区、直辖市邮政管理局：

《智能快件箱投递服务管理规定（暂行）》已经2015年12月8日第21次局长办公会议审议通过，现予印发，请结合实际认真贯彻执行。

国家邮政局

2015年12月31日

智能快件箱投递服务管理规定（暂行）

第一条 为维护快递市场秩序，保护用户合法权益，加强寄递安全管理，规范使用智能快件箱提供的快件投递服务，根据《中华人民共和国邮政法》《快递市场管理办法》《邮政行业安全监督管理办法》等法律、规章，制定本规定。

第二条 经营快递业务的企业使用智能快件箱向用户提供快件投递服务，适用本规定。

本规定所称智能快件箱是指设立在商业区、居住区、办公区、校区、厂区等场所，供经营快递业务的企业投递和用户提取快件的自助服务设备。

第三条 鼓励经营快递业务的企业开展末端服务创新，在保障用户合法权益、服务质量和寄递安全的前提下，通过智能快件箱开展投递服务。

第四条 使用第三方企业运营的智能快件箱向用户提供投递服务的，经营快递业务的企业应当与第三方企业签署书面协议，明确约定以下事项：

（一）快件投入智能快件箱后的存放期限及逾期处理办法；

（二）快件安全及用户信息安全保障责任；

（三）快件投放（提取）信息互通的保障义务；

（四）智能快件箱的日常维护义务；

（五）双方认为需要约定的其他事项。

本规定所称第三方企业是指用户、经营快递业务的企业以外的智能快件箱运营企业。

第五条 经营快递业务的企业使用智能快件箱提供投递服务，或者第三方企业从事智能快件箱运营，推荐使用符合《智能快件箱》标准的设备。

经营快递业务的企业使用智能快件箱提供投递服务时，应当满足快件安全管理要求。投递服务的监控视频质量和监控时长应当符合《邮政业安全生产设备配置规范》关于快件处理场所的监控要求。

第六条 经营快递业务的企业使用智能快件箱提供投递服务，应当建立专门管理制度，明确操作规程、服务时限、服务质量、安全保障等方面的管理要求，符合《快递服务》标准，维护用户合法权益。

第七条 经营快递业务的企业在使用智能快件箱投递快件前，应当征得收件人明示同意。寄件人交寄快件时指定智能快件箱作为投递地址的，可直接将快件投递至指定的智能快件箱。

收件人未明示同意采用智能快件箱投递快件的，经营快递业务的企业应当按照快递服务合同约定的名址提供投递服务。

快件运单已注明为易碎品或者外包装出现明显破损的快件，不得以智能快件箱进行投递。企业与寄件人另有约定的除外。

第八条 经营快递业务的企业使用智能快件箱提供投递服务时，应当告知收件人以下事项：

（一）快件运单码号、取件方法及所需信息；

（二）投递使用的智能快件箱的布放地点；

（三）收件人自智能快件箱中取出快件则视为签收。

经营快递业务的企业应当按照收寄时向寄件人承诺的服务时限完成投递。快件投递至智能快件箱，视为一次投递。

第九条 使用智能快件箱进行快件首次投递，收件人未能及时提取的，经营快递业务的企业应当将快件取出，联系收件人再次提供投递服务。

第十条 经营快递业务的企业使用智能快件箱提供投递服务的，应当通过电话或者互联网等方式提供跟踪查询信息，明确标识快件已投入智能快件箱、快件已被收件人取出、快件已被快递业务员取出等节点信息。

第十一条 使用智能快件箱进行快件投递服务过程中，快件发生延误、丢失、损毁等服务质量问题的，经营快递业务的企业应当按照与用户的约定依法解决。

第十二条 智能快件箱运营企业提供快件投递服务的，应当向智能快件箱所在地省级以下邮政管理机构进行备案，并报送设备设置场所、使用情况等运营信息。

第十三条 各级邮政管理部门应当对经营快递业务的企业执行本规定的情况进行监督检查。对未遵守本规定要求，违反《快递服务》标准，严重损害用户利益的，依法予以查处。

第十四条 经营快递业务的企业使用邮政智能包裹柜提供投递服务的，参照本规定执行。

第十五条 本规定自 2016 年 3 月 1 日起施行。

国家邮政局关于印发《邮件快件微剂量X射线安全检查设备配置管理办法（试行）》的通知

国邮发〔2016〕67号

各省、自治区、直辖市邮政管理局：

《邮件快件微剂量X射线安全检查设备配置管理办法（试行）》于2016年6月24日经国家邮政局2016年第7次局长办公会议审议通过，现印发给你们，请遵照执行。

国家邮政局

2016年7月1日

邮件快件微剂量X射线安全检查设备配置管理办法（试行）

第一章　总　则

第一条　为加强邮件、快件安全检查设备配置管理，保障邮件、快件寄递安全，根据《中华人民共和国邮政法》《中华人民共和国安全生产法》《中华人民共和国反恐怖主义法》以及《邮政行业安全监督管理办法》等法律、行政法规和有关规定，制定本办法。

第二条　邮政企业、快递企业及其他提供寄递服务的企业（以下统称寄递企业）用于邮件、快件安全检查的微剂量X射线安全检查设备（以下简称安检设备）的配置管理，以及邮政管理部门实施相关监督管理工作，适用本办法。

第三条　安检设备的安装、使用、检测、维修和报废，应当符合国家标准或者行业标准。

安检设备制造单位应当通过ISO9001、ISO14000以及ISO18001体系认证。

第四条　安检设备的配置应当满足寄递渠道安全防范的需要，坚持科学配置、应检必检、安全高效、注重实绩的原则。

第五条　寄递企业是安检设备配置、使用与管理的责任主体，要按照“谁收寄、谁安检、谁负责”的要求，确定专门机构或者人员负责安检设备的配置、使用与管理工作，并建立健全相关责任制度。

第二章　安检设备配置

第六条　寄递企业可以采取自主配置、联合配置或者委托第三方机构提供安检服务等方式配置安检设备。安检设备的配置应当满足以下要求：

（一）航空和高铁邮件、快件，以及国际和港澳台邮件、快件全面过机安检；

（二）重点地区、重点部位、重大活动所在地的寄达邮件、快件再次过机安检；

（三）省际邮件、快件过机安检；

（四）根据需要配置省内及同城邮件、快件安检设备。

除前款第一项和第二项规定的邮件、快件外，对已签订安全协议的用户交寄的大宗邮件、快件，寄递企业与邮政管理部门签订安全责任书并报备安全协议，征求有关部门同意后，可以采取特定方式过机安检。

寄递企业应当结合业务发展实际,制定安检设备配置计划,确保满足安检设备配置要求。

第七条 配置安检设备的场所应当符合相应的技术规范和要求,并处于视频监控范围之内。

第八条 寄递企业根据安检工作需要,可以在较大规模的营业场所配置安检设备,或者对签订安全协议的用户采取前置安检等方式提高安检效率。

第九条 安检设备应当至少具有双能量探测功能,能够有效区分有机物和无机物,并具备计数、存储、回放、数据上传等功能,图像资料保存时间不少于三十日。

鼓励寄递企业采用具有自动采集寄递详情单图像、码号信息,自动识别禁寄物品,能够关联存储、查询安全检查扫描图像、安全检查时间等功能的智能安检设备。

第十条 安检设备应当符合《微剂量 X 射线安全检查设备》(GB 15208)系列标准规定的要求,其中设备的穿透力应当达到 A 类以上要求。

第十一条 安检设备应当具有接入邮政管理部门的信息管理系统的数据接口,能够与邮政管理部门的信息管理系统联网,并按要求报送相关数据。

第三章 安检设备使用

第十二条 寄递企业承担邮件、快件安全检查的主体责任,应当制定并严格执行安检设备使用、管理和维护规程。使用、管理安检设备必须执行定人、定机、定岗、定责制度,并强化对安检设备的定期检测和日常维护,确保安检设备正常运行。

寄递企业联合配置安检设备或者由第三方机构提供安检服务以及以其他方式配置安检设备的,应当与相关单位或者机构商定各自的责任、权利与义务。

第十三条 寄递企业应当配备满足安检需要的安全检查人员操作安检设备,并对安全检查人员进行专门的教育和培训。

寄递企业应当对安全检查人员进行多种形式、不同等级的教育和培训,提升安全检查人员辨识禁寄物品的能力,并建立安全检查人员教育和培训档案,详细记载教育和培训情况。

第十四条 寄递企业应当通过在醒目位置加盖安检戳记等方式,对已过机安检的邮件、快件逐件作出安检标识,载明安检单位和安检省份,确保应检必检。

第十五条 寄递企业应当按照有关规定妥善处置邮件、快件安全检查中发现的禁寄物品,并按规定及时报告邮政管理部门以及有关部门。

第十六条 安检设备的使用应当具有规定的安全距离和安全防护措施。与安检设备安全相关的附属设施,应当符合法律法规和有关规定。

寄递企业应当建立安检人员防护制度,并按规定为从事安检设备使用、管理、维护等作业的人员提供必要的安全防护用品。

第十七条 寄递企业应当与安检设备制造单位签订有关协议,明确对安检设备定期进行检查、校验、维护保养等事项;安检设备使用中发现异常情况的,应当及时处理。

检查、校验、维护保养应当做好记录,并由有关人员签字。

第十八条 寄递企业的安全检查人员在安检设备使用、管理过程中发现设备故障、事故隐患或者其他不安全因素,应当立即向现场安全管理人员和本单位有关负责人报告。

第十九条 安检设备出现故障或者发生异常情况,承担安检设备检查、校验、维护保养等事项的单位应当对其进行全面检查,排除故障或者消除事故隐患后,方可继续使用。

寄递企业应当做好安检设备事故、故障的统计、分析工作。对经常发生故障的部位或者部件,应当督促相关单位进行分析、排查,并制定防范和改进措施。

第二十条 寄递企业应当制定安检设备应急处置专项预案,发生安检设备严重故障或者其他突发情况时，应当立即启动预案，采取应急处置措施。

第四章　安检设备管理

第二十一条　寄递企业的主要负责人对安检设备的配置、使用及管理工作全面负责。

第二十二条　寄递企业的安检设备管理机构或者管理人员应当履行下列职责：

（一）组织制定本单位安检设备配置计划，提出配置要求；

（二）督促落实本单位安检设备安装、定期检测、日常维护、维修、缺陷设备召回等事项；

（三）组织或者参与制定本单位安检设备使用、管理的规章制度、操作规程和应急处置专项预案；

（四）组织或者参与本单位安全检查人员的教育和培训工作，如实记录教育和培训情况；

（五）检查本单位的安检设备运行状况，及时排查事故隐患。

第二十三条　寄递企业应当将本单位配置、使用安检设备的种类、型号、数量和安全检查人员配备等情况自安检设备安装完毕之日起二十日内报邮政管理部门备案。安检设备配置、使用情况发生重大变化的，应当自发生重大变化之日起二十日内重新报邮政管理部门备案。

第五章　监 督 管 理

第二十四条　邮政管理部门应当依照有关规定会同有关部门对寄递企业安检设备的配置、使用及管理等情况进行监督管理。

第二十五条　邮政管理部门应当将本辖区寄递企业安检设备的配置、使用情况汇总后向上级邮政管理部门报告。报告内容应当包括各寄递企业配置、使用安检设备的种类、型号、数量以及安全检查人员配备情况等。

第二十六条　寄递企业未按本办法的规定配置、使用、管理安检设备，或者未对安全检查人员进行教育和培训的，邮政管理部门依法予以查处。

第六章　附　则

第二十七条　本办法自发布之日起施行。

国家邮政局　公安部　国家安全部关于发布《禁止寄递物品管理规定》的通告

国邮发〔2016〕107 号

为加强邮政行业安全管理，防止禁止寄递物品进入寄递渠道，妥善处置进入寄递渠道的违禁物品，维护寄递渠道安全畅通，依据《中华人民共和国邮政法》《中华人民共和国反恐怖主义法》以及《邮政行业安全监督管理办法》等法律、行政法规和相关规定，制定《禁止寄递物品管理规定》，现予发布。

特此通告。

附件：禁止寄递物品管理规定

附件

禁止寄递物品管理规定

第一条　为加强邮政行业安全管理，防止禁止寄递物品进入寄递渠道，妥善处置进入寄递渠道的违禁物品，维护寄递渠道安全畅通，促进邮政业健康发展，依据《中华人民共和国邮政法》《中华人民共和国反恐怖主义法》以及《邮政行业安全监督管理办法》等法律、行政法规和相关规定，制定本规定。

第二条　在中华人民共和国境内提供和使用寄递服务活动，以及相关监督管理工作适用本规定。

法律、行政法规以及国务院和国务院有关部门对禁止进出境物品另有规定的，适用其规定。

第三条　本规定所称禁止寄递物品（以下简称禁寄物品），主要包括：

（一）危害国家安全、扰乱社会秩序、破坏社会稳定的各类物品；

（二）危及寄递安全的爆炸性、易燃性、腐蚀性、毒害性、感染性、放射性等各类物品；

（三）法律、行政法规以及国务院和国务院有关部门规定禁止寄递的其他物品。

具体禁寄物品详见附录《禁止寄递物品指导目录》。

第四条　邮政管理部门应当监督指导提供寄递服务的企业（以下简称寄递企业）落实收寄验视制度，督促企业加强寄递安全管理；监督指导寄递企业加强对从业人员的安全教育和培训；依法对寄递企业实施安全监督检查，查处违法收寄禁寄物品行为。

第五条　用户交寄邮件、快件应当遵守法律、行政法规以及国务院和国务院有关部门关于禁寄物品的规定，不得交寄禁寄物品，不得在邮件、快件内夹带禁寄物品，不得将禁寄物品匿报或者谎报为其他物品交寄。

第六条　寄递企业应当在其营业场所公示并以其他方式向社会公布本规定及相关指导目录。

第七条　寄递企业应当建立健全安全教育培训制度，强化从业人员对禁寄物品的防范意识、辨识知识和处置能力。未经安全教育和培训的从业人员不得上岗作业。

第八条　寄递企业应当严格执行收寄验视制

度，依法当场验视用户交寄的物品是否属于禁寄物品，以及物品的名称、性质、数量等是否与寄递详情单所填写的内容一致，防止禁寄物品进入寄递渠道。

第九条 寄递企业应当建立健全安全检查制度，配备符合国家标准或者行业标准的安全检查设备，安排具备专业技术和技能的人员对邮件、快件进行安全检查。

第十条 寄递企业应当制定禁寄物品处置预案，根据情况变化及时修订，并向邮政管理部门备案。寄递过程中发现禁寄物品的，应当按照预案规定妥善处置。

第十一条 寄递企业完成收寄后发现禁寄物品或者疑似禁寄物品的，应当停止发运，立即报告事发地邮政管理部门，并按下列规定处理：

（一）发现各类枪支（含仿制品、主要零部件）、弹药、管制器具等物品的，应当立即报告公安机关；

（二）发现各类毒品、易制毒化学品的，应当立即报告公安机关；

（三）发现各类爆炸品、易燃易爆等危险物品的，应当立即疏散人员、隔离现场，同时报告公安机关；

（四）发现各类放射性、毒害性、腐蚀性、感染性等危险物品的，应当立即疏散人员、隔离现场，同时视情况报告公安、环境保护、卫生防疫、安全生产监督管理等部门；

（五）发现各类危害国家安全和社会稳定的非法出版物、印刷品、音像制品等宣传品的，应当及时报告国家安全、公安、新闻出版等部门；

（六）发现各类伪造或者变造的货币、证件、印章以及假冒侵权等物品的，应当及时报告公安、工商行政管理等部门；

（七）发现各类禁止寄递的珍贵、濒危野生动物及其制品的，应当及时报告公安、野生动物行政主管等部门；

（八）发现各类禁止进出境物品的，应当及时报告海关、国家安全、出入境检验检疫等部门；

（九）发现使用非机要渠道寄递涉及国家秘密的文件、资料及其他物品的，应当及时报告国家安全机关；

（十）发现各类间谍专用器材或者疑似间谍专用器材的，应当及时报告国家安全机关；

（十一）发现其他禁寄物品或者疑似禁寄物品的，应当依法报告相关政府部门处理。

第十二条 邮政管理部门接到寄递企业发现禁寄物品的报告后，应当按规定向上级部门报告，并视情况联合公安、国家安全、卫生防疫、海关、检验检疫、新闻出版、工商行政管理、安全生产监督管理、野生动物行政主管等部门相互配合、依法处置。

第十三条 禁寄物品指导目录由国务院邮政管理部门会同有关部门确定、公布，并适时调整。

第十四条 对及时发现、报告禁寄物品，维护国家安全、公共安全和人民生命财产安全，或者有效避免、减少寄递安全事故的单位和个人，邮政管理等部门可依法给予表彰。

第十五条 寄递企业违法收寄禁寄物品的，邮政管理部门依照《中华人民共和国邮政法》《中华人民共和国反恐怖主义法》等法律、行政法规的规定予以处罚。

第十六条 用户违反本规定，在邮件、快件内夹带禁寄物品，将禁寄物品匿报或者谎报为其他物品交寄，造成人身伤害或者财产损失的，依法承担赔偿责任；构成犯罪的，依法追究刑事责任；尚不构成犯罪的，依照《中华人民共和国治安管理处罚法》及有关法律、行政法规的规定处罚。

第十七条 本规定自发布之日起施行。国家邮政局2007年11月6日发布的《禁寄物品指导目录及处理办法（试行）》（国邮发〔2007〕152号）同时废止。

附录

禁止寄递物品指导目录

一、枪支(含仿制品、主要零部件)弹药

1. 枪支(含仿制品、主要零部件):如手枪、步枪、冲锋枪、防暴枪、气枪、猎枪、运动枪、麻醉注射枪、钢珠枪、催泪枪等。

2. 弹药(含仿制品):如子弹、炸弹、手榴弹、火箭弹、照明弹、燃烧弹、烟幕(雾)弹、信号弹、催泪弹、毒气弹、地雷、手雷、炮弹、火药等。

二、管制器具

1. 管制刀具:如匕首、三棱刮刀、带有自锁装置的弹簧刀(跳刀)、其他相类似的单刃、双刃、三棱尖刀等。

2. 其他:如弩、催泪器、催泪枪、电击器等。

三、爆炸物品

1. 爆破器材:如炸药、雷管、导火索、导爆索、爆破剂等。

2. 烟花爆竹:如烟花、鞭炮、摔炮、拉炮、砸炮、彩药弹等烟花爆竹及黑火药、烟火药、发令纸、引火线等。

3. 其他:如推进剂、发射药、硝化棉、电点火头等。

四、压缩和液化气体及其容器

1. 易燃气体:如氢气、甲烷、乙烷、丁烷、天然气、液化石油气、乙烯、丙烯、乙炔、打火机等。

2. 有毒气体:如一氧化碳、一氧化氮、氯气等。

3. 易爆或者窒息、助燃气体:如压缩氧气、氮气、氦气、氖气、气雾剂等。

五、易燃液体

如汽油、柴油、煤油、桐油、丙酮、乙醚、油漆、生漆、苯、酒精、松香油等。

六、易燃固体、自燃物质、遇水易燃物质

1. 易燃固体:如红磷、硫黄、铝粉、闪光粉、固体酒精、火柴、活性炭等。

2. 自燃物质:如黄磷、白磷、硝化纤维(含胶片)、钛粉等。

3. 遇水易燃物质:如金属钠、钾、锂、锌粉、镁粉、碳化钙(电石)、氰化钠、氰化钾等。

七、氧化剂和过氧化物

如高锰酸盐、高氯酸盐、氧化氢、过氧化钠、过氧化钾、过氧化铅、氯酸盐、溴酸盐、硝酸盐、双氧水等。

八、毒性物质

如砷、砒霜、汞化物、铊化物、氰化物、硒粉、苯酚、汞、剧毒农药等。

九、生化制品、传染性、感染性物质

如病菌、炭疽、寄生虫、排泄物、医疗废弃物、尸骨、动物器官、肢体、未经硝制的兽皮、未经药制的兽骨等。

十、放射性物质

如铀、钴、镭、钚等。

十一、腐蚀性物质

如硫酸、硝酸、盐酸、蓄电池、氢氧化钠、氢氧化钾等。

十二、毒品及吸毒工具、非正当用途麻醉药品和精神药品、非正当用途的易制毒化学品

1. 毒品、麻醉药品和精神药品:如鸦片(包括罂粟壳、花、苞、叶)、吗啡、海洛因、可卡因、大麻、甲基苯丙胺(冰毒)、氯胺酮、甲卡西酮、苯丙胺、安钠咖等。

2. 易制毒化学品:如胡椒醛、黄樟素、黄樟油、麻黄素、伪麻黄素、羟亚胺、邻酮、苯乙酸、溴代苯丙酮、醋酸酐、甲苯、丙酮等。

3. 吸毒工具:如冰壶等。

十三、非法出版物、印刷品、音像制品等宣传品

如含有反动、煽动民族仇恨、破坏国家统一、破坏社会稳定、宣扬邪教、宗教极端思想、淫秽等内容的图书、刊物、图片、照片、音像制品等。

十四、间谍专用器材

如暗藏式窃听器材、窃照器材、突发式收发报机、一次性密码本、密写工具、用于获取情报的电子监听和截收器材等。

十五、非法伪造物品

如伪造或者变造的货币、证件、公章等。

十六、侵犯知识产权和假冒伪劣物品

1. 侵犯知识产权：如侵犯专利权、商标权、著作权的图书、音像制品等。

2. 假冒伪劣：如假冒伪劣的食品、药品、儿童用品、电子产品、化妆品、纺织品等。

十七、濒危野生动物及其制品

如象牙、虎骨、犀牛角及其制品等。

十八、禁止进出境物品

如有碍人畜健康的、来自疫区的以及其他能传播疾病的食品、药品或者其他物品；内容涉及国家秘密的文件、资料及其他物品。

十九、其他物品

《危险化学品目录》《民用爆炸物品品名表》《易制爆危险化学品名录》《易制毒化学品的分类和品种目录》《中华人民共和国禁止进出境物品表》载明的物品和《人间传染的病原微生物名录》载明的第一、二类病原微生物等，以及法律、行政法规、国务院和国务院有关部门规定禁止寄递的其他物品。

第四章 快递规划

邮政业发展“十三五”规划

邮政业是国家重要的社会公用事业,是推动流通方式转型、促进消费升级的现代化先导性产业,在国民经济中发挥着基础性作用。邮政业持续健康发展,对于保障用邮权益、降低流通成本、服务生产生活、促进创业创新和推动经济转型升级具有重要的意义。为建成与小康社会相适应的现代邮政业,根据《国民经济和社会发展第十三个五年规划纲要》,结合我国邮政业发展实际,制定邮政业发展“十三五”规划。

一、现状与形势

“十二五”期间,我国邮政业保持了规模迅速增长、结构持续优化、基础网络逐步完善、服务水平不断提升、支撑新兴业态发展作用日益凸显的态势。2015 年,邮政业业务总量突破 5000 亿元,五年翻了两番,快递业务量居世界第一。

(一)发展现状

基础产业作用显著增强。2015 年,邮政业业务收入累计完成 4039 亿元,占国内生产总值比重达 0.6%,业务收入五年年均增长 26%。普遍服务、快递业务量分别达到 245 亿件、207 亿件。全行业从业人员突破 180 万人。行业年服务用户超过 700 亿人次,支撑网络零售交易规模突破 3 万亿元,带动农副产品进城和工业品下乡超过 3000 亿元。邮政、快递企业国际服务能力持续提升,跨境寄递服务规模迅速扩大,促进了跨境电商发展和外贸方式转变。邮政业已成为产业间、区域间的纽带,在服务经济社会发展和民生改善中发挥了重要的基础作用。

行业改革取得重大进展。国内包裹快递市场全面开放,推动内外资公平有序竞争。政企分开改革持续推进,三级邮政管理体系全面确立,县级邮政管理机构组建取得突破。政府职能加快转变,取消和下放一批邮政行政审批项目,持续优化审批流程,强化安全监管,实现执法重心下沉。邮政主业改革稳步推进,顺利完成法人体制调整,邮政企业运营规模进入世界 500 强。邮政市场体系不断完善。邮政普遍服务价格改革取得突破,邮政业“营改增”平稳实施。行业改革红利持续释放。

产业政策环境不断优化。邮政业发展重点内容纳入了国家规划纲要,确立了邮政业在国家规划体系中的地位。国务院出台了促进快递业发展的若干意见,为快递业转型升级、健康发展提供了强有力的政策保障。两次修改《中华人民共和国邮政法》,制修订 9 项部门规章,推动出台邮政地方性法规、地方政府规章 38 部,发布了《快递服务》等 26 项国家和行业标准,邮政业法规及标准体系更加健全。包括快递在内的邮政业纳入国家鼓励发展的产业目录。促进与关联产业协同、企业兼并重组、邮政创新发展、快递末端投递、快递车辆通行、寄递安全管理、行业职业教育等一系列重大产业政策相继出台,行业发展环境持续优化。

普遍服务能力稳中有升。邮政普遍服务保障力度不断加大,设施建设成效显著。补建 8440 个乡镇邮政局所,全国邮政普遍服务营业场所总数达到 5.4 万处,总体实现“乡乡设所、村村通邮”。西部和农村地区邮政局所标准化、信息化水平稳步提升。建制村直接通邮率提升至 94%。邮政普遍服务功能不断完善,服务民生、服务“三农”领域不断拓展。邮政小包等业务快速发展，成为跨境电商寄递主渠道。邮件全程时限水平基本达标，投递频次和深度有所改善。邮政普遍服务满意度逐年提高，2015 年提升至 80.9 分。

快递转型升级步伐加快。我国快递产业加快结构调整和转型升级，网络覆盖广度和深度大幅提升。2015 年，快递服务营业网点达 18.3 万处，全国乡镇快递服务营业网点覆盖率提升至 70%。建成了一批快件分拨中心和快递专业类物流园区。自动化分拣设备、智能手持终端、移动客户端、智能快件箱加快推广，快递自动化、信息化水平显著提升。高铁运快件模式取得突破，电商快递班列投入运营，国内快递专用货机达 71 架。企业拓展仓配一体化、代收货款、供应链管理等增值服务，跨境电商快递业务持续增长，产品体系不断丰富。时限准时率保持稳定，快递服务满意度稳步提升。

现阶段，我国邮政业发展的主要矛盾仍然是服务能力、发展水平不能满足经济社会发展和人民群众不断增长变化的服务需求。一是行业发展基础薄弱，发展模式单一，增长主要依赖传统要素投入，城乡和区域间发展不平衡。二是邮政普遍服务面临水平提升和服务创新的双重挑战。三是快递发展质量不高，同质化竞争严重，市场秩序有待规范，企业创新发展的内生动力不足、国际竞争力不强。四是邮政网络资源的综合利用水平不高，快递基础设施建设相对滞后，行业整体网络效能未能充分发挥。五是行业中高端供给不足，有效服务制造业、跨境电商等关联产业的能力亟待提升。六是寄递渠道安全形势日趋复杂，安全基础、管控能力与发展程度不相适应。

（二）发展形势

“十三五”时期，世界多极化、经济全球化、文化多样化、社会信息化深入发展。世界经济在深度调整中曲折复苏、增长乏力。新一轮科技革命和产业变革蓄势待发。我国经济发展步入新常态，向形态更高级、分工更优化、结构更合理阶段演化的趋势更加明显。在新的形势下，我国邮政业发展的基本面在更高起点上总体向好，仍处于可以大有作为的重要战略机遇期。

一是全球邮政业结构性变革深入推进，转型创新绿色发展成为新趋势。受需求转变影响，全球邮政函件业务萎缩态势难以逆转，而包裹业务增长强劲，邮政业务结构发生深刻变化，增长方式持续调整。传统邮政企业加速向多元化和市场化转型，不断提升邮政网络的开放性和包容度。邮政、快递企业竞争合作渐成趋势。发达国家快递企业整合快递服务和供应链管理等各业务板块资源，充分发挥协同效应，打造一体化的综合服务能力。受电子商务拉动，新兴经济体国家和亚太地区邮政业需求将迅猛增长。受资源环境承载能力的刚性约束，邮政业绿色发展成为必然选择。

二是供给侧结构性改革和经济转型升级，为邮政业发展创造新机遇。国家重点实施供给侧结构性改革，着力推动产业结构升级，扩大有效供给，满足有效需求。邮政业连接着生产端和消费端，迫切需要提升服务供给的质量和效率，更好地服务于降成本和补短板。产业结构的持续优化，经济增长动力加速转换，为邮政业有效延伸产业链，充分发挥便民利商的服务功能，开辟了广阔的发展空间。要素市场改革步伐加快，生产要素供给水平提升，有利于邮政业优化资源配置，提高全要素生产率。新型工业化、信息化、城镇化、农业现代化、绿色化协同推进，多元化、多层次、多领域的需求不断涌现，超大规模市场加速形成，行业发展内生动力不断增强。

三是国家增加公共服务供给，为行业全面实现城乡普惠指明新方向。国家提出要促进基本公共服务均等化，满足多样化公共服务需求，创新提供方式，提高共建能力和共享水平。随着经济社会发展，邮政、快递服务的内涵不断丰富，服务需求泛在性、成长性愈发凸显，迫切需要加大投入、创新供给、拓展范围，提升对市场需求的适应性和灵活性。邮政普遍服务亟需通过提升服务质量和网络资源的利用水平，为承接社会新需求、提升流通效率、促进城乡协调发展创造条件。快递服务亟需强化农村和西部地区的网络基础，补齐短板，创新方式，提升能力，破解农村地区消费设施不足和销售渠道不畅的瓶颈，改善农村地区消费和流通环境。

四是信息化变革重塑经济产业形态，为邮政业可持续发展注入新动力。科技与经济深度融合，信息化变革持续推进，“互联网+”战略深入实施，深度重塑三次产业形态，为邮政业发展提供了新的动力源。“中国制造2025”战略加快实施，制造业向数字化、网络化、智能化方向发展，邮政业亟需提升与制造业协同发展水平，有效承接制造业服务外包，拓展服务内涵，增强发展新动能。移动互联网、物联网、大数据等信息技术加速普及，信息化日益成为邮政业改善用户体验、提升运行效率、打造核心竞争力的关键要素。电子商务将进一步拉动快递规模持续增长，快递增长的结构性风险也在增加。

五是经济全球化和开放型经济体系完善，为邮政业走出去创造新契机。经济全球化深入发展，国内产品、资本在全球范围内流动的规模扩大、速度加快。“一带一路”和自贸区战略协同推进，为邮政、快递企业实施“跟随发展”战略，拓展网络和服务创造了有利条件。我国加速构建开放型经济新体制，放宽商贸物流等外资准入限制，对外商投资实行准入前国民待遇加负面清单管理，邮政、快递企业将面临竞争进一步加剧的挑战。跨境电子商务成为贸易新亮点，促使邮政、快递企业加快提升订单处理、跨境运输、海外仓储、境外配送能力，拓展海外市场。

六是现代化综合交通运输体系基本形成，为交邮协同发展开辟新空间。我国加快建设现代综合交通运输体系，将助力邮政业拓展服务网络、提高服务效率。国际和区际综合运输大通道和综合交通节点建设，有利于邮政业优化干线运输网络布局，配套建设核心枢纽和城市配送节点。交通运输积极促进现代物流业发展，快件的航空运输规模持续增长，铁路运输渐成趋势，有利于改善邮件快件运输组织方式和扩大寄递物品的收寄范围。农村客运公交化为邮件快件扩大通达范围、实现高效运输提供了保障。运输装备标准化和专业化水平大幅提升，有利于邮政业利用多式联运、甩挂运输、集装箱等先进运输方式，提升运输效率和绿色化水平。城市交通拥堵压力在加大，解决邮政和快递车辆城市通行问题面临客观制约。

总体来看，我国邮政业发展基础和环境正在发生深刻变化，服务经济社会发展的基础性作用将进一步增强。“十三五"”时期是邮政业深化改革、转型升级的攻坚时期，是建成与小康社会相适应的现代邮政业的决胜时期，也是我国向邮政强国迈进的重要时期。

二、指导思想和发展目标

（一）指导思想

全面贯彻党的十八大和十八届三中、四中、五中、六中全会精神，深入贯彻习近平总书记系列重要讲话精神，按照“五位一体”总体布局和“四个全面”战略布局要求，牢固树立创新、协调、绿色、开放、共享的发展理念，适应经济发展新常态，把握生产流通消费变革新机遇，满足广大商家和亿万群众新需求，坚持供给侧结构性改革、坚持创新驱动、坚持依法治邮、坚持提质增效，持续推进普惠邮政、智慧邮政、安全邮政、诚信邮政和绿色邮政建设，全面建成与小康社会相适应的现代邮政业，推动我国由邮政大国向邮政强国迈进。

（二）基本思路

——贯穿一条主线。以推动行业改革和创新发展为主线。坚持需求引领和供给创新，推动行业供给侧结构性改革，扩大有效和中高端供给，增强供给结构适应性和灵活性，释放内生动力，促进产业转型升级。将创新贯穿于行业发展各环节，创新发展理念，由产品思维向用户思维转变，促进市场开放、资源共享、产业协同、绿色环保发展。

创新业务领域，实施“互联网＋”邮政战略，聚焦电子商务、跨境贸易、先进制造业、现代农业、现代金融业等关联产业，推动服务向专业化和价值链高端延伸、向精细化和高品质转变。创新服务模式，支撑线上与线下融合，支撑新兴业态发展，打造公共服务平台，实现互联融合发展。通过创新发展，满足生产生活和商贸流通的多元化需求。

——实现两个转变。实现发展路径转变，由主要依靠电商带动的被动型发展，向既注重挖掘电商潜力，更注重把握“一带一路”“互联网＋”“中国制造2025”等战略机遇、拓展服务空间的主动型发展转变。实现发展方式转变，由偏重要素投入的规模速度型发展向更加注重科技进步、劳动者素质提高、管理创新的质量效益型发展转变。

——打造三个优势。打造邮政业在推动流通方式转型、促进社会消费升级、引领物流发展三个方面的优势，为国家转方式、调结构、促就业、惠民生提供重要保障。

——实现五个跨越。邮政业在发展规模、创新能力、服务能力、服务水平、竞争实力五个方面实现大幅跨越。显著提升行业服务质量和水平，显著提升行业在国民经济中的比重，显著提升行业创新发展的后劲。

（三）发展目标

1. 发展规模：实现“上百、过千、超万、破十万”。即，五年全行业累计新增就业岗位100万个以上，年服务用户超过1000亿人次，行业业务总量和收入超越1万亿元，支撑网络零售交易规模突破10万亿元。行业收入占国内生产总值的比重达到1%。

2. 创新能力：坚持需求导向和产业化方向，加快提升行业在科技研发应用、服务网络建设、产品体系拓展、商业运营模式等方面的创新能力，业内主要企业率先实现服务功能多样化、寄递服务便捷化、内部作业自动化、生产组织信息化。

3. 服务能力：构建形成覆盖全国、网络共享、功能集成的邮政普遍服务网络，保障邮政基本公共服务均等化和便利化。构建形成普惠城乡、联通国际、安全高效的快递服务网络。壮大快递航空运输机队规模。打造联通亚太、辐射全球的国际快递航空枢纽，布局建设邮件快件进出境通道。提高农村快递网络覆盖率，基本实现乡乡有网点、村村通快递。

4. 服务水平：邮政普遍服务达到服务标准，建制村实现村村直接通邮。寄递服务产品体系更加丰富，承诺时限产品比重进一步提升，重点快递企业国内重点城市间实现48小时送达。快件延误率、损毁率、丢失率、用户申诉率控制在目标值以内。遏制发生重特大安全事故。邮政普遍服务满意度位居国内公共服务前列，快递服务满意度稳步提升。

5. 竞争实力：中国邮政集团公司在世界500强的排名进一步上升，进入全球邮政前2名，成为世界一流邮政企业。积极打造“快递航母”，形成若干家年业务量超百亿件或年业务收入超千亿元的快递企业集团。企业国际化发展水平显著提升，国际业务大幅拓展。

专栏1 “十三五”时期邮政业发展主要指标

指　　标	2015年	2020年	年均增长[累计]（%）
邮政业业务总量（亿元）	5079	14000	22.5
邮政普遍服务业务量（亿件）	245	260	1.2
快递业务量（亿件）	207	700	27.6
邮政业业务收入（亿元）	4039	10100	20.1
快递业务收入（亿元）	2770	8000	23.6
邮政业年服务用户（亿人次）	706	1730	19.6

续上表

指　　标	2015 年	2020 年	年均增长[累计](%)
新增就业岗位(万个)	—	—	[100]
乡镇快递网点覆盖率(%)	70	90	[20]
快递电子运单使用率(%)	55	90	[35]
配备全自动分拣系统的枢纽型分拣中心数量(个)	61	150	[89]
快件延误率(千分之)	—	5	—
快件损毁率(十万分之)	—	5	—
快件丢失率(十万分之)	—	3	—
快件有效申诉率(百万分之)	13.3	11	—

注:①邮政业业务总量按 2010 年不变价格计算。②[　]内为五年累计数。③配备全自动分拣系统的枢纽型分拣中心是指重点快递企业建筑面积在 1 万平方米以上且配备全自动分拣系统的分拣中心。

三、主要任务

(一)深化改革,激发邮政行业发展活力

推进供给侧结构性改革。加强制度供给,完善公平竞争、优胜劣汰的市场环境和机制。推进市场开放,激发市场活力和社会创造力。培育壮大企业主体,优化产业布局,提升服务品质,增加服务品种,创建服务品牌。服务制造业转型升级和农业现代化,降低社会物流成本,提升生产流通消费整体链条的运转效率。重点加强农村和西部地区邮政、快递基础设施建设,推动健全服务网络,着力补齐服务短板。

深化审批制度改革。切实取消、下放相关邮政行政许可事项,进一步简政放权。建立许可办理执行进度的测评机制,提高行政服务效能。完善许可事项的审查细则、服务指南、流程图等公示信息,加强内外部监督管理。清理规范审批中介服务事项,拓宽许可申请信息化受理渠道,实现网上办理。简化快递业务经营许可程序,改革快递企业年度报告制度,精简快递企业分支机构和末端网点备案手续,服务大众创业万众创新。

加快转变政府职能。强化战略规划政策标准统计职能,健全依法决策机制和重大决策责任追究制度,提升治理能力。推进放管结合,优化行政流程,营造优质、高效的服务环境。配合实施快递商事制度改革,推动对快递企业实行同一工商登记机关管辖范围内“一照多址”模式。完善邮政普遍服务价格形成机制,放开邮政竞争性业务资费,研究制定邮政业务资费管理办法。

健全现代企业制度。推动邮政企业深化自身改革,发展混合所有制经济,健全现代企业制度,增强国有企业活力和影响力。推动快递企业顺应市场化改革,建立现代企业制度,完善运营机制,提高企业管理和服务水平。支持邮政和大型快递企业上市融资,中小型快递企业股权筹资,培育骨干快递企业。鼓励特许经营型快递企业通过合作、收购、股权置换等方式,完善产权激励机制,强化全程全网统筹管理,促进网络资源优化配置。

(二)完善网络,提高普遍服务均等水平

完善基础设施网络。坚持区域城乡均等化发展和资源利用最大化原则,依托国家综合运输大通道,以邮件处理中心为节点、邮政网点为终端、便民服务站和村邮站等为末梢,完善深入农村和社区的邮政普遍服务网络布局。实施邮政普遍服务均等化水平提升工程。按照优化结构的要求,提升邮政网络节点的邮件处理能力和干线运输效率。分区域、有重点地建设邮政服务网点,推进西部、农村地区以及与新型城镇化配套的邮政网点建设改造。健全完善地方邮政设施

布局建设规划，做好与当地土地利用总体规划和城乡规划的衔接。

推动均等协调发展。重点提升邮政普遍服务的功能适应性和城乡均衡性。提升城市地区投递服务水平，按规定基本实现包裹投递到户。加大对农村地区和边远地区运输和投递车辆的投入，促进投递深度向下延伸，缩短农村地区普遍服务邮件寄递时限。适应公共服务发展新要求，科学优化包裹业务产品结构，拓展服务个人、电商和制造业的多层次寄递服务功能。提升普遍服务便利化和可及性，研究明确城市地区居民到达邮政网点的最长距离和农村地区邮政网点最低数量的标准。推动普遍服务快捷化发展，改进邮件收寄和投递方式，提升邮件寄递服务水平。加强邮政普遍服务科技应用，实现给据邮件信息动态跟踪管理，方便用户全程查询。

创新普遍服务提供方式。推动建立邮政普遍服务社会参与和分工协作机制。健全完善邮政普遍服务终端服务体系。探索以地方政府购买服务方式解决“最后一公里”问题的工作机制。在条件成熟的地区，引入快递企业参与村邮站运营。探索智能包裹柜与信报箱的统一建设和综合利用，鼓励社会企业参与开发建设。引导规范企业利用互联网技术改进服务提供方式，优化作业流程，提升服务水平。

保障机要通信安全。（略）

专栏2　邮政普遍服务均等化水平提升工程

继续对西部和农村约4000多个网点、200多个危旧县局房进行统一改造，并在城市新建住宅小区配套建设一批邮政网点。对沈阳、合肥等30余个邮件处理中心进行建设和工艺改造。更新和新增一级干线邮运车辆约3000多辆、投递专用汽车约4000多辆，其中，对包括民族地区在内尚未实现直接通邮的建制村配备投递车辆2000多辆。在成都、合肥建设全国邮政客户服务中心。

专栏3　邮政机要通信建设工程（略）

（三）开放共享，构建邮政综合服务平台

发展邮政寄递服务。推动邮政企业振兴寄递服务，促进“三流合一”业务发展。支持邮政企业深化与电商、制造等企业合作，提高中高端、中高重量段产品服务能力。创新与国外邮政和快递企业合作模式，拓展合作领域，做强跨境电商服务。打造农村电商邮政寄递网，推动农村邮政物流与农村电商的业务整合、信息共享和融合发展，发挥邮政在农村电商寄递中的重要作用。

推动网络开放共享。推动邮政企业构建开放共享、功能集成的服务体系。充分利用社会资源，整合村邮站、邮政三农服务站、便民服务站等服务设施，叠加服务功能，推动建立邮政综合服务平台。推动邮政基础设施向社会开放使用。鼓励邮政企业加强与电子商务平台的对接，在重点城市核心区域开放一批包裹自提网点。推动邮政企业以市场为导向，与快递企业建立互利共赢、服务规范的合作机制，开展设施共享、业务代理等合作。鼓励有条件的村邮站、邮政便民服务站代投快件，拓展服务功能，增加业务载荷。

专栏4　农村电商邮政寄递网工程

依托邮政网络基础，建设农村电商邮政寄递网，促进邮政成为服务农村电子商务的重要渠道。改扩建地市和县级配送中心，形成以市（县）级为节点的基础性农村电商运营中心，促进城乡有效联动。以邮政乡镇网点为基础，提升镇级电商配送能力，配置配送车辆。整合村级邮政服务站点，加载村级电商服务功能或配备自助服务设施。

（四）转型升级，提升快递产业竞争能力

夯实网络基础。研究利用政府和社会资本合作模式，促进行业重大项目建设。推进分拨中心、集散枢纽和快递专业类物流园区建设，提升骨干节点信息化、自动化处理水平，形成布局合理、运转高效的转运体系。优化快递公路运输网，构建快递铁路运输网，健全快递航空运输网，推动实现不同快递运输方式间的无缝衔接、快速转换，提升运输集散效率。鼓励企业通过建设末端网点、开展第三方末端服务合作、布设智能快件箱等方式，提升末端网络密度，实现"最后一公里"高效服务。推动各级地方政府将快递专业类物流园区、快件集散中心等设施用地纳入土地利用总体规划和城乡规划。研究将智能快件箱等快递服务设施纳入公共服务设施规划。

推进服务创新。鼓励快递企业拓展产业链、供应链和服务链，向综合性快递物流运营商转型。适应消费升级和现代产业体系的需要，拓展供给范畴，引导发展便捷化、差异化和定制化的寄递服务。以标准快递和国内电商快递为基础，强化与信息业、金融业协同，着力服务于先进制造业、跨境电商和现代农业，发展工厂快递、越洋快递和农商快递。支持企业健全产品体系、创新服务模式，大力发展代收货款、快递保险、合同物流、冷链快递、逆向物流、特殊物品寄递等服务，有序开展快件投递众包。推动企业服务"中国制造 2025"战略，增强人才、系统、网络的专业化能力，提供仓配一体化、入场物流和供应链服务等，促进制造业规模化、集群化、国际化发展。引导企业依托网点资源，加强物联网、移动互联网、大数据技术应用，服务线上线下互动消费，拓展民生服务领域。

促进提质增效。鼓励企业实施跨行业跨区域跨所有制兼并重组，优化产业布局和结构，提升产业集中度。培育骨干企业，支持企业充分利用资本市场，壮大运营网络、提升管理水平。引导企业转变竞争方式，从价格竞争向服务品质竞争转变，实施品牌化和差异化发展战略。强化质量意识和诚信意识，提高服务透明度和时限水平，拓展和丰富时限承诺产品的种类。鼓励快递企业建设现代化立体仓库和信息平台，提升处理能力和运营效率。鼓励企业采用分区建仓 + 干线运输 + 落地配送的运营模式，提高服务水平和运营效率。引导企业自觉维护消费者知情权和公平交易权，保障消费者合法权益。

专栏 5　航空快递枢纽工程

依托综合交通运输体系，建设一批辐射国内外的航空快递货运枢纽。在湖北建设现代化的国际快递枢纽，建设内容包括机场核心区、现代快递物流区和先进服务业产业带。充分利用既有和规划内的机场和基础设施，加快北京、上海、广州、成都、昆明、深圳、重庆、西安、乌鲁木齐、哈尔滨等机场的国际快递处理能力建设，培育国际快递货运枢纽功能，以杭州、郑州、南京、天津、石家庄等城市为重点，推动建设国内航空快递货运枢纽。

专栏 6　快递专业类物流园区建设工程

依托物流节点城市，结合行业发展需求，加快布局建设快递专业类物流园区，实现产业集聚、经营集约、功能集成。全国快递专业类物流园区布局城市分为三级，一级快递专业类物流园区布局城市 35 个，二级快递专业类物流园区布局城市 57 个，各省（区、市）统筹规划，确定若干个三级快递专业类物流园区布局城市。选择基础较好的城市开展建设快递专业类物流园区试点示范。推动快递专业类物流园区与机场、铁路站场、公路站场、港口码头等物流基地的规划衔接、集约建设。鼓励快递企业入驻电子商务园区、商贸物流园区、制造业园区、保税物流园区以及农产品、商品集散中心。

一级快递专业类物流园区布局城市（35个）：北京、天津、廊坊、呼和浩特、沈阳、大连、长春、哈尔滨、上海、南京、无锡、杭州、宁波、金华（义乌）、厦门、泉州、济南、青岛、郑州、合肥、南昌、武汉、鄂州、长沙、广州、深圳、东莞、南宁、重庆、成都、贵阳、昆明、西安、兰州、乌鲁木齐。

二级快递专业类物流园区布局城市（57个）：石家庄、保定、苏州、徐州、南通、连云港、淮安、温州、嘉兴、台州、福州、莆田、潍坊、烟台、临沂、佛山、汕头、惠州、中山、湛江、韶关、海口、太原、临汾、大同、漯河、洛阳、芜湖、蚌埠、阜阳、赣州、上饶、宜昌、襄阳、衡阳、岳阳、怀化、盘锦、延边（珲春）、齐齐哈尔、牡丹江、包头、赤峰、呼伦贝尔（满洲里）、柳州、桂林、绵阳、南充、泸州、铜仁、拉萨、宝鸡、榆林、安康、天水、西宁、银川。

（五）普惠城乡，打造新型快递流通渠道

推进快递向西向下。支持西部地区改善基础设施，加强分拨设施和信息系统建设，加大运输装备和运力投入，提升西部地区网络的均衡度和稳定性，为发展当地特色优势产业提供支撑。深入实施“快递下乡”工程，推动快递网络下沉至乡村。鼓励企业参与流通方式创新，支持快递企业加强与农业、供销、商贸企业的合作，打造“工业品下乡”和“农产品进城”双向流通渠道，释放内需潜力。创新农商快递的服务模式，积极参与涉农电子商务平台建设，服务产地直销和订单化生产。鼓励快递企业提供包装、仓储、寄递服务，支持常温和冰鲜农产品输出，服务农民创业增收和脱贫攻坚。

提升末端服务能力。推动形成合力，补齐末端服务短板，提升末端服务规模化和协同化水平。支持企业建设标准化、规范化、信息化服务网点。鼓励企业创新与第三方的合作模式，推进快递服务进社区、进校区、进商区。鼓励快递企业与商贸流通企业、连锁零售和网络零售企业深化合作，以联盟、共同持股等多种形式开展共同配送。完善配套政策，引入多元主体，推进智能快件箱等自助服务设施建设。鼓励企业丰富便民服务内涵，提供商品展示、虚拟销售、试用代买等服务，打造多功能集约化的社区服务平台。支持企业利用符合标准的电动三轮车等小型运输工具实施终端配送作业。鼓励企业积极融入智慧城市建设，提升快递服务信息化水平和快件末端投递智能化水平。

专栏7 “快递下乡”工程

引导快递企业加强农村地区网络建设。鼓励第三方设置快递服务网点，为多家快递企业集中开展快件揽收派送服务。支持快递企业利用农家店、农村综合服务社、农产品购销代办站、村邮站等开展投递服务。强化农村地区快递枢纽和网点与重点农产品、农资、农村消费品集散中心的有效对接。鼓励快递企业与运输企业合作，通过农村客运班线搭载快件，降低运输成本。鼓励快递企业与农村商贸流通企业、供销合作社等共同制定运输、配送计划，发展农村共同配送。推进“农户+电商+快递”发展模式，助力精准扶贫。

（六）交邮协同，发挥综合交通运输优势

统筹基础设施建设。推动邮政和快递处理中心等基础设施与铁路、公路、民航枢纽的同步建设。加强机场、车站、码头快件绿色通道和快件装卸、接驳、仓储功能区配套建设。引导企业利用农村地区客运站、货运站等交通运输基础设施，建设仓储场地、小型分拨处理设施，进一步完善农村邮政快递基础网络。推动开展“一带一路”、长江经济带、京津冀的重点城市交邮协同发展示范。

深化交邮企业合作。提升快递企业与铁路、公路、水路、民航等运输企业市场化合作水平。积极开展多式联运，引导邮政、快递企业参与空陆联运、公铁联运、邮件快件甩挂运输试点工作，推广应用物联网、电子标签和自动识别等技术，提高运输作业效率。支持交邮企业在代运邮件快件、网点设施集约利用、票务销售等方面开展合作。推进邮政、快递与交通运输企业资源整合，形成“场站共享、服务同网、货源集中、信息互通”的农村快递物流发展新格局。

专栏8 快递“上车、上船、上飞机”工程

提高快件上车、上船、上飞机效率。推进自主航空网络建设，鼓励发展国际快递航空网，支持发展快递全货机。积极发展电商快递班列，推动建设铁路运输快件示范线。建立健全工作机制，积极推进中欧班列运输邮件快件。在环渤海、长江沿岸、海峡两岸等有条件的城市间开展快件水路运输试点，鼓励海运班轮运输。提升快件运输集装化和装卸、接驳机械化水平。加强信息互联互通，实现快件全程可追踪查询。强化航班和铁路时刻与快递作业时间的有效衔接。优化快件安检、配载流程，完善各种运输方式的快件绿色通道。加强禁寄禁运品范围的有效衔接。

（七）拓展海外，培育企业国际运营能力

支持跨境寄递发展。促进寄递服务与跨境电子商务联动发展，完善国际邮件处理中心布局，支持建设一批国际快件转运中心和海外仓。因地制宜加强各类口岸国际邮件互换局（交换站）和国际快件监管区建设。支持邮政企业开展国际小包业务。推动开展国际航空快件中转集拼业务，提升国际快件中转运输能力。充分利用自贸区、海关综合保税区、电子口岸、一站式通关等基础设施功能和政策优势，增强服务跨境电商能力。推动完善邮件快件在海关通关、检验检疫、结汇退税等方面的相关管理措施，促进跨境电商信息流、物流、资金流集约高效运行。鼓励快递企业与境外企业建立战略联盟、加盟协作关系，建立健全运营规范、业务系统及结算标准，搭建国际服务网络和体系。

鼓励企业国际化发展。积极服务“一带一路”建设和关联产业国际化，支持有条件的企业以服务跨境电商、伴随国内企业境外发展等为契机，开展国际业务。鼓励快递企业通过设立分支机构、合资合作、委托代理等方式，夯实港澳台、东亚及东南亚快递网络，加强北美和欧洲重点国家和地区业务覆盖，拓展国际服务网络。依托“一带一路”国际骨干通道建设，发挥国际通关、换装、多式联运的高效衔接优势，开辟中国与南亚、中亚、东南亚、欧洲邮件快件运输通道。利用政府间对话机制和对外商贸谈判，推动解决目标市场进入等相关问题，优化企业“走出去”国际环境。

专栏9 邮件快件进出境通道工程

以国家跨境电商综合实验区、跨境电商服务试点城市、国际运能发达城市等为重点，依托航空枢纽、铁路口岸、港口码头等交通基础设施，调整完善国际邮件处理网络，在现有国际邮件互换局、交换站布局基础上，加强业务处理能力建设。研究布局新建宁波、合肥、东莞、珲春、满洲里、凭祥互换局兼交换站，石家庄、银川、徐州、平潭、东兴、宜昌、贵阳互换局，吐尔尕特、无锡、盐城、泉州、襄阳、日喀则交换站。提升国际邮件快件处理能力，逐步构建一体化跨境物流服务体系，服务跨境电子商务发展。

（八）完善机制，提升邮政行业监管效能

完善监管体系。进一步健全邮政管理体制，形成权责明确、公平公正、透明高效、保障有力的邮政业监管体系。突出重点、因地制宜、有序推进县级邮政管理机构组建，探索县域邮政监管模式。积极推进地方邮政业监管支撑体系建设。构建互联互通、整合协同、安全高效的信息化监管支撑服务体系，推动跨部门、跨层级、跨业务的监管信息应用与共享。进一步发挥社会监督、舆论监督作用和行业自律作用。

优化监管机制。坚持简政放权、放管结合、优化服务，加强事中事后监管，推行“双随机、一公开”执法模式，构建全过程监管机制。建立健全责任追溯、违法失信主体“黑名单”及联合惩戒等制度，构建行业诚信体系。建立健全消费者申诉与市场执法联动、行政执法与刑事司法衔接的机制，维护市场秩序。严格普遍服务营业场所撤销和业务停限办审批，建立网点分级管理制度，健全普遍服务综合绩效考核体系。完善以“服务满意度、时限准时率、用户申诉率”为核心的快递服务质量评价体系。在有条件的地区探索由一个内设机构统一开展邮政行政执法工作。加强大数据、云计算等现代信息技术在行业管理、安全监控、信息公开中的应用，构建智能化的监管环境、服务环境和决策环境，探索实行“互联网＋”监管新模式。

加强安全监管。建立健全人防物防技防相结合的行业安全防控体系，有效覆盖政府部门、企业和相关环节，全面落实企业安全主体责任、政府安全监管责任和用户安全用邮责任。强化从业人员的安全意识，完善安全管理制度，落实寄递渠道安全管理工作机制，加强跨部门、跨区域协作配合。推动寄递渠道安全监管纳入地方综合治理考评体系，实施属地监管、联动监管、片区化监管。严格落实邮件快件收寄验视、用户实名收寄和安全生产设备配置等相关规定，全面实施邮件快件过机安检。加强寄递服务用户个人信息安全管理。强化重点地区、重点部位、重要时期寄递渠道的安全防范工作。完善邮政业安全监管平台，提升执法装备水平和监管信息化水平。建立综合应急机制，完善应急保障，推动快递企业参与应急物流队伍建设，提高应急处置能力。

专栏10　寄递渠道安全监管“绿盾”工程

以“互联网＋”监管为主线、邮政业大数据应用为核心，依托既有条件及相关工程成果，加强寄递渠道安全监管能力建设。通过完善监管手段，提升监管信息化水平，实现动态可跟踪、隐患可发现、事件可预警、风险可管理、责任可追踪等“五可”目标，有效保障邮件快件收寄验视、实名收寄、过机安检三项制度落实。健全安全监管基础设施，建设省级和重点地市安全监控中心，搭建业务应用系统和支撑环境，完善寄递渠道安全监管业务机制和标准规范，构建安全支撑体系。

（九）低碳环保，推动行业绿色健康发展

推广环保应用。促进邮件快件包装减量化、绿色化和再利用。鼓励企业设计应用新型包装、简约包装，优化包装结构，减少包装物料用量。引导企业使用环保包装袋及填充物，应用再生纸张和环保油墨印制的封装用品，减少塑料胶带使用量。鼓励企业在邮件快件周转过程中，重复利用塑料箱、纸箱和编织袋等封装容器。引导企业加强包装废弃物的回收处置管理，大力推广使用电子运单。推动开展快递包装环保监测评估，建立健全快递包装回收体系。

推动节能减排。引导企业统筹运用各类运输方式，支持甩挂运输、多式联运和绿色配送。鼓励企业科学优化运输组织，应用车辆实时调度系统，优化配送路线，降低行驶能耗。在中转盘驳、末端配送等环节推广使用新能源和清洁能源车辆。鼓励企业优化生产作业流程，推广使用中转箱、笼车等设备。鼓励企业开展基础设施节能改造，推广应用节水、节电、节材等技术工艺和产品装备。

四、保障措施

（一）加强规划实施领导

国家邮政局负责落实邮政业发展“十三五”规划、邮政普遍服务发展、快递业发展、邮政业监管体系建设“十三五”规划等专项规划。省级及以下邮政管理机构负责落实本地区邮政业发展“十三五”规划、邮政基础设施布局规划、快递服务发展等专项规划，并加强与地方发展改革、交通运输等相关部门的协调和衔接。各级邮政管理部门要做好规划宣贯，统一思想、凝聚力量，充分调动各方面积极性抓好规划实施。要建立健全目标管理责任制，落实细化具体工作方案，重点抓好重大项目、重大工程和重大政策落地实施。要强化指导、督查和考核，建立健全规划落实推进机制、规划任务与年度工作任务衔接的机制。要切实加强规划实施的跟踪和中期评估，及时把握邮政业发展中出现的新情况、新问题，系统提出应对措施，保障规划确定的目标任务如期完成。

（二）推进法治邮政建设

完善邮政法律法规体系，着力推进快递条例等行政法规的制定与实施，推动制修订部门规章，实现省级邮政地方立法全覆盖，推进市（地）立法试点。建立健全邮政规范性文件制定程序，加强清理与备案。深入开展邮政立法后评估，切实保障立法质量。参与电子商务法立法工作。坚持主体监督与行为监督相结合，进一步加强执法综合管理。完善执法人员资格管理制度，推进执法主体管理信息化。完善部门权力清单、责任清单、市场准入负面清单制度，健全行政裁量基准制度。加强邮政行政执法监督，结合多级邮政管理体系推进行政复议和应诉工作。落实行政执法责任制，利用信息化手段推进执法评议考核。推进邮政管理部门监管信息政务公开，强化内外部监督机制，完善法治邮政建设考评体系。通过政府购买服务等方式，积极推行政府法律顾问制度。开展“七五”普法工作，加强行业法治宣传教育。

（三）完善行业标准体系

贯彻深化标准化工作改革方案，加强强制性标准管理，优化完善推荐性标准，健全邮政业标准体系。修订邮政普遍服务标准。加强快递领域标准制修订工作，制定快递专用电动三轮车国家标准，制修订快递包装、快递集装容器等标准，为破解瓶颈、转型升级、绿色发展提供技术规范。制定与关联产业信息共享技术标准，推动产业协同运作。制定生产安全和信息安全相关标准，夯实邮政业安全管理基础。制定冷链、逆向快递标准，促进新型业务发展。加大标准的实施监督力度，开展标准试点示范，推动企业标准自我声明公开，切实发挥标准在提升服务、加强管理中的关键作用。

（四）优化发展政策环境

推动建立邮政普遍服务基金，建立科学透明的普遍服务基金征收使用配套制度。建立健全邮政普遍服务激励和约束机制。推动优化邮政普遍服务财政补贴机制。推动落实《国务院关于促进快递业发展的若干意见》，着力破解制约快递发展的瓶颈。推动完善相关法律法规制度设计，支持快递企业利用资本市场融资发展。鼓励金融机构创新服务方式，开展适应快递业特点的抵押贷款、融资租赁等业务。争取中央预算内投资对农村和西部地区公益性、基础性快递基础设施建设项目予以支持，推动将符合条件的邮政、快递企业和项目纳入各级财政专项资金支持范围。支持快递企业按现行规定申请执行省（区、市）内跨地区经营总分支机构增值税汇总缴纳政策，依法享受企业所得税优惠政策。从供给侧与需求侧双侧入手，继续推动出台产业联动、拓展服务网络、培育市场主体、保障寄递安全、国际化发展、绿色发展等方面的配套政策措施，进一步营造促进发展的产业政策环境。

（五）提升科技创新水平

贯彻落实创新驱动发展战略，充分发挥政府引导作用，强化企业在科技创新中的主体地位。支持企业加大科技投入。鼓励骨干企业建设工程技术中心。加强物联网、互联网技术研发和应用，增强对邮件快件、服务终端、运输车辆的可视可控能力，进一步提升服务质量，拓宽服务渠道，改善用户体验。支持智能收投、柔性装卸、集装化运输、快速分拣、自动识别等关键技术装备研发，推进机器人、无人机研发和应用，推动生产自动化、运输高效化、服务智能化。加强大数据开发和应用，提高对发展趋势的研判能力，对服务质量、网络运行和安全生产的监控能力，对行业管理的决策支撑能力。有序推广新技术、新材料、新工艺，引导行业节能减排。加强邮政业基础前沿、社会公益、重大共性关键技术研究，积极申报国家科技计划项目。开展邮政业科技应用示范，推动科技研发与标准制定紧密结合，促进科技成果转化和推广应用。

（六）加强人才队伍建设

深入推进“人才强邮”战略，全面实施人才素质提升工程、人才培养提速工程、合作办学牵手工程。探索学校、科研机构、行业协会和企业联合培养人才模式，鼓励企业、院校共同组建教育集团，建设一批国家级行业人才培养基地。引导普通高校、职业院校开设邮政、快递等相关专业，积极发展相关学科专业中职、高职、本科和研究生教育，培养行业急需的各类人才，基本建成与行业发展相适应的纵向衔接、横向贯通的新型教育体系。夯实人才培养基础，推进专业、课程教材、师资、实训基地建设，建设一批国家级邮政、快递专业示范点和产教融合示范项目。依托人才培养基地有计划组织开展企业职工培训。建立健全人才评价制度，培养选拔一批优秀行业管理人才、企业管理精英人才、专业技术创新人才、技能型名师人才、实践型教学人才。进一步推进职业能力建设，完善职业资格制度，加快职业标准开发，创新技能人才培养，举办全国职业技能竞赛。探索建立专业技术人才评价体系。加强政策研究和决策咨询专家队伍建设。实施人才调查统计制度。

（七）提高党建工作水平

坚持以党章为依据，认真落实全面从严治党要求。加强邮政系统各级党组织自身建设，强化党组织抓党建的主体责任。加强对全系统党建工作的领导和指导，建立健全邮政业基层党建工作的共管机制，推进民营快递企业基层党组织建设。坚持以党规党纪为准绳，营造良好的政治生态。严肃党内政治生活，增强政治意识、大局意识、核心意识、看齐意识，保障中央政令畅通。强化党风廉政建设主体责任和监督责任，加强反腐倡廉教育和廉政文化建设。坚持以党风促政风带行风，树立行业良好形象。大力加强行业精神文明建设，广泛开展岗位建功和文明创建活动。践行“诚信、服务、规范、共享”行业核心价值理念，全面推进行业文化和诚信体系建设。大力宣传树立行业先进典型，传播正能量。强化行风建设，引导企业勇于承担社会责任，加强自律自纠，切实保障从业人员劳动权益和用户权益。

快递业发展“十三五”规划

一、回顾与展望

“十二五”期间，我国快递业以科学发展为主题，以转变发展方式为主线，以服务经济社会发展和服务民生为宗旨，紧抓机遇，乘势而上，总体规模快速增长，服务能力显著提高，产业联动不断加强，发展环境和基础条件不断改善，圆满完成“十二五”规划的目标任务。

（一）“十二五”回顾

产业发展势头迅猛。“十二五”期间，快递业实现持续高速增长，业务量收分别增长7.8倍和3.8倍，快递业务收入占邮政业业务收入比重由45%提升到69%，快递业的重要地位日益凸显。初步形成7家年收入超200亿元、8家年收入超100亿元的快递企业，快递业市场化、网络化、规模化、品牌化程度不断提高。“十二五”末，我国快递年业务量突破200亿件，继

2014年首次突破100亿件后再登新量级，稳居全球首位，最高日处理量突破1.6亿件，成为中国经济的一匹“黑马”。

能力水平持续提升。全国快递服务营业网点从6.4万个增至18.3万个，县级网点覆盖率达95%以上，乡镇网点覆盖率提升至70%，快递网络向中西部地区、中小城市及县域乡镇加快延伸。全国建成快件分拣中心逾千个，配备全自动分拣设备的枢纽型分拣中心61个，在建或建成投入使用的快递专业类物流园区超200个，处理能力显著增强，集约化程度进一步提高。快递专用货机从19架增至71架，3家快递企业拥有自主航空机队，航空快件占国内货邮吞吐量的比例超过一半。高铁运快件和电商快递班列取得突破，快递干线车辆从7万辆增至19万辆，快递综合运输能力大幅提升。手持终端近80万台，主要城市在用智能快件箱逾6万组，快递电子运单使用率达到55%，行业智能化水平明显提升。

转型升级步伐加快。重点快递企业探索建立现代企业制度，多元资本在快递领域交叉持股、相互融合，市场主体活力和创造力不断激发。业务板块由“1+1”向“1+3”拓展，重点聚焦电子商务、制造业、跨境贸易等领域，产业链进一步延伸。仓配一体化、代收货款、供应链管理等业务种类加快发展，服务内涵不断扩大，部分快递企业正由传统快递服务提供商向综合性快递物流运营商转型。快递公共服务站、连锁商业合作等末端收投新模式相继涌现，末端服务方式日益多元。快递服务满意度逐年提高，时限准时率相对稳定，用户有效申诉率逐年下降，快递服务质量明显改善。

发展环境显著优化。《中华人民共和国邮政法》修正实施，为快递业高速发展奠定了法律基础和保障。制修订6项部门规章，发布《快递服务》等23项国家和行业标准，《快递条例》列入国务院立法计划，行业法规和标准体系日益健全。简政放权深入落实，经营快递业务的企业年度报告审核、分支机构名录核定发放、分支机构备案和许可注销初审等多项职权全面下放到市（地）局。快递业务经营许可制度逐步优化，实现全流程网上办理。快递业纳入国家鼓励发展产业目录，快递服务类别列入《国民经济行业分类》（2011版）。《国务院关于促进快递业发展的若干意见》等国家政策相继发布，促进与关联产业协同、企业兼并重组、快递末端投递等一系列产业政策陆续出台，营改增税制改革平稳实施。各地促进快递业发展的意见措施相继落地，快递发展政策红利不断释放。

市场秩序逐步规范。国内包裹快递市场全面放开，统一开放竞争有序的市场体系正在加快形成。三级邮政管理体制建立并运转顺畅，县级邮政管理机构建设取得突破，依法行政能力不断加强。事中事后监管不断强化，监督检查力度加大，市场秩序得到有效规范。快递服务满意度、时限准时率、用户申诉率和快递市场监管报告四维并举的“三率一报告”质量监控体系逐步成熟。快递业诚信体系加快构建，诚实、自律、守信、互信的行业信用环境逐步形成。服务投诉、申诉渠道更加畅通，纠纷处理更加规范有效，消费者对申诉处理工作满意率达到90%以上，消费者权益得到有效维护。社会监督功能进一步发挥，三级协会组织建设成效明显，覆盖全国的行业自律组织体系基本形成。寄递安全综合治理和属地化管理加速推进，信息化监管手段陆续投入使用，监管效能显著提升。

产业贡献日益增强。“十二五”末，快递日均服务用户超过1.1亿人次，人均快递使用量15件，分别达到“十一五”末的8.8倍和8.6倍。五年间，中国快递发展指数年均增速超过30%。快递业支撑网络零售交易额突破3万亿元，占社会消费品零售总额的10%左右，已成为服务电子商务的主渠道。全国共培育92个快递服务制造业示范项目，已经形成涵盖航天、汽车、电子、制药、服装等多个领域的服务制造业试验群，快递服务制造业进程加快。快递企业加紧布局海外市场，积极服务跨境贸易。全国农村地区收投快件量超过50亿件,带动农副产品进城和工业品销售下乡超过3000亿元,农民消费需求得到激发,农村市场活力不断释放。直接吸纳就业超百万人,间接带动就业超千万人,进一步扩大了就业渠道。

总体上看,我国快递市场发展正处于转型升级的关键时期,还存在一些突出问题:一是供给能力不足,亟需培育提供差异化服务和具有国际竞争力的领军企业,综合管理和创新服务等方面专业化程度有待提升。二是结构调整有待深化,量收增长不匹配,城乡区域不协调,收投分布不均衡等发展短板依然存在,产品结构单一,难以满足市场多元化需求。三是基础设施能力不足,网络延伸不够,末端服务缺乏稳定性,快递专业类物流园区布局、自动化分拣技术装备应用等有待加强。四是企业主体安全防范水平不高,市场监管力量、手段和经验仍显不足,寄递渠道安全防控能力有待提升。五是行业人才建设存在短板,教育体系不健全、人才供给不足、结构不合理、素质不高等问题依然突出。六是制约发展的问题尚未得到有效解决,快递车辆通行难、枢纽建设用地难、末端投递难等问题依然存在,支持政策有待进一步落地。

（二）“十三五”展望

“十三五”时期,世界经济在深度调整中曲折复苏,格局更趋复杂。我国经济步入新常态,经济发展方式正在加快转变,新的增长动力正在孕育形成,经济长期向好基本面没有改变。随着供给侧结构性改革的加快推进、大众创业万众创新的全面深化和行业关联产业环境的持续优化,我国快递业进入难得的发展机遇期。

1. 供给侧结构性改革为快递业转型升级提供新动能

我国经济发展逐步向形态更高级、分工更优化、结构更合理的阶段演化,将在更高层次上推动供需矛盾的解决。国家协同推进新型工业化、信息化、城镇化、农业现代化,超大规模内需潜力不断释放,为我国快递业持续高速发展创造了广阔空间。随着电子商务、制造业、农业等关联产业升级,快递业上游产业环境将更加优化,全新供给模式加快形成,迫切需要提升快递服务供给质量和效率。资本介入逐步加快,融资环境不断改善,跨界融合渐成趋势,将有力推动快递业市场主体兼并重组,建立完善的现代企业制度。推进快递业供给侧结构性改革,将逐步打破行业发展单一、同质、低质化现状,向多元、规范、精细化转型,压减低效供给,提高质量效率。

2.“互联网 +”行动计划为快递业创新发展提供新引擎

“互联网 +”行动计划推动形成网络化、智能化、协同化的产业发展新形态,将为经济社会发展增添新动力。快递业对接供需两端,积极提高服务匹配能力,将逐步打造一个服务于各行各业、服务于新经济的生态体系。快递发展空间未来将向更广阔的领域延伸,快递与电商合作不断深化,与现代农业、制造业、跨境贸易等协同模式不断拓展。线上线下互动,将进一步畅通实物流、信息流、资金流,推动快递业加速升级,发展便民利商新业态。新一代信息技术与现代制造业、生产性服务业等融合发展,将进一步创新服务链、打通信息链、改造实物链,助推快递业步入新的发展时代。

3. 开放型经济新体制为快递业国际化发展提供新机遇

我国正加快构建开放型经济新体制,推进高水平双向开放,将逐步放宽商贸物流等外资准入限制。随着国内包裹快递市场的全面开放,快递业市场竞争进一步加剧,将推动行业改革向纵深发展。“一带一路”战略步入务实合作阶段,区域间贸易活动更为频繁,国际物流战略通道建设将进一步加强,亟需形成一批深度参与国际分工、具有国际竞争力的快递企业。中国制造“走出去”步伐加快,为快递企业实施“跟随发展”战略、拓展海外市场创造有利条件。自由贸易区战略实施和跨境电子商务发展,促使快递企业加快提升订单处理、跨境运输、海外仓储、境外投递等能力。

4.“放管服”改革为快递业健康发展提供新助力

面对经济下行压力和传统动能减弱，我国进一步深化简政放权、放管结合、优化服务改革。快递业务经营许可程序不断优化，商事制度改革进一步推进，将有利于推动社会资源有效聚合，持续释放快递市场活力。加强快递业事中事后监管，坚持放管结合，将有利于规范市场秩序，适应新业态、新模式发展，促进快递市场主体公平竞争。提高政务服务效率，加强政企互动，提高行业政策的针对性和有效性，将有利于助推行业健康有序发展。

5.资源环境制约对快递业绿色发展提出新要求

我国资源环境承载能力的刚性约束趋紧，生态环境恶化趋势尚未得到根本扭转。随着快递业持续高速发展，传统发展模式受成本、资源和环境的制约越来越严峻。劳动力等生产要素成本不断上升，对行业发展影响日益突出。车辆、包装材料等生产资料需求量大幅增加，资源消耗和环境影响将进一步加大。未来快递业将全面节约和高效利用资源，通过减少收寄、分拣、封发、运输、投递等各个环节对环境的污染和资源消耗，降本增效。通过减少对传统能源的依赖，优化要素投入结构，实现快递业“低污染、低消耗、低排放、高效能、高效率、高效益”的绿色发展。

新机遇、新需求也伴随着新问题、新矛盾，快递发展同时面临诸多挑战。一是经济新常态下经济增速换挡、结构调整阵痛、动能转换等困难相互交织，快递消费需求与有效供给不匹配、要素成本攀升等问题明显。二是网购人口红利逐步衰减，电子商务发展进入增速减缓期，快递增长的结构性风险加大。三是新技术、新业态、新商业模式不断涌现，新旧市场主体间资源争夺日趋激烈，市场格局不确定性增加。四是模式创新与现行法规之间碰撞日趋频繁，对政府治理提出新挑战。五是传统安全威胁和非传统安全威胁交织，寄递安全事件频发多发，网络安全、信息安全等问题时有发生，行业安全风险加大。

二、指导思想、基本思路和发展目标

（一）指导思想

全面贯彻党的十八大和十八届三中、四中、五中、六中全会精神，深入贯彻习近平总书记系列重要讲话精神，按照“五位一体”总体布局和“四个全面”战略布局要求，牢固树立创新、协调、绿色、开放、共享的发展理念，以“互联网+”快递为发展方向，深入推进供给侧结构性改革，坚持转型升级，坚持提质增效，强主体、拓网络、升品质、保安全，充分发挥快递业对稳增长、促改革、调结构、惠民生的作用，推动流通方式转型、促进消费升级，不断满足社会生产和人民生活日益提升的服务需求。

（二）基本思路

——立足一个定位。立足“快递业是现代服务业的重要组成部分，是推动流通方式转型、促进消费升级的现代化先导性产业”的定位，充分发挥快递业在国民经济和社会发展中的重要作用，助推国民经济供给侧结构性改革，将快递业打造成为对接国家发展战略、引领邮政业创新发展的新兴产业。

——深化两个坚持。坚持转型升级，实现发展方式、核心动力、服务模式、服务领域等方面的系统转变，提升寄递服务供给层次。坚持提质增效，大力提升快递服务质量，实施品牌战略，提高全要素生产率。

——推进四个创新。一是推进管理创新。运用“互联网+”思维，创新企业管理模式，实施品牌化和差异化发展战略。持续推进简政放权，创新市场监管方式，提升行业现代治理能力。二是推进科技创新。加强云计算、大数据等共性关键技术的应用，通过信息化手段促进创新发展。三是推进产品创新。拓展增值服务，提升与创新与寄递服务配套的服务能力，厚植发展优势。四是推进模式创新。加强产业融合和互动发展，拓展协同发展空间，推动业务板块从“1+3”向“1+N”扩容转型。

——实现六个提升。牢牢把握“安全为基、发展为要、服务为上”的总体要求，推动快递业在产业能力、科技创新、服务品质、安全水平、绿色低碳、综合效益等六个方面的跨越提升。

（三）发展目标

到2020年，基本建成普惠城乡、技术先进、服务优质、安全高效、绿色节能的快递服务体系，形成覆盖全国、联通国际的服务网络。

1.产业能力：快递市场规模稳居世界首位。服务网络进一步健全，基本实现乡乡有网点、村村通快递。建设一批辐射国内外的航空快递货运枢纽。企业自主航空运输能力大幅提升。积极打造“快递航母”，形成3~4家年业务量超百亿件或年业务收入超千亿元的快递企业集团，培育2个以上具有国际竞争力和良好商誉度的世界知名快递品牌。

2.科技创新：创新能力全面增强，科技应用水平进一步提高，行业科技进步贡献率进一步提升。重点快递企业基本实现内部作业自动化、服务设施设备智能化，客户服务、企业运营、行业管理的信息化水平基本达到国际先进水平。建成一批工程技术中心和3~5个行业科研基地。技能人才总量达到80万人，其中高技能人才占比达5%以上，创新型人才队伍不断壮大。

3.服务品质：寄递服务产品体系更加丰富，承诺时限产品比重进一步提升，重点快递企业国内重点城市间实现48小时送达。国际快递服务通达范围更广，速度更快。快递标准化程度提升，快递服务满意度、时限准时率稳步提高，用户有效申诉率逐年下降。行业整体信用水平明显提升。

4.安全水平：全面落实收寄验视、实名收寄和过机安检三项安全生产制度，实现寄递流程可跟踪、隐患可发现、事件可预警、风险可管控、责任可追溯等目标，遏制重特大事故的发生。

5.绿色低碳：快递生产方式绿色低碳水平大幅提升，能源资源利用效率大幅提高，资源消耗、碳排放总量得到有效控制。快件包装标准化、绿色化水平显著提升，基本淘汰有毒有害物质超标的包装物料，包装材料循环利用率不断提高。

6.综合效益：快递服务普及程度大幅提高，有力带动社会就业。快递服务领域不断延伸，服务内涵不断深化，对关联行业支撑作用不断增强，快递对国民经济贡献不断增强。

专栏1　快递业“十三五”时期发展指标

指　　标	2015年	2020年	年均增长[累计]（%）
快递业务量（亿件）	207	700	27.6
快递业务收入（亿元）	2770	8000	23.6
乡镇网点覆盖率（%）	70	90	[20]
配备全自动分拣系统的枢纽型分拣中心数量（个）	61	150	[89]
用于快递运输的专用货机数（架）	71	200	[139]
快递电子运单使用率（%）	55	90	[35]
研发经费支出占快递业务收入的比重（%）	0.6	1	[0.4]
快递服务满意度（分）	74	75	—
快递延误率（千分之）	—	5	—
快件损毁率（十万分之）	—	5	—

续上表

指　　标	2015 年	2020 年	年均增长[累计](%)
快件丢失率(十万分之)	—	3	—
快件有效申诉率(百万分之)	13.3	11	—
年人均快件使用量(件/人)	15	50	[35]
新增就业岗位(万个)	—	—	[100]
快递专业人才教育和在职培训合作院校(所)	170	300	[130]
智能快件箱投递快件比(%)	2	10	[8]

注:①[　]内为五年累计数。②配备全自动分拣系统的枢纽型分拣中心是指重点快递企业建筑面积在 1 万平方米以上且配备全自动分拣系统的分拣中心。

三、主要任务

(一)壮大市场主体,打造快递航母

做强骨干 快递企业。 围绕品牌化、集团化、国际化发展方向,鼓励快递企业通过合作、联盟、收购和交叉持股等方式实现兼并重组,开展资源要素整合,集中优势资源扩大市场份额。打造具备国际竞争力的“快递航母”,突出优势做大做强做精。全面建立现代企业制度,在做强实物网络和服务能力的基础上推动产融结合,逐步实现资源、运营、管理的全面协同。鼓励骨干快递企业拓展服务领域,健全仓储、冷链、运输、金融、供应链管理等能力,加快向综合性快递物流运营商转型。鼓励骨干快递企业实施国际化发展战略,打造国际快递品牌。

带动中小企业集约发展。 鼓励中小快递企业通过战略合作、兼并重组等方式实现资源整合和优势互补,提高企业竞争力和抗风险能力。促进中小快递企业与地方实体经济、电子商务等协调发展,深耕区域性网络。加强运输、仓储、配送、信息服务等环节的有机结合,实现平台化发展。对接不同服务环节、服务领域、服务对象,提供专业定制服务。延伸服务网络,增强末端集成服务能力。

(二)强化服务能力,加快普惠发展

提升分拣处理能力。 加强分拣中心、集散枢纽和快递专业类物流园区建设,形成布局合理、运转高效的骨干网络体系。支持骨干快递企业建设辐射国内外的大型航空快递枢纽和集散中心。依托全国重要物流节点城市,完善优化快件处理中心布局,推动在铁路、公路、水路站场枢纽建设快件集散中心。鼓励快递企业建设现代化立体仓库和信息平台,推广应用自动化、信息化技术装备,提升处理能力和运营效率。探索“园区 + 快递”的融合发展新模式,实现产业集聚、经营集约、功能集成。

专栏 2　航空快递枢纽工程

依托综合交通运输体系,建设一批辐射国内外的航空快递货运枢纽。在湖北建设现代化的国际快递枢纽,建设内容包括机场核心区、现代快递物流区和先进服务业产业带。充分利用既有和规划内的机场和基础设施,加快北京、上海、广州、成都、昆明、深圳、重庆、西安、乌鲁木齐、哈尔滨等机场的国际快递处理能力建设,培育国际快递货运枢纽功能,以杭州、郑州、南京、天津、石家庄等城市为重点,推动建设国内航空快递货运枢纽。

专栏3　快递专业类物流园区建设工程

依托物流节点城市，结合行业发展需求，加快布局建设快递专业类物流园区，实现产业集聚、经营集约、功能集成。全国快递专业类物流园区布局城市分为三级，一级快递专业类物流园区布局城市35个，二级快递专业类物流园区布局城市57个，各省(区、市)统筹规划，确定若干个三级快递专业类物流园区布局城市。选择基础较好的城市开展建设快递专业类物流园区试点示范。推动快递专业类物流园区与机场、铁路站场、公路站场、港口码头等物流基地的规划衔接、集约建设。鼓励快递企业入驻电子商务园区、商贸物流园区、制造业园区、保税物流园区以及农产品、商品集散中心。

一级快递专业类物流园区布局城市(35个)：北京、天津、廊坊、呼和浩特、沈阳、大连、长春、哈尔滨、上海、南京、无锡、杭州、宁波、金华(义乌)、厦门、泉州、济南、青岛、郑州、合肥、南昌、武汉、鄂州、长沙、广州、深圳、东莞、南宁、重庆、成都、贵阳、昆明、西安、兰州、乌鲁木齐。

二级快递专业类物流园区布局城市(57个)：石家庄、保定、苏州、徐州、南通、连云港、淮安、温州、嘉兴、台州、福州、莆田、潍坊、烟台、临沂、佛山、汕头、惠州、中山、湛江、韶关、海口、太原、临汾、大同、漯河、洛阳、芜湖、蚌埠、阜阳、赣州、上饶、宜昌、襄阳、衡阳、岳阳、怀化、盘锦、延边(珲春)、齐齐哈尔、牡丹江、包头、赤峰、呼伦贝尔(满洲里)、柳州、桂林、绵阳、南充、泸州、铜仁、拉萨、宝鸡、榆林、安康、天水、西宁、银川。

强化运输保障能力。衔接综合交通运输体系，健全快递航空运输网，优化快递公路运输网，因地制宜发展快件铁路、水路运输，形成层次分明、衔接顺畅、功能齐全的运营服务体系。实施快递“上车、上船、上飞机”工程，衔接现代综合交通运输体系。打造覆盖国内外的快递航空运输网，完善航空快件“绿色通道”。大力发展电商快递班列，推进高铁运快件，积极搭载中欧班列等铁路国际联运。引导企业依托重要物流节点和快件集散地规划建设公路快运网络，开展公路客运班线代运快件试点。提升快递企业与民航、铁路、公路、水路等运输企业合作深度，积极发展甩挂运输、多式联运等，加强不同运输方式间的无缝衔接，提高物流集约水平。制定并实施快递设施设备通用标准，提升运输装备标准化和专业化水平。强化企业与航空、铁路等单位的安检合作，优化安检流程，提高安检效率。

专栏4　快递“上车、上船、上飞机”工程

构建内连外通的航空网络。加快自主航空网络建设，支持重点快递企业以南京、鄂州、杭州等枢纽为中心，干线与支线、长途与中短途航空运输相结合，提升航空网络通达和中转衔接。拓展国际货运航线，逐步打造辐射全球的国际快递航空网。积极发展电商快递班列，推动建设铁路运输快件示范线。研究推进中欧班列运输快件。在环渤海、长江沿岸、海峡两岸等有条件的城市间开展快件水路运输试点，鼓励海运班轮运输。提升快件运输集装化和装卸接驳机械化水平。加强信息互联互通，实现快件公铁联运、公航联运全程可追踪查询。加强与航空、铁路、水运禁寄禁运品范围的有效衔接。优化快件安检、配载流程，完善各种运输方式的快件绿色通道。

加强末端服务能力。引导企业利用信息化、智能化手段，加强城乡社区末端网络模式创新，推进线上线下联动。强化信息流引领，优化末端路由组合，实现服务流程最短化。加强城乡惠民综合服务平台建设，鼓励企业升级改造末端服务网点，提升网点标准化程度。引导企业优化末端投递方式，形成上门投递、智能箱投递、平台投递等多元末端服务体系。有序开展快件投递众包，提高产业协作配套水平。支持企业使用符合标准的低碳环保配送车型开展末端投递。

专栏5 城乡惠民综合服务平台建设工程

推动快递企业主动参与城乡综合便民服务,建设末端综合服务平台。与连锁商业机构、便民服务设施、社区公共服务中心、机关学校以及专业第三方企业开展多种形式的投递服务合作,共建城市社区综合服务平台。在社区、写字楼、校园等人口相对密集的地区设置智能快件箱。建设农村快递服务点(站),与交通、商务、农业、供销、邮政等合作,整合多种农村基层公共服务平台。

均衡区域间服务能力。支持东部地区率先发展,依托区位优势和产业基础,进一步提升行业发展水平、竞争层次、科技含量,着重在产业联动、系统服务、跨境寄递等方面形成示范,带动和辐射中西部地区发展。支持企业在中西部地区加强分拨设施建设,加大运输装备和运力投入,落实网点建设标准。突出快递示范城市、示范园区的引领示范作用。加快实施"快递下乡"工程,支持企业整合农村快递物流资源,建设改造农村配送公共服务中心和村级网点,实现农产品进城"最初一公里"和工业品下乡"最后一公里"的有序集散和高效配送。

专栏6 "快递下乡"工程

引导快递企业加强农村地区网络建设,完善农村地区网点建设标准和服务标准,加强服务监督。引导快递企业与邮政企业以市场为导向,建立互利共赢、服务规范的合作机制,开展农村设施共享、业务代理等合作。鼓励第三方设置快递服务网点,为多家快递企业集中开展快件揽收投递服务。支持快递企业利用农家店、农村综合服务社、农产品购销代办站、村邮站等开展投递服务。鼓励快递企业与运输企业合作,通过农村客运班线搭载快件,降低运输成本。

强化农村地区快递枢纽和网点与重点农产品、农资、农村消费品集散中心有效对接,推动快递企业深化与各类新型农业经营主体、农业现代化企业、农副产品深加工企业和涉农电子商务企业合作,积极服务农产品进城。鼓励快递企业与农村商贸流通企业、供销合作社等共同制定运输、配送计划,发展农村共同配送。推进"农户+电商+快递"发展模式,创造就业机会,助力精准扶贫。

(三)深化"互联网+"快递,推进创新发展

推进管理创新。鼓励快递企业创新现代管理手段,增强运营调度和协调联动能力。强化企业质量意识和诚信意识,由产品思维向用户思维转变,提高服务透明度和时限水平,降低有效投诉率和申诉率。引导快递企业从价格竞争向服务竞争转变,促进服务质量升级,全面提升服务品质。鼓励快递企业挖掘业务数据商业价值,为客户提供个性化数据分析服务,拓宽服务领域,培育业务增长点。创新市场监管工作机制和方法,不断提升科学决策水平。适应和包容新经济、新业态发展,破除限制新技术新产品新模式发展的不合理障碍。以法治理念引导新业态发展,维护公平竞争的市场秩序。

推进科技创新。加强移动互联网、物联网、大数据、云计算、虚拟现实、人工智能等现代信息技术在企业管理、市场服务和行业监管中的应用。加大数据信息集成应用,推动实现业务平台一体化,作业环节、路由管控智能化,提升运输、服务和安全保障能力,实现快件自动分拨和快速转运。加快大数据及云平台等基础设施建设,推动信息应用向"邮政云""快递云"平台迁移。推广数据分单、数据派单等技术应用,提高生产效能。鼓励快递企业采用先进适用技术和装备,推进机器人、无人机、无人车研发和应用。

推进产品创新。鼓励快递企业拓展产业链、供应链和服务链,适应消费升级和现代产业新体

系的需要，扩大供给范畴，引导发展便捷化、差异化、个性定制化的寄递服务。鼓励拓展智能消费新领域，延伸服务链条。支持企业加强与上游业态优势互补，提供快运、仓储、金融、保险、通关、货代等一体化解决方案。大力发展代收货款、快递保险、合同物流、冷链快递、逆向物流、特殊物品寄递等服务，提高时限承诺产品的比重，满足定制化服务需求。

推进模式创新。加快融入生产、流通和消费等环节，形成内嵌式的协同作业模式以及标准化的协同作业流程。以平台经济为核心引导快递企业与电子商务企业深度合作，促进线上线下互动创新。推动快递企业服务“中国制造2025”战略，积极融入智能制造、个性定制等制造业新领域。鼓励快递企业参与涉农电子商务平台建设，服务产地直销、订单生产等农业生产新模式。推动与关联产业的信息互通与共享，提高服务响应速度和资源使用效率。

专栏7　快递业与相关产业联动发展工程

快递业与电子商务联动发展。鼓励快递企业针对电子商务特点开发多品种、个性化、国际化服务的产品体系，拓展服务领域。支持快递企业与电子商务企业构建合作发展平台，推动供应链上下游资源整合，共同发展体验经济、社区经济等便民利商新业态。鼓励快递企业适应国际规则，大力发展跨境寄递，增强国际快件处理能力，融入跨境电商产业链，逐步构建一体化跨境寄递服务体系。

快递业与先进制造业联动发展。积极推进传统消费品制造产业供应链创新升级，做深做精电子领域、医药领域的快递服务，积极推进装备制造业入场物流服务，加强研发、制造和营销等环节协同。引导快递企业积极融入智能制造，由简单供应链条向复杂供应网络拓展。以制造业创新中心为核心，建设服务于工业技术研究基地的专门寄递服务体系。积极服务经济活跃区域的制造业集群。加快推进服务“中国制造”的海外通道建设，培育形成支撑中国制造全球化发展的自主供应链。

快递业与现代农业联动发展。引导快递企业为特色农产品提供包装、仓储、运输的标准化定制化服务，发展农产品冷链快递，提供适应农业生产季节性特点的快递服务。推广适合农村运输的车辆以及托盘、集装篮、笼车等标准运载单元和专业装卸设备，提升作业效率。鼓励有条件的快递企业将乡镇、农村网点纳入企业信息化系统统一管理，确保快件跟踪信息完整。推进快递服务现代农业的典型示范，以点带面，逐步推广。

（四）拓展海外市场，加速国际化发展

鼓励快递企业“走出去”。鼓励重点快递企业以服务跨境电商、伴随国内企业境外发展等为契机，衔接境外物流体系，构筑立足周边、覆盖“一带一路”、面向全球的跨境寄递网络。加强重点国家、重点城市和重点线路的国际快递网络构建，开辟中国与东北亚、东南亚、东欧和非洲快件运输通道，延伸北美、西欧服务网络。鼓励国内快递企业间、快递企业与境外企业间建立战略协作关系，设立海外集散中心和服务网点，实施衔接统一的服务标准、信息交换标准及结算标准，实现跨境寄递的全生命周期管理，提升跨境寄递服务水平。引导重点快递企业建立保税公共仓储与海外重点国家快递专线等相结合的服务体系，在重点口岸城市建设国际快件处理中心，实现跨境电商商品的集货运输、集中分送，拓展跨境电子商务领域。推动开展国际航空快件中转集拼业务，提升国际快件中转运输能力。鼓励支持企业在境外建立海外仓，实现信息共享、实体展示、批发零售等功能，提升服务层次。

建设跨境寄递通道。因地制宜加强国际快件监管区建设，调整完善设点布局。充分利用自由贸易试验区、跨境电子商务综合试验区、电子口岸、一站式通关等基础设施功能和政策优势，增强服务跨境电商能力。推动海关、检验检疫、外汇管理、税收管理等部门完善跨境快件管理措施，促进跨境电商信息流、物流、资金流集约高效运行。研究推进中欧班列运输国际快件,协助推动采用拼箱运输方式,推行电子快递清单。利用政府间对话机制和对外商贸谈判,推动解决目标市场的进入等相关问题,优化企业“走出去”国际环境。

(五)加强寄递渠道综合治理,保障安全发展

强化企业主体责任。引导快递企业树立安全与发展并重理念,健全企业安全责任体系,落实企业法定代表人对企业安全生产工作的全面责任,明确岗位责任人员、责任范围和考核标准等内容,加强对安全生产责任制落实情况的监督考核。依法设置安全生产组织领导机构和管理机构,配备安全管理人员,加强从业人员安全教育培训,鼓励企业聘用注册安全工程师从事安全生产管理工作。健全完善企业安全管理内控制度,建立安全事故隐患排查治理分类分级标准,加大安全生产技术设备投入。

落实安全防控措施。实施寄递渠道安全监管“绿盾”工程,提升行业管理部门执法装备水平和信息化监管能力。全面落实收寄验视、实名收寄、过机安检三项安全生产制度,加大对制度落实情况的监督检查。推动安全生产标准化、信息化建设。推动将邮政业突发事件应急管理纳入地方政府突发事件应急管理体系,建立跨地区、跨部门、跨企业应急救援和处置联动机制。强化对重点地区、重点部位、重要活动时期寄递渠道的安全管理,加强对违规寄递危险化学品等行为的研究防范,坚决遏制重特大事故发生。加强寄递安全宣传引导,提升寄递用户安全用邮意识。加强快递服务用户个人信息安全管理,保护消费者隐私,维护消费者权益。

专栏8 寄递渠道安全监管“绿盾”工程

以“互联网+”监管为主线、邮政业大数据应用为核心,依托既有条件及相关工程成果,加强寄递渠道安全监管能力建设。通过完善监管手段,提升监管信息化水平,实现动态可跟踪、隐患可发现、事件可预警、风险可管理、责任可追踪等“五可”目标,有效保障邮件快件收寄验视、实名收寄、过机安检三项制度落实。健全安全监管基础设施,建设省级和重点地市级安全监控中心,搭建业务应用系统和支撑环境,完善寄递渠道安全监管业务机制和标准规范,构建安全支撑体系。

(六)加快信用建设,推进诚信发展

构建行业信用管理体系。以社会共治理念为指导,健全行业信用管理工作体制。建设快递业信用信息平台,建立企业和从业人员的电子信用档案。畅通信用信息采集渠道,建立多元有序的信用信息采集工作机制。建立动态管理、适时调整的信用评价指标体系,定期开展信用评定。加强信用信息公开,构建守信激励和失信惩戒机制。完善信息交换共享机制,推动与国家统一信用信息平台对接。完善与工商、海关等部门的联合惩戒机制,逐步建立“一处失信、处处受限”的信用监管工作格局。

专栏9 快递业信用管理信息化工程

建设快递业信用信息平台,对快递企业及其从业人员的信用信息进行采集、储存和处理。开展信用等级评定,建立企业和从业人员的电子信用档案。整合行业内的执法检查、消费者申诉、信访举报等信息资源,实现信用管理的综合化和信息化。健全信用信息公开制度,在邮政管理部门门户网站设置专栏,对经营快递业务的企业、从业人员的信用信息予以公开。建立信用信息交换共享机制,与企业信用信息公示系统、“信用中国”等国家统一信用信息平台实现对接,提高快递业信用信息的影响力。

推进诚信文化建设。充分发挥传统媒体和新兴媒体的宣传引导作用,结合寻找“最美快递员”和行业诚信创建活动,树立诚信典范,对践行行业核心价值理念表现突出的企业和从业人员予以表

彰和宣传。广泛开展诚信主题活动，营造崇尚诚信、践行诚信的良好氛围。深入开展诚信专项教育，加大重点领域诚信问题专项治理。

（七）高效利用资源，推动绿色发展

促进资源集约。鼓励企业开展绿色流程再造，提高资源复用率，降低生产成本。鼓励企业在分拨中心、数据中心、管理中心等场所推广应用节水、节电和节能等新技术新设备，实施能源管理，降低能源消耗。鼓励快递服务资源社会化，促进货源、车源和快递服务等信息的高效匹配，降低运营成本。积极推动运输的高效化和装卸搬运的机械化，提高装载效率。引导快递企业创新揽派模式，发展社会专业化末端服务平台，提高揽派效率。强化绿色管理，提高现代物流技术、装备应用水平，提升管理效率。

推广绿色包装。落实国家鼓励节能减排、循环利用资源的优惠政策，鼓励企业采用清洁生产技术，大力降低原材料和能源消耗。开展绿色包装物品研究，支持企业研发生产标准化、绿色化、减量化和可循环利用降解的包装材料，基本淘汰有毒有害物质超标的包装物料，推广环保箱和环保袋使用。推动包装回收，鼓励快递企业与包装生产企业协议形成回收包装再利用的闭环管理模式，建立快递包装生产者、使用者和消费者在内的多方回收体系。

推动绿色运输。推广应用高效、节能、环保的运输装备，在中转盘驳、城市配送等环节积极推广使用电动车辆。引导企业采购符合国家标准的干线运输车辆和低碳环保的末端投递车辆，逐步淘汰排放超标车辆。鼓励企业采取甩挂运输、多式联运等提高干线运输效率，合理调度快递车辆，优化路由，减少重复交错运输和快递车辆空载。

营造绿色发展环境。加强绿色快递理念、节能环保先进技术和管理等的教育培训力度，提升企业和从业人员的节能环保意识。开展快递绿色发展工程，全面提升节能环保示范的深度和广度，广泛宣传绿色快递理念，推广节能低碳、生态环保技术。倡导绿色消费方式，营造“绿色快递，人人有责”的良好氛围。

专栏10　快递绿色发展工程

健全快递业绿色发展法规标准体系，制定快递业包装标准，推动出台快件绿色包装环保标识认定使用和管理办法。加强快递业能耗和污染物排放测算方法研究，建立绿色快递统计监测评估体系。推动快递企业减少包装物料用量，研发生产可循环使用和可降解的包装材料。探索快件包装物有效利用渠道和方式，推动将快件包装物纳入资源回收政策支持范畴。淘汰落后老旧车辆，推广使用节能新车型，扩大新能源车辆使用比例，加快标准化绿色装载工具的推广应用。推广建筑节能，按照绿色建筑评价标准改造和新建服务网点、处理中心、办公楼宇等。开展快递业绿色发展试点示范。探索将绿色发展相关指标纳入行业信用体系建设，引导企业履行社会责任。

四、保障措施

（一）完善规划标准

各地要推动将发展快递业纳入国民经济和社会发展规划，在城乡规划、土地利用规划、公共服务设施规划中合理安排快递基础设施的布局建设。推动地方政府在土地利用总体规划和年度用地计划中统筹安排快递专业类物流园区、快件集散中心等设施用地，研究将智能快件箱等快递服务设施纳入公共服务设施规划。加快快递领域标准制修订工作，制修订快递包装、快递集装容器、快递服务与不同运输方式衔接等标准，制定快递专用电动三轮车国家标准。制定与制造业等关联产业信息交换技术标准，推动产业协同运作。制定完善实名收寄、收寄验视、过机安检等相关生产安全和信息安全规定，夯实快递业安全管理基础。

（二）推进依法治业

落实相关法律法规，提高快递业法治化、规范化水平。坚持简政放权、放管结合和优化服务，加快构建政府权责清晰、监管有力的市场管理新体制。进一步优化快递市场结构，推动企业兼并重组。落实快递市场主体退出机制，健全许可闭环管理体系。加强事中事后监管，实施负面清单管理，全面推行"双随机、一公开"监管。深化商事制度改革，推动对快递企业实行同一工商登记机关管辖范围内"一照多址"模式。在市场准入、网点备案、信用体系建设、寄递渠道治理等方面推进跨部门、跨区域监管协作，提升联合监管水平。推动实现省级邮政业安全中心全覆盖，鼓励有条件的地方建立地市级安全中心。严守安全底线，加大安全隐患专项治理，集中整治危化品寄递、用户信息泄露等寄递安全领域突出问题，确保寄递渠道安全畅通。探索建立违法从业人员从业禁止规定，规范从业操作。

（三）优化政策环境

发挥中央和地方政策合力和引导作用，为快递业发展营造良好环境。推动落实中央预算内投资支持农村和西部地区公益性、基础性快递基础设施建设，推动符合条件的快递企业和项目纳入各级财政专项资金支持范围。积极争取地方财政以补助、奖励、贴息、减免税等方式支持快递业基础设施建设、技术升级、研发创新、快递企业国际化和快递人才培养等。支持快递企业按现行规定申请执行省（区、市）内跨地区经营总分支机构增值税汇总缴纳政策，依法享受企业所得税优惠政策。推动金融机构创新服务方式，开展适应快递业特点的抵押贷款、融资租赁等业务。推动快递企业用电、用气、用热价格政策逐一落地。各地进一步规范快递车辆管理，对快递专用车辆城市通行和临时停靠作业提供便利，结合实际制定快递专用电动三轮车用于城市收投服务的管理办法，解决"最后一公里"通行难问题。

（四）促进科技创新

聚焦行业发展战略性、基础性、前瞻性重大问题开展研究，集中申报重大专项，着力突破关键技术。支持骨干企业建设工程技术中心，开展智能终端、自动分拣、机械化装卸、冷链快递等技术装备的研发应用。支持重点企业争取国家或省级科技研发资金、服务业发展引导资金、信息化发展专项资金等，开展技术创新，推动科技成果产业化。鼓励科技型中小企业利用创新基金，通过贷款贴息、研发资助等方式开展技术创新活动。引导企业建设市、省、国家三级企业技术中心，享受高新技术企业扶持政策。推动落实企业研发费用税前加计扣除政策，为开展科技创新活动争取政策扶持。推进相关机构加强对包装材料、服务设施设备、运载工具等研发产品的质量检测。研究设立科技交流平台，开放共享科技信息资源和科技研发成果。

（五）加快人才培养

建立和完善政府引导、行业参与、社会支持、企业和院校双主体的快递人才培养体系，引导高等学校加强物流管理、物流工程等专业建设，支持职业院校设置快递相关专业，细化学科建设，开设快递仓储、路由规划等实用课程。推进产教融合，探索学校、科研机构、行业协会和企业联合培养人才模式。推动企业、院校共同组建职业教育集团，建立一批快递人才培训基地。推动合作院校落实"双证书"制度。加强快递人才发展统筹规划和分类指导，协调落实就业创业政策和人才引进政策。建立健全人才评价制度，培养选拔一批优秀管理人才和专业技术人才，支持推进职业经理人制度建设。完善职业资格制度，加快职业标准开发。加强职业能力建设和职业技能培训，优化技能人才等级结构，大力培养高技能人才。定期举办行业职业技能竞赛，推动企业完善人才选拔激励机制，建立高技能人才多层次发展通道。加强一线劳动者权益保护和人文关怀。积极推进快递业智库建设，加强行业政策研究和决策咨询的专家队伍建设。

（六）强化运行监测

综合运用市场数据、监管数据和社会数据，降低服务和监管成本，增强对快递市场服务监管的有效性。完善快递行业统计制度，加强快递业基础统计，提高统计数据质量。整合宏观经济数据、产业发展动态、市场供需状况、质量管理状况等信息，充分运用大数据技术，改进经济运行监测预测分析。完善快递服务质量评价体系，加强服务质量监测。强化中国快递发展指数、服务质量监测、旺季消费提示等信息发布，引导行业发展预期。加强行业数据治理，创新数据挖掘分析，提高科学决策和风险预判能力。

（七）加大行业宣传

进一步发挥社会监督、舆论监督作用，大力培育和弘扬行业正能量，加强舆论引导，营造积极的舆论氛围。建立舆情搜集研判机制和应对工作机制，加强对媒体报道的日常监测分析，改进强化信息发布和政策解读工作。加强行业新闻宣传人才培养，提升宣传人员的业务水平和职业素养。加强快递业传统媒体与新兴媒体融合发展，提升公共关系处理水平，为快递业发展营造良好的舆论环境。

（八）加强党的建设

建立健全快递业党建工作的共管机制，推进快递企业基层党组织建设。坚持以党风带行风，树立行业良好形象。建立通畅合理、管理高效的党建工作机制，实现组织关系、人事关系程序化、制度化。强化党员队伍管理，督促企业健全党员基础台账，规范企业党建工作。引导企业加大党员教育培训，利用各种教育阵地，加强职工思想政治教育。规范发展党员，加强入党积极分子的培养和教育管理，增强职工向企业党组织靠拢的积极性和主动性。大力加强行业精神文明建设，广泛开展岗位建功和文明创建活动。务实推进群团工作，增强企业凝聚力。践行“诚信、服务、规范、共享”行业核心价值理念，全面推进行业文化建设。强化行风建设，引导企业勇于承担社会责任。

第五章 快递标准(索引)

智能快件箱设置规范

http://www. spb. gov. cn/zc/ghjbz_1/201508/W020160401531750963756. pdf

邮政业车辆定位系统技术要求

http://www. spb. gov. cn/zc/ghjbz_1/201508/W020160401531750907410. pdf

邮政业信息系统安全等级保护基本要求

http://www. spb. gov. cn/zc/ghjbz_1/201508/W020161219600821429603. pdf

快递末端投递服务信息交换规范

http://www. spb. gov. cn/zc/ghjbz_1/201508/W020161219600821386410. pdf

快递车辆基础数据元

http://www. spb. gov. cn/zc/ghjbz_1/201508/W020170320596828219213. pdf

快递营业场所基础数据元

http://www. spb. gov. cn/zc/ghjbz_1/201508/W020170320596828603036. pdf

快件集装容器　第1部分:集装笼

http://www. spb. gov. cn/zc/ghjbz_1/201508/W020170320598108062315. pdf

快递寄递状态分类与代码

http://www. spb. gov. cn/zc/ghjbz_1/201508/W020170320596828929453. pdf

第六章　快 递 政 策

中共中央　国务院关于落实发展新理念加快农业现代化实现全面小康目标的若干意见

党的十八届五中全会通过的《中共中央关于制定国民经济和社会发展第十三个五年规划的建议》，对做好新时期农业农村工作作出了重要部署。各地区各部门要牢固树立和深入贯彻落实创新、协调、绿色、开放、共享的发展理念，大力推进农业现代化，确保亿万农民与全国人民一道迈入全面小康社会。

“十二五”时期，是农业农村发展的又一个黄金期。粮食连年高位增产，实现了农业综合生产能力质的飞跃；农民收入持续较快增长，扭转了城乡居民收入差距扩大的态势；农村基础设施和公共服务明显改善，提高了农民群众的民生保障水平；农村社会和谐稳定，夯实了党在农村的执政基础。实践证明，党的“三农”政策是完全正确的，亿万农民是衷心拥护的。

当前，我国农业农村发展环境发生重大变化，既面临诸多有利条件，又必须加快破解各种难题。一方面，加快补齐农业农村短板成为全党共识，为开创“三农”工作新局面汇聚强大推动力；新型城镇化加快推进，为以工促农、以城带乡带来持续牵引力；城乡居民消费结构加快升级，为拓展农业农村发展空间增添巨大带动力；新一轮科技革命和产业变革正在孕育兴起，为农业转型升级注入强劲驱动力；农村各项改革全面展开，为农业农村现代化提供不竭源动力。另一方面，在经济发展新常态背景下，如何促进农民收入稳定较快增长，加快缩小城乡差距，确保如期实现全面小康，是必须完成的历史任务；在资源环境约束趋紧背景下，如何加快转变农业发展方式，确保粮食等重要农产品有效供给，实现绿色发展和资源永续利用，是必须破解的现实难题；在受国际农产品市场影响加深背景下，如何统筹利用国际国内两个市场、两种资源，提升我国农业竞争力，赢得参与国际市场竞争的主动权，是必须应对的重大挑战。农业是全面建成小康社会、实现现代化的基础。我们一定要切实增强做好“三农”工作的责任感、使命感、紧迫感，任何时候都不能忽视农业、忘记农民、淡漠农村，在认识的高度、重视的程度、投入的力度上保持好势头，始终把解决好“三农”问题作为全党工作重中之重，坚持强农惠农富农政策不减弱，推进农村全面小康建设不松劲，加快发展现代农业，加快促进农民增收，加快建设社会主义新农村，不断巩固和发展农业农村好形势。

“十三五”时期推进农村改革发展，要高举中国特色社会主义伟大旗帜，全面贯彻党的十八大和十八届三中、四中、五中全会精神，以邓小平理论、“三个代表”重要思想、科学发展观为指导，深入贯彻习近平总书记系列重要讲话精神，坚持全面建成小康社会、全面深化改革、全面依法治国、全面从严治党的战略布局，把坚持农民主体地位、增进农民福祉作为农村一切工作的出发点和落脚点，用发展新理念破解“三农”新难题，厚植农业农村发展优势，加大创新驱动力度，推进农业供给侧结构性改革，加快转变农业发展方式，保持农业稳定发展和农民持续增收，走产出高效、产品安全、资源节约、环境友好的农业现代化道路，推动新型城镇化与新农村建设双轮驱动、互促共进，让广大农民平等参与现代化进程、共同分享现代化成果。

到2020年，现代农业建设取得明显进展，粮食产能进一步巩固提升，国家粮食安全和重要农产品供给得到有效保障，农产品供给体系的质量和效率显著提高；农民生活达到全面小康水平，农村居民人均收入比2010年翻一番，城乡居民收入差距继续缩小；我国现行标准下农村贫困人口实现脱贫，贫困县全部摘帽，解决区域性整体贫困；农民素质和农村社会文明程度显著提升，社会主义新农村建设水平进一步提高；农村基本经济制度、农业支持保护制度、农村社会治理制度、城乡发展一体化体制机制进一步完善。

一、持续夯实现代农业基础，提高农业质量效益和竞争力

大力推进农业现代化，必须着力强化物质装备和技术支撑，着力构建现代农业产业体系、生产体系、经营体系，实施藏粮于地、藏粮于技战略，推动粮经饲统筹、农林牧渔结合、种养加一体、一二三产业融合发展，让农业成为充满希望的朝阳产业。

1. 大规模推进高标准农田建设。加大投入力度，整合建设资金，创新投融资机制，加快建设步伐，到2020年确保建成8亿亩、力争建成10亿亩集中连片、旱涝保收、稳产高产、生态友好的高标准农田。整合完善建设规划，统一建设标准、统一监管考核、统一上图入库。提高建设标准，充实建设内容，完善配套设施。优化建设布局，优先在粮食主产区建设确保口粮安全的高标准农田。健全管护监督机制，明确管护责任主体。将高标准农田划为永久基本农田，实行特殊保护。将高标准农田建设情况纳入地方各级政府耕地保护责任目标考核内容。

2. 大规模推进农田水利建设。把农田水利作为农业基础设施建设的重点，到2020年农田有效灌溉面积达到10亿亩以上，农田灌溉水有效利用系数提高到0.55以上。加快重大水利工程建设。积极推进江河湖库水系连通工程建设，优化水资源空间格局，增加水环境容量。加快大中型灌区建设及续建配套与节水改造、大型灌排泵站更新改造。完善小型农田水利设施，加强农村河塘清淤整治、山丘区“五小水利”、田间渠系配套、雨水集蓄利用、牧区节水灌溉饲草料地建设。大力开展区域规模化高效节水灌溉行动，积极推广先进适用节水灌溉技术。继续实施中小河流治理和山洪、地质灾害防治。扩大开发性金融支持水利工程建设的规模和范围。稳步推进农业水价综合改革，实行农业用水总量控制和定额管理，合理确定农业水价，建立节水奖励和精准补贴机制，提高农业用水效率。完善用水权初始分配制度，培育水权交易市场。深化小型农田水利工程产权制度改革，创新运行管护机制。鼓励社会资本参与小型农田水利工程建设与管护。

3. 强化现代农业科技创新推广体系建设。农业科技创新能力总体上达到发展中国家领先水平，力争在农业重大基础理论、前沿核心技术方面取得一批达到世界先进水平的成果。统筹协调各类农业科技资源，建设现代农业产业科技创新中心，实施农业科技创新重点专项和工程，重点突破生物育种、农机装备、智能农业、生态环保等领域关键技术。强化现代农业产业技术体系建设。加强农业转基因技术研发和监管，在确保安全的基础上慎重推广。加快研发高端农机装备及关键核心零部件，提升主要农作物生产全程机械化水平，推进林业装备现代化。大力推进“互联网+”现代农业，应用物联网、云计算、大数据、移动互联等现代信息技术，推动农业全产业链改造升级。大力发展智慧气象和农业遥感技术应用。深化农业科技体制改革，完善成果转化激励机制，制定促进协同创新的人才流动政策。加强农业知识产权保护，严厉打击侵权行为。深入开展粮食绿色高产高效创建。健全适应现代农业发展要求的农业科技推广体系，对基层农技推广公益性与经营性服务机构提供精准支持，引导高等学校、科研院所开展农技服务。推行科技特派员制度，鼓励支持科技特派员深入一线创新创业。发挥农村专业技术协会的作用。鼓励发展农业高新技术企业。深化国家现代农业示范区、国家农业科技园区建设。

4. 加快推进现代种业发展。大力推进育繁推一体化，提升种业自主创新能力，保障国家种业安全。深入推进种业领域科研成果权益分配改革，探索成果权益分享、转移转化和科研人员分类管理机制。实施现代种业建设工程和种业自主创新重大工程。全面推进良种重大科研联合攻关，培育和推广适应机械化生产、优质高产多抗广适新品种，加快主要粮食作物新一轮品种更新换代。加快推进海南、甘肃、四川国家级育种制种基地和区域性良种繁育基地建设。强化企业育种创新主体地位，加快培育具有国际竞争力的现代种业企业。实施畜禽遗传改良计划，加快培育优异畜禽新品种。开展种质资源普查，加大保护利用力度。贯彻落实种子法，全面推进依法治种。加大种子打假护权力度。

5. 发挥多种形式农业适度规模经营引领作用。坚持以农户家庭经营为基础，支持新型农业经营主体和新型农业服务主体成为建设现代农业的骨干力量，充分发挥多种形式适度规模经营在农业机械和科技成果应用、绿色发展、市场开拓等方面的引领功能。完善财税、信贷保险、用地用电、项目支持等政策，加快形成培育新型农业经营主体的政策体系，进一步发挥财政资金引导作用，撬动规模化经营主体增加生产性投入。适应新型农业经营主体和服务主体发展需要，允许将集中连片整治后新增加的部分耕地，按规定用于完善农田配套设施。探索开展粮食生产规模经营主体营销贷款改革试点。积极培育家庭农场、专业大户、农民合作社、农业产业化龙头企业等新型农业经营主体。支持多种类型的新型农业服务主体开展代耕代种、联耕联种、土地托管等专业化规模化服务。加强气象为农服务体系建设。实施农业社会化服务支撑工程，扩大政府购买农业公益性服务机制创新试点。加快发展农业生产性服务业。完善工商资本租赁农地准入、监管和风险防范机制。健全县乡农村经营管理体系，加强对土地流转和规模经营的管理服务。

6. 加快培育新型职业农民。将职业农民培育纳入国家教育培训发展规划，基本形成职业农民教育培训体系，把职业农民培养成建设现代农业的主导力量。办好农业职业教育，将全日制农业中等职业教育纳入国家资助政策范围。依托高等教育、中等职业教育资源，鼓励农民通过“半农半读”等方式就地就近接受职业教育。开展新型农业经营主体带头人培育行动，通过 5 年努力使他们基本得到培训。加强涉农专业全日制学历教育，支持农业院校办好涉农专业，健全农业广播电视学校体系，定向培养职业农民。引导有志投身现代农业建设的农村青年、返乡农民工、农技推广人员、农村大中专毕业生和退役军人等加入职业农民队伍。优化财政支农资金使用，把一部分资金用于培养职业农民。总结各地经验，建立健全职业农民扶持制度，相关政策向符合条件的职业农民倾斜。鼓励有条件的地方探索职业农民养老保险办法。

7. 优化农业生产结构和区域布局。树立大食物观，面向整个国土资源，全方位、多途径开发食物资源，满足日益多元化的食物消费需求。在确保谷物基本自给、口粮绝对安全的前提下，基本形成与市场需求相适应、与资源禀赋相匹配的现代农业生产结构和区域布局，提高农业综合效益。启动实施种植业结构调整规划，稳定水稻和小麦生产，适当调减非优势区玉米种植。支持粮食主产区建设粮食生产核心区。扩大粮改饲试点，加快建设现代饲草料产业体系。合理调整粮食统计口径。制定划定粮食生产功能区和大豆、棉花、油料、糖料蔗等重要农产品生产保护区的指导意见。积极推进马铃薯主食开发。加快现代畜牧业建设，根据环境容量调整区域养殖布局，优化畜禽养殖结构，发展草食畜牧业，形成规模化生产、集约化经营为主导的产业发展格局。启动实施种养结合循环农业示范工程，推动种养结合、农牧循环发展。加强渔政渔港建设。大力发展旱作农业、热作农业、优质特色杂粮、特色经济林、木本油料、竹藤花卉、林下经济。

8.统筹用好国际国内两个市场、两种资源。完善农业对外开放战略布局，统筹农产品进出口，加快形成农业对外贸易与国内农业发展相互促进的政策体系，实现补充国内市场需求、促进结构调整、保护国内产业和农民利益的有机统一。加大对农产品出口支持力度，巩固农产品出口传统优势，培育新的竞争优势，扩大特色和高附加值农产品出口。确保口粮绝对安全，利用国际资源和市场，优化国内农业结构，缓解资源环境压力。优化重要农产品进口的全球布局，推进进口来源多元化，加快形成互利共赢的稳定经贸关系。健全贸易救济和产业损害补偿机制。强化边境管理，深入开展综合治理，打击农产品走私。统筹制定和实施农业对外合作规划。加强与“一带一路”沿线国家和地区及周边国家和地区的农业投资、贸易、科技、动植物检疫合作。支持我国企业开展多种形式的跨国经营，加强农产品加工、储运、贸易等环节合作，培育具有国际竞争力的粮商和农业企业集团。

二、加强资源保护和生态修复，推动农业绿色发展

推动农业可持续发展，必须确立发展绿色农业就是保护生态的观念，加快形成资源利用高效、生态系统稳定、产地环境良好、产品质量安全的农业发展新格局。

9.加强农业资源保护和高效利用。基本建立农业资源有效保护、高效利用的政策和技术支撑体系，从根本上改变开发强度过大、利用方式粗放的状况。坚持最严格的耕地保护制度，坚守耕地红线，全面划定永久基本农田，大力实施农村土地整治，推进耕地数量、质量、生态“三位一体”保护。落实和完善耕地占补平衡制度，坚决防止占多补少、占优补劣、占水田补旱地，严禁毁林开垦。全面推进建设占用耕地耕作层剥离再利用。实行建设用地总量和强度双控行动，严格控制农村集体建设用地规模。完善耕地保护补偿机制。实施耕地质量保护与提升行动，加强耕地质量调查评价与监测，扩大东北黑土地保护利用试点规模。实施渤海粮仓科技示范工程，加大科技支撑力度，加快改造盐碱地。创建农业可持续发展试验示范区。划定农业空间和生态空间保护红线。落实最严格的水资源管理制度，强化水资源管理“三条红线”刚性约束，实行水资源消耗总量和强度双控行动。加强地下水监测，开展超采区综合治理。落实河湖水域岸线用途管制制度。加强自然保护区建设与管理，对重要生态系统和物种资源实行强制性保护。实施濒危野生动植物抢救性保护工程，建设救护繁育中心和基因库。强化野生动植物进出口管理，严厉打击象牙等濒危野生动植物及其制品非法交易。

10.加快农业环境突出问题治理。基本形成改善农业环境的政策法规制度和技术路径，确保农业生态环境恶化趋势总体得到遏制，治理明显见到成效。实施并完善农业环境突出问题治理总体规划。加大农业面源污染防治力度，实施化肥农药零增长行动，实施种养业废弃物资源化利用、无害化处理区域示范工程。积极推广高效生态循环农业模式。探索实行耕地轮作休耕制度试点，通过轮作、休耕、退耕、替代种植等多种方式，对地

下水漏斗区、重金属污染区、生态严重退化地区开展综合治理。实施全国水土保持规划。推进荒漠化、石漠化、水土流失综合治理。

11. 加强农业生态保护和修复。实施山水林田湖生态保护和修复工程，进行整体保护、系统修复、综合治理。到2020年森林覆盖率提高到23%以上，湿地面积不低于8亿亩。扩大新一轮退耕还林还草规模。扩大退牧还草工程实施范围。实施新一轮草原生态保护补助奖励政策，适当提高补奖标准。实施湿地保护与恢复工程，开展退耕还湿。建立沙化土地封禁保护制度。加强历史遗留工矿废弃和自然灾害损毁土地复垦利用。开展大规模国土绿化行动，增加森林面积和蓄积量。加强三北、长江、珠江、沿海防护林体系等林业重点工程建设。继续推进京津风沙源治理。完善天然林保护制度，全面停止天然林商业性采伐。完善海洋渔业资源总量管理制度，严格实行休渔禁渔制度，开展近海捕捞限额管理试点，按规划实行退养还滩。加快推进水生态修复工程建设。建立健全生态保护补偿机制，开展跨地区跨流域生态保护补偿试点。编制实施耕地、草原、河湖休养生息规划。

12. 实施食品安全战略。加快完善食品安全国家标准，到2020年农兽药残留限量指标基本与国际食品法典标准接轨。加强产地环境保护和源头治理，实行严格的农业投入品使用管理制度。推广高效低毒低残留农药，实施兽用抗菌药治理行动。创建优质农产品和食品品牌。继续推进农业标准化示范区、园艺作物标准园、标准化规模养殖场（小区）、水产健康养殖场建设。实施动植物保护能力提升工程。加快健全从农田到餐桌的农产品质量和食品安全监管体系，建立全程可追溯、互联共享的信息平台，加强标准体系建设，健全风险监测评估和检验检测体系。落实生产经营主体责任，严惩各类食品安全违法犯罪。实施食品安全创新工程。加强基层监管机构能力建设，培育职业化检查员，扩大抽检覆盖面，加强日常检查。加快推进病死畜禽无害化处理与养殖业保险联动机制建设。规范畜禽屠宰管理，加强人畜共患传染病防治。强化动植物疫情疫病监测防控和边境、口岸及主要物流通道检验检疫能力建设，严防外来有害物种入侵。深入开展食品安全城市和农产品质量安全县创建，开展农村食品安全治理行动。强化食品安全责任制，把保障农产品质量和食品安全作为衡量党政领导班子政绩的重要考核指标。

三、推进农村产业融合，促进农民收入持续较快增长

大力推进农民奔小康，必须充分发挥农村的独特优势，深度挖掘农业的多种功能，培育壮大农村新产业新业态，推动产业融合发展成为农民增收的重要支撑，让农村成为可以大有作为的广阔天地。

13. 推动农产品加工业转型升级。加强农产品加工技术创新，促进农产品初加工、精深加工及综合利用加工协调发展，提高农产品加工转化率和附加值，增强对农民增收的带动能力。加强规划和政策引导，促进主产区农产品加工业加快发展，支持粮食主产区发展粮食深加工，形成一批优势产业集群。开发拥有自主知识产权的技术装备，支持农产品加工设备改造提升，建设农产品加工技术集成基地。培育一批农产品精深加工领军企业和国内外知名品牌。强化环保、能耗、质量、安全等标准作用，促进农产品加工企业优胜劣汰。完善农产品产地初加工补助政策。研究制定促进农产品加工业发展的意见。

14. 加强农产品流通设施和市场建设。健全统一开放、布局合理、竞争有序的现代农产品市场体系，在搞活流通中促进农民增收。加快农产品批发市场升级改造，完善流通骨干网络，加强粮食等重要农产品仓储物流设施建设。完善跨区域农产品冷链物流体系，开展冷链标准化示范，实施特

色农产品产区预冷工程。推动公益性农产品市场建设。支持农产品营销公共服务平台建设。开展降低农产品物流成本行动。促进农村电子商务加快发展,形成线上线下融合、农产品进城与农资和消费品下乡双向流通格局。加快实现行政村宽带全覆盖,创新电信普遍服务补偿机制,推进农村互联网提速降费。加强商贸流通、供销、邮政等系统物流服务网络和设施建设与衔接,加快完善县乡村物流体系。实施“快递下乡”工程。鼓励大型电商平台企业开展农村电商服务,支持地方和行业健全农村电商服务体系。建立健全适应农村电商发展的农产品质量分级、采后处理、包装配送等标准体系。深入开展电子商务进农村综合示范。加大信息进村入户试点力度。

15. 大力发展休闲农业和乡村旅游。依托农村绿水青山、田园风光、乡土文化等资源,大力发展休闲度假、旅游观光、养生养老、创意农业、农耕体验、乡村手工艺等,使之成为繁荣农村、富裕农民的新兴支柱产业。强化规划引导,采取以奖代补、先建后补、财政贴息、设立产业投资基金等方式扶持休闲农业与乡村旅游业发展,着力改善休闲旅游重点村进村道路、宽带、停车场、厕所、垃圾污水处理等基础服务设施。积极扶持农民发展休闲旅游业合作社。引导和支持社会资本开发农民参与度高、受益面广的休闲旅游项目。加强乡村生态环境和文化遗存保护,发展具有历史记忆、地域特点、民族风情的特色小镇,建设一村一品、一村一景、一村一韵的魅力村庄和宜游宜养的森林景区。依据各地具体条件,有规划地开发休闲农庄、乡村酒店、特色民宿、自驾露营、户外运动等乡村休闲度假产品。实施休闲农业和乡村旅游提升工程、振兴中国传统手工艺计划。开展农业文化遗产普查与保护。支持有条件的地方通过盘活农村闲置房屋、集体建设用地、“四荒地”、可用林场和水面等资产资源发展休闲农业和乡村旅游。将休闲农业和乡村旅游项目建设用地纳入土地利用总体规划和年度计划合理安排。

16. 完善农业产业链与农民的利益联结机制。促进农业产加销紧密衔接、农村一二三产业深度融合,推进农业产业链整合和价值链提升,让农民共享产业融合发展的增值收益,培育农民增收新模式。支持供销合作社创办领办农民合作社,引领农民参与农村产业融合发展、分享产业链收益。创新发展订单农业,支持农业产业化龙头企业建设稳定的原料生产基地、为农户提供贷款担保和资助订单农户参加农业保险。鼓励发展股份合作,引导农户自愿以土地经营权等入股龙头企业和农民合作社,采取“保底收益 + 按股分红”等方式,让农户分享加工销售环节收益,建立健全风险防范机制。加强农民合作社示范社建设,支持合作社发展农产品加工流通和直供直销。通过政府与社会资本合作、贴息、设立基金等方式,带动社会资本投向农村新产业新业态。实施农村产业融合发展试点示范工程。财政支农资金使用要与建立农民分享产业链利益机制相联系。巩固和完善“合同帮农”机制,为农民和涉农企业提供法律咨询、合同示范文本、纠纷调处等服务。

四、推动城乡协调发展,提高新农村建设水平

加快补齐农业农村短板,必须坚持工业反哺农业、城市支持农村,促进城乡公共资源均衡配置、城乡要素平等交换,稳步提高城乡基本公共服务均等化水平。

17. 加快农村基础设施建设。把国家财政支持的基础设施建设重点放在农村,建好、管好、护好、运营好农村基础设施,实现城乡差距显著缩小。健全农村基础设施投入长效机制,促进城乡基础设施互联互通、共建共享。强化农村饮用水水源保护。实施农村饮水安全巩固提升工程。推动城镇供水设施向周边农村延伸。加快实施农村电网改造升级工程,开展农村“低电压”综合治理,发展绿色小水电。加快实现所有具备条件的乡镇

和建制村通硬化路、通班车，推动一定人口规模的自然村通公路。创造条件推进城乡客运一体化。加快国有林区防火应急道路建设。将农村公路养护资金逐步纳入地方财政预算。发展农村规模化沼气。加大农村危房改造力度，统筹搞好农房抗震改造，通过贷款贴息、集中建设公租房等方式，加快解决农村困难家庭的住房安全问题。加强农村防灾减灾体系建设。研究出台创新农村基础设施投融资体制机制的政策意见。

18. 提高农村公共服务水平。把社会事业发展的重点放在农村和接纳农业转移人口较多的城镇，加快推动城镇公共服务向农村延伸。加快发展农村学前教育，坚持公办民办并举，扩大农村普惠性学前教育资源。建立城乡统一、重在农村的义务教育经费保障机制。全面改善贫困地区义务教育薄弱学校基本办学条件，改善农村学校寄宿条件，办好乡村小规模学校，推进学校标准化建设。加快普及高中阶段教育，逐步分类推进中等职业教育免除学杂费，率先从建档立卡的家庭经济困难学生实施普通高中免除学杂费，实现家庭经济困难学生资助全覆盖。深入实施农村贫困地区定向招生等专项计划，对民族自治县实现全覆盖。加强乡村教师队伍建设，拓展教师补充渠道，推动城镇优秀教师向乡村学校流动。办好农村特殊教育。整合城乡居民基本医疗保险制度，适当提高政府补助标准、个人缴费和受益水平。全面实施城乡居民大病保险制度。健全城乡医疗救助制度。完善城乡居民养老保险参保缴费激励约束机制，引导参保人员选择较高档次缴费。改进农村低保申请家庭经济状况核查机制，实现农村低保制度与扶贫开发政策有效衔接。建立健全农村留守儿童和妇女、老人关爱服务体系。建立健全农村困境儿童福利保障和未成年人社会保护制度。积极发展农村社会工作和志愿服务。切实维护农村妇女在财产分配、婚姻生育、政治参与等方面的合法权益，让女性获得公平的教育机会、就业机会、财产性收入、金融资源。加强农村养老服务体系、残疾人康复和供养托养设施建设。深化农村殡葬改革，依法管理、改进服务。推进农村基层综合公共服务资源优化整合。全面加强农村公共文化服务体系建设，继续实施文化惠民项目。在农村建设基层综合性文化服务中心，整合基层宣传文化、党员教育、科学普及、体育健身等设施，整合文化信息资源共享、农村电影放映、农家书屋等项目，发挥基层文化公共设施整体效应。

19. 开展农村人居环境整治行动和美丽宜居乡村建设。遵循乡村自身发展规律，体现农村特点，注重乡土味道，保留乡村风貌，努力建设农民幸福家园。科学编制县域乡村建设规划和村庄规划，提升民居设计水平，强化乡村建设规划许可管理。继续推进农村环境综合整治，完善以奖促治政策，扩大连片整治范围。实施农村生活垃圾治理5年专项行动。采取城镇管网延伸、集中处理和分散处理等多种方式，加快农村生活污水治理和改厕。全面启动村庄绿化工程，开展生态乡村建设，推广绿色建材，建设节能农房。开展农村宜居水环境建设，实施农村清洁河道行动，建设生态清洁型小流域。发挥好村级公益事业一事一议财政奖补资金作用，支持改善村内公共设施和人居环境。普遍建立村庄保洁制度。坚持城乡环境治理并重，逐步把农村环境整治支出纳入地方财政预算，中央财政给予差异化奖补，政策性金融机构提供长期低息贷款，探索政府购买服务、专业公司一体化建设运营机制。加大传统村落、民居和历史文化名村名镇保护力度。开展生态文明示范村镇建设。鼓励各地因地制宜探索各具特色的美丽宜居乡村建设模式。

20. 推进农村劳动力转移就业创业和农民工市民化。健全农村劳动力转移就业服务体系，大力促进就地就近转移就业创业，稳定并扩大外出农民工规模，支持农民工返乡创业。大力发展特色县域经济和农村服务业，加快培育中小城市和特色小城镇,增强吸纳农业转移人口能力。加大对农村灵活就业、新就业形态的支持。鼓励各地设立农村妇女就业创业基金,加大妇女小额担保贷款实施力度,加强妇女技能培训,支持农村妇女发展家庭手工业。实施新生代农民工职业技能提升计划,开展农村贫困家庭子女、未升学初高中毕业生、农民工、退役军人免费接受职业培训行动。依法维护农民工合法劳动权益,完善城乡劳动者平等就业制度,建立健全农民工工资支付保障长效机制。进一步推进户籍制度改革,落实1亿左右农民工和其他常住人口在城镇定居落户的目标,保障进城落户农民工与城镇居民有同等权利和义务,加快提高户籍人口城镇化率。全面实施居住证制度,建立健全与居住年限等条件相挂钩的基本公共服务提供机制,努力实现基本公共服务常住人口全覆盖。落实和完善农民工随迁子女在当地参加中考、高考政策。将符合条件的农民工纳入城镇社会保障和城镇住房保障实施范围。健全财政转移支付同农业转移人口市民化挂钩机制,建立城镇建设用地增加规模同吸纳农业转移人口落户数量挂钩机制。维护进城落户农民土地承包权、宅基地使用权、集体收益分配权,支持引导其依法自愿有偿转让上述权益。

21. 实施脱贫攻坚工程。实施精准扶贫、精准脱贫,因人因地施策,分类扶持贫困家庭,坚决打赢脱贫攻坚战。通过产业扶持、转移就业、易地搬迁等措施解决5000万左右贫困人口脱贫;对完全或部分丧失劳动能力的2000多万贫困人口,全部纳入低保覆盖范围,实行社保政策兜底脱贫。实行脱贫工作责任制,进一步完善中央统筹、省(自治区、直辖市)负总责、市(地)县抓落实的工作机制。各级党委和政府要把脱贫攻坚作为重大政治任务扛在肩上,各部门要步调一致、协同作战、履职尽责,切实把民生项目、惠民政策最大限度向贫困地区倾斜。广泛动员社会各方面力量积极参与扶贫开发。实行最严格的脱贫攻坚考核督查问责。

五、深入推进农村改革,增强农村发展内生动力

破解"三农"难题,必须坚持不懈推进体制机制创新,着力破除城乡二元结构的体制障碍,激发亿万农民创新创业活力,释放农业农村发展新动能。

22. 改革完善粮食等重要农产品价格形成机制和收储制度。坚持市场化改革取向与保护农民利益并重,采取"分品种施策、渐进式推进"的办法,完善农产品市场调控制度。继续执行并完善稻谷、小麦最低收购价政策。深入推进新疆棉花、东北地区大豆目标价格改革试点。按照市场定价、价补分离的原则,积极稳妥推进玉米收储制度改革,在使玉米价格反映市场供求关系的同时,综合考虑农民合理收益、财政承受能力、产业链协调发展等因素,建立玉米生产者补贴制度。按照政策性职能和经营性职能分离的原则,改革完善中央储备粮管理体制。深化国有粮食企业改革,发展多元化市场购销主体。科学确定粮食等重要农产品国家储备规模,完善吞吐调节机制。

23. 健全农业农村投入持续增长机制。优先保障财政对农业农村的投入,坚持将农业农村作为国家固定资产投资的重点领域,确保力度不减弱、总量有增加。充分发挥财政政策导向功能和财政资金杠杆作用,鼓励和引导金融资本、工商资本更多投向农业农村。加大专项建设基金对扶贫、水利、农村产业融合、农产品批发市场等"三农"领域重点项目和工程支持力度。发挥规划引领作用,完善资金使用和项目管理办法,多层级深入推进涉农资金整合统筹,实施省级涉农资金管理改革和市县涉农资金整合试点,改进资金使用绩效考核办法。将种粮农民直接补贴、良种补贴、农资综合补贴合并为农业支持保护补贴,重点支持耕地地力保护和粮食产能提升。完善农机购置补贴政策。用3年左右时间建立健全全国农业信

贷担保体系，2016 年推动省级农业信贷担保机构正式建立并开始运营。加大对农产品主产区和重点生态功能区的转移支付力度。完善主产区利益补偿机制。逐步将农垦系统纳入国家农业支持和民生改善政策覆盖范围。研究出台完善农民收入增长支持政策体系的指导意见。

24. 推动金融资源更多向农村倾斜。加快构建多层次、广覆盖、可持续的农村金融服务体系，发展农村普惠金融，降低融资成本，全面激活农村金融服务链条。进一步改善存取款、支付等基本金融服务。稳定农村信用社县域法人地位，提高治理水平和服务能力。开展农村信用社省联社改革试点，逐步淡出行政管理，强化服务职能。鼓励国有和股份制金融机构拓展“三农”业务。深化中国农业银行三农金融事业部改革，加大“三农”金融产品创新和重点领域信贷投入力度。发挥国家开发银行优势和作用，加强服务“三农”融资模式创新。强化中国农业发展银行政策性职能，加大中长期“三农”信贷投放力度。支持中国邮政储蓄银行建立三农金融事业部，打造专业化为农服务体系。创新村镇银行设立模式，扩大覆盖面。引导互联网金融、移动金融在农村规范发展。扩大在农民合作社内部开展信用合作试点的范围，健全风险防范化解机制，落实地方政府监管责任。开展农村金融综合改革试验，探索创新农村金融组织和服务。发展农村金融租赁业务。在风险可控前提下，稳妥有序推进农村承包土地的经营权和农民住房财产权抵押贷款试点。积极发展林权抵押贷款。创设农产品期货品种，开展农产品期权试点。支持涉农企业依托多层次资本市场融资，加大债券市场服务“三农”力度。全面推进农村信用体系建设。加快建立“三农”融资担保体系。完善中央与地方双层金融监管机制，切实防范农村金融风险。强化农村金融消费者风险教育和保护。完善“三农”贷款统计，突出农户贷款、新型农业经营主体贷款、扶贫贴息贷款等。

25. 完善农业保险制度。把农业保险作为支持农业的重要手段，扩大农业保险覆盖面、增加保险品种、提高风险保障水平。积极开发适应新型农业经营主体需求的保险品种。探索开展重要农产品目标价格保险，以及收入保险、天气指数保险试点。支持地方发展特色优势农产品保险、渔业保险、设施农业保险。完善森林保险制度。探索建立农业补贴、涉农信贷、农产品期货和农业保险联动机制。积极探索农业保险保单质押贷款和农户信用保证保险。稳步扩大“保险 + 期货”试点。鼓励和支持保险资金开展支农融资业务创新试点。进一步完善农业保险大灾风险分散机制。

26. 深化农村集体产权制度改革。到 2020 年基本完成土地等农村集体资源性资产确权登记颁证、经营性资产折股量化到本集体经济组织成员，健全非经营性资产集体统一运营管理机制。稳定农村土地承包关系，落实集体所有权，稳定农户承包权，放活土地经营权，完善“三权分置”办法，明确农村土地承包关系长久不变的具体规定。继续扩大农村承包地确权登记颁证整省推进试点。依法推进土地经营权有序流转，鼓励和引导农户自愿互换承包地块实现连片耕种。研究制定稳定和完善农村基本经营制度的指导意见。加快推进房地一体的农村集体建设用地和宅基地使用权确权登记颁证，所需工作经费纳入地方财政预算。推进农村土地征收、集体经营性建设用地入市、宅基地制度改革试点。完善宅基地权益保障和取得方式，探索农民住房保障新机制。总结农村集体经营性建设用地入市改革试点经验，适当提高农民集体和个人分享的增值收益，抓紧出台土地增值收益调节金征管办法。完善和拓展城乡建设用地增减挂钩试点，将指标交易收益用于改善农民生产生活条件。探索将通过土地整治增加的耕地作为占补平衡补充耕地的指标，按照谁投入、谁受益的原则返还指标交易收益。研究国家重大工程建设补充耕地由国家统筹的具体办法。加快编制村级土地利用规划。探索将财政资金投入农业农村形成的经营性资产，通过股权量化到户，让集体组织成员长期分享资产收益。制定促进农村集体产权制度改革的税收优惠政策。开展扶持村级集体经济发展试点。深入推进供销合作社综合改革，提升为农服务能力。完善集体林权制度，引导林权规范有序流转，鼓励发展家庭林场、股份合作林场。完善草原承包经营制度。

六、加强和改善党对“三农”工作领导

加快农业现代化和农民奔小康，必须坚持党总揽全局、协调各方的领导核心作用，改进农村工作体制机制和方式方法，不断强化政治和组织保障。

27. 提高党领导农村工作水平。坚持把解决好“三农”问题作为全党工作重中之重不动摇，以更大的决心、下更大的气力加快补齐农业农村这块全面小康的短板。不断健全党委统一领导、党政齐抓共管、党委农村工作综合部门统筹协调、各部门各负其责的农村工作领导体制和工作机制。注重选派熟悉“三农”工作的干部进省市县党委和政府领导班子。各级党委和政府要把握好“三农”战略地位、农业农村发展新特点，顺应农民新期盼，关心群众诉求，解决突出问题，提高做好“三农”工作本领。巩固和拓展党的群众路线教育实践活动和“三严三实”专题教育成果。进一步减少和下放涉农行政审批事项。加强“三农”前瞻性、全局性、储备性政策研究，健全决策咨询机制。扎实推进农村各项改革，鼓励和允许不同地方实行差别化探索。对批准开展的农村改革试点，要不断总结可复制、可推广的经验，推动相关政策出台和法律法规立改废释。深入推进农村改革试验区工作。全面提升农村经济社会发展调查统计水平，扎实做好第三次全国农业普查。加快建立全球农业数据调查分析系统。加强农村法治建设，完善农村产权保护、农业市场规范运行、农业支持保护、农业资源环境等方面的法律法规。

28. 加强农村基层党组织建设。始终坚持农村基层党组织领导核心地位不动摇，充分发挥农村基层党组织的战斗堡垒作用和党员的先锋模范作用，不断夯实党在农村基层执政的组织基础。严格落实各级党委抓农村基层党建工作责任制，发挥县级党委“一线指挥部”作用，实现整乡推进、整县提升。建立市县乡党委书记抓农村基层党建问题清单、任务清单、责任清单，坚持开展市县乡党委书记抓基层党建述职评议考核。选优配强乡镇领导班子尤其是党委书记，切实加强乡镇党委思想、作风、能力建设。选好用好管好农村基层党组织带头人，从严加强农村党员队伍建设，持续整顿软弱涣散村党组织，认真抓好选派“第一书记”工作。创新完善基层党组织设置，确保党的组织和党的工作全面覆盖、有效覆盖。健全以财政投入为主的经费保障制度，落实村级组织运转经费和村干部报酬待遇。进一步加强和改进大学生村官工作。各级党委特别是县级党委要切实履行农村基层党风廉政建设的主体责任，纪委要履行好监督责任，将全面从严治党的要求落实到农村基层，对责任不落实和不履行监管职责的要严肃问责。着力转变基层干部作风，解决不作为、乱作为问题，加大对农民群众身边腐败问题的监督审查力度，重点查处土地征收、涉农资金、扶贫开发、“三资”管理等领域虚报冒领、截留私分、贪污挪用等侵犯农民群众权益的问题。加强农民负担监管工作。

29. 创新和完善乡村治理机制。加强乡镇服务型政府建设。研究提出深化经济发达镇行政管理体制改革指导意见。依法开展村民自治实践，探索村党组织领导的村民自治有效实现形式。深化农村社区建设试点工作，完善多元共治的农村社区治理结构。在有实际需要的地方开展以村民小组或自然村为基本单元的村民自治试点。建立健全务实管用的村务监督委员会或其他形式的村务监督机构。发挥好村规民约在乡村治理中的积

极作用。深入开展涉农信访突出问题专项治理。加强农村法律服务和法律援助。推进县乡村三级综治中心建设,完善农村治安防控体系。开展农村不良风气专项治理,整治农村黄赌毒、非法宗教活动等突出问题。依法打击扰乱农村生产生活秩序、危害农民生命财产安全的犯罪活动。

30. 深化农村精神文明建设。深入开展中国特色社会主义和中国梦宣传教育,加强农村思想道德建设,大力培育和弘扬社会主义核心价值观,增强农民的国家意识、法治意识、社会责任意识,加强诚信教育,倡导契约精神、科学精神,提高农民文明素质和农村社会文明程度。深入开展文明村镇、"星级文明户"、"五好文明家庭"创建,培育文明乡风、优良家风、新乡贤文化。广泛宣传优秀基层干部、道德模范、身边好人等先进事迹。弘扬优秀传统文化,抓好移风易俗,树立健康文明新风尚。

让我们更加紧密地团结在以习近平同志为总书记的党中央周围,艰苦奋斗,真抓实干,攻坚克难,努力开创农业农村工作新局面,为夺取全面建成小康社会决胜阶段的伟大胜利做出更大贡献!

国务院办公厅关于转发国家发展改革委物流业降本增效专项行动方案(2016—2018年)的通知

国办发〔2016〕69号

各省、自治区、直辖市人民政府,国务院各部委、各直属机构:

国家发展改革委《物流业降本增效专项行动方案(2016—2018年)》已经国务院同意,现转发给你们,请认真贯彻执行。

国务院办公厅

2016年9月13日

物流业降本增效专项行动方案(2016—2018年)

国家发展改革委

物流业是支撑经济社会发展的基础性、战略性产业,市场需求巨大,发展空间广阔。加快物流业发展是推进供给侧结构性改革、增加公共产品和公共服务供给的重点方向,是扩大有效投资、促进城乡居民消费的重要手段,是消除瓶颈制约、补齐薄弱短板、提升国民经济整体运行效率的重要途径。按照党中央、国务院关于推进供给侧结构性改革和降低实体经济成本的决策部署,为解决物流领域长期存在的成本高、效率低等突出问题,大力推动物流业降本增效,推进物流业转型升级,提升行业整体发展水平,更好地服务于经济社会发展,根据《物流业发展中长期规划(2014—2020年)》,制定本行动方案。

一、总体要求

(一)指导思想。

全面贯彻党的十八大和十八届三中、四中、五中全会精神，按照“五位一体”总体布局和“四个全面”战略布局，牢固树立和贯彻落实创新、协调、绿色、开放、共享的发展理念，认真落实党中央、国务院决策部署，聚焦影响物流业健康发展的突出矛盾和瓶颈制约，以创新体制机制为动力，以推广应用先进技术和管理手段为支撑，以完善落实物流管理和支持政策为路径，加快补齐软硬件短板，深入推进大众创业万众创新，大力发展新模式新业态，激发市场活力，优化物流资源配置，促进物流业跨界融合，建立标准化、信息化、网络化、集约化、智慧化的现代物流服务体系，降低物流成本，提高社会物流运行效率。

（二）基本原则。

深化改革、协同推进。加大简政放权、放管结合、优化服务改革力度，深化物流领域体制改革，打破制约行业发展的体制机制障碍，加强统筹规划和部门协同，形成政策合力，营造良好发展环境。

问题导向、重点突破。聚焦突出问题出实招，找准薄弱环节补短板，率先在若干重点领域取得突破，夯实行业发展基础，提升物流社会化、专业化水平。

市场主导、创新驱动。发挥市场在资源配置中的决定性作用，激发企业创新的内生动力，鼓励先进技术装备应用，大力推进物流业与大众创业万众创新融合发展，推动业态创新、管理创新、服务创新。

联动融合、全面提升。推动物流与制造、交通、贸易、金融等行业深度融合，提升物流综合服务能力，优化整合产业资源，增强产业整体竞争力。

（三）主要目标。

到2018年，物流业降本增效取得明显成效，建立支撑国民经济高效运行的现代物流服务体系。

——物流基础设施衔接更加顺畅。初步形成布局合理、覆盖广泛、便捷高效的物流基础设施网络，重要枢纽节点的物流服务功能更加完备，城乡配送体系更加健全。

——物流企业综合竞争力显著提升。物流企业一体化运作、网络化经营能力明显增强，供应链管理服务水平大幅提升，形成一批技术先进、模式创新、竞争力强的综合物流服务提供商。

——现代物流运作方式广泛应用。多式联运、甩挂运输、共同配送等先进物流运输组织方式加快发展，物联网、大数据等先进技术广泛应用，物流业态、模式创新取得突破，信息化、标准化、集装化水平显著提升。

——行业发展环境进一步优化。税收、土地等政策支持体系更加完善，乱收费、乱罚款的状况得到根本改变，物流一体化高效运作的体制机制制约基本消除，行业诚信体系进一步健全，有利于物流业创新发展的生态体系基本形成。

——物流整体运行效率显著提高。全社会物流总费用占国内生产总值（GDP）的比重较2015年降低1个百分点以上；工业企业物流费用率（物流费用与销售总额之比）由2014年的8.9%降至8.5%左右，批发零售企业物流费用率由7.7%降至7.3%左右。

二、重点行动

（四）简政放权，建立更加公平开放规范的市场新秩序。

1.优化行业行政审批。按照简政放权、放管结合、优化服务改革要求，在确保企业生产运营安全的基础上，清理、归并和精简具有相同或相似管理对象、管理事项的物流企业和物流从业人员的证照资质，加强事中事后监管。深入推进物流领域商事制度改革，加快推行“五证合一、一照一码”、“先照后证”和承诺制，简化办理程序。适应物流企业经营特点，支持地方进一步放宽企业住所和经营场所登记条件，鼓励物流企业网络化经营布局。（交通运输部、工商总局、质检总局、海关总署、国家邮政局等部门按职责分工负责，2016年

底前完成）

2. 深化公路、铁路、民航等领域改革。优化公路超限运输行政许可办理流程，提高审批效率。完善货运司机诚信管理制度，研究解决司机异地从业诚信结果签注问题。（交通运输部负责，2018年底前完成）深化铁路货运改革，适度引入竞争，鼓励铁路运输企业与港口企业、物流园区等开展合资合作。推动国家铁路与地方铁路有效衔接，提高铁路资源利用率。支持铁路货运场站向综合物流基地转型升级，发展高铁快运及电商班列等铁路快捷货运产品，提高铁路物流服务质量。推动航空货运企业兼并重组、做强做大，增强高端物流市场服务能力。鼓励公路、铁路、民航部门和企业整合资源，加强合作，开展一体化物流运作。（国家发展改革委、交通运输部牵头，国务院国资委、中国民航局、中国铁路总公司按职责分工负责，持续推进）

3. 优化货运车辆通行管控。指导各地开展城市配送需求量调查等前瞻性研究。对企业从事生活必需品、药品、鲜活农产品和冷藏保鲜产品配送，以及使用节能与新能源车辆从事配送的，优先给予通行便利。合理确定配送车辆停靠卸货区域。规范公路超限治理处罚标准，减少执法中的自由裁量权。（交通运输部、公安部、商务部牵头，工业和信息化部、国家邮政局、国家标准委、国家发展改革委按职责分工负责，2017年底前完成）

4. 推动货物通关便利化。落实信息互换、监管互认、执法互助，推进“单一窗口”建设和“一站式作业”改革，提高通关效率。（海关总署、质检总局牵头，交通运输部、商务部、公安部按职责分工负责，2017年底前完成）

5. 提升行业监管水平。依托国家交通运输物流公共信息平台，推动政务信息资源共享和业务协同，加强物流运行监测、安全监管等大数据平台建设，通过数据收集、分析和管理，加强事中事后监管，提高物流运行监测、预测预警、公共服务能力。（交通运输部、公安部、国家发展改革委、工业和信息化部按职责分工负责，持续推进）

（五）降税清费，培育企业创新发展新动能。

6. 完善物流领域增值税政策。通过全面推开营改增改革试点，进一步消除重复征税，扩大交通运输业的进项税抵扣范围，降低企业税收负担。（财政部、税务总局牵头，国家发展改革委、交通运输部按职责分工负责，持续推进）结合增值税立法，积极研究统一物流各环节增值税税率问题。（财政部、税务总局按职责分工负责，根据增值税立法进程推进）物流企业可按照现行增值税汇总缴纳有关规定申请实行汇总纳税，鼓励物流企业一体化、网络化、规模化运作。（财政部、税务总局按职责分工负责，持续推进）

7. 降低物流企业运输收费水平。抓紧修订《收费公路管理条例》，调整完善收费公路政策，科学合理确定车辆通行费标准。（交通运输部、国家发展改革委、财政部按职责分工负责，2017年底前完成）逐步有序取消政府还贷二级公路收费。贯彻落实《道路运输车辆技术管理规定》，取消营运车辆二级维护强制性检测。（交通运输部、国家发展改革委、财政部按职责分工负责，持续推进）

8. 规范物流领域收费行为。督促港口、铁路、航空等企业严格落实明码标价制度，实行进出口环节收费目录清单制，推进收费管理制度化、科学化、透明化。（国家发展改革委、交通运输部、财政部牵头，质检总局、海关总署、中国民航局、中国铁路总公司按职责分工负责，2017年6月底前完成）

9. 调整完善相关管理政策。落实“互联网＋”行动要求，完善物流业相关管理政策，鼓励企业开展创新。（国家发展改革委、交通运输部牵头，工业和信息化部、国家网信办、税务总局按职责分工负责，2018年底前完成）支持依托互联网平台的无车承运人发展。研究完善交通运输业个体纳税人异地代开增值税专用发票管理制度。（交通运输部、税务总局按职责分工负责，2017年底前完成）

（六）补短强基，完善支撑物流高效运行的设施和标准体系。

10. 建立与现代产业体系相匹配的国家级物流枢纽体系。按照服务现代产业发展的要求和物流业围绕节点城市、沿交通通道集群式发展的特点，结合“一带一路”建设、京津冀协同发展、长江经济带发展三大战略，研究编制国家级物流枢纽设施布局和建设规划，运用大数据等先进信息技术，科学测算货物的流量流向，兼顾存量、优化增量，布局和完善一批具有多式联运功能的综合物流枢纽，统筹推进公路、铁路、水运、民航等基础设施无缝衔接。（国家发展改革委、交通运输部牵头，中国民航局、中国铁路总公司按职责分工负责，2017 年底前完成）

11. 健全有效衔接的物流标准体系。综合梳理各项国家标准、行业标准，加强不同领域、国内与国际标准间的协调衔接。根据行业发展需求，加快制修订冷链物流、绿色物流等方面标准。培育发展物流团体标准，鼓励企业制定严于国家和行业标准、具有竞争力的企业标准，促进政府主导制定标准与市场自主制定标准的协同发展，构建体系完备、高效协调的新型物流标准体系。（国家标准委牵头，国家发展改革委、商务部、工业和信息化部、交通运输部、中国铁路总公司按职责分工负责，2018 年底前完成）完善物流服务规范，研究出台提高物流服务质量的相关意见。（质检总局、国家发展改革委按职责分工负责，2016 年底前完成）大力推广托盘（1.2 米×1 米）、周转箱、集装箱等标准化装载单元循环共用，鼓励企业建立区域性、全国性托盘循环共用系统，在快速消费品、农产品、药品等领域开展试点，支持开展托盘租赁、维修等延伸服务。（商务部、财政部、国家发展改革委按职责分工负责，2016 年底前完成）加强各类物流标准的宣传贯彻工作。（国家标准委、国家发展改革委按职责分工负责，持续推进）

12. 构建高效运行的多式联运体系。依托国际、国内物流大通道，加强繁忙区段扩能改造，支持主要港口、大型综合性物流园区集疏运体系建设，着力解决“最后一公里”问题，加快形成贯通内外的多式联运网络体系。大力发展铁水联运、公铁联运、陆空联运等先进运输组织方式，发挥铁路、水运干线运输优势。开展多式联运、集装箱铁水联运等示范工程，加强在设施标准、运载工具、管理规则、信息系统等方面的统一衔接，提高干线运输效率和一体化服务水平。（交通运输部、国家发展改革委牵头，工业和信息化部、商务部、海关总署、中国铁路总公司按职责分工负责，2017 年底前完成）

13. 完善城市物流配送体系。优化城市物流基础设施布局，完善城市三级配送网络。依托重要交通枢纽、物流集散地规划建设或改造升级一批集运输、仓储、配送、信息交易于一体的综合物流服务基地，促进干线运输与城市配送有效衔接。加强公用型城市配送节点建设，优化配送相关设施布局，引导仓储配送资源开放共享。鼓励中心城区铁路货场转型发展为城市配送中心。支持城市末端配送点建设，大力发展智能快件箱。按照共享经济理念探索发展集约化的新型城市配送模式。在有条件的城市研究推行“分时段配送”、“夜间配送”。（商务部、国家发展改革委、交通运输部牵头，国家邮政局、公安部、住房城乡建设部、中国铁路总公司按职责分工负责，持续推进）

14. 健全农村物流配送网络。建立农村物流大企业联盟，推动物流企业、电商企业和邮政企业、供销合作社等充分利用现有物流资源开展深度合作，推动县级仓储配送中心、农村物流快递公共取送点建设，完善县乡村三级物流配送网络。（国家发展改革委、商务部牵头，国家邮政局、供销合作总社、交通运输部、国土资源部、工业和信息化部按职责分工负责，2017 年底前完成）加大对农产品冷链物流设施和农产品批发市场建设的支持力度，促进工业品下乡和农产品进城的双向流通。（国家发展改革委、商务部按职责分工负责，持续推进）

（七）互联互通，建立协作共享和安全保障新机制。

15. 促进物流信息互联共享。推动物流活动信息化、数据化。依托国家交通运输物流公共信息平台，加强信息平台接口标准的制定和推广。（交通运输部、国家发展改革委按职责分工负责，2017 年底前完成）结合现代物流创新发展城市试点，建立政府物流数据公开目录，促进政府数据资源整合和开放共享。推动各类物流信息平台互联互通，促进综合交通运输信息和物流服务信息等有效衔接。开展物流大数据应用示范，鼓励政府、企业间的物流大数据共享协作，为提高物流资源配置效率提供基础支撑。（国家发展改革委、交通运输部牵头，工业和信息化部、商务部、公安部、海关总署、质检总局、工商总局、税务总局、中国铁路总公司按职责分工负责，2018 年 6 月底前完成）

16. 鼓励信息平台创新发展。发挥物流信息平台在优化整合物流资源、促进信息互联互通、提高物流组织化程度中的重要作用，扶持运输配载、跟踪追溯、库存监控等各类专业化、特色化的物流信息平台创新发展，提供追踪溯源、数据分析、担保结算、融资保险、信用评价等增值服务。推动物流信息平台与供应链上下游企业系统对接，增强协同运作能力。（国家发展改革委、交通运输部牵头，工业和信息化部、商务部、国家网信办按职责分工负责，持续推进）

17. 完善物流行业诚信体系。依托全国信用信息共享平台和各类行业信用信息平台、专业化物流信息平台等，加强物流行业与公安、工商、交通、保险等部门的信息共享，建立物流从业单位和从业人员信用信息档案，定期发布严重失信“黑名单”，并通过企业信用信息公示系统、“信用中国”网站等及时向社会公开，完善物流企业及相关责任主体守信激励和失信惩戒机制。（国家发展改革委、交通运输部牵头，人民银行、商务部、公安部、海关总署、质检总局、工商总局、税务总局等部门按职责分工负责，2017 年底前完成）

18. 加强物流业网络安全保障。加强国家交通运输物流公共信息平台等关键信息基础设施的信息安全等级保护工作，落实数据库安全管理等各项网络安全保障措施，明确网络安全保障责任，保障数据信息安全。建立防范物流业网络安全风险和打击物流业网络违法犯罪工作机制，保障物流业网络安全。（公安部、交通运输部牵头，工业和信息化部、国家发展改革委等部门按职责分工负责，持续推进）

（八）联动融合，构建产业链共赢新格局。

19. 推动物流业与制造业联动发展。结合“中国制造 2025”战略部署，鼓励物流企业面向制造业转型升级需求，拓展提升综合服务能力，为生产企业提供采购物流、入厂物流、交付物流、回收物流等精细物流服务，重塑业务流程，建立面向企业用户的一体化智慧供应链管理服务体系，推动物流业与制造业协调发展，进一步降低产业物流成本。（国家发展改革委、工业和信息化部按职责分工负责，持续推进）

20. 促进交通物流融合发展。加强物流服务设施和交通运输干线网络的衔接，加强铁路、港口物流基地与公路的衔接配套，推动建设一批专用铁路、公路进港和引入产业园区项目，完善公路物流枢纽服务功能，解决枢纽布局不合理、集疏运体系不畅、信息孤岛现象突出等问题，推动现代物流与交通运输一体化融合发展，提高综合效率效益和服务水平。（国家发展改革委、交通运输部、中国铁路总公司牵头，国土资源部、住房城乡建设部按职责分工负责，2017 年 6 月底前完成）

21. 促进商贸业与物流业融合发展。加强大数据、云计算等技术应用，探索“商贸 + 互联网 + 物流”融合发展新模式，增强物流协同服务能力，提升物流服务质量和效率，降低实体商贸企业的物流成本。加强商贸企业现有渠道资源整合利用，满足电商企业多样化、分散化、及时性销售的物流需求，延伸商贸业的服务链条，促进行业转型升级。（商务部、国家发展改革委、工业和信息化部按职责分工负责，持续推进）

三、保障措施

（九）加大对重要物流基础设施建设的投资支持。

各地发展改革部门要会同相关方面建立重要物流基础设施项目建设的协调机制和绿色审核通道，并将物流基础设施项目纳入现代物流重大工程进行调度，加强横向联动、有机衔接，形成工作合力。（国家发展改革委牵头，2016 年底前完成）中央和地方资金要通过现有渠道积极支持符合条件的多式联运转运设施、城乡配送网络、农产品冷链物流、物流标准化和信息化等物流项目建设，发挥政府投资示范带动作用。（国家发展改革委牵头，商务部、交通运输部、财政部、国家邮政局等部门按职责分工负责，持续推进）

（十）完善落实支持物流业发展的用地政策。

在土地利用总体规划、城市总体规划、综合交通规划、商业网点规划中充分考虑并统筹保障物流业发展的合理用地需求。优化物流业用地空间布局，合理确定用地规模和强度，研究提高土地利用效率，降低土地使用成本。相关开发建设须符合法定规划要求，不得随意更改。（国土资源部、住房城乡建设部牵头，国家发展改革委、商务部按职责分工负责，持续推进）在《城市用地分类与规划建设用地标准》修订工作中，统筹考虑物流配送相关设施用地分类和标准问题。（住房城乡建设部负责，2017 年底前完成）

（十一）拓宽物流企业投资融资渠道。

银行业金融机构要探索适合物流业发展特点的信贷产品和服务方式，在商业可持续、风险可控的前提下，进一步加大信贷支持力度。积极推动供应链金融服务持续健康发展。支持符合条件的企业通过发行公司债券、企业债券和上市等多种方式拓宽融资渠道，支持物流企业发行非金融企业债务融资工具筹集资金。创新投融资支持方式，鼓励社会资本以市场化方式设立现代物流产业投资基金，支持重点企业重要物流基础设施项目建设，培育形成一批具有较强国际竞争力的现代物流企业集团。（人民银行、银监会、国家发展改革委按职责分工负责，持续推进）

（十二）发挥好行业协会作用。

积极发挥行业协会在行业运行监测、标准制订与宣传推广、职业培训、行业自律、诚信体系建设、国际合作等方面的作用，引导支持企业加快技术创新和服务创新，加强内部管理，提升物流服务水平，共同推动物流行业健康有序发展。（国务院国资委、相关行业协会负责，持续推进）

（十三）加强组织协调和督促检查。

各地区、各有关部门要按照工作分工和完成时限要求，结合本地区、本部门实际，制定具体实施方案，落实工作责任。国家发展改革委要会同有关部门加强工作指导，及时协调解决政策落实中存在的问题，定期总结各项工作进展情况，进行专项督查，适时开展政策实施效果第三方评估工作，重要情况及时报告国务院。

国家发展改革委关于印发《“互联网 +”高效物流实施意见》的通知

发改经贸〔2016〕1647 号

国务院有关部委、直属单位，各省、自治区、直辖市及计划单列市人民政府：

为贯彻落实《国务院关于积极推进“互联网 +”行动的指导意见》（国发〔2015〕40 号），发展改革委会同有关部门研究制定了《“互联网＋”高效物流实施意见》，经国务院同意，现印发你们，请认真贯彻执行。

国家发展改革委

2016 年 7 月 29 日

“互联网＋”高效物流实施意见

物流业是现代服务业的重要组成部分，也是当前经济和社会发展中的突出短板。发展“互联网＋”高效物流，是适度扩大总需求、推进结构性改革尤其是供给侧结构性改革的重要举措，对有效降低企业成本、便利群众生活、促进就业、提高全要素生产率具有重要意义。为深入贯彻落实《国务院关于积极推进“互联网＋”行动的指导意见》（国发〔2015〕40 号），大力推进“互联网＋”高效物流发展，提高全社会物流质量、效率和安全水平，经国务院同意，提出以下实施意见。

一、总体要求

（一）指导思想。

全面贯彻党的十八大和十八届三中、四中、五中全会精神，牢固树立和贯彻落实创新、协调、绿色、开放、共享的新发展理念，深入推进供给侧结构性改革，顺应物流领域科技与产业发展的新趋势，加快完善物流业相关政策法规和标准规范，推动大数据、云计算、物联网等先进信息技术与物流活动深度融合，推进“互联网＋”高效物流与大众创业万众创新紧密结合，创新物流资源配置方式，大力发展商业新模式、经营新业态，提升物流业信息化、标准化、组织化、智能化水平，实现物流业转型升级，为国民经济提质增效提供有力支撑。

（二）基本原则。

——深化改革，激发活力。着力打破制约“互联网＋”物流发展的体制机制障碍，加快调整完善政策法规，统一相关行业标准，创新制度供给，最大限度地释放企业创新发展的内生动力，增强市场活力。

——互联互通，开放共享。推动政府物流数据信息向社会公开，完善信息交换开放标准体系，促进企业间物流信息以及企业商业信息与政府公共服务信息的开放对接，实现物流信息互联互通与充分共享。

——市场主导，政府引导。充分发挥市场在物流资源配置中的决定性作用，强化企业主体地位，激发企业活力和创造力。深入推进简政放权、放管结合、优化服务改革，加快转变政府职能、提高效能，为物流新模式、新业态发展营造良好的制度环境。

——技术引领，创新发展。以先进信息技术为依托，优化物流企业业务流程，创新物流活动组织方式，发挥新技术引领的经营管理创新在物流业转型升级中的关键作用。

（三）发展目标。

先进信息技术在物流领域广泛应用，仓储、运输、配送等环节智能化水平显著提升，物流组织方式不断优化创新；基于互联网的物流新技术、新模式、新业态成为行业发展新动力，与“互联网＋”高效物流发展相适应的行业管理政策体系基本建立；形成以互联网为依托，开放共享、合作共赢、高效便捷、绿色安全的智慧物流生态体系，物流效率效益大幅提高。

二、主要任务

（四）构建物流信息互联共享体系。

推动传统物流活动向信息化、数据化方向发展，促进物流相关信息特别是政府部门信息的开放共享，夯实“互联网＋”高效物流发展的信息基础,形成互联网融合创新与物流效率提升的良性互动。

——引导物流活动数据化。加快物流企业信息化建设,通过电子化、数据化方式采集物流交易和物流活动信息,推广应用电子面单、电子合同等数据化物流活动信息载体,为"互联网+"高效物流发展创造基础条件,促进物流活动和物流交易传统模式革新。

——加强物流信息标准化。加快物流技术、装备、流程、服务、安全等标准制修订工作,建立健全物流数据采集、管理、开放、应用等相关标准规范,重点完善包装、托盘、周转箱、货品编码等标准。加强基础共性标准、关键技术标准和重点应用标准研究,制修订一批行业急需的企业间物流信息交互标准以及物流公共信息平台应用开发、通用接口、数据传输等标准,并加强推广应用。

——推动物流数据开放化。研究制定政府物流数据开放目录,规范数据开放的具体方式、内容、对象等。促进公安、海关、质检、港口、铁路、路政、工商、税务等部门信息共享,推动公路、铁路、水运、航空等不同交通运输方式之间的信息衔接。引导行业协会、公共服务和科研机构等采集和分析物流运行数据,支持公共服务机构、大型企业针对社会化物流需求提供基于物联网、云计算、大数据的各类应用服务。探索制定物流数据商业化服务规则。

——促进物流信息平台协同化。加快推进国家交通运输物流公共信息平台建设与应用,加强综合运输信息以及物流资源交易、车货匹配、安全监管等信息平台建设,推动平台之间数据对接、信息互联,促进互通省际、下达市县、兼顾乡村的物流信息共享,实现物流活动全程监测预警、实时跟踪查询。鼓励物流龙头企业搭建面向中小物流企业的物流信息服务平台,促进货源、车(船)源和物流服务等信息的高效匹配,有效降低运输载具空驶率,为优化社会物流资源配置提供平台支撑。

专栏1　物流信息互联互通工程

1. 物流大数据信息集成工程。依托国家交通运输物流公共信息平台,按照开放、公益的原则,综合政府、企业与社会各类基础和专用信息,形成物流大数据中心,实现物流信息资源的互联共享,并加强对数据的挖掘应用。

负责单位:发展改革委、交通运输部、网信办、海关总署等。

目标及完成时限:2016 年底,完成物流大数据中心相关信息集成系统设计调整,2017 年底试运行,开展数据汇集分析工作。

2. 互联交换标准推广工程。完善综合运输信息互联交换标准体系,依托国家交通运输物流公共信息平台,建设铁路、水路、公路、航空、邮政等物流信息交换节点,拓展与东北亚、东盟、欧盟国家(地区)港口的物流信息共享交换。

负责单位:交通运输部、发展改革委、海关总署、铁路局、民航局、邮政局、中国铁路总公司。

目标及完成时限:到 2018 年底,初步构建起多种运输方式间信息互联交换标准体系,物流信息互联交换基础网络基本建成,实现充分有效的互联互通。

3. 水路便利运输电子口岸信息平台工程。依托电子口岸平台,构建服务于对外开放港口海关、检验检疫和边检机关,以及相关企业的分布式港航信息交换共享体系,按统一标准对接融入口岸国际贸易"单一窗口"、"三互"(监管互认、执法互助、信息互换)体系;建立覆盖所有对外开放港口的港航综合信息服务平台、电子联检服务平台,提高各单位业务协同服务效率。

负责单位:交通运输部、海关总署、质检总局、公安部。

目标及完成时限:到2018年,基本建成服务于对外开放港口的分布式港航信息交换共享体系,有效支撑口岸监管部门联合执法,提高协同服务效率;初步建成港航综合信息服务平台,面向港航企业、航运船舶提供准确权威的进出港相关信息服务。

(五)提升仓储配送智能化水平。

利用互联网等先进信息技术手段,重塑企业物流业务流程,创新企业资源组织方式,促进线上线下融合发展,提高仓储、配送等环节运行效率及安全水平。

——完善智能仓储配送设施网络。鼓励物流骨干企业、行业协会、公共服务机构等各类市场主体参与云(云计算)、网(宽带网)、端(各种终端)等智能物流基础设施建设。支持物流企业建设智能化立体仓库,应用智能化物流装备提升仓储、运输、分拣、包装等作业效率和仓储管理水平。鼓励建设低耗节能型冷库。大力推广应用智能快(邮)件箱,新建或改造利用现有资源,组织开展智能快(邮)件箱进社区、进机关、进学校、进商务区专项行动。整合利用现有邮政、供销、交通等物流网点和渠道,推动县级仓储配送中心、农村物流快递公共取送点建设,支持农产品标准化包装和保鲜设施建设,打通农资、消费品下乡和农产品进城高效便捷通道,切实解决好农产品进城“最初一公里”和工业品下乡“最后一公里”的配送难题。

——加强先进仓储配送技术研发与应用。围绕产品可追溯、在线调度管理、智能配货等重点环节,开展货物跟踪定位、无线射频识别、可视化、移动信息服务、导航集成系统等关键技术研发应用。在各级仓储单元推广应用二维码、无线射频识别、集成传感等物联网感知与大数据技术,实现仓储设施与货物的实时跟踪、网络化管理以及库存信息的高度共享。鼓励物流机器人技术开发,促进机器人在物流领域应用,重点突破机器人影像识别拣选、高密度存储机械臂拣选、语音拣选等技术,开展仓内机器人多模式应用。

——提升智慧物流配送水平。鼓励建设物流配送云服务平台,依托大数据、云计算、北斗导航等技术采集交通路况、气象等信息,加强对物流配送车辆、人员、温控等要素的实时监控,统筹利用相关数据资源,优化配送路线和运力,并依据实时路况动态调整,做好供应商、配送车辆、网点、用户等各环节信息的精准对接,大幅提高配送效率。加强智能冷链物流能力建设。鼓励企业使用符合标准的低碳环保配送车型和智能化托盘等集装单元化技术,提升配送的标准化、智能化水平。

专栏2　智能仓储和协同配送工程

1. 国家智能化仓储物流示范基地。结合国家级物流园区示范工作,引导企业在重要物流节点和物流集散地规划建设或改造一批国家智能化仓储物流示范基地(园区),推动仓储设施从传统结构向网格结构升级,建立深度感知智能仓储系统,实现存、取、管全程智能化。

负责单位:发展改革委、商务部。

目标及完成时限:2017年上半年,在全国重要物流节点首批选取10个左右的物流基地(园区)开展示范,统一存储物品编码体系,推广应用二维码、无线射频识别等感知技术,实现仓储设施与货物的实时跟踪和在线管理,提高库存周转率。

2. 城市共同配送工程。结合共同配送试点、物流标准化试点和现代物流创新发展城市试点等,完善城市物流配送服务体系,推广应用智能快(邮)件箱,利用城市配送互联网平台和车联网技术,培育城市配送服务平台，整合城市配送运力资源，提升城市配送管理水平。

负责单位：商务部、交通运输部、发展改革委、公安部、邮政局。

目标及完成时限：到2016年底，培育一批城市配送互联网平台，建设一批智能快（邮）件箱系统。到2018年底，试点城市建立完善的物流配送三级体系和末端配送网络。

（六）发展高效便捷物流新模式。

依托互联网等先进信息技术，创新物流企业经营和服务模式，将各种运输、仓储等物流资源在更大的平台上进行整合和优化，扩大资源配置范围，提高资源配置有效性，全面提升社会物流效率。

——“互联网+”车货匹配。发展公路港等物流信息平台，整合线下物流资源，打造线上线下联动公路港网络，促进车货高效匹配，拓展信用评价、交易结算、融资保险、全程监控等增值服务。组织开展道路货运无车承运人试点，完善相关管理政策，鼓励利用物联网等先进技术优化业务流程，提高物流流程标准化和物流过程可视化水平，促进公路货运的集约化、高效化、规范化发展。

——“互联网+”运力优化。鼓励企业利用大数据、云计算技术，加强货物流量、流向的预测预警，推进货物智能分仓与库存前置，提高物流链条中不同企业间的协同运作水平，优化货物运输路径，实现对配送场站、运输车辆和人员的精准调度。

——“互联网+”运输协同。制定出台多式联运发展推进办法，支持多式联运公共信息平台建设，加快不同业务系统之间的对接，推动多式联运信息交换共享。培育多式联运经营主体，在重点领域探索实行“一票到底”的联运服务，研究应用电子运单。探索完善海关多式联运监管模式。

——“互联网+”仓储交易。鼓励企业依托互联网、物联网等先进信息技术建立全国性或区域性仓储资源网上交易平台，推动仓储资源在线开放和实时交易，整合现有仓储设施资源，提高仓储利用效率，降低企业使用成本。探索建立全国物流金融网上服务平台，完善仓单登记、公示及查询体系，有效防范仓单重复质押等金融风险。

——“互联网+”物流企业联盟。支持以资源整合、利益共享为核心的物流企业联盟，依托互联网信息技术整合社会分散的运输、仓储、配送等物流业务资源，推动实现合同签订、车辆调度、运费结算等统筹管理，规范运营流程，提高货运组织化水平，提升物流服务能力和效率，带动广大中小企业集约发展。鼓励依托企业联盟的跨区域甩挂运输发展。

——“互联网+”供应链管理。鼓励物流企业依托互联网向供应链上下游提供延伸服务，推进物流与制造、商贸、金融等产业互动融合、协同发展。支持供应链管理综合服务商建设智慧供应链管理服务体系，发展适应“互联网+”大规模定制的智能集成式物流模式，面向小批量、多品类、快速生产、快速交货和连续补货等新需求，提供物流服务解决方案。

专栏3 便捷运输工程

1.无车承运人试点。鼓励依托互联网平台的无车承运人发展，通过开展试点，对符合条件的无车承运企业赋予运输经营资质，整合货物运输资源，提高运输组织化、规模化水平。

负责单位：交通运输部、发展改革委等。

目标及完成时限：到2016年底，编制试点方案，启动相关准备工作。2017年上半年，确定首批无车承运人试点名单，正式开展试点。

2. 骨干物流信息平台试点。探索打造适应物流信息平台创新发展的政策环境,支持现有车(船)货匹配、仓储资源交易等物流信息平台发展和优化整合。依托国家交通运输物流公共信息平台等,建立国家骨干物流信息网络,打通物流信息链,实现物流信息全程可追踪。

负责单位:发展改革委、交通运输部、网信办等。

目标及完成时限:到2016年底,制定试点工作方案,启动相关准备工作。2017年上半年,确定试点信息平台名单,并制定平台互联互通方案,正式开展试点。2018年,依托试点平台,初步建立国家骨干物流信息网络。

3. 多式联运示范。研究制定统一的多式联运服务规则和标准,完善信息交换通道和技术标准,依托多式联运示范项目实施,促进物流信息在不同运输方式之间的衔接共享,探索、加快专业化、综合性多式联运信息平台建设,完善多式联运运输组织一体化解决方案,提供全程无缝衔接的一体化运输服务。

负责单位:交通运输部、发展改革委、中国铁路总公司。

目标及完成时限:2016年8月前,确定多式联运示范企业和示范线路,完善实施方案,组织开展示范工作。到2017年底,总结示范经验,研究制定统一的多式联运服务规则和标准,初步实现信息有效共享。

4. 铁路物流综合提升工程。发挥铁路干线运输和互联网信息集成优势,提高铁路资源利用率,支持铁路货运场站向综合物流基地转型升级,加强铁路与邮政、快递设施的衔接协同,积极发展高铁快运及电商快递班列等铁路快捷货运产品,推动铁路资源开放共享,提高铁路物流服务质量,加快构建绿色环保、安全高效、综合能耗低的铁路物流体系。

负责单位:发展改革委、交通运输部、铁路局、邮政局、中国铁路总公司。

目标及完成时限:到2018年底,铁路运量在中长距离货物运输中的占比进一步提升,基本建立与公路、水路运输分工协作、优势互补、合作共赢的货物运输新格局。

(七)营造开放共赢的物流发展环境。

加快调整不适应“互联网+”高效物流发展的管理规定,利用先进信息技术提高物流行业的监测、预警和管理水平。

——创新管理体制机制。深化物流相关领域改革,系统梳理、修订、完善相关政策法规,打破地方保护和行业垄断,破除制约互联网与物流业融合创新发展的体制机制障碍,促进物流新业态、新模式发展。在保障安全的前提下,简化物流企业设立和开展业务的行政审批手续,最大程度减少对物流企业业务创新的限制,培育骨干物流企业,增强物流发展新动能。在边境省(区)建设国际道路运输管理与服务信息系统,为从事跨境运输的车辆办理出入境手续和通行提供便利和保障。

——提升行业监管水平。探索建立基于互联网的物流政务信息资源共享和业务协同机制,充分发挥大数据在物流市场监管体系建设运行中的作用,通过数据收集、分析和管理,完善事中、事后监管,提高物流运行监测、预测预警、公共服务能力,推动实现货物来源可追溯、运输可追踪、责任可倒查、违法必追究。加强物流服务质量监测,推进物流服务质量提升。指导各地开展城市配送需求量调查等前瞻性研究,为科学配置城市配送资源,实现城市配送精细、高效管理提供基础依据。充分发挥行业协会和产业联盟在行业自律、产业研究、标准宣贯、统计监测、人员培训、宣传推广等方面的作用,助推行业健康发展。

——维护网络和数据安全。按照国家网络和信息安全等级保护制度要求,加强“互联网+”高效物流重要信息系统的安全保障。建设完善集网络安全、态势感知、实时监测、通报预警、应急处置、信息安全等级保护于一体的综合防御体系。落实网络数据采集、传输、共享、利用、销毁等环节的安全管理和技术保护措施，完善数据跨境流动管理制度，保障重要数据安全。

——构建公平有序市场环境。完善相关领域市场准入制度，鼓励各类社会资本参与互联网和物流业的深度融合，推动物流业规模化、集约化、网络化发展。探索电商物流企业等级评定和信用分级管理，支持建立以消费者评价为基础，以专业化第三方评估为主体的市场化电商物流信用评级机制。加强部门协作，推动信用信息公开共享，提供一体化、集成化物流信用信息服务。完善物流行业信用信息披露机制，研究将大型物流信息平台的用户信用状况纳入全国信用信息共享平台，通过“信用中国”网站依法公开，为物流业务开展创造良好环境。

专栏4 物流行业管理提升工程

1. 物流信用体系建设工程。依托全国信用信息共享平台，积极发挥国家交通运输物流公共信息平台、各大型经营性物流信息平台和社会征信机构作用，加快推进物流业法人单位和从业人员信用记录建设，整合交通、运管、路政、工商、税务、银行、保险、司法等信用信息，推动物流信用信息的共享和应用，构建守信联合激励和失信联合惩戒机制。

负责单位：发展改革委、公安部、交通运输部、人民银行、工商总局、网信办、标准委。

目标及完成时限：到2016年底，形成物流行业信用信息系统建设方案；2017年，与相关经营性物流信息平台进行数据汇集整合，实现物流行业信用信息系统的试运行。

2. 国际道路运输管理与服务信息系统建设工程。在边境省（区）开展国际道路运输管理与服务信息系统建设，形成国际道路运输数据中心，实现行车许可证管理、路单运单管理、出入境运输车辆备案管理、口岸现场查验等业务数字化管理，完善汽车出入境证件网上申请、业务咨询等国际道路运输公众信息服务功能。

负责单位：交通运输部、海关总署、公安部、质检总局。

目标及完成时限：到2018年底，基本建成50个以上公路口岸信息管理与服务系统，升级改造现有各口岸信息管理系统，实现与海关、检验检疫、边检等口岸管理部门数据共享和交换，以及与交通运输部国际道路运输管理系统有效对接。

三、组织实施

（八）加强组织协调。

充分发挥“互联网＋”行动部际联席会议和全国现代物流工作部际联席会议等重要工作机制作用，建立健全“互联网＋”高效物流工作协调推进机制，促进互联网与物流业融合发展。国务院各有关部门要按照职责分工，认真落实各项工作任务，强化服务意识，加强协调配合，为“互联网＋”高效物流发展创造良好条件。发展改革委要加强统筹协调，做好督促检查和跟踪分析，定期总结推广试点示范经验和国内外先进做法，重大问题及时向国务院报告。各地区要结合实际制定配套措施，抓好政策落实，形成政策协同效应和工作合力。

（九）加大资金、土地、税收、金融等政策支持力度。

进一步落实支持物流业发展的用地政策，对符合土地利用总体规划要求的物流设施建设项目，加快用地审批进度，保障项目依法依规用地。中央和地方财政资金通过现有渠道积极支持符合条件的智能仓储配送设施，物流云、网、端等应用基础设施以及物流标准化信息化等项目建设。结合全面推开营改增试点，创新财税扶持方式，落实好无运输工具承运业务按照交通运输服务缴纳增值税政策，研究完善交通运输业个体纳税人异地代开增值税专用发票管理制度。引导银行业金融机构在风险可控、商业可持续的前提下，加大对物流企业特别是小微企业和个体运输户的信贷支持力度。在双创示范基地和支撑平台建设过程中，对“互联网＋”高效物流项目给予重点倾斜，通过众创、众包、众扶、众筹等支持平台，加大对物流企业创业创新活动的引导和支持力度。充分利用高速铁路等轨道交通运输系统，建立开放共享、公平竞争的物流平台，实现货物快速运输以及铁路与物流企业互利共赢。

（十）加强人才队伍建设。

鼓励企业与高校、公共服务机构、行业协会等合作设立培训基地与研发机构，联合培养互联网和物流领域复合型专业人才，完善激励机制，培育一批物流新技术、新设备研发应用领军人才和技术带头人。充分利用现有人才引进计划，引进国际物流领域高端人才，为大力推进“互联网＋”高效物流发展提供高水平的智力支持。

关于加强物流短板建设促进有效投资和居民消费的若干意见

发改经贸〔2016〕433号

各省、自治区、直辖市、计划单列市发展改革委、商务主管部门、工业和信息化主管部门、交通厅（委、局）、农业厅（委、局）、财政厅（局）、人民银行分行（营业管理部、中心支行）、证监会各派出机构、邮政管理局、供销合作社：

党中央、国务院高度重视物流工作，近年来制定实施了一系列规划和政策促进物流业发展，我国物流基础设施条件有了较大改善，物流服务能力大幅提升，对促进经济社会发展发挥了重要的支撑保障作用。但是，我国物流业发展水平总体还不高，发展方式比较粗放，特别是物流基础设施建设仍然比较滞后，现代化仓储、多式联运转运、城乡配送等设施总量不足、布局不合理、衔接配套不够，已成为影响经济运行效率和居民消费升级的突出短板。按照国务院有关部署，结合《物流业发展中长期规划（2014－2020年）》要求，现就加强物流短板建设提出以下意见：

一、总体要求

（一）指导思想。

深入贯彻党的十八大和十八届三中、四中、五中全会精神，遵循“创新、协调、绿色、开放、共享”的发展理念，顺应国民经济提质增效和居民消费升级的需要，加大政策引导支持力度，鼓励社会资本投入，大力加强物流短板领域建设，加快健全完善物流基础设施网络，提高物流运行质量和效益，提升物流业整体发展和服务水平。

（二）基本原则。

坚持问题导向，发力薄弱环节。针对制约物流整体效率提升的薄弱环节，加大建设投入力度，发挥后发优势，尽快补齐物流短板。

政府资金引导，引领民资投入。加大政府资金投入，有效发挥政府投资的引领示范和杠杆作用，吸引社会资本参与物流基础设施建设。

加强统筹协调，形成政策合力。统筹投资、金融、财税等支持政策，加强政策协调配合，营造有利于物流领域投资发展的良好环境。

硬件软件并重，综合提质增效。加强物流信息化、标准化建设，积极推广应用先进技术，推动物流与电商、交通、制造业、现代农业等衔接融合，逐步形成智能化、一体化的物流基础设施网络。

（三）主要目标。

通过加强物流短板建设，健全重要节点物流基础设施，改善城乡末端配送设施条件，完善农产品冷链物流体系，大幅提升农村物流水平，基本形成布局合理、覆盖广泛、便捷高效、保障有力的城乡物流基础设施网络体系。各种运输方式之间衔接更加顺畅，多式联运效率大幅提升，运载工具、装载单元等关键标准有效衔接并逐步推广应用，物流信息化水平明显提升，物流业发展环境进一步优化。

二、重点任务

（四）加强村镇末端配送设施建设，健全农村物流网络体系。

鼓励地方政府加强农村物流设施网络规划和建设，整合利用现有邮政、供销、交通等物流资源，推动县级仓储配送中心、农村物流快递公共取送点建设，加快形成网络规模效应。鼓励电商企业与农产品生产加工企业联动发展，建立特色农产品电商物流标准和追溯标准。加强城乡互动的双向物流体系建设，畅通农产品进城和工业品下乡渠道。

（五）加强农产品物流设施建设，提升农产品现代物流水平。

研究公益性农产品市场体系建设的指导意见，加强公益性农产品批发市场建设，鼓励批发市场建立追溯体系，推动市场的专业化提升和精细化改造。支持集预冷、加工、冷藏、配送、追溯等功能于一体的农产品产地集配中心建设，鼓励企业构建覆盖主产区的产地集配体系和重要农产品追溯体系，提升产地预冷处理能力。鼓励建设节能环保型冷库或对老旧冷库进行技术改造，提高冷库安全、环保、节能水平。支持农产品流通企业建设具有储存、分拣、加工、包装、配送、追溯等功能的低温加工配送中心，开展农产品冷链流通标准化示范，提升农产品冷链物流水平。

（六）加强城市配送设施建设，完善城市配送体系。优化重要节点物流基础设施布局，完善城市三级配送网络建设。依托重要交通枢纽、物流集散地规划建设集运输、仓储、配送、信息交易为一体的综合物流服务基地，加强干线运输与城市配送的有效衔接。加强公用型城市配送节点建设，鼓励物流企业加强协作，整合资源，优化城市配送设施布局。支持社区、机关、学校、商务区末端配送点建设，大力发展智能快件箱，并纳入公共服务设施规划。鼓励商贸流通企业和连锁超市等开展共同配送，提高配送效率。

（七）加强多式联运转运设施建设，提升货物中转效率。依托物流大通道，在重要节点规划布局和建设一批具有多式联运服务功能的物流枢纽，完善不同运输方式之间的连接和转运设施，推进公、铁、水、民航等基础设施“最后一公里”的衔接。支持重要港口、枢纽机场加强集疏运体系建设，重点推动建设一批专用铁路、公路进港项目，提升港站集疏运能力和运行效率。支持公路物流园区引入铁路专用线，完善多式联运服务功能；支持铁路物流中心建设，加强与其他运输方式的衔接，提升综合运输服务能力和水平。组织开展多式联运示范工程，推广公、铁、水联运，提高多式联运比重。研究制定有关多式联运服务标准和规则，探索在重点行业领域实行“一票到底”的物流服务。

（八）加强信息技术应用，促进物流新模式发展。研究制定“互联网＋”高效物流三年行动实施方案。加强物联网、云计算、大数据、移动互联等先进信息技术在物流领域的应用，改造传统业务模式和管理系统，优化物流资源配置，提升物流运作水平。结合现代物流创新发展城市试点，推动政府部门、企业和社会组织之间开展数据平台对接，促进物流信息的互联互通和开放共享。加快国家交通运输物流公共信息平台建设，积极推进物流园区之间的互联互通，鼓励依托互联网平台的“无车承运人”发展。推进快递服务制造业的示范工程，积极融入智能制造、个性化定制等制造业新领域。

（九）加强物流标准衔接和制修订，提高物流服务效率。加强运输工具、物流设备等标准衔接，提高设施设备利用效率和物流服务运作效率。大力推广托盘、周转箱、集装箱等标准化装载单元循环共用，支持开展租赁、维修等延伸服务。抓紧修订出台《道路车辆外廓尺寸轴荷和质量限值》（GB 1589），并做好宣贯和落实。抓紧研究出台快递配送专用电动车辆技术标准。

三、政策保障

（十）加大投资、财税、土地等政策支持力度。各有关部门、各省（区、市）要进一步加大对物流薄弱环节基础设施建设的支持力度。中央和地方资金通过现有渠道积极支持符合条件的城乡配送网络、农产品冷链物流、多式联运转运设施、物流标准化和信息化等项目建设。要进一步落实支持物流业发展的用地和相关税收优惠政策，对符合规划要求的物流设施建设项目，加快用地审查报批，保障项目依法依规用地。

（十一）拓宽物流短板建设的投融资渠道。鼓励物流企业多渠道筹集建设资金，引导社会资本投资建设物流项目。银行业金融机构要加大对物流企业的信贷支持力度，为项目建设提供更便利的融资服务，支持符合条件的企业通过发行公司债券、企业债券和上市等多种方式拓宽融资渠道，支持企业发行非金融企业债务融资工具筹集资金。

（十二）建立重点项目建设的绿色通道和调度机制。各地发展改革部门要会同商务、工信、交通、农业、财政、人民银行、邮政管理、供销合作社等部门建立重点项目建设的协调机制和绿色审核通道，并纳入现代物流重大工程进行调度，加强横向联动、有机衔接，形成工作合力，协调解决项目推进中遇到的困难和问题，为项目顺利实施创造良好条件。

各地有关部门要进一步提高对加强物流短板建设促进有效投资和居民消费工作重要性的认识，结合本地区实际抓紧制定加强物流短板建设的具体实施方案，明确工作分工，落实工作责任，将其作为“稳增长、调结构、促改革、惠民生”的一项重要工作抓紧抓好。国务院各有关部门将按照职责分工，密切配合，加强督促指导，确保各项政策措施有效贯彻落实。

附件：重点工作任务和部门分工

国家发展改革委
商务部
工业和信息化部
交通运输部
农业部
财政部
人民银行
证监会
邮政局
供销合作总社
2016年2月29日

附件

重点工作任务和部门分工

序　号	重点工作任务	部门分工	完成时限
1	加强村镇末端配送设施建设，完善县乡村三级配送网络	发展改革委、商务部会同供销合作总社、邮政局、交通运输部、农业部负责	中央和地方利用现有投资渠道给予支持，持续推进
2	研究公益性农产品市场体系建设的指导意见	商务部会同发展改革委、农业部等部门负责	2016年3月底前完成

续上表

序 号	重点工作任务	部 门 分 工	完 成 时 限
3	加强公益性农产品批发市场、产地集配中心、低温加工配送中心等设施建设	发展改革委、商务部、农业部会同财政部、供销合作总社负责	中央和地方利用现有投资渠道给予支持，持续推进
4	制定出台加快冷链物流发展的意见，加强农产品冷链物流基础设施建设	发展改革委会同有关部门负责	2016年5月底前完成
5	制定实施方案，加强公用型城市配送节点，以及社区、机关、学校、商务区末端配送点建设，大力推进共同配送发展	商务部会同邮政局、交通运输部负责	2016年6月底前完成
6	加快建设一批多式联运连接设施、场站等，增强现有铁路、公路货运场站的多式联运功能	发展改革委、交通运输部负责	中央和地方利用现有投资渠道给予支持，持续推进
7	推动建设一批专用铁路、公路进港项目，提高铁水联运比重	交通运输部、发展改革委会同有关部门负责	2016年4月底前落实
8	鼓励公、铁、水联运，结合多式联运试点，研究制定统一的多式联运服务标准和规则	交通运输部、发展改革委会同有关部门负责	2016年8月底前落实
9	研究制定“互联网＋”高效物流三年行动实施方案	发展改革委会同商务部、交通运输部等部门负责	2016年4月底前完成
10	组织开展“无车承运人”试点工作，确定无车承运人运输资质	交通运输部、发展改革委会同有关部门负责	2016年12月底前落实
11	通过物流标准化试点工作，推广托盘等标准化装载单元循环共用	商务部会同财政部等有关部门负责	2016年6月底前落实
12	抓紧修订出台《道路车辆外廓尺寸轴荷和质量限值》(GB 1589)	工业和信息化部会同有关部门负责	2016年6月底前完成
13	抓紧研究出台快递配送专用电动车辆技术标准	工业和信息化部会同有关部门负责	2016年12月底前完成
14	落实支持物流业发展的税收优惠政策	财政部会同有关部门负责	持续推进
15	支持符合条件的物流企业通过发行企业债券、公司债券和上市等多种方式拓宽融资渠道	发展改革委、证监会等部门按职责分工负责	持续推进
16	支持物流企业发行非金融企业债务融资工具筹集资金，并扩大发行规模	人民银行负责	持续推进

国家发展改革委 交通运输部印发《关于推动交通提质增效提升供给服务能力的实施方案》的通知

发改基础〔2016〕1198号

各省、自治区、直辖市人民政府，工业和信息化部、公安部、国土资源部、环境保护部、住房城乡建设部、安全监管总局、旅游局、能源局、海洋局、铁路局、民航局、邮政局、空管委办公室、中国铁路总公司：

按照国务院要求，为提升综合交通质量和效率，增强交通供给服务能力，方便大众出行和降低物流成本，更好发挥交通运输对经济社会发展的支撑引领作用，现将《关于推动交通提质增效提升供给服务能力的实施方案》（以下简称《实施方案》）印发你们，请结合实际认真贯彻落实。

一、充分认识交通提质增效的重要意义。要将全面提升综合交通网络整体效率和服务水平作为交通建设和发展的重点，加快推进交通供给侧结构性改革，积极开拓新领域，培育发展新动能，扩大消费新需求。

二、认真组织落实《实施方案》。各级地方政府、各部门要加强组织领导，强化责任意识，进一步细化分解方案，研究制定具体推进方案，明确阶段性目标和进度安排，确保任务分解到具体部门，项目落实到责任人。

三、加大项目建设支持力度。加快实施交通提质增效示范项目，通过加大投入、科技驱动，推进交通资源整合，发挥集成优势，实现联动发展。深化交通投融资体制改革，交通建设新领域面向社会资本全面开放，创新投资建设模式，推动政府与社会资本合作。

四、发展改革委、交通运输部将统筹组织实施相关工作，加强协调指导，完善工作调度及督查机制，提高审批核准效率，及时总结推广示范项目经验。请有关部门在规划、土地、环评等方面给予积极支持，请地方及时反馈项目实施和建设进展情况。

附件：关于推动交通提质增效提升供给服务能力的实施方案

国家发展改革委

交通运输部

2016年6月6日

附件

关于推动交通提质增效提升供给服务能力的实施方案

近年来，我国交通运输发展取得显著成就，有力地促进了经济社会发展和人民生活条件改善，但仍然存在薄弱环节和发展短板。为加快完善综合交通运输体系，更好发挥交通运输对经济社会发展的支撑引领作用，特制定本实施方案。

一、总体要求

（一）指导思想。

认真贯彻落实党的十八大和十八届三中、四中、五中全会精神，坚持“四个全面”战略布局，牢固树立创新、协调、绿色、开放、共享的发展理念，积极适应把握引领经济发展新常态，围绕区域发展总体战略，立足当前，着眼长远，切实转变交通发展方式，加快完善综合交通运输体系，增强交通对经济发展的支撑和引领作用，聚焦市场急需、群众关切、带动力强和影响持久的交通运输领域，推动交通供给侧结构性调整，全面提升交通网络整体效率和服务水平，方便大众出行，降低物流成本，提高交通发展质量和效益，引导消费升级并释放新需求，形成发展新动力。

（二）基本原则。

创新供给。适应新的生产模式和生活方式，在供给侧和需求侧两端发力，创新交通运输服务，满足多层次、个性化、高质量的出行需求和小批量、高价值、多频次、多样化的货运需求。

联动融合。整合交通资源,强化一体衔接,形成集成优势,提高整体效率。拓展交通运输发展领域,促进交通发展与产业发展联动,推进交通建设与新型城镇化深度融合。

科技驱动。打造交通科技新引擎,加大现代信息、新能源技术、绿色装备在交通领域的推广应用,推动交通低碳发展,提升旅客出行效率,降低货物运输成本,提高交通科学治理水平。

统筹推进。立足当前形势要求,着眼交通运输现代化发展,加强规划引导,突出重点方向,加大政府投入,强化市场作用,形成推进合力。

(三)工作目标。

"十三五"期间,在完善交通基础设施网络的同时,围绕综合枢纽衔接、城际交通建设、推广联程联运、发展智能交通、提升快递服务、支撑服务消费、绿色安全发展等 7 个方面,实施 28 类重大工程,近期重点推动技术含量高、带动作用强、综合效益明显的百项示范项目。到 2020 年,形成内涵更丰富、层次更多样、服务更优质、管理更高效的综合交通运输体系,更好地服务经济社会发展全局。

二、强化综合枢纽衔接

加强综合交通枢纽布局、建设和运营衔接,畅通城市内外,便捷中转换乘,打通枢纽"梗阻",大幅提升旅客集散效率,方便群众出行,促进民生改善。

(四)综合客运枢纽工程。优化枢纽布局,新建或改扩建高速铁路、城际铁路、干线铁路车站以及机场、大型客运港口,与道路客运、城市交通等一体衔接,打造一批开放式、立体化综合客运枢纽,实现零距离换乘。

(五)轨道交通引入工程。在国家已批复轨道交通建设规划的 40 个城市,在机场、铁路客站等主要对外交通枢纽规划和项目建设过程中,明确城市轨道交通衔接标准、引入条件和具体方案,建设一批同台换乘、垂直换乘和同城枢纽间轨道交通直通,以及中心城区轨道交通线路与外围轨道交通跨线运营等试点示范项目。

(六)出入城市畅通工程。在进出城市高速公路与干线公路的繁忙出入口,通过改扩建城市道路、立交桥和新建连接道路等方式,打通中心城区至对外干线公路快速通道,减轻出入城衔接路段拥堵,具备条件的城市规划建设绕城公路,逐步消除城市交通外围"堵点"。

(七)停车设施工程。以交通枢纽、居住区、商业区、医院、旅游景区等为重点,建设停车楼、地下停车场、机械立体停车库等集约化停车设施。新建城市轨道交通线路外围站点配套建设停车场(P+R),已运营既有线路具备条件的站点加快增建停车场(P+R)。每年新建公共停车位约 200 万个。

(八)枢纽综合开发工程。加快全国性、区域性综合交通枢纽建设,发展枢纽经济,强化区域联动开发。依托综合交通枢纽和城市轨道交通场站,鼓励建设城市交通综合体,充分利用地上地下空间,促进交通与商业、商务、会展、休闲等功能融合。

三、推进城际交通建设

构建以轨道交通和干线公路为骨干的多层次、一体化、高质量城际交通网,更好发挥交通对新型城镇化的先导作用。

(九)城际铁路成网工程。加快重点城镇化地区城际铁路建设,京津冀、长三角、珠三角、长江中游、成渝城市群城际铁路基本成网,建设其他地区城际铁路网主骨架,鼓励有条件的地区利用既有铁路开行城际列车,运输服务基本覆盖 21 个主要城镇化地区节点城市和重要城镇。开工建设城际铁路约 8000 公里。

(十)市郊铁路连接工程。充分利用既有资源与新建相结合,发展市域(郊)铁路。在全国主要铁路枢纽打造一批示范工程,对具备条件的线路和站点进行技术改造，提供中心城区与郊区间通勤、旅游等公共交通服务。

（十一）公路提升加密工程。加快大中城市之间国家高速公路剩余路段建设和繁忙路段改扩建，对“三大战略”区域通道内高速公路进行加密，推进普通国道提质升级和瓶颈路段建设。新建和改扩建国家高速公路约1.3万公里。

四、大力推广联程联运

推广多式联运模式，实现运输组织的无缝衔接，发挥不同运输方式的组合优势，提高运输效率，降低社会物流成本。

（十二）陆水联运推广工程。在5大沿海港口群和沿江主要港口规划实施一批疏港铁路和公路项目，依托重要物流节点城市和枢纽站场，建设一批多式联运货运枢纽（物流园区），完善集疏运体系。推行货运“一单制”，提升铁路、公路、水路运输之间的转运效率。建设集装箱和半挂车多式联运中转站，提高集装箱铁水联运比重。加快推进建设舟山江海联运中心。

（十三）铁路集装箱运输网络工程。全面提升铁路集装箱运输比重，培育铁路货运新增长点，加快铁路集装箱中心站、综合货场等物流基地建设，加强点线衔接，发挥铁路运输的网络效益。研究开行铁路双层集装箱列车。积极发展集装箱国际运输，整合发展中欧班列。

（十四）航空铁路联运工程。充分利用区域高铁和城际铁路网络，连接重要机场。有条件的新建机场实现与高铁或城际铁路客站同站建设、同步使用，或预留工程建设条件。鼓励依托交通枢纽建设城市航站楼。支持利用铁路和航空运输资源，开展铁空货物联运。

（十五）装备标准化工程。发展集装箱、半挂车铁路平车和半挂车专用滚装船，推动铁路集装箱标准化、国际化，加强专用车辆装备技术研发，探索发展公路铁路两用挂车。实施道路货运车型标准化专项行动，推广普及甩挂运输。健全多式联运快速转运设施设备技术标准，发展大型吊装、滚装等专用换装装备。

五、全面建设智能交通

加强互联网等现代信息技术在交通领域的应用，提供便捷交通运输服务，提高交通资源利用效率，提升运输组织管理水平。

（十六）“互联网+”便捷交通工程。推进交通基础设施、运输工具、运行信息等互联网化，完善故障预警、运行维护和智能调度系统，发展互联网公共交通、拼车合乘、汽车共享等定制交通，以及停车、汽车维修等个性化服务。

（十七）交通信息互通工程。优化集成现有信息资源，集物流、客流、信息流、资金流等为一体，建设统一兼容、功能完善、高效便捷的综合交通公共信息服务平台和国家交通运输物流公共信息平台，实现信息的互联互通、及时发布、实时更新、便捷查询。

（十八）票务整合工程。推动铁路、民航、道路客运“一站式”票务服务系统建设，提高对社会公众的开放共享程度，积极推广电子客票和单据应用，提供客运“一票式”运输服务。

（十九）交通大数据工程。加快部门间数据横向整合，建立不同运输方式的信息采集、交换和共享机制。建设综合交通大数据中心，为便捷交通运输服务提供权威、精准、可靠的数据支持，为交通决策提供基础支撑。

（二十）交通控制网工程。先行示范、逐步推广，加大北斗卫星导航系统应用，加快构建车联网、船联网，加强人车路协同，强化交通有效引导和监管，推动驾驶自动化、设施数字化和运行智慧化。

六、提升快递物流服务

建成普惠城乡、覆盖全国、连通世界的快递物流网络，搞活流通，提升经济运行效率。

（二十一）快递升级工程。强化需求响应，合理布局，加快形成一批辐射国内外的快递枢纽，鼓励各类投资主体建设、运营专业货运机场。推进专业化邮件、快递转运中心和分拨中心建设，加强交通枢纽快递设施配套，统筹装卸搬运地点和临时停靠作业点建设。推动快递装备研发，推进快递运输工具标准化。

（二十二）快递下乡工程。加强农村邮政、快递基础设施建设，依托乡镇客运站、货运站等建设仓储场地、小型快递分拨中心和物流集散中心，推动物流配送网络下沉至乡村，实现“乡乡有网点、村村通快递”。

（二十三）高铁快运工程。鼓励快递企业依托高铁和铁路快捷货运班列运输快件，推进在铁路货场、具备高铁接驳条件的地点配套建设快件运输通道、装卸操作接驳场所和快件分拨中心，推动铁路专用线引入大型快件转运中心。探索发展高铁货运列车。

（二十四）国际快递工程。完善国际邮件互换局、交换站布局，建设一批国际快件处理中心、转运中心和海外仓。鼓励快递企业通过委托代理、设立分支机构等方式在海外拓展服务网络，增强电商跨境服务能力。

（二十五）安全快递工程。实施“绿盾”工程，加强邮政管理部门安全监管体系建设，构筑邮件快件寄递安全监控网络。加大安全设备投入，全面实施快件100%过机安检，严格对进出境快件的检疫监管。

七、建设消费服务设施

拓展交通运输服务范围，延伸产业链和价值链，创新服务模式和培育新兴业态，支撑扩大新消费。

（二十六）汽车营地工程。依托旅游景区、休闲度假区、大型公园等条件适合的区域，建设1000个自驾车、房车停靠式营地和综合型营地，利用环保节能等材料和技术配套建设生活服务相关功能区，促进房车产业发展。

（二十七）邮轮游艇工程。合理规划沿海沿江沿湖公共旅游和游艇码头，有序推进邮轮始发港和访问港建设，因地制宜建设一批游艇码头和泊位。鼓励支持航运企业根据市场需求拓展国际国内邮轮航线，积极发展近海湖区游艇业务，推进邮轮游艇产业化和规范化发展。

（二十八）通用航空工程。贯彻落实《国务院办公厅关于促进通用航空业发展的指导意见》（国办发〔2016〕38号），继续深化低空空域管理体制改革，提高空域资源利用效率，以通用航空发展集聚地区为支撑，规划建设30～50个通用航空综合基地和约500个通用机场，增强装备制造自主研发能力，促进交通服务、旅游观光、应急救援、医疗救助飞行以及公务机、无人机等通航服务发展。完善通航配套设施和服务保障体系，提升通航飞行器研发制造维护水平，打造通航产业增长点。

八、促进绿色安全发展

提升交通设施设备低碳、节能、安全水平，推动技术创新，增强交通运输绿色发展能力，促进生态文明建设。

（二十九）绿色交通工程。实施老旧路网、港口和航道、枢纽场站绿色改造，大力倡导新型节能环保工艺和材料应用，提高土地、线位、岸线、空域、水域等资源利用水平，强化节能降耗和环境保护监管。加强城市慢行系统建设，鼓励绿色出行。

（三十）新能源和清洁能源装备应用工程。积极推广新能源和清洁能源运输工具，重点强化在城市公交、出租车、城市配送等领域规模化应用。鼓励扶持LNG在水运行业的推广应用，推动靠港船舶使用岸电。加快新能源汽车充电设施网点建设与改造，推进铁路内燃机车、内河船舶等高效化、清洁化改造。

（三十一）交通安全保障工程。加强公路安全防护、迂回通道、直升机起降点、危险货物运输车辆停放点等交通安全应急设施建设，提高公路团雾发现和清雪除冰能力，构筑交通运输运行监控监测、防灾预警等安保系统，打造综合应急救援平台，提升应急保障能力。

九、加强政策措施保障

（三十二）细化分解方案。各有关方面要根据本实施方案，结合“十三五”规划编制和实施，对交通建设新领域进行系统梳理，统筹规划布局。各地要积极发掘、遴选符合条件的重点项目，对接国家重大交通建设任务，制定具体推进行动计划，明确阶段性目标和进度安排。

（三十三）协调组织推进。交通提质增效工程涉及多方面，系统性强，要充分发挥跨部门、跨行业、跨地区的既有协调机制作用，统筹推进交通提质增效百项示范项目，形成工作合力。明确责任分工，及时组织召开协商会议和专题会议，定期进行工作调度，主动协调解决方案实施过程中的重点难点问题。

（三十四）加大资金投入。加大中央预算内投资、车购税、铁路建设基金、民航发展基金及专项建设基金的支持力度。研究创新中央资金支持项目建设的投资模式，推动政府与社会资本合作（PPP）项目。各地要结合实际，给予倾斜支持，同时做好项目建设资金配套。

（三十五）创新体制机制。深化交通投融资体制改革，交通建设新领域面向社会资本全面开放，形成多渠道、多层次、多元化的协同发展格局。加快推进行政审批制度改革，最大限度优化程序，缩短审批核准时间。

附表：推动交通提质增效百项示范项目

附表

推动交通提质增效百项示范项目

领　域	类　别	示范项目
强化综合枢纽衔接	综合客运枢纽工程	重庆西站、武汉天河机场交通中心、成都火车北站综合交通枢纽、青岛西站客运枢纽、南宁凤岭综合客运枢纽站、平潭高铁中心站综合交通枢纽等示范项目
	轨道交通引入工程	北京、成都新机场线，以及北京新机场、昆明机场、厦门机场城市航站楼建设等示范项目
	出入城市畅通工程	郑州、长沙、南宁等示范项目
	停车设施工程	深圳地铁10号线P+R停车设施工程等示范项目
	枢纽综合开发工程	广州北站、杭州东站、大连湾枢纽综合开发示范项目
推进城际交通建设	城际铁路成网工程	京津冀地区城际铁路成网等示范项目
	市郊铁路连接工程	北京、上海等铁路枢纽利用既有线开行市郊铁路，台州市域铁路S1线、温州市域铁路S3线等示范项目
	公路提升加密工程	京秦高速公路大安镇至平安城段、华坪至丽江高速公路、乌鲁木齐至奎屯高速公路等新建和改扩建示范项目
大力推广联程联运	陆水联运推广工程	大连、唐山、天津、青岛、连云港、宁波、深圳、武汉、宜昌、重庆陆水联运等示范项目
	铁路集装箱运输网络工程	乌鲁木齐铁路集装箱中心站、重庆团结村铁路集装箱中心站扩容、铁路双层集装箱运输试验段等示范项目
	航空铁路联运工程	京津冀、长三角、珠三角、成渝城市群空铁联运等示范项目
	装备标准化工程	铁路双层集装箱、货运车型标准化、专用换装装备等示范项目
全面建设智能交通	“互联网+”便捷交通工程	重庆智慧交通与车联网联合创新中心、杭州“互联网+交通”试验验证区、无锡国家传感网创新示范区智慧交通综合信息服务应用和基于汽车电子标识的智慧交通等示范项目

续上表

领域	类别	示范项目
全面建设智能交通	交通信息互通工程	上海市交通信息互通、国家交通运输物流公共信息平台等示范项目
	票务整合工程	区域公交一卡通、空铁联运票务整合等示范项目
	交通大数据工程	综合交通大数据中心等示范项目
	交通控制网工程	深圳、杭州新一代交通控制网试点和北京燕房线全自动运营系统等示范项目
提升快递物流服务	快递升级工程	航空快递货运枢纽等示范项目
	快递下乡工程	湖北荆州、江西铜鼓农村物流体系等示范项目
	高铁快运工程	京沪、京广等具备条件的高速铁路快运快递示范项目
	国际快递工程	重点口岸城市国际快件处理中心等示范项目
	安全快递工程	绿盾工程等示范项目
建设消费服务设施	汽车营地工程	长三角地区、哈尔滨汽车营地等示范项目
	邮轮游艇工程	大连、秦皇岛、青岛、上海、厦门、深圳、北海、三亚邮轮码头,海南、宁波游艇码头建设等示范项目
	通用航空工程	江西武功山、河南登封、河北沧州、四川内江、江苏新沂、内蒙古赤峰阿鲁科尔沁旗、广西南宁伶俐通用机场等示范项目
促进绿色安全发展	绿色交通工程	京津冀区域老旧公路节能环保绿色化改造、船舶靠港使用岸电等示范项目
	新能源和清洁能源装备应用工程	高速公路沿线充电设施试点、张家口新能源公交车、深圳充电设施建设运营等示范项目
	交通安全保障工程	贵州和甘肃农村公路防护、海南通用航空应急救援等示范项目

国家发展改革委　交通运输部关于印发《推进“互联网+”便捷交通促进智能交通发展的实施方案》的通知

发改基础〔2016〕1681 号

各省、自治区、直辖市及计划单列市人民政府,科技部、工业和信息化部、公安部、财政部、国土资源部、住房城乡建设部、商务部、税务总局、工商总局、铁路局、民航局、邮政局、中央网信办、中国铁路总公司:

为深入贯彻落实《国务院关于积极推进“互联网+”行动的指导意见》(国发〔2015〕40 号),促进交通与互联网深度融合,推动交通智能化发展,现将《推进“互联网+”便捷交通促进智能交通发展的实施方案》(以下简称《实施方案》)印发你们,请结合实际认真贯彻落实,具体要求如下:

一、充分认识推进“互联网+”便捷交通、促进智能交通发展的重要意义。要以旅客便捷出行、货物高效运输为导向,全面推进交通与互联网更加广泛、更深层次的融合,为我国交通发展现代化提供有力支撑。

二、认真组织落实《实施方案》。各级地方政府、各部门要加强组织领导,明确职责分工,结合实际主动作为,积极推进实施重点示范项目,抓好任务落实。

三、加大资金投入。有效发挥政府投资的引领示范和杠杆撬动作用,充分吸引社会资本参与智能交通建设和运营，构建开放包容的发展环境，完善法律法规，鼓励规范新业态、新模式发展。

四、发展改革委、交通运输部将统筹组织实施相关工作，加强协调指导，开展重点示范项目的督促推进和效果评估，及时总结推广经验。请各地方和部门及时反馈项目实施进展情况。

国家发展改革委

交通运输部

2016 年 7 月 30 日

推进“互联网 +”便捷交通　促进智能交通发展的实施方案

交通与互联网融合发展，有利于方便旅客出行、优化资源配置、提高综合效率，也是培育交通发展新动能、提升发展水平的重要方面。近年来，我国互联网技术、产业与交通融合方面取得积极进展，但在市场应用、基础条件、技术支撑、政策环境等方面仍然存在许多制约，难以满足发展智能交通、培育新业态的需要。为贯彻落实《国务院关于积极推进“互联网 +”行动的指导意见》（国发〔2015〕40 号），促进交通与互联网深度融合，推动交通智能化发展，全面提升质量效率，特提出以下实施方案。

一、总体要求

（一）指导思想。

全面贯彻党的十八大和十八届三中、四中、五中全会精神，按照“五位一体”总体布局和“四个全面”战略布局，牢固树立并贯彻落实创新、协调、绿色、开放、共享的发展理念，以旅客便捷出行、货物高效运输为导向，全面推进交通与互联网更加广泛、更深层次的融合，加快交通信息化、智能化进程，创新体制机制，优化营商环境，充分发挥企业市场主体作用，增加有效供给，提升效率效益，推动交通供给侧结构性改革，为我国交通发展现代化提供有力支撑。

（二）基本原则。

——创新发展，支撑引领。充分利用互联网、大数据、云计算等信息技术手段，优化运输组织方式，提供多元化产品，更好满足多样化需求。以智能交通发展为引领，增强行业创新能力，培育发展新业态和新模式。

——市场运作，提质增效。充分发挥传统运输企业和互联网企业的积极性，鼓励通过资本运作、技术合作、管理协作等形式开展全方位合作。发挥技术和市场优势，以客户为中心，提升综合交通运输体系整体运行效率和服务质量。

——政府引导，安全有序。调整完善扶持政策和监管方式，通过积极灵活的制度设计，促进新型服务业态规范发展，防范恶性竞争和市场垄断，推动有序发展。把握好融合开放与规范安全的关系，切实保障运输安全和网络安全。

——包容平等，开放共享。以满足运输出行需求，提高交通资源配置效率为出发点，鼓励和包容新业态、新模式发展，推动不同市场主体公平参与竞争，加大政府部门间的协调协同，推进交通设施、运营等数据信息资源互通共享，最大程度向社会开放。

（三）实施目标。

实施“互联网 +”便捷交通重点示范项目，到 2018 年基本实现公众通过移动互联终端及时获取交通动态信息，掌上完成导航、票务和支付等客运全程“一站式”服务，提升用户出行体验；基本实现重点城市群内“交通一卡通”互联互通，重点营运车辆（船舶）“一网联控”；线上线下企业加快融合，在全国骨干物流通道率先实现“一单到底”；基本实现交通基础设施、载运工具、运行信息等互联网化,系统运行更加安全高效。立足"十三五"、着眼更长时期的发展需求,逐步形成旅客出行与公务商务、购物消费、休闲娱乐相互渗透的"交通移动空间";实现各类交通信息充分开放共享,打破信息不对称,精准对接供需、高效配置资源;逐步构建"三系统、两支撑"的智能交通体系,实现先进技术装备自主开发和规模化应用,交通运输服务效率、资源配置效率以及交通治理能力全面提升。

二、完善智能运输服务系统

(四)打造"畅行中国"信息服务。加强政企合作,支持互联网企业和交通运输企业完善各类交通信息平台,形成涵盖运输、停车、租赁、修理、救援、衍生服务等领域的综合出行信息服务平台,实现全程、实时、多样化的信息查询、发布与反馈。增强国家交通运输物流公共信息平台服务功能,建设行业数据交换节点,开发交通运输物流运行分析服务产品。充分利用新型媒介方式,建设多元化、全方位的综合交通枢纽、城市及进出城交通、城市停车、充电设施等信息引导系统。提高交通动态信息板等可视化智能引导标识布设密度。完善交通广播等传统媒介功能,扩大高速公路交通广播覆盖范围。

(五)实现"一站式"票务支付。稳步推进全国道路客运联网售票系统建设,推动实名制长途汽车客运、重点区域水路客运电子客票试点应用,旅客凭身份证件、电子凭证可实现自助购(取)票、检票、进出站。推动机票、道路客运售票系统等向互联网企业开放接入,积极研究铁路客票系统开放接入条件,鼓励互联网企业整合集成,为旅客提供全方位、联程客票服务,形成面向全国的"一站式"票务系统。稳步推进交通一卡通跨区(市)域、跨运输方式互联互通;加快移动支付方式在交通领域应用。

(六)推进高速公路不停车收费(ETC)系统拓展应用。以提高通行能力,缓解交通拥堵、减少排放为重点,提高全国高速公路ETC车道覆盖率。提高ETC系统安装、缴费等的便利性,加大用户发展力度,着重提升道路客运车辆、出租车等各类营运车辆使用率,力争三年内客车ETC使用率达到50%以上。研究推广标准厢式货车不停车收费。提升客服网点和省级联网结算中心服务水平,建设高效结算体系。促进ETC系统与互联网深度融合,实现ETC系统在公路沿线、城市公交、出租车、停车、道路客运、铁路客运等交通领域的广泛应用。

(七)推广北斗卫星导航系统。推动各种全球卫星导航系统在交通运输行业兼容与互操作。加强全天候、全天时、高精度的定位、导航、授时等服务对车联网、船联网以及自动驾驶等的基础支撑作用。鼓励汽车厂商前装北斗用户端产品,推动北斗模块成为车载导航设备和智能手机的标准配置,拓宽在列车运行控制、车辆监管、船舶监管等方面的应用,更好服务于旅客出行、现代物流和旅游休闲等。

(八)推动运输企业与互联网企业融合发展。充分发挥运输企业和互联网企业各自优势,鼓励线上线下资源整合,为公众提供多元化、高品质服务。发掘和满足旅客潜在需求,依托线下资源向线上拓展,延伸服务链条,创新商业模式。发挥互联网面向个性化需求、响应及时、组织高效等特点,积极整合线下资源,通过定制承运、网络预约出租汽车、分时租赁等方式,在城市交通、道路客运、货运物流、停车、汽车维修等领域,发展"互联网+"交通新业态,并逐步实现规模化、网络化、品牌化,推进大众创业、万众创新。鼓励运输企业和互联网企业进行战略合作,实现信息资源、资本、技术和业务等方面深度融合,以及与上下游产业链有机结合。

三、构建智能运行管理系统

(九)完善交通管理控制系统。全面提升铁路调度指挥和运输管理智能化水平。推进新一代国家交通控制网、智慧公路建设,增强道路网运行控制管理能力。建设智慧港口,提高港口管理水平与服务效率;建设智慧航道,提升内河高等级航道运行状态在线监测能力;建设智慧海事,基于国家北斗地基增强系统和星基船舶自动识别系统,建设重点船舶全程跟踪和协同监管平台;推动E航海示范工程建设,为船舶提供辅助导航服务。完善现代空管系统,加强航空公司运行控制体系建设。推广应用城市轨道交通基于无线通信的列车控制系统。优化城市交通需求管理,完善集指挥调度、信号控制、交通监控、交通执法、车辆管理、信息发布于一体的城市智能交通管理系统。推进部门间、运输方式间的交通管理联网联控。

(十)提升装备和载运工具自动化水平。提升铁路计算机连锁、编组站系统自动化程度,建设无人化集装箱码头系统,有序推动无人机自动物流配送,稳步推进城市轨道交通自动驾驶。推广应用集成短程通信、电子标识、高精度定位、主动控制等功能的智能车载设施;建设智能路侧设施,提供网络接入、行驶引导和安全告警等服务;加强车路协同技术应用,推动汽车自动驾驶。推进自主感知全自动驾驶车辆研发,根据技术成熟程度逐步推动应用。鼓励研发定制化智能交通工具。

(十一)推进旅客联程联运和货物多式联运。推进各运输方式间智能协同调度,实现信息对接、运力匹配、时刻衔接。推动旅客客票向"一票制"、货物运单向"一单制"发展。依托移动互联网促进客运、物流信息整合,鼓励发展客货无车承运,实现一体衔接。加强多式联运、交通枢纽物流园区、城市配送、危险品运输、跨境电子商务等专业化经营平台信息互联互通,提升大宗物资、集装箱、快递包裹等重点货物运输效率。积极推动长江及长三角地区江海联运与多式联运信息服务平台建设。鼓励中国铁路95306综合物流网络平台开发物流配送手持应用等服务。引导相关企业完善甩挂运输管理信息系统,进一步完善民航领域离港系统、航空物流信息平台。

四、健全智能决策支持系统

(十二)建设安全监管应急救援系统。建立集监测、监控和管理于一体的铁路网络智能安全监管平台。依托国家安全生产监管平台,建设交通运输安全生产监管信息化工程。完善运行监测与应急指挥系统,加快省级和中心城市系统建设,加强对重点营运车辆和重点运输船舶的监管。提升民航飞机在线定位跟踪能力,建设民用无人机安全飞行智能监管平台。提升城市轨道交通运营安全监管能力。加快推进"绿盾工程"建设,完善邮政快递安全监管平台。充分利用互联网技术,建立跨部门联防联控体系,加强交通、公安、安监、气象、国土等部门间的信息共享和协调联动,完善突发事件应急救援指挥系统。

(十三)完善决策管理支持系统。加强交通规划、投资、建设、价格等领域信息化综合支撑能力,完善综合交通统计信息决策支撑体系。充分利用政府、企业、科研机构、社会组织等数据资源,挖掘分析人口迁徙、公众出行、枢纽客货流、车辆船舶行驶等特征和规律,加强对交通规划建设、运营管理和政策制定等决策的支撑。推动交通运输网上行政许可"一站式"服务,推进许可证件(书)数字化,促进行政许可、服务监督的信息化和互联互通。加快推动交通运输行政执法案件电子化,实现行政执法案件信息异地交换共享和联防联控;推进非现场执法系统试点建设,实现综合巡检和自动甄别。推动汽车电子健康档案系统和汽车维修配件追溯体系建设。

五、加强智能交通基础设施支撑

(十四)建设先进感知监测系统。以提升运行效率和保障交通安全为目的,加强交通基础设施网络基本状态、交通工具运行、运输组织调度的信息采集,形成动态感知、全面覆盖、泛在互联的交通运输运行监控体系。基本形成覆盖全国的铁路设施设备运行状况监控网络。推动国家公路网建设和运行的监测、管理和服务平台构建，完善监测网点布设，深化公路、水运工程基础设施质量安全状态感知监测及大数据应用。加快推进内河高等级航道数字化建设，大力推广应用电子航道图。加强城市地面交通、轨道交通、枢纽场站等运行状况信息采集能力。建设交通节能减排监测网点，加强分析预警。

（十五）构建下一代交通信息基础网络。加快车联网、船联网建设，在民航、高铁等载运工具及重要交通线路、客运枢纽站点提供高速无线接入互联网的公共服务，扩大网络覆盖面。进一步完善全国高速公路信息通信系统等骨干网络，提升接入服务能力。探索应用交通运行控制、运营管理和信息服务的通信网络新技术，建设铁路下一代移动通信系统，布局基于下一代互联网和专用短程通信（DSRC）的道路无线通信网。研究规划分配智能交通频谱。

（十六）强化交通运输信息开放共享。推动跨地域、跨类型交通运输信息互联互通，依托国家及行业数据共享交换平台和政府数据开放平台，促进交通领域信息资源高度集成共享和综合开发利用，完善综合交通运输信息平台功能。按政务公开的有关规定，政府交通信息资源分级分类向社会开放，鼓励基础电信企业和互联网企业向小微企业和创业团队开放资源。鼓励发展交通大数据企业，提升处理和分析能力，创新数据产品，更好支撑企业运营管理和政府决策。

六、全面强化标准和技术支撑

（十七）制定完善技术标准。制定交通运输行业基础性数据共享相关标准，拟定政府公开数据集规范。结合技术攻关和试验应用情况，推进制定人车路协同（V2X）国家通信标准和设施设备接口规范，开展专用无线频段分配工作。以共性基础标准为重点，构建与国际接轨的中国智能汽车标准体系。统一内河电子航道图标准，制定内河船舶射频识别标准。推动交通支付系统和设备标准化。制定物流信息平台相关技术标准。加快国家智能交通技术标准国际化。推动核心关键技术研发应用和技术标准制定推广。

（十八）积极研发和应用智能交通先进技术。把握现代信息技术发展趋势，适应智能交通发展市场需求，在以下领域提升自主创新能力，突破交通关键核心技术，做好试点示范推广和产业化应用，着力解决交通运输领域存在的关键共性技术和短板瓶颈等问题。

——铁路和城市轨道交通自动运行技术。从优化运行系统结构、提高行车密度、强化车地信息交互及控制功能等方面，积极发展列车自动控制系统。开展全自动运行系统关键技术攻关，在车载设备休眠和自动唤醒、故障情况下应急控制、车载设备小型化等方面实现突破。研发城市轨道交通智能检测维修系统，实现设备故障预警和隐患排查。支持研发轨道交通全自动运行和智能维修的整套装备和软件。

——车联网和自动驾驶技术。加大对基于下一代移动通信及下一代移动互联网的交通应用技术研发支持力度，攻克面向交通安全和自动驾驶的人车路协同通信技术，基于交通专用短程通信技术和现有电子不停车收费技术实现车路信息交互；研发并利用具有自主知识产权的 LTE 开展智能汽车示范应用。示范推广车路协同技术，鼓励乘用车后装和整车厂主动安装具有电子标识、通信和主动安全功能的车载设施。推动高精度的地图、定位导航、感知系统，以及智能决策和控制等关键技术研发。开展自动驾驶核心零部件技术自主攻关。充分利用大数据和云计算，实现智能共享和自适应学习，提高驾驶自动化水平。推广交通事故预防预警应急处理、运输工具主动与被动安全等技术。

——智能港航和船舶技术。在航海领域推广应用北斗卫星导航系统，提高船舶定位精度。在国际 E－航海战略规划下，研发下一代星基、陆基甚高频数据交换系统（VDES）和新型海上安全信息数字广播系统(NAVDAT),开发应用具有自主知识产权的基于S100标准和应用需求的电子海图和电子航道图应用船载终端,建设航海公共服务平台,提高中远海船舶保障能力。出台技术标准,加快船舶交通管理系统的国产化进程,促进船舶交通管理系统的区域和全国互联,实现海上智能交通管理。

——新一代空中交通管理技术。发展新一代空中交通管理系统,实现通信、导航、监视、信息管理和航空电子设备全面演进。重点发展地空数据链技术和地面IP网络技术等通信新技术。完善陆基导航的设施和布局,满足仪表运行和基于性能的导航运行需求,逐步推动从陆基导航向星基导航过渡。开展多静态一次监视雷达、多功用监视雷达、低空监视技术等新监视技术的研究工作。研究并推进广域信息管理技术应用。发展空中导航、空中防撞、机场地图和交通信息显示等先进航电技术。

——智能城市交通管理技术。加强大范围交通流信息采集、交通管理大数据处理、交通组织和管控优化、个性化信息服务等技术研发。进一步提升自主研发交通信号控制系统等在设备精确度、稳定性方面的技术水平,并大规模推广使用。

(十九)大力推动智能交通产业化。加快建立技术、市场和资本共同引领的智能交通产业发展模式。发挥企业主体作用,鼓励交通运输行业科技创新和新技术应用。推动智能交通基础设施规模化、网络化、平台化和标准化,营造开放的智能交通技术开发应用环境。

七、营造宽松有序发展环境

(二十)构建公平有序市场环境。放宽市场准入,鼓励社会资本积极参与交通新业态发展,调整完善相关支持政策,创造宽松发展环境。推动交通公共资源优化配置,实现不同市场主体在使用交通设施方面的同等待遇。

(二十一)推动信用信息双向对接。推动公共信用信息开放,支持市场主体依法获取承运人守法信用、银行信用以及“信用中国”网站相关公共信用信息,加快共享交通发展。将各类市场主体形成的承运人信用记录纳入全国信用信息共享平台。

(二十二)创新行业监管方式。各地应建立和健全部门联动协同监管机制,实行事前事中事后监管,依法规范网络预约出租汽车等新业态发展。不断提高行业监管水平和透明度。密切跟踪大规模市场兼并重组行为,加大力度甄别并处罚垄断及不正当竞争行为。

(二十三)健全网络安全保障体系。加强网络安全风险防控,提升技术保障能力,加强重点网站、信息系统和客户端的运行安全监测预警,定期开展安全风险和隐患排查,增强应急处置能力。增强国家信息安全责任意识,保障高精度、高敏感的交通信息安全,防止侵犯个人隐私和滥用用户信息等行为。提供交通服务的互联网平台企业数据服务器须设置在我国境内。

(二十四)完善相关法律法规。结合交通新业态发展特点,抓紧制订相关法律法规,规范引导行业发展。明确车辆、驾驶员等生产要素的市场准入标准,制定交通互联网服务标准。健全与行业发展相适应的税收制度。明确交通互联网服务企业及相关方在交通运输安全、信息安全、纠纷处置等方面的权利、责任和义务。研究制订智能汽车相关法规。

八、实施“互联网+”便捷交通重点示范项目

综合考虑国家战略、区域条件、市场需求等因素,形成《“互联网+”便捷交通重点示范项目》,在基础设施、功能应用、线上线下对接、政企合作、新业态、典型城市等方面,形成27项重点示范项目。

(二十五)持续推进项目建设。“互联网+”便捷交通重点示范项目主要是具有引领作用、显

著提升效率、提高安全水平、促进低碳节能、能够带动智能交通技术应用和关键核心技术研发的重点项目。各地方和部门要加大资金投入,有效发挥政府投资的引领示范和杠杆作用,充分吸引社会资本参与建设和运营。

(二十六)加强组织保障推动全面落实。发展改革委和交通运输部将会同有关部门,依据本实施方案,明确职责分工,落实工作任务,加强协同配合,形成合力。各地要结合本地区实际,主动作为,积极试点示范,抓好落实。

商务部等六部门关于印发《全国电子商务物流发展专项规划(2016-2020年)》的通知

商流通发〔2016〕85号

各省、自治区、直辖市、计划单列市及新疆生产建设兵团商务、发展改革、交通运输、邮政、质监(市场监督管理)部门、海关总署广东分署、各直属海关:

为加快电子商务物流发展,提升电子商务水平,降低物流成本,提高流通效率,根据国务院《物流业发展中长期规划(2014-2020年)》,商务部、发展改革委、交通运输部、海关总署、国家邮政局、国家标准委制定了《全国电子商务物流发展专项规划(2016-2020年)》,现印发你们,请认真遵照执行,并加强对规划实施情况的跟踪问效和监督检查。

商务部　国家发改委　交通运输部

海关总署　国家邮政局　国家标准委

2016年3月17日

全国电子商务物流发展专项规划(2016-2020年)

电子商务物流(以下简称电商物流)是主要服务于电子商务的各类物流活动,具有时效性强、服务空间广、供应链条长等特点。加快电商物流发展,对于提升电子商务水平,降低物流成本,提高流通效率,引导生产,满足消费,促进供给侧结构性改革都具有重要意义。根据国务院《物流业发展中长期规划(2014-2020年)》(国发〔2014〕42号)的要求,为进一步落实《国务院关于大力发展电子商务加快培育经济新动力的意见》(国发〔2015〕24号)和《国务院关于积极推进"互联网+"行动的指导意见》(国发〔2015〕40号),特制定本规划。

一、现状与形势

(一)发展现状。

近年来,随着电子商务的快速发展,我国电商物流保持较快增长,企业主体多元发展,经营模式不断创新,服务能力显著提升,已成为现代物流业的重要组成部分和推动国民经济发展的新动力。

1.发展规模迅速扩大。2015年,我国电子商务交易额预计为20.8万亿元,同比增长约27%。全国网络零售交易额为3.88万亿元,同比增长33.3%,其中实物商品网上零售额为32424亿元,同比增长31.6%。2015年,全国快递服务企业业务量累计完成206.7亿件，同比增长48%，其中约有70%是由于国内电子商务产生的快递量。总体看，电子商务引发的物流仓储和配送需求呈现高速增长态势。

2. 企业主体多元发展。企业主体从快递、邮政、运输、仓储等行业向生产、流通等行业扩展，与电子商务企业相互渗透融合速度加快，涌现出一批知名电商物流企业。

3. 服务能力不断提升。第三方物流、供应链型、平台型、企业联盟等多种组织模式加快发展。服务空间分布上有同城、异地、全国、跨境等多种类型；服务时限上有"限时达、当日递、次晨达、次日递"等。可提供预约送货、网订店取、网订店送、智能柜自提、代收货款、上门退换货等多种服务。

4. 信息技术广泛应用。企业信息化、集成化和智能化发展步伐加快。条形码、无线射频识别、自动分拣技术、可视化及货物跟踪系统、传感技术、全球定位系统、地理信息系统、电子数据交换、移动支付技术等得到广泛应用，提升了行业服务效率和准确性。

（二）面临形势。

随着国民经济全面转型升级和互联网、物联网发展，以及基础设施的进一步完善，电商物流需求将保持快速增长，服务质量和创新能力有望进一步提升，渠道下沉和"走出去"趋势凸显，将进入全面服务社会生产和人民生活的新阶段。

1. 电商物流需求保持快速增长。随着我国新型工业化、信息化、城镇化、农业现代化和居民消费水平的提升，电子商务在经济、社会和人民生活各领域的渗透率不断提高，与之对应的电商物流需求将保持快速增长。同时，电子商务交易的主体和产品类别愈加丰富，移动购物、社交网络等将成为新的增长点。

2. 电商物流服务质量和创新能力将显著提升。产业结构和消费结构升级将推动电商物流进一步提升服务质量。随着网络购物和移动电商的普及，电商物流必须加快服务创新，增强灵活性、时效性、规范性，提高供应链资源整合能力，满足不断细分的市场需求。

3. 电商物流"向西向下"成为新热点。随着互联网和电子商务的普及，网络零售市场渠道将进一步下沉，呈现出向内陆地区、中小城市及县域加快渗透的趋势。这些地区的电商物流发展需求更加迫切，增长空间更为广阔。电商物流对促进区域间商品流通，推动形成统一大市场的作用日益突出。

4. 跨境电商物流将快速发展。新一轮对外开放和"一带一路"战略的实施，为跨境电子商务的发展提供了重大历史机遇，这必然要求电商物流跨区域、跨经济体延伸，提高整合境内外资源和市场的能力。

二、指导思想、规划原则与发展目标

（一）指导思想。

深入贯彻党的十八大和十八届三中、四中、五中全会精神，发挥市场在资源配置中的决定性作用，树立"创新、协调、绿色、开放、共享"的发展理念，科学规划完善电商物流网络体系，加强线上线下融合，进一步提升电商物流的服务和创新能力，提高物流效率，降低物流成本，统筹国际国内两个市场、两种资源，建设有利于电商物流发展的法治化营商环境，实现电商物流健康、快速、持续发展。

（二）发展目标。

到2020年，基本形成"布局完善、结构优化、功能强大、运作高效、服务优质"的电商物流体系，信息化、标准化、集约化发展取得重大进展。电商物流创新能力进一步提升，先进物流装备、技术在行业内得到广泛应用。一体化运作、网络化经营能力进一步增强，运输、仓储、配送等各环节协调发展，紧密衔接。对外开放程度进一步提高，逐步形成服务于全球贸易和营销的电商物流网络。绿色发展水平进一步提高，包装循环利用水平有较大提升。电商物流企业竞争力显著加强，拥有一批具备国际竞争力、服务网络覆盖境内外的高水平企业。电商物流成本显著降低,效率明显提高,供应链服务能力大大增强。

(三)基本原则。

1.市场主导,政府推动。发挥市场机制的决定性作用,全面激发企业活力。加强政府在法律规范、规划引导、政策促进等方面的作用,着力解决体制机制、发展环境等方面存在的问题,促进电商物流行业健康发展。

2.统筹兼顾,重点突破。健全跨部门、跨行业、跨地区的协同工作机制。统筹当前和长远、全国与区域、城市和农村、国际和国内电商物流体系建设。围绕电商物流信息化、标准化、集约化等关键领域和薄弱环节,实现重点突破。

3.协调发展,加强创新。促进电子商务与实体经济、商贸与物流等的协调发展,加强运输、储存、装卸、搬运、包装、流通加工、配送、信息服务等环节的有机衔接。加强电商物流模式创新、管理创新和业态创新。

4.开放共享,绿色发展。坚持对外开放,鼓励企业开展国际化经营,努力打造内外贸结合的电商物流网络,提高电商物流企业国际竞争力。高效配置物流资源,提高共同化水平,降低物流配送的能耗和排放,促进包装标准化、减量化和循环利用。

三、主要任务

(一)建设支撑电子商务发展的物流网络体系。

围绕电子商务需求,构建统筹城乡、覆盖全国、连接世界的电商物流体系。依托全国物流节点城市、全国流通节点城市和国家电子商务示范城市,完善优化全国和区域电商物流布局。根据城市规划,加强分拨中心、配送中心和末端网点建设。探索"电商产业园+物流园"融合发展新模式,加强城际运输与城市配送的无缝对接,推动仓配一体化和共同配送,发展多式联运、甩挂运输、标准托盘循环共用等高效物流运作系统。

(二)提高电子商务物流标准化水平。

在快速消费品、农副产品、药品流通等领域,重点围绕托盘、商品包装和服务及交易流程,做好相关标准的制修订和应用推广工作。形成以托盘标准为核心,与货架、周转箱、托盘笼、自提货柜等仓储配送设施,以及公路、铁路、航空等交通运输载具的标准相互衔接贯通的电商物流标准体系。

(三)提高电子商务物流信息化水平。

推动大数据、云计算、物联网、移动互联、二维码、RFID、智能分拣系统、物流优化和导航集成系统等新兴信息技术和装备在电商物流领域的应用。重点提升物流设施设备智能化水平,物流作业单元化水平,物流流程标准化水平,物流交易服务数据化水平,物流过程可视化水平。引导发展智慧化物流园区(基地),推动建立深度感知的仓储管理系统,高效便捷的末端配送网络,科学有序的物流分拨调配系统和互联互通的物流信息服务平台。鼓励和支持电商物流企业利用信息化、智能化手段,加强技术和商业模式创新,推动电子商务与物流的融合发展、良性互动。

(四)推动电子商务物流企业集约绿色发展。

鼓励传统物流企业充分利用既有物流设施,通过升级改造,增强集成服务能力,加快向第三方电商物流企业转型;鼓励电商企业和生产企业将自营物流向外部开放,发展社会化第三方物流服务。支持具有较强资源整合能力的第四方电商物流企业加快发展,更好整合利用社会分散的运输、仓储、配送等物流资源,带动广大中小企业集约发展。支持电商物流企业推广使用新能源技术,减少排放和资源消耗,利用配送渠道回收包装物等,发展逆向物流体系。

(五)加快中小城市和农村电商物流发展。

积极推进电商物流渠道下沉,支持电商物流企业向中小城市和农村延伸服务网络。结合农村产业特点,推动物流企业深化与各类涉农机构和企业合作,培育新型农村电商物流主体。充分利用"万村千乡"、邮政等现有物流渠道资源,结合电子商务进农村、信息进村入户、快递“向西向下”服务拓展工程、农村扶贫等工作，构建质优价廉产品流入、特色农产品流出的快捷渠道，形成“布局合理、双向高效、种类丰富、服务便利”的农村电商物流服务体系。

（六）加快民生领域的电商物流发展。

支持电商物流企业与连锁实体商店、餐饮企业、社区服务组织、机关院校等开展商品体验、一站式购物、末端配送整合等多种形式合作。加快以鲜活农产品、食品为主的电子商务冷链物流发展，依托先进设备和信息化技术手段，构建电子商务全程冷链物流体系。支持医药生产和经销企业开展网上招标和统一采购，按照GSP(《药品经营质量管理规范》）要求，构建服务医药电子商务的网络化、规范化和定制化的全程冷链及可追溯物流体系，确保药品安全。

（七）构建开放共享的跨境电商物流体系。

加快发展国际物流和保税物流，构筑立足周边、辐射“一带一路”、面向全球的跨境电商物流体系。鼓励有实力的电商物流企业实施国际化发展战略，通过自建、合作、并购等方式延伸服务网络，实现与发达国家重要城市的网络连接，并逐步开辟与主要发展中国家的快递专线。支持优势电商物流企业加强联合，在条件成熟的国家和地区部署海外物流基地和仓配中心。促进国内外企业在战略、技术、产品、数据、服务等方面的交流与合作，共同开发国际电商物流市场。

四、重大工程

（一）电商物流标准化工程。

加快电商物流技术、装备、作业流程、信息交换、服务规范等标准制修订工作，重点完善包装、托盘、周转箱、物品编码标准，加快制订快递服务与网络零售信息系统数据接口标准。围绕托盘标准化及其循环共用，以电子商务物流企业、大型商贸连锁企业、快速消费品生产企业、第三方物流企业、托盘租赁服务企业为主体，上下游联动推进电子商务物流标准化。加强《电子商务物流服务规范》（SB/T 11132—2015）、《城市物流配送汽车选型技术要求》（GB/T 29912）、《道路车辆外廓尺寸、轴荷及质量限值》（GB 1589）的实施，引导企业推广使用符合标准的配送车型，加快开展城市配送车辆统一标识管理工作。

（二）电商物流公共信息平台工程。

鼓励现有的物流信息服务平台拓展交易、融资、保险、支付、诚信、全程监控、技术支持等服务功能，提高服务质量，扩大服务范围，提高辐射能力，形成3~5个具有整合国内国际物流资源能力的大型电商物流平台。鼓励政府部门开放物流相关信息，满足企业、社会和最终用户的需求。鼓励各类物流信息服务平台互联互通，资源共享，打破“信息孤岛”。依托跨境电子商务综合试验区，探索建设服务于跨境电商的一站式物流服务平台。

（三）电商物流农村服务工程。

结合新型城镇化建设，依托“电子商务进农村”等工程，整合县、乡镇现有流通网络资源，发展农村电商物流配送体系。鼓励电子商务企业、大型连锁企业和物流企业完善农村服务网点，发挥电商物流在工业品下乡和农产品进城的双向流通网络构建中的支撑作用。支持建立具备运营服务中心和仓储配送中心（商品中转集散中心）功能的县域农村电子商务服务中心，发展与电子交易、网上购物、在线支付协同发展的农村物流配送服务。

（四）电商物流社区服务工程。

依托“电子商务进社区”等工程，新建或改造利用现有资源，完善社区电商物流便民基础设施，发展网购自提点，推广智能终端自提设备。支持连锁零售企业、快递企业、末端配送企业、生活服务类企业共同打造便民利民的社区电商物流服务体系，解决“最后一公里”“最后一百米”末端配送难题。

（五）电商冷链物流工程。

支持电商冷链物流企业运用现代技术优化流程，推广应用电子化运单、温湿度记录系统、物联网等技术，确保加工制作、储藏、运输、配送、销售各个环节始终处于温控状态，实现运营透明化、流程可视化、查询便利化，降低损耗率。支持电商冷链物流配送中心和配送站点建设，鼓励经营鲜活农产品、食品、药品的电子商务平台企业创新经营方式和商业模式，实现线上线下结合，有效降低冷链成本。

（六）电商物流绿色循环工程。

鼓励电商物流快递企业利用配送渠道，回收利用废弃包装物。开展电商物流业包装标准化和分类回收利用工作，提高利用效率。推广使用新型电商物流包装技术和材料，促进包装减量化和可循环使用，以及包装废弃物易降解和无害化。通过网络、电视、报纸等媒体加强环保公益宣传，树立理性包装和绿色包装理念。

（七）电商物流跨境工程。

推进跨境电商物流便利化。为电商物流企业的国际化和海外并购，提供法务、商务和税务方面的信息支持，推进海外并购审批、外汇便利化等。将跨境电子商务的订单、支付、物流、质量安全等信息集成为综合通关数据，进行汇总申报，推进通关便利化。完善海关、检验检疫、邮政管理等部门之间的协作机制，推动国家间、地区间检验检疫标准互认。鼓励国内邮政设施、邮政国际通道、航空运输资源和铁路运输资源等向电商物流企业开放与共享。

（八）电商物流创新工程。

支持科研机构、大专院校建立电商物流领域创新平台或研究机构，着力解决电商物流发展的重大技术瓶颈。鼓励构建产学研用创新联盟，创新体制与模式，重点开展电商物流机器人、云计算、北斗导航、模块集成、信息采集与管理、数据交换等基础技术的研发；推动电子合同、电子结算、物流跟踪、信息安全、顾客行为分析等技术应用。推动电商物流企业管理创新、服务创新和商业模式创新。

五、组织实施和保障措施

（一）加强规划落实和组织实施。

商务、发展改革、交通运输、海关、邮政、标准化等主管部门要在国家现代物流工作综合协调机制下，加强协调配合，突出重点，落实责任，形成合力。地方相关部门要按照本规划确定的目标和任务，根据电商物流发展特点，结合实际，加强对本地电商物流发展的指导，尽快制定具体实施方案，完善和细化相关政策措施，扎实做好各项工作。相关协会、商会、联盟等社会团体要充分发挥在行业自律、产业研究、标准宣贯、统计监测、人员培训、宣传推广等方面的作用，推动行业健康发展。

（二）营造良好发展环境。

进一步深化相关领域改革，打破地方封锁和行业垄断，禁止滥用行政权力和市场支配地位排除限制竞争。积极转变政府职能，提高行政效率，简化电商物流企业行政审批和营业网点审批（备案）手续。建立与电商物流企业网络化布局与一体化经营相适应的企业工商登记制度。完善电子发票制度，推广电子发票在各领域的应用，促进电子发票与电子商务税务管理的衔接。健全相关法律法规，规范市场主体行为，形成公平公正、统一开放、竞争有序的市场环境。

（三）加强和完善政策支持。

利用服务业发展专项资金和现有相关政策，对重点任务和重大工程给予相应的支持。鼓励运用多种融资渠道和方式服务电商物流，解决电商物流企业融资难、融资贵问题。做好电商物流的仓储、分拨、配送等规划选址和用地保障，落实好现有鼓励政策。完善城市交通和配送管理政策，解决城市配送及快递车辆通行、停靠等交通管理问题。鼓励采用新能源汽车和符合标准的电动三轮车。

（四）完善信用和监管体系。

探索电商物流企业等级评定和信用分级管理，支持建立以消费者评价为基础，以专业化第三方评估为主体的市场化电商物流信用评级机制。完善电商物流行业信息披露机制、“红名单”“黑名单”制度，营造“守信受益、失信惩戒”的良好社会氛围，改善市场信用环境。加强跨境电商物流监管，建立高效、便利、统一的公共服务平台，构建可追溯、可比对的数据链条，满足监管要求。依托电子口岸，建设“单一窗口、一站式”服务平台，保障国际物流快件报关、报检、入出境、入出关实时监控。

（五）健全电商物流统计监测制度。

完善统计指标体系、创新调查方法，科学选择统计样本，确保行业统计数据及时、准确，全面掌握电商物流行业发展情况。加强电商物流统计监测，做好重点领域、重点环节、重点时间节点的数据监控，依托统计数据信息，做好行业发展形势的研判和风险分析，为相关部门、企业决策提供决策咨询和预警。

交通运输部　国家发展改革委　公安部　财政部　国土资源部 住房城乡建设部 农业部 商务部 供销合作总社 国家邮政局 国务院扶贫办 关于稳步推进城乡交通运输一体化提升公共服务水平的指导意见

交运发〔2016〕184 号

各省、自治区、直辖市、新疆生产建设兵团交通运输厅（局、委），发展改革委，公安厅（局），财政厅（局），国土资源厅（局），住房城乡建设厅（委），农业（农牧、农村经济）厅（局、委、办），商务厅（局），供销合作社，邮政管理局，扶贫办（局）：

推进城乡交通运输一体化，提升公共服务水平是加快城乡统筹协调、缩小区域发展差距、实现精准扶贫脱贫的迫切要求，是推进新型城镇化建设和实现全面建成小康社会的重要内容。为贯彻落实《国民经济和社会发展第十三个五年规划纲要》关于推动城乡协调发展的部署要求，加快推进城乡交通运输一体化，提升公共服务水平，更好地满足人民群众出行和城乡经济社会发展需要，现提出以下意见。

一、总体要求

（一）指导思想。

全面贯彻党的十八大和十八届三中、四中、五中全会精神，落实中央扶贫开发工作会议、中央城市工作会议以及中央农村工作会议相关部署，牢固树立和贯彻落实创新、协调、绿色、开放、共享的发展理念，以完善城乡交通基础设施，推进城乡交通运输协调发展，实现基本公共服务均等化为目标，坚持“城乡统筹、资源共享、路运并举、客货兼顾、运邮结合”，补齐城乡交通运输发展短板，加快交通基础设施建设，推进供给侧结构性改革，完善管理体制机制和政策保障体系，提升服务质量和水平，引领和支撑城乡经济协调发展，让人民群众共享交通运输改革发展成果。

（二）基本原则。

政府引导、市场运作。城乡交通运输具有很强的社会公益属性，要发挥政府引导作用，充分调动各方积极性，鼓励社会参与，激发市场活力。对于农村客运（含渡运）、农村通邮、城市公交（含城市轮渡）等公共服务领域，要加强政府主导，加大财政投入和政策支持力度。

以人为本、优化供给。立足保基本、补短板、兜底线，方便出行、安全第一、服务优质，逐步缩小城乡差距和地区差异，全面满足城乡交通运输公共服务需求，让人民群众有更多获得感。

EMS
CNPL
中邮物流
China Postal Airlines 中国邮政航空
世界皆比邻
EMS拉近你与世界的距离
手机EMS
微信自助平台

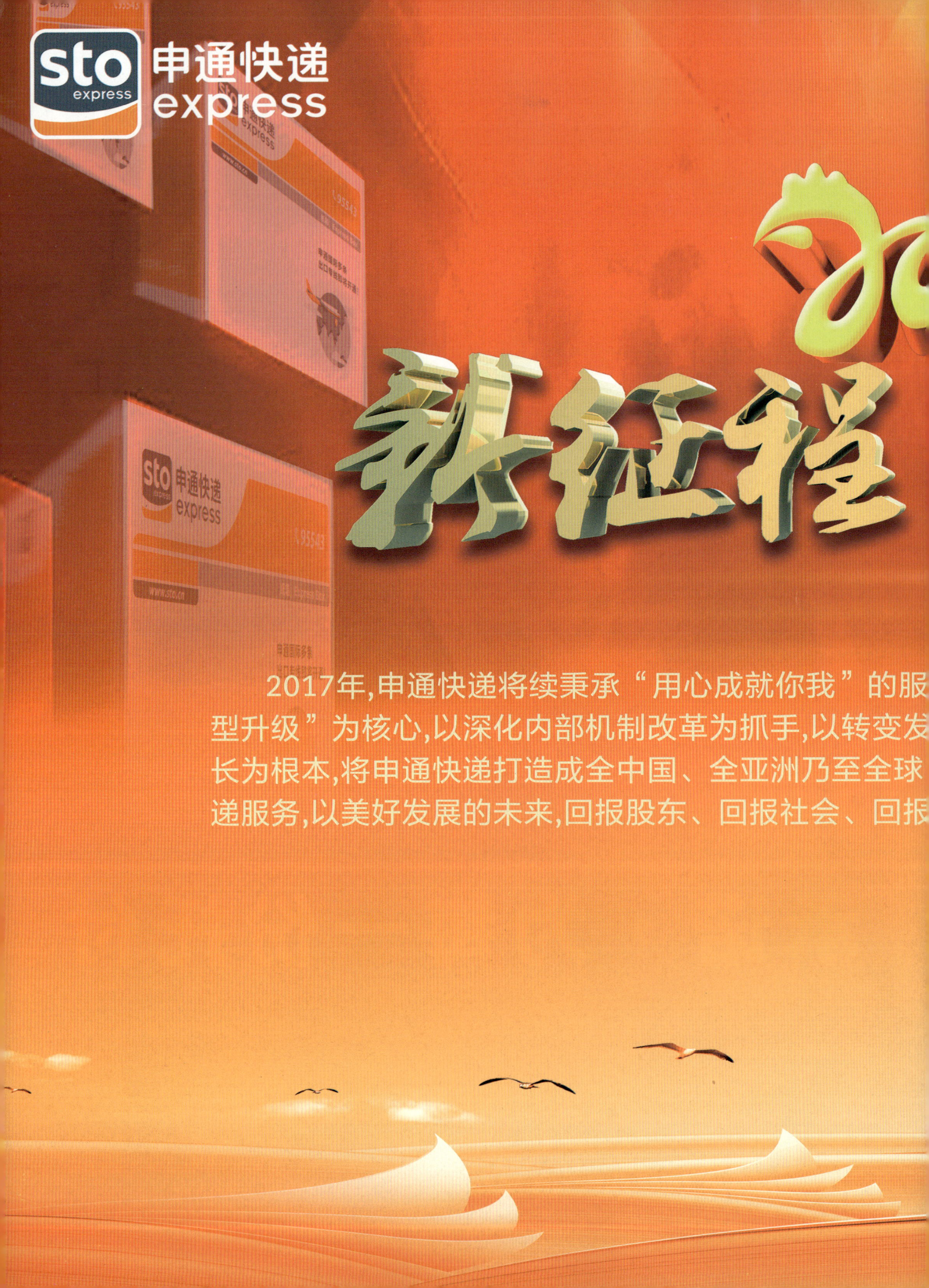
申通快递
sto express
express
新征程
2017年,申通快递将续秉承“用心成就你我”的服
型升级”为核心,以深化内部机制改革为抓手,以转变发
长为根本,将申通快递打造成全中国、全亚洲乃至全球
递服务,以美好发展的未来,回报股东、回报社会、回报

梦启航
念,以“做大做强做优”为目标,以“创新驱动、转
式为主线,以制度管理为保障,以规模和效益同步增
递业标杆企业,让全世界都能享受到中国优质的快
的国家。
申通快递
express
95543

服务时效

圆通计时达秉承“高频次、高时效”的理念，为客户提供以下产品服务：

产品特点

时效保障

精准时效承诺，超时未达，全额退费。

服务到位

即时配送、O2O配送、仓储配送。（贵品保价、代收货款、夜间服务、逆向物流等服务陆续开放）

个性定制

将传统快递与落地配完美结合、兼顾标准化及个性化，全面满足客户多元化的新需求。

18-95554

扫描二维码关注我们

统筹协调、资源整合。统筹城乡、区域之间交通运输协调发展,加快推进城乡交通基础设施的衔接和城乡交通运输服务的一体化建设。推动城乡交通运输与供销、旅游、电商等资源共享,实现优势互补和融合发展。

因地制宜、分类指导。综合考虑经济社会发展水平、不同特点分类指导,鼓励各地先行先试,探索形成不同类型、可复制可推广的城乡交通运输一体化发展模式及实施途径。

(三)发展目标。

到2020年,城乡交通运输服务体系基本建立,城乡交通基础设施网络结构优化并有效衔接,公共服务水平显著提升,城乡交通运输一体化格局基本形成,社会公众认可度和满意度显著增强,更好地满足城乡经济社会发展需要。主要目标是实现“八个100%”:具备条件的乡镇和建制村通硬化路率达到100%;具备条件的乡镇和建制村通客车比例达到100%;城市建成区路网密度和道路面积率符合要求比例达到100%;中心城市公交站点500米覆盖率达到100%;500人以上岛屿通航比例达到100%;建制村直接通邮比例达到100%;具备条件的乡镇快递服务网点覆盖率达到100%,具备条件的建制村通快递比例达到100%。

二、加快推进城乡交通运输基础设施一体化建设

(四)加强城乡交通运输规划衔接。立足城乡统筹发展,统筹规划城乡交通基础设施、客运、货运物流、邮政快递等内容,加强城乡交通基础设施衔接,整合城乡综合交通运输资源,完善优化运输网络,提升城乡交通运输公共服务水平。建立规划衔接协调机制,实现与经济社会发展规划、城乡规划、土地利用规划统筹衔接。强化规划调控力度,确保规划执行到位。

(五)加快城市交通基础设施建设。建设快速路、主次干路和支路级配合理的城市道路网系统,城市建成区平均路网密度和道路面积率符合国家有关标准;打通阻碍城乡一体化衔接的“断头路”,提高道路通达性。加强自行车道和步行道系统建设,改善步行和自行车交通出行条件。符合条件的城市要加快轨道交通建设,发挥地铁等作为公共交通的骨干作用。

(六)加快城乡交通基础路网建设。建设外通内联的城乡交通骨干通道,加强城市道路、干线公路、农村公路、渡口码头之间的衔接,强化市县乡村之间的交通联系。大力推进“四好农村路”建设,促进农村公路建管养运一体化发展。实施百万公里农村公路工程,加快实现所有具备条件的乡镇和建制村通硬化路。加快推进公路安全生命防护工程实施,进一步加强农村公路危桥改造,建设适宜的农村渡河桥。对不满足安全通行要求的窄路基路面公路要实施加宽改造。完善交通标志标线,建立配套管理机制。加强城乡道路建设与市政工程设施的协调。综合考虑群众实际需求、建设条件、安全运营等因素,分类推进撤渡建桥、撤渡修路、撤渡并渡。加强公路路域环境综合治理,推进城市道路、干线公路临近城区路段改造,缓解进出城市交通拥堵。

(七)加快城乡水运设施建设。加快建设有市场需求的内河客运码头、乡镇渡口和城乡便民停靠点。加快推进渡口标准化建设和改造,完善渡口设施设备和标志标识,促进渡口建管养一体化。改善海岛交通基础设施,加快陆岛交通码头建设。

(八)加快完善城乡运输站场体系建设。科学规划和建设标准适宜、经济实用的农村客货运站点,并保障建设用地。农村客运站点应与农村公路同步规划、同步设计、同步建设和同步交付使用。加强既有客运站点的升级改造和功能完善。鼓励客运站与城市公交站点有序衔接和融合建设,推进公交停靠站向道路客运班线车辆开放共享,方便客车乘员下车换乘。完善相关配套政策,鼓励和支持农村客货运站场用地依法立体开发使用。

三、加快推进城乡客运服务一体化建设

（九）完善城乡客运服务网络。加快建立完善综合运输网络体系，实现城乡道路客运与铁路客运、机场、码头的一体化换乘和衔接。统筹协调城市公共交通、城际客运和农村客运发展，采取不同模式提高建制村通客车率，提高城乡客运网络的覆盖广度、深度和服务水平，确保人民群众"行有所乘"。贯彻落实公交优先发展战略，稳步拓展城市公共交通服务网络。对于重点乡镇及道路通行条件良好的农村地区，鼓励通过城市公交线网延伸或客运班线公交化改造，提升标准化、规范化服务能力。采用公交化运营的客运班线，经当地政府组织评估后，符合要求的可使用未设置乘客站立区的公共汽车。对于出行需求较小且相对分散的偏远地区，鼓励开展预约、定制式等个性化客运服务。

（十）推进城乡客运结构调整。加快整合城乡客运资源，鼓励开展区域经营，积极培育骨干龙头客运企业，鼓励整合分散的农村客运经营主体。引导农村客运班线采取区域经营、循环运行、设置临时发车点等灵活方式运营。规范城乡客运经营服务行为，强化服务质量监管和社会监督，提升运营服务品质，打造城乡客运服务品牌。

（十一）完善城乡客运价格形成机制。综合考虑社会承受能力、财政保障水平、企业运营成本、运输产品服务质量差异、交通供求和竞争状况等因素，完善城乡客运价格形成机制，合理确定票制票价，建立多层次、差异化的价格体系，更好满足城乡居民出行需求。

（十二）提升乡村旅游交通保障能力。加大交通运输支持乡村旅游发展力度，积极拓展"运游一体"服务。加快改善农村特色产业、休闲农业和乡村旅游等的交通条件，进一步提升交通服务旅游的保障能力。积极支持传统村落、休闲农业聚集村、休闲农园、特色景观旅游名村、"农家乐"等乡村特色旅游区域开通乡村旅游客运线路。加快农村旅游景区、人口密集区域的停车场、充电桩等基础设施建设。

（十三）保障城乡交通运输安全。发挥县乡人民政府的组织领导作用，健全农村交通安全防控网络，大力推进乡镇交管站（办）、农村交通安全劝导站和乡镇交通安全员、农村交通安全劝导员建设、培训，切实履行好安全监管、监督责任。强化部门联动，密切分工协作，督促企业严格落实安全生产主体责任，加大安全投入，加强从业人员培训教育，切实提高安全服务水平。积极推广应用乡村营运客车标准化车型。加强渡口渡船安全管理。建立完善道路通行条件和农村客运线路联合审查机制。加强农村公路设施巡查，及早发现农村公路设施隐患，妥善处治。

四、加快推进城乡货运物流服务一体化建设

（十四）构建覆盖县乡村三级农村物流网络。按照农村物流网络节点建设指南的技术要求，加快推进农村物流网络节点建设，实现建设标准化、管理规范化、服务多元化，全面提升农村物流站点服务能力和水平。做好网络节点体系系统规划，优化站点布局，按照层次清晰、规模适度、功能完善的要求，拓展站场的仓储服务、电商快递服务、信息交易等物流服务功能，实现资源的衔接整合。统一物流站场运营服务标准，规范物流经营服务行为。加快农村物流站点的信息化建设，促进物流信息的集约共享和高效联动。

（十五）增强邮政普遍服务能力。重点推进西部地区和农村地区邮政基础设施建设，建立乡镇及农村邮政营业场所可持续运营的长效机制，支持邮政企业做强寄递主业，促进投递深度向下延伸，农村地区总体实现建制村直投到村。提升处理运输基础能力，引导邮政企业利用农村客货运站场等交通运输基础设施，建立仓储场地和小型邮件分拨中心，进一步强化县域邮件处理能力。

（十六）推进快递服务能力提升。继续推进快

递“向西向下”服务拓展工程，加强中西部和农村地区快递网络建设，引导快递企业合理规划快递节点布局，落实网点建设标准，在特色经济乡镇、交通枢纽乡镇等地区建设高标准服务网络，提高网点均衡度和稳定性，实现县乡全面覆盖。健全农村快递末端网络，提高快递服务乡镇覆盖率。

（十七）加强农村交通运输资源整合。推进城乡交通运输“路、站、运、邮”协调发展。按照“多点合一、资源共享”模式，加快集客运、货运、邮政于一体的乡镇综合客运服务站点建设。引导交通运输、邮政、商贸、供销等物流资源的整合，促进农产品进城和农资、消费品下乡双向流通。推广适合农村公路条件的厢式、冷藏等专业化车型。支持农产品冷链物流体系建设，鼓励规模运输企业开展冷链运输。促进农村物流、邮政快递和电子商务融合发展。引导市场主体对接农村电商平台，积极参与农产品网上销售、流通追溯和运输配送体系建设。

五、努力营造城乡交通运输一体化发展环境

（十八）强化组织保障。进一步提高思想认识，积极争取地方党委、政府支持，将城乡交通运输一体化工作列入重要议事日程，并将城乡交通运输一体化水平纳入当地全面建成小康社会目标或年度工作目标。加强组织领导，交通运输、发展改革、财政、公安、国土、住房城乡建设、农业、商务、扶贫、邮政、供销等部门之间应加强沟通协调，明确责任分工，形成工作合力。

（十九）拓宽城乡交通运输发展资金渠道。积极推动建立政府购买城乡交通运输公共服务制度。充分利用现有农村公路建设、农村客运站建设、老旧车船更新等资金，提高资金使用效率，落实各项税收优惠政策和农村客运成品油价格补助政策。发挥好中央资金、地方一般公共预算收入的引导和杠杆作用，带动社会资本投入。鼓励和引导金融机构开发专项金融服务和产品，为城乡交通运输一体化发展提供优质、低成本的融资服务。对于中西部地区、革命老区、民族地区、边疆地区以及集中连片特困地区，按照《中共中央国务院关于打赢脱贫攻坚战的决定》予以支持。

（二十）强化事中事后监管。加强交通运输行业信用体系建设，建立健全相关市场主体信用记录，纳入全国信用信息共享平台。建立完善城乡交通运输服务水平评价制度，加强评价结果的公布与应用。落实“双随机、一公开”监管制度，充分利用“12328”服务热线及邮政业消费者申诉受理渠道等，发挥社会公众监督作用。积极推动移动互联网等新技术在城乡客运生产管理、运营调度和安全应急等方面的应用。对于经营行为不规范、不履行普遍服务责任、存在重大安全隐患和突出交通违法行为的经营主体及其车辆，要依法严格处理。

（二十一）强化法规政策保障。加快推进城乡交通运输一体化服务的法治化、标准化进程。积极推进修订《道路运输条例》和制定《城市公共交通条例》等相关法规，完善配套规章制度。研究制定城乡交通运输一体化配套标准和相关技术政策。交通运输部会同有关部门开展城乡交通运输一体化考核评价和监督指导，加强监督检查，确保政策实效。组织开展城乡交通运输一体化建设工程，总结经验并适时加以推广。

交通运输部
国家发展改革委
公安部
财政部
国土资源部
住房和城乡建设部
农业部
商务部
供销合作总社
国家邮政局
国务院扶贫办
2016年10月25日

交通运输部关于推进供给侧结构性改革 促进物流业“降本增效”的若干意见

交规划发〔2016〕147号

为贯彻落实党中央、国务院关于推进供给侧结构性改革和降低实体经济企业成本的决策部署，切实发挥交通运输在物流业发展中的基础和主体作用，促进物流业“降本增效”，现提出如下意见。

一、总体要求

（一）重大意义。

交通运输是物流业的基础环节和重要载体，是提升物流供需匹配效率的关键，在实现物流业“降本增效”中具有重要作用。近年来，交通运输行业积极拓展服务领域、延伸服务链条，有力推进了物流业发展，但仍存在运输结构不合理、运输组织方式落后、装备技术和信息共享水平较低、创新能力不强等问题，难以适应日益增长的高品质、多元化、个性化物流需求，影响了物流综合效率效益的提升。加快推进交通运输供给侧结构性改革，切实优化运输服务供给，对于提高实体经济企业竞争优势、提升经济整体运行效率、培育发展新动能具有重要意义。

（二）指导思想。

全面贯彻党的十八大和十八届二中、三中、四中、五中全会精神，牢固树立和贯彻落实创新、协调、绿色、开放、共享发展理念，以促进物流业“降本增效”为导向，以提升运输链综合效率为着力点，以结构性调整、制度性改革、技术性创新为路径，切实推进物流业集约化、智能化、标准化发展，实现交通运输与物流深度融合，为经济转型升级和高效运行注入新活力。

（三）基本原则。

市场主导、政府引导。充分发挥市场在资源配置中的决定性作用和更好发挥政府作用，进一步健全政策法规与标准规范，营造物流业发展良好环境。

问题导向、重点突破。以增效促降本，围绕影响物流效率提升的交通运输相关问题，补齐短板，精准施策，通过提升运输链综合效率提高物流业发展质量效益。

锐意创新、技术支撑。推广先进技术应用，大力推动“互联网+”高效物流、“互联网+”便捷交通发展，鼓励基于互联网的物流服务模式、管理模式创新以及新兴业态发展。

多业融合、协同联动。推动交通运输与物流业、制造业等联动发展，加强部门间、产业间、区域间协同联动，推进运输链、物流链、产业链“三链”深度融合。

（四）工作目标。

经过持续努力，到2020年，基本建成经济便捷、高效优质的交通运输物流服务体系，物流运行效率明显提升，降低实体经济企业物流成本取得积极成效。

切实增强交通运输在物流业“增效”中的引领作用。运输结构明显优化，铁路、水运在大宗物资远距离运输中的分担比例稳步提升。培育出一批示范带动性强的平台型物流企业，道路货运“散、小、弱”局面明显改善。多式联运进一步推广，铁路货运集装箱运输比例达15%左右，重点港口集装箱铁水联运比例年均增长10%左右。

进一步发挥交通运输在物流业“降本”中的先行作用。货运领域不合理涉企收费基本消除。公路收费政策体系更加完善。跨运输方式信息互联应用水平显著提高，无效运输明显减少，运输时间成本有效降低。

全面提升交通运输与物流业融合发展的水平。道路货运无车承运人、多式联运经营人、平台型物流企业等“互联网+”环境下的新兴业态取得突破性进展。开展50个左右道路货运无车承运人试点，交通运输在物流链中的纽带作用充分发挥。

有效改善交通运输物流发展环境。物流标准化水平进一步提升，车辆运输车等重型载货汽车标准化率达到80%。交通运输物流诚信体系初步建立。冷链运输、城市配送、危险品运输、农村物流、快递等专项领域和重点区域物流发展环境显著改善并达到新的水平。

二、完善衔接顺畅的基础网络

（一）进一步完善物流大通道。聚焦物流大通道短板，提升大通道设施网络通行能力。大力拓展干线铁路网覆盖面，加快复线建设和电气化改造，基本贯通国家高速公路主线，推进繁忙路段扩能改造，加快内河高等级航道建设，进一步改善物流大通道跨境设施条件。努力形成货畅其流、经济便捷的跨区域物流大通道。

（二）提升交通物流枢纽服务水平。引导全国交通物流枢纽合理布局，推动上海、广州、武汉等一批骨干交通物流枢纽建设。优化中心城市及周边物流基础设施布局，重点支持具备多式联运、干支衔接、口岸服务等功能的货运枢纽（物流园区）建设，促进各种运输方式和不同运输组织形式间有效衔接、高效转换。有序引导内陆无水港发展。

（三）畅通枢纽节点“微循环”。重点围绕港口、大型综合性物流园区等枢纽节点，加强集疏运铁路和公路建设，强化重要枢纽节点与干线铁路、高等级公路和城市主干道等间的连接，提高干支衔接能力和转运分拨效率，打通枢纽节点微循环“最后一公里”梗阻。

三、构建集约高效的服务平台

（四）促进物流相关信息互联应用。以国家交通运输物流公共信息平台为基础，综合政府、企业与社会各类基础和专用信息，推动建设国家物流大数据中心。加快铁路、公路、水运、民航、邮政等行业数据交换节点建设。强化与相关部门政务信息共享和业务协同，提高公共服务能力和行业监测能力。推动与日韩、东盟、欧盟等国家和地区物流信息互联互通。加强国家交通运输物流公共信息平台安全等级保护工作。鼓励企业加强先进信息技术应用。

（五）鼓励平台型物流企业和企业联盟发展。鼓励物流企业创新合作模式，大力发展分享经济，加快资源优化整合。在公路港、快递、冷链运输等领域，引导和支持一批全国统筹布局、线上线下交易的平台型物流企业发展。支持龙头骨干物流企业网络化布局，促进资源高效利用，引导物流市场集约化发展。

（六）推动道路货运无车承运人发展。鼓励依托互联网平台的道路无车承运人发展，通过试点工作，探索完善道路货运无车承运人在许可准入、运营监管、诚信考核等环节的管理制度。健全道路货运无车承运人在信息共享、运输组织、运营服务等方面的标准规范，培育一批理念创新、运作高效、服务规范的道路货运无车承运人。

（七）推进传统交通运输企业向现代物流企业转型。鼓励运输和物流企业利用“互联网+”发展一体化、全过程的供应链管理服务，提升物流增值服务能力，补齐定制化、专业化、精益化服务短板，引导实体经济企业物流需求社会化。推动交通物流枢纽与制造业集聚区、产业集群协调发展，形成产、购、销、运、储一体化产业生态圈。

四、提升运输链条的组织效率

（八）大力发展多式联运。推进铁水、公铁、陆空等多式联运发展，重点支持以集装箱、厢式半挂车为标准运载单元的联运组织形式，提高一体化衔接水平和中转换装效率。积极培育多式联运经营人，鼓励企业间创新合作模式，优势互补，提高多式联运全程服务能力。统筹制订多式联运标准规范和服务规则，推进联运服务“一单制”。加快实施多式联运示范工程。推动快递“上车上船上飞机”。

（九）深入推进甩挂运输发展。继续推进甩挂运输试点工作，重点支持多式联运甩挂、企业联盟甩挂、网络型甩挂、干线运输和城市配送衔接甩挂、中置轴汽车列车甩挂、挂车互换及接驳甩挂等模式的发展。加快完善相关法规和技术标准，推动站场、车辆、信息等甩挂资源的共享利用和优化配置，优化甩挂运输发展条件。

（十）完善农村物流服务网络。推进农村地区资源路、产业路等功能性道路建设。鼓励农村地区充分利用邮政、供销网点以及客运站，积极发展农村物流末端节点。结合农村地区一二三产业分布特点，积极发展农村“货运班线”、快递班车，开展县至乡镇、沿途行政村的双向货运服务。鼓励合规利用农村班线客车代运邮件和小件快递，健全末端小件快运服务体系。

（十一）推进区域交通物流一体化发展。落实国家区域发展总体战略和产业布局优化调整的要求，大力提升区域交通物流一体化发展水平。以三大战略为引领，通过示范带动，研究建立跨区域交通物流一体化发展合作机制，促进基础设施互联互通、运输组织协同高效、信息资源共享应用、管理政策规范统一。

（十二）推进跨境运输便利化。依托“一带一路”等国家战略，促进中欧班列优化布局和集约利用，推进中欧班列国内节点建设。加强与海关、检验检疫等管理部门的合作，协助推进海关多式联运监管中心建设。完善双边、多边运输合作机制，推动实施国际运输便利化公约，重点推进与东北亚、东南亚、中亚等周边国家的运输便利化。实施快递向外工程，支持跨境电商物流发展，鼓励企业在重点口岸城市建设国际快件处理中心。

五、健全匹配协调的标准体系

（十三）推进货运车型标准化。协调推进货运车辆生产、检测、注册登记、营运等环节的标准衔接。加大对车辆运输车、低平板半挂汽车列车、液体危险货物运输罐车等重点车型标准化治理工作力度。积极推进厢式化、模块化、轻量化等先进车型发展。推动城市配送车型标准化、清洁化、专业化发展。推进城市配送车辆统一标识管理。

（十四）建立多式联运标准体系。推动建立多式联运技术标准体系，组织制修订相关标准并监督实施，鼓励发展集装箱、厢式半挂车、托盘等标准化运载单元，加快完善快速转运设备、专用载运设备技术标准。推进商品车运输、冷链运输、快递等专业化多式联运装备技术标准建设。制定货运枢纽（物流园区）标准规范。健全多式联运有关信息标准，推进多式联运单证票据的通用化、标准化。

六、营造规范有序的市场环境

（十五）继续加大简政放权力度。进一步取消和调整交通运输行政审批事项，加强事中事后监管。简化道路运输经营许可证年审手续，优化道路运输从业资格考核制度。加快《超限运输车辆行驶公路管理规定》制修订工作，推动跨省超限运输许可申请由起运地省级公路管理机构统一受理。落实《道路运输车辆技术管理规定》，取消营运车辆强制性二级维护检测。简化快递业务经营许可和进出境快件通关手续，探索快递企业工商登记“一照多址”。加强交通安全监管体系建设，全面提升危险货物运输重点营运车辆联网联控水平。

（十六）完善公路收费管理和监督执法。推进《收费公路管理条例》的修订工作，逐步有序取消政府还贷二级公路收费，科学合理确定公路收费标准。探索高速公路分时段差异化收费政策和标准货运车型计重收费的ETC应用,提升高速公路通行效率。协调有关部门推动制定高速公路车辆救援指导价,加强对高速公路车辆救援服务及收费的监督检查,坚决查处高速公路车辆救援服务乱收费行为。规范车辆超限处罚标准,杜绝"乱罚款""以罚代管"等现象。

(十七)规范铁路港口机场收费项目。全面清理铁路、机场经营性收费项目,除法律法规规章规定的项目外,禁止指定经营、强制服务、强行收费等行为。在大幅压减港口收费项目和标准基础上,进一步规范港口相关费用的征收管理。畅通举报电话、举报信箱等公众监督渠道。优化国家铁路与地方铁路的衔接,逐步清除制度性障碍。引导取消不合理涉铁收费。

(十八)建立健全物流市场诚信体系。强化物流企业和从业人员诚信信息归集、共享、公开和使用,积极应用大数据、云计算、物联网等信息技术,建立健全市场主体诚信档案、行业黑名单制度和市场退出机制。研究解决道路货运司机异地从业诚信结果签注问题。充分发挥全国信用信息共享平台作用,促进与工商、税务、银行、保险、法院等诚信信息共享互认,建立跨区域、跨行业的守信联合激励和失信联合惩戒机制,完善失信行为通报和公开曝光制度。

(十九)推动完善物流业"营改增"政策。促进物流各环节增值税税率统一,探索物流领域增值税差额抵扣。针对交通运输进项税抵扣不足问题,研究推进落实将过路过桥费、房屋租赁费等纳入增值税抵扣范围。支持企业实行汇总申报缴纳增值税和企业所得税。

七、保障措施

(一)建立工作机制。明确责任分工,加强督导落实,统筹推进各项工作。在全国现代物流工作部际联席会议制度框架下,加强与发展改革、工业和信息化、商务、海关、铁路总公司等相关部门单位的沟通协调,形成横向协同、上下联动的工作格局。

(二)完善支持政策。统筹利用好中央预算内投资、车购税等财政性资金以及专项建设基金等,加大对"三大战略"等重点区域、扶贫攻坚重点地区和交通物流重点领域及薄弱环节的政策倾斜。鼓励民间资本进入物流领域,支持交通物流企业通过发行债券等方式多渠道筹集资金。

(三)发挥协会作用。充分发挥行业协会在交通物流运行监测、标准制修订与宣传推广、交流合作、人才培训、诚信体系建设、统计工作等方面的重要作用,共同推进物流业"降本增效"。

(四)加强运行监测。研究建立交通运输促进物流业"降本增效"的评价指标体系、发展指数,加强市场运行动态监测和评估。密切跟踪物流业发展新业态、新形势,及时研究解决出现的新问题。适时开展工作效果评估总结,形成典型经验,加强推广交流。

交通运输部
2016年8月11日

国家邮政局关于促进环保科技在邮政业推广应用的指导意见

国邮发〔2016〕4号

各省、自治区、直辖市邮政管理局,中国邮政集团公司,各主要快递企业:

为贯彻党的十八届五中全会精神,落实《国务院关于加快推进生态文明建设的意见》和《国务院关于促进快递业发展的若干意见》，加快推进绿色邮政建设，大力推动邮政业与资源环境和谐发展，提出以下意见。

一、充分认识推广应用环保科技的重要意义

我国经济步入新常态，资源环境承载能力的刚性约束趋紧，生态环境恶化趋势尚未得到根本扭转，推动经济绿色低碳循环发展已成为转变发展方式的迫切要求。邮政业是现代服务业的重要组成部分，是推动流通方式转型、促进消费升级的现代化先导性产业。邮政业的绿色发展具有公众感知度高、辐射领域宽、示范效应强等特点。环保科技应用是促进行业绿色、可持续发展的重要支撑。但是，目前我国邮政业环保科技应用缺乏顶层设计，从业主体积极性不高，应用效果不理想。促进环保科技在邮政业推广应用是推动行业转型升级、提质增效的重要举措，是推动行业转向绿色低碳、循环发展方式的关键依托，有利于提高单位能耗产出、减少对传统能源的依赖，有利于促进包装物料的生产改良、循环利用，有利于淘汰落后服务能力、优化要素投入结构，有利于加快科技成果转化、促进上下游联动创新。

二、促进环保科技推广应用的总体要求

（一）指导思想。

深入贯彻落实科学发展观，紧紧围绕建成与小康社会相适应的现代邮政业目标，加快推进绿色邮政建设，更好地发挥政府的指导、规范与激励作用，创新管理体制与工作机制，建立健全邮件快件运输、包装物料、基础设施和信息化等多维度的环保科技应用体系，形成以企业为主体、技术创新为支撑、研发应用有效衔接、社会公众共同参与的行业绿色发展新格局，推动邮政业发展积极融入国家生态文明建设进程。

（二）基本原则。

政府引导和市场主导相结合。发挥政府在环保科技推广应用中的引导作用，建立健全相应的战略规划和政策标准。发挥市场在配置资源中的决定性作用，调动邮政市场主体应用环保科技的积极性、主动性和创造性。

提质增效和节能环保相结合。引导邮政市场主体统筹考虑经营成本和环境成本，在运营和管理中引入适用的环保科技，使其既服务于提质增效的经济目标，又服务于可持续发展的社会目标，实现行业转型升级与节能环保互促共进。

创新引领与现实需求相结合。充分考虑邮政市场主体承担环境成本的能力、相关政策措施的配套程度等多重因素，有选择性地借鉴发达国家邮政业环保科技应用经验，推广先进适用的节能环保新材料、新工艺和新技术。

顶层设计与试点示范相结合。从行业实现可持续发展的全局出发，加强环保科技推广应用的整体规划，制定环保科技推广应用的配套政策。鼓励邮政市场主体积极参与国家和行业的相关试点示范工程，为全国推广应用积累经验、创造条件。

（三）总体目标。

到2020年，邮政业能源和资源利用效率明显提高，温室气体排放控制取得明显成效。基本淘汰有毒有害物质超标的包装物料，加快淘汰高能耗老旧设备和排放不达标的运输装备。逐步降低不可降解的塑料包装用品使用率，逐年提高新能源和可再生能源应用比例，逐步接近发达国家邮政业环保科技应用水平。形成若干环保意识强、环保科技应用水平高、示范带动效果突出的典型企业。

三、促进环保科技推广应用的重点领域

（一）推动运输组织运输装备结构性减排。

优化运输组织。鼓励企业根据运输里程和时效要求等，合理选取不同的运输组织模式，提高铁路、水路运输在邮件快件运输中的比重，降低运输能耗强度和排放强度。加快共同配送和甩挂运输模式在邮件快件运输中的应用，运用物联网技术

自动识别车辆信息和货物数据，提高运输作业效率。积极探索在邮政业应用滚装运输、驮背运输等方式。鼓励企业采用路由管理和仿真设计等软件，实现运输组织的科学优化。

优化运输装备。引导企业采购符合国家标准的专用电动三轮车和物流配送汽车，淘汰排放超标车辆以及非标准配送车辆。推动企业在中转盘驳、末端配送等环节提高新能源和清洁能源车辆的使用比例。鼓励企业选用轻质高强度的环保车厢板材，为运输车辆安装低滚阻轮胎及驾驶行为诊断系统。鼓励企业购置能效等级高的车辆和飞机，加快淘汰高能耗的老旧运输装备，结合自身条件加快充电桩等配套设施建设。

降低燃料消耗。鼓励企业选用高品质的汽车和飞机燃料，提升燃料使用率，降低污染物排放。引导企业开展省油驾驶培训，规范驾驶行为，通过随时换挡、定速行驶、停车熄火等方式，降低油品消耗。鼓励有自主航空网络的企业采取装载配平、飞行操纵、航路优化、机载油量控制等措施实现航行节油。

（二）鼓励采用绿色低碳的包装物料。

促进包装减量化。鼓励企业和消费者根据内件大小，选择简约包装物，降低包装空隙率，杜绝过度包装。引导企业研究新型包装设计技术，通过优化包装结构，减少包装物料用量。鼓励企业采用高强度低定量的瓦楞纸板、蜂窝纸板、轻质EPE填充物等材料，减少包装物料消耗。

促进包装绿色化。推动企业采购符合标准的包装用品，杜绝使用有毒有害物质超标的包装物料。鼓励企业使用再生纸张生产信封、明信片和包装制品，减少木材消耗。引导企业更多使用环保塑料包装袋、填充物和环保油墨印刷的封装用品。鼓励企业更多采用可溶性环保材料，减少塑料胶带使用量。鼓励企业研究新型包装物料，提升包装物料的绿色化水平。

促进包装再利用。引导企业提供可循环使用的寄递封套，用于签收返还等业务。鼓励企业在邮件和快件周转过程中，重复利用塑料箱、纸箱和编织袋等封装容器。鼓励企业融入包装产业链条，加强包装废弃物的回收处置模式研究，通过与生产商签订回收协议或自行建立回收体系等方式，提升包装物品的重复使用率。

（三）推动基础设施节能建设和运营。

提升建筑能效。引导企业执行建筑节能标准，实现对基础设施的绿色设计和绿色施工。推动企业科学考量建筑体形、朝向、楼距、窗墙比等因素，充分利用自然光线，降低能源消耗。有条件的企业可在建筑屋顶安装太阳能发电装置，为生产生活提供清洁电能。鼓励企业安装低辐射玻璃隔热膜或隔热夹胶玻璃，在南方地区采用屋顶绿化等方式进行隔热，降低能源消耗。

推动照明节能。鼓励企业在基础设施建设、改造过程中，优先选择LED等节能电光源，并安装智能照明调控器等节电控制设备，做到分区、定时、感应等节能控制。鼓励企业因地制宜采用太阳能、风能等可再生能源提供照明用电，扩大太阳能光电、风光互补照明应用规模。引导企业加快电表改造和分表计量工作，对照明节能进行科学监控。引导企业推广应用高压直流供电和高效模块化不间断电源等节能技术和设备。

推动制冷和采暖节能。鼓励企业在电价低谷时段，对大型建筑设施实施动态冰蓄冷和电锅炉蓄热技术，科学储存能量，满足电价高峰时段的降温和取暖需求。引导企业采购水冷空调或具有自然冷却功能的空调，优化机房的冷热气流布局，采取精确送风、热源快速冷却等措施，降低能源消耗。

推广使用节水技术。鼓励企业在一定规模的场所使用中水设备，回收雨水或将生活污水处理为中水，用作房屋清扫、车辆冲洗、绿植浇灌等用水。鼓励企业采用手压、脚踏、感应式水龙头等器具节约用水。鼓励企业采购优质管材铺设管道，采用橡胶圈柔性接口防止漏水，加强节水设施设备检修工作。

（四）支持以信息化手段降低资源消耗。

提升信息化服务水平。引导企业在B2B和B2C寄递领域广泛使用电子运单，在个人客户中推广网络下单模式普及使用电子运单，减少传统纸质运单的使用，降低耗材使用量，提升服务效率。推进智能快件（包裹）箱等自助服务设施建设，促进设施共享，减少配送环节运输排放，提高配送效率。支持邮政企业推广应用数字邮资，减少邮资机的使用。

提升信息化管理水平。提高办公自动化系统的覆盖率和使用率，降低办公成本，减少纸张消耗。加大移动办公、视频会议、视频监控等应用推广力度，提高工作效率。推动企业利用互联网、云计算和大数据等技术，实现车辆实时调度，优化配送路线，缩减投递里程，降低车辆空驶率，减少行驶油耗。鼓励企业广泛建设能源管理等信息系统，加强对基础设施、生产设备、运营流程的管控，加强对能源消耗和污染物排放的统计、监测和分析。

四、促进环保科技推广应用保障措施

（一）加强发展指导。

引导企业高度重视环保主体责任，建立健全节能环保的组织管理体系、能耗统计与监测体系，并将节能减排作为考核指标纳入企业经营绩效评价。鼓励企业编制可持续发展报告、社会责任报告，向公众公布环保科技应用及绿色发展等相关信息。鼓励企业将绿色建筑物评价标准、绿色采购指南等融入运营实践。引导企业与专业节能服务机构合作，开展能源审计、合同能源管理、节能项目融资等工作。鼓励有条件的企业聘任能源管理师，负责企业用能状况的分析、评价和改进等管理。鼓励企业设立节能环保奖励资金，对做出积极贡献的部门、个人进行奖励。研究成立邮政业环保节能咨询委员会，为行业环保工作提供咨询服务。

（二）落实相关政策。

支持企业积极争取中央和地方的节能减排补助资金、交通运输节能减排专项基金、绿色生产及制造等相关资金。鼓励企业开展分布式光伏发电应用，争取中央和地方的相关补贴、奖金和电价优惠政策。支持企业购置新能源汽车，享受国家补贴和购置税减免政策。推动企业按照地方政府要求，争创节能考核优秀单位，享受相关扶持政策。筛选一批对行业环保节能工作有重要推动作用的技术，制定研发应用方案，争取相关政策支持。支持第三方机构开展邮政业封装用品环保指标检测工作。引导制造企业开发具有行业特点的运输装备和包装用品。

（三）强化标准支撑。

将环保节能标准纳入邮政业标准体系，在相关既有标准修订时增加环保节能要求，制定邮政业专用设备车辆能源消耗限值标准。推进邮政业封装用品相关标准的修订工作，对塑料包装物的组成成分和含量、回料占比、回收利用等做出规定。支持企业结合运营实际，制定环保节能企业标准。发布实施快递电子运单标准，规范和推动电子运单的生产和使用。加强对环保节能标准的培训宣传，强化实施督导。加大环保节能标准信息公开力度，加强公众参与，充分听取各方意见和建议。

（四）开展试点示范。

推动快递企业参与铁路运输快件试点。引导重点企业开展绿色包装和包装回收再利用示范。探索开展“能效领跑者”试点活动，评选具有减量化、再利用、资源化特点的绿色循环示范企业。探索在相关重点省市开展邮政快递领域碳交易试点工作。推动企业积极参加新能源汽车试用计划，在中转盘驳、末端配送等环节推广应用新能源汽车。鼓励重点企业探索建立污染物排放统计指标体系，着力加强监测机制及平台建设，稳步推进污染物排放测量与减排工作。

（五）加强宣传引导。

强化环保科技在邮政业推广应用的基础研

究，及时通报研究成果。发布国内外邮政业关于环保科技应用的最新信息，为行业推进节能环保工作提供信息支撑。充分发挥网络、报刊等媒体的作用，引导消费者做好包装垃圾分类，促进包装回收再利用。鼓励协会组织开展环保新技术、新材料、新工艺推广应用的交流活动，推动供需对接和科技成果转化，引导企业积极开展节能减排试点工作。开展国际交流合作，为邮政行业借鉴国外先进经验和有益做法创造条件。

国家邮政局

2016 年 1 月 12 日

国家邮政局关于京津冀邮政业协同发展的指导意见

国邮发〔2016〕20 号

北京市、天津市、河北省邮政管理局，国家局直属各单位、机关各司局：

推动京津冀协同发展，是党中央、国务院在新的历史条件下作出的重大决策部署。邮政业是现代服务业的重要组成部分，是推动流通方式转型、促进消费升级的现代化先导性产业。近年来，京津冀邮政业快速发展、结构持续优化，普遍服务能力稳中有升，快递服务规模迅速扩大，总体服务水平不断提升，在降低区域流通成本、支撑电子商务、服务生产生活、扩大就业渠道等方面发挥了积极作用，但整体上仍不能满足当地经济社会发展的需要，区域内邮政业发展不均衡、产业集中度低、基础设施布局不科学、交邮衔接不顺畅、寄递渠道安全隐患多等问题比较突出，难以适应京津冀协同发展和打造世界级城市群的新要求。实现京津冀邮政业协同发展，对提高区域基本公共服务均等化水平、推进区域邮政业转型升级提质增效、服务北京非首都功能有序疏解等具有重要意义。为贯彻落实《京津冀协同发展规划纲要》，促进京津冀邮政业协同发展，现提出以下意见：

一、总体要求

（一）指导思想。

贯彻《京津冀协同发展规划纲要》的决策部署，坚持协同发展的战略目标，突出问题导向，践行创新、协调、绿色、开放、共享的发展理念，加强基础设施建设，推进交邮深度衔接，促进绿色环保发展，提升创新发展水平，保障寄递渠道安全，形成京津冀邮政业目标同向、开放融合、优势互补、互利共赢的协同发展新格局，把京津冀地区打造成为邮政业改革创新的试验区、交邮协同发展的示范区、现代邮政业建设的先行区。

（二）基本原则。

市场主导、政府引导。充分发挥市场配置资源的决定性作用，优化资源配置，促进基础设施建设合理布局，提高产业集中度，进一步提升区域邮政业的服务能力和水平。加大简政放权力度，激发企业活力，更好发挥政府统筹协调、规划引领和政策保障作用。

统筹兼顾、协调发展。根据北京、天津、河北的功能定位，发挥各自优势实现区域内邮政业错位发展、共同发展、融合发展，推进区域邮政业城乡一体化。坚持“互联网＋”邮政发展方向，统筹推动邮政业与先进制造业、现代农业、现代信息技术等产业协同发展。坚持安全为基，夯实区域内邮政业安全基础，加强安全监管协作，保障寄递渠道安全。

改革创新、示范引领。顺应邮政与快递融合发展新趋势，加大改革力度，创新管理制度和监管方式，鼓励企业不断创新商业模式、服务形式和管理方式，形成有利于协同发展的体制机制。发挥京津冀对中国北方地区乃至全国邮政业转型升级、提质增效的示范引领作用，为推动其他区域邮政业协同发展提供可复制、可推广的经验。

开放合作、共建共享。鼓励不同所有制资本在快递领域交叉持股。支持邮政企业与快递企业创新合作模式，合力提升邮政、快递服务的能力和水平，让城乡居民更好地共享邮政业改革发展成果。

（三）发展目标。

到2020年，区域邮政业基础设施布局科学合理，均等普惠服务能力大幅提升，总体发展更加均衡，成为京津冀现代服务业重要增长点；建成普惠城乡、功能互补、技术先进、服务优质、安全高效、绿色节能的区域邮政业服务体系，交邮协同发展示范效应突出，产业联动发展成效显著，在服务京津冀协同发展中发挥更大作用。

二、重点任务

（一）加强基础设施建设。按照京津冀协同发展功能定位和空间布局，依托《京津冀协同发展交通一体化规划》统筹安排快递专业类物流园区、邮政和快递处理中心等邮政业枢纽布局，支持企业加大投资力度，大幅提升邮政业枢纽的辐射能力、处理能力和装备现代化水平。引导企业加强环京津贫困带和区域内农村地区、边远山区的网络建设，均衡资源配置，2020年底前基本实现邮政、快递服务建制村全覆盖。大力提升智能邮（快）件箱等服务设施普及和使用率，促进末端服务便利化。引导邮政企业充分利用乡镇邮政局所、村邮站等服务设施和现有县乡配送网络，与快递企业开展代收代投、快件运输等合作，实现优势互补、互利共赢。

（二）推进交邮深度衔接。围绕京津冀三省市航空枢纽定位，协调推动在北京新机场、天津滨海机场、石家庄正定机场等新建扩建工程中统筹规划邮政和快递功能，布局建设空港物流园区，打造国际航空快递货运枢纽，形成覆盖全国、联通世界的寄递中转和运输能力。鼓励企业在京津冀地区依托铁路节点建设集散中心、分拨枢纽，有效利用高铁、城际铁路运输资源，探索形成安全稳定、快速便捷、经济高效的区域内和区域间邮（快）件铁路运输通道。建设完善航空、铁路邮（快）件的快速安检、装卸、交接“绿色通道”。在京津冀地区大力推广邮（快）件公路甩挂运输，提升邮（快）件运输集装化水平。鼓励邮政、快递企业和运输企业深化业务合作，实现运营信息系统互联互通，扩大代办代售网络，推广公路客运班线代运邮（快）件。推动将京津冀邮政、快递企业纳入汽车电子标识试点，提升运输智能化管理水平。

（三）促进产业协同发展。落实一带一路、中国制造2025战略，坚持“互联网+”邮政发展方向，结合京津冀“一核、双城、三轴、四区、多节点”的空间布局，促进邮政业与关联产业紧密协同发展。引导邮政业和电子商务深度合作，线上线下互动创新，重点发展体验经济、社区经济、逆向物流等便民利商新业态，服务京津冀新型城镇化建设。大力提升邮政业服务先进制造业、战略性新兴产业的能力，扩大业务规模和比重，形成邮政、快递企业开展供应链管理服务的成熟示范模式。支持邮政业和现代农业协同发展，大力推广冷链快递，服务产地直销、订单生产等新模式，建立农副产品、绿色产品产销有效对接的快速流通渠道。利用京津冀的航空、海运优势，发展“保税仓”模式的跨境电商快递业务，不断提升企业的通关、退税、仓管等一体化服务能力。

（四）提升创新发展水平。鼓励快递企业在京津冀加快兼并重组，整合中小企业，优化资源配置，形成若干家区域性骨干企业和具有国际竞争力的大型企业集团。引导邮政企业提高普遍服务投递深度，缩短农村地区邮件全程时限，实现普遍服务水平全国领先。鼓励快递企业优化城市快递网络布局，创新农村快递服务模式，构建快递末端公共服务平台，促进京津冀快递普惠化。加强邮政普遍服务和快递服务的质量监测，降低邮（快）件延误率、损毁率、丢失率和投诉率。鼓励企业走差异化发展道路，开展代收货款、供应链金融等多种增值服务，延展邮政业服务链条。支持符合条件的快递企业进入资本市场直接融资，通过发行债券、股票等多种方式筹措资金。

（五）促进绿色环保发展。引导邮政企业探索在京津冀机关单位开展邮件封套循环使用试点。支持企业推广使用电子运单，逐年降低传统运单使用比例。鼓励企业使用可回收利用的绿色包装材料，加强包装废弃物的回收处置管理。扩大邮政业领域新能源汽车应用规模，不断提高纯电动、燃料电池等新能源汽车应用比重，推动在有条件的邮政、快递营业及投递处理场所、邮（快）件处理中心、快递专业类物流园区配建充电站和充电桩。鼓励社会资本为邮政、快递企业提供新能源汽车整车租赁、充电设施建设运营、电池租赁回收等服务。在京津冀地区研究探索开展邮政业碳排放测算、监测和交易试点工作。

（六）保障寄递渠道安全。探索实行中央和地方安全监管融合模式，完善省、市（地）两级邮政业安全监管机构建设。推动将寄递渠道安全监管纳入地方综合治理考评体系，实施属地监管、联动监管、片区化监管。强化企业安全责任，支持企业加大安检设备投入，严格落实收寄验视、信息核对、过机安检等相关制度要求。加强京津冀邮政业安全监管信息化建设，广泛运用互联网、大数据等技术，不断提高区域安全监管和应急处置能力。建立健全京津冀寄递渠道安全监管协作机制，形成三省市全面覆盖、快速反应、协调联动的寄递渠道安全应急保障体系。

三、政策措施

（一）深入推进简政放权。进一步推进邮政行政审批制度改革，将邮政行政许可审批事项集中到“一个窗口”受理，实现行政许可、年度报告、备案等网上全程公开办理。探索下放国际快递业务（代理）经营许可审批部分工作环节至京津冀省级邮政管理机构。规范事中事后监管，实施随机选派检查人员、随机抽取被检查企业的“双随机”日常监督检查制度，及时公布抽查情况和查处结果，探索推进跨部门跨行业联合随机抽查。

（二）加强规划编制和衔接。落实《京津冀协同发展规划纲要》和京津冀协同发展交通一体化规划相关部署，编制实施京津冀三省（市）邮政业发展“十三五”规划和京津冀地区快递服务发展“十三五”规划，做好与综合交通运输、现代服务业、电子商务、物流园区等规划的衔接。推动将邮政业发展重点内容纳入京津冀三省（市）国民经济和社会发展规划纲要，组织编制《北京新机场快递园区发展规划》和《天津市快递物流园区规划》，推动将快递专业类物流园区、快件集散中心、智能邮（快）件箱等基础设施的布局建设纳入京津冀三省市土地利用总体规划、年度用地计划和公共服务设施规划，争取用地、财政等方面支持。

（三）着力开展政策创新。支持京津冀在邮政业领域开展政策创新试点，形成可复制可推广的经验。鼓励以政府和社会资本合作模式（PPP）建设邮政业公共服务设施。以标准为基础，率先推动出台符合本地实际的快递专用电动三轮车城市收投服务管理办法。推动在京津冀率先实行快递企业在同一工商登记机关管辖范围内“一照多址”模式。加强京津冀邮政业诚信体系建设，利用企业信用信息公示系统和行业监管信息系统，建立违法失信主体“黑名单”及联合惩戒制度，营造诚实守信的行业环境。

（四）争取财政税收支持。推动中央预算内投资优先支持环京津贫困带和河北农村地区的邮政、快递基础设施建设，加大对京津冀寄递渠道安全监管绿盾工程支持力度。推动将农村电商邮政寄递网、快递枢纽、快递专业类物流园区、智能邮（快）件箱、交邮协同、邮政业绿色发展等行业重点项目纳入京津冀协同发展基金、京津冀交通一体化投资以及地方有关专项资金的支持范围。协调三省市服务业发展、节能减排补助、农村物流服务体系发展、新能源汽车推广应用等财政专项资金加大对邮政业符合条件的企业和项目的投入。推动落实京津冀协同发展产业转移对接企业税收收入分享办法。支持符合条件的企业申请执行省内跨地区经营总分支机构增值税汇总缴纳政策。

（五）调整优化监管机制。在京津冀邮政管理部门探索由一个内设机构统一开展邮政行政执法工作。支持天津在自由贸易试验区建立邮政管理部门派出机构，加大在自由贸易试验区推动邮政业改革创新的力度。建立健全京津冀邮政业协同监管机制，鼓励京津冀邮政管理机构运用大数据、云计算等现代信息技术，夯实监管基础，创新监管手段，探索实行“互联网 +”监管新模式。

（六）加强人才队伍建设。推动京津冀地区高等学校、职业院校加强邮政业相关专业建设，培养具有跨学科综合能力的优秀师资队伍。充分发挥京津冀地区智力资源优势，推行学校、科研机构、行业协会和企业联合培养人才模式，建成若干邮政业人才培训基地，形成分层次、多领域的引才用才平台。推动出台实施邮政业就业创业和人才引进措施，把京津冀建设成国内外优秀邮政业人才聚集区。协调落实三地关于职业培训和职业技能鉴定补贴等优惠政策。

四、组织实施

京津冀三省（市）邮政管理局、国家局有关司局和直属单位要充分认识促进京津冀邮政业协同发展的重要意义，强化创新意识、改革意识、协同意识，努力开创工作新局面。国家局将完善工作机制，研究、协调解决影响京津冀邮政业协同发展的全局性重大问题。北京、天津、河北省（市）邮政管理局要切实履行主体责任，结合本省（市）实际情况，加大与本地交通运输、发展改革、财政、商务、公安、海关、税务、工商等部门的协调力度，加强组织领导，健全工作机制，明确工作抓手，形成工作合力，确保京津冀邮政业协同发展工作落到实处。

国家邮政局
2016 年 2 月 24 日

国家邮政局　民政部关于印发《赈灾包裹寄递服务和安全管理规定》的通知

国邮发〔2016〕57 号

各省、自治区、直辖市邮政管理局，民政厅（局），新疆生产建设兵团民政局：

为规范重大自然灾害期间赈灾包裹寄递服务和安全管理，保障寄递渠道安全畅通和救灾活动有序开展，国家邮政局和民政部共同研究制定了《赈灾包裹寄递服务和安全管理规定》，现印发给你们，请遵照执行。

国家邮政局　民政部
2016 年 5 月 25 日

赈灾包裹寄递服务和安全管理规定

第一条 为规范赈灾包裹寄递服务，保障赈灾包裹寄递安全，根据《中华人民共和国邮政法》《中华人民共和国公益事业捐赠法》《中华人民共和国慈善法》《自然灾害救助条例》《邮政行业安全监督管理办法》及有关法律、行政法规，制定本规定。

第二条 重大自然灾害发生后，民政部门组织开展救灾捐赠活动期间，邮政企业、快递企业从事的赈灾包裹寄递活动，以及邮政管理部门、民政部门相关监督管理工作，适用本规定。

第三条 本规定所称赈灾包裹，是指各地民政部门和基金会、慈善会等公益慈善类社会组织（以下简称公益慈善类社会组织）在重大自然灾害发生后的救灾捐赠活动期间，以邮件、快件形式寄往灾区民政部门和公益慈善类社会组织的赈灾物品。

第四条 赈灾包裹寄递服务和安全保障坚持部门协调、政企联动、安全高效的工作方针，保障寄递渠道畅通和赈灾包裹安全。

第五条 邮政管理部门和民政部门应当加强信息沟通和协调配合，根据救灾捐赠活动需要和邮政行业实际情况，协商制定赈灾包裹寄递服务和安全保障工作方案，明确赈灾包裹寄递活动的起止时间、地域范围、服务对象、物品种类以及其他要求，并以适当方式部署实施。

第六条 邮政企业、快递企业应当积极参与赈灾包裹寄递活动，为民政部门和公益慈善类社会组织提供优质、安全、高效的赈灾包裹寄递服务，可以适当减免寄递费用。

第七条 邮政企业、快递企业在赈灾包裹寄递活动中，应当优先保障赈灾包裹寄递服务和安全，可以根据实际情况暂缓收寄其他邮件、快件，并向用户进行解释说明。

第八条 民政部门和公益慈善类社会组织向邮政企业、快递企业交寄赈灾包裹时，应当提前沟通协调，妥善安排交接，并且遵守禁寄物品管理规定和国家其他有关规定，配合邮政企业、快递企业做好收寄验视工作，防止各类禁寄物品进入寄递渠道。

第九条 邮政企业、快递企业应当加强赈灾包裹投递管理，提前与灾区民政部门和公益慈善类社会组织进行沟通协调，合理安排赈灾包裹投递交接工作。灾区民政部门和公益慈善类社会组织应当提前做好接收赈灾包裹各项准备工作，确保顺利交接。

第十条 邮政企业、快递企业可以将赈灾包裹与其他邮件、快件进行区分，实施单独处理，优化作业流程，减少中转环节，提高赈灾包裹寄递效率。

第十一条 邮政企业、快递企业应当向交寄赈灾包裹的民政部门和公益慈善类社会组织提供及时、准确的寄递信息查询服务，遇有特殊情况主动进行通报。

第十二条 邮政企业、快递企业应当依法加强赈灾包裹寄递活动安全管理，加强收寄验视，保证生产安全。

第十三条 因突发事件导致赈灾包裹受损或者积压时，邮政企业、快递企业应当妥善进行应急处置，及时组织疏运，防止损失扩大，并向所在地邮政管理部门报告。

第十四条 邮政管理部门和民政部门应当加强赈灾包裹寄递活动监测预警和信息沟通，指导邮政企业、快递企业根据灾区客观条件和救灾捐赠情况变化及时调整生产操作，保证寄递渠道安全畅通。

第十五条 根据灾区寄递渠道运行负荷情况和安全管理需要，邮政企业、快递企业可以暂缓收寄民政部门和公益慈善类社会组织以外其他组织或者个人直接寄往灾区的捐赠物品，引导其通过其他方式办理捐赠事宜。

第十六条 邮政管理部门应当依法对邮政企

业、快递企业赈灾包裹寄递服务和安全保障工作进行监督检查，邮政企业、快递企业应当予以配合。

第十七条 本规定自发布之日起施行。

国家邮政局关于印发《快递业信用体系建设试点工作方案》的通知

国邮发〔2016〕58 号

各省、自治区、直辖市邮政管理局：

为贯彻落实国务院《社会信用体系建设规划纲要（2014－2020 年）》和《关于促进快递业发展的若干意见》，实施《国家邮政局关于加强快递业信用体系建设的若干意见》，扎实有效推动快递业信用体系建设，国家邮政局决定在天津、内蒙古、吉林、浙江、河南、湖北和陕西七省（区、市）开展快递业信用体系建设试点工作。现将《快递业信用体系建设试点工作方案》印发给你们，请遵照执行。

国家邮政局

2016 年 6 月 13 日

快递业信用体系建设试点工作方案

为贯彻落实国务院《社会信用体系建设规划纲要（2014－2020 年）》和《关于促进快递业发展的若干意见》，实施《国家邮政局关于加强快递业信用体系建设的若干意见》，扎实有效推动快递业信用体系建设，国家邮政局决定于 2016 年 6 月－12 月在天津、内蒙古、吉林、浙江、河南、湖北和陕西七省（区、市）开展快递业信用体系建设试点工作。为确保该项工作顺利开展，特制订本方案。

一、工作目标

组织和引导试点省（区、市）邮政管理局和品牌企业总部积极开展快递业信用体系建设工作，积累经验，为全国推进快递业信用体系建设夯实基础。通过开展快递业信用体系建设试点，探索建立科学合理的信用管理体制，完善信用评价工作机制，建立健全信用评价指标体系，在此基础上修改完善《快递业信用管理办法》和《快递业信用评定指标》，实现快递业信用管理的规范化与常态化。

二、总体思路

试点总体思路：坚持一个中心，坚持三项原则，正确处理四个关系，抓好六个着力点，积极稳妥做好试点工作。

一个中心：以快递业信用体系建立和完善为中心。

三项原则：坚持社会共治的原则，充分发挥相关主体在信用体系建设试点工作中的积极作用；坚持循序渐进的原则，信用评定指标要简便易行，试点工作的开展要按照先易后难做好适时动态调整；坚持规范运行的原则，立足规范化和制度化开展试点，以制度引导试点，以试点完善制度，最终实现行业信用科学建章立制和规范管理。

四个关系：正确处理国家局与地方邮政管理

部门的关系，试点工作注重发挥属地管理的积极性和能动性，指标设定权重按照国家局60%、地方邮政管理部门40%进行配置；正确处理品牌快递企业总部和地方加盟企业、分支机构的关系，在坚持企业属地管理原则的基础上，建立并强化总部与地方加盟企业、分支机构的信用连带责任；正确处理硬件和软件的关系，在探索开展信息化建设、为信用管理提供支撑手段的同时，注重制度、体制和机制的完善，注重行业诚信文化建设和良好氛围的营造；正确处理邮政管理部门和其他有关部门的关系，充分借鉴其他部门在信用建设方面的好的做法，强化信息共享和经验交流。

六个着力点：一是开发建设信用管理信息系统，发挥系统的科技支撑作用，逐步实现信用信息采集、管理的信息化。二是科学设定信用评定指标。三是建立信用档案。四是完善信用信息采集工作机制。五是信用评定和利用。六是行业诚信文化建设。

三、主要工作任务

（一）试点建设快递业信用管理信息系统。指导和支持浙江杭州局立项开展快递业信用管理信息系统建设，参照《快递业信用管理办法（草案）》和《快递业信用评定指标（草案）》，明确业务需求，确定系统的各项主要功能，通过信息化手段为试点地区邮政管理部门开展信用建设试点工作提供必要的支撑，提升信用监管工作效率。

（二）建立完善信用档案。摸清试点地区快递企业和从业人员基本情况，按照“一企一档”“一人一档”的原则，建立经营快递业务的企业和从业人员的信用档案，用以记载和保存快递企业、从业人员的信用信息。依托快递业信用管理信息系统实现信用档案建立与管理的信息化。

（三）全面采集信用信息。按照快递业信用信息产生和来源，合理确定信用信息采集的方式和途径，主要包括系统对接、邮政管理部门录入、企业自行录入和其他部门共享等。充分利用日常检查、行政执法、消费者申诉、媒体曝光等途径获取信用信息，并归入信用档案作为信用记录。具体采集方式参照《快递业信用体系建设试点操作指南》（见附件2）执行。

（四）开展信用评定。由邮政管理部门、快递协会、快递企业和相关专家代表等组成快递行业信用评定委员会。在征求有关方面意见的基础上，编制快递信用评定方案，确定评价指标并赋予相应分值。评价指标体系以国家局确定的信用评价指标为主，占60%，各地结合本地实际提出补充，占40%。快递行业信用评定委员会根据快递信用评定方案对快递企业、从业人员的信用信息考核打分，并确定信用等级。评定的周期为试点期间半年。

（五）信用评定结果的应用。针对信用等级评定结果，结合日常监管工作中了解掌握的情况和信息，进行试点成效的评估。以评定结果是否契合实际情况为标准，全面审查评定指标是否合理，评定方法是否科学，广泛听取品牌企业总部、参加试点的企业和从业人员、相应邮政管理部门、快递协会的意见建议，认真总结试点中暴露出来的问题，完善快递业信用管理相关规章制度，优化信用管理体制和相关工作流程，改进信用监管工作机制。

（六）诚信文化建设。在全国范围内组织开展以"诚信快递、你我同行"为主题的有奖征文活动、演讲比赛和主题宣传活动。编印《诚信手册》供企业和从业人员阅读使用。鼓励各地邮政管理部门采取多种形式开展行业诚信文化建设，积极营造良好工作氛围。

四、组织机构和任务分工

（一）组织机构

成立快递业信用体系建设试点工作领导小组，由国家邮政局刘君副局长任组长，市场监管司负责人任副组长，发展研究中心、中国邮政快递报社、中国快递协会主要负责人任小组成员。领导小组在市场监管司市场检查处设办公室，负责组织、协调快递业信用体系建设试点工作（领导小组及办公室联络员名单详见附件1）。

（二）任务分工

1. 市场监管司

一是制定试点工作方案，并组织落实。制定和完善工作方案，全面部署快递业信用体系试点工作，组织召开快递业信用体系建设试点工作布置动员会议。组织开展试点中期评估，及时总结存在的问题，制定完善的措施。试点结束后，及时总结试点情况并实现规范化和制度化。二是引导品牌企业总部积极参与试点工作。三是指导和督导各试点地区邮政管理部门开展快递业信用体系建设试点工作，确保各项工作要求落到实处。

2. 发展研究中心

一是接受浙江杭州局委托开发快递业信用管理信息系统，为快递业信用体系建设试点提供信息化手段。二是做好《快递业信用建设试点和制度完善研究》软课题项目的研究工作，为试点工作提供全面支撑，并按规定时间提交有关成果。

3. 中国邮政快递报社

一是做好快递业信用体系建设相关工作的宣传报道，为试点工作营造良好的氛围。二是参与征文评审等有关工作。

4. 中国快递协会

一是推动会员企业落实行业自律公约和诚信经营的理念；二是加强与会员企业的信息沟通，配合做好宣传引导工作；三是帮助企业协调解决信用体系建设中遇到的问题。

5. 省（区、市）邮政管理局

参加试点的七省（区、市）邮政管理局的职责：一是按照国家局的试点工作方案，制定细化本省（区、市）快递业信用体系建设试点工作实施方案。二是负责辖区内快递企业和从业人员信用档案建立、信用信息采集和评定、试点工作评估和总结等工作。三是开展诚信文化建设。其他省（区、市）邮政管理局积极参加国家局组织的快递业诚信文化建设活动，结合辖区实际先试先行，探索多种形式的信用体系建设工作模式。

五、工作步骤和时间安排

（一）制定和完善试点工作方案

国家局制定和完善试点工作方案，明确工作目标、工作任务、职责分工和时间步骤、有关工作要求等内容，确保试点工作有序进行。各试点省（区、市）邮政管理局根据辖区实际，制定细化实施方案。

时间：2016年6月中旬印发国家局试点工作方案，试点省（区、市）实施方案6月30日前报国家局。

（二）试点建设快递业信用管理信息系统

浙江杭州局委托国家邮政局发展研究中心开发建设快递业信用管理信息系统，为试点工作提供信息化支撑。

时间：2016年6月底前完成上线运行。

（三）召开布置动员会议

国家局组织品牌快递企业总部、试点省（市）邮政管理局召开快递业诚信用体系建设试点工作布置动员会议，解读试点工作方案，介绍试点工作相关事宜，明确试点工作要求。

时间：2016年6月底前。

（四）全面推进，跟进督导

试点省（区、市）邮政管理局摸清本辖区快递企业和从业人员数量，建立企业和从业人员信用档案，明确采集信用信息的方法，建立符合本地实际的信用评定体系，并做好日常信息记录和维护。国家局跟进、指导试点省（区、市）局及时解决试点过程中遇到的问题，确保试点工作顺利推进。

时间：摸底数、建档案和完善指标体系，7月30日前完成；信用记录维护、国家局督导跟进等，试点期间。

（五）中期评估

品牌企业总部向国家局提交中期报告，报告评估品牌企业在各试点省（区、市）参与信用体系建设试点的情况。各试点省（区、市）邮政管理局向国家局提交中期总结，总结试点工作开展以来本辖区信用体系建设中遇到的问题和好的经验做法。国家局组织召开试点中期工作交流座谈会，邀请工商总局、各试点省（区、市）邮政管理局、快递企业代表等参加。

时间：中期评估报告和总结于9月30日前报国家局，10月10日前召开中期评估交流座谈会。

（六）试点总结

各省（区、市）邮政管理局总结试点工作开展成效、经验做法和存在不足报送国家局。国家局全面总结试点工作情况，评估工作成效，根据各地经验和做法，以及企业反馈的情况，修改完善《快递业信用管理办法》和《快递业信用评定指标》，并呈请启动规范性文件审查程序。

时间：各省（区、市）邮政管理局将试点总结于2017年1月15日前报送国家局，国家局2017年1月30日前完成《快递业信用管理办法》和《快递业信用评定指标》修改完善工作。

六、工作要求

（一）加强组织领导

各试点省（区、市）邮政管理局要成立试点工作领导小组，负责协调解决试点工作中的重大事项，抓好各项工作部署的全面落实。邮政管理部门分管领导要亲自抓，切实发挥好组织、推进、协调、管理等作用。

（二）强化试点带动

各试点省（区、市）邮政管理局要围绕《国家邮政局关于加强快递业信用体系建设的若干意见》和试点工作任务，推进制度创新、体制创新和工作方式方法创新，先行先试，不断总结经验，为快递业信用体系建设工作提供经验借鉴和示范带动，逐步实现快递业信用监管规范化、制度化和常态化。其他省（区、市）邮政管理局立足本地实际，加强行业诚信文化建设。

（三）注重舆论引导

各试点省（区、市）邮政管理局要加大对快递业信用体系建设试点工作及其成果的舆论宣传，为试点工作营造良好的社会氛围。对试点工作过程中涌现出来的行业诚信先进人物和先进事迹，要加大宣传报道力度，积极传播行业正能量。

附件1

国家邮政局快递业信用体系建设试点工作领导小组及办公室联络员名单

组　　　长：刘　君　副局长
副　组　长：韩瑞林　市场监管司司长
组　　　员：李　滨　市场监管司副司长
　　　　　　冯力虎　发展研究中心副主任
　　　　　　李隽琼　中国邮政快递报社社长
　　　　　　杨　俊　中国快递协会副秘书长
办公室联络员：尹训国　市场监管司市场检查处副处长

附件 2

快递业信用体系建设试点操作指南

一、基本问题

（一）信用信息定义。快递行业信用信息是指能够反映快递企业及其从业人员基本情况、遵守有关法律规定和履行服务承诺等信用状况的各类信息。

（二）信用管理的原则。快递行业信用信息管理应当遵循标准统一、分级分类、动态调整和公开、公正、公平的原则。

（三）管理职责与权限。快递行业信用管理以经营快递业务的企业（以下简称快递企业）、从业人员为对象，建立唯一信用档案，分别进行信用等级评定和分类管理。

快递企业的加盟企业、分支机构由所在地邮政管理部门实施信用管理。

（四）企业信用管理责任。快递企业对其从业人员实施的失信行为，应当承担信用管理责任。

品牌快递企业总部对其加盟企业、分支机构的失信行为，应当承担信用管理责任。

二、信用档案

（一）信用档案的建立。邮政管理部门应当建立快递企业、从业人员的信用档案，用以记载和保存快递企业、从业人员的信用信息。信用档案应当使用统一的信用代码。信用代码具有唯一性。快递企业以国家有关登记管理部门发放的统一社会信用代码为信用代码，从业人员以居民身份证号为信用代码。

方式方法：通过快递业信用管理信息系统，建立电子化信用档案，用以记录、存储快递企业及其从业人员信用信息。

（二）信用信息具体内容

1. 快递企业信用信息应当包括以下内容：

（1）基本信息。包括企业名称、工商登记注册编号、住所（主要办事机构所在地）、经工商核准的经营范围、法定代表人身份信息等；

（2）许可管理信息。包括快递企业取得快递业务经营许可、备案、年度报告、变更以及许可的地域范围、业务范围等情况；

（3）快递服务质量信息。通过满意度调查、消费者申诉、时限测试、行政执法、社会监督员监督、舆情监测等反映的快递服务质量状况；

（4）寄递安全信息。包括快递企业安全生产责任制度建设、执行收寄验视制度、安全培训、突发事件预防和处置、行政处罚等情况；

（5）社会责任信息。包括快递企业遵守社会公德、商业道德，开展企业诚信文化建设，维护快递市场秩序，弘扬行业核心价值观等情况；

（6）获得表彰奖励等其他反映快递企业信用状况的信息。

2. 快递从业人员信用信息主要包括以下内容：

（1）基本信息。包括姓名、性别、民族、籍贯、出生日期、身份证号码、政治面貌、联系方式、职业资格、从业经历、一寸免冠照片等信息；

（2）服务质量。包括寄递合规和服务态度等遵守法律规定和快递服务国家标准的情况；

（3）寄递安全。包括执行收寄验视等安全制度，保障快件、货款和消费者信息安全等情况；

（4）职业道德。在从事快递业务活动过程中，遵守法律和社会公德、尊重他人合法权益和社会公共利益等情况；

（5）获得表彰奖励等其他反映快递从业人员信用状况的信息。

三、信用信息的采集

（一）权限划分。省级和省级以下邮政管理部门负责采集辖区快递企业及从业人员信用信息。

跨省(区、市)经营快递业务企业总部、经营国际快递业务企业及从业人员的信用信息由所在地省级邮政管理部门按照国务院邮政管理部门的要求负责采集。

(二)采集方式

1. 快递企业信用信息通过下列方式采集:

(1)快递企业的基本信息从快递业务经营许可管理信息系统采集,与系统对接有异常的,核实后补正录入。

(2)许可管理信息。快递企业取得快递业务经营许可、备案、年度报告、变更的信息从快递业务经营许可管理信息系统采集,按照许可的地域范围、业务范围经营的情况可以结合行政执法管理信息系统采集,系统对接异常的,经核实后补正录入。

(3)服务质量信息。邮政管理部门通过消费者申诉、行政执法、社会监督员监督、舆情监测等手段获取的服务质量信用信息,直接从相关信息系统采集或者由相关业务部门提供。其他影响快递企业服务质量的信用信息,企业应当在每月的1日主动申报。

(4)寄递安全信息。邮政管理部门通过消费者申诉、行政执法、社会监督员监督、舆情监测等手段获取的寄递安全信用信息,直接从相关信息系统采集或者由相关业务部门提供。其他寄递安全信息,企业应当在每月的1日主动申报。

(5)社会责任信息。快递企业履行社会责任的情况应当主动申报,并提供相关证明材料,经邮政管理部门审核确认。对邮政管理部门监督检查、媒体曝光和他人举报获取的快递企业信用信息,由邮政管理部门核实后录入。

2. 快递从业人员信用信息通过下列方式采集:

(1)基本信息。由所在快递企业按邮政管理部门要求主动申报,从业人员基本信息发生变化的,每月1日通过信息系统进行变更。

(2)服务质量和寄递安全信息。邮政管理部门通过消费者申诉、行政执法、社会监督员监督、舆情监测等手段获取的服务质量和寄递安全信用信息,直接从相关信息系统采集或者由相关业务部门提供。其他涉及从业人员服务质量和寄递安全的信用信息,企业应当在每月1日主动申报。

(3)职业道德信息。应当由其所在快递企业按邮政管理部门要求主动申报,并提供相关证明材料,经邮政管理部门审核确认。对邮政管理部门监督检查、媒体曝光和他人举报获取的从业人员信用信息,由邮政管理部门核实后录入。

3. 邮政管理部门对其他部门获得的快递企业及从业人员的信用信息,通过共享机制采集。

其他相关信用信息,按照信息来源、产生方式由邮政管理部门确定适当的方式采集。

4. 信用信息的变更。做出的行政处罚决定被依法变更或者撤销的,邮政管理部门应当自变更或者撤销决定生效之日起10日内自行完成信用记录的变更。

其他部门做出的行政处罚决定被变更或者撤销的,通过信用信息共享机制实现变更。

5. 信用信息异议。快递企业和从业人员认为信用信息记录不准确,可以向所在地省级以下邮政管理部门提出异议,并提供相关证明材料。邮政管理部门应当自收到异议申请之日起10日内进行复核。异议属实的,应当自核实之日起10日内完成变更。

信用信息记录经当场复核有误且可当场完成变更的,应予当场变更。

四、信用评定与利用

(一)机构与职责。省级及省级以下邮政管理部门组织成立本辖区的快递行业信用评定委员会,负责本辖区内快递信用评定和利用工作。

快递行业信用评定委员会由邮政管理部门、快递协会、快递企业和相关专家代表等组成。

快递行业信用评定委员会负责编制年度快递信用评定方案,确定评价指标并赋予相应分值。快递信用评定方案发布前,应当征求快递企业等相关主体的意见。

(二)信用评定分制和等级划分。快递行业信用评定采用百分制。各级快递行业信用评定委员会根据年度快递信用评定方案对快递企业、从业人员的信用信息考核打分,根据得分将快递企业和从业人员划分为一、二、三、四、五星级和失信企业(个人),得出评定结果。

快递企业及其从业人员信用等级分为一、二、三、四、五星级。评定得分90分以上为五星级;评定得分80分以上90分以下为四星级;评定得分60分以上80分以下为三星级;评定得分50分以上60分以下为二星级;评定得分为40分以上50分以下为一星级。40分以下的为失信企业(个人)。以上不含本数,以下含本数。

快递企业及其从业人员的信用等级起评分为80分,以减分为主、加分为辅。

(三)失信确定

1. 失信企业确定。除了评定得分40分以下以外,快递企业出现下列情况的,本评定周期信用评定得分为零分,直接列为失信企业:

(1)因管理不善,造成重大安全责任事故,单次致使3人以上死亡,或者10人以上重伤,或者因企业自身原因单次造成快件丢失、损毁5000件以上的;

(2)伪造、涂改、冒用、租借、倒卖和非法转让快递业务经营许可证的;

(3)消费者有效申诉率连续4个月排名前三的;

(4)因服务质量或者安全等问题被国家级媒体曝光3次以上,省、市(地)范围内经营快递业务的企业被省级、地市级媒体曝光3次以上的;

(5)因快递业务经营活动中有危害国家安全行为被处罚的;

(6)其他经省级以上快递行业信用评定委员会确定为严重失信行为的。

2. 失信从业人员确定。除了评定得分40分以下以外,从业人员出现下列情况的,本评定周期信用评定得分为零分,直接列为失信个人:

(1)因从事违法犯罪活动被判处刑事处罚的;

(2)盗窃用户快件、侵吞代收货款、侵占公司财物涉案金额累计达一万元以上的;

(3)贩卖、非法提供或者泄露用户个人信息或者使用寄递服务信息累计100条以上的;

(4)被用户有效申诉10次以上并被确认有责的;

(5)因快递业务经营活动中有危害国家安全行为被处理的;

(6)违法收寄禁寄物品3次以上,或者因违法收寄禁寄物品造成重大损失1次以上的;

(7)伪造资格证书或者证明,虚构个人学历等信息的;

(8)其他经省级以上快递行业信用评定委员会确定为严重失信行为的。

五、其他方面

(一)对失信行为较为严重企业,邮政管理部门可以约谈告诫其法定代表人,提高其守法诚信意识。

(二)各级邮政管理部门应当引导全行业开展诚信文化建设,营造讲诚信、守信用的行业氛围。

附件3

快递行业信用评定试点方案

一、指标权重设定

国家局设定的指标占60%,地方邮政管理部门设定的指标占40%。

各地邮政管理部门可以按照辖区实际和监管工作需要设定部分评定指标,企业或从业人员个

人得分 = 国家局指标得分 ×60% + 地方邮政管理部门指标得分 ×40%。

各地邮政管理部门也可不再另行设定指标,此种情况下,企业或从业人员得分等于国家局指标得分。

二、指标重复计分情况的处理

评定指标出现重复计算情况时,取分值高者为准。例如,某企业未及时处理用户投诉按照指标赋分应当扣除1分,同时因该行为违反《快递服务》国家标准而被处罚,按照赋分应当扣除2分,此种情况下,取分值高的仅做一次扣除,即扣2分。

三、企业分值计算公式

企业(分支机构、加盟企业等)得分 = 80 - 企业扣分值 - (从业人员扣分值 ×5‰) + 企业加分值 + (从业人员加分值 ×5‰)

品牌企业总部得分 = 80 - 总部扣分值 - (总部从业人员扣分值 ×5‰) - (分支机构/加盟企业扣分值 ×5‰) + 企业加分值 + (总部从业人员加分值 ×5‰) + (分支机构/加盟企业加分值 ×5‰)

企业省级区域总部与所辖分支机构、加盟企业的信用连带责任,可以由省(区、市)邮政管理局参照5%的比例进行计算。

四、国家局设定的主要指标

(一)快递企业减分项

记分项目	考核内容和计分标准	累计减分
一、许可管理	未按规定办理备案手续,减2分/次	
	超业务范围经营,减2分/次	
	超地域范围经营,减2分/次	
	委托未经许可企业经营,减2分/次	
	超许可范围委托经营,减2分/次	
	未按规定办理变更手续,减1分/次	
	未按期提交年度报告书,减1分/次	
	办理备案手续弄虚作假,减2分/次	
	办理变更手续弄虚作假,减2分/次	
	违反加盟管理规定,减2分/次	
二、快递服务质量	未按规定分拣作业被行政处罚,减2分/次	
	未按规定公示服务承诺,减1分/次	
	未及时处理用户投诉,减1分/次	
	未按规定处理用户申诉,减1分/次	
	未按规定和标准处理无着快件,减1分/次	
	违法扣留用户快件(邮件),减2分/次	
	倒卖快件(邮件),减2分/次	
	违反《快递服务》国家标准被处罚的,减2分/次	
	年度消费者申诉率行业排名第一,减3分/次	
	年度消费者申诉率行业排名第二,减2分/次	
	年度消费者申诉率行业排名第三,减2分/次	
	因质量问题被地市级媒体曝光并属实的,减1分/次	
	因质量问题被省级媒体曝光并属实的,减3分/次	
	因质量问题被国家级媒体曝光并属实的,减4分/次	

续上表

记分项目	考核内容和计分标准	累计减分
三、寄递安全	非法检查他人快件(邮件),减2分/次	
	不建立或不执行收寄验视制度,减3分/次	
	违反有关禁限寄规定收寄快件(邮件),减3分/次	
	未按规定执行实名收寄制度的,减3分/次	
	企业违法提供用户使用寄递服务信息,减2分/次	
	未按规定建立突发事件应急机制,减2分/次	
	发生重大服务阻断未按规定报告或公告,减2分/次	
	暂停快递业务经营未按规定报告或公告,减2分/次	
	停止经营未妥善处理邮件(快件),减2分/次	
	未按规定记录和保存事故资料,减2分/次	
	违规收寄不能确定安全性的物品,减2分/次	
	未按规定记录和保存寄递服务信息,减2分/次	
	未按要求保存或报送监控资料,减2分/次	
	未按规定报送企业运营信息,减2分/次	
	处理中心建设前或者竣工后未备案,减2分/次	
	未按规定对从业人员进行安全教育培训,减2分/次	
	特种作业人员未经专门培训无证上岗,减2分/次	
	未按规定设置安全警示标志被处罚的,减1分/次	
	安全设备不符合国家行业标准被处罚的,减2分/次	
	未按要求维护保养检测安全设备被处罚,减2分/次	
	未整改重大安全隐患被处罚的,减2分/次	
	未制定突发事件应急预案或者专项预案,减2分/次	
	因寄递安全被地市级媒体曝光属实且造成重大不良影响的,减2分/次	
	因寄递安全问题被省级媒体曝光属实且造成重大不良影响的,减2分/次	
	因寄递安全被国家级媒体曝光属实且造成重大不良影响的,减3分/次	
四、社会责任	企业生产作业扰民被有关部门处理的,减2分/次	
	配合电商企业参与“刷单”的,减4分/次	
	不正当竞争扰乱市场秩序被有关部门认定处理,减3分/次	
五、其他	非法寄递国家机关公文,减2分/次	
	未按规定标注信件字样,减2分/次	
	将信件打包为包裹寄递,减2分/次	
	录入信用信息不真实、不完整或不及时,减2分/次	
	不配合、拒绝、阻碍监督检查,减3分/次	
	拒绝参加邮政管理部门约谈告诫,减2分/次	
	拖欠应缴罚款,减3分/次	
	邮政管理部门责令改正,拒不改正的,减3分/次	
总计		
总部信用责任	说明:作为信用独立核算主体的加盟商、分支机构扣减总分,×5‰为品牌企业总部信用管理责任扣减分值,累计扣减,直至零分	

(二)快递企业加分项

计分项目	计分标准	总计
表彰奖励	获得国务院邮政管理部门表彰的,加6分/次	
	获得省、自治区、直辖市邮政管理部门或者国家快递行业组织表彰的,加4分/次	
	获得地市邮政管理部门或者各地快递行业组织表彰的,加2分/次	
履行社会责任	积极协助邮政管理部门处理重大突发事件,加4分	
	积极参与公益事业被国家级有关机构认可的,加4分	
总部信用责任	说明:作为信用独立核算主体的加盟商、分支机构加分总值,×5‰为品牌企业总部信用管理责任增加分值,累计增加,直至满分	

(三)从业人员减分项

计分项目	计分标准	累计减分
一、服务质量	未按规定和标准处理无着快件,减2分/次	
	被用户投诉并确认有责的,减2分/次	
	被用户申诉并确认有责的,减2分/次	
	未按规定分拣作业,减2分/次	
	未按标准收费,减2分/次	
	未提示用户按规范填写快递面单,减1分/次	
	未按规定处理无法投递快件,减2分/次	
	擅自更改运单信息,减3分/次	
	发现问题快件,未按规定记录和处理,减1分/次	
	收件后未及时录入收寄信息,减1分/次	
	违规将信件打包寄递,减2分/次	
二、寄递安全	不执行收寄验视制度,减3分/次	
	违规收寄不能确定安全性的物品,减3分/次	
	违反有关禁限寄规定收寄快件,减3分/次	
	过失泄漏用户信息50条以上,减2分/次	
	未按规定执行实名收寄制度的,减3分/次	
	非法提供用户寄递服务信息50条以上的,减3分/次	
	丢失、损毁快件,减2分/次	
	冒领快件,减2分/次	
	私自开拆快件,减2分/次	
	非法检查快件,减2分/次	
	违法扣留用户快件,减4分/次	
	侵占代收货款,减4分/次	
	盗窃快件,减4分/次	
三、职业道德	谈吐不文明、对用户态度恶劣的,减2分/次	
	对用户态度恶劣,辱骂或殴打用户的,减3分/次	
	向用户额外索取费用,减3分/次	
	收派时不遵守交通规则,减2分/次	
	不服从街道办、小区物业等管理扰乱社会秩序的,减2分/次	
	破坏公私财物,减2分/次	

续上表

计分项目	计分标准	累计减分
三、职业道德	不遵守企业内部规章制度，被企业处分的，减2分/次	
	不遵守企业内部规章制度，被企业开除的，减2分/次	
四、其他	协助他人实施违法行为，减3分/次	
	参与电商“刷单”等弄虚作假行为的，减4分/次	
总计		
企业信用责任	说明：作为信用独立核算主体的从业人员减分总值，×5‰为所属企业信用管理责任扣减分值，累计扣减，直至零分	

（四）从业人员加分项

计分项目	计分标准	总计
表彰奖励	获得国务院邮政管理部门表彰的，加20分/次	
	获得省、自治区、直辖市邮政管理部门或者国家快递行业组织表彰的，加10分/次	
	获得地市邮政管理部门或者各地快递行业组织表彰的，加5分/次	
总计		
企业信用责任	说明：作为信用独立核算主体的从业人员增加分值，×5‰为所属企业信用管理责任增加分值，累计增加，直至满分	

国家邮政局关于印发《国家邮政局推进快递业绿色包装工作实施方案》的通知

国邮发〔2016〕76号

各省、自治区、直辖市邮政管理局，国家局直属各单位、机关各司室：

《国家邮政局推进快递业绿色包装工作实施方案》已经2016年第8次局长办公会议审议通过，现印发给你们，请结合实际认真贯彻执行。

国家邮政局

2016年7月22日

国家邮政局推进快递业绿色包装工作实施方案

我国快递业包装总量庞大、种类繁多。妥善处理快件包装问题对于节约资源、保护环境和促进快递业健康可持续发展具有重大意义。为推进快递业绿色包装工作，提高快件包装领域资源利用效率，降低包装耗用量，减少环境污染，按照国务院有关要求，结合邮政管理工作实际，制定本方案。

一、指导思想

深入贯彻落实创新、协调、绿色、开放、共享发展理念，以快递业包装绿色化、减量化、可循环为目标，坚持节约优先，突出创新引领，强化法治建设,加强跨行业跨部门协同合作,引导企业承担社会责任,提高消费者环保意识,推动建立健全有中国特色的快递业包装治理体系,稳步推进快递业包装的依法生产、节约使用、充分回收、有效再利用,实现“低污染、低消耗、低排放,高效能、高效率、高效益”的绿色发展,服务美丽中国建设,为全面建成与小康社会相适应的现代邮政业做出贡献。

二、主要目标

——绿色化、减量化、可循环取得明显效果。“十三五”期间,力争在重点企业、重点地区的快递业包装绿色发展上取得突破。到2020年,基本淘汰有毒有害物质超标的包装物料,基本建成社会化的快件包装物回收体系。

——科技创新和应用水平大幅提升。“十三五”期间,快递业电子运单使用率年均提高5%。到2020年,主要快递品牌协议客户电子运单使用率达到90%以上,大幅降低面单纸张耗材用量。符合标准要求的环保箱、环保袋和环保胶带使用率大幅上升。推广使用中转箱、笼车等设备,编织袋和胶带使用量进一步减少。

——治理体系日益完善。“十三五”期间,快递业包装治理体系基本建立。快递业包装环保技术标准、统计监测、信用体系、用品用具管理制度和事中事后监管更加健全。绿色包装产学研体系更加完善,试点示范工程建设取得可复制可推广经验。快递企业使用绿色包装、消费者参与包装分类回收再利用的环境保护意识明显增强。

三、重点任务

(一)推进快递业包装法治化管理。

1. 健全快递业包装法律法规体系。推动将“国家鼓励经营快递业务的企业采用便于回收和再利用的快件包装材料,引导和推动快递业提高资源利用效率”有关内容纳入《快递条例》。推动将快件包装列入《循环经济促进法》的强制回收目录。适时修订《邮政用品用具监督管理办法》,创新监管方式,推动将快件包装纳入监管范畴,落实快递业绿色包装相关标准,完善快递业包装管理体系。(政策法规司牵头,市场监管司负责《邮政用品用具监督管理办法》修订起草工作)

2. 制修订快递业包装国家标准和行业标准。研究新材料和包装新结构,修订《快递封装用品》国家标准,增加绿色环保、循环利用相关指标,对综合尺寸、材料定量等提出具体要求。制订《快递用集装容器　第2部分:编织袋》和《邮政业封装用胶带》行业标准,对有害物质的限值、可降解重复利用提出具体要求,2017年完成2项行业标准制订工作。配合实施商贸物流标准化专项行动,推动包装标准互相衔接,提高电商快件包装标准化水平。(政策法规司牵头)

3. 强化快递业包装日常监管。建立健全快递业包装统计监测评估体系,委托有资质的质检机构对快件包装进行质量抽检和情况通报。加强快递业包装源头引导,鼓励企业生产销售和使用符合国家标准的快递封装用品,强化标准实施的监督检查。推动出台快件绿色包装环保标识认定使用和管理办法。开展快递业包装绿色达标率研究,探索将绿色包装等环保指标纳入行业信用体系建设内容,引导企业履行社会责任。(市场监管司牵头,发展研究中心负责快件绿色包装环保标识认定使用和管理办法研究工作,中国快递协会负责快递业绿色包装达标率有关工作,中国邮政快递报社配合开展快递业包装监测评估工作)

(二)加快快递业包装绿色化发展。

4. 支持企业研发生产可循环使用和可降解的包装材料。鼓励企业与环保包装领域专家合作,加强可循环使用和可降解的包装材料研发。研究出台邮政业技术研发指南,对环保包装新材料和可循环利用新工艺等重点技术领域进行支持。组织企业积极申报科技部“废物资源化”重点专项项目。(政策法规司牵头)

5. 鼓励快递和电商企业使用绿色包装新材料

新产品。出台快递业绿色包装推广工作方案，推广绿色包装新材料新产品。积极搭建平台，鼓励快递企业与包装企业开展战略合作，支持快递企业和电商企业、包装企业等上下游企业组织成立快递绿色包装产业联盟，推广使用环保包装袋、环保填充物、环保箱等绿色包装产品。（市场监管司牵头，中国快递协会配合）

（三）鼓励快递业包装减量化处理。

6.鼓励企业减少快件包装用料。推动企业提升智能化水平、优化生产作业流程、缩短转运环节。监督落实《快递电子运单》标准，全面推广应用电子运单技术，确保2016年行业电子运单使用率达到50%。鼓励企业设计应用新型包装，优化包装结构，减少包装物料用量。推广使用中转箱、笼车等设备，探索减少编织袋、胶带等快件包装材料使用的方法。（市场监管司牵头，普遍服务司、中国快递协会配合）

7.鼓励企业探索简约包装减少二次包装。在邮政企业和若干家快递企业开展简约包装试点。鼓励试点企业在条件成熟时制订简约包装的企业标准并在业内推广。发挥大数据作用，推动企业发展包装定制化、仓配一体化、运输标准化服务，在重点领域和关键环节，大幅度减少不必要的二次包装。（市场监管司牵头，政策法规司、普遍服务司、中国快递协会配合）

（四）探索快递业包装可循环使用。

8.推动建立健全包装物回收体系。推动将快件包装物纳入资源回收政策支持范畴，争取相关政策支持。积极配合有关部门和地方开展快件包装分类回收利用试点，推动建立快件包装物回收体系，探索快件包装物有效利用的渠道和方式，形成可复制可推广经验。鼓励重复利用塑料箱、纸箱和编织袋等封装容器，提升包装物品再利用率。（政策法规司牵头，市场监管司、各地邮政管理部门配合）

（五）实施快递业绿色包装试点示范工程。

9.实施快递业绿色包装试点项目。以快递业包装绿色化、减量化、可循环为目标，选取2～3家快递企业开展试点，评估快件包装存在的环保问题，指导企业研究制定有针对性的解决措施，优化生产流程，试点快件包装标准化。加强试点跟踪管理和总结评估，通过试点树立5～10个绿色快递网点，探索快件绿色包装应用的技术实现路径和政策路径。（市场监管司牵头，政策法规司、中国快递协会、各地邮政管理部门配合）

10.建设快递产学研协同创新基地。将快递业绿色包装有关内容纳入快递产学研协同创新基地建设。依托基地资源和技术优势，实施快递业绿色包装产学结合、集约生产的试点工程，推进绿色包装的政策、标准、生产、应用和回收的供给侧试点，提高社会、企业和用户绿色包装意识。（中国邮政快递报社牵头，政策法规司、市场监管司、人事司、有关省局配合）

11.配合推动绿色制造实施工程试点。积极参与工业和信息化部绿色制造实施工程试点工作，推荐快件绿色包装设计生产企业申报试点项目，通过试点探索快递业包装环保生产设计机制体制，发挥示范引领作用。（政策法规司负责与工业和信息化部对接，市场监管司负责项目在行业内组织实施）

12.开展企业绿色包装培训示范工程。完善快递业绿色包装培训内容，将有关法规标准和企业减少过度包装、使用环保包装材料的典型经验纳入培训内容。组织开展快递业绿色包装培训，重点对快递业绿色包装理念、标准、政策及相应技术应用等方面进行培训。鼓励企业通过规范操作流程，培养员工节约包装的良好习惯，减少过度包装。（中国快递协会牵头，人事司、市场监管司、普遍服务司配合）

四、保障措施

（一）统一思想认识。各级邮政管理部门要把推进快递业绿色包装工作作为加快绿色邮政建设、推动邮政业健康发展的重要抓手。要切实增强责任感、使命感和紧迫感,坚持问题导向,深入调查研究,强化精准施策。要坚持在发展中妥善解决包装问题,以绿色包装工作推动快递业转型升级、提质增效。

(二)加强组织领导。国家邮政局建立推进快递业绿色包装工作领导小组,由主要领导任组长。领导小组下设办公室,由分管局领导任主任,各有关司局、单位作为成员单位。国家邮政局要加强工作指导,各级邮政管理部门要加强管理,实化细化相关举措,常抓不懈、久久为功;要建立相应工作机制,明确工作职责,层层传导压力,抓好贯彻落实。

(三)争取政策支持。落实国家鼓励节能减排、循环利用资源的优惠政策,各级邮政管理部门要积极争取和充分利用中央有关部门和地方财政专项资金,支持有关企业申报各地方节能减排、技术改造、中小企业、信息化等专项资金,加大清洁生产技术和快递用可降解、可循环包装材料的研发推广。快递协会要发挥桥梁纽带作用。

(四)形成工作合力。各级邮政管理部门要紧紧抓住生态文明建设和快递业高速发展的战略机遇期,与法制、发展改革、住房城乡建设、工业和信息化、科技、商务、质检、环保、财政等部门紧密合作,推动建立部门互动、区域联动、上下齐动的长效工作机制,营造良好的政策环境。要加强宣传引导和行业自律,发布"走绿色之路、促健康发展"倡议书,加快形成环保、绿色、低碳发展的行业共识。要营造良好社会舆论氛围,组织各类媒体和有关机构开展形式多样的绿色包装主题宣传活动,发布《中国快递领域绿色包装发展现状与趋势报告》,做好典型经验总结与宣传推广工作。

(五)强化督查督办。要把抓落实摆上重要位置,将本方案各项重点任务列入各级邮政管理部门年度重点工作和重要督查事项,定期梳理汇总有关情况。加强跟踪督办,落实逐级抓、逐级报的督查机制,定期通报工作进展。强化考核评估,将重点任务推进情况与各部门、各单位年终考核和对企业监督检查挂钩,确保快递业绿色包装工作取得实效。

国家邮政局关于加快长江经济带邮政业发展的指导意见

国邮发〔2016〕99 号

上海、江苏、浙江、安徽、江西、湖北、湖南、重庆、四川、云南、贵州省(市)邮政管理局:

邮政业是国家重要的社会公用事业,是推动流通方式转型、促进消费升级的现代化先导性产业,在长江经济带建设发展中发挥着重要的基础性作用。为深入贯彻落实《长江经济带发展规划纲要》和《国务院关于依托黄金水道推动长江经济带发展的指导意见》,促进长江经济带邮政业持续健康发展,现提出以下意见。

一、重要意义

长江经济带横跨我国东中西三大地带,覆盖上海、江苏、浙江、安徽、江西、湖北、湖南、重庆、四川、云南、贵州等 11 省市,面积、人口和国内生产总值分别占全国的 21%、42.9%、和 41.6%,邮政业营业网点和业务总量均接近全国的 50%。"十二五"期间,长江经济带邮政业发展速度较快,业务总量年均增长 34.2%,高出全国增速近 3 个百分点,其中快递业务量年均增长 58.8%,高出全国增速 4 个百分点。但总体上看,长江经济带邮政业发展不能满足区域经济快速增长的需要,有效供给能力不足,上中下游行业发展水平差距较大,沿海沿江国际化进程推进缓慢,内陆节点城市中心枢纽辐射作用发挥不足，与长江经济带建设的目标要求相比仍有较大差距。

加快长江经济带邮政业发展，有利于挖掘长江中上游地区内需潜力，促进经济增长空间从沿海向沿江内陆拓展；有利于优化长江经济带邮政业资源配置，提高网络运行效率和行业服务水平；有利于推动传统邮政业向现代邮政业转型升级，激发邮政、快递领域创新活力，对于建成与小康社会相适应的现代邮政业，打造现代服务业新的增长点，更好地服务于长江经济带发展具有重要意义。

二、总体要求

（一）指导思想。

全面贯彻党的十八大和十八届三中、四中、五中全会精神，认真落实国家推动长江经济带发展的战略决策部署，按照“五位一体”总体布局和“四个全面”战略布局要求，牢固树立和贯彻落实创新、协调、绿色、开放、共享的发展理念，加快推进邮政业供给侧结构性改革，更好地服务于长江经济带绿色生态廊道建设和产业转移，着力优化寄递网络布局，推进邮政市场开放共享，推动邮政绿色安全发展，促进邮政业转型升级提质增效，促进流通转型和消费升级，为长江经济带构筑区域协调发展新格局、拓展发展新空间、塑造开放新体系、培育增长新优势做好服务支撑。

（二）基本原则。

改革引领，创新驱动。以改革激发活力、以创新增强动力，推动行业供给侧结构性改革，扩大有效供给和中高端供给，增强供给结构适应性和灵活性，促进产业转型升级。坚持制度创新、科技创新，发挥重点领域先行先试的示范效应。市场主导，区域协调。充分发挥市场对资源配置的决定性作用，推动邮政市场各类要素跨区域有序自由流动和优化配置。以沿江综合立体交通走廊为支撑，促进长江上中下游地区寄递网络顺畅衔接、高效协同，提升服务水平。坚持安全发展，加强安全监管工作区域协作配合，有效提升安全管控水平。产业联动，融合发展。聚焦长江经济带产业结构转型升级和世界级产业集群发展，发挥邮政业联结生产和消费的纽带作用，促进上中下游产业协作联动，推进邮政业与制造业、现代农业和电子商务、物流金融等现代服务业融合发展。开放共享，绿色发展。落实长江经济带双向开放战略，大力发展跨境寄递服务，融入全球物流体系。提升长江中上游邮政服务均等化水平，推进快递城乡普惠发展。坚持绿色发展，因地制宜综合利用各种运输方式，推进绿色包装，把节能减排、保护环境贯穿到邮政业各领域、各环节。

（三）发展目标。

到2020年，长江经济带邮政行业基础设施服务能力显著提升，邮件、快件寄递服务水平显著提升，邮政业对区域经济社会发展的服务支撑作用显著增强，基本构建形成与全面建成小康社会相适应、满足长江经济带发展要求的现代邮政业服务体系。上中下游地区寄递服务能力和水平差距逐步缩小，长江三角洲、长江中游、成渝、黔中、滇中城市群内重点城市间实现快递48小时送达。城市地区按规定基本实现包裹投递到户，有条件的农村地区总体实现建制村邮件直投到村。主要品牌快递企业电子运单使用率超过90%，电商快递使用可降解塑料包装的比例超过30%。

到2030年，将长江经济带建设成为我国邮政业转型升级发展的示范带、创新驱动融合发展的示范带和全方位对外开放先行示范带，带动我国现代邮政业健康可持续发展，推动实现由邮政大国向邮政强国迈进。

——邮政业转型升级发展示范带。依托长江经济带日趋完善的交通运输网络，围绕产业转型升级提质增效，推动邮政业由要素驱动向创新驱动转变，加快传统邮政业改造提升和现代邮政业发展，推动长江经济带成为我国邮政业跨越式发展的示范带。

——邮政业创新驱动融合发展示范带。立足

长江上中下游地区的比较优势，围绕创新驱动战略，聚焦承接产业转移和产业集群发展，拓展产业链、供应链和服务链，推动寄递服务向价值链高端延伸，向专业化、精细化和高品质转变，推动长江经济带成为我国邮政业与关联产业融合发展的示范带。

——邮政业全方位对外开放先行示范带。用好长江海陆双向开放的区位资源，发挥长江三角洲地区快递产业辐射引领作用，强化国际快递货运枢纽功能，加快实施邮政快递“走出去”战略，加强与“一带一路”战略的衔接互动，推动长江经济带成为我国邮政业对外开放的先行示范带。

三、完善基础设施和服务网络

（四）构建邮件、快件高效运输网络。围绕长江经济带综合立体交通走廊建设，依托上海、南京、连云港、徐州、合肥、杭州、宁波、武汉、长沙、南昌、重庆、成都、昆明、贵阳等全国性综合交通枢纽城市，优化布局建设沿江邮件、快件集散中心、分拨中心等寄递服务设施，提升沿江、沪瑞等综合运输大通道的邮件、快件处理能力和干线运输效率。发挥黄金水道运量大、成本低、通用性强、绿色环保等优势，因地制宜发展水路邮件、快件运输，推动多式联运加快发展。鼓励企业开发适于长江内河航运的寄递产品，增强服务的适用性和有效性。加快推进既有设施升级改造，提高邮件、快件装卸、集散、分拨处理能力，增强网络的稳定性。

（五）统筹基础设施与交通枢纽建设。发挥梯度优势，引导支持企业在上中游地区建设全国性集散中心、呼叫中心、研发中心和人才培训中心。推动交邮协同发展，统筹邮件、快件处理中心等基础设施与铁路、公路、水路、民航枢纽的同步建设，加强机场、汽运站、火车站、港口码头快件绿色通道和快件装卸、接驳、仓储功能区配套建设。依托成都、武汉、上海等长江上中下游三大机场群，积极推动航空快递货运枢纽建设，加快推进湖北国际物流核心枢纽建设，构建覆盖全国、联通国际的快递航空运输网络。

（六）完善寄递服务末端基础设施网络。加快推进西部、农村地区以及国家新型城镇化综合试点地区寄递服务网点建设改造。加强革命老区、民族地区、边疆地区和集中连片特殊困难地区邮政基础设施建设。实施“快递下乡”工程，基本实现乡镇快递网络全覆盖。整合村邮站、邮政农村电商服务站、便民服务站等服务设施，推动建立邮政综合服务平台。通过农村客运班线搭载快件，降低运输成本。支持企业建设标准化、规范化、信息化服务网点和智能化服务设施，推进快递服务进社区、进校区、进商区。

四、促进邮政业转型升级

（七）提升服务能力支撑产业发展。围绕长江经济带产业有序转移和安徽皖江、江西赣南、湖北荆州、湖南湘南、重庆沿江、四川广安等国家级承接产业转移示范区建设，结合电子信息、高端装备、汽车、家电、纺织服装等世界级产业集群和生物技术等战略性新兴产业发展，鼓励探索实践产业发展和快递服务无缝对接模式。依托物流节点城市，布局建设快递专业类物流园区，规划建设一批具有较强规模效益、示范效应和辐射带动作用的快递集散枢纽和物流中心。开展综合类、专业类等快递物流园区示范，增强对长江经济带特色优势产业的服务和配套支撑。

（八）实施创新驱动推动产业融合发展。创新寄递产品供给和服务模式，推动邮政业与现代制造业、现代农业、信息金融和交通运输融合发展。围绕长江下游平原、两湖平原、四川盆地、云贵高原特色农业区建设，积极发展农商寄递服务，推进特色农产品快递物流体系建设。把握长江三角洲、长江中游、成渝、黔中和滇中等城市群大区域发展格局，探索寄递服务“大同城、大交换”发展模式。实施长江经济带“互联网+”邮政战略，引导企业依托网点资源，加强物联网、移动互联网、大数据技术应用，促进“线上线下”产运销联动发展。大力发展代收货款、快递保险、合同物流、冷链物流等服务，有序开展快递投递众包。

五、推进邮政市场开放共享

（九）加强跨境寄递服务能力建设。加强各类口岸国际互换局（交换站）和国际快件监管区建设。支持建设贵阳、磨憨、瑞丽等国际邮件互换局（交换站），加强上海、武汉、重庆等国际邮件互换局（交换站）能力建设。积极推动国际快件转运中心建设，鼓励快递企业加快自主国际航空快递网络建设。加快推进中欧班列运输邮件、快件试点工作。发挥上海及长江三角洲地区机场国际航空优势，依托长江中游城市群、成渝城市群等重点区域铁路国际货运班列资源，发挥云南面向南亚东南亚快递物流辐射作用，大力拓展跨境寄递业务。充分利用自贸区、海关综合保税区、电子口岸、一站式通关等基础设施功能和政策优势发展跨境寄递服务，推动与跨境电商联动发展。

（十）提升寄递服务普惠共享水平。推动邮件投递深度向下延伸，提升长江经济带邮政普遍服务均等化水平。增强快递普惠程度，推动快递企业“向下”和“向西”拓展业务，鼓励长三角地区率先实现快递进村入户，增强中上游地区乡（镇）快递网点覆盖广度和投递深度。鼓励末端服务创新，健全城镇末端网络，支持企业发展智能快件箱（信包箱）、综合配送服务点、合作共建末端门店、商务楼宇管家式服务等快递末端配送服务模式。推动邮政基础设施向社会开放使用。鼓励邮政企业以市场为导向，与快递企业建立互利共赢、服务规范的合作机制。

六、推动邮政绿色安全发展

（十一）强化环保应用和节能减排。在长江经济带率先开展绿色包装试点，鼓励企业采用清洁技术，使用绿色环保包装材料，建立包装物回收体系，推进包装绿色化、减量化、可循环。大力推广使用电子运单。引导企业整合配送资源，提高铁路、水路运输在邮件快件运输中的比重。推进共同配送、甩挂运输等先进组织模式在邮件快件运输中的应用。推动企业在中转盘驳、末端配送等环节推广使用新能源和清洁能源车辆。推广使用节水节能节材技术，推动基础设施节能改造。

（十二）加强行业安全监管。建立健全行业安全防控体系，全面落实企业安全主体责任、政府安全监管责任和用户安全用邮责任，提升安全监管效能。加强寄递服务用户个人信息安全管理。实施寄递渠道安全监管“绿盾”工程，提升执法装备水平和监管信息化水平。建立综合应急机制，提高应急处置能力。推动寄递渠道安全监管纳入地方综合治理考评体系。

七、健全政策制度保障体系

（十三）统筹协调区域发展体制机制。统筹长江经济带邮政、快递基础设施规划布局。推动地方各级政府将快递专业类物流园区、快递集散中心等设施纳入土地利用总体规划和城乡规划。推动探索区域大通关协作机制，积极参与长江经济带范围内自贸试验区、跨境电子商务综合试验区建设。加强区域间沟通机制建设，建立长江经济带邮政业发展联席会议制度。建立长江经济带跨区域协作监管机制，加大联合执法检查力度。研究建立长江经济带行业人才培育共享机制，着力发挥区域人才整体合力。

（十四）加大简政放权改革力度。按照本系统推进简政放权、放管结合、优化服务改革的工作方案，结合区域实际，精心组织实施，确保邮政行政审批制度改革落实到位。严守行政许可法定时限，推行审批时限承诺制度。扩大长江经济带快递业务经营许可绿色通道范围。相关省（市）局执行邮政业市场准入负面清单，以国家邮政局权力、责任清单为基础，组织编制本辖区邮政行政管理权力清单和责任清单。部署打造邮政政务服务

"一张网",实现行政服务事项预约、申报、办理、查询等全流程网上运行。

(十五)加大政府财税资金支持力度。争取中央和地方政府对长江经济带邮政普遍服务、基础性公益性快递基础设施以及技术创新项目的资金支持。争取对重要的快递服务基础设施建设项目减免城市基础设施配套费。支持符合条件的重点快递建设项目申请国家、省(直辖市)和省辖市服务业发展引导资金或物流业发展专项资金等。积极争取快递物流园区在长江经济带中央和省级开发区内落地。

(十六)鼓励快递基础设施建设投资主体多元化。加大对长江经济带快递企业的金融支持力度,推动金融机构增加对重点快递企业的授信额度,扩大贷款规模。鼓励快递企业通过产业投资基金、发行企业债券、私募股权投资、重组上市、采用PPP模式等多种渠道筹措资金建设快递基础设施。支持快递企业通过股份制改造、股权转让吸纳社会资金。

国家邮政局

2016年11月1日

国家邮政局关于促进邮政行业科技创新工作的指导意见

国邮发〔2016〕101号

各省、自治区、直辖市邮政管理局,中国邮政集团公司,各主要快递企业:

科技创新是深化邮政业供给侧结构性改革的重要依托,是推进邮政业转型升级、提质增效的关键支撑。"十二五"时期,邮政业科技创新步伐加快,科技进步带动了生产组织和服务模式调整变革,推动了运营能力和管理水平大幅提升,对促进邮政行业持续快速发展发挥了重要作用。但与此同时,邮政业科技创新基础薄弱、统筹规划不够、主体意识不强、科研投入不足等问题仍然较为突出,科技创新在促进行业发展中的支撑引领作用远未得到充分发挥。为全面实施创新驱动发展战略,加快提升邮政行业科技创新能力,加速推进与小康社会相适应的现代邮政业建设,现提出以下意见。

一、总体要求

(一)指导思想。

深入贯彻全国科技创新大会和习近平总书记关于科技创新系列重要讲话精神,全面落实《"十三五"国家科技创新规划》总体部署和邮政行业科技创新座谈会任务要求,紧紧围绕建成与小康社会相适应的现代邮政业目标,充分发挥科技创新在全面创新中的引领作用和企业在科技创新中的主体作用,加强政府引导,完善体制机制,促进科技创新活力释放,着力推进邮政业"六化"建设进程,着力促进行业节省人力、节省时间、节省成本,着力推动行业增加服务品种、提升服务品质、打造服务品牌,开创邮政业科技创新工作的新局面,推动我国加快从邮政大国向邮政强国迈进。

(二)基本原则。

坚持需求导向。紧扣邮政业发展重大需求,加强关键核心共性技术研发和科技成果转化应用,增强科技创新对邮政业经济增长、转型升级的贡献度。

坚持企业主体。突出企业在科技创新决策、研发投入、科研组织和科技成果转化等方面的主体作用,不断增强企业创新动力、创新活力和创新实力。

坚持政府引导。推动政府职能从研发管理向创新服务转变，更好地发挥政府在拟定战略规划、制定政策标准、组织重大攻关和开展服务交流等方面的作用，营造科技创新良好环境。

坚持协同创新。推动企业、科研机构、高等院校等创新主体协同，人才、技术、资金等创新要素协同，大众创业、万众创新与科技创新协同，加速释放创新潜能，培育新动能。

（三）发展目标。

到2020年，邮政行业科技创新能力大幅跃升，科技创新驱动行业发展成效显著，有力支撑全面建成与小康社会相适应的现代邮政业目标实现。

——科技创新体制机制进一步完善。企业更多参与重大科技计划项目和技术标准研制，科技专家决策咨询作用充分发挥，科技管理工作体系和沟通协调机制不断健全，科技成果交流平台运转顺畅，促进科技成果转化法在行业内深入实施。

——科技创新能力进一步增强。研发投入明显加大，R&D经费总额比2015年翻一番；行业创新能力布局进一步优化，建成一批工程技术中心和3～5个行业科研基地；创新型人才队伍不断发展壮大，科技创新整体效能大幅提高。

——科技应用水平进一步提升。行业主要企业基本实现内部生产自动化、服务设施设备智能化；客户服务、企业运营和行业管理的信息化水平基本达到国际先进水平；邮件快件包装规范化、绿色化水平显著提升，包装材料循环利用率稳步提高。

——科技进步贡献率进一步提高。科技创新步伐明显加快，在与行业发展关联度大和带动性强的关键技术领域取得重大突破，科技创新成为行业发展的主要支撑和引领力量，行业科技进步贡献率提高5个百分点。

二、重点任务

（四）推进服务智能化。推进“互联网+”战略，鼓励企业开发基于互联网和移动互联网的应用平台，丰富自助下单、全程跟踪、电子支付、用户投诉与赔偿、产业互联等服务功能，提高用户满意度。推广应用二维码、电子签名、RFID等新技术，提升寄递服务的便捷性和安全性，保护寄递用户个人信息。支持企业应用智能快件箱、智能信包箱等，提供7×24小时投递服务，拓宽服务渠道。引导企业实现服务环节数据信息共享，不断提高作业精益化水平。深入开发基于互联网和移动互联网的质量通报、统计分析等服务功能，及时发布行业发展、服务动态等信息，促进行业管理、信息服务智能化、便利化。

（五）促进生产自动化。推广应用自动装卸、传输和分拣等先进设备，提高装备水平，提升作业效率。加大智能柔性设备投入，优化作业流程，降低劳动强度。在业务集中度高、处理量大的分拨转运等中心，积极应用集成技术，实现邮件快件的自动分拨和快速转运。深入推广数据分单、数据派单等技术应用，提升生产效能，提高运行效率。加大对生产流程的优化调整力度，提前接入并预先处理收寄验视、安全检查、海关申报等相关数据，强化安全防范措施，提升安全防范能力和水平。

（六）实施协同信息化。推动邮政业加快融入生产、流通和消费等环节，形成内嵌式的协同作业模式和标准化的协同作业流程，提升协同处理能力。实现与关联产业的信息互通和共享，实时掌握服务需求，高效调配生产人员、运输车辆和仓储场地等资源，提高服务响应速度。依托信息化手段，加强高峰时期重点地区寄递服务信息反馈与预警，引导关联产业采取分流调节等措施，共同保障服务质量。为关联产业提供代收货款、逆向物流、仓配一体化、供应链管理等增值服务，拓展服务空间，更好推动产业链上下游协同发展。

（七）推动运输高效化。积极衔接现代综合交通运输体系，大力实施“上车、上船、上飞机”工程，拓展服务网络，提高运载效率。按照统筹学原理，运用大数据仿真，设计最优路网拓扑结构，优化企业运输网络,高效运用飞机、火车、汽车和轮船等不同运输资源。推动处理中心、运输通道、接驳场所等与交通运输枢纽同步规划同步建设,提升基础设施服务能力。发展高铁快递和电商快递班列,加大专用装卸设备投入,优化安检、装卸和盘驳流程,提高作业效率。推广应用标准化集装容器,积极开展多式联运、甩挂运输和甩箱运输试点,提高转接速度,推动邮政业集约化运营。

(八)倡导运营绿色化。大力推广电子运单,提高电子运单的使用占比,降低运营成本,提高服务效率。支持研发生产绿色化、减量化和可循环使用的包装材料,推广使用环保车、环保箱和环保袋,减少环境污染。鼓励企业推广使用中转箱、笼车等设备,减少编织袋和胶带的使用。在中转盘驳、城市配送等环节推广使用电动车辆,研究推广绿色环保车型和新型电池,提高电动车辆的安全性能和续航能力。在分拨中心、数据中心、管理中心等场所推广应用节水、节电和节能等新技术设备,实施能源管理,降低能源消耗。

(九)实现管理科学化。加快大数据及云平台等基础设施建设,推动信息化应用向"邮政云""快递云"平台迁移。充分运用云计算、大数据等信息技术,优化整合邮件快件全生命周期数据,及时监测分析业务发展、内部运营和服务能力等变化情况,提高管理决策的针对性、科学性和时效性。进一步挖掘业务数据的实用价值,精准研判用户需求和市场潜力等信息,为客户提供特定行业发展态势、特定用户群体消费行为分析等个性化服务,培育新的业务增长点。加强邮政业基础核心大数据处理、挖掘和可视化等关键技术研发,提升行业安全监管能力,提高业情研判水平。

三、保障措施

(十)加强顶层设计。组织开展邮政业科技发展战略和技术研发体系研究,搭建涵盖基础通用、关键共性、典型应用等多层次多领域的研发架构,建立行业科技创新项目库,引导和支持各类企业、科研院校有效开展科技攻关工作。推动形成大中小企业共同参与、产学研用紧密结合、政府部门有机衔接的行业科技创新工作格局。

(十一)强化重大问题研究。聚焦行业科技发展战略性、基础性、前瞻性重大问题,集中优势资源,在智能服务终端、自动分拣设备、枢纽型基地业务与技术集成、关联产业垂直解决方案、实名制信息化解决方案、云计算大数据研发、包装新材料新工艺设计等方面,加强攻关、推动试点、实现突破。利用社会资源,建立专家库,成立专家组织,充分发挥专家组织对重大问题研究的智力支持作用,逐步建立科技咨询支撑行政决策的工作机制。

(十二)推进标准化工作。贯彻落实国务院深化标准化工作改革方案,建立科学合理的邮政业标准体系。整合强制性标准,优化完善推荐性标准,增加邮政业专用车辆、环保包装、冷链服务、信息化建设等标准的有效供给。推进标准复审工作,及时修订过时老化标准,提高标准的有效性。培育发展团体标准,鼓励地方性行业组织在技术创新活跃、增值服务发展蓬勃的领域先行先试。放开搞活企业标准,推动企业进行产品和服务标准的自我声明公开。持续推进标准制修订工作,更加注重标准的实施和监督。

(十三)加大政策支持。积极主动与发展改革、科技、工信、商务等部门沟通,反映行业科技创新诉求,着力争取科技创新政策支持。引导企业充分利用科技研发资金、服务业发展引导资金、信息化发展专项资金、中小企业创新基金以及研发费用税前加计扣除等现有扶持政策,开展重大科技创新活动,推进重大科技成果转化。支持具备条件的企业建设市、省、国家三级企业技术中心,享受高新技术企业税收优惠等相关政策。

(十四)培育创新人才。通过与高等院校共建现代邮政学院、邮政研究院、增设邮政快递专业等方式,大力培养科技创新人才。发挥邮政行业科研院所在科技研发中的骨干作用,鼓励企业与科研院所、高等学校联合组建产业技术创新联盟,合作开展技术研发，联合培养科技创新人才。加大科技培训力度，提升全行业科技创新意识和创新能力。支持企业建设工程技术中心，鼓励行业协会开展科技奖励和表彰等活动，引导企业加强知识产权管理，强化激励机制，保障合法权益，调动科研人员积极性。

（十五）构建交流平台。支持行业协会、媒体等利用峰会、论坛等形式，为产学研用合作牵线搭桥，推进科技成果转化运用。鼓励科技服务机构为中小企业提供技术信息、技术咨询和技术转让等服务，提升中小企业创新能力。推进相关机构加强对包装材料、服务设施设备、运载工具等研发产品的质量检测，为科技创新提供支撑服务。设立交流平台，开放共享科技信息资源，强化技术交流。加强国际科技交流与合作，通过"走出去、引进来"，拓宽视野，借鉴经验，提高创新水平。

（十六）做好宣传工作。发挥行业内外主流媒体作用，开设科技创新宣传专题、专栏和专版，创新宣传形式，丰富报道内容。宣传展示国内外邮政业重大科技创新成果、优秀科技创新人物和典型科技创新事迹，进一步形成尊重知识、尊重人才、尊重创造的良好风尚，激励全行业开拓进取、争创一流。加大宣传报道力度，着力营造崇尚科技、敢于创新的浓厚氛围，大力弘扬敢为人先、宽容失败的创新精神，吸引更多人才从事创新创业活动，激发创新创业活力，推动大众创业、万众创新。

四、组织实施

各级邮政管理部门及邮政、快递等企业要把创新摆在行业发展全局的核心位置，加强组织领导，健全工作机制，强化责任落实，扎实推进科技创新工作。邮政管理部门要跟踪本地区科技发展情况，加强与地方有关部门沟通协调，推动出台有针对性的支持措施并抓好落实。邮政企业和快递企业要制定企业科技发展战略和规划，明确企业科技发展方向，加大科技投入，增强研发能力，推动科技创新成果在企业推广应用。有关行业协会要创新服务方式，搭建科技交流合作平台，不断增强推动行业创新发展的动力和活力。

国家邮政局

2016 年 11 月 7 日

第七章 重要规划标准解读

《邮政业发展“十三五”规划》解读

“十三五”时期是邮政业深化改革、转型升级的攻坚时期，是建成与小康社会相适应的现代邮政业的决胜时期，也是我国向邮政强国迈进的重要时期。在这一关键阶段，如何贯彻落实中央的新理念新战略，有效把握和应对新机遇新挑战，推动行业实现新发展新突破，是编制《邮政业发展“十三五”规划》（以下简称《规划》）必须面对的关键问题。

作为今后五年行业改革发展的纲领性文件，《规划》如何制定出台？到2020年，邮政业将如何更好地服务人们的生产生活？用户的服务体验将得到哪些改善？带着一系列问题，本报第一时间专访国家邮政局政策法规司相关负责人，为读者详细解读这部广泛凝聚各方智慧，具有战略高度、现实温度和实施准确度的《规划》，重点介绍《规划》在编制上怎样立足新定位、谋划新思路、提出新举措，着力做到“三个全面”、“三个突出”和“六个注重”。

图览

1 看问题

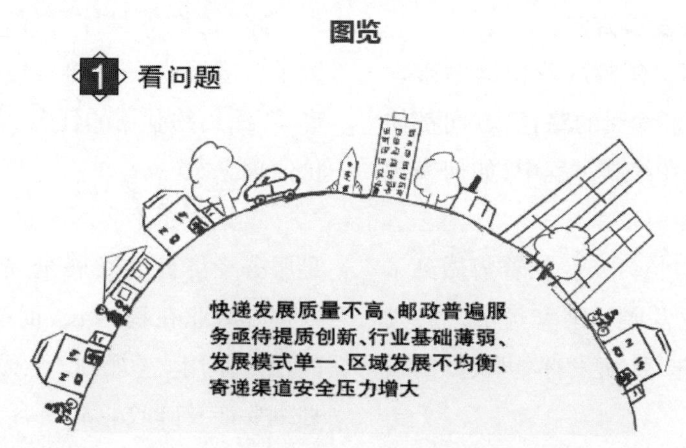

2 发展思路

贯穿一条主线 实现两个转变
打造三个优势 实现五个跨越

- 以推动行业改革和创新发展为主线
- 转变发展路径和发展方式
- 打造邮政业在推动流通方式转型、促进社会消费升级、引领物流发展三个方面的优势
- 推动邮政业在发展规模、创新能力、服务能力、服务水平、竞争实力五个方面实现大幅跨越

3 规模目标　上百、过千、超万、破十万

“十三五”，全行业累计新增就业岗位100万个以上

到2020年，邮政行业年服务用户超过千亿人次

到2020年，年行业业务总量和收入超越1万亿元

到2020年，年支撑网络零售交易规模突破10万亿元

4 六方面重点发力

- 注重普服提质增效
- 注重快递转型升级
- 注重发挥综合交通运输优势
- 注重提升监管效能
- 注重行业绿色发展
- 注重保障措施的配套

三个全面　明确行业发展方向

问：《规划》对于统筹引领邮政业持续健康发展具有重要意义，行业未来发展的路径、方向都体现在了《规划》中。那么，在编制过程中，如何实现让《规划》发挥引领作用？

答：在《规划》的编制过程中，我们着力做到了“三个全面”，以此将行业发展和国家经济社会发展全局紧密地结合在一起，从而发挥《规划》的引领作用。

一是全面贯彻新理念新战略。《规划》将贯彻“四个全面”战略布局作为基本指导思想，明确了“全面建成与小康社会相适应的现代邮政业”的总体目标，部署了“深化行业改革”的重点任务，提出了“推进法治邮政建设”和“提高党建工作水平”等保障措施。《规划》以“五大发展理念”为指引，明确了推动行业创新发展的基本路径，指明了发展理念、业务领域、服务模式创新的具体方向，提出了推动邮政普遍服务均等协调发展、快递城乡普惠、建设绿色邮政、支持跨境寄递发展、服务“一带一路”建设等具体目标、任务和工程。同时，设置了新增就业岗位的具体指标，提出网络设施共享、资源集约利用的任务，并将共享作为行业核心价值理念之一。

二是全面落实国家重大决策部署。《规划》立足服务经济社会发展全局谋划邮政业发展，着力发挥邮政业在稳增长、促改革、调结构、惠民生中的积极作用。《规划》全面贯彻国家“十三五”规划纲要涉及邮政业的内容，对提升邮政服务水平、加强快递设施建设、强化邮政安全管理等部署进行实化细化，明确任务措施、安排建设工程。《规划》系统落实国务院促进快递业发展意见，将“互联网+”作为行业发展的整体战略，把培育壮大快递企业作为重点目标，协调推进快递“向西向下向外”、“上车上船上飞机”和寄递渠道安全监管“绿盾”工程。《规划》做到国家有部署、行业抓落实。

三是全面描绘行业发展蓝图。《规划》提出的奋斗目标是：到2020年，全面建成与小康社会相适应的现代邮政业，推动我国由邮政大国向邮政强国迈进。基于此,《规划》提出推动行业发展的基本思路是:贯穿一条主线,实现两个转变,打造三个优势,实现五个跨越。就是以推动行业改革和创新发展为主线,转变发展路径和发展方式,打造邮政业在推动流通方式转型、促进社会消费升级、引领物流发展三个方面的优势,推动邮政业在发展规模、创新能力、服务能力、服务水平、竞争实力五个方面实现大幅跨越。

发展仍是邮政业面对的基本问题,行业只有持续快速发展,才能满足不断增长变化的服务需求。《规划》在发展规模方面提出"上百、过千、超万、破十万"的目标。具体来讲,就是"十三五"期间,全行业累计新增就业岗位100万个以上;到2020年,邮政行业年服务用户超过千亿人次,年行业业务总量和收入超越1万亿元,年支撑网络零售交易规模突破10万亿元。同时,《规划》明确了创新能力、服务能力、服务水平、竞争实力等方面的目标,着力推动行业提升发展质量和水平。

三个突出　呈现行业改革路径

问:制定行业规划的目的在于统筹引领行业发展,为市场主体的行为提供导向,为相关管理部门履职提供指引,为行业明确共同的发展愿景。请问在这方面,《规划》呈现了哪些亮点呢?

答:"十二五"时期,行业实现了快速发展。但与此同时,一些突出的矛盾和问题也逐步显现出来。推动行业持续健康发展,要有新视角,要聚焦问题,要改革创新。此次发布的《规划》在这三个方面进行了回应。

一是突出新定位。《规划》开宗明义,结合国务院赋予邮政业相关新的功能定位,明确提出"邮政业是国家重要的社会公用事业,是推动流通方式转型、促进消费升级的现代化先导性产业,在国民经济中发挥着基础性作用"。

二是突出问题导向。《规划》坚持问题导向,从用户服务需求、产业发展规律、可持续发展等方面,梳理出邮政业发展面临的突出问题和短板,包括:快递发展质量不高、邮政普遍服务亟待提质创新、行业基础薄弱、发展模式单一、区域发展不均衡、寄递渠道安全压力增大等。针对这些核心问题,聚焦重点、综合施策、精准发力,《规划》提出了一系列解决问题、化解矛盾、补齐短板的任务措施和建设工程。比如:引导企业从价格竞争向服务品质竞争转变,实施品牌和差异化发展战略;推动普遍服务的快捷化发展,改进邮件收寄和投递方式,提升服务水平;推进分拨中心、集散枢纽建设;着力服务先进制造业、跨境电商和现代农业,发展工厂快递、越洋快递和农商快递;支持西部地区改善基础设施,提升西部地区服务网络的均衡度和稳定性;加强安全监管,全面落实收寄验视、实名收寄、过机安检三项制度。

三是突出改革创新。《规划》以"发展出题目,改革做文章,创新求突破"为基调,将"推动行业改革和创新发展"作为发展主线。《规划》提出,推进行业供给侧结构性改革,完善邮政市场环境和机制,扩大有效和中高端的服务供给;深化邮政行政审批制度改革,优化行政流程,简化快递业务经营许可程序,精简分支机构和末端网点备案手续;推动邮政企业深化改革,增强国有企业的活力和影响力,推动快递企业建立现代企业制度,完善运营机制,有效利用资本市场发展壮大。《规划》提出,将创新贯穿于行业发展的各环节,推动发展理念由产品思维向用户思维转变,促进市场开放、资源共享和产业协同;推动行业服务向专业化和价值链高端延伸、向精细化和高品质转变;推动行业打造公共服务平台,支撑线上线下融合,支持新兴业态发展。"十三五"期间,将继续通过改革来消除发展瓶颈、通过创新来实现新旧动能转换,推动行业持续健康发展。

六个注重　推动行业做强做优

一是注重普服提质增效。邮政普遍服务是公共服务的重要组成部分,邮政设施是国家重要的基础设施。邮政普遍服务怎样进一步提高能力水平、增强综合效益,直接关系到人民群众的用邮权益,直接关系到邮政普遍服务的可持续发展。《规划》聚焦邮政普遍服务提升水平、创新方式、发挥邮政网络优势等关键问题，提出了相关的目标任务工程和措施。《规划》提出：构建形成覆盖全国、网络共享、功能集成的邮政普遍服务网络，建制村实现村村直接通邮，邮政普遍服务满意度位居国内公共服务前列；缩短农村地区邮政普遍服务邮件寄递时限，提升城市地区投递服务水平，提升功能适应性和城乡均衡性；创新邮政普遍服务提供方式，推动建立社会参与和分工协作机制；整合村邮站、邮政三农服务站、便民服务站等服务设施，叠加服务功能，推动建立邮政综合服务平台；修订邮政普遍服务标准，实施邮政普遍服务均等化水平提升工程和农村电商邮政寄递网工程。

二是注重快递转型升级。“十二五”期间，我国快递实现了迅猛发展，业务量五年翻了三番。但同时也必须看到发展中存在的突出短板，快递转型升级任务紧迫。为此《规划》提出：构建形成普惠城乡、联通国际、安全高效的快递服务网络，打造国际快递航空枢纽，壮大快递航空机队规模；打造“快递航母”，形成若干家年业务量超百亿件或年业务收入超千亿元的快递企业集团；推动行业向更加注重科技进步、劳动者素质提高、管理创新的质量效益型发展转变；支持快递企业兼并重组，并利用资本市场发展壮大；鼓励快递企业拓展产业链、供应链和服务链，向综合性快递物流运营商转型；引导企业加强物联网、移动互联网、大数据技术应用，服务线上线下互动消费；支持快递企业打造“工业品下乡”“农产品进城”双向流通渠道；引导企业拓展海外市场，培育国际运营能力；实施航空快递枢纽、快递专业类物流园区、邮件快件进出境通道建设等专项工程。

三是注重发挥综合交通运输优势。“十三五”时期，我国将加快建设综合交通运输体系。邮政业将着力把握这一机遇，大力推动邮政交通协同发展，充分发挥多种运输方式的比较优势和组合效率，拓展网络广度，延展服务深度，加快寄递速度，提升运营效率。《规划》提出：统筹基础设施建设，推动邮政和快递处理中心等基础设施，与铁路、公路、民航枢纽的同步建设，加强快件绿色通道和功能区的配套建设。推动开展重点城市邮政、交通协同发展示范。推动深化企业合作，引导邮政、快递企业参与空陆联运、公铁联运和邮件快件甩挂运输试点，支持邮政和快递企业与运输企业在代运邮件快件、网点设施集约利用等方面开展合作，推进交、邮企业资源整合，形成“场站共享、服务同网、货源集中、信息互通”的农村快递物流发展新格局。实施快递“上车上船上飞机”工程。通过以上措施，提升运输效率，让邮件快件运输得更顺畅、更迅速、更经济。

四是注重提升监管效能。加强邮政普遍服务和邮政市场监管，保障用户合法权益，促进公平竞争，维护市场秩序，保障寄递渠道安全是邮政管理部门的职责所在。“十三五”时期，邮政业的网络范围、运营规模、从业主体将持续扩大，行业服务的供给与需求的泛在性、成长性愈发凸显，寄递渠道安全风险压力不断加大。邮政管理部门必须有效提升监管效能、强化行业监管，推进行业治理体系和治理能力的现代化。为此，《规划》就完善监管体系、优化监管机制、加强安全监管提出了重点任务和举措：进一步健全邮政管理体制，形成权责明确、公平公正、透明高效、保障有力的邮政业监管体系；加强事中事后监管，推行“双随机、一公开”执法模式；健全邮政普遍服务综合绩效考核体系，完善快递服务质量评价体系，构建行业诚信体系；建立行业安全防控体系，落实企业、政府和用户的相关安全责任；推动寄递渠道安全监管纳入地方综合治理考评体系；实施寄递渠道安全监管“绿盾”工程，完善监管手段。

五是注重行业绿色发展。随着邮政业运营规模的迅速扩大，如何减轻对自然环境的压力，如何高效地利用能源资源，走可持续的发展道路，已成为行业发展不能回避的问题。为此，《规划》提出了建设绿色邮政的目标，明确了推动行业绿色健康发展的具体任务。主要集中在两个方面：一是推广环保应用。促进邮件快件包装的减量化、绿色化和再利用,鼓励企业设计应用新型包装、简约包装,大力推广使用电子运单,引导企业使用环保包装袋及填充物,减少塑料胶带使用量,加强包装废弃物的回收处置管理,建立健全快递包装回收体系。二是推动节能减排。在干线运输环节,引导企业统筹运用铁路、公路、民航和水路等多种运输方式,促进结构性减排;在中转运输和末端配送环节,推广使用新能源车辆。鼓励企业优化生产作业流程,推广使用中转箱、笼车等设备,提升作业效率。此外,要在全行业推广应用节水、节电、节约材料等技术工艺和产品装备。

六是注重保障措施的配套。《规划》提出了7项保障措施,包括:加强《规划》实施领导,推进法治邮政建设,完善行业标准体系,优化发展政策环境,提升科技创新水平,加强人才队伍建设,提高党建工作水平。这些保障措施聚焦在四个方面:一是聚焦《规划》实施的组织领导,明确了《规划》落实的责任主体。二是聚焦制度的有效供给,着力健全邮政业法规、标准和政策体系,统筹好存量和增量、制定和落实之间的关系,注重发挥制度在促进行业发展中的基础性作用。三是聚焦科技和人才两个关键要素,明确了科技创新和应用的重点领域,提出了人才培养的方向和途径。四是聚焦党建工作,落实全面从严治党,为行业发展提供坚强的政治保障。这些保障措施与主要任务相衔接相呼应,注重将有针对性的具体措施与建立促进发展的长效机制相结合,注重将重点工作举措与形成综合性措施体系相结合,从而为全面完成《规划》提出的目标和任务,提供有力的保障。

《快递电子运单》和《快递安全生产操作规范》解读

《快递电子运单》(YZ/T 0148—2015)和《快递安全生产操作规范》(YZ 0149—2015)邮政行业标准于2015年12月14日正式发布,将分别自2016年3月1日和2016年6月1日起施行。为便于邮政管理部门、快递企业和相关人员更好地理解标准内容,推动标准实施,现将标准制定的重要意义、关键技术问题等内容解读如下。

一、《快递电子运单》

(一)标准制定的重要意义

1. 标准的制定背景

2012年,国家质检总局和国家标准委发布《快递运单》(GB/T 28582)国家标准,该标准适用于无碳复写纸印制的折叠式票据形式的快递运单(以下简称"纸制运单")的制作和使用。标准自发布以来,在规范快递市场行为、维护快递市场秩序、保障消费者合法权益等方面发挥了重要作用。但随着电子商务和网络购物的不断兴起,快递市场高速发展,传统的纸制运单已经不能适应快递市场高速发展的需要,快递电子运单(以下简称"电子运单")应运而生。

电子运单是将快件原始收寄等信息按一定格式存储在计算机信息系统中,并通过打印设备将快件原始收寄信息输出至热敏纸等载体上所形成的单据。电子运单自动对接计算机信息系统、自动绑定快件编号、实时生成并高速打印快件收寄信息,更好地满足了电商批量交寄快件的需要,也越来越得到个人用户的青睐。因此,为满足市场发展需要,规范快递电子运单的生产和使用,国家邮政局组织制定了本标准。

2. 电子运单的应用特点

与纸制运单相比,电子运单具有以下特点:

一是处理效率高。除人工填写外,纸制运单普遍采用针式打印机进行信息打印,打印速度一般在500～700张/小时之间。电子运单采用热敏条码打印机进行信息打印，打印速度在2500～3600张/小时之间。其打印效率比纸制运单快2～5倍。此外，电子运单的打印信息由对接的计算机信息系统自动转入，且无须打印服务协议，大大节省了信息录入时间，提升了快件处理效率。有快递公司反映，一个50人的揽收团队使用电子运单后可降低至10人，人力成本降低5倍以上。

二是生产成本低。电子商务用户使用的电子运单一般宽为100毫米，长不超过200毫米，其规格尺寸仅为纸制运单的一半。相比纸制运单，电子运单的纸张用量整体减少70%以上。目前，纸制运单的售价约为0.19元/张，电子运单的售价约为0.09元/张。以2015年快递业务量206亿件、电子运单的用量占快递业务量60%计算，仅电子运单的生产成本就节约了12亿元。再加上打印成本的减少，电子运单的整体生产成本比纸制运单降低60%～70%以上。

三是环保效果好。电子运单不仅大幅减少了纸张原材料的消耗，而且也相应减少了制作过程中的碳排放量和有害物质的释放量。此外，标准还首次对电子运单的用纸和用胶的环保性能提出限制要求，更加有利于节能减排，更加有利于环境保护，符合国家生态文明建设和国家邮政局关于推进绿色邮政建设的战略部署。

四是用户权益得以更好保障。针对电子运单使用过程中出现的纸张质量不合格、打印信息不统一、服务协议不明确等用户普遍关心的问题，标准都设定了相应的技术条款，从电子运单的纸张定量、保存期限、信息内容、提示信息等方面予以明确规定，既充分考虑企业发展需要，推动企业转型升级提质增效，同时也充分考虑用户使用需要，切实保护用户权益和用户信息安全。

由此可以看出，电子运单的应用是产业融合、市场发展的重要产物，是行业科技创新、科技进步的重要标志，也是快递企业提升运行效率、经营效益的重要途径。制定《快递电子运单》邮政行业标准，有利于提升快递服务质量和水平，有利于保护用户合法权益，有利于实施有效监管，对于推动快递市场持续健康发展具有重要意义。

（二）标准的关键技术内容

1. 标准适用范围

在标准起草初期，起草组在研究范围上面临两个问题：一是是否要将国际电子运单包括在内；二是是否要将个人用户（即散户）使用的电子运单纳入研究范围。起草组通过调研发现绝大多数快递公司在收寄国际快件时，是将快件信息直接打印在普通纸上，再放入粘附于快件上的塑料袋中。这种操作方式与国内快递电子运单的操作截然不同，在用纸、粘合等方面有着本质区别，因此本标准暂未对国际电子运单做出规定。其次，随着个人电脑和智能手机的普及，个人用户开始通过APP软件提出快件寄递需求，录入收件人和寄件人相关信息，快递业务员上门接单时直接打印电子运单，这种方式既方便又快捷，具有很大的潜在需求，是未来的发展方向。因此，标准将个人电子运单纳入适用范围，规定了相应的技术条款。

2. 联数

对于电商用户和个人用户两种不同使用对象，电子运单的联数有所不同。由于电商用户的快件收寄信息已经储存在计算机信息系统中，用户可以据此进行快件查询、结算等处理，不再需要寄件人存根联。因此，标准规定这类电子运单只有两联。而对于个人用户，虽然大多数APP客户端软件也储存快件收寄信息，提供快件查询等服务，但考虑到用户使用习惯，标准规定这类电子运单为三联，增加了寄件人存根联。

3. 规格尺寸

标准起草组经过调研发现，不同快递企业电子运单的规格尺寸不完全相同，但基本上可以归为两类。一类是两联电子运单，其长×高的尺寸有80mm×80mm、136.6mm×100mm、150mm×100mm、170mm×100mm、190mm×100mm、230mm×100mm和204mm×103mm等，其中以150mm×

100mm、180mm × 100mm、200mm × 100mm 为主。即除个别情况外，两联电子运单的宽度基本统一为 100mm，长度不等。另一类是三联电子运单，其长 × 高有 180mm × 76mm、210mm × 76mm 等规格，长度不尽相同，但宽度基本统一为 76mm。考虑到打印用纸和打印设备情况，起草组认为电子运单的规格尺寸应坚持“宽度统一，长度适度自由”的原则，即在宽度上统一规定为 100mm（两联）和 76mm（三联），而在长度上给出一定范围，供各快递企业根据自身需求选择使用。

4. 区域划分及信息内容

电子运单上各区域的划分以及各区域的信息内容是本标准的研究重点之一。区域划分和信息内容的设置既要满足企业内部生产作业的需要，又要满足用户服务的需要。由于两联和三联电子运单的使用对象不同，因此他们在区域划分上略有差异。差异主要体现在派件存根联上。三联电子运单的派件存根联含有业务类别及业务处理区，而两联电子运单没有。这主要是因为两联运单的这些信息已经保留在企业的信息系统中，不需重复规定；三联运单主要针对个人用户，而这种服务模式还在不断发展变化，为避免出现系统之间信息不对接、信息不完备等情况，运单上保留了与内部业务处理有关的信息。

标准将电子运单划分为以下九个区域：

一是快递服务组织信息区。该区域用于打印快递服务组织的名称、标识、客服电话等内容，以识别快递服务的提供者。收件人存根联和寄件人存根联由于已在条码区打印快递服务标识，因此不再设有快递服务组织信息区。

二是条码区。该区域用于打印快件编号的条码标识。由于快件编号是企业进行内部处理和提供用户查询等服务的唯一依据，因此快件编号应清晰可辨、易于识读。对于收件人存根联和寄件人存根联，如果打印空间有限的话，可以只打印数字识别码。此外，在收件人存根联和寄件人存根联条码的左侧，还宜打印快递企业标识，便于收寄件人识别快递服务的提供者。

三是目的地区。又称大头笔区，用于打印快件的目的地名称或代码。由于快件的寄递信息已提前录入计算机信息系统，信息系统可以根据企业分拣封发计划和地址库等信息，自动匹配快件的目的地代码（即数据分单），为后续的机器分拣和人工分拣提供较大便利，以提高分拣效率，降低分拣差错。为便于识读，标准还规定电子运单目的地区的文字宜采用黑体或加粗黑体。

四是收件人信息区。该区域用于打印收件人的名称（姓名）、地址、联系电话等内容。由于收件人信息是完成快递服务的重要基础信息，因此在派件存根联、收件人存根联和寄件人存根联上都应该打印此信息。此外，为便于识读，标准还规定电子运单收件人信息区的文字宜采用黑体或加粗黑体。

五是寄件人信息区。该区域用于打印寄件人的名称（姓名）、地址、联系电话等内容。由于电商用户的计算机信息系统中已存有寄件人信息，因此派件存根联可以不打印此信息。但为了便于收件人知晓快件由何地何人寄出以及寄件人留存有关信息，标准规定收件人存根联和寄件人存根联上应打印此信息。

六是内件详情区。该区域用于打印内件的名称、类别、数量等内容。根据《邮政行业安全监督管理办法》《邮件快件收寄验视规定》等文件要求，用户应如实填写寄递物品的名称、类别、数量等信息，电子运单上的记载内容应与实物信息相符。

七是业务类别及业务处理区。该区域用于打印业务类别名称和业务处理相关信息。其中，业务类别名称包括即日到、次日到、优先快递、经济快递和代收货款等；业务处理信息根据各联的用途不同则有所不同。对于派件存根联，该区域应包括快件的质量、体积、运费、付款方式、代收货款金额、收派件时间、服务协议约定提示、寄件人签名等内容；此外对于电商用户，由于以上信息已在信息系统中记载，因此派件存根联可不设置业务类别及业务处理区。对于收件人存根联，该区域应包括快件的付款方式、代收货款金额等内容；对于寄件人存根联（三联），该区域应包括快件的质量、体积、运费、申报保价（保险）金额、保价（保险）金额、收件时间、收派员签名、服务协议约定提示等内容。

八是用户签收区。该区域应包含收件人/代收人签字、签收时间等内容。用户收件时应及时填写以上信息，作为快件投递的重要凭据。

九是自定义区。该区域由快递企业根据自身业务需要设置，可包括二维条码、易碎品提示等信息，以满足个性化业务发展需要。需要说明的是，有条件的企业可积极采用二维码技术，通过在自定义区打印二维码，记载、保存寄件人和收件人的名址、订单详情、快件路由等信息，用于自动分拣，也可用于用户信息保护等工作。

另外，标准赋予企业一定的灵活度，规定各区域的位置、尺寸、颜色可由快递企业自行设置。同时，标准还在附录 A 中给出了各区域布局和排列示例，便于有关企业参考采用。

5. 服务协议

电子运单和纸制运单在信息内容上最大的差别在于电子运单上不打印服务协议的详细内容。主要原因是：在使用电子运单前，快递企业应当就服务时限、服务价格、服务赔偿等事由与用户达成了书面意见，没有必要在电子运单上重复打印服务协议的相关内容。为保障用户合法权益，避免产生服务纠纷，标准从以下几个方面进行了系统设计：

一是标准要求在使用电子运单前，快递服务组织应与用户达成快递服务协议。书面方式和电子方式均可。其格式内容应符合 GB/T 28582—2012 附录 A 的相关要求。

二是快递服务协议应以醒目方式置于快递服务组织网站及 APP 软件系统中，便于用户阅知、保存，以供查询、追溯等使用。如此规定能够保障用户在需要时可以随时核查服务协议的相关内容。

三是在派件存根联的业务类别及业务处理区中应明确标示“服务协议内容本人已阅知并同意”等字样，寄件人应签字确认。在寄件人存根联的业务类别及业务处理区中应明确标示“寄件人已阅知并同意服务协议内容。服务协议可在快递服务组织网站或 APP 软件系统中查阅”等字样。以上内容保障服务双方都留有相关凭证，保护自身合法权益。

此外，标准还规定，电子运单上服务协议约定等特殊事项的文字宜采用黑体或加粗黑体，以提醒用户重点关注。同时，标准的附录 A 还给出了示例，将服务协议约定提示信息置于各联的最下端显著位置，企业可参考采用。

6. 技术要求

标准结合快递服务现实需要，参考相关国家标准和行业标准，对电子运单的 7 项技术指标进行了规定。

（1）外观

为便于使用和保存，标准规定：电子运单的外观应平整、清洁，不应有褶皱、破损、毛边、裂口，各层间应无气泡、无起翘、无溢胶粘连、无异常颜色等缺陷。特别强调的是，如果褶皱、破损发生在条码区、目的地区、收件人信息区等重要区域，将会给后续的分拣、投递等带来严重影响。

（2）用纸

电子运单每联均由三层组成，第一层为热敏打印纸，用于信息打印；第二层为铜版纸或格拉辛纸等材料，用于粘贴；第三层为格拉辛离型纸，用于隔离。三层用纸的技术指标都应符合有关国家标准的相关要求。

第一层应采用定量不低于 $70g/m^2$ 的特种热敏打印纸。定量是保障纸张质量的关键指标。如果定量设得过低，纸张透明度高，第二层的打印信息容易穿过第一层而显示出来，造成信息被误读或无法识别等问题。此外，特种热敏打印纸具有保存期长的特点，能够满足标准规定的“使用后的电子运单在常温下应保存 12 个月以上，条码及字迹应可辨识”的相关要求。

第二层宜采用定量不低于 $40g/m^2$ 的格拉辛纸或定量不低于 $70g/m^2$ 的铜版纸。起草组通过调研得知，个别企业还采用了其他材料来用作电子运单的第二层。标准采用"宜"的表述，并没有限制这些材料的使用，但材料的使用应满足快递服务需要这一前提。

对于第三层用纸的定量，在征求意见过程中部分企业提出能否采用定量为 $(50 \pm 5) g/m^2$ 或 $(60 \pm 6) g/m^2$ 的格拉辛离型纸。由于格拉辛纸的定量一般分为 $40g/m^2$、$62g/m^2$、$80g/m^2$、$100g/m^2$ 四种，并没有 $50g/m^2$ 和 $60g/m^2$ 这一种类。因此起草组经过研究，结合行业实际，决定采用 $62g/m^2$ 的定量值。考虑到《格拉辛纸》（GB/T 29282）标准规定，纸张定量可有 $\pm 3g/m^2$ 的偏差值。因此标准规定第三层应采用定量不低于 $59g/m^2$ 的格拉辛离型纸。

（3）文字

为方便用户和内部操作人员识读，标准对电子运单上的文字强调了两点规定：一是收件人信息区、目的地区、代收货款及约定的特殊事项的文字宜采用黑体或加粗黑体；二是电子运单目的地信息的字号宜不低于一号，其他文字的字号宜不低于五号。

（4）一维条码

对于一维条码，标准中的相关规定应重点把握三点：第一，条码不应过低过窄，即高度宜大于 10mm，最小窄单元宽度应大于 0.25mm，否则条码将无法正确识读。第二，条码符号的质量等级应达到 GB/T 14258—2003 附表 H.1 中字母等级 C 级以上（含 C 级），才能满足条码首读率大于 95%，识读率 100% 的相关要求。第三，快件编号应符合邮政管理部门关于快递码号编制规则的相关要求。目前，国家邮政局正在研究制定快递码号编制规则，电子运单上打印的快件编号应满足该规则的相关要求，以加强行业管理，满足信息共享等需要。

（5）模切线

模切线是电子运单第一层各联的分界线。标准提出了模切线应易于撕断、轧压线应平直清晰、不应有整体断裂的要求，同时还对模切线的抗张强度提出了要求。

（6）粘合

电子运单的第一层与第二层之间涂有阻隔胶、第二层与第三层之间涂有背胶。阻隔胶和背胶的技术性能也是各方关注的重点。标准从以下方面进行了规定：

对于阻隔胶，标准主要从使用效果上进行了规定，要求在 -15℃ ~ +60℃ 的环境下，第一层不应自行脱落，以满足后续生产处理需要；派件存根联、寄件人存根联的第一层撕下后失去粘性无法复原，以满足企业保存需要；收件人存根联的第一层与第二层应粘贴紧密、可剥离，以满足用户信息保护需要。对于背胶，标准在表 4 中列出了背胶的初粘性、剥离强度、隔离性、渗油性的具体指标要求，企业应选用符合标准要求的胶液。

对于某些特殊地区或极端天气，作业环境处于 -15°以下时，涂有普通压敏胶的电子运单可能会发生背胶失效或脱落等现象，企业一般采用改善作业环境或添加防冻液的方法来达到作业要求。为避免特殊要求造成普遍性成本增高等问题出现，标准规定在低于 -15℃ 及以下环境中使用的电子运单，其背胶的胶粘物理性能指标由供需双方商定，赋予企业一定灵活度。

（7）其他

部分企业提出，能否在电子运单上印有广告信息。起草组经过慎重研究认为，电子运单是记录快递服务信息的重要载体，是企业开展内部操作处理的重要单据，也是用户权益保障的重要凭证，其上打印或印刷广告信息不利于生产和服务。再加上电子运单版面有限，因此，标准沿用《快递运单》国家标准相关规定，提出电子运单上不应有广告信息。

7. 环保要求

随着快递业务规模持续扩大，其包装物料的

环保问题引发社会广泛关注。电子运单是快递物料的重要组成部分，标准应对电子运单的环保问题作出相关规定，杜绝环境污染新问题产生，切实推动绿色邮政建设。因此，标准专设独立章节提出纸张和胶液的环保要求。

具体说来，在电子运单的三层纸张中，第一层热敏打印纸含有双酚 A 对环境有害。热敏打印纸背面的阻隔胶属于水溶胶，也含有轻量的苯、甲苯、二甲苯、卤代烃等有害物质。因此，为尽可能地避免有害物质对环境造成不良影响，标准规定：电子运单所使用纸张的有害物质限量值应符合国家环保的相关规定，热敏纸背面的阻隔胶应使用环保型的水溶胶，其有害物质限量值应符合 HJ/T 220—2005 中表 1 指标要求。同时，电子运单第二层背面的背胶主要采用热熔压敏胶，是一种无毒害无废液的新型环保胶。但目前我国热熔压敏胶粘剂的生产还处于起步阶段，为限制在生产中随意掺加其他有害物质造成新的危害，标准还规定：第二层纸背面的背胶宜采用环保型的热熔压敏胶，其有害物质限量值应符合 HJ/T 220—2005 中表 1 指标要求。

8. 试验方法

对于各项技术指标和技术要求，标准在第 8 章逐一列出了试验方法。该试验方法应该作为出厂检验和第三方检验的依据。

9. 运输和贮存

由于热敏打印纸和压敏胶对储存温度比较敏感，因此，标准对电子运单的贮存温度、湿度、位置予以明确规定。同时，考虑到电子运单放置时间过长，胶液的粘性会减弱，因此，标准还规定未使用电子运单的储存期为 3 个月，超过储存期，使用前应重新进行检验。

二、《快递安全生产操作规范》

（一）标准制定的重要意义

一是贯彻落实《国务院关于促进快递业发展的若干意见》重要部署。该意见明确指出，要实施寄递渠道安全监管“绿盾”工程，全面推进快递企业安全生产标准化建设，落实邮政业安全生产设备配置规范等强制性标准，明确收寄、分拣、运输、投递等环节的安全要求。制定《快递安全生产操作规范》强制性行业标准，正是贯彻落实国务院文件部署、坚持“安全为基”基本原则的重要举措，有利于夯实快递业安全基础，提升快递安全操作水平，促进快递业健康发展。

二是完善行业安全生产体系。安全生产是人防、物防和技防相结合的体系。其中，人是生产的第一要素，也是保障安全生产的关键。近年来，快递业发展迅速，业务规模持续扩大，从业人员数量急剧增加。但是，从业人员安全意识不强，安全操作水平亟待提升的问题依然存在，给行业安全生产带来很大隐患。因此，研究制定《快递安全生产操作规范》强制性标准，明确提出从业人员安全生产操作的原则要求和一般性要求，以此为基础不断加以培训和推广，有利于提升从业人员安全操作水平，健全行业安全生产体系。

三是提升行业安全监管水平。安全是企业生产经营的底线，安全监管是政府管理部门的重要职责。《中华人民共和国标准化法》第十四条规定“强制性标准，必须执行。”这意味着强制性标准具有强制执行效力，是政府监管的合法依据。同时，随着政府职能不断转变，以标准为手段，加强事中事后监管，也是政府履行职能的重要方式。因此，制定《快递安全生产操作规范》强制性行业标准，落实邮政管理部门加强行业安全生产监管的内在要求，有利于提升行业安全监管水平。

（二）标准制定的基本思路

1. 遵循现有法律法规

标准，尤其是强制性标准，应与法律法规、部门规章和规范性文件的相关规定协调一致。因此，标准的制定广泛参考了《邮政法》《邮政行业安全监督管理办法》《邮政业安全防范工作规范》等法律法规和规范性文件；同时，还广泛参考了《中华人民共和国安全生产法》等安全生产相关法律法规的规定。此外,标准还按照"精简、有效"的编制原则,对法律法规、部门规章和现行标准中的有关内容进行了全面梳理,并采用引用的方式加以援引,以保持相同内容协调一致。

2. 立足强制性标准定位

本标准是邮政行业强制性标准。《中华人民共和国标准化法》《中华人民共和国标准化法实施细则》、国家标准委《关于加强强制性标准管理的若干规定》等文件,对强制性标准的范围、制定程序、实施效力等均作出明确规定。本标准的制定严格遵循上述要求,以"全行业统一遵循的基本安全要求"为准则,全面梳理快递安全生产的关键环节,提出全行业普遍遵守的安全生产操作要求,快递企业应严格执行标准规定。

3. 突出重点安全风险环节

快递服务具有环节多、流程长、经转复杂等突出特点。因此,标准制定在遵循安全生产一般规律的基础上,对各环节发生安全事故的概率以及发生事故的危害程度进行分析,针对快递服务各环节事故发生概率高、危害程度大的重点安全风险环节,提出规范性操作要求,推动快递企业落实各项安全措施,保障快递业安全平稳运行。

(三)标准的关键技术内容

1. 标准的强制性定位

本标准是强制性标准,对于标准中所有表述为"应"的条款,所有在我国境内从事快递服务的组织均应严格遵守,贯彻执行标准有关规定;对于表述为"宜"和"可"的有关条款,虽不是强制性规定,但国家邮政局鼓励快递企业创造条件积极采用。此外,需要指出的是,对于本标准所引用的标准,原标准表述为"应、宜、可"的条款,同样按上述原则执行。

2. 标准框架

本标准的总体框架为"1 +4 +2",即一个基本要求;四个关键环节,包括收寄、分拣、运输、投递环节的安全操作要求;两类特殊情况,包括重大活动时期安全生产操作以及安全事件处理要求。"1 +4 +2"构成了标准的全部内容,条理清楚,结构清晰,重点突出。

3. 基本要求

标准对贯穿快递安全生产操作全过程的基本要素提出了六点要求,即完善制度、强化培训、即查即停、文明操作、以人为本和全程管控。其中,完善制度和强化培训突出快递安全操作的基础能力建设;即查即停、文明操作和全程管控突出快递过程中的基本安全操作要求;以人为本则突出安全事件应对与处理的原则要求。

"完善制度"主要要求快递服务组织建立五项制度或机制,即安全生产责任制、安全生产管理制度、安全生产操作规程、安全生产管理机构或人员、突发事件应对工作机制,为快递安全生产操作提供制度保障。

"强化培训"以提高员工安全生产意识和操作技能为目的,要求快递服务组织定期组织安全知识和操作技能的学习和培训,并做好应急演练。

"即查即停"是对寄递过程中发现禁止寄递物品的原则要求,即在整个快递生产环节中一旦发现禁止寄递物品,立即停止对该件进行操作,并按法律法规和邮政管理部门关于禁止寄递物品的相关规定(主要指《禁寄物品指导目录及处理办法(试行)》国邮发〔2007〕152 号)进行处置,确保整个寄递过程安全。

"文明操作"是社会关注的焦点问题。针对这一问题,标准提出快递业务员在收寄、分拣、运输、投递各环节,应坚持"文明操作"原则,避免对快件造成人为损坏。同时,标准在各个环节的操作要求中,分别都有相应的具体体现。

"以人为本"体现了快递安全管理中"优先尊重和保护人身安全"的工作思路,要求在制定安全生产管理制度、开展日常安全管理等活动时,优先考虑保障快递业务员、用户及公众的人身安全;在发生安全事件时,应将保证人身安全作为第一要求。

"全程管控"则要求快递服务组织应对快递操

作过程进行全程管控，避免违规操作。特别提出对破损件进行处理时，宜2人以上共同操作，处理过程应处于视频监控之下。限制寄递的化学物品应与普通快件分别处理。

4. 收寄安全生产操作

收寄安全是保障快递安全生产的第一道关口。本标准对收寄环节关键的安全防控点进行了细致分析，提出了验视、封装和信息核对三个风险点在操作上的具体要求。

在验视环节，针对企业关注焦点，从验视前、验视中和验视后分别提出了八条具体操作要求，包括现场验视、验视监控、重点查验内容、逐层清查、逐件清查、再次验视、验视后做出标识以及注意人身安全等内容。

在封装环节，标准从便于运输、便于装卸和适度包装三个维度提出了具体要求；同时要求封装完成后，应牢固粘贴快递运单或快递电子运单，并对易碎品等粘贴相应标识，避免易碎物品在寄递过程中发生损坏。

在信息核对环节，由于目前正在研究采取措施加强对寄递用户身份信息的查验，因此本标准要求快递服务组织应按照法律法规和国家相关部门要求对快递运单信息进行核对。收寄时，应提前告知收寄人相关要求；寄件人拒不配合的，快递业务员应拒绝收寄。

5. 分拣安全生产操作

本标准对分拣环节的操作准备、装卸、分拣和安全检查四个关键点进行了规定。

在操作准备环节，标准要求重点对分拣处理场所进行检查，确保场所干净整洁，操作设备、监控设备运转正常；由于自动分拣设备启动前需要进行一系列检查工作，因此标准要求自动分拣设备应由专业人员进行开机操作。

在装卸环节，标准在提出“大不压小、重不压轻、分类摆放”装卸原则的基础上，针对装载环节提出两条要求，即装载快件不应超出车辆核定载重；装载完成后，应对车厢进行安全检查。针对卸载环节提出一条要求，即要求卸载时车辆应服从现场人员指挥，按要求停靠车辆，驾驶员与现场管理人员共同验证封签完整后开启车门。此外，标准还提出了对装载和卸载的两条共性要求，即装载和卸载快件期间，车辆应熄火，拉紧驻车制动；普通快件脱手时，离摆放快件接触面之间的距离不应超过30 cm，易碎件不应超过10cm。这一规定与《快递服务》国家标准相关要求保持一致，希望企业高度重视，认真加以落实，切实杜绝不文明操作行为。

在分拣环节，本标准从基本要求、人工操作和机器操作三个方面提出要求。在基本要求方面，要求易碎品等特殊物品应单独码放，小件物品及文件类快件不宜直接接触地面等。在人工操作方面，要求普通快件脱手时离摆放快件的接触面之间的距离不应超过30cm，易碎件不应超过10cm，与装卸要求保持一致；在光线较弱、车辆较多的情况下，操作人员服装应加反光条，确保人身安全。在机器操作方面，标准重点要求机器设备应专人操作；不应有跨越踩踏机器、在机器上走动等违规行为。

在安全检查环节，为保证快件安全检查的有效性以及检查人员安全，标准要求安全检查设备应由经过专业培训的专业人员进行操作，并遵守相关的操作规程；在安全检查设备工作时，人体任何部位不应进入铅门帘以内通道；在开机作业过程中，工作人员不应擅离岗位或让非专业人员代岗操作。

6. 运输安全生产操作

在运输安全操作环节，标准重点对车辆检查、车辆驾驶两个关键点进行了规定。

良好的车辆状况是运输安全的重要保障。因此，标准在车辆检查环节，要求快递服务组织建立并执行车辆检查制度，配备车辆安全管理人员，建立场站现场管理、驾驶员行为规范等安全管理体系；定期对车辆进行检查、保养和维修；出车前对运输车辆的车况、门锁、消防器材等进行核查，保证车辆正常运输。

在车辆驾驶环节，标准提出五条具体要求，特别是根据道路运输相关规定，要求驾驶员不应疲劳驾驶，每连续行驶4h应停车休息20min或更换驾驶员，夜间连续驾驶不应超过3h。

随着我国快递运输方式日益多元化，标准还对采用航空、铁路和水路等方式运输快件的安全操作进行了原则规定，要求应核实交接、合理摆放、安全固定，并应符合国家及相关部门的安全运输规定。

7. 投递安全生产操作

投递是快递企业与用户直接接触的又一重要环节。标准重点对快件携带和快件投递两个关键点进行了规定。

在快件携带环节，标准按文件及小件、大件、超大超重快件不同类型分别提出了要求。如文件及小件应分类顺序放入投递车辆或快递业务员随身携带的盛装容器内，大件应按“先派后装、重不压轻”原则放入投递车辆的容器中等。

在快件投递环节，标准对车辆的停放、投递签收、投入智能快件箱、无法投递、代收货款快件的投递分别提出了要求。如投递车辆应按规定停放，快递业务员离开投递车辆前，应锁牢装载快件的容器，避免快件丢失等。

8. 重大活动时期的安全生产操作

参照有关部门和地方对重大活动的界定，本标准的重大活动是指具有重大国际影响的国事活动、国际交往活动、国家庆典、重要赛事等。参照奥运会、世博会等大型活动期间的安保经验，标准对重大活动时期的快递安全生产操作进行了规定。概括来说，就是专区处理、集中安检、重点查验、统一投递、减少中转。即对于寄往活动举办区域的快件，宜在活动举办区域之外的处理场所设置专区进行处理，处理时2人以上进行操作；应对所有快件进行集中安全检查，并进行重点查验、跟踪和监控；对于寄往活动重点部位的快件，在投递前应再次安全检查，在投递时应集中处理、统一投递，专人专车、双人派押；宜调整作业组织，减少在活动区域进行中转的快件量；同时，还要严格执行国家关于重大活动时期的其他特殊规定。

9. 安全事件处理

标准在第10章规定，安全事件应按照“人员安全、快件安全、财产安全”的顺序进行处理。同时，标准还对发生快件被盗被抢事件、交通事故、遭遇地震、洪水等自然灾害或其他不可抗力情况的处理进行了规定。标准还特别要求快递服务组织按照国家和邮政管理部门关于邮政业安全信息报告和处理的相关规定，实行24h值班制度，及时报送安全事件信息。

三、对推动标准实施的几点建议

《快递电子运单》（YZ/T 0148—2015）为推荐性行业标准，《快递安全生产操作规范》（YZ 0149—2015）为强制性行业标准。《中华人民共和国标准化法》第十四条规定：强制性标准，必须执行。由于《快递安全生产操作规范》涉及人身、财产安全，作为强制性标准，企业必须认真执行，以保障寄递安全。对于不执行强制性标准的行为，依据《中华人民共和国标准化法》等相关法律法规，相关企业和人员将承担相应的法律责任。此外，《快递电子运单》为推荐性标准，标准的制定与实施有利于进一步规范快递电子运单的生产和使用，有利于推动行业科技进步和资源节约，有利于提升企业运行效率和经营效益，对于推动邮政行业提质增效、转型升级具有重要意义。因此，国家邮政局要求各类企业认真组织开展标准的宣贯工作，采取有效措施推动标准的实施。各级邮政管理部门要加强对标准执行情况的监督检查，更好地促进快递业持续健康发展。

对于如何更好地推动标准实施，现提出以下几点建议，供各单位参考：

第一，组织学习培训，掌握标准实质。

两项标准涵盖内容多，技术性强，需要认真学习领会。国家邮政局将在其政府网站上全文公布标准内容，并通过举办标准培训班、印发解读材料等方式，对标准进行大力宣传。各省、自治区、直辖市邮政管理局也要积极开展形式多样的标准培训和宣传工作，引导快递企业和用户自觉遵守标准规定，逐一落实标准要求。快递企业要做好企业内部的学习组织工作，通过研读标准、集中学习、交流竞赛等多种方式，促进企业员工掌握标准内容，吃透精神实质，为标准实施奠定坚实基础。

第二，拟定实施方案，落实整改措施。

《快递电子运单》于2016年3月1日正式实施，时间紧，任务重。企业对接标准，主要涉及信息系统和电子运单生产流水线的改造。相关企业要抓紧时间，研究拟定实施方案，有计划分步骤地推进技术整改工作，逐一落实标准中规定的各项要求。《快递安全生产操作规范》于2016年6月1日正式实施，快递企业更要充分利用时间，组织相关人员逐条对照标准，对企业操作制度和操作流程进行检查和细化，并加强对操作人员的培训和教育，切实落实强制性标准的各项要求。

第三，加强监督检查，推动标准实施。

各级邮政管理部门要依据《中华人民共和国标准化法》《邮政业标准化管理办法》等法律法规和部门规章，积极开展标准实施的监督检查工作。要灵活采用行政处罚、质量评价、信息通报、监督引导等手段推动标准的贯彻执行。对于在标准实施过程中出现的新问题和新情况，要及时反馈国家邮政局相关部门，以便不断总结，不断完善，充分发挥标准化工作对于引导和推动行业发展的重要支撑作用。

第八章 部分市(地)、关于快递服务的政策法规

唐山市邮政条例

(2015年12月24日唐山市第十四届人民代表大会常务委员会第二十二次会议通过,2016年3月29日河北省第十二届人民代表大会常务委员会第二十次会议批准)

第一章 总 则

第一条 为保障邮政普遍服务,加强对邮政市场的监督管理,维护用户合法权益,促进邮政业健康发展,根据《中华人民共和国邮政法》、《河北省邮政条例》等有关法律、法规,结合本市实际,制定本条例。

第二条 本市行政区域内的邮政普遍服务、快递服务及监督管理,适用本条例。

第三条 市邮政管理部门负责本市邮政普遍服务和邮政市场的监督管理工作。

市、县(市、区)人民政府有关部门按照各自职责,依法做好促进邮政业发展的相关工作。

第四条 市、县(市、区)人民政府应当将邮政业发展纳入国民经济和社会发展规划,保障邮政业与本地经济社会协调发展。

第五条 邮政企业、快递企业应当提高服务质量,建立健全安全保障体系,为用户提供迅速、准确、安全、方便的服务。

第二章 邮政普遍服务

第六条 邮政企业提供邮政普遍服务,应当符合邮政普遍服务标准。

邮政企业应当对信件、单件重量不超过五千克的印刷品、单件重量不超过十千克的包裹的寄递以及邮政汇兑提供邮政普遍服务。

第七条 邮政企业停止办理或者限制办理邮政普遍服务,应当向市邮政管理部门提出申请;市邮政管理部门在收到申请之日起二十日内作出批准或者不予批准的决定。

因不可抗力或者其他特殊原因暂时停止办理或者限制办理的,邮政企业应当及时公告,采取相应的补救措施,并在二十四小时内向市邮政管理部门报告。不可抗力或者其他特殊原因消除后,应当立即恢复办理邮政普遍服务业务。

第八条 邮政企业撤销提供邮政普遍服务的邮政营业场所,应当向市邮政管理部门提出申请;市邮政管理部门在收到申请之日起二十日内作出批准或者不予批准的决定。经批准的,邮政企业应当自收到批准决定之日起三日内予以公告。

第九条 邮政企业应当采用先进科技和管理手段,增强普遍服务能力,发挥邮政网络优势,拓展信息传递、实物配送、金融服务和其他服务领域,满足经济和社会发展的需求。

第十条 邮政企业应当加强安全生产管理,建立健全安全生产责任制度,完善安全生产条件,确保生产安全。

(一)应当在有较大危险因素的生产经营场所和有关设施、设备上设置明显的安全警示标志;

(二)安全设备的安装、使用、检测、改造和报

废应当符合国家标准或者行业标准；

（三）对安全设备应当进行经常性维护、保养和定期检测；

（四）应当为从业人员提供符合国家标准或者行业标准的劳动防护用品；

（五）对发现的重大安全隐患应当及时进行整改。

第十一条 邮政企业应当建立并严格执行收寄实名制度和收寄验视制度，发现交寄、夹寄禁止寄递物品的，不予收寄，并交有关部门依法处理。

对不能确定安全的物品，应当要求用户出具相关部门的安全证明，并详实记录物品名称、数量、重量、收寄时间、寄件人和收件人姓名地址等内容，记录留存应当不少于一年。用户不能出具安全证明的，不予收寄。

收寄药品应当符合邮政管理部门和食品药品监督管理部门的有关规定。

第十二条 邮政企业及其从业人员不得实施下列行为：

（一）无故拒办邮政业务或者擅自中止对用户的服务；

（二）强行搭售邮品及其他商品；

（三）擅自增加收费项目，强迫、误导用户使用高资费邮政业务；

（四）违法向他人提供用户使用邮政服务的信息；

（五）冒领、扣压用户汇款或者强迫用户将汇款转为储蓄；

（六）出租、出借带有邮政专用标志的车辆或者利用带有邮政专用标志的车辆从事邮件运递以外的活动；

（七）法律、法规禁止的其他行为。

第十三条 机关、事业、企业单位应当设置接收邮件的场所。农村地区应当设置村邮站或者其他接收邮件的场所。

邮政管理部门应当按照国家有关规定和标准加强对村邮站建设和服务的指导和支持。

机关、事业、企业、住宅小区物业服务、居民（村民）委员会等单位应当为邮政企业投递提供便利。

第三章　快递服务

第十四条 经营快递业务应当依法取得快递业务经营许可证；任何单位和个人未经许可，不得经营快递业务。

取得快递业务经营许可的企业设立分公司、营业部等非法人分支机构，凭企业法人快递业务经营许可证（副本）及所附分支机构名录，到分支机构所在地工商行政管理部门办理注册登记。企业分支机构取得营业执照之日起二十日内到市邮政管理部门办理备案手续。

在乡镇、街道、社区、学校、便利店等设立的快递末端投递点，自设立之日起二十日内到市邮政管理部门办理备案手续，不办理营业执照。

第十五条 快递企业应当对收寄、分拣、运输、投递等环节实行安全监控，达到监控无盲区；监控设备二十四小时连续运转，监控资料保存时间不得少于三十天。

第十六条 快递企业应当在营业场所公示服务项目、服务内容和服务价格、监督电话；上门取件或者在非营业场所进行的快递业务，应当以价目表、报价单等书面方式主动向用户公示服务价格及标准、监督电话。

对于超出派送范围的，快递企业应当以价目表、报价单等书面方式主动向用户公示超派服务价格及标准。

第十七条 快递企业收取快件时，应当在快递运单详细填写快件的重量、资费等信息，并注明时限、保价及赔偿条款等保障用户权益的相关内容。用户愿意做保价的，应当在相应位置签字确认。

用户应当阅读快递运单，正确填写收寄人的姓名、地址、电话及所寄物品的品名和数量，并在相应位置签字确认。

第十八条 快递企业应当按照快递服务标准,规范快递分拣作业活动。不得在露天场地堆放和分拣快件,不得野蛮分拣,严禁抛扔、踩踏或者以其他方式造成快件损毁,保障服务质量,维护用户的合法权益。

第十九条 快递企业投递快件,应当告知收件人当面验收。

快件外包装完好的,由收件人签字确认。投递的快件注明为易碎品及外包装出现明显破损的,企业应当告知收件人先验收内件再签收。企业与寄件人另有约定的除外。

第二十条 快递企业组织投递应当在向用户承诺的服务时限内完成。同城快递超过承诺时限三日、省内异地和省际快件超过承诺时限七日视为彻底延误快件,快递企业应当根据有关规定予以赔偿。

第二十一条 鼓励快递企业采取多种形式优化投递服务,提高投递效率。

鼓励机关、事业、企业等单位,高等院校、住宅区、商业区等场所建设智能寄递终端。

第二十二条 快递企业专用车辆,应当向市邮政管理部门申请办理快递服务专用标识。

取得快递服务专用标识的快递车辆,经公安机关交通管理部门同意,可以按照核准的路线通行,并在不妨碍车辆、行人安全通行的区域停放车辆收发件。

第二十三条 快递企业应当对其从业人员加强法制、职业道德教育,对从业人员进行档案管理和业务技能培训。

快递协会应当依法制定快递行业规范,加强行业自律,为企业提供信息、培训等方面的服务,促进快递行业的健康发展。

从业人员应当挂牌服务。服务工牌上应当注明企业名称、员工姓名、监督电话等基本信息。

第二十四条 快递企业不得实施下列行为:

(一)未向市邮政管理部门报告擅自中止快递业务的;

(二)未签订安全保障协议从事代收货款业务的;

(三)未如实上传快件跟踪信息的;

(四)非法使用、泄露、买卖用户信息的;

(五)未按照国家有关规定处理无法投递又无法退回寄件人的快件的;

(六)法律、法规禁止的其他行为。

第二十五条 本条例第十条、第十一条关于邮政企业安全生产和收寄实名制度、收寄验视制度的规定,适用于快递企业。

第四章 监督管理

第二十六条 邮政管理部门应当加强企业诚信体系建设与管理,建立对邮政企业和快递企业的服务质量测评体系,每年定期将测评结果向社会公示。

第二十七条 邮政管理部门履行监督管理职责,可以采取下列监督检查措施:

(一)进入邮政企业、快递企业、邮政市场或者涉嫌违反邮政法律、法规活动的其他场所实施现场检查;

(二)向有关单位和个人了解情况;

(三)查阅、复制有关文件、资料、凭证,调取有关监控资料;

(四)要求提供财务会计报表、注册会计师出具的审计报告以及其他有关经营的信息;

(五)经邮政管理部门负责人批准,查封、扣押与违法活动有关的场所、运输工具以及相关物品,对信件以外的涉嫌夹带禁止寄递或者限制寄递物品的邮件、快件开拆检查。

邮政管理部门进行监督检查,应当出示行政执法证件,监督检查人员不得少于两人。被检查的单位或个人应当予以配合,不得拒绝、阻碍。

第二十八条 邮政企业、快递企业应当建立服务质量监督与投诉制度,对用户或者第三人的投诉、举报应当及时处理并予以答复。用户或者第三人对处理结果不满意的,可以向邮政管理部门申诉。

邮政管理部门依法处理用户或者第三人对邮政企业、快递企业服务质量提出的申诉、举报，并自接到申诉、举报之日起三十日内作出答复。

邮政企业、快递企业应当配合邮政管理部门的调查处理工作。

第二十九条 邮政管理部门应当依法制定突发事件应急预案。

邮政企业、快递企业应当按照国家规定建立突发事件应急机制，制定本企业应急预案；发生重大服务阻断、安全事故等情形，应当及时开展应急处置工作，并向所在地县（市、区）人民政府和邮政管理部门报告。

第五章　法律责任

第三十条 邮政管理部门工作人员不依法履行职责情节较轻的，给予批评教育；情节严重的，给予行政处分；涉嫌犯罪的，移送司法机关依法处理。

第三十一条 未经邮政管理部门批准，邮政企业停止办理或者限制办理普遍服务业务，或者撤销提供邮政普遍服务的邮政营业场所的，依照《中华人民共和国邮政法》第六十八条予以处罚。

第三十二条 邮政企业、快递企业违反本条例第十条规定的，由邮政管理部门责令限期改正，可以处五千元以上一万元以下罚款；逾期未改正的，责令停业整顿，并处一万元以上三万元以下罚款；涉嫌犯罪的，移送司法机关依法处理。

第三十三条 邮政企业、快递企业违反本条例第十一条第一款规定，不执行收寄验视制度、违反规定收寄禁止寄递物品或者限制寄递物品的，依照《中华人民共和国邮政法》第七十五条予以处罚。

违反本条例第十一条第二款规定的，由邮政管理部门责令改正，并处五千元以上一万元以下罚款。

违反本条例第十一条第三款规定收寄药品的，由邮政管理部门处五千元以上一万元以下罚款；情节严重的，处一万元以上三万元以下罚款。

第三十四条 违反本条例第十二条规定的，由邮政管理部门责令改正，没收非法物品和违法所得；逾期未改正的，处一千元以上三千元以下的罚款；情节严重的，处三千元以上一万元以下的罚款。

第三十五条 快递企业违反本条例第十四条第二款规定未办理备案手续的，由邮政管理部门责令限期改正；逾期未改正的，处五千元以上一万元以下罚款；隐瞒真实情况、弄虚作假的，处一万元以上三万元以下罚款。

第三十六条 违反本条例第十五条规定的，由邮政管理部门责令限期改正，可以处五千元以上一万元以下罚款；逾期未改正的，处一万元以上三万元以下罚款。

第三十七条 违反本条例第十八条规定的，由邮政管理部门按照下列规定予以处罚：

（一）在露天场地堆放和分拣快件的，处三千元以上五千元以下罚款；

（二）存在抛扔、踩踏等野蛮分拣行为的，处五千元以上一万元以下罚款；

（三）造成快件损毁的，处一万元以上三万元以下罚款。

第三十八条 违反本条例第二十三条规定的，由邮政管理部门责令限期改正，予以警告，纳入企业诚信体系建设管理。

第三十九条 违反本条例第二十四条规定的，由邮政管理部门责令限期改正；逾期未改正的，处五千元以上一万元以下罚款；情节严重的，处一万元以上三万元以下罚款。

第六章　附　则

第四十条 本条例自 2016 年 6 月 1 日起施行。

济宁市人民政府办公室关于印发《济宁市邮政业发展管理办法》的通知

济政办发〔2016〕18 号

各县(市、区)人民政府,济宁高新区、太白湖新区、济宁经济技术开发区、曲阜文化建设示范区管委会(推进办公室),市政府各部门,各大企业,各高等院校:

《济宁市邮政业发展管理办法》已经市政府同意,现印发给你们,请认真组织实施。

济宁市人民政府办公室

2016 年 5 月 7 日

济宁市邮政业发展管理办法

第一条 为保障邮政服务与安全,加强邮政市场监督管理,规范邮政业服务行为,保护企业和用户的合法权益,促进邮政业健康发展,服务地方经济社会发展,根据《中华人民共和国邮政法》《中华人民共和国反恐怖主义法》《国务院关于促进快递业发展的若干意见》(国发〔2015〕61 号)和《山东省寄递安全管理办法》等有关规定,结合本市实际,制定本办法。

第二条 本市行政区域内邮政业的发展规划、建设、服务和监督管理等相关活动,适用本办法。

第三条 市、县(市、区)人民政府应当支持邮政业发展:

(一)将邮政业发展规划与国民经济和社会发展规划相衔接,做好邮政设施和快递设施的规划布局;

(二)合理安排邮政企业、快递企业用地指标,支持快递企业利用工业企业旧厂房、仓库和存量土地资源建设快递园区、快递分拨中心,相应建设项目用地涉及原划拨土地使用权转让或者用途改变的,经批准可以采取协议出让方式办理用地手续;

(三)规划建设电子商务产业园、物流园区、交通枢纽等项目时,应当同步考虑邮政设施、快递设施建设需求,保障邮政业与当地经济社会协调发展。

第四条 市邮政管理部门负责对本市行政区域内的邮政普遍服务、特殊服务和邮政市场实施监督管理。

县级邮政管理机构、邮政业发展办公室受市邮政管理部门委托,负责对委托监管区域的邮政普遍服务、特殊服务和邮政市场实施监督管理。

第五条 市、县(市、区)人民政府有关部门应按照各自职责做好邮政业发展相关工作:

(一)公安、国土资源、城乡规划、住房城乡建设等部门应当在车辆通行、土地使用、设施建设等方面支持邮政业的发展;

(二)财政、发展改革等部门应加大邮政行业发展支持力度;

(三)科技、人力资源社会保障、教育等部门应当在科技应用、人才培养等方面制定扶持政策和鼓励措施促进邮政业发展;鼓励本地高等院校和职业技术学校开设快递课程,开展相应学历教育和技能培训教育;

(四)经信、商务等部门应当积极推动邮政业与电子商务等关联产业相互融合,协同发展,深化邮政业转型发展；

（五）农业、供销部门应当积极促进商贸企业的合作，打造“工业品下乡”和“农产品进城”双向流通渠道，下沉带动农村消费；

（六）交通运输部门应当结合实际，积极实施快递“上车、上船、上飞机”工程，支持快递企业与铁路、公路、水路、民航、邮政等运输企业合作，强化运输保障能力。

第六条 邮政企业、快递企业用电、用气、用热价格应当按照不高于一般工业标准执行。

第七条 邮政业设施包含邮政设施、快递设施。

邮政设施包含邮政营业场所、邮件处理场所、邮筒（箱）、邮政报刊亭、村邮站、信报箱、智能信报箱等。

快递设施包含快递园区、快件处理（分拨）中心、快递服务网点、智能快件箱、末端配送设施等。

第八条 快递服务网点应当按照国家有关标准规划建设。城市新建住宅小区、商业区、开发区和旧城改造应当将快递服务网点纳入社区服务基础设施，同步规划、同步建设。智能快件箱等快递服务设施应当纳入公共服务设施规划。

邮政设施应当按照国家、行业标准规划建设。主次干道报刊亭应按规划要求布点设置，符合市容市貌标准，统一标识。

第九条 鼓励社区服务组织、连锁商业机构、机关学校管理部门在本社区、本单位内建设快递末端服务网点，鼓励农村电商同步建设快递服务网点，经营服务事项可与快递企业协商确定，邮政管理部门应当予以服务与指导。

第十条 征收邮政营业场所或者邮件处理场所，城乡规划许可的，房屋征收部门应当根据邮政设施的国家、行业标准要求，予以就地就近产权调换；因城乡规划调整确实无法实行产权调换的，给予等价货币补偿。

第十一条 建设城镇居民楼应当设置接收邮件、报刊杂志的信报箱，传统信报箱可逐步更新改造为智能信报箱。新建城镇居民楼信报箱和智能信报箱须经邮政管理部门验收。

城市街道、广场、公园等公共场所应当按照方便群众的原则设置邮筒（箱）、邮政报刊亭、末端投递服务设施等公用设施。

鼓励新建小区配置智能快件箱，安置智能快件箱的，应当向邮政管理部门登记备案。邮政管理部门应当对智能快件箱的建设提供指导，并联合公安等部门加强安全监管。

第十二条 邮政企业、快递企业应当履行安全生产主体责任，制订本单位安全生产实施细则、应急管理预案，明确本单位安全管理机构、专兼职安全管理员，并向邮政管理部门备案。

第十三条 邮政企业、快递企业应当建立寄递客户身份物品信息登记制度，禁止寄递存在重大安全隐患或者客户拒绝安全查验的物品，严格落实“收寄验视＋实名收寄＋过机安检”三个100%。

邮政企业、快递企业和社会公众应当严格执行收寄验视制度，严禁寄递法律法规禁止寄递的物品。

第十四条 邮政管理部门应当简化快递业务经营许可程序，改革快递企业年度报告制度，精简企业分支机构、末端网点备案手续。

邮政管理部门应当会同工商管理部门探索对快递企业实行同一工商登记机关管辖范围内“一照多址”模式。

第十五条 邮件、快件准确载明收件人姓名、联系方式的，邮政企业、快递企业与物业协商后可以委托物业代为送达，但应征得收件人同意。

因物业企业、管理单位阻碍邮政、快递从业人员进入并不愿代为送达等原因造成投递不能到门到户的，邮政企业、快递企业应当当场通知收件人领取。收件人未领取的，邮政企业、快递企业应当按照有关法律法规规定处理。

第十六条 邮政业配送车辆应当符合国家、行业标准，按照规范要求喷涂统一专用标识，并按规定向邮政管理、公安交通管理部门备案。

喷涂专用标识的邮政业轻微型载货汽车进入市区应当依法在公安交通管理部门办理通行证并按照规定的时段路线通行。

邮政业车辆管理办法由公安交通管理、邮政管理等部门联合制定。

第十七条 机关、学校和企事业单位,以及商业楼宇、住宅区等实行物业管理的物业服务企业,应当为从事寄递服务车辆提供临时通行、临时停车的便利。

第十八条 邮政管理部门应当加强邮政业诚信体系建设,实施快递企业分类管理,建立健全奖惩、监督措施。

邮政、快递企业应当加强对从业人员的职业技能培训、职业素质教育和从业考核。邮政管理部门应当对从业人员培训予以指导和监督。

第十九条 任何单位或者个人不得有下列行为:

(一)损坏邮政设施;

(二)私开邮筒(箱)和向邮筒(箱)内投易燃易爆危险品及其他杂物;

(三)在邮政、快递营业场所门前和邮筒(箱)周围及邮政车辆必经通道内堆放杂物、摆摊设点,妨碍用邮或者影响邮政车辆通行;

(四)冒用邮政企业名义或者邮政专用标志、伪造邮政专用品或者倒卖伪造的邮政专用品;

(五)妨碍邮政从业人员执行邮件、快件传递任务;

(六)非法拦截、强登、扒乘运送邮件、快件的车辆。

第二十条 有以下情形之一的,任何单位或者个人可以向公安机关报案:

(一)以围堵、拦截、聚众闹事等形式,扰乱寄递服务场所正常秩序的;

(二)非法拦截、扣押邮件、快件运输车辆的;

(三)私自开拆、隐匿、毁弃或者非法扣留、扣查他人邮件、快件的;

(四)盗窃、冒领、倒卖邮件、快件的;

(五)利用寄递活动进行犯罪的;

(六)其他影响寄递服务的违法行为。

公安机关接到报案后,应当及时受理并依法处理;邮政管理部门应当协调做好邮件、快件的及时派送工作。

第二十一条 邮政企业、快递企业、末端投递设施生产运营企业应当保护用户的信息安全,不得以任何方式擅自泄露用户信息;未经用户同意,不得向其发送与邮政服务、快递服务无关的商业广告。

因擅自泄露用户信息造成用户损失的,应当依法承担相应责任。

第二十二条 邮政管理部门应当会同公安、国家安全等部门完善快递安全监管信息平台,健全信息采集标准和共享机制,实现快件信息溯源追查,依法严格保护个人信息安全。

第二十三条 邮政管理部门应当建立信息公示系统和举报申诉、评议考核制度,应当依法进行邮政、快递服务质量监督检查,受理用户申诉和举报并依法处理,建立服务质量评价制度,定期向社会公布评价结果。对邮政企业和快递企业违法行为、服务质量问题进行约谈、责令整改、依法处罚和公示。

第二十四条 本办法自2016年6月8日起施行,有效期至2021年6月7日。

2016年全国部分市(地)关于快递服务发展的政策文件

市 (地)	政策文件名称
北京市石景山	石景山区人民政府办公室关于印发《石景山区提升生活性服务业品质实施方案》的通知(石政办发〔2016〕27号)
北京市海淀	海淀区人民政府办公室关于印发《海淀区提升生活性服务业品质实施方案》的通知(海政办发〔2016〕65号)
天津市静海	天津市静海区人民政府印发静海区关于加快电子商务、物流产业发展若干意见的通知(津静海政发〔2016〕28号)
邯郸	邯郸市政府《关于促进快递业发展的实施意见》(邯政字〔2016〕68号)
邢台	邢台市政府《关于促进快递服务业健康发展的实施意见》(邢政发〔2016〕14号)
衡水	衡水市政府《关于促进快递业发展的实施意见》(衡政发〔2016〕17号)
沧州	沧州市政府办公室《关于促进快递业健康发展的实施意见》(沧政办发〔2016〕14号)
保定	保定市政府《关于促进快递业发展的实施意见》(保政发〔2016〕15号)
秦皇岛	秦皇岛市政府《关于促进快递业发展的实施意见》(秦政发〔2016〕17号)
张家口	张家口市政府办公室《关于印发张家口市促进快递业发展实施方案的通知》(张政办字〔2016〕33号)
唐山	唐山市政府《关于促进快递业发展的实施意见》(唐政发〔2016〕23号)
石家庄	石家庄市政府《关于进一步促进快递业发展的实施意见》(石政发〔2016〕31号)
太原	太原市人民政府办公厅关于印发太原市邮政业发展"十三五"规划的通知(并政发办〔2016〕39号)
大同	大同市商务局　大同市财政局　大同市邮政管理局关于核准《大同市电子商务与物流快递协同发展试点城市工作项目实施方案》和《管理办法》的请示(同商发〔2016〕3号)
大同	大同市人民政府办公厅关于印发《大同市邮政业发展"十三五"规划》的通知(同政办发〔2016〕169号)
朔州	朔州市商务局　朔州市邮政管理局关于促进全市电子商务与邮政快递业协同发展的指导意见(朔商发〔2016〕4号)
	朔州市发展和改革委员会关于印发《朔州市邮政业发展"十三五"规划》的通知(朔发改高新发〔2016〕335号)
阳泉	阳泉市财政局关于下达X光安检机补贴资金的通知(阳财行〔2016〕86号)
	阳泉市人民政府办公厅关于印发阳泉市邮政业发展"十三五"规划的通知(阳政办发〔2016〕139号)
晋城	晋城市商务粮食局　晋城市邮政管理局关于推进农村电子商务与快递下乡协同发展的实施意见(晋市商粮市〔2016〕65号)
忻州	忻州市邮政管理局　忻州市公安局交通警察支队关于印发《忻州市城区邮政业电动三轮车管理规定》的通知(忻邮管〔2016〕17号)
晋中	晋中市人民政府关于促进快递业健康快速发展的实施意见(市政发〔2016〕7号)
	晋中市人民政府办公厅关于印发晋中市邮政业发展"十三五"规划(2016－2020)的通知(市政办发〔2016〕77号)
临汾	临汾市邮政管理局　临汾市商务局关于促进快递业与电子商务协同发展的意见(临邮管〔2016〕6号)
吕梁	吕梁市人民政府办公厅关于印发吕梁市邮政业发展"十三五"规划的通知(吕政办发〔2016〕66号)
沈阳	《沈阳市人民政府关于促进快递业健康发展的实施意见》(沈政发〔2016〕61号)
大连	《大连市人民政府关于促进现代快递服务业发展的实施意见》(大政发〔2016〕49号)
鞍山	《鞍山市人民政府关于促进快递业务健康发展的实施意见》(鞍政发〔2016〕5号)
抚顺	《抚顺市人民政府关于促进快递业健康发展的实施意见》(抚政发〔2016〕21号)
本溪	《本溪市人民政府关于促进快递业健康发展的实施意见》(本政发〔2016〕22号)
丹东	《丹东市人民政府关于促进快递业健康发展的实施意见》(丹政发〔2016〕34号)
营口	营口市《转发市邮政管理局关于促进快递业发展的实施意见的通知》(营政办发〔2016〕30号)
阜新	《阜新市人民政府关于促进快递业健康发展的实施意见》(阜政发〔2016〕31号)
辽阳	辽阳市人民政府《关于促进快递业发展的实施意见》(辽市政发〔2015〕24号)
朝阳	《朝阳市人民政府关于促进快递业健康发展的实施意见》(朝政发〔2016〕26号)
铁岭	《铁岭市人民政府关于促进快递业健康发展的实施意见》(铁政办发〔2016〕64号)
盘锦	《盘锦市人民政府关于促进快递业健康快速发展的实施意见》(盘政发〔2016〕41号)

续上表

市（地）	政策文件名称
葫芦岛	《葫芦岛市人民政府关于促进快递业健康发展的实施意见》（葫政发〔2016〕21号）
齐齐哈尔	《齐齐哈尔市人民政府办公室关于印发齐齐哈尔市促进快递业发展实施方案的通知》（齐政办发〔2016〕79号）
	《齐齐哈尔市交通运输局　齐齐哈尔市邮政管理局关于支持齐齐哈尔市邮政业服务地方经济发展指导意见》（齐交发〔2016〕47号）
	关于印发《打击物流运输寄递领域涉烟违法犯罪活动专项行动工作方案》（齐烟专联〔2016〕2号）
佳木斯	《佳木斯市电子商务管理办法》（佳政办发〔2016〕4号）
	《佳木斯市促进电子商务发展优惠政策》（佳政办发〔2016〕5号）
	《佳木斯市电子商务发展专项资金管理暂行办法》（佳政办发〔2016〕6号）
	《中共佳木斯市委佳木斯市人民政府关于深化供销合作社综合改革的实施意见》（佳发〔2016〕7号）
大庆	《关于支持大庆市邮政业服务地方经济发展的实施意见》（庆邮管联发〔2016〕1号）
	《农村邮政亏损网点持续运营的若干意见》（庆邮管〔2016〕54号）
鸡西	《中共鸡西市委办公室　鸡西市人民政府办公室关于印发〈鸡西市推进电子商务工作实施方案〉的通知》（鸡办字〔2016〕21号）
双鸭山	双鸭山市邮政管理局　市道路运输局联合出台《关于支持双鸭山市邮政业服务地方经济发展指导意见》（双交联字〔2016〕2号）
鹤岗	《关于促进快递与微商协同发展的指导意见》（鹤邮管联〔2016〕1号，与团市委联合发文）
	《鹤岗市人民政府关于促进快递业发展的实施意见》（鹤政发〔2016〕21号）
绥化	绥化市邮政管理局联合市商务局出台《关于促进快递业与电子商务协同发展的实施意见》（绥邮管联〔2016〕2号）
大兴安岭	大兴安岭地区行署交通运输局　大兴安岭地区邮政管理局联合《关于支持大兴安岭地区邮政业服务地方经济发展指导意见》（大交联发〔2016〕3号）
伊春	关于印发《伊春市邮政和快递专用车辆运行管理实施意见》的通知（伊社综办〔2016〕4号）
	伊春市交通运输局　伊春市邮政管理局联合下发《关于支持伊春市邮政业服务地方经济发展指导意见》（伊交联发〔2016〕1号）
南京	《市政府关于促进跨境电子商务快速健康发展的实施意见》（宁政发〔2016〕108号）
	《南京市建设中国现代服务业名城实施方案》（宁委办发〔2016〕56号）
	《市政府办公厅关于加快推进我市农村电子商务发展的实施意见》（宁政办发〔2016〕98号）
	《关于推进线上线下互动加快商贸流通创新发展转型升级的行动计划》（宁政办发〔2016〕129号）
苏州	《关于研究全市邮政快递业安全发展工作的会议纪要》（苏州市人民政府专题会议纪要〔2016〕132号）
	《市政府印发关于促进中国（苏州）跨境电子商务综合试验区发展的若干政策的通知》（苏府〔2016〕133号）
	《市政府印发关于加快推进互联网+行动的实施意见》（苏府〔2016〕193号）
	《市政府办公室关于印发苏州市服务贸易创新发展试点实施方案及重点试点行业七大行动计划的通知》（苏府办〔2016〕224号）
	《关于苏州市寄递企业X光安检机所在地财政奖补的意见》（苏财建字〔2016〕66号）
常州	《常州市创新发展现代服务业三年行动计划（2016－2018年）》（常政办发〔2016〕141号）
徐州	《关于2016年为人民群众办好8大类72件实事的意见》（徐委发〔2016〕5号）
	《关于加快推动双向开放提升开放型经济发展水平的意见》（徐委发〔2016〕24号）
	《关于印发〈打造区域性现代服务业高地实施方案〉的通知》（徐委发〔2016〕34号）
	《市委、市政府关于加快徐州开放型经济平台建设的实施意见》（徐委发〔2016〕37号）
	《关于促进全市开发园区转型升级创新发展的实施意见》（徐委发〔2016〕41号）
	《关于印发徐州市参与"一带一路"建设行动计划（2016－2020年）的通知》（徐委办〔2016〕59号）

续上表

市（地）	政策文件名称
徐州	《关于加快推进全市跨境电子商务发展的意见》（徐政发〔2016〕70号）
	《关于印发〈2016年全市现代服务业发展绩效评价及重点工作分解方案〉的通知》（徐政办发〔2016〕83号）
淮安	市政府办公室《关于印发2016年加快发展"4+3"服务业特色产业工作方案的通知》
盐城	《盐城市人民政府关于降低实体经济企业成本的实施意见》
连云港	市政府办公室《关于促进快递业健康发展的实施意见》（连政办发〔2016〕41号）
南通	《市政府关于分解落实2016年预期目标重点工作任务及为民办实事项目的通知》（通政发〔2016〕1号）
	《市政府办关于印发2016年市政府重点工作任务推进计划表和2016年为民办实事项目推进计划表的通知》（通政办发〔2016〕22号）
	《市政府办公室关于印发南通市"十三五"信息化和互联网经济发展规划的通知》（通政办发〔2016〕117号） 《中共南通市委　南通市人民政府关于加快推进交通转型发展的意见》（通委发〔2016〕25号）
泰州	泰州市城北物流园区管委会下发《关于加快建设苏中快递产业园的招商优惠政策》
宿迁	市委办、市政府办《宿迁市全民创业专项行动"创九条"扶持政策》（宿办发〔2016〕42号）
	市政府办《关于实施中心城市社区服务中心两年达标提升计划（2016—2017年）的通知》（宿政办发〔2016〕95号）
	《宿迁市城乡社区服务中心功能设置导则》（宿政办发〔2016〕93号）
金华	关于做好快递企业分支机构备案及"一照多址"相关工作的通知（金邮管〔2016〕31号）
	金华市交通运输局、金华市商务局、金华市财政局关于印发《金华市区促进现代物流产业发展扶持意见的具体实施办法》的通知（金市交〔2016〕25号）
宁波	关于印发中国（宁波）跨境电子商务综合试验区2016年重点任务及分工方案意见的通知（2016年9月14日）
	宁波市人民政府关于加快发展服务贸易的实施意见（甬政发〔2016〕87号）
湖州	湖州市新能源汽车推广应用工作领导小组办公室关于印发《湖州市市本级新能源汽车推广应用地方配套补助方法》的通知（2016年11月25日）
绍兴	中共绍兴市委　绍兴市人民政府印发《关于加快经济转型升级的若干政策意见》的通知（绍市委发〔2016〕32号）
	关于印发《关于加快经济转型升级若干政策意见的操作细则》的通知（绍市发改综〔2016〕42号）
	关于印发《绍兴市快递配送车辆管理办法（暂行）》的通知（绍邮管〔2016〕4号）
丽水	丽水市财政局　丽水市商务局　共青团丽水市委关于印发丽水市促进电子商务发展资金管理使用办法的通知（丽财企〔2016〕187号）
	关于进一步加强邮政农村电子商务创业就业工作的指导意见（丽就〔2016〕26号）
宣城	宣城市人民政府办公室关于2016年度政府创新工程的实施意见（宣政〔2016〕6号）
蚌埠	蚌埠市人民政府办公室关于电子商务与物流快递协同发展实施意见（蚌政办〔2016〕47号）
	蚌埠市人民政府关于印发蚌埠市城市道路机动车临时停放管理办法等三个文件的通知（蚌政秘〔2016〕133号）
淮南	淮南市人民政府关于印发淮南市加快推进"互联网+"行动实施方案的通知（淮府〔2016〕62号）
	淮南市人民政府办公室关于加快商贸流通创新发展转型升级的实施意见（淮府办〔2016〕42号）
	淮南市人民政府办公室关于加快电子商务发展的意见（淮府办〔2016〕43号）
	淮南市人民政府办公室印发关于扎实推进现代农业建设实施方案的通知（淮府办〔2016〕81号）
	淮南市人民政府办公室关于印发淮南市现代服务业产业发展三年行动计划（2016—2018年）的通知（淮府办〔2016〕85号）
	淮南市人民政府办公室关于印发淮南市"互联网+"现代农业行动实施方案的通知（淮府办〔2016〕114号）
福州	《福州市人民政府办公厅关于印发福州市促进现代物流业（含快递业）加快发展的若干措施的通知》（榕政办〔2016〕253号）
厦门	《厦门市邮政业"十三五"发展规划》

续上表

市（地）	政策文件名称
泉州	《晋江市人民政府关于促进快递服务业发展的意见》(晋政文〔2016〕67 号)
	《泉州市人民政府办公室关于印发泉州市建设“中国快递示范城市”实施方案的通知泉政办》(泉政办〔2016〕60 号)
	《泉州市邮政业发展“十三五”规划》
漳州	《漳州市人民政府关于印发漳州市“十三五”电子商务业发展专项规划的通知》(漳政办〔2016〕140 号)
	《漳州市人民政府关于印发漳州市“互联网 + 流通”行动计划实施方案的通知》(漳政办〔2016〕287 号)
	《漳州市人民政府关于扶持现代服务业发展的若干意见》(漳政综〔2016〕129 号)
	《漳州市人民政府关于印发漳州市推进十大扩消费行动工作方案的通知》(漳政综〔2016〕152 号)
	《漳州市人民政府关于印发漳州市“十三五”数字漳州专项规划的通知》(漳政综〔2016〕162 号)
	《漳州市邮政业发展“十三五”规划》
莆田	《莆田市“十三五”信息经济发展专项规划》(莆政办〔2016〕119 号)
	《莆田市人民政府关于推进“互联网 + ”行动的实施意见》(莆政综〔2016〕30 号)
	《莆田市“十三五”现代服务业发展专项规划》(莆政综〔2016〕68 号)
	《莆田市“十三五”综合交通运输发展规划》(莆政综〔2016〕110 号)
	《莆田市经济和信息化委员会　莆田市财政局关于组织申报 2016 年现代物流业发展专项资金扶持项目的通知》(莆市经信服务〔2016〕206 号)
	《莆田市邮政业发展“十三五”规划》(莆邮管联〔2016〕4 号)
	《莆田市邮政管理局　莆田市工商行政管理局关于印发末端网点有关事项备忘录的通知》(莆邮管联〔2016〕5 号)
	《莆田市邮政管理局　莆田市工商行政管理局关于进一步加强我市城镇住宅楼智能信报(快件)箱建设的意见》(莆邮管联〔2016〕2 号)
三明	《三明市人民政府关于加快新能源汽车推广应用的通知》(明政文〔2016〕49 号)
	《三明市人民政府办公室关于印发“互联网 + 流通”行动计划实施方案的通知》(明政办〔2016〕144 号)
	三明市邮政管理局《关于进一步提高寄递业从业人员劳动保障水平的通知》(明邮管〔2016〕59 号)
	三明市邮政管理局《关于加强寄递服务用户个人信息安全管理的通知》(明邮管〔2016〕70 号)
	《三明市邮政业发展“十三五”规划》
南平	《南平市人民政府办公室关于印发南平市“十三五”现代服务业发展专项规划的通知》(南政办〔2015〕157 号)
	《南平市人民政府办公室关于进一步促进现代物流业发展的若干意见》(南政办〔2016〕172 号)
	《南平市人民政府关于同意南平市快递物流园区发展规划(2016 - 2030)的批复》(南政综〔2016〕60 号)
	《南平市人民政府关于印发南平市国民经济和社会发展第十三个五年规划纲要的通知》(南政综〔2016〕61 号)
	《南平市邮政管理局　南平市发展和改革委员会关于印发南平市邮政业发展“十三五”规划的通知》(南邮管联〔2016〕1 号)
龙岩	《龙岩市人民政府关于印发龙岩市“十三五”现代服务业发展规划的通知》(龙政综〔2016〕224 号)
	《龙岩市人民政府关于支持快递业加快发展八条措施的通知》(龙政综〔2016〕245 号)
宁德	《宁德市邮政业发展“十三五”规划》
	《宁德市人民政府关于进一步加快快递业发展的意见》(宁政〔2016〕10 号)
抚州	《抚州市人民政府关于加快推进物流业升级发展若干措施》(抚府发〔2016〕8 号)
	《抚州市人民政府关于促进快递业发展的若干意见》(抚府发〔2016〕42 号)
上饶	《上饶市人民政府办公厅关于促进快递业发展的若干措施的通知》(饶府厅字〔2016〕148 号)
宜春	《宜春市促进快递业发展实施意见》(宜府办发〔2016〕39 号)
靖安	《靖安县精准扶贫“1 + N”实施方案》(靖办发〔2016〕11 号)

续上表

市（地）	政策文件名称
赣州	《赣州市委农工部、市商务局关于加快推进农村电子商务产业发展的实施意见》(赣市办发〔2016〕3号)
	《关于推进赣州市农村物流站点建设的实施意见》(赣市物流字〔2016〕8号)
	《关于建设赣州中心城区配送绿色通道的实施方案》(赣市物流字〔2016〕5号)
鹰潭	《鹰潭市关于降低企业成本优化发展环境的若干政策措施》(鹰字〔2016〕64号)
吉安	《吉安市贯彻落实降低企业成本优化发展环境专项行动的实施意见》(吉字〔2016〕16号)
新余	《新余市促进电子商务产业发展办法》(余府发〔2016〕34号)
南昌	《关于确定第一批南昌物流标准化试点企业项目的通知》(洪商务发〔2016〕181号)
九江	《九江市人民政府关于大力发展电子商务加快培育经济新动力的实施意见》(九府字〔2016〕32号)
济南	济南市商务、公安、交通、经信、邮政管理六部门联合出台《济南市城市共同配送车辆管理实施意见》(济商务字〔2016〕63号)
青岛	《关于促进邮政和快递服务业转型升级发展的意见》(青政办字〔2016〕130号)
济宁	济宁局联合市公安局出台《全市邮政业快递专用电动三轮车管理办法》(济邮管〔2016〕41号)
	济宁市邮政管理局提请市政府发布《济宁市邮政业发展管理办法》(济政办发〔2016〕18号)
枣庄	枣庄市邮政管理局制定《快递企业诚信体系建设考核实施方案》(枣邮管〔2016〕4号)
威海	《关于促进邮政业健康发展的意见》(威政办字〔2016〕39号)
聊城	聊城市综治办、财政局、公安局、邮政管理局四部门联合出台《聊城市寄递企业安检设备购置补贴工作实施办法》(聊综办发〔2016〕9号)
德州	《德州市人民政府办公室关于促进邮政业转型升级支持协同发展的实施意见》(德政办字〔2016〕58号)
郑州	郑州市人民政府关于印发郑州市鼓励新能源汽车推广应用若干政策的通知(郑政〔2016〕30号)
	郑州市人民政府办公厅关于加快推进国内贸易流通体制改革发展综合试点工作的通知(郑政办明电〔2016〕15号)
	郑州市人民政府办公厅关于印发郑州市国家现代物流创新发展试点工作实施方案的通知(郑政办文〔2016〕90号)
	郑州市人民政府关于新能源汽车推广应用及产业化发展的实施意见(郑政文〔2016〕152号)
	郑州市综治办　郑州市公安局　中共郑州市委宣传部　郑州市工商行政管理局　郑州市交通运输委员会　郑州市邮政管理局关于印发《郑州市全面推进物流寄递渠道登记验视信息化工作方案》的通知(郑综治办〔2016〕17号)
洛阳	洛阳市人民政府关于促进快递服务业发展的意见(洛政〔2016〕44号)
	洛阳市人民政府办公室关于印发洛阳市2015年电子商务与物流快递协同发展试点城市工作实施方案的通知(洛政办〔2016〕7号)
许昌	许昌市人民政府关于印发《许昌市"互联网+"三年行动计划》的通知(许政〔2016〕33号)
安阳	安阳市人民政府办公室关于印发安阳市"十三五"现代物流业发展规划的通知(安政办〔2016〕136号)
焦作	焦作市人民政府办公室关于印发2016年焦作市服务业重点领域发展行动方案的通知(焦政办〔2016〕80号)
	焦作市电子商务发展工作领导小组办公室关于印发2016年焦作市电子商务产业发展专项行动计划的通知(焦电商办〔2016〕6号)
三门峡	三门峡市人民政府办公室转发市邮政管理局关于促进快递服务业发展意见的通知(三政办〔2016〕36号)
周口店	关于做好全市快递配送车辆通行和停靠保障工作的通知(周综治办〔2016〕31号)
驻马店	驻马店市人民政府关于推进国内贸易流通现代化建设法治化营商环境的实施意见(驻政〔2016〕107号)
	驻马店市邮政管理局关于印发《驻马店市寄递企业安全员管理制度(试行)》的通知(驻邮管〔2016〕6号)
	驻马店市邮政管理局关于印发2016年快递业务旺季服务保障工作方案的通知(驻邮管〔2016〕16号)
开封	开封市邮政快递行业精神文明建设工作实施意见(汴邮管〔2016〕2号)
	开封市邮政管理局关于印发《开封市快递企业诚信体系建设考核实施方案》的通知(汴邮管〔2016〕10号)

续上表

市（地）	政策文件名称
新乡	新乡市邮政管理局关于印发《新乡市快递服务管理办法》的通知(新邮管〔2016〕3号)
	新乡市邮政管理局关于印发《快递市场清理整顿专项行动工作方案》的通知(新邮管〔2016〕9号)
	新乡市邮政管理局关于印发《新乡市快递服务质量提升联席会议制度(试行)》的通知(新邮管〔2016〕17号)
	新乡市邮政管理局关于印发2016年快递业务旺季服务保障工作方案的通知(新邮管〔2016〕20号)
漯河	漯河市邮政管理局关于开展快递市场清理整顿专项工作的通知(漯邮管〔2016〕12号)
咸宁	咸宁市人民政府办公室出台《关于促进快递业加快发展的实施意见》(咸政办发〔2016〕40号)
	《咸宁市委关于深化供销合作社综合改革的实施意见》(咸发〔2016〕8号)
	《咸宁市通山县人民政府办公室关于印发通山县物流配送车辆专用标识管理办法(试行)的通知》(通政办发〔2016〕25号)
黄石	《黄石市人民政府关于加快现代物流和航运服务业发展的意见》(黄政发〔2016〕9号)
十堰	十堰竹山县人民政府出台《关于促进快递业发展的实施意见》(竹政发〔2016〕20号)
孝感	《孝感市人民政府关于加快推进电子商务发展的意见》(孝感政发〔2016〕2号)
	《孝感市邮政管理局　孝感市经济和信息化委员会　孝感市安全生产监督管理局关于加强化学品寄递安全管理的通知》(孝邮管联〔2016〕1号)
	《大悟县人民政府办公室关于印发大悟县电子商务进农村示范项目资金补贴标准及管理暂行办法的通知》(悟政办发〔2016〕7号)
	《孝昌县人民政府关于加快推进电子商务发展的意见》(孝昌政发〔2016〕5号)
荆门	《荆门市人民政府关于大力推进电子商务发展的意见》(荆政发〔2016〕16号)
	《荆门市邮政管理局　荆门市房产管理局关于加强全市住宅小区邮件、快件末端投递服务的通知》(荆邮管〔2016〕26号)
随州	《随州市人民政府办公室关于印发湖北汉江生态经济带开放开发随州市实施方案(2016－2020年)的通知》(随政办发〔2016〕40号)
	《随州市人民政府办公室关于落实2016年市政府重点民生实事之创新完善立体化社会治安防控体系建设实施方案的通知》(随政办发〔2016〕24号)
宜昌	《宜昌市邮政管理局　宜昌市经济和信息化委员会　宜昌市安全生产监督管理局关于对普通化学品试行定点收寄制度的通知》(宜邮管〔2016〕3号)
黄冈	《黄冈市综治办　黄冈市公安局　黄冈市交通运输局　黄冈市邮政管理局关于全市寄递物流业推行实名制管理系统的通知》(黄综治办〔2016〕12号)
赤壁	《赤壁市人民政府办公室关于支持现代物流业发展的实施意见》(赤政办发〔2016〕35号)
郴州	关于印发《郴州市支持电子商务产业发展若干意见》的通知(郴政办发〔2016〕36号)
怀化	关于印发《怀化市加快电子商务发展的若干政策措施》的通知(怀政办发〔2016〕3号)
益阳	益阳市商务局　益阳市财政局《关于做好2016年度电子商务服务外包扶持资金申报工作的通知》(益商联〔2016〕13号)
贵港	贵港市人民政府关于加快服务业发展的实施意见(贵政发〔2016〕9号)
防城港	防城港市人民政府关于降低实体经济企业成本若干措施的意见(防政发〔2016〕18号)
贺州	贺州市人民政府办公室关于印发贺州市加快电子商务发展实施意见的通知(贺政办发〔2016〕70号)
海口	海口市商务局、海口市财政局《关于下达2016年度海口市城市共同配送试点项目资金的通知》
东方	东方市人民政府《关于印发东方市促进快递业发展实施方案的通知》
乐东黎族自治县	乐东黎族自治县人民政府办公室《关于印发乐东黎族自治县促进快递业发展实施方案的通知》

续上表

市　（地）	政策文件名称
琼中黎族苗族自治县	琼中黎族苗族自治县人民政府办公室《关于琼中黎族苗族自治县促进快递业发展工作方案的通知》
巴南	《重庆市巴南区人民政府关于促进快递业发展的实施意见》（巴南府发〔2016〕99号）
江津	《重庆市江津区人民政府关于促进快递业发展的实施意见》（江津府发〔2016〕22号）
南川	重庆市南川区人民政府《关于进一步促进快递发展的意见》（南川府发〔2016〕15号）
涪陵	重庆市涪陵区人民政府办公室《关于印发〈涪陵区电子商务产业园及农村电子商务建设方案〉的通知》（〔2016〕55号）
永川	《重庆市永川区人民政府关于加快全区快递业健康发展的实施意见》（永川府发〔2016〕32号）
绵阳	绵阳市人民政府关于印发绵阳市邮政业"十三五"及中长期发展规划的通知（绵府发〔2016〕17号）
攀枝花	关于下达邮政快递企业X光安检设备购置财政补贴资金的通知（攀财资预〔2016〕42号）
乐山	乐山市人民政府办公室关于调整乐山市2016年重大项目的通知（乐府办函〔2016〕26号）
眉山	研究落实各区县对寄递物流行业监管责任有关事项的纪要（眉府阅〔2016〕47号）
	中共眉山市委机构编制委员会关于设立眉山市邮政业服务中心的批复（眉市编发〔2016〕44号）
遂宁	遂宁市人民政府办公室关于印发遂宁市2016年电子商务产业发展工作方案的通知（遂府办函〔2016〕102号）
泸州	泸州市人民政府关于进一步落实涉企政策稳定经济增长的意见（泸市府发〔2016〕5号）
	泸州市人民政府办公室关于加快推进电子商务进农村工作的意见（泸市府办发〔2016〕16号）
	泸州市人民政府办公室关于印发涉企稳增长10个实施细则的通知（泸市府办函〔2016〕133号）
广安	广安市现代物流业发展工作组关于分解下达2016全市现代物流业发展目标任务的通知（广市物领发〔2016〕1号）
	广安市人民政府办公室关于印发广安市"十三五"电子商务发展规划（2016—2020）的通知（广市府办发〔2016〕2号）
	广安市委全面深化改革领导小组关于加强和规范改革试点工作的实施意见（广委改革〔2016〕2号）
	广安市人民政府办公室关于印发广安市2016年商务工作要点的通知（广安府办函〔2016〕23号）
	广安市综治办关于建立寄递物流清理整顿工作联席会议制度的通知（广综治办〔2016〕41号）
	广安市人民政府办公室关于印发推进国内贸易流通现代化建设法治化营商环境实施方案的通知（广安府办函〔2016〕70号）
南充	中共自贡市委　自贡市人民政府关于加快农业现代化建设同步实现全面小康的意见（自委发〔2016〕1号）
	南充市邮政管理局　南充市商务和粮食局关于促进邮政快递与电子商务协同发展的实施意见（南邮管〔2016〕21号）
	南充市邮政管理局　南充市经济和信息化委员会关于推进快递服务制造业工作的实施意见（南邮管〔2016〕34号）
	南充市邮政管理局　南充市农牧业局关于推进邮政快递服务现代农业的实施意见（南邮管〔2016〕35号）
内江	关于转发《关于印发〈四川省加强物流短板建设促进有效投资和居民消费的实施方案〉的通知》的通知（内发改经贸〔2016〕379号）
	中共内江市委办公室　内江市人民政府办公室关于印发17个扶贫专项2016年工作计划的通知（内办发〔2016〕47号）
	内江市服务业发展领导小组办公室关于印发2016年全市服务业发展重点工作责任分工方案的通知（内服办发〔2016〕6号）
宜宾	中共宜宾市委办公室　宜宾市人民政府办公室关于印发《2016年全市经济工作要点》的通知（宜办〔2016〕8号）
	宜宾市服务业领导小组办公室关于转发《2016年全省服务业发展工作要点的通知》的通知（宜服办发〔2016〕9号）
	中共宜宾市委办公室　宜宾市人民政府关于在全市开展千名领导干部联系千户企业"进企业、结对子、解难题、促发展"活动的意见（宜委发〔2016〕14号）
	宜宾市人民政府办公室关于印发《2016年宜宾市现代物流业发展工作推进方案》的通知（宜府办函〔2016〕107号）
	宜宾市人民政府办公室关于印发《宜宾市加快推动电子商务产业发展的实施意见》的通知（宜府办函〔2016〕119号）
德阳	德阳市人民政府办公室关于加快全市电子商务发展的实施意见（德办函〔2016〕1号）

续上表

市（地）	政策文件名称
毕节	毕节市人民政府办公室关于促进快递业加快发展的实施意见(毕府办发〔2016〕7号)
黔东南	黔东南州进一步促进邮政及快递业发展实施方案(黔东南府办函〔2016〕51号)
黔南	黔南州人民政府办公室关于印发黔南州促进快递业加快发展实施方案的通知(黔南府办发〔2016〕18号)
黔西南	黔西南州关于做好2016年度黔西南州电子商务发展奖励资金申报工作的通知(州商粮〔2016〕205号)
铜仁	铜仁市人民政府办公室关于印发铜仁市微型企业发展实施方案的通知(铜府办发〔2016〕93号)
六盘水	六盘水市人民政府办公室关于印发六盘水市促进快递业加速发展实施意见的通知(六盘水府办函〔2016〕43号)
临沧	《临沧市人民政府关于加快邮政业发展的实施意见》(临政发〔2016〕134号)
怒江	《怒江州人民政府关于促进快递业发展的实施意见》(怒政发〔2016〕121号)
西双版纳	《西双版纳州人民政府关于规范和加快邮政业发展的意见》(西政发〔2016〕27号)
保山	《保山市人民政府关于促进快递业发展的实施意见》(保政发〔2017〕6号)
曲靖	《宣威市人民政府关于加快邮政业发展的实施意见》(宣政发〔2016〕54号)
	《师宗县人民政府办公室关于加快师宗邮政业发展的实施意见》(师政办发〔2016〕39号)
	《罗平县人民政府关于加快邮政业发展的实施意见》(罗政发〔2016〕32号)
玉溪	《玉溪市人民政府办公室关于印发促进中心城区快递服务业健康发展的实施意见的通知》(玉政办法〔2016〕69号)
	玉溪市红塔区人民政府专题会议纪要《关于推进中心城区快递物流园区建设的会议纪要》
楚雄	楚雄州人民政府《关于印发稳增长促改革调结构惠民生防风险"十项专项行动"方案的通知》(楚政通〔2016〕21号)
	楚雄州人民政府《关于促进电子商务及跨境电子商务发展的实施意见》(楚政发〔2016〕26号)
	楚雄州人民政府《关于推进内贸流通健康发展的实施意见》(楚政办发〔2016〕16号)
林芝	林芝市关于促进快递业发展实施方案(林政办发〔2016〕202号)
	林芝市人民政府办公室关于印发林芝市邮政、快递车辆通行管理办法的通知
西安	西安市邮政管理局　西安市公安局交通管理局《关于印发规范全市快递专用电动三轮车通行管理的实施意见的通知》(西邮管〔2016〕26号)
宝鸡	《宝鸡市人民政府关于促进快递业发展的实施意见》(宝政发〔2016〕42号)
咸阳	《咸阳市人民政府关于促进快递业发展的实施意见》(咸政发〔2016〕23号)
	《关于规范全市快递专用三轮车管理的实施意见》(咸邮管〔2016〕81号)
渭南	《渭南市人民政府促进快递业发展的实施意见》(渭政发〔2016〕31号)
	渭南市邮政管理局　市交警支队《关于规范全市邮政、快递电动三轮通行管理的实施意见》(渭邮管〔2016〕44号)
榆林	《榆林市人民政府关于促进快递物流业发展的实施意见》(榆政发〔2016〕15号)
汉中	汉中市邮政管理局　洋县政府签订《共同推进邮政快递与农村电子商务协同发展战略合作协议》
铜川	铜川市邮政管理局　公安局联合印发《关于规范全市快递专用电动三轮车管理的实施意见》(铜邮管〔2016〕30号)
嘉峪关	嘉峪关市委市政府《关于落实发展新理念加快推进城乡一体化建设更高水平小康社会的实施意见》(嘉发〔2016〕1号)
	嘉峪关市人民政府《关于促进快递业发展的实施意见》(嘉政发〔2016〕19号)
	嘉峪关市政府《关于大力发展电子商务培育经济新动力的实施意见》(嘉政办发〔2016〕23号)
	嘉峪关市人民政府《关于促进农村电子商务加快发展的实施意见》(嘉政办发〔2016〕92号)
甘南州	《甘南藏族自治州人民政府办公室关于印发甘南州全面推进快递业发展工作实施方案的通知》(州政办发〔2016〕97号)
	《甘南藏族自治州人民政府关于加快发展生活性服务业促进消费结构升级的实施意见》(州政办发〔2016〕108号)
	《甘南藏族自治州人民政府办公室关于印发〈甘南州关于促进农牧村电子商务发展的贯彻意见〉》(州政办发〔2016〕225号)

续上表

市（地）	政策文件名称
白银	白银市政府出台了《关于全面推进快递业发展的实施意见》（市政发〔2016〕169号）
临夏	临夏州政府办公室印发《临夏回族自治州人民政府办公室转发关于全面推进快递业发展的实施方案的通知》（临州办发〔2016〕159号）
陇南	陇南市政府出台《关于全面推进快递业发展的实施意见》（陇政发〔2016〕98号）
天水	中共天水市委办公室、天水市人民政府办公室关于印发《天水市创建全国质量强市示范城市工作实施方案》的通知（市委办发〔2016〕50号）
	天水市人民政府关于积极发挥新消费引领作用加快培育形成新供给新动力的实施意见（天政发〔2016〕67号）
	《天水市人民政府关于加快发展生活性服务业促进消费结构升级的实施意见》（天政发〔2016〕68号）
	天水市人民政府办公室关于印发全面推进快递业发展的实施意见的通知（天政办发〔2016〕139号）
	天水市人民政府办公室《关于印发天水市推进线上线下互动加快商贸流通创新发展转型升级实施方案的通知》（天政办发〔2016〕48号）
	天水市人民政府办公室《关于印发天水市服务业发展十三五规划的通知》（天政办发〔2016〕115号）
	天水市人民政府办公室《关于印发天水市促进农村电子商务加快发展的实施方案的通知》（天政办发〔2016〕144号）
庆阳	庆阳市政府出台《关于全面推进快递业发展的实施意见》（庆政发〔2016〕89号）
武威	《武威市人民政府印发关于全面推进快递业发展的实施方案的通知》（武政发〔2016〕136号）
	《关于印发2016年精准扶贫电子商务工作要点的通知》（武扶电商办发〔2016〕4号）
	《关于积极发挥新消费引领作用加快培育形成新供给新动力的实施方案》（武政发〔2016〕215号）
	《关于印发武威市促进农村电子商务加快发展实施方案的通知》（武政办发〔2016〕194号）
	《关于印发武威市深入实施"互联网+流通"行动计划方案的通知》（武政办发〔2016〕243号） 《关于组织申报电子商务专项扶持资金的通知》（武扶电商办发〔2016〕5号）
	《关于加快发展生活性服务业促进消费结构升级的实施方案》（武政发〔2016〕214号）
定西	《定西市邮政管理局　定西市住房和城乡建设局关于在城市住宅小区建立邮政快递超市的通知》（定邮管联发〔2016〕2号）
	《定西市城乡规划局　定西市邮政管理局关于邮政快递公益性基础设施建设纳入城市规划编制的通知》（定市规发〔2016〕20号）
	《定西市人民政府关于深入推进交通提升建设实施方案》（定办发〔2016〕164号）
	《定西市人民政府印发关于定西市全面推进快递业发展的实施意见》（定政发〔2016〕71号）
	《定西市人民政府关于深入贯彻新发展理念的实施意见》（定发〔2016〕19号）
	《定西市人民政府关于推动线上线下互动发展加快商贸流通创新发展转型升级的实施意见》（定政办发〔2016〕158号）
张掖	《张掖市人民政府印发关于全面推进快递业发展的实施意见》（张政发〔2016〕133号）
酒泉	酒泉市人民政府办公室关于印发《酒泉市"十三五"商务发展规划》的通知（酒政办发〔2016〕126号）
	酒泉市人民政府办公室关于印发《关于推进线上线下互动加快商贸流通创新发展转型升级的实施意见》的通知（酒政办发〔2016〕65号）
	酒泉市人民政府办公室关于印发《关于推进内贸流通现代化建设法制化营商环境的实施意见》的通知（酒政办发〔2016〕66号）
	酒泉市人民政府办公室印发《关于促进农村电子商务加快发展的实施意见》的通知（酒政办发〔2016〕182号）
海北	《加快快递业与电子商务协同发展的意见》（北办发〔2016〕15号）
	《海北州电子商务发展扶持奖励暂行办法》（北办发〔2016〕43号）
西宁	《关于促进西宁市快递业发展的措施》（宁政办〔2016〕71号）

续上表

市 （地）	政 策 文 件 名 称
吴忠	吴忠市人民政府办公室关于印发《吴忠市“互联网＋商贸”实施方案》《关于促进“互联网＋商贸”发展的扶持政策》的通知（吴政办发〔2016〕27 号）
	关于印发《吴忠市寄递行业“六大员”管理工作方案》的通知（吴邮管发〔2016〕81 号）
固原	固原市村镇快递末端设施建设试点工作实施方案（固邮管发〔2016〕32 号）
	关于印发《固原市寄递企业员工发现报告可疑邮件和快件奖励办法（试行）》通知（固邮管发〔2016〕51 号）
中卫	中卫市邮政业扶贫工作实施意见（卫邮管发〔2016〕33 号）
	中卫市人民政府办公室关于印发中卫市农村电子商务筑梦计划实施方案的通知（卫政办发〔2016〕163 号）
	中卫市人民政府办公室关于印发中卫市加快推动电子商务发展实施方案的通知（卫政办发〔2016〕164 号）
	中共中宁县委办公室　中宁县人民人民政府办公室关于印发中宁县“农村电子商务筑梦计划”实施方案的通知（中宁党办发〔2016〕59 号）
青铜峡	青铜峡市人民政府关于印发《青铜峡市推动农村电子商务发展的实施意见》的通知（青政发〔2016〕101 号）
塔城	《塔城地区国民经济和社会发展第十三个五年规划纲要》
	《塔城地区交通运输“十三五”发展规划》
博州	《博尔塔拉蒙古自治州国民经济和社会发展第十三个五年规划纲要》
昌吉	《邮政业服务农村电商工作战略合作框架协议》

第四篇　发展数据

第一章　行业发展数据

2016 年邮政行业运行情况

2016 年,邮政行业业务收入(不包括邮政储蓄银行直接营业收入)累计完成 5379.2 亿元,同比增长 33.2%;业务总量累计完成 7397.2 亿元,同比增长 45.7%。

12 月份,全行业业务收入完成 542.3 亿元,同比增长 30%;业务总量完成 781.6 亿元,同比增长 37.1%。

2016 年,邮政函件业务累计完成 36.2 亿件,同比下降 21%;包裹业务累计完成 2793.6 万件,同比下降 34.2%;报纸业务累计完成 179.9 亿份,同比下降 4.3%;杂志业务累计完成 8.5 亿份,同比下降 15%;汇兑业务累计完成 5804.4 万笔,同比下降 29.8%。

2016 年,全国快递服务企业业务量累计完成 312.8 亿件,同比增长 51.4%;业务收入累计完成 3974.4 亿元,同比增长 43.5%。其中,同城业务收入累计完成 563.1 亿元,同比增长 40.5%;异地业务收入累计完成 2099.3 亿元,同比增长 38.8%;国际/港澳台业务收入累计完成 429 亿元,同比增长 16.1%(图 4-1)。

12 月份,快递业务量完成 34 亿件,同比增长 40.4%;业务收入完成 430.3 亿元,同比增长 37.3%。

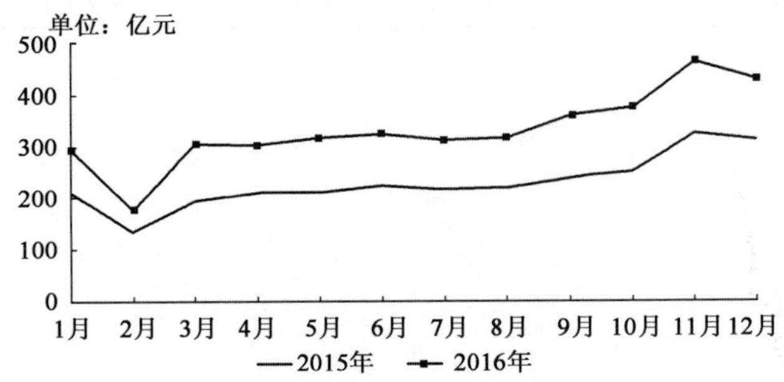

图 4-1　快递业务收入情况

2016 年,同城、异地、国际/港澳台快递业务收入分别占全部快递收入的 14.2%、52.8% 和 10.8%;业务量分别占全部快递业务量的23.7%、74.3%和 2%。与去年同期相比,同城快递业务收入的比重下降 0.3 个百分点,异地快递业务收入的比重下降 1.8 个百分点,国际/港澳台业务收入的比重下降 2.5 个百分点(图 4-2 ~ 图 4-4)。

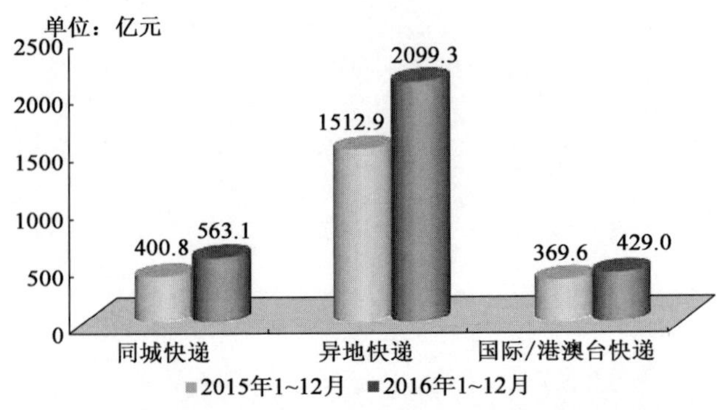

图 4-2　分专业快递业务收入比较

2016年,东、中、西部地区快递业务收入的比重分别为81.1%、10.7%和8.2%,业务量比重分别为80.9%、11.9%和7.2%。与去年同期相比,东部地区快递业务收入比重下降了0.8个百分点,快递业务量比重下降了1.1个百分点;中部地区快递业务收入比重上升了0.4个百分点,快递业务量比重上升了0.7个百分点;西部地区快递业务收入比重上升了0.4个百分点,快递业务量比重上升了0.4个百分点(图4-5、图4-6)。

2016年,快递服务品牌集中度指数CR8为76.7,较1~11月份下降了0.1。

2016年,全国邮政行业发展情况见表4-1。

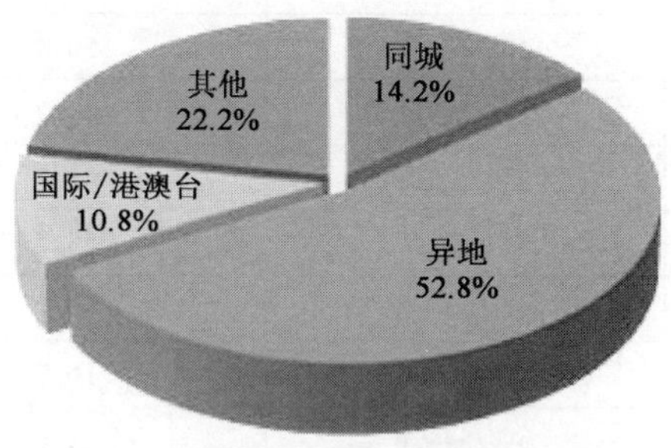

图4-3 快递业务收入结构

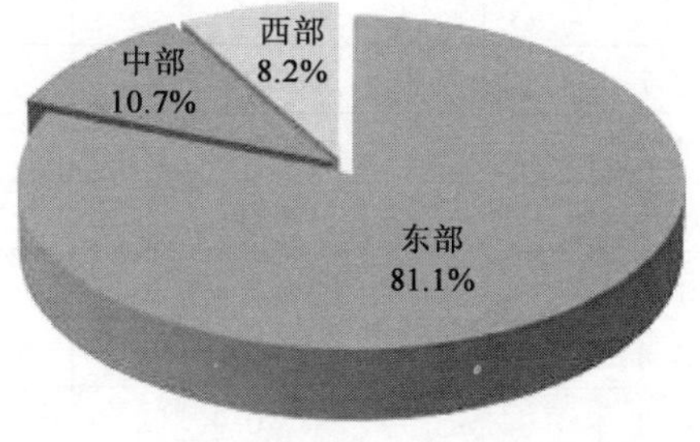

图4-5 地区快业务收入结构

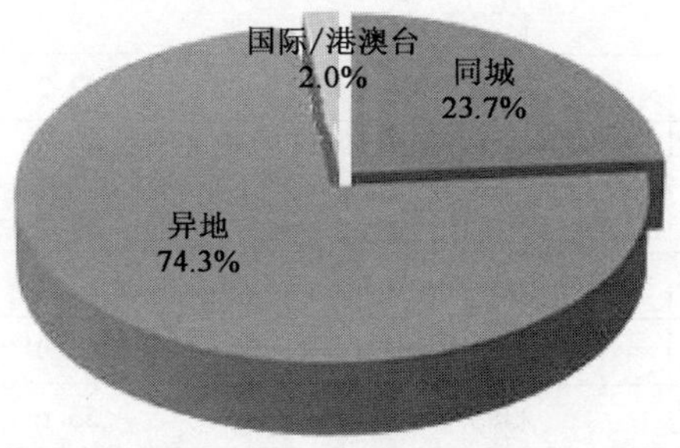

图4-4 快递业务量结构图

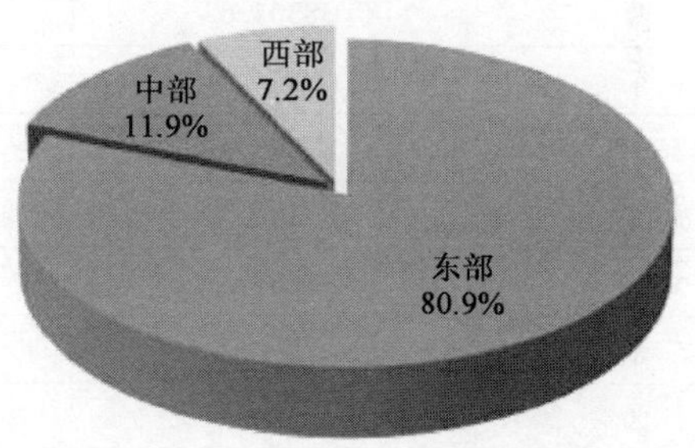

图4-6 地区快递业务量结构

表4-1 全国邮政行业发展情况表

指标名称	单位	12月份		比去年同期增长(%)	
		累计	当月	累计	当月
一、邮政行业业务收入	亿元	5379.2	542.3	33.2	30.0
其中:快递业务收入	亿元	3974.4	430.3	43.5	37.3
二、邮政行业业务总量	亿元	7397.2	781.6	45.7	37.1
其中:函件	万件	361887.3	27011.7	-21.0	-21.8
包裹	万件	2793.6	292.3	-34.2	-9.8
快递	万件	3128315.1	339540.0	51.4	40.4
订销报纸累计数	万份	1799487.0	155539.8	-4.3	-3.9
订销杂志累计数	万份	85106.8	6645.8	-15.0	-12.7
汇兑	万笔	5804.4	479.1	-29.8	-26.7

注:邮政行业业务收入中未包括邮政储蓄银行直接营业收入。

2016年,分省快递服务企业业务量和业务收入情况见表4-2。

表4-2　分省快递服务企业业务量和业务收入情况表

单　　位	快递业务量累计（万件）	同比增长（%）	快递收入累计（万元）	同比增长（%）
全国	3128315.1	51.4	39743601.3	43.5
北京	196029.0	38.6	2565681.3	41.2
天津	41005.4	60.0	634879.9	45.8
河北	90392.4	64.6	942582.7	67.8
山西	18665.2	62.6	221412.2	44.8
内蒙古	8470.6	56.6	185011.0	50.4
辽宁	39825.9	61.4	556909.3	40.7
吉林	13894.0	54.1	251313.4	48.2
黑龙江	21769.8	72.3	331634.7	55.4
上海	260274.4	52.4	7095143.5	55.9
江苏	283823.2	23.9	3391633.5	16.7
浙江	598770.0	56.3	5412544.6	41.0
安徽	68878.3	72.5	705619.0	53.0
福建	128985.8	45.3	1348336.3	33.7
江西	38304.6	63.2	412915.5	49.2
山东	120533.9	64.2	1389811.6	43.2
河南	83875.3	63.0	943664.1	49.5
湖北	77348.1	52.1	871650.5	46.3
湖南	48603.5	52.9	515976.6	52.2
广东	767241.6	53.0	8802789.8	42.9
广西	22835.4	82.1	338879.1	55.6
海南	4869.4	64.9	100338.6	58.2
重庆	28382.5	38.3	389617.2	36.0
四川	80147.8	64.2	963552.7	53.2
贵州	11260.1	60.1	217919.1	64.6
云南	17445.8	57.0	289569.0	44.0
西藏	734.4	27.0	20713.0	23.1
陕西	36901.6	81.3	456462.2	67.3
甘肃	6065.1	71.3	125040.5	72.4
青海	1078.6	50.5	30040.5	64.7
宁夏	3241.5	45.2	58591.2	21.2
新疆	8661.9	22.9	173369.1	34.1

2016年,快递业务量前50位城市情况见表4-3。

表4-3　快递业务量前50位城市情况表

排　　名	城　　市	快递业务量累计（万件）	排　　名	城　　市	快递业务量累计（万件）
1	广州	286698.2	4	北京	196029.0
2	上海	260274.4	5	杭州	180473.3
3	深圳	204503.2	6	金华（义乌）	168962.4

续上表

排　名	城　市	快递业务量累计（万件）	排　名	城　市	快递业务量累计（万件）
7	东莞	106895.6	29	青岛	24978.4
8	苏州	85093.3	30	中山	24499.9
9	成都	61463.1	31	绍兴	24411.8
10	温州	58652.7	32	汕头	23086.0
11	泉州	55419.5	33	南通	21628.0
12	武汉	54760.6	34	厦门	20303.9
13	宁波	50677.5	35	沈阳	19289.1
14	台州	49250.1	36	湖州	18682.0
15	南京	47229.6	37	保定	18173.7
16	郑州	42374.8	38	徐州	17377.7
17	天津	41005.4	39	南昌	17149.7
18	揭阳	36316.5	40	常州	16435.8
19	无锡	34752.7	41	惠州	15886.7
20	嘉兴	33227.7	42	哈尔滨	15528.2
21	合肥	30324.2	43	廊坊	12864.5
22	佛山	29683.2	44	临沂	12195.1
23	重庆	28382.5	45	昆明	11775.4
24	西安	27716.4	46	太原	11424.6
25	石家庄	27643.0	47	南宁	11407.7
26	济南	26745.8	48	宿迁	11156.8
27	福州	26427.2	49	扬州	10736.3
28	长沙	26028.2	50	潍坊	10442.9

2016 年，快递业务收入前 50 位城市情况见表 4-4。

表 4-4　快递业务收入前 50 位城市情况表

排　名	城　市	快递业务收入累计（万元）	排　名	城　市	快递业务收入累计（万元）
1	上海	7095143.5	14	郑州	518040.7
2	深圳	2983449.2	15	温州	484986.5
3	广州	2754615.6	16	泉州	462273.7
4	北京	2565681.3	17	无锡	448137.9
5	杭州	1956943.8	18	重庆	389617.2
6	东莞	1226028.8	19	佛山	373903.2
7	金华（义乌）	1196523.3	20	嘉兴	359947.9
8	苏州	1141460.7	21	青岛	345091.9
9	成都	692310.4	22	台州	341953.1
10	天津	634879.9	23	西安	331604.9
11	南京	605723.4	24	济南	321886.8
12	武汉	600679.5	25	合肥	319580.1
13	宁波	583874.3	26	厦门	307403.7

续上表

排　名	城　市	快递业务收入累计（万元）	排　名	城　市	快递业务收入累计（万元）
27	石家庄	305226.1	39	昆明	184839.4
28	中山	287243.7	40	保定	178000.5
29	长沙	282125.1	41	惠州	176004.3
30	福州	272787.9	42	南宁	171039.9
31	揭阳	255856.8	43	大连	167369.1
32	常州	245364.3	44	长春	156956.9
33	沈阳	240690.4	45	徐州	144585.7
34	南通	232568.8	46	湖州	141157.7
35	哈尔滨	224967.8	47	烟台	136052.2
36	绍兴	220890.7	48	廊坊	127141.7
37	南昌	194381.5	49	潍坊	121581.9
38	汕头	189918.7	50	莆田	118005.4

2016年邮政行业发展统计公报

2016年是全面建成小康社会决胜阶段的开局之年，也是推进结构性改革的攻坚之年。邮政行业认真贯彻落实党的十八大和十八届三中、四中、五中、六中全会以及中央经济工作会议精神，牢固树立新理念，按照稳中求进工作总基调，以推进供给侧结构性改革为主线，坚持创新引领，坚持服务民生，主动适应经济发展新常态，行业实现了持续快速发展。邮政行业业务总量突破7000亿元，收入突破5000亿元，快递业务量突破300亿件，实现了“十三五”的开门红。

一、业务发展情况

全年邮政行业业务总量完成7397.2亿元，同比增长45.7%。全年邮政行业业务收入（不包括邮政储蓄银行直接营业收入）完成5379.2亿元，同比增长33.2%（图4-7）。

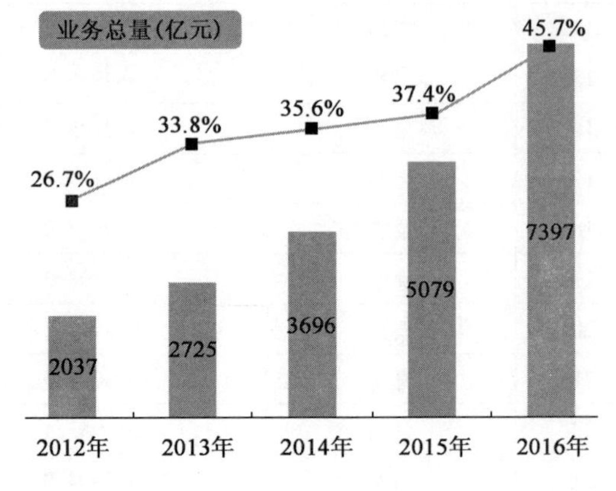

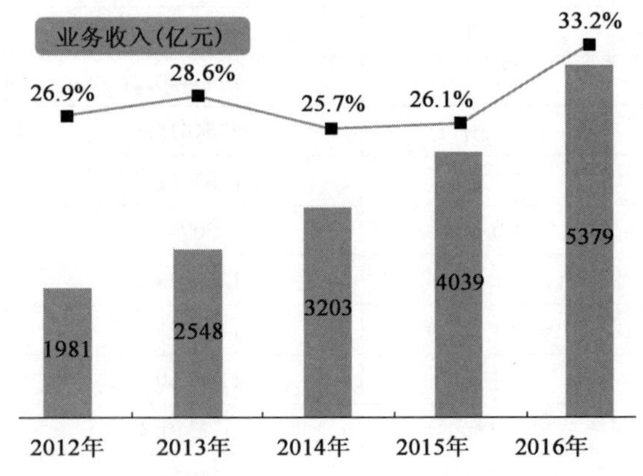

图4-7　2012－2016年邮政全行业业务发展情况

（一）邮政普遍服务业务

函件业务持续下降。全年函件业务量完成36.2亿件，同比下降21%。

包裹业务下降明显。全年包裹业务量完成

2794 万件,同比下降 34.2%。

报刊业务降幅扩大。全年订销报纸业务完成 178.7 亿份,同比下降 5%。全年订销杂志业务完成 8.4 亿份,同比下降 15.6%。

汇兑业务持续萎缩。全年汇兑业务完成 5804.4 万笔,同比下降 29.6%。

(二)快递业务

快递业务快速增长。全年快递服务企业业务量完成 312.8 亿件,同比增长 51.4%;快递业务收入完成 3974.4 亿元,同比增长 43.5%(图 4-8)。

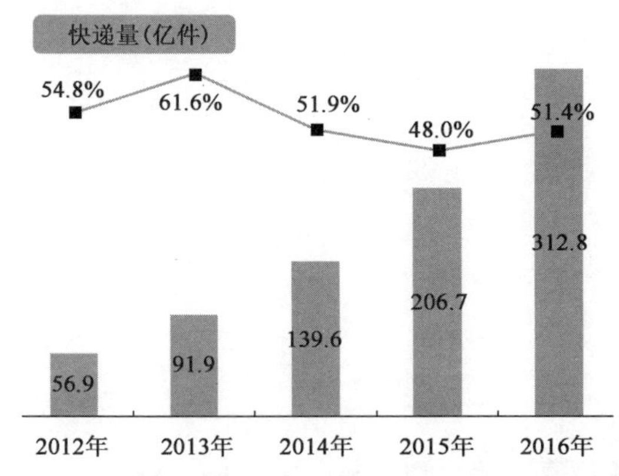

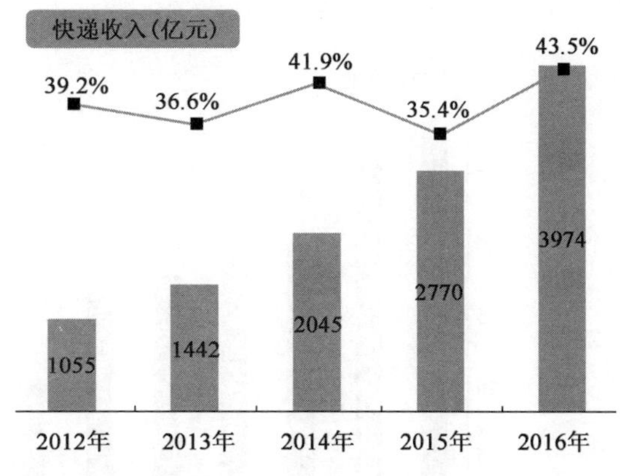

图 4-8 2012 —2016 年快递业务发展情况

快递业务收入在行业中占比继续提升。快递业务收入占行业总收入的比重为 73.9%,比上年提高 5.3 个百分点。

同城快递业务快速增长。全年同城快递业务量完成 74.1 亿件,同比增长 37.2%;实现业务收入 563.1 亿元,同比增长 40.5%。

异地快递业务高速增长。全年异地快递业务量完成 232.5 亿件,同比增长 56.7%;实现业务收入 2099.3 亿元,同比增长 38.8%。

国际/港澳台快递业务增速加快。全年国际/港澳台快递业务量完成 6.2 亿件,同比增长 44.9%;实现业务收入 429 亿元,同比增长 16.1%。

异地快递业务占比提升。同城、异地、国际/港澳台快递业务量占全部比例分别为 23.7%、74.3% 和 2%,业务收入占全部比例分别为 14.2%、52.8% 和 10.8%。

东、中、西部地区各项快递业务均保持了较快的增长势头,其中中部和西部地区快递业务量收占比提升。全年东部地区完成快递业务量 253.2 亿件,同比增长 49.3%;实现业务收入 3224.1 亿元,同比增长 42%。中部地区完成快递业务量 37.1 亿件,同比增长 61%;实现业务收入 425.4 亿元,同比增长 49.8%。西部地区完成快递业务量 22.5 亿件,同比增长 61%;实现业务收入 324.9 亿元,同比增长 51.3%。东、中、西部地区快递业务量比重分别为 80.9%、11.9% 和 7.2%,快递业务收入比重分别为 81.1%、10.7% 和 8.2%。

民营快递企业市场份额进一步提升。全年国有快递企业业务量完成 28.4 亿件,实现业务收入 397.8 亿元;民营快递企业业务量完成 282.4 亿件,实现业务收入 3328.8 亿元;外资快递企业业务量完成 2 亿件,实现业务收入 247.8 亿元。国有、民营、外资快递企业业务量市场份额分别为 9.1%、90.3% 和 0.6%,业务收入市场份额分别为 10%、83.8% 和 6.2%。

快递业务量收排名前五位的省份合计在全国占比较上年略有下降。快递业务量排名前五位的省份依次是广东、浙江、江苏、上海和北京,其快递业务量合计占全部快递业务量的比重达到 67.3%。

快递业务收入排名前五位的省份依次是广东、上海、浙江、江苏和北京,其快递业务收入合计占全部快递业务收入的比重达到 68.6%。

快递业务量排名前十五位的城市依次是广州、上海、深圳、北京、杭州、金华(义乌)、东莞、苏州、成都、温州、泉州、武汉、宁波、台州和南京，其快递业务量合计占全部快递业务量的比重达到59.7%（图4-9）。

快递业务收入排名前十五位的城市依次是上海、深圳、广州、北京、杭州、东莞、金华（义乌）、苏州、成都、天津、南京、武汉、宁波、郑州、温州，其快递业务收入合计占全部快递业务收入的比重达到63%（见图4-10）。

快递市场集中度有所下降。全年快递服务品牌集中度指数CR_8为76.7，较上年下降0.6。

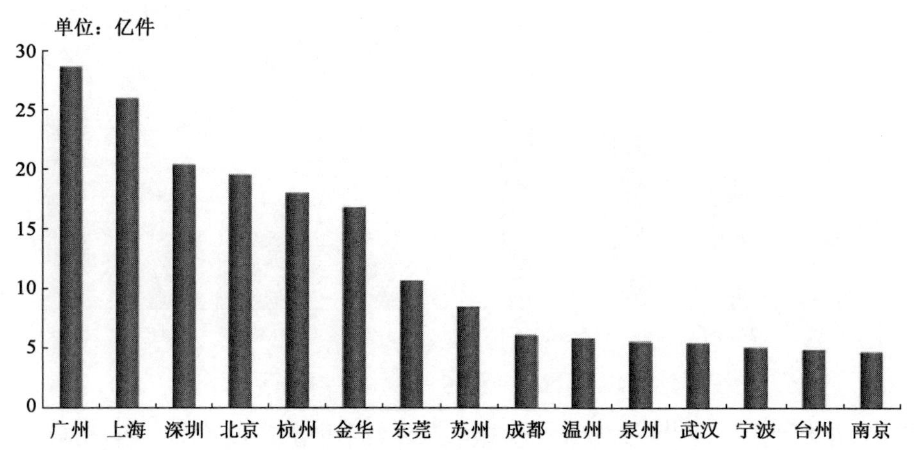

图4-9　快递业务量前15城市情况

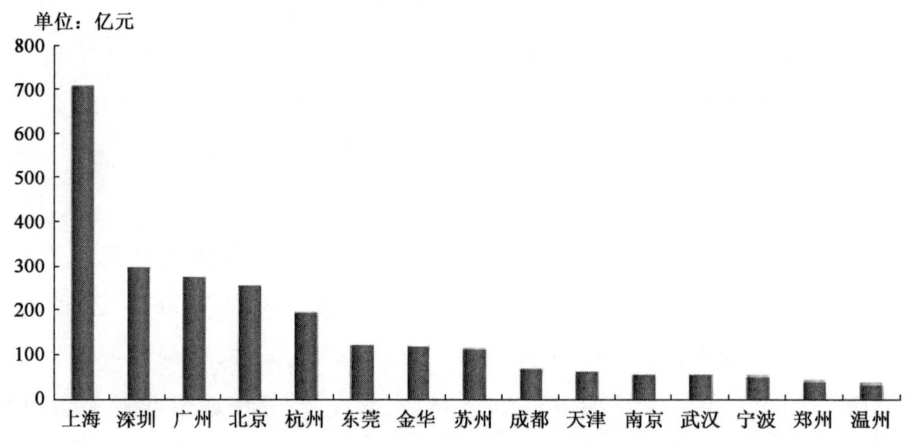

图4-10　快递业务收入前15名城市

二、通信能力和服务水平

（一）机构设备

全行业拥有各类营业网点21.7万处，其中，设在农村的7.7万处。全国拥有邮政信筒信箱12.8万个，比上年末减少0.2万个。全国拥有邮政报刊亭总数2.4万处，比上年末减少0.2万处。

全行业拥有国内快递专用货机86架，比上年末增加15架。全行业拥有各类汽车28.1万辆，比上年末增长15.3%，其中快递服务汽车21.9万辆，比上年末增长15.1%。

快递服务企业拥有计算机45.8万台，比上年末增长11.7%；手持终端94.3万台，比上年末增长23.1%。

（二）通信网路

全国邮政邮路总条数2.6万条，比上年末增加1040条。邮路总长度（单程）658.5万公里，比上年末增加20.9万公里。全国邮政农村投递路线9万条，比上年末减少666条；农村投递路线长度（单程）376.8万公里，比上年末增加1.2万公里。全国邮政城市投递路线6万条，比上年末增加0.4万条；城市投递路线长度（单程）147.5万公里，比上年末增加10.4万公里。全国快递服务网路条数14.8万条；快递服务网路长度（单程）2333.8万公里。

（三）服务能力

全行业平均每一营业网点服务面积为44.3平方公里；平均每一营业网点服务人口为0.6万人。邮政城区每日平均投递2次，农村每周平均投递5次。全国年人均函件量为2.6件，每百人订有报刊量为9.8份，年人均快递使用量为22.6件。年人均用邮支出389元，年人均快递支出287.4元（图4-11）。

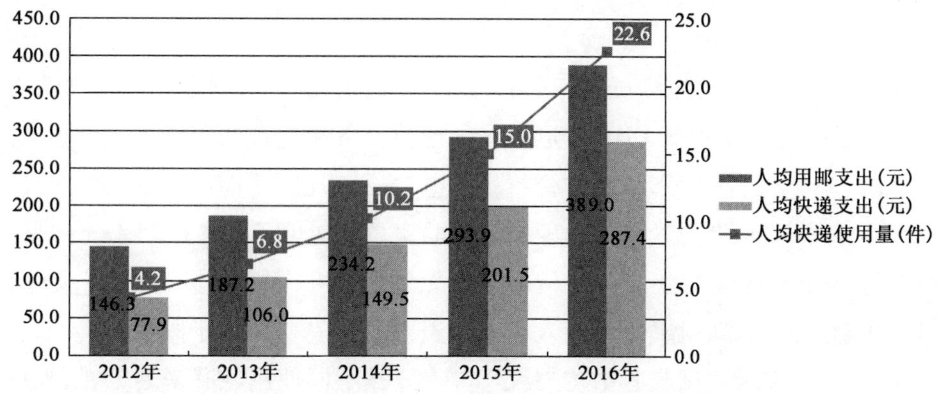

图4-11　2012－2016年人均用邮支出、快递支出和快递使用量情况

备注：

1. 本公报中邮政普遍服务业务、通信能力和服务水平有关数据来自年报，其他数据为月报统计数据。

2. 各项统计数据未包括香港和澳门特别行政区及台湾省。

3. 部分数据因四舍五入的原因，存在着与分项合计不等的情况。

4. 邮政行业业务总量按2010年不变价格计算。

5. 全国人口数据来自国家统计局《2016年国民经济和社会发展统计公报》。

第二章 2016 年快递业测试调查报告

快件“飞天”测试报告(上)

——无人机快递离我们有多远

亚马逊密集的无人机快件投递测试,牵动着无数快递人的心,国际快递巨头 UPS、DHL 紧追亚马逊,国内阿里巴巴、顺丰、圆通等公司也纷纷行动。在无人机投递快件相关政策前景并不明朗的背景下,小小的飞行器如何能够捕获这些大佬的“芳心”,并使其不断地在无人机测试方面投入大量精力? 无人机投递快件实际测试与心中构想究竟有多远的差距?

一、无人机

在美国战争大片中,或是现实中美国对恐怖分子的“斩首”行动中,“捕食者”的大名如雷贯耳,它应该是最知名的无人机明星了。

所谓无人机,就是无人驾驶的飞机,由无线电遥控设备和自备的程序装置来控制,动力通常由电池提供,也有用燃料提供动力的油动无人机,实验室以探讨电动无人机为主。常见的无人机包括无人直升机、固定翼机、多旋翼飞行器等(表 4-5)。美国的“捕食者”属于固定翼机。

按不同使用领域来划分,无人机可分为军用、民用和消费级三大类(表 4-6),对于无人机的性能要求各有偏重。

目前用于快递配送测试中的快递无人机属于民用无人机,且绝大多数为多旋翼无人机,如亚马逊“Prime Air”计划中的无人机、顺丰和圆通内部测试中的无人机等。

表 4-5 常见无人机分类

种类	固定翼无人机	无人直升机	多旋翼无人机
应用领域	军用和多数民用无人机的主流平台	多数民用无人机的主流平台	消费级和部分民用用途
优势	飞行速度较快	灵活性最强	操纵简单、成本低

表 4-6 按不同领域划分的无人机类型

军用无人机	民用无人机	消费级无人机
如捕食者。对于灵敏度、飞行高度速度、智能化等有着更高的要求,是技术水平最高的无人机	一般对于速度、升限和航程等要求都较低,但对于人员操作培训、综合成本有较高的要求,目前最大的市场为警用、消防、气象等。无人机潜力最大的市场可能在民用,新增市场可能出现在农业植保、快递配送等领域	一般采用成本较低的多旋翼平台,用于航拍、游戏等用途,如大疆的精灵系列等

二、快递无人机

固定翼太专业,直升机操纵和维修又太复杂,看来快递企业只能选择多旋翼来满足需求了。后者也以其优良的操控性能和较低的成本,在近几年迅速成为航拍和航模运动领域的新星后不断向快递企业靠拢。说到底,快递无人机选择多旋翼的理由具体如下:

- 操控最简单——不需要跑道,可空中悬停;操控原理简单;自驾仪控制方法、控制器参数调节简单。

●可靠性最出色——固定翼和直升机有活动的机械连接部件,飞行过程中会产生磨损,导致可靠性下降。多旋翼没有活动部件,可靠性较高。

●勤务性最高——结构简单,部件很容易替换。固定翼和直升机零件比较多,安装也需要技巧,相对比较麻烦。

●成本最低——多旋翼成本低,后期维护简单,人员培训要求较低。固定翼、直升机无人机的成本较高,后期维护复杂,人才培养更为专业。

虽然在以上四个方面多旋翼明显优于其他两种平台,但在续航性能方面,多旋翼的表现明显偏弱,其能量转换效率低下;在承载性能方面,多旋翼也是三者中最差的。未来,随着电池能量密度的不断提升、材料的轻型化和机载设备的不断小型化,多旋翼的优势会不断凸显。因此,在大众市场以及将来的快递市场,"物美价廉"的体验最终让人们选择了多旋翼。

三、无人机载重

快递企业既然选择了多旋翼的灵活便捷以及廉价,那就要吞下其承载性能差的弱点。庆幸的是,目前市场上快件都以轻小型为主,重量在3公斤以下,刚好在电动多旋翼无人机的承重范围之内。

多旋翼无人机主流机型以四旋翼航拍机为代表,体积小,携带方便,但相对应地载重能力也很小;也有六旋翼甚至八旋翼的无人机,因为机身较大,升力较强,所以载重能力也较强。表7所列为如今市面上几款多旋翼无人机的载重能力情况。

表4-7 多旋翼无人机载重能力情况

航拍机	大疆 精灵4（四旋翼）	零度 zero1200（四旋翼）	智航 幻影（四旋翼）	基石 Glint 2（四旋翼）
飞行载重(含机身重量)(kg)	1.35	2	2.5	2.5
机身直径(mm)	<500	<500	<500	<500
农业、物流机	大疆 MG-1 农业植保机（八旋翼）	零度守护者农业植保机（四旋翼）	智航凌云物流、植保机（八旋翼）	智航腾云物流、植保机（六旋翼）
最大载重(机身除外)(kg)	10	10	5	10
机身直径(mm)	<2000	<2000	<2000	<2000

快递应用分析:

1. 四旋翼、六旋翼、八旋翼的区别

多旋翼无人机一般情况下最少有四个旋翼,最多有八个旋翼,旋翼越多,机身越大,空中稳定性越强。

四旋翼的优势在于机身可以设计得轻便灵活,便于随身携带,所以广泛应用于航拍;缺点为载重小,稳定性差,如果空中旋翼出现问题,"炸机"(从空中掉落)就成为必然。

六旋翼与四旋翼相比,最大的优点为如果某个旋翼在空中出现"停车",不会"炸机",但几乎会失去水平飞行的功能,只可升降,如果不是对称的两个旋翼同时停车,则"炸机"。

八旋翼在空中最为稳定,如果相邻的两个旋翼不同时停车,则对飞行影响不大,如果相邻的两个旋翼同时停车,也不会"炸机",但只可做升降动作。

快递无人机首先要求具有较高的载重能力,从技术上来说并不是八旋翼的"专利",四旋翼、六旋翼只要加大体积,增加电池容量,也可以满足要求;但从安全性方面考虑,未来的快递无人机更加趋向于八旋翼。

2. 载重说明

现在主流的航拍无人机在装载航拍云台后,几乎无实际意义上的载重能力。在很多影视作品中,男女主人公之间经常用无人机传递信物如戒指、贺卡等，其实这已经是该类型无人机的极限，如果挂上较重的物品，估计在片场就得“炸机”了。

目前，全国无人机企业中，推出快递无人机的并不多，很多都瞄准了农业植保、消防、警用等。从本质来讲，以上几种类型的无人机都有较强的载重能力，但专业的快递无人机对快递业来说更有针对性。目前主要的快递无人机设计载重一般为3公斤以下，可以满足目前大部分快件的需求。为什么不都设计为载重5公斤或者10公斤呢？从“花最少的钱办最高效的事”的角度来说，3公斤更有比较优势，在满足大部分快件需求前提下，载重越小，成本越低。此外，根据特殊需求，可以有针对性地部署载重1公斤以下和5～10公斤的快递无人机产品。

四、无人机续航

像新能源汽车一样，只要是用到电池的产品，无不受到电池续航能力的牵连，这也成为衡量电动多旋翼无人机产品的一项核心指标。快递选择的电动多旋翼平台，其续航能力见表4-8。

表4-8　无人机续航情况

航拍无人机	大疆精灵4（四旋翼）	零度 zero1200（四旋翼）	智航幻影（四旋翼）	基石 Glint 2（四旋翼）
理想续航时间（min）	<28	<40	<30	<25
农业、物流无人机	大疆 MG-1（八旋翼） 农业植保机	零度守护者（四旋翼） 农业植保机	智航凌云（八旋翼） 快递物流、植保机	智航腾云（六旋翼） 快递物流、植保机
理想续航时间（min）	<24	<15	<45	<60

快递应用分析：

无人机研发专家智航田毅君对记者表示，电动多旋翼无人机的续航和载重是天生的矛盾体，载重越大，续航越短，载重越小，续航越久。对于不同载重情况下续航的数值变化，各家企业因为产品不同，情况也各不相同，但应该都属于商业机密，不会向外透露。

列表中几种无人机的续航时间都属于理想状态下（空载、悬停状态、无风阻、最佳温度等）的最高数值，在现实情况中很难达到。以“凌云”为例，在标准载重3公斤及在较为适宜的环境下，最长续航里程为14公里，以14米/秒的速度换算，续航时间为16分钟，与理想续航时间45分钟相差甚远。如果载重超过3公斤甚至5公斤，续航时间将急剧缩短，“可能飞上去就得下来。”田毅君表示。同样，载重不变的情况下，如果风力过大，无人机在克服风阻的情况下会急剧输出电流，续航时间也无法保证。“当风力达到5级的时候一般就不能飞了”。

3公斤14公里，“凌云”的续航能力在目前的快递无人机中应该较有代表性。在我国广大偏远的农村地区，因为快件量较少，交通不便，人工快递成本高昂，无人机快递将发挥重要的作用。以我国中东部地区为例，如果以7公里（往返14公里）为半径画圆，将圆心设置在乡中心，可以辐射周围的大部分村落。再进一步举例，以河北省张家口市张北县宇宙营乡宇宙营村为圆心，7公里半径内可辐射30多个自然村。

五、无人机系统

作为无人机，多旋翼飞行器可以在无人驾驶的条件下完成复杂空中飞行任务和搭载各种负载任务，可以被看作是“空中机器人”。

多旋翼无人机一般分半自主控制方式和全自主控制方式。地面人员手持遥控器在肉眼范围内对飞行器进行操控属于半自主控制方式，机身内部的控制算法在保持着飞行器空中姿态的稳定。此时的飞行器只能称为航模。飞行器能够在控制算法下自主完成点到点的飞行并自动起降，这种情况下，它才是真正意义上的无人机，而地面人员只进行任务前的路线规划。

无人机系统主要包括无人机机体、飞控系统、无线数据链系统、发射与回收系统、电源支持系统、地面控制站等。飞控系统是无人机机上的控制中枢,决定着无人机的性能稳定性、数据传输可靠性、数据精确度、通信实时性等;无线数据链系统确保遥控指令准确、及时、可靠;发射与回收系统负责将无人机送往预定高度,安全飞行,顺利返航;地面站能让操作人员实时监测和控制飞机的飞行状态,并发出操作指令。

快递应用分析:

对快递无人机来说,除去载重和续航,无人机的可操纵性也是其在行业应用的一道"坎"。通过实测了解,对无人机的操控完全基于地面控制站来实现,通过人机交互界面,操作人员可以通过卫星地图及 GPS 定位来设置起降点,并根据周边建筑高度来设置飞行高度,日常飞行的操作难度不大。据了解,目前地面控制站软件在电脑终端上可以呈现出虚拟仪表,用来展示飞行状态,地图导航可以显示无人机的经纬度信息以及飞行高度,并具有一键返航功能。虽然操作方便,但目前绝大多数地面站系统不能对多架次无人机进行控制和导航,地面站与无人机只能一对一"交流"。人员配置情况方面,通常 1 架无人机需要两个人控制。

六、送件测试

测试无人机:多旋翼电动无人机(凌云)的性能参数见表 4-9。

表 4-9 多旋翼电动无人机(凌云)性能参数

性能参数	
旋翼数量	8
最大起飞重量(kg)	12
最大载荷重量(kg)	5
最大上升速度(m/s)	2.5
最大下降速度(m/s)	1.5
最大水平飞行速度(m/s)	16
最大抗风能力	6 级
气候条件	晴天、微雨天
工作环境温度(℃)	0~40
最大飞行半径(km)	7
电池重量(kg)	2.5
电池类型	锂电池
载物仓(mm)	310×260×210

选择理由:除去载物仓的重量,该无人机 3 公斤的载重量适合大部分快件运输,八旋翼为快件运输提供了最佳的稳定性保障。

测试快件重量:3 公斤

选择理由:3 公斤为该无人机理想飞行状态下的重量上限,可以最大限度地展现无人机快递的各项性能。

测试时间:2016 年 4 月 28 日 14:30~16:17。

开始时间为从无人机基地出发前往起飞点的时间,结束时间为起飞小组返回无人机降落地点的时间。

天气:28 摄氏度,多云 2 级微风。

电池的续航能力在 0 摄氏度以下或 40 摄氏度以上会受到很大影响,28 摄氏度为理想温度;2 级微风对旋翼的影响也在可控范围之内。

地点路线:深圳市宝安区铁岗水库附近。

选择理由:为保障无人机快递安全,起降点分别设在了水库两侧,周边主要建筑为高速路、高尔夫球场和水库,最大程度上避开了建筑和人群。根据无人机飞行半径,飞行小组在水库西侧设起飞点 a,东侧设降落点 b,a、b 点之间的直线距离为 6 公里。a、b 点分别为高速旁空地和工业区旁荒地，满足了无人和空旷两个条件。

实测过程：规划飞行路线—检查硬件系统—调整罗盘—安装旋翼—放入快件—起飞—降落。

4月28日下午2:30，飞行小组一行8人分为两队分别前往a点和b点。a小队包括无人机工程师1名、辅助人员1名、记录人员1名和记者，b小队包括工程师1名、辅助人员2名、记录人员1名。

15:06，a小队驱车到达起飞点。随后，工程师开始规划飞行路线，辅助人员安装旋翼、检查各项部件并调整罗盘。

15:30，无人机起飞各项准备工作准备妥当并被搬运到空旷位置，辅助人员将快件放入载物仓，随后所有人员退到安全位置，工程师与b小队进行飞行前最后一次沟通。

15:35，无人机在旋翼的极速转动中载着快件垂直快速升空，高度升到150米后开始悬停，在进行几十秒的姿态调整后，朝着b点位置开始平行飞行，速度为14米/秒。

接下来的几分钟内，人的肉眼已经无法观测到无人机，但通过电脑平台可以监测无人机飞行的速度、高度、飞行路线等。只见其精确地沿着规划线路进行移动，误差非常小，空中姿态良好。

15:40，b小队肉眼发现飞在空中的无人机，a小队则开始乘车向b点集结，集结过程中，无人机于15:42分安全降落。

16:17，两队在b点会合，进行飞行数据的核对和记录工作，随后小组返回无人机基地。

各环节时间统计见表4-10。

飞行记录见表4-11。

表4-10 测试多旋翼电动无人机（凌云）各环节时间统计

去程乘车时间（min）	36
起飞准备时间（min）	29
空中飞行时间（min）	7
回程乘车时间（min）	37

表4-11 测试多旋翼电动无人机（凌云）飞行记录

起飞前电量	100%
降落后电量	55%
飞行高度（m）	150
速度（m/s）	14
飞行距离（km）	6.3
降落点误差（m）	0.2
快件状态	正常

结果分析：

1. 人力派送需要37分钟，无人机只需7分钟

对于这次无人机飞行路线的设置，智航工程师田毅君很大程度上考虑了快递过程中交通不便的因素，从a点到b点，需要绕过中间的水库，乘车前往需要半个多小时，如果是骑摩托车或者电动车则需要更长的时间，如果只送一件快件，效率非常低下。而无人机在空中的飞行之间只有7分钟，与人力派送对比，效率大大提高。您可能会说，飞行时间短，但是准备时间花了太长时间。事实上，此次测试的无人机因为之前进行了其他的测试，所以包括从组装到调整罗盘，以及临时规划路线，花去了不少时间，但如果是将来的派送快件环境中，无人机都是随时待命而且路线是固定好的，接到派件的命令，只要把快件放入仓内，“傻瓜”式地执行既有命令，快件就会直接飞向收件人，待快件签收后，执行一件返航命令，几分钟后无人机就能返回，并开始执行下一项运输任务。

2. 降落地点准确，误差只有20厘米

无人机的起飞速度快得惊人，记者摆好角度

开始拍摄后,在没有连拍的情况下只拍了两张近处的照片,无人接便融入天际。通过降落点工作人员记录的视频可以看到,无人机在降落的时候速度较慢,在不同的高度还会根据 GPS 定位进行多次调整,直到精确落地,最后的误差只有 20 厘米,可以实现在楼顶或者开放性的阳台降落。

3. 耗电快,1 块电池只能飞行 1 个架次

无人机在飞行 6 公里后耗电 45%,只能再支持一次返航,也就是说,在将来的点对点投递中,1 块电池只能支持无人机飞行一个架次,将快件送到目的地后返航,必须更换电池才能继续飞行。

4. 飞行平稳,易碎品可以投递

观察无人机起飞降落和空中飞行姿态,均很平稳,可以在未来空运中实现易碎品的派送。

七、无人机(电动)快递趋势

趋势 1:应用范围:偏远地区

让快件飞行,听起来就是一件高大上的事情,并不是所有的快件在将来能够坐上飞机,让几百亿快件满天飞也很不现实。

分析无人机的特征,快速、经济是其优点,载重小、航程短、安全性不足是其缺点。分析城市与农村特点,城市 GPS 信号和电磁环境不稳定,对无人机有较大影响,且城市人员聚集,飞行政策严苛,派件量巨大;农村地区则地域开阔,飞行环境稳定,人员少而散,政策相对而言较为宽松,快件少,所以在未来一段时间内,无人机快递更适合农村偏远地区。

趋势 2:操控方式:一台多机

目前大多数无人机系统只能实现地面操作站与无人机的一对一匹配,如果未来某个地区需要部署 5 架无人机,则必须配备 5 台地面终端,相对应地每架无人机还需要配备 2 名操作人员。未来要实现资源的最合理利用,实现一台多机操控是必然趋势。在国外,很多无人机研究团队已经实现了一人操纵几架甚至几十架无人机。

趋势 3:购置成本:逐渐下降

以现在无人机的发展水平,一个快递网点部署一架无人机的成本非常高昂,以凌云为例其成本见表 4-12。

表 4-12 快递网点部署一架无人机的成本(凌云)

项 目	成 本
整套无人机系统	15 万元
电池	2200 元/块(100 架次)
人员工资	5000 元/人
人员培训	1 万元/人

购买一套标配的无人机系统需要 15 万元,如果加上 10 块备用电池,培训两名飞手,一次性投入一套无人机快递系统需要 20 万元。在后期,无人机每飞行一次,电池损耗费用约 20 元。如果飞行过程中出现意外,轻如飞鸟撞击旋翼,重如“炸机”,都是快递网点在投入时要考虑的。

虽然现在无人机成本高昂,但在将来,随着无人机应用越来越广泛,逐渐大批量生产,其成本有望大幅下降。而且随着各项技术的逐步完善,各项成本也将逐渐降低。

趋势 4:机型选择:轻小型为主

电子商务与快递业捆绑快速发展,大部分快件轻小型的特点不会改变,3 公斤以下载重的无人机将成为快递业的主要需求。而且随着载重越大,无人机的成本越来越高,快递企业无法大量部署大载重量的无人机。

此外,微型和重型快递无人机也有其市场,1 公斤以下的轻小型快件也占有不小比例,如果用微型无人机,在资源配置上将更加合理。大型无人机能够载重超过 10 公斤,对于数量较少的大件重件也可实施空运。但从成本方面考虑,一个快递网点同时部署不同型号的无人机也不现实。

快件“飞天”测试报告(下)

一、油、电优劣

有没有试想过:如果把电动多旋翼无人机的动力装置改为燃油发动机,“突突突”地飞上天,效果会怎么样? 是不是很疯狂? 事实上,燃油驱动(以下简称“油动”)的多旋翼无人机在我国已经被研制出来。

按辈分来说,油动多旋翼是比传统直升机历史更悠久的一种结构,在直升机出现之前的1907年,法国Breguet兄弟就制造了第一架四旋翼式直升机(当然是用燃油发动机驱动),随后因为机械效率、安全性等种种原因被直升机取代。如今,随着多旋翼概念的兴起,以及技术的成熟,油动版多旋翼“归来”了。在快递未来应用方面,与电动多旋翼无人机相比,油动版的优点和缺点见表4-13。

表4-13　油动多旋翼无人机与电动多旋翼无人机优缺点

特　点	油动多旋翼无人机	电动多旋翼无人机
优点	续航时间长,续航能力强,承载性能突出,作业半径大 具有良好的抗风能力,机动性能好,速度快	日常维护简单,易掌握,对飞行员操作水平要求低 场地适应能力强,轻便灵活 高原性能优越,电动机输出功率不受含氧量影响 噪声小 成本低
缺点	对飞行员的操作水平要求高 自重大,灵活能力较差 高原性能不足 噪声大 成本较高	续航时间短,承载性能较差,作业半径小 抗风性能弱,速度较慢 受温度影响较大

通过对比,可以看出电动无人机和油动无人机各自的优劣势十分明显。下面,在细节方面,我们以翼展尺寸也就是大小相当的电动多旋翼机和油动多旋翼进行比较。

二、续航对比

油动多旋翼无人机与电动多旋翼无人机续航对比见表4-14。

表4-14　油动多旋翼无人机与电动多旋翼无人机续航对比

项　　目	油动多旋翼无人机 (机身直径<2000毫米,单发动机)	电动多旋翼无人机 (机身直径<2000毫米)
满载续航时间	1~2小时	15~30分钟
满载续航里程	50~100公里	15~30公里

油动多旋翼与电动多旋翼最大的不同是其机身四周挂了一圈油箱,以天行健TXJ-CD-01型油动变距多旋翼无人机为例,四周挂有4个油箱,每个油箱可以搭载6升燃油,可以支持其搭载的双缸发动机运行1小时。如果想要更长的续航时间,只需要多加燃油即可。但需要注意的是,油动无人机其有效载荷包含燃油重量在内,以25公斤有效载荷为例,如果无人机要搭载一个10公斤的快件,那么其燃油重量就不能超过15公斤;相反,如果要想多飞一会,那只能送一些较轻的快件了。单续航能力来说,与电动无人机相比,油动无人机确实有其独特的优势。

三、载重对比

油动多旋翼无人机与电动多旋翼无人机载重情况对比见表4-15。

表 4-15 油动多旋翼无人机与电动多旋翼无人机载重情况对比

项　目	油动多旋翼无人机 （机身直径<2000 毫米，单发动机）	电动多旋翼无人机 （机身直径<2000 毫米）
自重	约 20 公斤	7~10 公斤
起飞重量	约 45 公斤	12~20 公斤
有效载荷	约 25 公斤（含燃油）	5~10 公斤

在自重方面，油动无人机因为由航空铝材焊接而成，且发动机及零部件多为金属部件，所以自重要超过同等大小的电动无人机几倍，但传统的燃油发动机动力输出优于电池，所形成的升力不可同日而语。因为其动力充足且自重大，在空中的抗风性能也优于电动无人机。

四、成本对比

油动多旋翼无人机与电动多旋翼无人机成本对比见表 4-16。

表 4-16 油动多旋翼无人机与电动多旋翼无人机成本对比

项　目	油动多旋翼无人机 （机身直径<2000 毫米，单发动机）	电动多旋翼无人机 （机身直径<2000 毫米）
无人机系统	25 万~35 万元	10 万~15 万元
动力系统	3 万元/2000 航时（发动机）	2200 元/100 架次（锂电池）
燃料成本	36 元/6 升/小时	每次充电费用很少
人员培训	1 万~1.5 万元/人	1 万~1.5 万元/人
培训时间	2~4 周	2~4 周

油动无人机在机械结构上较为复杂，且机身航空铝价格较高，在整套系统的一次性购置成本上要比电动无人机高出不少；在动力系统使用损耗上，燃油发动机可以支持飞行 2000 个小时，锂电池只能飞行 100 多个架次，在快递无人机后期损耗零部件更换上，油动无人机具有优势；但燃油成本高于用电，以一次 10 分钟的航程为例，油动无人机需要消耗 1 升燃油，成本约为 6 元，而电动无人机的用电成本则很低；在飞行人员的培训上，时间成本和价格成本一样。

五、运输测试

测试无人机：TXJ-CD-01 型油动变距多旋翼无人机性能参数：见表 4-17。

表 4-17 TXJ-CD-01 型油动变距多旋翼无人机性能参数

项　目	参　数	备　注
机器型号	TXJ-CD-01	
展开尺寸(m)	1.83×1.83×0.7	长×宽×高
折叠尺寸(m)	0.83×0.83×0.7	长×宽×高
旋翼直径(m)×数量	1.05×4	
机体自重(kg)	20	不含燃料
最大起飞重量(kg)	45	
最大有效载荷(kg)	25	含燃料重量
燃料	93#~97#汽油	混合润滑油
燃料箱容积(L)	25	
最大续航时间(h)	4	标配油箱
发动机功率(kW)	13.9	

续上表

项　目	参　数	备　注
遥控半径(km)	1～40	
抗风(m/s)	13	
航速(m/s)	0～30	
作业温度(℃)	－20～40	

测试日期:2016 年 5 月 11 日

天气:24 摄氏度 晴天 4～6 级阵风

搭载物重量:4.7 公斤

因为该款油动无人机暂没有配备运输舱或者搭载架,所以只能采用金属条将搭载物固定在起落架上。搭载物选用一块 4.7 公斤重的航空铝材,模拟重量 10 公斤以下的快件。

地点路线:辽阳市会福化工厂

不同于上一次电动无人机从 a 点到 b 点的单程飞行测试,本次测试中,无人机从设定好的 a 点起飞到达 b 点后,不降落直接返航,以回到 a 点降落为测试结束。起飞点设置在废弃的化工厂内,返程点为村落旁的田间空地上空,航线跨过高速路,沿线基本为人烟稀少地带。

实测:

5 月 11 日上午 10:00,飞行小组 5 人在起飞点——天行健飞行基地车间内开始对无人机进行起飞前的检查工作。小组成员包括无人机驾驶员 1 名、技师 1 名、辅助人员 2 名和记者。

10:00～10:30,技师对油动无人机的舵机、旋翼等进行调试。

10:30～10:43,模拟快件被固定在无人机的起落架上。

10:45,约 6 升 93#汽油与润滑油的混合油被注入无人机的油箱中。

10:50,飞行路线规划完成后,无人机被抬到起飞点,在一阵发动机的轰鸣声中快速升空,上升高度 100 米,随后向返航点快速飞行。

11:02,无人机返航并降落。

实测数据统计:见表 4-18。

表 4-18　TXJ-CD-01 型油动变距多旋翼无人机实测数据

起飞准备时间(min)	50	飞行高度(m)	100
空中飞行时间(min)	8	速度(m/s)	27
起飞前油量(L)	6～7	飞行距离(km)	12
降落后油量(L)	5～6	降落点误差(m)	0.2

结果分析:

1. 飞行速度更快

上次测试中,电动无人机的速度为 14 米/秒,6.3 公里需要飞行 7 分钟;油动无人机动力强劲,实测飞行速度为 27 米/秒,12 公里用去 8 分钟时间。虽然飞行速度很快,但也有人认为,油动无人机太快,危险系数可能较电动无人机更高。

2. 载重性能突出

虽然挂载了 5 公斤左右的模拟快件以及 6 公斤燃油,但无人机的动力看起来依然强劲。据天行健飞行技师透露,11 公斤的载重还未到该无人机的上限,还可以挂载更大的重量。

3. 检修较为复杂

由于结构较为简单,电动无人机在飞行前,只需检查罗盘及几个部件;而油动无人机要检查舵机、旋翼、燃料箱等,甚至每个螺丝都不能放过。“就像航班飞行一样,飞行前的检查工作非常重要,一个螺丝松动,就可能造成无可挽回的损失。”天行健飞行技师说。

4. 飞行噪声大

实测中,油动无人机的噪声让人“印象深刻”。因为安装了双缸发动机,又没有配置消声装置,所以起飞过程很像一辆卸下排气筒的摩托车在发动,噪声大。但天行健相关技师表示,因为还在测试阶段，所以无人机还有很多方面需要完善，在将来，诸如噪声等问题都可以得到解决。

六、可行性分析

近几年无人机的发展速度实在惊人，不得不让世界上所有快递人对它“另眼相看”，而且其特点刚好能够解决很多偏远地区高成本低效率的投递难题。但无人机这么“火”，从快递业应用的角度来看，却总是“看起来很美”。既然有市场“刚需”，那么其应用究竟存在哪些困难呢？

难点1：政策

无人机的行业应用遇到的最大困难就是政策，当然这也是制约无人机送快件的最大阻力。

根据我国民航部门2013年出台的《民用无人驾驶航空器系统驾驶员管理暂行规定》，无人机驾驶员与无人机保持直接的目视的距离是半径内500米，相对的高度低于120米的区域。从网络报道的几起国内快递企业试水无人机送快件的测试来看，无论从飞行半径还是飞行高度来说，都在规定允许的范围内。但除此之外，在无人机的操作方面，人员是否获得相关资质，也是判定无人机送货这一行为是否合法的重要标尺。此外，按照无人机现行的法规，无人机飞行必须按通用飞行有人机的规则来申报计划、申报空域。

对无人机飞行进行严格的管理，是世界各国通行的做法。以美国为例，美国联邦航空局针对25公斤以下的无人机出台了管理规定。根据该规定，无人机只能在白天飞行，不得超出操作人员的视线范围，飞行高度不得高于150米，且禁止从人的头顶上飞过。但是面对企业和群众的呼声，有关无人机的政策限制，已经有松绑的迹象。我国于2003年5月1日开始施行《通用航空飞行管理条例》，明确规定无人机用于民用业务飞行时，应当做通用航空飞机对待。2009年发布的相关管理规定，旨在解决适航管理和空域管理问题。2013年发布的有关规定，主要解决无人机驾驶员资质管理问题。2014年，《低空空域实用管理规定》征求意见出台，今年有望落地，使我国的无人机飞行合法化的规范管理有了标志性的进步，为行业的进一步拓展提供了广阔的空间。

难点2：成本

畅想一下美好的未来，即使无人机政策变得宽松，但无人机系统不菲的成本也注定了无人机送快件的普及之路走起来并不轻松。

从设备的购置成本来看，十几万元到几十万元的投入，不是大多数一线加盟基层网点所能够承受的，就算是顺丰一类的直营企业，也不得不慎重投入。

从运行成本来看，根据网络报道的数据，亚马逊无人机送快递每件成本可降低至1美元；从无人机企业内部测试过程也能看出，相比人工送件，无人机无论在效率还是成本上都有一定优势。不过，这些仅仅是飞行成本，送一票快件可不仅仅是把一票快件运过来那么容易。地面如何与空中对接？无人机驾驶员如何配备？空中路由如何设定？地面基站如何建设？这些都是快递企业要考虑的。

难点3：安全

安全问题既包括无人机自身的安全、快件的安全，还包括公民的人身安全。

从无人机自身安全来看，曾有小伙用无人机给女朋友送月饼券却被跳广场舞的大妈们“击落”的报道；树木、电线、高大建筑物等障碍物也有可能使货物不能准确送达指定地点。无人机如何躲避“好奇的广场舞大妈”使自身更加安全是未来要解决的问题之一。

从公民的人身安全来看，无人机掉落危害公众安全是不能回避的事实。记者在采访中了解到，目前无人机空中飞行的故障率约为千分之几，而在快件运输中，这样的故障率应该是高得惊人了。无人机出现故障，一是自身技术不成熟，二是风力和天气状况等自然因素也会给快递无人机造成难以预料的麻烦，克服这些困难，无人机生产企业还有很长一段路要走。

高铁快运测试报告

“快件朋友们，大家好！欢迎乘坐本次高铁动车组列车，列车的终点站是上海虹桥车站。我是本次高铁动车组列车长，旅途中我们将竭诚为您服务。请装在箱子里的快件朋友和装在袋子里的快件朋友扶稳坐好，并注意照看好身边的小快件朋友。如需各种服务，请及时与我们的列车员联系，需要中途上下车的旅客请提前做好准备……”

随着中国铁路总公司全面推进高铁快运业务，目前全国所有高铁列车经停的505个城市都开办了高铁快运业务，基本实现直辖市、省会城市、中东部地区地级市和经济发达县域全覆盖。“双11”期间，铁路部门充分利用载客动车组列车、动卧列车和确认车干线运输优势，重点推出当日达、次晨达产品，服务快递企业、电商客户等，取得良好成效，11月11日~20日10天时间，共发送电商快递货物1525万件。坐上高铁的快件，背后折射出哪些高铁快运的优势及潜能？

高铁快运

为更全面地追寻快件的高铁快运之旅，记者分别于11月24日和25日两天，乘坐“两线”（G3、G134列车），往返于北京和上海之间，从高铁快运的源头收件环节开始进行跟踪，随快件经过支线运输、分拣转运、装车卸车、干线运输，最终配送末端。为同时展现北京和上海两地同一时间的工作状态，文中记者将“两线”合并为同一天。

一、小快件搭上大高铁

1. 中铁末端

天柱东路营业部经理李红杰是一位老员工，一直负责营业部的日常运营，随着服务网络的扩展，高铁快运的市场份额逐步提升，李红杰的日常工作越来越繁忙。记者通过中铁快运客服电话95572了解到不同产品的运输价格，当日达产品首重价格130元，续重每公斤25元；次晨达首重30元，续重每公斤15元；次日达首重17元，续重每公斤10元。高铁快运业务中，次日达产品占比最高。当日达价格如此高昂，有市场吗？面对记者的疑问，李红杰说：“一些应急的医药、商务文件、个人证件等，如果遇上极端天气，用航空和公路运输都会受到影响，而铁路受到的影响最小，能够保证时效。”一句话揭示了高铁快运最大的优势。事实上，除了高铁快运，根据复杂的运输需求，铁路部门推出了不同时速等级的运输服务。以“双11”为例，为加快电商包裹及商品物流运输时效，铁路部门推出了“电商黄金周”组合运力安排，在国内主要城市间搭建高速直达通道，推出三个时速等级的运力资源服务：①时速350公里的高铁动车组，选定了170列，设置专用车厢；②开行时速160公里的电商特快班列，10列；③开行时速120公里的快速货物班列，34列。

2. 你选择谁

一杯热茶过后，8时30分，李红杰带着记者坐上车，跟随一辆厢式冷藏车前往生鲜电商客户——北京某果蔬饮料公司去收件。

9时40分，我们到达客户库房，该公司负责人李佳已按照惯例在公司库房门口等待装车。在产品装车过程中，记者与李佳攀谈起来。李佳说，蔬菜水果汁主要面向高端客户，一瓶400毫升的果蔬汁能够卖到32元，高昂的售价背后是果蔬汁在运输过程中的“脆弱”，一旦温度脱离0~4摄氏度的范畴，产品的新鲜度将受到影响，所以从出厂开始，产品要在24小时之内送到客户手中。在进一步了解后，蔬菜水果汁的运输配送流程表（表4-19）浮现在记者脑海中。

表 4-19 蔬菜水果汁产品运输配送情况

运输类型	配送范围	运输配送商	份额占比	价格(首重+续重)
航空	广州、深圳、成都	顺丰速运	50%~60%	26(1 公斤)+17 元(1 公斤)
铁路	上海	中铁快运	10%~20%	17(1 公斤)+10 元(1 公斤)
公路	北京(同城配)	黑狗物流	10%~20%	23(3 公斤)+4 元(1 公斤)

选择高铁快运的理由如下:

(1)上海是沿海城市,航空受天气因素影响较大;

(2)上海、北京空中交通经常受到管制;

(3)上海客户对产品品质及时效要求更高;

(4)中铁快运运输价格相对更低。

上午 10 时,与李红杰到取件几乎同时,中铁快运上海虹桥营业部秦恒出发前往上海某食品公司取件,快件将在晚上由京沪高铁发往北京,次日配送。这家食品公司主要生产和销售精致面点,除上海外,在北京、徐州、郑州、南京等地设有直销网点。每天,新鲜出炉的面点都会通过高铁和公路运往上述城市。

面点产品易碎且对运输时效有很高要求,航空和公路运输不能很好地满足需求,所以在干线运输方面除距离较近的南京外,这家食品公司都选择与中铁快运合作,中铁快运负责将产品送到各个城市的经销门店,在城市末端配送方面,则全部由顺丰速运来完成(表 4-20)。

表 4-20 面点产品运输配送情况

干线运输类型	配送范围	运输配送商	份额占比
铁路	北京、徐州、郑州	中铁快运	70%
公路	南京	物流公司	30%
市内配送		顺丰速运	100%

记者点评

北京某果蔬饮料公司和上海某食品公司生产的产品,在运输环境、运输时效等方面均有着很高的要求,且产品价值高,客户群体特殊,一般的物流配送商无法满足其作业要求。选择高铁运输,他们看中的是其能够与航空在时效方面相抗衡且更加稳定,价格方面也有更多的优势。但这种电商客户对品牌形象具有极高的要求,所以对运输配送商也是十分“挑剔”的,一旦出现问题,合作可能就会终止。再从中铁快运方面考虑,高质量、高附加值的电商客户和产品也是主要的合作对象,包括生鲜食品、冷链医药、商务文件等,高铁区别于航空、公路运输的快速稳定的运输优势,是其赢得市场的“撒手锏”。但同时也要看到,末端建设不足也是制约高铁快运最大的“痛点”,毕竟客户更加青睐全流程供应链服务的提供商。

专家观点

国务院发展研究中心市场经济研究所所长王微:

相对于公路和航空,铁路可持续性发展的优势更加突出。铁路运输的在中长距离、跨区域的快捷准时的货物运输方面,会发挥非常大的优势。更重要的是,“新常态”倡导绿色发展,铁路是一种更环保、更绿色、更可持续发展的运输方式。铁路服务“双 11”是一个好的尝试方向。“双 11”的最大的瓶颈不在于交易的时限,而在于交易后的物流。物流是决定客户体验和服务质量的关键因素。为了应对“双 11”,很多快递公司甚至提前半年就开始在仓储、运力上进行准备。高铁快运通过发挥在中长距离、大规模运输等方面的优势,会在一定程度上化解“双 11”的物流瓶颈。

二、穿过检票闸机

1. 接驳分拣

从产品下线到送至客户手中,24 小时之内,果蔬汁产品要在运输派送的各个环节保持 0~4 摄氏度的恒温环境。在产品下线包装过程中,包装箱内会放入冰袋,为保持温度的主要手段。为了延长冰袋的保温性能，进一步保证冷藏质量，中铁快运从收件到送至北京南站的两个小时的途中采用冷藏车运送。李红杰告诉记者，不管货物有多少，即使只有一件，也必须用冷藏车运输。

12时26分，记者随冷藏车到达北京南站附近。北京南站货物集散中心是中铁快运在北京的四个集散中心（北京南站、北京西站、北京站、黄村火车站）之一，主要负责高铁快运产品的分拣和转运，市内网点收来的高铁快件大部分在北京南站进行集散，并搭乘高铁前往全国各地。

北京南站集散中心位于地下一层，记者所乘的冷藏车在与集散中心开出的"全顺"车进行站外接驳后，果蔬汁快件被运至集散中心。

北京南站集散中心承担着从这里发往全国的所有高铁快件的分拣转运工作。场地内，到达件与发出件各占一半面积。记者在现场看到，接驳进来的果蔬汁快件首先要过安检，然后工作人员对其进行到达和发出的连续扫描，最后打包装入中铁快运专用集包袋，贴上具有铁路特色的"已安检"字样的标签。整个分拣转运过程快速流畅。

北京南站集散中心经理宛洋告诉记者，几乎所有进入这里的快件都必须遵循一个原则—绝不留仓，随到随走。记者到达集散中心后感觉没待多久，果蔬汁快件就被再次放上小车整装待发了。根据记者计时，这些快件在南站集散中心的时间不超过一小时。

2. 抵达站台

经集散中心分拣的快件如何到达高铁站台？

从北京南站集散中心拉往站台的快件还要经过一次安检。安检后，与旅客在北京南站乘车一样，快件也要根据准备搭乘的车次寻找进站口进站。

中铁快运从北京南发往上海虹桥的快件有着专属的进站通道：首先穿过检票闸机，再乘坐直梯，出直梯后，快件便到达高铁站台。

当记者随快件乘电梯到达站台时，发现开往上海虹桥的G3次列车已经到站。记者看了一下表：13时30分。

花开两朵，各表一枝。此时，比果蔬汁更早到达站台的是上海的面点。

11时，秦恒从食品公司收来的快件已经被运到上海虹桥集散中心。与北京南站相同，高铁快件在这里也有着专属通道。与北京南站不同的是，上海虹桥集散中心位于地上一层，并且跨过一道门就是高铁站台，十分便捷。

经过到件、发件扫描，收来的大件快件被迅速装入集包袋；小件快件则被放入高铁专用的运输箱中，这种专用的箱子四个角需要用螺丝固定。最后，快件被装上小车，等待北京开来的高铁。

12时35分，在虹桥集散中心等待多时的面点快件跨过一道门，进入站台，13时将乘坐G134次列车前往北京。

记者点评

换小车接驳，快件登上高铁，与上飞机和上干线汽车相比，细节处有许多不同，总结为一点就是高铁快件货运通道尚不完善，运输车辆与车站接驳、分拣场地转运存在一定的困难。

专家观点

北京交通大学交通运输学院教授张晓东：

中国的高铁站建设是世界一流的，但遗憾的是围绕包裹快件的通道、安检、分拣、分拨没有预留空间，需要在既有高铁站上进行完善补充或改造，通过便捷化的方式、新的组织模式和既有的腾挪空间来实现。随着新的高铁线的建设，高铁站房的建设应该同步考虑包裹快件的需求，建设配套设施设备及完善资源的配置，为今后高铁快运的发展提供坚强保障。

三、欢迎乘坐本次高铁

1. 搭乘哪辆车

虽然果蔬汁公司的快件确定要登上从北京南到上海虹桥的列车，但该区间有36趟高铁列车，理论上都可以搭载快件，那么上哪趟呢？我们一起掐指来算算：

依据1:根据中铁快运不同产品的时效要求,当日达产品要在14时之前发车,且价格昂贵,所以选择价格最实惠的次日达,要乘坐14时后的高铁;

依据2:按照对快件24小时内送达的要求,快件到达上海后要在次日上午10时前送达客户,所以快件必须在当天晚上到达虹桥车站,同时与虹桥车站开往中铁快运上海集散中心的班车时间对接。

以此来推算,果蔬汁搭乘15时的G17和16时的G19最为合适,到达上海的时间分别是20时和21时左右(说明:因为跟车需要,记者跟随的快件安排提前发车,故乘坐的是14时出发的G3次列车)。

与果蔬汁相比,面点并没有24时内送达的要求,所以按照标准的次日达产品时限,当天上午收件后,快件可以搭乘当天下午或者晚上甚至次日凌晨的高铁前往北京,在次日18时前送达客户即可。

2."坐"在哪里

确定了快件要搭乘的车次,中铁快运员工就会算好合适的时间把快件送上站台。如果列车是首发,那么快件就会在开车前三四十分钟被送上站台,如由北京南首发的G3;如果是折返车,如从北京南开到上海虹桥(G101)马上要折返的G134,一般在列车到达上海虹桥站前5分钟把快件推上站台。

上站台之前,要打印好印有车次的交接单,接下来就要与对应列车的列车长进行沟通。快件"坐"高铁,有一套"快件乘车守则"。

"快件乘车守则"

1. 快件必须放入高铁快运专用的包装箱或包装袋中;
2. 快件不允许放在列车两侧的行李架上;
3. 快件不允许放置在车座上;
4. 快件不允许放在影响乘客通行的通道上;
5. 快件须放置在每节车厢的大件行李处;
6. 需要中途下车的快件需要单独存放,并避开中途下车乘客较多的车厢。

记者随快件来到北京南站站台时,G3次列车已经停靠站台。中铁快运的工作人员找到列车长所在的车厢(一般在餐车),协调快件放置车厢的同时进行了快件的交接。最后,记者"押运"的这些快件被安排到了10、11、12车厢的大件行李处。在上海虹桥站,面点快件被送上站台三四分钟后,G134次列车缓缓驶入车站。因为该趟高铁途经徐州,所以发往北京和徐州的快件均要搭乘该趟列车。为卸车方便,发往徐州的快件被单独安排到餐车的大件行李处,北京的快件则被分别安排到了5车厢和11车厢(表4-21)。

通常情况下,快件都被安排在始发终到的列车上,也就是尽量不在中途停车空隙上下车,因为大部分车站停车时间只有两三分钟,如果货量过大,容易出现交接问题。在始发终到确实无法满足客户配送需求的情况下,才会安排快件在中途上下车。

表4-21 跟车运输数据

车次	车厢数	单厢最大运能(快件袋)	整车最大运能(快件袋)	实测装载数量(快件袋)	快件车厢分布	快件数量	快件价值	运费
G3(北京南—上海虹桥)	16	约5个	约80个	10个	10、11、12	50件	约12000元	约2000元
G134(上海虹桥—北京南)				14个	9、5、11	15件	约20000元	约3000元

在“电商黄金周”期间，高铁列车则单独开辟出一节车厢用于放置快件。总体说来，高铁快运充分利用了高铁动车的运能冗余。

记者点评

高铁快运在运输过程的各个环节上，都处处体现着严格，从安检到装车，严格按照程序来走，保证快件安全、顺利到达目的地的同时，也注重维护旅客的利益。在运能上，虽然每趟列车的空间有限，但胜在车次频繁，小货量多批次，能够在一定程度上满足高端客户货物数量少、价值高的需求。据记者向上海虹桥车站中铁快运工作人员了解，他们每天装卸的车次有七八十趟。密集的车次和越来越发达的高速铁路网将使高铁快运网络化、规模化、专业化的品质不断显现。

专家观点

北京交通大学交通运输学院教授张晓东：

除了设施设备在车站的配置，高铁的载运工具也有所限制，目前使用既有的载客车厢，没有专门的行李车，利用大件行李处明显空间不足。未来铁路是否可以开行高铁货运动车组，开行频率、组织方式、集聚效率都可以很好地实现。除此之外，不同的列车等级、不同的列车方式，怎样配货也需要在组织模式上进行优化。高铁快运的网络化布局方面，现在高铁车站布局情况不尽相同，快运市场密度也不均衡，如何让高铁快运网更好地适应电商购物网，双网融合还需要一段时间的打造。

四、下车“回家”

1. 快件下车

从北京南到上海虹桥，不足5小时；从上海虹桥到北京南，不足6小时。北京至上海1200公里的距离，被高铁无限缩短。

18时52分，快件乘坐的G3次列车到达上海虹桥车站。透过车窗，记者看到中铁快运上海虹桥营业部的工作人员已经带车等候在快件下车的地方。中铁快运上海分公司任翡也在站台等候记者，看到背着相机的记者一下车，便迎了过来。“列车晚点4分钟，但比起飞机晚点来可以忽略不计。”任翡笑着说。

任翡说，他和卸车员提前十分钟就到站台等候了。当快件在北京南站被装上车后，快件数量及位置信息就会与上海虹桥的同事们共享，方便卸车工作的调配。与同事共享的信息包括快件的放置车厢、快件的数量等。记者在与任翡聊天的过程中，从北京发来的50多票快件就被3名中铁快运员工快速卸下车，过程不足5分钟。

所有快件卸下车后，卸车人员便会和列车长进行最后的交接，双方在交接单上轮流签字后，快件的高铁干线运输即告结束。

19时，果蔬汁快件到达中铁快运上海虹桥站营业部。虽然天色已晚，但这里的工作人员还在有序地忙碌着：拆包、扫描、分拣、装包，这批从北京运来的快件将在晚上被运至距离虹桥站10分钟车程的中铁快运上海集散中心，等待次日一早进行配送。

2. 末端配送

11月25日上午8时，记者按照约定从住处打车前往位于普陀区的中铁快运上海集散中心。不到9时，当记者到达的时候，这里繁忙的转运工作已经结束，各网点支线车辆已经在返回网点的途中。

记者跳上一辆集散中心的配送车，随车体验了一把中铁快运的末端配送过程，车上的一票快件正是记者前一日亲自“押运”来的果蔬汁。

9时40分，配送车到达虹桥车站附近的爱博四村小区，这票果蔬汁快件的主人就住在这个小区。在上楼之前，记者试了一下快件箱的温度，很凉。几分钟后，一位打扮时髦的女士开门签收了快件。当她签收快件的时候，一定想不到快件背后的那些故事吧。

记者点评

高铁快运在干线方面拥有着无可比拟的优势，但在两头的末段建设方面与行业中其他企业相比还有着很大的差距。通过投入重金建设直营网点来弥补短板，在末端服务竞争愈演愈烈的今天，无疑是不值得推荐的。试水加盟制，通过加盟打造中铁快运的品牌，丰富自己的供应链服务，也许是短期之内见成效的不错选择。

专家观点

国务院发展研究中心市场经济研究所所长王微：

高铁快运在未来的发展中，在策略谋划、问题思考时切忌单从主观角度出发，只有结合自身优势、适应市场需求，才能发展壮大。此外，作为一种新兴的民生服务方式，高铁快运的发展需要国家政策的支持。铁路货运虽已进行了很多市场化的改革，但尚还处于起步阶段。面对如此高速创新的市场，没有创新的体制机制，高铁快运难以向前发展。所以，国家未来的政策支持可能会从体制机制的完善创新入手。

五、关于高铁快运的四个追问

追问1：铁路推出“电商黄金周”的目的是什么？

一是“双11”是检验高铁快运服务的最好时机，通过发挥铁路物流企业优势，主动参与电商物流服务，有利于加快高铁快运业务，打造“高铁快运”优质品牌；有利于加快实施货运组织改革，推动铁路向现代物流转型发展。二是服务国家经济需求。铁路作为国民经济的大动脉，在综合交通体系中处于骨干地位，在新形势新条件下，铁路要充分发挥绿色环保、高效节能、网络布局等优势，承担更多运量，促进全社会物流成本降低，更好地服务经济社会发展。

追问2：高铁快运现在和未来的业务方向是什么？

高铁快运是铁路企业依托高铁动车组列车等运输资源，为客户提供的小件物品全程运送服务。主要目标市场是批量小、价值高、时效强的商务文件、电商包裹、冷链、应急物品等高端产品。高铁快运对社会完全是开放式发展模式，既面向最广大的老百姓服务，又面向物流快递企业。

追问3：高铁快运末端配送服务如何实现？

高铁快运除综合利用高铁动车组列车、行李车、公路以及航空运力提供运能保障之外，还通过授权社会优质资源加盟经营的模式，以省、地市或区域为经营单位，吸引有经营能力的物流快递企业、落地配公司加盟。

追问4：未来高铁快运将呈现何种状态？

到2020年，全国高速铁路将增加到3万公里，建成“八纵八横”高速铁路网。中铁快运将依托“八纵八横”高速铁路网形成的相邻大中城市间1～4小时交通圈、城市群内0.5～2小时交通圈，不断扩展高铁快运业务办理城市，继续向各省区二三线城市及重点县域发展。加快高铁快运货物专列的研究论证和车辆装备的研制，与物流快递、制造企业等合作，提供大运量、集中化、规模化的物流服务。

快递员抗霾情况的调查

2015年12月，北京两次发布重度雾霾红色预警，中小学停课，汽车单双号限行，企业实行弹性工作制……这一切，似乎与“霾伏”中硬挺的快递员并无多大关系，只是运送的快件中多了更多的空气净化器和口罩。有专家表示，在交警、环卫工人、快递员等户外工作者中，快递员群体因为在户外裸露时间长，还经常处在赶时间的“运动”状态，呼吸到的有害物质更多，受雾霾的影响可能更直接、更严重。

根据研究，长期在室外工作的人群，即使几个小时暴露在重度雾霾中也可能加重肺功能损害。PM2.5粉尘颗粒可能附着很多细菌和病毒，最直接的危害是刺激气管，引发呼吸道疾病，如果进入到血管，还会影响心血管健康，诱发心脑血管疾病……奔走的快递员，如何抗霾？

调查员通过网络渠道向主要快递企业一线快递员发放调查问卷，共收回有效答卷655份，电脑端提交224份，手机端（包括微信）提交431份；来自北京、上海、江苏、福建、浙江、广东、山东、山西、安徽、湖北、江西等省（区、市）的快递员参与调查，以雾霾较为严重的中东部地区城市快递员为主。不同年龄的调查者中，“80后”占50%，“90后”占36.46%，“70后”占11.98%，“60后”占1.56%。

三成快递员不识雾霾危害

调查中，“您对雾霾的危害了解吗？”一项，14.35的快递员表示很了解；55.88%表示了解；29.77%表示不了解。这让记者想到了之前一则新闻报道中提到的：“北京2015年的空气质量其实是近10年来最好的”“雾霾早就有，只是不认识”。社会大众不认识雾霾的大有人在，何况是快递小哥呢？

“您会主动查询PM2.5的数值吗？”从来不查，也不在意的快递员占22.75%；不主动查询，但看到时会留意一下的快递员占53.74%；雾霾严重时会查询的快递员占17.1%；经常主动查询的占6.41%。想想“剁手党”们创造的纪录和快递员路上“奔命”的身影，你能理解大部分快递员不查询PM2.5数值的“无奈”了吧？

六成以上快递员不戴口罩

雾霾天气对人的身体健康会产生不好的影响，而且也会影响心理状态。越来越多的研究成果证实，气象条件的好坏，能引起人的心理和行为的变化，左右工作效率。有利的气象条件可使人情绪高涨、工作效率提高；而不利的气象条件使人情绪低落、工作效率降低，甚至情绪失控。调查中发现，有43.12%的快递员表示中度以上雾霾会影响工作情绪；18.36%的快递员表示轻度雾霾就会影响；不会影响的占19.06%。也就是说，超过半数的快递员对中度雾霾以下并不敏感。相对应地，经调查发现，在雾霾天不佩戴口罩的快递员占62.15%；重度雾霾时才会佩戴口罩的占22.08%；中度雾霾时会戴的占11.67%；轻度雾霾时会戴的只有4.1%。

普通口罩只起心理作用？

调查中，雾霾天气中佩戴口罩的快递员多会选择普通的口罩，占比74.73%，佩戴雾霾专用口罩的占25.27%；愿意主动购买目前流行的专用于过滤PM2.5的口罩的有57.51%，因为贵不会购买的占46.89%。

一只过滤PM2.5的口罩在京东上至少需要三四元，和便宜而且能反复佩戴的普通口罩相比，快递员当然更愿意选择后者。但，普通口罩真的管用吗？不少网站如搜狐、果壳网等都对目前人们在雾霾天佩戴的口罩进行了过滤测试，结果显示，普通口罩中，过滤效果好一点的是一次性医用护理口罩，过滤效果47.1%，最常用的棉布口罩过滤效果只有17.3%，这还是排除口罩不贴合面部四周漏气的情况下的数值。所以，雾霾天中佩戴了口罩的快递员中有76.12%的表示“效果并不明显”“没有改善”。如果换成一只过滤率可达90%以上且与面部贴合更为紧密的PM2.5专用口罩，效果会很明显。

“您希望企业为快递员提供雾霾口罩吗？”83.85%的快递员选择“希望”，16.15%的快递员无所谓。有条件的快递网点或者总部是否可以根据大多数快递员的需求，在令人“郁闷”的天气里为他们送上一份关怀呢？

快递员想要的

“雾霾是否会影响您对快递工作的兴趣？”21.35%的快递员表示如果经常有重度雾霾的话，会考虑换一份工作；20.31%的快递员表示中度雾霾持续的情况下会考虑辞职；32.29%的快递员表示要看身体健康情况；不受影响的有17.19%。

辞职的原因当然是雾霾对人体造成的危害。50%的快递员人为长期的雾霾天气会对身体健康产生较大危害；32.81%的快递员更是人为雾霾天气对身体健康危害非常大。而且,已经有80%的快递员在雾霾天气中或多或少地感到不适,甚至生病。

在快递日渐成为一种生活方式的今天,快递员的作用不可小觑,但无论你在哪里,他都在路上。面对雾霾天气,快递员唯有面对、面对、再面对,一副专业的防霾口罩可能是对他们的最大帮助,尽管善良的他们表示"戴口罩对客户不尊重""我要让每个客户都记住我服务的样子,下次好认识""大男人戴口罩不方便""要练就百毒不侵之身",说来也是阿Q式的自我慰藉,如同我们面对天空的无奈。这个时候,快递公司不应该缺席。很多快递员表示,其实在实际工作中,由于每天压力都很大,所以对于雾霾根本没有概念,更不会考虑公司会给自己提供福利等,如果能够发一些专用口罩,他们会真心感谢。记者联系了顺丰、圆通、申通、中通等快递企业,部分企业表示在全国雾霾较重的城市和地区已经向快递员提供了口罩,顺丰还发放了润喉片、冲剂等劳保用品。

调查问卷

在雾霾天气里,您会佩戴口罩吗?

选项	比例
从来不戴	62.15%
重度雾霾时会戴	22.08
中度雾霾时会戴	11.67%
轻度雾霾时会戴	4.1%

您佩戴的口罩是哪种?

选项	比例
专门抵抗雾霾口罩	25.27%
普通口罩	74.73%

在雾霾天气里,您会感到明显的不适吗?

选项	比例
很明显	36.2%
不明显	33.59%
不确定	24.22%
没有不适	5.99%

您觉得戴上口罩后有明显的改善吗?

选项	比例
很明显	23.88%
不明显	38.81%
不确定	33.96%
没有改善	3.36%

雾霾是否曾对您的身体健康造成影响?

选项	比例
从来没有过	20.31%
曾在重雾霾天气里感到不舒服,但次数很少	30.73%
有时会因为雾霾而感到不舒服	30.99%
雾霾总是让我感到不舒服	14.58%
曾因雾霾而生病	3.39%

雾霾是否会影响您对快递工作的兴趣？

选　项	比　例
经常有重雾霾的话我会考虑换一份工作	21.35%
经常有中度雾霾以上的话我会考虑换一份工作	20.31%
只要经常有雾霾我就换	8.85%
看身体健康情况	32.29%
不会影响	17.19%

快递哥年度生存状态调查

亲爱的快递员！2015 这一年，你过得好吗？家里好吗？平时工作很忙吧？去年一共送了多少快件？穿坏了多少双鞋？……春节期间，调查员带您回顾快递员的 2015，倾听他们的真实感受。

调查员通过网络渠道向主要快递企业员工发放调查问卷，共收回有效答卷 786 份，其中电脑端提交 512 份，手机端提交 274 份，独立 IP 数 659 个；来自湖南、陕西、山东、江苏、吉林、黑龙江、山西等 29 个省（区、市）的快递员参与调查。

六成对收入满意

“这一年，你对工资收入感到满意吗？”54.07% 的快递员表示基本满意，达到了自己的预期；9.29% 的快递员十分满意，超出了预期；36.64% 的快递员对一年的收入不满意，感觉不应该这么少。

“高收入”一向是社会许多民众贴在快递员身上的标签，甚至认为快递员收入过万。《快递》杂志曾在之前做过多次调查，结果显示快递员收入上万是很多因素促成的，并不代表所有快递员都有这么高的收入，而且很多月入过万的快递员，哪个不是起早贪黑、风雨无阻、“牺牲”了亲情和爱情的。而且各个城市，根据当地经济发展情况，快递员的收入也大相径庭。总体来看，大部分的快递员认为自己的付出得到了回报，小部分快递员或者因为工作压力太大，或者因为罚款太多，认为付出没有得到应得的回报。小编在这里祝愿大家在新的一年里都能够总结经验，取得更好的收入。

行万里路送万票件

古人有“读万卷书行万里路”之说。按照快递员平均每天行走的距离和送出的快件，说是“行万里路送万票件”毫不为过。

根据杂志“实验室”栏目对快递员一天的行走距离测算，一名骑三轮车送件的快递员每天步行距离约 10 公里，加上行车距离，一天在路上奔波约 20 公里。此次调查结果显示，39.31% 的快递员在过去的一年里平均每天开车加步行的距离为 10～20 公里；25.95% 的快递员为 20～50 公里；15.27% 的快递员为 10 公里以下；50～100 公里的占 7.51%；100 公里以上的占 4.2%。按照快递员日均 30 公里的行走路程，一年下来超过了 1 万公里。

“这一年，你平均每天送多少快件？”调查显示，32.44% 的快递员日均送件 100～150 件，28.63% 的快递员日均送件 80～100 件，13.87% 的快递员日均送件 50～80 件，送 150 件以上的超过 10%。按照每位快递员日均 80 件的送件量，全年送出去的快件超过 2 万件。

经常有说一个人一年穿坏多少多少双鞋来形容工作的辛苦，快递员一年需要更换多少鞋服呢？

43.81% 的快递员去年一年穿坏的鞋或者衣服有 3～4 双（件），26.01% 的快递员吐槽说穿坏了 5 双（件）以上，26.15% 的快递员穿坏了 1～2 双（件）。这么算来，超过 7 成的快递员每两三个月就要换一双鞋。不过对于每天将不断奔跑和爬楼当作家常便饭的他们来说，再正常不过。

两成罚款超千元

快递业务量迅速增长，基层网点快递员收派压力越来越大，"价格战"的持续，更迫使快递服务的质量难以提升。接受本次调查的快递员中，在2015年中，超过半数曾经被客户投诉，没有被投诉的占43.39%。被投诉0～5次的快递员有45.2%，5～10次的有6.12%，10次以上的有4.04%。

投诉是快递员遭受罚款的其中一个原因，有时虽然没有被投诉，但送件超过了总部要求的时限，一样会被总部罚款。"这一年，你被罚了多少款？"一项调查中，只有27.12%的快递员表示没有被罚过；罚款1000元以下的占46.59%，平均每个月被罚不超过百元，算是表现不错的；罚款1000元以上的超过两成，超过5000元的占比5.42%。罚款这么多，吐槽不可少。"路太远，派送时很多客户又不在，门卫不代收，经常延误""快件投到了快件箱，但通知短信发送延误，快件跟着延误""全年罚款有10000元""公司制度太死了""客户说没有收到"……关于罚款，原因较为复杂，杂志焦点栏目就"罚款"话题进行了深度采访，可前往一阅。

多数日均休息不足8小时

快递员的一天，从早上派件开始，到晚上收件结束，大部分时间都漂泊在外，能够回家舒舒服服睡个懒觉完全是一种奢望。根据调查，一年中，在家的时间平均不超过8小时的快递员超过六成，为62.98%，8～10小时的占24.17%，只有8.52%的快递员可以在家待够10～12个小时。

中国人一向自认是勤劳的劳动人民，有网络的调查数据佐证：中国人的人均工作时长几乎是全世界最长的（2200小时）。而中国的快递员作为所有行业中工作时间最长的职业之一，是否也应该是世界上工作时间最长的人群呢？

每天的工作时间长不说，一年下来更没多少休息的日子。"这一年，你回过多少次家乡？"一项调查中，24.3%的快递员表示回过一次，14.63%的快递员回过两次，有36.13%的快递员表示没有回过家乡，甚至包括过年。不回家的原因有想趁过年期间多赚点钱的想法，也有害怕家里逼婚的考虑，也有买不到车票的……不过话说回来，春节还是一年中最重要的节日，能回家的还是回家好，与父母亲人团圆的同时，还能好好休息休息，调整好心情，新年再出发。

调查问卷

这一年，你的家庭关系如何？

选项	小计	比例
十分融洽，感到温暖幸福	235	29.9%
有过摩擦，但整体还算满意	428	54.45%
有点糟糕，为此感到困扰	123	15.65%

这一年，你的身体还好吗？

选项	小计	比例
跟从前一样健康，充满活力	273	34.73%
生了点小病，但没什么影响	415	52.8%
大不如从前，出现健康危机	98	12.47%

这一年，你和同事相处得愉快吗？

选项	小计	比例
非常愉快，我喜欢和大家共处	524	66.67%
还行，对人际关系没什么特别感觉	236	30.03%
不愉快，常发生矛盾，对有些人不满	26	3.31%

这一年,你和客户整体上相处得愉快吗?

选　　项	小　　计	比　　例
非常愉快,我经常能微笑面对客户	511	65.01%
还行,对处理客户关系没特别感觉	224	28.5%
不愉快,常和客户沟通出现问题	16	2.04%
其他	35	4.45%

这一年,你对整个工作环境满意吗?

选　　项	小　　计	比　　例
满意,相信会越来越好	466	59.29%
一般,没什么特别感觉	238	30.28%
不满意,工作环境有待改善	82	10.43%

总的来说,2015 这一年你过得还好吗?

选　　项	小　　计	比　　例
很好,期待新的一年	276	35.11%
还行,希望新的一年更好	400	50.89%
不好,但愿新的一年时来运转	110	13.99%

快递电动三轮车生存调查

2016 年 3 月 15 日至 6 月 30 日,深圳集中开展“法治通城 2016”专项行动,电动车禁行措施在原有基础上进一步升级,除电动三轮车不能行驶外,没有备案的电动自行车也被禁止行驶。3 月末的几天里,不时在网上传出有快递配送车辆被扣、快递员被拘留的消息,甚至有一些执法人员暴力执法的视频在网上热传。事件一出,整个快递业乃至社会一片唏嘘之声。4 月 5 日,站在风口浪尖的“深圳交警”面向全国媒体举办“禁摩限电新闻通气会”,称行动并非“随意之笔”,并非针对快递业。深圳市公安交通警察局在发布会上表示,深圳交警一贯支持深圳快递业健康、规范发展。此轮行动前,已提前与当地快递协会和快递企业进行了多次沟通,并立即增加了 5000 辆备案电动自行车的配额,并会根据快递企业实际情况动态调整增加。对“过渡期”内未备案的快递电动自行车和三轮车暂缓查扣、拘留。但对有交通违法行为或使用不合法(非法拼装、改造)车辆的,继续依法查处整治。

与深圳一样,郑州在不久前亦成为“网红”,因为郑州市区禁止电动三轮车通行,一些快递公司的小哥改用两轮木质板车来送货。据记者从当地邮政管理部门了解,2015 年至今,郑州市区已有 150 余起快递三轮车被扣的情况发生,其中大多数是因为无证驾驶机动车或者机动车无牌上路,每次扣车少则 1 天多则 60 余天,多数为一周,并伴有至少 200 元的罚款和数额不等的停车费用的产生,通常要缴纳 500 元左右。目前所有的扣车时间产生的罚款共计 26470 元,停车费 7398 元,另有近 10% 的部分因罚款费用过高或者种种原因,快递员放弃处理。其中有 38 起扣车伴有拘留快递员的情况,他们中的大多数被拘留五天,短则两天,长则 15 天。

再往前追溯,引起最大关注的是去年“双 11”期间,因为“快递三轮车禁行,快递员骑马送快件”,呼市一夜之间“名气大涨”。时至今日,呼市电动三轮车仍在禁行，市区主要道路上只能通过其他交通工具投递。4月1日，呼市政府出台了《关于规范城市邮政快递车辆管理的意见》，提出要依法升级更新邮政快递车辆，要求车辆必须符合法律法规和机动车国家安全技术标准并经检验合格，交管部门登记并符合法定上路条件。在中心城区全面淘汰不符合机动车国家安全标准的快递配送工具，鼓励使用新能源车辆，并给予一定优惠政策。

《快递》杂志曾经在2014年就快递电动三轮车做过调查，业内外普遍认为，电动三轮车是目前最合适的末端作业工具。最合适的"马掌"在多地受限，那么，快递电动三轮车在全国各地究竟都有哪些"遭遇"呢？

调查员通过网络渠道向主要快递企业一线快递员发放调查问卷，共收回有效答卷1492份，手机提交1491份，电脑端提交1份，独立IP数1383个；全国31个省（区、市）快递员参与调查。

八成快递哥骑三轮　六成曾被交警"照顾"

接受调查的近1500名快递员中，80.9%的快递员的主要派件工具是电动三轮车；然后是电动自行车，占比9.45%；汽车位于第三位，占比6.43%；摩托车为1.88%；其余还有人力自行车和三轮车，以及燃油三轮车，占比不到2%。有一句广告词说得好："大家的选择才是真的好。"快递三轮车被称为快递最合脚的"马掌"，实至名归。

但尽管实用，电动三轮车终因为没有"合法"身份而被交警"照顾"。在骑电动三轮车送件的1207名快递员中，有752名表示被交警拦过，占比62.30%；骑电动自行车送件的141名快递员中，105名表示被交警拦过，占比74.47%；开汽车被拦过的占52.08%。被拦的原因"五花八门"："无牌无照""限行区域或时间行驶""城市双创""车厢非法改装""未穿戴安全帽""影响市容""电瓶超标""超载""走机动车道""逆行"等。一位快递员总结的最全面："因为电动三轮车本身界限模糊，交警可以给你一万种理由。"

各地政策　东"严"西"宽"

通过交叉分析法，"调查员"对各省的电动车通行情况作简单分析，因为样本数量不全面，仅用作简单的数据参考。

近1500名受调查快递员较为均匀地分布在全国大部分省份，根据大家对"当地是否允许电动三轮车通行"一题的回答，可以管窥各地的快递电动三轮车通行情况。此题有四个选项："允许""不允许""一定时间和范围内允许""说不好"。回答"不允许"的快递员在当地所有参与调查者中占比较高的前五个省（区、市）为：天津、上海、内蒙古、广东、辽宁，占比分别为85.71%、76.92%、74.47%、71.91%和63.16%，主要集中在东部。而与之形成鲜明对比的是，回答"允许"的快递员占比较高的前五个省（区、市）为：青海、甘肃、江西、陕西和山西，占比分别是85.71%、81.82%、67.74%、63.64%和61.54%，主要集中在中西部。

近三成一年内被罚超过5次

调查中，在939名被交警处罚过的快递员中，过去的12个月被罚1次的有148人，占9.92%；被罚2次的有158人，占10.59%；被罚3次的有157人，占比10.52%；被罚超过5次的有415人，占比27.82%，接近三成。被罚超过5次的快递员纷纷吐槽："一个月就抓五次以上看见就抓""我被挡了无数次了，至少有40次以上，各种理由""平均一个月拦个两三次"……

被罚的结果无非就是以下几种：交警口头警告、当场罚款、扣车后交罚款取出、扣车后放弃车辆、罚款拘留取车。快递小哥可以对号入座啦，看一看哪种情况最常见。在调查中，按照最常见的处罚结果排序分别是：扣车后交罚款取出，占比36.42%；扣车后放弃车辆，占比25.45%；交警口头警告，占比20.23%；当场罚款，占比11.93%；罚款拘留后取车，占比5.96%。

快递三轮车在各地被查，轻者口头警告，重者被罚款甚至拘留。以《深圳经济特区道路交通安全违法行为处罚条例》为例，在禁止时间、路段行驶的，或者违反规定载人载物的，一律扣留车辆，处2000元罚款；驾驶不符合国家标准电动自行车上路行驶的，一律扣留车辆，处1000元罚款，并处15日以下拘留。在调查中，相比较多的快递员选择交罚款取车，但也有不少的快递员因为罚款过多而放弃车辆，更严重者，56名受调查的快递员曾被拘留过。

因为少了一张“身份证”，快递三轮车的命运可谓多舛。一片罚声中，它还在艰难地驮着整个行业前行。要阳光不要雾霾，希望电动三轮车在未来能够多些路权，少些“是非”。

调查问卷

您主要的派件工具是什么？

选　　项	小　　计	比　　例
电动三轮车	1207	80.9%
人力三轮车	5	0.34%
电动自行车	141	9.45%
人力自行车	3	0.2%
摩托车	28	1.88%
汽车	96	6.43%
其他(人力板车、马等)	12	0.8%

当地是否允许电动三轮车通行？

选　　项	小　　计	比　　例
允许	534	35.79%
不允许	518	34.72%
一定时间和范围内允许	228	15.28%
说不好	212	14.21%

您的车辆是否有快递公司或相关管理部门要求的统一涂装？

选　　项	小　　计	比　　例
有	946	63.4%
无	546	36.6%

您在派件途中有没有被交警拦过？

选　　项	小　　计	比　　例
有	939	62.94%
没有	553	37.06%

过去12个月被交警拦过几次？

选　　项	小　　计	比　　例
1次	148	15.76%
2次	158	16.83%
3次	157	16.72%
4次	61	6.5%
5次以上	415	44.2%

什么原因被拦?

选　　项	小　　计	比　　例
逆行	37	3.94%
超速	11	1.17%
超载	78	8.31%
闯红灯	9	0.96%
无牌无照	386	41.11%
走机动车道	99	10.54%
限行区域或时间行驶	176	18.74%
其他	449	47.82%

被罚处理结果是什么?

选　　项	小　　计	比　　例
交警口头警告	190	20.23%
当场罚款	112	11.93%
扣车后,交罚款后取出	342	36.42%
扣车后,放弃车辆	239	25.45%
罚款拘留取车	56	5.96%

如果国家标准出台,规定驾驶电动三轮车需要驾照,您愿意自费学习吗?

选　　项	小　　计	比　　例
愿意	676	45.31%
不愿意	361	24.2%
看情况	455	30.5%

快递员从业压力调查

关于快递员的工作压力,可以从不断增加的收派件量、越来越长的工作时间、复杂多变的客户关系、问题重重的派送环境和处境尴尬的社会地位寻到不少线索。总体来说,在快递市场激烈的竞争及业务量的迅速增长中,快递公司想要提升公司形象和顾客满意度,对为顾客提供面对面服务的快递员会有更高的标准和规则,提出了更大的挑战与要求,后者则面临着越来越大的工作压力。

调查员通过网络渠道向主要快递企业一线快递员发放“快递员工作压力调查”问卷,共收回有效答卷1746份,手机提交1178份,电脑端提交568份,独立IP数1483个;百世、中通、圆通、全峰、申通等主要快递企业快递员参与调查;调查范围覆盖全国31个省(区、市)。

受调查者基本情况

性别

选　　项	小　　计	比　　例
男	1296	74.23%
女	450	25.77%

出生年份

选　项	小　计	比　例
1975～1979	235	13.46%
1980～1984	349	19.99%
1985～1989	627	35.91%
1990～1994	469	26.86%
1995～1999	66	3.78%

婚姻状况

选　项	小　计	比　例
已婚	1192	68.27%
未婚	554	31.73%

教育程度

选　项	小　计	比　例
小学	23	1.32%
初中	379	21.71%
高中	741	42.44%
大学(专科)及其以上	603	34.54%

在目前单位的工作年限

选　项	小　计	比　例
1年以内	549	31.44%
1～3年	926	53.04%
4～6年	216	12.37%
7～9年	37	2.12%
10年以上	18	1.03%

目前的月收入

选　项	小　计	比　例
3000元以下	934	53.49%
3000～5000元	682	39.06%
5000～8000元	91	5.21%
8000元以上	39	2.23%

七成以上快递员工作压力大

“您如何评估现在面对的工作压力?”结果显示,接受调查的一千多名快递员中只有3.49%表示没有压力,24.05%表示压力一般,30.99%的快递员表示有较大压力,27.38%承受着很大的工作压力,此外还有14.09%的快递员在工作压力面前几乎崩溃。

数据分析结果显示:性别方面,男性和女性快递员因为性别的差异,以及所属岗位不同,在“很大压力”和“几乎崩溃”两项,女性比例较低,男性则感到自己承受的压力更大。

年龄方面,通过对比不同年龄段快递员的工作压力可以发现,从70后到80后再到90后,随着年龄的变小,感到自己承受的工作压力不大(一般)的比例越来越高;而承受很大压力的快递员的比例也随着年龄段的递减越来越低。两条较有规律的线，是否说明随着年龄越大，体力越来越少，所承受的工作压力可能就越大呢？

工龄方面，随着工龄越来越长，所承担的工作压力越来越大。工作1年以内的快递员有近七成不会有很大压力，此后每年所承担的压力越来越大，感觉压力接近极限的快递员比例也逐渐增长，长时间高强度的劳动在逐渐消磨着快递员的工作激情。

待遇方面，快递员收入不同，从3000元以下到8000元以上都有，但以8000元以下为主。工资和工作压力有没有关系，无法简单下定论。通过数据分析可以看出，与较高工资的快递员相比，3000元以下群体接近工作极限的比例高出不少，而且承受着很大压力的也不在少数；另一方面，虽然5000～8000元工资较高，但承受较大压力的快递员比例达到了最高。

“薪酬少、工时短”是压力最大源头

在最近一个月的工作情绪调查中，17.35%的受调查者表示情绪良好，36.71%表示正常，35.62%表示焦虑，还有10.31%的人的情绪很差。在工作压力来源调查中，调查员设置了“薪酬待遇”“公司内部竞争”“工作时间长”等选项，结果显示，快递员工作压力最多来源于薪酬待遇和工作时间，然后是与客户的关系和升职的压力，其他如公司制度、工作环境所占比重也不低。

调查显示，工作要求及环境左右着快递员的工作情绪，在所有影响因素中占比达到了68.33%。工作要求及环境包括很多方面，在快递员眼中，快递企业内部的罚款制度、电动三轮车的尴尬境地、派件费用低、公司管理混乱、同行竞争压力大等是影响自己情绪的最主要因素。

此外，如何看待工作压力与工作绩效的相互关系？63.8%的快递员认为过大的工作压力会降低自己的工作效率，只有20.33%的快递员认为压力越大，对工作业绩提高效果越好。

关于工作绩效，知名学者林泽炎将其定义为那些经考评的工作行为、表现及其结果。曾经有国外著名学者Scott以及后来的一些学者的研究证实了工作压力的激励作用大于其干扰作用。也就是当压力源被员工评估为挑战性时，能够激发员工的潜力，因而员工会取得较高绩效水平。但该理论没有考虑到只有工作压力在一个合适的范围时才能表现出积极作用，超过这个范围会对工作效率产生消极的影响。

事实上，此后的多数实证研究支持了工作压力对工作绩效会产生负向作用的理论。相关学者认为，慢性工作压力是大多数员工极其厌恶的，会在员工的工作环境中产生焦虑情形，在这种情况下，个人很可能会花大量的时间和精力处理压力，因此对他们的绩效造成不利影响。工作压力增加，工作绩效降低。

在繁重的工作压力下，快递员也都有着自己解决压力的办法：有一半的快递员通过唱歌、看电影、打游戏来缓解压力，其他诸如运动、休假旅行、睡觉、喝酒缓解压力的也不少，三成快递员则正在考虑换一份工作。

调 查 问 卷

您如何评估现在面对的工作压力？

选　项	小　计	比　例
没有压力	61	3.49%
一般	420	24.05%
较大压力	541	30.99%
很大压力	478	27.38%
几乎崩溃	246	14.09%

最近一个月的工作情绪如何？

选　项	小　计	比　例
良好	303	17.35%
正常	641	36.71%
焦虑	622	35.62%
很差	180	10.31%

对目前工作环境的态度如何？

选　项	小　计	比　例
满意	309	17.7%
良好	486	27.84%
一般	728	41.7%
不满意	223	12.77%

与同事的关系如何？

选　项	小　计	比　例
密切	357	20.45%
良好	1152	65.98%
一般	208	11.91%
有过冲突	29	1.66%

影响您工作情绪的因素是什么？

选　项	小　计	比　例
工作要求及环境	1193	68.33%
人际关系	366	20.96%
个人性格或生活因素	422	24.17%
其他	472	27.03%

工作压力及情绪会对你的工作产生何种影响？

选　项	小　计	比　例
促进工作业绩提高	355	20.33%
对工作业绩没影响	277	15.86%
降低工作效率	1114	63.8%

请您对目前自己的情绪和压力控制能力做一个综合评价。

选　项	小　计	比　例
很差	90	5.15%
较差	151	8.65%
一般	917	52.52%
不清楚	93	5.33%
较好	415	23.77%
很好	80	4.58%

快递卡车司机生存状况调查

快递卡车司机是快递员队伍中的一个特殊群体:他们生活中一半的时间在车轮上度过,让人难以寻踪;他们游离于线的两端,两地“分居”;他们常在黑暗中行走,是夜的守护者;他们用行动捍卫职业尊严,是快递业最可爱的人。

只有在黑夜里同行,才能真实感受到他们的存在,体味他们的艰辛和伟岸。23 小时的跟车,不足以更深刻地了解这一群体。《快递》杂志调查员在深入一线跟车测试的同时,在中通快递干线网络中发出生存状况调查问卷,希望能够通过故事和数据,引起大家的关注。

本次调查员共向快递卡车司机发放 50 份调查问卷,收回有效答卷 46 份,独立 IP 数 42 个。有趣的是,调查中提交问卷的方式全部是手机提交,与卡车司机的“移动”特征相符合。来自浙江、上海、广东、江苏等 14 个省(区、市)的卡车司机接受了调查。

由于职业的特殊需求,一般情况下,快递卡车司机均为男性,且大部分年龄在 31 ~ 50 岁之间,其中又以 31 ~ 40 岁最多。快递卡车驾龄方面显示,“三五年是一坎”除适合一线快递员外,同样适合干线司机:同一岗位上工作 3 ~ 5 年的快递卡车司机,有着最高的离职率。

八成两地分居　六成儿童留守

常年在路上奔波,与家庭的团聚是一种奢望。调查结果显示,86.96% 的卡车司机的工作地和家庭不在同一个城市,且只有 36.96% 的人能够一年多次回家,63.04% 的人一年只回家一次。很多家庭夫妻都在外地打拼,留守儿童问题突出,有 65.22% 的卡车司机存在这种问题。

徐德多和孙全民同样受以上问题的困扰。他们均携妻子在上海工作,生活在上海和中山两地,孩子就只能安顿在安徽老家的父母身边。“不想孩子是假的,但是没办法。”孙全民说,“只能想办法一年多回去几次,除了过年,平时让同事顶个班,也要多回去看看父母和孩子。”

曾几何时,解放军和卡车司机是一代人的理想,解放军保家卫国,卡车司机周游各地。不过现在再问起职业理想,估计不会有人选择开卡车。卡车司机已经成为一个工作艰辛、常年在外无法照顾家庭的代名词。近年来出现的“夫妻车”“家庭车”等字眼真实反映了卡车司机的生存现状,关注卡车司机家庭,关爱留守儿童,已经成为社会呼吁最多的主题之一。

大部分身体健康　但生活不规律

“如果给您的身体健康状况打分,您打几分?”28.26% 的卡车司机表示自己身体很好,虽然偶尔身体有恙,但是问题不大,丝毫不影响工作;41.3% 的客车司机表示身体非常好,完全能胜任工作。也有 28.26% 的司机身体状况一般,有一些职业病,如胃病、腿疼、腰疼、头疼等状况。

“您认为您的生活规律吗?”28.26% 的卡车司机表示能保证一日三餐正常吃,保证睡眠时间充足;28.26% 的司机常常三餐不及时,睡眠不充足,但勉强保证工作的精力;23.91% 的司机偶尔三餐不到位,偶尔睡眠不足;另有 15.22% 谈不上生活规律。

调查员曾多次在一线全程跟随干线运输,接触了很多干线司机,有的负责短途运输,有的是长途运输。李民是北京中通至山西太原段干线车司机,五十岁的他仍然保持着旺盛的工作精力,这得益于有规律的生活作息。因为负责短途运输,早上七八点钟李民刚好能赶上早饭,吃过饭就可以回到租住的地方休息调整,之所以没有住在公司宿舍,是因为他觉得在自己的屋子里能够休息得更好,这也是很多干线车司机的选择。徐德多和孙全民也会根据干线路由的节点安排好吃饭的时间,比如从上海开往中山途中在金华停车,他们就会抓紧吃点东西，虽然不丰盛，但起码饿不着；到金溪的时间是中午一两点，就可以在服务区停车，享受真正的美味。虽然道理大家都明白，但调查员还要在此提醒司机兄弟：不吃早饭，容易诱发胃炎等消化系统疾病；不吃午饭，很容易患低血糖、贫血；晚餐过晚，则容易患尿道结石。请大家提高警惕！

年薪5万~10万居多　仅两成满意

快递干线卡车司机能赚多少钱？调查结果显示，年薪5万~10万的占63.04%，2万~5万的占30.43%，1万~2万的占4.35%。

52.17%的快递卡车司机认为收入“一般般”，10.87%的司机对收入“比较满意，基本达到预期目标和生活需要”，6.52%对收入“非常满意，收入能够支撑全家的运转还能有节余”，23.91%对收入不满意，投入和产出不成比例。

卡车司机的现实生活远没有电影中的浪漫。生活不规律、工作时间长、人身不安全困扰着这一职业。快递业卡车司机相比其他行业的卡车司机来说较为幸福，因为不用为了生计去超速、超载，但据他们反映，依然有不少地方的快递卡车会面临有关道路部门的不平等的执法和管理。

在跟车途中，调查员问徐德多：“做快递卡车司机好，还是去做物流或者自己养车好？”他说：“当然是快递这边好，一来管理规范，二来收入稳定，不用经常为了生计而发愁。”

提到管理规范，快递企业对车队和驾驶员的管理较为成熟，制定了较为合理的奖惩机制，在保险方面，制度也较为完善。调查中，九成快递卡车司机表示公司为自己办理了保险。56.52%的司机所在公司为其办理了保险，32.61%的表示公司和个人均办理了保险。还有4.35%的司机仅个人办理了保险。关于保险，绝大多数快递卡车司机有强烈的需求。“有必要，全保，能让父母妻儿以后生活有个保障”“有必要，重大疾病和意外方面有较好的保障”。

在某种程度上，判断一个职业的幸福感，与社会对这个职业的关注度和认可度的高低相关。快递卡车司机自己有着怎样的感觉呢？50%认为关注度和认可度很低，并不认为自己是卡车司机而受到更多关注；21.74%认为偶尔有一些社会关注，认可度一般；17.39%认为“非常糟糕”。

随着快递业在国民经济中的作用逐渐凸显，快递员的社会关注度和认可度正在逐渐提高。但在快递业内部，卡车司机在各个岗位中处于后台的后台。快递旺季来临，当媒体的“长枪短炮”纷纷聚焦快递一线、分拨中心时，又有多少注意到隐藏在暗夜中的干线司机？

调 查 问 卷

您的工作地和家庭是否在同一个城市？

选　项	比　例
是	10.87%
否	86.96%
其他情况	2.17%

您多长时间回家一次？

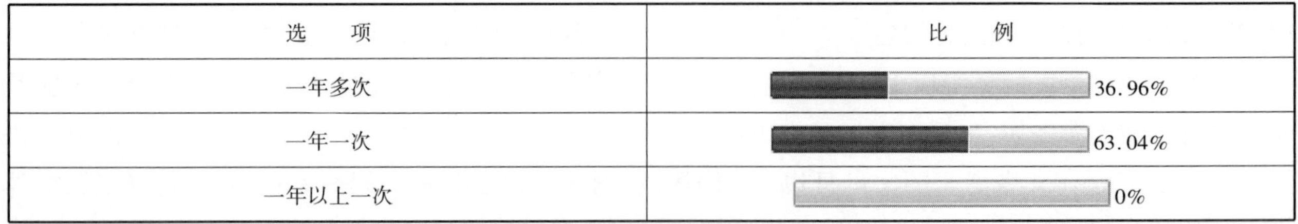

选　项	比　例
一年多次	36.96%
一年一次	63.04%
一年以上一次	0%

您的家中是否有留守儿童?

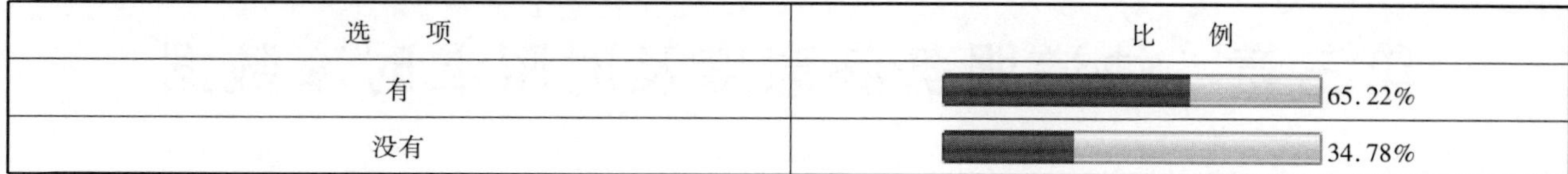

选 项	比 例
有	65.22%
没有	34.78%

您是喜欢当个体司机还是与公司签约?

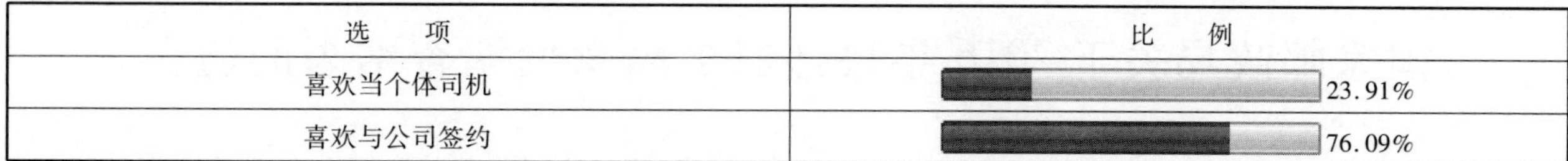

选 项	比 例
喜欢当个体司机	23.91%
喜欢与公司签约	76.09%

您认为快递卡车司机是否有职业晋升通道?

选 项	比 例
是	39.13%
否	60.87%

第三章　快递服务满意度及时限准时率数据

国家邮政局关于2016年快递服务满意度调查结果的通告

为持续改进快递服务质量，促进快递业健康有序发展，国家邮政局委托专业第三方于2016年对快递服务满意度进行了调查。现将有关情况通告如下：

一、基本情况

2016年快递服务满意度调查范围覆盖50个城市，包括全部省会城市、直辖市以及19个快递业务量较大的重点城市，具体为：北京、天津、上海、重庆、杭州、太原、南昌、郑州、兰州、昆明、济南、南京、石家庄、福州、乌鲁木齐、西宁、长春、海口、合肥、拉萨、银川、长沙、贵阳、哈尔滨、成都、呼和浩特、武汉、南宁、广州、西安、沈阳、深圳、东莞、中山、汕头、金华、温州、宁波、苏州、无锡、厦门、泉州、青岛、大连、洛阳、芜湖、株洲、遵义、宝鸡和桂林。

测试对象为2015年国内快递业务总量排名靠前且服务水平较好的10家全网型快递服务品牌，包括：邮政EMS、顺丰速运、圆通速递、中通快递、申通快递、韵达快递、百世快递、天天快递、国通快递和宅急送快运。

调查由2016年使用过快递服务的用户对受理、揽收、投递和售后4个快递服务环节及16项基本指标进行满意度评价，通过计算机辅助电话访问和在线调查等方式，共获得有效样本93884个。

二、调查结果

调查显示，用户对于快递业的服务品质表示肯定，快递服务总体满意度得分连续8年稳步提升。2016年快递服务总体满意度得分为74.7分，较2015年提升0.7分；其中，公众满意度为80.5分，时测满意度为68.9分。

快递企业总体满意度排名和得分依次为：顺丰速运（84.6分）、邮政EMS（80.0分）、中通快递（76.9分）、圆通速递（74.8分）、申通快递（74.7分）、韵达快递（74.3分）、百世快递（72.3分）、宅急送快运（71.4分）、天天快递（70.8分）和国通快递（65.8分）。其中，中通快递、韵达快递、圆通快递以及百世快递总体满意度提升较为明显。

公众满意度方面，在涉及评价的4项二级指标中，受理环节满意度得分为83.2分，较2015年降低0.4分；揽收环节满意度得分为83.2分，较2015年降低1.2分；投递环节满意度得分为81.2分，较2015年提升1.0分，进步幅度较大；售后环节满意度得分为75.4分，较2015年提升2.2分，进步明显。

在涉及评价的16项三级指标中，用户满意度较高的指标是：揽收员服务、查询服务、普通电话受理、揽收质量、派件员服务、送达质量。满意度有所提升的指标是：查询服务、普通电话受理、派件员服务和统一客服热线受理。满意度有所降低的指标是：揽收员服务、投诉服务、揽收质量和上门时限。

在受理环节，普通电话受理、统一客服热线受理、网络受理满意度得分分别为85.5分、81.9分、81.6分，与2015年相比均有改善。各快递企业在普通电话受理服务方面差异较小，服务均达到较高水平;各快递企业在统一客服热线受理方面差异较大,部分企业仍需加强;网络受理作为一种新型受理方式得到用户认可,但仍有进一步提升空间。在受理环节表现较好的企业有:顺丰速运、圆通速递、中通快递、韵达快递和申通快递。

在揽收环节,上门时限与揽收质量满意度得分分别为82.9分、85.3分,与2015年相比均略有下降。揽收员服务满意度得分为87.0分,虽然得分最高,但较2015年下降1.2分,值得关注。费用公开透明满意度得分为80.7分,需进一步提升。在揽收环节,除顺丰速运、申通快递外,其他快递企业满意度得分较2015年均出现一定幅度的下降。

在投递环节,送达质量与派件员服务满意度得分均为83.7分,其中派件员服务较2015年下降2.3分,下降明显;送达时限、网络覆盖、签收信息反馈三项指标的满意度得分分别为78.2分,79.6分,77.2分。投递环节表现较好的企业有:顺丰速运、邮政EMS、中通快递、圆通速递和申通快递。

在售后环节,查询服务表现最好,满意度得分相较2015年提升1.2分,达到86.1分;投诉服务满意度得分较低,为51.4分,较2015年下降0.5分;问题件处理满意度得分为67.4分,与2015年基本持平;发票服务满意度得分为80.4分,顺丰速运和邮政EMS得分远超其他快递企业。售后环节表现较好的企业有:顺丰速运、中通快递和申通快递。

分地区观察,我国东部地区受理、揽收服务表现佳,中部地区投递、售后服务获用户肯定。大区方面,东北地区满意度较高,西南、华南尚有进一步提升的空间。2016年快递公众满意度得分居前15位的城市是:北京、杭州、天津、长春、上海、苏州、郑州、哈尔滨、洛阳、大连、温州、深圳、石家庄、无锡和金华。

2016年度调查中,还对部分与快递服务紧密相关的事项进行了抽样调查。

从快件接收场景来看,用户对于家、物业门卫、公司单位、学校、快递网点、智能快件箱、便利店超市等场景接收快件的服务质量普遍比较认可。但不同接收场景的用户评价差异较大,学校接收的满意度得分达88分;以智能快件箱为代表的新型终端模式得到用户的肯定,得分为86.8分,与家中接收并列第二;便利店超市代收得分仅为75分,仍有进一步提升的空间。

从用户对快递员形象的评价来看,超5成用户接触到的快递员身着工服。用户对快递员形象的满意度得分为74.6分,顺丰速运、邮政EMS和中通快递员工着装较为规范。

从投递不成功快件后续处理情况来看,超8成用户感到满意。在赔偿满意度方面,顺丰速运和邮政EMS的满意度评价显著高于其他快递企业。

在快件包装方面,用户收到快件后,对包装最主要的处理方式为直接扔掉和卖废品,占比分别为43.5%和35.2%;用户反映导致快件包装回收率较低的主要原因是无专业的回收机构和较少有快递企业对包装进行回收。

在快件电子运单使用方面,用户的满意度为86.1分。用户认为电子运单的优点主要有:地址清晰、节约成本和打印方便等;同时仍有部分用户认为电子运单修改不方便,机器易出故障,表明电子运单仍有优化空间。

在快递APP的使用方面,近3成用户使用过快递APP,用户对快递APP服务的满意度为80.5分,操作便捷性和企业本身服务水平是影响用户选择的主要因素。

调查还显示,快递企业在应对高峰期、春节假期的服务保障能力均有所提升,特殊时期快递服务有所优化,已逐步获得用户的认可。2016年,用户对春节期间快递服务满意度的得分为78.5,高于当月总体水平76.7分;“双11”等业务高峰期的满意度为78.4分,较2015年略有提升。

国家邮政局关于2016年快递服务时限准时率测试结果的通告

为提升快递业发展质效，不断满足人民群众日益增长的寄递需求，国家邮政局委托专业第三方对2016年全国重点地区快递服务时限准时率进行了测试。现将有关情况通告如下：

一、基本情况

2016年快递服务时限准时率测试范围覆盖50个城市，包括全部省会城市、直辖市以及19个快递业务量较大的重点城市，具体为：北京、天津、上海、重庆、杭州、太原、南昌、郑州、兰州、昆明、济南、南京、石家庄、福州、乌鲁木齐、西宁、长春、海口、合肥、拉萨、银川、长沙、贵阳、哈尔滨、成都、呼和浩特、武汉、南宁、广州、西安、沈阳、深圳、东莞、中山、汕头、金华、温州、宁波、苏州、无锡、厦门、泉州、青岛、大连、洛阳、芜湖、株洲、遵义、宝鸡和桂林。

测试对象为2015年国内快递业务量排名靠前且服务水平较好的10家全网型快递服务品牌，包括：邮政EMS、顺丰速运、圆通速递、中通快递、申通快递、韵达速递、百世快递、天天快递、国通快递和宅急送快运（见表4-22）。

表4-22　2016年10家快递服务品牌主要时限指标排名表现

时限 排名	全程时限	寄出地处理时限	运输时限	寄达地处理时限	投递时限	72小时准时率
顺丰	1	1	1	1	1	1
EMS	2	2	2	2	3	2
中通	3	8	3	4	4	3
韵达	4	3	5	8	5	5
圆通	5	7	4	5	9	4
申通	6	4	7	3	8	6
百世	7	6	6	9	7	7
宅急送	8	5	9	6	2	8
天天	9	9	8	7	6	9
国通	10	10	10	10	10	10

测试方式为系统抽样测试和实际寄递测试，有效样本合计330万个。

二、测试结果

（一）全程时限。2016年全程时限均值为58.71小时，同比缩短0.49小时。2016年72小时准时率均值为75.53%，同比提升1.68个百分点。

从较长周期观察，在快递业务量持续高速增长的背景下（自2010年23.4亿件增长至2016年313.5亿件），快递服务时限水平基本保持平稳上升趋势，全程时限处于58～60小时，72小时准时率从2012年72.4%提升到2016年75.53%。

从各月表现来看，多数月份全程时限在60个小时以内，72小时准时率在75%上下平稳波动。受春节假期影响，1、2月份全程时限接近70个小时，72小时准时率低于70%。

（二）分环节时限。寄出地处理环节平均时限为12.3小时，运输环节平均时限为31.17小时，寄达地处理环节平均时限为11.22小时，投递环节平均时限为4.02小时。四个环节中，寄出地处理时限、寄达地处理时限均有所改善，运输时限略有延长，投递时限保持稳定，表明处理能力建设进一步加强。

（三）不同寄送距离时限。1000公里以下平均时限为46.85小时，同比延长0.66小时；1000～2000公里平均时限为59.34小时，同比缩短0.05小时；2000～3000公里平均时限为69.10小时，同比缩短0.49小时；3000公里以上平均时限为78.89小时，同比缩短3.46小时。2000公里以下快件全程时限基本稳定，2000公里以上尤其是3000公里以上提升明显。

（四）分区域时限。寄往东部地区的快件平均时限为56.66小时，同比延长0.27小时；寄往中部地区的快件平均时限为57.93小时，寄往西部地区的快件平均时限为61.13小时，同比分别缩短了1.87小时和2.25小时。快递普惠水平进一步提升，各区域时限服务更加均衡。

东部地区终端服务时限（该区域寄出快件收寄时限与寄达该区域快件投递时限的平均值）为3.43小时，同比缩短0.05小时，中部地区和西部地区终端服务时限为3.88小时和2.75小时，同比缩短了0.59小时和0.54小时。东部地区处理时限（该区域寄出快件处理时限与寄达该区域快件处理时限的平均值）为11.28小时，同比缩短0.27小时，中部地区和西部地区处理时限为12.54小时和12.79小时，同比缩短了0.09小时和0.45小时。中西部揽投两端服务时限、处理时限均改善明显，快递“向西向下”成效显著。

由于寄送距离更长，乡镇地区寄往城市的快件全程时限比城市间快件全程时限长5个小时；同时，城市寄往乡镇地区的快件全程时限比城市间快件全程时限长7个小时。

第四章　邮政业消费者申诉情况通告

2016 年 1 月邮政业消费者申诉情况的通告

一、总体情况

2016 年 1 月，国家邮政局和各省（区、市）邮政管理局通过“12305”邮政行业消费者申诉电话和申诉网站共受理消费者申诉 140782 件。申诉中涉及邮政服务问题的 5596 件，占总申诉量的 4.0%；涉及快递服务问题的 135186 件，占总申诉量的 96.0%。受理的申诉中有效申诉（确定企业责任的）为 35788 件，比上年同期增长 29.3%。有效申诉中涉及邮政服务问题的 1469 件，占有效申诉量的 4.1%；涉及快递服务问题的 34319 件，占有效申诉量的 95.9%。经调解消费者申诉已全部妥善处理，为消费者挽回经济损失 483.9 万元。1 月份，消费者对邮政管理部门申诉处理工作的满意率为 97.3%，对企业申诉处理结果的满意率为 95.5%，全国快递服务有效申诉率为平均每百万件快件 15.92。

2016 年 1 月，企业对邮政管理部门转办的申诉未能按规定时限回复的有 74 件，同比减少 1 件（表 4-23）。

表 4-23　2016 年 1 月企业对邮政管理部门转办的申诉未能按规定时限回复统计

公司名称	北京	河北	内蒙古	上海	江苏	安徽	福建	山东	湖北	广东	重庆	四川	贵州	西藏	陕西	甘肃	合计
中通快递												23					23
优速	1	1					17									1	20
中国邮政	1	2						1	7				3	1			15
申通快递			2										1		1		4
速尔		1			1	1											3
龙邦速递		1		2													3
韵达快运		1														1	2
邮政（EMS）	1																1
快捷速递											1						1
FedEx					1												1
其他										1							1
合计	3	6	2	2	2	1	17	1	7	1	1	23	4	1	1	2	74

二、邮政服务申诉情况

2016 年 1 月，消费者关于邮政服务问题的有效申诉 1469 件，环比下降 18.7%，同比增长 156.8%（图 4-12）。

2016 年 1 月，消费者申诉邮政服务的主要问题是投递服务、邮件丢失短少，占申诉总量的 65.1%（表 4-24）。

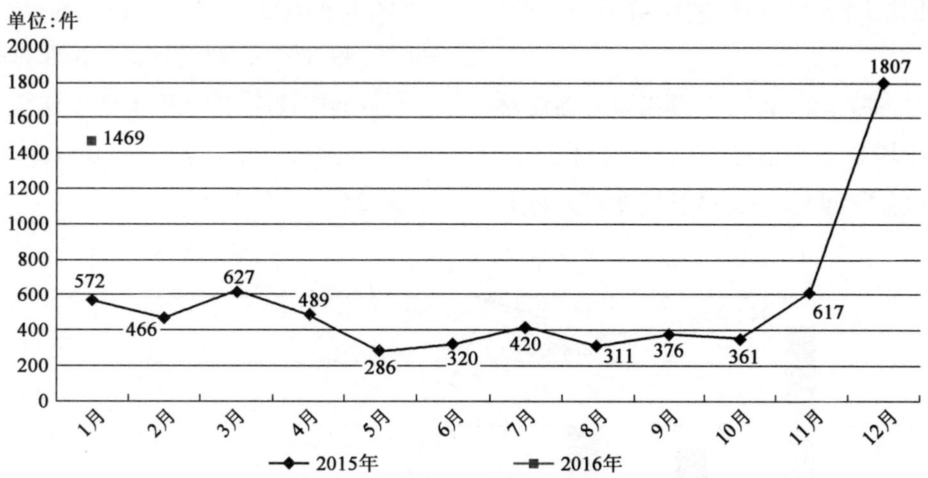

图 4-12　2016 年与 2015 年各月邮政有效申诉数量

表 4-24　2016 年 1 月消费者申诉邮政服务的主要问题及所占比例统计

序号	申诉问题		申诉件数		占比例(%)	环比增长(%)	同比增长(%)
1	投递服务	函件	464	555	37.8	-17.9	81.4
		包件	79				
		报刊	7				
		集邮	4				
		汇兑	1				
2	邮件丢失短少	函件	266	401	27.3	26.9	278.3
		包件	132				
		其他	3				
3	邮件延误	函件	300	363	24.7	-44.7	294.6
		包件	62				
		汇兑	1				
4	收寄服务	函件	48	75	5.1	4.2	108.3
		包件	27				
5	邮件损毁	函件	45	57	3.9	-21.9	307.1
		包件	12				
6	违规收费	包件	3	5	0.3	400.0	25.0
		函件	1				
		集邮	1				
7	其他		13	0.9	0.0	-7.1	
合计	—		1469	100.0	-18.7	156.8	

2016 年 1 月,邮政服务的主要问题同比均呈增长趋势,邮件损毁、邮件延误、邮件丢失短少、收寄服务、投递服务和违规收费分别增长 307.1%、294.6%、278.3%、108.3%、81.4% 和 25.0%(图 4-13)。

三、快递服务申诉情况

(一)消费者申诉的主要问题

2016 年 1 月,消费者关于快递服务的有效申诉34319件，环比下降59.1%，同比增长26.6%（图4-14）。

2016年1月，消费者申诉快递服务的主要服务问题与上月比较均呈下降趋势，与上年同期比较，除代收货款外均有所增长，同比增长幅度较大的主要问题是损毁、违规收费、延误、和投递服务，同比分别增长49.8%、46.4%、35.2%和24.0%（图4-15）。

申诉比较集中的问题是投递服务、延误和丢失短少问题，占比分别为36.0%、26.3%和25.2%（表4-25）。

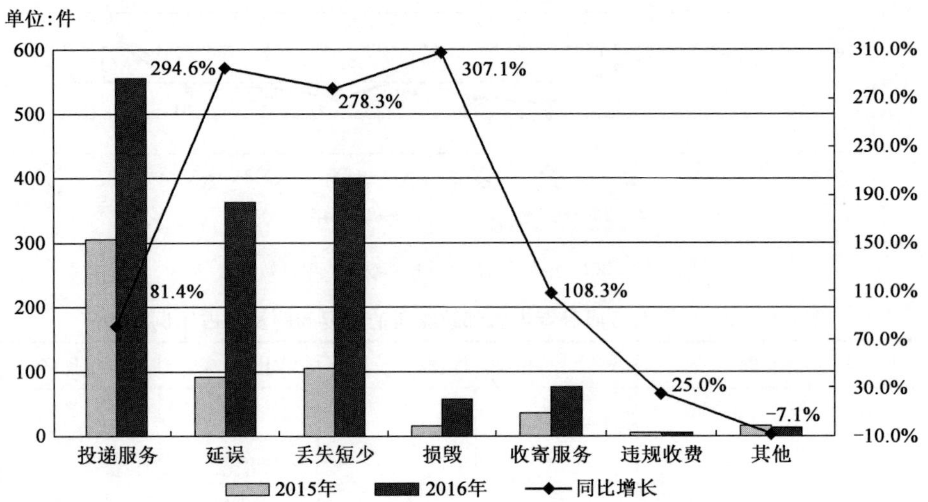

图4-13　2016年1月邮政业务申诉问题同比增长情况

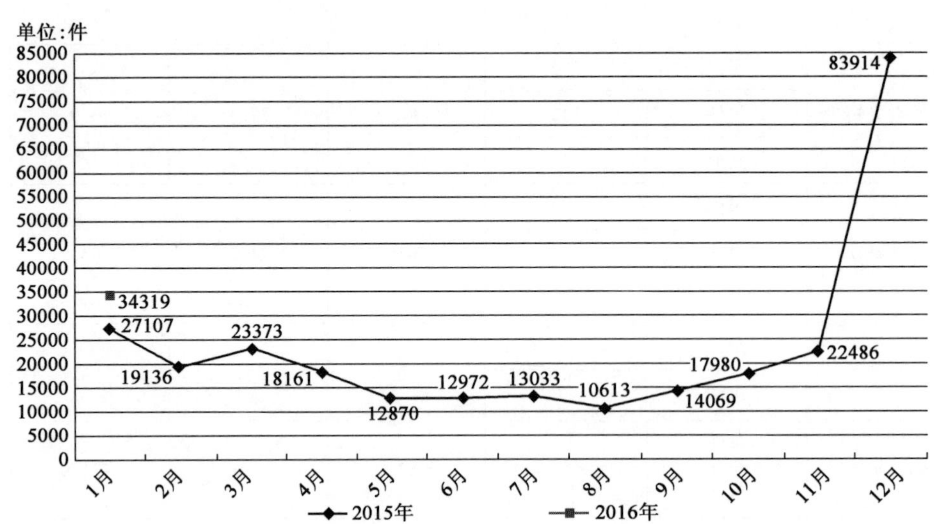

图4-14　2016年与2015年各月快递有效申诉数量

表4-25　2016年1月消费者申诉快递服务的主要问题及所占比例统计

序　号	申诉问题	申诉件数	占比例(%)	环比增长(%)	同比增长(%)
1	投递服务	12355	36.0	-52.6	24.0
2	延误	9038	26.3	-76.5	35.2
3	丢失短少	8663	25.2	-36.3	19.5
4	损毁	2724	7.9	-25.7	49.8
5	收寄服务	941	2.7	-30.2	12.7

续上表

序 号	申诉问题	申诉件数	占比例(%)	环比增长(%)	同比增长(%)
6	违规收费	281	0.8	-26.8	46.4
7	代收货款	184	0.5	-1.1	-24.9
8	其他	133	0.4	-50.9	9.0
9	合计	34319	100.0	-59.1	26.6

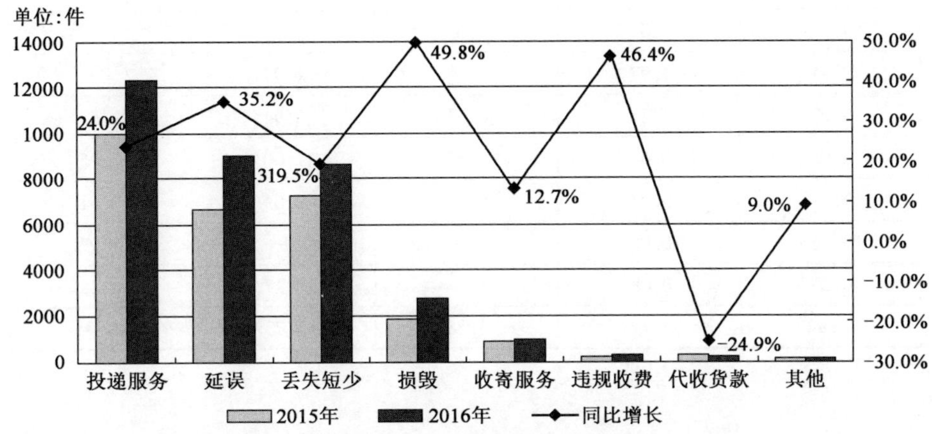

图 4-15 2016 年 1 月快递服务申诉问题同比增长情况

（二）消费者对快递企业申诉情况

2016 年 1 月，消费者对 40 家快递企业进行了有效申诉，全国快递服务有效申诉率为平均每百万件快件 15.92，环比每百万件快件减少 18.78 件，同比减少 2.83 件，高于全国平均有效申诉率的快递企业有 11 家。全国快递服务平均每百万件快件投递服务的有效申诉率为 5.73，同比减少 1.16 件；每百万件快件丢失损毁的有效申诉率为 5.28，同比减少 0.99 件；每百万件快件延误的有效申诉率为 4.19，同比减少 0.43 件（表 4-26）。

表 4-26 2016 年 1 月主要快递企业申诉率表（单位：件有效申诉/百万件快件）

企业名称	2016 年 1 月申诉率	其中			2015 年 1 月申诉率	同 比
		延误申诉率	丢失损毁申诉率	投递服务申诉率		
国通快递	32.29	12.51	8.70	9.86	21.06	↑
宅急送	27.83	9.61	6.95	9.85	14.20	↑
韵达快运	26.82	8.56	9.48	8.15	31.42	↓
申通快递	26.54	6.15	8.64	10.26	50.77	↓
全峰快递	24.52	5.66	9.60	7.42	70.75	↓
UPS	23.60	7.32	4.07	11.39	4.18	↑
优速快递	22.47	5.71	7.36	8.63	29.95	↓
天天快递	22.24	4.66	8.90	8.01	25.04	↓
快捷速递	22.15	4.83	5.81	10.41	16.59	↑
百世快递	17.00	5.42	5.30	5.68	18.55	↓
如风达	16.36	4.84	3.00	8.30	13.26	↑
圆通速递	15.70	3.27	6.06	5.81	13.29	↑
中通快递	15.24	2.93	5.69	5.88	13.13	↑
速尔快递	13.13	3.28	2.73	5.63	20.85	↓
邮政(EMS)	10.72	3.57	2.56	4.15	10.11	↑

续上表

企业名称	2016年1月申诉率	其中			2015年1月申诉率	同比
		延误申诉率	丢失损毁申诉率	投递服务申诉率		
递四方	8.81	3.82	1.61	3.23	—	—
全一快递	7.23	1.70	1.70	2.98	7.37	↓
TNT	7.09	—	1.77	3.55	4.86	↑
FedEx	6.50	2.67	0.38	2.29	2.52	↑
德邦快递	4.61	1.04	1.62	1.56	—	—
民航快递	3.94	1.97	—	1.97	—	—
顺丰速运	3.09	1.25	0.51	0.94	1.53	↑
DHL	3.01	0.67	0.67	1.00	2.05	↑
京东	1.17	0.23	0.18	0.69	0.51	↑
世纪卓越	0.96	0.96	—	—	1.97	↓
苏宁易购	0.25	0.08	—	0.17	0.25	—
全国合计	15.92	4.19	5.28	5.73	18.75	↓

2016年2月邮政业消费者申诉情况的通告

一、总体情况

2016年2月，国家邮政局和各省（区、市）邮政管理局通过“12305”邮政行业消费者申诉电话和申诉网站共受理消费者申诉101836件。申诉中涉及邮政服务问题的6891件，占总申诉量的6.8%；涉及快递服务问题的94945件，占总申诉量的93.2%。受理的申诉中有效申诉（确定企业责任的）为35440件，比上年同期增长80.8%。有效申诉中涉及邮政服务问题的2050件，占有效申诉量的5.8%；涉及快递服务问题的33390件，占有效申诉量的94.2%。经调解消费者申诉已全部妥善处理，为消费者挽回经济损失324.6万元。2月份，消费者对邮政管理部门申诉处理工作的满意率为98.0%，对企业申诉处理结果的满意率为96.8%，全国快递服务有效申诉率为平均每百万件快件26.79。

2016年2月，企业对邮政管理部门转办的申诉未能按规定时限回复的有28件，同比增加7件（表4-27）。

二、邮政服务申诉情况

2016年2月，消费者关于邮政服务问题的有效申诉2050件，环比增长39.6%，同比增长339.9%（图4-16）。

表4-27　2016年2月企业对邮政管理部门转办的申诉未能按规定时限回复统计

公司名称	河北	山西	内蒙古	江苏	浙江	广东	四川	西藏	陕西	甘肃	新疆	合计
中通快递							9				2	11
中国邮政			2		2			2	1			7
优速	1				1							2
全峰快递		2										2
韵达快运		1										1
速尔					1							1

续上表

公司名称	河北	山西	内蒙古	江苏	浙江	广东	四川	西藏	陕西	甘肃	新疆	合计
UPS				1								1
其他						1				2		3
合计	1	3	2	1	4	1	9	2	1	2	2	28

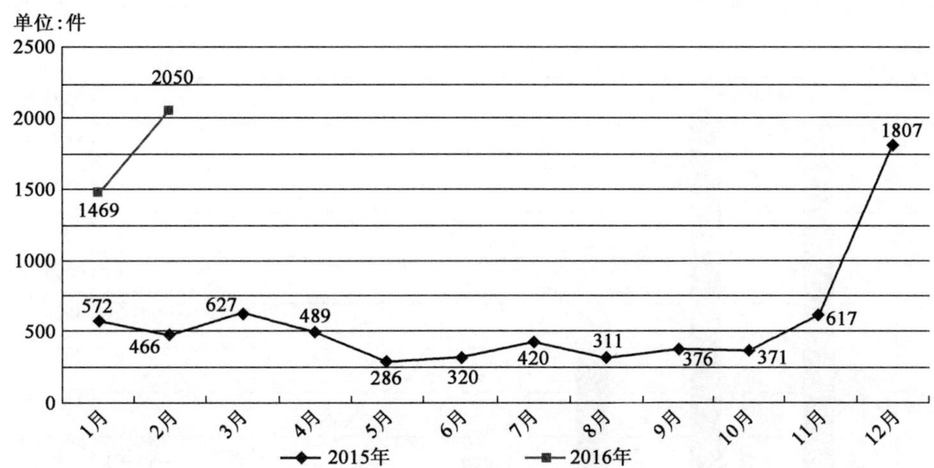

图4-16　2016 年与 2015 年各月邮政有效申诉数量

2016 年 2 月，消费者申诉邮政服务的主要问题是邮件延误和投递服务，占申诉总量的 79.9%（表 4-28）。

表 4-28　2016 年 2 月消费者申诉邮政服务的主要问题及所占比例统计

序　号	申 诉 问 题		申 诉 件 数		占比例(%)	环比增长(%)	同比增长(%)
1	邮件延误	函件	739	834	40.7	129.8	858.6
		包件	89				
		集邮	4				
		汇兑	2				
2	投递服务	函件	704	804	39.2	44.9	219.0
		包件	82				
		集邮	9				
		报刊	9				
3	邮件丢失短少	函件	209	297	14.5	-25.9	301.4
		包件	85				
		集邮	1				
		其他	2				
4	邮件损毁	函件	34	55	2.7	-3.5	511.1
		包件	18				
		集邮	3				
5	收寄服务	函件	32	52	2.5	-30.7	73.3
		包件	16				
		集邮	3				
		其他	1				

续上表

序　号	申 诉 问 题		申 诉 件 数		占比例(%)	环比增长(%)	同比增长(%)
6	违规收费	集邮	2	2	0.1	-60.0	0.0
7	其他		6		0.3	-53.8	-50.0
合计	—		2050		100.0	39.6	339.9

2016年2月，邮政服务的主要问题同比呈增长趋势，邮件延误、邮件损毁、邮件丢失短少、投递服务和收寄服务，分别增长858.6%、511.1%、301.4%、219.0%和73.3%（图4-17）。

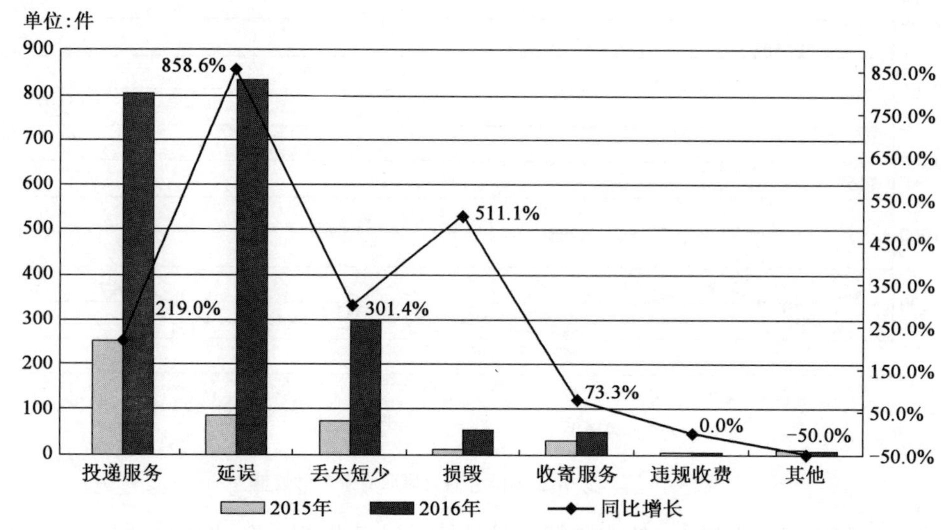

图4-17　2016年2月邮政服务申诉问题同比增长情况

三、快递服务申诉情况

（一）消费者申诉的主要问题

2016年2月，消费者关于快递服务的有效申诉33390件，环比下降2.7%，同比增长74.5%（图4-18）。

2016年2月，消费者申诉快递服务的主要服务问题与上月比较除延误外均呈下降趋势；与上年同期比较，均成增长趋势，同比增长幅度较大的主要问题是延误、投递服务、违规收费和收寄服务，同比分别增长112.8%、65.8%、52.1%和50.6%（图4-19）。

申诉比较集中的问题是延误和投递服务，占比分别为37.9%和34.5%（表4-29）。

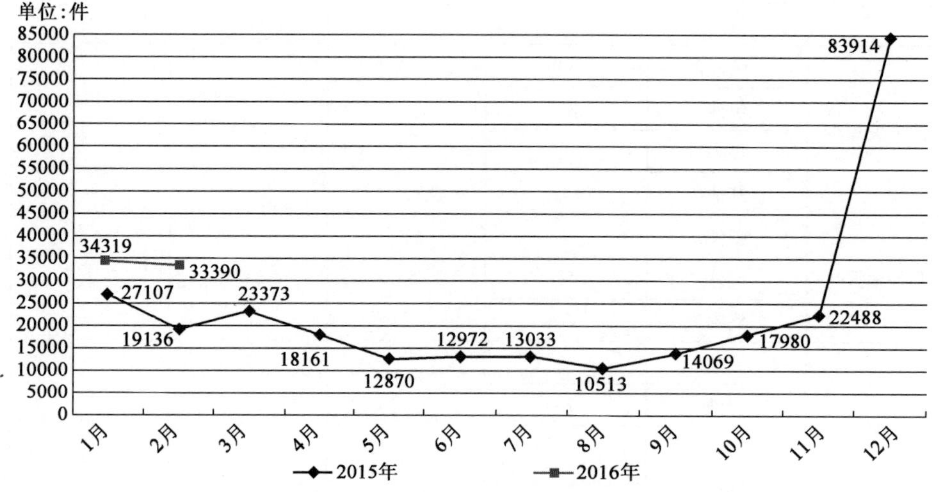

图4-18　2016年与2015年各月快递有效申诉数量

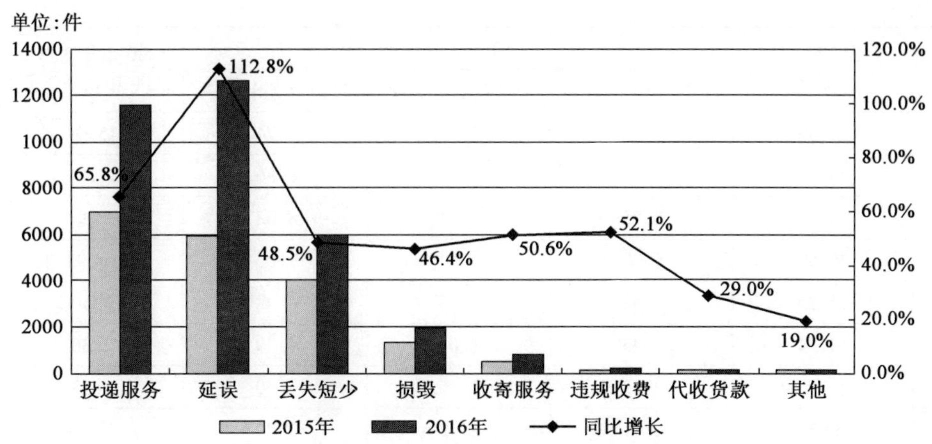

图 4-19 2016 年 2 月快递服务申诉问题同比增长情况

表 4-29 2016 年 2 月消费者申诉快递服务的主要问题及所占比例统计

序 号	申诉问题	申诉件数	占比例(%)	环比增长(%)	同比增长(%)
1	延误	12660	37.9	40.1	112.8
2	投递服务	11534	34.5	-6.6	65.8
3	丢失短少	6021	18.0	-30.5	48.5
4	损毁	1922	5.8	-29.4	46.4
5	收寄服务	792	2.4	-15.8	50.6
6	违规收费	213	0.6	-24.2	52.1
7	代收货款	129	0.4	-29.9	29.0
8	其他	119	0.4	-10.5	19.0
9	合计	33390	100.0	-2.7	74.5

(二)消费者对快递企业申诉情况

2016 年 2 月,消费者对 40 家快递企业进行了有效申诉,全国快递服务有效申诉率为平均每百万件快件 26.79,环比每百万件快件增长 10.87 件,同比增长 3.39 件,高于全国平均有效申诉率的快递企业有 8 家。全国快递服务平均每百万件快件延误的有效申诉率为 10.16,同比增长 2.90 件;每百万件快件投递服务的有效申诉率为 9.26,同比增长 0.76 件;每百万件快件丢失损毁的有效申诉率为 6.37,同比减少 0.19 件(表 4-30)。

表 4-30 2016 年 2 月主要快递企业申诉率表(单位:件有效申诉/百万件快件)

企业名称	2016 年 2 月申诉率	其中			2015 年 2 月申诉率	同比
		延误申诉率	丢失损毁申诉率	投递服务申诉率		
天天快递	54.45	21.06	14.38	17.71	31.11	↑
申通快递	53.80	17.75	12.29	21.38	75.13	↓
宅急送	53.22	20.12	11.16	18.88	16.49	↑
韵达快运	50.79	21.46	13.89	14.69	51.57	↓
如风达	33.36	15.27	4.52	13.01	26.86	↑
圆通速递	30.16	9.55	8.65	11.04	31.86	↓
快捷速递	28.25	11.14	6.79	9.36	17.08	↑
国通快递	26.87	11.25	6.37	8.41	32.56	↓
全峰快递	26.29	8.54	8.17	8.34	44.94	↓

续上表

企业名称	2016年2月申诉率	其中			2015年2月申诉率	同比
		延误申诉率	丢失损毁申诉率	投递服务申诉率		
百世快递	24.39	10.14	5.76	7.74	15.01	↑
中通快递	23.64	7.28	6.56	8.86	17.81	↑
优速快递	23.07	5.85	7.74	8.68	37.96	↓
邮政(EMS)	20.59	9.83	3.13	7.06	16.93	↑
UPS	15.89	1.32	2.65	10.60	3.50	↑
顺丰速运	14.34	7.45	1.05	4.39	2.38	↑
递四方	9.85	3.03	2.46	3.60	1.53	↑
速尔快递	8.70	1.91	2.52	3.74	32.49	↓
全一快递	6.97	1.74	3.49	0.87	9.16	↓
民航快递	6.61	4.41	—	2.20	—	—
德邦快递	4.17	1.14	0.95	1.90	—	—
TNT	2.43	—	—	2.43	2.34	↑
FedEx	2.34	0.59	0.59	1.17	4.71	↓
世纪卓越	2.21	1.11	1.11	—	1.89	↑
京东	1.99	0.80	0.19	0.91	1.37	↑
DHL	0.97	0.97	—	—	2.99	↓
苏宁易购	0.84	0.60	—	0.24	1.19	↓
全国合计	26.79	10.16	6.37	9.26	23.40	↑

2016年3月邮政业消费者申诉情况的通告

一、总体情况

2016年3月，国家邮政局和各省（区、市）邮政管理局通过“12305”邮政行业消费者申诉电话和申诉网站共受理消费者申诉102408件。申诉中涉及邮政服务问题的5615件，占总申诉量的5.5%；涉及快递服务问题的96793件，占总申诉量的94.5%。受理的申诉中有效申诉（确定企业责任的）为30443件，比上年同期增长26.8%。有效申诉中涉及邮政服务问题的1893件，占有效申诉量的6.2%；涉及快递服务问题的28550件，占有效申诉量的93.8%。经调解消费者申诉已全部妥善处理，为消费者挽回经济损失422.9万元。3月份，消费者对邮政管理部门申诉处理工作的满意率为97.6%，对企业申诉处理结果的满意率为95.9%，全国快递服务有效申诉率为平均每百万件快件12.05。

2016年3月，企业对邮政管理部门转办的申诉未能按规定时限回复的有18件，同比减少18件（表4-31）。

表4-31　2016年3月企业对邮政管理部门转办的申诉未能按规定时限回复统计

公司名称	北京	天津	山西	江苏	浙江	福建	山东	湖北	广东	云南	新疆	合计
中国邮政	1	2		2	1		1	2				9
韵达快运			2									2
邮政(EMS)											1	1

续上表

公司名称	北京	天津	山西	江苏	浙江	福建	山东	湖北	广东	云南	新疆	合计
优速						1						1
递四方									1			1
其他									3	1		4
合计	1	2	2	2	1	1	1	2	4	1	1	18

二、邮政服务申诉情况

2016年3月，消费者关于邮政服务问题的有效申诉1893件，环比下降7.7%，同比增长201.9%（图4-20）。

2016年3月，消费者申诉邮政服务的主要问题是投递服务、邮件延误和邮件丢失短少，占申诉总量的91.3%（表4-32）。

2016年3月，消费者对邮政服务的申诉同比呈大幅增长趋势，其中邮件损毁、邮件延误、邮件丢失短少、投递服务和收寄服务，分别增长1166.7%、467.0%、334.0%、106.9%和41.2%（图4-21）。

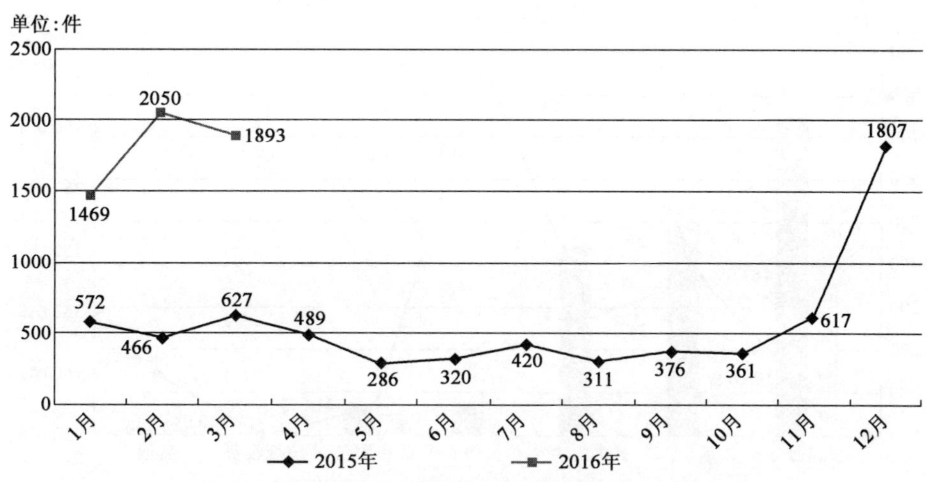

图4-20 2016年与2015年各月邮政有效申诉数量

表4-32 2016年3月消费者申诉邮政服务的主要问题及所占比例统计

序号	申诉问题		申诉件数		占比例（%）	环比增长（%）	同比增长（%）
1	投递服务	函件	656	747	39.5	-7.1	106.9
		包件	74				
		报刊	9				
		集邮	7				
		其他	1				
2	邮件延误	函件	443	533	28.2	-36.1	467.0
		包件	80				
		集邮	7				
		报刊	1				
		其他	2				
3	邮件丢失短少	函件	335	447	23.6	50.5	334.0
		包件	108				
		报刊	3				
		集邮	1				

续上表

序　号	申诉问题		申诉件数		占比例(%)	环比增长(%)	同比增长(%)
4	邮件损毁	函件	59	76	4.0	38.2	1166.7
		包件	15				
		集邮	2				
5	收寄服务	函件	45	72	3.8	38.5	41.2
		包件	21				
		集邮	4				
		报刊	2				
6	违规收费	函件	2	3	0.2	50.0	-50.0
		包件	1				
7	其他		15		0.8	150.0	150.0
合计	—		1893		100.0	-7.7	201.9

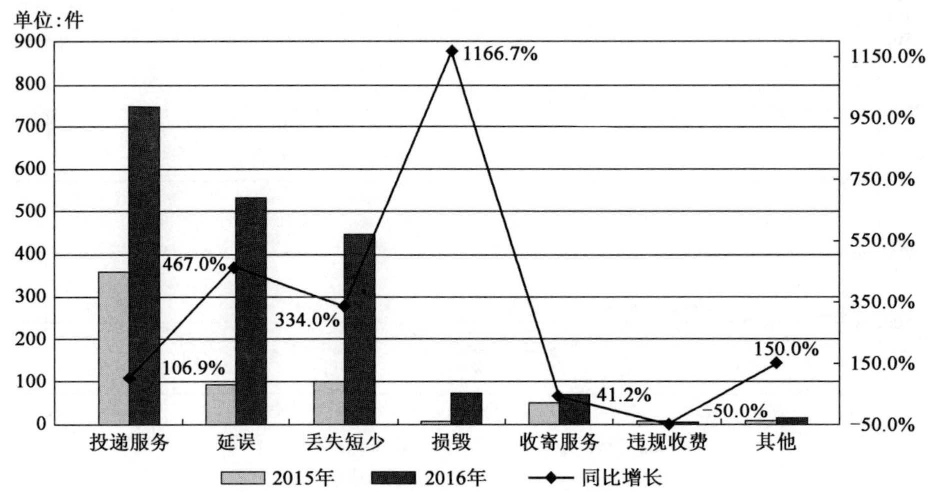

图 4-21　2016 年 3 月邮政服务申诉问题同比增长情况

三、快递服务申诉情况

（一）消费者申诉的主要问题

2016 年 3 月，消费者关于快递服务的有效申诉 28550 件，环比下降 14.5%，同比增长 22.1%（图 4-22）。

2016 年 3 月，消费者对快递服务的申诉与上月比呈下降趋势，与上年同期比较，仍呈增长趋势，同比增长幅度较大的主要问题是损毁、收寄服务、丢失短少和投递服务，同比分别增长 64.9%、44.3%、36.3% 和 30.2%（图 4-23）。

申诉比较集中的问题是投递服务和延误，占比分别为 36.7% 和 31.6%（表 4-33）。

表 4-33　2016 年 3 月消费者申诉快递服务的主要问题及所占比例统计

序　号	申诉问题	申诉件数	占比例(%)	环比增长(%)	同比增长(%)
1	投递服务	10482	36.7	-9.1	30.2
2	延误	9026	31.6	-28.7	0.8
3	丢失短少	5921	20.7	-1.7	36.3
4	损毁	1970	6.9	2.5	64.9
5	收寄服务	671	2.3	-15.3	44.3
6	代收货款	186	0.6	44.2	17.0

续上表

序 号	申诉问题	申诉件数	占比例(%)	环比增长(%)	同比增长(%)
7	违规收费	182	0.6	-14.6	29.1
8	其他	112	0.4	-5.9	64.7
9	合计	28550	100.0	-14.5	22.1

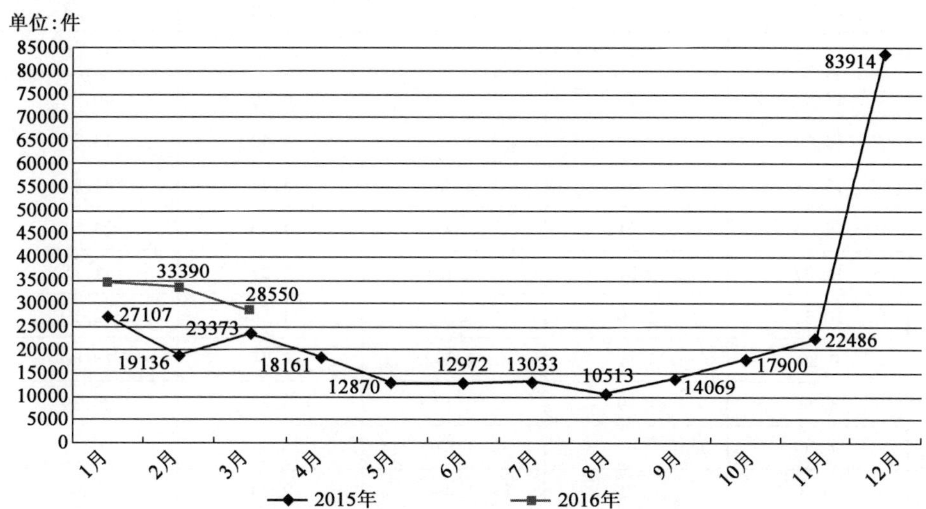

图4-22 2016年与2015年各月快递有效申诉数量

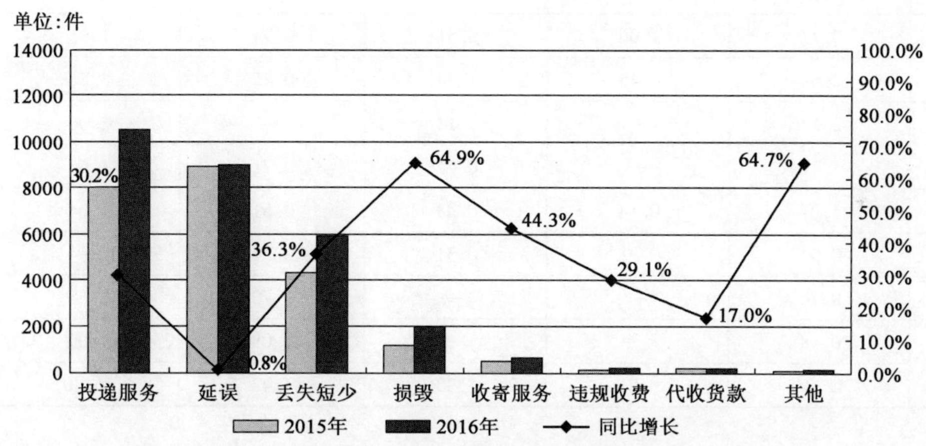

图4-23 2016年3月快递服务申诉问题同比增长情况

(二)消费者对快递企业申诉情况

2016年3月,消费者对40家快递企业进行了有效申诉,全国快递服务有效申诉率为平均每百万件快件12.05,环比每百万件快件减少14.74件,同比减少4.35件,高于全国平均有效申诉率的快递企业有10家。全国快递服务平均每百万件快件投递服务的有效申诉率为4.42,同比减少1.23件;每百万件快件延误的有效申诉率为3.81,同比减少2.47件;每百万件快件丢失损毁的有效申诉率为3.33,同比减少0.56件(表4-34)。

表4-34 2016年3月主要快递企业申诉率表(单位:件有效申诉/百万件快件)

企业名称	2016年3月申诉率	其中			2015年3月申诉率	同比
		延误申诉率	丢失损毁申诉率	投递服务申诉率		
宅急送	48.30	19.88	10.01	15.48	12.50	↑
国通快递	31.67	13.21	6.88	10.44	26.98	↑

续上表

企业名称	2016年3月申诉率	其中			2015年3月申诉率	同比
		延误申诉率	丢失损毁申诉率	投递服务申诉率		
天天快递	25.87	11.50	6.03	7.77	24.02	↑
快捷速递	25.43	7.85	6.19	10.33	14.90	↑
全峰快递	18.01	7.37	5.47	4.38	49.78	↓
申通快递	17.78	4.77	4.92	7.31	35.00	↓
如风达	13.90	4.52	2.18	6.70	36.99	↓
百世快递	13.24	4.29	4.16	4.42	13.37	↓
优速快递	12.98	3.43	3.58	5.27	31.64	↓
韵达快运	12.73	4.51	3.45	4.46	24.51	↓
邮政(EMS)	11.27	3.31	3.15	4.27	11.98	↓
中通快递	10.38	2.19	3.51	4.28	12.19	↓
圆通速递	9.89	3.11	2.74	3.74	18.00	↓
速尔快递	8.08	1.79	2.17	3.42	20.39	↓
TNT	7.26	—	1.81	5.44	—	—
UPS	5.23	0.75	1.49	2.24	8.67	↓
递四方	4.78	0.75	1.26	2.51	0.31	↑
德邦快递	4.01	0.86	1.58	1.29	—	—
顺丰速运	2.77	1.06	0.51	0.94	1.96	↑
全一快递	2.68	0.45	1.34	0.45	3.28	↓
民航快递	2.14	—	2.14	—	2.06	↑
FedEx	1.77	—	0.71	0.71	1.65	↑
京东	1.07	0.14	0.23	0.61	1.04	↑
DHL	0.94	0.31	0.31	0.31	—	—
卓越亚马逊	0.70	—	—	0.70	0.65	↑
苏宁易购	0.08	—	—	0.08	1.09	↓
全国平均	12.05	3.81	3.33	4.42	16.40	↓

2016年4月邮政业消费者申诉情况的通告

一、总体情况

2016年4月，国家邮政局和各省(区、市)邮政管理局通过“12305”邮政行业消费者申诉电话和申诉网站共受理消费者申诉72621件。申诉中涉及邮政服务问题的3849件，占总申诉量的5.3%；涉及快递服务问题的68772件，占总申诉量的94.7%。受理的申诉中有效申诉(确定企业责任的)为18746件，比上年同期增长0.5%。有效申诉中涉及邮政服务问题的1033件，占有效申诉量的5.5%；涉及快递服务问题的17713件，占有效申诉量的94.5%。经调解消费者申诉已全部妥善处理，为消费者挽回经济损失431.9万元。4月份，消费者对邮政管理部门申诉处理工作的满意率为97.3%，对企业申诉处理结果的满意率为95.3%，全国快递服务有效申诉率为平均每百万件快件 7.46。

2016 年 4 月,企业对邮政管理部门转办的申诉未能按规定时限回复的有 24 件,同比减少 34 件(表 4-35)。

表 4-35 2016 年 4 月企业对邮政管理部门转办的申诉未能按规定时限回复统计

公司名称	北京	天津	上海	江苏	浙江	福建	山东	湖北	广东	重庆	四川	贵州	合计
优速快递	2	3				3							8
中国邮政	1		1				1	1					4
申通快递											4		4
韵达快运					1								1
国通快递										1			1
快捷速递					1								1
递四方				1									1
其他									3			1	4
合计	3	3	1	1	2	3	1	1	3	1	4	1	24

二、邮政服务申诉情况

2016 年 4 月,消费者关于邮政服务问题的有效申诉 1033 件,环比下降 45.4%,同比增长 111.2%(图 4-24)。

2016 年 4 月,消费者申诉邮政服务的主要问题是投递服务和邮件丢失短少,占申诉总量的 69.8%(表 4-36)。

2016 年 4 月,消费者对邮政服务的申诉同比呈大幅增长趋势,其中邮件损毁、邮件丢失短少、邮件延误、投递服务和收寄服务,分别增长 460%、248.0%、114.0%、54.4% 和 25.8%(图 4-25)。

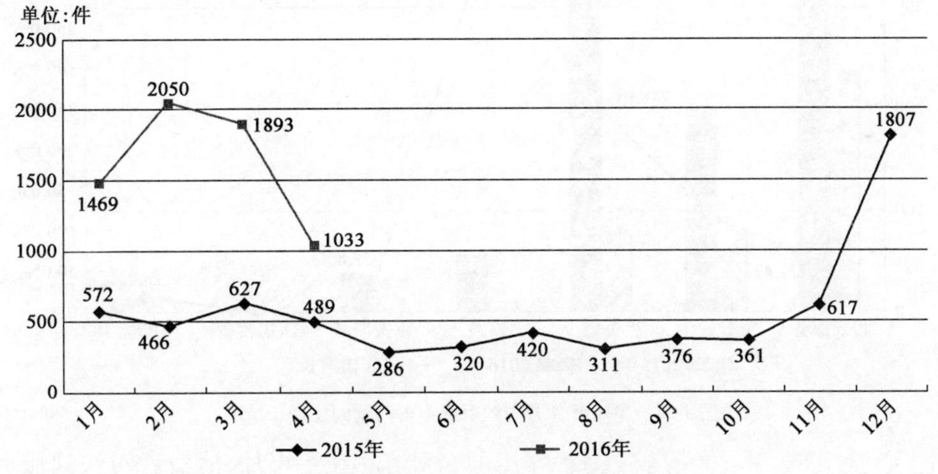

图 4-24 2016 年与 2015 年各月邮政有效申诉数量

表 4-36 2016 年 4 月消费者申诉邮政服务的主要问题及所占比例统计

序号	申诉问题		申诉件数		占比例(%)	环比增长(%)	同比增长(%)
1	投递服务	函件	298	366	35.4	-51.0	54.4
		包件	52				
		报刊	9				
		集邮	7				
2	邮件丢失短少	函件	257	355	34.4	-20.6	248.0
		包件	95				
		集邮	3				

续上表

序　号	申 诉 问 题		申 诉 件 数		占比例(%)	环比增长(%)	同比增长(%)
3	邮件延误	函件	143	199	19.3	-62.7	114.0
		包件	49				
		集邮	6				
		其他	1				
4	邮件损毁	函件	43	56	5.4	-26.3	460.0
		包件	9				
		集邮	4				
5	收寄服务	函件	18	39	3.8	-45.8	25.8
		包件	15				
		集邮	6				
6	违规收费	函件	3	5	0.5	66.7	0.0
		包件	1				
		集邮	1				
7	其他		13		1.3	-13.3	18.2
合计	—		1033		100.0	-45.4	111.2

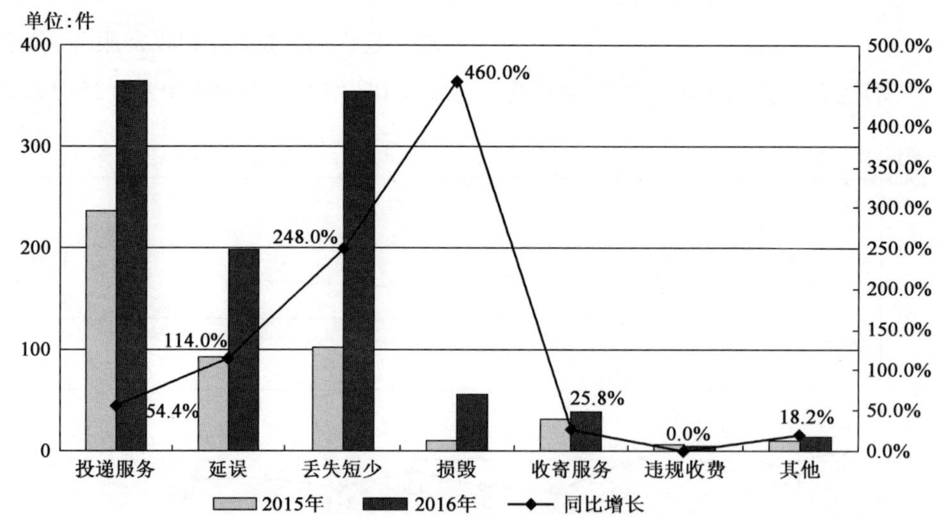

图4-25　2016年4月邮政服务申诉问题同比增长情况

三、快递服务申诉情况

(一)消费者申诉的主要问题

2016年4月,消费者关于快递服务的有效申诉17713件,环比下降38.0%,同比下降2.5%(图4-26)。

2016年4月,消费者对快递服务的申诉与上月比呈下降趋势,与上年同期比较,同比增长的主要问题是损毁、收寄服务和丢失短少,同比分别增长17.7%、5.5%和2.6%(图4-27)。

申诉比较集中的问题是投递服务和丢失短少,占比分别为40.9%和24.6%(表4-37)。

表4-37　2016年4月消费者申诉快递服务的主要问题及所占比例统计

序　号	申 诉 问 题	申 诉 件 数	占比例(%)	环比增长(%)	同比增长(%)
1	投递服务	7239	40.9	-30.9	-3.1
2	丢失短少	4366	24.6	-26.3	2.6

续上表

序　号	申 诉 问 题	申 诉 件 数	占比例(%)	环比增长(%)	同比增长(%)
3	延误	3112	17.6	-65.5	-16.8
4	损毁	1950	11.0	-1.0	17.7
5	收寄服务	656	3.7	-2.2	5.5
6	违规收费	178	1.0	-2.2	-10.6
7	代收货款	118	0.7	-36.6	-4.1
8	其他	94	0.5	-16.1	3.3
9	合计	17713	100.0	-38.0	-2.5

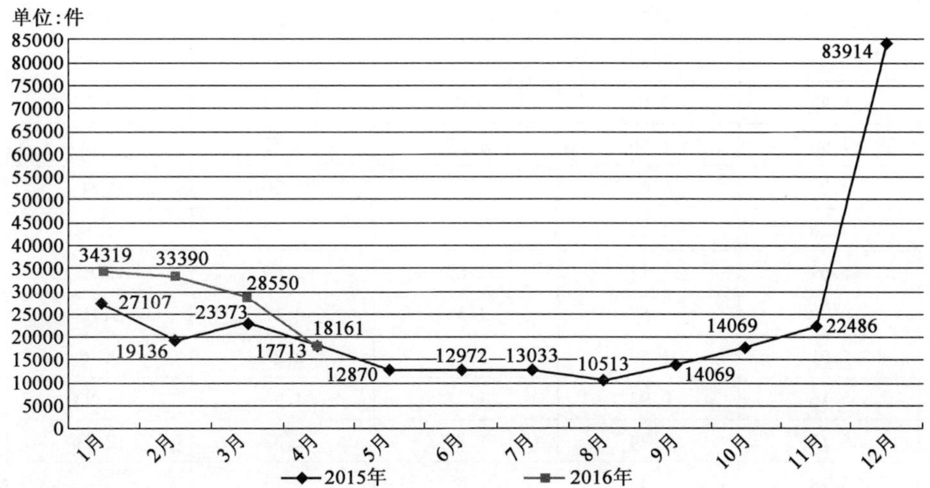

图 4-26　2016 年与 2015 年各月快递有效申诉数量

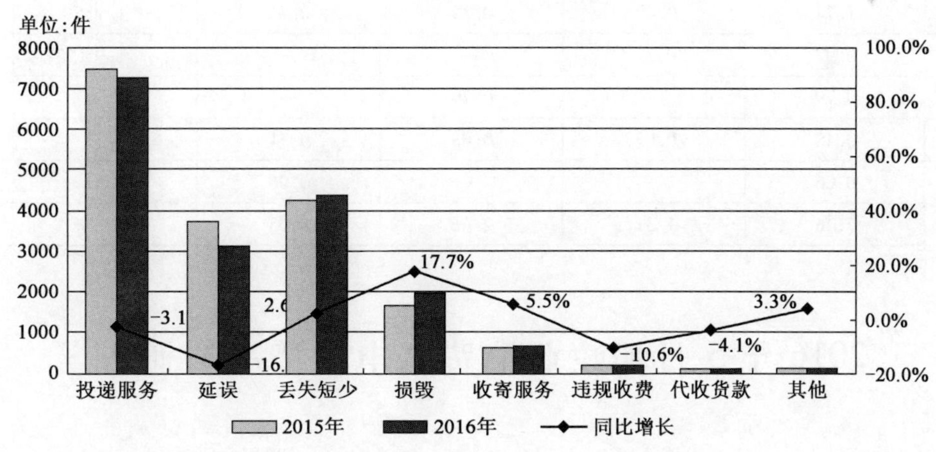

图 4-27　2016 年 4 月快递服务申诉问题同比增长情况

(二)消费者对快递企业申诉情况

2016 年 4 月,消费者对 40 家快递企业进行了有效申诉,全国快递服务有效申诉率为平均每百万件快 7.46,环比每百万件快件减少 4.59 件,同比减少 4.53 件,高于全国平均有效申诉率的快递企业有 12 家。全国快递服务平均每百万件快件投递服务的有效申诉率为 3.05,同比减少 1.88 件;每百万件快件丢失损毁的有效申诉率为 2.66,同比减少 1.24 件;每百万件快件延误的有效申诉率为 1.31,同比减少 1.16 件(表 4-38)。

表 4-38　2016 年 4 月主要快递企业申诉率表(单位:件有效申诉/百万件快件)

企业名称	2016 年 4 月申诉率	其中			2015 年 4 月申诉率	同比
		延误申诉率	丢失损毁申诉率	投递服务申诉率		
天天快递	20.84	4.18	8.36	7.50	16.63	↑
宅急送	20.17	4.89	5.68	8.41	12.64	↑
国通快递	15.17	3.32	4.86	6.23	24.56	↓
申通快递	14.11	2.19	5.07	5.98	25.62	↓
UPS	13.15	2.19	—	6.57	8.71	↑
TNT	12.08	1.34	1.34	4.03	3.13	↑
快捷速递	10.85	1.94	2.65	5.65	15.13	↓
速尔快递	10.12	2.23	3.21	3.92	20.12	↓
优速快递	9.08	1.30	3.68	3.68	17.96	↓
全峰快递	8.25	1.69	3.07	2.95	25.23	↓
全一快递	7.90	1.86	1.39	3.72	3.25	↑
中通快递	7.88	1.02	3.12	3.26	9.81	↓
如风达	7.26	1.82	1.27	4.18	15.18	↓
韵达快运	6.69	1.17	2.60	2.69	12.68	↓
民航快递	6.30	1.57	1.57	3.15	2.16	↑
邮政(EMS)	5.91	1.59	1.78	2.26	9.46	↓
百世快递	5.16	0.93	1.95	1.96	11.93	↓
圆通速递	5.13	0.74	1.79	2.32	12.51	↓
德邦快递	3.78	0.40	1.53	1.53	—	—
递四方	2.98	0.89	0.70	1.19	—	—
FedEx	2.92	1.09	—	1.46	5.27	↓
顺丰速运	1.74	0.49	0.29	0.71	1.15	↑
DHL	0.97	0.32	—	—	1.95	↓
卓越亚马逊	0.79	—	0.79	—	—	—
京东	0.48	0.07	0.08	0.31	0.59	↓
苏宁易购	0.06	—	—	0.06	0.51	↓
全国合计	7.46	1.31	2.66	3.05	11.99	↓

2016 年 5 月邮政业消费者申诉情况的通告

一、总体情况

2016 年 5 月,国家邮政局和各省(区、市)邮政管理局通过“12305”邮政行业消费者申诉电话和申诉网站共受理消费者申诉 63382 件。申诉中涉及邮政服务问题的 3070 件,占总申诉量的 4.8%;涉及快递服务问题的 60312 件,占总申诉量的 95.2%。受理的申诉中有效申诉(确定企业责任的)为 13373 件,比上年同期增长 1.6%。有效申诉中涉及邮政服务问题的 700 件,占有效申诉量的 5.2%;涉及快递服务问题的 12673 件,占有效申诉量的 94.8%。经调解消费者申诉已全部妥善处理,为消费者挽回经济损失 327.9 万元。5 月份,消费者对邮政管理部门申诉处理工作的满意率为97.2%,对企业申诉处理结果的满意率为95.3%,全国快递服务有效申诉率为平均每百万件快件5.01。

2016年5月,企业对邮政管理部门转办的申诉未能按规定时限回复的有15件,同比减少3件(表4-39)。

表4-39 2016年5月企业对邮政管理部门转办的申诉未能按规定时限回复统计

公司名称	北京	吉林	江苏	湖南	广东	广西	海南	重庆	合计
中国邮政	5						1		6
中通快递		2							2
快捷速递						1			1
京东				1					1
德邦快递			1						1
其他					3			1	4
合计	5	2	1	1	3	1	1	1	15

二、邮政服务申诉情况

2016年5月,消费者关于邮政服务问题的有效申诉700件,环比下降32.2%,同比增长144.8%(图4-28)。

2016年5月,消费者申诉邮政服务的主要问题是投递服务和邮件丢失短少,占申诉总量的69.7%(表4-40)。

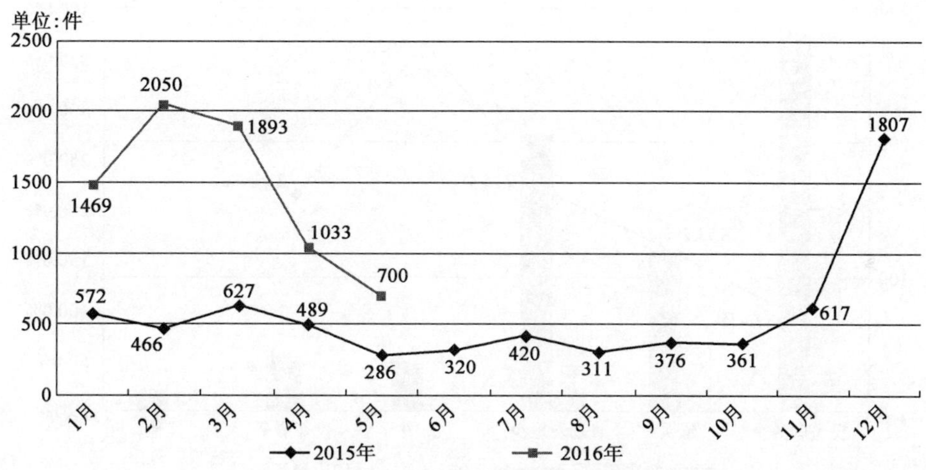

图4-28 2016年与2015年各月邮政有效申诉数量

表4-40 2016年5月消费者申诉邮政服务的主要问题及所占比例统计

序号	申诉问题		申诉件数		占比例(%)	环比增长(%)	同比增长(%)
1	投递服务	函件	250	283	40.4	-22.7	87.4
		包件	22				
		报刊	9				
		集邮	2				
2	邮件丢失短少	函件	143	205	29.3	-42.3	215.4
		包件	57				
		集邮	3				
		报刊	1				
		其他	1				

续上表

序 号	申 诉 问 题		申 诉 件 数		占比例(%)	环比增长(%)	同比增长(%)
3	邮件延误	函件	84	119	17.0	-40.2	153.2
		包件	32				
		集邮	3				
4	收寄服务	函件	26	41	5.9	5.1	215.4
		集邮	8				
		包件	7				
5	邮件损毁	函件	29	37	5.3	-33.9	362.5
		包件	7				
		集邮	1				
6	其他		15		2.1	15.4	—
合计	—		700		100.0	-32.2	144.8

2016年5月,消费者对邮政服务的申诉与上月比较呈下降趋势,但与去年同期相比仍大幅增长,邮件损毁、邮件丢失短少、收寄服务、邮件延误、投递服务,分别增长362.5%、215.4%、215.4%、153.2%、87.4%(图4-29)。

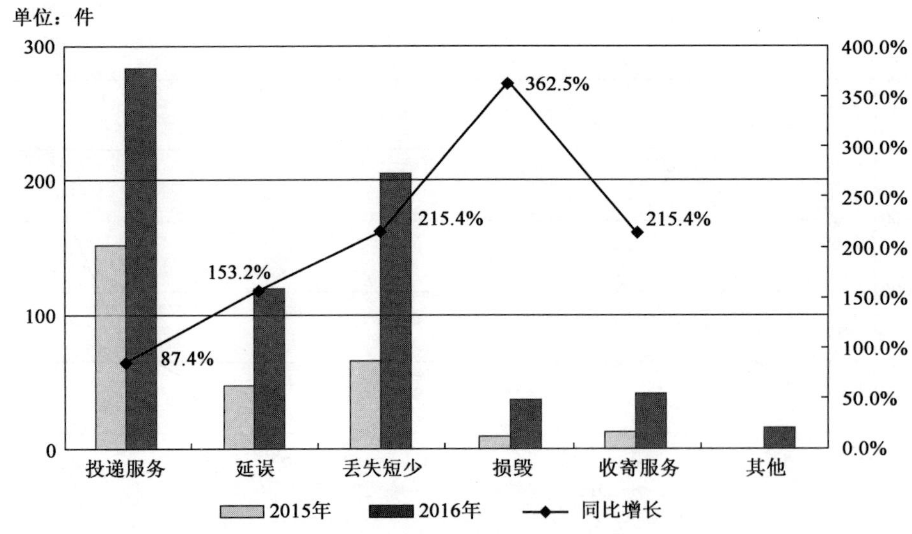

图4-29 2016年5月邮政服务申诉问题同比增长情况

三、快递服务申诉情况

(一)消费者申诉的主要问题

2016年5月,消费者关于快递服务的有效申诉12673件,环比下降28.5%,同比下降1.5%(图4-30)。

2016年5月,消费者对快递服务的申诉与上月比较呈下降趋势,但与去年同期相比,代收货款、损毁、收寄服务和投递服务仍呈增长趋势,同比分别增长27.4%、16.3%、8.3%和0.4%(图4-31)。

申诉比较集中的问题是投递服务和丢失短少,占比分别为45.0%和21.5%(表4-41)。

表4-41 2016年5月消费者申诉快递服务的主要问题及所占比例统计

序 号	申 诉 问 题	申 诉 件 数	占比例(%)	环比增长(%)	同比增长(%)
1	投递服务	5707	45.0	-21.2	0.4
2	丢失短少	2721	21.5	-37.7	-1.4

续上表

序　号	申诉问题	申诉件数	占比例(%)	环比增长(%)	同比增长(%)
3	延误	1878	14.8	-39.7	-19.8
4	损毁	1495	11.8	-23.3	16.3
5	收寄服务	510	4.0	-22.3	8.3
6	违规收费	148	1.2	-16.9	-6.9
7	代收货款	135	1.1	14.4	27.4
8	其他	79	0.6	-16.0	19.7
9	合计	12673	100.0	-28.5	-1.5

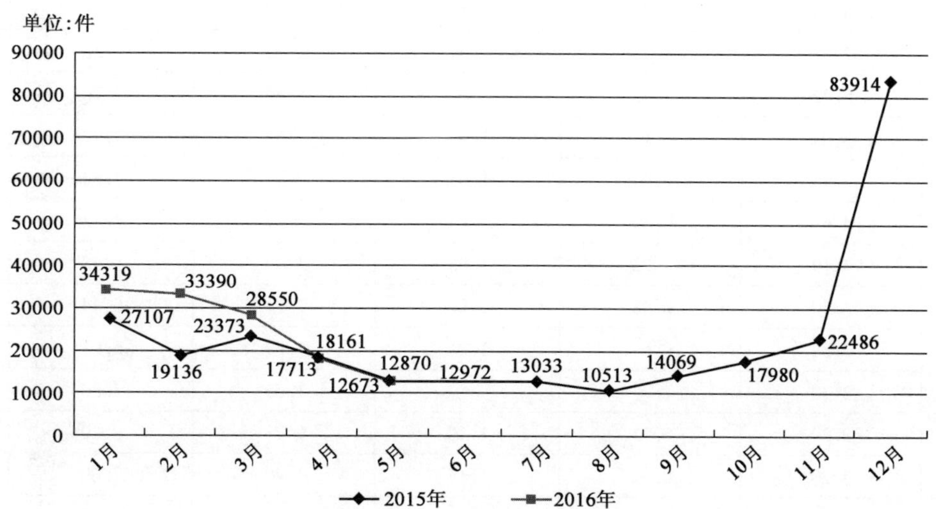

图4-30　2016年与2015年各月快递有效申诉数量

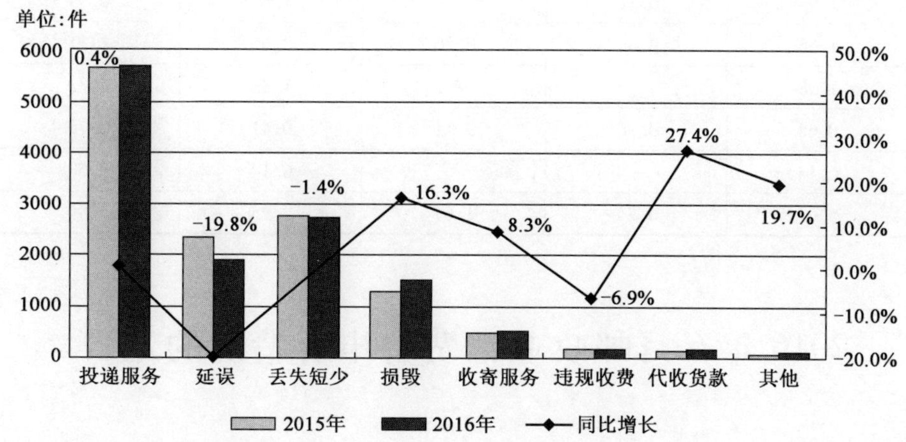

图4-31　2016年5月快递服务申诉问题同比增长情况

(二)消费者对快递企业申诉情况

2016年5月,消费者对40家快递企业进行了有效申诉,全国快递服务有效申诉率为平均每百万件快件5.01,环比每百万件快件减少2.45件,同比减少2.98件,高于全国平均有效申诉率的快递企业有11家。全国快递服务平均每百万件快件投递服务的有效申诉率为2.25,同比减少1.28件;每百万件快件丢失损毁的有效申诉率为1.67,同比减少0.84件;每百万件快件延误的有效申诉率为0.74,同比减少0.71件(表4-42)。

表 4-42　2016 年 5 月主要快递企业申诉率表(单位:件有效申诉/百万件快件)

企业名称	2016 年 5 月申诉率	其中			2015 年 5 月申诉率	同比
		延误申诉率	丢失损毁申诉率	投递服务申诉率		
国通快递	17.28	4.22	4.42	7.52	18.50	↓
快捷速递	10.87	2.32	2.48	5.57	13.08	↓
宅急送	10.43	1.86	3.40	4.47	7.23	↑
速尔快递	9.01	0.91	2.83	4.32	21.54	↓
全一快递	8.83	0.84	4.63	2.94	4.62	↑
优速快递	8.61	0.89	3.80	3.39	13.26	↓
申通快递	8.39	0.97	3.09	3.67	17.04	↓
全峰快递	8.23	1.26	3.13	3.10	17.40	↓
天天快递	7.01	1.23	2.61	2.95	9.58	↓
UPS	6.22	2.33	—	3.89	5.26	↑
邮政(EMS)	6.04	1.19	1.94	2.57	7.72	↓
中通快递	4.94	0.44	1.68	2.46	7.84	↓
德邦快递	4.61	0.59	1.24	2.37	20.20	↓
如风达	4.19	1.22	1.05	1.92	8.48	↓
圆通速递	3.70	0.48	1.26	1.71	6.44	↓
韵达快运	3.68	0.64	1.21	1.67	6.01	↓
TNT	3.30	—	—	1.65	3.50	↓
FedEx	3.29	0.73	1.10	0.73	2.20	↑
百世快递	3.20	0.32	1.17	1.49	7.69	↓
递四方	2.98	0.48	0.77	1.63	3.78	↓
卓越亚马逊	2.07	—	—	0.69	0.83	↑
DHL	1.95	0.32	—	1.62	0.99	↑
顺丰速运	1.55	0.46	0.26	0.66	1.11	↑
民航快递	1.38	—	—	1.38	2.32	↓
京东	0.68	0.08	0.11	0.41	0.75	↓
苏宁易购	0.14	—	—	0.14	0.58	↓
全国合计	5.01	0.74	1.67	2.25	7.99	↓

2016 年 6 月邮政业消费者申诉情况的通告

一、总体情况

2016 年 6 月,国家邮政局和各省(区、市)邮政管理局通过“12305”邮政行业消费者申诉电话和申诉网站共受理消费者申诉 67547 件。申诉中涉及邮政服务问题的 3206 件,占总申诉量的 4.7%;涉及快递服务问题的 64341 件,占总申诉量的 95.3%。受理的申诉中有效申诉(确定企业责任的)为 12648 件,比上年同期下降 4.8%。有效申诉中涉及邮政服务问题的 657 件,占有效申诉量的 5.2%;涉及快递服务问题的 11991 件,占有效申诉量的 94.8%。经调解消费者申诉已全部妥善处理,为消费者挽回经济损失 306.6 万元。6 月份,消费者对邮政管理部门申诉处理工作的满意率为97.4%，对企业申诉处理结果的满意率为95.5%，全国快递服务有效申诉率为平均每百万件快件4.65。

2016年6月，企业对邮政管理部门转办的申诉未能按规定时限回复的有8件，同比减少18件（表4-43）。

表4-43 2016年6月企业对邮政管理部门转办的申诉未能按规定时限回复统计

公司名称	上海	福建	重庆	四川	陕西	甘肃	合计
中国邮政					1		1
韵达快运			1				1
天天快递				1			1
全峰快递			1				1
快捷速递	1						1
UPS		1					1
TNT	1						1
其他						1	1
合计	2	1	2	1	1	1	8

二、邮政服务申诉情况

2016年6月，消费者关于邮政服务问题的有效申诉657件，环比下降6.1%，同比增长105.3%（图4-32）。

2016年6月，消费者申诉邮政服务的主要问题是投递服务和邮件丢失短少，占申诉总量的70.6%（表4-44）。

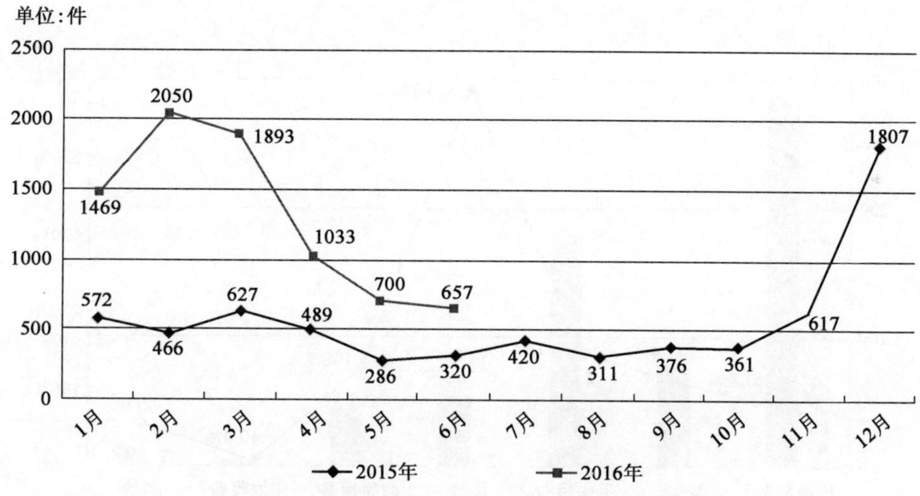

图4-32 2016年与2015年各月邮政有效申诉数量

表4-44 2016年6月消费者申诉邮政服务的主要问题及所占比例统计

序 号	申 诉 问 题		申 诉 件 数		占比例(%)	环比增长(%)	同比增长(%)
1	投递服务	函件	251	284	43.2	0.4	61.4
		包件	27				
		报刊	3				
		集邮	3				
2	邮件丢失短少	函件	125	180	27.4	-12.2	172.7
		包件	54				
		报刊	1				

续上表

<table>
<tr><th>序 号</th><th colspan="2">申 诉 问 题</th><th colspan="2">申 诉 件 数</th><th>占比例(%)</th><th>环比增长(%)</th><th>同比增长(%)</th></tr>
<tr><td rowspan="2">3</td><td rowspan="2">邮件延误</td><td>函件</td><td>61</td><td rowspan="2">79</td><td rowspan="2">12.0</td><td rowspan="2">-33.6</td><td rowspan="2">107.9</td></tr>
<tr><td>包件</td><td>18</td></tr>
<tr><td rowspan="3">4</td><td rowspan="3">邮件损毁</td><td>函件</td><td>48</td><td rowspan="3">55</td><td rowspan="3">8.4</td><td rowspan="3">48.6</td><td rowspan="3">685.7</td></tr>
<tr><td>包件</td><td>5</td></tr>
<tr><td>集邮</td><td>2</td></tr>
<tr><td rowspan="3">5</td><td rowspan="3">收寄服务</td><td>函件</td><td>22</td><td rowspan="3">43</td><td rowspan="3">6.5</td><td rowspan="3">4.9</td><td rowspan="3">138.9</td></tr>
<tr><td>集邮</td><td>14</td></tr>
<tr><td>包件</td><td>7</td></tr>
<tr><td rowspan="2">6</td><td rowspan="2">违规收费</td><td>集邮</td><td>2</td><td rowspan="2">3</td><td rowspan="2">0.5</td><td rowspan="2">300.0</td><td rowspan="2">-40.0</td></tr>
<tr><td>函件</td><td>1</td></tr>
<tr><td>7</td><td colspan="2">其他</td><td colspan="2">13</td><td>2.0</td><td>-13.3</td><td>30.0</td></tr>
<tr><td>合计</td><td colspan="2">—</td><td colspan="2">657</td><td>100.0</td><td>-6.1</td><td>105.3</td></tr>
</table>

2016年6月，消费者申诉邮政服务的邮件延误、邮件丢失短少与上月比较小幅下降，但与去年同期相比仍大幅增长，邮件损毁、邮件丢失短少、收寄服务、邮件延误、投递服务，分别增长685.7%、172.7%、138.9%、107.9%、61.4%（图4-33）。

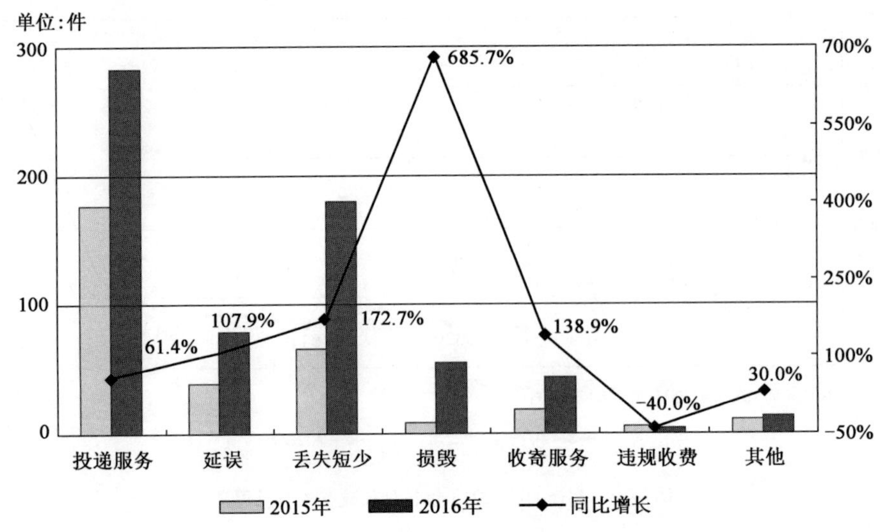

图4-33 2016年6月邮政服务申诉问题同比增长情况

三、快递服务申诉情况

(一)消费者申诉的主要问题

2016年6月，消费者关于快递服务的有效申诉11991件，环比下降5.4%，同比下降7.6%（图4-34）。

2016年6月，消费者对快递服务的申诉与上月比较，收寄服务、延误、代收货款小幅增长。与去年同期相比，增长的有代收货款、收寄服务，同比分别增长42.6%、28.0%（图4-35）。

申诉比较集中的问题是投递服务、丢失短少和延误，占比分别为43.5%、19.0%和16.9%（表4-45）。

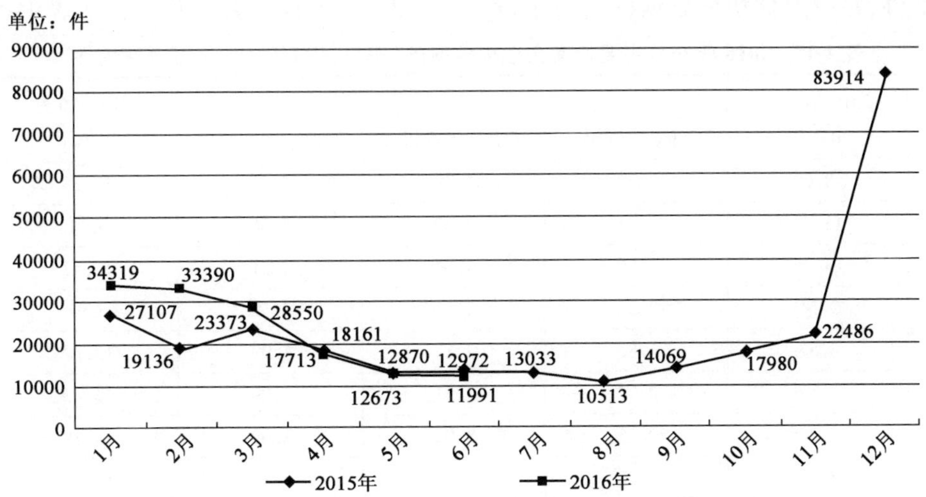

图 4-34 2016 年与 2015 年各月快递有效申诉数量

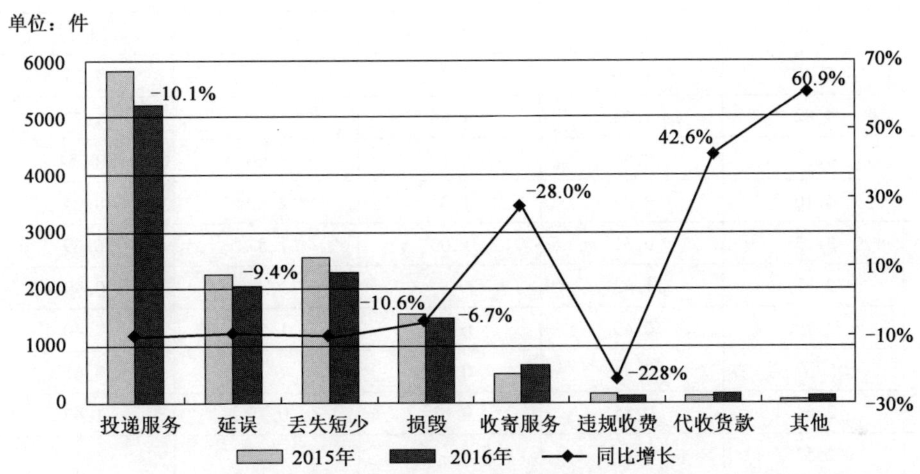

图 4-35 2016 年 6 月快递服务申诉问题同比增长情况

表 4-45 2016 年 6 月消费者申诉快递服务的主要问题及所占比例统计

序 号	申诉问题	申诉件数	占比例(%)	环比增长(%)	同比增长(%)
1	投递服务	5216	43.5	-8.6	-10.1
2	丢失短少	2279	19.0	-16.2	-10.6
3	延误	2028	16.9	8.0	-9.4
4	损毁	1459	12.2	-2.4	-6.7
5	收寄服务	650	5.4	27.5	28.0
6	代收货款	144	1.2	6.7	42.6
7	违规收费	112	0.9	-24.3	-22.8
8	其他	103	0.9	30.4	60.9
9	合计	11991	100.0	-5.4	-7.6

(二)消费者对快递企业申诉情况

2016 年 6 月，消费者对 40 家快递企业进行了有效申诉，全国快递服务有效申诉率为平均每百万件快件 4.65，环比每百万件快件减少 0.36 件，同比减少 3.24 件，高于全国平均有效申诉率的快递企业有 13 家。全国快递服务平均每百万件快件投递服务的有效申诉率为 2.02，同比减少 1.51 件；每百万件快件丢失损毁的有效申诉率为 1.45，同比减少1.05件；每百万件快件延误的有效申诉率为0.79，同比减少0.57件（表4-46）。

表4-46 2016年6月主要快递企业申诉率表（单位：件有效申诉/百万件快件）

企业名称	2016年6月申诉率	其中			2015年6月申诉率	同比
		延误申诉率	丢失损毁申诉率	投递服务申诉率		
国通快递	18.00	4.42	5.20	7.45	17.58	↑
UPS	13.78	3.83	2.30	7.66	6.11	↑
全峰快递	13.35	3.89	4.04	4.11	10.47	↑
宅急送	9.54	2.55	2.55	3.52	6.95	↑
快捷速递	8.57	1.86	2.17	3.99	13.82	↓
优速快递	7.77	0.92	3.51	3.09	11.43	↓
德邦快递	7.74	0.75	3.02	3.02	24.19	↓
天天快递	7.72	1.20	2.86	3.34	10.03	↓
申通快递	6.97	0.98	2.52	3.06	17.11	↓
全一快递	6.71	0.90	1.34	2.69	8.62	↓
速尔快递	6.69	0.96	2.26	2.57	24.27	↓
邮政（EMS）	5.30	1.16	1.39	2.42	7.21	↓
TNT	4.92	1.64	1.64	—	1.79	↑
如风达	4.32	0.90	0.18	3.06	10.54	↓
中通快递	4.16	0.37	1.35	2.09	8.04	↓
圆通速递	3.13	0.35	1.00	1.57	6.69	↓
卓越亚马逊	2.87	1.43	—	1.43	0.99	↑
韵达快运	2.78	0.49	0.81	1.33	7.40	↓
百世快递	2.67	0.35	0.94	1.17	6.65	↓
顺丰速运	2.54	0.85	0.61	0.79	1.47	↑
民航快递	2.52	—	—	2.52	—	—
递四方	1.87	0.22	0.22	0.88	2.08	↓
FedEx	1.49	—	0.37	0.75	3.82	↓
DHL	1.36	0.34	—	0.34	0.33	↑
京东	0.86	0.19	0.12	0.47	0.96	↓
苏宁易购	0.05	0.05	—	—	0.75	↓
全国合计	4.65	0.79	1.45	2.02	7.89	↓

2016年7月邮政业消费者申诉情况的通告

一、总体情况

2016年7月，国家邮政局和各省（区、市）邮政管理局通过“12305”邮政行业消费者申诉电话和申诉网站共受理消费者申诉69063件。申诉中涉及邮政服务问题的3520件，占总申诉量的5.1%；涉及快递服务问题的65543件，占总申诉量的94.9%。受理的申诉中有效申诉（确定企业责任的）为13591件，比上年同期增长1.0%。有效申诉中涉及邮政服务问题的778件，占有效申诉量的5.7%；涉及快递服务问题的12813件，占有效申诉量的94.3%。经调解消费者申诉已全部妥善处理，为消费者挽回经济损失353.4万元。7月份，消费者对邮政管理部门申诉处理工作的满意率为97.4%，对企业申诉处理结果的满意率为95.8%，全国快递服务有效申诉率为百万分之5.13。

2016年7月，企业对邮政管理部门转办的申诉未能按规定时限回复的有13件，同比减少7件（表4-47）。

表4-47 2016年7月企业对邮政管理部门转办的申诉未能按规定时限回复统计

公司名称	上海	福建	重庆	四川	贵州	甘肃	新疆	合计
中国邮政			1			1	1	3
FedEx	2							2
邮政(EMS)			1					1
申通快递				1				1
UPS	1							1
德邦快递		1						1
其他	2		1		1			4
合计	5	1	3	1	1	1	1	13

二、邮政服务申诉情况

2016年7月，消费者关于邮政服务问题的有效申诉778件，环比增长18.4%，同比增长85.2%（图4-36）。

2016年7月，消费者申诉邮政服务的主要问题是投递服务和邮件丢失短少，占申诉总量的69.8%（表4-48）。

2016年7月，消费者对邮政服务申诉的主要问题与上月比较增长的有收寄服务、邮件延误、邮件丢失短少、投递服务。与去年同期相比，增长幅度较大的有邮件损毁、邮件丢失短少、收寄服务、邮件延误、投递服务，同比分别增长275.0%、210.3%、113.8%、50.7%、33.2%（图4-37）。

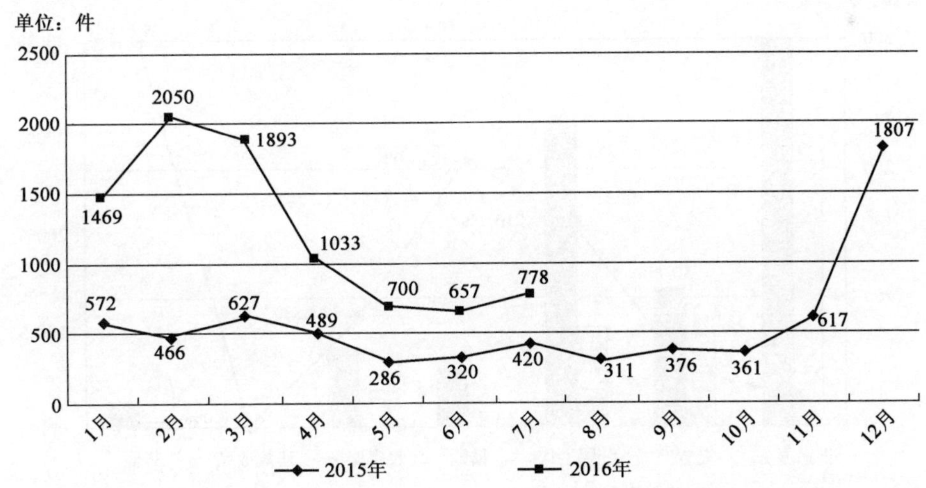

图4-36 2016年与2015年各月邮政有效申诉数量

表4-48 2016年7月消费者申诉邮政服务的主要问题及所占比例统计

<table>
<tr><th>序 号</th><th colspan="2">申 诉 问 题</th><th colspan="2">申 诉 件 数</th><th>占比例(%)</th><th>环比增长(%)</th><th>同比增长(%)</th></tr>
<tr><td rowspan="3">1</td><td rowspan="3">投递服务</td><td>函件</td><td>260</td><td rowspan="3">301</td><td rowspan="3">38.7</td><td rowspan="3">6.0</td><td rowspan="3">33.2</td></tr>
<tr><td>包件</td><td>34</td></tr>
<tr><td>集邮</td><td>4</td></tr>
</table>

续上表

<table>
<tr><th>序号</th><th colspan="2">申诉问题</th><th colspan="2">申诉件数</th><th>占比例(%)</th><th>环比增长(%)</th><th>同比增长(%)</th></tr>
<tr><td rowspan="2">1</td><td rowspan="2">投递服务</td><td>报刊</td><td>2</td><td rowspan="2">301</td><td rowspan="2">38.7</td><td rowspan="2">6.0</td><td rowspan="2">33.2</td></tr>
<tr><td>其他</td><td>1</td></tr>
<tr><td rowspan="4">2</td><td rowspan="4">邮件丢失短少</td><td>函件</td><td>168</td><td rowspan="4">242</td><td rowspan="4">31.1</td><td rowspan="4">34.4</td><td rowspan="4">210.3</td></tr>
<tr><td>包件</td><td>71</td></tr>
<tr><td>集邮</td><td>2</td></tr>
<tr><td>报刊</td><td>1</td></tr>
<tr><td rowspan="4">3</td><td rowspan="4">邮件延误</td><td>函件</td><td>65</td><td rowspan="4">107</td><td rowspan="4">13.8</td><td rowspan="4">35.4</td><td rowspan="4">50.7</td></tr>
<tr><td>包件</td><td>39</td></tr>
<tr><td>集邮</td><td>2</td></tr>
<tr><td>报刊</td><td>1</td></tr>
<tr><td rowspan="4">4</td><td rowspan="4">收寄服务</td><td>函件</td><td>33</td><td rowspan="4">62</td><td rowspan="4">8.0</td><td rowspan="4">44.2</td><td rowspan="4">113.8</td></tr>
<tr><td>包件</td><td>15</td></tr>
<tr><td>集邮</td><td>11</td></tr>
<tr><td>其他</td><td>3</td></tr>
<tr><td rowspan="3">5</td><td rowspan="3">邮件损毁</td><td>函件</td><td>28</td><td rowspan="3">45</td><td rowspan="3">5.8</td><td rowspan="3">-18.2</td><td rowspan="3">275.0</td></tr>
<tr><td>包件</td><td>13</td></tr>
<tr><td>集邮</td><td>4</td></tr>
<tr><td>6</td><td>违规收费</td><td>其他</td><td>1</td><td>1</td><td>0.1</td><td>-66.7</td><td>—</td></tr>
<tr><td>7</td><td colspan="2">其他</td><td colspan="2">20</td><td>2.6</td><td>53.8</td><td>400.0</td></tr>
<tr><td>合计</td><td colspan="2">—</td><td colspan="2">778</td><td>100.0</td><td>18.4</td><td>85.2</td></tr>
</table>

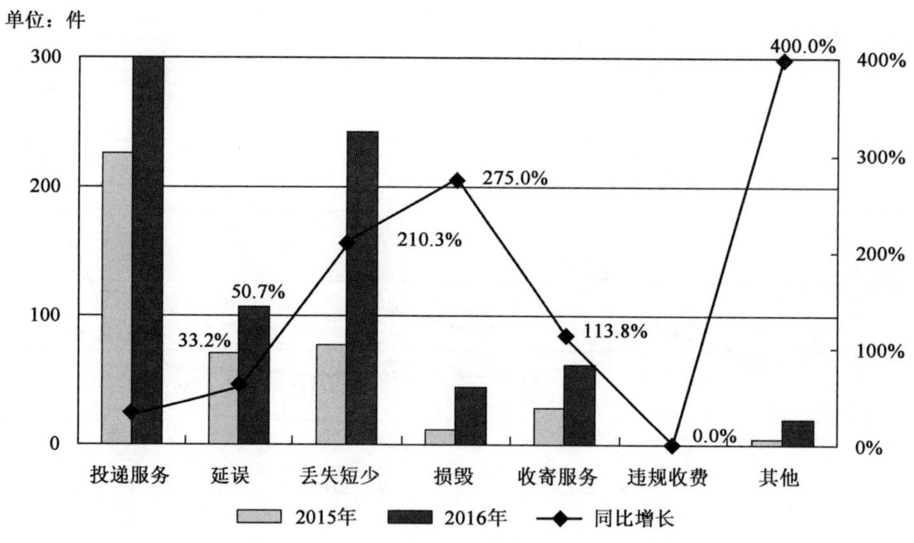

图4-37　2016年7月邮政服务申诉问题同比增长情况

三、快递服务申诉情况

(一)消费者申诉的主要问题

2016年7月,消费者关于快递服务的有效申诉12813件,环比增长6.9%,同比下降1.7%(图4-38)。

2016年7月,消费者对快递服务申诉的主要问题与上月比较增长的有延误、违规收费、损毁、投递服务、丢失短少。与去年同期相比，增长的有损毁、延误、代收货款，同比分别增长 5.2%、4.5%、4.0%（图 4-39）。

申诉比较集中的问题是投递服务、延误和丢失短少，占比分别为 43.2%、18.9% 和 18.3%（表 4-49）。

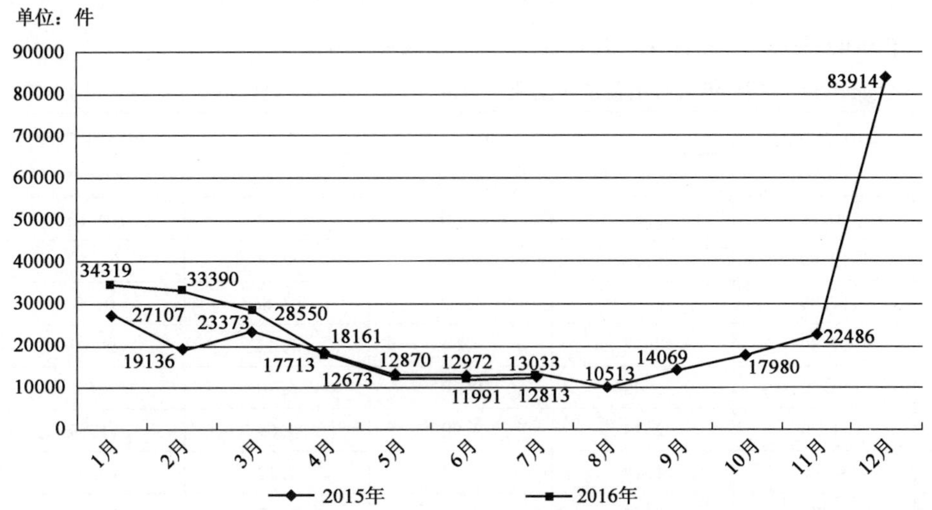

图 4-38 2016 年与 2015 年各月快递有效申诉数量

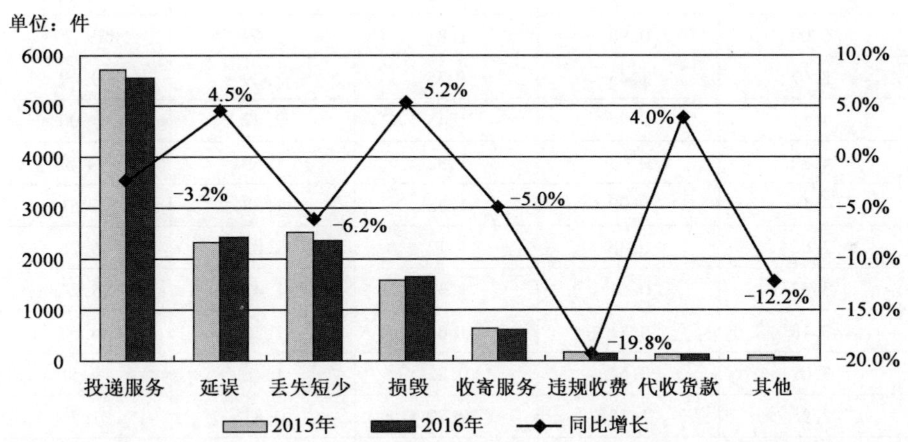

图 4-39 2016 年 7 月快递服务申诉问题同比增长情况

表 4-49 2016 年 7 月消费者申诉快递服务的主要问题及所占比例统计

序 号	申 诉 问 题	申 诉 件 数	占比例(%)	环比增长(%)	同比增长(%)
1	投递服务	5531	43.2	6.0	-3.2
2	延误	2417	18.9	19.2	4.5
3	丢失短少	2342	18.3	2.8	-6.2
4	损毁	1639	12.8	12.3	5.2
5	收寄服务	585	4.6	-10.0	-5.0
6	违规收费	130	1.0	16.1	-19.8
7	代收货款	104	0.8	-27.8	4.0
8	其他	65	0.5	-36.9	-12.2
9	合计	12813	100.0	6.9	-1.7

(二)消费者对快递企业申诉情况

2016年7月,消费者对42家快递企业进行了有效申诉,全国快递服务有效申诉率为百万分之5.13,环比增加0.48,同比减少2.82,高于全国有效申诉率的快递企业有12家。全国快递服务投递服务的有效申诉率为百万分之2.22,同比减少1.27;快件丢失损毁的有效申诉率为百万分之1.59,同比减少0.88;快件延误的有效申诉率为百万分之0.97,同比减少0.44(表4-50)。

表4-50　2016年7月主要快递企业申诉率表(单位:件有效申诉/百万件快件)

企业名称	2016年7月申诉率	其中			2015年7月申诉率	同比
		延误申诉率	丢失损毁申诉率	投递服务申诉率		
全峰快递	20.11	5.81	5.40	7.72	10.16	↑
国通快递	19.99	5.26	5.33	8.13	21.10	↓
中外运-空运	17.86	0.00	0.00	17.86	0.00	↑
宅急送	17.39	3.72	4.64	7.44	11.07	↑
UPS	13.32	5.49	0.78	4.70	5.82	↑
天天快递	11.20	2.14	3.90	4.69	11.99	↓
优速快递	9.36	1.18	3.53	4.12	10.04	↓
申通快递	7.37	0.95	2.76	3.20	15.80	↓
全一快递	7.32	2.70	2.31	1.93	5.97	↑
快捷速递	6.67	1.05	1.92	3.20	12.58	↓
速尔快递	6.00	0.98	1.81	2.69	19.79	↓
邮政快递(EMS)	5.67	1.43	1.55	2.29	9.40	↓
如风达	4.51	0.64	1.45	2.42	7.00	↓
德邦快递	4.39	0.63	1.32	1.69	24.38	↓
TNT	4.14	0.00	1.38	1.38	1.51	↑
中通快递	3.82	0.38	1.12	2.02	6.28	↓
百世快递	3.63	0.61	1.33	1.47	5.24	↓
圆通速递	3.18	0.41	1.06	1.50	6.60	↓
韵达快运	3.07	0.62	0.82	1.46	9.51	↓
顺丰速运	2.98	1.15	0.70	0.81	1.76	↑
FedEx	2.28	0.00	1.14	0.76	9.72	↓
递四方	2.08	0.49	0.98	0.61	0.00	↑
DHL	1.75	0.00	0.00	1.05	0.95	↑
京东	1.00	0.22	0.16	0.58	1.34	↓
苏宁易购	0.07	0.07	0.00	0.00	0.58	↓
全国合计	5.13	0.97	1.59	2.22	7.95	↓

2016年8月邮政业消费者申诉情况的通告

一、总体情况

2016年8月,国家邮政局和各省(区、市)邮政管理局通过"12305"邮政行业消费者申诉电话和申诉网站共受理消费者申诉66497件。申诉中涉及邮政服务问题的3354件,占总申诉量的

5.0%；涉及快递服务问题的63143件，占总申诉量的95.0%。受理的申诉中有效申诉（确定企业责任的）为12058件，比上年同期增长11.4%。有效申诉中涉及邮政服务问题的713件，占有效申诉量的5.9%；涉及快递服务问题的11345件，占有效申诉量的94.1%。经调解消费者申诉已全部妥善处理，为消费者挽回经济损失416.4万元。8月份，消费者对邮政管理部门申诉处理工作的满意率为97.1%，对邮政企业申诉处理结果的满意率为96.2%，对快递企业申诉处理结果的满意率为95.4%。全国快递服务有效申诉率为百万分之4.50。

2016年8月，企业对邮政管理部门转办的申诉未能按规定时限回复的有27件，同比增加16件（表4-51）。

表4-51 2016年8月企业对邮政管理部门转办的申诉未能按规定时限回复统计

公司名称	北京	上海	江苏	福建	山东	广东	四川	贵州	云南	甘肃	新疆	合计
中国邮政	1		1					2		1	2	7
中通快递					3							3
优速快递				2								2
佳吉快运						1						1
其他		3		1		3	3		1	1	2	14
合计	1	3	1	3	3	4	3	2	1	2	4	27

二、邮政服务申诉情况

2016年8月，消费者关于邮政服务问题的有效申诉713件，环比下降8.4%，同比增长129.3%（图4-40）。

2016年8月，消费者申诉邮政服务的主要问题是投递服务和邮件丢失短少，占申诉总量的68.9%（表4-52）。

2016年8月，消费者对邮政服务申诉的主要问题与上月比较增长的有收寄服务和邮件损毁，分别增长19.4%和8.9%。与去年同期相比，增长幅度较大的服务问题有邮件损毁、收寄服务、邮件丢失短少、邮件延误和投递服务，同比分别增长880.0%、335.3%、237.3%、144.1%和55.3%（图4-41）。

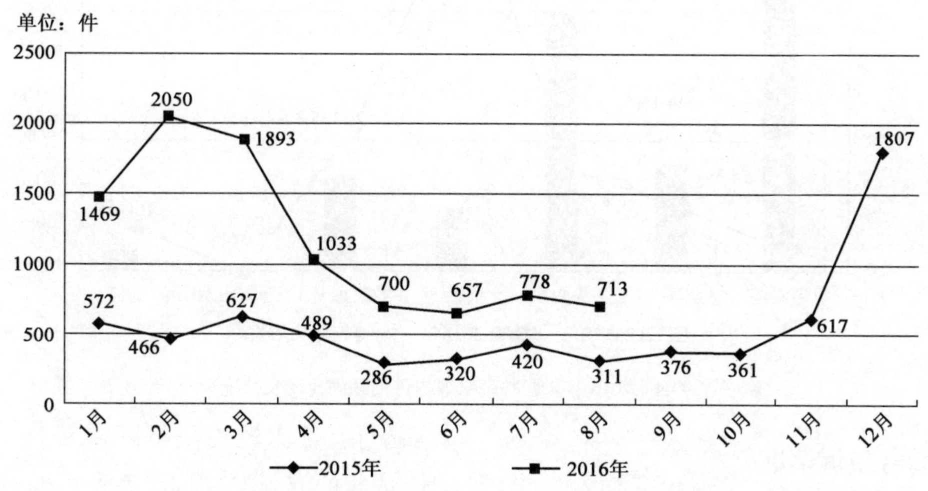

图4-40 2016年与2015年各月邮政有效申诉数量

表4-52 2016年8月消费者申诉邮政服务的主要问题及所占比例统计

序 号	申 诉 问 题		申 诉 件 数		占比例（%）	环比增长（%）	同比增长（%）
1	投递服务	函件	253	292	41.0	-3.0	55.3
		包件	23				

续上表

序 号	申 诉 问 题		申 诉 件 数		占比例(%)	环比增长(%)	同比增长(%)
1	投递服务	集邮	15	292	41.0	-3.0	55.3
		报刊	1				
2	邮件丢失短少	函件	137	199	27.9	-17.8	237.3
		包件	59				
		集邮	2				
		报刊	1				
3	邮件延误	函件	57	83	11.6	-22.4	144.1
		包件	26				
4	收寄服务	函件	30	74	10.4	19.4	335.3
		集邮	28				
		包件	14				
		报刊	1				
		其他	1				
5	邮件损毁	函件	41	49	6.9	8.9	880.0
		包件	5				
		集邮	3				
6	其他		16		2.2	-20.0	100.0
合计	—		713		100.0	-8.4	129.3

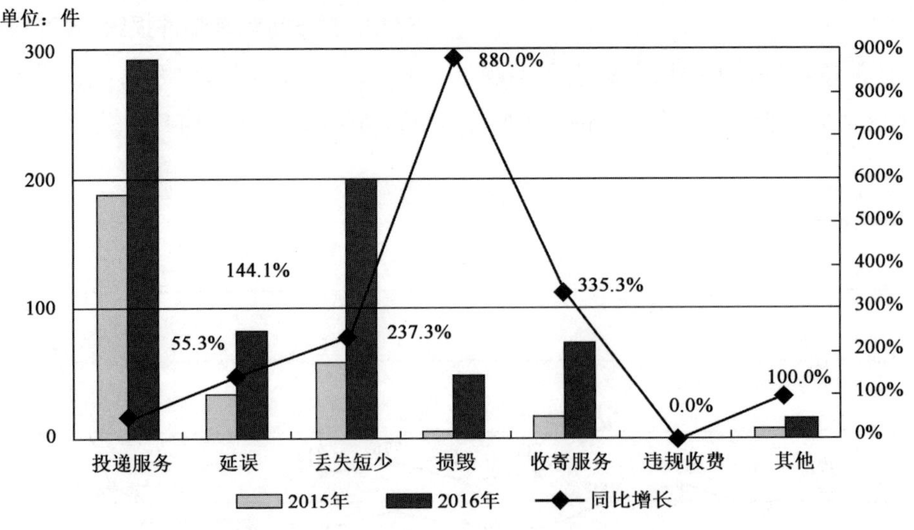

图 4-41 2016 年 8 月邮政服务申诉问题同比增长情况

三、快递服务申诉情况

(一)消费者申诉的主要问题

2016 年 8 月，消费者关于快递服务的有效申诉 11345 件，环比下降 11.5%，同比增长 7.9%(图 4-42)。

2016 年 8 月，消费者对快递服务申诉的主要问题与上月比较均呈下降趋势。与去年同期相比，增长的有延误、损毁、丢失短少、违规收费和投递服务，同比分别增长 28.9%、14.1%、12.7%、0.8% 和 0.4%(图 4-43)。

申诉比较集中的问题是投递服务、延误和丢失短少，占比分别为 43.1%、19.2% 和 18.4%(表 4-53)。

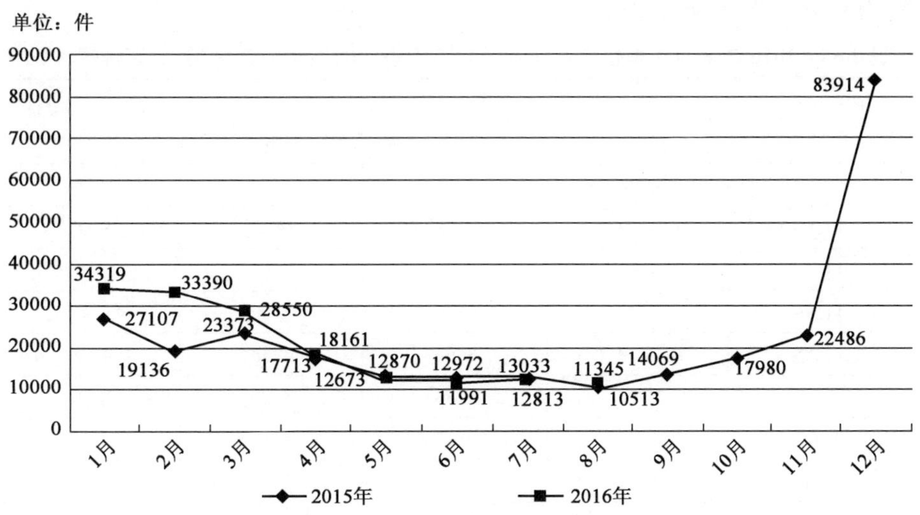

图4-42 2016年与2015年各月快递有效申诉数量

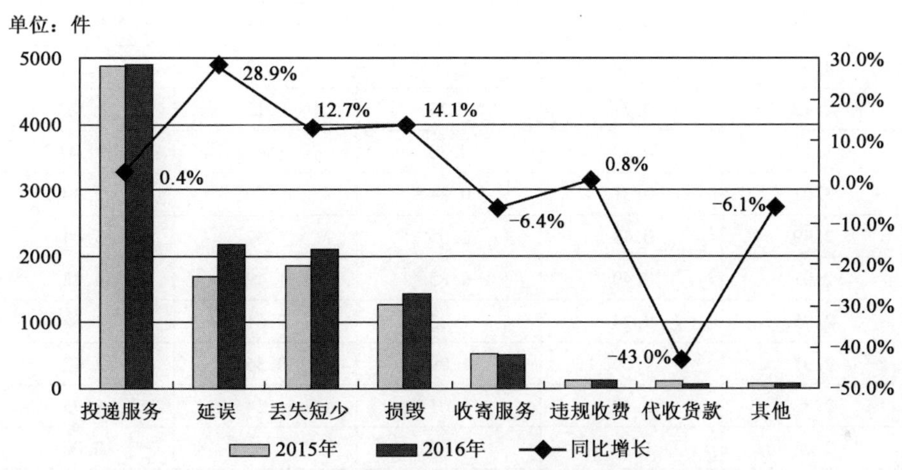

图4-43 2016年8月快递服务申诉问题同比增长情况

表4-53 2016年8月消费者申诉快递服务的主要问题及所占比例统计

序 号	申诉问题	申诉件数	占比例(%)	环比增长(%)	同比增长(%)
1	投递服务	4892	43.1	-11.6	0.4
2	延误	2178	19.2	-9.9	28.9
3	丢失短少	2091	18.4	-10.7	12.7
4	损毁	1432	12.6	-12.6	14.1
5	收寄服务	496	4.4	-15.2	-6.4
6	违规收费	125	1.1	-3.8	0.8
7	代收货款	69	0.6	-33.7	-43.0
8	其他	62	0.6	-4.6	-6.1
9	合计	11345	100.0	-11.5	7.9

(二)消费者对快递企业申诉情况

2016年8月，消费者对42家快递企业进行了有效申诉，全国快递服务有效申诉率为百万分之4.50，环比减少0.63，同比减少1.72，高于全国有效申诉率的快递企业有11家。全国快递服务投递服务的有效申诉率为百万分之1.94，同比减少0.94；快件丢失损毁的有效申诉率为百万分之1.40，同比减少0.44；快件延误的有效申诉率为百万分之0.86,同比减少0.14　（表4-54）。

表4-54　2016年8月主要快递企业有效申诉率表(单位:件有效申诉/百万件快件)

企业名称	2016年8月申诉率	其中			2015年8月申诉率	同比
		延误申诉率	丢失损毁申诉率	投递服务申诉率		
国通快递	20.32	6.20	6.13	6.88	16.84	↑
如风达	17.95	4.79	3.08	9.23	9.05	↑
全峰快递	14.30	4.87	3.89	4.65	13.23	↑
UPS	11.99	2.25	0.75	6.00	6.50	↑
天天快递	11.55	2.79	3.64	4.53	10.92	↑
宅急送	8.83	2.15	2.84	3.09	8.01	↑
优速快递	8.66	1.36	2.77	4.26	9.73	↓
速尔快递	7.03	1.00	2.71	2.71	17.17	↓
申通快递	6.94	0.70	2.51	3.31	12.72	↓
全一快递	6.83	0.85	2.13	3.41	4.49	↑
TNT	5.65	0.00	0.00	1.88	0.00	↑
邮政(EMS)	4.34	0.94	1.30	1.79	6.13	↓
快捷速递	4.22	0.71	1.23	2.13	12.23	↓
德邦快递	3.19	0.37	0.86	1.47	19.41	↓
中通快递	3.02	0.31	0.84	1.70	5.39	↓
圆通速递	2.99	0.43	1.05	1.32	5.04	↓
韵达快运	2.97	0.49	0.85	1.49	4.32	↓
递四方	2.95	0.74	1.23	0.61	1.55	↑
FedEx	2.91	1.09	1.09	0.36	2.92	↓
百世快递	2.82	0.33	1.01	1.24	3.95	↓
卓越亚马逊	2.76	1.38	0.00	1.38	0.00	↑
顺丰速运	2.56	1.01	0.58	0.70	1.36	↑
DHL	2.45	0.00	0.35	0.70	0.35	↑
民航快递	2.35	0.00	0.00	2.35	0.00	↑
京东	0.75	0.18	0.11	0.44	0.79	↓
苏宁易购	0.05	0.00	0.05	0.00	1.52	↓
全国平均	4.50	0.86	1.40	1.94	6.22	↓

2016年9月邮政业消费者申诉情况的通告

一、总体情况

2016年9月,国家邮政局和各省(区、市)邮政管理局通过“12305”邮政行业消费者申诉电话和申诉网站共受理消费者申诉96528件。申诉中涉及邮政服务问题的3992件,占总申诉量的4.1%;涉及快递服务问题的92536件,占总申诉量的95.9%。受理的申诉中有效申诉(确定企业责任的)为15776件,比上年同期增长9.2%。有效申诉中涉及邮政服务问题的774件,占有效申诉量的4.9%;涉及快递服务问题的15002件,占有效申诉量的95.1%。经调解消费者申诉已全部妥善处理,为消费者挽回经济损失343.3万元。9月份，消费者对邮政管理部门申诉处理工作的满意率为97.4%，对邮政企业申诉处理结果的满意率为97.2%，对快递企业申诉处理结果的满意率为95.7%。全国快递服务有效申诉率为百万分之5.31。

2016年9月，企业对邮政管理部门转办的申诉未能按规定时限回复的有10件，与去年同期相同(表4-55)。

表4-55 2016年9月企业对邮政管理部门转办的申诉未能按规定时限回复统计

公司名称	山西	江苏	浙江	福建	广东	广西	海南	四川	合计
全峰快递		1	1	1		1	1		5
邮政(EMS)								1	1
国通快递	1								1
德邦快递					1				1
其他								2	2
合计	1	1	1	1	1	1	1	3	10

二、邮政服务申诉情况

2016年9月，消费者关于邮政服务问题的有效申诉774件，环比增长8.6%，同比增长105.9%(图4-44)。

2016年9月，消费者申诉邮政服务的主要问题是投递服务和邮件丢失短少，占申诉总量的69.9%(表4-56)。

2016年9月，消费者对邮政服务申诉的主要问题与上月比较增长的有邮件延误和投递服务，分别增长45.8%和19.5%。与去年同期相比，邮政服务的主要问题均呈增长趋势，增长幅度较大的有邮件丢失短少、邮件延误和邮件损毁，分别增长192.4%、101.7%、100.0%(图4-45)。

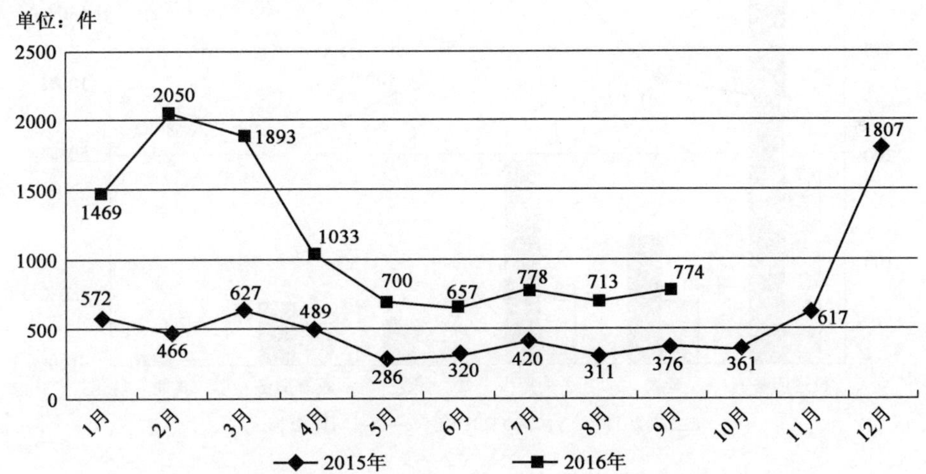

图4-44 2016年与2015年各月邮政有效申诉数量

表4-56 2016年9月消费者申诉邮政服务的主要问题及所占比例统计

序 号	申 诉 问 题		申 诉 件 数		占比例(%)	环比增长(%)	同比增长(%)
1	投递服务	函件	313	349	45.0	19.5	89.7
		包件	30				
		集邮	5				
		报刊	1				
2	邮件丢失短少	函件	139	193	24.9	-3.0	192.4
		包件	51				

续上表

序号	申诉问题		申诉件数		占比例(%)	环比增长(%)	同比增长(%)
2	邮件丢失短少	报刊	2	193	24.9	-3.0	192.4
		集邮	1				
3	邮件延误	函件	92	121	15.6	45.8	101.7
		包件	27				
		集邮	1				
		其他	1				
4	收寄服务	函件	34	60	7.8	-18.9	57.9
		包件	13				
		集邮	13				
5	邮件损毁	函件	32	42	5.4	-14.3	100.0
		包件	9				
		集邮	1				
6	其他		9		1.2	-43.8	80.0
合计	—		774		100.0	8.6	105.9

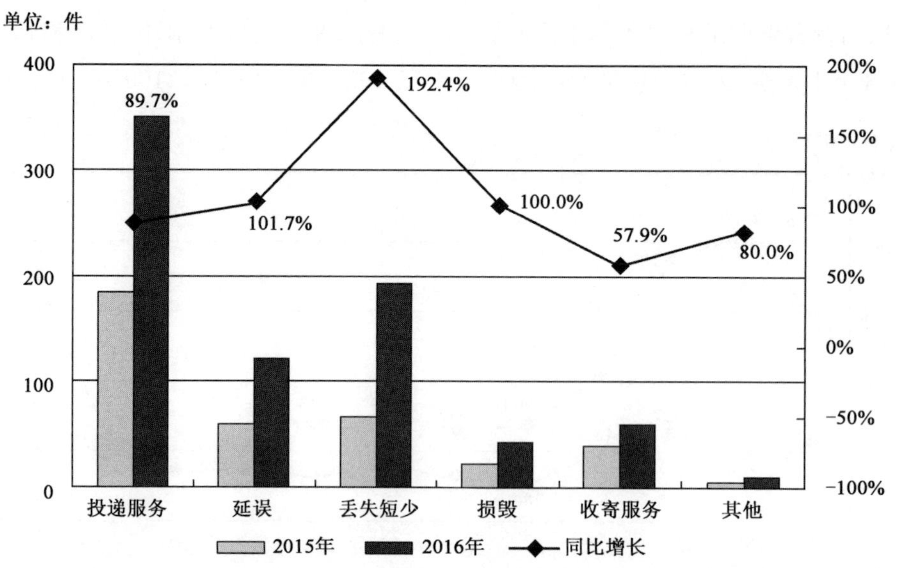

图4-45　2016年9月邮政服务申诉问题同比增长情况

三、快递服务申诉情况

(一)消费者申诉的主要问题

2016年9月,消费者关于快递服务的有效申诉15002件,环比增长32.2%,同比增长6.6%(图4-46)。

2016年9月,消费者对快递服务申诉的主要问题与上月比较增长的有延误、投递服务、丢失短少、损毁、代收货款,其中延误问题增长明显,增长107.4%。与去年同期相比,增长的有延误、损毁、丢失短少,同比分别增长40.8%、10.5%、3.0%(图4-47)。

申诉比较集中的问题是投递服务和延误,占比分别为39.4%和30.1%(表4-57)。

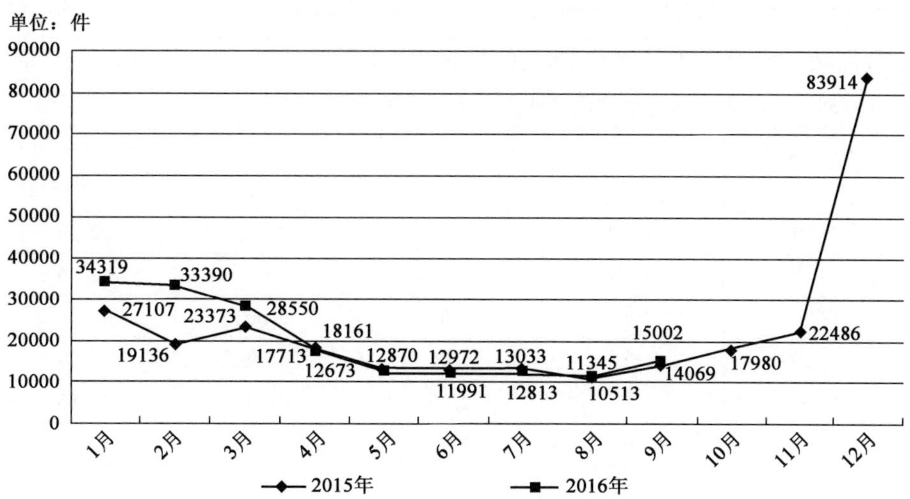

图 4-46 2016 年与 2015 年各月快递有效申诉数量

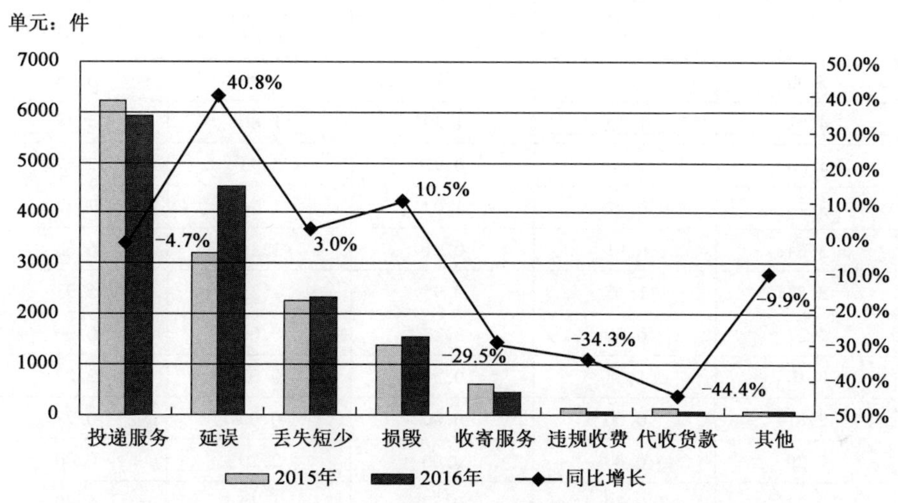

图 4-47 2016 年 9 月快递服务申诉问题同比增长情况

表 4-57 2016 年 9 月消费者申诉快递服务的主要问题及所占比例统计

序 号	申 诉 问 题	申 诉 件 数	占比例(%)	环比增长(%)	同比增长(%)
1	投递服务	5905	39.4	20.7	-4.7
2	延误	4518	30.1	107.4	40.8
3	丢失短少	2332	15.5	11.5	3.0
4	损毁	1565	10.4	9.3	10.5
5	收寄服务	449	3.0	-9.5	-29.5
6	违规收费	90	0.6	-28.0	-34.3
7	代收货款	70	0.5	1.4	-44.4
8	其他	73	0.5	17.7	-9.9
9	合计	15002	100.0	32.2	6.6

（二）消费者对快递企业申诉情况

2016 年 9 月，消费者对 42 家快递企业进行了有效申诉，全国快递服务有效申诉率为百万分之 5.31，环比增加 0.81，同比减少 2.04，高于全国有效申诉率的快递企业有 10 家。全国快递服务投递服务的有效申诉率为百万分之

2.09，同比减少1.15；快件延误的有效申诉率为百万分之1.60，同比减少0.08；快件丢失损毁的有效申诉率为百万分之1.38，同比减少0.54（表4-58）。

表4-58　2016年9月主要快递企业有效申诉率表（单位：件有效申诉/百万件快件）

企业名称	2016年9月有效申诉率	主要问题有效申诉率			2015年9月有效申诉率	同比
		延误	丢失损毁	投递服务		
如风达	35.71	15.87	7.44	11.74	12.53	↑
国通快递	24.54	11.71	5.10	7.00	22.16	↑
全峰快递	18.88	7.29	4.55	6.08	12.15	↑
天天快递	15.23	4.51	4.49	5.79	10.79	↑
宅急送	11.37	3.45	2.66	4.19	10.80	↑
优速快递	11.28	2.90	2.73	5.33	13.31	↓
速尔快递	8.16	1.83	2.04	3.83	25.95	↓
申通快递	6.58	1.22	1.99	3.04	13.95	↓
快捷速递	6.35	2.20	1.42	2.57	12.01	↓
UPS	6.18	2.06	0.00	3.61	2.02	↑
邮政（EMS）	5.00	1.41	1.27	2.06	6.66	↓
百世快递	4.57	1.19	1.39	1.80	5.48	↓
德邦快递	4.30	1.02	0.97	1.95	2.47	↑
圆通速递	3.73	0.97	1.02	1.56	7.27	↓
全一快递	3.64	0.91	0.91	1.36	6.62	↓
韵达快运	3.53	1.15	0.95	1.31	5.93	↓
TNT	3.27	0.00	3.27	0.00	0.00	↑
顺丰速运	3.10	1.38	0.54	0.92	2.27	↑
卓越亚马逊	2.81	0.00	0.00	0.00	0.77	↑
民航快递	2.29	0.00	0.00	2.29	0.00	↑
中通快递	2.23	0.39	0.57	1.14	5.80	↓
FedEx	2.16	0.36	0.72	0.72	2.81	↓
DHL	2.13	0.00	0.00	2.13	2.35	↓
递四方	1.24	0.11	0.34	0.45	1.32	↓
京东	0.40	0.11	0.07	0.21	0.67	↓
苏宁易购	0.05	0.00	0.00	0.05	1.39	↓
全国平均	5.31	1.60	1.38	2.09	7.35	↓

2016年10月邮政业消费者申诉情况的通告

一、总体情况

2016年10月，国家邮政局和各省（区、市）邮政管理局通过“12305”邮政行业消费者申诉电话和申诉网站共受理消费者申诉101262件。申诉中涉及邮政服务问题的3241件，占总申诉量的3.2%；涉及快递服务问题的98021件，占总申诉量的96.8%。受理的申诉中有效申诉（确定企业责任的）为18803件，比上年同期增长2.5%。有效申诉中涉及邮政服务问题的685件，占有效申诉量的

3.6%；涉及快递服务问题的18118件，占有效申诉量的96.4%。经调解消费者申诉已全部妥善处理，为消费者挽回经济损失392.02万元。10月份，消费者对邮政管理部门申诉处理工作的满意率为97.6%，对邮政企业申诉处理结果的满意率为95.9%，对快递企业申诉处理结果的满意率为95.9%。全国快递服务有效申诉率为百万分之5.99。

2016年10月，企业对邮政管理部门转办的申诉未能按规定时限回复的有18件，与去年同期相比减少5件（表4-59）。

表4-59 2016年10月企业对邮政管理部门转办的申诉未能按规定时限回复统计

公司名称	江苏	浙江	广东	广西	重庆	新疆	合计
全峰快递	2	4	7	3			16
中国邮政						1	1
其他					1		1
合计	2	4	7	3	1	1	18

二、邮政服务申诉情况

2016年10月，消费者关于邮政服务问题的有效申诉685件，环比下降11.5%，同比增长89.8%（图4-48）。

2016年10月，消费者申诉邮政服务的主要问题是投递服务和邮件丢失短少，占申诉总量的70.5%（表4-60）。

2016年10月，消费者对邮政服务申诉的主要问题与上月比较增长的有邮件延误和收寄服务。与去年同期相比，邮政服务的主要问题增长幅度较大的有邮件丢失短少、邮件损毁、收寄服务和投递服务，分别增长153.1%、113.3%、94.4%和92.2%（图4-49）。

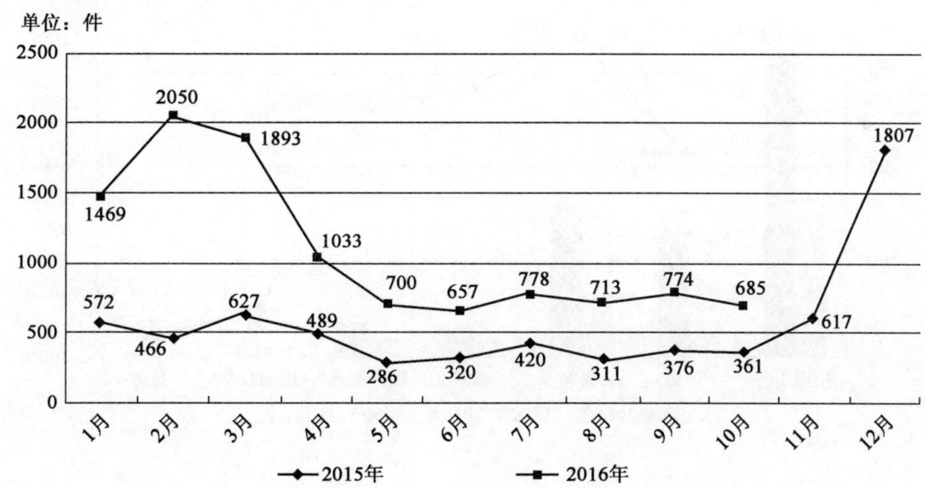

图4-48 2016年与2015年各月邮政有效申诉数量

表4-60 2016年10月消费者申诉邮政服务的主要问题及所占比例统计

<table>
<tr><th>序 号</th><th colspan="2">申 诉 问 题</th><th colspan="2">申 诉 件 数</th><th>占比例（%）</th><th>环比增长（%）</th><th>同比增长（%）</th></tr>
<tr><td rowspan="5">1</td><td rowspan="5">投递服务</td><td>函件</td><td>277</td><td rowspan="5">321</td><td rowspan="5">46.9</td><td rowspan="5">-8.0</td><td rowspan="5">92.2</td></tr>
<tr><td>包件</td><td>25</td></tr>
<tr><td>报刊</td><td>9</td></tr>
<tr><td>集邮</td><td>7</td></tr>
<tr><td>其他</td><td>3</td></tr>
</table>

续上表

序　号	申 诉 问 题		申 诉 件 数		占比例(%)	环比增长(%)	同比增长(%)
2	邮件丢失短少	函件	106	162	23.6	-16.1	153.1
		包件	55				
		其他	1				
3	邮件延误	函件	97	131	19.1	8.3	59.8
		包件	31				
		集邮	3				
4	收寄服务	函件	18	35	5.1	-41.7	94.4
		包件	12				
		集邮	4				
		其他	1				
5	邮件损毁	函件	29	32	4.7	-23.8	113.3
		包件	3				
6	违规收费	函件	2	3	0.4	—	-62.5
		报刊	1				
7	其他		1		0.1	-88.9	-85.7
合计	—		685		100.0	-11.5	89.8

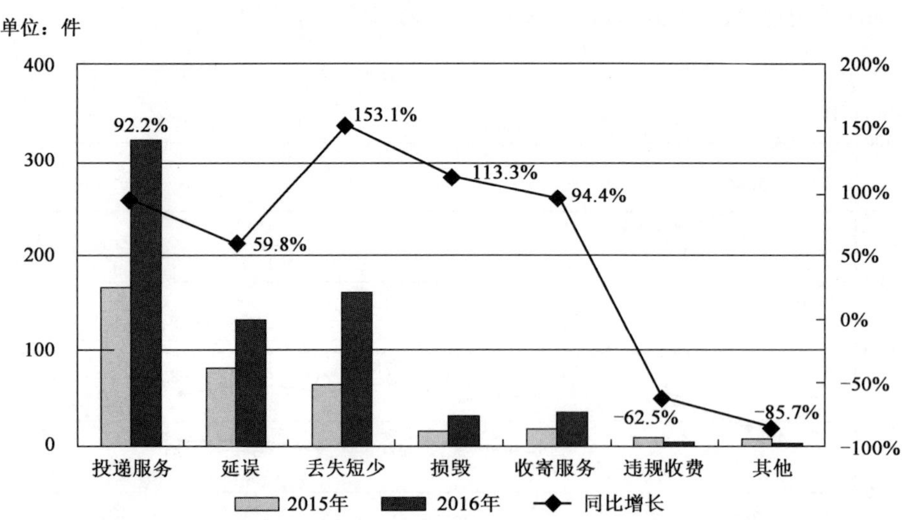

图4-49　2016年10月邮政服务申诉问题同比增长情况

三、快递服务申诉情况

(一)消费者申诉的主要问题

2016年10月,消费者关于快递服务的有效申诉18118件,环比增长20.8%,同比增长0.8%(图4-50)。

2016年10月,消费者对快递服务申诉的主要问题与上月比较均呈增长趋势,其中丢失短少、违规收费、损毁和延误增长较明显,环比分别增长33.8%、26.7%、21.3%和21.2%。与去年同期相比,增长的有延误和损毁,同比分别增长19.7%和15.9%(图4-51)。

申诉比较集中的问题是投递服务和延误,占比分别为38.0%和30.2%(表4-61)。

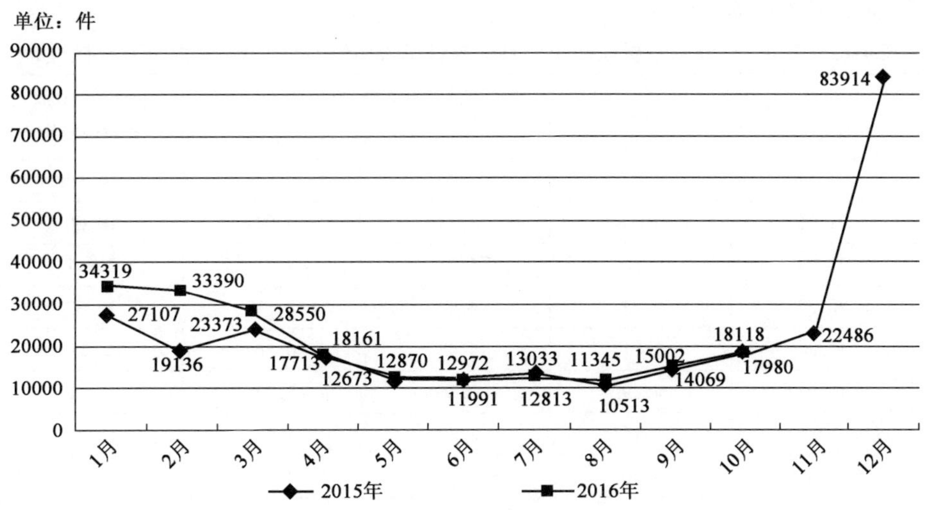

图 4-50　2016 年与 2015 年各月快递有效申诉数量

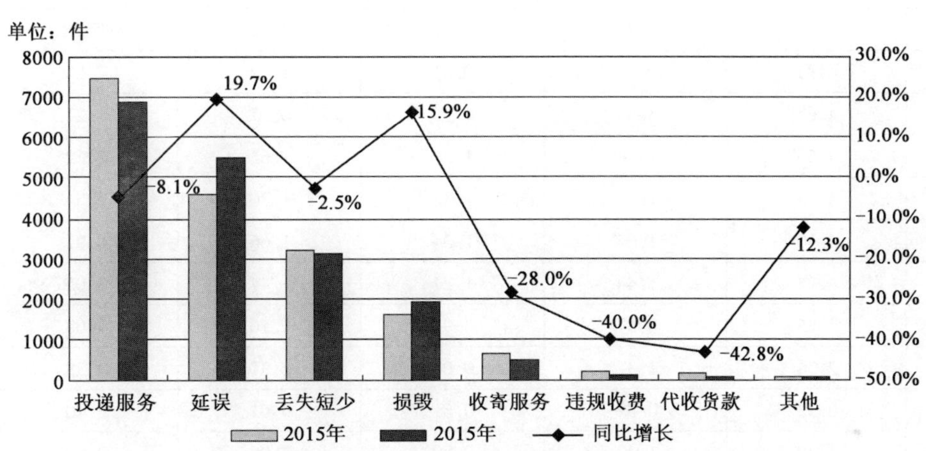

图 4-51　2016 年 10 月快递服务申诉问题同比增长情况

表 4-61　2016 年 10 月消费者申诉快递服务的主要问题及所占比例统计表

序　号	申 诉 问 题	申 诉 件 数	占比例(%)	环比增长(%)	同比增长(%)
1	投递服务	6876	38.0	16.4	-8.1
2	延误	5477	30.2	21.2	19.7
3	丢失短少	3120	17.2	33.8	-2.5
4	损毁	1898	10.5	21.3	15.9
5	收寄服务	483	2.7	7.6	-28.0
6	违规收费	114	0.6	26.7	-40.0
7	代收货款	79	0.4	12.9	-42.8
8	其他	71	0.4	-2.7	-12.3
9	合计	18118	100.0	20.8	0.8

(二)消费者对快递企业申诉情况

2016 年 10 月，消费者对 42 家快递企业进行了有效申诉，全国快递服务有效申诉率为百万分之 5.99，环比增加 0.68，同比减少 3.27，高于全国有效申诉率的快递企业有 11 家。全国快递服务投递服务的有效申诉率为百万分之 2.27，同比减少 1.59；快件延误的有效申诉率为百万分之 1.81，同比减少 0.55；快件丢失损毁的有效申诉率为百万分之1.66,同比减少0.83(表4-62)。

表4-62　2016年10月主要快递企业有效申诉率表(单位:件有效申诉/百万件快件)

企业名称	2016年10月有效申诉率	主要问题有效申诉率			2015年10月有效申诉率	同比
		延误	丢失损毁	投递服务		
全峰快递	31.40	13.90	7.76	8.34	14.14	↑
如风达	29.76	10.88	8.11	9.07	10.00	↑
国通快递	23.79	9.86	5.37	7.72	21.91	↑
优速快递	20.54	6.63	4.94	8.51	16.53	↑
宅急送	19.34	7.71	4.43	6.56	9.23	↑
德邦快递	10.93	4.89	2.26	3.15	9.92	↑
申通快递	9.99	2.16	2.87	4.57	18.41	↓
天天快递	9.88	3.26	2.62	3.77	15.21	↓
UPS	7.91	3.39	1.70	2.83	4.95	↑
速尔快递	7.50	2.08	2.21	2.95	22.48	↓
快捷速递	6.99	2.24	2.09	2.52	15.51	↓
全一快递	4.85	1.21	0.81	1.62	7.64	↓
FedEx	4.60	3.45	0.38	0.77	1.27	↑
圆通速递	4.55	1.36	1.37	1.65	8.22	↓
百世快递	4.45	1.17	1.38	1.70	9.54	↓
邮政(EMS)	4.30	1.04	1.34	1.66	6.91	↓
韵达快运	4.24	1.44	1.24	1.47	8.05	↓
中通快递	3.55	0.67	0.97	1.76	7.08	↓
民航快递	2.74	1.37	0.00	1.37	2.28	↑
顺丰速运	2.33	0.82	0.61	0.61	3.40	↓
卓越亚马逊	1.49	1.49	0.00	0.00	0.00	↑
DHL	1.36	0.00	0.34	0.68	1.29	↑
TNT	1.20	1.20	0.00	0.00	0.00	↑
递四方	0.49	0.10	0.20	0.20	1.90	↓
京东	0.33	0.09	0.02	0.21	0.69	↓
全国平均	5.99	1.81	1.66	2.27	9.26	↓

2016年11月邮政业消费者申诉情况的通告

一、总体情况

2016年11月,国家邮政局和各省(区、市)邮政管理局通过“12305”邮政行业消费者申诉电话和申诉网站共受理消费者申诉225535件。申诉中涉及邮政服务问题的7070件,占总申诉量的3.1%;涉及快递服务问题的218465件,占总申诉量的96.9%。受理的申诉中有效申诉(确定企业责任的)为24807件,比上年同期增长7.4%。有效申诉中涉及邮政服务问题的1022件,占有效申诉量的4.1%;涉及快递服务问题的23785件,占有效申诉量的95.9%。经调解消费者申诉已全部妥善处理,为消费者挽回经济损失436.9万元。11月份,消费者对邮政管理部门申诉处理工作的满意率为97.7%,对邮政企业申诉处理结果的满意率为 96.3%，对快递企业申诉处理结果的满意率为 95.9%。全国快递服务有效申诉率为百万分之 6.32。

2016 年 11 月，企业对邮政管理部门转办的申诉未能按规定时限回复的有 17 件，与去年同期相比减少 6 件（表 4-63）。

表 4-63 2016 年 11 月企业对邮政管理部门转办的申诉未能按规定时限回复统计

公司名称	河北	山西	福建	山东	广东	广西	四川	云南	西藏	陕西	新疆	合计
韵达快运					1						2	3
快捷速递	1			1				1				3
圆通速递		2										2
全峰快递			2									2
中国邮政									1			1
申通快递			1									1
京东						1						1
TNT										1		1
其他							3					3
合计	1	2	3	1	1	1	3	1	1	1	2	17

二、邮政服务申诉情况

2016 年 11 月，消费者关于邮政服务问题的有效申诉 1022 件，环比增长 49.2%，同比增长 65.6%（图 4-52）。

2016 年 11 月，消费者申诉邮政服务的主要问题是投递服务和邮件延误，占申诉总量的 69.2%（表 4-64）。

2016 年 11 月，消费者对邮政服务申诉的主要问题与上月比较均呈增长趋势。其中，收寄服务、邮件延误增长明显，环比分别增长 85.7%、78.6%。与去年同期相比，邮政服务的主要问题增长幅度较大的有邮件损毁、邮件丢失短少、投递服务和收寄服务，同比分别增长 138.9%、135.7%、65.4% 和 62.5%（图 4-53）。

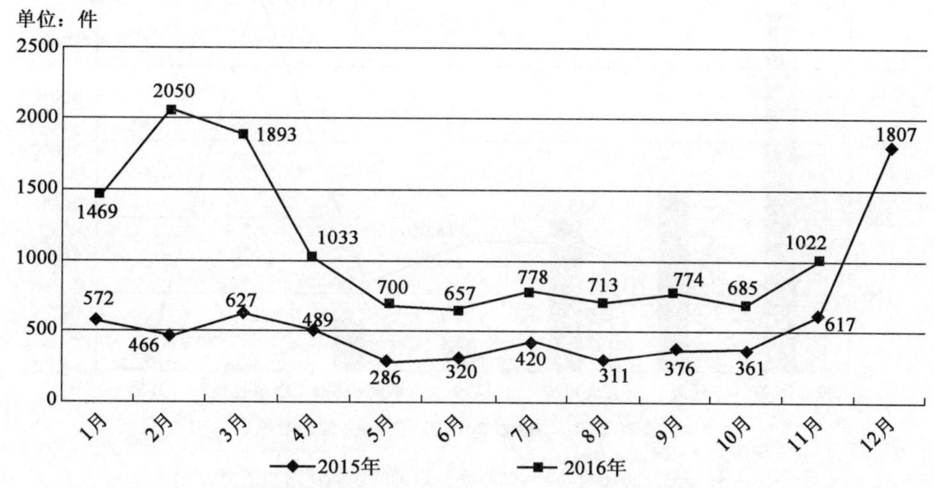

图 4-52 2016 年与 2015 年各月邮政有效申诉数量

表 4-64 2016 年 11 月消费者申诉邮政服务的主要问题及所占比例统计

序 号	申 诉 问 题		申 诉 件 数		占比例（%）	环比增长（%）	同比增长（%）
1	投递服务	函件	412	473	46.3	47.4	65.4
		包件	44				
		集邮	7				

续上表

序　号	申 诉 问 题		申 诉 件 数		占比例(%)	环比增长(%)	同比增长(%)
1	投递服务	报刊	7	473	46.3	47.4	65.4
		其他	3				
2	邮件延误	函件	207	234	22.9	78.6	31.5
		包件	24				
		集邮	3				
3	邮件丢失短少	函件	141	198	19.4	22.2	135.7
		包件	54				
		报刊	2				
		集邮	1				
4	收寄服务	函件	34	65	6.4	85.7	62.5
		集邮	18				
		包件	11				
		报刊	1				
		其他	1				
5	邮件损毁	函件	39	43	4.2	34.4	138.9
		包件	4				
6	违规收费	包件	4	7	0.7	133.3	600.0
		函件	3				
7	其他		2		0.2	100.0	-80.0
合计	—		1022		100.0	49.2	65.6

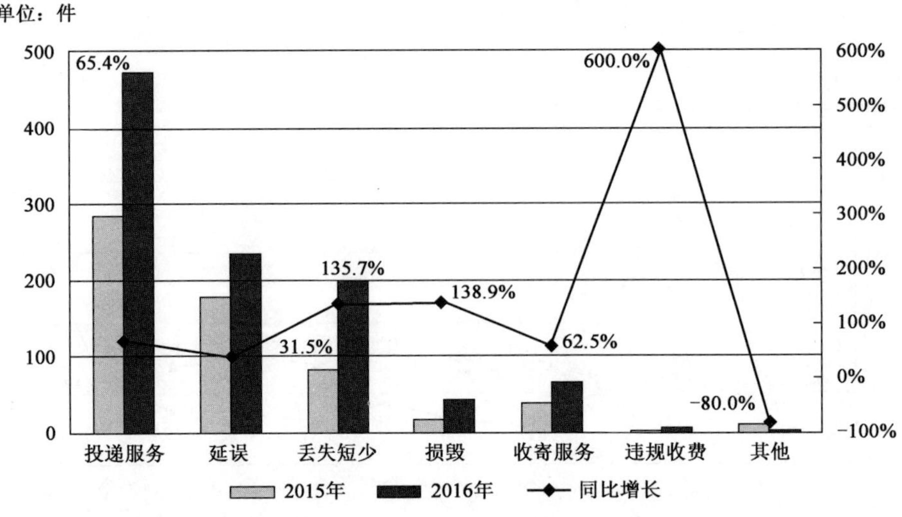

图4-53　2016年11月邮政服务申诉问题同比增长情况

三、快递服务申诉情况

（一）消费者申诉的主要问题

2016年11月，消费者关于快递服务的有效申诉23785件，环比增长31.3%，同比增长5.8%（图4-54）。

2016年11月，消费者对快递服务申诉的主要问题与上月比较均呈增长趋势。其中，违规收费、丢失短少、延误和收寄服务增长较明显，环比分别增长51.8%、38.1%、38.0%和37.5%。与去年同期相比，增长的有延误、损毁和丢失短少，同比分别增长22.9%、15.8%和9.8%（图4-55）。

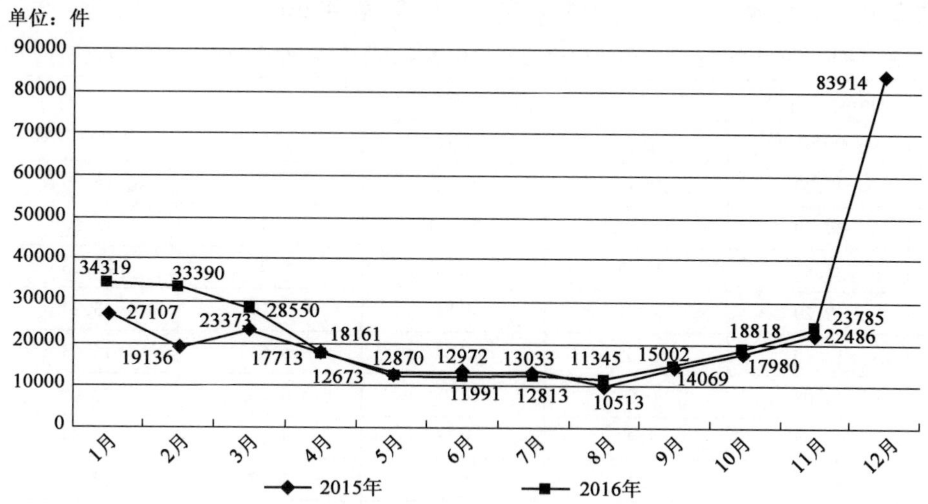

图4-54 2016年与2015年各月快递有效申诉数量

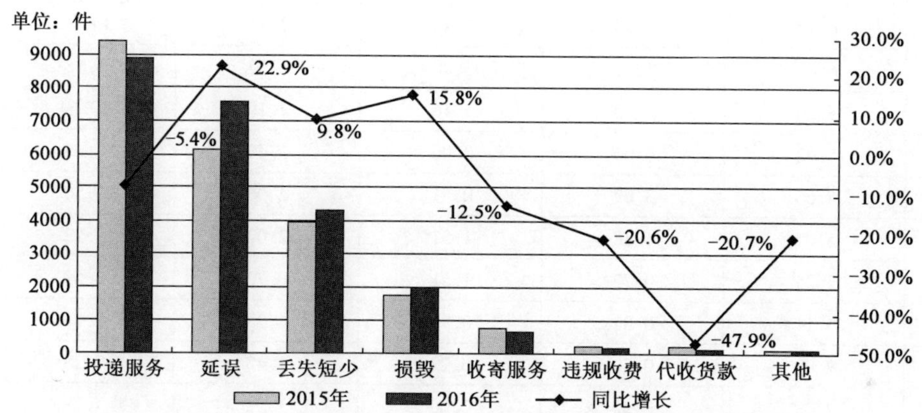

图4-55 2016年11月快递服务申诉问题同比增长情况

申诉比较集中的问题是投递服务和延误，占比分别为37.4%和31.8%（表4-65）。

表4-65 2016年11月消费者申诉快递服务的主要问题及所占比例统计

序 号	申诉问题	申诉件数	占比例（%）	环比增长（%）	同比增长（%）
1	投递服务	8892	37.4	29.3	-5.4
2	延误	7560	31.8	38.0	22.9
3	丢失短少	4309	18.1	38.1	9.8
4	损毁	1996	8.4	5.2	15.8
5	收寄服务	664	2.8	37.5	-12.5
6	违规收费	173	0.7	51.8	-20.6
7	代收货款	99	0.4	25.3	-47.9
8	其他	92	0.4	29.6	-20.7
9	合计	23785	100.0	31.3	5.8

（二）消费者对快递企业申诉情况

2016年11月，消费者对42家快递企业进行了有效申诉，全国快递服务有效申诉率为百万分之6.32，环比增加0.33，同比减少2.31，高于全国平均有效申诉率的快递企业有10家。全国快递服务投递服务的有效申诉率为百万分之2.36，同比减少1.25；快件延误的有效申诉率为百万分之2.01，同比减少0.35；快件丢失损毁的有效申诉率为百万分之1.67，同比减少0.5（表4-66）。

表4-66　2016年11月主要快递企业有效申诉率表（单位：件有效申诉/百万件快件）

企业名称	2016年11月有效申诉率	主要问题有效申诉率			2015年11月有效申诉率	同比
		延误	丢失损毁	投递服务		
全峰快递	37.20	15.63	9.24	10.36	15.20	↑
如风达	34.99	13.12	11.15	9.36	13.20	↑
国通快递	25.87	10.79	6.34	8.03	22.23	↑
宅急送	19.29	6.41	4.86	7.19	13.24	↑
优速快递	14.10	3.55	4.32	5.64	15.63	↓
中外运－空运	14.08	0.00	14.08	0.00	20.00	↓
天天快递	10.85	3.33	3.28	3.93	13.54	↓
申通快递	10.52	3.18	2.55	4.32	12.65	↓
速尔快递	9.44	2.29	2.98	3.80	17.09	↓
德邦快递	7.31	1.75	2.21	3.12	5.23	↑
快捷速递	6.18	1.86	1.78	2.11	14.96	↓
圆通速递	6.09	1.70	1.80	2.37	6.78	↓
邮政（EMS）	5.96	2.40	1.16	2.16	10.64	↓
TNT	5.92	0.00	2.96	1.48	3.05	↑
UPS	5.66	3.09	0.51	2.06	8.50	↓
百世快递	5.07	1.38	1.51	2.02	9.72	↓
全一快递	3.25	0.72	1.81	0.72	4.51	↓
韵达快运	3.11	0.82	0.90	1.28	7.00	↓
中通快递	2.90	0.60	0.72	1.43	7.28	↓
DHL	2.43	0.30	0.00	1.52	1.78	↑
顺丰速运	1.84	0.73	0.43	0.50	2.52	↓
FedEx	1.55	0.62	0.31	0.31	3.71	↓
民航快递	1.52	0.00	0.00	1.52	0.00	↑
京东	1.03	0.46	0.14	0.37	1.79	↓
递四方	0.63	0.00	0.42	0.21	0.40	↑
苏宁易购	0.13	0.04	0.00	0.09	6.48	↓
全国平均	6.32	2.01	1.67	2.36	8.63	↓

2016年12月邮政业消费者申诉情况的通告

一、总体情况

2016年12月，国家邮政局和各省（区、市）邮政管理局通过“12305”邮政行业消费者申诉电话和申诉网站共受理消费者申诉199974件。申诉中涉及邮政服务问题的7586件，占总申诉量的3.8%；涉及快递服务问题的192388件，占总申诉量的96.2%。受理的申诉中有效申诉（确定企业责任的）为44811件，比上年同期下降47.7%。有效申诉中涉及邮政服务问题的1767件，占有效申诉量的 3.9%；涉及快递服务问题的 43044 件，占有效申诉量的 96.1%。消费者申诉均依法依规做了调解处理，为消费者挽回经济损失 660.8 万元。12 月份，消费者对邮政管理部门申诉处理工作的满意率为 98.1%，对邮政企业申诉处理结果的满意率为 97.0%，对快递企业申诉处理结果的满意率为 96.5%。

2016 年 12 月，企业对邮政管理部门转办的申诉未能按规定时限回复的有 35 件，与去年同期相比减少 77 件（表 4-67）。

表 4-67　2016 年 12 月企业对邮政管理部门转办的申诉未能按规定时限回复统计

公司名称	上海	江苏	福建	广东	重庆	四川	贵州	云南	陕西	新疆	合计
如风达	5	2		1	1						9
中国邮政							1			4	5
国通快递					3						3
德邦快递		2	1								3
邮政（EMS）				1		1					2
全峰快递						2					2
UPS	1										1
龙邦速递				1							1
增益									1		1
其他			1	2		3		1		1	8
合计	6	4	2	5	4	6	1	1	1	5	35

二、邮政服务申诉情况

2016 年 12 月，消费者关于邮政服务问题的有效申诉 1767 件，环比增长 72.9%，同比下降 2.2%（图 4-56）。

2016 年 12 月，消费者申诉邮政服务的主要问题是投递服务和邮件延误，占申诉总量的 69.2%（表 4-68）。

2016 年 12 月，消费者对邮政服务申诉的主要问题与上月比较增长的有邮件延误、邮件损毁、邮件丢失短少和投递服务。其中，邮件延误、邮件损毁和邮件丢失短少增长明显，环比分别增长 103.0%、100.0% 和 87.9%。与去年同期相比，邮政服务的主要问题增长的有邮件损毁、邮件丢失短少和投递服务，同比分别增长 17.8%、17.7% 和 10.7%（图 4-57）。

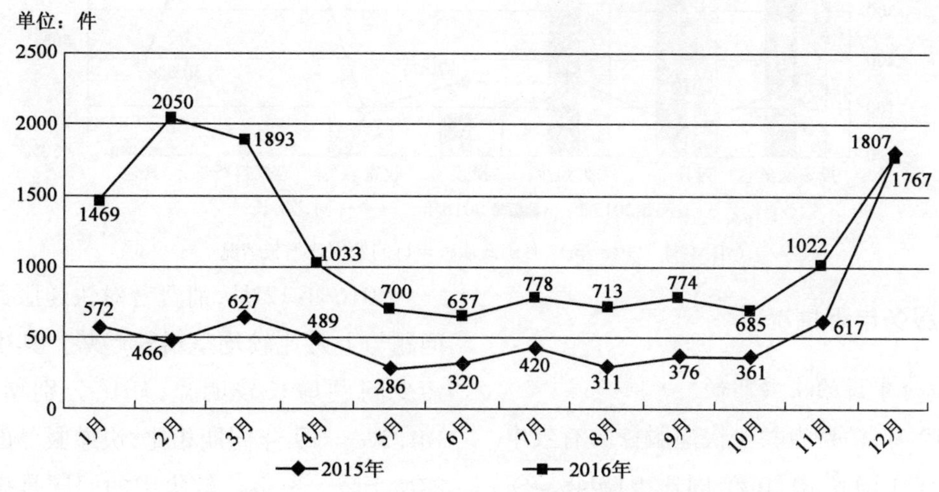

图 4-56　2016 年与 2015 年各月邮政有效申诉数量

表4-68　2016年12月消费者申诉邮政服务的主要问题及所占比例统计

序　号	申诉问题		申诉件数		占比例(%)	环比增长(%)	同比增长(%)
1	投递服务	函件	676	748	42.3	58.1	10.7
		包件	57				
		集邮	11				
		报刊	4				
2	邮件延误	函件	412	475	26.9	103.0	-27.6
		包件	62				
		其他	1				
3	邮件丢失短少	函件	304	372	21.1	87.9	17.7
		包件	68				
4	邮件损毁	函件	80	86	4.9	100.0	17.8
		包件	5				
		集邮	1				
5	收寄服务	函件	47	65	3.7	0.0	-9.7
		集邮	9				
		包件	8				
		报刊	1				
6	违规收费	包件	2	4	0.2	-42.9	300.0
		函件	2				
7	其他		17		1.0	750.0	30.8
合计	—		1767		100.0	72.9	-2.2

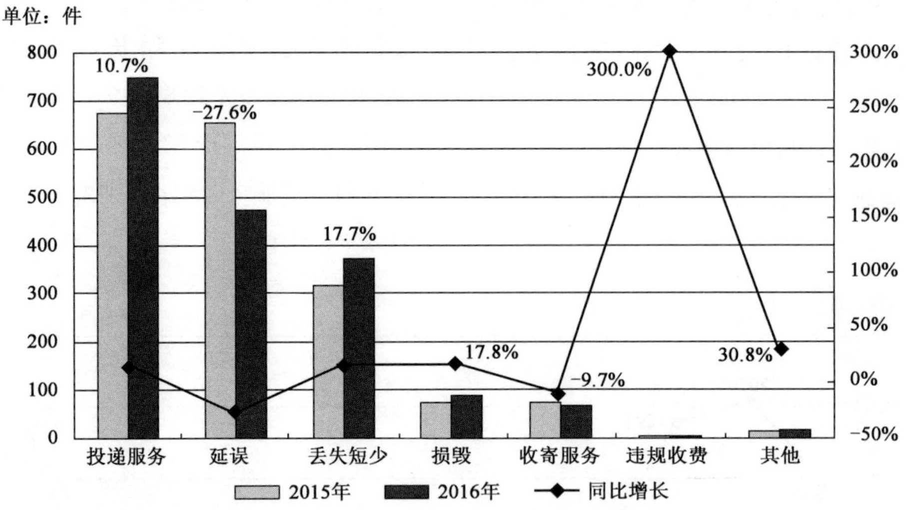

图4-57　2016年12月邮政服务申诉问题同比增长情况

三、快递服务申诉情况

(一)消费者申诉的主要问题

2016年12月,消费者关于快递服务的有效申诉43044件,环比增长81.0%,同比下降48.7%(图4-58)。

2016年12月,消费者对快递服务申诉的主要问题与上月比较均呈增长趋势。其中,延误、丢失短少问题增长较明显,环比分别增长107.6%、101.3%。与去年同期相比,快递服务的主要问题均有所下降。申诉比较集中的问题是投递服务和延误,占比分别为36.5%和33.7%(表4-69、图4-59)。

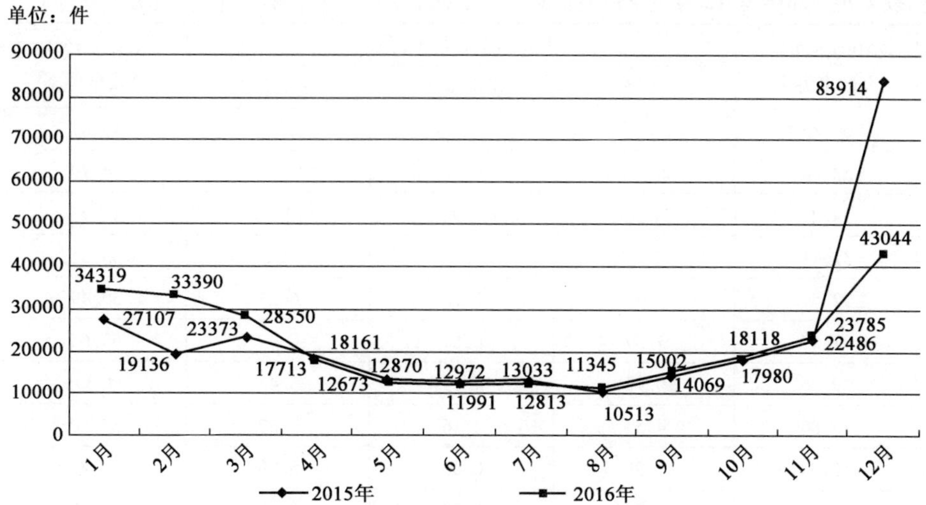

图 4-58　2016 年与 2015 年各月快递有效申诉数量

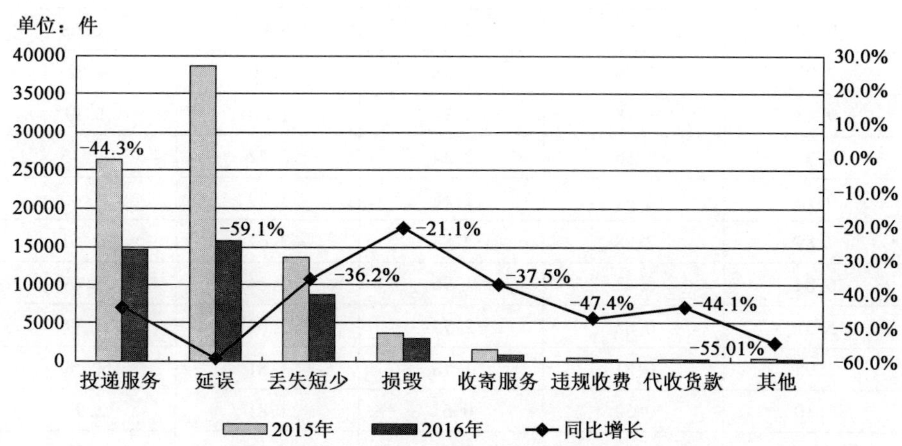

图 4-59　2016 年 12 月快递服务申诉问题同比增长情况

表 4-69　2016 年 12 月消费者申诉快递服务的主要问题及所占比例统计

序　号	申 诉 问 题	申 诉 件 数	占比例(%)	环比增长(%)	同比增长(%)
1	延误	15696	36.5	107.6	-59.1
2	投递服务	14515	33.7	63.2	-44.3
3	丢失短少	8673	20.1	101.3	-36.2
4	损毁	2890	6.7	44.8	-21.1
5	收寄服务	842	2.0	26.8	-37.5
6	违规收费	202	0.5	16.8	-47.4
7	代收货款	104	0.2	5.1	-44.1
8	其他	122	0.3	32.6	-55.0
9	合计	43044	100.0	81.0	-48.7

(二)消费者对快递企业申诉情况

2016 年 12 月，消费者对 43 家快递企业进行了有效申诉，全国快递服务有效申诉率为百万分之 12.68，环比增加 6.36，同比减少 22.02，高于全国平均有效申诉率的快递企业有 11 家。全国快递服务快件延误的有效申诉率为百万分之 4.62，同比减少 11.25；投递服务的有效申诉率为百万分之 4.27，同比减少 6.51；快件丢失损毁的有效申诉率为百万分之 3.41，同比减少 3.73(表 4-70)。

表 4-70　2016 年 12 月主要快递企业有效申诉率表（单位:件有效申诉/百万件快件）

企业名称	2016 年 12 月有效申诉率	主要问题有效申诉率			2015 年 12 月有效申诉率	同比
		延误	丢失损毁	投递服务		
如风达	66.85	26.96	22.50	15.74	45.69	↑
国通快递	52.86	28.77	8.69	14.38	44.79	↑
宅急送	34.24	12.46	7.92	12.74	40.23	↓
申通快递	31.41	12.45	8.07	10.24	55.01	↓
天天快递	22.51	9.89	5.76	6.27	59.49	↓
全峰快递	21.17	7.57	6.60	6.33	65.65	↓
德邦快递	19.26	9.12	4.19	5.41	4.39	↑
优速快递	16.86	4.54	4.16	7.57	20.60	↓
卓越亚马逊	13.97	7.98	0.00	5.99	1.66	↑
UPS	13.46	6.53	2.04	4.89	9.47	↑
圆通速递	13.31	3.18	4.57	5.19	47.08	↓
速尔	9.98	2.92	2.84	3.93	10.68	↓
民航快递	9.91	1.24	2.48	6.20	4.82	↑
TNT	9.48	1.18	4.74	1.18	1.30	↑
邮政(EMS)	9.31	3.86	2.34	2.77	17.43	↓
中通快递	9.12	2.81	2.18	3.79	27.45	↓
百世快递	7.89	2.08	2.88	2.67	32.61	↓
快捷速递	6.84	2.43	1.96	2.24	33.09	↓
全一快递	5.51	0.83	2.75	1.65	8.59	↓
韵达快运	3.95	0.81	1.18	1.81	60.59	↓
DHL	3.10	0.52	0.52	1.81	2.90	↑
FedEx	2.88	1.28	0.64	0.32	1.69	↑
递四方	2.33	0.78	0.48	1.07	5.61	↓
顺丰速运	2.18	0.82	0.56	0.59	3.78	↓
京东	1.09	0.24	0.31	0.49	2.09	↓
苏宁易购	0.05	0.05	0.00	0.00	7.39	↓
全国合计	12.68	4.62	3.41	4.27	34.70	↓

第五章 2016年中国快递发展指数报告

(一)整体情况

2016年是全面建成小康社会决胜阶段的开局之年,也是推进结构性改革的攻坚之年。快递业在党中央、国务院的坚强领导下,以落实《国务院关于促进快递业发展的若干意见》为主线,加速提升传统动能、培育壮大新动能,着力推进供给侧结构性改革,行业总体保持了持续高速发展的态势,实现了"十三五"良好开局。

随着快递业务的高速增长,快递对社会经济增长的贡献显著提升。2016年快递支撑网络零售额超过4万亿元,占社会消费品零售总额比重达到12.5%,直接服务农产品外销超过1000亿元,直接服务制造业产值超过1200亿元,快递业发展对培育壮大新经济、加快发展新动能具有不可替代的作用。2017年1月4日李克强总理在第一次国务院常务会议上指出"快递业作为'新经济'的代表,既拉动了消费也促进了生产。"

2016年中国快递发展指数(CEDI)为538.5,同比提高40.8%。从一级指标来看,发展规模指数高速增长,服务质量指数稳步上扬,发展普及指数保持增长,发展趋势指数积极向好(图4-60)。

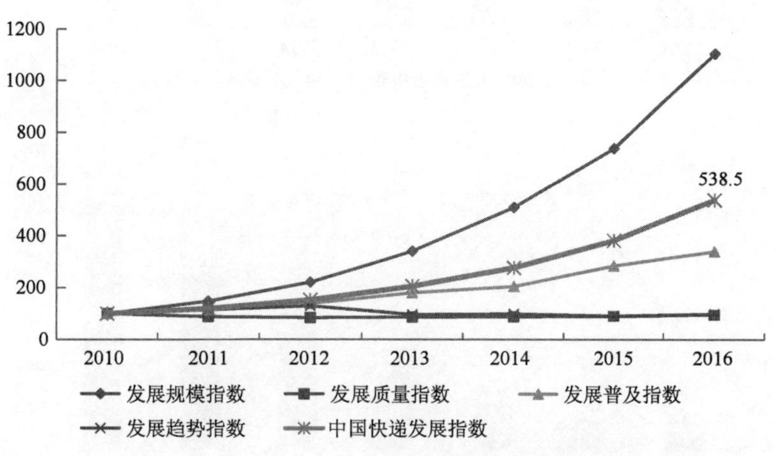

图4-60 2010－2016年中国快递发展指数

(二)发展规模指数

2016年,中国快递发展规模指数为1104.6,同比提高49.5%。从指数变化率来看,在经历连续两年下滑后,发展规模指数增速出现反弹(图4-61)。

从业务量指标来看,2016年我国快递业务量首次突破300亿件大关,达到312.8亿件,同比增长51.4%,居现代服务业前列,成为我国新经济的亮点。快递日均处理量达到8571万件,最高日处理量超过2.5亿件。日均服务人次超过1.7亿,相当于每天8个人当中就有1个人使用快递。年人均快递使用量接近23件,比上年增加8件。业务量规模稳居世界首位,在全球占比超过四成,对全球快递业务量增长的贡献率达60%,我国已经成为全球快递市场发展的新引擎(图4-62)。

从业务收入指标来看,2016年我国快递业务收入接近4000亿元,比上年增长43.5%,是同期国内生产总值增速的6倍以上,快递业务收入占国内生产总值比重继续提高至5.3‰。快递业务收入占邮政业总收入的比重稳步上升,达到73.9%,比上年提高了5.3个百分点。我国已形成6家年营业收入超300亿元、10家年营业收入超100亿元的快递品牌集群(图4-63)。

加速提升传统动能。我国快递业发展的传统动能来自网络购物驱动,“十二五”时期网络购物的繁荣带动了快递业务的激增,网络购物所产生的快件量占快递业务总量的60%以上,部分快递企业网购件占比甚至超过80%。电商依存度过高致使部分快递企业被动型发展,产品高度同质化且电商领域价格战传导至快递领域,造成快递价格竞争激烈,快递发展存在增量不增利的问题。为提高增长的质量,快递业通过多种方式加速提升传统动能:一是细分市场开发专业产品,部分快递企业涉足生鲜电商开发冷链产品,部分快递企业专注快运市场,通过差异化提高市场竞争力;二是打通上下游,部分快递企业涉足电商和仓配领域,建立自有网络购物平台,开发云仓等服务产品,通过整合产业链拓展盈利空间。三是加强信息技术应用,大数据分单和自动分拣等技术推广应用极大提高了操作处理的效率。

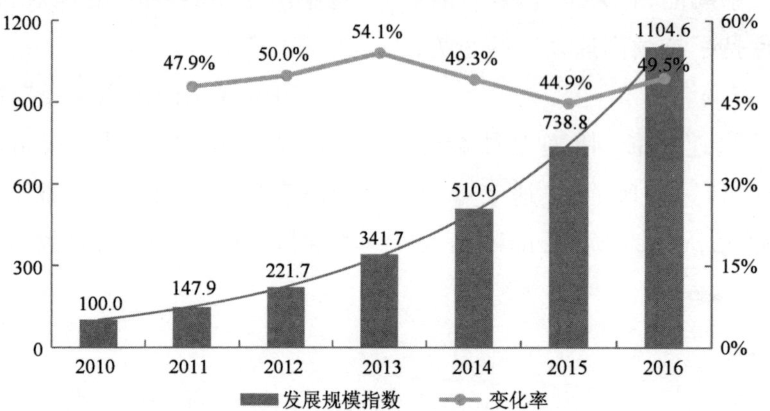

图4-61　2010－2016年发展规模指数

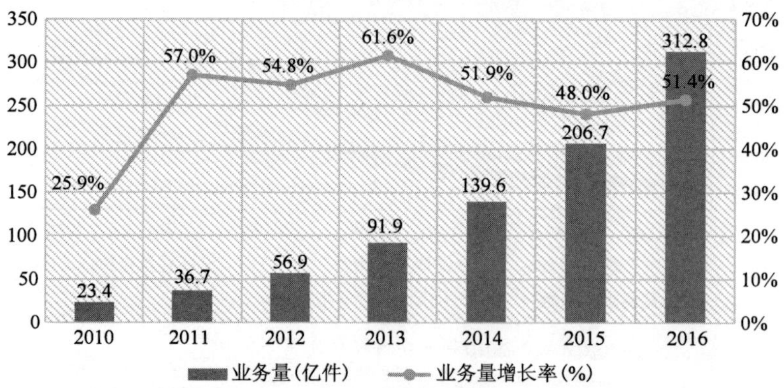

图4-62　2010－2016年我国快递业务量变动情况

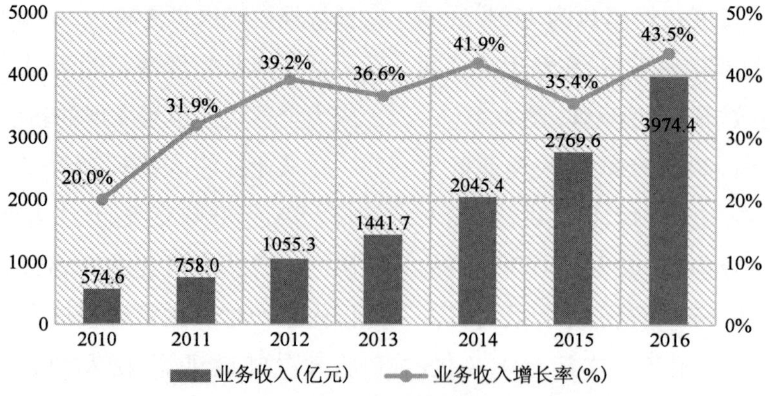

图4-63　2010－2016年我国快递业务收入变动情况

培育壮大新动能。我国快递业发展的新动能来自创业创新。业态创新方面，快递投递众包、城市共同配送等新业态不断涌现，极大提升了快递使用的便捷性。产品创新方面，部分企业涉足订单农业，提供除生产外全套解决方案；部分企业深度嵌入制造业产业链，提供供应链解决方案；部分企业为精密仪器、医疗用品、生鲜产品等提供定制化服务，满足多元化社会需求；部分企业布局海外服务跨境电商，强化对中国产品走出去支撑。技术创新方面，自动分拣、电子运单等得到很好应用，人工智能（机器人）、无人机等技术开始试用。创业创新还推动了快递业生态圈的重构，以快递金融为例，从过去仅涉及保险和贷款拓展到结算、抵押贷款、设备租赁、移动支付、短期融资、快递保险、上市经纪等。

（三）服务质量指数

2016 年，中国快递服务质量指数为 95.8，同比提高 5.5%。服务质量指数从 2013 年开始稳步上扬，呈现逐年改善的迹象（图 4-64）。

从公众满意度指标来看，快递服务公众满意度持续提升，2016 年为 74.7 分，较上年提高 0.7 分（图 4-65）。

从时限准时率指标来看，重点城市间 72 小时准时率连续两年改善，2016 年 72 小时准时率为 75.5%，较上年提高 1.6 个百分点（图 4-66）。

从用户申诉率指标来看，有效申诉率连续四年下降，2016 年快递有效申诉率为 8.4 件/百万件快件，较上年下降 4.9 件/百万件快件（图 4-67）。

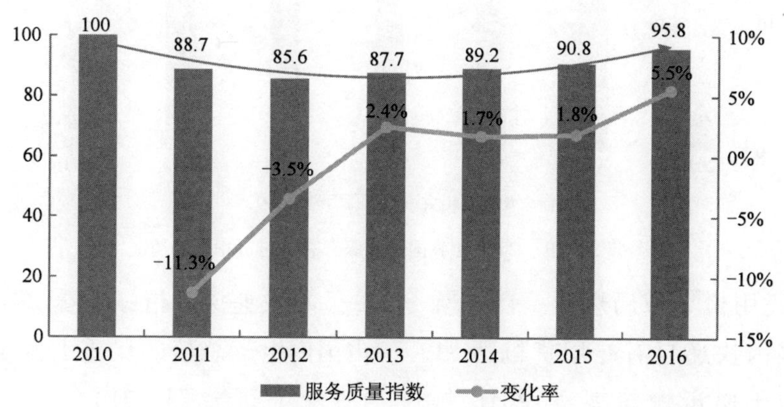

图 4-64 2010－2016 年服务质量指数

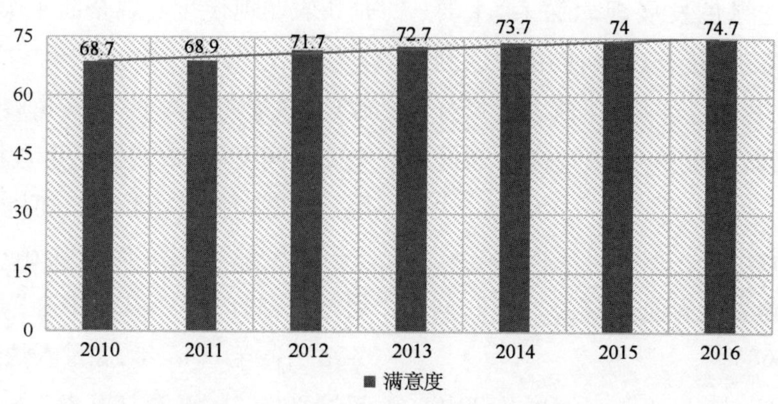

图 4-65 2010－2016 年快递服务公众满意度变动情况

2016 年，快递企业加强基础设施建设，行业综合服务能力大幅提升。申通、圆通、顺丰、韵达、中通等快递企业竞相上市，为企业基础设施建设筹集了大量资金。重要区域、重要节点大型快递枢纽项目加快建设，全年新增快递专业类物流园区 20 个，湖北鄂州快递货运机场选

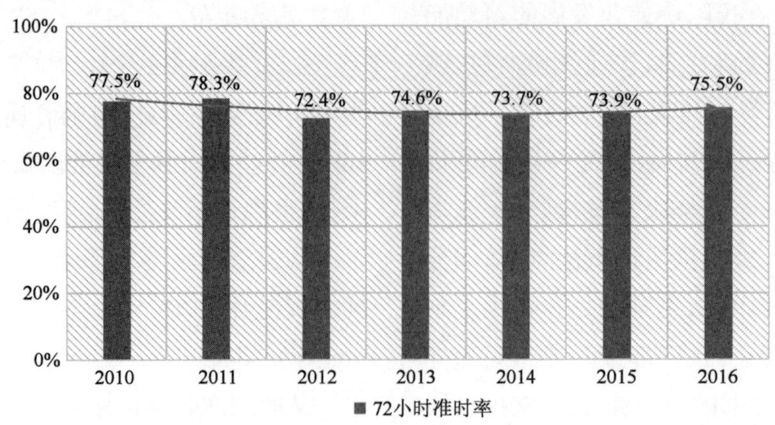

图4-66　2010－2016年重点城市间72小时准时率变动情况

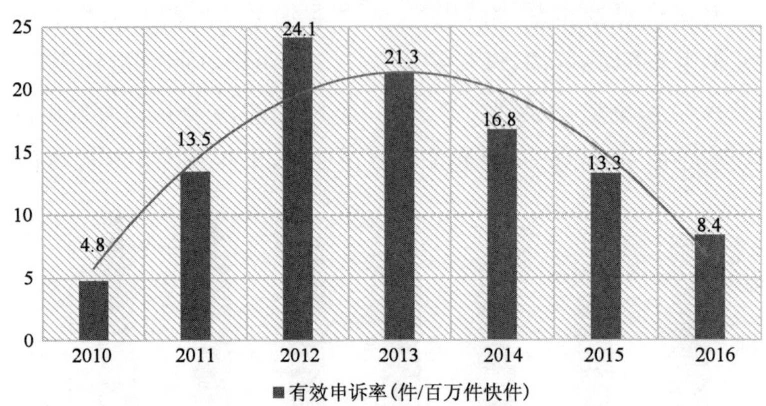

图4-67　2010－2016年我国快递服务有效申诉率变动情况

址方案获批并纳入民用机场布局规划。自主航空运输能力加强，国内快递自有专用货机达81架。高铁运输成为快递运输新亮点，2016年“双11”通过高铁运输1525万件快件，掀开了快铁合作新的一页。绿色发展理念深入，主要品牌快递企业协议客户电子运单使用率达到70%，新能源汽车使用量超过4000辆。数据分单技术广泛应用，机器人配货和无人机投递等新技术也开始应用。

（四）发展普及指数

2016年，中国快递发展普及指数为340.2，同比提高19.3%（图4-68）。

从网点密度指标来看，网点人口密度从2010年每十万人4.8个快递网点，增加至2016年每十万人15个快递网点，网点面积密度从2010年每千平方公里6.7个快递网点，增加至2016年每千平方公里19.1个网点（图4-69、图4-70）。

从快递深度指标来看，2016年快递业务收入占国内生产总值的比重上升至5.3‰，同比提高1.2个千分点（图4-71）。

2016年，中央一号文件《关于落实发展新理念加快农业现代化实现全面小康目标的若干意见》首次提出“实施‘快递下乡’工程”。随着国家邮政局“快递向西向下”服务拓展工程的推进和农村电商协同发展，重点快递企业加大对基层网络的覆盖。圆通推进“通乡镇、通村组”工程，申通开展“千县万镇”工程，韵达实施“开通乡村拓展计划”，京东打造“一县一中心”，苏宁推广“易购服务站”，截至2016年，底重点快递企业乡镇覆盖率超过80%，上海市、江苏省等8省（市）实现乡镇全覆盖，中西部地区整体提升超过12个百分点。城市快递网点标准化建设持续推进，现在全国城市快递网点标准化率达到51.4%，布放智能快件箱累计超过10万组，年投递快件超过10亿件，快递普惠程度明显提升。

快递普惠既是快递业服务民生基础性作用的重要体现，也是快递新一轮高速增长的新引擎。主要体现在三个方面，一是服务国内产业转移，随着生产技术变革和产业生命周期演变，区域间生产要素比较优势发生变化，一些传统的产业开始从东部向中西部转移，快递普惠程度的提升有助于实现生产要素的自由流动、资源的高效配置和市场的一体化。二是畅通农产品流通渠道，现在农产品销售存在农民“难卖”和消费者“难买”的悖论，价贱伤农和价高伤民的根本原因还是流通渠道不畅和流通成本过高，快递渠道实现了农产品从田间直达舌尖，极大缩短了流通环节，减少了流通的成本，在推动农业现代化和服务“三农”方面空间广阔。三是推动消费公平，快递渠道还打破了消费的时间限制和空间壁垒，缩小不同地域消费价格差异，极大释放了中西部和农村地区的消费潜力。

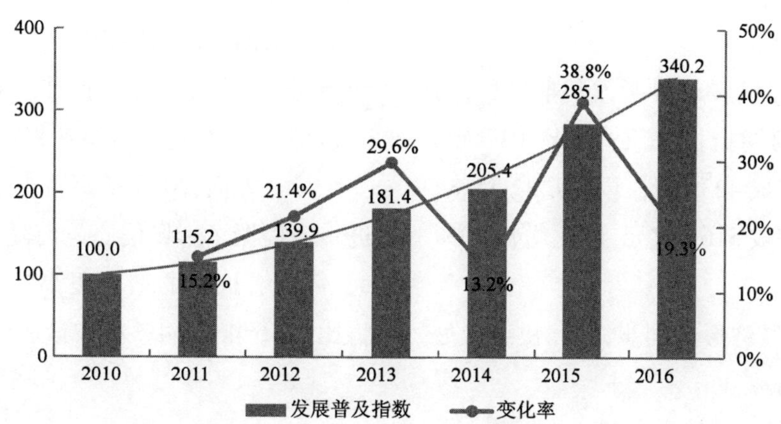

图 4-68 2010－2016 年发展普及指数

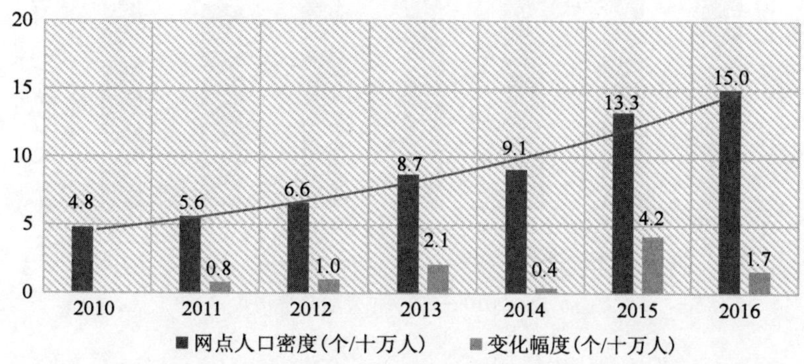

图 4-69 2010－2016 年我国快递服务网点人口密度变动情况

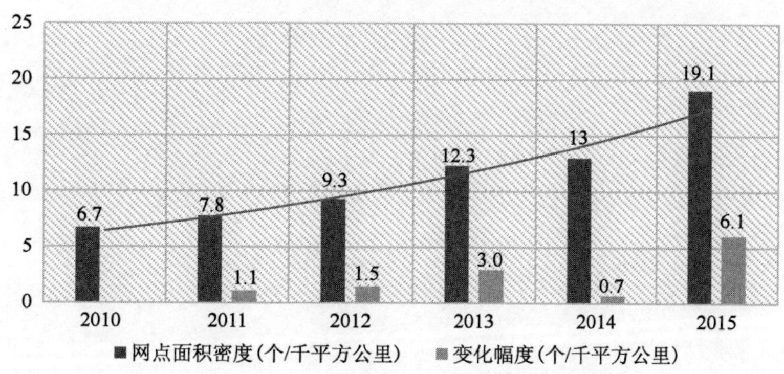

图 4-70 2010－2016 年我国快递服务网点面积密度变动情况

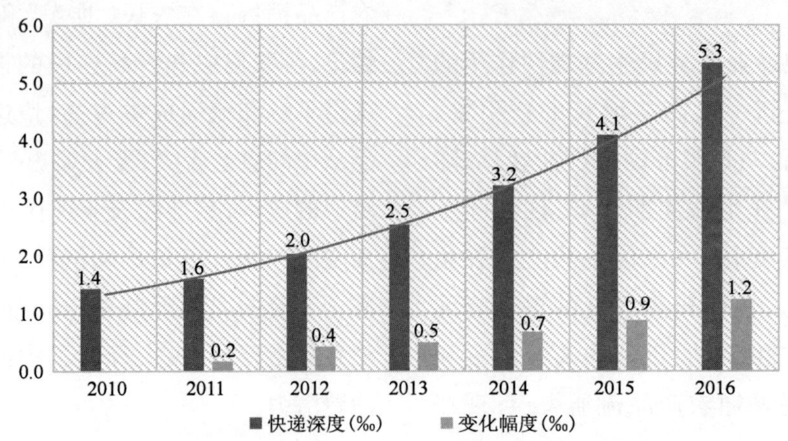

图4-71　2010－2016年我国快递深度变化情况

(五)发展趋势指数

2016年中国快递发展趋势指数基本平稳，为99.8。从业务增长预期指标来看，预计2017年，我国快递业务量将完成423亿件，同比增长35%。我国快递业务收入完成5165亿元，同比增长30%(图4-72)。

一方面，与国家经济形势同步，我国快递业处于增长新旧动能的转换期，传统动能逐渐放缓，新动能还未发挥主导作用，难以对冲传统动能减弱的影响，我国快递业务增速将趋于稳定。

另一方面，2016年快递业务量增长超出预期，进一步提振了市场信心。而随着快递发展基数增大，每个增长点的增量更高，2017年35%的增量将比2016年51.4%的增量还要大。

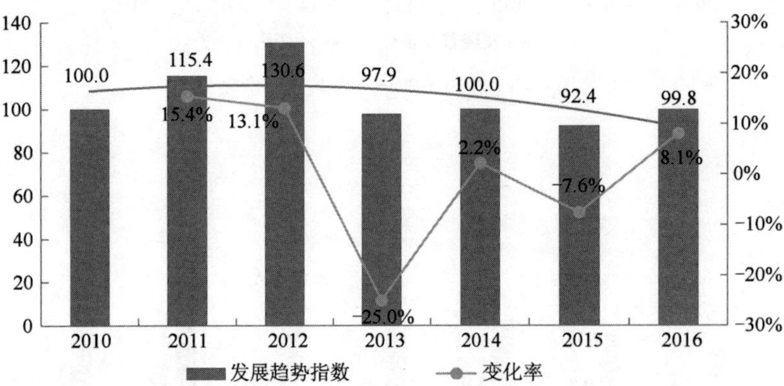

图4-72　2010－2016年发展趋势指数

第五篇 人才建设

第一章 2016年快递人才队伍建设概述

人才资源是经济社会发展的第一资源,也是推动我国由邮政大国向邮政强国迈进的坚强保障。当前和今后一个时期,是邮政行业贯彻落实创新、协调、绿色、开放、共享发展理念,促进转型升级、创新发展的重要时期,加快推进普惠邮政、智慧邮政、安全邮政、诚信邮政、绿色邮政"五个邮政"建设,迫切需要高素质的劳动者。在此背景下,主动适应新常态、新变化,找准新形势下邮政行业人才队伍建设的着力点,谋划好今后一个时期的工作,是行业人才发展的重中之重。

2016年,作为邮政行业的管理部门,国家邮政局不断强化干部队伍建设。制定关于加强和改进系统领导班子建设的意见等制度,健全干部人事管理机制,规范干部选拔任用工作流程。2016年,国家邮政局累计任免局管干部75人次,进一步优化了领导班子和干部队伍结构,此外,还组织24名领导干部和公务员进行双向交流和挂职锻炼。不断健全干部考核评价机制,强化结果运用。在加强干部教育培训方面,全年共举办各类培训班20个,培训1500余人次。加强对领导干部和选拔任用工作的监督,组织抽查核实263名干部个人有关事项报告,对存在问题的干部严格按规定进行了处理。

在行业人才队伍建设上,注重顶层制度设计,着力构建人才培养支撑体系,打造高素质人才队伍。2016年,与江苏、陕西、重庆共建三所大学现代邮政学院和邮政研究院,北京邮电大学首届邮政快递专业方向顺利完成招生;遴选确认第一批6个全国邮政行业人才培养基地,合作院校、人才培养基地、共建学院和研究院"四位一体"的邮政行业人才培养体系初步形成。2017年成功举办全国首届"互联网+"快递大学生创新创业大赛,探索建立以创新创业为导向的人才培养机制,完善产学研用结合的协同育人模式,激发学生的创新精神和创业激情,增强快递业的认同感和影响力,助力"互联网+快递"新业态发展,推动大众创业、万众创新在邮政、快递领域蓬勃开展。

此外,高度重视邮政行业经营管理人才、专业技术人才和技能人才队伍协同发展,积极申报专业技术人员高级研修班,引领和带动各类院校、科研机构和协会等积极参与行业职业教育和在职培训,形成人才培养合力。在技能人才方面,2016年全年参加快递业务员鉴定考试人数9.7万人次,全国历年鉴定累计总量76万人次,持证人数达52万人次,为促进行业管理,提升企业服务能力水平,提高从业人员素质提供了有效支撑和重要抓手。

与此同时,邮政、快递企业也不断健全人才培训机制,从业人员能力素质得到进一步提升,为企业由大做强提供人才支撑。值得一提的是,随着市场竞争的加剧,越来越多的企业也深刻地认识到人才对企业发展的重要性，人才培养的意识也逐渐增强。2016 年，快递企业在加快规范发展、转型升级中，不断加大投入力度，通过多种方式积极加强人才队伍建设，进一步优化人才发展环境，在选才、育才、用才、刘彩等方面，也渐渐摸索出一些适合各企业自身发展的新模式和工作思路，为行业快速发展奠定了人才基础。

2016 年，院校在快递人才培养方面继续发挥了重要的作用。截至 2016 年年底，合作院校达到 181 所，其中开设快递专业（方向）的 58 所，在校学生达 4 万人。据不完全统计，行业各类人才培训 11.4 万人次。

第二章 2016 年职鉴工作进展

2016 年,职鉴中心在国家邮政局党组的正确领导下,在各司局和直属单位的大力支持下,职鉴指导中心深入贯彻落实党中央、国务院的相关决策部署,紧紧围绕国家邮政局中心工作,服务大局,以贯彻落实《国务院关于促进快递业发展的若干意见》和《关于加快发展邮政行业职业教育的指导意见》为主线,积极适应"放管服"改革形势,扎实开展职业技能鉴定工作,努力推进技能人才队伍建设,各项工作取得新的成效。

一、推进鉴定考试有序开展

制定考试计划,认真部署落实。根据快递行业生产作业特点规律,避开生产旺季等敏感时段,安排 5 次全国统考。按照企业从业人员素质提升要求以及不同地区快递业务量收情况,确定年度鉴定考试目标,进行细化分解。每批次考试严格按照规程认真做好动员报名、抽题组卷、系统支撑、考务管理等工作,确保各环节工作万无一失,安全高效。

延伸考试服务,实化人才培养。指导各省依托地市县级邮政管理机构,推动鉴定考试服务不断向下延伸,5 次全国统考在地(市)设置考点,省会城市以外设置的考点占 79%。行业职鉴工作向下拓展,更好实现了送考到门、送考到企,带动了企业培训,方便了考生,省以下人才培养工作也有了实实在在的抓手。

夯实职鉴工作基础,做好支撑服务。强化证书管理,启用新版国家职业资格证书,升级证书系统。深入开展证书复核工作,掌握了从业人员持证信息,为后续人才培养和行业管理提供依据。组织鉴定题库修订。组织业务师师资骨干培训班,25 省 115 名师资骨干参加培训,为全面开展业务师培训鉴定奠定基础。提供培训鉴定教材、快递相关图书资料销售服务,累计销售图书近万册。

全年参加快递业务员鉴定考试人数 9.7 万人次,全国历年鉴定累计总量 76 万人次,持证人数达 52 万人次,为促进行业管理,提升企业服务能力水平,提高从业人员素质提供了有效支撑和重要抓手。

二、切实做好职业标准建设和大赛筹备工作

启动并推进新职业标准编制。筹备成立国家邮政局标准编制工作领导小组,局领导任领导小组组长,相关司局和直属单位领导担任小组成员。成立标准编制项目组,组织召开编制工作启动会、研讨会、沟通会,邀请人社部职鉴中心、省快递协会、快递企业和院校的专家进行研讨,研究确定标准编制框架和主要内容。到北京、上海、广东等地多家快递企业开展调研,了解企业岗位设置情况,搜集整理相关数据,进行职业分析,起草标准文本。目前已完成新职业技能标准文本报审稿。

积极开展 2017 年全国行业职业技能大赛的筹备工作。成立筹备工作项目组。到人社部职业能力建设司、职鉴中心等部门单位了解举办全国大赛的相关要求。开展调研,组织召开座谈会、研讨会,制订大赛工作方案和技术方案,就赛项具体内容反复征求省中心、快递协会、快递企业和院校意见建议。启动开发竞赛试题库及考核平台系统,设计完成大赛专题网页。组织大赛主题和 logo 征集以及大赛冠名赞助等活动。

三、积极推进技能人才队伍建设

推进合作院校建设。对合作院校贴近行业服务行业、加大

投入、有效支撑行业技能人才培养等工作提出意见建议。支持组织合作院校申报国家邮政局邮政行业人才培养基地评选，为基地筛选、初评和终审提供支撑。引导和支持合作院校继续实行“双证书”制度，为快递企业输送高层次技能人才。截至2016年底，合作院校达到181所，其中开设快递专业（方向）的58所，在校学生达4万人。据不完全统计，行业各类人才培训11.4万人次。

发挥技能人才培养支撑作用。开展行业技能人才队伍“十三五”规划目标研究，提出快递技能人才“853”工程。进行技能人员远程教育培训课程资源二期建设，丰富课程资源，为广大从业人员提供多元化学习平台。积极支持合作院校参加“互联网+”快递大学生创新创业大赛，配合人事司做好大赛启动、宣传动员、项目评选等工作，扩大影响，通过大赛展示合作院校学生风采。

组织开展专业论证和教材建设。根据人社部要求，配合完成技工院校专业目录修订工作，提出快递专业建设和人才培养目标、层次和教学内容等意见建议，成功推动技工院校首次增设快递运营管理专业。结合职业院校“一体化”课程教学的实际需要，编写出版两本快递专业（方向）职业院校教材，即《快递操作实务》和《快递客户关系管理》。

协助落实人才政策。开展政策调研，汇总广东、浙江等地积分落户政策，了解相关部门鉴定培训补贴等支持政策。为快递持证人员办理相关证明手续，办理积分落户入学，使行业技能人才有更多的获得感。

第三章 2016 年职鉴数据统计情况

一、鉴定机构和人员队伍

年末全行业共有职业技能鉴定机构 63 个，其中省级鉴定机构(部门)30 个(其中独立法人单位 21 个，内设部门 9 个)，鉴定站 33 个。

职鉴管理人员 339 人，考评员 1465 人次(新增 243 人次)，高级考评员 55 人次，督导员 79 人次，师资骨干 3948 人次(新增 490 人次)。

省以下职鉴工作进一步深入，河北、内蒙古、吉林、黑龙江、江苏、安徽、福建、江西、山东、河南、湖北、海南、西藏等 13 个省(区)的 143 个地市局明确了职鉴工作部门或工作人员，专职 2 人，兼职 204 人。

二、鉴定考试

鉴定考试工作稳步推进，完成全年鉴定目标的 85.1%。全年组织 5 个批次统一考试，共鉴定 97035 人次，合格 61485 人次，合格率为 63.4%。其中，初级鉴定 84704 人次，合格 52481 人次，合格率为 62.0%；中级鉴定 6865 人次，合格 4801 人次，合格率为 69.9%；高级鉴定 5255 人次，合格 4084 人次，合格率为 77.7%；业务师鉴定 211 人次，合格 119 人次，合格率为 56.4%。持证等级结构进一步优化。与去年相比，中级、高级以上持证占比分别提高了 0.6%、1.9%(见图 5-1)。

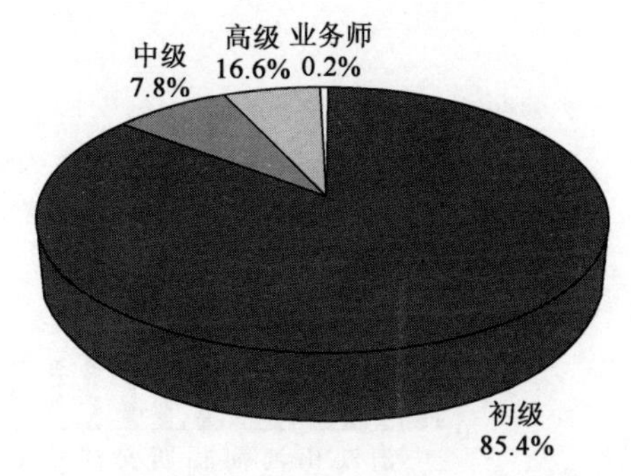

图 5-1 2016 年持证总量等级结构

11 个省完成年度鉴定目标，分别是河南(155.6%)、四川(136.2%)、江西(121.1%)、河北(119.0%)、安徽(115.7%)、山西(113.1%)、山东(110.0%)、广东(105.8%)、青海(105.1%)、辽宁(104.8%)、吉林(101.1%)(见图 5-2)。

年度鉴定量前 10 位的省份是广东(12275 人次)、浙江(8540 人次)、江苏(7281 人次)、山东(6927 人次)、河北(6569 人次)、河南(6471 人次)、福建(5782 人次)、四川(4698 人次)、安徽(4190 人次)、江西(3634 人次)(见图 5-3)。

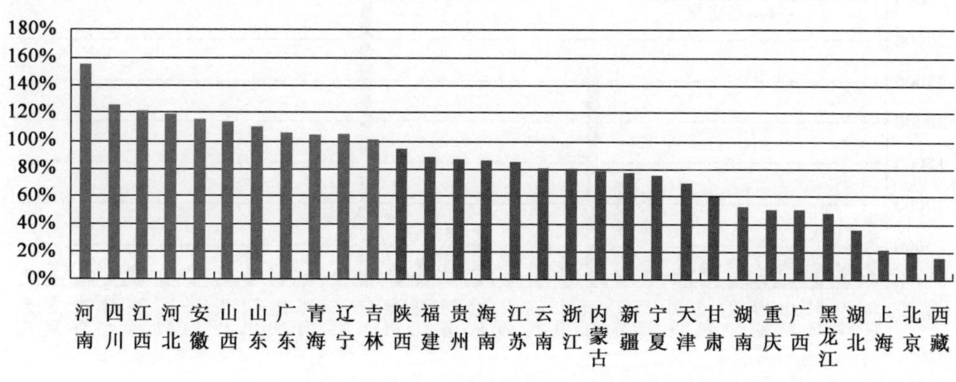

图 5-2 2016 年各省年度鉴定目标完成情况(按完成进度排序)

年度鉴定量前10位的企业（品牌）是中通（18279人次）、圆通（10101人次）、顺丰（9836人次）、韵达（8448人次）、申通（8352人次）、百世快递（7046人次）、京东快递（3632人次）、天天（3091人次）、品骏快递（2127人次）、跨越速运（1396人次）（见图5-4）。注：主要企业（品牌）鉴定数据来源为国家邮政局职鉴考试信息系统。

与去年相比，年度鉴定量增加的有陕西、宁夏、河南、河北、江西5个省（区），同比增长分别为40.2%、26.4%、20.0%、12.5%、9.9%。全国来看，大多数省（区）的鉴定量与快递业务量基本匹配（见图5-5）。

2014－2016年，初级鉴定合格率呈下降趋势，中级鉴定合格率相对稳定，高级和业务师鉴定合格率稳中有升（见图5-6）。

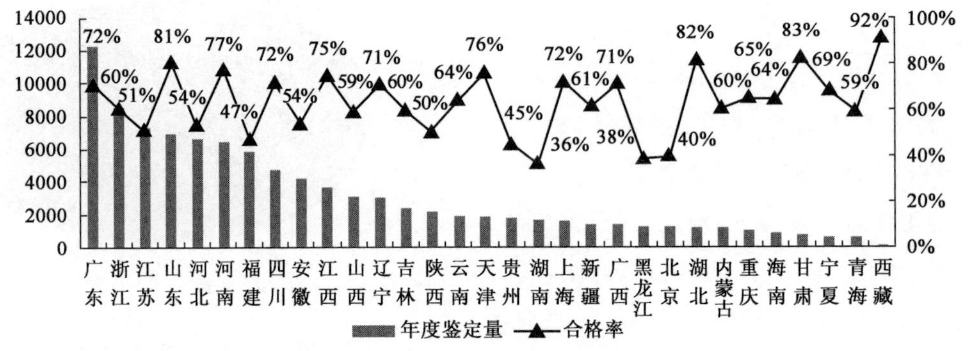

图5-3　2016年各省鉴定量及合格率（按鉴定量排序）

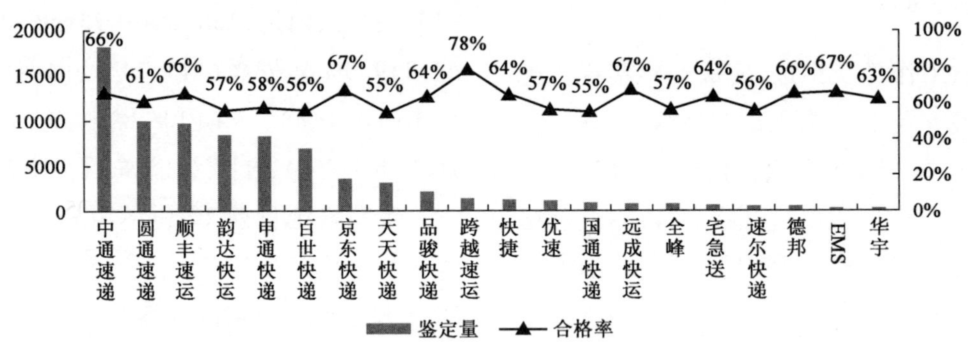

图5-4　2016年鉴定量前20位的企业（品牌）鉴定量及合格率

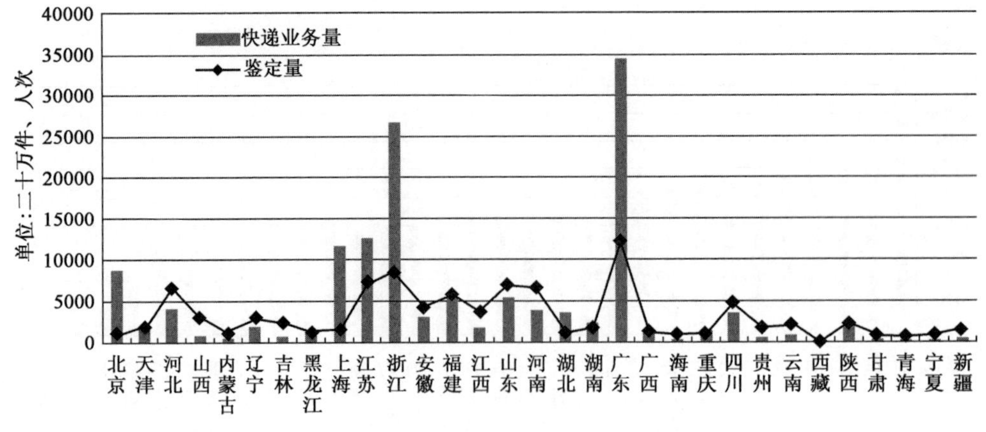

图5-5　2016年各省鉴定量与快递业务量匹配情况

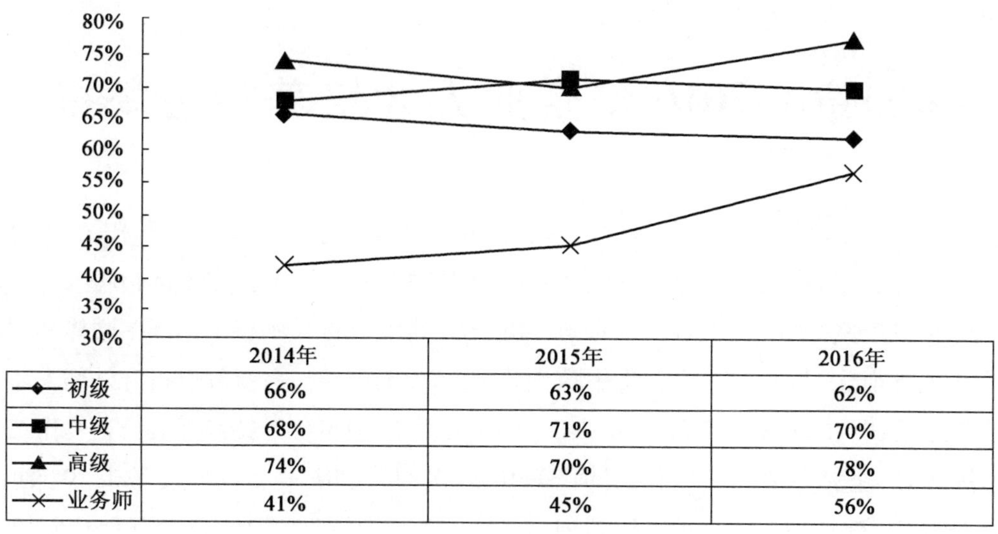

图5-6 2014－2016年分等级合格率比较

三、合作院校

合作院校稳步拓展，“双证书”制度进一步推进。全国合作院校达181所，新增11所。合作院校增加的有四川（9所）、安徽（7所）、吉林（2所）、福建（2所）、江苏（1所）；减少的有辽宁（7所）、河北（1所）、山西（1所）、海南（1所）。

合作院校中，本科类28所，大专高职类101所，中专中职类34所，技校技师类18所。开设快递专业（含快递方向及快递相关专业）102所，招生专业数67个，在校生4万人。其中开设快递专业（快递运营管理、速递服务与管理）11所。

合作内容上，承担鉴定站工作22所，考务管理合作165所，短期培训84所，快递专业（方向）招生58所，教材编写5所，项目研究21所。

四、各类培训

据不完全统计，全年开展各类培训2598期，共计培训11.4万人次。其中鉴定考前培训167期，培训2.4万人次；岗前培训910期，培训3.3万人次；安全培训875期，培训4万人次；储备干部培训268期，培训5723人次；职业经理人培训151期，培训1981人次；其他培训227期，培训9859人次。

五、职业技能竞赛

全年有河南、辽宁、福建、湖北、广东、四川、青海等7省组织了不同层级的技能竞赛，参加竞赛的选手共801人次，晋升职业资格等级32人次。其中河南举办了省级技能竞赛，参加竞赛的选手共96人次，晋升职业资格等级8人次；辽宁、福建、河南、湖北、广东、四川、青海等省举办地市级技能竞赛，参加竞赛的选手共705人次，晋升职业资格等级24人次。通过竞赛7人次获得省级荣誉称号，51人次获得地市级荣誉称号。

六、证书复核

全国有23个省（区、市）、210个地市局年内开展了证书复核工作，共复核6.9万人，复核证书7.5万本。其中，浙江、江苏、福建、河北、河南、四川、广西、吉林、内蒙古、贵州、海南、宁夏等12个省（区）实现证书复核地市局全覆盖。

复核人数过5000的省份有浙江（13736人）、江苏（10394人）、福建（6945人）、河北（6022人）。复核人数过5000的企业（品牌）有顺丰（16045人）、中通（11702人）、圆通（9339人）、申通（8802人）、韵达（6344人）。

第四章　2016 年企业人才培养特色举措

2016 年是全面建成小康社会决胜阶段的开局之年，也是推进结构性改革的攻坚之年。全行业牢固树立新理念，按照稳中求进工作总基调，主动适应经济发展新常态，坚持创新引领，坚持服务民生，推进结构改革，推进合作开放，巩固发展态势，巩固安全基础，保持了持续快速发展。这一年，各主要快递企业也结合自身特点，通过特色举措，全面推进快递人才的培养。

一、中国邮政速递物流：加强选才、育才、用才、留才机制

中国邮政速递物流坚持人才是企业宝贵资源的理念，贯彻“人才强邮”战略，全面加强选才、育才、用才、留才机制，不断推进人才队伍建设。

在人员培训上，邮政速递物流健全和完善了总部、省分公司、地市分公司三级教育培训管理体系。围绕“建队伍、强素质”这一主旨，以集中培训、网络培训等多种方式强化员工培训工作。从抓好领导干部、内训师、营销队伍、专业技术骨干、新入职员工等各级各类培训入手，使员工培训做到分层次、有重点、制度化和常态化。2016 年，全国邮政速递物流共举办各级各类培训班 7466 个，其中总部举办集中培训班 44 个，集中培训 2950 人次；网络远程培训班 2 个，培训 37710 人次；员工培训率达到 91.18%。

在人才工作方面，邮政速递物流注重抓好人才队伍建设，2016 年积极开展人才评价选拔前期各项工作，起草“人才评价选拔与管理实施意见（试行）”“人才测评实施办法（试行）”，并开展试题库建设，会同业务部门按照人才小类梳理速递物流人才测评专业理论参考书目和制度规定文件；开展“千人引进”工程前期需求申报工作，并配合集团开展集团级专业领军人才选拔工作；有序开展员工高级职称评审、职业技能鉴定和高技能人才复训复考工作，2016 年职业技能鉴定人数 2.02 万人，鉴定完成率达到 116.2%，为专业人才和技能人才的培养提供了有力保障。

二、顺丰速运：多管齐下，分层分级育人才

人才是企业发展的核心力量，顺丰一直以来都非常重视企业人才队伍建设工作。从优秀人才引进来看，2016 年顺丰为把控外部招聘人才质量，逐渐完善了内部招聘体系，并优化招聘流程以提升外部人才应聘体验；持续开展校企合作工作，在全国 5 个重要城市 10 余所国家 985、211 高校开展校园招聘，吸纳近 600 位优秀人才加入顺丰；深化实施“菁才计划”，定位全球 TOP100 名校，精准筛选并引进顶尖硕士、博士 10 余位，以储备未来发展人才；针对国内名校开设“企业开放日”，吸引优秀大学生进入顺丰参观、体验，促进校企合作。

在人才队伍建设方面，2016 年顺丰提出“双价值（价值观实践、价值贡献）”的用人导向，并基于此来选人、育人和用人，公司内部全面进行人才盘点，并给予优秀的高潜人才更多优质的培养资源、项目历练机会等，切实牵引员工的能力提升。这样就保证了新进来的人才能够留得住，留下来的人才都能够得到很好的成长和发展，为企业做出更多、更大的贡献。

同时，顺丰还优化了内部岗位体系，搭建了多元化的职业发展路径，完善了相关能力标准。比如，2016 年上线的人才管理集成平台，不仅为员工提供了明

晰的可视化职业发展辅导、学习提升资源,牵引了员工的自我发展;同时也帮助管理者了解团队,能有效进行人才搜索、人才识别、人才管理,并对异常状况进行前置干预。

针对人才培训,顺丰紧紧围绕转型目标展开,助推公司战略落地、支持业务发展,建立起自上而下、权责明晰的培训组织体系和人才培养机制,结合不同梯队的人才培养目标,重新梳理关键人才核心能力培养计划,从而提升人才胜任力和人才准备度。

针对管理者,顺丰设计了分层分级的培养项目,含在职高管培养、新入职高管培养、后备高管培养等。通过在线移动学习、集训、标杆企业考察、研讨会、关键任务历练、业务体验等多种方式,帮助管理者团队提升能力、拓宽视野,成为具有顺丰基因的领军者。

在职员工培养方面,则通过采取以业绩承诺为牵引的行动实践、跨地区转型知识培训、典型业务场景的微课学习、聚焦业绩短板的专项辅导等活动来实现。其中,人资专业课程研修班沉淀129门微课,覆盖全网3000多名HR。在新入职大学生培养方面,顺丰特别设计了"菁才培养计划""优才培养计划"等。

同时,顺丰还搭建了互联网+学习平台,包括"顺手学"移动学习平台和PC端在线学习、知识管理平台。目前,顺手学用户的覆盖率达98.04%,用户量39.2万,已上线课程4491门,是当前公司覆盖率最高的系统平台。KMS平台用户量为10.6万,知识沉淀59498篇、问答8万条、博客沉淀3万+,90%以上三线用户已融入顺丰智慧共享生态。PC端在线学习平台,实现了培训学习全流程管理。这些学习平台为公司人才培养项目的开展提供新技术支持。

三、圆通速递:育才和团队建设要"领先"

圆通的核心价值观是"领先",其中"育才和团队建设要领先"作为核心价值观的六个维度之一,一直以来都是圆通工作的重点之一。2016年,圆通通过多举措、多维度不断提高和完善人才培养与建设。

圆通速递现有员工35万人,2016年除开展"校企合作"、新员工培训、业务培训等常规性定向培养工作外,特别在网络学院的运用以及拓展培训方面加大了力度,持续开展百余场、各个类别的培训项目。如:定期举办针对主管级以上人员的狼烟培训;开展圆通趣味运动会、法律咨询等活动;举办月度员工生日晚会等,增强员工归属感……这些活动的举办,进一步推动了公司企业文化的建设,也为员工提供了更多的学习成长平台,与企业共发展,最终形成良好的企业向心力和凝聚力。据不完全统计,为提升员工的专业技能管理能力,向现代化企业转变,2016年圆通速递用于各种人才培训经费超过百万元。

四、申通快递:引进来、用得好、留得住

2016年,申通快递大力实施人才引进工程,不断优化人才发展环境,切实做到"引进来、用得好、留得住",从而有效助力公司经营发展。2016年公司与全国各地对口院校建立联系,不定期地对北京理工大学、武汉理工大学、北京邮电大学、同济大学、吉林农业科技大学、成都工业大学、南充运校、衡阳重机学校、江西职业技术学校等20多家院校进行走访,并预定毕业生。同时,在部分学校组建了申通快递订单班,开展课程讲座。通过加强校企交流的方式,全年共招聘总部机关人员720人,其中高级管理人才43人,技术型人才59人。

2016年,申通快递共开展各类培训906场次,培训人次总计38836人次,平均满意度达到93.36%。培训分管理系列、技能系列、一线岗位系列等。管理系列课程包括"现代管理三大入口""打造团队职业化底线""猴子管理法与即时激励""计划制定与检查""职业规划""教练技术""HR职能服务"等;技能系列

课程包括“财税知识”“小数据大价值”“时间管理”“有效沟通”“魅力演讲”“有效控场”“公文写作”等；一线岗位培训教程包括“新员工入职”“企业文化”“服务礼仪”“安全教育”“标准操作”“航空件流程”“巴枪使用说明”“团队建设活动”“员工的岗位带教”“运输带操作安全”“危险品介绍和处理”“大字错写”“客户开发与维护”等。

同时，申通快递积极组织员工参加快递业务员职业技能鉴定考试，其中总部机关人员，初级业务员考试通过166人，高级快递员通过29人，业务师通过2人。此外，公司具有中级以上职称人员78人，储备后备人才51名，有力地保障了相关网点、转运中心快递业务的正常开展。

2016年，申通总部搬进了高层办公大楼，改善了办公环境，同时也改造了员工宿舍，提高了食堂伙食标准，并为公司员工发放各种节日福利、高温消暑品、新年礼品等。此外，申通还优化了薪酬、绩效管理体系，制定了晋升制度，为员工提供通畅的晋升通道。申通通过多种举措提升了员工的工作热情，也在企业内营造了一种拴心留人的良好环境，增强了企业对员工的吸引力和凝聚力。

五、韵达速递：引进与培养相结合

韵达坚持“德才兼备，主动创新”的人才观，以“保姆计划、储备机制、击鼓传花、带2接班”为路径，构建引进与培养相结合的人才发展机制。同时，构筑以奋斗者为本的众创合伙人平台，全面实施省总负责制和管理培生相结合的人才梯队建设战略，打造一支眼光前瞻、业务精专、创新奉献的专业化、国际化人才团队。

人才发展机制具体表现为：“保姆计划”，融合个人素养与组织文化，确保人才能入职、上岗及达标；“储备机制”，满足一线员工作业需求、关键岗位匹配需求、管理干部发展需求之间的平衡；“击鼓传花”，强化人才对战略落地的承接，能力、意愿、贡献的对等，资源配置与使用价值的复盘；“带2接班”，旨在通过“选（软硬资格兼顾）、带（三随三代）、育（修身育人）、评（信仰、管理、业务）、任（顶岗接替）、管（对接保姆计划）”，打造能向上接替、向内纵深、向外轮岗的核心管理层继任者。

同时，韵达与国内多所高校联合办学，先后与浙江商业职业技术学院合作成立韵达学院，针对中层管理干部进行培训，为韵达的快速发展提供专业人才支撑。此外，韵达还与清华大学工业工程系达成人才委托培训协议，联合举办清华大学工业工程系“快递业高级管理人才研修班——韵达班”。

六、中通快递：人才队伍建设稳步推进

2016年，中通快递全网共组织实施各项培训2319场，场次和参训人数同比2015年增长了近一倍。新的远程视频培训模式，让培训覆盖区域由原先的以市级网点为单位扩大到以县级网点为单位；除青海外，全国培训基地、培训站建设也已全部完成。

与此同时，中通也加大了全体员工在安全方面的培训。2016年中通快递组织应急演练44次，包括消防演习、寄递渠道反恐演练、违禁品泄露演练等，大大提升员工应急处置能力、降低事故损害和危害，并通过培训、视频、图画、文字等方式，加大了对安全工作的宣贯力度，提高了全员的安全意识。

随着品牌效应的提升，中通的企业文化和人才队伍建设也在稳步推进。比如，2016年4月26日，中通快递与清华大学战略合作签约暨中通学院成立揭牌仪式在上海隆重举行。5月8日，中通快递成立14周年庆典暨2016年集体婚礼仪式在上海隆重举行。中通依托“众创、众包、众扶、众筹”的双创模式，激发了全网近30万员工创业、创新的热情和激情，不断提升企业文化和人才队伍建设，为

实现中通由“大”向“大而强”的转变提供了有力的人才保障。

七、百世快递：多渠道聚集、培养人才

百世快递坚持人才是企业第一资源的战略思想，贯彻人才强企，人才兴企方针，全面开展选才、育才、用才、留才机制建设，通过人才开发合作、人才培训培养、人事委托代理等多渠道聚集人才、培养人才。

在人才引进方面，一是通过专业的人才服务中介机构为公司提供高级的管理型人才。二是校企深度合作。百世快递已与全国200多家大、中专院校建立了校企合作关系，并在这些大学专门设置有关物流（快递）知识的课程，定向培养物流专业学生，为学生后期进公司顺利上岗奠定基础。三是线上线下并举的招聘机制，与大型招聘网站合作、建立员工推荐奖励制度、参与大型招聘会等引进企业需要的人才。

在人才培养方面，主要通过以下几个项目来培养和选拔人才。

一是“黄埔军校”，其已是百世快递最重要的人才培养基地。2016年，“黄埔军校”坚持本着培训更多更优秀的运营人才的初心，探讨更适合的培训模式。总校区与分校区共同联动，合计开班27次，总计培训人数890人，极大地提升了全网运营体系员工的专业技术能力。由总校负责专项培训，开设了设备维保、标准化培训共13个班次，合计培训465人，培训对象包含全网专职/兼职机修人员，分拨负责人、汽运负责人、标准化负责人；分校负责分拨基层管理人员的培养，全年开班14次；同时，各分公司针对本部门实际情况，积极开展基层管理人员培养，针对分拨一线人员，开展A类（安全+技能）培训、B类（标准化+技能）培训、军训、细分培训，每季度开展技能竞赛，为运营人才梯队建设而努力。

二是百世大学。百世大学服务于网运业务发展和人才的培养，是网运知识体系管理和共享的平台。2016年设置220个课程，共2708道试题。推广学习课程134个，应学习人次122369，完成学习人次119833，学习完成率97.93%，年底评选出优秀学员73名。

三是加盟商培训资源建设（一滴红墨水项目）。该培训项目是针对新加盟的站点而设立的，旨在帮助站点快速掌握快递运营知识。百世快递对全网符合资质的优秀加盟商站点进行筛选、认证，作为标杆和模板，让其他站点到这些优秀的站点学习并进行实操培训，帮助新加盟商尽快上手，最终建构成“一滴红墨水”站点。截至2016年12月共产生114个“一滴红墨水”站点，活跃度达到47%。

四是蒲公英培优项目。这一项目主要是培养优秀讲师的，旨在让经验丰富的加盟站点经理人和员工成为培训讲师。同时结合孵化器（一滴红墨水）培训基地，通过站点培训站点的模式，提升全网培训质量。截至2016年年底，全网共发展了108位蒲公英培优讲师，每月平均活跃度40%。

此外，还有诸多其他类别的培训项目。比如，在针对基层运作管理人员的培训上，共开设8期运管精英培训班，累计培训管理人员260余人；针对一线操作人员举行的两期共23场直营专考，为400余人提供了晋级机会，其中150人得以成功晋级。

在留住人才方面，百世快递实施人才保障计划，最大诚意地留住人才。此外，百世快递每月举办一期“百世讲坛”和丰富的业余活动，以充实员工的精神生活；并成立了学生委员会，每月定期组织活动。此外，还建立了内部职位推荐制度，为每一位员工打通了升职通道。目前，公司制定的人才选拔、晋升、培养、任用、管理、福利的激励机制，已形成了一条符合产业发展需要的爱才、惜才、用才的用人机制。

此外，百世快递还积极开展岗位技能等级考试，分拨中心一线在岗操作岗位员工+操作组长共18053人，2013年到2016

年累计在职等级员工6414，覆盖率为35.53%。

八、优速快递：人才是第一生产力

优速坚持人才是第一生产力，谁拥有人才，谁就能抢占先机，拥有市场竞争主动权，随着“互联网＋”大数据的日益发展，快递业人才已成为企业发展的核心竞争力。人才是企业的第一战略资源，秉承人才强企、人才兴企业原则，优速开展了全面的选拔人才、培训人才、留住人才机制，让更多的人才加入优速，激发优速的活力。

在人才引进方面，随着“大包裹”战略的落地，优速急需更多的人才加入优速，推动大包裹战略多元化发展。2016年，优速引进了行业内尖端人才，不断补充发展能量。此外，无论何时，优速对人才渴求的脚步，都不会停止，优速希望与更多有才能的人，共享大包裹成果。

在建立校企合作上，优速与全国众多高校达成战略合作，通过建立校企合作，定期向优速输送专业的人才，同时，优速也建立系统的人才培训机制，针对不同专业，进行合理分配，并设置定向的培养机制，将人才效应发挥到最大化。

优速成立商学院，承担公司人才培养、学习型组织建设的重要使命，已为优速各职能部门、省公司培养了一大批优秀的管培生和储备干部。商学院根据培训需求，开创多元化培训方式，如在2016年下半年，推出网络商学院项目，让员工随时随地打开手机就能学习，针对公司管理层、员工层等各层级学员的培养需求，网络商学院平台联手内部讲师团队、公司管理团队、各业务精英开发具有优速特色的课件及视频教材，目前设通用课程、专业课程共计3000余门。

通过校企合作引进的人才，优速在进行系统培训后，定向派送到优速“黄埔军校”松岗一部。松岗一部是优速发源地，在短短的7年间，培养了300多位行业精英。校企人才通过在松岗一部学习后，能实实在在地了解优速发展史和快递收派寄各个环节流程，方便日后更好地投入到工作中。

值得一提的是，优速的员工晋升机制也日趋成熟。优速坚持不拘一格降人才的原则，各个岗位能者居之，优速也逐渐形成了一套成熟的晋升机制，让更多有能力的人在优速的舞台上发挥自己的才能。

九、天天快递：完善人才梯队管理

在人才招聘方面，2016年“双11”前，天天快递储备转运中心员工12000余人，同比去年“双11”增长了33%，储备“最后一公里”投递人员15000余人，同比去年“双11”增长了25%，为天天一线收派、转运提供了强有力的保障；同时与河北保定职业技术学院、江西赣州华坚科技职业学校、江西青年职业学院、江西省商务学校、武昌职业技术学院等几十所高校展开多样的校企合作模式，在重点合作院校成立“天天快递班”，给公司储备了大量的高素质人才和新鲜血液，为公司的快速发展奠定了基础。

在人才培养方面，2016年，天天快递共开办各类专项培训48期，圆满完成了年初制定的各项目标任务。每月不定期组织新员工培训；继续保持与青海、上海、杭州等武警总队的密切联系，为退伍军人提供广阔的发展平台，开展由复转军人与大学生联合组成的“战狼计划”储备人才队伍培训，为公司各部门定向培养和输送人才；积极组织客服、加盟商、文秘、综管等相关业务培训专项班，对各岗人员进行心理疏导和职业规划指导培训；多次举行管理层团队与沟通培训；并结合内部培训光盘进行辅助培训等。此外，天天快递积极组织员工参与快递业务员职业技能鉴定认证考试，截至2016年年底共计2022人通过快递业务员职业技能鉴定考试认证并获取相应资格。

天天快递重视人才的提升，鼓励员工养成良好自学习惯的同时，为员工制定在职期间职业生涯规划，实施人才培养战略，通过内部竞聘上岗选拔人才，健全完善公司人才管理方案与培养机制，并实施和不断完善《天天快递人才梯队建设管理办法》，为公司发展提供坚实的人才保障，对全网管理干部实施统一管理，减少核心人才流失。

十、全峰快递：总部输出 + 当地培养

目前，全峰快递共有各种专业技术人员 50000 余人。作为一家创新型的现代化企业，全峰快递一贯重视科学研究、技术开发及人才培养，注重服务质量和客户体验。全峰快递在全国建有多处分公司，针对分公司人才建设方面主要采取两种方式，一是由总部输出，通过系统性的培训，向全国各地输出优质人才。二是通过当地培养的方式广纳人才。

十一、德邦：物畅其流，人尽其才

自 2005 年起，德邦率先启动校园招聘，截至 2016 年，已累计招聘本科应届生突破 14736 人、硕博研究生 1952 人。此外，公司设立了德邦学院，从一线操作人员到办公文职人员及管理工作人员，均要求持续地参加系统培训；并通过建立业内领先的领导力模型、储备选拔机制、专业人才认证体系，创造了优于行业竞争、难以复制的人才优势。

在人才招聘方面，德邦非常注重不同层次人才的结构比例，根据整个公司的发展阶段以及业务的具体情况，设定不同层次人才的招聘比例，从而降低人才成本。每年，德邦校园招聘时本科生的数目在 2000 人左右，硕士及以上级别的数目为 200 ~ 300 人，社会招聘的数量则根据具体职位的缺口进行设定。值得一提的是，随着公司业务的增长，德邦需要大量的人才补充进来，长期稳定的人才支撑与公司共同成长。2016 年 10 月，德邦在总部报告厅举行了 2017 届秋季校园招聘启动会。此次校园招聘为期一个半月，在上海、西安、武汉等 29 座城市的 93 所院校中，寻找 2500 多名优秀应届毕业生（本科生和硕士生），涵盖通用管理、市场、运营、财务等众多岗位。

在人员培养方面，目前德邦全体管理人员 99% 以上都是通过内部培养和提拔的。德邦通过精细化管理，不断降低劳动强度、提升员工的福利与待遇，完善自荐、推荐体系，促进了德邦人才梯队的不断优化升级。德邦为了让员工迅速成长，成立了专业的培训部门、建立了标准的培训体系。从员工入职到每一次晋升，都需要经过专业的学习和培训。在德邦管理层看来，员工是德邦长远发展的宝贵财富，也是维系公司与合作伙伴、消费者情感的纽带。德邦为员工提供的不仅是工作，更是可以实现职业梦想的通道。

此外，随着公司业务规模的不断扩大，管理者也需要不断提升自身的管理能力。在德邦，主要是以选拔为主导的晋升模式，通过实际工作，让管理者不断锻炼相应的管理能力。因此，德邦的管理者需要具备强大的学习能力以及适应能力，才能面对不同环境带来的挑战。

在人员管理方面，2016 年，德邦以业绩为基础开展个人绩效评价，对公司管理层进行末位淘汰制，也让优秀的人能够脱颖而出，让有梦想、有能力的人才获得更高的认可。在德邦，个人激励等级分四个等级，每个等级奖励的比例不同，且奖励的差异逐渐拉大，排在末位的也会被淘汰。以业绩为导向的绩效管理让德邦人与企业的整体业绩紧密捆绑，劲往一处使。个人绩效差异化激励也打破了管理的平均主义，在保持每月考核的基础上，拉长绩效评估的周期，以半年或一年为周期对输出结果进行考核，从业绩、能力、价值观等维度对人才进行综合性评价。

对德邦而言，从单一快运产品向多产品的公司转型过程中，差异化的人力资源管理转型非

常重要，不同的业务模式，针对不同的客户，需要不同的人力资源管理体系。正是得益于人才优势，2016 年年底德邦第二次入选“中国年度最佳雇主百强”榜单。在此之前，德邦物流就曾获得“2014 大学生就业最佳企业百强”和“行业就业最佳企业”两个奖项。此次蝉联“中国年度最佳雇主30强”的背后，是德邦对“物畅其流，人尽其才”企业使命的不懈坚持。

第六篇　市场主体

第一章　2016年快递市场主体发展情况综述

2016年,是我国快递业发展史上具有标志性意义的重要一年。这一年,我国邮政体制改革迎来实施十周年,快递业作为现代服务业的关键产业,成为关系国民经济的一匹"黑马",在国民经济中的产业地位基本确立;这一年,国内市场排名前五位的民营快递企业集中上市,二三线快递企业获得多轮巨额融资,中国快递正式步入资本时代。

一、资本助力,快递发展迈上新台阶

2016年是中国快递企业的"上市年"。2016年最后一个交易日,12月30日。申通快递股份有限公司(以下简称"申通快递")在深圳证券交易所挂牌上市,成为第二家正式登录国内A股市场的快递股。此前的10月20日,圆通速递股份有限公司(以下简称"圆通速递")率先完成借壳,成为国内A股市场的第一支快递股。同年10月27日,中通快递股份有限公司(ZTO Express,以下简称"中通快递")远赴美国纽约证券交易所挂牌交易,正式登陆国际资本市场。

除此之外,顺丰速运有限公司(以下简称"顺丰速运")、上海韵达货运有限公司(以下简称"韵达速递")的借壳上市方案先后在10月11日和11月8日获得证监会有条件通过。12月23日,韵达速递壳公司新海股份通过议案,拟将证券简称从变更为"韵达股份";12月28日,顺丰速运壳公司鼎泰新材也发布临时股东大会公告,宣布王卫等8名顺丰速运高管被选为鼎泰新材非独立董事,"顺丰系"全面接管鼎泰新材。

至此,在2016年,国内快递市场排名前五位民营快递企业中,有三家完成上市进程,两家进入上市的最后冲刺阶段。快递企业成功登陆资本市场,在资本的介入下,中国快递业发展迈上一个新台阶。

截至2016年年末,顺丰速运已建成覆盖全国的快递网络,并向全球主要国家拓展。业务覆盖全国331个地级市、2620个县区级城市,近13000个自营网点。同时,在中转分拨方面,拥有12个枢纽级中转场,19个航空、铁路站点,127个综合中转场,133个简易中转场,其中部分已投入使用全自动高效分拣系统,确保快件准时、安全送达。在"最后一公里"方面,顺丰速运通过与顺丰商业网点、合作代理点、物业管理及智能快递柜的合作实现最后一公里的覆盖。截至2016年末,顺丰速运与近3万个合作代办点及552个物业管理公司网点展开合作,顺丰参股的丰巢科技已在社区/写字楼安装运营的智能快递柜超过35150个,覆盖国内深圳、广州、北京、上海、武汉等75个城市。国际业务方面,国际标快/国际特惠业务涉及美国、欧盟、俄罗斯、加拿大、日本、韩国、东盟、印度、巴西、墨西哥、巴西等

51个国家；国际小包业务覆盖全球200个国家及地区。

中通快递积极布局全网各地分拨中心建设，以满足日益增长的快递业务需求。2016年，中通签约摘牌土地1807亩，已竣工投产项目14个，新建项目共计12个，改扩建项目23个，全部投产的项目10个，操作车间区域提前投产4个（局部投产）。截至2016年12月31日，中通快递所属分拨中心75个，其中69个为自营，6个由网络合作伙伴运营；服务网点达26000个；网络合作伙伴超过9100个；干线运输车辆超过4200辆，自营卡车数量增至2930多辆；各分拨中心之间的干线运输路由超过1980条。中通快递运用新科技，投入新装备，拓展产业链，构建生态圈，以转型增效为主线，推动中通从“大”向“大而强”转变，开启从百亿美元市值迈向千亿美元市值的新征程，努力打造成为全球一流的综合物流服务商。

圆通速递在不断夯实管理层级的基础上，投资上亿元，持续开展基础建设及拓展，优化快递发展环境，全面提升企业的管理能力和经营水平。截至2016年年底，圆通速递在全国已拥有转运中心82个、68000余个服务网点；全网拥有35万余名员工，日均快件量已超1500万件；圆通在地市级城市网络覆盖率近100%，县级城市网络覆盖率近96.2%；全网拥有各类运输车辆3.2万余辆，已经开通运输线路3430条；已与国内多条铁路线开展合作，开通了深圳至上海、北京至广州对开的动车专列。同时，圆通还是国内仅有的两家拥有自有航空公司的民营快递企业之一，拥有7架全货机，国内航空合作机场121个，开通航线1264条，运输量达14万吨，时效和服务品质得到明显提升。

2016年，申通快递进一步加大基础设施建设力度，全年改建、扩建转运中心32个，改建扩建新建转运中心场地面积达35万平方米。申通网络的广度和深度得到进一步加强，全年新开独立网点159家，截至2016年底，全网独立网点达1700多家；全网新增乡镇7000个，超额完成5000个的计划指标，进一步强化提升了末端网络服务能力。深入推进“快递下乡”工程，进一步拓宽加密公司服务站点，深入原地产，深耕细耕农村市场，积极寻求与农民、农业基地、农村电商、果园场的合作，破解农村消费渠道不畅难道，为农村市场提供物流一体化的解决方案；加大在中西部省份的投资力度，改建扩建西部地区转运中心2个，同时，继续出台优惠政策，扶持中西部网点经营发展；国际业务增长迅速，2016年申通快递开通多国快递专线，将申通的服务网络延伸至全球。

截至2016年年底，韵达速递已在全国设立了55个自营枢纽转运中心，并拥有完整的自营干线运输网络。其中，常规干线运输线路达4200多条，末端派送车辆20000余辆，高效支撑着公司“点对点”和“区域集散”的干线运输模式。同时，公司在全国拥有3000多家加盟商及20000余家配送网点，服务网络已覆盖全国31个省、自治区和直辖市，地级以上城市除青海的玉树、果洛州和海南的三沙市外已实现100%全覆盖。在“最后一公里”及“末端100米”方面采取了多样化的服务形式，增强用户的使用体验。主要包括自建门店、合作便利店、智能快递柜等等。截至2016年12月，末端网点自建门店超过20000个，合作便利店、物业及第三方合作资源超过16650个，智能快递柜140000余个。通过“便利店+快递”模式，让快递走进社区，有效解决了派送时间错配难题。在发展平台化、交互式快递收寄业务方面，通过投资面向所有快递公司、电商物流使用的24小时自助开放平台“丰巢”智能快递柜，让客户高效、便捷地体验平台化快递收寄交互业务。目前，韵达已和丰巢等各大智能快递柜公司开展合作，所有合作快递柜公司合计日均投递量达55

万件。

百世快递的基础设施建设在2016年也得到明显加强，对网络的支撑能力得到提高。目前百世快递拥有转运、集散中心和集散仓200余个，操作场地面积超过140万平方米。全年扩建转运面积10万平方米，场地面积同比增加10%；日处理能力达到约1500万件/日。全年就大规模新建、扩建转运中心（转运仓）85个，完成了对哈尔滨、北京、临沂、嘉兴、成都、深圳、厦门等大型转运场地的搬迁工作。全年改造流水线49个，目前全国场地已投入使用35套百世自主研发的风暴自动分拣系统。全国新增爬坡机、伸缩机600台，新增分拣流水线1.2万米，同比增长10%。2016年，百世快递网络覆盖范围持续扩大，截至2016年12月底，全网共有一级服务站点6000多个，二级服务站点近2000个，直营站点294家，快递末端100米社区增值服务“百世邻里”（代理点）11万家。在积极增加服务网点的前提下，公司花大力气推进网络的优化工作，全面提升基层网点服务能力和综合竞争力。网络覆盖率大幅提升，其中地市级覆盖率100%，街道覆盖率100%，区县覆盖率97.59%，乡镇覆盖率75%。

全峰快递自2013年开启融资进程，已经先后获得鹏康投资、云锋基金、景林资产、力鼎资本、真金投资、睿正资本、亦庄国投、天时开元、上海澜亭、纳泓财富等多家机构注资。2016年11月1日，青旅联合物流科技集团有限公司（以下简称“青旅物流”）致力打造集“产品流”“资金流”“信息流”和“物流”于一体的综合服务平台，于10月31日与北京全峰快递有限责任公司（以下简称“全峰”）签订《增资协议》并确认成交，青旅物流拟注资12.5亿元人民币，成为全峰主要战略投资人，并将陆续补充完成营运资金20亿元人民币。自此，全峰获得于2010年11月18日创立以来的最大一轮融资。目前，全峰快递公司全国的基层网点数目已经达到7000余个，全国共建设有65个分拨中心。

二、聚焦主业，持续提升快递服务水平

2016年，我国快递服务水平持续提升，产品体系不断丰富。广大消费者使用快递服务的获得感和满意度得到较好发展。

中国邮政速递物流股份有限公司（以下简称“中邮速递”）组织开展“市场抢夺战”和重点城市会战，收入增幅提高了6.3个百分点。全面推进“三进工程”发力商务市场，强化总对总项目联动开发，新开发调换货类等七大行业省级客户125家，总部统签项目收入增长40%。加速拓展政务市场，出入境等九大总部统管项目，拓展省级及以上项目300多个，与地方政府搭建“政务专递服务平台”，积极推进自主电子政务平台建设。全年运行“极速鲜”总部级项目42个，寄递收入增长3倍，并向产业链上游整合，开通极速鲜微商城。在“走出去”方面，中邮速递继续打造美国、日本、韩国等11条精品线路，通过梳理关键环节、关键指标、确定关键人，建立全环节、多层级质量监控体系，提升精品线路时限质量，国际EMS业务实现了较快增长。国际e邮宝业务新增了德国、意大利等20余个路向，国际e邮宝开办路向已拓展至32个，业务增速保持在60%以上，进一步巩固了e邮宝在跨境轻小件寄递市场的品牌地位。与速卖通、wish、亚马逊、eBay等电商平台加强对接合作，为客户量身定做解决方案，客户体验提升明显。

顺丰速运以客户为中心、以满足客户实际需求为出发点，实践“365天、7×24小时”的服务承诺，确保春节假期等各个假期为客户提供良好的服务，在快递行业内享有广泛的赞誉和知名度，是企业客户和中高端个人客户的首选品牌。公司的物流产品主要包含：商务快递、电商快递、仓储配送、国际快递等多种

快递服务，物流普运、重货快运等重货运输服务，以及为食品和医药领域的客户提供冷链运输服务。此外，还提供保价、代收货款等增值服务，以满足客户个性化需求。

圆通速递以市场需求为导向，为客户提供“最具性价比的快递服务”。2016年3月18日圆通速递韩国公司正式成立，作为圆通速递在韩全资子公司，着力于为客户提供贴心高效的跨境电商物流解决方案及全链路服务。同年，圆通开通了上海浦东—韩国仁川—青岛—香港—上海浦东的国际航线包机业务。打通了国内—东北亚（韩国）、香港—国内的跨境快件通道，实现规模更大、时效更快的国际快件流通平台。6月30日，圆通速递“承诺达”全面上线。承诺在当日24点前揽收的快件，在次日24点前完成签收，范围覆盖全国主要省份的各大中心城市，华东区域的江、浙、沪、皖以及华北区域的京、津、冀互发，如果超出承诺的时间，圆通将给予商家一定的赔偿。

韵达速递注重末端网点的建设和服务，增强用户的使用体验。在“最后一公里”及“末端100米”方面采取了多样化的服务形式，主要包括自建门店、合作便利店、智能快递柜等等。截至2016年12月，末端网点自建门店超过20000个，合作便利店、物业及第三方合作资源超过16650个，智能快递柜140000余个。通过“便利店+快递”模式，让快递走进社区，有效解决了派送时间错配难题。在发展平台化、交互式快递收寄业务方面，通过投资面向所有快递公司、电商物流使用的24小时自助开放平台“丰巢”智能快递柜，让客户高效、便捷地体验平台化快递收寄交互业务。目前，韵达速递已和丰巢等各大智能快递柜公司开展合作，所有合作快递柜公司合计日均投递量达55万件。

2016年，百世快递的业务呈多元化发展趋势。全网业务量同比增长54%，高于行业同比增速3个百分点；日出件量最高3700万单，为上年同期的1.5倍。准点签收率达95%以上；大力发展最后100米服务，与上一年相比，末端代理点“百世邻里”更加注重质量与服务，使用更加便利化的工具执行日常操作，尝试“百世邻里”与“百世店加”融合，探索社区便利店的新型合作模式；建立了行业内领先的一站式综合供应链，百世供应链、快递、快运三网融合，在大数据支持下，完成了三网的升级，天网+地网（“天网”进行大数据传出及处理，“地网”遍布全国的仓储、运输、配送网络）为客户提供线上线下一体化服务；拓展农村物流服务。百世快递是第一家承接菜鸟农村淘宝县级服务中心的快递企业，与菜鸟农村淘宝上行方面（农村至城市）、下行方面（城市至农村）等均有深入合作。

三、技术引领，不断强化企业科技支撑能力

科学技术是第一生产力。2016年，各快递企业在科技投入上不断加码，推出或更新迭代信息系统。在科技的引领下，企业加速转型升级。

2016年，中邮速递完成国内生产、客服、时限等系统的扩容改造，启动建设KPI看板管理体系。试点上线订单管理系统。推广热敏详情单，速递物流全网热敏使用率提升至70%。试点400电话隐私快递、电子地图围栏、云打印等新技术应用。

顺丰速运自主研发了一套完整的运营管理体系（订单管理系统、分拣支持系统、时效管理系统、指挥调度系统等），实现订单全生命和可视化管理。顺丰自2016年开始建立以大数据驱动的仓库选址、商家销量预测、库存分仓策略和智能调拨方案。同时推出快递行业面向企业客户的首款大数据产品——数据灯塔，融合顺丰海量数据和外部数据，运用大数据计算与分析技术，做到实时统计、即时分析、专业模型、清晰呈现，聚焦智慧物流和智慧商业，为客户提供物流仓储、市场推广、精准营销、

产品运营等方面的决策支持,助力客户优化物流和拓展业务。

2016 年,在加强企业基础建设的同时,申通快递紧跟市场消费和发展趋势,以项目建设为支撑,不断提升企业的信息化保障水平,逐步打造了具备自主设计、自主研发著作为主的快递业科技供应链生态体系,同时拥有产品设计、解决方案、服务支持、运维部署、系统集成、设备集成等综合 IT 能力,为保障申通快递网络的经营决策、路由调度、服务智能、运输资源、操作自动化,提供了有力的信息技术支撑。2016 年 5 月,网点信息管理系统上线,实现了总部对网点门店、车辆、人员、VI 形象等数据的进行电子化审查和考核;申通财务结算系统上线,实现了有偿派费、综合报表等约 30 多项功能。

韵达快递引入了交叉带自动分拣系统。该系统全程仅需扫码一次,分拣效率高达 2 万件/小时,分拣差错率 1/10000,处理同样数量的快件可以节省分拣人力 40%。提升快件分拣时效,极大地规范了快件的运营和操作,避免了人工分拣差错高带来的二次处理成本和车线资源的浪费。交叉带分拣系统高效的分拣能力极大地提高了快件中转时效。先进的自动化设备和完善的设备维护,提高了工作和管理效率,确保了快递服务的时效性和稳定性,同时高度的自动化的操作流程也大大减少了人力配置,有助于控制运营成本。

百世快递自主研发的“如来神掌”APP 得到普遍推广。如今它已成为一线快递员的得力助手,全网快递员仅需一部智能手机,即可完成快件的收件、派件、查询等各项工作。“如来神掌”APP 不仅融合了快递员日常的收、发、到、派、签功能,还拥有自定义短信群发,线上首付款,实名制揽收等功能,不仅如此,它还具备移动支付功能以及快递员社区交流功能,增加对一线业务员的粘性,方便快递员的同时也大大缩减了时间成本,给消费者带来更优质的收寄体验。

2016 年 6 月,德邦物流股份有限公司(以下简称“德邦”)自主研发的订单管理系统正式上线,在支撑未来订单量需求的同时,实现订单的快速分流与下发。获得国家设计专利的便携式多功能打印机,创新性地实现了蓝牙双模一对多功能,解决了传统蓝牙只能一对一连接的问题,实现多系统、多 PDA 同时连接一个打印机、同时打印,大幅提高了打印速度。德邦重点研发的系统分别包括:仓储系统、整车系统、空运货代平台、贷款管理系统、ERP 系统、渠道及客户管理、财务系统、人力资源及办公自动化方面进行持续开发和升级,良好地实现了对业务运营流程、渠道及客户的开发与维护、预算及财务报表管理及内部人员信息和管理效率的提升,有效提高了公司整体的生产效率和服务水平。

四、重视人才,巩固企业核心竞争力

行业竞争,归根结底是高素质人才的竞争。2016 年,各市场主体在既有人才建设成果的基础上,创新人才培养模式,夯实企业发展基础,巩固企业核心竞争力。

中邮速递健全完善总部、省分公司、地市分公司三级教育培训管理体系。围绕“建队伍、强素质”这一主旨,以集中培训、网络培训等多种方式强化员工培训工作。抓好领导干部、内训师、营销队伍、专业技术骨干、新入职员工等各级各类培训,使员工培训做到分层次、有重点、制度化、常态化。2016 年全国邮政速递物流共举办各级各类培训班 7466 个,其中总部举办集中培训班 44 个,集中培训 2950 人次;网络远程培训班 2 个,培训 37710 人次;员工培训率达到 91.18%。

顺丰速运提出“双价值(价值观实践、价值贡献)”的用人导向,并基于此去选人、育人和用人,公司内部全面进行人才盘点,并给予优秀的高潜人才更多优质培养资源、项目历练机会等,切实牵引员工的能力提升及对公司做出价值贡献。从而保证新进来的人才能够留得住，留下来的人才都能够得到很好的成长和发展。同时公司优化了内部岗位体系，搭建多元化的职业发展路径，完善了相关能力标准要求。2016 年上线人才管理集成平台：为员工提供明晰的可视化职业发展辅导、学习提升资源，牵引员工的自我发展；同时帮助管理者了解团队，有效进行人才搜索、人才识别、人才管理，并对异常状况进行前置干预。

申通快递与全国各地对口院校建立联系，不定期对北京理工大学、武汉理工大学、北京邮电大学、同济大学、吉林农业科技大学、成都工业大学、南充运校、衡阳重机学校、江西职业技术学校等约 20 多家院校进行走访，并预定毕业生。同时在部分学校组建了申通快递订单班，开展课程讲座。通过校企交流，全年共招聘总部机关人员 720 人，其中高级管理人才 43 人，技术型人才 59 人。

韵达快递以“保姆计划、储备机制、击鼓传花、带 2 接班”为路径，构建引进与培养相结合的人才发展机制。同时，构筑以奋斗者为本的众创合伙人平台，全面实施省总负责制和管理培生相结合的人才梯队建设战略，打造一支眼光前瞻、业务精专、创新奉献的专业化、国际化人才团队。

优速快递成立商学院，承担公司人才培养、学习型组织建设的重要使命，已为优速各职能部门、省公司培养了一大批优秀的管培生和储备干部。商学院根据培训需求，开创多元化培训方式，2016 年下半年，推出网络商学院项目，让员工随时随地打开手机就能学习。针对公司管理层、员工层等各层级学员的培养需求，网络商学院平台联手内部讲师团队、公司管理团队、各业务精英开发具有优速特色的课件及视频教材，目前设通用课程、专业课程共计 3000 余门。

五、热心公益，企业发展不忘回馈社会

2016 年顺丰公益事业运营聚焦在乡村教育发展和儿童医疗救助领域，继续资源整合，共同合作，主动承担对项目受助对象、对社会的责任，全年公益总支出为 2558 万元。其中，顺丰莲花助学在 18 个项目县开展 18 站公益行活动，2500 多名顺丰公益志愿者报名公益行，最终 456 人入选，上门走访 1315 户学生家庭，通过资助审核学生 1294 人，累计志愿服务时长 16464 小时。2016 年，有 772 名志愿者申请成为顺丰莲花助学陪伴人，呵护陪伴 772 名失依或留守学生的成长，累计志愿服务时长 37056 小时；并有 120 名志愿者参与夏令营志愿服务。2016 年，莲花助学的高考学生共计 790 人，本科上线人数为 617 人，本科上线率 78.17%。截至 2016 年，该项目已累计在全国 12 省 22 个县市开展项目，累计资助总人数达到 4465 人，帮助困难家庭缓解一定的经济压力，帮助这些孩子顺利完成学业。其中近 1000 人升入包括北京大学、香港中文大学、复旦大学等在内的各类院校。

圆通速递特别设立了 5000 万元创业创新基金，其中 2000 万元用于未来 3 ~ 5 年吸纳农村劳动力就业 5000 ~ 10000 人，600 万用于安置残疾人就业；其余用于创业、创新发展。同时，还设立了 2000 万元员工关爱基金，为生活困难、遭遇灾难、身患重病的员工组织爱心帮扶活动。

德邦快递联合菜鸟网络、阿里巴巴公益、壹基金等启动“一键公益”项目，通过菜鸟裹裹 App 在深圳等全国三十个城市提供公益捐赠上门揽收、全程走向可追溯等服务。德邦快递通过深度参与，为消费者免去首重费用，并且为公益寄件设立绿色通道，确保捐赠物能最快抵达受捐人手中。全年共协助地球站、爱心衣橱、吉林华益、同心互惠、浦东慈爱、仁爱衣 + 衣、日行一善、善淘网、一道公益、衣旧情深、益优公益、众爱等公益组织向全国贫困山区、实验小学、康复医院、低收入群体等捐助衣物 176366 件。

第二章 2016 年各市场主体发展情况

中国邮政速递物流股份有限公司

2016 年,中国邮政速递物流战线全体干部员工坚定推进各项改革,继续围绕四项重点业务加快发展,强化时限质量管控工作,全力以赴打好"稳利润"攻坚战,实现了"十三五"良好开局。国家邮政局公布 EMS 服务满意度保持行业第 2 位,申诉率降至百万分之 6.9。中国邮政速递物流荣获物流行业"2011 - 2016 年优秀会员""2015 - 2016 年度中国电子商务物流优秀服务商"称号和科技进步一等奖,企业品牌影响力进一步提升。

一、基础建设

(一)加快处理能力建设。环渤海(廊坊)中心、长三角(无锡)中心以及沈阳航空、台州处理中心等 7 处场地运行投产,菜鸟廊坊、无锡仓,以及东莞华为、温州鞋都等 10 余个仓储场地完成改造及工艺设备投入,对北京、上海、杭州、厦门等互换局完成场地改造和设备更新,为上海、杭州处理中心配备了自动化分拣设备,上线了新国际邮件处理中心系统、国际应税邮件处理系统,速递物流全网日处理能力达 900 万件。

(二)网络运递能力不断提升。执飞航班增至 28 架。优化了自主航空网二频次集散运输网络,新开通兰州—天津—南京、乌鲁木齐—西安—南京往返快递航线,通航节点城市达 29 个。新开通 17 条一级航空邮路和 10 条一级干线汽车邮路,加快推进揽投、市趟用车电动化。

(三)运行质量持续改善。不断加大时限延误、投递质量、丢失、虚假等突出问题的定向整改力度,客户投诉率同比下降 30%。速递物流全网 84% 的邮件量纳入重点城市间承诺时限服务,56 个重点城市标快次日妥投率达到 80.8%。建立国际 EMS 客服,国际 EMS 客服质量跃居邮联和卡哈拉组织领先地位,获邮联客服质量奖。建立理赔信息化流程,邮件 10 日赔偿率提升至 96.5%,并实现跨板块理赔及结算。建成覆盖邮政全网的问题邮件处理体系和客服质量控制体系,速递问题邮件及时解决率达到 95.8%。11183 关键指标领先行业,整体获呼叫中心行业大奖"金音奖"。

(四)信息化建设步伐加快。完成国内生产、客服、时限等系统的扩容改造,启动建设 KPI 看板管理体系。试点上线订单管理系统。推广热敏详情单,速递物流全网热敏使用率提升至 70%。试点 400 电话隐私快递、电子地图围栏、云打印等新技术应用。

二、业务发展

(一)国内标快业务发展趋势向好,项目拓展成效显著。组织开展"市场抢夺战"和重点城市会战,收入增幅提高了 6.3 个百分点。全面推进"三进工程"发力商务市场,强化总对总项目联动开发,新开发调换货类等七大行业省级客户 125 家,总部统签项目收入增长 40%。加速拓展政务市场,出入境等九大总部统管项目,拓展省级及以上项目 300 多个,与地方政府搭建"政务专递服务平台",积极推进自主电子政务平台建设。全年运行"极速鲜"总部级项目 42 个,寄递收入增长 3 倍,并向产业链上游整合，开通极速鲜微商城。

（二）国际速递业务树精品、拓渠道、广布局，加快实施“走出去”战略。国际速递业务继续打造美国、日本、韩国等11条精品线路，通过梳理关键环节、关键指标、确定关键人，建立全环节、多层级质量监控体系，提升精品线路时限质量，国际EMS业务实现了较快增长。国际e邮宝业务新增了德国、意大利等20余个路向，国际e邮宝开办路向已拓展至32个，业务增速保持在60%以上，进一步巩固了e邮宝在跨境轻小件寄递市场的品牌地位。与速卖通、wish、亚马逊、eBay等电商平台加强对接合作，为客户量身定做解决方案，客户体验提升明显。国际非邮业务与行业优秀快递供应商开展全方位，深层次合作，渠道能力进一步增强，提升了中国邮政速递物流整体方案解决能力，进一步满足了商业大客户的需求。积极实施“走出去”战略，整合香港地区邮政资源，设立了中国邮政香港公司，在澳大利亚、韩国、香港、德国、英国等国家和地区开办了海外仓，拓展海外业务。

（三）电商业务发展迈上新台阶。电商专线拓展至12个省份、35个重点城市共90条，整体业务量增长154%。重点电商大省加快发展，成功营销罗莱家纺、良品铺子、三只松鼠等行业领先客户；金华智慧橙等近30个云仓金融项目成功上线，有效吸引了大客户入仓。围绕“全国仓配业务快速实现规模化、重点城市标杆仓库实现专业化，全力以赴实现仓配业务跨越式发展，保持仓配市场领先地位”的目标，在全国24省118个城市完善云仓网络布局，全网仓储人才突破7000人，472个仓储中心总面积突破百万平方米，仓配一体化项目达500余个，“双11”出库750万单，单日峰值发单量突破300万单。

（四）物流业务重新起航初显成效。21个省25个重点地市物流营销中心建设和大客户拓展工作步伐加快，收入增速持续保持两位数以上，全国百万元级以上规模客户数同比增加110个。华北、华东、华中三个区域营运中心建设持续推进，基本形成区域协同发展战略格局。升级速递物流O2O订单管理系统，在服装、医药、汽配、快消等行业推出了物流与快递业务融合解决方案，满足传统制造企业线上、线下一体化的转型需求。

三、人才队伍建设

中国邮政速递物流坚持人才是企业宝贵资源的理念，贯彻人才强邮战略，全面加强选才、育才、用才、留才机制建设，不断推进人才队伍建设。

人员培训上，邮政速递物流健全完善总部、省分公司、地市分公司三级教育培训管理体系。围绕“建队伍、强素质”这一主旨，以集中培训、网络培训等多种方式强化员工培训工作。抓好领导干部、内训师、营销队伍、专业技术骨干、新入职员工等各级各类培训，使员工培训做到分层次、有重点、制度化、常态化。2016年全国邮政速递物流共举办各级各类培训班7466个，其中总部举办集中培训班44个，集中培训2950人次；网络远程培训班2个，培训37710人次；员工培训率达到91.18%。

人才工作上，邮政速递物流注重抓好人才队伍建设，2016年积极开展人才评价选拔前期各项工作，起草“人才评价选拔与管理实施意见（试行）”、“人才测评实施办法（试行）”，开展试题库建设，会同业务部门按照人才小类梳理速递物流人才测评专业理论参考书目和制度规定文件；开展“千人引进”工程前期需求申报工作并配合集团开展集团级专业领军人才选拔工作；有序开展员工高级职称评审、职业技能鉴定和高技能人才复训复考工作，2016年职业技能鉴定人数2.02万人，鉴定完成率达到116.2%，为专业人才和技能人才的培养提供保障。

四、企业大事记

1月1日，邮政速递物流“众创众享工程”全面启动实施。

5月，中邮海外仓美西仓、英国仓、德国仓、澳洲仓陆续开仓。

6月16日，速递物流在上海参加“慕尼黑物流双年展”暨“2016亚洲物流双年展”，首次向公众媒体发布了速递物流为适应传统制造企业转型升级衍生的电商新需求而推出的O2O创新产品，引起热烈反响。

6月27日，万国邮联EMS合作机构理事会暨亚太区EMS跨境电商高层研讨会在昆明召开。

10月16日，邮航首架波音757客改货飞机正式交付，开启了邮航自主运营波音757飞机的新时期。

11月11日，EMS在0:13完成菜鸟联盟“双11”首单配送，当天网络点击量超两亿多人次，同时荣获菜鸟联盟最具影响力的“金鹰奖”。

11月，中国邮政速递物流电子政务平台“全球签证”服务上线。截至年底，电子渠道平台已聚集1300万粉丝，并已落地52个城市的微信城市服务和109个城市的支付宝城市服务；业务种类扩展至10类，2016年超过150万人次的服务。

12月，在全国24省118个城市已经布局472个仓库，运作面积达300万平方米，全国云仓网络布局初步完成。

12月31日，随着CF9090航班安全飞抵北京首都国际机场，标志着邮航圆满实现第20个安全年。

顺丰速运有限公司

顺丰是国内领先的快递物流综合服务提供商。经过多年发展，已初步建立为客户提供一体化综合物流解决方案的能力，不仅提供配送端的高质量物流服务，还延伸至价值链前端的产、供、销、配等环节，以客户需求出发，利用大数据分析和云计算技术，为客户提供仓储管理、销售预测、大数据分析、结算管理等一体化的综合物流服务。

一、基础建设

（一）业务网络

顺丰已建成覆盖全国的快递网络，并向全球主要国家拓展。截至2016年末，业务覆盖全国331个地级市、2620个县区级城市，近13000个自营网点。同时，在中转分拨方面，拥有12个枢纽级中转场，19个航空、铁路站点，127个综合中转场，133个简易中转场，其中部分已投入使用全自动高效分拣系统，确保快件准时、安全送达。

在“最后一公里”方面，顺丰通过与顺丰商业网点、合作代理点、物业管理及智能快递柜的合作实现最后一公里的覆盖。截至2016年末，顺丰与近3万个合作代办点及552个物业管理公司网点展开合作，顺丰参股的丰巢科技已在社区/写字楼安装运营的智能快递柜超过35150个，覆盖国内深圳、广州、北京、上海、武汉等75个城市。

国际业务方面，国际标快/国际特惠业务涉及美国、欧盟、俄罗斯、加拿大、日本、韩国、东盟、印度、巴西、墨西哥、巴西等51个国家；国际小包业务覆盖全球200个国家及地区。

（二）信息化建设

顺丰一贯重视在信息化领域的投入，负责全集团信息系统研发与运维的科技人员超过2000名。近三年，顺丰申报和获得的专利523项，软件著作权200多项。未来，还将继续扩大在科技领域投入，不断提高各方面的科技与智能化水平，持续保持公司在行业的领先优势。

顺丰自主研发了一套完整的运营管理体系（订单管理系统、分拣支持系统、时效管理系统、指挥调度系统等），实现订单全生命和可视化管理。顺丰自2016年开始建立以大数据驱动的仓库选址、商家销量预测、库存分仓策略和智能调拨方案。同时推出快递行业面向企业客户的首款大数据产品——数据灯塔，融合顺丰海量数据和外部数据，运用大数据计算与分析技术，做到实时统计、即时分析、专业模型、清晰呈现，聚焦智慧物流和智慧商业，为客户提供物流仓储、市场推广、精准营销、产品运营等方面的决策支持，助力客户优化物流和拓展业务。

顺丰持续加大在智能硬件设备上的开发力度，如手持终端、自动分拣设备、智能分拣柜等硬件设备的投入使用，大大减少手工操作，提升作业效率。其中，在自动化设备方面，顺丰是我国最早使用自动分拣设备的快递公司，自2011年起逐步在各主要中转场投入自动分拣设备，大大提升分拣效率，目前正结合人工智能、物联网等技术，积极探索和研发智能硬件，进一步提升各环节的运作效率，降低运营成本。

顺丰也是我国最早提出和布局物流领域无人机应用的公司，2013年顺丰已开始测试无人机送递包裹。截至2017年2月，申报和获得在无人机领域专利数量达111项，包括发明专利51项，实用新型54项以及外观专利6项。

（三）运输能力

航空运输方面，顺丰拥有完善的航空运输网络，截至2016年末，顺丰自营全货机36架，外包全货机15架；通航城市覆盖含香港、台北在内的35个一二级机场。除自有航空网络外,顺丰还构建了通达境内外的散航网络,考虑散航运力,顺丰航空网络每日开航航班约3000架次,可覆盖中国大陆、香港、台湾地区,以及海外等24个国家。

公路运输方面,截至2016年末,顺丰运营中使用的自有车辆约1.5万辆,开通9600多条运输干线和68000多条运输支线,运输线路遍布全国。

二、业务发展

顺丰一直以客户为中心、以满足客户实际需求为出发点,实践“365天、7×24小时”的服务承诺,确保春节假期等各个假期为客户提供良好的服务。经过二十多年的经营,顺丰品牌已经在快递行业内享有广泛的赞誉和知名度,“顺丰”在快递行业内已经成为“快”“准时”“安全”的代名词,是企业客户和中高端个人客户的首选品牌。

公司的物流产品主要包含:商务快递、电商快递、仓储配送、国际快递等多种快递服务,物流普运、重货快运等重货运输服务,以及为食品和医药领域的客户提供冷链运输服务。此外,还提供保价、代收货款等增值服务,以满足客户个性化需求。

物流综合服务能力是行业未来的核心竞争力,服务体系越完整,整体供应链的效率越高,盈利能力就越强。截至2016年末,顺丰已提供综合性行业解决方案的行业包括不限于:

服装行业:顺丰针对服装物流行业SKU多、库存周转不灵活、数据分析支持力弱等痛点,在密布全国的网络和丰富的运力资源基础上,首度推出服装行业解决方案,通过一体化综合物流服务,助力中高端服装行业品牌商家高效完成了双十一的快件配送。具体服务包括仓网服务、配送服务、数据服务,以及高峰保障五大方面。2016双11TOP 10女装、男装品牌店铺中,80%以上都选择了顺丰仓网服务及高效配送服务。

保险行业:目前,顺丰已与国内大型保险公司开展合作,就“金钥匙”业务、“营销推广”服务、“修养车平台”服务等创新模式与客户制订合作计划。同时,顺丰引入同城配业务形态,不断优化物流配送模式,为保险业客户提供优质服务。

白酒行业:顺丰近年来为客户提供优质仓储及配送服务。2017年顺丰将主攻中高端白酒厂及一级代理,锁定新机会点如O2O、经销商串点配送等,同时关注垂直电商的配送市场。

三、人才队伍

(一)在优秀人才引进方面

顺丰一直视人才为企业发展的核心力量,2016年,为把控顺丰外部招聘人才质量,完善了内部招聘体系,并优化招聘流程提升外部人才应聘体验;持续开展校企合作工作,在全国5个重要城市10余所国家985、211高校开展校园招聘,吸纳近600位优秀人才加入顺丰;深化实施“菁才计划”,定位全球TOP100名校,精准筛选并引进顶尖硕/博士10余位,储备未来发展人才;针对国内名校开设“企业开放日”,吸引优秀大学生来顺丰内部参观、体验,促进校企合作。

(二)在人才队伍建设方面

2016年,公司提出“双价值(价值观实践、价值贡献)”的用人导向,并基于此去选人、育人和用人,公司内部全面进行人才盘点,并给予优秀的高潜人才更多优质培养资源、项目历练机会等,切实牵引员工的能力提升及对公司做出价值贡献。从而保证新进来的人才能够留得住,留下来的人才都能够得到很好的成长和发展。

同时公司优化了内部岗位体系,搭建多元化的职业发展路径,完善了相关能力标准要求。2016年上线人才管理集成平台:为员工提供明晰的可视化职业发展辅导、学习提升资源,牵引员工的自我发展;同时帮助管理者了解团队,有效进行人才搜索、人才识别、人才管理,并对异常状况进行前置干预。

针对人才培训,公司紧紧围绕转型目标展开,助推公司战略落地、支持业务发展,建立自上而下、权责明晰的培训组织体系和人才培养机制,结合不同梯队的人才培养目标,重新梳理关键人才核心能力培养计划,从而提升人才胜任力和人才准备度。

针对管理者设计了分层分级培养项目,含在职高管培养、新入职高管培养、后备高管培养等。通过在线移动学习、集训、标杆企业考察、研讨会、关键任务历练、业务体验等方式,帮助管理者团队提升能力、拓宽视野,成为具有顺丰基因的领军者。

在职员工培养则采取以业绩承诺为牵引的行动实践、跨地区转型知识培训、典型业务场景的微课学习、聚焦业绩短板的专项辅导等活动。其中,人资专业课程研修班沉淀129门微课,覆盖全网3000多名HR。在新入职大学生培养方面,特别设计了"菁才培养计划""优才培养计划"等。

同时,公司搭了互联网+学习平台,包括"顺手学"移动学习平台和PC端在线学习、知识管理平台。目前顺手学用户覆盖率98.04%,用户量39.2万,已上线课程4491门,是当前公司覆盖率最高的系统平台。KMS平台用户量10.6万,知识沉淀59498篇、问答8万条、博客沉淀3万+,90%以上三线用户已融入顺丰智慧共享生态。PC端在线学习平台,实现了培训学习全流程管理。这些学习平台为公司人才培养项目开展提供新技术支持。

(三)在文化氛围建设方面

顺丰高度重视企业文化建设,积极开展各项文化娱乐活动,丰富员工的业余生活,为员工提供展现自我平台,促进个人业余生活多元化丰富化,提升企业凝聚力,创建正向团队氛围。

2016年顺丰以关注员工、服务员工为出发点,推出E-HOME员工关怀平台。与外部企业合作,着力于开发覆盖全员医疗健康、住宿改善、教育提升、生活便利等方面的顺丰专享政策、服务、优惠及便利通道,为员工提供内容丰富、数量充足的优质社会福利资源;定期开展主题(节日活动专场/生活服务专场/美食专场/快乐出游专场)员工关怀活动。同时公司注重员工身心健康全方位关爱,通过EAP项目,推出员工身心健康热线、暖丰大使、心理减压仓、暖丰大讲堂等对员工深层关怀,实现企业心理资本的积累、员工幸福感的提升。

与此同时,贯穿举办各类文化活动:文化价值观宣贯、诚信之星评选、管理者"照镜子"、顺丰航空接机仪式、"顺丰驱动城市速度"、年度优秀员工公益行、绩优员工旅游等,促进员工对公司价值观的理解和践行,引导员工积极向上,全心为客户提供贴心服务,回报社会。

2016年也持续出版了《顺丰通讯》12期,刊发文章260余篇,梳理公司管理及变革热点,传播公司发展战略及正能量;举办了"丰之彩"摄影大赛及"最美客服"评选等活动,丰富员工文化生活之余,传播企业文化及顺丰服务精神,增强员工凝聚力和归属感,体现公司对员工的关心和人性化管理。

四、社会责任

2016年顺丰公益事业运营聚焦在乡村教育发展和儿童医疗救助领域,继续资源整合,共同合作,主动承担对项目受助对象、对社会的责任。2016年公益总支出为2558万元。

莲花助学:2016年,顺丰莲花助学在18个项目县开展18站公益行活动,2500多名顺丰公益志愿者报名公益行,最终456人入选,上门走访1315户学生家庭,通过资助审核学生1294人,累计志愿服务时长16464小时。2016年,有772名志愿者申请成为顺丰莲花助学陪伴人,呵护陪伴772名失依或留守学生的成长,累计志愿服务时长37056小时;并有120名志愿者参与夏令营志愿服务。

2016年,莲花助学的高考学生共计790人,本科上线人数为617人,本科上线率78.17%。截至2016年,该项目已累计在全国12省22个县市开展项目,累计资助总人数达到4465人,帮助困难家庭缓解一定的经济压力,帮助这些孩子顺利完成学业。其中近1000人升入包括北京大学、香港中文大学、复旦大学等在内的各类院校。

顺丰凉山爱心班:2016年,该项目在凉山州持续资助7个顺丰爱心班,分别是美姑县巴普小学、普格县乔窝镇中心校、金阳县洛觉小学、昭觉县四开希望中学1班、昭觉县四开希望中学2班、昭觉县日哈中心校、美姑县民族中学女子初中班,其中美姑县巴普小学、美姑县民族中学女子初中班的学生已于6月份毕业,项目累计开班12个,累计资助620名中小学生,让失依儿童在获得接受教育的机会和生活保障的同时,在他们的精神上给予陪伴和指引。

顺丰莲花小学:2016年已完成贵州省天柱县金鸡顺丰莲花小学、云南省双江县邦木顺丰莲花小学的援建工作,并正式投入使用,极大地改善了当地学生的受教育条件。

2016年启动贵州省榕江县高略顺丰莲花小学、怎华顺丰莲花小学,湖南省隆回县黄家顺丰莲花小学的援建工作。

"一人一书桌"计划:项目为贫困山区教育设施缺失的学校,置换新的课桌椅,以解决山区学校的课桌椅残破缺失情况,让更多山区孩子享受良好的教育资源。2016年,项目为河北、河南、贵州、吉林、湖南、云南等6省25所乡村学校配置课桌椅4143套,让4143个乡村孩子拥有了全新的、整洁的课桌椅。

顺丰梦想中心项目:2016年,该项目为江西省崇义县思顺中小学、过埠中心小学、安徽省安庆市太湖县新城第三小学、新城第二小学设立"顺丰真爱梦想教室",并为四所小学分别提供校长、教师培训及研讨,助力素质教育,使在校小学生4000余人,教师200余人受益。

顺丰—北师大暑期支教项目:2016年,联合北京师范大学教育基金会,依托北师大教师教育特色和学科优势资源,资助北京师范大学暑期支教团队25只支教队,218名支教志愿者,前往一带一路沿线贫困地区,在两个月时间里,服务16个省、市、自治区,受益学生近5000名。

顺丰爱佑专项基金:为使更多中国贫困地区儿童有机会享受优质的医疗检查及手术治疗,顺丰公益基金会与爱佑慈善基金会合作开展0~14周岁先天性心脏病和先天性白血病患儿救助项目。自2014年起,截至2016年末,救助先天性心脏病患儿972人,救助先天性白血病患儿179人。

灾害救助:

•6~8月,南通、冀州、天津、深圳、湖北顺丰速运以及顺丰华中商业多次组织志愿者参与重大水灾救援,给灾区送去来自顺丰的温暖。

•6月23~26日,南通顺丰多次组织志愿者以献血、捐款、运输物资等方式参与盐城阜宁救灾,累计约40人次参与。

•6月25~26日,天津顺丰志愿者为宣明会湖南保靖(水害)救灾提供运输物资支持。

•7月11日,顺丰速运深圳区积极承担物资转运任务,组织车辆及志愿者冒雨转运湖北麻城救灾物资。

•7月下旬,捐赠2.221吨大米用于湖北水灾救灾。7月30日,6名鄂东顺丰志愿者将物资运送到湖北黄冈蕲春县刘河镇灾区。

•8月,冀州顺丰协助顺丰公益基金会向河北石家庄市平山县温塘镇捐赠大米15吨。顺丰公益基金会联合鄂州市慈善总会向鄂州市鄂城区水灾区捐赠大米15吨。

一起捐:2016年,顺丰为贫困山区孩子发起了腾讯在线乐捐,项目全年累计吸引11543人在线捐,10666人发起"一起捐",筹集善款50多万元,帮助贵州、云南、河南等地13所学校5000多名孩子用上全新的课桌椅。

微爱行走:从3月的益行支持莲花助学,到6~7月的顺丰酷跑,9月的全网组队"微爱行走"关注先心病患儿救治,到12月的捐步支持白血病患儿,2016年,约970多万人次以益行捐步的形式,支持和传播顺丰莲花助学、顺丰凉山爱心班、顺丰一爱佑先心病白血病患儿救治项目开展。

公益月:2016年,北京、大连、内蒙古、苏州、南京、深圳、上海、金华、沈阳、济南等20多个业务区在顺丰公益月发起大型公益活动,以助学、捐血、关爱老人环卫工等方式践行公益。

志愿者协会:2016年,顺丰公益志愿者协会达到了13家,组织志愿服务116次,共有12721名爱心小伙伴参与了活动,系统登记总志愿者服务时长共计82789小时。

凉山班毕业礼:2016年6月,27名Best SFer志愿者参与凉山公益行,为毕业的顺丰凉山爱心班的孩子送上一场特别的毕业典礼。

2016年,顺丰公益slogan“让公益成为一种生活习惯”成为顺丰人打开公益的方式,3月的公益月,4~9月的莲花助学公益行/夏令营,7~9月的城市酷跑,9月“99公益日”期间的“微”爱行走,12月的探访先心病患儿公益行……这一年,12000名顺丰人加入公益的队伍,通过不懈的努力和付出,将“公益不是每个人做很多,而是每个人都做一点点”演绎成现实;这一年,我们用公益唤醒和激活了更多有爱的人,聚集更多爱的力量一路前行。

五、企业大事记

1月,顺丰航空首架波音767-300宽体全货机降落在深圳宝安国际机场,正式加入顺丰机队。自此,顺丰也成为国内第一家拥有该型号宽体全货机的快递公司。

4月,民航局正式同意将湖北鄂州燕矶作为顺丰机场的推荐场址。该项目包括4E级全货机机场、多模式物流运输基地和产业园,目标是建成为全球第四、亚洲第一的航空物流枢纽。

4月,第四届Best SFer颁奖盛典在深圳举行,相关个人和团队分别获得阳光服务奖、合作伙伴奖、特殊贡献奖、社会责任奖、协同奋进奖、长期贡献奖。

5月,继2015年推出顺丰次晨产品之后,顺丰上线新的时效产品体系,包括顺丰即日、顺丰次晨、顺丰次日、顺丰隔日等,更加贴近市场和客户的多样化、个性化需求。

5月,鼎泰新材发布公告称,顺丰控股拟作价433亿元借壳公司上市。10月11日,顺丰控股借壳鼎泰新材正式获得证监会有条件通过,成为继圆通速递之后第二个获批借壳上市的快递公司。

6月,来自顺丰的9位快递小哥参加了湖南卫视《天天向上》栏目的录制,该期节目于2016年7月1日播出。栏目组表示,顺丰快递小哥是最贴近老百姓生活的群体,希望通过节目让更多人了解和尊重他们。

8月,顺丰冷运在上海发布“2016顺丰冷运食品陆运干线网”,将大大提升顺丰在全国范围内的运营和资源整合能力,带来运输以及“保鲜”能力的提高以及寄递范围的进一步扩大。

9月,20国领导人峰会在杭州举行。2016年6月,顺丰举行护航G20安保誓师大会,历经三个月,顺丰相关职能和地区多方联动,有效开展峰会应对工作,为护航G20交上了一份满意的答卷。

2016年,顺丰进军O2O同城配领域,重点聚焦3~5公里内的同城急配业务,辐射1小时本地生活圈,同时推出新产品“即刻送”及商家系统。

2016年,顺丰陆续开展顺丰卡、六大城市地铁“顺丰专列”、京沪深“城市酷跑”等一系列市场推广活动。

申通快递有限公司

24载艰苦创业,24载不懈追求,申通快递有限公司现已发展成为拥有30万名员工,集快递、电子商务服务商为一体的大型企业集团,市场占有率、服务质量、综合实力稳居中国快递行业前列。

一、基础建设

2016年,申通快递进一步加大基础设施建设力度,全年改建、扩建转运中心32个,改建扩建新建转运中心场地面积达35万平方米。

2016年,申通网络的广度和深度得到进一步加强,全年新开独立网点159家,按时保质保量地完成了序时任务,截至2016年底,全网独立网点达1700多家;全网新增乡镇7000个,超额完成5000个的计划指标,进一步强化提升了末端网络服务能力。

2016年,在加强企业基础建设的同时,申通快递紧跟市场消费和发展趋势,以项目建设为支撑,不断提升企业的信息化保障水平,逐步打造了具备自主设计、自主研发著作为主的快递业科技供应链生态体系,同时拥有产品设计、解决方案、服务支持、运维部署、系统集成、设备集成等综合IT能力,为保障申通快递网络的经营决策、路由调度、服务智能、运输资源、操作自动化,提供了有力的信息技术支撑。

2016年5月,网点信息管理系统上线,实现了总部对网点门店、车辆、人员、VI形象等数据的进行电子化审查和考核;申通财务结算系统上线,实现了有偿派费、综合报表等约30多项功能;9月,自主研发的"清源"巴枪平台正式上线,完成所有"巴枪数据"接入工作,掌握了申通全网的核心扫描数据;申通快递业务系统(梧桐)正式启动;10月,申通VI商城及物料采购平台完成开发工作且顺利上线,使用效果良好;12月,梧桐客户端上线,实现了总部对用户在客户端操作行为的更强控制,对客户端资源的更好利用。

二、业务发展

2016年,申通快递立足国内、面向国际,加快发展。"向下":花费人力、物力、财力投入快递下乡工程,进一步拓宽加密公司服务站点。同时,为了促进农村经济发展,助力农民增收,申通人不畏艰难,不断拓宽产品业务,深入原地产,深情来到农民中间,深耕细耕农村市场,积极寻求与农民、农业基地、农村电商、果园场的合作,破解农村消费渠道不畅难道,为农村市场提供物流一体化的解决方案;"向西":加大在中西部省份的投资力度,改建扩建西部地区转运中心2个,同时,继续出台优惠政策,扶持中西部网点经营发展;"向外":国际业务增长迅速,2016年,申通快递开通多国快递专线,将申通的服务网络延伸至全球。

2016年,申通全网快递总量同比增长28%,业务规模继续位居行业前列。

三、人才建设

2016年,申通快递大力实施人才引进工程,不断优化人才发展环境,切实做到"引进来、用得好、留得住",从而有效助力公司经营发展。2016年公司与全国各地对口院校建立联系,不定期对北京理工大学、武汉理工大学、北京邮电大学、同济大学、吉林农业科技大学、成都工业大学、南充运校、衡阳重机学校、江西职业技术学校等约20多家院校进行走访,并预定毕业生。同时在部分学校组建了申通快递订单班,开展课程讲座。通过校企交流,全年共招聘总部机关人员720人,其中高级管理人才43人,技术型人才59人。

2016年，申通快递共开展各类培训906场次，培训人次总计38836人次，平均满意度达到93.36%。培训分管理系列、技能系列、一线岗位系列等。管理系列课程包括“现代管理三大入口”“打造团队职业化底线”“猴子管理法与即时激励”“计划制定与检查”“职业规划”“教练技术”“HR职能服务”等；技能系列课程包括“财税知识”“小数据大价值”“时间管理”“有效沟通”“魅力演讲”“有效控场”“公文写作”等；一线岗位培训课程包括“新员工入职”“企业文化”“服务礼仪”“安全教育”“标准操作”“航空件流程”“巴枪使用说明”“团队建设活动”“员工的岗位带教”“运输带操作安全”“危险品介绍和处理”“大字错写”“客户开发与维护”等。

同时，申通快递积极组织员工参加快递业务员职业技能鉴定考试，其中总部机关人员，初级业务员考试通过166人，高级快递员通过29人，业务师通过2人。此外，公司具有中级以上职称人员78人，储备后备人才51名，有力地保障了相关网点、转运中心快递业务的正常开展。

2016年，公司搬进了高层办公大楼，改善了办公环境。同时，改造了员工宿舍，提高了食堂伙食标准，并为公司员工发放各种节日福利、高温消暑品、新年礼品等。公司还优化了薪酬、绩效管理体系，制定了晋升制度，为员工提升通畅的晋升通道。种种举措暖了员工的心，提升了大家的工作热情，也在企业内营造了一种拴心留人的良好环境，增强了企业对员工的吸引力、凝聚力。

四、企业荣誉

2016年1月，申通快递被上海市邮政管理局评为“2015年度上海市快递业发展贡献突出企业”。

2016年2月，申通快递荣获“2015年度青浦区纳税百强企业”荣誉称号，这是申通快递连续第五年获此殊荣，同时申通还连续第五年获得“重固镇纳税明星企业”称号。

2016年3月，申通快递被上海市青浦区消费者权益保护委员会和上海市青浦区精神文明建设委员会办公室授予“2016年度青浦区消费维权诚信单位”荣誉称号。

2016年5月，申通快递被上海市总工会授予“上海市五一劳动奖状”殊荣。这是上海市快递行业唯一的一家“五一劳动奖状”企业。

2016年7月，申通快递荣获上海市首批贸易型总部企业荣誉称号。

2016年8月，在由杭州市公安局、杭州市国安局、杭州市邮政管理局联合举行的峰会寄递安保第六次会议上，浙江申通被授予“寄递安保优胜单位”荣誉称号。

2016年12月，申通快递被上海市道路交通安全工作联席会议办公室和上海市公安局交通警察总队联合授予“2016年度上海市安全行车管理先进集体”荣誉称号。

五、慈善公益

“许下心愿，伸出友爱之手，用点滴爱心，汇聚爱的海洋，让孩子们不再因为贫困而放弃求学之路……”1月22日，在申通网络大会上，申通快递“小红心暖阳助学计划”正式启动，并在会上发布了“七彩阳光　为爱众筹”首批助学认领情况。启动仪式上，申通快递公益形象大使陈小英表示，公益对申通来说，不仅仅是企业的文化传承，更是一份沉甸甸的社会责任，“希望通过申通人的微薄之力，帮助更多的贫困孩子，让他们能够安安心心地上学，开开心心的生活”。

据了解，除了“七彩阳光　为爱众筹”，申通快递还将开展万人助学项目，设立芽苗基金，成立“小红心”志愿者服务队等项目，为需要帮助的学子提供更多可能的帮助，尽力圆每个孩子的读书梦。

3月1日，申通快递“小红心暖阳”助学公益活动见面会在贵州省毕节市小吉场镇永桥小学举行。申通快递董事长助理兼副总裁邹建生、总裁助理李永顺亲临活动现场,与首批受资助认领的50名贫困学生进行面对面沟通、交流,并把书包、铅笔、笔记本等学习用品分发给全校近300名学生。毕节市小吉场镇人大主席彭永贵、教管主任陈艳等领导出席活动。申通快递董事长助理兼副总裁邹建生在见面会上表示,申通快递作为中国民营快递的领导者,在做好服务客户的同时也一直致力于社会公益活动,积极践行企业的社会责任。申通快递“小红心暖阳”助学公益活动首站选择在毕节,是想用申通人的行动来为孩子们的梦想助力,通过提供一对一的精准认领扶助,让贫困家庭孩子们完成小学、初中、高中直至大学学业,步入社会,完成梦想。

11月28日,申通快递总裁陈小英女士向浙江大学捐赠4000万元人民币,用于设立“浙江大学教育基金会陈小英医学教育教学奖励基金”,浙江大学常务副校长任少波代表学校接受捐赠,并为陈小英女士颁发捐赠证书和铭牌。

这笔捐赠将以每年200万、分二十年的方式到账。基金资助方向分为陈小英医学教育奖、陈小英医学教学成果奖、陈小英医学教材建设奖、陈小英医学新生奖学金、陈小英国际交流奖学金、陈小英医学竞赛奖、支持参加国家和国际重大医学相关竞赛7大类。根据章程规定,其中的医学新生奖学金将用于吸引国内优秀生源到浙大医学院学习,八年制本科生新生最高奖励额度将达到16万元。

作为申通快递的创始人之一,二十多年来,陈小英女士持续致力于民族快递品牌的建设和发展,并非常热心于公益事业,以实际行动回馈社会,体现了一名企业家的拳拳爱心和高情远致。

六、企业大事记

2016年1月14日—15日,“申通快递业务员、客服培训全国巡讲(上海站)”在申通总公司航空部二楼会议室正式启动,为期两天的培训对《服务礼仪》《收件安全》《派件服务》《客户开发》等方面知识进行了详细阐述,对日常工作中存在的难点、疑点问题进行了重点讲解。

1月22日,申通快递2016年网络大会在博鳌亚洲论坛会议中心隆重召开。会议总结和分析了2015年企业发展中取得的成绩与存在的问题,规划了2016年发展蓝图。

3月7日,共青团申通快递有限公司第一次代表大会在总公司航空部二楼会议室隆重召开,大会宣读了共青团青浦区重固镇团委关于同意成立共青团申通快递有限公司第一届委员会的批复,选举产生了共青团申通快递有限公司第一届委员会。

2016年3月16日,南方航空货运部总经理赵凤生一行莅临申通快递总部考察交流,申通快递董事长陈德军、董事长助理兼副总裁邹建生对南航赵凤生总经理一行访问申通快递表示欢迎和感谢。双方就航空货运合作事宜进行了亲切友好的交流。

3月20日,申通快递客户留言平台正式开通上线。客户可以通过登录申通快递官网或手机下载“微快递”,注册登录后,输入运单号码、填写相关信息,可进行自助查询,实时跟踪,查件催件,快速办理投诉理赔等事宜。

4月14日,申通快递2016年京津冀市场暨产品工作会议在河北石家庄申通隆重召开。会议对2015年京津冀网点工作进行了总结;对2016年市场工作推进、中转运输、客户服务工作进行了安排部署;对总部今年调整的网点政策进行了宣讲。

4月18日,由辽宁省盘锦市及盘山县主办的东北快递(电商)物流产业园推介会在上海浦东举办。申通快递董事长助理兼副总裁邹建生出席推荐会,现场与盘山县人民政府签订电商物流分拣中心建设协议,初步购地100亩。

4月29日,以“迎峰会、展活力、我运动、我快乐”为主题的浙江申通2016年趣味运动会如期举行，浙江申通董事长陈小英出席运动会开幕式并亲自参与部分项目。

为增强员工消防安全防范意识，夯实消防工作基础，5月18日，申通快递总公司特邀青浦消防支队赵巷中队、重固派出所联合举办了一场消防安全知识培训与实战演练活动。

5月18日上午9点，申通快递盘锦电商物流分拣中心项目开工奠基仪式隆重举行。项目占地面积156亩，集电子商务研发、办公、服务、展示、仓储、培训、金融、包装、物流等电子商务全产业链为一体，为电子商务企业提供全面、专业、优质的保姆式和一站式服务。一期项目将于2016年底完成建设并投入使用。

5月24日，申通快递2016校招在同济大学嘉定校区拉开帷幕，引来众多同济同学们的关注和参与。经过一整天的活动，申通快递与20名同济大学生达成初步合作意向。

6月12日下午，申通快递护航G20安保工作誓师大会在杭州市萧山区隆重举行。会上，陈小英总裁强调，一定要不折不扣的落实省市和行业主管部门关于护航G20峰会安保工作的要求，全神贯注投入平安护航G20大会战，筑起筑牢峰会安全的铜墙铁壁。

6月13日，申通快递董事长陈德军参加了阿里巴巴集团主办的“2016全球智慧物流峰会”，与众多互联网、科技界及物流界大咖共同探讨智慧物流的未来。

6月22日，申通快递国际事业部总经理张存伟与波兰邮政副董事长Wieslaw Wlodck在波兰华沙签订战略合作协议。双方将在跨境电子商务、仓储配送、拆拼箱、面单贴换，包装和包裹退运管理等方面开展战略合作，建立永久合作关系。

6月22日，申通猎鹰人才培养（第一期）培训在总公司航空部二楼大会议室开班。申通快递董事长助理兼副总裁邹建生、人力资源部副总监汪亚东等领导出席开班仪式，首期51名储备干部参加了培训。

6月24日，在中国共产党第95个建党节来临之际，申通快递党委组织开展了总部全体党员赴山东临沂沂蒙山老革命根据地参观学习的活动。

7月7日，申通快递与中国最大母婴APP贝贝网建立战略合作。申通快递总裁陈小英与贝贝网CEO张良伦签署战略合作协议。

7月13日，申通快递漯河电商物流产业园项目签约仪式在申通快递总部隆重举行。项目位于漯河市东城产业集聚区，拟投资3000万元，总建筑面积4.5万平方米。

7月13日，申通快递宣布设立300万元奖励基金，用于奖励G20峰会期间安全生产单位，确保网络寄递渠道安全畅通。

7月26日，浙江申通党支部书记陈金芳、行政总监陈洪代表公司为靖江供养服务中心的老人们送去了饮料、营养品等慰问物资，给他们带去浙江申通的一片爱心和炎炎夏日里的一道清凉。

7月26日上午，申通快递党委组织党员参加了重固镇党建服务中心组织、上海市委党校党史党建教研部副教授袁峰主讲的“两学一做”学习教育专题党课。

8月14日，申通快递西北转运中心项目开工奠基仪式在陕西西咸新区空港新城隆重举行。项目占地面积120亩，预计投资3.6亿元，一期项目将于2017年年初完成并投入使用。落成后的申通快递西北转运中心，将集快件转运集发、仓配一体化、办公生活为一体，实现现代化快递转运枢纽功能。

9月13日，申通快递发起了“九月送橙季”橙诺达产品推广活动，通过活动进一步拓展市场空间，抢占优质市场份额。

9月22日下午，申通快递在青浦区重固镇影剧院隆重举行“喜迎国庆　申声不息”歌咏比赛，在红色的旋律中，广大干部员工满怀对祖国的热爱之情，用优美的歌声歌唱祖国、赞颂祖国，祝愿祖国繁荣昌盛，祝愿申通快递蒸蒸日上。

11月1日，申通快递跨大洲(中国—欧洲)全货机首航仪式在香港国际机场举行。陈德军董事长表示，申通全货机的首航只是申通全网布局迈出的一小步，未来申通快递将继续挖掘海外优质合作伙伴，不断完善海外网络平台建设，适时开通更多的国际全货机。

11月8日上午，申通快递金华转运中心项目开工奠基仪式在施工现场隆重举行。项目位于浙江省金华市金义都市新区，占地84.6亩，计划投资2.5亿元，2017年11月份左右完成全部建设，11月11日，新华社、人民日报等各10余家媒体记者团来到申通快递义乌公司，参观了解世界首套“机器人分拣系统”的相关情况，义乌公司总经办负责人接受了媒体采访。

11月12日，河北省邮政管理局一行5人在新任局长訾小春的带领下，莅临石家庄申通调研指导高峰期服务保障工作。

11月28日，申通快递总裁陈小英女士向浙江大学捐赠4000万元人民币，用于设立“浙江大学教育基金会陈小英医学教育教学奖励基金”，浙江大学常务副校长任少波代表学校接受捐赠，并为陈小英女士颁发捐赠证书和铭牌。

12月8日，中国国防邮电工会主席杨军日一行在上海市总工会秘书长宋钟蓓的陪同下莅临申通快递调研指导。

12月20日，申通快递与中国经济信息社快递产业发展研究院战略合作签约仪式在京举行。

12月30日，申通快递正式登陆深交所中小板。申通快递此次上市为重组上市，上市后公司名称变更为“申通快递股份有限公司”；英文名称变更为“STO Express Co. Ltd.”；公司简称由“艾迪西”变更为“申通快递”，股票代码不变，仍为“002468”。

圆通速递有限公司

圆通速递有限公司创建于2000年5月28日，经过十六余年的发展，已成为一家集速递、航空、电子商务等业务为一体的大型企业集团，形成了集团化、网络化、规模化、品牌化经营的新格局，为客户提供一站式服务。公司于2016年10月20日在上交所鸣锣上市。

一、基础建设

2016年，圆通在不断夯实管理层级的基础上，投资上亿元，持续开展基础建设及拓展，优化快递发展环境，全面提升企业的管理能力和经营水平。

目前，圆通速递在全国已拥有转运中心82个、68000余个服务网点。截至2016年底，全网拥有35万余名员工，日均快件量已超1500万件；圆通在地市级城市网络覆盖率近100%，县级城市网络覆盖率近96.2%；全网拥有各类运输车辆3.2万余辆，已经开通运输线路3430条；已与国内多条铁路线开展合作，开通了深圳至上海、北京至广州对开的动车专列。

同时，圆通还是国内仅有的两家拥有自有航空公司的民营快递企业之一，拥有7架全货机，国内航空合作机场121个，开通航线1264条，运输量达14万吨，时效和服务品质得到明显提升。

2016年，圆通速递快件累计完成47亿件，同比增长47%，国内市场占有率达15%，业务收入累计650亿元，综合实力稳居行业前列。

同时，为了积极响应国家邮政局提出的“快递下乡”要求，让更多的农民兄弟享受到网购服务。圆通速递投入5亿元，启动“大众创业　天下加盟”项目。另外，升级妈妈驿站，打造社区综合服务平台，引入商贸功能，为门店增加了零售收入，实现了新的利润增长点。

同时，为了网络平衡及发展，圆通速递启动万人持股计划，推行网点股权激励政策。并定期开展网点培训工作，对有困难的网点进行驻点制帮扶，使公司网络平衡和稳定上得到了进一步提升。

在信息技术方面，圆通信息中心持续优化升级“金刚”系统，并开发了“行者”、“罗汉”、“如意”等系统，为公司，为客户提供多元化、快捷、方便的服务体系提供了技术保障。

二、业务发展

圆通速递一向秉承“客户要求，圆通使命”的服务宗旨，以市场需求为导向，为客户提供“最具性价比的快递服务”。如：

1月25日，圆通速递联合支付宝对代收货款进行了升级，全新的扫码T+0正式上线。货到付款业务返款的及时性一直是商家最关注的问题，而此次扫码支付升级为扫码T+0，将给平台商家带来更好的返款体验。

3月18日圆通速递韩国公司正式成立，作为圆通速递在韩全资子公司，着力于为客户提供贴心高效的跨境电商物流解决方案及全链路服务。同年，圆通开通了上海浦东—韩国仁川—青岛—香港—上海浦东的国际航线包机业务。打通了国内—东北亚（韩国）、香港—国内的跨境快件通道，实现规模更大、时效更快的国际快件流通平台。

5月19日圆通速递正式启动“大众创业　天下加盟”项目。与连锁企业、个体商户、个体农杂货铺、残疾人、下岗工人、大学生、物业保安等合作伙伴通过圆通妈妈驿站、店中店/代办点以及行者（业务终端APP）的形式开展合作。圆通提供强大的信息化系统、智能化终端、标准化设备、专业化培训、便捷化结算等全方面的平台支持；合作伙伴将以妈妈驿站的形式服务社区,提供代收代派代寄的便民、利民快递服务。

6月30日圆通速递“承诺达”全面上线。承诺在当日24点前揽收的快件,在次日24点前完成签收,范围覆盖全国主要省份的各大中心城市以及华东区域的江、浙、沪、皖—华北区域的京、津、冀互发,如果超出承诺的时间,圆通将给予商家一定的赔偿。

综合而言,圆通速递在夯实基础业务的同时,仍然注重不断创新,以市场为导向,进行产品的业务升级,力求为客户提供多元化、快捷、方便的快递服务,提高客户满意度的同时,增加核心竞争力的培育。

三、人才建设

圆通的核心价值观是“领先”,其中“育才和团队建设要领先”作为核心价值观的六个维度之一,始终多举措、多维度提高圆通人才的培养与建设。

圆通速递现有员工35万人,2016年除了开展“校企合作”、新员工培训、业务培训等常规性定向培养工作外,特别就网络学院的运用以及拓展培训上加大了力度,持续开展百余场、各个类别的培训项目。如:定期举办针对主管级以上人员的狼烟培训;开展圆通趣味运动会、法律咨询等活动;举办月度员工生日晚会等等,增强员工归属感,进一步推动公司企业文化的建设,更为圆通提供学习成长的平台,与企业共发展,最终形成良好的企业向心力和凝聚力。

据了解,为提升员工的专业技能管理能力,向现代化企业转变,2016年圆通速递用于各种人才培训经费超过百万。

四、企业荣誉

2016年,在国家邮政局和各省(自治区、直辖市)邮政管理局、各级政府部门的关心、支持和推动下,在广大客户以及社会各界人士帮助下,圆通速递屡获殊荣。

1月21日,圆通速递荣获上海市青浦区政府颁发“2015年度青浦区纳税百强企业”以及“地方财力贡献奖”双项殊荣。

2月,圆通速递荣获上海现代服务业“2015年度突出贡献奖”称号。

4月15日,上海市总工会组织部副部长钱传东、青浦区总工会副主席谢华一行莅临圆通速递总部视察指导,并向圆通颁发了“全国模范职工之家”荣誉证书和奖牌。

5月31日,菜鸟4月份快递指数发布会在上海佘山松江索菲特召开,圆通获“菜鸟快递指数月度冠军”。

7月11日下午,“贸易型总部颁证仪式”在上海市人民政府隆重举行。圆通速递被认定上海首批贸易型总部企业之一。

8月12日,上海市青浦区2015年度重点企业名录发布会在青浦区委党校隆重召开,圆通速递荣获2015年度“上海市青浦区重点企业”荣誉称号。

8月25日,圆通速递荣登2016中国民营企业500强。

10月19日,第二届世界杭商大会在奥体博览中心拉开帷幕,圆通速递荣获“投资杭州特别贡献奖”,成为本次大会获奖的唯一快递企业。

11月,圆通速递荣获由中国物流与采购联合会颁发的“2016中国物流社会责任贡献奖”荣誉称号。等等。

五、企业社会责任

“做一个有责任心的、受人尊敬的百年企业”是圆通速递毕生追求的目标。圆通逐步做大做强,取得了良好的经济效益和社会效益之后,更重要的是承担社会责任,弘扬中华传统美德。

在企业发展的同时,圆通不忘回报社会。长期以来,圆通积极关注、支持和参与公益慈善及环保事业,先后用于抗险救灾、捐资办学、帮贫扶困、爱老敬老、社会主义新农村建设等方面的捐款投入达数亿元。特别是在促进就业、构建和谐社会和促进国民经济社会发展等方面做出了不懈的努力和应有的贡献。圆通一直承担社会责任,多年来参与社会慈善公益事业。

日前，圆通速递特别设立了5000万元创业创新基金，其中2000万元用于未来3～5年吸纳农村劳动力就业5000～10000人，600万用于安置残疾人就业；其余用于创业、创新发展。同时，还设立了2000万元员工关爱基金，为生活困难、遭遇灾难、身患重病的员工组织爱心帮扶活动。

2016年3月，中国快递协会开展捐款捐助等各类扶贫公益活动，各快递企业积极响应，其中圆通捐款100万元。据悉，该项捐款将主要用于帮助河北省平泉县哈叭气村解决在农村公路、自来水管线、河坝等基础设施建设方面的资金缺口。

4月20日，圆通速递携手鸿基金“爱的背包”公益传递活动启动发货仪式在河北省保定市白沟镇举行，首次公益传递圆通将7340套“爱的背包”通过圆通速递京蒙管理区北京转运中心发往全国8个省份151所学校，面对鸿基金“爱的背包”托付圆通将一路贴心护航。

9月8日上午，由圆通速递率先发起的“大学生快递联盟”在京成立。清华大学、北师大等近20所高校的大学生成为“联盟”首批创业学生。

2016年10月，圆通成功登陆A股市场，成为中国快递第一股。上市当天，圆通速递董事局主席兼总裁喻渭蛟先生当场宣布，圆通将拿出亿元用作专项公益基金，服务社会。

12月2日，圆通快递员“暖心义邮”首站启动，圆通速递北京学清路加盟网点快递员安佳林和北京林业大学3名大学生联合北京林业大学附属小学募捐了58箱爱心衣物，跨越3000公里为云南红河县架车乡贫困山区的孩子快递温暖，安佳林承担爱心衣物所有的快递费。

今后，圆通在取得社会经济成就的同时，仍将一如既往的承担应有的社会责任，积极回报社会，做出应有的贡献。

六、2016年圆通大事记

1月15日，浙江经济界的年度盛事“2015年度风云浙商”颁奖典礼在杭州隆重举行。圆通速递董事长喻渭蛟以大众投票90万票，高出第二名10万余票，以及专家评委全票通过的成绩，当选“2015年度风云浙商”，也是快递企业唯一入选的企业家。

2月24日上午，美国波音民用飞机集团在上海举办盛大的新闻发布会，正式对外发布B737-800BCF（客改货机型）。杭州圆通货运航空有限公司与波音公司签署增加购买B737-800BCF改装订单的协议。

6月29日上午，正在中国访问的泰国颂奇副总理一行在上海浦东会见了中国企业家代表。圆通速递喻渭蛟董事长作为快递企业唯一代表，参加会见。

8月25日，“2016年中国民营企业500强发布会”视频会议在上海市工商联大厦隆重举行。圆通速递荣列2016年中国民营企业500强的415位，在上海民企中荣列第12位。

10月20日上午9时30分，随着在上海证券交易所一声鸣锣，圆通速递股份有限公司正式登陆A股，成为“中国快递第一股”。

11月28日上午，上海圆通蛟龙投资发展（集团）有限公司、圆通速递股份有限公司与浙江义乌市人民政府举办战略合作协议书签约仪式。根据协议，圆通蛟龙和圆通速递将以“互联网＋商贸＋全球集运网”平台为支撑，投资建设圆通浙江总部、电商产业园、区域航空枢纽以及物流集散中心等项目，在义乌构建新型的互联网经济产业集群，打造升级版的外向型经济。

上海韵达速递有限公司

一、企业概况

上海韵达速递有限公司韵达成立于1999年,在“韵达+”发展理念的引领下,韵达以科技为驱动力、以大数据能力为载体,通过多样化的快递产品、“最后一公里”、“末端100米”的配送和信息化技术的建设,致力于构建以快递为核心,涵盖仓配、云便利、跨境物流和智能快递柜为内容的综合服务物流平台,现为中国快递协会副会长单位。

二、网络概况

1. 服务产品

在服务产品方面,韵达根据快递市场的地域性和时效性特点,在满足客户个性化需求的基础上,提供不同类型的服务。包括标准快递服务、贵重物品快递服务、当日达、次晨达、次日达、签单返回服务、到付件快递服务、电子商务快递服务、企业项目快递服务、仓储等综合服务和产品。

2. 运输网络

韵达拥有发达、完善的揽派、分拨、转运及干线运输网络。截至2016年底,已在全国设立了55个自营枢纽转运中心,并拥有完整的自营干线运输网络。其中,常规干线运输线路达4200多条,末端派送车辆20000余辆,高效支撑着公司“点对点”和“区域集散”的干线运输模式。同时,公司在全国拥有3000多家加盟商及20000余家配送网点,服务网络已覆盖全国31个省、自治区和直辖市,地级以上城市除青海的玉树、果洛州和海南的三沙市外已实现100%全覆盖。

3. 经营模式

在经营模式方面,韵达采用自营枢纽转运中心和终端取派加盟相结合的网络扁平化运营模式。所有自营枢纽转运中心的设立、投资、运营、管理都由韵达总部负责,收派两端由具备快递经营许可资质的加盟商提供服务。韵达总部通过统一的运营规则,以大数据能力为载体,按照服务质量、标准化建设程度和安全管理等多口径对加盟商进行管理和考核,保证网络服务效率和服务质量。

4. 末端服务

韵达注重末端网点的建设和服务,增强用户的使用体验。在“最后一公里”及“末端100米”方面采取了多样化的服务形式,主要包括自建门店、合作便利店、智能快递柜等等。截至2016年12月,末端网点自建门店超过20000个,合作便利店、物业及第三方合作资源超过16650个,智能快递柜140000余个。通过“便利店+快递”模式,让快递走进社区,有效解决了派送时间错配难题。在发展平台化、交互式快递收寄业务方面,通过投资面向所有快递公司、电商物流使用的24小时自助开放平台“丰巢”智能快递柜,让客户高效、便捷地体验平台化快递收寄交互业务。目前,韵达已和丰巢等各大智能快递柜公司开展合作,所有合作快递柜公司合计日均投递量达55万件。

三、科技应用

1. 信息化优势

韵达现有信息系统主要包括13大平台,50多套系统。韵达现已成功实施呼叫中心系统、公众平台、客服自助共享平台、工单系统、OA系统、协同平台、移动办公APP、逆向物流系统和WMS等,实现了订单管理、客服管理、人力资源管理、办公信息、物流和逆向物流管理以及收付款管理的信息化和各系统间的对接,为各部门之间的信息流通提供了极大的便利,提高了韵达管理的透明度,缩短了部门间配合的反应时间，减少公司运营风险，促进韵达运营效率的提高和良性发展。韵达实施信息化管理起步较早，在国内民营快递企业中较早实施SAP管理，实现财务业务一体化，为韵达的业务和财务信息整合、提高管理透明度和管理效率奠定基础。韵达不断提升信息管理水平，高速处理客户订单的能力，保障韵达的服务时效和服务质量。

同时，韵达科技队伍通过各种IT项目的实施与服务，不断对系统进行改良、升级，着力通过科技的力量提升企业管理与运营、服务水平。

2. 设备智能化优势

韵达转运中心的分拣模式由全自动和半自动相结合，根据不同转运中心的操作货量大小，配备不同分拣能力的自动化设备。韵达的转运中心依托韵达网络自身强大的信息网络平台，互联互通的操作、运输、分拣、信息识别管理系统，通过超强的信息前置水平，匹配高科技的分拣设备，将分拣中心的分拣速度、准确性、安全性、人均效能提升到了同行业的较高水平。在自动化智能化方面，韵达引入了交叉带自动分拣系统。该系统全程仅需扫码一次，分拣效率高达2万件/小时，分拣差错率1/10000，处理同样数量的快件可以节省分拣人力40%。提升快件分拣时效，极大地规范了快件的运营和操作，避免了人工分拣差错高带来的二次处理成本和车线资源的浪费。交叉带分拣系统高效的分拣能力极大地提高了快件中转时效。先进的自动化设备和完善的设备维护，提高了工作和管理效率，确保了快递服务的时效性和稳定性，同时高度的自动化的操作流程也大大减少了人力配置，有助于控制运营成本。同时，韵达积极引入自动化仓储管理技术，通过类目仓的建设，并针对货物的物理特性自动设定仓库管理参数，通过智能标签技术、条码及射频技术等现代化技术实现仓库环境的自动化监控、库存的自动调配和分类、自动补货、商品的包装和配送等。通过自动化的管理技术，节省了大量的劳动力，并提高了不同产品的仓储能力，减少货物损失风险，提高供应链管理的科技含量，扩大了韵达货运的业务范围，推动韵达的持续稳定发展。

3. 研发创新优势

韵达通过各种IT项目实施与服务，与供应链上下游的电商、物流、加盟网点、各合作伙伴建立了有效而良好的合作关系，并通过有效的系统互联互通，与上万家大客户和数亿终端用户建立了有效的链接，能快速把握行业变化的脉搏，并能根据行业特点做出有效的产品研发与创新，推进韵达业务的发展。

四、人才培养

韵达坚持“德才兼备，主动创新”的人才观，聚焦以“保姆计划、储备机制、击鼓传花、带2接班”为路径，构建引进与培养相结合的人才发展机制。同时，构筑以奋斗者为本的众创合伙人平台，全面实施省总负责制和管理培生相结合的人才梯队建设战略，打造一支眼光前瞻、业务精专、创新奉献的专业化、国际化人才团队。

人才发展机制具体表现为：“保姆计划”，融合个人素养与组织文化，确保人才能入职、上岗及达标；“储备机制”，满足一线员工作业需求、关键岗位匹配需求、管理干部发展需求之间的平衡；“击鼓传花”，强化人才对战略落地的承接，能力、意愿、贡献的对等，资源配置与使用价值的复盘；“带2接班”，旨在通过“选（软硬资格兼顾）、带（三随三代）、育（修身育人）、评（信仰、管理、业务）、任（顶岗接替）、管（对接保姆计划）”，打造能向上接替、向内纵深、向外轮岗的核心管理层继任者。

同时，韵达与国内多所高校联合办学，先后与浙江商业职业技术学院合作成立韵达学院，针对中层管理干部进行培训，为韵达的快速发展提供专业人才支撑。并与清华大学工业工程系达成人才委托培训协议，联合举办清华大学工业工程系“快递业高级管理人才研修班——韵达班”。

五、转型升级

（一）聚焦快递业务增强核心竞争力

（1）提升基层网络覆盖率

韵达积极推动“向西向下向外”工程，实现了突破性进展“向西”开通了四川九龙县，甘肃碌曲县、广河县，新疆乌什县、柯坪县，青海乌兰县等中西部县级城市，县级以上城市覆盖率已达到近95%；“向下”新开通了4849个乡镇网点，网络覆盖面特别是在乡镇农村地区的服务范围得到了极大拓展，进一步夯实了国内业务发展的根基；“向外”相继开拓了包括荷兰、加拿大、新西兰、新加坡、韩国、日本、泰国等16个国家和地区在内的国际快件物流网络。

（2）推进精细化运营降本增效

韵达借助大数据分析和数据化管理，通过车辆信息化平台，实时掌握路由货量信息，整合转运枢纽，及时调整车线，科学降低干线运输车辆车次，促使路由网络更加精简高效。韵达通过采用甩挂运输、路由优化等方式，有效提高装载率、成本显著降低，全程时效进一步缩短。

（3）加大对加盟商支持及标准化建设

韵达搭建总部与加盟伙伴的沟通平台，在全国范围定期举办加盟商“经营改善特训营”和“战略研修班”活动，共计培训3000余人次，提升加盟商的运营质量、效率和盈利能力。同时，韵达开展转运中心、网点标准化推广建设，主要包括全网转运中心三区分离、目视化看板、定制定位、场地6S等静态标准化全面落地，对加盟商网点的门店门头、车身、工服等统一更新推广。已完成标准化门店超过7500余个，标准化车辆超过6400余辆，持续提升公司品牌形象。

（4）加大对场地及先进设备投入

韵达通过对主要枢纽、省会城市转运中心进行扩容改造，使得转运中心的操作能力、效率不断提升。韵达继续实施物业自持，通过购买或租赁土地，自建转运中心，扩大运营规模和业务处理能力。根据需要持续投入高科技分拣设备，并依托信息网络平台和互联互通的操作、运输、分拣、信息识别管理系统，使转运中心的分拣速度、准确性、安全性和人均效能提高到行业较高水平。

（5）提升服务质量和客户体验

韵达围绕“主动服务，以客户为中心”的服务理念，通过一对一项目服务、呼叫中心系统、CRM客户关系管理体系等举措，探索精细化、专业化、多元化快递服务，在快件时效、损坏率和遗失率等多项服务指标方面达到行业领先水平，极大地提升客户粘性，获得客户高度认可。根据国家邮政局相关数据统计，截至2016年12月，韵达申诉率为3.95件（每百万件快递有效申诉数量），远低于全国12.68件的平均水平，12305申诉率改善显著，达到行业领先水平。

（二）布局快递产业链积极发展衍生业务

2016年，韵达在快递产业链上开拓以智能快递柜、仓配一体化、配送增值服务等为内容的延伸服务。

智能快递柜：2016年，韵达对深圳市丰巢科技有限公司进行增资，持续发展面向所有快递公司、电商物流使用的24小时自助开放平台“丰巢”智能快递柜业务，以提供体验最佳的平台化快递收寄交互业务。目前，韵达已和深圳丰巢等各大智能快递柜公司开展合作，合计日均投递量可达55万件。

仓配一体化：依托韵达强大的运输配送资源及网络资源，旨在为客户提供一站式仓储配送服务。仓储与配送作为电子商务后端的服务，主要解决卖家货物配备（集货、加工、分货、拣选、配货、包装）和组织对消费者的配送。

配送增值服务：仓配一体化服务体系提供多种配送增值服务，一站式解决多变的供应链挑战，客户可灵活搭配各类定制化服务，打造客户专属的供应链解决方案。

(三)新业务不断孵化成长展现良好市场前景

2016年,韵达新业务不断孵化成长,国际业务、云仓、商业等各项新业务先后起航,蓬勃发展。

国际业务:截至2016年底,韵达已在16个国家或地区开通国际业务,海外主要国家网点布局初步成形,有力支撑着公司进出口业务、海外仓、保税仓清关等相关业务量持续增长。

云仓业务:借助庞大的网络平台和领先的信息化管理系统等,将仓储、运输、配送、数据服务等业务互联互通,形成"万仓联盟",为上下游客户提供全方位的仓配一体化解决方案,目前运动大可利用仓库资源达200余个,面积超过70万平方米。

韵达商业:韵达UDA网上购物商城平台全新调整升级,国际馆、国内馆齐头并进,年货特产、骑士装备、全球购等主题性、元素性活动精彩呈现。投资方面:韵达相继完成对菜鸟、丰巢的投资增资等股权投资项目。

六、社会责任

2016年5月,韵达公益团队发起"为了溜索上的孩子"乐捐项目,共筹集善款10余万元,助力马吉米。

2016年5月,韵达山东省公司组织爱心团队志愿者们前往济南某儿童福利院,慰问福利院儿童,给孩子们送去了六一礼物和祝福。

2016年6月,韵达四川和浙江网点公司情系山区教育献爱心,为贫困小学捐款捐物。

2016年6月,韵达河北省公司在总部的号召下发起"守望马吉米,爱心一加一"的爱心募捐活动,共筹集善款近7000元。

2016年6月,韵达青岛分拨中心爱心志愿团队前往青岛某中心敬老院开展慰问活动。

2016年10月,韵达全网络同仁为因台风袭击受灾的韵达厦门地区网点捐款20万余元。

2016年11月,韵达免费承运近6000件援藏爱心物资。

七、企业荣誉

2016年1月,韵达被上海市青浦区人民政府授予"2015年度上海市青浦区纳税百强企业"称号。

2016年4月,韵达荣获"2015年邮政行业统计工作先进企业"称号。

2016年4月,韵达快递员胡细根荣获"最美快递员"称号。

2016年4月,韵达员工廖冠军被授予"上海市五一劳动奖章"荣誉称号。

2016年8月,韵达被交通运输部授予"全国交通运输行业文明单位"荣誉称号。

八、企业大事记

2016年1月6日,韵达总部组织召开专题会议,传达学习2016年全国邮政管理工作会议和交通运输部杨传堂部长讲话精神和国家邮政局马军胜局长讲话精神。

2016年6月,韵达代表参加2016年邮政行业科技创新座谈会并作发言。

2016年8月,韵达推出WAP(手机版)官网。

2016年12月23日,韵达正式上市进入资本市场,正式踏上了产融结合、双轮驱动的新征程。

中通快递股份有限公司

中通是一家集快递、物流、电商等业务于一体的大型集团公司。自创建以来，中通快递紧抓邮政体制改革、经济转型升级、产业结构调整、电商蓬勃发展等历史性机遇，依托“众创、众包、众扶、众筹”的双创模式，激发全网近30万员工创业、创新的热情和激情，不断优化经营管理、提升服务水平，助力各行各业提升物流效率、降低成本。

2016年，中通在“责任、透明、公正、分享”的文化引领下，继续保持了持续快速发展的良好态势，全年业务量位居行业第一，服务质量稳中有升，品牌总体服务满意度、快件时效率、百万快件有效申诉处理满意率均连续三年位列行业前三甲，继续实现了公众满意度和时测满意度的双提升；基本完成了年初制定的各项目标任务，为实现中通由“大”向“大而强”的转变提供了保障。

一、业务营收及能力建设

2016年，中通快递全年业务量44.98亿件；收入97.89亿元人民币，相比2015年增长60.8%；经调整的净利润为21.65亿元人民币，相比2015年增长76.8%。网络通达96%以上的区县，乡镇覆盖率超过77%，服务质量连续三年名列前茅。

近年来，中通快递积极布局全网各地分拨中心建设，以满足日益增长的快递业务需求。2016年，中通签约摘牌土地1807亩，已竣工投产项目14个，新建项目共计12个，改扩建项目23个，全部投产的项目10个，操作车间区域提前投产4个（局部投产）。截至2016年12月31日，中通快递所属分拨中心75个，其中69个为自营，6个由网络合作伙伴运营；服务网点达26000个；网络合作伙伴超过9100个；干线运输车辆超过4200辆，自营卡车数量增至2930多辆；各分拨中心之间的干线运输路由超过1980条。

中通运用新科技，投入新装备，拓展产业链，构建生态圈，以转型增效为主线，推动中通从“大”向“大而强”转变，开启从百亿美元市值迈向千亿美元市值的新征程，努力打造成为全球一流的综合物流服务商。

二、科技应用及安全培训

2016年，中通为提升效率和用户体验，上线或优化了中通来了、中通客户系统、监察管理系统、申诉管理系统、订单系统、运输车辆管理系统、资产库存管理系统、地磅派费自动结算系统等一系列系统。为提升单位工作量下的人均工作效能，降低单位运输成本，中通快递率先较大规模地在网络内引进更为节能增效的牵引车、动态称重设备、伸缩皮带机等。

2016年，中通快递申请的自主软件著作权达14部，自动化分拣线、电子面单、便携式蓝牙打印机、三段码、“掌中通”等技术的应用推广已初见成效。

2016年，中通快递在全网原有6大监察部的基础上成立了由安全监察中心直管的省直监察部，形成辐射6大片区、17个省直的垂直化管理体系，各网络监察板块之间信息实时共享、工作相互协同，大大提升了安全监察工作的效率。

2016年，中通快递组织应急演练44次，包括消防演习、寄递渠道反恐演练、违禁品泄露演练等，大大提升员工应急处置能力、降低事故损害和危害，并通过培训、视频、图画、文字等方式，加大对安全工作的宣贯力度，提高全员的安全意识。

2016年，中通快递全网共组织实施各项培训2319场，场次和参训人数同比2015年增长了近一倍。新的远程视频培训模式，让培训覆盖区域由原先的以市级网点为单位扩大到以县级网点为单位；除青海外，全国培训基地、培训站建设也已全部完成。

2016年，中通未出现重大型系统故障，平稳度过“双十一”“双十二”等业务高峰期，并通过国家三级等级保护安全体系认证。

三、倡导精准扶贫、践行“双创”

为帮助解决中国农村“空心村”的社会问题，中通大力推动“向西”“向下”工程，积极寻求与农村、农业、农民的合作，帮助客户成长。首先，中通鼓励年轻人返乡创业做快递，给予较高的派费补贴，让乡镇网点存活；同时鼓励创业者做电商，把当地的农产品卖出来。搭建“互联网＋物流”桥梁，用相对很低的物流成本把新鲜的农产品卖出去，实现“从田头到餐桌”的全链路管理。其次，推进农村逆向物流建设，把全国几万家门店、几十万合作伙伴、几千万客户资源整合起来，提供经济快捷的服务保障，使每个地方生产的东西都流通起来，也能解决国家中西部地区不平衡的服务匹配问题。

2016年，中通先后助力山西黄河滩枣、磨盘柿子、河南孟州红薯、山东大樱桃、陕西礼泉苹果等农特产品“走出去”，帮助当地老百姓实现了创收。

中通快递始终以“用我们的产品，造就更多人的幸福”为使命，坚持帮助更多人创业就业，实现美好新生活；帮助客户成长，为客户削减成本，提升效益，创造价值；帮助社会解决问题，降低物流成本，实现“从工厂到用户、田头到餐桌”的全链路管理。并依托“众创、众包、众扶、众筹”的双创模式，激发全网近30万员工创业、创新的热情和激情。

四、构建生态圈

2016年，中通全面打造“从工厂到用户，从田头到餐桌”的全链路管理，致力做全球一流的综合物流服务商。通过“打通上下游、拓展产业链、画大同心圆、构建生态圈”，降低整个社会的物流成本，为大众提供更加全面、便捷且经济的物流服务。

中通快运、中通云仓、中通优选相应成立，下一步，还将在冷链、金融、科技等方面做些探索和投入。中通将继续坚持“同建共享、信任和责任、创新和企业家精神”的核心价值观，运用新科技，投入新装备，拓展产业链，构建生态圈，以转型增效为主线，努力实现从“大”向“大而强”的转变，打造成为全球一流的综合物流服务商。

五、2016年中通发展大事记

1. 中通快递在美成功上市，向全世界打开“中国快递”之窗。

2016年10月27日，中通快递正式登陆纽交所，成为继2014年阿里巴巴在美首次公开募股（IPO）之后最大规模的中国企业赴美融资案例，也是2016年美国资本市场规模最大的IPO。中通快递，向全世界正式打开“中国快递”之窗。

2. 中通快递发布上市后首份财报：净利润同比大涨156.8%。

北京时间11月29日，中通快递（纽交所代码：ZTO）公布了其截至2016年9月30日的第三季度财务报告。财报显示，按照美国通用会计准则（GAAP）计算，中通第三季度营收为23.531亿元（约合3.529亿美元），较去年同期的14.124亿元增长66.6%；净利润为5.472亿元（约合8210万美元），较去年同期的2.131亿元增长156.8%。第三季度，中通包裹量为11.02亿个，较去年同期上升50.5%。

3. 赴美上市后首个“双十一”，中通快递斩获佳绩。

11月11日，中通淘系订单总量比去年同日增长达66%；当天中通成功揽收件量同比增长逾54%；在2016年前三季度业务量保持行业领先的基础上，中通“双十一”揽收量和实际发出量继续保持行业第一。艾瑞咨询的报告认为，从快递包裹量上讲，中通快递已成为全球最大的快递企业之一。

4. 荣幸！第300亿件“诞生”在中通快递。

国家邮政局监测数据显示，2016年第300亿件快件产生于贵州省遵义市湄潭县，是当地一位茶农通过中通快递遵义湄潭网点寄出的茶叶。

近年来，得益于快递“向西”“向下”工程的实施，中通网络覆盖率不断提升。截至2016年12月31日，中通吸引了中国以及全球主要国家和地区的近30万合作伙伴创业就业，在中国国内集中管理了75个分拨中心，加上26000多个服务网点，服务范围覆盖中国96%以上的城市和区县。

5. 中通国际与USPS建立战略合作关系，共同做大做强“世界生意”。

美国当地时间2016年10月12日，中通国际与USPS（美国邮政）正式建立战略合作关系，双方将携手开拓全球跨境电子商务配送业务。

近年来，在国家“一带一路”战略影响下，中通积极发展跨境业务配送，为“中国制造”迈向全球添砖加瓦。截至目前，中通已先后在美国、德国、法国、日韩、新西兰等国，及台湾地区设立了中转仓，且每个仓都配备了先进齐全的软硬件设施。同时，也已开通欧盟专线、美国专线、澳洲新西兰专线、日韩专线、中东专线等全球主要国家和地区的包裹寄递业务。

6. 转运升级，中通快递再添“新装备”。

为提升转运环节的能力建设，中通在“双十一”“双十二”等业务旺季来临前，先后在黑龙江哈尔滨、辽宁沈阳、湖北武汉和荆州、吉林长春、四川南充、浙江台州和温州、江苏常州和无锡、山东济南、天津以及上海总部等地投入使用新场地，新增建筑面积超80万平方米。与此同时，北京、福州、广州、南昌、南宁、泉州、太原、郑州、西安、昆明、泰州等其他各个中心的场地均进行了扩建。

7. 赢战旺季，中通快递用“新科技”降本增效。

2016年快递业务旺季期间，中通快递在上海、北京、东莞、杭州、长沙、常州、南充、淮安等多个转运中心启用了自主研发的全自动分拣系统，该系统每小时最快可处理23000票快件，且分拣准确率高达99.99%，大大降低了错误率和操作成本，提高了快件的转运时效。未来，中通现有的75个分拨中心都将陆续配备这样的全自动分拣系统。

8. 服务优化，服务水平稳步提升。

2016年中通快递品牌总体服务满意度、快件时限率、百万快件有效申诉处理满意率，再次位列前三甲，稳居“通达系”第一。其中，总体服务满意度为76.9，同比提高1.1分；快件全程时限53.47小时，同比去年缩短1.89%，比行业均值快5.24个小时；百万快件有效申诉处理满意率居全行业第二。中通快递已连续三年蝉联行业服务质量综合考评“前三甲”“通达系”之首。

9. 品牌效应提升，企业文化和人才队伍建设稳步推进。

2016年4月27日，第二届中国梦·邮政情“寻找最美快递员”活动结果揭晓，中通人党旭延荣获“最美快递员”称号、中通海南公司团队荣获“最美快递员团队”称号。4月26日，中通快递与清华大学战略合作签约暨中通学院成立揭牌仪式在上海隆重举行。5月8日，中通快递成立14周年庆典暨2016年集体婚礼仪式在上海隆重举行。中通董事局副主席赖建法在致辞中寄语14对新人要秉承中通“信心、信任、责任”的文化理念，用信心铸就未来，用彼此的承诺与坚守拥抱幸福；互敬、互爱、互谅、互助，载着忠贞不渝的爱情共赴美好的明天；并相互扶持、彼此呵护，幸福一生，享爱一世。

六、企业荣誉

2016年，中通董事长赖梅松荣获“2016年中国快递魅力人物奖”，中通快递荣获“2016年中国快递最佳服务提升奖”、“2016年度上海市青浦区纳税百强企业”及“快速贡献奖”，中通快递被评为2016年度“最具商业价值公司”。

在人民大会堂举行的第二届中国梦·邮政情“寻找最美快递员”活动揭晓发布会上，中通人党旭延荣获“最美快递员”称号、中通海南公司团队荣获“最美快递员团队”称号。

百 世 快 递

2016 年百世快递秉承“成就商业，精彩生活”的使命，践行以互联网、信息技术和创新力量为整个网络带来革命性变化的奋斗目标，不断挑战自己，全体百世人精准发力补短板，砥砺前行促跨越，取得了令人鼓舞、催人奋进的新成就。

截至 2016 年 12 月，百世快递拥有转运中心、集散中心和集散仓 200 余个；拥有服务网点 15000 多个；全网省际、省内公路运输班车线路 3000 多条，同比增加 45%；业务日单量最高值 3700 万单，为上年同期的1.5 倍。全年快件量增速高于行业平均增速。目前公司综合实力位居全国快递企业前列。

一、主要成绩

1. 科技升级：在自动化、人工智能、大数据等物流“黑科技”领域有多项技术及专利产品诞生，并把科技成果转化为现实生产力，全年各部门智能化产品运用得到普及。

2. 服务升级：完成快递最后 100 米的网络建设工作。聚合社区延伸增值服务，建成了惠及全民、可持续发展的城乡物流末端配送服务体系。

3. 网络升级：实施快递“向下”、“向西”、“向外”工程，借助集团力量建成了“一单到底”的全球快递网络。

成绩源自拼搏。全体百世人积极进取，用智慧和实干书写了百世发展的新篇章。

二、基础建设

2016 年，百世快递的基础设施建设得到明显加强，对网络的支撑能力得到提高，公司服务水平迈上新台阶。

（一）转运中心和转运仓建设

目前百世快递拥有转运、集散中心和集散仓 200 余个，操作场地面积超过 140 万平方米。全年扩建转运面积 10 万平方米，场地面积同比增加 10%；日处理能力达到约 1500 万件/日。全年就大规模新建、扩建转运中心（转运仓）85 个，完成了对哈尔滨、北京、临沂、嘉兴、成都、深圳、厦门等大型转运场地的搬迁工作。

全年改造流水线 49 个，目前全国场地已投入使用 35 套百世自主研发的风暴自动分拣系统。全国新增爬坡机、伸缩机 600 台，新增分拣流水线 1.2 万米，同比增长 10%。

（二）网点建设

2016 年，百世快递网络覆盖范围持续扩大，截至 2016 年 12 月底，全网共有一级服务站点 6000 多个，二级服务站点近 2000 个，直营站点 294 家，快递末端 100 米社区增值服务“百世邻里”（代理点）11 万家。在积极增加服务网点的前提下，公司花大力气推进网络的优化工作，全面提升基层网点服务能力和综合竞争力。网络覆盖率大幅提升，其中地市级覆盖率 100%，街道覆盖率 100%，区县覆盖率 97.59%，乡镇覆盖率 75%。

（三）客服系统建设

2016 年，百世快递拥有上海青浦（总部）、杭州，奉贤大型呼叫中心 3 个和合肥外包呼叫中心一个，共有座席 660 席，同比增加 60%。全国客服热线平均接通率达 95% 以上，全国各省 MINI 热线接通率达 96% 以上，微信在线平台接通率在 95% 以上，全年消费者满意率高于 90%。主要成绩：（1）主动服务平台的搭建，由总部客服中心对接“菜鸟系统”，成功搭建了商家与快递之间快速有效的沟通协作的平台。（2）设立合肥外包呼叫中心，新增座席 200 多个。由总部客服中心与院校合作，总部派专业培训人员给学生做岗前专业培训，然后由学生上岗实操。此合作不仅为学生提供了就业实习的机会，同时也实现了呼叫中心用人需求的快速补充，同时为后续人才的输送做好充分准备。(3)热线短号项目上线，成功申请到短号95320，替代原先的“4009565656”长号，更方便客户，提升了企业形象和客户体验。(4)大客户(vip)服务平台上线，即针对项目客户，提供快件全程跟踪处理，异常反馈处理，系统自动识别快件状态，为客户提供优质高效快递服务。

（四）信息化系统建设

强大的信息技术研发能力是百世快递最有力的竞争优势，公司始终致力于信息技术领域的研发与创新，2016年在自动化、人工智能、大数据等物流“黑科技”领域有多项技术及专利产品诞生和投入使用，一条可持续发展的智慧快递网络已见雏形。

1. 自动分拣流水线升级普及。自2014年诞生第一条自行研发的自动分拣流水线后，经过两年的不断磨合改进，到了2016年此项技术已经成熟，截至12月底已有35套自动分拣流水线在全国主要转运中心使用，自动分拣设备为提升效率降低成本起到了很大作用，分拣准确率从全人工分拣的80%提高到99.9%以上，每小时处理能力大幅提升，分拣效能提升4倍。

2. 优化配送和路由规划。在配送环节借助风暴分拣、三段码等技术提升分拣准确度，并通过合理的物理网络拓扑结构优化（尤其是区域性集散功能节点的合理规划建设），实现对配送小包裹进行包中转的方式降低配送链成本，提升配送时效。在路由规划方面，实现系统化自动路由代替之前的人工操作。

运用大数据，对全网运单进行实时测算；利用运筹学、人工智能、凸优化的方法，计算时效、成本最优的路由；主要技术有自动路由、路由区设定、自闭集预警、实时监控、甩挂管理、里程管理、仿真模拟等。

3. 百世自主研发的“如来神掌”APP得到普遍推广。如今它已成为一线快递员的得力助手，全网快递员仅需一部智能手机，即可完成快件的收件、派件、查询等各项工作。“如来神掌”APP不仅融合了快递员日常的收、发、到、派、签功能，还拥有自定义短信群发，线上首付款，实名制揽收等功能，不仅如此，它还具备移动支付功能以及快递员社区交流功能，增加对一线业务员的粘性，方便快递员的同时也大大缩减了时间成本，给消费者带来更优质的收寄体验。

4. 二段码/三段码的使用。该项目通过百世快递自动分拣系统和菜鸟分拣系统并行，可抓取运单的收件地址通过强大的后台数据库匹配，结合该地址的历史签收站点，计算出应派送站点。并将派送站点信息打印于运单上，为末端转运中心提供分拣指导，大大提升分拣效率，减轻分拣压力。

5. 首创和推广SP2.0打单神器。该项目为快递电子化、下单移动化而设计的新产品，截至2016年底，全国SP2.0安装量已覆盖全国65%以上的一级站点。SP2.0的出现，为站点降低了出单成本，减少录单量。

6. 异常拦截器上线。它能将末端网络异常前置提醒给发件站点，实现异常快件的前端及时截留和处理，避免末端区域异常快件流入网络导致时效延误和客户投诉，目前全网异常拦截成功率已达到90%左右、退件拦截成功率达到93%左右。

7. 热敏包牌推广使用。热敏包牌是替代传统包牌的快递物料，它能将传统纸质信息数据化，为后期信息化、自动化应用打下基础，目前站点热敏包牌入网量占比已达到80%。

（五）运输体系建设

截至2016年12月，全网省际、省内公路运输班车线路超过3000条。在发展陆运及铁运的基础上，公司积极发展航空运输，覆盖区域延伸至二三线机场。目前一条以公路为主、铁路、航空为辅，贯穿东西、连接南北、辐射全国的快件运输网络已经形成。

三、业务发展

2016 年,百世快递的业务呈多元化发展趋势,业务总量创下新高,业务结构持续优化,末端服务成绩突出:一是量质齐增。2016 年全网业务量同比增长 54%,高于行业同比增速 3 个百分点;日出件量最高 3700 万单,为上年同期的 1.5 倍。准点签收率达 95% 以上。二是服务创新。大力发展最后 100 米服务,与上一年相比,末端代理点"百世邻里"更加注重质量与服务,使用更加便利化的工具执行日常操作。尝试"百世邻里"与"百世店加"融合,探索社区便利店的新型合作模式。三是结构创新。建立了行业内领先的一站式综合供应链,百世供应链、快递、快运三网融合,在大数据支持下,完成了三网的升级,天网 + 地网("天网"进行大数据传出及处理,"地网"遍布全国的仓储、运输、配送网络)为客户提供线上线下一体化服务。四是拓展农村物流服务。百世快递是第一家承接菜鸟农村淘宝县级服务中心的快递企业,与菜鸟农村淘宝上行方面(农村至城市)、下行方面(城市至农村)等均有深入合作,在过去几年"双 11"年货节、农耕节等大型促销合作中,获得了很多经验,现在此合作有了更深一步发展。五是承接菜鸟国内普通仓落地配项目。在"双 11""双 12"期间,百世快递发货及时率达到了 99%,圆满完成包裹的承接任务。六是国际化进程加速。跨境物流进口方面:在百世快递国内强大的配送能力基础上,与天猫国际、聚美优品、百世国际等合作进口保税和直邮配送业务,并在美国、澳大利亚、日本等国家设立的海外仓,开发"一单到底"业务。跨境物流出口方面:百世快递与多家境外物流配送服务商合作,在亚太和欧美地区进行快递服务拓展,实现国内商品在境外市场的末端配送。

四、人才建设和培养

百世快递坚持人才是企业第一资源的战略思想,贯彻人才强企,人才兴企方针,全面开展选才、育才、用才、留才机制建设,通过人才开发合作、人才培训培养、人事委托代理等多渠道聚集人才、培养人才。

(一)人才引进

一是通过专业的人才服务中介机构为公司提供高级的管理型人才。二是校企深度合作。百世快递已与全国 200 多家大、中专院校建立了校企合作关系,并在这些大学专门设置有关物流(快递)知识的课程,定向培养物流专业学生,为学生后期进公司顺利上岗奠定基础。三是线上线下并举的招聘机制,与大型招聘网站合作、建立员工推荐奖励制度、参与大型招聘会等引进企业需要的人才。

(二)人才培养

主要通过以下几个项目来培养和选拔人才:

1."黄埔军校"是百世快递最重要的人才培养基地。2016 年,"黄埔军校"坚持本着培训更多更优秀的运营人才的初心,探讨更适合的培训模式。总校区与分校区共同联动,合计开班 27 次,总计培训人数 890 人,极大提升了全网运营体系员工的专业技术能力。总校负责专项培训,开设设备维保、标准化培训共计 13 个班次,合计培训 465 人,培训对象包含全网专职/兼职机修人员,分拨负责人、汽运负责人、标准化负责人;分校负责分拨基层管理人员的培养,全年开班 14 次;同时,各分公司针对本部门实际情况,积极开展基层管理人员培养,针对分拨一线人员,开展 A 类(安全 + 技能)培训、B 类(标准化 + 技能)培训、军训、细分培训,每季度开展技能竞赛,为运营人才梯队建设而努力。

2. 百世大学。百世大学服务于网运业务发展和人才的培养,是网运知识体系管理和共享的平台。2016 年设置 220 个课程,共 2708 道试题。推广学习课程 134 个,应学习人次 122369,完成学习人次 119833,学习完成率 97.93%,年底评选出优秀学员 73 名。

3. 加盟商培训资源建设

(一滴红墨水项目)。针对新加盟的站点而设立的培训项目,旨在帮助站点快速掌握快递运营知识。

百世快递对全网符合资质的优秀加盟商站点进行筛选、认证,作为标杆和模板,让其他站点到这些优秀的站点学习并进行实操培训,帮助新加盟商尽快上手,最终建构成"一滴红墨水"站点。截至2016年12月共产生114个"一滴红墨水"站点,活跃度达到47%。

4. 蒲公英培优项目。培养优秀讲师的项目。旨在让经验丰富的加盟站点经理人和员工成为培训讲师。同时结合孵化器(一滴红墨水)培训基地,通过站点培训站点的模式,提升全网培训质量。截至2016年年底,全网共发展了108位蒲公英培优讲师,每月平均活跃度40%。

其他有针对基层运作管理人员的培训,开设8期运管精英培训班,累计培训管理人员260余人;针对一线操作人员举行两期共23场直营专考,为400余人提供了晋级机会,其中150人得以成功晋级。

(三)留住人才

实施人才保障计划,最大诚意留住人才。

每月举办一期"百世讲坛"和丰富的业余活动,充实员工的精神生活。成立学生委员会,每月定期组织活动,丰富实习生业余生活。建立内部职位推荐制度,为每一位员工打开升职通道。公司制定的人才选拔、晋升、培养、任用、管理、福利的激励机制,已形成了一条符合产业发展的爱才、惜才、用才的用人机制。

此外,百世快递还积极开展岗位技能等级考试,分拨中心一线在岗操作岗位员工+操作组长共18053人,2013年到2016年累计在职等级员工6414,覆盖率35.53%。

五、企业荣誉

4月,员工曹晓祥获得"最美快递员"称号。

5月,员工李元明荣获人力资源和社会保障局、中国物流与采购联合会联合颁发的"全国物流行业劳动模范"称号。

10月,百世集团董事长周绍宁,荣获杭州市政府颁发的"杰出杭商"称号。

12月,在2016中国物流业大奖"金飞马"奖荣获"双十一公众最满意快递公司金奖"。

12月,荣获"菜鸟联盟金鹰奖"。

12月,由浙江省网信办指导、腾讯公司主办的"政通人和·浙江力量"2016年度盛典中荣获"2016年城市服务影响力奖"。

12月,中国邮政快递报社年会暨"快递之夜"颁奖典礼上获"中国快递最佳科技创新奖"。

12月,获《天下网商》、阿里巴巴颁发的"2016年新网商年度十佳服务商"奖。

六、社会责任

3月,百世集团发布"绿意再生"计划,启动"绿色物流,百世先行"大型公益活动,向消费者传递快递纸箱的循环再利用理念,并持续通过自身行动来倡导和推进"绿色物流"的理念和发展。

6月,安徽阜宁、江苏盐城、湖南里耶遭受自然灾害,百世快递员工捐款捐物,并免费帮助运送物资到灾区。

7月,贵州省、湖北、福建等地遭受自然灾害,百世快递员工捐款捐物,并免费帮助运送物资到灾区。

9月,百世联合茵曼等机构,共同发起"衣起·重生"旧衣回收环保行动,向社会公众提出环保倡议。百世充分发挥自身在网络覆盖,运输,仓储及末端配送能力的优势,提供20个城市前1万个包裹的免邮服务。

11月,在"中国微笑行动"2016慈善晚宴上,百世集团捐赠35万元爱心款,所有款项均用于中国"微笑行动",为贫困家庭的唇腭裂及头面部畸形的患儿提供免费救助治疗。

11月,百世为全国3000万货车司机设立"关爱守护货车司机"项目,为这个庞大的群体做力所能及的事情，唤起社会对货车司机的关爱。

12月，百世快递负责免费运送爱心包裹，将满满的圣诞礼物送到了灾区福建省闽清县，给当地小朋友送上灾后的第一份礼物。

12月，百世与北京电视台“卡酷少儿卫视”共同发起大型公益活动“我的童年送给你”，号召并倡议为蒙古小朋友捐出玩具。百世全网发动捐赠并承担包裹的免费运送工作。

七、大事记

3月，为助力集团品牌统一，提升自身品牌形象。百世汇通更名为百世快递。

3月，微信下单公众号“来取”上线，开启智能手机下单发展新路程。

4月，客服热线升级，短号95320上线。

5月，推出全球“一单到底”服务，满足中国消费者“足不出户买全球”的购物需求。

5月，吉祥物递儿问世，递儿成为百世快递的形象代表。

6月，“指环王”升级并全面应用到百世快递全部的重点转运中心。

6月，奉贤呼叫中心落成。

8月，承接菜鸟国内普通仓落地配项目。

11月，百世快递双十一当天单日件量达到3700万单，为上一年同期的1.5倍。

12月，第一家“优乐洗”门店开业。

天天快递有限公司

2016年,天天快递根据“五网合一”(仓储网、干线网、分拨网、取派网、互联网)和“三流合一”(物流、信息流、资金流)战略规划,在物流行业的基础上,布局物流小镇、国际化、电商、新能源、金融、传媒、保险、云仓、信息技术等各平台,资源整合,平台共享,加快实现快递行业的转型升级,2016年末,与苏宁强强联合,优势互补,整合在仓储、干线、末端等方面的快递网络资源,编织一张覆盖最后一公里的密织高效网络,全面提升客户服务体验。

一、基础建设

(一)业务网络

2016年,天天快递的网络数量达10000多个,网络遍布300多个地级市和2800多个县(含县级市、区),基本覆盖发达地区县级以上城市,辐射全国大部分的地级市。现已实现江浙沪皖无盲区派送,形成了以长江三角洲、珠江三角洲、环渤海地区为重点区域的快递网络布局。

(二)分拨中心

2016年,天天快递在全国布局、优化对分拨中心的建设,截至2016年末,天天快递共拥有大型集散分拨中心100余个,分布于全国重点城市,布局合理的分拨中心,先进的运营模式,实现货物全天候运输,为客户提供安全、快捷、便利的快递服务。

(三)信息化建设

2016年,天天快递在对天网、天宝、天眼系统用于实际运营过程,提升客户服务体验的同时,4月11日,天天快递与菜鸟网络在杭州举行战略合作发布会,双方共同启动“云+端”战略合作,协同推进快递行业在DT时代的发展。由此,天天快递弯道超车,全面开启“云+端”时代,成为首家全面打通“物流云+用户端”的快递公司,这也是菜鸟网络启动“菜鸟联盟”服务后首次进行的战略合作。

“端”,即工具,即用户,“云”,即连接,即服务。基于双方合作,天天有望率先实现快递业务无线化,未来天天快递的客户在移动端就将可以享受云计算服务带来的便利,更重要的是,天天将拥抱“云+端”技术,提高时效、节约成本、提升消费者的服务体验。

(四)呼叫中心

截至2016年末,天天快递在全国设有800多个独立呼叫中心,座席4500余个,最高峰值话务量达30万,自动服务24小时不间断,为客户提供货物查询、在线下单、业务查询、服务投诉等服务。

(五)运输能力

2016年,全网拥有班车30000多辆,强大的车辆资源配置、最优化的线路设计、最智能的信息查询系统,实现货物运输信息与公司后台服务器的联动和实时更新,极大的提高配送的及时性、准确性及客户接收的实时性。航空线路400多条,与各大航空公司开展合作,最大限度地满足客户对时效的需求。

二、业务发展

2016年,天天快递在快递物流行业的基础上,布局物流小镇、国际化、电商、新能源、金融、传媒、保险、云仓、信息技术等各平台,资源整合,平台共享,加快实现快递行业的转型升级。

能容云仓是天天快递旗下品牌,以资本+技术+管理+资源搭建平台,组织并优化仓主(云仓自营仓、快递网络加盟仓、授权认证仓等)和仓储配套服务商(物流地产、物流设备集成商、设备租赁商等)的资源,满足不同细分市场货主(品牌商、工厂、经销商、批发商、电商卖家、自营电商平台、微商平台等）的需求，以IT技术为核心支撑，协同快递和物流网络提供更高效的仓配一体化服务产品，并通过提供供应链金融和大数据服务产品创造平台价值。

经过一年多的发展，天天国际业务已取得重大突破，形成以3大业务为主力，2家国内分公司做运营支撑，8个海外分公司，14个海外仓做全球市场开拓的国际化布局，为客户提供7×24小时全方位的服务保障。

天天快递有限公司和台州市天天快递有限公司共同投资的大型电商产业园区落户温岭，电子商务物流园全部建成后，除了帮助企业建立销售渠道外，巨大的电子商务交易还将带动周边大量的物流和仓储产业链。电子商务物流园可通过整合和建设线下实体店、精品展示厅、线上一体式综合服务平台，为网商提供集采购、仓储、配送、客服、培训、融资为一体的综合性服务，将极大促进仓储、物流产业的发展。

三、人才队伍

（一）人才招聘上。在2016年"双11"前，天天快递储备转运中心员工12000余人，同比去年"双11"增长了33%，储备"最后一公里"投递人员15000余人，同比去年"双11"增长了25%，为天天一线收派、转运提供了强有力的保障；同时与河北保定职业技术学院、江西赣州华坚科技职业学校、江西青年职业学院、江西省商务学校、武昌职业技术学院等几十所高校展开多样的校企合作模式，在重点合作院校成立"天天快递班"，给公司储备了大量的高素质人才和新鲜血液，为公司的快速发展奠定了基础。

（二）人才培养上。2016年，开办各类专项培训48期，圆满完成了年初制定的各项目标任务。每月不定期组织新员工培训；继续保持与青海、上海、杭州等武警总队的密切联系，为退伍军人提供广阔的发展平台，开展由复转军人与大学生联合组成的"战狼计划"储备人才队伍培训，为公司各部门定向培养和输送人才；积极组织客服、加盟商、文秘、综管等相关业务培训专项班，对各岗人员进行心理疏导和职业规划指导培训；多次举行管理层团队与沟通培训；并结合内部培训光盘进行辅助培训等。此外，天天快递积极组织员工参与快递业务员职业技能鉴定认证考试，截至2016年底共计2022人通过快递业务员职业技能鉴定考试认证并获取相应资格。

天天快递重视人才的提升，鼓励员工养成良好自学习惯的同时，为员工制定在职期间职业生涯规划，实施人才培养战略，通过内部竞聘上岗选拔人才，健全完善公司人才管理方案与培养机制，并实施和不断完善《天天快递人才梯队建设管理办法》，为公司发展提供坚实的人才保障，对全网管理干部实施统一管理，减少核心人才流失。

四、社会责任

2016年2月1日，贵州花溪分部经理汪华明带着花溪分部全体工作人员及相关爱心人士献出的爱心采购的大米、食用油、衣服、水果等年货，和公司代表一起赶到在交通事故中受伤的刘金贵的家里，祝福他早日康复。

2016年2月13日，潮汕公路彩塘镇大寨路段，一辆汽车翻落到路外的灌溉沟渠，天天快递潮州公司的业务员黄程烁、林亨旋见状赶紧参与救援，事后，两人的事迹被广州市羊城晚报、潮州市人民日报、潮州电视台民生直播室等媒体进行了报道，义举温暖了潮州凤城人的心。

2016年2月20日，董事长奚春阳带领天天快递35名志愿者前往玉泉寺进行义工活动，以自己的实际行动服务大众，奉献社会，2月27日，在领导们义工精神的感召下，由普通员工组成的志愿者再次前往玉泉寺进行义工活动。

2016年3月3日，天天快递东北片区所有同仁为患病小女孩捐献爱心，用自己的实际行动为女孩送去希望，传递生命的热度。

2016年3月12日，在天天

快递全网各网点及社会爱心人士的共同帮助下，由天天快递沅陵分部组织运输的一批批物资及善款，装载着满满爱心和重建家园的希望开往了灾区，在天天快递沅陵分部和当地志愿者的帮助下，饮用水和食品等物资被送到了灾民的手中。

2016年3月11日，天天快递贵阳公司发起爱心募捐活动，为受伤男孩进行募捐，公司全体上下积极参与，3月13日，贵阳公司副总经理杨正云将募捐来的善款亲自送到受伤男孩父母的手中。

2016年4月10日，饱含天天快递慈善爱心的359箱图书全部搬运完毕，这些爱心书籍共惠及21所偏远地区学校，为那里的孩子们创造更好的条件去接触知识的海洋。

2016年6月11日，天天快递北京公司石景山苹果园站点快递员张俊龙在派件区域内捡到一钥匙包（内含现金、信用卡等贵重物品），主动将物品交还给失主李女士，事后，李女士寄来表扬信，表达对张俊龙的感谢之情。

2016年6月18日，天天快递组织志愿者前往杭州天子岭开展“助力G20，增添环保正能量”义工活动。

2016年6月23日15时前后，江苏省盐城市阜宁、射阳等地出现强雷电、短时强降雨、冰雹、雷雨大风等强对流天气，局地遭龙卷风袭击。天天快递在第一时间统计公司及人员受灾情况，并组织就近网点公司前往灾区救援，向灾区运送物资。

2016年6月23日，天天快递宁波公司鄞州万达营业部提供无偿的运输物资服务，将物资送往甘肃天水，带着满满的爱心为那里的孩子送去祝福和希望。

2016年6月29日，天天快递南京公司积极组织员工前往南京市血液中心义务献血，此次爱心献血援助，南京公司共有30多位爱心人士为阜宁献血9000多毫升。

2016年7月24日下午，天天快递邢台公司为受灾地区开展抗洪救灾活动，将矿泉水、方便面及面包送至灾民安置点。同时，邢台公司下属办事处平乡分部、河古庙镇分部自发组织当地同行，一起为灾区运送两车物资至重灾区。

2016年7月27日，天天快递石家庄公司组织了一支爱心团队，带着矿泉水、方便面、火腿肠等救援物资前往井陉县重灾区，以自己的实际行动支援灾区。

2016年8月5日，历时11天的第五届“大绳的希冀——走进五十六个民族·甘南青海线大型社会实践公益活动”圆满结束，天天快递作为主办方之一派代表全程参与此次活动。

2016年8月12日，天天快递企划部总监孔筱蓉、总裁助理孙芳娇带着董事长奚春阳的嘱托，奔赴南昌肿瘤医院，看望癌症二次复发再次手术的天天快递南昌公司向塘站网点负责人龚强如，并把全体天天人的捐款9万元送到他手中。

2016年9月29日，天天快递上海公司人员前往天天快递上海闵行八部网点负责人郭红军的家中，看望其由于眼睑囊肿刚动完手术的四岁女儿郭欣琳，并将5000元现金及一束百合花送给她。

2016年10月9日，天天快递企划部、人力资源部联合开展“捐衣筑爱”义工活动，为贫困地区的他们送去一丝温暖。

2016年11月6日，河北保定蠡县中孟尝村6岁男孩不慎掉落枯井中，天天快递蠡县公司负责人王朋朋在得知此事后，心系落井儿童，积极组织公司员工，派专车将方便面、火腿肠、纯净水等物资送达救援现场，并一一送到救援人员手中。

2016年11月18日晚，邵阳市区湘印机厂发生火灾，天天快递邵阳公司分拣员范庆忠、刘小兵，勇闯火海，救出熟睡中的老人。

2016年11月22日，天天快递天津公司河东区八纬路分部的快递员任立波病倒了，一方有难八方支援，天天快递天津公司积极行动起来，为任立波捐款，董事长奚春阳得知此事后，捐出1万元，天津公司负责人李景雷亲自到医院探望并将董事长的捐款送到任立波手中。

2016 年 12 月 9 日，天天快递开展第二次助力建德“集中捐衣献书送温情”公益活动，这次共捐赠的 3 万件冬衣、1 万册书，计 8 吨物资，由志愿者整理、分拣后，装满了 9 米 6 长的班车，统一由天天快递免费运送到陕西、河南、湖南等 10 所贫困学校，让他们在寒冷的冬天里感受到温暖。

五、企业荣誉

2016 年 1 月 5 日，天天快递东莞分拨荣获“2015 年度诚信企业”荣誉称号。

2016 年 1 月 15 日，天天快递丹东公司张美玲、王建松两名员工荣获丹东市首届“快递之星”称号。

2016 年 1 月 22 日，天天快递荣获 2015 年度责任品牌奖。

2016 年 1 月 26 日，天天快递淮安公司荣获“全市快递行业放心消费创建活动先进单位”称号。

2016 年 4 月，天天快递荣获“2015 年度杭州市残疾人按比例就业工作先进单位”称号。

2016 年 7 月 12 日，天天快递荣获第四届“京交会”快递服务板块“最佳组织奖”。

2016 年 10 月 24 日，天天快递成为快递业内首家获得交通运输企业安全标准化一级资质达标要求企业。

2016 年 10 月，天天快递有限公司荣获 2016 年度“浙江省企业之星”称号。

2016 年 11 月，天天快递荣获“十二五”浙江省商贸百强企业。

2016 年 12 月，天天快递有限公司荣获“创新标杆企业”。

2016 年 12 月，天天快递荣获“2016 年中国城市物流配送诚信企业”称号。

六、企业大事记

2016 年 2 月 25 日，快递转型升级系列研讨会在浙江杭州召开，天天快递宣布完成 A 轮融资，与主投方中金前海发展（深圳）基金管理有限公司举行融资仪式。

2016 年 2 月 25 日、26 日两天，天天快递在杭州召开 2016 年网络大会，会议达成了共识，全网天天人将同舟共济、一鼓作气、开拓创新、全力以赴，在 2016 年一起乘势飞翔。

2016 年 4 月 11 日，天天快递与菜鸟网络在杭州举行战略合作发布会，双方共同启动“云 + 端”战略合作，由此，天天快递弯道超车，全面开启“云 + 端”时代，成为首家全面打通“物流云 + 用户端”快递公司。

2016 年 4 月 27 日，第二届“寻找最美快递员”揭晓发布会在北京人民大会堂举行，天天快递文国仁荣获第二届“最美快递员”称号，龚强如入围 49 强候选人。

2016 年 5 月 28 日，第四届中国（北京）国际服务贸易交易会（简称京交会）在国家会议中心盛大开幕。天天快递特有的“‘物流、信息流、资金流’三流合一”亮相京交会，吸引了社会各界人士驻足洽谈，场面火爆。

2016 年 6 月 13 日，菜鸟网络主办的全球智慧物流峰会召开，天天快递受邀参加，与众多互联网、科技界及物流界大咖出席会议，共同探讨智慧物流的未来。同日，“重新出发”活动正式开始，天天快递常务副总裁陈向阳亲送快递，体验生活，与客户零距离接触。

2016 年 8 月 23 日，天天快递在上海举行“天天有爱 · 助学圆梦”捐赠仪式，51 名天天员工子女受助每人 8000 元，天天快递用自身行动践行“服务大众，奉献社会”的企业宗旨，传播天天大爱，共助学子圆梦。

2016 年 9 月 4 日至 5 日，G20 峰会在杭州召开，天天快递共派出两组四辆运营车执行此次任务，承运各国代表团行李和后勤保障物资，以实际行动护航、保障 G20，为中国人、杭州人民尽一份应有的社会责任。

2016 年 10 月 12 日，第十一届中国（深圳）国际物流与交通运输博览会（简称“物博会”）盛大开幕，天天快递首次参加此次博览会，天天构造“五网合一”战略版图，凸显云仓和珠江三角洲地区的发展。

2016年10月13日，中国云计算产业最具影响力的盛会之一——2016杭州云栖大会在云栖小镇召开，天天快递作为唯一一家总部设立在杭州的快递企业，受邀参加此次盛会，围绕“三流合一”的重点内容，向所有人展示了天天快递良好的企业形象和品牌价值。

全 峰 集 团

全峰集团,是一家主要经营综合供应链及相关业务的服务型企业,创立于2010年11月18日。全峰集团以整合国内供应链资源打造民族新品牌,持续塑造围绕快件寄递服务核心生态圈为奋斗目标。为积极参与中国市场经济的建设与发展,全峰集团通过多年探索沉淀,取精用宏、扬长避短,以全新的理念和发展思路,秉承"高目标、高起点、高标准"原则,立足华北、华东、华南、外围四大服务区域,斥巨资面向全球提供优质供应链综合服务。

目前,全峰集团旗下拥有全峰快递、亚风快运、互联网金融、O2O闪送等多个子集品牌。全峰快递品牌旗下主营产品有:全峰标快(标准快递)、全峰优盾(限时快递、贵重优盾、生鲜急配)、增值服务(代收货款、VIP服务、签收返单、电子面单、货物保价、驻场服务、客服外包、短信通知、进仓服务、方案定制)等;亚风快运品牌旗下主营产品有:亚风标快(标准货运)、闪电达(限时货运、贵品运输)、整车运输、零担货运、增值服务、定制化服务等;互联网金融及O2O闪送品牌均可提供多套标准化及定制化解决方案。

一、基础建设

公司注册资金12866.7251万元人民币,各种专业技术人员50000余人,总部拥有11000平方米现代化厂房和10000平方米的集办公、研发、信息中心为一体的综合办公楼,专业快递服务车辆10000余辆。

目前全峰快递公司全国的基层网点数目已经达到7000余个,各主要省份及城市均已完成优质覆盖。目前全峰快递超过800条省际铁路专线的运输优先保障合作,全国共有2500余条省际、省内等陆运专线,全国网点覆盖范围内市航城市开通航空航线,针对网点建设方面全国高标准、统一化、规范化的服务网点建设布局,无论是网点形象或是网点功能,以及战略部署等方面都更好地为客户提供优质服务,提升服务品质,塑造全峰快递品牌形象奠定了夯实基础。

目前全峰快递全国共建设有65个分拨中心,通过缜密的分拨中心建设,并将随着时间的推移将来会加大分拨中心建设的步伐,推动网络的快速建设和发展。

二、业务发展

全峰快递经营的主要产品有:全峰标快、全峰优盾、仓配一体等服务;另向客户提供代收货款,贵重物品运输、生鲜速递等增值服务。

兢兢业业的全峰人追求过程完美、结果完美的原则,秉承"诚信、安全、贴心、负责"的服务理念,通过与客户深度沟通,全面解析客户实际需要,与客户共同进退,用真诚的热心、无限的动力促进客户的发展与成功。

为了深入中国物流业大潮中并期望做出突出贡献的全峰快递,通过一系列的市场调研和专研,结合中国市场的需要,将广大客户的需要放在第一位,通过系统性的分配和采集终端客户的需求,针对客户的需求拓展服务,通过360°×24h全国专业服务体系,确保优质优量的服务客户。

同时全峰永远"以客户的价值观为导向,以客户满意度为标准",客户是全峰生存的依据、发展的基础和价值实现之所在,全峰对待客户服务,始终贯彻客户至上的思想。"思客户之所思,想客户之所想"是全峰人义不容辞的责任和态度。

三、人才建设

全峰快递是一家创新型的现代化企业,一贯重视科学研究、技术开发及人才培养，注重服务质量和客户体验。全峰快递在全国建有多处分公司，针对分公司人才方面采取两种手段，一种为总部输出，一种为当地培养，通过系统性的培训，向全国各地输出优质人才。全峰或通过当地培养的方式广纳人才，并通过当地建设分拨中心等方式带动当地经济的发展和进步。

四、资本市场

2016年11月1日，青旅联合物流科技集团有限公司（以下简称"青旅物流"）致力打造集"产品流""资金流""信息流"和"物流"于一体的综合服务平台，于10月31日与北京全峰快递有限责任公司（以下简称"全峰"）签订《增资协议》并确认成交，青旅物流拟注资12.5亿元人民币，成为全峰主要战略投资人，并将陆续补充完成营运资金20亿元人民币。自此，全峰获得于2010年11月18日创立以来的最大一轮融资。

五、发展前景

在中国物流行业发展的最佳时机，青旅物流与全峰的战略合作将实现"干线""仓储""信息"和"管理"四个共享、"产品""网络""支线"和"分拣"四个互补，缔造高品质多元化完整的物流供应链。

目前，全峰快递成功保持二线快递行业领头羊地位，同时将在未来迅速缩小与一线品牌的差距，打造联合物流模式，打开新的市场宽度和广度，从而再次促进全峰迅猛发展。

六、企业荣誉

2016年3月29日，全峰集团荣获"全国产品和服务质量诚信示范企业"；

2016年6月15日，全峰集团荣获2016"中国物流十大服务创新奖"；

2016年11月，全峰集团于2016(第十四届)中国物流企业家年会上荣获"2016中国物流社会责任贡献奖""2016中国物流十佳成长型企业"奖项；

2016年12月12日，全峰集团荣膺"2016年度中国物流行业最具投资价值企业"大奖。

七、社会责任

2016年3月，"图书千里行，春风暖万家"爱心助学行动，全峰集团为贵州八所贫困小学累计无偿运送书籍8000本；2016年10月，"心灵的呼唤，走一程爱的接力"全峰公益携手"大象要出发"开展"冬日暖阳"爱心活动，累计无偿运送物资50方。

八、全峰大事记

2016年03月，全峰集团荣获由中国质量检验协会颁发的"全国产品和服务质量诚信示范企业称号；

2016年06月15日，全峰集团荣获2016"中国物流十大服务创新奖"；

2016年07月12日，第四届京交会总结大会全峰集团荣获嘉奖；

2016年10月31日，全峰快递获青旅物流战略投资；

2016年11月，全峰集团于2016（第十四届）中国物流企业家年会上荣获"2016中国物流社会责任贡献奖""2016中国物流十佳成长型企业"奖项；

2016年12月12日，全峰集团荣膺"2016年度中国物流行业最具投资价值企业"大奖。

德邦物流股份有限公司

德邦成立于1996年，截至2016年，德邦已成为一家覆盖快递、快运、整车、仓储与供应链、跨境、金融等多元业务的综合性物流供应商。德邦凭借坚实的网络基础、强大的人才储备、深刻的市场洞悉，为跨行业的客户创造多元、灵活、高效的物流选择，让物流赋予企业更大的商业价值，赋予消费者更卓越的体验。

一、基础建设

（一）业务网络

2016年，德邦服务网络已经覆盖全国34个省级行政区，覆盖国内348个地级市，覆盖率95.87%，覆盖国内2554个县区级城市，覆盖率89.11%。截至2016年12月31日，公司共拥有标准化门店10000多家，并通过事业合伙人项目，将网点扩展至全国所有乡、镇、村。

目前，德邦正从国际快递、跨境电商、国际货代三大方向切入跨境市场，已开通韩国、日本、泰国、新加坡、马来西亚、越南等多条国际线路。

（二）中心建设

截至2016年底，德邦在上海、广州、北京、武汉、郑州等区域重点的运输枢纽城市，建立了115个分拨中心，进行货物的中转仓储及转运，总面积超过130万平方米；2016年新建并投入使用9个分拨中心，新开工9个基建项目。

（三）运输能力

作为专注于开展公路快运业务的公司之一，德邦通过对各区域市场的深度分析，并引入麦肯锡、IBM等致命的外部咨询公司对运输网络进行优化个规划。截至2016年12月31日，德邦拥有约9700台自营车辆，1430条运输干线，全网航空线路300条。

（四）信息化建设

信息化建设是现代物流发展的必由之路，也是德邦精细化管理的重点。截至2016年底，德邦共拥有79个IT系统，5个开发平台，45个IT项目。德邦在公路快运行业领先开发了物流信息一体化的信息平台，并与IBM（中国）建立了战略合作关系，对信息系统进行不断的建设和完善。同时，在已建成的信息系统平台上开发并整合快递业务信息。

2016年6月，德邦自主研发的订单管理系统正式上线，在支撑未来订单量需求的同时，实现订单的快速分流与下发。获得国家设计专利的便携式多功能打印机，创新性地实现了蓝牙双模一对多功能，解决了传统蓝牙只能一对一连接的问题，实现多系统、多PDA同时连接一个打印机、同时打印，大幅提高了打印速度。

德邦重点研发的系统分别包括：仓储系统、整车系统、空运货代平台、贷款管理系统、ERP系统、渠道及客户管理、财务系统、人力资源及办公自动化方面进行持续开发和升级，良好地实现了对业务运营流程、渠道及客户的开发与维护、预算及财务报表管理及内部人员信息和管理效率的提升，有效提高了公司整体的生产效率和服务水平。

二、业务发展

德邦始终紧随客户需求而持续创新，坚持自营门店与事业合伙人相结合的网络拓展模式，搭建优选线路，优化运力成本，为客户提供快速高效、便捷及时、安全可靠的服务。2016年，德邦持续提升原优势产品服务品质并不断研发新产品、新业务来满足不同客群，针对商务、电商、个人客户的不同需求，提供差异化、多元化的服务。

2016德邦面向市场推出的产品有：1.跨境电商系列产品，

为跨境电商平台卖家提供一体化的跨境电商直邮物流解决方案;2. 金融小贷,围绕德邦供应商、固定层级以上客户和事业合伙人等提供信用贷款服务。与此同时,德邦依托强大的物流优势和仓储运作能力,为电商客户提供灵活建仓、大促处理、多渠道管理、干线运输及最后一公里等仓配一体化的供应链解决方案。

三、人才队伍

一直以来,德邦的人才管理在物流行业独树一帜。自2005年起,德邦在行业内率先启动校园招聘。截至2016年,已累计招聘本科应届生突破14736人、硕博研究生1952人。此外,公司设立了德邦学院,从一线操作人员到办公文职人员及管理工作人员,均要求持续地参加系统培训;并通过建立业内领先的领导力模型、储备选拔机制、专业人才认证体系,创造了优于行业竞争、难以复制的人才优势。

(一)人员招聘

德邦在招聘时非常注重不同层次人才的结构比例,根据整个公司的发展阶段以及业务的具体情况,设定不同层次人才的招聘比例,从而降低人才成本。每年,德邦校园招聘时本科生的数目在2000人左右,硕士及以上级别的数目为200~300人,社会招聘的数量则根据具体职位的缺口进行设定。

2016年10月9日,德邦在总部报告厅举行了2017届秋季校园招聘启动会,这标志着为期一个半月的校园招聘工作拉开了序幕。会上总裁崔维星作了重要讲话。他指出,随着公司业务的增长,未来仍然需要大量的高潜人才补充进来。德邦需要进取者,需要长期稳定的人跟公司共同成长。此次校园招聘将在上海、西安、武汉等29座城市的93所院校中,寻找2500多名优秀应届毕业生(本科生和硕士生),涵盖通用管理、市场、运营、财务等众多岗位。

(二)人员培养

目前德邦全体管理人员99%以上都是通过内部培养和提拔的。德邦通过精细化管理,不断降低劳动强度、提升员工的福利与待遇,完善自荐、推荐体系,促进了德邦人才梯队的不断优化升级。德邦为了让员工迅速成长,成立了专业的培训部门、建立了标准的培训体系。从员工入职到每一次晋升,都需要经过专业的学习和培训。在德邦的管理层看来,员工是德邦长远发展的宝贵财富,也是维系公司与合作伙伴、消费者情感的纽带。德邦为员工提供的不仅是工作,更是可以实现职业梦想的通道。

随着公司业务规模的不断扩大,领导者需要不断提升自身的管理能力。在德邦,主要是以选拔为主导的晋升模式,通过实际工作,让管理者不断锻炼相应的管理能力。因此,德邦的管理者需要具备强大的学习能力以及适应能力,才能面对不同环境带来的挑战。

正是这种人才优势,使得德邦跻身为国内物流行业的领军企业,2016年底,德邦第二次入选“中国年度最佳雇主百强”榜单。在此之前,德邦物流就曾获得“2014大学生就业最佳企业百强”和“行业就业最佳企业”两个奖项。此次蝉联“中国年度最佳雇主30强”的背后,是德邦对“物畅其流,人尽其才”企业使命的不懈坚持。

(三)人员管理

2016年,德邦将以业绩为基础开展个人绩效评价,对公司管理层进行末位淘汰制,也让优秀的人能够脱颖而出,让有梦想、有能力的人才获得更高的认可。在德邦,个人激励等级分四个等级,每个等级奖励的比例不同,且奖励的差异逐渐拉大,排在末位的也会被淘汰。

以业绩为导向的绩效管理让德邦人与企业的整体业绩紧密捆绑,劲往一处使。个人绩效差异化激励也打破了管理的平均主义,在保持每月考核的基础上,拉长绩效评估的周期,以半年或一年为周期对输出结果进行考核,从业绩、能力、价值观等维度对人才进行综合性评价。

对于德邦而言，从单一快运产品向多产品的公司转型过程中，差异化的人力资源管理转型非常重要，不同的业务模式，针对不同的客户，需要不同的人力资源管理体系。

四、社会责任

2016 年德邦快递联合菜鸟网络、阿里巴巴公益、壹基金等启动“一键公益”项目，通过菜鸟裹裹 App 在深圳等全国三十个城市提供公益捐赠上门揽收、全程走向可追溯等服务。德邦快递通过深度参与，为消费者免去首重费用，并且为公益寄件设立绿色通道，确保捐赠物能最快抵达受捐人手中。全年共协助地球站、爱心衣橱、吉林华益、同心互惠、浦东慈爱、仁爱衣 + 衣、日行一善、善淘网、一道公益、衣旧情深、益优公益、众爱等公益组织向全国贫困山区、实验小学、康复医院、低收入群体等捐助衣物 176366 件。

五、企业大事记

6 月德邦快递应邀参加主题为“重新连接”的 2016 全球智慧物流峰会，并参与“城市末端运力的突围”对话，与业界共同探索物流前沿，探索物流领域新的生态。

7 月德邦快递联合菜鸟网络、阿里巴巴公益和壹基金等宣布启动“一键公益”项目。在北京、上海、广州、深圳、杭州、南京等全国 30 个城市开通公益寄件服务

8 月通过与麦肯锡合作，正式开启跨境业务，为客户提供陆、海、空多式联运服务，提供跨境一体化解决方案。

12 月德邦再次获评“中国年度最佳雇主 30 强”。这是德邦连续第五年荣获年度最佳雇主，也是连续第二年成功入选最佳雇主 30 强。

优速物流有限公司

优速物流有限公司创立于2009年，总部位于上海青浦，是一家提供全国性快递服务的规模型快递企业。历时7年的发展，优速成为中国快递行业的“黑马”，并持续保持着良好的发展势头。

目前，优速已经在全国建立分拨中心80余个，拥有营业网点近4000家，员工60000余人，运输、派送车辆万余台。聚焦“大包裹”，优速坚持走着一条差异化发展道路，主要定位于提供2～100kg大包裹快递的门到门服务。也正是在这个市场战略的指引下，富士康、海尔、华为等一大批国际知名企业成为了优速的战略合作伙伴。优速正以蓬勃的发展速度，向着中国快递第一集团军迈进。

“一路呵护所托”是优速快递的核心服务理念。近年来，优速凭借专业化的快递服务、良好的品牌沉淀，屡次获得交通运输部、国家邮政局、各级地方政府等上级主管单位的表彰。优速在快速崛起和发展的同时，时刻不忘尽一个企业的社会责任和义务，主动回报社会。近年来，优速快递积极致力于“免费午餐”“关爱抗日老兵”等公益项目，多次捐助善款、善物，为弘扬社会正能量做出应有的义举。

在今后的发展中，优速快递将健全多元化培训体系，改革创新，朝着“规范化、专业化、标准化、精细化、生态化”方向发展，全面提升服务品质，以品质推动优速快递稳健发展，立志成为“发展步伐飞速、服务水平显著、竞争力强大”的卓越的民族快递品牌企业！

一、基础建设

1. 分拨中心

2016年，是“大包裹”战略发展的关键年。优速快递加大了在基础设施建设上的投入，斥重金升级改造了分拨中心63个，并投入使用。升级改造后的分拨中心，货物转运吞吐量更大，进一步满足了大包裹分拨硬件需求。

2. 干线运输

在干线运输方面，优速快递优化了全国路由设置，结合“大包裹”属性，增开数百条干线运输线路，并购置了全新干线车辆300多台。进一步强化了干线运输能力，大大增强了快件运输效率，提高了全网的运输时效，打通了“大包裹”运输的“任督二脉”。

3. 呼叫中心

优速快递呼叫中心乔迁“呼叫之都”——安徽合肥。呼叫中心采用了新型的多媒体呼叫，改变了过去简单的热线电话方式，实现了CTI技术与CRM理念的完美融合，形成“服务请求，业务处理，主动服务”的闭环CRM流程管理。呼叫中心的“云桌面”系统，提升了客户体验度，进一步保障了客户信息安全。后期，合肥呼叫中心也将作为优速快递全国人才储备和输送基地之一。

二、信息化建设

优速快递积极探索“互联网＋快递”的新型经营模式。2016年，优速快递继续扩大研发投入，为了更好地服务经营，提升工作效率，优速研发团队从广东搬迁至上海。基于市场需求，优速快递实现了PC端及移动端的双层服务体验，升级了内部管理的系统乾坤系统，完善了业务系统、金融系统、独立结算系统、400客户系统、网点管理系统等系统的功能，为网点和客户带来了便利。

在移动互联应用方面，优速研发中心与时俱进，通过优速快递官微、官网、支付宝服务窗口，打通了线上线下的服务接口。实现了在线下单、在线查件、在线客服、快件实时跟踪等便捷的查询服务功能。此外，开发优速宝APP，便捷明了的界面设计，健全的功能设置，方便了业务员、网点收件、结算。

三、业务发展

2016年，优速升级大包裹后，凭借差异化发展战略，业务呈现稳步上升趋势，并在双十一当天创下新高，全网发件重量突破11000吨，磕碰到万吨俱乐部门槛。这对于优速来讲，无疑是一次飞跃。

在农村市场方面，优速积极响应上级主管单位下发的“快递下乡”政策，布局农村网络，加大乡镇服务网点建设，结合乡村代理点模式，助推农产品进城，打通农特产品物流渠道，惠普民生，截至2016年，优速网点达到4000家。

优速积极探索服务制造业物流，并在2016年与海尔、富士康等制造业达成合作，为制造业提供物流解决方案，节省运输成本，推动制造业发展。此外，我们还与嘉里大通签订合作协议，形成物流互补，提升服务品质及网络覆盖。

优速在酒类业务方面，也取得了突破性发展，2016年，优速拿下1919项目（1919酒类直供），根据酒类特殊属性，制定了一套完善的运输体系，获得了1919客户认可。

在电商方面，优速与唯品会签订退仓业务。

在校园合作方面，开展毕业季寄递活动，为学生邮寄行李打开方便之门，服务社会，与此同时，校园经济也为优速业务带来了新的增长亮点。

四、营销策略

基于“大包裹”差异化发展战略，优速立足市场，推出了350限时达特色时效产品，即优速快递在3月启动了上海、广州、深圳、东莞、中山、佛山六个城市之间的“350限时达”服务。并在2016年9月份，顺延战略升级，调整为2100限时达。优速快递对十二个城市承诺限时达服务，如因优速原因造成工作日派件延误，在原来的最高150元运费赔付的基础上，调整为延误赔付实际运费。

优速重磅出击，斥重金投放高铁广告，投放线路包括京沪线、沪杭线、沪杭长、沪杭甬线、广深线、武广深线。投放车次集中在客流密集，贯穿华东、华中、华南、华北重点城市的“热门”线路，且投放时间持续到了2017年春运。

优速结合微信菜单功能，上线微信会员活动，并向用户推出注册会员送现金红包活动，用户注册会员后，能保存邮寄地址等寄递信息，便捷的操作方式，斩获了不少新用户。

围绕“大包裹”战略及上级主管单位指导的快递下乡、农特产品的输出，针对季节性产品，优速快递也推出了“时令产品”寄递服务，让客户在家里就能品尝到全国各地新鲜的时令水果。与此同时，微信菜单栏同步推出“时令水果”专栏，方便客户下单购买。

此外，优速还在特定时期，开发益智小游戏，进行游戏营销，激活线上线下，提升用户活跃度，并取得了不错的成效。

五、人才建设

1. 人才是第一生产力

优速坚持人才是第一生产力，谁拥有人才，谁就能抢占先机，拥有市场竞争主动权，随着互联网+大数据日益发展，快递行业人才已成为企业发展的核心竞争力。优速觉得，人才是企业的第一战略资源，秉承人才强企、人才兴企业原则，优速开展了全面选拔人才、培训人才、留住人才的工作，优速欢迎各行各业的人才加入激发优速活力。

2. 人才引进

随着“大包裹”战略落地，优速急需更多的人才加入优速，推动大包裹战略多元化发展，2016年，我们引进了行业内尖端人才，补充发展能量。此外，无论何时，优速对人才渴求的脚步，都不会停止，优速希望与更多有才能的人，共享大包裹成果。

3. 建立校企合作

优速与全国众多高校达成战略合作，通过建立校企合作，定期向优速输送专业的人才，同时，优速也建立系统的人才培训机制，针对不同专业，进行合理分配，并设置定向的培养机制，将人才效应发挥到最大化。

4. 人才培养

优速成立商学院，承担公司人才培养、学习型组织建设的重要使命，已为优速各职能部门、省公司培养了一大批优秀的管培生和储备干部。商学院根据培训需求，开创多元化培训方式，如在2016年下半年，推出网络商学院项目，让员工随时随地打开手机就能学习。

针对公司管理层、员工层等各层级学员的培养需求，网络商学院平台联手内部讲师团队、公司管理团队、各业务精英开发具有优速特色的课件及视频教材，目前设通用课程、专业课程共计3000余门。

5. 人才实战培训

通过校企合作引进的人才，优速在进行系统培训后，定向派送到优速“黄埔军校”松岗一部。松岗一部是优速发源地，在短短的7年间，培养了300多位行业精英。校企人才通过在松岗一部学习后，能实实在在地了解优速发展史和快递收派寄各个环节流程，方便日后更好的工作。

6. 成熟的晋升机制

优速坚持不拘一格降人才原则，各个岗位能者居之，拥有一套成熟的晋升机制，能力有多大，优速就会给予多大的舞台。

六、企业文化

1. 核心价值观

团结、成就、廉洁、关心、主动、负责、高效。

2. 企业愿景

成为大包裹快递领导者。

3. 企业使命

让每一次传递变得更有价值。

七、社会责任

优速快递秉持“让每一次传递变得更有价值”的企业使命，始终将社会责任置于首位，牢记自己的责任和义务。

近年来，优速快递致力于“免费午餐”，“关爱快递老兵”等公益项目，多次捐助善款善物，时刻以行动履行应有的社会责任，弘扬着社会正能量。

2月1日至5日期间，优速龙江网点在广东省佛山市顺德区龙江镇发起了一场“一杯热茶温暖回家旅途”为主题的爱心活动。呼吁社会爱心，拒绝心灵冷漠，成为了春运的一道别样风景。

4月10日，优速快递海淀五部收寄了一批“星眼看世界”公益组织的爱心物资。在此次活动中，也打开了绿色通道，安排专车免费运送，开启了优速的西藏公益之行。

4月27日，优速快递工作人员来到了上海复旦大学附属儿科医院，探望了确诊出患有先天性免疫缺陷病，优速员工周虎的儿子——周权小朋友。随行人员代表优速快递全体同仁为周虎一家送去了8万元治疗慰问金，并祝福周权小朋友早日康复。

6月23日，12级强龙卷风突袭了盐城沪宁地区，对阜宁县中南部诸乡镇造成了严重生命、财产侵害。离受灾地区最近的优速阜宁二部负责人李春先生闻讯后，第一时间发动网点工作人员，组织支援义举。

9月9日，“99公益日”当天，优速再次参与“99公益　让爱翻倍”公益活动，帮助留守的孩子们吃上饱饭。

八、企业荣誉

1.“免费午餐”慈善公益组织为我司颁发“年度最具社会责任企业”荣誉证书。

2. 优速快递荣获“上海青浦出口加工区2016年度优秀奖”荣誉证书。

九、企业大事记

1. 优速推出350限时达，并在2016年9月顺应战略调整，升级为2100限时达。

2. 优速快递升级大包裹战略，服务公斤段从3~50公斤调整为2~100公斤。

3. 优速快递双十一单日货量突破一万吨。

4. 优速快递获得A轮3亿元融资。

第七篇 各地纵览

北京市快递市场发展及管理情况

一、快递市场总体发展情况

2016年,北京市邮政行业业务总量完成386亿元,同比增长49.3%;业务收入完成304.4亿元(不包括邮政储蓄银行直接营业收入),同比增长28.3%。其中,快递企业业务量累计完成196029.02万件,同比增长38.6%;快递企业业务收入累计达到256.6亿元,同比增长41.2%。业务量收均位列全国第五(表7-1)。

表7-1 2016年北京市快递服务企业发展情况

指　标	单　位	2016年12月		比上年同期增长(%)		占全部比例(%)	
		累计	当月	累计	当月	累计	当月
快递业务量	万件	196029.0	19961.5	38.6	29.9	100.0	100.0
同城	万件	85899.3	7776.6	83.7	44.3	43.8	39.0
异地	万件	106868.6	11954.7	14.8	21.8	54.5	59.9
国际及港澳台	万件	3261.1	230.2	103.1	49.1	1.7	1.2
快递业务收入	亿元	256.6	24.8	41.2	20.4	100.0	100.0
同城	亿元	85.7	7.3	108.6	55.4	33.4	29.5
异地	亿元	115.1	11.8	25.8	22.1	44.9	47.5
国际及港澳台	亿元	27.0	2.5	0.6	-0.5	10.5	10.1
其他	亿元	28.7	3.2	29.5	-14.1	11.2	13.0

2016年,北京全市乡镇快递网点实现全覆盖,快递服务覆盖所有行政村,实现乡乡有网点,村村通快递。校园快递规范收投率达到79.1%。快递智能包裹箱广泛应用。圆满完成"两会"、十八届六中全会和中央经济工作会议等重大活动期间寄递安保任务,顺利完成"双11""双12"等业务旺季服务保障工作。

二、行业管理工作及主要成效

政策环境不断优化。地方政府不断加大对邮政行业的支持力度,行业发展得到北京市政府领导肯定和支持,北京市政协三次专题调研全市快递业发展情况,研究促进快递业创新发展、转型升级的意见建议。在安全保障、规划文件出台、交通通行等方面获得首都综治办、市发改委、市交通委等部门的支持。将行业规划和地方规划有效衔接,《北京市"十三五"时期邮政业发展规划》首次作为市级专项规划,由北京市邮政管理局和市发改委联合发布。邮政业发展内容纳入《北京市国民经济和社会发展第十三个五年规划纲要》和《北京市"十三五"时期重大基础设施发展规划》市级重点专项规划,"交邮融合"作为专题纳入《北京市"十三五"时期交通发展建设规划》,实现邮政业规划与物流、电子商务等多项专项规划深入衔接。牵头组织完成《京津冀地区快递服务发展"十三五"规划》编制工作并上报国家邮政局。快递电动三轮车规范管理取得成效。抓住北京市交通整治的时机,创新思路,按照“交管部门主导,邮政部门配合,快递协会实施,企业加强自律”的原则,联合交通安全委、交管局出台《邮政寄递行业交通安全管理工作方案》,统一规范管理,保障快递电动三轮车便利通行,为全市5.7万辆快递电动三轮车打通了畅行之路。大力推进行业绿色健康发展。推进新能源汽车应用,督导邮政企业加快更新邮政电动车。

安全保障能力显著增强。强化寄递安全三项制度全面落实。认真贯彻落实国家邮政局、北京市安全生产工作部署,组织开展安全生产专项整治,严格落实“收寄验视、实名收寄、过机安检”三项制度。全市寄递企业全部成立安全生产委员会,建立两级安全管理机构,企业内部逐级签订落实“三项制度”工作责任书和承诺书,落实安全管理责任。全行业保持运行平稳,未发生重特大安全生产责任事故。积极推进安检机配置工作。联合首都综治办、公安局、国家安全局等部门部署安检机购置工作,印发《关于做好北京市邮政快递企业安检机购置工作的意见》和《北京市邮政快递企业安检机购置费用补贴办法》,由综治总牵头,市场化原则,企业自主购置,政府确定标准,高质量配备,配置范围由分拨中心扩展到二级以上站点,补贴资金使用时间适当延长,落实新增安检机217台。寄递渠道安全管理“齐抓共管、综合治理”工作格局基本形成。进一步完善北京市寄递安全管理协调机制,强化与公安、国家安全等部门寄递安全监管联动,加强信息沟通,强化协作配合,开展联合执法,积极应对突发事件,开展2016年全市寄递渠道安全管理工作综治考评,进一步强化属地管理责任,提升行业安全监管实效。有效保障重大活动寄递安全和快递业务旺季服务。坚持部门协作,提早谋划部署,制定应急方案,强化措施,狠抓落实,有效保障了全国“两会”、G20、十八届六中全会和中央经济工作会议等重大活动期间寄递渠道安全。圆满完成“双11”业务旺季服务和安全保障工作,交通运输部书记杨传堂、部长李小鹏和国家邮政局局长马军胜、副局长刘君到北京调研指导,并对北京“双11”业务旺季服务和安全保障工作给予肯定。

行业监督管理不断强化。推动简政放权,优化邮政市场许可、备案管理工作流程。2016年,北京市邮政管理局共核准快递业务经营许可申请125件,办理许可变更262件,注销快递业务经营许可证78件,为153家快递企业办理了许可证延续换领手续。组织开展快递市场清理整顿,依法查处违法违规行为,规范市场秩序。推进依法行政,加强行政执法监督工作。学习宣贯国家邮政局“三张清单”并编制北京市邮政行业权力清单和责任清单。组织开展行政处罚案件评查,定期通报行政处罚情况,提高全局行政执法水平。加大市场监管力度。全年共查处违法违规问题207个,约谈企业92家次,查处违法违规案件71件,罚款29.6万元。按季度组织开展快件服务质量与寄递时限测试,进一步完善快递安全服务质量季度通报制度,提升申诉受理处理能力,维护消费者合法权益,共受理申诉91143件,同比增长17.01%。其中有效申诉19463件,同比增加2.59%,通过申诉渠道共为消费者挽回经济损失401.55万元。在全市范围内组织开展“诚信快递、你我同行”“3·15”主题宣传活动,营造诚实守信的市场环境。消费者申诉与市场监管联动机制逐步加强,快递服务质量提升联席会议制度不断完善。做好行业统计工作,连续两年获邮政管理系统“行业统计报表工作先进集体”。

三、各派出机构主要管理工作概况

北京市邮政管理局设立5个派出机构,分别为北京市东区邮政管理局、北京市西区邮政管理局、北京市南区邮政管理局、北京市北区邮政管理局、北京市天竺邮政管理局。2016年,北京市东区邮政管理局全年共对企业未按照规定加盖收寄验视章、安全设备安装不符合行业标准、未按规定对从业人员进行安全生产教育和培训等15起安全监管类违法行为予以严肃查处，处罚金额达5.9万元。形成了“安全员及时汇报、企业快速应对、区局依法处置”的“三位一体”应急管理模式，确保发生突发事件后，能第一时间及时处置，有效保障行业的安全稳定。全年先后妥善处置央视财经频道《消费主张》栏目曝光韵达、圆通、中通等6家快递公司未严格执行收寄验视、实名收寄两项制度、震飞速递业务员扣押快件等多起突发事件，因处理及时、措施得当，未造成重大安全事故或群体性事件。

北京市西区邮政管理局加强执法能力建设，基本形成“人人能执法，个个是能手”的全员执法工作机制。短短三个月，行政处罚数量达16个，行政处罚金额达6万元，对处于政治中心区存在较大安全隐患的某快递品牌站点历史上首次予以取缔。整合部门资源，促进快递行业发展，高校聚集区共同配送见成效。以落实国务院61号文件为契机，引导第三方企业与高校全面深化战略合作，海淀区20余所高校已有近70%成功搭载共同配送平台，“快递进校园”问题得到有效缓解。主动向相关区政府领导汇报，将行业发展工作纳入地方工作大局，推动快递在生活性服务业中发挥更加重要作用。全年共推动100余家末端快递服务点建设（便利店搭载50余家，快递柜50处，收发中心2处），有效解决了辖区快递业发展方式比较粗放、基础设施较为滞后、末端配送难等问题。

北京市南区邮政管理局自创信息平台、安全日志、政务微信三大法宝，成为筑牢安全监管的第一道防线。在充分利用三大法宝同时，以专项检查和严格执法保障安全监管任务目标。一年来共检查邮政、快递企业544家次，出动执法人员1492人次，下发责令改正通知书52份，约谈企业57家，办理行政处罚案件28起，罚款128000元，为建局以来案件数量、罚款总数最多的一年。积极探索共同配送、集中配送等发展模式，支持邮政快递企业通过平台整合、联盟合作等多种方式，共建共享“最后一公里”服务体系，探索破解快递末端发展难题。在北京市丰台区怡海花园开设了“合和配送”试点门店，目前合和配送已与顺丰等8家快递公司和电商建立了业务合作关系，为居民提供了优质便利的服务。在大兴区北臧村镇马村村邮站进行北京地区首家“农邮通”服务站试点运营，为破题快递投送“最后一公里”难题进行了有益的尝试，对全市推进“农邮通”服务站建设具有重要的示范意义。

北京市北区邮政管理局针对问题比较严重及整改后复查依然出现问题的企业，依法进行行政处罚8起，处罚金额共计25000元，且当事人已对违法行为进行改正。贯彻落实北京局相关工作部署，深入田间地头和农业合作社考察，鼓励和引导邮政企业转变经营方式，挖掘农产品生鲜配送市场潜力，推进农产品物流体系建设。推动延庆邮政分公司与区农委签署战略合作协议，为延庆区多家农业合作社提供快递运输服务。建成以区域农产品集散为特点的密农人家、绿富隆农邮通服务站，除满足自身农产品配送需求外，还辐射周边，为区域农产品配送提供集散配送服务。为农产品进城和快递下乡搭建起双向通道。

北京市天竺邮政管理局根据辖区特点，重点抓好分拨中心安全监管。天竺辖区地域面积较小，但依托首都机场航空渠道优势，集聚了顺丰、申通、圆通、宅急送等一批快递企业分拨中心。在行业监管过程中，根据辖区特点，明确监管重心，重点组织开展对快递企业分拨中心的监督管理。2016年，在日常监管工作中，督促企业分拨中心强化对其各类生产设备、各操作环节和员工集体宿舍等的安全隐患排查，确保不发生各类安全生产事故。

四、快递市场存在的突出问题

城乡发展不平衡，快递末端亟待完善。主城区与乡镇快递业区域发展不平衡，农村快递服务发展相对滞后。随着农村网民网购热情的不断高涨,其对快递上门的物流配送要求也越来越迫切,快递公司在农村网点偏少的共同特点没有明显改善。尽管快递公司已经明显加快了县域乃至乡镇网点的布局速度,但成型且有效的模式仍有待探索。末端网点盈利率不高,随着快递业物流成本、运输成本和人工成本的上涨,行业利润空间逐步压缩。部分快递企业总部以罚代管,导致一些末端服务质量长期得不到改善,申诉投诉主要问题多数集中在快件延误、末端投递服务不规范等。

快递企业同质化竞争,业务结构有待调整。多数企业发展方式粗放,企业自主研发和科技应用水平不高,一线服务人员流动性较大,同质化竞争严重。数据显示,2016 年快递品牌集中程度较去年增幅呈下降趋势,快递行业整体竞争程度不断提升,竞争日趋激烈导致快递平均单价迅速下降,异地快递业务平均单价下降较为明显,较去年同期下降 4.6%。竞争惨烈的价格战,是各快递公司服务种类单一,产品同质性过高的深层原因。各快递品牌中,EMS、顺丰以及经营国际快递业务的外资品牌立足于不断提高快递服务质量,产品面向中高端服务市场,快递服务价格相对稳定。以“通达系”等品牌为代表的快递企业以电商快件配送为主,产品服务种类基本相同,同质化竞争导致相互压价,不断降低运营成本,不可避免地导致品牌服务质量和寄递时效严重下降,给行业可持续健康发展带来影响。

天津市快递市场发展及管理情况

一、快递市场总体发展情况

2016 年,天津市邮政行业业务总量完成 83 亿元,同比增长 39%;业务收入完成 81 亿元(不含邮政储蓄银行直接营业收入),同比增长 33%。其中,快递企业业务量累计完成 41005.4 万件,同比增长 60.0%;快递企业业务收入累计达到 63.5 亿元,同比增长 45.8%(表 7-2)。

表 7-2　2016 年天津市快递服务企业发展情况

指　　标	单　位	2016 年 12 月		比上年同期增长(%)		占全部比例(%)	
		累计	当月	累计	当月	累计	当月
快递业务量	万件	41005.4	3376.5	60.0	54.9	100.0	100.0
同城	万件	12471.4	983.8	73.8	86.7	30.4	29.1
异地	万件	28239.3	2364.5	55.2	45.1	68.9	70.0
国际及港澳台	万件	294.6	28.2	17.9	18.7	0.7	0.8
快递业务收入	亿元	63.5	5.5	45.8	52.9	100.0	100.0
同城	亿元	11.8	1.0	105.0	126.8	18.5	17.7
异地	亿元	36.3	2.8	29.4	29.5	57.2	51.6
国际及港澳台	亿元	4.2	0.4	0.8	18.1	6.6	7.7
其他	亿元	11.3	1.3	100.9	105.2	17.7	23.0

快递服务满意度持续提升,消费者申诉处理满意率达到 97.4%。全面推进重点工作落地见效,扎实开展天津市快递专业类物流专项规划和邮政业“十三五”规划编制工作,支持引导邮政企业改革创新,有效推进快递企业转型升级,圆满完成 G20 杭州峰会、天津夏季达沃斯论坛等重大活

动期间寄递安全和服务保障工作。行业在经济社会发展中的作用不断发挥，日均服务超过 210 万人次，支撑网络零售交易额超过 1000 亿元，新增就业 5000 人以上。

二、行业管理工作及主要成效

坚持发展第一要务，邮政业发展环境持续优化。一年来，天津市政府及相关部门出台的涉及邮政行业利好政策达 20 余件，行业发展环境持续优化。其中，《天津市国民经济和社会发展“十三五”规划纲要》首次将重点发展标准化快递、积极发展邮政业综合服务平台、智能快（邮）件箱等快递服务新模式内容纳入其中。市委、市政府贯彻落实“中央一号文件”实施意见将“快递下乡”工程列入。市政府办公厅出台《我市支持快递业加快发展十项措施》，使《国务院关于快递业发展的若干意见》在津落地实施，进一步优化了快递业发展的政策环境。会同市教委出台《天津市高等学校快递服务进校园管理办法》，推广“人工服务站＋智能快件箱”模式，有效解决快递进高校“最后一公里”问题。会同市工信委出台《关于加快推进快递服务制造业发展的实施意见》，鼓励快递企业以“入场物流”、“仓储＋配送＋增值服务”一体化、“订单末端”配送等 5 种模式服务制造业。与天津空港经济区管委会签订合作框架协议，深化双方在建设空港航空快递专业类物流园、支持自贸区邮政管理机构开展工作等方面的合作。与天津滨海国际机场签订合作协议，推进双方在打造航空邮（快）件“绿色通道”、推进邮政业与航空运输业协同发展、提升航空货邮吞吐量，助力北方国际航运核心区和国际航空物流中心建设。静海区出台《关于加快电子商务、物流产业发展的若干意见》，每年统筹安排 1000 万元财政资金作为电子商务、物流快递产业发展项目资金。

强化规划引领作用，立法标准编制工作成效明显。作为全国首个省级快递物流专项规划，2016 年 10 月 28 日，《天津市快递专业类物流专项规划（2016－2020 年）》获天津市政府批复并印发实施，保障用地总规模达万亩，全市将形成“一轴两圈三园多节点”的快递物流体系空间布局，建设由“3 个快递专业类物流园区、15 个市级快递处理（分拨）中心以及若干数量的快递营业场所和基础性快递末端公共服务设施”组成的四级快递设施体系。作为市重点专项规划，《天津市邮政业发展“十三五”规划》由市发改委发布实施，将实施骨干节点、普遍服务、安全监管、末端服务、信息平台、绿色邮政等九大工程，行业发展目标和路径进一步明确，并实现与天津市现代物流业、现代服务业等规划的衔接。邮政立法工作稳步推进，《天津市快递条例》被明确为 2017 年市人大立法审议项目。参与制定《京津冀邮政业协同发展指导意见》。完成寄递从业人员管理规范、寄递安检机联网管理规范等多项地方标准的立项工作。

深化快递与电商协同发展，试点建设进展明显。按照财政部、商务部和国家邮政局有关要求，重点推进协同发展试点项目建设、绩效评定及项目验收等工作。会同市商务委、市财政局印发《天津市电子商务与物流快递协同发展试点项目验收办法》，联合向市政府呈报《关于电子商务与物流快递试点城市建设目标及资金使用调整情况的请示》，将中央试点资金向快递企业、信息化项目倾斜。用于快递末端车辆提升改造、智能快件箱设置、快递末端网点“三进”（进社区、进校园、进乡村）项目及信息化项目补贴资金超过 4500 万元，有效拉动配套投资超过 1.7 亿元，试点项目补短板取得明显成效。快递与电商协同发展公益性信息平台已上线试运行，涵盖服务体系、业务信息、诚信管理、统计分析、实名制管理、安检机联网等九大模块，已实现与全市主要快递和电商企业实时数据对接，接入全市 960 余个寄递营业场所视频监控。同时，该平台系统附带的手机 APP，实现了对全市寄递企业基础信息、全市危化品企业及产品目录管理、邮政快递网点 GIS 地图服务等功能。

着力突出放管服重点，改革成效进一步显现。持续深化“放管服”改革。落实邮政管理部门“放管服”改革工作方案，优化快递业务经营许可。推进许可企业信息公开，实现全流程网上审批。清理审批中介服务事项。探索推动实施“双随机一公开”工作机制。支持邮政企业改革创新。鼓励邮政企业与快递企业创新合作模式，引导邮政企业参与电子商务与物流快递协同发展试点项目建设，90处营业场所纳入末端网点改造升级项目，获中央试点补贴资金720万元。加强寄递智能终端建设。在市建委支持下，制定出台天津市智能邮件快件箱（住宅信报箱）验收流程。

落实四项安全保障制度，行业安全基石不断夯实。2016年，寄递渠道安全监管工作不断深入。督促各寄递企业落实“收寄验视、实名寄递、过机安检及持卡认证”四项安全保障制度，初步形成了天津市四个100%寄递安全管理的连锁链条：一是会同市公安局发布《关于全面深化落实寄递渠道实名制管理的通告》，明确寄递企业在落实实名收寄方面的职责，确定寄件人在寄递邮件快件时应履行的义务，并在全市快递企业中推广使用“寄递实名盾”APP。自2016年6月上线以来，通过实名寄递已发现多名网上追逃人员，有效防范了寄递安全隐患。二是会同市综治办印发《天津市寄递企业安检机配置工作实施方案》，明确安检机配置工作的有关要求，并积极推进快递企业与电商企业签订安全保障协议的备案工作。三是会同市综治办印发《天津市寄递人员从业卡管理办法》，将邮政企业与快递企业从业人员认证管理规范化。已累计制卡2.6万余张，并实现与公安机关数据联网比对。通过实名认证已经发现多名隐藏在快递企业中的网上追逃、涉毒、涉稳等重点管控人员。寄递从业人员持卡认证管理作为天津经验在全国社会治安综合治理创新工作会议上作了经验交流。

坚持创新驱动发展，行业发展能力进一步增强。认真落实《国家邮政局关于促进邮政行业科技创新工作的指导意见》要求，不断推进行业科技创新发展，重点在服务智能化、生产自动化、协同信息化、运输高效化、运营绿色化、管理科学化等“六化”上狠下功夫，并取得明显成效。一是鼓励引导企业适应“互联网＋”要求，发挥企业技术创新主体作用。数据分单技术广泛应用，自动传输、机器人配货分拣等新技术开始应用，提升了服务效率。引导支持申通快递建成目前国内最大的全自动智能快递机器人分拣系统，分拣效率比人工提高4倍；在空港快递专业类物流园区内，百世快递、韵达速递分别建成自动分拣线和矩阵式拨杆自动流水线，全面提升企业自动化水平。通过与天津机场共建航空快递“绿色通道”，顺丰速运全货机由2架增至3架，圆通快递开通全货机航线。二是加快智能寄递终端设置，全市已经布放智能快件箱和智能信报箱超3000组，格口接近10万个，年投递邮件、快件逾2500万件。加快快递进校园工程，全市高校规范收投率超过九成。三是加快推进产业协同工程。深入推进快递服务制造业示范工程，累计开展联动试点项目29个，直接服务的制造业年产值达530亿元。制造业快件量超6000万件，占全市快递业务总量的15%。国际小包继续保持跨境电商寄递的主渠道地位，业务量同比增加%。启动服务现代农业示范工程，全年农村地区收投包裹超过8000万件，直接服务农产品外销60亿元以上。四是推进快递业绿色包装工作，主要品牌快递企业电子运单使用率达到70%。五是加大新能源汽车在邮政快递领域推广力度，全市邮政快递企业新能源汽车保有量突破800辆，累计享受中央、地方财政补贴8000余万元，每年可减少二氧化碳排放1.6万吨。

坚持发展监管并重，依法行政能力进一步提升。推进信用体系建设。制定印发《天津市快递业信用体系建设试点工作实施方案》，结合研发应用快递与电商公益性信息平台，统筹推进天津市快递业诚信体系建设，录入企业和人员信息2万余条。实施市场主体退出管理，严厉打击快递企业参与电商刷新行为，对经营异常的市场主体进行重点跟踪，强化预警监测、发布监管提示，就服务质量等问题多次约谈重点快递企业区域总部，累计注销86家企业快递业务经营许可证。支持市快递协会对市主要品牌快递企业开展服务质量和信用等级评估。推进邮政行政执法综合管理。编制完成负面清单、权力清单和责任清单，执法信息系统全面应用。强化服务保障和反恐怖等工作。扎实做好“双11”等旺季服务保障工作，在业务量同比增长60%的情况下，实现了“两不三保”目标。配合做好邮政业禁毒、反恐、打击侵权假冒、扫黄打非、锂电池邮(快)件航空运输管理和濒危野生物种保护等工作。

三、各派出机构主要管理工作概况

2016年10月，电商与快递信息公益性服务平台一期上线运行是“智慧邮政”理念的重要实践。该服务平台项目总体框架是“1个平台9大模块”，包括服务体系(车辆定位、网点信息、视频监控、GSI定位)、业务信息、统计分析、诚信管理、双随机执法、实名寄递、安检联网、从业卡管理、供需信息(电商需求、快递运力)等应用功能。自平台上线以来，第一分局转变监管方式，探索“智慧监管”模式，实现了快递服务质量、安全监管、信用监管和全流程电子信息化监管的覆盖。实现了对辖区90%以上寄递企业远程监控。智慧监管实现了由“人工型”向“智能型”、“粗放型”向“规范型”转变。执法信息化在提升监管效率的同时，也挤压了执法过程随意性和主观性，倒逼执法规范化、公正化和透明化，有效降低了执法风险。自2016年10月份平台上线以来，第一分局依靠智慧监管，现寄递企业安全隐患60余处，针对性检查企业123家，下达《责令改正通知书》41份，立案查处11起，处罚金额8.3万元，实现了监管效能的飞跃。组建寄递企业信息员、政府部门执法人员、邮政监管人员“三员共管”队伍，形成责任到人、精准执法、多方合作监管局面。注重发挥寄递企业主体责任，在辖区603个企业建立信息员制度。信息员通过手机APP对本企业实名寄递等工作进行自查，定期将自查结果汇报邮政管理部门；加强与相关监管部门合作。在辖区8个区成立寄递渠道安全管理领导小组，完善预防、打击危害寄递安全的联系会议、信息通报、联合执法等三项机制。强化部门之间在联合执法、信息通报、技术支持等方面协作。2016年以来，与公安、国安等部门互通违法案件线索4起，开展联合检查6次，查处违法违规行为4起，立案查处3起，为智慧监管营造了良好建设环境。为进一步提高执法效能和针对性，第一分局坚持问题导向，根据一线执法结果进行信用等级评估，探索实施“风险评估—确定检查频次—组织检查—结果反馈—再次风险评估”的“闭环化”监管路径，对不同信用等级企业实行差别化监管。

第二分局积极推动辖区“平安快递”创建工作，并首次被纳入武清区社会治安防控体系，武清区五家邮政、快递企业被评为“2016年度平安示范寄递企业”。进一步深化快递市场清理整顿工作，加强对企业基础信息的监督管理，为辖区所有企业建立了纸质档案，完成直营分支机构备案和末端网点实地摸底排查工作。深化落实四项安全保障制度，督促企业完成从业卡制作和监控系统对接工作，向辖区企业印发了《关于深入开展落实四项安全保障制度专项活动的通知》，此项工作被列入四个区政法委寄递渠道安全领导小组2016年工作重点。

第三分局推动天津市静海区人民政府出台《静海区关于加快电子商务、物流产业发展的若干意见》。《意见》明确将天津市邮政管理局第三分局列为责任部门，主要负责支持电商物流网络骨干节点建设、物流末端基础设施建设、提高电子商务、物流产业信息化水平、信用体系建设及加快发展跨境电子商务等五方面工作。《意见》指出，静海区每年将统筹安排1000万元财政资金作为电子商务、物流产业发展项目资金，用于扶持和引导电子商务、物流产业发展，对符合项目资金使用条件的电商与快递服务信息平台、大型电商物流产业园区、快件分拨、处理和配送中心，农村、社区、校园快件综合服务网点，智能快件箱等项目予以财政补贴。与海河教育园管委会相关部门成立教育园区寄递安全领导小组，并召开第一次会议。该教育园区寄递渠道安全领导小组的成立标志着三分局辖区内所有区域寄递安全管理工作达到了全覆盖，为辖区内寄递渠道安全工作打下坚实良好基础。

滨海新区局与滨海新区公安局每月对辖区企业进行抽查检查。对辖区 56 家寄递企业进行执法检查，共出动执法人员 346 人次。2016 年 10 月，辖区内一家快递企业配合禁毒大队破获了一个贩毒团伙，抓获犯罪多名分子。向辖区快递企业下发《关于规范快递企业经营行为的通知》，要求各快递企业严格按照相关法律法规规定规范经营行为，采取措施消除快递经营错象、乱象。制定《区邮政管理局区公安局关于加强寄递渠道安全管理的常态化联动机制》，强化在联络对接、信息化管理、应急处置等方面合作，加强对寄递企业、危险化学品企业的安全管理，保障寄递渠道安全畅通。

四、快递市场存在的突出问题

能力不足、质量不高仍是主要问题。近些年，天津市快递业虽然持续保持快速发展的态势，但企业专业管理水平低、服务能力方面低端服务过剩，中高端服务供给不足，服务内容仍相对单一；在质量与水平上，寄递渠道安全突出、客户满意度不高、竞争手段单一，同时快递业与移动互联、商贸流通、先进制造、交通运输、现代农业、金融服务等关联产业的衔接协同不够紧密。

安全问题日益凸显。随着快递业务的高速发展，寄递渠道安全隐患和问题也愈发突出，集中表现在一些快递企业认识不足，对寄递渠道安全、生产安全的必要性、重要性缺乏认识，安全意识淡薄；资金投入不足，培训工作不到位、不契合行业发展实际；部分快递企业及从业人员落实《快递安全生产操作规范》不到位，存在暴力分拣行为。

企业创新方面有短板。快递企业创新仍显不足，且已经开始影响企业的转型升级和持续快速发展，一些企业忙于为生存而战，只看重眼前利益，缺乏长远打算，创新投入方面严重不足，导致企业发展缺乏后劲；企业自身管理工作创新不足，在加快机制创新、管理创新、服务创新和科技创新方面，较快递发达省份存在一定差距，需要切实改变和奋起直追。

监管工作能力仍显不足。随着快递市场发展壮大，监管对象和监管环境发生了变化，监管工作面临更多的新问题和新情况。在监管方式上，办法不多、创新不足等问题成为制约监管工作开展的一个重要方面，市场监管人员少等问题也导致监管力量仍然不足，难以使监管全面到位。

河北省快递市场发展及管理情况

一、快递市场总体发展情况

2016 年，河北省邮政行业业务总量完成 196.8 亿元，同比增长 49.7%；业务收入完成 144.2亿元（不包括邮政储蓄银行直接营业收入），同比增长38.2%。其中，快递企业业务量累计完成 90392.4 万件，同比增长 64.6%；快递企业业务收入累计达到 94.3 亿元，同比增长 67.8%。快递服务满意度稳中有升，消费者申诉处理满意度达 97.9%（表 7-3）。

表 7-3 2016 年河北省快递服务企业发展情况

指 标	单 位	2016 年 12 月		比上年同期增长(%)		占全部比例(%)	
		累计	当月	累计	当月	累计	当月
快递业务量	万件	90392.4	10265.0	64.6	51.9	100.0	100.0
同城	万件	12530.5	1736.6	92.2	160.7	13.9	16.9
异地	万件	77566.3	8496.2	60.9	39.9	85.8	82.8
国际及港澳台	万件	295.6	32.3	66.6	78.0	0.3	0.3
快递业务收入	亿元	94.3	10.6	67.8	61.9	100.0	100.0
同城	亿元	10.6	1.6	129.4	232.7	11.3	14.7
异地	亿元	67.7	7.0	58.2	39.1	71.8	66.5
国际及港澳台	亿元	3.0	0.3	28.5	42.9	3.2	3.0
其他	亿元	13.0	1.7	101.1	112.4	13.8	15.8

二、行业管理工作及主要成效

把握协同发展机遇，发展环境持续优化。国务院 61 号文件得到有效落实。国务院印发《关于促进快递业发展的若干意见》后，河北省政府在全国率先印发了《关于促进快递业发展的实施意见》。意见从优化产业空间布局、培育壮大快递企业、推进“互联网 +”快递、完善快递服务网络、衔接综合交通体系、强化安全监管等 6 个方面提出了 42 项重点任务，落实了 27 个省直部门的责任。目前，9 个市政府已出台快递业发展实施意见。全省政策支持力度明显加大。主动向省领导汇报邮政业情况，加强与交通、财政、商务、海关等单位的联系沟通，积极争取推动京津冀快递产业集聚发展，强化交邮合作，促进邮政业与电子商务、制造装备业、农副名特优产品协同发展等政策。《京津冀协同发展规划纲要》明确将河北定位为“全国现代商贸物流重要基地”，省长张庆伟指示，要推进快递业在全国现代商贸物流重要基地建设中率先突破。省委、省政府先后出台了关于推进“互联网 +”、农村电子商务全覆盖的实施意见等 20 余项利好政策。河北省邮政管理局主要负责人先后与 10 余位市委、市政府领导进行会谈，就推动邮政业发展、落地扶持政策、成立安全中心、组建县级机构等深入交换意见，建立了良好的政政关系。行业规划与地方规划深度融合。省邮政业发展“十三五”规划被列为省级专项规划，经省政府审定同意后已印发各市政府和省直有关部门。规划明确的在廊坊建设国家一级快递枢纽、石家庄及保定建设国家二级快递枢纽等重点项目内容，已纳入全国《邮政业发展“十三五”规划》《京津冀地区快递服务发展“十三五”规划》和《河北省国民经济和社会发展第十三个五年规划纲要》等规划之中。《河北省快递服务三年推进计划》已编制完成，正在论证修订。目前，11 个市编制了邮政业发展“十三五”规划，9 个市完成发布工作。

支持引导行业改革创新，发展内生动力显著增强。河北省邮政管理局印发了《关于支持邮政服务农村电商发展的通知》，推动邮政服务农村电商寄递网络建设，鼓励邮政企业和快递企业创新合作模式，提高邮政基础设施利用效率。各市局积极采取行动，已有 9 个市在推动农村邮政电商发展方面出台相关文件。目前全省共建成农村邮政电商平台——“村邮乐购”(村邮站)站点 2.48 万个，列全国第 2 位。平泉县作为国家邮政局精准扶贫联系点设立了村邮乐购运营中心，在 84 个贫困村全部建立了“村邮乐购”电商服务点，在 260 个行政村全部建立了村邮乐购电子商务服务站。推动交邮合作，农村地区邮件时效得到较大提升，交邮合作邮路已达 44 条，邮路里程达 2698 公里，日均业务量达 6800 件。推进石家庄国际邮件互换局建设，目前，石家庄海关正在履行审查程序,有望今年建成运行。快递末端服务能力不断增强。大力推进"快递下乡"工程,全省乡镇快递网点达5148处,覆盖率达100%,11个市全部实现"乡乡有网点"。推进快递网点标准化建设,建成标准化网点1339个。因地制宜,采取布放智能快递箱、建立快递超市、依托第三方等方式,深入推进快递服务进校园、进机关、进小区。全省规范收投的高校数量达117个,规范率达100%。邯郸局采取与市综治办联合委托第三方建设"快递驿站",创新了快递末端共同配送模式,实现了最后一百米安全服务;邢台局依托"大大管家"项目,在全市20个社区建立了服务站,政府免费提供场所、水电和办公设备。"邮政快递+"工程稳步推进。高度重视邮政快递服务现代农业工作,支持邮政快递企业为特色农产品网上销售和物流配送提供有力支撑,"邮政快递+农产品"示范项目取得明显成效。省邮政公司利用邮乐网和村邮乐购店在网上为11个市、60个县建立了本地特产馆。衡水"快递+深州蜜桃"示范项目,提高农产品销量200%,为当地桃农增收30%;秦皇岛"快递+山海关大樱桃"项目,近4万箱樱桃通过冷链运输渠道寄往全国。大力推进快递服务制造业,秦皇岛百世快递—康泰医疗器械—快递服务项目、邯郸中船重工第718研究所电商平台邮政EMS寄递项目等30个项目纳入全国快递服务制造业项目库。快递服务范围和服务内涵不断延伸拓展,邮政快递服务在促进农产品进城、工业品下乡,促进流通方式转型消费升级方面发挥越来越重要作用。快递设施建设步伐明显加快。积极筹备京津冀快递产业集聚发展高端会议,推进全国快递网络重要节点和产业集聚区建设。目前,石家庄正定机场国际快件监管中心正式投入运营,圆通速递华北区域管理总部和华北航空枢纽建设、中通快递华北电商快递产业园、顺丰电商供应链产业园等重大项目取得实质性进展。

严格落实三项制度,安全应急保障持续强化。督促邮政快递企业严格落实"收寄验视、实名登记、过机安检"三项制度,层层签订安全生产、扫黄打非责任书,督促企业履行主体责任,强化对从业人员的安全教育培训,共举办10期600余人参加的培训班。目前,河北省各市主要邮政快递分拨中心已配置X光机223台,其中快递市级以上省际出口已全部配备。加强与省综治、公安、国安等部门紧密配合、协调联动,深入现场检查,保障了G20峰会、唐山世界园艺博览会等重要时期寄递渠道安全工作。"双11"期间,省、市局集中对350余家企业进行了780余人次的实地检查。全省在总量超过5000万件,日最高处理量达800万件、超日常处理量2.4倍的情况下,实现了"双11""两不三保"的目标。

强化依法履职监管,市场秩序日趋规范。法治邮政建设深入推进。唐山率先出台了全省首部市级邮政业地方性法规——《唐山市邮政条例》。服务质量效能显著提升。发挥省局行政服务中心作用,全面落实首问负责制、服务承诺制、一次性告知制、办结回复制等制度,全年累计受理192件许可、监管事项,办结190件,办结率99%。举办首次全省重点寄递企业投诉处理人员培训班。全年共受理消费者申诉4.07万件,为消费者挽回经济损失146.9万元,消费者对企业申诉处理满意率达96.9%,对政府部门申诉处理满意率达97.9%。

三、各市(地)主要管理工作概况

各市局积极争取地方政府支持,市领导多次调研快递业发展情况,多次作出肯定性批示。通过努力,政策发展环境不断创优。邯郸、邢台、衡水、沧州、保定、秦皇岛、张家口、唐山、石家庄等9个市政府印发了促进快递业发展的政策性文件。秦皇岛市局还与商务部门联合印发了推进快递与电子商务协同发展的实施意见。《唐山市邮政条例》经河北省第十二届人大会常委会第二十次会议审议通过并于6月1日施行。各市局大力推动"快递+",产业联动效益日益明显;在快递园区建设、"三进"工程等方面取得了新突破。秦皇岛、邯郸、沧州、承德、廊坊、保定等市局联合综治、公安、安全等部门共同组织召开部署会议，联动开展执法检查。唐山局创新“ABC分级监管”方式，不断提升行业安全监管能力。通过强化监管和服务，各项工作取得显著成效。

四、快递市场存在的突出问题

加快协同落实扶持政策的困难依然存在。园区建设征地难、快递车辆通行难、末端投递配送难以及安全基础薄弱等问题亟待解决，邮政管理部门职能需要进一步整合，监管能力需要进一步提高，迫切需要加强协同形成合力。推动政策落地、补齐行业短板的任务依然十分艰巨。

制约发展的体制性瓶颈依然存在。与经济社会发展需要仍有较大差距，竞争层次不高，发展基础不牢，城乡区域不协调、收投分布不均衡、交邮衔接不紧密，包装和车辆面临的资源环境压力日益加大，被动适应特征突出，服务转型才刚刚起步等问题仍然存在，迫切需要提高发展的协调性、包容性和可持续性。加快释放发展活力、汇聚社会资源向主动引领型转变的任务还十分艰巨。

制约发展的机制性障碍依然存在。企业有规模欠质效，有知名度欠美誉度忠诚度，有数量欠差异化层次化特色化，有一定的信息化标准化自动化欠系统性整体性协调性，收入利润率不高，量收增长不匹配，同质化竞争严重，基础设施建设滞后，邮政网络资源优势未能有效发挥，快递企业基础仍比较薄弱，产业发展集聚度过低等问题比较突出，迫切需要转方式、调结构、降成本。提高发展效益、优化服务结构、打造行业核心竞争力的任务还十分艰巨。

制约发展的结构性矛盾依然存在。中高端服务产品种类明显不足，低端服务能力质量和水平明显不高，基层基础管理工作明显不强，低价无序竞争愈发激烈，寄递安全形势日趋严峻，行业人才队伍能力素质亟待增强，迫切需要强化企业主体责任、加强企业内控运营管理、夯实企业基础根基。提高服务种类服务层次服务质效的任务还十分艰巨。

山西省快递市场发展及管理情况

一、快递市场总体发展情况

2016年，山西省邮政行业业务总量完成56.9亿元，同比增长31.9%；业务收入完成54.3亿元（不含邮政储蓄银行直接营业收入），同比增长18.7%。其中，快递企业业务量累计完成18665.3万件，同比增长62.6%；快递企业业务收入累计达到22.1亿元，同比增长44.9%（表7-4）。

表7-4 2016年山西省快递服务企业发展情况

指标	单位	2016年12月		比上年同期增长(%)		占全部比例(%)	
		累计	当月	累计	当月	累计	当月
快递业务量	万件	18665.3	2352.1	62.6	76.9	100.0	100.0
同城	万件	2939.9	398.3	167.0	184.1	15.8	16.9
异地	万件	15704.7	1951.7	51.6	64.3	84.1	83.0
国际及港澳台	万件	20.7	2.1	23.5	42.1	0.1	0.1
快递业务收入	亿元	22.1	2.6	44.8	63.5	100.0	100.0
同城	亿元	3.0	0.4	217.3	248.5	13.4	16.0
异地	亿元	12.9	1.4	22.9	36.1	58.4	54.7
国际及港澳台	亿元	0.4	0.03	0.7	1.7	1.8	1.3
其他	亿元	5.9	0.7	70.2	85.6	26.4	28.0

山西省邮政行业重点工作相继取得突破,《山西省支持快递业发展的若干措施》顺利出台,全省“十三五”邮政业发展规划纳入省级专项规划体系,省级邮政业安全中心组建工作取得实质性突破,邮政专用车辆免费通行高速公路政策落地实施,省市两级政府下拨专项资金补贴安检机配置,行业在经济社会发展中的作用不断发挥。

二、行业管理工作及主要成效

行业发展环境不断优化。行业规划编制工作顺利推进。高质量编制全省“十三五”邮政业发展规划,广泛征求业内意见,对“十三五”时期全省邮政业改革发展做出全面部署。加大与地方规划的衔接力度,邮政业发展六项重点内容纳入《山西省国民经济和社会发展第十三个五年规划纲要》,与服务业、综合交通体系等多项地方规划顺畅衔接。经省长楼阳生批示,全省“十三五”邮政业发展规划纳入省级专项规划体系,目前已通过专家评审和法制办合法性审查,进入发布的审核流程。太原、阳泉、晋中、吕梁、大同、长治等6市邮政业规划先后由市政府办公厅发布,朔州由市发改委发布。政策保障体系更加完善。以贯彻《国务院关于促进快递业发展的若干意见》为主线,推动协调省市两级政府先后下发19个行业利好政策文件。2016年11月,山西省政府出台了《山西省支持递业发展的若干措施》,这是全面指导山西省快递业发展的纲领性文件。与省商务厅联合出台《关于促进快递业与电子商务协同发展的意见》,推动将“快递下乡”、快递物流园区和配送网络建设、快递车辆通行等多个方面内容纳入省政府出台的《关于促进农村电子商务加快发展的实施意见》《进一步支持服务业发展若干措施》等文件中。地方政府支持力度不断加大。聚焦重点任务推进,积极向地方政府主要领导汇报行业发展现状,获得有力支持。省市政府主要领导相继对行业发展做出批示,充分肯定邮政业发展取得的成绩,并深入行业一线检查指导工作。省政府大力支持省级邮政业安全中心组建工作,目前经过山西省邮政管理局积极争取和多方协调,取得了实质性进展,省编办、省财政厅已先后函复同意设立,待省编委会通过批复后组建实施。省委办公厅、省政府办公厅联合下发文件要求市县两级党委政府要在已腾退办公用房中优先解决省级以下邮政管理机构办公业务用房,大同、晋城通过主动争取、积极协调,已得到妥善安排。年内,吕梁汾阳、孝义和长治黎城3个县级邮政管理机构也顺利获批,至此,山西省县级邮政管理机构达到4个,邮政管理工作向纵深推进。

依法治邮能力不断增强。持续推进“放管服”改革。制定下发山西省邮政管理系统推进“放管服”改革工作实施方案,统筹开展各项行政审批。快递业务经营许可实现全流程网上办理,全省许可审批按时完成率达到100%,平均办结时限压缩到11.4个工作日。依法注销11家许可企业,退出机制不断完善。全省许可快递企业达到221家,设立分支机构3188个。指导市邮政管理局主动开展摸底排查,对2848个末端网点进行普查登记。扎实推进快递市场规范化进程。突出重点开展快递市场经营秩序整顿和快递市场清理整顿专项行动,抽调人员分品牌、分区域、分重点开展专项整治交叉检查,严厉打击快递经营许可类违法违规行为,形成高压态势。认真开展快递企业参与电商刷信问题专项检查。全年共查处违法违规行为1055次,下达责令改正通知书992份,约谈企业132家,行政处罚204起,处罚金额74.6万元。快递企业依法合规经营意识进一步提高,快递市场经营秩序进一步规范。

服务能力和水平明显提升。“快递下乡”工程深入推进,乡镇覆盖率达到93.6%,太原、晋城、运城、阳泉、晋中、长治、朔州、大同等8市实现全覆盖。快递“三化”建设持续推进,营业网点标准化率达到77.9%。“快递进校园”取得初步成效,形成了菜鸟驿站、智能快件箱等模式,为解决高校快递服务难题提供了可借鉴的成功经验。服务地方经济发展能力逐步提高。各市局依托商务部电子商务进农村示范县,以推进国家局确定的快递服务现代农业示范工程为抓手,因地制宜逐步形成了“快递+苹果、樱桃、红枣、中草药、小米、核桃、杏”等模式,不断服务地方经济社会发展。电子商务与物流快递协同发展试点工作稳步开展,山西局加强指导,大同局积极协调市商务、财政等部门,立足当地快递业实际,找准着力点、落脚点和关键点,在快递园区、末端服务网点、智能快件箱建设等方面取得突破,X光安检机补贴、营业网点标准化改造资金先后落实到位,有力地促进了大同快递业的提质增效。消费者满意度不断提高。普遍服务满意度和快递服务满意度稳中有升,消费者申诉满意度达到98%。建立快递服务质量联席会议制度,组织召开山西省快递服务质量提升第一次联席会议,企业申诉处理质量不断提升。

行业安全态势持续稳固。安全监管能力明显提升。紧抓《山西省支持快递业发展的若干措施》出台的有利时机,围绕寄递渠道安全属地化管理,借鉴先进地区经验,加强部门沟通,争取到省市两级政府X光机配置专项财政补贴880万元。同时,督促企业落实安全生产主体责任,积极动员其加大资金投入力度。当前,山西省快递企业共配备X光机158台,除邮政企业及EMS外,规模以上快递企业省级处理中心均具备安检能力。以运城河津申通“邻甲酚”泄漏案件为反面教材,召开省寄递行业安全警示教育大会,层层传导压力,要求各市局举一反三,认真开展自查整改,从一个案件辐射到全省寄递渠道,形成闭合管理。探索行业自律机制,在太原局试点推行企业安全员管理制度,基本形成了系统性的安全管理制度和措施,省长楼阳生对此项工作给予了充分肯定。全面落实寄递渠道安全监管责任。注重发挥部门联动作用,召开全省寄递渠道安全管理领导小组会议,配合公安、国安、新闻出版等部门开展寄递渠道安全、反恐、禁毒、打击侵权假冒、扫黄打非等工作。督导企业严格落实安全监管“三项制度”,运城局对严重违反“三项制度”问题突出的企业进行严肃查处。注重隐患排查、预防为主,落实国家局和省综治委有关要求,开展寄递渠道安全隐患大排查大整治活动,推进综治部门将寄递渠道安全纳入“平安山西”及综治管理考核体系。开展“安全生产月”宣传活动,各市局先后举办安全知识培训、安全生产宣传日咨询、安全知识考试测评等宣教活动。重要时期和重大活动安全保障工作圆满完成。G20杭州峰会期间,副省长、公安厅厅长刘杰一行深入行业一线开展专项督导。山西局精密部署,加强指导,各市局持续开展寄递渠道安全专项执法检查,严把邮(快)件“出省关口”,保障了峰会期间全省寄递渠道的安全平稳。快递业务旺季期间,坚持提前部署、全程督导、安全培训,先后开展了三轮现场督导,实现了“两不”“三保”的目标。妥善处理山西国通快递2.9万件快件积压事件,及时消除了安全隐患,全省行业安全形势进一步稳固。

三、各市(地)主要管理工作概况

各市邮政管理局按照山西省邮政管理局的安排部署,结合辖区实际,积极争取地方政府政策支持。开展快递市场清理整顿和寄递渠道安全隐患大排查大整治,不断规范经营秩序,保障行业安全。履行行业安全监管职责,与各自辖区快递企业签订安全生产责任书。加大执法检查力度,依法查处违法违规行为。组织建立快递服务质量联席会议制度,召开快递服务质量提升联席会议召开,进一步提高服务质量。联合公安、消防等部门组织快递企业开展应急演练,提高应急处置能力和水平。继续推进快递企业“三化”建设。大力推进快递下乡工程。组织开展重大活动期间寄递渠道安全检查和寄递渠道专项清理整顿,推进“收寄验视、实名收寄、过机安检”三项制度落实。

四、快递市场存在的突出问题

行业管理的精细化程度不足。邮政企业城乡网点发展不均衡，快递企业"小、散、乱"现象仍未彻底改观，省市两级分拨中心自动化、规范化程度仍然停留在初级阶段。

行业监管力度有待加强。执法队伍力量单薄，检查深度、广度、频度难以保证，判罚尺度、标准、自由裁量程度不一，碍于情面不愿、不想执法问题在个别市局仍然存在。

寄递渠道安全生产形势依然严峻。部分企业主体责任落实不到位，安全监管"三项制度"执行不力，违规寄递危化品、私自扣押快件、网络瘫痪等安全生产事故时有发生。全省行业发展转型升级、提质增效的任务迫在眉睫。

协同性亟待进一步加强。快递车辆通行难、枢纽建设征地难、末端投递难等问题亟待得到有效解决，需要各有关部门加强协同，形成合力，落实政策补齐短板。

内蒙古自治区快递市场发展及管理情况

一、快递市场总体发展情况

2016年，内蒙古自治区邮政行业业务总量完成27.3亿元，同比增长17.3%，业务收入完成37.1亿元(不含邮政储蓄银行直接营业收入)，同比增长27.0%；其中，快递企业业务量累计完成8470.6万件，同比增长56.6%；快递企业业务收入累计达到18.5亿元，同比增长50.4%(表7-5)。截至2016年12月，全区邮政和快递服务网点4139处，快递法人企业230家，全行业从业人员达30232人，当年新增快递从业人员4620人。全区持有初中高级快递职业证书的人员比例，已超过快递从业人员总数的1/3，行业人才队伍不断壮大。

表7-5　2016年内蒙古自治区快递服务企业发展情况

指　　标	单　位	2016年12月		比上年同期增长(%)		占全部比例(%)	
		累计	当月	累计	当月	累计	当月
快递业务量	万件	8470.6	1088.3	56.6	81.2	100.0	100.0
同城	万件	1578.8	245.5	201.3	519.9	18.6	22.6
异地	万件	6879.4	841.6	41.1	50.3	81.2	77.3
国际及港澳台	万件	12.4	1.2	13.7	25.8	0.2	0.1
快递业务收入	亿元	18.5	2.3	50.4	71.9	100.0	100.0
同城	亿元	2.0	0.3	211.7	623.7	10.9	13.7
异地	亿元	12.0	1.4	29.9	40.4	64.9	62.8
国际及港澳台	亿元	0.3	0.03	13.0	1.8	1.7	1.1
其他	亿元	4.2	0.5	95.0	114.3	22.5	22.4

二、行业管理工作及主要成效

各项发展政策纷纷落地。2016年4月推动自治区政府出台了《关于促进快递业发展的实施意见》，从财政扶持、税收优惠、用地政策、末端建设等八个方面对快递予以政策支持。为了拓展《意见》效力、争取配套政策，内蒙古自治区邮政管理局主动向自治区领导汇报工作、加强与发改委、商务厅等部门沟通，将《意见》提出的重点任务分别纳入《关于深入推进供给侧结构性改革着力做好补短板工作的实施方案》《关于推进农村牧区电子商务加快发展的实施意见》《物流业降本增效专项行动方案(2016－2018年)》等自治区重要政策文件中,并主动对接牵头单位,在落实部门分工任务时,拿出细化方案,明确重点工程、具体措施和时间进度,为解决自治区邮政业发展的重点、难点问题奠定了政策基础。2016年各盟市局抓住贯彻落实《意见》契机,立足实际、真抓实干。巴彦淖尔、乌兰察布、呼和浩特、通辽、鄂尔多斯等市出台了关于促进快递业发展的实施方案,阿拉善、包头、兴安盟将对快递发展的扶持政策纳入盟府或旗县加快推进电子商务发展的实施方案中。全区盟市局共争取到"十三五"期间扶持资金1.3亿元,其中3205万元补贴资金已拨付到位。用于企业入园、设置智能快件箱、组建安全监管中心、旗县和乡镇快递服务站等盟市重点项目建设。2016年新设立了6家县级邮政监管机构,目前全区县级监管机构编制56人,全部为地方编办正式批复的全额事业编。

规划和标准化工作有效推进。自治区和各盟市邮政业"十三五"规划编制工作已完成。自治区邮政业"十三五"规划已通过国家邮政局审定,并已与自治区发改委联合发布;规划主要内容已纳入自治区规划纲要、自治区交通运输、电子商务等专项规划。12个盟市中已有包头、赤峰、通辽、鄂尔多斯、乌兰察布、巴彦淖尔、锡林郭勒、阿拉善8个盟市邮政业"十三五"规划通过区局审定,巴彦淖尔和包头市局已与发改委联合发布当地邮政业"十三五"规划,呼和浩特、呼伦贝尔、鄂尔多斯、阿拉善、锡林郭勒5盟市邮政业"十三五"规划将于近期由盟行署市政府发布或与盟市发改委联合发布。经自治区质量技术监督局同意,自治区邮政业标准化委员会筹建工作正在积极推进中。

行业基础设施不断完善。在编制自治区邮政业"十三五"规划时,区局始终坚持"问题导向"。针对内蒙古快递网络覆盖率低,尤其是从旗县到乡镇运输干线不足、乡镇到嘎查村服务网络缺失的瓶颈问题,2016年工作会明确提出了"十三五"的首要任务是实现"盟市有园区、旗县有分拨、乡镇有网点,村村通快递"。通过全区邮政业上下一年的不懈努力,快递四级网络建设初见成效。新建5个盟市级快递物流园、17个旗县快递集散中心、1288处乡镇快递网点。乡镇快递服务覆盖率达76.2%,较年初提高了近12个百分点。实现了"电商+快递物流"融合发展,构建了"网货快递下乡""农牧产品进城"的双向快捷渠道。"快递下乡"深入推进。截至2016年底,全区772处乡镇当中,已设立快递网点的乡镇数目达588处,全区12个盟市中,有8个盟市快递服务乡镇覆盖率已超过80%。赤峰市11个旗县区邮政分公司与全市13家品牌快递企业开展了代运代投合作,全年累计代运代投总包2800余袋、代投快件15000余件,通过"邮快合作"实现资源共享、互利共赢,有效解决"最后一公里"问题。各盟市局全力推动旗县以下快递服务网络规划布局,引导企业组建快递物流集散中心、快递综合服务站,开辟了快递下乡的新途径。校园快递投递进一步规范。全区52所普通高校通过设立快递网点、智能快件箱、快递综合服务站等形式,已全部妥善解决"快递进校园"问题。全区共安装智能快件箱642组,格口数达到4.5万,校园规范收投率达100%。快递网点标准化程度不断提高。全区1867家城区快递营业网点当中,标准化网点数达974家,网点标准率达52.17%,已完成年初全区营业场所达标率达到35%以上的既定目标。快递绿色出行初见成效。在呼和浩特等主要城市推进快递共同配送车辆标准化建设,"双11"期间,多家快递企业与新能源车租赁公司签订3T物流车订单266台,签订微面订单308台。

行业服务能力不断加强。截至2016年12月,全区已形成48个企业重点服务制造业项目,覆盖医药保健、装备制造、肉类加工、服装制造等领域,累计快件业务量达956.2万件,累计直接业务收入1.39亿元,服务制造业累计产值达7.84亿元。2016年"双11"(11月11日至20日)期间,全区出口快件同比增长了82.1%,有力拉动了自治区的互联网零售市场。2016 年全区快递作业场地扩大 6 万余平方米，新增自动化分拣设备 42 套（台）。全区新增 16 条航空运输线路，全货机一架，目前区内快递航空已通达东北、华北、华南等 20 余省市。新增运输投递车辆 811 辆、新开通快递邮路 194 条。全区品牌快递企业不断加大建设投入，快递服务生产制造业能力不断提升。

联合建设示范工程。锡林郭勒盟凭借羊肉寄递项目，被认定为首批全国 7 个快递服务现代农业示范基地之一。积极支持呼和浩特市、乌兰察布市申报中国快递示范城市。巴彦淖尔市申通、中通快递公司被确定为 2016 年自治区级服务业标准化试点项目，通过试点带动效应，进一步发挥邮政业的基础性、先导性、服务性作用。

推进跨境寄递服务。完善与内蒙古出入境检验检疫局的邮检工作机制，全区 5 家从事国际业务的快递企业都已进驻呼和浩特白塔机场国际快件监管中心。主动配合自治区政府协调国家邮政局恢复满洲里国际邮件交换站，向海关出具评估报告，2016 年 5 月交换站获批恢复，为进一步解决中俄跨境贸易寄递瓶颈发挥了积极作用。

实施安全风险分级管控。根据经营业务种类、经营规模和统计系统数据，将全区快递企业分为三类安全风险级别，重点加强对兼营物流和快递业务的非品牌企业、业务量长期畸低企业、许可有效期满未延续或有效期内停止经营企业的监管。2016 年全区发放经营许可证 35 个，注销快递业务经营许可企业 10 家，撤销分支机构 42 家。审批设立新增分支机构 927 家，核准企业许可变更事项 609 项。

强化“过机安检”制度，全面落实开箱验视、实名收寄制度。自治区、盟市两级政府共补贴快递企业 910 万元用于 X 光机购置省际处理中心实现出港邮快件“过机安检”全覆盖。各盟市局深入旗县区与综治、公安部门沟通协调，建立了“信息沟通、联合执法、综合治理考核”机制，进一步落实寄递渠道安全监管的属地责任。乌兰察布市邮政管理局积极协调地方综治、公安等部门，在全区率先成立邮政业安全监管中心，实现了寄递渠道安全监管信息化。区局与综治、公安、国安四部门联合发文、联合培训，共同推行邮快件实名收寄信息系统。与综治、公安等 6 部门联合验收“两清理一排查”工作。全年开展 16 次多部门联合检查，会同相关部门举办 15 次市场监管培训，有力保障了 G20 峰会、双 11 寄递渠道安全。与自治区国家保密局建立了邮政机要通信保密安全管理协调工作机制，实现了对机要通信网点、运输邮路、投递段道 100% 检查全覆盖。截至 2016 年年底，全区各级邮政管理部门累计检查邮政快递企业及网点 6700 余次，下达整改通知书 458 份，约谈告诫企业 17 次，行政处罚 66 起。进一步加强消费者申诉处理工作，全区快递消费者申诉处理满意率达 98.1%。为消费者挽回经济损失 32.6 万元。

快递信用体系建设不断加强。自治区快递行业信用体系建设工作已被纳入自治区社会信用体系建设“十三五”发展专项规划当中，并成为国家邮政局选定的 7 个快递信用体系试点之一。在自治区社会信用管理中心支持下，2016 年 8 月启动了快递行业信用管理信息系统建设，截至 12 月，全区已有 2050 家企业纳入系统管理，8594 人通过初审录入系统。通辽局、锡盟局成立了信用评定委员会，大胆探索应用信用管理工作机制；兴安盟局编制 800 本《快递业诚信手册》下发企业和从业人员，组织企业签订《快递行业信用承诺书》。国家邮政局关于快递业信用体系建设试点工作中期评估的通报中对区局此项工作开展给予了充分肯定。

三、各市（地）主要管理工作概况

2016 年，呼和浩特市邮政管理局推进城区三级快递服务网络平台建设。建设一级平台快递电商产业园，目前 9 家快递企业入驻园区，园区一期已全部投入使用。建设二级平台快递服务网点，启动网点标准化建设，目前已建成标准化营业场所187处，达标率达到60%。建设三级平台快递公共服务站，推进快递服务进校园、进社区、进机关商厦，打造智能化、信息化的智慧快递末端服务平台。目前，12所大专院校新建了快递公共服务中心，116处社区利用城市供热站点正在建设社区快递公共服务站。启动旗县快递服务网络建设项目。联合市商务局全力推动旗县以下快递服务网络规划布局，制定了《呼和浩特市旗县快递服务网络体系建设方案》，确定了项目建设的总体目标和具体规划，并明确了旗县、乡镇政府在场地、资金及旗县邮政管理机构设立等方面需给予的政策支持。目前，武川县、清水河县、和林县快递物流集散中心已经建成，土左旗和托克托县旗县快递物流集散中心正在建设。武川县、清水河县、托克托县和土左旗四地所辖乡镇的快递公共服务站已建成。率先在全市社会领域启用新能源车。“双11”期间，邮政速递、EMS、顺丰、申通、圆通、快捷等多家快递企业与新能源车租赁公司进行合作，共签订3T物流车订单266台，签订微面订单308台。新能源快递车的使用极大地弥补了旺季期间快递业运输能力的不足，有效缓解了各家快递企业“双11”旺季的运输压力，在保障旺季期间的行业平稳运行方面成效显著。全力支持EMS、顺丰等主要品牌快递企业牛羊肉寄递项目，推动快递企业与现代农牧业的深度融合与无缝对接，全力推进“快递下乡”，为“农产品进城”和“工业品下乡”提供便捷顺畅的流通渠道。2016年“双11”旺季期间(11月11日至11月16日)，呼和浩特市邮快件出港量为200.7万件，同比增长88.8%，进港量增幅为49.64%，出港量增幅比进港量增幅高39.16个百分点。15日出港量增幅达到148.31%。“双11”期间出港量占全区的63.74%，凸显了首府快递业支撑全市乃至全区电子商务发展的重要作用，助推蒙羊、蒙清、蒙亮、大牧场、田牧、正隆、宇航人等一批本土企业特色产品通过快递销往全国，推动呼和浩特市羊绒、羊肉、牛肉干、民族工艺品等特色产业发展。2016年全市快递作业场地扩大15044平方米，新增自动化分拣设备3套(台)。新增运输投递车辆126辆。全市品牌快递企业不断加大建设投入，快递服务生产制造业能力不断提升。跨境寄递服务迅猛发展。目前呼和浩特市3家从事国际业务的快递企业进驻了呼和浩特白塔机场国际快件监管中心，分别是现代之路跨境电商物流有限公司、内蒙古海悦通国际货运有限责任公司、中外运空运发展股份有限公司内蒙古分公司。2016年呼和浩特海关共监管进出境快件2300吨，共计130万件，目前国际快件监管中心日处理快件近10吨，国际快件业务呈现突飞猛进的态势。

四、快递市场存在的突出问题

地区发展不平衡。内蒙古地区现辖12个地市，全区土地面积达118.3万平方公里，东西跨度达2400公里。快递行业发展深受此特点影响，呈现不平衡发展。2016年全区快件进出口比达：3.32:1，快递业务收入中，其他快递业务收入占全部快递业务收入的22.49%。全区12个地市当中，呼和浩特市占全区业务达43.8%，包头、赤峰占比达21.33%，其他地市占比均不超过10%，凸显了区快递业务发展不平衡这一特点。

新能源车难以全面推广难。新能源车的充电桩、充电站等基础配套设施不完善，制约了新能源车的全面推广；新能源车产业处于起步阶段，生产线还未交付使用；地方补贴政策仍未出台(即将出台)，新能源汽车销售企业还未进驻我市，可供邮政、快递企业选择的车型不足；新能源车的使用政策尚需明确，如新能源汽车专用号段及落户政策、购置补贴政策等。

跨境寄递发展及服务水平提升受到制约。目前呼和浩特市国际快件监管中心库房面积1400多平方米，仅有两条检测系统，海关配备的正式监管人员仅4人，远远不能满足日益增长的国际快件监管需求，清关难等问题正在日益凸显。将协调地方政府支持内蒙古鸿诚邮政国际货运代理有限公司建设呼和浩特邮政国际快件监管中心，依托其现有场地资源新增四条检测系统，弥补现有国际快件监管中心监管能力的不足。

辽宁省快递市场发展及管理情况

一、快递市场总体发展情况

2016 年，辽宁省邮政行业业务总量完成101.44 亿元，同比增长 35.1%；业务收入完成 97.2 亿元（不包括邮政储蓄银行直接营业收入），同比增长 26.7%。其中，快递企业业务量累计完成 39825.9 万件，同比增长 61.4%；快递企业业务收入累计达到 55.7 亿元，同比增长 40.7%（表 7-6）。

表 7-6　2016 年辽宁省快递服务企业发展情况

指　　标	单　位	2016 年 12 月		比上年同期增长（%）		占全部比例（%）	
		累计	当月	累计	当月	累计	当月
快递业务量	万件	39825.9	4261.4	61.4	59.8	100.0	100.0
同城	万件	11618.3	1251.5	82.0	65.2	29.2	29.4
异地	万件	27913.8	2979.6	54.6	57.7	70.1	69.9
国际及港澳台	万件	293.8	30.3	26.6	48.2	0.7	0.7
快递业务收入	亿元	55.7	5.9	40.7	43.5	100.0	100.0
同城	亿元	10.8	1.2	82. 5	76.9	19.4	19.8
异地	亿元	30.6	3.0	26.9	21.7	54.9	51.7
国际及港澳台	亿元	5.0	0.5	5.3	11.3	8.9	8.0
其他	亿元	9.4	1.2	92.3	132.8	16.8	20.4

电子商务消费拉动快递市场蓬勃发展。辽宁省快递业务日均处理量达 106 万件，同比增长 56.81% 。“双 11”期间全省快递日处理量突破 550 万件，同比增长 82%；普惠民生水平大幅度提升。快递服务能力进一步增强。全省快递服务网点达 2500 个，快递下乡基本实现全覆盖。各类快递物流园区 9 个，投放智能快件箱 2000 余处，总格口近 10 万个，旺季服务保障能力明显加强。

二、行业管理工作及主要成效

行业发展环境明显改善。完成了“十三五”规划编制发布工作。与省发改委联合发布了《辽宁省邮政业发展“十三五”规划》，省、市邮政业“十三五”规划编制工作全面完成。完善了政策支持体系。《辽宁省人民政府关于促进快递业健康发展的实施意见》全面落实了国务院相关文件精神，是辽宁省第一部全面指导快递业发展的纲领性文件。有 13 个市政府发布促进快递业发展政策。省政府陆续出台了《关于促进城市配送发展的实施意见》《关于促进农村电子商务加快发展的实施意见》《辽宁省“互联网 + 流通”行动计划实施方案》《关于大力发展电子商务加快培育经济新动力的实施意见》《关于促进外贸回稳向好的实施意见》等一系列政策文件，为邮政业发展营造了良好的政策氛围。行业发展瓶颈获得突破。针对快递车辆通行难问题，沈阳市邮政管理局为快递配送车辆核发 291 张车辆通行证，大连市邮政管理局为快递车辆核发 200 张高峰通行证和 300 张快递服务专用标识。本溪市政府明确了快递企业享受电商企业同样的扶持政策。

行业监管效能不断提升。建立健全了“三张清单”制度体系。制定了“三张清单”贯彻落实工作方案，规范行政权力运行内容和程序，依据有权必有责、用权受监督、违法受追究、侵权须赔偿的基本原则，按照“清权、确权、配权、晒权、制权”要求推进了实施。进一步简政放权，促进了行业治理体系和治理能力现代化，提升了依法行政工作水平。依法强化了快递许可管理。印发了《关于加强快递业务经营许可审批若干问题的通知》，加强了许可现场核查，严把准入关口。印发了《关于开展快递业务经营许可规范清理工作的通知》，清理已停止经营企业27家，完善了许可退出机制，实现了快递许可闭环管理。发挥了县级邮政监管机构的保障作用。全省已成立的17个事业单位有15个完成了登记，朝阳、绥中邮政管理局已由地方政府确认委托执法主体资格。各县级机构基本建立健全了基础管理规章制度，因地制宜履行监管职责，结合本地实际开展县域“十三五”规划编制工作，深入企业开展座谈调研，为强化行业安全监管、服务地方发展提供了有效支撑。有力地维护了消费者权益。强化了邮政业消费者申诉维权工作，下发《关于进一步加强消费者申诉工作的通知》，修订《辽宁省12305申诉处理工作手册》，开展季度通报和年度评比，优化了办理流程，提高申诉处理的准时率、正确率、满意率。全年共受理消费者申诉29771件，同比增长29.8%。为消费者挽回经济损失160余万元，同比增长80.4%。消费者对邮政管理部门处理申诉的满意率达到99.4%。全省申诉处理质量在全国名列前茅。

行业安全管理不断夯实。落实了安全监管协作机制和责任。加强了与综治、公安、国安等部门的协作配合，进一步严格标准、落实责任、强化督导，发挥了寄递渠道安全管理领导小组协作机制作用。开展了多种形式的联合督导，形成了寄递渠道安全监管齐抓共管的格局。制定《辽宁省邮政管理局邮政行业安全监管工作实施方案》，全面部署寄递渠道安全监管工作，进一步强化了寄递企业安全生产主体责任和政府部门监管责任。推进了“收寄验视＋实名收寄＋过机安检”三项制度落实。严格执行收寄验视制度，大连局对执行收寄验视制度不力，导致违禁品流入寄递渠道的快递企业按照《反恐怖主义法》相关规定予以严厉处罚。联合相关部门开展了实名收寄专项检查，保障实名收寄制度有效实施。督导企业及时购买安检设备落实过机安检，全省共配置安检机256台，快递企业省际分拨中心安检设备已全部配置到位，具备了“应检必检”的能力。圆满完成了快递旺季及重点时段服务保障任务。印发《辽宁省邮政管理局2016年快递业务旺季服务保障工作方案》，制定了快递业务旺季服务保障工作任务清单，开展了旺季快递服务与安全督导检查，完成了快递旺季服务保障工作任务。顺利完成G20峰会全行业安保任务，联合公安、国安进行执法检查，发挥协同作战优势，严厉查处了非法收寄涉枪、涉恐、涉爆等违法违规行为。营口市局积极启动应急预案，及时处理非法扣押快件行为。实施了高强度高密度的安全监管。制定《辽宁省邮政行业标本兼治遏制重特大事故工作方案》，着力构建了安全风险分级管控和隐患排查治理双重预防工作机制。组织开展了邮政行业安全生产大检查、安全生产百日行动、安全生产活动月、安全生产隐患大排查、寄递渠道危险化学品专项整治行动。全省共开展执法检查3351次，检查企业3271家次，出检13065人次，查处违法违规行为552次，下达整改通知书550份，罚款35.4万元。

快递服务能力大幅提高。快递标准化水平持续提高。修订了标准化建设评定细则，推动落实了《邮政业安全生产设备配置规范》、《快递营业场所设计基本要求》等标准。联合省快递协会开展了快递企业分拨中心标准化建设评定验收工作，市局对辖区寄递企业营业网点标准化建设进行了评定验收。全省标准化网点达到1570个，达标率实现65.6%，形成了政府指导、协会实施、企业参与的快递服务标准化建设工作格局。行业诚信意识不断增强。开展了“诚信快递、你我同行”“3·15”主题宣传工作，组织各市局开展现场宣传活动，全省共发放宣传资料5000余份，解答群众咨询3000余人次，取得了良好的宣传效果。在国家邮政局“诚信快递、你我同行”“3·15”主题征文活动中，组织企业广泛参与，辽宁局获评优秀组织奖，有力地推进了行业诚信建设。快递服务“三农”作用凸显。辽宁省快递下乡基本实现全覆盖，快递服务渗透到千家万户，为快递助力“三农”奠定了基础。按照国家邮政局党组提出的“互联网+”战略，组织开展了快递服务现代农业示范工作，“快递+”特色农产品发展取得很大成效。沈阳的苹果、大连的樱桃、鞍山的南国梨、丹东的草莓、营口的大米、盘锦的河蟹等众多特色农产品，通过“快递+”从农村走向了城市、从辽宁走向了全国。快递邮政合作获得国家邮政局肯定。铁岭被国家邮政局确定为国家创新邮政与快递合作模式综合试点地区，达成了电商协会、苏宁公司、邮政企业等多方资源整合共享的合作意向。本溪局推动村邮站叠加快递业务，促成邮政代派农村快递邮件。目前已有83家村邮站叠加了快递业务，有效地保障了村邮站的运营，同时方便了村民享用快递服务。行业人才队伍更加专业化。积极推进校企合作，建立了快递技能培训基地，加快培养企业急需的高技能人才。深入开展邮政业特有工种职业技能鉴定工作，全省持证上岗人员达到14089人，提升了行业队伍整体素质。开展邮政业行业人才需求调研，了解掌握行业“十三五”“十四五”期间的人才需求及科技需求，为地方制定促进邮政行业发展政策提供基础资料。

三、各市（地）主要管理工作概况

在沈阳市邮政管理局努力推动下，沈阳市政府出台《沈阳市人民政府关于促进快递业健康发展的实施意见》（沈政发〔2016〕61号）对行业发展提供全面支持。快递行业发展环境得到进一步优化。全市近3000台载有专用标志的电动三轮车不受市内禁行限制，并纳入备案管理。快递终端服务水平明显提高。全市智能快递箱投放1500处，格口数51928。市农村地区已设立各类快递服务网点110个，覆盖68个乡镇，快递服务实现100%全覆盖。推进快递企业达标升级，对全市申报的512家快递网点标准化建设情况进行验收。

大连市邮政管理局促进大连市政府出台了《关于促进现代快递服务业发展的实施意见》，对快递企业发放补贴资金329.13万元；在商务部组织的电子商务与物流快递协同发展试点建设中期评审中，大连市综合评分位列第一名；大连市成功获批首批“中国快递示范城市”。安达吉祥快递公司成为东北首家具有跨境电子商务经营资质的快递公司。大连通达货运有限公司开通跨境电商海运直邮。全力打造“平安邮政”，33台X光安检设备投入使用，寄递渠道安全管理纳入全市综治工作考评体系。

四、快递市场存在的突出问题

当前形势下，辽宁省邮政行业虽然取得一定成绩，但发展中存在的不适应、不平衡、不协调和不可持续矛盾依然突出：末端投递配送服务压力大，配套政策相对滞后，束缚了行业发展活力；快递企业仍存在粗放性管理局面，安全和服务隐患尚未消除；行业可持续发展问题仍然存在，行业科学技术水平较低，基础设施配备能力不足，行业差异化发展战略及品牌战略亟需提升。

吉林省快递市场发展及管理情况

一、快递市场总体发展情况

2016 年,吉林省邮政行业业务总量完成 54.2 亿元,同比增长 26.1%;业务收入完成 46.0 亿元(不包括邮政储蓄银行直接营业收入),同比增长 27.4%。其中,快递企业业务量累计完成 13894.0 万件,同比增长 54.1%;快递企业业务收入累计达到 25.1 亿元,同比增长 48.2%(表 7-7)。快递最高日处理量达到 240 万件。实现了"十三五"发展的良好开局,为吉林省经济和社会发展做出了积极贡献。

表 7-7 2016 年吉林省快递服务企业发展情况

指　标	单　位	2016 年 12 月		比上年同期增长(%)		占全部比例(%)	
		累计	当月	累计	当月	累计	当月
快递业务量	万件	13894.0	1524.1	54.1	46.5	100.0	100.0
同城	万件	2748.6	288.1	117.0	72.7	19.8	18.9
异地	万件	11096.2	1231.4	44.0	41.7	79.9	80.8
国际及港澳台	万件	49.2	4.5	5.3	9.6	0.4	0.3
快递业务收入	亿元	25.1	2.7	48.2	37.3	100.0	100.0
同城	亿元	2.6	0.3	141.4	123.8	10.3	10.9
异地	亿元	16.1	1.7	39.2	22.8	64.0	62.3
国际及港澳台	亿元	1.2	0.1	6.4	-3.0	4.6	3.8
其他	亿元	5.3	0.6	63.7	72.6	21.1	23.0

二、行业管理工作及主要成效

出台相关优惠政策。与省发展改革委联合发布吉林省邮政业发展"十三五"规划,并做好与地方政府总体规划纲要以及相关专项规划的有效衔接。全省 9 个市(州)邮政业发展"十三五"规划,采取联合地方发改委或者以地方政府印发专项规划等形式进行了发布,相关内容均纳入了地方政府总体规划。协调出台《吉林省人民政府关于促进快递业发展的实施意见》,四平市政府出台促进快递业发展的实施方案。邮政业发展相关内容先后纳入了省委 1 号文件和省政府关于加快相关产业发展的 12 项政策文件,为全省邮政业发展提供了全方位的政策保障。

加强基础设施建设。长春快递园区和顺丰电商产业园项目进展顺利,中通、申通、圆通快递产业园等项目主体建设全部完成,顺丰直飞爱沙尼亚塔林货运飞机全年发运 125 班,发寄包裹达到 2574 万件,共 2300 吨。延吉空港国际快件监管中心正式启动运行,全省跨境电商贸易的综合竞争力有效提升。扎实推进快递网点标准化建设,城区网点达标率达到 74%。积极推进"快递下乡",快递服务覆盖 621 个乡镇,覆盖比率达到 98%,乡镇快递网点达到 1740 个。加强邮政基础设施建设。推动设立珲春国际邮件互换局(交换站),打通了吉林省与韩国、日本水路相通的唯一渠道,对俄罗斯业务累计发出 22 车次,4.35 万件;对朝鲜业务累计发出 44 车次,150 吨。注重邮政行业从业人员职业技能水平的提高,全年共组织快递各等级职鉴考试 5 次,鉴定人数 2385 人。开展快递业务员职业资格证书复核工作,复核 2598 人次。与长春职业技术学院签订合作协议,共同建设"吉林省邮政行业技术技能人才培训、鉴定和考试中心",有力推进邮政业职业教育体系建设。延边州邮政管理局充分发挥行业技能人才培养、选拔和激励方面促进作用，圆满举办首届邮政行业揽投工种业务技能竞赛。

加强服务保障。“快邮合作”持续推进。引导企业整合资源，扎实推动“快邮合作”，延边、通化、白城、白山、松原等地已促成54家快递企业和邮政企业签订了农村快递服务战略合作协议。延边州局争取政府补贴资金300万购置邮政投递车辆；白城、通化等地积极发挥全国电商进农村示范县作用，争取邮政运输、投递补贴资金100万元，有效提高“快邮合作”邮件投递服务质量。推动邮政服务精准扶贫。深入调研农村基础设施帮扶脱贫的切入点，发挥农村地区配送渠道优势，推动邮政服务向农村贫困地区延伸。吉林市局推动邮政企业与7家快递企业达成战略合作，开展助力磐石市扶贫项目研讨。

强化常态监管，加强执法检查。开展执法检查2423次，出检7252人次，下达整改通知书176份、处罚决定78份，罚金31.6万元。开展行政审批。落实简政放权要求，优化许可流程，提升便民效率。全年发放快递业务经营许可109个，累计许可企业401家；核准许可证变更申请74项，新增许可企业分支机构436个，累计达到1382个；换发有效期届满的快递业务经营许可47个，完成对282家许可快递企业的年度报告审核工作。许可审批按时完成率达到100%，审批平均办结时间为10.4个工作日。推进快递业信用体系建设。印发快递业信用体系建设实施方案，组织信用系统业务培训，录入企业及分支机构信息1761条、从业人员信息10719条，企业信用档案已初步建立。开展全省末端网点备案分区互查。对全省51个乡镇、151个网点进行检查，共立案查处45家快递企业，撤销5家末端网点。开展“双整”专项行动。开展快递市场清理整顿专项行动和快递服务质量专项整治，查处服务质量类案件13起，罚金8.8万元；许可类案件17起，罚金7.3万元。加强申诉管理。对邮政企业及14家快递企业申诉处理人员进行培训，延边州局在全省率先成立地市级邮政业消费者申诉处理中心。全年受理消费者申诉11227件，同比增长48.9%，为消费者挽回经济损失45.3万元，消费者对申诉处理满意度为98.8%。

提升服务能力。推进快递服务制造业试点项目。服务领域从汽车、医药、袜业拓展到食品加工、生物工程等领域，快递服务制造业累计业务量达到915万件，业务收入1.4亿元，直接服务制造业累计产值54亿元。深入推进“三进”工程。鼓励快递企业或第三方投资设置智能快件箱，丰巢等3家重点企业共在省内投放快件箱681组，格口数近5万个；全省58所普通高等学校，有51所提供快递作业场地，规范收投率达到88%。促进快递与电商协同发展。推进吉林市快递电商协同发展试点城市建设。招标定型城市末端投递用车186辆，完成标准门店建设117家，建成校园综合服务站4个，投放智能快递箱42组，补贴资金446.4万元。深入推进“快递下乡”工程。引导快递企业加强与农产品电商及原产地的合作，推出“查干湖冬捕”“吉林大米”“万良人参”“蓝莓季”“红果节”等地方特色项目。全年累计业务量达到50万件，业务收入1600万元，直接服务特色项目累计产值2.1亿元。松原市获批全国快递服务现代农业示范基地。助力精准扶贫，与省农委联合举办农村劳动者快递行业岗前培训8期，培训人数707人，为农民脱贫提供了技能。

寄递安全监管进一步强化。夯实安全工作基础，依托寄递渠道安全管理联席会议平台，将寄递渠道管理工作纳入全省综治考评。为寄递企业购置安检设备争取政府补贴资金900余万元，全省93台安检设备目前已全部投入使用。组织开展寄递渠道反恐、“扫黄打非”、过机安检等培训班4次，邀请公安、国安、民航、海关等部门专家进行授课，累计培训邮政管理干部和企业从业人员200余人次，收寄验视、实名寄递和过机安检三项制度得到有效落实。开展安全生产专项检查。深入一线督促企业落实安全制度，开展隐患排查，严格值班值守，开展安全生产专项检查和冬季安全生产大检查。开展检查1701次，下达责令整改通知书129份，处罚决定书53份，罚金25.9万元，注销快递业务经营许可10个，行业主体安全管理水平得到明显提升。加强应急管理。举办全省邮政行业消防应急演练。与公安、国安等部门开展联合执法检查，做好"全国两会""G20峰会"和国庆等重大活动、重要节日期间寄递渠道安全保障工作。妥善应对汛期、台风狮子山、冰雪寒潮等恶劣天气带来的不利影响，加强突发事件应急管理，实现全省寄递渠道安全零重大事故工作目标。严格执行《邮政业安全信息报告和处理规定》，实行24小时值班制度，行业安全的预警、监测和管控能力不断加强。加强旺季服务保障。通过召开会议、下发文件、督导检查等方式，加强快递业务旺季服务保障。开展检查41次，检查企业102家，督促整改问题9个，实现了"三保、两不"的工作目标。长春、通化、松原局通过开展夜查、发布提示等方式，指导企业落实各环节安全责任，做好冰雪天气应对工作，确保生产安全。

三、各市(地)主要管理工作概况

在各市(地)邮政管理局深入推动下，全省快递下乡和快递服务制造业成效显著。长春市双阳鹿乡是全国最大的鹿产品集散地和批发交易中心，鹿乡的鹿产品价格直接左右着全国的鹿产品价格，是全国鹿业市场走向的"晴雨表"。2016年鹿乡鹿产品交易量1000余吨，通过快递企业寄递、销售79.38吨。其中，销售2吨(双阳申通)，寄递77.38吨，实现业务收入174.46万元。长春一汽大众公司是长春市快递服务制造业项目中的主要服务企业，产品派送面覆盖全国的1300多家4S店，其中有20%～30%的量(覆盖东三省)由申通快递运送，其余(除东三省以外)70%～80%的量由EMS完成。为了提升服务，申通公司在2014年4月开始提供入驻式服务，而EMS早在2012年就已经开始派驻式服务，并且为了提高时限每天以每两小时一波次的频率提供8波次货物的二次包装和运送服务。2016年产生快递业务量227万件，实现快递业务收入7569万元。

通化市2016年8月1日到11月15日举办的人参节期间共交易人参10000吨，通过快递企业寄递、销售503吨。其中，寄递61.09万件，实现业务收入1276.1万元;6月15日到7月31日的蓝莓季期间共交易蓝莓100余吨，通过快递企业寄递、销售51吨。其中，销售0.2万件，寄递1.3万件，实现业务收入85万元。医药产业是通化支柱产业，作为通化医药健康产业发展推进工作小组的成员单位，通化市局负责全市医药邮政快递业服务与管理等相关工作，及时建立了推进快递服务制造业发展的联系制度，与通化市医药健康产业发展推进组成员单位定期交流情况，沟通信息，加强宏观分析和统筹指导，推动政策衔接和协调管理，实现了通化万通、紫鑫、康美等医药企业及豫隆食品企业销售方式的转变，通过将企业产品搭载快递网络平台销售，不仅丰富了企业寄递物品种类，也拓宽了医药企业的销售渠道。2016年，该项目产生快递业务量307.5万件，实现快递业务收入2787.74万元。

松原市松原市是全国首批"全国快递服务现代农业示范基地"，查干湖冬捕鱼更被列为了我省省级非物质文化遗产名录。2016年冬捕期间，共有8家快递企业入驻渔场提供寄递服务，其中邮政、顺丰、中通三家企业利用自有平台和网络进行销售。2016年冬捕鱼期间，共捕鱼1200吨。通过快递企业寄递、销售829吨，支撑产值2759.5万万元。其中，通过三家累计销售263吨(邮政125吨、顺丰52吨、中通86吨)，销售额达850万元，销售单价达到32.3元/kg;其余五家企业(韵达、申通、圆通、全一、百世)共计寄递冬捕鱼566吨。

白山市抚松县万良镇是全国乃至亚洲最大的人参交易集散地，每年人参交易额可占全国人参交易额的70%。2016年万良水参交易量约

45000吨,年交易额为115亿元,通过快递企业寄递、销售1360吨。其中,销售120吨,寄递1240吨,实现业务收入760万元。人参季(2016年9月15日－2016年11月15日,)万良水参交易量约35000吨,通过快递企业寄递、销售1140吨,其中,销售90吨,寄递1050吨,实现业务收入560万元。

延边州2016年延边州朝鲜族特色泡菜(辣白菜、拌牛筋、拌桔梗等)销售收入为1.33亿元,通过快递企业寄递、销售为24万件,实现寄递收入360万元。延边州地理位置卓越,跨境电商先天优势明显,EMS国际特快2016年进口件26.59万,出口件11.11万。

四平市叶赫红果年产15000吨,通过快递企业寄递、销售23.3吨,其中,销售0.5吨,寄递22.7吨,实现业务收入11万元。四平叶赫红果节2016年9月10日至2016年10月15日,共交易12000吨,通过快递企业寄递、销售0.5吨,其中,销售0.3吨,寄递0.2吨,实现业务收入0.6万元。

白城市2016年12月至2017年2月,共通过快递企业寄递、销售冬捕鱼80吨,其中,销售10吨,寄递70吨,实现业务收入近50万元。销售杂粮杂豆等农产品共1.4万件近240吨,实现业务收入近25万元。

吉林市舒兰大米通过快递配送销售大米45万件,累计4550吨,实现交易额5000万元,实现业务收入3500万元;黄松甸黑木耳通过快递配送销售200万件,累计3500吨,实现交易额5.25亿元,实现业务收入2400万元;黄松甸食用菌、永吉紫苏、林蛙油、鹿茸等产品销售量明显提升,通过快递配送方式外销100余万件,销售收入5000余万元,实现业务收入1500万元。

辽源市是全国最大的棉袜生产基地,被中国纺织工业联合会、针织工业协会命名为“中国袜业名城”“中国袜业之乡”,东北袜业纺织工业园更是被国家工信部命名为“国家中小企业公共服务示范平台”。2015年以来,辽源局积极落实《吉林省推进快递服务制造业示范项目实施方案》,为快递服务制造业创造合作平台,推进快递企业入驻电子商务园区,积极为快递企业争取场地租赁等费用的减免政策。目前已有韵达、中通、申通、顺丰、邮政速递、天天、汇通、国通等10家快递企业相继与制造业企业开展相关合作。2016年,袜业项目产生快递业务量130万件,实现快递业务收入505万元。

四、快递市场存在的突出问题

吉林经济稳中有升、下行压力仍存。电子商务总体增势放缓,稳固发展态势、保持持续增长的压力加大。主要经济指标在全国排位靠后,经济发展面临的困难和矛盾仍然较多,邮政业发展受地方经济影响也将面临不小的挑战,行业发展水平、服务能力和发达地区相比,还有较大差距。

行业发展的协调性、包容性、可持续性尚需提高。企业仍处在同质低效发展阶段,供给侧结构性改革任务繁重。企业内生动力与核心能力不足,受上游影响较大。企业活力不足、体制不顺、机制不活、人才短缺,发展的内生动力不足,社会资源汇聚能力有待提高。

效率与效益不高、产品结构不合理等“短板”依然存在。产品结构不合理,地区发展不平衡,部分企业运营不稳定。协同发展能力不足,与制造业、现代农业的合作项目仍停留在初级阶段,缺乏深度服务参与。绿色发展尚在起步阶段。企业同质化竞争严重,差异化、层次化、特色化方面存在欠缺,被动适应特征突出,打造核心竞争力的任务还十分艰巨。

监管资源缺乏,规制落地不够,服务、安全、环保等压力凸显。邮政管理队伍的组织建设、作风建设、能力建设存在差距等问题还需要一段较长时间的解决过程。

黑龙江省快递市场发展及管理情况

一、快递市场总体发展情况

2016 年,黑龙江省邮政行业业务总量完成 68.7 亿元,同比增长 31.8 %;业务收入完成 78.8 亿元(不包括邮政储蓄银行直接营业收入),同比增长 24.4%。其中,快递企业业务量累计完成 21769.8 万件,同比增长 72.3 %;快递企业业务收入累计达到 33.2 亿元,同比增长 55.4 %,高于全国平均增幅(表 7-8)。

表 7-8 2016 年黑龙江省快递服务企业发展情况

指　　标	单　位	2016 年 12 月		比上年同期增长(%)		占全部比例(%)	
		累计	当月	累计	当月	累计	当月
快递业务量	万件	21769.8	2369.6	72.3	45.2	100.0	100.0
同城	万件	3907.8	388.5	63.4	15.4	18.0	16.4
异地	万件	17823.7	1975.4	74.5	52.9	81.9	83.4
国际及港澳台	万件	38.2	5.7	15.3	80.7	0.2	0.2
快递业务收入	亿元	33.2	3.5	55.4	46.8	100.0	100.0
同城	亿元	3.5	0.3	58.4	19.5	10.5	9.8
异地	亿元	22.6	2.5	57.7	55.1	68.2	70.2
国际及港澳台	亿元	0.8	0.1	-1.6	-17.6	2.5	2.1
其他	亿元	6.3	0.6	57.0	47.8	18.8	18.0

二、行业管理工作及主要成效

行业持续保持良好发展态势。规划引领促进发展。发布了《黑龙江省邮政业发展“十三五”规划》,“互联网 + 快递”“推进邮政、物流(快递)配送站建设,促进快递业发展”“提升哈尔滨、黑河、绥芬河国际邮件互换局功能”等内容纳入《黑龙江省国民经济和社会发展第十三个五年规划纲要》。哈尔滨、齐齐哈尔、牡丹江、大兴安岭邮政管理局发布了当地邮政业发展“十三五”规划。政策利好保障发展。省政府出台了《关于促进快递业发展的实施意见》,配套出台了关于推进电子商务健康快速发展、快递与电子商务协同发展、跨境电子商务发展、快递服务制造业、农村一二三产业融合发展、加快推进“互联网 +”行动指导意见等 20 余项快递业发展的利好政策。与省综治办、省财政厅联合印发快递企业安检机 636 万元购置补贴方案。佳木斯局积极争取 1900 万元专项资金用于建设邮政快递乡镇客运综合服务站。哈尔滨、鹤岗市政府出台《关于促进快递业发展的实施意见》。政府办实事,为企业解决了行车难、停车难等实际问题,全省发放快递车辆通行证 631 张,允许快递三轮车通行,基础环境得到保障。

行业发展质效稳步提升。“快递向下”工程效果显著,“快递下乡”网点累计达到 6234 个,乡镇覆盖率 88%;快递处理能力不断增强,“双 11”期间,全省完成快件处理总量达 1891 万件,日平均处理量突破 189 万件,是去年同期的 1.28 倍。快递服务满意度和时限准时率持续提升,消费者对企业申诉处理满意率达 96.7%,对邮政管理部门申诉处理满意率达 97.7%。快递与电子商务协同发展,2016 年行业支撑网络零售额超过 220 亿元,占社会消费品零售总额达到 3.1%,新增就业人口 7152 人。全年服务农村 2250 万人次,支撑农产品网络消费额 7 亿元。顺丰、中通、圆通、申通等企业与农淘惠等电子商务公司搭建平台,采用“快递

+电商+农产品"、"快递+村淘服务"等模式，将伊春蓝莓、五常大米、鸡西蜂蜜、大兴安岭木耳等龙江优质特色农产品销往全国各地，助力伊春蓝莓网络销售额200余万元、五常大米网络销售额8000余万元。全省快递服务制造业项目累计67个，形成业务量303.47万件，业务收入3309.76万元，直接服务制造业产值10.35亿元。交邮、快邮融合成效初显。邮政EMS、顺丰、韵达、快捷、京东与中铁快运哈尔滨分公司达成合作，实现了快递旺季与铁路"电商黄金周"的对接，"双11"期间，利用铁路发运快件238.56吨。哈尔滨、齐齐哈尔、牡丹江、大庆局分别与当地交通局联合出台推进市交通运输与邮政业融合发展的若干意见。牡丹江市还被列为全省首批交邮合作试点城市，交邮合作线路50条，交通邮政综合服务站108处。齐齐哈尔泰来县邮政公司开放乡镇农村物流配送服务平台，与顺丰、天天品牌快递公司合作，代投全县8镇2乡及行政村的快件。

简政放权逐步深化。出台《黑龙江省邮政行政管理权力清单、责任清单和市场准入负面清单》，规范依法履职，增强市场活力。进一步优化快递业务经营许可流程，简政放权，实现许可受理窗口前移、材料精减，形式审查与实地核查相结合，服务企业与加强监管相结合。全年共审批法人企业16家，累计254家，审批分支机构431家，累计2223家，全省分支机构备案率71.25%；完成企业年审184家，换发许可证93家，注销企业7家。快递业务经营许可审批时限比以前缩短44%，许可变更时限比以前缩短51%。

行业安全基础不断夯实。全面推进执行收寄验视、实名收寄、过机安检三项安全制度，全年增加安检机85台，累计106台，基本满足了出口邮件快件100%安检。积极推动企业安全生产达标、主体责任落实，深入开展行业安全生产大检查，强化了行业安全基础。各市（地）局积极配合公安、国家安全、安检等部门开展寄递渠道信息安全、反恐、禁毒、打击侵权假冒、"扫黄打非"等工作，履行国家赋予的责任，保障了行业安全。各市（地）局认真履职，加班加点，在人少事多的实际困难面前，依然以最高标准、最严措施、最佳状态，保障重大活动期间全省寄递渠道安全。在全年各个重要节点，未发生重大安全生产事故。安全应急保障体系进一步完善。邮政管理部门、企业总部、营业网点全覆盖的应急预案体系基本建立。各市（地）局严格落实应急管理制度，定期组织快递企业开展应急演练，全年应急妥善处置2起寄递渠道突发事件。行业监管能力有效提升。市场监管逐步规范，制定《寄递企业安全生产执法检查表》和"邮政行业安全生产执法检查流程图"，修订了《黑龙江省邮政管理局市场监管工作考核管理办法》，确保执法检查有标准，规范执法行为，强化市场监管效能。行业监管的检查频次、覆盖率、立案查处力度进一步加大。全省邮政管理部门全年累计出动检查人员10908人次，检查邮政、快递营业场所4039处，共下达责令改正通知书454份，行政约谈41家次，下达行政处罚决定书140份，其中停业整顿4家，罚款金额53.4万元。全年处理消费者申诉1.82万件，为消费者挽回经济损失64.9万元。加大执法信息系统使用，提升执法信息化水平；开展执法案卷评查，提升执法规范化水平；实行邮政市场监管季度通报、重点时期日通报制度，及时通报重大安全问题，定期发布全省邮政市场监管动态。行业监管方式得到拓展。稳步推进省局安全中心建设，13市（地）远程视频监控平台均已建成。开展无着邮件、无法投递邮件处理情况专项检查，13个市（地）局举行快递面单集中销毁活动，共销毁面单61.4吨。

三、各市（地）主要管理工作概况

哈尔滨局印发《哈尔滨市邮政业"十三五"规划》。推动两个文件出台，争取行业利好。形成哈尔滨市政府《关于促进快递业发展的实施意见》的送审稿，融入并突出了"快递+农村电商"、快递业服务汽车制造业、冷链快递运输、对俄跨境电商包裹等具有哈尔滨特色的重点发展方向及政策支持，力争依托该《实施意见》的出台，推动五常大米快递电商园区、邮政和顺丰发展医药冷链配送、顺丰与哈飞汽车零件制造合作、中国北方跨境电商物流中心等一批在全省具有示范性项目的落地和快速发展。同时，起草《关于推进我市交通运输与邮政业融合发展的指导意见》，协同市交通运输局在全市范围内推进交通运输业和邮政业深层次、全方位的长期战略合作，通过平台共建，站点、网点、班线资源共享，构建多业融合服务体系，实现互利共赢、共同发展。全年立案21起，下发整改通知书85份，下达行政处罚决定书24份（含2015年3起），共处罚款16万元。支持跨境电商发展，促进行业协同发展。全年国际邮件互换局包机架次达106次，发运货物量2137.73吨（878.14万件），占全国对俄出口发运量的30%。借助哈尔滨市在区位条件上对对俄跨境电子商务的比较优势，开展了课题研究并形成《哈尔滨市跨境电商发展调研报告》，积极引导快递企业与跨境电商协同发展。全市快递业务收入突破20亿。

齐齐哈尔局出台《齐齐哈尔市关于促进快递业发展实施方案》。着力构建“快递+”新型合作模式，鼓励引导企业多渠道、多途径、多方式探索“快递+X”合作模式。积极推进快递物流园区建设，为加快全市快递园区建设步伐，市局多次组织各快递企业负责人到金斗电商物流产业园进行实地考察，通过座谈讨论，详细了解企业入驻意向及建设改造要求。目前，顺丰速运已入驻金斗电商物流产业园，成为全市首家入驻的快递企业。积极推动快递下乡，通过开展交快合作、“快邮合作”“快快合作”及加强与农村电商网络平台合作等形式充分整合各经营主体优势，创新服务模式，降低网点运营成本，实现农村电商平台与快递协同发展、协同推进的良性循环。截至2016年10月末，全市品牌快递下乡网点达到873处，各重点品牌快递企业乡镇网点服务覆盖率达到88.72%。

佳木斯局在引导推进辖区快递企业与农业、供销、商贸企业合作方面又获新进展。在市区内，市天天快递与市内大型电商“龙佳美农”以及“黑龙江肖家铺子”两家网络电商合作；市圆通快递与市供销联社、佳木斯时代农业和畅通公司达成合作协议，合作情况良好。佳木斯顺丰快递则在与佳木斯市大商集团、肯德基、汉堡王等公司进行商业合作的基础上，联合佳木斯市郊区莲江口的农民合作社，通过自己的平台帮助当地农民出售树莓、香瓜、大马哈鱼等特色农产品。其中“黑龙江肖家铺子”在淘宝上经营的“老九农家店”，稳居农产品销售第一位，销量每天可达300件左右。除此之外，我局辖区各外县快递企业网点，也纷纷通过同当地电商合作，出口量日益增加，同时也为县（市）、乡镇、农村经济发展提供了优质服务。

大庆局推进解决快递行业电动三轮车辆通行难工作，研究制定了《大庆市快递行业电动三轮车通行管理办法》。全力引导企业进行联合或者采用第三方合作的方式推进快递企业进校园，为高校师生提供便捷高效的快递服务，市5所高校内快递企业覆盖率已达100%。稳步推进快递下乡工程。市58个乡镇设立了434个快递网点，农村快递网点覆盖率已达93.53%。

鸡西局“快递向下”工程效果显著。全市46个乡镇快递网点覆盖率100%，重点品牌快递企业网点乡镇覆盖率100%，乡镇快递网点数量达到373个。“快递进校园”收效显著。全市首个校园快递超市（黑龙江工业学院快递超市）建设完成，顺丰、中通、圆通、韵达、天天、百世快递等近10家品牌快递企业进驻，服务高校师生安全便捷用邮。据统计，校园超市运营期间，每天处理快件均达到1000件以上。快递“三化”建设全年目标超额完成。建成标准化营业场所59处，形象店6处，规范化分拨中心4处，作业流程制度化营业场所83家，快递企业转型升级取得阶段性成果。全市邮政业协同发展能力明显增强。快递与电子商务协同发展步伐加快，“快递+电商+农产品”“快递+村淘服务”等模式发展迅速，“顺丰速运+鸡西冷面”“顺丰速运＋龙泰医药”“虎林申通＋农产品”三个品牌已形成初步规模，实现了快递电商业务融合有效尝试。

双鸭山局积极推进“快递下乡”建设，辖区乡镇快递网点建设达332处，市重点网络型快递企业乡镇服务覆盖率达到100%。联合市快递行业协会共同为辖区快递企业与电信公司牵线搭桥，促成双方就手机支付平台应用开展合作。

伊春局引导快递企业对接蓝莓鲜果寄递业务。推进重点企业发展上率先突破，结合地区实际，积极引导市快递企业延伸寄递业务，助推顺丰公司蓝莓冷链运输，将伊春蓝莓推向全国，助力伊春蓝莓网络销售200余万元。

七台河局稳步推进快递“三化”进程。2016年共新建、改造标准化营业场所40处、形象营业场所5处。超额完成2016年“三化”建设目标。积极推进“快递下乡”工程。2016年七台河市“快递下乡”网点累计114处，实现了全市17个乡镇快递网点覆盖率100%，重点品牌快递服务覆盖率100%。

鹤岗局联合市公安局交警支队、市交通运输局完成了邮政和快递车辆通行证发放工作，全市首批109快递车辆经过审核取得了通行证，为快递车辆开设绿色通道。加速推进“快递下乡”“三化”建设。“快递下乡”网点服务覆盖率已达到84.06%，制度化作业流程、标准化营业厅建设均达到75%，形象营业场所及分拨中心建设完成了100%。以“快快合作”开创“众筹众创众享”发展新模式。由一家取得从事快递业务资质企业经营，代理多家业务，解决各快递企业因业务量收较少无法设点而耽搁派揽的问题。首个快递超市营业面积70平方米，服务人口9.3万人，用户可以任意选择快递品牌，尽享快递服务。快邮合作取得成效。在市局积极引导和推动下，市邮政分公司与5家快递企业达成合作意向，代投各快递企业发往偏远乡镇的邮件，有效解决了乡镇快递末端投递问题。

绥化局积极向市政府提报《关于申报全国快递服务现代农业示范基地的请示》，最终确定申报庆安大米项目为全国快递服务现代农业示范基地。通过推进，安达市电子商务中心与中通、圆通、申通、韵达4家品牌快递企业合作，建成了占地面积2000平方米，日处理能力2万件快件转运中心。引导快递企业建立自营电商平台，利用自身优势，发展电商业务，积极推动绿色农特产品走向全国。庆安通达快递服务有限公司发起成立了黑龙江省“农淘惠”电子商务有限公司，启动了“农淘惠快递电商平台”。

大兴安岭局联合地方保密局进行了快递寄递详情单集中销毁专项行动，共销毁过期寄递详情单204,456份，约325.8公斤。联合地区烟草专卖局、公安局部署开展打击物流运输寄递领域涉烟违法犯罪活动专项行动。

四、快递市场存在的突出问题

邮政业供给结构不均衡，发展短板明显。全省邮政业规模较小，行业收入占全省GDP比重、人均快件量等指标均低于全国平均水平。虽然拥有祖国东北“桥头堡”的区位优势，但全省邮政业服务跨境电商发展比较滞后，国际业务短板明显，快递服务能力与群众日趋多元化、个性化、复杂化的用邮需求相比，与高水平的公共服务均等化目标相比，还有较大差距。全省快递城乡和区域发展不平衡，全省70%以上的快递业务量集中在省会哈尔滨，省内其他城市和农村地区，行业发展规模较小，服务水平不高。快递企业经营产品同质单一，企业靠量取胜，“一俊遮百丑”，低价格、低水平、低成本简单竞争，网络延伸和末端服务不稳的问题突出。

邮政管理能力亟待提高。邮政管理部门对邮政、快递企业的运营、管理、创新情况了解不深入，对行业服务地方经济的具体数据、指标掌握不全面，埋头做事的同时忽视了登高望远，殊不知推动行业发展是我们的核心任务之一，行业发展的成绩也是管理工作的成绩。

邮政业安全风险防范与化解能力存在不足。 行业发展快、量收规模大、多种经营形式并存，管理不规范，寄递企业安全主体责任落实不到位，只唯发展、不重安全；企业粗放发展积累了大量安全隐患，安全防范欠账较多，安全投入不足，员工教育不够，安全管理制度不健全，利用寄递渠道进行违法犯罪的行为日益增多，安全事故、网络不稳定事件时有发生。邮政管理部门信息化管理水平不高，安全预警、安全监测、安全处置能力不足，个别单位和同志不愿抓、不会抓、不敢抓等问题依然存在。

新业态的迅猛发展为邮政业依法监管带来挑战。 行业规模快速壮大，社会关注日益增多，行业发展新业态、新问题层出不穷，如“闪送”“人人快递”“快运”等，对传统监管模式提出了新的挑战。全省邮政管理部门又面对禁毒、反恐、扫黄打非等任务，“人少、事多、责重”的矛盾不断加大。

上海市快递市场发展及管理情况

一、快递市场总体发展情况

2016 年，上海市邮政行业业务总量完成564.2 亿元，同比增长 46.3%；业务收入完成 766.0 亿元（不包括邮政储蓄银行直接营业收入），同比增长 50.9%。其中，快递企业业务量累计完成 260274.4 万件，同比增长 52.4%；快递企业业务收入累计达到 709.5 亿元，同比增长 55.9%（表 7-9）。全年邮政快递业务量收及增长速度在全国名列前茅，占全国邮政业业务量收的比例为 7.61%、14.24%。全市年人均快件使用量为 107 件，人均快递支出约 1300 多元，年缴本市超 30 亿元的税费和 30 多万人的直接间接就业。

表 7-9 2016 年上海市快递服务企业发展情况

指 标	单 位	2016 年 12 月		比上年同期增长(%)		占全部比例(%)	
		累计	当月	累计	当月	累计	当月
快递业务量	万件	260274.4	27869.5	52.4	40.5	100.0	100.0
同城	万件	88627.6	8932.1	41.0	22.0	34.1	32.0
异地	万件	164914.7	18215.7	60.2	53.6	63.4	65.4
国际及港澳台	万件	6732.1	721.7	34.7	10.0	2.6	2.6
快递业务收入	亿元	709.5	76.3	55.9	40.7	100.0	100.0
同城	亿元	66.2	6.9	35.1	23.3	9.3	9.0
异地	亿元	167.1	17.4	34.1	26.6	23.6	22.8
国际及港澳台	亿元	49.8	5.6	12.8	5.1	7.0	7.3
其他	亿元	426.3	46.5	79.6	56.9	60.1	60.9

二、行业管理工作及主要成效

抓规划体系构建，整体布局行业发展。 行业重点项目有序推进，2016 年为上海邮政业“体系构建年”，围绕抓总规、推转改、疏瓶颈、建平台、强治理、造声势、创文明、增绩效，圆满完成了 45 个项目的分级分类推进。行业规划编制完成，紧紧围绕国家邮政局“五个邮政”建设目标和“五大发展”理念，组织编制完成《上海市邮政业发展“十三五”规划》和《长三角快递服务发展“十三五”规划》。规划衔接取得突破,积极参与完善上海市综合交通运输体系规划、物流业发展规划、城市总体规划等一系列规划文本。将交通枢纽融合邮政快递功能、建设末端共同派送体系、研发应用合标快递物流配送车型、支持建设浦东祝桥国际现代快递物流园区等内容纳入《上海市综合交通“十三五”规划》。将上海邮政业“一体两翼”发展格局相关内容纳入《上海市现代物流业发展“十三五”规划》。《上海市邮政专项规划》首次列为《上海市城市总体规划(2040)》28 个市级层面专项规划之一。

抓政策环境优化,持续加大支撑力度。发展政策利好不断,落实《国务院关于促进快递业发展的若干意见》,组织编写《关于促进上海市快递业健康发展的实施意见(报审稿)》。积极协调将邮政业相关内容纳入了《上海市国民经济和社会发展第十三个五年规划纲要》《上海市推进“互联网+”行动实施意见》《上海国际航运中心建设 2016 年重点工作安排的通知》等多项市级政策文件。协调海关、国检等部门出台支持寄递企业便利通关政策措施,推动跨境寄递引导工程。深入打造行业“两翼”,依托和对接浦东祝桥现代快递物流园区建设,发挥地域优势推动快递企业做大跨境业务及服务大飞机等高端制造业。全面推进青浦区建设,去年底青浦区已被国家邮政局正式授予“全国快递行业转型发展示范区”称号。末端建设稳步推进,收集参考行业标准及各地相关地方标准,推进智能包裹箱标准项目建设。会同市综合交通研究所、东方网公司推进末端综合服务站建设,建成 100 家智慧屋,将快递末端网点综建纳入本市 500 个电商快递配送综合服务站试点工程,制定并修改完善《上海市快递末端综合服务站标准》。完成首次总部成长性评估,完成《上海市民营快递企业总部成长性评估项目》,并对 11 家民营快递企业总部进行评估。

抓邮政立法推进,着力夯实工作基础。推动寄递安全纳入立法,完成安全立法相关草案,并申报 2017 年市立法项目。参与修订《上海市危险化学品安全管理办法》,首次明确危险化学品单位通过邮件、快件寄送危险化学品未向邮政管理部门报告等违法行为的处理办法,实现地方立法层面重大突破。配合国家邮政局开展《快件航空运输信息交换规范》等 9 个行业标准项目制订。组织指导、统筹协调开展日常统计工作,及时发布统计公报,更好地发挥统计信息服务决策、服务发展的功能。

抓寄递渠道综治,强化安全监管保障。紧抓安全监管重点,贯彻落实中央综治办等九部门《关于加强邮件、快件寄递安全管理工作的若干意见》,完善《上海市邮政业安全管理实施纲要(2016—2020 年)》,制定《2016 年度上海市寄递安全管理工作要点》。建立安全监管机构,推进上海市邮政业安全事务中心筹建工作,目前该项目已获市政府批准,并明确安排 10 个事业编制及 60 个政府购买服务人员,目前正与市政府相关部门协调人员聘用及机构运行等事项。夯实安全监管基础,组织开展危爆物品寄递清理整顿等专项行动,重点推进寄递安全管理三项制度落实。出台安全生产标准实施指南,制定企业开展安全生产标准化建设试点方案。加强综治部门联动,建立邮政寄递业治安、反恐信息员队伍,召开寄递安全综合治理现场会,与本市黄浦区政法委、相关街道平安办等单位交流寄递渠道安全管理综合治理工作经验。结合“国际禁毒日”“禁毒宣传月”等活动,举办行业安全标准培训。

抓依法行政效能,坚持监管服务并重。持续深化“放管服”改革,推进行政审批改革,不断简化办事流程,提高工作效率,服务快递企业。将快递业务经营许可申请办结时限已由原来 45 天缩减到 30 天。加强市场监督执法,修订《快递市场行政执法检查表(2016 版)》,突出检查快递企业收寄验视、安全生产管理制度和经营情况,全面覆盖经营资质、快递服务、人员保障、信息报送等项目。建立并实施执法责任制、考核问责制、季度通报制、执法信息公示制。建立“双随机”检查机制，开发双随机应用软件，编制《执法案由检查处罚手册》，提出具体实施方案。研究落实快递末端网点备案工作，推进快递网点标准化建设。强化应急管理保障，做好G20峰会、“双11”等特殊时期寄递服务安全工作，坚决确保“两不”“三保”目标实现。妥善处理申通浦东三林公司快件积压、圆通杨浦公司欠薪等多起突发事件。继续推进快递专用车项目，2016年新增快递专用汽车1514辆，同时启动快件车辆运输安全监管平台建设，构建专用车辆安全运营长效监管机制。出台《快递揽投专用电动车团体标准》，并指导市快递协会组织推广。加强诚信机制建设，实施“异常经营名录接入”项目，建立企业异常经营公示制度，并通过市工商局信息共享平台向社会公布。制定《邮政业企业申诉处理质量考核办法(试行)》，2016年全年上海“12305”申诉受理中心共受理邮政业消费者申诉110775件，同比下降18.7%；其中有效申诉26555件，同比下降53%；为用户挽回经济损失约376万元。

三、各派出机构主要管理工作概况

黄浦邮政管理局创新监管模式，试行网格监管学习和借鉴上海市城市综合管理采用网格化管理的模式，在市场监管中试行网格化社会监管模式。实现闭环管理。监督员在日常监督中发现快递网点地址变更、搬迁，片区网格内出现新增快递网点及其他突发情况时，通过QQ、电话、传真等方式及时向邮政管理部门工作人员汇报，黄浦局接报后进行核查并开具《责令改正通知书》要求企业立即整改，并要求监督员对企业整改情况进行跟踪监督。对存在重大服务和安全隐患的企业，除依法进行行政处罚之外，还纳入黄浦局“企业黑名单”，并通过上海市城市综合管理平台和上海市邮政管理局官方网站向社会公布。建立联动机制。建立了由辖区综治、公安、安全、安监、禁毒、建设、市场监督、规土、城管执法和我局等政府部门组成的寄递安全管理联席会议机制，明确辖区寄递安全管理工作协调、日常联系、应急管理、联合联动执法等工作要求。开展联合执法。与辖区各综治办、市场监督管理局、治安支队、城管、相关街道组成联合检查组，采取抽查方式，对无证企业经营情况、寄递渠道“三个100%”工作落实情况进行执法检查，弥补了邮政管理部门执法力量不足的短板。推动问题解决。黄浦局辖区同济大学因校内管理模式转变，从2016年10月开始禁止各大品牌快递进校园，为防止业务旺季出现服务阻断，黄浦局积极通过联席会议平台与同济大学沟通，经过多轮协商，形成一致意见，确保了业务旺季的平稳过渡。

四、快递市场存在的突出问题

当前上海快递业正处在全面建成与小康社会相适应的现代邮政业的决胜期、转型提效的攻坚期、由大到强的加速期，既面临成长蝶变、脱胎换骨的重大战略机遇，同时也面临诸多矛盾风险的严峻挑战：

一是行业快速增长态势不断显现，但制约发展的体制性瓶颈依然存在，竞争层次不高，发展基础不牢，被动适应特征突出，加快释放发展活力、汇聚社会资源、向主动引领型转变的任务还十分艰巨。

二是企业资本供给取得重大突破，但制约发展的机制性障碍依然存在，企业有规模欠质效，有知名度欠美誉度忠诚度，有数量欠差异化层次化特色化，提升服务质量、打造核心竞争力的任务还十分艰巨。

三是服务广度不断扩展，普惠程度迅速提高，但制约发展的结构性矛盾依然存在，中高端供给明显不足，低端供给难以为继，末端和跨境供给明显偏弱，提高供给结构对需求结构适应性的任务还十分艰巨。

四是业态模式创新活跃，跨界融合趋势明显，但制约发展的政策性问题依然存在，监管资源缺乏、能力不足，规制落地不够、执行不严，事中事后监管效能不高，服务、安全、环保等压力凸显，推进行业治理体系和治理能力现代化的任务还十分艰巨。上海作为快递企业总部最多的城市，一些影响行业健康发展的结构性矛盾、体制性障碍、政策性瓶颈、迟滞性难题不同程度存在，中心城区呈现增速放缓、网点“微利化、无利化、亏损化”、收派比下降等情况，快递末端投递方面如何提升“最后一公里”的便捷度、安全性和规范化，疏通寄递渠道“堵点”、消除行业提质“痛点”的任务也依然很重，等等。

江苏省快递市场发展及管理情况

一、快递市场总体发展情况

2016 年，江苏省邮政行业业务总量完成 663.69 亿元，同比增长 28.6%；业务收入完成 463.33 亿元（不包括邮政储蓄银行直接营业收入），同比增长 13.8%，业务量收分别位居全国第三位和第四位。其中，快递企业业务量累计完成 283823.2 万件，同比增长 23.9%；快递企业业务收入累计达到 339.2 亿元，同比增长 16.7%，快递业务量收分别位居全国第三位和第四位。全省日均快递业务量达到 777 万件，年人均快递业务量突破 35 件（表 7-10）。

表 7-10　2016 年江苏省快递服务企业发展情况

指　标	单　位	2016 年 12 月		比上年同期增长(%)		占全部比例(%)	
		累计	当月	累计	当月	累计	当月
快递业务量	万件	283823.2	32146.6	23.9	20.0	100.0	100.0
同城	万件	61099.2	6991.3	-18.4	-16.1	21.5	21.7
异地	万件	217825.4	24557.9	44.8	35.9	76.7	76.4
国际及港澳台	万件	4898.6	597.4	32.0	57.2	1.7	1.9
快递业务收入	亿元	339.2	35.9	16.7	13.4	100.0	100.0
同城	亿元	43.5	5.0	-32.3	-26.3	12.8	14.0
异地	亿元	215.9	21.9	28.8	17.6	63.7	60.9
国际及港澳台	亿元	43.3	4.5	14.5	20.2	12.8	12.5
其他	亿元	36.4	4.5	73.8	80.0	10.7	12.6

二、行业管理工作及主要成效

行业发展环境不断优化。政策法规体系不断健全，联合省发展改革委共同发布了《江苏省邮政业发展“十三五”规划》，邮政业发展被纳入江苏省第十三个五年规划纲要。全省 13 个市级《规划》全部通过评审并正式发布。推动《江苏省邮政条例》修正案列入 2017 年立法计划。《南京市邮政条例》正式施行，《盐城市快递市场管理办法》《镇江市快递管理办法》《常州市寄递行业安全管理办法》列入立法计划，《徐州市邮政条例》列入立法调研计划。盐城智能信包箱地方标准已获准立项，完成初稿起草工作。组织开展全省邮政行业发展重大课题的研究。地方支持力度不断加大，地方政府越来越重视邮政业发展，省、市政府领导专程视察邮政管理工作并给予大力支持。省政府出台了《关于大力发展电子商务加快培育经济新动力的实施意见》，提出要在推动快递配送终端建设等多个方面深化快递与电子商务协同发展。连云港市政府出台了《关于促进快递业健康发展的实施意见》，常州市出台了《常州市电商快递协同发展示范企业创建工作的意见》，市级层面行业发环境日渐优化。地方财政支持力度加大，省财政先后拨付6000万元用于推进寄递企业购置X光机、2000万元用于市场监管科技项目建设、近2000万元用于村邮站建设。徐州、扬州、常州、连云港、南通、新沂、高邮等地政府投入奖补资金共超千万元。泰州市设立1亿元专项扶持资金推进苏中快递产业园建设。依法行政工作不断推进，研究制定了全省邮政管理"三张清单"和邮政管理办事指南。积极做好省政务平台上线工作，12305对接且并入12345平台。出台《江苏省邮政市场行政执法案由规定(试行)》，规范案由使用，强化完善案卷评查制度。严格按照要求开展行政复议及应诉工作。

行业发展潜能逐步释放。"快递+"规模效益初显。促进快递服务现代农业。先后与省商务厅、农委联合出台相关意见，引导鼓励推动快递服务与现代农业、农村电子商务的协同发展。每个市局至少推动培育了1个本地区"快递+"特色农产品样板项目，苏州大闸蟹、无锡水蜜桃、宿迁花木、淮安小龙虾、徐州丰县大沙河苹果等项目实现经济效益与社会影响"双丰收"。截至目前，全省36个"快递+"特色农产品项目累计产生业务量达到4500余万件，累计业务收入近4.34亿元，直接服务支撑的农业产值近56.19亿元。快递服务现代农业示范基地阳澄湖大闸蟹项目被评为首批全国快递服务现代农业示范基地。引导快递服务制造业。明确全省快递服务制造业试点城市，推动各地集中培育了一批示范典型项目，初步建成省级快递服务制造业项目库。经初步统计，截至目前，全省共有快递服务制造业项目105个，去年快递服务制造业项目形成的业务量达8000余万件，累计业务收入近13亿元，直接服务支撑制造业累计产值近340亿元。

支持快递服务跨境电商。加强与海关、商务、商检、口岸办等部门联系，协调企业提升跨境业务承接能力。苏州、无锡、常州、南京、扬州、南通等局积极开展相关试点工作，跨境寄递业务稳步增长。镇江局参与推进市跨境电商产业园的申报和建设工作。

快递服务水平有效提升。末端网点扩量提质。全面整合商务、农委、村邮站等各种资源，在"乡乡有网点"的基础上，积极推动"村村通快递"，鼓励企业快件直投入村。截至目前，全省乡镇快递网点数达4153个，行政村快递网点总数达到1417个，快件直接投达的行政村为4655个，占行政村总数的31.34%。持续推进城区快递网点标准化建设。全省主要快递品牌企业共有城区自营标准化网点2889个，网点标准化率达到55.75%。不断拓宽收投渠道，因地制宜推广第三方快递末端服务模式，深入开展快递"三进"工程。全省128所高校基本实现快递规范收投，规范收投率达79%；全省新增智能快递箱6817组，格口数达100.67万个；全省共设有社区快递公共服务平台530个。完善服务保障机制。严格快递行业"放心消费"创建标准，对30家省级快递行业放心消费创建活动示范单位和先进单位进行表彰，目前共有省级放心消费创建示范、先进单位103家。积极探索服务质量提升新手段，建立《快递服务质量提升联席会议制度》《快递服务警示制度》，出台《申诉处理质量考核办法》。全年"12305"共处理消费者申诉13.5万件，其中有效申诉近3万件，同比降低4.8 %。经调解，已全部妥善处理，为消费者挽回直接经济损失 近468万元。

服务支撑能力不断增强。园区建设取得新突破。无锡苏南快递产业园先后被评为全国快递产业集聚发展示范园区和全国智慧物流示范基地，苏北、苏中、盐城快递产业园发展迅速，海门、新沂、东台等地县级快递产业园建设稳步推进，全省首家乡镇快递产业园沭阳县新河镇电商快递产业园运营良好。车辆通行得到基本保障。进一步规范快递机动车辆统一标识管理工作，快递机动车辆统一标识证原则上只向放心消费参创企业发放，并为新能源车办证提供便利政策。宿迁、常州、无锡、东台等局因地制宜推进快递专用电动三轮车合法上路，大部分地市基本保障通行。

行业市场秩序日益规范。安全监管常抓不懈。圆满完成重大活动和重要时间节点的寄递安保工作。充分发挥寄递渠道安全管理领导小组的作用，联合开展寄递安全督导检查，力保G20峰会、"两会"等重大活动期间寄递渠道安全。全力推进"三项制度"落实。以贯彻实施邮政业安全生产设施相关规范为抓手，强化企业安全生产流程管控。联合公安部门开发寄递安全管理信息系统，对实名收寄工作实行信息化管理。认真组织"平安寄递"创建。制定活动实施方案，将寄递渠道安全管理工作纳入平安建设整体格局中，充分发挥寄递渠道安全监管综合治理优势，不断提升邮政行业安全运营水平。常州局"创新寄递渠道安全规范管理"被市综治委列为创新社会治理重点项目，获评二等奖，并给予奖励。行政执法重拳出击。不断强化行政执法工作力度，2016年，全省邮政管理部门共作出行政处罚决定183次，其中责令停产停业7次，罚款金额169.9万元。

开展全省快递市场清理整顿和"清源"专项整治行动。重点查处涉及经营许可、寄递安全相关违法违规行为，其中宿迁局查处快捷无证经营案罚款15万元，南通局查处申通超地域范围经营案罚款10万元，徐州、常州、泰州查处的6起无证经营案罚款都在5万元以上。加强行政执法督导。定期通报全省行政执法工作情况，转办交办相关案件线索100余条，重点督导查处镇江申通违规收寄案件，对企业和相关责任人共罚款28万元。行政许可不断规范。认真贯彻落实简政放权，实现工作重心由"办手续管准入"向"重服务强监管"转变。截至2016年底，全省依法取得快递业务经营许可企业1223家。提高许可审批效率，截至目前，全年快递业务经营许可审批平均办理时限为16.2个工作日，比承诺办理时限缩短8.8个工作日。许可证变更按时完成率达96.86%。规范许可审批程序，细化形式审查及实地核查的程序任务，全面加强对许可工作的监督管理，保证权力公开透明运行。健全市场退出机制，对存在快递业务经营许可有效期届满未延续、快递业务经营许可证有效期内停止经营等情形的企业依法启动注销程序，累计注销快递业务经营许可证65份。

推进精神文明建设。在第二届"寻找最美快递员"评选中，泰州市百世快递公司快递员曹晓祥和顺丰速运江苏团队获得全国"最美快递员"称号。盐城、苏州、扬州、淮安等地不断涌现行业先进人物，在全社会引发强烈反响。常州市5家快递企业先进集体被团市委授予"常州市青年文明号"称号，一家快递企业被地方推荐为"江苏省青年安全生产示范岗"。组织开展"诚信快递、你我同行"系列宣传活动，相关工作得到国家局及省工商部门肯定，行业精神文明建设不断取得突破。

三、各市(地)主要管理工作概况

在常州局的积极推动下，常州市政府印发《2016年常州市现代服务业发展工作要点》，确定了2016年现代服务业发展的"十大重点产业"，快递业作为重点行业被纳入其中。由常州局和市经信委牵头，常州市快递协会联合市交通运输协会、市汽车产业协会召开新能源汽车应用对接会，各快递企业与新能源汽车供应商当场签订协议，采购数量超过300辆。配合市公安局成功破获一起通过寄递渠道非法买卖枪支案件，一举抓获非法销售枪支的犯罪嫌疑人3名，涉案金额达100万余元，常州市公安局因此获得公安部通令嘉奖。

苏州局牵头的"加强寄递物流安全管理"项目被评为苏州市综治和平安建设优秀示范项目。苏州市被授予"中国快递示范城市"，大闸蟹寄递项目被评为全国快递服务现代农业示范项目。

无锡局联合市社会信用体系建设领导小组出台了《无锡市快递企业信用管理办法(试行)》，进一步推进无锡市快递诚信体系建设。无锡苏南快递产业园先后被评为全国快递产业集聚发展示范园区和全国智慧物流示范基地,苏北、苏中、盐城快递产业园发展迅速,海门、新沂、东台等地县级快递产业园建设稳步推进,全省首家乡镇快递产业园沭阳县新河镇电商快递产业园运营良好。江南大学"快递超市"项目登上了中央电视台"朝闻天下"栏目。

徐州局出台《群众举报寄递服务违法违规行为处理与奖励办法》,鼓励群众参与对寄递市场的监管。通过群众提供的举报线索,全年查处了3起违法经营行为。配合公安部门依照《徐州市寄递业治安管理办法》对不执行实名收寄的企业及其网点进行了处罚,并开出全国首例"未执行实名寄递"罚单。

扬州首个跨境电商产业园正式运营,园区总面积4540平方米,配置国际邮件处理中心、跨境电子商务仓储中心等,可为跨境电商提供国际小包的揽收、仓储、收寄等一站式服务,国际小包日均处理能力达到1万件。

在中央政法工作会议上,南通实名制寄递系统研发应用工作得到中央政法委高度肯定,被制作成视频宣传片,在全国范围进行推广。无锡、苏州市邮政业安全发展中心正式获批。泰州市设立1亿元专项扶持资金推进苏中快递产业园建设。徐州、扬州、常州、连云港、南通、新沂、高邮等地政府投入奖补资金共超千万元。《南京市邮政条例》于2016年9月1日起正式施行。《盐城市快递市场管理办法》《镇江市快递管理办法》《常州市寄递行业安全管理办法》列入立法计划,《徐州市邮政条例》列入立法调研计划。

四、快递市场存在的突出问题

一是缺乏总部经济。江苏省快递服务业发展水平在全国总体排在前列,与经济发展水平基本相适应。但与广东、上海和浙江相比,还有一定的差距,与江苏经济大省的地位还不相称。2016年,江苏省快递业务量仅为广东、浙江的37.1%、47.4%。究其原因,粤浙沪三地集中了大部分的快递企业总部,经济集聚效应明显。江苏省现有自主快递品牌为数不多,缺乏总部经济,对地方支柱产业支撑不够。

二是与相关产业融合度不高。近几年来,江苏省快递服务业连续多年保持50%以上的高位增长态势,但是行业自身先天不足,服务理念、服务水平、服务能力等多方面的社会形象不佳,被戏称为"成长中的烦恼"。电商与快递拉动地方特色产品外销、支撑区域经济能力远低于广东、浙江水平,充分说明江苏快递服务业与电子商务、现代农业、先进制造业融合发展空间还很大。

三是政策扶持不到位。快递物流是互联网零售的基础,是电子商务的重要环节,和电子商务唇齿相依。江苏省13个地级市中,有8个城市的快递业务量排名在全国前50强。近年来,快递业发展虽然逐渐得到了各级政府部门的关注,但还缺少系统规划管理,政策扶持力度还不大,电子商务发展受到了高度重视,而相对忽略了快递物流的支撑保障作用,发展中的困难无法得到及时解决。随着企业用工、交通等成本的增加,企业迫切希望能在园区建设、贷款融资、车辆通行、税收优惠等方面给予政策扶持。

四是安全监管形势严峻。近年来,利用寄递渠道犯罪的行为呈多发的态势,寄递渠道安全监管形势严峻。大多快递企业安全意识淡薄,安全设施不完善,寄递渠道安全已严重影响到国家安全、社会安全和公共安全。

五是基础设施薄弱导致群众便利感不强。快递末端投递是快递服务的重要环节,是行业发展惠及百姓、服务民生的重要体现。随着城市化进程加快,快递服务生产生活的作用将更为突出。目前,大型居住区、商业区、校区、机关企事业单位综合办公区等不断涌现,对快递末端投递服务能力提出了新的要求,但同时,在大部分地区,快递服务设施缺乏,与用户使用需求、生活习惯不匹配,造成服务满意程度降低。

浙江省快递市场发展及管理情况

一、快递市场总体发展情况

2016年，浙江省邮政行业业务总量完成1250.8亿元，同比增长54%；业务收入完成618.8亿元（不含邮政储蓄银行直接营业收入），同比增长36.5%。其中，快递企业业务量累计完成598770.0万件，同比增长56.3%；快递企业业务收入累计达到541.3亿元，同比增长41.0%。业务总量和收入增速均超全国平均水平（表7-11）。

表7-11　2016年浙江省快递服务企业发展情况

指　标	单　位	2016年12月		比上年同期增长（%）		占全部比例（%）	
		累计	当月	累计	当月	累计	当月
快递业务量	万件	598770.0	67186.2	56.3	40.9	100.0	100.0
同城	万件	104980.1	11059.2	31.5	14.0	17.5	16.5
异地	万件	486608.6	55441.3	63.3	48.3	81.3	82.5
国际及港澳台	万件	7181.4	685.7	36.4	13.2	1.2	1.0
快递业务收入	亿元	541.3	60.7	41.0	31.8	100.0	100.0
同城	亿元	58.3	6.1	23.7	3.5	10.8	10.0
异地	亿元	353.7	38.1	44.7	29.1	65.4	62.7
国际及港澳台	亿元	53.3	5.6	19.7	20.3	9.8	9.2
其他	亿元	76.0	11.0	59.1	81.9	14.0	18.1

二、行业管理工作及主要成效

实现寄递渠道安全畅通的目标。面对浙江寄递渠道严峻安全形势，浙江省邮政管理系统认真贯彻国家邮政局和省委省政府一系列重要工作部署，强化组织、机制、人员三大保障，省、市局相继成立G20杭州峰会寄递渠道安全保障工作领导小组，制定安全保障工作方案，完善组织领导，实行挂图作战。全省建立起了省局、市局、企业三级联动和政府、协会、企业三维互动的保障机制。强化浙江区企业总部责任，发文明确各快递省级总部对管辖区内企业安全负总责，并依法履行对所属分拨中心和营业网点的安全管理。从全省各市局抽调人员帮助工作，协调浙江邮电职业技术学院，调配了40余名师生分批次共同参与寄递安全保障，有效充实了工作力量。围绕G20峰会安保，先后组织开展了“护航G20寄递业隐患大排查大整治铁腕行动”“平安护航G20邮政行业安全生产专项整治行动”“平安寄递创建活动”三大专项行动。全面排查整治各类安全生产事故隐患和非法违法行为，重点整治无证或证照不全从事快递经营行为，有力推进我省平安寄递创建工作，确保峰会寄递渠道安全平稳。督促寄递企业切实履行安全主体责任，严格落实“三项制度”，强化企业安全生产现场设备配置与流程管控。联合省综治、公安部门在全国率先采用“巴枪”和“APP”等模式推广实名登记验视信息化，有效提高了物品动态管控能力和行业安全监管水平。协调解决峰会期间邮件、快件运营车辆的通行问题。通过创新管理、严查严管、严防严控和全行业的共同努力，浙江省G20峰会和世界互联网大会寄递安保工作有效实现了“六个坚决防止、三个确保、四个满意”和寄递渠道“四个严防”的工作目标，得到了国家邮政局领导和省领导的批示充分肯定，省局、杭州局先后被国家邮政局和省委省政府授予G20峰会安全服务保障先进集体荣誉称号，杭州局被国家邮政局记集体三等功。全系统共有25名干部被公安部、国家邮政局、浙江省委评为先进个人受到表彰。

行业发展政策环境得到了进一步优化。着眼于解决制约邮政业发展瓶颈问题，浙江省邮政管理局领导多次向省领导汇报工作，积极争取省委省政府对行业的重视支持，通过积极协调和重点推进，3月25日，《浙江省政府关于促进快递业发展的实施意见》正式出台。从业务规模、网络体系、创新能力、协同发展四个方面细化目标要求，提出了实施品牌战略、提升综合运输效率、完善快递服务设施、推动产业协调发展、落实安全监管措施等五方面重点任务，明确了加强协调推进机制、加大政策支持力度、方便快递车辆通行、推进人才队伍建设、规范快递行业秩序等五方面的保障措施，为快递业发展营造了良好的政策环境。按照既定计划，浙江局正式颁布实施《浙江省邮政业发展"十三五"规划》，纳入省专项规划目录体系。《规划》全面回顾了省邮政业"十二五"时期发展概况，取得成就，分析了"十三五"期间面临的主要形势，提出了完善"三个体系"，实现"四个突破"，完成"五个率先"的目标任务，明确了"十三五"时期省邮政业发展的指导思想、基本要求和八大任务与重点工程，对推动行业健康快速发展，促进邮政业与地方经济深度融合具有重要意义。浙江局加强与省发改委、经信委、综治办、财政厅、教育厅、商务厅及民航等部门沟通协调，研究落实快递业发展的支持举措，并在同以上省级部门逐个联合发文部署行业发展的基础上，深入基层企业，开展督促指导，加快推进快递服务制造业、快递服务进校园、快递下乡、快递电商协同发展、快递航母建设、航空快递"绿色通道"和跨境电商寄递发展等工作。在快递服务"三农"方面，进一步完善农村地区快递基础设施，加快推动快递企业在乡镇设立网点，乡镇快递营业网点覆盖率达到98.3%，全省建立邮政农村电商服务站达25828个。在推进快递服务制造业和进校园方面，涌现出一批仓配一体化、入厂物流的快递融入制造业龙头骨干项目和校园快递超市，以及一批快递物流产业园相继投入运行，拓展了行业发展新空间。此外，联合民航部门签订战略合作协议、建设航空快递"绿色通道"，保障快速安检、快速配载、快速高效服务。积极开展快递示范城市创建申报工作，宁波获批第二批"中国快递示范城市"。浙江局还在浙江邮电职业学院建立快递人才培养基地，并与浙江邮电职业学院合力推进快递发展研究中心建设，为加快行业发展智力支撑奠定基础。

积极推进城市智能投递终端建设。浙江省邮政管理部门与各级政府部门加强协调衔接，积极推进项目建设。支持邮政企业作为承建主体，根据计划任务安排，积极行动有效推进项目建设。全省2016年建成"E邮柜"（智能快件箱）3156个，累计"E邮柜"（智能快件箱）邮件投递量超过2876万件，注册使用物流快递公司超过128家，注册使用快递员超过3.66人，社会快递员占比79%。

大力加强市场执法监督。在全省范围推行"日常巡查、专项检查、联合督查、临时抽查"四种检查制度，结合日常巡查和专项检查，主动发现违法行为并督促落实整改。各市局按照"最高规格、最严部署、最强措施"要求，狠抓落实，并联合公安、工商、综治等部门，深入排查清理无证经营行为和寄递企业安全隐患，摸清底数、建立台账、强化整治措施。各寄递企业通力协作，密切配合，积极履行主体责任，不断强化市场管理，取得了明显的成效。据不完全统计，全省出动执法人员32386人次，检查企业12348家次，出检2402天，查处违法违规行为3015次，办理行政处罚案件486起，处罚款526.79万元，罚没款居全国首位。加强申诉处理工作，通过"12305"申诉电话和网站受理消费者申诉117075件，同比增加22.30%，经调解已全部妥善处理，为消费者挽回经济损失457.63万元，消费者对申诉处理结果满意率为96.3%。消费者申诉下放试点工作顺利推进。全省受理快递业务经营许可申请548家次，核准申请294家；受理快递业务经营许可变更3921家次，核准变更申请3129家次，其中浙江局核准变更申请698家次，全省共增设分支机构2367家；注销企业127家。完成192家省局发证换证，国家局发证企业换证12家。截至目前，全省共有法人企业1611家，分支机构6388家。积极推进诚信体系建设，完善初步信息录入及核对工作，目前各市局已基本完成企业实名档案建立。加强用品用具监管，其中，检查经营快递业务的企业使用标准快递封装用品和快递运单情况220家。

实现安全管理三项制度在浙江的率先全面推行。严格实行收寄验视制度。严把收寄关口，加强暗访督查，严厉查处未经验视直接收寄行为。贯彻实施《邮政业安全生产设备配置规范》《快递安全生产操作规范》标准，强化企业安全生产现场设备配置与流程管控。加大寄递警示宣传，全省印发19万本收寄验视现场工作手册，3万张各类禁寄物品提示的不干胶粘贴纸，11万份宣传海报，分发各寄递企业粘帖宣传。同时，在快递包裹上张贴禁寄物品宣传标签90余万张，杭州局在城区527个邮政报刊亭、2000多个E邮柜滚动播出寄递安全警示标语，在全市6200多辆公交车上投放寄递安全宣传片，每日覆盖人群在300万以上。协同推进实名收寄工作。省综治、公安、邮管等部门联合召开实名登记验视信息化系统推广会议，在全国率先采用“巴枪”和“APP”等模式推广实名登记验视信息化工作，全省共配置、升级、更新信息化终端采集设备86438台，覆盖网点9350个，有效堵塞了寄递安全监管漏洞。据不完全统计，公安部门依托该系统比中涉枪、涉稳、涉访人员28154人，比对在逃人员29人，已抓获10人。狠抓安检机配置落实。率先在全国争取政府支持给予寄递企业购置X光机50%的财政补助。采取企业投资、政府支持、鼓励购买第三方服务等多种方式推动寄递企业落实安检机配置。全省完成新购置X光机714台，省市县政府共投入补助资金6100多万元。G20峰会期间安检机投运后，全省分拨中心共安检进杭快件1184.25万件，出动安检人员43791人次，出动执法检查人员7351人次，查获仿真枪支、易燃易爆品、管制刀具等各类禁寄品862件。

实现依法行政能力的逐步提高。深入推进“法治邮政”建设。建立行政执法年度报告制度，进一步完善上报执法制度和执法队伍建设、行政许可、行政强制、行政处罚以及落实行政执法责任制情况。组织开展全省系统内行政执法案卷互评，就行政处罚的合法性、合理性、文书使用与制作的规范性等进行重点审核，规范行政执法案卷文书制作及归档管理工作。实施法律顾问制度，引入外部监督机制。修订权力清单、责任清单、负面清单，推动三张清单建设。加强执法工作培训。举办全省邮政行业安全及执法培训班，提升执法人员行政执法水平。严格执行行政执法人员持证上岗和资格管理制度，指导地市局参加省执法证考试，做好执法证件清理工作。及时下发新出台的行业标准并积极推动标准落地实施，有效提高全省邮政行业安全监管能力。做好政策服务工作。认真做好法律法规及政策的咨询解答，全年共会办、主办人大、政协建议、提案11件。先后对34项国家邮政局和省级相关部门文件政策提出修改反馈意见。共审查各类合同5件，确保了浙江局对外签订合同的规范性，降低了合同交易风险。

三、各市（地）主要管理工作概况

杭州局圆满完成G20峰会寄递安保各项工作任务，创造了重大活动寄递安保杭州模式，得到市委市政府领导的充分批示肯定，被省委省政府授予G20峰会服务保障先进集体称号、被国家邮政局记集体三等功。创新安全监管机制，全部成立了寄递渠道安全监管领导小组，将寄递渠道安全管理纳入平安综治考核，推进行业平安创建。与公安部门密切合作，联合制定了寄递渠道联合检查工作流程；市场监管等部门加强超市便利店违规收寄快件的排查和处理；杭州市综治办、邮政管理局、公安局、国家安全局、交通运输局、市场监管局联合下发《关于进一步加强寄递渠道安全管理工作的通知》，落实了寄递安全监管长效机制，从而形成了部门协同、齐抓共管寄递安全监管新机制。做好协同发展试点和跨境综试区工作，会同财政、商委继续做好试点项目验收和绩效评估工作，形成可复制、可推广的试点经验上报省局和国家邮政局。按照“四个更加注重”的要求，进一步做好跨境电商综试区相关服务工作，持续优化跨境电商寄递服务体系，国际及港澳台业务收入累计完成162103.17万元，同比增长23.13%；其他业务收入累计完成383894.76万元，同比增长40.10%；邮政国际小包完成2480.36万件，同比增长7.25%，业务收入50785万元，同比增加25.28%。

宁波局就全市快递网点规范化建设进行动员部署，标志着市快递行业“规范网点建设，提升行业形象”活动正式启动。“智慧邮政”远程信息管理系统正式启动运行，该平台可完成对全市企业基础信息、网点信息、人员信息、车辆信息全方位统计管理，地理信息管理系统可从地图上直接显示企业、网点位置乃至派送范围，并实现点对点导航功能，同时系统接入全部14家分拨中心和60家业务量最大的企业实时监控视频，可实现对企业现场操作的远程监管。宁波入选首批开展"中国快递示范城市"创建名单。

湖州局推动实现全市(包括三县)一次性项目建设费由属地财政全额保障。X光安检机补助在省财政补助基础上，市县财政再行拨付217.34万元，实现法人主体企业安检机全部配备。寄递实名制系统德清县快递企业每更新一个巴枪，得到财政补助500元。顺利建成市、县两级邮政业视频监控中心，全市200余处寄递网点、1600余路监控视频已顺利接入平台，实现了全行业电子化、全方位、无死角的实时监管。顺丰速运(湖州)有限公司位于开发区石泉桥路118号华安物流园的吴兴中转场(租用)正式建成使用，总投资金额2000万元。湖州众乐速递有限公司位于八里店镇织纺路718号的中通(浙北)电子商务仓储物流配送中心建设工程开始建设，预计投资1.3亿元，计划2017年10月建成使用。湖州申通快递有限公司位于八里店镇西环山路968号的申通(浙北)电子商务仓储物流分拨中心二期工程正式建成使用，总投资金额6000万元。湖州韵达快递有限公司位于织里镇中华西路699号的操作中心(租用)正式建成使用，总投资金额1000万元。

嘉兴局创新开展安保工作“八化”监管模式，积极配合公安部门推广使用寄递行业实名登记安全信息系统；以企业安检与品牌分拨安检相结合的互补模式，加快推进X光机安检设备配置工作；对接视频监控接入，尝试解决日常监管难问题。

绍兴局与市公安局、城管执法局、道路运输局联合发文，出台《绍兴市快递配送车辆管理办法(暂行)》，对配送作业的电动三轮车、厢式货车提出规范要求，并允许其进入城区进行配送作业，基本解决了城市配送问题。推动使用智能快递终端，2016年新建282个智能投递终端。在市局的积极努力下，市委下发《关于加快经济转型升级的若干政策意见》，将寄递渠道安全监管“绿盾”工程纳入当中，明确对快递企业购置的X光机安检设备进行财政补助，推动邮件、快件过机安检制度的落实，对快递企业当年自主添置单价10万元以上的X光机安检设备，按每台设备给予购置价不超过30%的补助，每台最高不超过10万元。

金华局联合金东公安分局研发“寄E通”实名收寄信息系统，经试点运行后，在全国率先推行利用手机APP实现实名登记功能，通过手机APP完成快件验视、登记工作。金华市印发《金华市区促进现代物流产业发展扶持意见的具体实施办法》的通知，金华浦江县印发《浦江县人民政府关于进一步促进电子商务发展的若干意见》。推进智能快件箱的建设，截至2016年年底，累计建设智能快件箱1800余组，实现居民区的大面积覆盖，其中邮政公司建设的E邮站合作快递企业134家，登记在册使用快递员3800多人，累计转投包裹790余万件。同金华市市场监督管理局联合发文，在金华市寄递渠道推行“一照多址”管理模式。

衢州局出台《衢州市快递企业设立农产品快递临时收寄点管理办法》，允许企业在农产品销售旺季设置临时收寄点，特别是抓住江山猕猴桃的销售外省运输成本高的难题，积极与地方部门协调，指导江山申通与江山中通率先开通江浙沪以外省的快递专线，快递费用参照江浙沪快递标准，预计能为经营户节约三分之二的运输成本。

舟山局指导普陀申通快递完成投资5000万，占地18亩集分拣、转运、车辆停放等于一体的综合处理场地投产运营。由市邮路寄递物品安全监管办公室制发《舟山市邮政行业举报违法寄递线索奖惩办法（试行）》（舟邮监发〔2016〕1号），营造全员参与的良好氛围。制定实施《舟山市快递企业安全生产考评办法（试行）》。建立由各级综治部门牵头，公安、邮政管理、市场监管等多部门参与的《舟山市寄递渠道联合检查工作制度（试行）》（舟综委办〔2016〕6号），加大县区寄递安全监管力度；建立企业分拨中心及重要网点远程在线联网视频监控系统，加强对偏远小岛地区规范收寄的实时监督。

台州局争取政策对行业支持，台州市政府办公室印发《2016年台州市电子商务工作要点》，明确提出推动电子商务与物流快递协同发展，并将市邮政管理局列为相关工作责任单位。

丽水局谋划出台《丽水市快递企业目标管理考核办法》。推动丽水市快递产业园纳入市“十三五”重大建设项目规划，拟在十三五期间投资2亿元建设快递产业园，规划用地100亩，其中快递分拨中心建筑面积85000平方米。

义乌局完成义乌市快递数据实时分析系统建设。由浙江立镖机器人公司研发的首套智能机器人分拣系统在义乌申通新分拨中心投入使用。义乌国际邮件互换局通关量突破4000万件。义乌市快递业务量突破10亿大关，达到10.3亿件。“快递通”服务上线试运行。目前，已有申通、韵达、顺丰和邮政EMS等多家快递公司陆续入驻“快递通”，为市场经营户提供更为低廉的快递价格和优质、高效、便捷的快递服务。快递小镇作为义乌市快递业集聚发展的重要载体，已建成投用。

四、快递市场存在的突出问题

行业基础较差。行业发展初期，绝大部分民营企业采取的是加盟制经营方式，该方式优点在于企业起步时规模及网点覆盖面扩大迅速。但对行业监管来说，加盟制极易导致企业自我管理的主体责任未真正得到落实，企业对基层网点经营者和从业人员的管理过于松弛，“以罚代管”等情形普遍存在，基层网点经营者和从业人员缺乏安全培训，安全意识淡薄。

实名登记信息化工作存在反复。全省实名登记信息化工作在邮政管理部门与公安部门的通力合作下已全面推开近半年，但目前浙江省的实名登记信息化系统仍需进一步固化，如何与国家邮政局开发的系统进行对接还需要进一步沟通协同。

寄递安全监管力量不足。浙江省属于快递大省，多年来业务量一直排名全国第二。快递业的迅猛发展，加大了安全监管工作的难度，目前全省共有法人企业1611家，分支机构6388家，邮政营业网点1800多家，数量还在进一步增加当中。而全省邮政管理系统现有行政编制159人（省局21＋市局138）。其中从事安全监管的人员不足20人，监管力量相对于监管任务明显不足。在短期内增加行政编制不大可能的前提下，采取信息化监管和政府购买服务的思路是目前已被实践证明较为可行的做法，我省邮政管理系统正在积极推行，从一定程度上缓解了监管力量不足的问题，还没有解决根本性的问题。

安徽省快递市场发展及管理情况

一、快递市场总体发展情况

2016年,安徽省邮政行业业务总量完成174.9亿元,同比增长50.5%;业务收入完成123.9亿元(不含邮政储蓄银行直接营业收入),同比增长34.3%。其中,快递企业业务量累计完成68878.3万件,同比增长72.5%;快递企业业务收入累计达到70.6亿元,同比增长53.0%(表7-12)。

表7-12 2016年安徽省快递服务企业发展情况

指标	单位	2016年12月		比上年同期增长(%)		占全部比例(%)	
		累计	当月	累计	当月	累计	当月
快递业务量	万件	68878.3	8247.7	72.5	79.8	100.0	100.0
同城	万件	10551.2	1302.4	50.4	73.7	15.3	15.8
异地	万件	58024.4	6910.8	77.6	81.4	84.2	83.8
国际及港澳台	万件	302.7	34.5	24.4	18.7	0.4	0.4
快递业务收入	亿元	70.6	8.2	53.0	56.7	100.0	100.0
同城	亿元	7.3	0.9	47.4	49.9	10.3	10.5
异地	亿元	47.3	5.4	44.6	46.1	67.1	64.9
国际及港澳台	亿元	2.9	0.3	18.4	10.7	4.1	3.6
其他	亿元	13.0	1.7	118.2	129.8	18.5	21.0

2016年,安徽省共有许可快递企业464家,分支机构近3000家,营业网点近5000个,快递从业人员近6万人。全省快递服务有效申诉率为平均每百万件快件7.58件,同比下降4.06件。消费者对邮政管理部门申诉处理工作满意率为99.4%。此外,合肥市获批"中国快递示范城市"、合肥国际邮件互换局建成运行、国家邮政局容灾备份中心在安徽省立项建设、"快递下乡"实现乡镇全覆盖、"快递进校园"实现收投率100%。

二、行业管理工作及主要成效

发展环境持续优化。完成了省、市邮政业发展"十三五"规划编制工作,并全部与发改委联合发布。安徽省邮政管理局及时举办规划宣贯培训班、召开新闻通气会,对省邮政业发展规划进行深入解读。邮政业特别是快递多项内容纳入《安徽省国民经济和社会发展第十三个五年规划纲要》,合肥环状快递产业园、中国(合肥)快递后台服务基地、合肥国际邮件互换局等被列为重点建设项目。邮政业规划与省物流业、战略性新兴产业、综合交通运输体系"十三五"发展规划等多个重点专项规划有效衔接。蚌埠市邮政快递设施专项规划、马鞍山市快递业发展专项规划均已通过专家评审。

省级层面支持政策相继出台。为贯彻落实《国务院促进关于促进快递业发展的若干意见》,安徽省政府在全国率先出台《关于促进快递业发展的实施意见》,提出了全省快递业发展的总体要求、发展目标及重点任务,明确落实措施。省委、省政府出台的《关于推进"电商安徽"建设的指导意见》提出加快分拨中心、配送中心和末端网点建设,推动电子商务与物流快递协同发展;鼓励邮政企业等各类市场主体建设改造农村物流公共服务中心和村级网点。省政府工作报告连续两年充分肯定了物流快递行业的经济贡献率,提出大力促进快递业发展。

完善县乡村快递物流体系建设列入省政府年度重点工作。推进"快递下乡"、完善城乡物流快递服务网络和设施建设、搭建城乡配送公共服务平台、支持快递产业园区建设等邮政业发展内容被纳入省委、省政府《关于贯彻落实发展新理念加快农业现代化实现全面小康目标的实施意见》《关于进一步促进民间投资的若干意见》，省政府《关于推进商贸流通创新发展转型升级的实施意见》，省政府办公厅《关于推进农村一二三产业融合发展的实施意见》等文件中。推动省委、省政府办公厅在全国率先出台统筹调剂优先解决市局办公业务用房文件，目前全省已有10个市局协调解决了办公业务用房。各地政策保障体系更加完善。各市政府在2016年工作报告中都提出支持推进邮政业发展。合肥、淮南、亳州、滁州、淮北、黄山、池州、阜阳、蚌埠、宿州、六安等11个市政府都出台了促进快递业发展的实施意见，明确政策保障和资金支持措施。

各市局积极争取地方政府支持，推动出台政策文件，优化行业发展环境。合肥市政府明确2017年至2019年，对快递企业区域性总部建设、智能快件箱建设、分拨中心建设等方面每年给予1000万元扶持资金。蚌埠市政府配合电商与物流快递协同发展试点的3000万元，重点用于支持电商快递公共信息服务系统建设、快递产业园建设、快递分拨中心升级改造、末端服务体系建设等。芜湖市政府将“10分钟快递便民圈”快递服务站建设工作纳入全市“国家物流标准化试点城市”的共同配送体系项目，享受总额不超过500万元的资金补贴。阜阳市对以购地自建方式进入皖北快递产业园的企业给予基础建设奖励，一期工程合计奖励近2000万元。宣城市将快递与电商融合发展集中区项目列为市政府创新工程，一期投资5000万元建设快递企业分拣处理场所。滁州市对符合条件的邮政、快递企业给予服务业发展专项资金支持，目前已申报资金近百万元。六安市在市服务业发展资金中安排扶持快递业专项资金。淮北市对进入快递园区的企业场地租赁费给予50%减免，并对出港快件给予奖补。宿州市对新进入快递物流园的6家企业给予127万元的资金补贴。

行业发展能力全面提升。邮政基础设施建设投入不断加大，安徽省邮政公司安排建设投入6.76亿元，改造邮政营业场所251处，购置营业场所9处，翻建营业场所40处；改造各类场地63处，新建生产场地6处。按照“仓储+配送”要求，建设仓储中心3处，全省累计达73处。全年建设便民服务站9849个，购置智能包裹柜685台，更新购置各类生产车辆664辆。跨境电商寄递渠道建设取得突破。2016年初，在省委、省政府的全力支持和国家邮政局、海关总署等部门的共同努力下，合肥国际邮件互换局兼交换站获批设立，并于4月正式运营，为安徽省电子商务企业提供一体化的仓储、通关、寄递等服务。该互换局作业场区占地总面积约3500平方米，日均处理量约4万件，实现了对美国等10多个欧美主要跨境出口国家和地区的国际邮件总包直封。合肥市正加快建设新桥机场国际快件转运中心，建立“单一窗口”平台模式，积极助力跨境电商发展。

快递企业重大基础设施项目相继落户安徽。安徽局主动前往快递企业总部积极联系推介，争取总部重大项目落户合肥、芜湖和蚌埠等地，共引进快递企业总部20多个重大项目，总投资额超过70亿元。2016年，优速、百世全国呼叫中心相继在合肥揭牌运营。申通、圆通、中通、韵达等快递企业在合肥后台服务项目正在规划推进中，加之已建成的顺丰、德邦、UPS和中铁快运等呼叫中心，总座席将超过8000个，中国（合肥）快递后台服务基地初具规模。分拨中心等快递基础设施项目进入全面建设阶段。安徽圆通分拨中心、百世皖北（蚌埠）分拨中心、圆通皖北（亳州）区域中心一期工程等项目已建成运行。邮政速递合肥集散中心，中通、圆通皖北（蚌埠）分拨中心及电商仓储中心，中通皖南（芜湖）分拨中心、顺丰皖南区域转运中心已开工建设。快递物流产业园区建设换挡升级。合肥市环状快递产业园已入驻快递企业和省级分拨中心共31家,总建筑面积达65.3万平方米,规划总投资63亿元。皖南快递产业园被芜湖市政府列为市级现代服务业集聚区,并获批省级服务业集聚区;顺丰、中通、圆通、韵达、天天等快递区域总部落户园区,签约投资额达43亿元,直接向快递区域总部供地940亩。安徽省快递协同发展试验区在蚌埠市挂牌成立,占地700亩,已有百世、中通等7家快递企业项目入驻,总投资约17亿元。阜阳市皖北快递产业园已有EMS、中通等6家企业以购地自建的方式入驻,签约用地230亩,一期投资总额约3.7亿元。淮北市凤凰山快递协同发展试验区、池州汉唐快递物流园、铜陵市弘桥智谷互联网经济产业园均建成运行。淮南快递物流产业园于去年10月份开工建设,规划占地160亩,总投资1.8亿元。此外,滁州明光市、来安县,宿州泗县、砀山县,阜阳颍上县快递物流产业园已建成运行。其中砀山县快递物流综合园引进百世云仓项目,实现智能仓配运一体化运作。

行业服务水平不断增强。邮政服务平台效益显现。邮政企业以农村电商县域物流网建设为核心,推进"两中心一站点(县级运营中心、镇乡级农村电商运营中心和邮乐购站点)"建设,全省63个县域物流网全部建成;建成邮乐农品地方馆58个、邮乐购站点1.58万个。与44个县级政府签订了合作协议,参与电子商务进农村综合示范建设。牵头建设公共开放的县域物流平台,已承接61家社会快递公司到乡镇村的快递运输和投递工作,助力"快递下乡"工程。邮政企业通过"邮乐你我"微信公众号年销售农产品10万件,促进特色农产品进城,助力精准扶贫。

"快递下乡"工程成效显著。安徽省已设立乡镇快递服务网点数量4140个,网点覆盖率为100%,实现乡镇全覆盖。各市局利用建成的快递服务体系,加快"快递+"特色农产品样板项目建设,有14个产业成熟的特色项目已申报国家局"快递服务现代农业示范基地"。顺丰向全国推广"黄山顺丰+茶业"定制化服务模式;顺丰、中通等推出"顺丰+五河螃蟹、金安脆桃""申通+砀山梨、黄桃罐头""顺丰、中通、京东+怀宁草莓"等特色寄递服务。淮南局推动EMS、顺丰、顺捷等企业同当地农户签订长期合作协议,服务特色农产品外销;淮南牛肉汤日销量达到8000件,焦岗湖鸭蛋、代楼酥瓜等农产品通过快递网络实现年销售产值近千万元。亳州局重点打造"快递+花茶"项目,全年发送花茶类快件780万件。阜阳局积极推动"颍州生态土鸡蛋"等快递服务现代农业示范项目建设。宿州局帮助在扶贫联系点泗县马宅村增设快递分支机构,服务当地电商和群众。

快递"三进"工程创新推进。安徽局与省教育厅联合下发《关于做好高等院校快递服务工作的意见》,建立联合工作机制,规范校园快递服务。全省规范收投的高校数量为119个,规范收投率为100%。蚌埠局联合市教育局出台文件推动在全市各校园设立快递服务机构。快递进社区、进机关工作也卓有成效。蚌埠市将快递投递点纳入社区商业便民服务中心,已建成130个投递点和41个快递便民服务点。芜湖市已建成85家快递服务站。淮南市在3处较大社区试点运营快递服务中心。铜陵市快递协会牵头建成快递服务站23个。六安局总结城区小区物业代收快件经验,在新建的100个社区便民店叠加快件寄递服务内容。黄山局联合市直机关事务管理局在市委市政府大楼、市人大市政协大院试点建立机关快递服务站。

快递末端投递保障能力得到提升。推广应用智能快件箱,全省已投入使用智能快件箱5000多组。合肥、蚌埠市出台《智能快件箱运营管理办法》,规范智能快件箱的运营行为。六安局联合住建委规范城区智能快件箱运营管理。黄山、淮北等地在积极争取快递非机动车辆通行停靠便利政策的同时,鼓励快递企业新增、置换符合标准的三轮车,统一车辆标识,加强安全行驶培训,并支持快递协会组织三轮车投保。芜湖局完成了规定道路内500辆快递用电动三轮车的统一喷涂编号、购置保险工作。省局推动快递企业与江淮汽车集团进行对接，定制开发快递专用新能源环保汽车。

快递标准化建设全面启动。着力提升网点标准化率，积极推进品牌企业城区自营快递网点标准化工作。全省城区标准化网点数量1157个，标准化率为76.3%。圆通总部在黄山召开标准化推广实施启动大会，并在全国率先推广黄山圆通标准化试点工作经验。蚌埠、阜阳和宣城局对快递营业场所建设、车辆标识、设备配置等方面提出明确的规范标准，全面实行标准化、制度化管理。宿州市已开展四批快递营业场所规范化建设，累计建成“标准店”105个，“示范店”20个。亳州市建成标准形象店31个，投入标准化电动三轮车640辆。马鞍山市将快递设施设备标准化纳入物流标准化试点支持范围，开展“放心快递”工程建设活动，已完成18个自营网点标准化改造和276辆标准化电动三轮车更新升级。淮北局对符合标准化建设条件的网点统一授牌。合肥局打造石台路快递网点标准化示范街。阜阳、淮南局开展“示范企业”“示范处理场所”和“快递示范店”评选工作。

快递市场监管与服务水平继续提升。开展快递市场清理整顿专项行动，安徽局通过制定方案、召开会议、专题调研和联合督导等方式有序推进专项整治行动工作。淮北、阜阳、马鞍山、芜湖局对各网点实行拉网式执法检查。淮南局全面摸查市场底数，形成企业法人—分支机构—末端网点三级监管体系。合肥局制作《摸底排查登记表》，与公安、国安部门联合开展企业摸底。蚌埠局制作《快递市场清理整顿工作指导手册》，指导企业及其分支机构合法经营。做好快递经营许可和末端网点备案管理工作。全省分支机构备案1931家，备案率为67%。组织开展快递行业诚信建设年专项活动。在合肥局试点市局直接处理消费者申诉工作。省邮政业消费者申诉受理中心全年累计处理各类有效申诉5483件，为消费者挽回经济损失189万元。

安全监管水平再上台阶。充分发挥寄递渠道安全管理部门联动作用，与省综治办联合做好寄递安全综治考评工作。定期召开寄递渠道安全管理领导小组和联络员会议，加强部门间信息互通，布置辖区安全管理重点工作，形成对寄递安全联动响应、齐抓共管的监管格局。开展寄递渠道危险化学品安全专项整治。创新监管方式，设计检查指标，督促企业履行安全生产主体责任，推动“收寄验视+实名收寄+过机安检”三项制度进一步落实。配合国家邮政局做好“绿盾”工程建设项目（一期）可行性研究调查和项目建设基础数据统计工作，协助推进国家邮政局容灾备份中心立项等事项。协助做好行业禁毒、寄递渠道反恐、打击侵权假冒等专项工作。部署全省强降雨天气、台风防范应对和高温天气期间安全生产工作。

安徽局将安检机配置作为2016年度重点工作抓好落实，对各市安检机配置建立台账，按月统计配置进展情况。蚌埠局将配备30台X光机安检设备作为试点工作主要任务之一，市财政给予450万元的资金补贴。芜湖市争取政府150万元支持，给予购置安检机的企业30%的补贴，已实现主要品牌企业安检机全部自有。马鞍山市安排275万元对在规定时限内购置的安检机给予30%的一次性财政补贴。亳州市拨付384万元专项资金支持企业配置安检设备。安庆市安排财政资金67.5万元，对城区各邮政、快递企业购置安检机给予30%的补贴。池州市对于辖区已购置安检机且符合补助标准的企业，按照40%的标准实施了补贴。阜阳、铜陵市政府对购置安检机的企业给予30%的财政补贴。宿州市政府拨付120万元专项资金用于企业购置安全设备。滁州市对出市快件100%过机安检的企业，一次性奖励2万元。全省寄递企业配置安检机377台。合肥、芜湖、宣城、淮北和蚌埠等市局还联合公安等部门举办安检机操作人员培训班。

深入推进实时监控系统建设。督促指导企业建立远程实时监控系统，并接入各市局远程实时监控平台。马鞍山市寄递安全监控平台建设和运维费用由市财政保障。宿州、蚌埠局已将市县各主要品牌快递企业和分支机构全部纳入远程监控平台。六安、亳州局完成全市县区的快递企业和分支机构实时视频监控全覆盖。淮南局将全市34家企业主分拣场所和重要营业网点全部纳入监控系统。滁州局实现30家邮政、快递企业处理场地的实时监控。

顺利完成重大活动安全保障工作。联合省公安厅、国家安全厅开展冬季安全生产暨全国"两会"期间寄递渠道服务保障工作督查。部署开展重大活动期间寄递渠道安保工作,先后开展了唐山世界园艺博览会、亚欧博览会和文博会、G20峰会、十八届六中全会和省第十次党代会、世界互联网大会期间寄递渠道安全检查工作,全力推动三项安全制度措施落实,做好路由控制和安检控制。全省邮政管理部门采取有效措施,多管齐下,确保了全年快递业务旺季服务保障工作圆满平稳运行。G20峰会期间,共对33个品牌1144家企业开展执法检查,打击违法违规行为42起,实施行政处罚30起,拦截违禁品133件,全省未发生一起重大寄递安全事故。安徽局G20安保工作得到国家邮政局表彰和省政府充分肯定,安徽局和滁州局获国家邮政局寄递安全服务保障工作先进集体,全省两人获先进个人;省政府分管领导对全省寄递渠道安保工作作出批示。

人才队伍和行业精神文明建设成效显著。继续加强职业鉴定和人才培养。组织开展四个批次职鉴考试,鉴定3843人次,完成年度鉴定计划的106.2%,完成率居全国前列。人才基地建设取得新突破。各市局高度重视职鉴工作和行业技能人才培养,积极申报安徽省邮政行业人才培养基地,合肥、淮南和芜湖共3所高校挂牌成立省级人才培养基地。共有12个市局联系建立20家合作院校,其中有14家院校开设了快递课程,9家院校建设了实训基地。宿州局与宿州技师学院联合开设快递专业工学一体班。合肥局举办"快递大讲堂",邀请专家教授讲课。芜湖、六安局联合市直有关部门举办了首届快递行业职业技能竞赛。积极开展精神文明建设活动。各地积极参与和宣传第二届寻找最美快递员活动。滁州、蚌埠和阜阳等市局组织开展十佳快递员或最美快递员评选活动。在各市局的积极推荐下,滁州职业技术学院快递服务中心荣获全省青年文明号。各地多家企业,多名企业员工分别获得市级青年文明号、五一劳动奖、劳动模范、青年岗位能手等荣誉称号。合肥圆通公司廖鹏因在16楼爆炸现场徒步勇救伤员被评为"安徽好人"。此外,滁州、马鞍山、阜阳等地企业员工活动地方好人称号。

三、各市(地)主要管理工作概况

合肥局积极推动合肥市政府成立快递业发展工作领导小组,确定快递业"1+1+3+4+N"的发展战略,加快建设合肥环状快递产业园和中国快递后台服务基地,打造区域性快递物流集散中心。合肥环状快递产业园已有31个快递分拨中心入驻园区,总建筑面积达65.34万平方米,规划总投资63亿元。顺丰蜀山分拨中心、安徽圆通分拨中心、安徽优速集散中心等项目在园区规划建设。百世呼叫中心、优速呼叫中心等后台服务项目在合肥建成运行。制定出台《合肥市邮政业预警制度(试行)》和《合肥市邮政业协议客户寄递物品抽检制度(试行)》。

在芜湖局的有力促进下,芜湖市皖南快递产业园被评为省级现代服务业集聚区。市政府将创建国家快递示范园区列入"十三五"时期的目标任务。园区内的圆通、中通、顺丰、天天等区域快递处理中心项目投资合计43亿元。国家邮政局马军胜局长,刘君副局长先后调研皖南快递产业园。"10分钟快递便民服务圈"被市政府列为2016年重点工作,并纳入芜湖市国家物流标准化试点项目。芜湖局通过快递服务站、智能快件柜的设立,进一步优化快递末端派送服务。全市共建成85家快递服务站和设置276组快件智能柜,日均派送快件超3万件,服务社区人口60多万人,已形成了运营体系较为成熟快递便民服务的"芜湖模式"。

蚌埠局推动市政府出台《蚌埠市电子商务与物流快递协同发展试点工作实施方案》，组织快递企业申报试点项目资金。市政府将电商快递公共信息服务系统纳入全市公共信息化平台建设体系，蚌埠局联合商务等部门推进项目建设。安徽省快递协同发展试验区在蚌埠市挂牌设立，占地700亩，已有7家快递企业项目入驻园区，总投资约17亿元。推进快递车辆标准化建设，积极引导寄递企业更新购置符合标准的快递电动三轮车466辆。加快末端服务体系建设，打造社区电商快递综合服务点，建设41家"极客互联快递便民服务中心"，设置智能快件箱390组。推进快递进校园，联合市教育局出台《关于做好院校快递服务工作的意见》，并推动全市中职院校设立快递服务机构。加大从业人员培训力度。组织三期快递业务员职业技能鉴定培训，培训超过300人次。

四、快递市场存在的突出问题

省、市两级邮政管理部门监管力量严重不足。没有专门的安全监管人员和机构，与履行行业繁重的安全监管职能矛盾日益突出。

扶持行业发展能力较弱。随着行业的高速增长，行业安全标准日益提高，由于企业规模小，经济条件差，一些安全设施配置难以及时到位，市局取得地方政府项目支撑难度较大，扶植发展的能力非常有限。

快递基础服务设施建设缺乏统一规划。快递服务设施与电商园等集中产业园区同步配套设置率低，与电商企业、制造业、外向型经济联系松散，发展协同度不高。快递服务的集约化程度不高，快递末端公共配送平台建设落后，智能快件柜等科技成果未得到有效应用、推广，机关、小区等封闭管理区域投递"门难进、件难投、不满意率高"的问题突出。

农村快递服务水平偏低。由于农村邮路过长、群众居住分散，投递时限相较城区网点过长。随着农村地区网购的增多，快递服务需求正在日益增长，但业务总量仍然偏低，快递网点到村普遍存在困难，用户取件仍需到乡镇政府所在地，投诉快件延误和不能按址投递情况屡有发生。

福建省快递市场发展及管理情况

一、快递市场总体发展情况

2016年，福建省邮政行业业务总量完成303.6亿元，同比增长40%；业务收入完成180.5亿元（不包括邮政储蓄银行直接营业收入），同比增长28%。其中，快递企业业务量累计完成128985.8万件；同比增长45.3%；快递企业业务收入累计达到134.8亿元，同比增长33.7%。泉州、福州、厦门、莆田快递业务量和业务收入均进入全国前50位城市（表7-13）。

表7-13　2016年福建省快递服务企业发展情况

指　标	单　位	2016年12月		比上年同期增长(%)		占全部比例(%)	
		累计	当月	累计	当月	累计	当月
快递业务量	万件	128985.8	13512.1	45.3	32.4	100.0	100.0
同城	万件	17726.5	1768.3	44.4	29.2	13.7	13.1
异地	万件	108718.4	11432.9	46.0	33.0	84.3	84.6
国际及港澳台	万件	2540.9	310.9	25.2	31.3	2.0	2.3
快递业务收入	亿元	134.8	14.2	33.7	20.6	100.0	100.0

续上表

指标	单位	2016年12月		比上年同期增长(%)		占全部比例(%)	
		累计	当月	累计	当月	累计	当月
同城	亿元	13.4	1.4	48.5	38.8	9.9	9.6
异地	亿元	85.7	8.4	26.3	7.0	63.6	59.2
国际及港澳台	亿元	18.1	2.1	21.5	18.0	13.4	14.8
其他	亿元	17.7	2.3	93.8	102.4	13.1	16.4

二、行业管理工作及主要成效

提质增效步伐加快。全行业聚焦重点、突破难点,坚持创新引领、提质增效,呈现出向稳向好的发展态势,增速持续高位运行,行业服务能力稳中有升,全省持有快递业务经营许可证的企业656家,备案的分支机构1607家,建成快递末端网点3840个,智能快件箱4945组,格口数超过28万个。全省共有932个乡镇,快递乡镇网点覆盖率100%。全省89所高校已全部解决快递进校园问题,完成率100%。积极应对超强台风"莫兰蒂",多方为企业解决困难。全行业未发生重特大安全生产事故,寄递渠道安全平稳运行。

重点任务推进顺利。2016年初确定的重点工作任务稳步实施:《省市两级邮政业发展"十三五"规划》全面发布实施。"闽七条"落地实施,2000万元专项扶持资金到位,完成《项目申报指南》,专项资金已下达450万元。"实名收寄+收寄验视+过机安检"三项措施得以贯彻,实名收寄系统推广取得成效,获国家局肯定,安检机配置完成既定目标,省际分拨中心实现100%配置和上线。快递"三进"工程更加深入,城市配送"最后100米"难题逐步解决。鼓励邮政快递企业创新发展、包容发展、合作共赢。省政府批准《邮政管理机构支持福建经济建设工作经费补助办法》,经费补助实现常态化。

行业发展的动力更加强劲。《福建省国民经济和社会发展第十三个五年规划纲要》明确支持邮政快递服务能力建设,提出乡乡有网点、村村通快递目标。邮政业同全省综合交通发展规划、现代服务业、现代物流业等专项规划实现深度衔接。三明沙县闽中快递物流园投产运营,厦门、漳州、宁德、龙岩等园区建设加快推进。"闽七条"带来的政策辐射效果明显,福州、泉州、宁德、漳州、龙岩等五市政府出台贯彻落实文件,促进快递业加快发展,其中,漳州邮政、快递企业获得补助资金377万元,泉州快递企业获得快递服务发展专项资金301万元。厦门出台促进快递与民航产业协同发展意见。莆田局解决850辆快递专用电动三轮车上牌通行。三明局会同市商务局申报创建国家物流标准化试点城市,获批两年1.6亿元中央财政物流标准化试点专项扶持资金。

扎实推进邮政业标准化建设,全国首个关于智能快件箱运营服务方面的地方标准——《智能快件箱运营服务规范》发布实施,规范了智能快件箱的设置、运营组织管理和服务要求,联合省商务厅、质监局举行宣贯培训会。《智能信包箱技术规范》和《快递公共投递服务站服务规范》两个地方标准,通过省质监局立项并获资金支持。以"放管服"为抓手,加快建设法治政府、创新政府、廉洁政府和服务型政府,提升治理能力的现代化。快递业务经营许可和末端网点备案手续进一步优化简化,"简政"减轻了申请企业的负担,"放权"调动了市局的工作积极性。事中事后监管力度加大,重点查处违反安全管理规定、未办理合法经营手续等问题。开展各类检查8876次,出检天数1045天,涉及企业和网点3992家,纠正和查处违法违规行为1420次,下达整改通知564件,行政处罚250起,罚款399万元。"12305"受理申诉46491件,同比增长52%。福州作为全国第一批电子商务与物流快递协同发展试点城市，试点工作顺利通过验收，第一批扶持资金1873万元已获批准。其在探索行业新生态发展方面为全国贡献了可复制、可推广的典型经验，“人工+智能”的“网订店取”模式以及快递车辆“标志通行”等做法受到商务部等肯定。福州地区“人工（快递公共投递服务站）+智能（快件箱）”日均快件投递量占比超过20%，末端服务模式成效初显。泉州作为全国第二个快递示范城市，市政府出台建设实施方案，设立专项资金，精心打造快递服务关联产业、快递“向外”创新发展、快递末端公共服务等九个示范项目。厦门市成功获评“中国快递示范城市”。另外，为破解山区县域快递企业发展中面临的各种难题，龙岩试点快递服务“三集中”模式取得成效。宁德试点“快快合作”模式。三明推进乡镇末端网点多品牌分散经营向多品牌集中经营、专营转变。

在服务农产品方面，莆田局引导企业与海洋渔业、特色农业等合作；厦门快递企业采取种植加工营销一体化发展模式服务辣木寄递；漳州参与快递服务现代农业示范基地创建，引导企业服务平和蜜柚销售；三明局引导建宁企业服务当地通心白莲、黄花梨、猕猴桃等农产品，沙县快递企业将沙县小吃配料配送全国；宁德局推动建立古田食用菌电子商务创业园。在与制造业协同发展方面，泉州局推动快递+制造业项目延伸服务领域；莆田局鼓励企业提供仓配一体化服务；厦门局印发加快推进快递服务制造业工作实施方案，快递企业助力翔安“贡香”传统制造业焕发新机；漳州新韵达采取“储销运创”一体化发展模式投资建设产业园。在快递跨境发展方面，泉州实现“陆地港通关，晋江机场运输”模式，国际快件监管中心开展多式联运、闽台合作测试；厦门进出境邮件、快件监管中心投入运营，打造厦金台货进口航线平台，实施台湾输大陆商品快速验放机制；福州进出境快件监管中心正式运营。

推进职业技能鉴定和高技能人才培养。全年鉴定5773人，宁德、三明、龙岩、漳州和莆田完成年度任务，宁德完成比例高达167%。深入推进技能人才培养，全省合作院校26所，推动834名学生参加中高级技能考试。福州局举办职业技能大赛检验人才培养成效。三明局举办快递业管理精英挑战赛，组织三明学院选送的参赛作品获全国“互联网+”快递大学生创新创业大赛银奖。龙岩局引导龙岩技师学院设置邮政服务专业并正式对外招生。

积极探索农村电商发展模式。调研邮政农村物流体系建设与农村电商发展模式，先后赴漳州、龙岩、南平等地了解邮政农村电商发展情况，并形成调研报告。福州局强化普遍服务安全监管，办结全省首起网点安全设备使用不符合标准案。支持漳浦、武平、沙县、建瓯、松溪等地邮政企业参与国家及省级电子商务进农村综合示范县工程，建设县、乡、村三级物流体系。鼓励邮政企业利用邮乐网平台、邮掌柜系统推动邮政农村网点搭载电子商务、普惠金融以及其他便民业务，并依托邮政现有网络，打通“农产品进城，快消品下乡”双向流通通道。

安全监管的能力更加突出。加强安全监管顶层设计。编印《县级邮政监管机构和邮政业安全中心组建材料汇编》。省级邮政业安全中心设立获得省委省政府领导支持，省编办、交通厅原则同意。按“四有”标准推进重点县市邮政监管机构建设，闽侯、沙县、仙游、武夷山邮政管理局获批成立；福安、福清、龙海、石狮、南安等初步同意设立县级邮政监管机构。积极推进市邮政业安全中心建设，平潭推进实体化运作，宁德、三明、漳州、莆田、龙岩等获地方支持，福州、厦门分获60万元和258万元专项经费支持。

加快推广运用实名收寄系统。完善系统功能和基础数据，加快收寄版、市民版、监管版的推广运用，新增公安监管版和国安监管版APP，开发实名收寄系统全国通用版。累计采集实名收件信息2944万条，居民身份证信息384万条，寄件人手机号634万个，注册企业878家、服务网点4418个，登记从业人员5.9万人，单日实名收寄散件量超过26万件，市民版实名注册4.7万人，累计使用专属二维码交寄31万次。强化寄递安全管理。联合印发寄递物流安全管理专项治理实施方案，落实部门监管责任、属地监管责任，督促企业落实安全生产主体责任。全省目前配备X光机305台。与省综治办、交通厅、公安厅协作配合，强化全省寄递安全管理，开展寄递物流安全管理专项治理督导检查。厦门局联合公安、国安、安监等部门举办行业安全生产知识竞赛，委托第三方专业安保机构对寄递企业处理及营业场所进行风险评估并指导整改，在全省"六个专项治理"推进会的专题片中介绍"互联网+寄递监管"模式；三明局被授予2015年度平安先进单位；三明局、龙岩局修订全市邮政行业突发事件应急预案；莆田局指导派出所建设寄递安全管理示范点；南平局开展寄递业安全生产大检查等。

顺利完成重要时期、重要节点和快递业务旺季服务保障工作。全力做好G20峰会寄递渠道安全保障。印发加强寄递物流安全管理工作通知，召集重点企业进行专题部署，层层签订责任书，督促严格落实寄递安全运营责任。印发寄递物品安全管理宣传通告，分组开展督导检查，做好峰会期间值班值守。对省公安厅暗访发现的"三项措施"落实情况问题进行通报，督促落实整改。G20期间，出动执法检查1620人次，检查寄递企业690家，发现问题276个，立案查处55起。峰会结束后，及时向副省长、综治办报告寄递渠道安全保障工作情况，争取工作理解和政策支持。完成总结表彰和先进企业推荐。

三、各市（地）主要管理工作概况

福州局加快智能信包箱推广。创新推进旧住宅小区邮政信报箱向智能信包箱升级改造，纳入"福州市2016年五城区旧住宅小区综合整治项目"，拟改造11个小区，惠及约2500户居民。获批福建省发改委下达的2016年第二批省级预算专项资金100万元，并选定省直湖前小区开展第一期智能信报箱升级改造项目示范点。争取试点资金支持，完成2015年电子商务与物流快递协同发展试点城市项目初步验收工作，积极为福州市快递企业发展争取试点建设项目16个、扶持资金1238.45万元（占比66%），撬动企业投资约2亿元。推广末端投递建设，打造便民服务末端投递平台，形成可复制、可推广的标准化末端快递服务模式。2016年，福州市本土第三方运营企业易栈、升腾集团已在省内漳州、三明、莆田、宁德和贵州、深圳等分别设有1000余个、2000余个全国性的快递综合服务站点，迈出"走出去"历史一步。全市建成快递公共投递服务站1865个、智能快件箱1854组，日均派件量近11.2万件，占市区投递量20.6%；"双11"期间，"人工投递服务站+智能快递件箱"快递末端网点日均投递量超13万件，为日常投递量1.8倍，占市区投递量24%，为末端投递提供有效缓解和有利补充。首创大学生电商创业基地，推动福州邮政速递企业与福建农林大学携手创建"大学生跨境电商创业孵化基地"，日均订单量约2000件，年跨境销售近200万例、年跨境创汇接近2亿元，主要走件美国、俄罗斯，西欧等国家。首创校园寄递安全"5个100%"。引导福建省高速物流园首创校园寄递安全"实名收寄+收寄验视+过机安检+末端安检100%+全程监控"5个100%，获公安、综治等部门高度认可。截至2016年底，闽江学院、福州大学、福州职业技术学院、福建工程学院4所高校已完成校园快递服务中心建设并投入使用。延续"快递专车"政策。继续开展第二批"快递专车"审批工作，2016年全市共有111辆"快递专车"上路运行，有力保障快递车辆的城市便捷通行和运输配送时效。

厦门局落实用地保障和实施用地优惠政策。鼓励并指导企业争取市政府用地补贴，市政府划拨EMS建设厦门进出境邮件、快件监管中心1000

万元专项资金，已到位500万，场所已由海关验收完毕，目前进入国检验收阶段；指导EMS申请口岸通道能力建设改造专项资金1862万元，正在申请中。落实完善快递服务网络相关政策。鼓励企业搭载快递服务的平台争取财政补贴；确保智能快件箱运营企业获取市商务局各项补贴，奕宝公司已获得市商务局和科技局政策补贴439万。落实优化行业管理服务相关政策。经沟通协调，《厦门经济特区电动自行车管理若干规定（草案）》已将邮政业纳入特殊行业给予便利通行，厦门局根据厦门市内贸流通体制改革工作的要求，出台《厦门市邮政快递车辆标准及通行办法》及《厦门市邮政快递配送服务管理办法》，科学管理邮政快递车辆；落实与公安交通管理局共同出台的《厦门市快递运输车辆统一标识管理办法》，通过统一标识解决全市快递企业运输车辆通行、停靠和作业难等问题；落实《关于减征集装箱车辆、市级重点物流企业货运车辆、邮件（快件）运输车辆通行年费的通知》，共开展2批次减征手续，审核通过250辆快递车辆，节约企业成本近40万元，切实保障企业享受相关减免政策。积极推动邮政业服务农产品进城项目，下发文件、实地调研、政策指导等多举措支持鼓励"厦门顺丰速运有限公司中埔水果批发市场台湾水果配送"项目和"海沧快递企业服务辣木寄递"项目。跨境寄递业发展迅速，厦门已开通厦蓉欧（中欧）、中亚班列、"厦门—基隆—台北"进出口业务。

泉州局推动市政府出台《泉州市建设"中国快递示范城市"实施方案》，正式启动示范城市建设。推动出台《晋江市人民政府关于促进快递服务业发展的意见》（全国县域首份）。在全国范围内率先试行出台县域首份寄递渠道可疑信息报告奖励办法，出台4个月就有3家企业人员获举报奖励1.1万元，成效显著。获得快递服务发展专项资金301.18万元，可用于快递分拨中心、邮政快递综合便民驿站及"中国快递示范城市"建设补助等项目。显著提升行业服务能力，顺丰云仓等快递仓配一体化项目不断涌现，仓配面积增至8万平方米，日均快件超过2万件。全市主要的18所高等院校全面实现快递进校园。近100部快递车辆市区通行证运行良好。重点快递品牌乡镇网点覆盖率在全省率先达到100%。全市城区快递企业自营标准化网点覆盖率100%。晋江机场开辟快件"绿色通道"，设立快件接驳区，5条专门安检通道。与泉州轻工职业学院合作建设全省最大的人才实训基地。与福建经贸学校签署快递行业人才培养战略合作协议，建立第四个快递人才培养基地。稳步强化安全监管水平。石狮邮政业发展服务中心获批成立。全市配置安检机78台，数量全省第一。

莆田局与市公安交警支队多次协商，按照快递企业实际需要和总量控制原则，市交警支队给予全行业快递专用电动三轮车挂牌配额850辆，已经完成283辆登记挂牌通行。联合市工商出台备忘录，实行"一照多址"，全市快递企业末端网点免办工商营业执照。积极牵线搭桥，深化行业协同发展："快递+"电商。EMS与方家铺子（莆田农产品深加工网络销售企业）、EMS及顺丰与青春之家（莆田运动鞋生产网络销售企业）、韵达与亿发（丝巾生产网络销售企业）打通仓储配送系统，开展仓储配送一体化服务，促进莆田快递企业与莆田电子商务企业深度合作。据不完全统计，全年快递行业仓配一体化服务，日出票超过1万票；"快递+"农业。推动建设2个示范项目，其中顺丰与度尾镇签订文旦柚发展战略协议，利用顺丰线上线下渠道拓宽销路，当季日均发货150吨。全年示范项目共销售寄递莆田特色农渔产品33.97万件，累计销售额2270.5万元；"快递+"制造业。打造10个示范项目，全年示范项目累计寄递工业品213.65万件，直接服务的制造业产值7.89亿元。其中仅顺丰为三棵树开展订单末端配送，年配送业务收入超700万元。引导顺丰为仙游红木家具及工艺品提供定制化包装，量身打造运输方案，解决长期困扰仙游红木家具及工艺品包装运输问题,打开"仙作"销路,前期合作日出60多票。联合市住建局印发智能信报箱建设的意见,并在每季度全市房地产商总结大会上推广介绍智能快件箱和智能信包箱,为开发商和智能快件(信包)箱公司牵线搭桥。共安装智能快件箱332组,格口数8114个,引荐美成祥进驻中海天下,打造智能信包箱建设示范点。

四、快递市场存在的突出问题

行业监管力量依然薄弱。在人员编制、执法力量有限、执法车辆无法保障的情况下,各级邮政管理部门不仅要完成上级和地方政府交办的任务,开展项目众多、事务繁杂的市场监管、执法、发展、服务等工作,又要协调各单位各部门,谋求安全发展和创新发展,期间面临的困难重重。尽管省、市两级邮政管理部门目前正积极向地方政府争取县级机构和邮政业安全中心的机构和人员编制,但面对点多、面广、腿长的快递市场,若不充实行业监管力量、配置专门的执法队伍、解决执法车辆和县级机构成立后执法人员的执法资格问题,将直接导致市场检查次数和频率无法达到监管要求,市场秩序陷入混乱状态,安全监管压力倍增。

寄递安全"三项措施"有待落实。全面推进"收寄验视 + 实名收寄 + 过机安检"三项保障措施,是对快递企业人员素质、管理水平和设施设备的高水平考验。由于行业安全生产基础薄弱,企业管理水平远滞后于业务发展速度,快递从业人员素质低,企业在落实寄递安全保障三项措施方面仍存在能力差距,企业安全生产主体责任有待落实。各地区均指导企业建立安全生产台账,夯实管理基础,但部分企业重生产、重效益、轻安全,安全生产制度执行不到位,安全生产投入资金不足,人员培训和管理不到位,对执行实名收寄和收寄验视制度存在侥幸心理,在"多收件多收费"和保障信息安全的心理作用下,快递实名制面临快递业务员抵触、市民认可度不高问题。过机安检方面,由于没有相关资质的安检人员培训机构,企业安全人员识别禁寄物品的技能水平整体不高。特别是在利用寄递渠道违法犯罪活动增多的新形势下,安全监管面临更加严峻的挑战。

用地难、车辆通行难依然制约行业发展。为应对不断增长的业务需求,快递企业频繁更换处理场地,但仍然无法满足快件分拨处理、仓配一体化需要,无法发挥快递业与电商、制造业协同发展的优势。部分地方政府因供地紧张、快递行业税收低、效益差,无法提供或不愿提供快递园区用地,影响了企业正常运营。在车辆通行方面,电动三轮车以其载重大、配送效率高的优点,成为众多快递企业末端派送的首选交通工具,但受城市道路交通管理和缺乏统一行业标准的因素制约,交警部门不同意办理车辆牌证,不允许快递电动三轮车上路行驶,快递电动三轮车无法在全省大范围推广,影响了快件配送效率。

江西省快递市场发展及管理情况

一、快递市场总体发展情况

2016年,江西省邮政行业业务总量完成100.3亿元,同比增长43.9%;业务收入完成77.1亿元(不包括邮政储蓄银行直接营业收入),同比增长30.7%。其中,快递企业业务量累计完成38304.6万件;同比增长63.2%,高于全国平均增幅约12个百分点;快递企业业务收入累计达到41.3亿元,同比增长49.2%(表7-14)。

表7-14　2016年江西省快递服务企业发展情况

指　标	单　位	2016年12月		比上年同期增长(%)		占全部比例(%)	
		累计	当月	累计	当月	累计	当月
快递业务量	万件	38304.6	4708.3	63.2	52.2	100.0	100.0
同城	万件	5663.1	729.3	78.7	69.2	14.8	15.5
异地	万件	32385.5	3954.5	61.0	50.6	84.6	84.0
国际及港澳台	万件	256.0	24.5	39.2	-34.2	0.7	0.5
快递业务收入	亿元	41.3	5.2	49.2	52.1	100.0	100.0
同城	亿元	4.6	0.7	104.5	113.8	11.0	12.5
异地	亿元	27.3	3.4	44.0	50.6	66.1	66.1
国际及港澳台	亿元	1.6	0.2	27.0	-25.0	3.9	3.0
其他	亿元	7.8	1.0	50.1	52.6	19.0	18.4

二、行业管理工作及主要成效

行业发展呈现新态势。争取支持取得丰硕成果。省政府出台了《关于促进快递业发展的实施意见》。各地市主动衔接汇报，相继出台《实施意见》，细化政策措施，积极争取当地党委政府在快递园区建设、农村电商发展、快递包裹配送、智能快件箱、乡村网点建设等方面的政策、资金、项目支持，全省全年共争取各类资金2000余万元，有力地促进行业发展。其中，江西局和宜春局积极主动争取国家发改委项目支持，为“铜鼓模式”一次性争取专项资金300万元，这是国家专项资金首次对江西省快递企业进行投资支持。规划编制顺利完成。各市局努力进取，注重编制质量，突出未来五年发展的“三重”支撑，江西局和8个市局先后发布了邮政业发展“十三五”规划，其中萍乡、鹰潭、宜春、上饶4个市局按要求首次以市政府名义发布规划，开创规划发布之先河。快递园区建设取得显著成效。全省已有10个地市的快递物流园区建成投入运营。其中，新余局多措并举建设了第一家由快递企业自建自营的快递园区；吉安局坚持以新带旧，第二个园区已开工建设；南昌局积极抢抓赣江新区成立的有利时机，强力推动“南昌快递（电商）物流园”项目开工建设。与此同时，各市局抓住农村电商规模发展的有利契机，稳步推进县级快递园区建设，目前已有23个县（市、区）快递企业入驻县级电商快递园区，享受约定免租、税收减免等优惠政策，产业集聚效果得到显现。快递“向下”纵深推进。结合江西农业大省的特点，积极贯彻国家局快递下乡战略部署，突出创新发展，各市局多种模式促进快递下乡，通过推进快邮合作、引导品牌快递企业“抱团下乡”、成立“第三方公司”、组建“快递超市”等，加快快递服务农村农民农业步伐，全省已有1374个乡镇设立了快递网点，覆盖率达98%。特别是快邮合作方面，全省已有43个县级邮政分公司与快递公司签订了战略合作协议，建成108个农村电商快递综合服务中心，累计代理业务70万件，目前日均达1万件以上。涌现出赣州“快递+赣南脐橙”等一批促进农业增效、农民增收、农村发展的好典型、好经验，赣南脐橙项目被国家局认定为首批7个全国快递服务现代农业示范基地之一。

发展环境实现新突破。服务保障基础不断完善。快递上车、上机工程开始实施，顺丰开通南昌至北京、广州、杭州等地高铁快递。积极推进快递“三进”工作，探索快递末端配送网点建设，全省共建成标准化网点787个、城市末端综合配送平台1883处，快递进高校稳步推进。服务保障能力稳步提升。行业自律意识增强，九江超半数县成立县级行业协会分会；开展服务满意度调查和服务质量监测，用户对快递业服务品质基本认可，快递服务公众满意度得分连续四年稳步提升。消费者权益得到维护。完善申诉工作与执法衔接机制，加强申诉情况的分析应用，与省12305实现数据共享，依法查处交办、反馈或其他途径发现的严重违反服务标准或存在突出服务质量问题、严重侵害消费者利益的案件。全年共受理申诉2.27万件，消费者对申诉处理满意率达97.4%，调解企业赔偿消费者经济损失近80万元。

发展秩序取得新成效。夯实安全监管基础。联合工作机制更加巩固，建立健全寄递渠道安全会议联系、工作联动、信息联通、案件联处的协作工作机制，对寄递安全齐抓共管，监管效力明显提升。日常协作联动有序开展，充分发挥联合工作机制作用，积极开展联合执法、安全检查、专项整治等多项活动。属地责任落实工作有效推进，寄递渠道安全管理被列入地市平安建设的重要内容，纳入综治考核体系。稳步推进简政放权。进一步完善和落实快递业务经营许可审核工作全流程网上审批。简化流程，缩短时效，提高效率，共核准下发经营许可申请企业235家、核准变更申请企业827家。加大行政执法力度。大力推行"双随机一公开"机制，先后开展了快递市场、快递企业刷空包、快递市场违法经营"双整"等执法检查，下达整改通知131份、行政处罚决定220份，罚款金额66.9万元。

行业运行迈上新台阶。落实企业主体责任，积极推动寄递企业安全生产主体责任落实，强化督导，推动企业加强安全管理。中通公司先行一步，在省公司率先设立了安全生产专门管理机构和专职安全生产管理人员，对安全生产、寄递安全进行监督检查，强化了各项安全制度落实，取得良好效果。聚焦"三项制度"落实，把收寄验视作为从源头把控寄递安全的关键、作为落实企业主体责任的重要内容，加大监管执法力度，督促企业认真履行"谁经营谁负责，谁收寄谁负责"的职责，对不执行验视制度的违规企业下达停业整顿处罚决定9起。积极推进实名制和过机安检，取得良好进展。保障特殊时期寄递渠道安全，精心部署，细化措施，全面落实安全生产责任制，先后完成了元旦、春节、全国"两会"、"G20"杭州峰会、全国综治"南昌会议"、第五届亚欧博览会、首届文博会和第三届世界互联网大会等重大活动期间寄递渠道安保任务。精神文明建设成果显著。坚持继承与创新相结合，开展了非公党组织、共青团组织、青年文明号等创建工作，组织开展了江西省"最美快递员""诚信服务示范窗口"十佳快递企业评选活动，获"全国十佳最美快递员"殊荣；在原有2个省级"青年文明号"的基础上，新增4个省级"青年文明号"。

三、各市(地)主要管理工作概况

赣州局积极对接政府部门，在农村电商物流快递协同发展上，通过"政府补贴合作"模式，争取从邮政、快递企业设立乡镇、村配送服务站点的奖励、补助和发出快件补贴两方面，明确了补贴具体金额，加快快递下乡步伐。赣州通过推行"快递+赣南脐橙"项目，以"快递+基地""快递+电商""快递+仓配"等多种模式，凸显快递支撑赣南脐橙电商交易迅猛发展的生力军作用。2016年，全市脐橙电商销售额达27.29亿元，线上销售量达26.59万吨，交易额和交易量均呈现爆发式增长。脐橙电商交易额占鲜果销售比重由2015年的8.92%增长到45.12%。据不完全统计，2016年全市快递企业脐橙快递业务量达567多万件，脐橙快递业务收入7770多万元。赣州被授予"全国快递服务现代农业示范基地"称号。

吉安局在省局的指导下，积极主动对接政府部门，争取地方支持，如新干县电商产业园整合快递企业，获得政府免费提供的100多平方米的场地和22万元补贴；加强对邮政、快递企业的引导协调，各县邮政分公司与当地快递公司签订了合作协议，根据需求构建县—乡—村三级邮路。同时，结合"邮乐购"脱贫站点、邮乐购站点布局，已建成44个农村电商快递综合服务中心。去年全市代收代投快递公司快件13.67万件。

新余快递产业园于2016年8月26日开工建设，项目规划占地面积150亩，计划总投资超2亿元。在新余局的积极努力下，新余市政府出台的《促进电子商务产业发展办法》对进入园区的快递企业奖励10万元，快递企业新建厂房最高可奖励50万元。中通、韵达、天天等快递品牌也已签订购地协议，市邮政分公司计划在园区建设全省邮政企业的邮件处理副中心。目前，1万平方米厂房正式投入使用。该园区是江西省首家快递企业自建自营的快递园区，企业投资较大，机械化水平较高，各类生活配套设施较为完善。

吉安局积极引导快递企业与第三方合作，采取自建模式打造集电商、快递、物流、仓储为一体的吉州区电商快递物流园。项目用地约60亩，规划建设面积4.3万平方米，现已建成1.5万平方米，目前快递、电商企业签订入驻协议已超过1.6万平方米。项目获得政府部门建设补助资金260万元，为动电商和快递、快递与制造业的融合发展搭建了良好平台，构建产业融合，引电商、活快递生态圈，达到第二、三产业的相互带动，共赢发展目的。

全省已有10个地市的快递物流园区建成投入运营。其中，新余局多措并举建设了第一家由快递企业自建自营的快递园区；吉安局坚持以新带旧，第二个园区已开工建设；南昌局积极抢抓赣江新区成立的有利时机，强力推动“南昌快递（电商）物流园”项目开工建设。与此同时，各市局抓住农村电商规模发展的有利契机，稳步推进县级快递园区建设，已有23个县（市、区）快递企业入驻县级电商快递园区，享受约定免租、税收减免等优惠政策，产业集聚效果得到显现，为企业实现集聚发展、规模发展和规范发展提供了良好平台条件，更为“十三五”实现行业转型升级奠定了坚实基础。

全省11个地市43个县级邮政分公司与快递企业签订了战略合作协议，囊括了江西境内所有快递品牌，县级合作签约率已达45%，全省已建成县级邮快件综合集散中心99个、乡镇邮政快递电商综合服务中心108个、村级电商快递综合服务站9000余个，构建了连通县—乡—村的三级农村基层快递服务网络，其中赣州市以瑞金为代表的“代运代投代办”模式和以石城、上犹为代表的“政府补贴合作”模式得到国家局认可，邮政基础设施共享、邮快合作并进的良好局面已初步形成。

四、快递市场存在的突出问题

一是协同落实扶持政策的困难依然存在，园区建设用地难、快递车辆通行难、末端投递配送难以及安全基础薄弱等问题亟待解决。

二是竞争层次不高，发展基础不牢，城乡区域不协调，被动适应特征突出。

三是收入利润率不高，量收增长不匹配，同质化竞争严重，基础仍比较薄弱，产业发展集聚度过低等问题比较突出。

四是中高端服务产品种类明显不足，寄递安全形势日趋严峻，迫切需要强化企业主体责任、加强企业内控运营管理、夯实企业基础根基。

五是快递下乡向纵深延伸，农村三级网络体系逐渐完善，但是末端网点的规范管理存在空白，亟待加强。

六是快递与民生更加密切，但是快递从业人员的职业认同感较弱，缺少尊严感，从业人员素质较低，人员流动性大。

七是缺乏科学管理，服务质量问题仍较突出，延误、损毁、丢失等方面的申诉率较高。

八是营业网点的设立及加盟条件把关不够严格。

山东省快递市场发展及管理情况

一、快递市场总体发展情况

2016年，山东省邮政行业业务总量完成301.6亿元，同比增长46.8%；业务收入完成230.3亿元（不包括邮政储蓄银行直接营业收入），同比增长29.8%。其中，快递企业业务量累计完成120533.9万件；同比增长64.2%；快递企业业务收入累计达到139.0亿元，同比增长43.2%（表7-15）。

表7-15　2016年山东省快递服务企业发展情况

指　　标	单　　位	2016年12月		比上年同期增长(%)		占全部比例(%)	
		累计	当月	累计	当月	累计	当月
快递业务量	万件	120533.9	12716.1	64.2	35.2	100.0	100.0
同城	万件	23762.7	2348.6	60.4	17.7	19.7	18.5
异地	万件	95745.6	10268.6	65.8	40.1	79.4	80.8
国际及港澳台	万件	1025.6	99.0	20.2	17.0	0.9	0.8
快递业务收入	亿元	139.0	14.6	43.2	33.9	100.0	100.0
同城	亿元	17.7	1.8	59.0	33.8	12.7	12.2
异地	亿元	92.4	9.5	41.0	26.8	66.5	65.0
国际及港澳台	亿元	12.5	1.2	3.8	9.7	9.0	8.5
其他	亿元	16.4	2.1	96.7	118.9	11.8	14.3

二、行业管理工作及主要成效

行业转型升级步伐不断加快。推动重大政策落地。以落实《国务院关于促进快递业发展的若干意见》为主线，全省邮政业争取近亿元财政补贴，支持邮政服务基础设施建设和行业安全生产工作。促进全省快递业发展的专题调研列入十项山东省政府系统重大调研课题之一。2016年6月7日，省长郭树清主持召开邮政和快递服务业转型升级座谈会，省政府办公厅印发《座谈会议纪要》和《全省邮政快递服务业转型升级实施方案》。牵头起草《山东省人民政府关于促进邮政和快递服务业发展的实施意见》，上报省政府，并由省人民政府印发。联合省发展和改革委、省商务厅等部门出台《关于推进"快递向下"服务拓展工程的实施意见》《推进城市共同配送末端网点（智能快件箱）建设实施方案》。配合省经信、农业等部门出台20余份涉及邮政和快递业发展的政策文件，行业获多项利好。山东省邮政管理局先后联合菏泽、潍坊市人民政府召开快递与电商协同发展座谈会。

各市邮政管理局积极作为、主动协调，推动相关政策落实，济南、青岛、淄博、枣庄、烟台、潍坊、威海、德州、菏泽等市政府出台促进行业发展意见。济宁、泰安市政府制定邮政业发展管理办法。2016年，山东局被省人民政府评为"全省服务业发展先进单位"，烟台、潍坊、济宁局分别被当地市委、市政府授予"烟台发展贡献奖""支持潍坊发展突出贡献单位""平安济宁建设先进集体"荣誉称号，日照局参与全市三轮车、四轮车综合整治行动获市政府嘉奖，莱芜局被市政府评为"全市依法行政先进单位"。

强化规划引领。联合省发展和改革委，发布了全省邮政业发展"十三五"规划，山东省和17市邮政业发展"十三五"规划相关内容，纳入省及所属地市国民经济和社会发展第十三个五年规划纲要。实现《山东省邮政业发展"十三五"规划》与《山东省物流中长期发展规划(2015－2020)》《山东省新型城镇化规划（2014－2020）》《山东省农村新型社区和新农村发展规划（2014－2030年）》有效衔接。济南、青岛、枣庄、泰安、莱芜、聊城等市政府将邮政业发展“十三五”规划列入重点专项规划；淄博市将邮政业发展“十三五”规划列入全市服务业“十三五”规划及全市物流中长期发展规划体系。

举办全省邮政行业标准专题培训，进一步推进标准落实，提升行业管理水平和服务质量。深化“放管服”改革。编制省、市邮政行政管理“三张清单”，优化快递业务经营许可审批，全流程网上办理，企业申请材料大幅减少，许可准入时限由45个工作日缩短至23个工作日以内，许可变更时限缩短至15个工作日。建立全省邮政管理“双随机”抽查和跨区域协作监管机制，成立4个检查组，开展全省寄递企业安全生产主体责任落实集中随机检查，指导滨州、德州、聊城等市局开展跨区联合检查。潍坊局推动降低邮政、快递企业经营成本措施纳入《潍坊市降低企业成本专项工作方案》。各市局联合公安、交通部门为寄递企业创造便利通行条件，办理车辆通行证1214张。

行业供给质量效益明显提升。邮政、快递服务保障能力大幅提升。山东邮政在全国率先建立县、乡、村三级电商服务体系，累计建设124个县级电商运营中心、2000个镇级电商服务中心和10万余个村级电商服务站。全省骨干快递企业县级网点实现全覆盖，乡镇网点覆盖率99.84%。5300余处服务点安装智能快件箱10647组，格口数达26万个。德州、临沂局推进县级以下邮、快合作试点，畅通农村地区投递服务最后一公里。日照局协调日照机场推动“快递上机”工作。菏泽局推进完成农村邮政电商服务站等市政府民生工程建设任务。邮政、快递服务精准扶贫成效明显。认真落实《省委、省政府关于贯彻落实中央扶贫开发工作部署坚决打赢脱贫攻坚战的意见》，协调省财政、发改、商务部门启动山东“惠民e邮通”工程，利用3年时间，在全省2000个贫困村开展农村邮政便民服务网点示范项目建设。“快递下乡”带动名优特农产品触网热销，全省快递寄递沾化冬枣近6.5万吨、烟台大樱桃1.2万吨、蒙阴蜜桃800吨、肥城桃400吨，同比分别增长117%、85%、30%、50%。顺丰速运和邮政速递开通6架烟台大樱桃专机，实现从“枝头”到“舌尖”24小时全国直达。烟台市大樱桃寄递项目入选首批全国快递服务现代农业示范基地。

跨境寄递服务发展迅速，主动对接“一带一路”国家战略和中韩自贸区建设，加快“向外”拓展步伐。济南、青岛、潍坊、临沂、烟台、威海6市开办国际小包业务，济南获批设立国际邮件互换局，青岛流亭国际机场“航空快件绿色通道”正式挂牌，青岛西海岸快件监管中心启用，中韩EMS海运邮路正式开通，威海市政府给予海运邮路运营补贴支持，形成辐射全省、带动周边的跨境寄递服务发展格局。快递服务制造业形成规模。引导邮政、快递企业结合《中国制造业2025山东省行动纲要》产业布局，加强与大型制造业企业战略合作，推进邮政速递、顺丰速运、韵达快递服务中国重汽、海尔集团、潍柴动力、歌尔声学、九阳电器等59个深度合作项目发展。

“绿色邮政”建设实现突破。国家邮政局和青岛市政府签署框架协议，全国首家快递业绿色发展产学研协同创新示范基地落户青岛。省快递协会与山东天壮环保科技有限公司签署战略合作协议，开展“绿色快递在山东”公益环保行动，推进山东邮政速递、山东中通等快递企业试点使用可降解绿色环保包装，大力营造绿色发展、低碳发展氛围。

提高行业服务质量。继续开展全省快递服务质量提升年活动，联合省教育厅、省公安厅、省商务厅印发《关于推进快递服务进校园的通知》，全省142所高校基本实现规范快递收投服务全覆盖。建立申诉受理与市场监管联动机制和依法约谈邮政、快递企业机制，推行申诉处理质量考核通报制度，维护用户合法权益。省12305邮政业消费者申诉中心共受理申诉7.03万件，快递业务有效申诉率5.26件/百万件进出口业务量，同比下降1.65%。为消费者挽回经济损失237.5万元。各市局扎实开展服务质量提升工作，济南局出台《济南市寄递服务警示制度》。青岛局建立快递客服实训基地，制定《快递服务质量考核评价办法》。滨州局联合市民政部门制定《快递服务进社区指导意见》。日照局协调市住建部门将主城区邮政基础设施纳入“日照市数字化城市管理系统”。枣庄局制定《快递企业诚信体系建设考核实施方案》，建立诚信体系建设评价机制。

依法行政水平持续增强。提升依法行政能力。制定出台山东省法治邮政建设指导意见，推进《山东省邮政条例》修订工作，制定《〈山东省寄递安全管理办法〉行政执法案件案由规定（试行）》，编印《2015年山东省邮政行业市场监管行政处罚案件选编》，围绕邮政行政执法监督、行政执法案例等主题，举办两期依法行政培训，全面推进依法行政能力建设。进一步完善法律顾问工作制度，强化法律服务支撑。加大行政执法力度。加强邮政市场执法规范化建设，完善专项检查、随机抽查、现场督查、通报约谈等监管措施，形成了统筹推进、全面从严、依法规范的行政执法监管新局面。全省共纠正查处邮政市场违法违规行为738起。潍坊、烟台、泰安、威海局依据《反恐怖主义法》，对违法违规寄递企业、负责人及相关责任人进行处罚。

寄递安全基础得到加强。督促寄递企业落实安全生产主体责任。制定《山东省邮政行业安全生产主体责任规定》，编制《山东省邮政行业安全生产规范化管理指导手册》，开展邮政业安全生产月、安全隐患排查整治和危化品寄递专项整治行动，全省组织寄递企业开展安全培训177次、应急演练1032次。加强寄递安全宣传，制作《山东省寄递行业安全警示教育片》，编印《安全生产主体责任落实》系列宣传册，开展寄递安全社会普法宣传100余次。青岛局推进邮政营业网点寄递安全监管公示工作。淄博局开展寄递企业安全生产知识区县巡讲宣传活动。泰安局制定《安全生产举报管理办法》和《寄递企业安全生产不良记录“黑名单”暂行规定》，推进“邮安泰山”安全文化建设。加强监管体制机制建设。

加强寄递安全联合监管，联合省综治、公安、安全等部门在东营召开全省寄递渠道安全警示教育暨“三个100%”制度落实情况调度会、全省加强寄递渠道安全管理工作现场推进会。严格落实收寄验视制度，出台《山东省邮政业收寄验视工作指导意见》，截堵违禁品及拒收拒绝开箱验视交寄物品8367件次。济南、枣庄、烟台、日照等局采取推送公益短信、发放寄递安全警示光盘等措施，引导消费者配合开展验视工作。全面落实实名收寄制度，推动全省寄递服务营业场所实施实名收寄公示告知，督导全省寄递企业建立实名收寄台账。东营、德州、滨州、威海等局试点应用手机APP实名收寄验证系统。深入推进过机安检，全省已有418处邮（快）件处理场所配备了532台X光安检机，配备安检机操作员806人，基本实现全省寄递企业省际出口处理场所安检设备应配尽配。圆满完成全国“两会”、G20峰会、“双11”期间寄递安全保障任务。配合做好邮政业反恐禁毒、打击侵权假冒、扫黄打非等工作。

基础保障能力不断增强。加快完善行业监管体系，全省有9个县（市）邮政管理局获批成立，其中，齐河、新泰等7个已挂牌运行；东营市及所辖县区全部成立寄递安全信息服务中心，临沂、潍坊、枣庄、聊城等局正在稳步推进相关工作。济宁局联合市公安部门成立联合驻园区快递安全监管办公室。淄博、烟台局推进监管信息平台建设。严格落实寄递安全“三项制度”。

推进职业技能鉴定和行业人才培养工作。组织参加全国职业技能鉴定考试5批次、6927人次。大力推进校企合作，全省快递人才培养合作院校达26所，其中8所院校开设快递专业（方向），每年平均在校生达1700人以上。青岛酒店管理职业技术学院、山东工程技师学院入选全国第一批邮政行业人才培养基地。深入推进行业精神文明建设。山东局和德州、滨州局顺利通过省级文明单位复核，枣庄局获评2016年度省级文明单位，14个市局获评市级文明单位。积极巩固文明创建成果，联合省妇联、省快递协会召开全省快递业巾帼建功先进个人座谈会，指导7个快递行业青年集体争创全国青年文明号，举办全系统第五届文化艺术节。济南、淄博、泰安、日照、聊城局建立行业团工委，将行业团建纳入地方团市委“非公组织团建”工作格局。全省11市局共创建“市级青年文明号”近60个。枣庄、威海、德州、莱芜局分别开展“工人先锋号”“最美快递员”“邮政服务之星”等评选活动，积极凝聚行业正能量。

三、各市(地)主要管理工作概况

济南局重点推进电子商务物流园、快递物流园建设，加快推进特色物流产业集群。中通快递山东中心、圆通速递物流园、苏宁云商电商配送项目、济南中外运国际物流项目等一批快递行业项目纳入全市重点物流项目，总投资约7.8亿元，济南局为责任单位。

青岛局积极推动建设即墨快递产业园、空港物流产业园区，墨市政府签订了《快递物流园区战略合作协议》。协调多家品牌快递企业与第三方投资方共同建设“城市智慧物流(快递)末端公共配送服务平台”，并被青岛市发展改革委纳入国家电子商务重大工程建设项目。目前，已在政府、学校、社区、农村、商务区等五个领域建成公共配送网点20余处，实现“快递三进”工程全面落地实施，为解决“最后一百米”难题创新了思路，探索了经验；积极探索青岛市新能源汽车在邮政行业的推广应用，有效缓解能源和环境压力，促进市邮政行业交通运输工具的规范管理和转型升级，青岛天天快递租赁的200辆新能源汽车已陆续投入使用，青岛顺丰、圆通等快递企业也逐步加大对新能源汽车的引进和使用。

济宁局推动将园区建设积极融入“济兖邹曲嘉”都市区规划，济宁恒良电商快递物流园是全省第一个建成的快递物流园区，占地380亩，目前顺丰速运、增益物流、全峰快递等9家快递企业分拨中心已经入驻园区；济宁海天电商快递产业园区占地180亩，现济宁圆通分拨中心、百世汇通分拨中心已经入驻，该分拨中心占地5000平方米，

菏泽局积极推动快递企业向电商物流园区聚集，引导邮政、顺丰、申通、圆通、中通、汇通等15家快递企业入驻菏泽天华电商物流园区。菏泽市被国家发改委、商务部等七部门联合授予“创建国家电子商务示范城市”。潍坊局助推潍坊打造综合物流枢纽、智慧物流中心、国家快递一类节点城市，远成·潍坊国际智慧物流城项目开工建设，总投资约50亿元。淄博局与淄博高新区合作建成“鲁中快递电商物流发展示范园”，日均处理能力达到10万件。烟台局促进和福山区人民政府签署共建烟台快递物流园区战略合作纲要，在烟台国际商贸物流园内，规划建设烟台快递物流园区。东营、德州、滨州、临沂已经开展寄递渠道手机APP“三拍一输入”系统推进落实工作。

四、快递市场存在的突出问题

行业发展模式较为粗放。山东省快递业增长主要依赖传统要素投入，科技投入和管理创新贡献有限，还没有形成以技术、品牌、质量、服务为核心的竞争力。省人均快件量基本保持在11件左右，远低于全国人均15件的平均水平、快件进出比例基本均衡、服务省外向型经济发展能力不足。行业规模偏小、实力偏弱。

行业发展转型升级内生动力不足。山东省快递网络资源优势发挥不充分，快递企业基础相对薄弱，转型升级内生动力不足。一是快递总部经济不发达，缺乏具有核心竞争力的快递领军企业。二是快递企业生产作业机械化、信息化水平普遍偏低。三是快递园区建设滞后。除了邮政、顺丰等骨干寄递品牌企业以外，大部分民营快递企业

均没有相对固定、一定规模的运营场所，多是租用厂房、仓库、民房进行快件的操作、分拣、中转，制约企业整合优势资源集聚发展。

快递服务和安全保障能力不匹配矛盾突出。一是部分快递企业安全投入不足，欠账较多。由于快递企业起步较晚，特别是一些民营企业尚处于发展初期，安全管理投入小、安全装备投入少、专业安全管理人员不足，企业安全主体责任落实不到位。二是邮政、快递服务末端安全保障堪忧。省内大多数居住区、商业区、校区、机关企事业单位综合办公区等未设置邮件、快件集中收投场所，投递"最后一公里"投件难和"地摊取件"等现象，安全隐患多，管控难度大。三是安全监管措施单一。当前，行业安全监管仍处于"人盯人"阶段，缺乏信息化、科技化手段支撑。四是安全监管力量薄弱。各市邮政管理部门人员严重不足。

河南省快递市场发展及管理情况

一、快递市场总体发展情况

2016年，河南省邮政行业业务总量完成233.2亿元，同比增长42.4%；业务收入完成191.4亿元（不包括邮政储蓄银行直接营业收入），同比增长29.5%。其中，快递企业业务量累计完成83875.3万件；同比增长63.0%，超出全国平均增幅13.3个百分点，最高日处理量达1750万件；快递企业业务收入累计达到94.4亿元，同比增长49.5%，高出全国平均增幅5.4个百分点（表7-16）。行业服务满意度稳步提升，消费者申诉处理满意率达到98.5%。邮政行业在河南经济社会发展中的作用不断发挥，日均服务800万人次，支撑网络零售额超过1500亿元，占社会消费品零售总额达到10%，新增就业近2万人。

表7-16 2016年河南省快递服务企业发展情况

指标	单位	2016年12月		比上年同期增长(%)		占全部比例(%)	
		累计	当月	累计	当月	累计	当月
快递业务量	万件	83875.3	9076.0	63.0	58.0	100.0	100.0
同城	万件	14733.4	1566.2	91.7	90.5	17.6	17.3
异地	万件	68368.3	7427.8	58.0	52.7	81.5	81.8
国际及港澳台	万件	773.6	82.0	56.4	38.8	0.9	0.9
快递业务收入	亿元	94.4	10.0	49.5	48.2	100.0	100.0
同城	亿元	10.9	1.2	100.0	111.1	11.5	11.6
异地	亿元	64.1	6.6	44.1	37.9	68.0	65.7
国际及港澳台	亿元	4.1	0.4	30.4	32.6	4.3	4.3
其他	亿元	15.3	1.8	52.3	65.6	16.2	18.4

二、行业管理工作及主要成效

持续优化行业发展环境。推动重大试点、工程项目建设。河南省快递航空物流港等项目列入《河南省交通基础设施重大工程建设三年行动计划实施方案》，进一步加快完善基础设施建设网络的步伐。洛阳局加快电子商务与物流快递协同发展试点城市建设，进一步完善相关配套工作。漯河、商丘等市局多举措大力推进快递物流园区建设。濮阳局向市政府提交《关于建设全市快递电商物流园区的请示》，推动市政府召开全市快递业发展座谈会，为行业发展争取更多支持。积极探索邮政与交通融合发展新路径。与河南省机场集团签署《促进河南快递业与民航业融合战略合作协议》，就促进河南航空快递业发展、航空快件公共分拨中心建设、“绿色通道”建设达成共识，推进快递“上机”工程。开展快件上高铁专题调研，与河南投资集团、郑州铁路局等达成战略合作协议，推动郑州高铁南站快递分拨中心建设，推进快递“上车”工程。洛阳局起草《关于促进洛阳市交通运输与邮政业战略合作的实施意见》，南阳局推荐南阳宛运快递在全国农村交通运输现场会上作交邮融合先进典型发言，信阳局开展乡镇客运站与邮政快递服务资源整合专题调研，驻马店局推动在县级客运站改造和乡镇综合服务平台建设中融入邮政功能，推动交邮融合纵深发展。加快推进产业协同工程。积极推动天天快递“郑州（中原）云商速配小镇”建设。引导快递企业积极服务地方制造业，把触角向市场的深度和广度拓展，在产业链条上做精做细，发掘培养快递服务制造业项目124个，形成业务量2492.18万件、收入1.93亿元、直接服务制造业产值达203亿元。积极推动“快递进校园”工作，覆盖率达到96.12%。开展邮政业精准扶贫工作，引导鼓励邮政、京东、顺丰等企业积极参与，安阳局召开精准扶贫现场推进会，三门峡局签订定点帮扶协议，信阳局联合地方政府有关部门开展精准扶贫调研，取得明显效果，受到省人大、省政协常委会调研组的充分肯定和支持。开封局大力推进“淘宝村”建设、全国快递服务现代农业示范基地创建，新乡局引导邮政快递企业利用自身优势开发“快递+”特色农村品，平顶山局出台快递下乡与农村电商协同发展实施方案，濮阳局出台全市邮政行业服务新型城镇化建设工作实施方案，许昌局推动快递企业加强与知名电商平台合作，鹤壁局开展“快递+电商”“快递+特色农产品”专题研讨，焦作局鼓励引导“快递+”发展模式，南阳局引导快递企业与相关产业加速融合，信阳局开展快递服务制造业现状调研，拓展快递业与上下游产业链融合空间。荥阳河阴石榴、开封汴绣、许昌瑞贝卡假发、南阳仲景香菇酱、宛西制药、信阳光山羽绒、焦作温县铁棍山药等与快递企业持续深化合作，成效显著。

不断夯实行业发展基础。推动政策落地实施。推进寄递渠道安全监管“绿盾工程”建设，向地方财政争取市级机构信息化建设专项补助资金438.11万元，加快建设省、市两级邮政信息安全监控系统，已有11个市局实现与省局联网运行。郑州局提交《郑州市快递配送车辆城市通行问题及解决建议》，平顶山、商丘等市局积极协调大型邮政运输车辆通行，安阳局推动快递车辆绿色通行证办理，鹤壁统一快递车辆外观和标识，全力保障快递车辆城市通行。持续加强基础能力建设。深入开展“快递下乡”工程，共设立乡镇快递网点8268个，实现全省乡镇100%全覆盖，全省乡镇及以下快件派送量占全部派送量的比例从2015年初的15%提升到2016年的30%。持续推进网点标准化建设，快递营业场所标准化率达到81.1%，超额完成国家邮政局既定目标。安阳局积极推进“快递综合服务站”建设，鹤壁局引导各快递企业联合建设“乡镇快递超市”23家，驻马店局制定《驻马店市“快递下乡”代办点操作规范》，推动“快递下乡”工程创新化、规范化、效益化发展。推进行业诚信体系建设。作为全国7个快递行业信用体系试点之一，全省共录入行业从业人员信息21912条。与河南省工商局签订《信息资源共享应用战略合作框架协议》，积极对接国家企业信用信息公示系统，推进部门、地方、行业信息互联互通。郑州、安阳等市局组织信用管理系统操作专题培训，开封局出台快递企业诚信体系建设考核实施方案，平顶山制定快递业信用体系建设试点工作方案，焦作、濮阳等市局开展诚信企业评比活动，驻马店局建立失信企业“黑名单”警示制度，漯河局举办“我心中的邮政和快递”有奖征文活动，新乡、三门峡、信阳等市局创新形式开展“诚信快递、你我同行”活动，扎实推进诚信体系建设。

坚持深化法治邮政建设。编制完成河南省邮政业发展“十三五”规划，推动省发展改革委、交通运输厅联合发布。开封、洛阳、焦作、南阳等市局积极推动邮政业发展规划与国民经济发展规划、交通运输规划有效衔接。安阳、许昌邮政业被作为重点内容纳入全市国民经济、物流业、电子商务、供给侧结构性改革等多种发展规划。持续深化放管服改革。依法优化许可审批流程。全年共受理快递企业许可申请237个，同比增长233%，审批许可申请173个，同比增长246%，受理变更申请1763个，同比增长229%。全省拥有快递业务经营许可证的独立法人企业已突破400家，分支机构达4700家以上。

切实加大行业监管力度。成立河南省邮政安全发展中心、10个省直管县邮政管理局、济源市邮政管理局、开封尉氏邮政管理局，完善了监管机构，壮大了监管队伍。依法开展监督检查。联合省综治、公安、国安、工商等部门开展危化品、消防安全、非法网点清理、寄递渠道专项督导检查活动10余次。全力做好服务保障。做好G20峰会等重大活动和“双11”等快递业务旺季服务保障工作。鹤壁局被国家局授予“G20峰会寄递安全服务保障工作先进集体”荣誉称号。“双11”期间，全省新增分拨人员和一线派送人员1万余人，全省达到12万余人；省级公司新增分拨场地近9.76万平方米，全省达到31.22万平方米；新增运输车辆5200辆，全省达到30600辆，圆满完成了“保畅通、保安全、保平稳”的目标。

有效提升政府治理效能。行业队伍建设不断加强。举办河南省第二届快递业务员职业技能竞赛。组织完成5批次快递业务员职业技能鉴定考试，累计鉴定人数6452人次，完成既定目标的158%。安阳、三门峡等市局坚持“送培训到基层”，新乡局开展全市快递员“全员大培训”，濮阳、驻马店等市局举办多场专题培训会，漯河局举办全市快递业能力提升培训班、突发事件应急处置演练，郑州、焦作、安阳、许昌等市局举办快递业务员职业技能竞赛，鹤壁局举办安检机技能大赛，持续提升企业服务能力和水平。大力推进精神文明建设。坚持以培育和践行社会主义核心价值观为根本，扎实推进机关和行业精神文明建设，注重培树典型，成效显著。2016年8月，河南局被授予“全国交通运输行业文明单位”荣誉称号。开封、平顶山、周口等市局多措并举推进精神文明建设，顺利获得“省级文明单位”称号，安阳局获得“市级文明单位”称号，焦作局获得“市级青年文明号”荣誉称号。鹤壁中通快递公司马朝立被评为“全国交通运输行业文明职工标兵”，孟州中通快递公司党旭延被评为全国十佳“最美快递员”。

三、各市（地）主要管理工作概况

郑州局着力引导快递公司加快完善农村地区快递运营网络，提升服务保障水平，助力荥阳河阴石榴销售突破百万公斤。“双11”快递业务旺季保障的10日内，中铁快运股份有限公司郑州分公司面向全省快递企业开通“快递上高铁”业务，郑州地区共开通13趟快件进口和10趟快件出口高铁线路，涵盖北京、上海、广州、杭州等全国10个重要节点城市。

开封局成立了行业精神文明创建工作领导小组，与开封市文明办联合下发《开封市邮政快递行业精神文明建设工作实施意见》，确立了以诚信体系建设为基础的行业精神文明建设工作，并依托《实施意见》借鉴其他行业的诚信体系建设要求，出台《开封市快递企业诚信体系建设考核实施方案》和《开封市快递企业诚信体系建设考核细则》；还开展了成立行业工会、设立党员示范岗、建立爱心小站、开展乒乓球赛、篮球赛等多项文体活动、组织爱心捐款、参加职技大赛等系列活动，提高了行业整体素质。

洛阳局扎实开展“电子商务和物流快递协同发展试点城市”建设。推动市政府出台《洛阳市人民政府办公室关于印发洛阳市2015年电子商务与物流快递协同发展试点城市工作实施方案的通知》和《洛阳市人民政府关于促进快递服务业发展的意见》。

鹤壁局主动加强与地方政府相关部门的沟通协调，市快递协会组织全市快递企业，通过厂家定制新车、整体改造旧车这两种方式，统一了鹤壁市所有快递车辆的外观和标识，使快递车辆成为鹤城中一道亮丽的风景线。

焦作局推动行业多元化发展。焦作快捷联合拥有成熟线上线下食品批发、零售销售渠道的综合性食品代理公司探索快递负责仓储运输、电商负责研发营销、农户负责产品品质"互联网＋快递＋电商＋农业"新模式。积极推进网点形象建设，打造快递品牌形象：严格按照《邮政业安全生产设备配置规范》等国家标准要求和省局"三化建设"工作要求，从焦作市35个快递法人企业、275个分支机构中选拔了一批样板网点；通过播放PPT、视频等方式，向全市各法人公司负责人推介焦作市煦增中通快递有限公司、沁阳市金圆速递有限公司水北关村营业部（村级）、沁阳市金圆速递有限公司里村营业部（村级）等先进典型，并由乡镇网点建设优秀企业沁阳市金圆速递有限公司做先进发言介绍相关经验，激发了县（市）各企业的积极性，推动了快递企业提高乡镇网点规范化水平。

南阳局将触角向田间地头延伸，积极主动服务农业。联合市工商局、市快递协会，深入西峡、内乡、方城、社旗、唐河等县，摸清当地的农业特产种类、销售时间、产品对快递服务的特殊需求，以及当地农产品电商发展情况。南阳市邓州圆通快递将电子商务网点深入西峡县猕猴桃种植基地。

商丘局深入了解行业实际情况，反复向市政府、市依法整治三轮车办公室汇报快递行业发展现状，争取宽松政策。商丘局的努力已得到了市政府及市依法整治三轮车领导小组的高度重视和强力支持，正在有条不紊地为近500辆新增三轮车发放通行证，保障了市区配送三轮车的顺利通行。

驻马店局制定了《快递行业"黑名单"信用考评制度》，以此逐步建立快递行业诚信档案数据库。与市工商局签订了"驻马店市企业信用信息公示监管警示系统信息资源共享应用战略合作框架协议"，逐步实现企业"一处违法、处处受限"。持续开展"星级企业"和"星级网点"创评活动，并在日常检查中对创评成功的单位进行跟踪监督。

四、快递市场存在的突出问题

企业安全主体责任落实不到位，行业安全生产水平需进一步提升。在邮政管理部门的指导下，快递企业逐步建立了安全生产规章制度，安检机等安全生产设备逐步配备到位，但快递企业安全意识淡薄、从业人员安全培训不到位、规章制度执行不严格等问题依然存在，安全违法行为仍未彻底消除，安全隐患仍然较大，行业安全生产水平需进一步提升。

县级以下快递市场监管薄弱。随着快递行业的迅猛发展，县级以下快递业务量增大人员增多，但县级快递企业的管控能力不足，安全生产意识不强。同时，市局执法力量不足，县级以下快递市场监管薄弱，安全压力巨大。

乡镇合作快递网点需逐步规范。乡镇合作快递网点在"快递下乡"工程中起到了积极作用，但其自身无合法地位、安全隐患较多、管理不规范等问题逐渐凸显，人员安全意识、依法经营意识、品牌服务意识不强，需要下大力气进行规范引导。

企业向相关产业延伸不够，协同发展能力不强。快递企业与电子商务、服务现代农业、服务制造业等项目上有待深入发掘，快递企业融入上下游产业不充分，行业协同发展能力偏弱，需要多部门联合出台优惠政策，引导行业融合发展。

末端网点建设需进一步加强。快递"最后一公里"派送难题依然存在，快递末端网点建设需加强，快递进社区、机关、商业区等工作需继续推进，快递公共服务站等新模式有待深入探索。

湖北省快递市场发展及管理情况

一、快递市场总体发展情况

2016年,湖北省邮政行业业务总量完成192.1亿元,同比增长39.8%;业务收入完成150.5亿元(不包括邮政储蓄银行直接营业收入),同比增长30.6%。其中,快递企业业务量累计完成77348.1万件,同比增长52.1%;快递企业业务收入累计达到87.2亿元,同比增长46.3%(表7-17)。全力推进重点工作落地见效,主动做好巡视整改工作,扎实开展"十三五"规划编制工作,有序推动邮政企业改革创新,有效推进快递企业持续发展,圆满完成重要节点全省寄递渠道安全和服务保障任务。全省邮政业在经济社会发展中的作用不断发挥,日均服务超过550万人次,支撑网络零售额近1200亿元,占湖北社会消费品零售总额比重达到9%,新增就业人数1万余人。

表7-17 2016年湖北省快递服务企业发展情况

指标	单位	2016年12月		比上年同期增长(%)		占全部比例(%)	
		累计	当月	累计	当月	累计	当月
快递业务量	万件	77348.1	8347.0	52.1	40.9	100.0	100.0
同城	万件	17193.6	1842.1	45.4	33.2	22.2	22.1
异地	万件	59856.9	6466.9	54.2	43.2	77.4	77.5
国际及港澳台	万件	297.6	38.0	50.4	58.4	0.4	0.5
快递业务收入	亿元	87.2	9.2	46.3	33.7	100.0	100.0
同城	亿元	13.3	1.4	49.6	37.9	15.2	15.3
异地	亿元	53.2	5.4	33.8	17.3	61.0	58.5
国际及港澳台	亿元	2.8	0.3	23.4	40.9	3.2	3.6
其他	亿元	17.9	2.1	106.8	99.7	20.5	22.7

二、行业管理工作及主要成效

邮政业发展环境进一步优化。与省发改委联合印发《邮政业发展"十三五"规划》,对"十三五"时期全省邮政业改革发展做出全面部署。武汉、黄石、宜昌、荆门、孝感、黄冈、恩施已发布当地邮政业发展"十三五"规划。全省、各市(州)邮政业"十三五"规划与地方"十三五"国民经济和社会发展规划纲要、区域规划、综合交通运输发展等专项规划有序衔接,《湖北省国民经济和社会发展第十三个五年规划纲要》明确将邮政业发展相关内容纳入其中。结合全省快递业发展实际,争取省人民政府出台了《关于促进全省快递业健康发展的实施意见》,从加强规划引领、保障快递用地、加大财税支持、拓宽融资渠道、改进车辆管理、完善安全监管体系、规范市场秩序、建设专业人才队伍等方面提出了促进全省快递业发展的保障措施。咸宁市、十堰竹山出台了促进当地快递业发展的实施意见。全省邮政管理部门共争取到邮件、快件分拨中心安检设备补贴资金1492.5万元,其中湖北省邮政管理局争取到1125万元,宜昌、恩施、襄阳、黄冈、黄石、孝感、鄂州等7个市(州)局共争取到367.5万元。宜昌局争取到地方政府补贴60万元用于快递业视频监控中心建设。武汉局积极为快递企业电动车办理通行证,协调解决"最后一公里"通行难题。持续深化放管服改革,不断推进企业改革创新。贯彻落实国家邮政局关于推动国有企业创新发展的要求,省邮政公司在全国排名提升到第7位,快递、包裹业务量完成3442万件,同比增长179%。开展邮政企业和快递企业创新合作试点，提高邮政基础设施利用效率，恩施宣恩、襄阳枣阳、保康、宜昌夷陵等地积极开展“快邮合作”试点形成示范效应。

邮政业发展能力进一步增强。继续深入推进“快递下乡”工程，全省乡镇快递网点2868个，覆盖率达100%，村级快递服务网点达2325个，村级覆盖率达10%。加快快递类专业物流园区建设，湖北鄂州国际快递货运机场获批并纳入民用机场布局规划，十堰局为快递园区建设争取到专项补贴资金30万元，咸宁局协同交通部门为快递企业进驻物流园区提供优惠政策，襄阳宜城邮政管理局助推快递企业入驻县级快递产业园，产业聚集效应凸显。全省智能快件箱投放数不断提高，末端服务能力显著增强。加快推进快递进校园工程，全省高校规范收投率达到100%。强化快递网点标准化建设，全省已建成标准化快递网点3435个，标准化率达50%。武汉市被国家邮政局授予“快递示范城市”荣誉称号。启动服务现代农业示范工程，全年全省农村地区收投快递包裹超过1.7亿件，直接服务农产品外销达20.75亿元以上，为精准扶贫做出积极贡献，荆州洪湖莲藕、咸宁赤壁猕猴桃、宜昌秭归脐橙、黄冈蕲春蕲艾等特色农产品通过快递进一步拓宽销路。深入推进快递服务制造业示范工程，建立湖北省快递服务制造业项目库并定期更新，全省已累计开展联动试点项目44个，直接服务的制造业年产值达90.12亿元。襄阳速尔服务汽车制造业、黄石大冶、阳新快递服务轻纺、制鞋业示范成效明显。积极促成省EMS与省交通厅运管物流局签订战略合作框架协议，协作开展农村快递物流示范点建设，加强对交邮合作、农村物流、城市配送、客货运班车运输等新型合作模式的试点示范与总结推广。十堰竹山交邮合作实现优势互补、资源共享，交邮高效协同发展获交通运输部、国家邮政局认可。荆门钟祥中通、圆通进驻张集镇农村综合运输服务站，利用城乡班车进行快件运输，镇级四条班线覆盖至全镇28个村。

加强行业人才队伍建设。湖北局联合省教育厅出台《关于加快发展湖北邮政行业职业教育的实施意见》，提出促进全省邮政职业教育规模稳定增长、人才培养质量不断提升、从业人员素质明显提高等八项措施。推进邮政、快递专业建设，促进校企合作，推进产学研融合，组织相关院校踊跃参与全国“互联网+”快递大学生创新创业大赛并取得佳绩。有序开展快递员从业资格鉴定考试，全年共完成快递业务员职业技能鉴定1212人次，考点逐步向县级延伸。加强行业精神文明建设力度，积极配合做好国家邮政局组织开展的“寻找最美快递员”活动，全省共推荐候选人近百名，其中咸宁圆通张洋获评“最美快递员”。行业人才队伍建设的经验得到国家邮政局肯定，在全系统内推广。

邮政市场秩序进一步规范。强化邮政市场监管工作，积极宣贯《快递业务经营许可管理办法》和快递末端网点备案管理规定，针对上海麦力、北京日益通等少数企业涉嫌违法违规经营事件，及时发布风险提示，并加强执法检查。部署开展全省快递市场清理整顿专项行动，打击快递业务经营许可类违法违规行为，维护快递市场秩序。全年累计检查快递企业及网点7465家次，出动检查人员20102人次，下达责令改正通知书960份，行政约谈129家次，行政处罚95件，其中停业整顿4家，罚款43.74万元。认真开展全省快递市场诚信体系建设试点工作，在国家邮政局信用体系建设中期评估中表现良好。推进依法行政综合管理，编制完成“三个清单”，全面应用执法信息系统。加强行政执法监督，制定了《湖北省邮政行政执法评议考核办法（试行）》。成立了行政执法案件审查小组，开展2016年全省邮政行政处罚案卷评查工作。

寄递安全监管进一步强化。持续夯实安全监管基础，加强与综治、公安、国家安全等部门协作配合，建立健全信息共享对接机制。黄冈市综治委将“平安寄递”首次纳入全市“平安建设”并开展“平安寄递”创建活动，宜昌局协调市综治办将寄递渠道安全纳入社区网格化管理。组织专项考核组，实地开展寄递渠道安全管理综治考核工作。多渠道宣贯国家邮政局出台的《禁止寄递物品管理规定》《赈灾包裹寄递服务和安全管理规定》。创新安全监管方式，武汉局开发并上线运行全市快递行业信息管理系统，黄石局联合市公安局建立寄递企业治安管理档案，有效加强监管力度。强力推动企业落实安全主体责任，加强从业人员安全教育培训和用户安全教育宣传，荆州局开展执法人员带队、企业安全人员参加的分片区、分组交叉互查。强力推动落实收寄验视、实名收寄、过机安检“三个100%”等安全制度。各市（州）局将寄递渠道反恐怖防范工作落实到日常执法检查内容中，湖北局领导多次带队开展明察暗访，督导企业落实“三个100%”安全制度。组织全省61位社会监督员明察暗访，对300家邮政、快递网点执行100%收寄验视、100%实名登记制度情况进行监督检查，并通报检查结果、督促立即整改。全面贯彻落实《邮政业安全生产设备配置规范》，全省累计配置X光安检机214台，基本实现进、出湖北省快件100%过机安检。分四个片区连续组织5期安检设备操作培训，确保发挥“100%过机安检”的屏障作用。着力强化应急管理保障，深入开展全省寄递渠道危化品和易燃易爆物品安全专项整治活动，继续联合做好寄递渠道禁毒、反恐、打击侵权假冒、扫黄打非等工作。积极响应做好全省邮政业汛期安全监管工作。圆满完成了春节、两会、G20峰会、文博会等重要节点全省寄递渠道安全保障工作。扎实做好“双11”等旺季服务保障工作，在业务量同比增长65%的情况下实现“两不三保”目标。

三、各市（地）主要管理工作概况

黄冈局积极引导“快邮合作”，通过村邮站叠加快递业务推进“快递进村”，红安、蕲春、罗田三县合作取得突破，430个行政村实现快递进驻，为打通农村“快递物流最后一公里”发挥了良好示范作用。以“互联网+农产品+快递”为突破口，积极推进电商快递融合发展，“互联网+蕲艾+快递”、“甜柿+快递”等发展模式成效显著，蕲春快递企业与蕲艾电商深度合作，通过“5+”服务、创新“一日多发”模式提升快递流通时效和服务质量，蕲艾件日均出口量超1万件。2016年10月，市局得知罗田甜柿丰收但因交通不便导致滞销，积极为当地快递企业和甜柿电商、农户牵线搭桥，通过快递日销3000斤甜柿，有效服务农产品销售。

宜昌局建立对品牌企业年度办公会制度。各企业已设立了内部安全管理机构和专兼职安全人员，其中11个主要邮政快递企业设立了安全管理机构，配置了专职的安全员。建立主要企业安全员月度例会制度。开展“安全生产标准化创建”活动。将提升行业信息技术水平、加强邮政业安全监控平台建设作为重点工作任务。积极汇报争取市政府支持划拨专项经费60万元支持安全监控平台建设。积极谋划，将企业信息化与行业监管有机结合，使监控平台做到实用高效。

四、快递市场存在的突出问题

调结构、增协调、促进可持续性发展的任务艰巨。人均用邮或快件量与全国平均水平有较大差距。城乡区域不协调、收投分布不均衡、交邮衔接不紧密等问题较为突出，农村地区快递服务覆盖率有待进一步提升，“最后一公里”难题有待解决，包装和车辆面临的资源环境压力日益突出，寄递安全形势日趋严峻。

发展模式单一，创新能力不足，粗放型问题凸显。快递企业新技术运用和管理创新不够，同质化竞争严重，弱、小、散的特点依然存在，难以满足个性化、综合化、国际化的多层次用邮需求。邮政网络整体运行效率有待提高，网络开放共享、行业资源整合有待加强。产业、区位和交通优势尚未充分发挥，国际业务短板明显，全省国际邮件、快件业务和跨境电商发展相对滞后。

协同性亟待加强，推动政策落地、补齐行业短板的任务艰巨。湖北省政府《关于促进全省快递业健康发展的实施意见》的出台，为行业发展注入了强劲的动力，但快递车辆通行难、枢纽建设征地难、末端投递难以及安全基础薄弱、监管能力不足等问题依然存在，迫切需要加强协同形成合力，补齐制约行业发展的短板。尤其是武汉的发展任务更重，需克难奋进，才能保住“全国快递示范城市”之称号。

湖南省快递市场发展及管理情况

一、快递市场总体发展情况

2016年，湖南省邮政行业业务总量完成143.4亿元，同比增长30.8%；业务收入完成109.6亿元（不包括邮政储蓄银行直接营业收入），同比增长39.2%。其中，快递企业业务量累计完成48603.5万件，同比增长52.9%；快递企业业务收入累计达到51.6亿元，同比增长52.2%（表7-18）。

表7-18　2016年湖南省快递服务企业发展情况

指　　标	单　位	2016年12月		比上年同期增长（%）		占全部比例（%）	
		累计	当月	累计	当月	累计	当月
快递业务量	万件	48603.5	5279.9	52.9	41.8	100.0	100.0
同城	万件	8035.5	907.7	41.8	22.5	16.5	17.2
异地	万件	39902.3	4306.9	55.9	47.5	82.1	81.6
国际及港澳台	万件	665.7	65.3	28.5	3.8	1.4	1.2
快递业务收入	亿元	51.6	5.8	52.2	59.5	100.0	100.0
同城	亿元	5.7	0.8	24.0	39.7	11.1	12.9
异地	亿元	32.0	3.4	52.2	65.2	62.0	59.2
国际及港澳台	亿元	3.0	0.3	28.0	7.2	5.7	5.1
其他	亿元	11.0	1.3	83.5	76.8	21.2	22.8

二、行业管理工作及主要成效

发展环境进一步优化。行业规划工作成效明显，与省发展改革委联合印发《湖南省邮政业发展“十三五”规划》，系统谋划行业发展宏图、发展路径、发展重点。先后衔接10个省级专项规划，对接省政府12个政策文件，政府工作报告、省委、省政府规划纲要和15个重要文件对邮政业的政策支持全面覆盖。邮政、快递列入全省十大重点消费领域、经济新动力培育重点。邮政、快递对经济社会的支撑服务作用得到各级各部门前所未有的重视。重点领域政策实现突破，结合湖南省情实际，拟制《湖南省政府关于促进快递业发展若干意见（送审稿）》，对提升快递服务能力、培育壮大市场主体、统筹推进协同发展、优化快递市场环境、加强寄递安全监管、加大财政扶持和强化人才培养的思路做了系统安排。省委常委会将寄递物流安全管理作为重点议题研究部署，省政府办公厅出台《关于加强寄递物流安全管理工作的实施意见》，要求层级负责，健全完善党委政府管理寄递安全的制度机制，压实筑牢安全基础。三是发展政策体系更加完善。省政府出台大力发展电子商务加快培育经济新动力实施意见，要求加快电子商务与快递深度融合。省政府建立电子商务联席会议制度，明确邮政管理部门为成员单位。株洲作为全国电子商务示范城市，试点工作获省市两级政府大力支持。联合省住建厅印发《关于支持邮政智能包裹柜建设提升邮政服务能力的通知》，有效破解城市末端投递难问题。衡阳、张家界、湘潭、邵阳、长沙等地“最后一公里”配送投递瓶颈有效破解。

行业发展能力进一步增强。长沙至杭州、长沙至香港定期航班通航，湖南省快递自主航线达4条。继续开展快递向下服务拓展工程，全省快递服务网点乡镇覆盖率达到88%。多措并举提升末端服务能力，全省布放智能快件箱累计4000余组，年投递快件逾1400万件。加快推进快递进校园工程，全省高校规范收投率达到100%。强化快递网点标准化建设，全省城市标准化网点达到1169个。加快推进产业协同工程，启动服务现代农业示范工程，全年农村地区收投包裹超过7800万件。炎陵的黄桃、江永的香柚、湘潭的莲子、怀化的猕猴桃、益阳的黑茶等农产品订单外销全国各地，为国家精准扶贫做出积极贡献。深入推进快递服务制造业示范工程，全省累计开展联动试点项目7个。大力促进邮快合作。组织湖南邮政、快递企业赴江西吉安、宜春铜鼓等市县考察学习邮政快递合作模式，注重省内省外模式对比，积极汲取有益经验。引导邮政企业发挥主渠道作用，以平台主体身份加强推进力度，促进双方合作共赢。湘潭局力促邮政企业与快递企业合作，在韶山试点建设乡镇，村，城区、景区三级电商服务站点34个，形成以仓储物流中心为中心店，以乡镇点为骨干，以村级点为支点的三级网格格局，搭建起从县城到乡村“最后一公里”的配送网络。湖南省邮政企业继续推进以便民服务为切入点的综合平台建设，全年新建成综合服务平台13939处。“众创众享”和“私车公助”等能力建设为增强服务时效和频次、拓展服务范围、提升用户服务体验和服务质量等方面取得新成效。着力打造高素质人才队伍，组织参与全国“互联网+”快递大学生创新创业大赛，湖南省大学生詹雄威等报送的参赛项目“公交化物流体系计划书”，获评大赛金奖。组织快递业务员职业技能鉴定4次，累计参考1627人，合格总人数587人。邮政和快递企业健全人才培训机制，从业人员能力素质不断提升。

行业治理能力进一步提升。加强邮政市场监管，组织快递市场清理整顿专项行动，实施市场主体退出管理。对经营运行异常主体进行重点跟踪，强化监测预警、发布监管提示。监管申诉连续发力，全年共处理申诉13546件，其中有效申诉6713件，全年申诉工作正确率99.95%，及时率99.97%，申诉工作在全国排名提升17位。湖南局重点约谈申诉率持续居高的寄递企业主要负责人，指导市局约谈申诉率较高的7家寄递企业。监管执法持续加强。14个市州局全部编制完成“三个清单”，执法信息系统实现全面应用。全省日常检查共出检21875人次，检查单位5687个，全年共下达责令整改通知书535份，做出行政处罚决定159起，停业整顿12家，吊销营业执照1起，处罚金额74.5万元。全省行业执法能力有了新的提高。中央巡视组在湖南巡视期间，湖南局组织召开邮政快递企业负责人会议，部署落实省委有关邮件寄递要求，采取专人盯守、全过程管控，确保邮件交接账账相符、账实相符，有力保障了中央巡视组和省委巡视工作及时受理信访举报案件材料，受到省委高度肯定。

安全生产稳步推进。开展寄递渠道安全管理综治考核工作，湖南局联合省综治办、省公安厅、省交通厅组成联合检查组，对全省28个重点县市区寄递企业进行明察暗访，逐一检查市州有关部门履职情况，形成遏制爆恐袭击的高压态势。加快推进“三项制度”落实，为织密筑牢安防体系，落实邮件、快件就地安检措施，湖南局积极向省政府汇报请示，协调争取省级财政X光机购置补贴近2300万元，全省寄递企业已配置安检机247台。永州寄递安检服务中心正式揭牌运行，安检关口前移到市县一级，开启集中安检新模式。着力强化应急管理保障，G20峰会等重大活动期间，未发生一起重大安全生产事故。峰会期间，全省入浙邮（快）件285003件，全部实现过机安检。出动检查人员1010人次，印发通告14000余份、张贴宣传标语2万多条、发布提醒短信5万余条。协调公安、国家安全部门将长株潭地区划定出若干“备勤处置圈”，对快件分拨中心实施动态巡逻防控。联合长沙市公安、消防、安监等部门在望城开展“危险化学品泄漏观摩应急演练”，检验预案可行性，加深部门协作联动。旺季保障忙而不乱，指导企业提早部署、加紧备战。加大监管检查，排查安全隐患，建立值班制度，畅通申诉处理渠道。在湖南圆通快件分拨中心召开誓师大会，提振士气，扩大影响。“双11”期间，全省快件处理总量突破9000万件，同比增长50%，单日最高处理量突破1100万件。加强邮政业反恐怖工作，配合做好邮政业禁毒、打击侵权假冒、“扫黄打非”、锂电池邮（快）件航空运输管理和濒危野生物种保护等工作。湘潭局被评为2016年度湖南省“扫黄打非”办案有功集体。

三、各市（地）主要管理工作概况

株洲大力推动电子商务与快递物流协同发展，炎陵示范门店建成营业，加速产业融合。湘潭快递专业快递园区建设获市政府政策支持，稳步推进。怀化特色农产品冷链专线开通，助力精准扶贫。永州争取市政府快递业补贴政策，联合市电商办举办全市快递与电商协同发展培训班，探讨交流快递与电商协同发展路径。娄底建成全省首家校园快递综合服务平台，改善高校师生用户体验，打通快递进校园痛点。湘西订制电动三轮车保险、移动通话套餐等优惠政策。邵阳市委市政府组织专项寄递整治活动，邵东县寄递企业安检机实现全覆盖。衡阳举办实名收寄主题宣传活动，反响良好。长沙、株洲等地协助公安机关查控反制寄递枪支等案件，并开展警示教育活动。张家界联合公安开展全市邮政业禁毒暨安全知识培训，并组织企业代表到监狱进行预防犯罪警示教育。岳阳引导企业建立区域管委会，强化行业自律。长沙联合公安、安监、消防等部门在望城举办危险化学品泄漏应急演练，检验部门协同作战能力。郴州建立寄递企业微信群、“郴州快递小哥”微信公众号，加强规范引导，提高监管效能。岳阳、娄底、益阳等地启动应急响应，指导行业做好汛期预警、调度、排查、救灾等工作。益阳以规范农村延伸服务费为抓手，加强乡镇末端快递网点规范管理。

四、快递市场存在的突出问题

制约行业发展的因素依然存在。缺少一批具有垂直整合能力强、产业链带动作用明显的快递示范企业，缺少一批有产业格局、谋篇布局的快递领军企业。发展层次低，业务结构性矛盾较为突出，存在“市场好时无暇调整、市场差时无力转型”现象。

安全形势依旧严峻。当前，市场恶性竞争等压缩企业利润空间，部分基层网点谋取非法利益铤而走险，个别快递员主观故意违法时有发生，同时不法分子目光下移到乡镇，夹寄手段不断翻新，各类风险诱因复杂交织。

转型升级阵痛期来临。当前，行业发展正处于重大历史拐点，粗放发展、投资带动、劳动红利等推动行业增长的主要引擎先后进入换挡期。发展动力、业务结构都面临转型升级。跨界融合、物流转向快递、电商自建网络等新形势，农村淘宝、投递众包等末端争夺，倒逼快递企业推进产业链条的延伸，加快与现代制造业、农业等产业的配套融合，培育新的增长点，提高发展层次和市场开拓能力。

广东省快递市场发展及管理情况

一、快递市场总体发展情况

2016年,广东省邮政行业业务总量完成1886.3亿元,同比增长53.5%;业务收入完成1021.1亿元(不包括邮政储蓄银行直接营业收入),同比增长38.5%,占全国总收入的18.8%。其中,快递企业业务量累计完成767241.6万件,同比增长53.0%,占全国快递业务量的24.5%;快递企业业务收入累计达到880.3亿元,同比增长42.9%,占全国快递业务收入的22 %,以单件快件货值160元计算,广东快递业承载了超2万亿货值的商品流通(表7-19)。

表7-19 2016年广东省快递服务企业发展情况

指 标	单 位	2016年12月		比上年同期增长(%)		占全部比例(%)	
		累计	当月	累计	当月	累计	当月
快递业务量	万件	767241.6	79259.2	53.0	38.5	100.0	100.0
同城	万件	189692.9	18651.0	25.6	17.2	24.7	23.5
异地	万件	545620.1	57106.2	65.8	47.0	71.1	72.1
国际及港澳台	万件	31928.6	3502.0	50.7	42.9	4.2	4.4
快递业务收入	亿元	880.3	97.2	42.9	44.7	100.0	100.0
同城	亿元	135.5	14.6	33.6	39.7	15.4	15.0
异地	亿元	462.8	50.3	45.1	47.2	52.6	51.8
国际及港澳台	亿元	185.8	20.5	19.3	12.1	21.1	21.1
其他	亿元	96.2	11.7	141.5	178.7	10.9	12.1

2016年日均处理快件量达3100万件,较上年增长50%。2016年"双11"期间(11日至16日)全省快递业务量完成2.38亿件,比上年同期增长47.2%,投递量完成1.15亿件,比上年同期增长64.9%,单日最高处理量达到7245.2万件,同比增长47%。省内主要快递企业投入资金超5亿元,新建分拨场地超过25万平方米,新增处理能力600万件/天。"十三五"开局之年,广东邮政业业务收入在全国率先迈上千亿大关,取得历史性突破。

二、行业管理工作及主要成效

行业发展环境进一步改善。政策环境不断优化,推动广东省政府出台了《关于促进我省快递业发展的实施意见》,为行业发展提供了政策支持,《实施意见》所提重点任务和保障措施正在落实推进,梅州、阳江、潮州、云浮等市也相继出台当地配套文件;积极助推企业上市融资,完成申通、圆通、顺丰、韵达、德邦等公司上市合法性审查。加强政策对接,认真研究落实中央及国务院文件精神,积极协调省内各政府部门,将邮政业发展相关内容写入多部门文件之中,促进了邮政业与地方社会经济发展的同频共振;开展课题研究助推行业政策落地。围绕摸清底数、找准问题、掌握形势、解决出路的工作思路,启动《广东省智能快件箱应用调查研究》《邮政进出口业务研究》等五大软课题研究,具体研究成果正在落实转化中;行业发展获地方政府支持,省及地方财政扶持邮政业发展安全专项资金超1.7亿元,汕尾局列入地方财政公共预算并获20万元年度行政经费支持,广州等地市快递园区用地取得突破,揭阳获评首批"中国快递示范城市"称号。规划编制工作取得突破,《广东省邮政业"十三五"规划》报经省政府同意,由广东省邮政管理局和省发展改革委首次联合发布,提升了规划发布层次，18 个地市发布了市级邮政业发展“十三五”规划。加强和省发展改革委、商务、交通等部门的沟通联系，邮政业发展“十三五”规划相关内容纳入《广东省国民经济和社会发展“十三五”规划纲要》《广东省电子商务中长期规划》《广东省物流业中长期规划》等规划中，广州局推动行业发展规划内容与《建设广州国际物流中心三年行动计划（2016 － 2018 年）》衔接；深圳局将行业发展规划与《深圳市城市总体规划（2016 －2030）》进行有效衔接，着力解决行业发展用地制约；东莞将快递列为全市“十三五”重点发展产业；中山三大快递物流园区规划等多项建设项目纳入市“十三五”规划纲要，顺丰中山电商产业园项目成功签约。

依法行政能力稳步提升，全面部署“放管服”工作，加大简政放权力度，制定印发《广东省邮政行政管理权力清单、责任清单和市场准入负面清单》，促进政府职能转变，推进政府治理现代化；强化依法行政和执法监督，完成全系统年度行政执法评议考核，做好全系统行政复议案件和行政诉讼案件的办理工作，有效化解了行政纠纷。加大法规标准宣贯力度，系统整理和编制了涉及寄递物流法律法规 39 部，印发 2.5 万册给寄递企业及从业人员学习。珠海、惠州、湛江局开展 2016 年“安全生产月”宣传咨询活动，梅州局开展“全民国家安全教育日”法治知识答题活动，阳江联合市综治办印发 5000 本《阳江市邮政快递业从业人员法律法规学习资料》，云浮局制作“禁毒宣传小扇子”3000 把派发企业和群众。

行业转型升级能力进一步增强。末端服务能力全面提升，坚持多维发力、多措并举、综合施策，着力解决快递企业车辆通行难、停靠难、投递难等问题，推进各项措施的落实并取得了一定的成效：一是合理优化网点布局，引导企业加强核心区域网点布设密度，推动快递服务进校园，快递进校园工作完成率达 90%，《关于促进和规范高等学校快递服务进校园工作的意见》将出台；二是提升末端配送能力，鼓励企业使用新能源汽车，顺丰投放新能源车辆 261 台，速尔投放 48 台，广州正在审议的《广州市非机动车和摩托车管理条例》规定邮政、快递行业可使用符合快递专用电动三轮车国家标准的电动三轮车在规定区域内从事社区配送服务，深圳新增 1.5 万个电动自行车指标，推进二维码系统动态管理电单车，探索在特殊时段、特殊路段、特定区域允许快递电动三轮车上路通行；三是推广智能箱柜使用，安排快递业安全发展专项资金 740 万元鼓励快递企业在市区投放智能快件箱，安排邮政基本公共服务均等化专项资金 800 万元建设邮政包裹柜，全省共设智能快件箱（含邮政包裹柜）2.4 万组，共计格口数 127 万个，日均投递快件 80 万件；四是引导推动交邮融合，广州试点推动“邮政智能快件箱（蜜蜂箱）+ 城市公交站场（点）”的“公交化”快递自提配送服务网络建设，实现快递员和市民 24 小时在公交站场投取快件；五是推进快递网点标准化门店建设，标准化网点建设 4127 个，标准化率达 88%，居全国前列。

“三向”工程成为行业新增长点，快递下乡工程被列为省政府重点工作任务，推动快递服务特色农业发展项目培育，发展“互联网 + 农产品”模式，全省农村乡镇快递网点总数达 7180 个，乡镇快递通达率实现 100%。茂名荔枝、梅州柚子、清远火龙果和水晶梨、河源鹰嘴桃等网上销售线下配送保障到位。潮州等地在扶贫点为特色农产品提供包装、仓储、运输的标准化、定制化服务，助力精准扶贫。2016 年全省乡镇及以下快递业务量完成近 13 亿件，占全省快递业务量 17%，业务收入完成 125 亿元，占全省快递业务收入的 13.8%。深化快递业与制造业融合发展，在原有快递服务制造业 5 种基本模式的基础上，总结提出了“产业链整合”“服务延伸”和“多渠道协同物流”三种新的模式，广州嘉诚物流服务松下空调等全产业链项目，服务制造业产值达 300 亿元，顺丰服务 vivo、oppo 仓储和线下分销，有力助推了东莞制造企业占据手机市场高地；汕头百世快递与广东天际仓储配送等5个快递服务制造业项目效果明显。2016年快递服务制造业快递业务量完成24.5亿件，占全省快递业务量32%；业务收入实现210亿元，占全省快递业务收入的24%。借助广东自贸区建成的契机和省政府加快广州、深圳跨境电子商务发展的政策，在推动快递“向外”发展上不断发力，推动设立东莞国际邮件互换局兼交换站，珠海上冲EMS国际快件监管中心投入使用，湛江快件进出口监管中心业务开展红火，阳江跨境电商快件分拣清关中心正式通过海关验收发证，全国首个县级跨境电子商务快件分拣清关中心项目于2016年4月在江门开平落成。2016年完成跨境业务量3.1亿件，占全省快递业务量的4.1%，占全国业务量的一半以上；业务收入实现185亿元，占全省快递业务收入的21%。

行业服务能力得到提升，安排快递业安全发展专项资金3000万元，用于快递下乡网点补助、安全监管和信息系统开发，加大对快递企业分拨场地建设的指导和帮助，协调相关政府部门支持企业用地。推动快递“上机上铁”工程，积极协调民航等部门推动航空邮件、快件绿色通行，广州白云国际空港物流园区获国务院批复建设，顺丰速运华南(广州)快件转运中心项目被省发改委列为重点项目。截至2016年底，顺丰速运自有全货机达36架，租赁15架，航线42条。顺丰和友和道通、圆通航空2016年下半年在深圳机场开通全货机航线。协调快递企业和铁路运输部门对接，“双11”期间大批量集中开展高铁快运业务，中铁快运、顺丰速运等企业积极与广铁集团合作，利用高铁动车组列车发送快递，提供“当日达”和“次晨达”两种服务，每天发运快件48吨。

行业管理工作取得新成效。坚持简政放权，优化许可管理，核发新快递业务经营许可证348家，新设分支机构914家，完成对391家快递企业各类型许可变更601项，完成2016年年度报告企业1657家。积极推进末端网点登记备案工作，全年累计备案末端网点超过3500家。严格企业退出机制，注销297家企业许可证。加大执法检查力度，2016年共开展行政执法检查1.3万人次，检查企业5200家，发现违法违规行为1211件，其中，书面责令改正387件，口头责令整改628件，约谈129件，行政处罚137起，执行罚款103.6万元，停业整顿10起。加强服务质量监管，受理申诉25.5万件，其中处理申诉14.4万件，为消费者挽回经济损失近950万元。

夯实安全管理基础。三项制度全面落实，配合开展物流寄递安全工作调研、物流寄递行业安全管理措施落实情况明察暗访、实名制信息化解决方案调研等系列工作，指导企业不断完善收寄验视制度落实，加强企业内控。推进实名收寄制度落实，强化重点区域、重大活动期间实名寄递落实工作，兑付7500万专项资金，补贴寄递企业近1400台安检机购置。持续加强安全监管，组织开展安全生产月及安全生产万里行、危险化学品安全专项整治、防台防灾和安全隐患排查等工作。认真贯彻落实《反恐怖主义法》和《广东省禁毒条例》，加强部门协调配合，推动寄递安全属地化综合治理；联合多部门开展了寄递渠道禁毒、反恐、打击侵权假冒等专项工作，强化企业主体责任，指导企业加强人防、物防、技防，切实做到“五个到位”。做好重点时段寄递渠道安保工作。做好G20峰会寄递渠道安保工作，完成全国两会、第五届中国—亚欧博览会、台风灾害天气、业务旺季等重要节点寄递安全保障工作，妥善应对并严肃查处了深圳全峰、天天快递违规分拣和民邦违规收寄危化品等事件，较好地巩固了行业安全生产的稳定形势。

行业精神文明建设取得成效。做好青年文明号评选工作，顺丰深圳天安营业部入选全国青年文明号评选。珠海举办首届快递行业职工运动会，成立全市快递行业工会联合会。佛山局与市教育局联合组织快递企业捐赠书籍近10万册，河源局组织开展了为一线快递员送雨衣关爱活动，紫金救人顺丰快递哥谭育明先后获评“河源好人”

和“广东好人”，汕头、茂名、佛山等地快递小哥见义勇为引发社会关注，中山10家快递企业获得“2015年度诚信经营示范单位”称号，邮政公司投递员龙宏文荣获2016年度广东省五一劳动奖章。

三、各市（地）主要管理工作概况

广州局创造交邮融合好环境。会同市交委、市交警支队在研究制定《广州市非机动车及摩托车管理条例》时充分考虑快递行业末端配送的实际情况，对末端配送的快递邮政车辆使用问题进行研究，赢得了地方政府对快递车辆通行网开一面的政策，该条例有望于2017年3月审议通过，为行业营造了良好的政策环境。被纳入广州市发展现代物流领导工作小组成员，将邮政基础设施建设写入《广州市交通基础设施建设计划》，保障全市邮政业基础设施建设工作的顺利开展。《广州市综合交通发展第十三个五年规划》中提出要“规范快递行业发展，解决最后一公里派送问题”；在《建设广州国际物流中心三年行动计划（2016－2018年）》方案中，更把完善城市末端配送体系，大力培育、发展智能快件箱，加快快递产业空间布局规划等纳入区域发展规划中。着力解决“最后一公里”问题。推进“公交化”快递自提配送模式。总结“邮政智能快件箱（蜜蜂箱）+城市公交站场（点）”试点工作成效，继续推动邮政企业持续投放建设，实现快递员和市民全天候24小时在公交站场投取快件。持续推动企业参与广州市城市物流配送试点。解决了部分快递企业在中心城区通行难、停靠难的问题。目前参与试点工作的企业有市邮政公司、顺丰、德邦、新邦。固化旺季保障模式，确保行业运作安全有序。2016年广州局与交委联合发文，明确了旺季服务保障的具体措施，将发放临时快递车辆专用证，开放公交站场提供给快递企业作为快件应急存放场所等相关举措予以明确，形成了旺季保障常态化机制。为邮政快递企业货车通行打造绿色通道。针对市政府关于机场高速禁止货车通行的规定，广州局与市交委共同协调市交警支队办理邮车通行报备，解决禁行难题。

依托城市现有公共交通网络及基础设施，完善小件、快件中心城区及近郊地区的运输网络，利用近郊客运站长途班车行李仓运能资源优势，完成邮、快件城区与近郊的有效接驳，大大降低了快递企业运输成本。开展“如约快递”信息服务平台建设。依托市交委“如约”公共交通约租平台，提出“个性订制”、“班线运邮”、“网点寄递”3种快递服务运作模式，深度融合公共交通资源，有效缓解城市交通压力，完善快递企业城区配送网络。助推市邮政EMS与广州交通集团签订战略合作协议，就如约速递、快递邮件寄递、物流配送、冷链物流、医药仓储、大巴运邮等多项业务开展长期合作。发挥广州重点中心城市的优势，共同推进跨境电商业务发展。2016年邮政业跨境电商业务量超过1.2亿件，为广州市进出口贸易贡献约60亿元美元，占全市总量的75%，成为地方政府关注的焦点，市交委表示将全力支持邮政跨境电商业务的开展。鼓励企业申请广州市发展现代物流专项资金，成功推荐市邮政公司“社区综合服务平台”项目和市邮政EMS“升级改造政务证件寄递信息系统”项目申报2016年“发展现代物流专项资金”，两个项目分别获得各100万资金扶持。在推进落实寄递渠道“三个100%”工作任务中，广州局与市交委联合发文报地方政府，并协调市综治办、市财局，从“广州市现代物流业发展专项资金”划拨980万元，作为寄递企业购置X光机的专项补贴，解决寄递企业购买X光机设备的部分资金缺口。

深圳局稳妥应对“禁摩限电”事件，纾解“最后一公里”配送难题。在社会各界的理解和支持下，深圳“禁摩限电”对快递行业的影响已趋于平稳。快递业界也正在转变观念，逐步意识到快递行业需要进行逐步改变作业模式，探索试行“汽车+电动自行车”组合作业模式。深圳局联合市交警局召开“深圳快递行业承诺规范末端配送车辆签约仪式”，会上首5家品牌快递企业签订了承诺书，承诺在2个月内在原特区内采取“汽车+电动自行车”组合作业模式，备案电动自行车由公司购买并购买保险，驾驶人员一律佩戴二维码管理证件、着反光背心、带安全头盔。至今，全市电动自行车车辆备案指标增至29327个，有效支撑了末端收派需要。此外，深圳局还协助交警局开发了“管理特殊行业电动车二维码管理系统”；与交警局成立专项调研组，探索在国标出台以后在原特区外探索允许电动三轮车上路通行政策。

佛山局用好专项资金，重点推进X光机配备工作。截至2016年年底，全市邮政、快递企业已经配置和计划配置的X光机的数量已经超过100台，其中享受财政补贴的X光机有89台。2016年，全市共有450万元的财政资金用于补贴佛山邮政快递企业购置X光机。深化部门联动，维护寄递渠道安全。充分发挥寄递渠道安全管理协作机制作用，加强与综治、公安、安全、交通等部门沟通协调，多次开展联合执法，严堵安全漏洞 。强化行业禁毒宣传，协助办理有关涉毒案件，确保寄递渠道平稳安全；开展“扫黄打非”执法检查专项行动，2016年共检查邮政营业场所及邮政报刊亭151处、快递企业40处，净化出版物市场环境。推动地方行业立法，佛山市正积极研究制定《佛山市物流寄递安全管理办法》，进一步理清各方管理权责，推动实名收寄、收寄验视、过机安检三项制度深化落实。在市公安局、市法制局等部门牵头下，我局积极参与立法研究工作，具体包括到先进地区学习寄递物流的立法经验、邀请行业专家研讨、组织行业协会和主要快递企业讨论有关法规草案，力争法规充分体现法治原则，规范市场行为，有利于行业健康发展。

东莞局积极落实寄递企业X光机购置补贴工作，有效推动企业全面过机安检。2016年，全市补贴两批共130家寄递企业215台X光机，补贴金额达1173万。目前全市X光机配备数达232台，居全省地级市第一，实现全市分拨中心全覆盖，中通、韵达、圆通、优速等品牌网点配置到位，进一步夯实了行业安全基础。建立寄递物流企业档案。协助市国安局督促企业做好快递企业、从业人员和收寄信息的采集报送。配合市公安局推动将寄递企业信息录入警综系统统一管理，确保全市寄递企业受到当地政府部门的有效监管，进一步加强属地联合监管。完善应急管理。在全市邮政业突发事件应急预案基础上，分别制定出台了行业处置恐怖袭击事件、群体性事件和危险化学品生产事故应急处置等专项预案，为行业专项突发事件的处理提供了指导。

四、快递市场存在的突出问题

市场经营主体违规经营问题依然存在。不少企业法律意识淡薄，对换证、年审等工作不主动、不积极，需要市局催促；快递市场清理整顿专项行动中发现企业超地域范围经营和无证经营的问题依然存在。随着深圳、广州、惠州等市禁摩限电行动的开展，快递企业电动车、摩托车上路产生系列问题。少数企业违规收寄禁限寄物品尤其是危化品等行为仍然存在，民邦、信丰等违法违规经营行为被媒体曝光。加盟制经营，尤其是一个地区多个加盟企业，甚至是一个街区多个加盟企业，造成企业小散弱、服务质量和安全管理参差不齐、邮政管理部门监管难度大等一系列问题。

“三个100%”制度落实存在困难。实名制信息化系统推行力度有待加强，当前广东省主要快递企业快件收寄实名制信息系统（企业版）尚未全面推行，主要还是通过比对身份证件的形式实施，对用户的身份信息主要通过快递业务员登记身份证号的方式操作，影响收件效率。在过机安检制度落实方面，个别寄递企业对落实配备X光机工作认识不足，相应设备配置不足，现有设备无法满足安全管控需要；同时已经配备X光机的寄递企业也没有完全执行过机安检操作。

政府监管力量不足。快递业的迅速发展导致行业监管涉及的范围越来越大，但是目前对于快递业的监督和管理，主要依靠邮政管理部门，这也给行业监管带来一定的困难。2016 年广东省努力争取成立省市安全中心，但是由于编制、管辖权限等壁垒，在争取地方政府支持上也存在心有余而力不足的困难。

广西壮族自治区快递市场发展及管理情况

一、快递市场总体发展情况

2016 年，广西壮族自治区邮政行业业务总量完成 63.7 亿元，同比增长 46.0%；业务收入完成 66.3 亿元（不包括邮政储蓄银行直接营业收入），同比增长 31.1%。其中，快递企业业务量累计完成 22835.4 万件，同比增长 82.1%；快递企业业务收入累计达到 33.9 亿元，同比增长 55.6%（表 7-20）。快递业务收入占全行业收入比重将达到 51.3%，较去年同期提高 8.2 个百分点；快递对行业增长的贡献率将达到 78.1%，较去年同期提高 5.3 个百分点。

表 7-20　2016 年广西壮族自治区快递服务企业发展情况

指　　标	单　位	2016 年 12 月		比上年同期增长（%）		占全部比例（%）	
		累计	当月	累计	当月	累计	当月
快递业务量	万件	22835.4	2463.4	82.1	85.9	100.0	100.0
同城	万件	3833.9	393.5	131.5	125.0	16.8	16.0
异地	万件	18912.8	2049.5	74.5	78.8	82.8	83.2
国际及港澳台	万件	88.7	20.4	82.6	391.3	0.4	0.8
快递业务收入	亿元	33.9	3.7	55.6	56.8	100.0	100.0
同城	亿元	3.9	0.4	184.3	185.4	11.4	11.5
异地	亿元	19.8	2.0	33.0	29.4	58.3	53.8
国际及港澳台	亿元	0.9	0.1	26.6	88.2	2.6	3.2
其他	亿元	9.4	1.2	92.7	91.2	27.7	31.5

二、行业管理工作及主要成效

行业发展环境持续改善。贯彻落实国务院 61 号文件精神，《广西壮族自治区人民政府关于促进广西快递业发展的实施意见》正式出台，行业发展政策体系日趋完善，与地方联系更加紧密。规划编制与衔接工作取得突破。完成了《广西壮族自治区邮政业发展“十三五”规划》的编制、发布、解读和宣贯等一系列工作，全面部署“十三五”时期全区邮政业发展。规划衔接取得突破，自治区国民经济和社会发展第十三个五年规划纲要，广西互联网 + 高效物流实施方案，综合交通运输、公路水路交通运输、现代服务业、物流业发展等领域的“十三五”规划均有涉及邮政业发展的利好政策，邮政快递基础设施建设、“最后一公里”配送、快递物流园、“交通 + 快递”扶贫工程等诸多内容得到有效衔接。梧州、钦州、北海、防城港、河池、来宾 6 市邮政业发展纳入当地国民经济和社会发展“十三五”规划纲要。

行业发展得到地方政府政策和资金的大力支持。自治区人民政府安排专项补助资金 1600 万元用于全区寄递企业配置 X 光安检机，目前全区已配置安检机 355 台。各市局累计争取到快递利好政策 22 项，内容涵盖为快递企业减免税费、支持快递下乡、物流园区建设、脱贫攻坚、农村电商发展等诸多领域，南宁、梧州、防城港等市局累计为行业发展争取并落实财政资金支持300余万元。助力解决企业车辆便捷通行等问题。通过加强与交警部门沟通，推动快递车辆便捷通行。南宁局与市交警支队协调，在业务旺季为企业发放快递车辆旺季保障通行证。河池、钦州、百色局与交警部门共同研究制定城区内快递电动三轮车临时规范标准。

为行业发展营造良好氛围。开展邮政业法律法规政策等宣贯普及活动，多渠道分层次加强对全行业从业人员的指导和培训。全区邮政管理系统政府信息公开工作稳步推进，政府部门公信力显著提高。统计分析水平及统计数据的准确率和及时率稳步提升，多次在国家邮政局统计工作考核中排名前列。行业青年文明号创建工作有序开展，已建成青年文明号集体：国家级1个、区级3个、市级1个。着力加强新闻宣传队伍建设，加强与地方媒体沟通联系，有效提高了行业影响力。南宁局成立了新闻宣传工作小组，在新媒体建设及刊物创建方面取得突破。“诚信快递、你我同行”主题宣传活动深入推进，北海、柳州、南宁、钦州、桂林等市局先后开展“十佳快递员”“最美快递员”评选、“诚信经营 规范服务” 等活动，传递行业发展正能量。防城港市政府将诚信快递建设纳入当地“诚信经营，放心消费”创建工作。2016年共开展四次快递业务员职业技能鉴定考试，全区已累计鉴定14585人，取证8641人。累计处理申诉14457件，为消费者挽回经济损失62.3万元人民币，消费者对邮政管理部门申诉处理满意率达97.9%

行业服务能力和水平显著提升。随着全区邮政业基础设施建设的深入推进，服务网络不断延伸，行业转型升级能力得到加强。通过引导“快邮合作”“交邮合作”，与电子商务进万村、村邮乐购工程等项目推进有机结合，建设叠加金融、快递、网购、代收代办等邮政业务开放式综合服务平台。各市局着力推进“快邮合作”，通过运输、场地、人员及快件代投服务等多领域合作，实现企业经济效益共赢，同时有效改善了边远山区群众用邮情况。平均服务人口3万人，全程时限、投递频次等服务水平指标明显改善，服务满意度和均等化指数稳步提升。扩大企业生产规模。全区主要品牌快递企业均已具备设施较完善、功能较齐全的快件处理中心，新建快件分拨中心15个，扩建分拨中心22个，新增快件处理场地面积3.47万平方米。目前全区大型邮件、快件分拨中心总面积超过25万平方米，设计日处理能力超过600万件。全区建成标准化快递营业场所1181个，网点标准化率将近六成，防城港市城区65个快递网点全部完成标准化建设。

不断提升末端服务能力。快递下乡深入推进，规模以上快递企业网络覆盖全区所有市县，各市局结合实际，采取灵活方式鼓励和支持企业推动乡镇网点建设。南宁局支持快递企业与农家店、农村综合服务社、农产品购销代办站等合作。梧州、钦州、贵港、柳州等市局推动乡镇“快递超市”项目建设，多个快递品牌在乡镇合作办理收投点，钦州市已率先实现乡镇快递网点100%全覆盖。“快递三进”工程取得进展，通过进一步加强宣传和沟通协调工作，“9·30”柳城事件负面影响得到有效消除，全区已有62所高校实现规范投递，高校规范收投率达88.57%，梧州首个校园邮政快递服务点已正式投入运营。四是快递园区建设有所突破。全区共有9个市的快递专业类物流园区项目纳入自治区“十三五”相关规划重点工程。目前广西快递企业租赁入驻的物流园区共有5个，在建园区5个（桂林市的临苏、贵港市的西江、防城港市的桂海、百色市快递物流园和南宁空港物流园电商快递枢纽基地）。中国邮政东盟跨境电商监管中心项目和南宁综合保税区国际邮件互换局项目拟于2017年3月份投产运营。圆通速递与南宁市政府签订了圆通物流东盟转运中心项目合作框架协议，项目总投资15亿元，计划用地350亩。

行业发展助力精准扶贫。局党组始终高度重视行业精准扶贫工作，成立领导小组，制定工作计划，明确工作任务，并鼓励各市局结合本地区及行业发展实际情况，助力“十三五”时期精准扶贫工作。区市两级邮政管理部门广泛探索，通过发展农村电商、村淘等为贫困村农副产品外销搭建起平台。局领导亲赴挂点扶贫村钟山县龙虎村调研，并组织全局干部职工为贫困户捐款。该村已进入帮扶脱贫阶段，预计2017年底完成脱贫摘帽。绿色通道重点城市建设。依托区位优势建立健全跨境电子商务物流体系，推动中国邮航、顺丰速运等公司发展国内全货航线。南宁局推动地方政府成立南宁市跨境电子商务工作领导小组，并成为成员单位。

“三向”工程成为行业发展新增长点。全力推进快递“三向”见成效，全区乡镇快递网点覆盖率已达84.71%，全年累计收寄2.28亿件快递，同比增幅全国排名第二，支撑的广西网络零售交易额超过360亿元。快递服务制造业项目50余个，累计产值近158亿元，服务形成的累计业务量达435.29万件，业务收入4.55亿元。“边民互市+电商+快递”促进了边贸繁荣，东兴、凭祥及龙州等沿边市（县）积极培育边民互市等优势产业，快递业务量迅猛增长，凭祥快递业务量增速达到249.08%。螺蛳粉、芒果、百香果、茉莉花、荔枝、沙田柚、脐橙、六堡茶、珍珠李、北部湾海产品等广西特色农副产品经由寄递渠道销往全国各地。特别是百色芒果、柳州螺蛳粉、钦北防海鸭蛋等项目已经形成种植（养殖）、加工、销售、运输的完整产业链条，得到国家邮政局领导的高度重视和认可。百色市被国家邮政局列为首批（7个）全国快递服务现代农业示范基地，为推动形成广西“快递+”农产品“一地一品”，更好地拉动地方经济发展，助力精准扶贫奠定了基础。

依法行政能力进一步提升。简政放权、放管结合，优化服务。企业分支机构设立、变更事项全部下放至市局。许可信息公开实现全流程网上审批。许可证申请审批、许可证登载事项变更审批及许可申请协查完成率均达100%，平均办结时间均在25个工作日内。积极推进深化行政改革的贯彻落实。依法补充了邮政管理部门的权力清单、责任清单，形成了有广西特色的“三个清单”，并及时贯彻落实。依法查处违法违规行为。全年累计查处违法违规行为为604次，罚款金额93万余元，行政处罚次数、罚款金额位于全国前列。推动执法规范化建设，开展执法案卷评议，加强执法培训，全区执法工作水平显著提升。坚持依法行政，妥善处置2起加盟纠纷事件。

行业安全生产和应急保障能力再上新台阶。各类专项安保工作稳步推进，先后组织开展岁末年初安全生产大检查、全国“两会”、2016年唐山世界园艺博览会、广西“两会一节”、中国—亚欧博览会、杭州G20峰会、2016亚洲国际集邮展览等多个专项安全保障工作，期间未发生安全事故，G20峰会安保工作中桂林局、区局市场处干部获国家局表彰。通过开展邮政业安全生产月活动，提升和消费者企业安全生产意识。行业应急管理能力增强，防灾减灾效果显著。推动邮政业应急管理纳入当地应急管理体系。进一步健全行业防灾减灾工作机制，完善应急预案，提出防范措施，指导安全隐患排查化解，加强预警预测工作。先后组织开展汛期安全保障、抗击台风“妮妲”、梧州苍梧县5.4级地震、来宾市迁江镇4.1级地震等极端天气及自然灾害的应对处置工作，期间没有出现邮件、快件积压和人员财产损失。指导各市局开展内容多样的应急演练活动，包括邮政业危险化学品、消防、突发事件等各类应急处置演练，防城港市人民政府印发《防城港市邮政业突发事件应急预案》。加强对企业日常经营情况的调查摸底，及时掌握情况，预判预警企业因经营不善、管理混乱、内部经济纠纷等原因导致的群体性事件。

继续推动寄递渠道安全齐抓共管，与各职能部门联合开展多方面合作。加强部门间协调机制建设，配合做好寄递渠道禁毒、反恐、扫黄打非、打击侵权假冒等工作。积极参与“5·14”禁毒工作专项机制，联合公安机关开展寄递渠道禁毒行动。各市局充分发挥寄递渠道安全管理领导小组机制作用，与禁毒、“扫黄打非”办、反恐、公安、安全、工商等部门开展联合执法检查活动，联合举办培训班，督促企业开展自查自纠行动。推动信息化建设。区局及14个市局全部列为国家邮政局寄递渠道安全监管“绿盾”工程建设试点单位。普遍服务监管、行政执法和审批信息系统的应用全面加强，完善基础资料，提高使用效率，全面提升了行政管理效能。保障用户寄递信息安全。做好用户寄递信息日常管理和定期销毁工作，各市局全年销毁过期寄递详情单47.96吨。

三、各市（地）主要管理工作概况

南宁局解决快递企业用地难。向市委市政府提交建设东盟快递总部基地的报告。圆通东盟总部基地落户南宁，计划供地350亩，总投资15亿元，项目达产年产值50亿元。中通快递87亩广西总部项目用地已获地方政府批复。在五象新区和中保区一带将逐步建成南宁市快递产业集聚区。解决车辆通行问题。“双11”旺季期间，联合市交警支队为各快递企业发放了500余张机动车辆旺季保障通行证，确保了“双11”旺季期间快递车辆市内通行安全便利。积极争取地方财政支持。2016年继续获得地方财政补贴行政执法经费20万元。落实发改委快递服务电商补贴资金100万元。

四、快递市场存在的突出问题

寄递安全保障压力较大。不法分子利用寄递渠道转运非法宣传品、爆炸物、毒品、枪支弹药等违禁物品，不知情组织和个人通过寄递渠道转运易燃易爆物、危险化学品等禁寄物品，寄递企业非法收寄国家机关公文等问题仍然存在。

行业发展环境仍需改善。已有产业扶持政策的落地推动较慢，交通体系对行业发展的制约较为突出。各地政府对快递运输用车管制尺度不一，影响城市配送水平。

快递企业发展水平不足。民营企业整合力度不够。企业小散乱现象较为突出，导致服务水平相对滞后。市场竞争行为不够规范，价格战问题突出，企业业务量在每年高速增长的同时，利润率持续下滑。快递企业用人成本持续增大，人员流动频繁。企业培养员工的积极性不高，妨碍整体服务水平提升。

海南省快递市场发展及管理情况

一、快递市场总体发展情况

2016年，海南省邮政行业业务总量完成16.9亿元，同比增长34.0%；业务收入完成19.7亿元（不含邮政储蓄银行直接营业收入），同比增长29.9%。其中，快递企业业务量累计完成4869.4万件，同比增长64.9%；快递企业业务收入累计达到10.0亿元，同比增长58.2%。邮政、快递服务满意度持续提高（表7-21）。

表7-21 2016年海南省快递服务企业发展情况

指 标	单 位	2016年12月		比上年同期增长（%）		占全部比例（%）	
		累计	当月	累计	当月	累计	当月
快递业务量	万件	4869.4	669.5	64.9	106.2	100.0	100.0
同城	万件	1108.2	264.8	103.2	379.2	22.8	39.5
异地	万件	3755.5	404.3	56.4	50.3	77.1	60.4
国际及港澳台	万件	5.7	0.5	-0.7	8.2	0.1	0.1

续上表

指标	单位	2016年12月		比上年同期增长(%)		占全部比例(%)	
		累计	当月	累计	当月	累计	当月
快递业务收入	亿元	10.0	1.2	58.2	66.7	100.0	100.0
同城	亿元	1.0	0.2	166.7	373.6	10.0	15.8
异地	亿元	6.6	0.7	42.4	30.0	65.4	55.2
国际及港澳台	亿元	0.1	0.01	-1.4	0.8	1.2	0.9
其他	亿元	2.3	0.3	89.6	111.9	23.4	28.1

二、行业管理工作及主要成效

以优化政策环境为引领。2016年4月19日，海南省政府正式印发《海南省促进快递业发展实施方案》，是全国第三个以省政府名义印发实施方案的省份，得到国家邮政局党组的充分肯定，实施方案强化创新驱动、聚焦重点推进、建立健全体系，提出8项主要任务和7项保障措施，明确14个方面42项具体分工，共涉及全省33个相关部门和19个市县政府，推动快递发展形成全社会共识、共担、共治局面。实施方案印发后，海南省邮政管理局迅速组织召开宣贯会议进行全面动员部署，研究制定《2016年海南省促进快递业发展工作重点及任务分工方案》，联合省发展改革委、交通、农业、公安等部门召开相关政策研讨会，研究政策衔接。各市(地)邮政管理局结合各地实际，积极研究草拟市县实施方案，并协调、报请市县政府印发，现东方市政府和琼中、乐东县政府已经印发本市县的实施方案。

2016年8月9日，经海南局报请省政府批准，省政府办公厅正式印发《海南省邮政业发展“十三五”规划》，年底，《海口市邮政业发展规划》和《三亚市邮政业发展规划》(为市政府印发)正式印发，全省邮政业发展“十三五”规划“1+2”体系形成。省邮政业发展“十三五”规划明确坚持以创新发展为主线，融入全省12个重点产业、六类产业园区、百个特色产业小镇和千个美丽乡村，推动五个邮政建设的发展思路，提出了8个方面的发展任务，6项重点工程和8项保障措施，思路清晰，目标明确，措施得力，发展路径彰显海南特色。省邮政业发展“十三五”规划编制工作主动对接海南省域“多规合一”试点工作取得成果，《海南省国民经济和社会发展第十三个五年规划纲要》提出“以综合物流中心和专业物流中心辐射……村邮站，与乡村邮政、快递……网络融合，形成全省物流服务全覆盖”“引导邮政企业……充分利用农村邮政网络……开展农村物流服务，提高共同配送能力，提高农产品及农村物流水平”，并将海口邮件处理中心工程、海南快递物流集散中心(海口)、三亚市邮政行业快递物流建设项目列为省“十三五”重点项目。

政策衔接取得突破。“十三五”规划助推“大融合”，邮政业基础设施建设项目，分别被《海南省促进快递业发展实施方案》《省2016年重点项目投资计划》《海澄文一体化综合经济圈发展规划》列为重点项目。省政府印发的《海南省“十三五”现代物流业发展实施方案》《关于大力推广新能源汽车促进生态省建设的实施意见》，海南省人民政府办公厅印发的《关于印发海南省2016年现代物流行业行动计划的通知》《关于深入推进“互联网+流通”行动计划的实施意见》《海南省促进电子商务加快发展奖励扶持办法(试行)》《关于促进内贸流通健康发展的实施意见》等多部省级政策文件将促进邮政业发展政策纳入其中，邮政业发展形成了较为完备的政策支撑体系，迎来了最佳政策发展机遇期。

以推动转型升级为动力。推动发展邮快合作、交邮合作，海口邮政为6家快递企业代投包裹4.4万件，收取费用27.9万元；琼海邮政在博鳌年会为快递企业提供安检场所；琼中邮政与琼中海汽开展代收、代运合作；保亭邮政代理申通乡镇快递等业务。省邮政分公司与海汽运输集团股份公司开展交邮合作，利用客运班车代理运输邮件，全省共组开4个频次24条省内干线自办汽车邮路，通达全省所有市县，基本满足全省市县和重点乡镇互寄邮件次日递的需求。

快递发展重点工程实现新突破。推进快递下乡工程，海南乡镇快递网点实现覆盖率100%，数量达到707个，提前实现“乡乡有网点、乡乡通快递”的目标。推动邮政、快递企业纳入海口市城市共同配送试点项目，2016年海南顺丰、中通快递公司等获海口市城市共同配送专项资金416万元。推动快递“三进”工程，以“进高校”为重点，全省高校规范收投率达100%。推动快递“上机”工程，指导海南顺丰积极与电商和农户对接，采取产地直销、订单生产的模式，将海南荔枝通过航空专机运输发往全国各地。推动品牌企业城区自营网点标准化建设，建成标准化网点450家，达标率70%。优化快递“向外”发展环境，与商务、海关等部门探索建设出入境邮、快件通过信息化管理系统。发展“互联网+农业+快递”海南模式，积极培育从“田间”直达“舌尖”特色农产品示范项目，得到省长刘赐贵以及常务副省长毛超峰等领导的高度重视及充分肯定。

产业联动发展取得新成效。指导行业服务地方经济发展，融入海南12大产业，百个特色小镇建设，海南中通服务海口市“菜篮子”配送工程；海南顺丰服务文昌会文佛珠；海南圆通服务地方特产及海马汽车；宅急送服务通讯与制药；海南苏宁、京东仓配一体化快递服务；五指山邮政服务海南药业，洋浦圆通服务金海纸浆等一系列示范性项目不断涌现，海南快递服务制造业项目达28个，服务制造业累计产值达6.6亿元，行业服务地方经济社会能力显著增强。其中，琼中邮政、顺丰企业、海汽快递与琼中县政府签订绿橙寄递服务协议，支撑绿橙销售达亿元。

以提高治理能力为基础。邮政市场监管不断强化，认真履行好邮政市场监管职责，以综合执法、全面执法、联合执法为切入点，通过信息化手段有效提高执法效率和规范化水平，邮政市场监管能力不断提升。持续深入开展快递市场清理整顿、快递服务质量整治及打击违法招揽加盟商等各类专项检查行动。着力实施“双随机”检查工作机制，营造了公平公正的市场环境。2016年全省各级邮政管理部门对快递、集邮、邮政用品用具市场检查企业共1386家次，出检人数3474人次，出检天数396天，下达行政处罚决定38份，罚款金额38.8万元。同时，不断深化行业诚信体系建设，建立健全邮政业申诉与市场监管联动机制，充分发挥申诉渠道作用。快递协会服务、协调和自律职能得到了有效发挥。

安全监管和应急能力不断提升，建立完善省、市（县）两级寄递渠道安全管理协作联动机制和联席制度，推动寄递渠道安全监管综合治理和属地化管理。完善了行业安全管理制度，全面落实“收寄验视+实名收寄+过机安检”三项安全制度要求，推动企业安检机的配置，与省综治、省财政联合印发了《海南省寄递企业购置安检机财政补助实施方案》，对寄递企业新购置的安检机按照购置金额的50%给予财政补助。同时，建立完善视频监控等系统，充分发挥科技技术的支撑作用。认真做好“双11”等旺季服务保障工作，积极开展安全生产常态化检查和各类专项整治活动。成功保障了文昌航天发射、博鳌亚洲论坛年会以及全国两会、G20杭州峰会等重大会议活动期间寄递安全。

抓优精神文明建设。组织开展行业精神文明创建活动，指导邮政、快递企业积极参与创建精神文明号活动，海南中通公司荣获海口市青年文明号并获得全国第二届“最美快递员团队”荣誉。大力扶持群众性文体活动健康发展，先后组织开展“迎新春 邮政情”、“邮政心 双创情”、迎“五·一”、迎“五·四”等文体活动，丰富干部职工业余生活。2016年12月，国家邮政局在海口召开全国邮政行业精神文明建设工作培训班和全国邮政管理系统纪检监察培训班,全国邮政行业培训代表考察学习海南省邮政11185客户服务中心全国青年文明号和海南中通公司海口市青年文明号创建工作。期间,国家邮政局副局长邢小江赴海南局和部分市(地)局调研,在参观海南局机关党委示范点建设后,邢小江对海南局"以抓好党建为保障"的"四轮驱动"工作局面给予充分肯定。

三、各市(地)、派出机构主要管理工作概况

海口局靠政策推动。海口邮件处理中心工程项目、海南快递物流集散中心(海口)列入《海口市国民经济和社会发展第十三个五年规划纲要》物流业重点项目;海口市村邮站日常运行维护费纳入市财政年度预算。用安全保障。落实"收寄验视+实名收寄+过机安检"三项制度,重点抓好"双11"、博鳌亚洲论坛年会等关键节点安全服务保障。以法律规范。共违法违规行为13起,下达责令整改5份,处罚金人民币10.2万元。让服务支撑。实施"互联网+快递"战略,引导行业服务"三农",培育从"田间"直达"舌尖"的石山特色农产品示范项目。借他力联动。联合公安、国安、综治等部门,合力开展扫黄打非、禁毒反恐等专项行动。

三亚局高度重视党建工作,认真落实党风廉政建设责任,党风政风行风建设取得新成绩。积极努力创造良好政策环境,认真做好三亚市邮政行业发展"十三五"规划编制和协调发布工作。高度重视行业安全管理工作,加大检查和处罚力度,切实保障了G20杭州峰会、澜沧江-湄公河合作首次领导人会议等重大国事会议活动及节日期间三亚寄递渠道安全畅通。

东部局加快推进"快递下乡"工程,提前实现了"乡乡通快递"目标,积极引导快递服务文昌会文佛珠,促进快递与地方产业融合发展。组织开展快递营业场所标准化建设,辖区城区快递网点达标率达76%。依法做好快递许可备案管理,所有备案分支机构均核发名录牌,全面实现挂牌经营。辖区5市县全部成立了寄递安全管理工作机构,并初步建立起联席会和信息通报制度。在省局领导下圆满完成了博鳌亚洲论坛2016年年会寄递安保工作。被琼海市禁毒委评为2015年度禁毒工作先进单位。

中部局辖区邮政业发展水平稳步提高,邮政企业和快递服务企业业务收入累计完成1.54亿元,同比增长13.24%;业务总量累计完成1.31亿元,同比增长11.97%。快递服务企业业务量累计完成129.88万件,同比增长38.91%;业务收入累计完成3501.49万元,同比增长46.54%。年内新增快递企业末端网点7家,517个村邮站实现功能拓展,当日党报党刊见报率100%;45个乡镇实现民营快递全覆盖;政策发展环境持续优化,邮政市场、普遍服务监督管理能力不断加强,普遍服务工作得到了国家局赵晓光副局长高度肯定。

西部局扎实抓好"两学一做"学习教育,全面深化从严治党;协调东方市人民政府出台《东方市促进快递业发展实施方案》,协调澄迈等3个市县保密部门联合发文加强邮政机要通信规范管理;加强村邮站运营管理,推广"村邮站+村邮乐购"运营模式;协调多方推动昌江县核电站邮政快递综合服务平台建设;组织辖区寄递企业集中销毁超过保存期限的快递面单810余万份;引导儋州市、昌江县、澄迈县寄递企业下沉服务网络,服务地方农特产品销售;组织辖区3次快递业务员职业技能鉴定专场考试,共179名快递员参加;狠抓邮政服务用户满意度,部署开展邮政服务质量专项整治活动,组织开展辖区平信寄递测试;妥善处理天天快递、韵达速递网络运营异常突发事件,做好博鳌论坛、G20峰会、"双11"及台风"电母"等期间寄递渠道安全保障工作;严格依法行政,全年查处违法案件5件,行政处罚金额5.7万元。

四、快递市场存在的突出问题

寄递渠道安全形势日趋复杂严峻,部分快递企业安全意识淡薄,逐利思想严重,未能严格落实

各项安全制度,安全监管压力可谓与日俱增,寄递安全基础、市场监管能力、体制机制保障等亟待加强。

海南快递市场规模偏小,多数企业发展方式粗放,同质化竞争严重,转型升级动力不足,管理水平和人才队伍建设无法适应发展需求,快递服务水平不高仍是行业快速发展的突出“短板”。

网络购物寄递费用不高、农村地区收件量较少、农村电商市场未充分激活致使“快递下乡”难,农村乡镇末端快递服务有待规范。

重庆市快递市场发展及管理情况

一、快递市场总体发展情况

2016 年,重庆市邮政行业业务总量完成 79.2 亿元,同比增长 29.8%;业务收入完成 76.7 亿元(不含邮政储蓄银行直接营业收入),同比增长 27.0%。其中,快递企业业务量累计完成 28382.5 万件,同比增长 38.3%;快递企业业务收入累计达到 39.0 亿元,同比增长 36.0%(表 7-22)。

表 7-22 2016 年重庆市快递服务企业发展情况

指标	单位	2016 年 12 月		比上年同期增长(%)		占全部比例(%)	
		累计	当月	累计	当月	累计	当月
快递业务量	万件	28382.5	3119.7	38.3	40.0	100.0	100.0
同城	万件	9869.1	1009.6	18.7	8.8	34.8	32.4
异地	万件	18398.6	2094.0	52.4	63.4	64.8	67.1
国际及港澳台	万件	114.9	16.1	-17.0	-15.3	0.4	0.5
快递业务收入	亿元	39.0	4.3	36.0	38.7	100.0	100.0
同城	亿元	8.1	0.8	17.1	5.8	20.9	19.4
异地	亿元	19.9	2.2	30.5	34.0	51.1	51.6
国际及港澳台	亿元	2.7	0.2	16.2	-2.0	7.0	4.3
其他	亿元	8.2	1.1	99.3	127.6	21.1	24.7

二、行业管理工作及主要成效

加强执法工作监督,提高依法行政水平。进一步规范行政执法程序。创新监管模式,加大行政执法力度。以严格执行收寄验视制度为重点,全面推行“三项安全制度”。开展收寄验视专项检查,紧盯“三项安全制度”的“底线”“红线”,以零容忍的高压态势,严查严究不按规定执行收寄验视制度的违法行为。圆满完成 2016 年京交会、G20 峰会、亚欧博览会和文博会、中国共产党与世界对话会等国家重大活动、重要会议期间的寄递安全保障任务。2016 年各分局积极创新安全监管模式,全面推行“三项安全制度”。一分局高度重视快递企业网点标准化建设工作,创新开展末端服务网点及分拨中心平安示范点创建活动,设立申通分拨中心平安示范点、顺丰红光营业部平安示范点、圆通国本路营业部平安示范点,通过示范效应进一步促进寄递企业提高安全防范意识,完善安全管理制度和措施,以点带面,促进辖区寄递业安全管理水平的全面提升;二分局采取日常检查、节假日抽查、重要网点重点检查等方式,对企业执行“三项安全制度”情况进行督查,严格查处执行不力的企业,并对石柱申通未执行收寄验视制度作出了停业整顿的处罚;七分局在辖区率先开启邮政市场执法“夜查”模式,进一步加大重要时期的监管力度。

优化行政许可制度，严把市场准入关口。重庆市邮政管理局严格贯彻落实快递业务经营许可优化方案，简化审批程序，全程网上办理，进一步减轻企业负担。2016 年重庆市取得快递业务经营许可企业（含省级分公司）共计 298 家，备案分支机构 1149 个，登记末端网点共计 715 个。在深入推进简政放权的同时，重庆局进一步加强行政许可的合法性审查工作。2016 年 2 月以来重庆局认真开展快递市场清理整顿专项行动，重点查处的 9 类违法违规行为，督促企业依法进行分支机构的备案、变更和撤销。七分局积极引导辖区品牌快递企业以分片包干的形式，一个乡镇设立一个分支机构，由该分支机构归口管理下属村级末端服务网点，推动快递企业实现合法运营、规范化管理。

加强服务型政府建设，稳步提升快递服务质量。推动建立快递服务质量提升联席会议制度。2016 年重庆局以例会的方式，建立了处室、分局、中心、协会和企业参与的综合协调工作机制，进一步加强了服务质量的监督，为维护消费者合法权益提供了组织和机制保障，有利于进一步提升行业服务水平。形成执法联动机制，通过 12305 申诉中心再造，重庆局形成了以 12305 申诉渠道、信访渠道、局长信箱渠道为基础的服务质量管控体系，强化了申诉与执法联动机制，全年通过申诉渠道查处违法行为 10 余起。建立联合约谈机制，对申诉量多或申诉处理用户满意度较低的企业，采取业务处室与申诉中心联合约谈的方式督促企业加强投诉管理，快递企业服务意识进一步增强。着力解决影响快递服务质量的突出问题。重庆局积极加强与公安机关的沟通联系，通过修订《寄递物流企业单位内部治安保卫工作规定》，进一步完善快件丢失、短少、毁损的责任追究机制，督促企业落实保障服务质量的主体责任，着力提升快递服务质量。

健全安全监管联动机制，齐抓共管保障寄递安全。发挥专项工作组作用，全面加强寄递安全管理工作。2016 年重庆局充分发挥专项工作组牵头作用，协调各责任单位加强邮件、快件寄递安全管理工作，建立收寄验视、实名寄递联网监控、可疑情况报告等安全管理制度，通过联合开展"两整顿一化解"专项行动，寄递渠道安全得到有力保障，重庆市寄递渠道安全监管基本形成齐抓共管、综合治理的格局。各分局与区县综治、公安、国安等部门紧密配合，深入开展危爆物品清理整顿专项行动，采取联合部署、联合检查的方式，强力推进"收寄验视 + 实名收寄 + 过机安检"三项寄递安全制度的落实。行动期间，下发整改通知 101 份，立案查处违法违规企业 28 家，关闭快递末端服务网点 22 个。与相关部门协同配合，筑牢安全保障长效机制。创新安全监管模式，完善与公安部门的执法联动机制，探索建立市、区县、街道（乡镇）三级监管体系，形成网格化管理模式。四、五分局已与重庆主城各区公安分局建立了"三级联动机制"，将寄递渠道安全保障工作延伸到派出所层级，各派出所设专管民警，进行"网格化"管理，增强了重庆局寄递安全管理工作的力度。加强部门协作，形成寄递安全监管合力。2016 年重庆局进一步加强与地方政府的沟通协作，配合有关部门严厉打击利用寄递渠道实施违法犯罪活动的行为，全面提升寄递安全监管水平。与国土房管局联合发文加强物业管理区域快递末端服务工作，推动社区快递服务规范化，消除物业管理区域安全隐患；与市经济和信息化委员会、市公安局联合发文完善危爆物品寄递管理工作制度，切实防范危爆物品流入寄递渠道；与市公安局、市交委等部门共同修订《重庆市物流寄递企业单位内部治安保卫工作规定（试行）的通知》，着力解决邮件快件丢失、损毁问题。

狠抓源头治理，落实企业安全生产主任责任。通过建立健全快递企业安全生产信息公示制度，发挥安全管理从业人员监督及社会监督双重作用，增强了企业安全管理意识。通过引导企业完善安全生产机制，设立安全管理机构，强化了企业的安全责任意识。全市主要品牌快递企业均已建立安全生产台账并设置专兼职安全管理人员，畅通了企业安全信息报送渠道，提高了企业安全防范意识。全面落实“三项安全制度”，强力推动“三项制度”的落实，定期开展专项检查。利用多种手段落实收寄验视和实名收寄的监督检查，与市公安局共同研发建设寄递物流行业安全监管系统，试行并推广邮政业安全管理台账制度，实施快递企业的分类管理和快件收寄的规范化管理，实现对企业内保工作、寄递活动的全程跟踪，做到安全管理工作“有迹可循、有迹可查”；市政府分管领导专门批示督促相关部门解决寄递企业X光安检机配置补助等问题，统筹解决安检设备的配置取得阶段性成果，全市已经安装到位和已经签订购买合同的安检设备共计115台。筑牢寄递从业人员安全防线。推动企业加强安全培训，从业人员安全意识进一步提升，将从业人员转变为保障寄递安全的铜墙铁壁，不断筑牢安全防线。2016年因快递从业人员报告，重庆局发现1起违法寄递枪支的行为、有效避免2起危化品泄露事件，得到政府相关部门的肯定。

加强风险防控体系建设，提升风险管控能力。全面推进邮政行业突发事件风险防控体系建设，修订完善了重庆市邮政业突发事件风险管理制度、流程、评估标准及控制方案，归纳出邮政业存在的17个风险点。组织邮政快递企业填报风险信息1002条，完成评估程序和管控措施332条，涵盖重庆市38个区县、21家主要企业、68家加盟或代理快递企业，促进了邮政业突发事件风险防控管理进一步规范化、系统化和科学化。由于应急管理到位，重庆局成功处置危化品泄漏、企业员工罢工等多起突发性或群体性事件，改变了以往处置突发事件的被动局面，风险防控能力显著增强。

坚持创新发展，推进邮政快递企业转型升级。引导农村邮政服务在创新中发展。借力重庆市促进农村电商发展的契机，重庆局积极争取地方政府支持邮政企业发挥资源优势，推进区县电商运营中心、乡镇（村）农村电商综合服务平台建设，以邮政企业线上平台为基础，打造邮乐农品网县级“特产馆”，构筑起邮政服务“三农”新阵地。推进共同配送体系建设，促进快递企业转型升级。2016年重庆局与市商委、市财政局达成共识，积极为快递末端平台争取市商业资金补贴，推动快递末端网点朝公共化、规范化转型。试点建设多区域多家快递公司共同处理、统一配送快件的服务模式，降低寄递物流成本，激发市场活力。四、五分局推动南岸茶园地区建立了重庆市首个区域级快件集中处理中心，大渡口区人民政府为大渡口区快件集中处理中心解决用房和车辆停靠等问题，通过两个区域处理中心快件的集中分拣、集中投递，提高了快件投递效率，进一步优化快递企业生产运营方式；一分局引导巫溪县邮政企业利用乡镇网点与快递企业加强合作，开展共同配送的试点已经起步。创新县级邮政监管模式，推动垫江县邮政业发展。垫江局成立后，多次与垫江县政府沟通联系，推动垫江县政府将扶持快递、电商发展作为重要工作内容，成立邮政业发展服务中心，为垫江局解决人员、资金问题。争取县财政拨付专项资金，仅三个月时间建成占地100余亩、建筑面积3.6万平方米，集“快递分拣、物流仓储、电子商务”于一体的电商快递物流集散中心。该中心有效聚合电商与快递企业，为全县网商提供网销产品的仓储、包装和配送等一体化服务，并解决了集中安检问题。垫江局成立半年多来，垫江从乡以下基本无快递网点到实现“快递下乡”全覆盖，在301个建制村中，一半以上建成村级快递服务站，同时开辟电商服务，对贫困村实现寄递服务全覆盖。加快航空快件绿色通道建设，建立快件优先安检制度。重庆局与重庆机场物流集团建立快递航空绿色通道工作联系机制，并将航空快件的安全发运纳入重庆市邮路安全监管办公室的工作内容。由重庆机场集团根据快递航空货量，优先安检，优先配仓，优先发运。同时积极争取特定时段大批量航空快件享受独立收货通道的服务，缩短了航空快件安检时间，提升了快件运输时效。

坚持协调发展，助力快递业发挥先导性作用。快递业发展纳入地方规划取得成效。继续深入推进行业规划工作，争取将邮政快递业发展纳入地方政府规划取得成效，“大力发展邮政快递业、完善农村快递服务网络、打造内陆国际邮件互换中心”等内容已纳入重庆市国民经济和社会发展第十三个五年规划纲要，实现了与相关行业规划的紧密衔接，有助于推动快递业融入生产、流通和消费环节，有利于快递业与先进制造业、现代农业、信息技术等产业协调发展。积极推进快递服务制造业。在重庆局的积极引导下，重庆市邮政快递企业已开展快递服务制造业项目34个，服务制造业业务量累计完成182.6万件，业务收入累计1054.53万元，直接服务制造业累计产值45356万元，服务领域涉及汽车零配件制造、五金制造、机械制造和农副食品加工等十余个行业。推动快递与电商集聚融合发展。2016年重庆局先后与南川区人民政府和永川区人民政府签署了《推进快递电商协同发展合作协议》和《推进快递与工农商贸产业发展合作协议》，通过合作共建物流园区、邮政快递产业园、区域分拨中心等行业基础设施，促进快递与其他产业协同发展。渝南快递物流园与电商产业园同步建设已初见成效，吸引数十家快递企业入驻，通过整合资源提升了配送集约化水平，降低了企业运输成本。重庆局积极推动园区建设的同时，鼓励并引导园区发挥集聚优势组建自有品牌快递公司，秀山物流园成立了重庆首家专注县域城乡的物流快递服务公司——“云智速递”，较好地解决了农产品进城“两个一公里”难题。

坚持绿色发展，推动车辆通行问题取得新进展。针对主城区载货汽车限行政策，在主城区新增货运车辆不能办理通行证的背景下，积极联系公安交通部门，将快递货运车辆纳入特种行业货运车辆管理，按照每年15%的比例给予增发。为贯彻落实《实施意见》相关要求，重庆局成立快递车辆管理办法研究小组，拟通过明确快递车辆三统一，即“统一车型，统一标志，统一监管”的方式，建立快递车辆通行证审批制度，逐步引导相关部门出台快递车辆定点、定线、定量通行政策，保障主城区载货汽车通行秩序，实现快递便捷通行。

坚持开放发展，大力推进快递“向外”工程。引导行业内资源整合，解决快件“下乡”难题。积极整合行业内资源，推动快递企业采取“邮政车辆转投快件、共享农村电商服务站、探索建立快递服务中心”三种方式深化“快邮合作”。18个区县邮政分公司与当地民营快递企业开展了不同形式的合作或达成合作意向，实现了资源整合，一定程度上解决了农村快递运输问题。重庆局充分利用供销系统在农村地区的网点资源，发挥互补优势，与供销部门签订《战略合作框架协议》，试点建设“农村社区综合服务中心（邮政快递电商服务中心）”，努力打通“农产品进城”和“工业品下乡”流通渠道关键环节；一分局加强与地方相关部门沟通联系，共同研究推进快递服务与网络零售协同发展，大力推进邮政快递网点布局电商网络，引导企业自建“快递＋电商”综合服务网点；二分局积极推进秀山县快递企业入驻电商物流园，与优秀电商企业合作，依托“武陵生活馆”实体店，深度开发土鸡蛋、中药材等网销产品通过寄递渠道实现“农产品进城”；三分局探索试行“村邮站＋快递超市＋电商平台”快递通达至村新模式，实现了快递营业场所乡镇、行政村覆盖率双100%。探索组建第三方公共配送平台，整合乡镇配送资源，有效了缓解投递时效长、服务质量不统一等“最后一公里”难题；六分局推动重庆丰安物流有限公司与菜鸟网络开展战略合作，以江津为中心，打造覆盖广大农村地区的综合型电商平台、快递服务网络，目前已在江津区开设152家镇、村级电商服务中心线下体验店和快递服务网点，“智慧物流＋”模式初步形成。依托渝新欧铁路，开拓跨境运邮新纪元。为充分发挥渝新欧铁路运输优势，实现跨境运邮的常态化、规范化，进一步提升重庆市邮政快递企业国际竞争力，重庆局提出“依托渝新欧国际铁路联运大通道，建设邮件交换中心”的设想，并多次向市政府汇报相关工作，得到重庆市政府的支持，并给予邮政企业优惠政策，为国际邮件处理中心建设提供了支撑，邮政企业规划在西部物流园建设集国际邮件收寄、国际邮件出口处理和传统邮政通关通检及转运等功能于一体的全国首个铁路口岸全功能邮政跨境电商运营中心（含国际邮件交换中心），进一步提升跨境快递服务能力。

坚持共享发展，完善快递服务网络。科学合理引导城市公共平台建设。推动社会资本投入快递末端服务网络建设，推广合作投资及社会资本自建三方平台的模式，积极为菜鸟社区、速递易、逗妮开心、珂擎物联、顺丰丰巢等5家快递三方平台企业和邮政、快递企业搭建交流合作平台，末端投递效率有效提升；第三方服务平台以快递业务为出发点，利用寄递优势不断拓宽业务渠道，成功探索重庆市快递三方平台的商业发展模式。仅“逗妮开心”三方平台已在重庆通过自建或合作模式建设末端平台700余个，取得了与一级批发商议价权，规范了城市末端网点的收、投等问题，摆脱了城市末端服务长期亏损的困境，为末端网点更好地服务用户提供了强有力的保障。

因地制宜推进乡镇末端服务平台建设。2016年重庆局制定了《“快递下乡”工程实施方案》《关于促进消费带动转型升级的贯彻方案》，重点围绕农村综合服务平台和配送服务体系建设，指导各分局结合辖区实际，积极探索、大胆推动多种形式的发展模式，打造“快递＋”特色农产品样板项目。截至2016年底，全市乡镇快递服务网点覆盖率已达96%。采取“内引外联”方式引导快递服务现代农业，助力精准扶贫。助推梁平县邮政企业与快递企业合作搭载三级服务体系推进“快递下乡”，通过县级农村电子商务运营服务中心、镇乡支局农村电商服务站、村级农村电商“邮掌柜”服务点组成农村电商三级运营服务体系，服务现代农业成效显著。2016年邮乐购梁平馆106种农特产品上线，建设邮掌柜182个；鼓励快递企业搭载或者自建电商平台，推广“快递＋电商＋扶贫”发展模式。推动南川区快递企业搭载“淘乡村”电商平台，将农产品销往全国。“淘乡村”平台与多个贫困村签订电商扶贫协议，议定以高于市场价6%～12%对贫困村的农产品进行收购，同时依托南川区渝南快递物流园集约高效的优势大力开展农产品网上销售，形成快递与电商协同发展助力精准扶贫新模式。

三、各派出机构主要管理工作概况

一分局促进资源整合，共赢合作促发展。梁平县位于重庆市东北部，虽然有三大名柚之一的梁平柚品牌，又有一定规模的电商经营户，但由于渠道不通，产品销售一直不佳。在一分局的协调推动下，实现“邮快合作”，梁平邮政分公司主动开放企业资源，充分利用邮政企业乡镇网点覆盖面广的优势，为民营快递企业代投快件下乡。现已与12家品牌快递企业合作，为其进行乡镇快件投递，形成了邮政与快递和谐包容、协调发展的良好局面。打通梗阻后的梁平县快递业务量2016年1～11月同比增长130%。农产品外销也取得突破，梁平柚今年销售近9万吨，当地仁贤镇宏山村有近半数的村民参与了网上销售，年销售额达300余万元。

二分局推动产业融合，唇齿相依共发展。二分局与秀山县政府积极联系，推动其在组建专注农村电商的云智科贸公司时将快递服务纳入，使其成为集商贸、农业、快递为一体的综合服务平台。在此平台上，联结了157家“武陵生活馆”乡村服务站和20多家快递公司，解决了运输成本高、服务难规范等“下乡”老难题，形成了“覆盖城乡、双向流通”的现代物流体系，不仅农产品进城不再难，还使农村快递真正快了起来，实现了秀山周边17个区县当日送达、城区24小时收发、快递包裹1天内从分拨中心进村入户。“融合”式的平台和快件的双向流通为秀山快递业及相关产业发展插上了翅膀。目前秀山县快递进村月均超5万件，农特产品进城成本降低近20%。2015年快递业务量同比增长342%，2016年1～11月又同比增长163%，"双11"更实现了当月同比增长330%。两年内，不仅将快递业务量进出比从原来的7～9∶1，提升到现在的1∶1.17，实现进出基本平衡，还在区县业务量收排名上连进8位，超越了周边经济远好于自身的区县。

三分局加强政策聚合，优化环境利发展。三分局主动与垫江县联系，通过多次深入沟通，在垫江县政府的大力支持下，成立了邮政业发展服务中心。县财政在当年预算中挤出专项资金，仅用三个月时间就推动建成占地100余亩、建筑面积3.6万平方米集"快递分拣、物流仓储、电子商务"于一体的电商快递物流集散中心。该中心有效聚合电商与快递企业，为全县网商提供网销产品的仓储、包装和配送等一体化服务，并解决了集中安检问题。

四、快递市场存在的突出问题

快递车辆通行和停靠问题仍然未得到根本性的解决。随着快递市场的高速发展，快递业务量持续保持快速增长，快递车辆不断增加，但重庆市公安交管部门对货车通行证施行总量控制政策，主城区货运车辆限行的路段进一步扩大、限行时间进一步延长，在部分繁华地区、重点路段快递车辆通行停靠难问题依然存在。加盟快递企业车辆因故退出快递企业，新增车辆不能办理通行证，导致业务量增大的同时运力在相对减少，因车辆通行问题导致快递服务受到影响，成为制约行业发展的重要因素之一。此外，在部分区县，快递车辆进城难、通行难、临时停靠难的问题也逐渐凸显。为解决车辆通行难、停靠难问题，进一步优化行业发展环境，需要切实贯彻落实重庆市人民政府《关于促进快递业发展的实施意见》及其他相关政策，研究制定快递车辆管理办法，给予快递服务车辆通行停靠的便利。

快递业务发展增速放缓。2016年，重庆市快递业务量及快递业务收入增速有所放缓，同比分别下降9.53%和6.53%。主要原因是重庆市电商基础相对薄弱。重庆市电商发展目前主要存在适合网络销售的本土货品少、电商主体相对缺失、电商人才缺乏导致网络营销较为落后、较大的企业包容度不高等问题。重庆市有约三分之二的电商经营主体实际上是只在线上接单，实际发货是在外省，导致线上接单实际发货在外省的交易额不会贡献快递业务量及收入，且此种交易方式的占比越来越大，直接影响了重庆快递业务的整体发展水平。

绿色快递仍需探索。根据《国家邮政局关于印发促进快递业发展重点工作系统内分工方案的通知》，重庆局积极探索绿色快递试点工作，新能源汽车使用已取得初步成效，但由于快递企业多为全国网络型企业，包装用品由企业总部统一管理，目前快递企业总部尚未统一使用绿色包装，且缺乏绿色包装的统一标准，绿色包装技术的探索和快递封套的循环使用等工作开展存在困难。

寄递安全形势依然严峻。与寄递行业迅猛发展的态势相比，与中央对寄递行业发展的要求和期望相比，重庆市寄递渠道安全设施建设相对滞后，服务质量还需进一步提升，寄递安全与行业发展矛盾较为突出。此外，由于未严格执行收寄验视制度的识别难度大，小量危化品易混入寄递渠道，造成公共安全的隐患。同时寄递行业具有点多面广，价低便捷，全程全网，人货分离等特点，给不法分子可乘之机，邮件、快件寄递过程中出现的涉恐涉爆、涉毒涉私、侵权假冒、危害国家安全以及用户个人信息泄露等突出问题增加了寄递渠道安全形势的严峻性和复杂性。加之快递新业态层出不穷，给安全监管工作带来挑战。

行业安全监管能力仍需夯实。随着重庆市邮政行业的快速发展，安全形势日益严峻，行业监管的工作任务随之迅速增加，特别是在部分寄递监管环境较复杂地区，监管力量不足的问题尤为突出，开展对企业执法检查的能力受到一定的制约。

四川省快递市场发展及管理情况

一、快递市场总体发展情况

2016年，四川省邮政行业业务总量完成199.0亿元，同比增长43.6%；业务收入完成162.8亿元（不含邮政储蓄银行直接营业收入），同比增长33.6%。其中，快递企业业务量累计完成80147.8万件，同比增长64.3%；收入96.4亿元，同比增长53.2%（表7-23）。

表7-23 2016年四川省快递服务企业发展情况

指标	单位	2016年12月		比上年同期增长（%）		占全部比例（%）	
		累计	当月	累计	当月	累计	当月
快递业务量	万件	80147.8	9787.2	64.3	56.3	100.0	100.0
同城	万件	26214.7	2982.8	80.4	76.6	32.7	30.5
异地	万件	53563.2	6748.7	57.3	48.3	66.8	69.0
国际及港澳台	万件	370.0	55.8	78.0	160.6	0.5	0.6
快递业务收入	亿元	96.4	10.4	53.2	45.6	100.0	100.0
同城	亿元	20.8	2.2	82.9	63.2	21.6	21.2
异地	亿元	57.1	6.5	42.4	43.2	59.2	62.4
国际及港澳台	亿元	3.1	0.4	17.1	27.1	3.3	3.4
其他	亿元	15.4	1.4	75.1	37.9	16.0	13.1

二、行业管理工作及主要成效

政策支撑实现突破。《四川省国民经济和社会发展第十三个五年规划纲要》将邮政业列入五大新兴先导型服务业范畴加快发展，着力加强邮政基础设施建设。四川省委省政府出台涉及邮政业政策性文件8个，对物流快递协同发展、完善末端配送网络等方面做出部署。《四川省人民政府关于促进快递业健康发展的实施意见》明确培育壮大快递企业、建设快递物流园区、推进“互联网+”快递、完善快递服务网络、衔接综合交通体系、加强行业安全监管“六项重点任务”，提出推进简政放权、优化市场环境、加强法规建设、加大财税金融政策扶持、改进车辆管理、建设专业人才队伍“六大保障措施”。精心组织编制并与省发改委联合印发《四川省邮政业发展“十三五”规划》，成都、攀枝花、绵阳、广元、内江、南充、雅安等市（州）以政府名义或联合发改、交通等部门发布邮政业发展“十三五”规划。自贡、遂宁、广安等地出台促进快递服务业发展的实施意见。完成我省邮政行政管理权力清单、责任清单和市场准入负面清单“三张清单”编制梳理工作。

地方财政投入实现突破。四川省各级地方财政累计投入2960.53万元支持邮政业发展。成都拨付1505万元建设安全信息平台、村邮站、城乡共同配送公共服务站。攀枝花、遂宁分别按3000元/个、1500元/个标准补贴农村快递物流服务站、乡镇快递网点。攀枝花、泸州、宜宾、南充等地对乡镇营业网点覆盖率、业务量和业务收入分别达到一定要求的邮件快件给予0.3～0.5元/件补助，南充、绵阳快递企业分别获市物流业发展专项奖补资金99.88万元、43万元。德阳中江对入驻县乡物流集散中心的快递企业给予租赁补贴，并对开展乡村投递的企业在配送车辆、农产品冷链设施等方面购置给予资金补贴。所有市（州）局领导班子目标绩效考核奖励全部纳入当地预算，其中13个市（州）全员纳入。

基础设施建设实现突破。加快邮快件专业物流园区建设，圆通在成都投资30亿元启动建设西南管理区总部基地和西南航空转运中心；泸州、广安、达州、巴中等14个市（州）邮件、快件处理中心签约施工；南充、遂宁等地31个快递产业园区建成并使用，辐射川渝陕滇多省（市）结合部，设计日处理能力超2.5亿件，区域分拨处理能力显著提升。建成乡镇快递网点7924个，快递网点乡镇覆盖率达到80%。强化快递网点标准化建设，全省快递标准化营业场所4356个，自有营业场所标准化率达到72.58%。

安全监管能力水平实现突破。落实属地管理，寄递渠道安全监管全部纳入对省市县三级政府社会治安综合治理考核。省政府出台《寄递物流安全管理责任追究办法》，明确细化各相关部门管理责任。周密部署落实寄递渠道安全"三项制度"。积极推进寄递渠道信息化安全建设，成都建成邮政业安全监管信息平台；绵阳、南充、达州、阿坝等地建立视频监控系统；广安与公安部门联合成立寄递物流警务室。严格寄递渠道收寄验视工作，联合交通运输厅、公安厅印发《关于进一步加强寄递物流渠道实施收寄验视和实名收寄制度的通知》，增加"四川省寄递e通"、上传照片、加盖收寄验视验证验讫章等环节，进一步细化收寄验视和实名收寄制度相关措施，增强可操作性。邮政、快递企业通过企业自支、政府补贴等方式投入3574万元配置安检机396台，其中政府补贴959万元。全力保障全国"两会"、成都"G20财长和外长会议"和杭州"G20峰会"寄递渠道安保工作。扎实做好"双11"等旺季服务保障工作，确保寄递渠道高位平稳运行。加强应急管理，密切关注极端气象、地质信息，发布高温、雷电、暴雨预警75次。配合做好邮政业禁毒、打击侵权假冒、扫黄打非等工作，成都、自贡、攀枝花、绵阳、广元、南充、宜宾、巴中等快递企业提供线索并配合公安机关破获寄递违法物品案件多起，其中涉毒65起、枪支弹药25起、涉假2起、涉爆3起、非法出版物505批次。

创新驱动实现突破。深入推进服务制造业发展，累计处理快件1150万件，直接服务制造业产值63亿元。成都、绵阳、德阳、南充、遂宁、泸州等地对接富士康、长虹、九洲电器、泸州老窖等在川大型企业，嵌入生产、销售、售后服务等环节，满足制造业企业各类型快递需求。全面启动服务现代农业工程，攀枝花、宜宾、遂宁、广安、巴中、雅安、凉山等多地运用直配送达方式，销售当地特色农产品，全年农村地区共收投包裹2.6亿件，直接服务农产品外销超过44.26亿元，助推农民增收致富和精准扶贫。大力促进电子商务协同发展，南充"邮政+"农村电商发展模式，作为电子商务进农村的"五大工作机制"在全国推广；广安、自贡、绵阳、达州、南充等地在村邮站叠加电商、超市等功能，打造村邮电商，推动支撑电商产业发展。创新供给方式，推进快邮合作，雅安被国家邮政局列为全国快邮合作试点城市。自贡、南充等地邮政、快递企业互相开放邮路、营业网点、服务站等基础设施。成都采取"共建共享"模式；绵阳、自贡、遂宁等地采取"单建共享"模式，建设社区快递服务站，实现多个品牌城市快件最后100米收投资源共享。内江、广元青川、攀枝花米易、乐山夹江、自贡引导企业整合资源，成立平台企业，为多个快递品牌提供乡镇"最后一公里"配送收投服务。推广实施智能快件箱布放，全省智能快件箱布放达1.5万组，格口数超50万个。加快推进快递进校园工作，全省98所高校实现快递规范进校园，规范收投率达到89.9%。

强化邮政市场监督管理。加强快递业务经营许可审批，落实《邮政业安全生产设备配置规范》强制标准，加强对跨省设立分支机构服务能力核查，打击提交虚假许可申请材料骗取经营许可行为。部署开展快递市场、用品用具管理等专项整治活动。全年共出检15257人次，检查单位8132家次，查处违法行为881次，作出行政处罚219件，罚款金额81.3万元。扎实推进消费者申述工作向市（州）延伸，共处理申诉30127件，为消费者挽回经济损失 96.04 万元，消费者满意率为 97.2%。

三、各市(地)主要管理工作概况

成都局引导快递企业与主要航空企业以及机场运营企业等相关单位合作，航空与快递行业紧密融合发展基础进一步牢固；成都市 4 家快递企业、43 个邮政快递网点纳入全市农村电商物流配送站点，促进快递与农村电商融合发展；12 家快递企业纳入全市"城市共同配送"试点，其中 5 家企业购置 143 台新能源汽车，争取到快递行业新能源车除享受一般试点车辆通行便利条件外，还享有全城区 24 小时不限行，入城证保障，入城证投标费用全额返回等优惠政策；全面启动城乡配送公共服务站点建设，争取到市级财政 100 万元资金补贴额度，并为首批建成 20 个城乡公共配送服务站点提供财政补贴。中共眉山市委机构编制委员会正式下发《关于设立眉山市邮政业服务中心的批复》，同意设立眉山市邮政业服务中心。内江、自贡等局采取措施引导企业整合运输、投递资源，成立同城快递公司。广元、乐山、雅安、凉山、遂宁等局积极推进"快递 + 电商 + N"模式。

攀枝花局积极引导快递业与电商等产业融合发展，申通开启"快递 + 攀果鲜农特产品采购销售"一体化服务，改造已有网点 5 处。米易韵达快递深入推进"快递 + 电商"叠加发展的模式，将自建网点延伸到各乡镇，已建成乡村级快递网点 25 个。百世快递为攀枝花市三区两县的一心堂药店统一做药品配送。雅安局指导申通、圆通、中通、汇通、韵达、顺丰 6 家企业与雅安市邮政公司签订《雅安市快邮合作战略协议》，大力推进快邮合作试点工作；指导市邮政公司成功申报四川省 2016 年重点物流项目"雅安市邮政物流快递配送体系建设"，项目总投资 3000 万元。泸州局积极联合泸州长江经济开发区推进集电子商务、仓储物流、快递分拨于一体的川滇黔渝电商快递分拨中心(一期)建设项目，现已完成前期工作，拟于 2017 年开工建设。达州局会同市人力资源和社会保障局举办达州市首届民营快递企业负责人提升培训(IYB)暨电子商务培训班，市财政拨付专款，41 名快递企业老板和高层管理人员参训。南充局积极推进南充市快递产业示范园一期工程建设，建成标准化厂房 15 幢共 8 万平方米，园区建成面积达 300 余亩，8 家快递区域总部占仓储面积达 6.3 万平方米；推行快递车辆绿色通行政策，为 285 台快递车辆发放绿色通行证，并安装"南充快递"专用顶灯，进一步解决了快递车辆通行、停靠和装卸等难题；出台《南充市快递营业场所星级评定管理办法》。绵阳局推进快递业与制造业、电子商务融合发展，全市快递与制造业融合度已达到 40%。广安局积极申报的"全市快递业发展研究"课题，被纳入市级 2016 年度重点课题，并获得资金支持。阿坝州圆通采取骑马送快递方式解决了牧场投递难题。

四、快递市场存在的突出问题

行业安全监管形势更加复杂。快递业高速发展和"快递下乡"步伐加快，快递服务网点大量增加，智能快件箱、末端网点等各种经营主体加入，快递行业安全监管的幅度和深度都将增加，安全监管工作量剧增；快递服务面对服务对象更加多元化，寄件人有意或无意交寄危险品、寄递渠道被不法分子利用的可能性加大，潜在安全隐患增加；快递市场竞争更加激烈，企业倒闭、经济纠纷引发扣件造成服务网络中断、快件积压等突发事件的风险增大；快递和物流企业跨界经营、相互融合，对跨部门安全监管协作要求提高，邮政行业安全监管形势更加复杂多变。

末端网点管控难度大。"快递下乡"的深入推进，城市服务网点加密，城乡快递末端网点大幅增加，模式和种类多样、管理水平和服务质量参差不齐、安全法规和制度难以有效执行、法律地位不明确，都给末端网点管理带来极大难度。监管力量下沉跟不上市场发展步伐，寄递安全风险向末端转移，是寄递渠道安全管理的薄弱点。

快递企业服务质量管控亟需提高。快递服务网络快速向乡镇拓展，加盟模式收、派主体分离，服务标准执行不严，服务承诺履行不到位等问题日益凸显，乡镇代办点加收派送费问题成为社会关注焦点。快递企业亟需加强服务质量管理，细分承诺达到区域、细化并公示收费标准和方式，全网严格履行服务承诺，提高服务质量。

贵州省快递市场发展及管理情况

一、快递市场总体发展情况

2016年，贵州省邮政行业业务总量完成42.7亿元，同比增长26.4%；业务收入完成46.4亿元（不含邮政储蓄银行直接营业收入），同比增长32.4%。其中，快递企业业务量累计完成11260.1万件，同比增长60.1%；快递企业业务收入累计达到21.8亿元，同比增长64.6%（表7-24）。

表7-24　2016年贵州省快递服务企业发展情况

指　标	单　位	2016年12月		比上年同期增长(%)		占全部比例(%)	
		累计	当月	累计	当月	累计	当月
快递业务量	万件	11260.1	1313.6	60.1	82.6	100.0	100.0
同城	万件	2854.9	396.6	102.8	176.8	25.4	30.2
异地	万件	8397.2	916.5	49.4	59.2	74.6	69.8
国际及港澳台	万件	8.0	0.6	33.6	4.7	0.1	0.04
快递业务收入	亿元	21.8	2.6	64.6	73.9	100.0	100.0
同城	亿元	2.9	0.4	115.4	225.5	13.5	17.1
异地	亿元	11.9	1.2	47.4	43.0	54.8	46.9
国际及港澳台	亿元	0.2	0.02	14.8	-15.3	1.04	0.7
其他	亿元	6.7	0.9	86.9	88.9	30.7	35.3

2016年国家邮政局局长马军胜与贵州省省长孙志刚在黔座谈达成进一步支持贵州省邮政业发展共识；《国家邮政局关于加快长江经济带邮政业发展的指导意见》明确支持贵阳国际邮件互换局（交换站）申建工作；协调省财政资金配套增加安检设备，创造了共抓寄递安全的良好局面；快递业在经济社会发展中的作用不断发挥，从业人员达3.16万人，新增就业人口5684人；顺丰快递全货机首降贵州省，填补了贵州省民航史上没有全货运航班的空白；2016年全国快递第300亿件产生于贵州省湄潭县，一位茶农通过中通快递寄出的一包茶叶，凸显出“快递向西、向下”成效和贵州省快递助推“黔货出山”的重要作用。

二、行业管理工作及主要成效

行业科学发展水平进一步提高。一是在前期委托有关部门完成调研以及征求意见基础上，联合贵州省发展改革委正式印发全省及九个市州的邮政业“十三五”发展规划，对全省及九个市州邮政业发展进行系统性指导和统筹规划，分别提出了发展目标、发展重点和保障措施，突出了资源共享、协同发展、业态创新等方面的要求。二是科学制定了农村邮政快递综合服务平台建设实施工作方案，由省政府办公厅印发，突出农村邮政电商服务平台、便民服务平台、交邮服务平台、“三农”服务平台、普惠金融服务平台五大重点任务，提出在邮件收寄、报刊订投服务基础上,逐步搭载电商购销、农村金融、代收代缴等多种惠农服务功能。2016年全省已搭建农村邮政综合服务平台试点500个,完成了省政府下达计划的143%。

行业服务能力进一步增强。一是骨干网络设施建设方面,贵州快递物流园区申通、中通、百世、圆通、天天快、全峰入驻,EMS、乡飞等8家公司主体工程已建成。申通、中通、百世二期工程已经启动,圆通200亩二期工程正在积极筹划,省邮政分公司邮区中心局、顺丰、韵达分拨中心升级改造项目已彻底完工,各主要分拨中心今年累计在贵州投资超过2亿元。京东在贵阳建设"亚洲一号"仓配基地,寄递产品"次日达"水平处于全省快递企业前列。德邦高度重视网络基础设施建设,直营网点标准化率达100%。安顺市快递物流园区已有6家骨干快递企业入驻,遵义已有5家骨干快递企业完成分拨中心改造升级工程。黔西南州快递物流园区已有申通快递首家入驻,铜仁、黔东南、毕节等地市级快递物流园区正在抓紧建设。全省快递分拨转运能力空前增强,并已开始体现出西南地区重要的快递物流集散中心功能,发往云南、四川、湖南、广西、广东等临近省份的快件已部分在我省中转集散。贵阳局还积极推进县域快递集中分拨中心建设,协调组织清镇区域的6家快递企业入驻当地电商产业园,争取到前两年免租金、后三年分别补贴租金的80%、60%、40%的场地优惠政策。二是完善末端网络建设方面。毕节市、黔东南州被列为全国首批快递末端网点备案登记试点城市,通过备案登记制度促进快递企业在乡镇、社区、学校地区设立服务网点,2016年全省新增乡镇地区民营快递网点618个,快递乡镇网点覆盖率接近80%;大力推进快递网点标准化建设,新增标准化门面店519处;大力推进智能快递箱建设,全省智能箱格口已达15.61万个,大型社区基本全覆盖,80.7%的高校已实现规范收投;积极探索"快邮合作"模式,贵阳市开阳邮政和开阳速递营业部开展邮速整合经营试点,铜仁、毕节邮政分公司通过邮政管理部门牵线搭桥,为本地区快递企业提供下行快件转运、代投业务,实现了国企民企互利双赢。

服务地方经济潜力进一步显现。一是全省快递行业与50多家重点企业签订战略合作协议,直接带动本地产品外销产值超过20亿元。其中,韵达与茅台集团、五星酒业达成长期合作协议,每年寄出酒100多万单;圆通的快递业务量中约3成运力服务于贵州各类酒产品运销;中通快递与牛头牌牛肉干、贵茶等企业深度合作,每天对外运销牛肉干、茶叶超过2000单,每年对外寄递牛肉干超过30万单,寄递茶叶超过800吨,产品价值超过2亿元;申通快递与多家宠物食品生产企业开展仓配一体化项目合作,成为整个西南地区宠物食品配送基地,每天对外寄递平均2500单。二是全省快递行业提供了3万多个就业岗位,其中70%为农民工。全行业在资金、项目上对口帮扶贫困地区、贫困人口,引导企业用工中尽量考虑贫困地区劳动力,增加贫困人口聘用比例。如申通快递与龙里县政府结对子扶贫,协助龙里县委帮助湾滩河镇贫困户解决就业,安排贫困家庭就业20多人,多次参加公益活动,累计捐款捐物近8万元,帮助10多户贫困家庭脱贫,取得了良好的社会效应。

寄递安全监管进一步强化。贵州省坚持企业主体、政府监管、属地管理三个责任体系,抓好收寄验视、实名寄递和过机安检,全面强化寄递安全管理。根据《寄递企业安检设备配置规范》严格做好新增快递许可企业的审批,把好新增快递处理中心X光机配置关口。采取企业投资、政府支持方式推动寄递企业完善安检机配置。全省各品牌企业配置X光安检机64台,比2015年新增43台;争取到省财政450万元专项补贴资金。安顺局采取"两天一督促,每周一汇报"形式,对未按规定购买安检机的企业,严格按相关法律法规进行查处,共督促企业新增X光安检机5台,成绩显著。圆满完成数博会和G20峰会期间安保工作。

全系统深入一线，拉网式检查辖区内县级邮政、快递分拨中心，督促企业严格落实收寄验视制度，加强对枪支弹药、管制刀具、易燃易爆物品、危险化学品等禁寄物品的查堵力度，严防不法分子利用寄递渠道实施各种违法犯罪活动，确保了会议期间贵州省安全事故零发生，获得省政府和国家邮政局表扬和肯定。贵阳局荣获G20峰会寄递安全服务保障工作先进集体称号，贵州局苟家斌同志荣获先进个人称号。扎实开展行业“扫黄打非”工作，“固边2016”专项行动共检查邮政、快递营业网点1075个；“护苗2016”专项行动共检查邮政、快递营业网点1255个；“清流2016”专项行动共检查快递分拨中心及营业点776家，邮政分公司及营业点470家，均未发现各类非法出版物、宣传品。

快递市场秩序进一步优化。一是扎实开展快递经营许可申请、变更、备案、年度报告等手续的受理、核查、处理工作，全省共计核查企业许可申请265起，核查通过许可企业169家；核查许可变更106起，核查通过97家，审核受理分支机构变更1167起、核查分支机构728个，核查通过723个，平均办结时间9.3天，许可审批时限大幅缩短；受理分支机构备案409起，新增备案分支机构382个；审核2015年企业年度报告314家。二是扎实开展快递市场监督检查。全系统开展各类市场检查2280次，出检878天，检查2359个单位，出检5714人次，查处各类违法违规行为为515次，下达整改通知书260份，开展行政处罚135次，累计罚款金额37.54万元。2016年在贵州局开展的快递服务时限测试工作中，测试小组随机抽选快递企业省内网点15处，抽选样本包括顺丰、申通、圆通、中通、韵达、天天快等相关品牌网点。经测试，全省快递服务基本都能够在承诺的时限内完成寄递服务。

圆满完成“双11”旺季服务保障任务。“双11”期间，全省各品牌快递企业增投入、增设备、增人员、扩场地，新增投资1.8亿元；新增从业人员4000余人，其中包括在校大学实习生600多人；新增运输投递车辆353辆，快件分拣设备116条，X光安检机13台；新增快件处理中心面积5万多平方米，圆通、顺丰、韵达品牌的全省快件处理中心赶在旺季到来前建成投产，省邮政分公司邮区中心局旺季前投资7000万元完成设备工艺改造。旺季期间全省14家主要快递企业平均日处理量达240万件，这是贵州省邮政业历史上第一次日处理量突破200万件/天。

邮政管理工作进一步夯实。行业法律法规宣贯力度加大，全省利用“3·15”、世界邮政日等开展普法宣传，深入贯彻《邮政法》《快递市场管理办法》《反恐怖主义法》《快递安全生产操作规范》等，发放各类宣传资料10万份以上。充分发挥12305邮政业申诉中心的作用。及时协调妥善解决服务纠纷，共计处理申诉8656件，比2015年增加1997件，其中有效申诉2083件，用户满意率97.7%。

三、各市（州）主要管理工作概况

贵阳局在标准化门店建设、快递分拨中心建设等方面积极争取地方政府支持，累计争取财政补贴633.2万元。一是认真组织辖区快递企业开展了第一批标准化门店验收及第二批标准化门店申报、验收工作，审核通过了快递标准化门店建设改造网点一期85处（其中旗舰店15处、标准店70处），二期76处（其中旗舰店1处、标准店75处），各快递企业累计投资1045万元，获得财政补助320万元。二是协调市商务、财政对贵州顺丰速运有限公司、贵阳韵必达快运有限公司、贵州红楼国通快递有限公司等12个分拨中心项目开展项目评审和实地验收，累计给予财政资金补贴313.2万元。积极帮助辖区快递企业解决车辆“进城难”问题，我局协调市交通管理局，全年组织开展了3次快递运输车辆通行证申办工作，共计发放快递运输车辆通行证40张。

黔西南局深入落实《国务院关于促进快递业

发展的若干意见》和省政府一系列支持政策措施。加强向地方党委、政府的汇报沟通，主动对接相关部门，于2016年4月在全省各市州中率先促成州政府下发《关于促进快递业加快发展的实施意见》（州府发〔2016〕6号）；同月，又促成地方政府出台了《黔西南州农村邮政快递综合服务平台建设实施方案》，通过加强组织协调，加大资金支持，强化资源整合，推进农村邮政快递综合服务平台建设；2016年下半年，促成兴义市政府出台资金补贴政策支持邮政企业建设农村电商便民服务站，州邮政企业获得40万元资金支持，用于在兴义市范围内完成100个农村邮政电商便民服务站建设任务，助推兴义市“国家电子商务进农村示范县”建设。

六盘水局着力规范快递市场，保障寄递渠道安全。一是依法加大违法行为查处力度，除了常规检查，年度内还开展了防汛安全检查、快递市场清理整顿、三项制度专项整治行动，国庆前后、“G20峰会”“双11”等重要节点期间寄递渠道安全检查工作。共计出动检查力量472人次，检查快递网点120个。针对监控设施故障、未办理分支机构合法手续等问题，下达责令改正通知书25份，对6起违法行为进行立案查处，依法处以罚款18000元。二是强化行业安全宣传，先后制作了“三个100%”制度提示牌300块、“反恐法宣传画”500份及《关于严格邮件、快件寄件人身份信息查验登记的通告》2000份等行业宣传资料，免费发放至全市邮政、快递服务网点张贴悬挂；组织邮政快递企业参加了3月5日的“学雷锋日”、3月15日“消费者权益保护日”和10月9日“世界邮政日”宣传活动，采取派发宣传手册、悬挂宣传条幅、设置宣传展台等方式对邮政业发展、行业诚信建设、“三个100%”等情况进行了深入宣传，就消费者关心的实名寄递、权益维护等问题进行了耐心解答。三是强化部门协作配合。为努力探索齐抓共管的长效工作机制，年度内与公安、国安、综治办等部门联合召开会议、培训等达15次。此外，与市综治办联合印发《六盘水市邮路反恐工作预案》，与市公安局联合行文《六盘水市公安机关、邮政管理部门邮件、快件寄递业禁毒联合执法协作机制》，与市国安局、市司法局联合成功举办“全市快递企业学法守法用法知识竞赛”，得到了全市30余家快递企业和全市近千名从业者的积极响应。

四、快递市场存在的突出问题

贵州虽然保持了快递市场快速增长态势，但规模与全国水平相比仍有较大差距。企业服务广度不断扩展，普惠程度迅速提高，但企业运营成本高、盈利少、可持续发展能力弱的问题依然突出。行业竞争层次不高，被动适应特征突出，服务转型才刚刚起步，加快释放发展活力、汇聚社会资源、向主动引领型转变的任务还十分艰巨。监管资源缺乏、能力不足，规制落地不够、执行不严、事中事后监管效能不高，服务、安全、环保等压力凸显。

贵州快递企业与相关产业企业深度合作还有一定差距。快递服务与电子商务方面，近年来随着贵州省产业化、城镇化水平的不断提高和大数据战略的不断深入，快递服务与电子商务蓬勃兴起，已成为推动贵州省社会经济增长的新动力。但由于起步较晚，全省快递企业生产经营规模、硬件基础设施、服务创新能力还明显不足，与电子商务协同发展还有较大提升空间。快递服务农产品方面，全省提出了“网货下乡、山货进城、黔货出省”大扶贫战略和山地特色农业发展思路，但目前全省农业现代化、规模化程度以及深加工、精加工水平还与寄递服务形式不完全匹配，导致“快递下乡”网点业务量小，服务分散，经营成本高，企业动力不足。快递服务制造业方面，贵州省快递企业多为规模较小的民营企业，且多为加盟体制，其在服务制造业方面缺乏经验和服务优势，与制造业供应链管理严格要求的物流控制还有差距。

云南省快递市场发展及管理情况

一、快递市场总体发展情况

2016年,云南省邮政行业业务总量完成50.1亿元,同比增长41.8%;业务收入完成51.1亿元(不含邮政储蓄银行直接营业收入),同比增长28.1%。其中,快递企业业务量累计完成17445.8万件,同比增长57.0%;快递企业业务收入累计达到29.0亿元,同比增长44.0%(表7-25)。

表7-25　2016年云南省快递服务企业发展情况

指　标	单　位	2016年12月		比上年同期增长(%)		占全部比例(%)	
		累计	当月	累计	当月	累计	当月
快递业务量	万件	17445.8	1860.8	57.0	56.6	100.0	100.0
同城	万件	3600.6	322.2	81.7	37.4	20.6	17.3
异地	万件	13816.8	1536.4	51.8	61.5	79.2	82.6
国际及港澳台	万件	28.3	2.2	11.8	-13.6	0.2	0.1
快递业务收入	亿元	29.0	3.0	44.0	42.0	100.0	100.0
同城	亿元	3.7	0.3	83.1	21.7	12.8	10.2
异地	亿元	18.3	1.8	32.6	29.2	63.3	59.8
国际及港澳台	亿元	0.4	0.03	6.8	-13.2	1.5	1.2
其他	亿元	6.5	0.9	67.9	99.5	22.4	28.9

二、行业管理工作及主要成效

规划引领,推进能力建设。扎实做好云南省邮政业“十三五”规划编制工作,完成评审、审核,即将正式发布。云南省促进快递业发展实施意见出台实施,临沧、西双版纳、曲靖、玉溪等地出台了促进行业发展的政策文件。普洱局推动市政府出台了“快递下乡工程”实施方案,市、县两级政府对于快递下乡示范点给予资金补助。与省商务厅联合印发《关于推进“快递下乡”加快农村电子商务与邮政快递协同发展的实施意见》。截至2016年12月底,全省已设立快递网点的乡镇数量为690个,乡镇网点数1570个,乡镇覆盖率51.53%。着力对增量快递营业网点进行规范,全省标准化网点共计1221个,网点标准化率达到77.8%。全省57所高校实现收投规范服务,规范率82.6%。全省共建成村邮站2639个。曲靖、大理、普洱、玉溪、临沧、丽江、西双版纳等地快递园区建设取得实质突破,磨憨口岸国际陆路快件监管中心已破土动工;德宏局引导快递企业“抱团下乡”联合设立“快递超市”;“邮快合作”取得了积极进展,曲靖市邮政分公司与顺丰快递公司就开展全市乡镇及以下地区业务达成了战略合作;大理局积极探索“快递+金融”、“快递+电商”新模式;保山局努力推进“快递+现代农业”项目。

深入推进“放管服”改革,提升行政效能。进一步放权解决“办证难”的问题,将快递业务经营许可变更及年度报告的受理、初审权限,分支机构备案办理权限下放至州市局。规范全省行政审批工作,严格管控审批时限,办证时限明显缩短。西双版纳局制订了行政审批备案指南,设置了邮政服务窗口,为企业提供一站式服务。截至2016年底,全省持证快递企业累计达733个,分支机构2343个。

着力加强消费者申诉和行业人才建设工作。以12305申诉平台为核心,充分发挥申诉调解职能,加强邮政业消费者申诉受理与市场监管的衔接和联动,及时妥善解决用户反映的问题。全年共受理、处理消费者申诉13169件,已全部妥善处理,消费者满意率为98.1%,为消费者挽回经济损失83.22万元。认真做好全省邮政行业职业技能鉴定工作,共组织开展了3批次的快递业务员职业技能鉴定考试,参加人数1879人次,通过人数1206人。组织参加全国职业技能大赛并获良好成绩。

突出依法行政,认真履行监管职责。全力做好市场监管工作,2016年,全省系统市场监管共出动执法检查人员9819人次,查处违法违规行为801次,下达责令整改通知547份,实施行政处罚100起,罚款金额88.89万元。其中联合工商、公安等部门开展寄递物流无证无照经营专项整治行动,共查处无照经营寄递12件、查处无证经营寄递23件。与综治、国安、公安、工商、民航、交通、物价等部门整合资源,形成齐抓共管的协作管理机制。全力保障寄递渠道安全畅通。加强组织领导,采取会议部署、约谈、督查检查、定期通报、宣传教育等措施,全面贯彻落实"三项制度"。全省X光安检机累计配备199台,较2015年底增加了176台,基本具备了邮件、快件100%过机安检条件。普洱、迪庆局争取到地方政府安检机配置资金补助。全省系统组织开展拉网式行政执法检查,着力抓好重要节点安全保障及应急工作,突出做好"春运"、全国"两会"、G20峰会、南博会等重大活动期间寄递渠道安全保障,扎实开展行业"扫黄打非"、"反恐维稳"、"行业禁毒"、打击"假冒侵权"等工作。探索开发和应用实名制登记系统。全行业1人获国家第三轮"禁毒防艾人民战争"先进个人,2人获省级先进个人荣誉称号,大理局被评为禁毒先进集体。

三、各市(地)主要管理工作概况

昆明局是通过多种方式深入督促企业贯彻落实"三个100%"制度,强化实施寄递渠道安全监管"绿盾"工程,其中,推进过机安检制度成效明显。全市各邮政快递企业在省际分拣处理中心已配备安检机47台,超额完成安检机配置计划。积极加强与综治、公安、国安、工商、海关、民航等各部门的沟通协作,做到互通信息、资源共享、协调配合,形成长期、有效、稳定的联合协作机制。

曲靖局借鉴邮政邮乐网上线销售马龙苹果的成功经验,在马龙县全面推动邮政与供销深度合作。通过合作建立县、乡、村三级服务运营中心,形成县城产品体系,扩大优势特色产品销售渠道和半径。全年累计建成服务点56个,进驻企业7家,初步形成"农产品返城+平台批销+产品溯源+网络代购+乡村旅游+公共服务+普惠金融+物流配送"为一体的农村电商O2O平台服务体系。

保山局在全省首创并执行邮政行业收寄验视+实名收寄+过机安检+全员安全业务培训"4个100%"安全制度。促成了《保山市人民政府关于促进快递业发展的实施意见》的印发。

临沧局促成了《临沧市人民政府关于加快邮政业发展的实施意见》的印发,为行业发展提供了政策保障。

德宏局积极推进"快递下乡"工程,启动实施"互联网+农村扶贫电子商务"项目,在芒市五岔路乡推动建成德宏首个农村扶贫电商服务站。引导快递企业设立"乡镇快递超市",引导各快递企业在乡镇"抱团下乡"。芒市勐戛镇首家"乡镇快递超市"正式揭牌运营后,全州开启了多家正式运营的乡镇快递超市,在当地都取得了一定的经济和社会效益。

大理局积极推动大理州首个快递物流园区建设工作;鼓励快递企业在大理建立区域性快递分拨中心。目前,已有圆通、中通、汇通、顺丰共4个滇西分拨中心落户大理。全州首家"互联网＋"电商快递公司成立，形成了具有大理特色的"电商＋快递"综合性服务平台。

楚雄局积极会同州级相关部门，做好全州邮政行业缉枪治爆、打击黄赌毒、扫黄打非、禁毒等工作的督导检查，督促企业严把收寄关，确保州内各寄递企业安全有序生产经营。被楚雄州禁毒委员会评定为"楚雄州2016年度禁毒工作先进集体"，1人受到州人民政府"禁毒工作先进个人"表彰。

红河局在红河州政府制定出台《红河州人民政府关于加快农产品电子商务发展的实施意见》的背景下，积极鼓励有条件、有实力的快递企业积极跟上红河州委州政府"互联网＋现代农业"工作步伐，拓展农村快递服务网络，积极自建乡镇快递服务网点，打造双向流通渠道。如蒙自甜石榴、大枇杷等红河州"九红"高原特色优质农产品产地附近的乡镇，民营快递企业已纷纷进驻。

文山局与州综治办、州公安局联合制作的《快递实名制寄递规定公告》印发至全州邮政业网点及所有村民委员会进行粘贴；印制5万份宣传单与"文山日报"同时投递，向全州寄递企业和人民群众进行广泛宣传；在全州各县市寄递企业安装云南省物流寄递实名制信息采集系统，不断提升行业监管信息化水平。

西双版纳局集快件分拣、仓储、报关于一体的全国首家国际陆路快件监管中心项目开工；启动西双版纳州快递产业园区项目；助力州邮政公司与勐腊、勐海两县签订农村电商合作协议，承建两县县、乡两级电商服务中心，全力做好了农产品出州工程；促成了《西双版纳州人民政府关于规范和加快邮政业发展的意见》出台。

四、快递市场存在的突出问题

行业发展较快，但是邮政业基础设施仍然较薄弱。云南属于西部边疆省份，山区占比大，少数民族多，交通条件较差，邮政基础设施虽然有很大改善，但是在边远山区、农村地区仍然薄弱，"最后一公里"难题亟待解决。快递园区虽然有进展，但还没有全面开花，末端网点的服务覆盖率和服务质量仍有较大差距。

邮政业发展不平衡、不协调的问题依然存在。受地域环境和地方经济限制，云南的电子商务虽有较快发展，但由于支撑产业少，出口产业规模较小，云南的快递企业规模都不大，效益不高，竞争能力不强，与中东部地区相比，快递市场进出港比例不平衡，行业的结构性矛盾、粗放型问题仍然突出，企业服务模式单一，同质化竞争比较严重，转型升级的任务依然繁重。

行业监管形势严峻，监管能力需要提升。随着行业的快速发展，监管对象不断增加，监管的难点、痛点日益显现，监管资源缺乏、能力不足，制度体系建设滞后于行业发展，服务、安全、环保等压力凸显。加之云南省地处西南边疆、边境线长、毗邻毒源地的特殊情况，邮路禁毒工作和"扫黄打非"工作任务艰巨，推进行业治理体系和治理能力现代化的任务还十分艰巨。

西藏自治区快递市场发展及管理情况

一、快递市场总体发展情况

2016年，西藏自治区邮政行业业务总量完成3.1亿元，同比增长20.5%；业务收入完成4.6亿元（不含邮政储蓄银行直接营业收入），同比增长11.3%。其中，快递企业业务量累计完成734.4万件，同比增长27.0%；快递企业业务收入累计达到2.1亿元，同比增长23.1%（表7-26）。

表 7-26 2016 年西藏自治区快递服务企业发展情况

指 标	单 位	2016 年 12 月		比上年同期增长(%)		占全部比例(%)	
		累计	当月	累计	当月	累计	当月
快递业务量	万件	734.4	68.5	27.0	17.1	100.0	100.0
同城	万件	167.8	6.4	70.1	-69.6	22.9	9.4
异地	万件	566.3	62.0	18.2	66.0	77.1	90.6
国际及港澳台	万件	0.2	0.01	-34.0	-9.5	0.03	0.02
快递业务收入	亿元	2.1	0.2	23.1	19.2	100.0	100.0
同城	亿元	0.2	0.0	57.7	-84.3	8.3	1.7
异地	亿元	1.7	0.2	14.3	25.8	80.6	83.9
国际及港澳台	亿元	0.03	0.0	-2.0	-10.7	1.5	1.2
其他	亿元	0.2	0.03	142.6	158.2	9.6	13.2

二、行业管理工作及主要成效

优化行业发展环境。争取西藏自治区人民政府出台了《关于贯彻国务院关于促进快递业发展若干意见的实施意见》和《西藏自治区邮政普遍服务保障监督管理办法》。建立"三个清单一张网",明确权力清单项目 148 个、责任清单项目 132 个、市场准入项目 10 个,共计 290 个。配合区人大财经委完成"一法一条例"执法监督检查工作。认真落实"七五"普法和依法治理工作,全区邮政管理系统工作人员法律素质和依法行政、规范办事能力有了新的提高,依法行政能力明显增强。争取区政府拨款 2641 万元购买的 50 台安检设备 2016 年年初已投入使用,极大提高了全区寄递渠道安全工作水平。

规范快递市场秩序。积极引导规模以上快递企业完善快递服务网络,推进"快递下乡"。力促"四通一达"抱团向下,在拉萨市曲水、达孜两县成功试点"八个统一"(规章制度统一、快递标识统一、柜台统一、暂存区域统一、车辆统一、培训统一、管理统一、着装统一)的"快递便民服务点",摸索出了解决快递服务"最后一公里"难题的新办法。截至 2016 年底,全区经营快递业务品牌 23 个,经营网点 293 个,覆盖 47 个县,12 个乡镇(不含邮政分公司网点数据)。国有、民营、外资等各种所有制经济形式共同参与市场竞争的业态结构趋于成熟。推动快递服务能力建设。鼓励快递企业顺应快递业务快速增长及需求多样化的要求,加大装备、设施和技术投入,改扩建转运分拨中心,提高分拣处理能力,加强快递末端能力建设。优化许可审批流程,同步推进简政放权、放管结合和优化服务。2016 年,全区核准快递业务经营许可申请企业 8 家,核准许可变更申请 105 项,审核通过许可证换领企业 2 家,审核通过企业年度报告 29 家。着力宣贯《快递末端网点备案登记实施办法(试行)》,结合开展快递市场清理整顿专项行动,普查登记末端网点底数。智能信报箱建设成果不断扩大。截至 2016 年底,拉萨、山南、林芝、那曲共投入 818 万元,建设智能信报箱 6340 个格口,有效解决了快递末端派件效率低、快件延误投诉比例高、快递人员紧缺等问题。积极推进解决最后一公里进城难、停靠难、投递难问题。加强与交运、交警等部门沟通协调,着力解决快递车辆进城难、停靠难等问题。林芝市取得实质性进展,林芝市人民政府办公室印发了《林芝市邮政、快递车辆通行管理办法》,从根本上为林芝市邮政、快递专用车辆城市通行和临时停靠作业提供了便利,解决了"最后一公里"通行难的问题。高度重视消费者申诉工作。督促企业认真负责、及时处理邮政管理部门转办的申诉案件。一年来,妥善处理消费者网上有效申诉 473 件、电话申诉 600 件,为消费者挽回经济损失 15 万余元,消费者满意率为

96.7%。加大快递市场检查力度。全年，共查处寄递企业违法违规行为71次，约谈企业26次，办理行政处罚案件18起，罚款金额共计10.06万元。抓好禁毒专项领域工作。加强培训、宣传，增强快递企业禁毒意识，切实落实禁毒责任制；强化与公安禁毒部门的联动协作，完善防毒、禁毒长效工作机制。

确保行业安全运行。建立完善九部门联动机制，发挥寄递渠道安全管理协调小组办公室作用，加强部门协作、联动执法，加大联合打击寄递渠道违法犯罪活动的力度。严格落实收寄验视、实名收寄、过机安检"三项制度"，强化企业安全生产主体责任。与各快递企业签订《2016年邮政业安全保障建设责任书》《2016年度快递业务旺季服务和安全保障工作责任书》《消防安全责任书》《综治目标管理责任书》以及《"扫黄打非"安全责任书》，完善各项工作保障机制，确保邮政业安全平稳运行。加大寄递安全生产宣传力度。积极开展安全生产月宣传活动，通过印制发放宣传册、举办培训班、进社区、进企业等多种形式，向企业和用户普及寄递安全常识。建立快递企业联席会制度。结合安全生产形势多次召开联席会，为完成全区邮政业安全生产工作明确目标，提出具体措施。推进执法队伍建设。举办七市（地）局行业监管能力建设培训3期，邀请自治区法制办、拉萨市中级人民法院等专家，结合邮政业监管实际，对执法能力进行培训，并对2015年部分行政处罚案件进行评议，有效地提高了执法人员的能力和水平。加强重要活动、重点时间节点、旺季服务保障工作的组织领导，圆满完成春节、藏历年、全国两会、G20峰会、国际互联网大会、亚欧博览会、藏博会、"双11"、"双12"期间服务安全保障工作，确保了寄递渠道安全畅通，全年安全事故"零发生"。

加强行业精神文明建设和文化建设。努力践行"诚信、服务、规范、共享"的"4S"核心价值理念，大力弘扬"特别能吃苦、特别能战斗、特别能忍耐、特别能团结、特别能奉献"的老西藏精神，组织开展"诚信快递·你我同行"征文活动、"情暖高原·文明之行"系列志愿服务活动。切实增强干部职工的责任感和事业心，为全区邮政管理事业提供坚强的思想保障和精神支撑。

三、各市（地）主要管理工作概况

拉萨局严格审核快递准入，持续肃清快递市场乱象，大力推动快递向西、向下，全力推动"三项制度"落实，层层落实安全生产责任，奋力保障重大活动和业务旺季期间寄递渠道安全畅通。林芝局加强与市政府、住建局等部门的有效沟通，积极推动邮政行业发展，夯实企业安全生产主体责任，与寄递企业签订各项安全责任书。日喀则局高度重视落实寄递安全"三项制度"、积极同市区两级公安部门建立联络协调机制、情报共享机制和联合执法机制，确保寄递市场的安全稳定。山南局积极争取市委、市政府将智能信报箱建设项目纳入山南"十大民心工程"之便民服务工程之一，由市财政解决316万元，企业投入320万元在山南市54个单位、23个住宅小区、2个居委会建设首批智能信报箱，共计80台主柜、163台副柜共4380个格口，于2016年4月底正式投入运营。

四、快递市场存在的突出问题

行业发展与经济社会发展需要仍有较大差距。城乡区域不协调、收投分布不均衡、交邮衔接不紧密等问题仍然存在，快递"向西向下"发展受自然条件、经济条件和交通条件制约，寄递出口量远远小于进口量，快递运输成本较高，在现有条件下，快递向乡镇乃至农村地区发展存在困难。随着市场不断壮大，营业网点的不断增加，企业在应对规模扩张过程中，管理运作有些力不从心，甚至疲于应付，快递服务与人民群众日益增长的用邮需求之间的矛盾不断扩大，导致用户申诉增多，寄递渠道面临的安全形势不容乐观。

快递车辆通行难、停靠难，末端投递难以及安全基础薄弱等问题亟待解决。"七地市邮政快递物流枢纽中心建设项目”未纳入自治区“十三五”规划计划内项目，迫切需要相关部门加强协同形成合力，推动各项政策落地见效，补齐制约行业发展的短板。

企业竞争力亟需加快提升。一是企业基础比较薄弱，多数企业发展方式粗放，发展层次较低。创新意识和品牌意识不足，行业缺乏差异化服务，同质化竞争严重。二是企业自主研发及科技应用水平不高，智能终端、自动分拣、机械化装卸、冷链快递等技术装备的研发应用和信息化投入不足，有待进一步提高。三是全区快递从业人员素质普遍不高，由于文化程度较低，大部分快递企业负责人在运用计算机网络等现代办公手段时力不从心。从业人员整体素质亟需提升，多数企业没有建全规范的用人制度和职业技能培训制度，一线服务人员流动性大，技能人才岗位的技能有待提升，仓储管理、供应链优化等方面缺乏人才储备。

系统人少事多的矛盾十分突出。因地域辽阔，各快递企业发展规模不断壮大，快点网点线长面广，受特殊的自然条件和交通条件的限制，对辖区快递企业监管效果欠佳，监管能力不足的问题将不断凸显。工作衔接、交接不够畅通，指导力度不够，传帮带工作需进一步加强。执法能力有待加强，部分市(地)局存在不会执法、不敢执法、卷宗不规范等问题。监管队伍在整体防范防控，应急处置复杂问题等方面能力有待提高。行业管理部门缺乏有效的监管技术手段，监管覆盖面有限，安全预警、安全监测和安全处置能力有待增强。

陕西省快递市场发展及管理情况

一、快递市场总体发展情况

2016 年，陕西省邮政行业业务总量完成 92.0 亿元，同比增长 49.7%；业务收入完成 81.6 亿元(不含邮政储蓄银行直接营业收入)，同比增长 38.1%。其中，快递企业业务量累计完成 36901.6 万件，同比增长 81.3%；快递企业业务量累计完成 45.7 亿元，同比增长 67.3%(表 7-27)。全行业业务收入占全省 GDP 的比重为 0.43%，提高了 0.1 个百分点。全省快递企业达到 420 家，分支机构 2018 个，网点 5485 个。快递服务满意度稳中有升。邮政业在经济社会发展中的作用不断发挥，全行业年服务用户超过 10 亿人次，支撑网络零售交易规模接近 600 亿元，新增就业 1 万余人。

表 7-27　2016 年陕西省快递服务企业发展情况

指　标	单　位	2016 年 12 月		比上年同期增长(%)		占全部比例(%)	
		累计	当月	累计	当月	累计	当月
快递业务量	万件	36901.6	4491.2	81.3	78.8	100.0	100.0
同城	万件	14143.5	1593.0	103.1	75.7	38.3	35.5
异地	万件	22570.2	2856.4	69.6	78.9	61.2	63.6
国际及港澳台	万件	187.9	41.7	146.5	357.3	0.5	0.9
快递业务收入	亿元	45.7	5.2	67.3	54.8	100.0	100.0
同城	亿元	11.9	1.3	118.7	80.2	26.0	25.6
异地	亿元	24.2	2.7	48.2	34.4	53.0	51.5
国际及港澳台	亿元	1.9	0.2	27.4	76.1	4.1	4.3
其他	亿元	7.7	1.0	90.1	92.6	16.9	18.7

二、行业管理工作及主要成效

加强规划引领。与相关部门积极沟通衔接，推动邮政业发展“十三五”规划纳入全省物流业中长期规划、综合交通运输规划和服务业发展规划，按期完成了省级规划和10个市级规划的编制发布。政策环境持续改善。深入落实国务院《关于促进快递业发展的若干意见》和省政府《实施意见》，分解任务措施，狠抓政策落地，积极协调争取地方政府促进快递园区建设、安检机配置、快递下乡、新能源汽车等政策性补贴4740万元。交通部副部长刘小明、原副省长王莉霞等领导先后到快递企业调研指导工作，副省长庄长兴多次听取工作汇报并作出批示，省政府联合中国快递协会召开推进西部快递发展座谈会，就激发陕西区位优势、带动西部快递发展进行了深入研讨和密集调研。省委一号文件、省政府关于电子商务、商贸流通、“互联网+流通”等方面的实施意见对邮政业提出新的要求。宝鸡、咸阳、渭南、榆林出台了促进快递业发展的意见和措施。积极协调省交通运输厅出台了《关于加强全省邮件运输车辆管理的通知》，进一步落实了邮政车辆免费政策。省政府和国家邮政局共建的西安邮电大学现代邮政学院、邮政研究院揭牌成立，并纳入全国第一批邮政行业人才培养基地。

行业服务能力不断提升。汉中局、商洛局积极推进邮政网点开放，探索“邮政+快递+电商”合作经营模式初显成效。项目建设稳步推进。快递专业类物流园区建设布局日趋完善，顺丰西安电商产业园和陆运中心、西安港务区邮件处理中心、申通西北转运中心、EMS集散中心等重点项目加快建设，咸阳中通快递仓储物流园、榆林市久旭快递物流园区二期工程建成投产，圆通科技中心落地陕西。年内行业总投资达到14亿元。末端服务不断改进。持续推进快递服务网点标准化建设，共建成标准化网点1146个，主要品牌企业城区自营网点标准化达标率达到77%。加速推进“快递下乡”工程，新增乡镇快递网点547个，总数达到2393个，覆盖率达到95%，提高了15个百分点。全面实施“快递三进”工程，快递超市、智能快件箱等末端服务形式更加普及。西安、咸阳、渭南、铜川等地市出台了快递专用电动三轮车城区通行管理措施。

创新发展成效明显。推动大数据、信息科技在快递生产领域上的应用，快递企业生产自动化程度显著提升。倡导绿色发展理念，大力推广新能源车辆用于快递运输和投递服务。西安、宝鸡、榆林等地市在推广新能源车辆方面取得了明显成效。产业协同加快。与省工业和信息化厅联合出台《关于加快推进快递服务制造业工作实施意见》，促进快递业与制造业协同发展，打造快递服务制造业试点项目25个，涌现出快递服务三星、比亚迪等一批重点项目，直接服务的制造业累计产值5.8亿元。结合“一县一业”，着力打造快递服务农副产品外销示范项目，引导快递企业围绕农特产品提供标准化、定制化服务。咸阳武功农产品电商销售规模跃居全国县域第二、西北第一，日发货量达到5万件，年销售额突破10亿元。交邮融合不断深化。与交通运输厅建立快递业发展协调联动机制，推动陕西加快成为全国快递业“向西向外”发展的重要战略支点。与民航陕西安全监督管理局联合出台《关于促进快递与民航产业协同发展的意见》，打通航空快件“绿色通道”。积极协调推进圆通西部航空公司组建工作。全省航空运邮量约达到15万吨，增长50%。

市场监管效能进一步改进。行政许可日益规范，继续完善和落实快递许可优化工作，制定《快递业务经营许可工作审核流程》，进一步明确快递业务经营许可审批权限、申请材料、核查标准及时限要求，增强许可时效性、透明度，确保件件可查询、可追踪、可督办。履职能力全面增强。全面落实“放管服”改革方案，完成“三个清单”编制工作。不断提升邮政管理干部行政执法能力，加强行政执法规范化建设，以案卷评查为基础开展执法评议。继续推进快递企业经营范围规范和清理。坚持严格执法,开展市场执法检查 7534 次,下达整改通知 350 份,办理行政处罚案件 110 起,罚款 78.89 万元。推动行业诚信体系建设,出台行业信用信息管理办法,与 38 个部门联合建立失信企业协同监管和联合惩戒机制,营造诚实守信的市场环境。加强 12305 申诉服务工作,受理消费者有效申诉 4485 件,同比增长 33.9%,为消费者挽回经济损失 102 万元。安全监管全面加强。深入贯彻执行《邮政业安全生产设备配置规范》等制度规范和安全标准,严守安全底线。加强与综治、公安、安全等部门的协调配合,开展执法联动,继续发挥寄递渠道安全监管领导小组协作机制作用,完成全国“两会”、G20 峰会、西洽会、“双 11”快递旺季等重要节点的寄递安全保障工作。全面落实实名寄递、收寄验视、快件安检三项制度,安康、西安率先使用手机 APP 落实实名寄递、收寄验视。加快推动安检机的配置,实行挂账销号管理,推动快递企业配置 X 光机 191 台,基本实现重点环节快件进出口 100% 过机安检。

三、各市(地)主要管理工作概况

西安局积极参与招商引资工作,服务地方经济社会发展。圆通科技有限公司获批高新区软件园土地 48 亩,并落实了土地、税收等优惠政策。推进“快递下乡”工程,乡镇覆盖率达 100%。督促农村网点严格制度上墙、安防设施、服务质量、运单管理等工作,提供优质的快递服务。与市公安局交通管理局联合出台《规范全市快递专用电动三轮车通行管理的实施意见》。推动快递进校园工程,加强校园投递管理。设立西安翻译学院等“快递集中服务示范点”。

宝鸡局积极推动行业发展。“如何促进邮政快递业发展”首次被宝鸡市委、市政协列为 2016 年全市重点调研课题。积极推进快递服务制造业示范工作,打造“快递 + 农产品”项目。提升快递服务能力。推进快递“三进”工程,全市共建设智能快件箱 338 组、格口 14000 个,快递进校园完成率 100%;加强“绿色邮政”建设,推广并规范新能源汽车管理;出台《宝鸡市邮政业违法失信黑名单管理办法》和《宝鸡市快递业信用体系建设试点工作方案》。

咸阳局推进快递发展政策落地,《关于促进快递业发展的实施意见》经市政府印发实施,8 大类 21 项快递业利好政策将推动行业嬗变;主动担责,成为全市“公益中行”项目物流运输组牵头单位。妥善解决快递电动三轮车城市通行问题。与电子商务融合发展渐成规模;推动快递服务制造业联动发展;推动邮政业与现代农业协同发展;与地方政府建立工作沟通机制促进产业深度融合;开展全市快递业发展课题研究,市政府领导在《以“快递业 +”助推咸阳经济创新发展——咸阳快递业发展研究》的课题报告作出批示,支持快递业发展。

榆林局取到快递物流园区建设补贴资金 400 万元,邮政业安全信息化建设、安检机补贴资金 500 万元,新能源投递车辆更新补贴资金 1000 万元。推动基础设施及末端服务水平转型升级,物流园区二期工程顺利完成建设,落实补贴推广新能源车辆使用财政补贴 41.4 万元。

汉中局与洋县人民政府签订了《共同推进邮政快递与农村电子商务协同发展战略合作协议》,支持快递建“村淘”平台,构建三级电商体系推动寄递企业进驻景区,建成汉中首家快件集散配送平台,推进快递企业竞相参与标准化网点建设,城区网点标准化率达到 86.7%。

四、快递市场存在的突出问题

企业内生动力与核心能力不足较为突出,同质低效的发展模式仍未实质性转变,区域、城乡之间服务差距仍旧很大,对新业态新模式主动适应能力不强,网络延伸和末端服务不稳的问题凸现,信息技术支撑能力滞后,绿色发展尚在起步阶段。寄递渠道存在的安全问题和隐患越发突出,整体防范防控能力较弱，一些企业对安全问题重视不够、投入不足，对安全制度落实不够、执行不力，收寄违禁物品、泄露和违法买卖用户信息等时有发生。行业安全监管能力与发展形势需要不相适应，相关配套制度还不完善，监管体制机制有待完善，部门间协作还没有形成有效合力，综合治理和属地责任尚未很好地落实，政府管理服务尚不能满足行业转型升级的迫切需要，形势研判与政策储备、管理与服务方式方法等跟不上快递服务新模式、新业态的飞速发展。

甘肃省快递市场发展及管理情况

一、快递市场总体发展情况

2016 年，甘肃省邮政行业业务总量完 22.2 亿元，同比增长 35.9%；业务收入完成 27.0 亿元（不含邮政储蓄银行直接营业收入），同比增长 34.5%。其中，快递企业业务量累计完成 6065.1 万件，同比增长 71.3 %，最高日处理量突破 200 万件；快递企业业务收入累计达到 12.5 亿元，同比增长 72.4（表 7-28）。

表 7-28　2016 年甘肃省快递服务企业发展情况

指　标	单　位	2016 年 12 月		比上年同期增长（%）		占全部比例（%）	
		累计	当月	累计	当月	累计	当月
快递业务量	万件	6065.1	688.4	71.3	71.0	100.0	100.0
同城	万件	1394.0	168.4	151.2	279.3	23.0	24.5
异地	万件	4666.0	519.4	56.5	45.3	76.9	75.5
国际及港澳台	万件	5.2	0.5	7.4	3.9	0.1	0.1
快递业务收入	亿元	12.5	1.5	72.4	81.0	100.0	100.0
同城	亿元	1.6	0.2	321.5	370.0	12.5	13.4
异地	亿元	7.8	0.9	45.3	50.7	62.6	60.0
国际及港澳台	亿元	0.2	0.01	6.6	-6.7	1.2	1.0
其他	亿元	3.0	0.4	119.7	122.4	23.7	25.6

二、行业管理工作及主要成效

行业环境持续优化。积极向甘肃省委省政府汇报，省政府出台了《甘肃省人民政府关于全面推进快递业发展的实施意见》，全省 10 个市州局出台了贯彻落实意见，协调相关各方达成了兰州快递园区建设用地协议，推动两家快递企业全货机落地中川机场，快递车辆进城难、停靠难、通行难等问题得到有效解决。与发展改革、交通运输部门联合印发《甘肃省“十三五”邮政业发展规划》，对“十三五”时期行业发展做出了全面部署。注重规划衔接，全省邮政业发展的主要目标、任务、村邮站建设、快递下乡等多项内容分别纳入省上相关专业规划。严格按照“放管服”要求，优化行政审批、行政许可流程，建立快递业务经营许可“绿色通道”，推进许可企业信息公开，缩短许可变更及备案平均用时在 10 个工作日以上，为企业提供了便利条件。推动企业加强与铁路、公路、民航等运输企业合作，通过联盟合作等方式进行资源整合、加强协作，全省近 70 家快递企业依托农村客运班车搭载邮件快件，强化了运输保障能力。

快递网络大幅拓展。实施快递“下乡”工程，加强与相关部门的协调配合，推行农村邮政网点、便民服务站、村邮站等邮政资源向快递企业开放共享，整合与合理布局三级配送节点，支持快递企业拓展协同发展空间，发展农村共同配送，下沉带动农村消费。全省1230个乡镇中，已设立快递网点的乡镇750个，网点总数1535个，覆盖率61%。依托“互联网+”重塑创新体系，培育新兴业态。鼓励农产品加工企业与邮政局所、村邮站、快递网点和电商等平台对接，打造“产地—平台—消费者”的模式；推进“快递电商共促扶贫”战略，加大精准扶贫力度，形成“快递+优质水果、高原土特产、特色面点、草原牛羊肉”等一批具有一定规模和影响的甘肃品牌，构建农产品进城的便捷通道，全省快递企业直接服务城乡电商快递业务量3000万件，带动农村土特产品电商销售突破70亿元；邮政服务制造业初见成效，开始向全产业链服务拓展，服务领域向中医药加工、冶金、化工、电子、机械产品全面延伸，通过寄递渠道寄递工业品达200万件，直接服务制造业产值25亿元。第22届兰洽会榆中县（专场）项目签约仪式上，甘肃快递电商产业园项目成功签约，这一项目的签约标志着甘肃快递电商产业园建设工作获得重要突破。该项目计划建成占地500亩，投资近5亿元，集“电子商务仓储集散中心、快递企业运营中心（区域转运中心和分拨中心）、快递监管服务中心、快递配套服务中心”四位为一体，预计达到10家重点企业入驻，日处理量超过100万件，可提供2000人以上就业岗位，是甘肃省第一家由省局搭建平台，企业与地方政府签订意向合同建设的省级快递园区。

完善快递末端投递网络。推动快递企业提升终端服务能力，扶持校企合作、社区物业代办、设立快递自提柜、便利店代投等快递末端配送模式，加快智能快件箱建设推广应用。全省快递营业网点达到4270个，营业场所面积达30万平方米，建成智能快件箱600多个，快递入驻47所高校并全部实现规范收投。省委书记在陇南考察期间，视察了“电子商务学院大学生邮局”和“同城快递电商学院店”，对大学生创业参与解决快递最后一公里的问题给予赞许和鼓励，并要求政府予以大力支持。从场所标准化、设施标准化、管理标准化三方面入手，引导快递企业提升“软实力”，努力打造行业新形象，已建成标准化城区网点1300个，网点标准化率达到68.3%，全省星级快递企业50家，“3A”级快递企业10家，“2A”级快递企业40家。注册推广使用“甘肃快递”标识，全省快递车辆和电动三轮车基本实现了统一车型、统一标识。推动快递功能园区建设步入密集规划阶段，兰州联合弘快递物流园区二期工程投入使用，部分市州快递物流园区纳入当地政府规划，全省建成快递园区17个，入驻快递企业96家。加大科技信息引进应用，全省快递服务车辆5600台，计算机3500台，手持终端10800多台，提升了快递业安全性能和服务质量。开展快递企业形象和服务质量专项整治，重点解决快件延误、丢损、赔偿难、野蛮分拣、信息泄露等热点问题。推行12305消费者申诉在省局网站向社会公开制度，受理消费者有效申诉1527件，为消费者挽回经济损失近30万元。

行政执法全面强化。依法开展行政审批、备案管理、经营许可工作，保证邮政、快递服务的能力和水平不下降。全年发放快递许可证24家，批准增设分支机构845个，办理许可变更606家，依法注销法人企业10家，撤销分支机构51个。加大对《快递业务经营许可办法》等相关法律法规的宣贯学习，制定完善“三个清单一张网”，启动“双随机”抽查机制，规范事中事后监管，举办各类执法培训43期，执法队伍综合素质不断提升。加大行政执法力度，开展快递市场检查8380人次，检查单位4620个，纠正和查处违法违规行为1600多起，下发整改通知书1500余份，实施行政处罚146起。提升监管执法信息化应用水平，行政审批及备案事项100%通过系统进行网上提交、受理与审批，日常检查和执法工作100%通过行政执法信息系统进行，全省在执法系统中共录入检查信息5800条，录入行政执法案件98条，系统试用覆盖率、用户登录率均达到100%。及时、准确、全面、主动地公开邮政营业场所、快递服务网点和行政审批、许可信息，接受社会监督。

安全形势平稳可控。建立安全生产责任制度，成立了安全监管工作领导小组，制定了《加强行业安全监管工作实施方案》，与各企业签订了安全生产责任书，督促企业建立安全机构435个，配备安全专（兼）职员2600人，靠实了企业安全主体责任。形成安全管理联动机制。加强与综治、公安、国家安全等部门协作配合，建立健全信息共享对接机制，发挥各方职能作用形成工作合力，开展寄递渠道信息安全、综合治理、反恐、禁毒、打假等工作，全省共开展联合检查36次，配合公安机关开展检查27次，全面提升了安全监管水平。推动落实“三个100%”制度。组织开展收寄验视、实名寄递和过机安检专项检查，检查企业260多家，发现和纠正违规行为113起。克服困难推动全省配备X光机134台，基本做到了应检必检，举办X光机实际操作培训班3期，培训400人次。着力强化应急管理保障。全省邮政管理系统全力以赴完成了G20峰会和敦煌文博会安全保畅工作，确保了从甘肃出口的邮件、快件安全，兰州局和甘肃局1名同志被国家邮政局评为G20峰会邮路安保工作先进集体和个人。扎实做好“双11”等旺季服务保障工作，在业务量较上一年翻番的情况下实现了“两不三保”目标。全年未发生安全责任事故。

三、各市（地）主要管理工作概况

各市局提升乡镇网点覆盖率成果明显。嘉峪关、金昌快递网点乡镇覆盖率达到100%，庆阳快递网点乡镇覆盖率达到87%，白银、酒泉、张掖、武威、天水、定西、平凉、陇南等8个市州快递网点乡镇覆盖率超过60%。城区网点标准化率明显提升。嘉峪关、张掖、武威、定西、临夏等5个市州城区网点标准化率达80%以上，金昌、酒泉、天水、庆阳等市州网点标准化率超过60%。

各市局不断优化快递发展政策环境。平凉、武威、嘉峪关、甘南州、白银、庆阳市、临夏州、定西、张掖市、天水市等10个市州人民政府先后出台了关于推进快递业发展的实施意见，为当地邮政、快递业发展提供了切实可行的政策依据。嘉峪关市政府印发《关于促进农村电子商务加快发展的实施意见》，邮件提出对快递、物流企业完善农村快递物流体系及搭建冷链物流平台等工作给予政策保障和财政支持。甘南州人民政府出台《关于促进农牧村电子商务发展的贯彻意见》，意见明确，对邮政、快递企业，当年新增出州快件给予0.5元/件的补贴；对出州快件总量首次突破5万件/年、10万件/年、20万件/年的快递企业，分别一次性给予0.5万元、1万元、2万元的补贴。白银市出台的《关于全面推进快递业发展的实施意见》对服务“农副产品进城”的快递企业，在50个以上村设立投递点的，每年给予5万元补助，100个以上的，每年给予10万元补助，连续补助三年。

各市地推动“快递+特色农产品”硕果累累。天水樱桃通过快递企业发件量15万件441吨，较上年增长3倍，实现快递收入483.63万元，较上年增长179.56%。定西全力推进邮政快递线上线下服务产业发展，积极打造“快递+特色农产品”系列引领示范工程，定西快递企业与部分网店全面对接，促进当地中药材线上线下销售。定西市快递服务中药材产业和快递服务马铃薯产业已申报国家快递示范特色农产品示范项目。酒泉敦煌市快递企业寄递李广杏130吨，实现快递收入218万元。陇南市快递服务农产品快递发货114万件，实现快递收入2200万元。白银指导寄递企业对服务当地特色农产品项目进行重点培训，“顺丰快递+靖远羊羔肉”等项目进展顺利，有效带动了行业及当地经济发展。酒泉引导快递企业结合本市地域特点及快递业发展实际抱团发展，推进“快递下乡”向纵深迈进，酒泉申通、圆通、中通、韵达和汇通五家快递公司联合成立了酒泉鑫农网电子商务有限公司，以发展农村电商、解决快递最后一公里配送为目标。武威根据武威农特产品丰富的特点，鼓励企业，主动出击，积极与特色产品生产农户、产业合作社和加工企业合作，实现互惠互利。已形成了“邮政+民勤蜜瓜”“申通快递+天东食醋”“韵达快递+天祝白牦牛肉”等特色农产品样板项目。张掖大力推进快递电商融合发展，积极培育“快递+圆通商城”“快递+金张掖北纬38°”“快递+民乐国通商城”等项目，取得了实效。临夏引导快递企业参与“快递+特色农产品”，利用快递渠道加快“农产品进城”步伐，助力精准扶贫和农民增收。甘南积极打造“快递+”发展模式，其中“快递+电商”发展初见成效。引导支持寄递企业积极与电商合作，充分发挥“快递+”优势，将甘南虫草、牛羊肉、唐卡、佛珠等高原藏区特产、文化工艺品销往全国各地。

嘉峪关局推进快递进校园效果显著，市首家以大学生创新创业为平台搭建的校园快递超市在甘肃钢铁职业技术学院正式开业运行，走上了良性发展的快车道，解决了高校配送的最后100米问题。

兰州局针对市区车辆的一系列限行措施，积极协调交通管理部门，全面做好快递车辆备案登记、统一车辆标志标识、核发城区道路通行证等工作，在兰州市全天禁止厢式货车在主城区通行情况下，厢式快递车辆获批准予全天通行，有效解决了快递运输车辆通行难的问题。全年共为21家快递公司办理了1229张快递运输车辆电子通行证。对21家快递企业的403辆干线运输车和826车辆城市配送车、1120辆电动三轮车统一进行了登记备案。完成500多辆快递电动三轮车淘汰、更新和统一编号、备案管理工作。

四、快递市场存在的突出问题

快递业生产经营中存在较多安全方面的问题。快递行业负责人法律意识普遍较为淡漠，对安全存有侥幸心理；各快递公司人员流动性较大，安全培训普及难度加大；个别企业生产规模偏小，作业场所有限，安全设施配备不齐全，特别是在执行邮件、快件100%过机安检措施方面还有较大困难；安全生产保障制度还不健全；随着快递业务量的迅猛发展，不可控偶然因素增多，一些新情况、新问题仍有可能发生，监管工作面临新的挑战。

监管工作能力还有待提升。监管人员业务知识与法律知识、法制意识和法律素养的结合还不够充分，执法方式缺乏创新，执法程序有待进一步规范，执法队伍自身能力有待新的提高，执法工作对企业经营的正确导向作用没有得到充分发挥。还不同程度存在超期限办理快递业务经营许可审批手续的情况。

快递企业经营方式粗放，加盟条件较低，重效益轻管理的现象较为普遍。规范清理后仍有部分快递公司存在超范围超规定经营快递业务的行为，尤其是部分快递企业逐步实现直营之后，市级公司负责人无实际管理权限，部分企业由省级公司直接设立分支机构，导致大量私自铺设营业网点的问题存在，给监管工作造成了较大的困难。

发展环境有待进一步优化。快递示范城市、快递示范园区、快递服务现代农业示范基地和快递服务制造业项目等快递系列示范工程推进缓慢，在促进电商融合，推动快递业服务“三农”和服务制造业方面，快递业还没有发挥出应有的作用，没有真正形成有效的合作机制，推动地方经济发展起到的作用有限。部分市州在快递车辆通行、快递园区建设等关系快递企业切身利益的问题上环境还不够优化，经营快递业务政策性补贴机制还没有建立。

青海省快递市场发展及管理情况

一、快递市场总体发展情况

2016年，青海省邮政行业业务总量完成4.8亿元，同比增长29.7%；业务收入完成6.5亿元（不含邮政储蓄银行直接营业收入），同比增长29.8%。其中，快递企业业务量累计完成1078.5万件，同比增长51.0%；快递企业业务收入累计达到3.0亿元，同比增长65.0%（表7-29）。

表7-29　2016年青海省快递服务企业发展情况

指　　标	单　位	2016年12月		比上年同期增长（%）		占全部比例（%）	
		累计	当月	累计	当月	累计	当月
快递业务量	万件	1078.5	142.1	51.0	98.0	100.0	100.0
同城	万件	173.1	34.3	14.0	104.0	16.1	24.1
异地	万件	904.8	107.7	60.0	96.0	83.9	75.8
国际及港澳台	万件	0.6	0.1	0.2	4.0	0.1	0.1
快递业务收入	亿元	3.0	0.4	65.0	100.0	100.0	100.0
同城	亿元	0.2	0.1	27.0	130.0	6.7	25.0
异地	亿元	1.9	0.2	43.0	76.0	63.3	50.0
国际及港澳台	亿元	0.03	0.003	4.0	22.0	1.0	0.8
其他	亿元	0.8	0.1	196.0	168.0	27.7	25.0

二、行业管理工作及主要成效

政策环境得到新改善。青海省政府印发《促进全省快递业发展实施意见》，西宁市、海东市政府印发促进本地区快递业发展措施或意见，海北州出台《加快快递业与电子商务协同发展意见》。《青海省大力发展电子商务加快培育经济新动力实施意见》《青海省贯彻落实“互联网+流通”行动计划实施意见》等政策措施为行业发展提供了重大利好。《青海省邮政业发展“十三五”规划》编制完成，并衔接纳入综合交通运输体系、服务业、电子商务等专项规划，行业发展政策保障和规划体系进一步健全。落实行业车辆通行政策，187辆邮件运输车辆、49辆快件运输车辆免收道路通行费，其中为快递企业减负308万元，企业运行成本进一步降低。海西、果洛、海南、黄南四州财政解决161万元资金为小微快递企业配置安检机，进一步提高了应检必检、应检尽检水平。

基础建设取得新突破。2016年新建快递网点93个，全省快递网点共430个，从业人员3315人，促创业带就业倍增效应明显。建成快递分拨集散中心达到17个，乡镇快递网点达到231个，乡镇覆盖率19%，较2015年提升12个百分点；快递进高校基本完成，全省12所高校规范收投11所；快递营业场所标准化建设加速，全省已建成标准化快递网点302个，标准化率达到70.2%；西宁、海北举办快递行业职业技能竞赛活动，为快递业务员比拼技能、展现风貌搭建了良好平台。转型升级迈出新步伐。成立青海党报电商物流公司，揭开青海省电商与快递物流协同发展新篇章。2016年全省新建“邮政+电商”“快递+电商”综合服务平台23个，平台总数达到117个。

安全生产开创新局面。安全管理机制不断完善，青海省邮政管理局作为省寄递渠道安全领导小组牵头部门，在寄递渠道安全稳定方面发挥了更大作用；海北州、海西州成立了县级寄递渠道安全管理领导小组;海东市依托县级公安机关和属地派出所承担邮政行业安全监管职能,充分发挥了地方党委政府部门的职能作用,强化了行业监管;省、市州级寄递渠道安全管理成员单位联合检查和工作督导全面强化,寄递渠道禁毒、反恐、扫黄打非工作配合更加顺畅有力。安全基础不断夯实,举办各类安全生产知识培训和应急演练 23 次,培训 640 人次;2016 年全省寄递企业新配 X 光安检机 25 台,超出全年增配 14 台目标,总量达到 48 台,出省邮件快件实现 100% 过机安检。安全执法检查不断深入,组织开展企业安全主体责任落实、安全生产领域“打非治违”、寄递服务信息安全专项整治等多项安全执法检查,发现问题 282 个,现场整改 129 个,责令整改 126 个,行政立案 53 件。切实强化关键节点安保,圆满完成建党 95 周年、G20 峰会、世界互联网大会等重大活动期间和两节、“双 11”等旺季安全生产和服务保障工作。

三、各市(地)主要管理工作概况

西宁局对主要快递企业分拨中心场地区域功能分割、安全设施的配备、作业流程优化提供了全方位的跟踪监督,实现了全市快递企业省际分拨中心分拣作业集约化、过机安检全覆盖、运输投递全监控的功能模式,有效确保各分拨中心整体运营情况秩序良好,未发生过重大安全事故。按照“监管部门引导、快递企业参与、第三方建设运营”的模式,多方协调,推动西宁市首家快递服务站——“香格里拉社区快递服务站”正式试点运营,快递“最后一公里”末端投递难问题将得到有效改善。

海西局积极推动格尔木市分拨安检中心建成投入使用,标志着海西地区快递企业由家庭式、作坊式作业向企业管理规范、安全设施完备、服务质量保障的现代化快递企业转型迈出成功一步。印发《海西州邮政管理局推进“快递下乡”工作实施方案》,对推进“快递下乡”工作的基本原则、发展目标、建设模式、运营模式、管理模式等方面向企业进行了详细解读,制定了确保完成目标任务的时间节点和任务措施。组织各快递企业负责人与柴达木电商绿洲基地就“线上线下”合作问题进行了洽谈,达成了合作意向并签订了合作协议,有力的助推了柴达木电商与全市快递企业融合发展,为实现“互联网 + 快递”深度合作,营造良好发展环境。

四、快递市场存在的突出问题

有效供给不足。快递乡镇覆盖率、快递末端投递设施建设水平与全国差距大。快递企业小而散问题突出,中高端人才缺乏、经营管理粗放,快件丢失损毁赔偿难等关系群众切身利益的问题依然存在。这些问题严重影响了行业供给能力和供给质量。

协调发展不足。邮政、快递企业与综合交通运输体系、电子商务、制造业、农牧业、旅游业等相关产业的衔接协同程度不深。邮件、快件进出口不均衡,企业成本高、利润低。公益性业务与竞争性业务反差大,快递业务突飞猛进,邮政普遍服务业务增长不足。

创新驱动不足。快递企业同质化竞争激烈,模式创新、产品创新、服务创新和管理创新能力不强,难以提供多层次、多品种、多样化的中高端服务。行业配备自动化安检、分拣、搬运、装卸、仓储等先进设备,应用新能源车辆、环保包装辅材、电子面单等低碳绿色产品的水平不高。

宁夏回族自治区快递市场发展及管理情况

一、快递市场总体发展情况

2016年，宁夏回族自治区邮政行业业务总量完成15.2亿元，同比增长24.7%；业务收入完成15.2亿元（不含邮政储蓄银行直接营业收入），同比增长12.4%。其中，快递企业业务量累计完成3241.5万件，同比增长45.2%；快递企业业务收入累计达到5.9亿元，同比增长21.2%（表7-30）。快递进港量8276万件，同比增长61%，进出港合计1.2亿件，全区人均使用快件17件。全行业从业人数持续增加，达到8000多人。邮政业消费者申诉处理率达到100%。

表7-30　2016年宁夏回族自治区快递服务企业发展情况

指　标	单　位	2016年12月		比上年同期增长(%)		占全部比例(%)	
		累计	当月	累计	当月	累计	当月
快递业务量	万件	3241.5	350.4	45.2	39.4	100.0	100.0
同城	万件	661.9	83.1	113.6	122.6	20.4	23.7
异地	万件	2576.4	267.1	34.2	24.8	79.5	76.2
国际及港澳台	万件	3.2	0.2	29.3	51.7	0.1	0.1
快递业务收入	亿元	5.9	0.7	21.2	16.5	100.0	100.0
同城	亿元	0.7	0.1	114.8	133.2	11.7	14.1
异地	亿元	3.9	0.4	2.5	-8.7	67.1	62.7
国际及港澳台	亿元	0.1	0.01	-7.2	-14.4	1.09	0.8
其他	亿元	1.2	0.1	92.5	119.0	20.2	22.5

二、行业管理工作及主要成效

争取行业发展利好政策，补齐行业发展政策短板。主动向宁夏回族自治区党委、人民政府汇报邮政业发展情况，加强与自治区相关部门沟通联络，积极争取利好政策出台，促进行业主动融入地方经济社会发展大局。自治区党委书记李建华为邮政业服务全区经济社会发展点赞，在宁夏回族自治区邮政管理局呈报的专项报告上作了600余字的批示，勉励宁夏局在全区改革发展中再立新功。2016年区、市两级政府均将扶持邮政、快递新业态纳入了政府工作报告。继续争取到商务厅100万元专项资金用于补贴安检机配置。协调中卫市（枸杞）成功创建全国快递服务现代农业示范基地。自治区政协将促进快递业规范化管理、防止快递实名制流于形式、加快促进全区快递服务业健康发展三项建议列为政协提案，自治区政协副主席洪洋带领提案督办组对我局承办重点提案进行调研指导，充分肯定了提案办理情况。自治区人民政府先后出台了《关于实施农村电子商务筑梦计划的意见》《关于深入推进“互联网＋流通”行动计划的实施意见》等一系列行业发展利好政策，明确对全区农产品进城和农资下乡邮政快递配送，按距离给予1至3元的运费补贴，并对乡镇快递网点给予宽带资费和房租全额补贴。各市县在此基础上出台了扶持乡镇快递物流发展的配套补贴政策，其中石嘴山局争取农村电子商务进农村示范项目资金110万元，定向补贴农村邮政“邮乐购”电商服务站、O2O电商快递体验店、县级电商快递产业园等，平罗县对农村电商出港邮件、快件给予每单5元运费补贴。在统一快递车辆标识的基础上，为全区快递企业510辆运输车辆核发和换发了车辆运行使用证。石嘴山局、中卫局联合交警部门为快递企业转运车辆统一办理市区通行证，解决了制约快递行业发展的车辆进城难、市内配送停靠难等突出问题。地方党委政府及相关部门对邮政业的关心和支持，为行业发展提供了良好的外部环境。

提升行业服务民生、服务社会的基础性作用。结合行业实际找准突破口，制定印发了《宁夏寄递行业精准扶贫实施方案》，提出了通过寄递扶贫推进城乡公共服务均等化、增加贫困人口收入、增强行业自我发展能力的工作思路。指导各市局以自治区人民政府开展电子商务进农村综合示范项目为突破口，探索"互联网+邮政业+精准扶贫"模式，鼓励邮政、快递企业加快贫困地区网络布局，积极参与全区扶贫攻坚工作，邮政业精准扶贫工作取得了初步成效。银川局积极与地方农牧部门协调，通过推进"快递+电商+特色农产品"服务模式，引导快递企业做长产业链，利用快递企业线上线下平台为本地盐池羊肉、灵武长枣等农特产品搭建推广销售渠道。以盐池羊肉、灵武长枣为例，2016年仅顺丰的快件量就达到20万件，快递收入增加3500万元，带动外销产值高达2.4亿元；灵武长枣寄递量达到2万件，承运量达到1200吨，快递增收160万元，带动销售产值达2000万元。中卫局联合市交通运输局、商务局、扶贫办联合印发了《中卫市邮政业扶贫工作实施意见》，并组织召开了邮政业精准扶贫攻坚行动现场会，促成海原县政府与快递企业及快递协会签订了就业意向书和合作框架协议。固原局利用全市"互联网+扶贫+X"项目机遇，推动邮政业加快与地方特色产业融合发展，带动贫困地区特色农副产品外销，邮政业携手电子商务为精准扶贫增添了新的措施和办法。

加快推动末端网点建设。在城区开展社区快递末端配送公共服务平台试点，制定印发了《关于加强城乡快递末端设施建设促进居民消费的实施方案》，逐步完善末端网点备案管理工作，引导快递企业共享资源，抱团建设快递末端综合服务站，加强公用性快递配送节点建设，优化快递配送设施布局，全面提高配送效率。银川局引导快递企业共同组建第三方配送企业，试点"一家平台、多方共用、利益分享"的模式，同时搭载了快递寄取、商业零售、便民服务、O2O线下体验等功能，建成8处社区快递便民服务站，在解决快递"最后100米"投递难题问题方面做出了积极有益的探索。固原局、石嘴山局分别推动建成快递末端服务点6处、3处。

积极推进快邮合作、交邮合作。推动邮政快递企业整合资源，优势互补，开放合作，采取"先易后难、由点及面"的方式，在石嘴山市平罗县、吴忠市盐池县、中卫市海原县、固原市西吉县开展了"快邮合作"试点工作。通过引导邮政企业转变思路，发挥乡镇农村网点资源优势，与快递企业签订合作协议，拓展快件代投代运业务，实现了"一点多能、一网多用、深度融合"的共创双赢目标。按照国家局实施"快递三上"工程统一部署，积极落实推动交通物流融合发展措施。协调交通部门，争取到了规划衔接、交通基础设施一体化建设、运营网络资源融合等政策支持。中卫局与宁夏机场中卫分公司多次对接沟通，签订了共建快件"绿色通道"合作协议。

全面提升行业治理能力。强化事中事后监管力度，组织开展快递市场清理整顿专项行动，依法加强对快递业务经营主体的监管，严厉查处"无证无照"、超越业务范围或地域范围、非法加盟及代理经营快递业务的违法行为，全面净化市场主体，规范市场秩序。全区累计开展快递市场、集邮市场和邮政用品用具市场检查3074人次，检查企业1126家，纠正和查处违法违规行为152起，下发责令改正通知书107份，行政处罚45起，罚款金额16.7万元。认真执行快递末端网点备案相关规定，指导市局开展快递末端网点的登记摸底与清理工作。

加强安全制度执行情况的监督检查，督导寄递企业严格落实主体责任，全区寄递企业均成立安全生产组织，建立了专兼职安全员和安检员队伍,不断强化安全培训教育,企业负责人及一线员工安全生产意识不断增强。顺利完成了春节、五一、G20、“双11”等重大节假日及重大活动期间寄递渠道安全生产和服务保障工作。开展了寄递行业“安全生产月”、危险化学品和易燃易爆物品排查、落实“3个100%”制度等专项整治活动,坚决遏制了重大特大安全事故的发生。在全区快递企业推广使用安易递实名寄递信息系统,为全面落实实名收寄制度提供技术支撑。健全完善邮政业突发事件应急预案,指导市局开展应急演练,加强应急保障建设,进一步提升了突发事件的应对和处置能力。继续发挥区、市两级寄递行业安全监管领导小组积极作用,制定实施定期联席会议制度、日常工作联席制度,安全紧急响应制度和联动执法制度,完善了寄递行业安全防范联合工作机制。与民航宁夏监管局联合举办了宁夏航空安全工作培训班,积极配合相关单位做好寄递渠道禁毒和反恐工作,在2015年全区32个单位平安建设工作考评中取得排名第八的优异成绩。协调自治区公安厅出台了《物流寄递行业安全管理举报奖励办法》,为进一步做好寄递渠道安全生产工作提供了政策保障。各市局积极探索行业安全监管的新思路、新方法,石嘴山局、固原局建成了安全监管视频联网系统,提升了安全监管信息化水平。银川局指导快递企业建立了安检工作周报、安检机管理、普遍服务营业场所视频监控报送等制度,并组织企业安全员开展安全生产自查和互查,取得了良好实效。吴忠局创新实行“四色安全预警管理”机制,对快递企业进行量化考核评定和等级管理,得到国家局马军胜局长的充分肯定。

严格按照许可优化方案执行全流程网上审批,进一步优化许可流程和提升许可审批效率,许可证平均办理时限缩短至十五日,分支机构变更平均办理时限缩短至10日。指导市局进行许可现场核查和备案工作,确保符合快递业务经营许可条件。全年共核发许可证73张,完成快递企业变更216次。进一步提高消费者申诉处理质量,积极维护消费者合法权益,全年共受理消费者申诉2027件,为消费者挽回经济损失7.4万元。认真组织开展快递业务员职业技能鉴定考试工作,全年共完成职业技能鉴定606人次,从业人员能力素质不断提升。中卫局与中卫职业技术学校对接,通过校企合作模式建设快递企业员工培训基地,并开展了首届快递业务技能竞赛,助推行业服务水平得到全面提升。

增强行业转型升级的新动力。科学编制“十三五”规划,深入调研并广泛征求意见,对《宁夏邮政业发展“十三五”规划》进行了反复修订、完善和衔接。加强与自治区相关部门的沟通对接,做好了“十三五”规划与地方相关产业发展规划的紧密衔接工作,协调自治区发改委联合印发了《宁夏邮政业发展“十三五”规划》,为“十三五”期间凝聚关联产业发展合力,实现优势资源互补、协同发展奠定了基础。指导市局有序推进本市邮政业“十三五”规划编制工作,固原局协调市政府印发了《固原市邮政业发展“十三五”规划》,其他4个市局均与当地发展改革部门联合印发了邮政业发展“十三五”规划。

全力推进快递规范化标准化建设,在实施《宁夏快递服务规范化标准化实施办法》的基础上,配套制定了相应的建设验收标准,逐条逐项指导快递企业提升创建效果。通过企业自查、市局督查、交叉验收及重点抽查等方式,逐企逐点开展规范化标准化验收。截至2016年年底,全区490家快递企业及其分支机构做到了同品牌企业营业场所装修形象统一、生产操作规范统一、内部管理制度统一,规范化标准化率达到98.9%,企业服务规范及服务质量得到新的提高,快递行业服务形象有了新的提升,行业服务能力及企业竞争力有了新的增强,得到企业和社会用户的一致好评。银川局落实分片包点责任制,在全区率先完成了规范化标准化建设工作任务。

持续推进“快递向下”工程,完善农村地区快递基础设施。引导快递企业完善服务网络,积极推进全区快递企业设立乡镇服务网点，全区“快递下乡”工程推进取得较大进展，全区191个乡镇快递服务覆盖率达到80%以上，银川、吴忠两市分别达到100%、98%，“农产品进城、工业品下乡”双向通道更加畅通，为全区农村经济生产发展提供了强大助力作用。

积极推进快递园区建设，增强快递产业发展聚集效应。在与自治区商务厅、交通厅等单位积极沟通的基础上，多次调研并召开快递园区建设座谈会，推进区、市、县快递园区建设。目前全区已建成5个市级快递物流产业园，8个县级园区，并争取到了免租金、免费配置安检机、免物业费、快件运费补贴等园区优惠政策，实现了快递产业集约化、规模化经营。其中吴忠市、石嘴山市平罗县、固原市西吉县对正式入驻园区的快递企业给予免交3年租金的优惠政策，石嘴山局同时争取到60万元财政资金用于补贴快递物流园区装修和出港邮件、快件运费。

推进行业精神文明建设，为全面部署新时期全区邮政行业精神文明建设工作，制定印发了《关于进一步加强全区邮政行业精神文明建设的实施意见》。加快推进快递企业群团组织建设，获批成立了全区邮政行业团工委，联合自治区团委召开了青年文明号创建工作培训会，指导各市局和快递企业争创青年文明号。通过组织开展“最美快递员”“最美人物”“诚信快递、你我同行‘3·15’”等活动弘扬行业先进文化，树立先进典型。加大对非公快递企业党建工作指导，发展党员27人，培养18名入党积极分子，壮大了党组织队伍。

三、各市（地）主要管理工作概况

银川局在全市快递行业开展快递服务规范化标准化建设工作，历时一年，截至2016年8月，全市三区两县一市共233个快递营业网点已全部完成建设任务。积极发展智能快递箱等投递终端，进一步延伸社区、商业中心、机关、校园等城市区域快递服务触角，取得较好效果。2016年先行试点建设湖畔嘉苑站等8家城乡快递配送服务站。特别是湖畔嘉苑社区的快递配送服务站，自建成运行以来，已经由初期的日件量几十单增长到目前的上千单，疏通了末端配送“最后100米”经脉。显著提升了快递末端投递服务水平，进一步便利了广大群众日常生活。计划到2018年底，建立覆盖城乡的市、县、乡、村四级快递配送服务体系。

石嘴山局助力全市快递业实现产业转型，建设快递物流园区是实现物流快递设施集约化和物流运作共同化、空间布局合理化。打造“平罗”邮政行业发展模式：2016年，石嘴山局在引领行业发展中以“互联网+”邮政业为指引，积极探索实践邮政“电子商务进农村”、快递“电子商务+社区服务”、“快邮合作+快递园区”等模式，探索总结出了“平罗”邮政业发展模式：支持邮政企业参与实施“电子商务进农村”综合示范项目，通过建设“村邮乐购”电商服务站，加载邮政普遍服务功能，将单一的“村邮乐购”电商服务站打造成电商服务站+村邮站的“二合一”服务站点。平罗县政府对“农产品进城”快递每单补贴5元，给予50万元财政资金支持平罗县邮政分公司“村邮乐购”电商服务站建设和宣传营销。在城市社区鼓励快递企业抱团建设快递便民服务站，解决快递“最后100米投递问题”；在乡镇农村积极推进村邮站和“快递下乡”建设，打通了“工业品下乡”和“农产品进城”双向流通渠道。鼓励快邮合作，引导邮政企业转变思路，支持邮政企业在开展普遍服务业务的基础上，拓展业务，与快递合作，签订合作协议，整合企业资源，实现了双赢目标；引导快递企业抱团发展，抱团建设城市末端网点，抱团发展O2O电商线上线下平台，实现了网点建设运营成本做减法、企业效益服务质量做加法的长远效应。引导快递企业多方位延伸产业链，打通上下游，扶持快递企业共建电商平台、电商体验馆，“线上”“线下”同频共振，通过“电商+快递+农户”的营销模式，促进电商、快递联动发展。推进电商快递物流园区建设，争取资金60万元支持平罗县电商快递物流园改造及X光安检机等配套设施建设，并给予入驻快递企业免除三年租金和资金补贴的优惠政策，建成集快递仓储、分拣、集中过机安检和配送为一体的综合性快递物流园区，带动快递渠道下沉，配送提速。

吴忠局争取快递物流补贴政策：2016年宁夏回族自治区政府出台《自治区人民政府办公厅关于实施农村电子商务筑梦计划的意见》文件，明确在乡（镇）设立品牌快递物流配送综合站点的，由注册地人民政府给予2年宽带资费和50平方米房租全额补贴，并对乡（镇）与自然村之间的农产品进城和农资下乡物流配送给予补贴。现已与吴忠市利通区商务局对利通区快递下乡网点进行验收，2016年度第一批补贴款5.13万元已兑现给快递企业，第二批补贴正在核实测算；青铜峡市政府在《青铜峡市推动农村电子商务发展的实施意见》（青政发2016〕101号）中明确按自治区60号文件标准对乡镇快递网点进行补贴，月底前将会同吴忠局对青铜峡市乡镇快递网点进行验收后进行补贴。利通区、青铜峡市新设的乡镇快递网点，按季度汇总后纳入补贴范围。吴忠市的其他三个县区的商务部门正在研究落实补贴政策。

固原局积极引领彭阳三泰科技有限公司建设快递园区。彭阳三泰科技有限公司不仅经营快递业务还从事电商运营，固原局利用地方政府急于发展电子商务的契机，积极向商务部门建议，配套补贴建设快递园区，最终全县的快递园区建设、乡镇电商服务站运营、县域内的快递统一配送，由彭阳三泰科技有限公司实施。彭阳县快递园区建设真正实现了快递与电商深入融合和协同发展。紧抓西吉县农村电子商务示范县的利好政策，积极推动快递园区建设。在电子商务示范县申报之初，固原局就积极与西吉县政府及商务局取得了联系，参与了申报工作，提出了园区建设的想法，得到了西吉县商务部门的支持。园区建设考虑了冷链仓储、产品包装、邮件快件分拣、统一安检及统一配送等功能分区，园区建成后，西吉县政府给予入驻园区的邮政、快递企业场地租赁费用四年全免、无偿提供办公电脑一台、免交网费和取暖费的优惠政策，西吉县邮政分公司、韵达、汇通等7家规模以上寄递企业均已入驻。

中卫局借助“快递+电商”模式，让当地特色农产品搭上顺丰车。依托枸杞、硒砂瓜、剪纸、刺绣、清真牛羊肉、小杂粮特色优势农副产品，加强同市、县区农林、商务、交通等部门的协调，积极支持引导顺丰、邮政EMS、圆通、韵达、汇通、中通等快递企业利用自身知名度、线上平台及配送网络等优势，大胆创新服务模式，量身定制适合中卫特色农副产品走出去的配送项目，实现了优质农副产品从农家田间地头到消费者餐桌和手中的配送便捷化、品质最优化。探索“教育+就业”模式，切实帮助贫困家庭劳动力实现靠技能脱贫。积极主动加强同各县区教育、就业等部门的协调，对各县区建档立卡贫困户家庭成员，特别是青年子女就业情况及就业意向进行摸底调查，并主动对接中卫市职业技术学校，就开设快递相关专业，引导快递企业与职校合作，在指导就业、岗前实习等方面达成共识，切实帮助贫困家庭未就业青年掌握致富技能，实现靠技能脱贫。同时，定期了解掌握全市快递企业用工需求，及时通过各县区就业信息平台向社会发布，并鼓励引导全市各快递企业特别是在贫苦县、乡镇、村的快递企业，在符合企业发展需要的基础上为贫困家庭人员适当开辟就业岗位，在同等条件下，优先帮助贫困家庭人员实现就业，增加贫困家庭成员工资性收入。截至2016年12月，全市快递企业吸纳贫困县区人员32人进入快递企业就业，较大品牌的快递企业与职业学习开展了深度合作。在鼓励支持有条件的快递企业向下延伸配送网络，增加偏远乡镇分支机构、末端网点数量的同时，积极加强对邮政、快递企业合作的协调工作，召开邮政、快递企业合作座谈会，引导邮政、快递企业结合贫困地区寄递需求，在配送项目上大胆创新尝试，整合资源，优势互补，大力推行“快邮合作”、“快快合作”模式，充分发挥"村邮站"和乡镇已建成快递配送网点在快件配送方面的独特优势，避免重复建设，节省快递企业不必要的配送网点建设投入和运营开支，让利于民，降低"工业品下乡"和"农产品进城"双向流通物流成本。

四、快递市场存在的突出问题

由于全区经济总量小、科技创新能力弱、综合交通运输体系建设滞后等制约邮政业发展的客观因素，对照东部、中部地区，宁夏邮政行业发展体量小、竞争力弱、发展基础不牢、服务转型刚起步、被动适应特征突出等制约发展的体制性瓶颈仍然存在，企业规模小欠质效、美誉度忠诚度低、低价同层次竞争严重、中高端及末端供给不足等制约行业发展的机制性障碍和结构性矛盾依然存在，市场秩序不规范、监管任务重、法规落地不实，安全隐患多等制约发展的政策性问题依然存在。

新疆维吾尔自治区快递市场发展及管理情况

一、快递市场总体发展情况

2016 年，新疆维吾尔自治区邮政行业业务总量完成 27.5 亿元，同比增长 23.6%；业务收入完成 37.9 亿元(不含邮政储蓄银行直接营业收入)，同比增长 17.2%。其中，快递企业业务量累计完成 8661.9 万件，同比增长 22.9%；快递企业业务收入累计达到 17.3 亿元，同比增长 34.1%(表 7-31)。邮政业消费者对邮政管理部门申诉处理工作满意率达到 97.1%，较好地完成了各项目标任务。

表 7-31　2016 年新疆快递服务企业发展情况

指　　标	单　位	2016 年 12 月		比上年同期增长(%)		占全部比例(%)	
		累计	当月	累计	当月	累计	当月
快递业务量	万件	8661.9	1038.1	22.9	49.6	100.0	100.0
同城	万件	1542.4	167.2	251.6	167.3	17.8	16.1
异地	万件	7096.7	869.2	7.4	37.8	81.9	83.7
国际及港澳台	万件	22.9	1.7	311.7	249.6	0.3	0.2
快递业务收入	亿元	17.3	2.2	34.1	29.9	100.0	100.0
同城	亿元	1.9	0.2	198.6	138.5	11.1	9.1
异地	亿元	11.3	1.5	17.0	15.2	65.3	68.1
国际及港澳台	亿元	0.3	0.02	32.6	10.2	1.5	0.9
其他	亿元	3.8	0.5	58.8	65.6	22.1	21.9

二、行业管理工作及主要成效

行业改革不断深入推进。深化简政放权，制定《新疆维吾尔自治区邮政行政管理权力清单、责任清单》，进一步明确全区两级邮政管理部门的权力范围和职责任务。深入贯彻快递许可简政放权措施，严格安全准入条件，开展末端网点备案。全年共受理快递许可申请 133 件，审核批准 69 件，受理分支机构变更 789 件，其他许可变更事项 547 件。联合自治区交通运输厅、农业厅、供销社等部门印发《关于促进自治区农村物流健康发展实施意见》，促进农村地区物流、快递融合发展。不断完善邮政管理体系，支持有条件的地州市局组建县级邮政管理机构，推动邮政管理工作向纵深推进。

地方立法实施步伐加快。健全完善地方立法，通过组织专家研讨、论证、征求意见和调研，初步完成《新疆维吾尔自治区邮政条例》立法后评估和修订草案拟定工作。积极争取地方立法，通过多方协调和努力，昌吉州人大法工委和州法制办已将《昌吉回族自治州邮政条例》立法工作列入“十三五”立法计划。克州局拟定《克孜勒苏柯尔克孜自治州邮政管理办法》草案，积极协调地方相关部门推动出台实施。

规划制定和政策争取有效推进。基本完成《新疆邮政业发展“十三五”规划》编制工作，并分别与自治区规划纲要以及物流、电子商务、交通运输、扶贫攻坚等多部地方专项规划进行了衔接。提请自治区人民政府出台新疆维吾尔自治区《关于促进快递业发展的实施意见》，确立七项主要任务和十方面保障措施。大力争取地方财政资金支持。加强政策研究，全年共完成35项政策性文件、标准修改意见的征集反馈工作。昌吉局联合州商务局共同向州党委呈报《关于全州快递业服务农村电商发展的调研报告》，争取快递业服务农村电子商务地方资金支持。全区邮政业发展规划、政策环境更加完善。

基础设施建设平稳推进。加快智能包裹柜、快件箱推广，累计设立175组。快递基础设施建设得到加强，快递企业及网点达到2446个，快件分拨中心达到134个，分拣处理场所面积超过13万平方米。快递物流园区建设不断加快，巴州南疆快递产业园区正式建成启用，哈密市快递物流（电商）集散中心已完成规划、备案、环评以及“七通一平”等基础设施建设。全面启动新疆邮政管理系统反恐维稳安全防范设备购置及建设项目，升级新疆邮政管理局视频监控平台，推动地州市局视频监控平台建设。

重大工程实施取得新成效。深入实施“快递下乡、进团场”工程，全区主要品牌快递企业在387个乡镇（团场）设置快递末端服务网点883个，全区快递网点乡镇（团场）覆盖率达到37%，同比提高了21%。积极推动“向外”发展，加大与海关协调沟通力度，大力推进吐尔尕特、巴克图国际互换局（交换站）功能恢复工作，设立了阿拉山口市国际邮件交换站。着力实施快递“三进”工程，全区快递进社区工程初具规模，60%的高等院校实现了快件规范收投。

行业人才队伍日益发展。全年共开展5批次快递业务员职业技能鉴定考试，参加鉴定考生达1350人，一大批行业从业人员接受了专业知识培训和鉴定。深入贯彻落实《加快发展邮政行业职业教育的指导意见》，联合举办校企合作座谈会，协调推动新疆交通职业技术学院增设物流专业（快递方向），加快新疆邮政行业人才培养基地建设，不断为行业培养高技术专业人才。博州局创新培训方式，通过分区培训、上门培训，累计培训600人次，培训效果明显。

邮政业服务水平稳中有升。委托第三方测评机构在全疆范围内开展了邮政业服务满意度调查。调查显示，2016年新疆邮政业服务整体满意度为82.07分，7成以上被访者认为2016年服务水平较上年有所提高。塔城局大力开展快递企业提升服务质量评比月活动，昌吉局积极推进快递服务规范化标准化建设，有效提升了辖区快递服务水平。

邮政市场监管工作进一步加强。制定印发全区快递市场清理整顿专项行动实施方案，全面安排部署，作出行政处罚决定32起，累计罚款24.2万元。组织开展防范和打击快递企业参与空包刷信用等违规行为，累计检查企业721家次。维护消费者合法权益，充分发挥申诉受理在化解消费纠纷与矛盾方面的积极作用，全年共处理有效申诉2915件，为消费者挽回经济损失46.38万元。伊犁局开展快递服务末端网点现状调研，探索快递服务末端网点备案管理，规范邮政市场秩序。阿克苏局组织夜查，对企业营业网点和分拣中心进行突击检查，规范企业行为。行政处罚力度明显加大。2016年,全区共作出行政处罚决定187起,累计罚款127万元,停业整顿6起,有效遏制了企业违法违规行为。

安全监管深入实施。持续夯实安全监管基础,组织召开邮件、快件寄递安全管理领导小组成员单位联席会议,会同成员单位开展联合检查,进一步健全寄递渠道安全管理联合工作机制。加快推进"三项制度"落实,召开贯彻落实"三项制度"座谈会,督促企业自查整改,并对"三项制度"落实情况进行专项检查。委托第三方以实寄测试的方式开展快递服务综合调查,了解"三项制度"落实情况。和田局重点抽查实名登记信息与快件详情单信息是否一致,确保实名登记制度落到实处。吐鲁番局召开"三项制度"落实推进会,与企业签订责任承诺书。克拉玛依局举办现场观摩会,推动"三项制度"落实。积极推进安检机配备和使用,全区主要快递企业安检机配备数量达到502台,同比增加392台。博州局联合兵团第五师发文,就寄递企业配备安检机相关事宜提出明确规范和要求。喀什地区寄递企业严格落实过机安检制度,成功查出涉毒以及管制器具快件12件。督促企业增强安全自律意识,落实安全生产主体责任。乌市局指导企业成立自查、巡查队,开展日常自查巡查。阿克苏局组织企业安全检查员进行交叉检查。切实加强寄递用户信息安全管理,全区组织集中销毁过期快递详情单1895万张,共计22.09吨。配合开展反恐、"扫黄打非"、禁毒等工作。

加强应急管理。严格执行《邮政业安全信息报告和处理规定》,在重大活动和重要时间节点,实行24小时值班制度,全行业未发生一起重大安全生产事故。提前动员部署,制定工作方案,明确目标任务,细化措施,强化监督检查,圆满完成G20峰会、第五届中国—亚欧博览会、唐山世界园艺博览会等重大活动期间寄递渠道安保任务。继续发挥"错峰发货、均衡推进"工作机制作用,积极运用近年来成功经验,在业务量大幅增长的情况下,实现了"两不"(全网不瘫痪、重要节点不爆仓)、"三保"(保畅通、保安全、保平稳)目标。

服务地方经济社会发展的力度不断加大。产业联动服务地方经济发展,支持邮政企业发挥网点和服务能力优势参与农村电子商务发展。鼓励快递企业在电子商务产业园附近设立服务网点,协调快递物流产业园与电子商务产业园融合发展,搭建快递服务电子商务、现代农业的平台。博州邮政分公司与精河县电子商务产业园开展合作,打造线上线下综合便民服务站。哈密开通"哈密瓜号"密作贡瓜、密作古枣邮政货运专机,推进哈密农副产品空运常态化。吐鲁番局积极推动"全国快递服务现代农业示范基地"申报工作。

精神文明建设扎实推进。深入贯彻落实《关于进一步加强邮政行业精神文明建设的指导意见》。组织参加地方"行风热线"栏目,解决人民群众用邮热点难点问题。积极参与第二届"寻找最美快递员"评选活动。举办全区邮政管理系统2016年"奋进杯"乒乓球比赛和"精彩瞬间"摄影大赛,开展纪念建党95周年主题活动和道德讲堂活动,大力弘扬"诚信、服务、规范、共享"邮政行业核心价值理念。

三、各市(地)主要管理工作概况

博尔塔拉蒙古自治州局根据不同用户的需求,设计制作"一问一答"法律法规宣传册,印制企业版和用户版两个版本,内容通俗易懂,有侧重点的进行法律知识普及,并创新培训方式,实行分区培训、定制培训、上门培训的方式,变"被动学"为"主动讲"。优化人力资源,解决人员紧张的问题,积极完善AB岗责任制、轮岗执法机制、周计划督导制、政务信息任务分解制等,不断推进多面手、复合型人才建设,确保局机关行业管理、政务信息、统计、党建等各项工作均取得优异成绩。

阿勒泰地区邮政管理局积极与地区综治、经信、工商、商经委、公安和国安等部门沟通联系,开展多次联合执法检查,建立联席会议、工作情况通报等工作机制，形成协调联动的工作合力，认真落实寄递安全“三项制度”，对6家不严格执行实名收寄制度的企业予以了行政处罚。

阿克苏地区邮政管理局开展邮政行业安全生产知识及法律知识竞赛活动，下发《关于组织开展邮政行业安全生产知识及法律知识竞赛活动的实施方案》，知识竞赛以中国邮政集团公司阿克苏地区分公司、各快递企业为单位，共设12支参赛队伍。竞赛采取知识竞答的方式进行，分为初赛和决赛，共设一等奖1个、二等奖2个、三等奖3个、优秀组织奖6个。通过竞赛强化邮政行业从业人员安全生产意识，提高法律知识水平，增强安全生产知识及法律知识教育。

昌吉回族自治州邮政管理局在“3·15”“宪法法律宣传月”开展了邮政、快递消费者主题咨询宣传活动。并通过设立宣传咨询台、现场答疑解惑、参加行风热线等方式，扩大邮政行业影响力，树立行业正面形象，畅通快递用户维权渠道。联合昌吉州商务局对昌吉州各县市快递企业发展实际及当地农村电商发展形势进行了调研，并与地方政府进行了座谈，提出通过政府政策扶持与企业自身投资的方式，鼓励快递企业下乡设点，促进快递与电商的高度融合发展。与吉木萨尔县政府就邮政、快递服务农村电商达成合作共识，签订合作框架协议，共同打造国家级农村电子商务示范县。

巴音郭楞蒙古自治州邮政管理局联合自治州、县（市）综治、公安、商经、运管、工商等部门，加大行政执法力度，严格贯彻落实自治区、自治州关于寄递渠道反恐、禁毒、扫黄打非、去极端化的有关工作要求，督促寄递企业以安全为基落实“三项制度”。

哈密市邮政管理局积极开展快递市场专项清理整顿工作。为维护广大合法快递企业的利益，清理了未经许可经营快递业务的快递公司，收缴快递面单400余张。联合经信委、工商管理局查封未取得经营许可非法经营快递业务的企业。

和田地区邮政管理局坚持开展快递市场清理规范工作，加强快递市场监管，严肃查处未经许可、超范围经营、违规代理等非法经营行为，强化对破坏市场秩序行为的监管。进一步强化安全检查监管力度，加强对重大活动期间寄递渠道的安全监管和国家机关公文寄递管理，依法查处违法行为，确保行业安全、稳定、持续发展。

喀什地区邮政管理局不断加强快递市场监督检查力度，通过专项检查、联合检查、日常检查等方式，认真做好寄递渠道安全保障工作，始终把落实“三项制度”作为行业管理的红线，与国家安全、公安、商经信委等部门建立寄递渠道安全检查协作联动机制，严格执法监督，治理安全隐患。加强对检查过程中发现的安全隐患进行整改落实，堵塞安全管理漏洞，规范市场秩序。邮政、快递企业通过落实过机安检发现异常快件20起，移交有关部门的涉毒、寄递管制器具快件12起，有效维护了寄递渠道安全。

克拉玛依市邮政管理局加强邮政行业法律法规宣传教育，编印《邮政行业安全管理法律法规及有关标准汇编》、《快递安全管理知识手册》，发放给市邮政分公司、各快递企业，供全行业从业人员学习和使用，指导邮政企业、快递企业加强安全教育和管理，促进从业人员学习和掌握邮政行业安全管理法律法规和有关标准，切实提高行业安全防范水平，维护邮政通信安全与信息安全，保障寄递渠道安全畅通。

克孜勒苏柯尔克孜自治州邮政管理局组织开展自治区第十二个“宪法法律宣传月”暨新疆第26个综治宣传月活动。积极参加自治区组织的“法宣在线”和“学法达人”活动，深入推进依法治邮。加强法治宣传，组织邮政行业在“10·9”世界邮政日等重要时间节点大力开展普法宣传，做好“七五”普法开局工作。组织邮政和快递企业开展克州邮政业收寄验视制度、禁毒知识及行业法律法规培训会，将企业发展责任与行业健康发展紧密结合。

塔城地区邮政管理局开展安全生产专项整治

工作,按照《2016年塔城地区"安全生产年"实施方案》要求,从安全设备配备、检修、使用、人员安全培训、安全生产作业等方面开展"安全生产年"专项整治工作活动。经过一年的检查、整改、落实,各寄递企业安全生产责任意识得到极大提升,全年实现安全生产"零"事故。

吐鲁番市邮政管理局协调开展"全国快递服务现代化农业示范基地"申报工作,根据国家局下发的《国家邮政局关于组织开展全国快递服务现代农业示范工作的通知》文件要求,吐鲁番局向市人民政府报送《关于开展吐鲁番市"全国快递服务现代化农业示范基地"申报工作的请示》,协调市政府对符合条件的示范基地进行申报。

乌鲁木齐市邮政管理局坚持服务企业发展理念,针对快递企业车辆进城难等问题,积极向市委市政府相关领导汇报工作,争取地方政策支持。在车辆通行方面,通过协调,市政府下发《关于印发乌鲁木齐城市配送车辆通行管理实施方案的通知》(乌政办〔2016〕54号),根据《方案》安排,市交警支队、商务局、运管局、邮政管理局已建立工作协调机制,为部分企业办理车辆通行证。

伊犁哈萨克自治州邮政管理局联合州安全局、伊宁机场,举办了伊犁州邮政业X光安检机操作使用和安全检查培训班,培训内容为禁寄物品安全检查知识、X光安检机操作使用规范、X光安检机现场操作培训。通过大量开展寄递渠道安全保障会议培训,反复强调寄递安全各项工作要求,全州寄递行业从业人员依法依规经营意识不断增强,安全意识得到显著提高,寄递安全相关措施落实更加到位。

四、快递市场存在的突出问题

安全维稳压力大,企业经营成本高企,服务时效受较大影响。近年来,新疆反恐维稳形势严峻,各地针对寄递渠道维稳安全出台多种措施,包括营业网点配备X光安检机、集中入驻物流园区实施统一安检、取消派送要求用户自取、以安防不合格为由责令企业停业整顿等,一方面造成了企业经营成本的高企,另一方面寄递时效受到较大影响。在此情况下,各加盟制企业总部对快件延误等情况的罚款仍未减少,造成部分企业特别是基层网点经营困难。

快递下乡缺乏项目支撑,成本偏高,与农村电商难以形成有效对接。新疆地域广大,运输成本高,受制于环境因素,快递下乡推进较为缓慢,截至2016年底,乡镇快递网点覆盖率才达到37%。一方面快递下乡缺乏项目支撑,对企业的补贴机制不到位,企业主动性、积极性不高;另一方面安全维稳压力大,乡镇网点投入成本高,快件量少,基本难以盈利。第三是快递与农村电商的发展尚未形成有效对接,大部分本地农特产品通过物流的形式运至内地建立仓储基地,电商企业直接从内地城市发货,对我区快递产业的拉动作用并不明显,对快递服务于"产地直销"、促进本地农村电商发展的作用亦未显现。

末端网点纳入监管范围后,监管难度加大,能力严重不足。随着快递下乡的实施及末端网点的备案管理,快递企业经营地域逐渐扩大至乡镇、兵团团场,邮政管理部门人员少且只设置到地州市一级,监管难度进一步加大,监管能力存在严重不足。

第八篇　协会活动

第一章　中国快递协会2016年工作情况

强化行业自律　努力服务企业　推动行业健康有序发展
——2016年中国快递协会工作综述

通过全行业的共同努力，2016年我国快递业继续保持高位运行，发展态势良好。全年完成快递业务量313.5亿件，同比增长51.7%；业务收入完成4005亿元，同比增长44.6%。快递服务满意度稳中有升。

2016年是“十三五”开局之年，中国快递协会认真贯彻十八大、十八届三中、四中、五中、六中全会和中央经济工作会议精神，深入贯彻落实国家邮政局马军胜局长在年初全国邮政管理工作会议上的讲话精神，努力推进《国务院关于促进快递业发展的若干意见》的落实。统一思想、凝聚力量，始终围绕国家邮政局中心工作，充分发挥桥梁纽带作用，反映行业诉求，强化行业自律，努力服务会员企业，推动行业健康有序发展。2016年主要在以下几个方面开展了工作：

一、积极建言献策，努力推进政策落实

（一）通过政协提案推进落实《国务院关于促进快递业发展的若干意见》

在政协第十二届全国委员会第四次会议上，高宏峰会长提交了关于《抓紧落实〈国务院关于促进快递业发展的若干意见〉的有关建议》的政协提案。提案建议由国家工商总局会同国家邮政局等相关部门深入调研，抓紧制订在快递行业实行“一照多址”管理模式的方案，最大限度地减少行政许可（包括前置许可），可选择部分快递企业，在具有不同特点的地区开展试点工作，完善后在全行业逐步推广。5月，国家工商总局、国家邮政局相关人员专程来协会进行了“一照多址”专题调研，并于10月共同赴成都听取多方意见，研究解决措施。9月协会还就快递企业设立分支机构由前置审批回归备案制、减少权限下放层级减少适用限制等问题向国家邮政局提交了《关于推动快递企业实行一照多址工作的建议》，进一步推动经营许可、一照多址两项简政放权工作。

（二）积极反映诉求，争取行业权益

对商务部、工信部、工商总局、国家邮政局等部门的30多项相关政策法规征求意见稿进行认真研究，并反馈意见与建议，保障行业权益，争取有利于行业发展的政策环境。就快递专用电动三轮车技术要求、快递码号管理、电子面单、快件保险金引入等问题多次召开座谈研讨会，听取企业意见与具体实施中的困难，并向邮政管理部门进行反映。就第八轮中美战略与经济对话框架下的经济对话，中国快递协会提出给予中国快递

企业在美公平竞争机会和适当优惠政策与扶持措施,要求美国报关牌照对中国快递企业开放并降低相关条件,为我国快递业在美国的进一步发展努力争取更有利的空间。就快递行业民间投资方面存在的问题、困难、障碍和对策建议向民政部提交了《快递业民间投资的反馈意见及建议》。

(三)积极落实快件实名收寄工作

根据中央综治办等9部门联合发布《关于加强邮件、快件寄递安全管理工作的若干意见》和15部门联合印发的《全国集中开展危爆物品寄递物流清理整顿和矛盾纠纷排查化解专项行动的工作方案》要求,协会就快件实名收寄落实工作两次召开快递企业座谈会,广泛听取企业意见,研究实施方案。完成了交通运输部专家委员会邮政组课题研究项目,课题重点分析研究了快递企业实名收寄的现状与存在的问题,提出了过渡阶段实施办法。协会还陪同国务院发展研究中心赴上海、浙江、广东等地就该项工作进行了广泛调研,同时也将行业目前存在的困难进行了反映。

二、发挥协调作用,保障行业有序发展

(一)西安调研促进快递业在西部加速发展

7月底,高宏峰会长在西安考察调研,并率主要快递企业负责人与陕西省委书记娄勤俭座谈交流。调研期间,协会还召开了推进西部快递业发展座谈会,陕西省副省长庄长兴、省政府副秘书长胡保存出席会议,国家邮政局、陕西省交通厅、发改委、商务厅、财政厅、公安厅、民航西北管理局、陕西邮政管理局、省快递协会、西部机场集团、东航西北分公司等部门与快递企业负责人就支持陕西快递业发展,充分发挥陕西区位和交通优势特别是在航空货运方面的潜在优势,更好地服务"一带一路"国家战略等问题进行深入讨论交流。高宏峰会长一行还前往陕西EMS、顺丰、圆通、中通、韵达、百世等快递企业,深入了解企业在陕西发展过程中遇到的困难与问题。9月初,在高宏峰会长的协调下,圆通货运航空公司与陕西省交通厅、西部机场集团签署了共同组建中国西北国际货运航空公司的合作协议。在省政府的关心协调下,申通陕西转运中心已开工建设,中通、韵达等企业的用地也正在落实当中。

(二)保障行业安全平稳运行

全国"两会"、G20峰会等重大会议期间,协会及时传达国家邮政局相关文件精神,并印发文件,对安全保障工作提出具体要求。认真落实国家邮政局关于二十国集团(G20)峰会寄递安保"护城河"会议精神,协会负责人同上海快递协会一同前往多家快递企业检查督导G20峰会期间安保工作,确保寄递渠道安全畅通。春节刚过,协会便在上海召开企业座谈会,听取快递企业节后生产运营情况,确保消费者用邮需求。

为确保行业安全平稳度过2016年的"双11"业务高峰,协会在国家邮政局刘君副局长的正确指导下,积极协调各方,并组织召开了"双11"快递服务动员会,动员部署旺季服务保障工作。15家主要快递企业、菜鸟网络以及电商代表参会。会议听取了各家企业的工作预案,国家邮政局和快递协会均对"双11"快递旺季保障工作提出了要求。协会还向会员企业印发了《关于明确2016年双11快递服务工作事项的通知》《2016年快递业务旺季服务保障工作安排》,进一步明确分工,细化要求。同时还成立了"双11"快递服务协调办公室,积极帮助企业协调解决有关困难。协会还在"双11"期间派出五个调研组分赴北京、上海、浙江、福建、江西、湖北、广东七省15个城市的四十多个转运中心和网点进行了实地调研。在全行业的共同努力下,快递行业平稳度过了"双11",11日至16日六天时间里,

共处理快件11.2亿件，比2015年同期增长47%；最高日处理量达2.51亿件，比2015年同期增长52%，是2016年以来日常处理量的3倍多。

三、加强行业自律，引导企业履行社会责任

（一）推进快递包装绿色发展

组织召开发展绿色快递包装座谈会，十余家包装、印刷会员企业及研究机构代表就快递包装物料的循环利用、快件包装简便化等情况进行了交流研讨，同时就制约发展绿色快递包装工作的关键问题进行了深入讨论。京交会上，协会还与9家印刷包装企业签署合作协议，共同研究推广科技环保材料，加强快递包装的可循环利用，引导和鼓励快递企业走绿色发展道路。积极参加国家邮政局相关会议，对《推进快递业绿色包装工作实施方案》提出了建设性意见。目前，包装物料的减量化、使用可降解包装材料、可重复利用的环保袋与环保箱等已在快递企业中得到了逐步推广，电子面单的使用率已达80%。

（二）组织诚信教育活动

协会组织快递企业召开"诚信快递、你我同行"为主题的"3·15"宣传活动座谈会。在会上号召快递企业要积极参与活动，加强诚信文化建设，并在企业内部开展形式多样的诚信教育活动。要以此为契机，加强服务意识、提高服务水平、不断推进快递业健康发展。协会还与国家邮政局市场监管司共同赴河南漯河，参加了"3·15"邮政快递消费者权益日活动，普及消费者维权知识，调研当地快递业发展情况。继续完善失信警示系统，建立失信企业与人员黑名单。

（三）组织企业扶贫捐助

按照要求，协会会同机关党委、河北省快递协会就定点扶贫相关工作的实施进行研究，并提出了落实工作的具体意见和项目管理等方面的建议。协会杨骏副秘书长先后随同邢小江副局长、马军胜局长赴对口扶贫的河北省平泉县平泉镇哈叭气村进行调研。快递企业积极捐助，顺丰、圆通、申通、中通、韵达、百世快递共捐款450万元，以帮助当地解决农村公路、自来水管线、河坝等基础设施建设方面的资金缺口。目前最大的项目水源改造项目已开工建设，资金也已到位。

（四）保护快递员合法权益，维护行业尊严

对频频爆出的快递员被打事件，中国快递协会连续发出严正声明，声援快递企业保护员工合法权益，并与企业密切沟通，配合企业做好依法维权工作，维护行业从业者的尊严。目前协会正在进一步收集案例，研究关爱快递员、维护员工权益等工作的开展。

四、坚持服务宗旨，多渠道服务会员企业

（一）组织承办第四届京交会快递服务板块和中国快递业高峰论坛

在国家邮政局的精心指导下，中国快递协会连续四届参与承办京交会快递服务板块，被组委会首次授予"最佳专业展区"奖。本次展会共组织了展区展览、快递行业（国际）发展大会和签约仪式三项活动，签约额首次超过千亿元。国家邮政局高度重视此次大会，刘君副局长多次召开相关部门协调会，协调多方力量办好展会。20家快递及上下游企业在快递服务展区集中亮相，企业以丰富便捷的服务产品和对高科技、绿色环保理念的应用，吸引了国内外媒体的高度关注与大量报道，行业影响力进一步提升。行业发展大会以"助力新经济、培育新动能、服务新业态"为主题，就快递"十三五"规划、快递供给侧改革、打造中国"快递航母"、快递服务制造业、农村物流基础设施建设、国际快递市场发展、快递科技创新与节能等行业热点进行了主题演讲与深入讨论。达成了26项战略合作签约，促进了快递业与国内外电商平台、金融

业、制造业以及科研院所、高等院校、行业协会间的合作与融合。

中国快递协会与杭州市人民政府共同举办2016中国快递业高峰论坛。政府领导、行内学者、企业负责人共400多人参加了会议。会上聚焦“速度与激情”的主题，深度探讨快递与电商的融合发展、快递企业登陆资本市场等话题进行研讨，并展望快递业的未来发展方向和趋势，推进行业健康发展。

（二）为会员企业提供法律援助及培训服务

收集整理快递行业相关的法律、法规、政策和文件，出版了《2015年快递行业新增法规文件汇编》和《快递安全法规文件汇编》，为快递企业法律法规的查询提供便利。帮助企业协调解决法律事务，在会员企业涉及因收寄实名制引发的诉讼中，协会致函相关法院，就快递行业实名制的背景、相关规定等加以说明，帮助企业争取权益。在圆通、中通、申通上市和顺丰、韵达重大重组上市过程中，协会开展了相关政策咨询服务，并为企业出具相关行业证明，积极帮助企业做大做强。

协会举办快递企业财务人员营改增培训班，特邀国家税务总局与财政部财政科学研究所的专家针对营改增全面实施进行政策解读。专家们对与快递业密切相关的税收政策进行了分析与讲解。组织快递企业高管赴亚太邮联培训，培训人员较为系统地学习了亚太地区的业务发展环境、亚太地区的海关便利手续与快递行业长线运输管理，以及快递业在“一带一路”政策下的发展前景等内容，提升了企业在实施“走出去”战略过程中对周边国家政策环境的认识与了解。

（三）加强沟通与联系多方位促进行业发展

加强与航空运输业、汽车制造业间的交流，反映行业需求，促进行业间的融合发展。参加通用航空短途货邮运营商大会、通用航空军民融合发展论坛等一系列会议，并就通用航空与快递行业间相互促进、实现共荣发展等问题进行了沟通。参加2016国际新能源汽车用户评价与应用创新研讨会，就新能源汽车在快递领域的应用提出了意见与建议。组织快递企业与汽车制造企业交流会，推进快递专用运输车辆的发展。召开秘书长座谈会，统一思想，交流经验，促进了省协会间的互相交流。访问印度、斯里兰卡，参加中印论坛，与斯里兰卡投资促进局举行座谈，为中国快递企业在上述两国的发展寻求合作机遇。参加第九届（香港）国际服务贸易洽谈会，参加并见证了申通在香港国际机场举办的中欧全货机首航仪式。与俄罗斯快递协会签订《中俄两国快递协会合作框架协议》，增进了彼此的协作，为两国快递企业搭建起交流平台。

五、重视党建工作，协会自身建设不断加强

（一）党建工作扎实推进

按照国家邮政局党组和机关党委的要求，积极推进协会党建工作和党风廉政建设工作，积极配合中央巡视工作，严格按照中央“八项规定”，对巡视问题积极整改。深刻认识新形势下加强和规范党内政治生活、加强党内监督的重大意义。认真贯彻“三会一课”制度，在支部开展全体党员“学党章党规、学系列讲话、做合格党员”的学习教育活动。协会领导带头讲党课，以党章、党规为行动准则，时刻在群众中发挥先锋模范带头作用。对协会党支部进行了换届工作。深入开展“两学一做”学习教育，协会支部组织全体党员及群众参观卢沟桥抗日战争纪念馆，开展回顾抗日战争历史，重温入党誓词，永葆党组织的先进性主题教育实践活动。加强党风廉政建设工作，进一步深入学习和贯彻落实《中国共产党廉洁自律准则》《中国共产党纪律处分条例》《关于新形势下党内政治生活的若干准则》和《中国共产党党内监督条例》。

（二）自身建设迈上新台阶

召开二届三次会员大会和二届四次理事会，传达贯彻了国家邮政局全国邮政管理工作会议精神，审议协会2015年工作报告和财务报告，大会表决通过新申请入会的8家理事和9家会员单位。完成2015年年检工作，向国家邮政局和交通运输部提交年度工作报告和财务审计报告，并通过了民政部民间组织管理局的审核。

近年来，经过全行业的不懈努力，中国快递业发生了翻天覆地的变化，连续六年保持50%左右的超高速增长，短时期内快速完成从小到大的历史性跨越，培育了一批具有较大规模和成长性的企业，成为中国经济的一匹“黑马”。

今后几年，行业将进入全面建成与小康社会相适应的现代快递业的决胜期、转型提效的攻坚期、由大到强的关键期。国家邮政局提出：当前和今后一个时期，要全面贯彻落实习近平总书记系列讲话精神和治国理政的新理念新思想新战略，按照“五位一体”总体布局和“四个全面”战略布局，进一步牢固树立五大发展理念，坚持目标导向、问题导向，大力推进行业供给侧结构性改革，按照“打通上下游、拓展产业链、画大同心圆、构建生态圈”思路，深化业务联动、汇集社会资源、提升科技水平、提高服务质量、强化安全保障、加快转型提效，为实现“两个一百年”奋斗目标做出积极贡献。

第二章 各省(区、市)快递协会2016年工作情况

北京市快递协会工作情况

2016年,北京市快递协会认真学习贯彻党的十八大和十八大五中全会精神,在民政局、国家邮政局、中国快递协会、北京市邮政管理局的关心和指导下,在理事会及全体会员的共同努力下,积极落实推进各项工作,以促进快递行业发展为主线,统一思想、凝聚力量,努力提升行业服务水平和能力。协会充分发挥桥梁纽带作用,强化行业自律,促进了快递行业健康有序发展,2016年协会开展了以下重点工作:

一、搭建交流平台,引导行业发展方向

(一)进一步推进快递最后一公里公共服务工作

为贯彻落实《国务院关于印发物流业调整和振兴规划的通知》(国发〔2009〕8号)和《国务院关于印发物流业发展中长期规划(2014—2020年)的通知》(国发〔2014〕42号)文件精神"在大中城市加强现代化配送中心规划,在城市社区和村镇布局建设共同配送末端网点,优化城市商业区和大型社区物流基础设施的布局建设,形成层级合理、规模适当、需求匹配的物流仓储配送网络"。

由北京市快递协会、北京市保安协会、北京市物业管理行业协会联合在"合和配送"紫御公馆网点召开了现场会,为快递末端公共服务平台的建设搭建交流平台。

1.以人为本,服务大局。以保障快件安全为前提,提供快速、准确、安全、便捷的快递服务;以国家政策为指导,以安全管理和公共服务需求为导向,以互联网+为手段,建立布局合理、技术先进、便捷高效、绿色环保、安全有序的服务体系,促进快递行业健康发展。

2.三个协会共同参与支持快递行业发展。北京市快递协会、北京市保安协会、北京市物业管理行业协会支持快递末端公共服务平台的建设,支持创新模式多元化发展,支持有条件的企业参与建立快递末端公共服务平台。

快递末端公共服务平台是以快递末端收派服务为基础,以最后一公里为半径,以信息化和标准化管理为手段,整合资源、统筹规划、建立网点、提供服务。积极推进公共服务平台建设,有利于保障公共安全;有利于快递企业降低成本,减少重复建设;有利于物业、保安企业提升服务品质,拓展服务内容和领域,实现转型升级;有利于整合社会资源,提高人民生活品质。

3.积极做好快递末端公共服务平台的试点推广工作。按照国家政策要求,建设快递末端服务平台,在总结"合和配送"紫御公馆试点工作经验的基础上,加大推广力度,鼓励多元化创新模式。

快递末端公共服务平台是解决快递企业末端服务难题的有效途径,整合了物业、保安企业资源,有利于降低快递最后一公里的运营成本,有利于提高快递末端的服务质量,保证快件寄递安全的畅通和实现资源的共享。将进一步解决快递最后一公里的服务问题,保障快递邮件末端安全配送,改变交通运输环境,提升百姓生活品质。

（二）组织企业新能源汽车试用试驾体验活动

为加快推进新能源汽车在快递领域的推广应用，力争为北京市交通及环境治理做出贡献，北京市快递协会对多家新能源汽车生产企业的走访调研，与北京新能源汽车股份有限公司多次洽谈协商，北京新能源汽车股份有限公司免费为11家快递企业会员单位提供22辆新能源汽车，进行为期一个月的试用试驾体验。还对快递企业的30余名驾驶员，进行了新能源汽车试驾、维护、充电等相关方面的现场培训。

目前国际社会对保护环境的呼声越来越高，国内近几年空气污染也越发严重，国家层面和北京市都相继出台了保护环境和改善空气的相关政策，并且新能源汽车的推广应用也纳入了国家和北京市的整体规划之中。签约仪式的主题是“对北汽新能源生产的纯电动物流车进行试用试驾体验”，根据快递企业自身的需求，进一步推动新能源汽车在快递行业的推广使用。

协会为快递企业搭建平台，双方沟通交流，对新能源汽车试用试驾体验活动给予全力支持，对北京市快递协会组织此项活动，为企业间搭建交流平台、为会员单位在生产运营中所遇到的问题排忧解难表示给予了好评。

在参会嘉宾的共同见证下，北京新能源汽车股份有限公司将22辆新能源汽车钥匙交到十一家快递企业代表手中。随着22辆带有蓝色“北京市快递新能源试用体验专用车辆”专用标识车辆依次驶出车场，也标志着北京市快递行业新能源汽车推广应用工作又向前迈进了一步。

二、服务会员，发挥行业代表作用

（一）调研再生资源车辆，帮助企业寻求合作

北京市快递协会工作人员参观位于丰台区狼垡西桥附近的再生资源货运车辆停放地，代表行业帮助企业进一步了解与再生资源车辆合作事宜，对车辆的基本性能和具体使用情况做了调研。

北京市城市再生资源服务中心致力于为北京市的环境保护和再生资源利用探索新的模式，与快递企业合作是一种全新的经营业态，合作的过程中还有很多细节需要不断的探讨和摸索，城市再生资源服务中心希望和快递企业达成合作，共同推广再生资源的回收与利用。

关于再生资源车辆的租赁期限、租赁方式和操作流程等问题，后续协会还为会员进一步沟通、了解与再生资源车辆的合作。

（二）深入企业开展“送清凉”慰问活动

市快递协会联合市总工会为在快递行业每天奔波劳碌的已经成立工会组织的派送员，申请了送清凉资金，用于企业发放防暑降温饮品或用品。快递员穿梭在北京的大街小巷，体能消耗极大，为了切切实实做好一线快递员防暑降温工作，市快递协会深入基层一线开展“送清凉”慰问活动，发放防暑降温用品，看望慰问基层员工。慰问了申通快递凤凰城分公司，公司以“做好服务”为公司理念，以“关心、服务好员工生活”为基石，做好快递行业的民生服务工程。自2008年至今窦立国一直坚持做公益并成立了“吾心为爱”项目，代表快递业大力弘扬志愿、宣传公益精神，带动和感染更多的北京市民参与公益。让“服务社会、奉献他人、提升自己”的志愿理念引领社会风尚，共同为创建文明城市发挥志愿者应有的作用。

慰问宅急送东区配送中心。宅急送北京分公司代表宅急送二千多名员工对市快递协会、市总工会的慰问表示由衷的感谢。自2008年协会成立以来，协会多次对宅急送公司进行关心指导，解决企业的燃眉之急，协调相关部门沟通解决货车进城的问题，代表行业沟通相关政策等工作。快递员在强烈的阳光照射下，虽然感到闷热难受，但组织送来了关怀、关爱，并保证一定会克服各种困难，坚守岗位，尽职尽责，每一位快递员工都会积极投身于快递行业发展建设中，不负众望。

快递员走进千家万户，把市民生活的必需品一件件地安全送到老百姓手中，得到了百姓们的

认可,快递员用辛勤的汗水换来了千千万万北京市民快捷方便的生活,快递行业为北京市民提供了热情、便利的服务,为社会做出了巨大的贡献!协会对快递员坚守岗位、战胜酷暑、默默奉献的行为给予了充分肯定,表达最真诚的慰问。快递行业发展迅猛,“十二五”以来,我国快递业年均增速达到54.6%,每年都呈递增趋势。目前行业还处于爬坡阶段,在政府的呼吁下,在服务于社会的便民服务民生工程中,希望企业克服种种困难,无论行业再艰苦,付出再大的努力也要保障快件的安全、时效性,为百姓送去温暖,送去幸福,为百姓送去更好的服务,这是每个快递员的职责。

三、开创行业新领域,规范电动三轮车

2015年10月26日《国务院关于促进快递业发展的若干意见》(国发〔2015〕61号)对外公布,这是我国第一次出台全面指导快递业发展的纲领性文件,充分体现了国家对快递业的高度重视。值得注意的是,意见中第十三项明确指出:“将研究出台快递专用电动三轮车国家标准以及生产、使用、管理规定,结合实际制定快递专用电动三轮车用于城市收投服务的管理办法,解决最后一公里通行难的问题”。

众所周知,目前电动三轮车作为快递末端收投服务的运输工具,上路行驶问题一直是行业的一大难题。意见的出台也标志着快递行业面临的瓶颈以及需要突破的问题迎来解决机遇,这是继邮政法以来,在快递领域法律效力最高的一项政策支持。据不完全统计,北京市快递行业上路运营的电动三轮车目前接近4万辆。电动三轮车作为快递行业用于最后一公里收投服务的工具,在道路通行、规范统一等方面,还缺少一套完善的管理制度。针对快递行业这一突出问题,北京市邮政管理局和北京市快递协会以“三化、三统一”为目标,即管理:规范化、标准化、信息化;“三统一”即:车辆统一规格(车型)、统一标识、统一资质,制定了《北京市快递专用电动三轮车管理办法》,办法囊括了电动三轮车营运标准、通行管理规范、车辆安全及驾驶人员管理规范、准行证审批、核发流程等内容,通过对上路运营的快递电动三轮车开展规范管理,实现服务品质升级。

《国务院关于促进快递业发展的若干意见》的颁布,从国家战略层面给予快递业的宏观指导,同时要求各省市要根据《意见》,结合本省市实际情况研究出台有针对性的支持措施和配套方案。北京市邮政管理局和北京市快递协会依据文件精神,借鉴各省市地方的经验,结合当前市政府提出的清洁空气行动计划,将《北京市快递专用电动三轮车管理办法》提交相关部门,协同推进,加快落实,实现方案的真正落地,恳请相关政府部门给予支持。

根据北京市邮政管理局工作指示,目前协会协同市场处等部门结合实际认真研究座谈,制定了《北京市快递专用电动三轮车规范工作流程》,对快递企业电动三轮车进行规范管理。在维护首都北京城市良好形象,提升快递行业整体服务水平的同时,更健康有序地促进快递行业发展,更好地服务北京经济发展和民生需求。

四、参加北京市社团办评估工作

为加强社会组织规范化、制度化建设,提高社会组织公信力,促进社会组织健康有序发展,根据民政部《社会组织评估管理办法》规定,从基础条件、内部治理、工作绩效(业务活动与诚信建设)、社会评价等方面开展2015年度市级社会组织评估等级工作。协会对此项工作高度重视,把评估工作作为社会组织规范化建设的重要内容,积极申请参加评估,严格按照评估工作方案的具体要求,认真做好自查、自评,把评估工作做细做实。协会如实提供有关情况和资料,积极配合第三方评估机构评估。于10月17日上午进行评估工作,结束后,协会结合评估意见和建议,进行总结查漏补缺,将进一步完善协会基础工作管理,按社

团办要求,切实加强自身的规范化建设,提升快递行业服务水平,把协会工作更上一个台阶。

协会通过评估工作,发现了自身存在问题薄弱环节,增强自律和规范发展意识,提高管理工作科学化和规范化程度,促进了协会自我管理和自我完善,进一步提高了服务政府、服务社会、服务会员的能力。

五、扎实开展各项工作,提升服务和管理能力

(一)召开第二届十一次理事会

召开第二届十一次理事会总结 2015 年度工作,讨论行业热点、难点问题,为企业发展出谋划策。

二届十二次理事会,按照协会《章程》规定,会议上选举新一届协会会长,组成了新一届理事会。新会长带领协会继续为快递企业做好服务,从"高起点,严标准,抓好协会自身建设","高质量,全方位,真情服务会员企业"两大方面,在适应经济发展新常态的环境下,在快递转型升级、提质增效、做大做强中取得新成绩。

(二)组织企业开展爱心志愿活动

协会联合商务团工委组织带领北京市金韵达速递有限公司等 11 人积极参加了陶然亭敬老院献爱心志愿活动。参加活动是为了纪念"五四运动"97 周年,继承和发扬"五四运动"光荣传统,更好地发挥协会联合团委青年先进模范作用。

协会为老人们准备了洗涤用品、韵达等企业为敬老院的老人们带去了水果,同时跟老人们聊天谈心、一起唱歌欢笑,陪老人们渡过了一个愉快的上午,让老人们感受到了快递行业志愿者们的温暖和点点滴滴的爱心,活动以实际行动传承了"五四"精神,发扬了行业爱心奉献精神。

协会联合团委将继续组织开展类似的公益活动,践行公益精神,让企业青年团员更有活力,引领行业青年团员发挥先锋模范作用。

六、拓展沟通渠道,更好地服务会员

北京市快递协会工作人员参观北京国家会议中心的第四届中国(北京)国际服务贸易交易,了解会员单位参展情况。近年来受政策利好持续释放、市场需求强劲等因素带动,快递服务增长迅速,在不到两年时间内跨越年业务量 100 亿件、200 亿件的台阶,全年最高日处理量超过 1.6 亿件。大会以"助力新经济 培育新动能 服务新业态"为主题,围绕一带一路、供给侧改革等国家战略,展望"十三五"快递业发展蓝图,探讨快递业"向西、向下、向外"发展,与上下游产业的协同发展,以及快递人才队伍的培养与建设。京交会举办会场有 5 万平方米展览区,122 场论坛会议及洽谈交易活动。来自 126 个国家和地区的到会客商累计 17.1 万人次,比第三届增长 12%。本届京交会意向签约额跃上新台阶,快递服务专题通过四届京交会实现了签约额"三级跳",从首届的 50 亿人民币到第三届 500 亿人民币,第四届更是超过了 1000 亿人民币,推动了快递行业的跨越式新发展。中国邮政速递物流与中国重汽、海尔集团,顺丰集团与华为集团、小米科技,中通快递与四川长虹集团分别签署合作协议,实现零部件直达制造车间,推进了服务业企业与制造业企业之间的深度合作。

中国快递主展厅有协会会员 EMS、顺丰、申通、圆通、中通、韵达、汇通等各大品牌快递企业参展,每家快递企业都以自己企业独特的风格展示,宣传企业的文化。EMS 展区以关注二维码送献花活动方式,吸引大批参观者驻足。百世快递展台的吉祥物"递儿"、圆通展台的机器人、中邮科技的快递智能箱很受瞩目。顺丰、中通、申通、快捷等快递公司业务发展和参展情况,体现了快递行业以服务为宗旨的精神理念,塑造了快递企业在大众心目中的良好形象。

天津市快递协会工作情况

2016年是天津市邮政业“十三五”规划的开局之年，也是天津市快递业转型升级、结构改革的重要时期，天津市快递业按照国家邮政局、中国快递协会的总体工作部署，在天津市邮政管理局的正确指导下，在各快递企业的鼎力支持、协助下，顶住经济下行压力，克服重重困难，实现全行业“稳中有进”，向稳向好发展的目标，实现天津市快递业跨越式增长，快递业务量再翻番。全行业继续保持迅猛发展的态势，行业信息化、智能化建设取得突破性进展。2016年天津市快递业务量完成4.1亿件，同比增长60.02%，快递业务收入完成63.49亿元，同比增长45.83%，其中单日最高业务量突破500万件，天津市快递业务量在全国的增幅排名由21位越升至13位。为快递全行业做出贡献的同时也为天津市经济发展做出了巨大贡献。

2017年市快递协会在管局和管局党组的指导下开展了以下几方面的工作：

一、扎实开展“两学一做”学习教育活动，加强党的建设

1.6月30日，协会党总支组织开展2016年庆“七一”党建教育活动，学党章，学习习近平系列重要讲话精神，深入学习贯彻党的十八届六中全会精神，切实增强“四个意识”，特别是核心意识、看齐意识。广泛深入开展学习宣传贯彻党的十九大精神系列活动，形成良好的政治氛围。以抓好党员教育管理为重点，充分发挥党组织的战斗堡垒作用和党员先锋模范作用。

2.12月9日，协会党总支组织召开“两学一做”党组织专题教育研讨会，加快推进党建工作，完善党建制度。一是认真学习《准则》《条例》，落实落细各项要求，紧密联系工作实际，做到学以致用、以用促学，学思践悟、融会贯通，内化于心，外化于形。二是突出重点，创新形式，重点学习把握十八届六中全会公报、习近平总书记重要讲话、《准则》《条例》，不断创新学习宣传形式、载体和平台，充分利用广播、报纸、电视台、微博、微信等媒体形式，开办专栏、专版，采取评论、访谈等方式，为宣传六中全会精神营造良好氛围，为党的十九大召开预热。三是明确任务，落实责任。进一步梳理和查找社会组织党组织在民主集中制、党内政治生活、党内监督、基层党组织作用发挥等方面存在的差距和问题，认真贯彻《准则》《条例》等党内法规，加强和规范党内政治生活，进一步完善党内监督制度体系，落实党内监督责任措施，形成党内监督长效机制。

二、开展文化活动，增进企业交流，丰富员工文化生活

1.4月17日由天津市邮政管理局和天津市快递协会主办，天津交通职业学院承办的天津市第二届快递业务练功比武大赛在天津交通职业学院顺利进行。本次大赛得到市邮政管理局和各快递企业领导的高度重视，40余家快递企业共计700余人参与，规模大、内容全，不仅涉及行业法规、服务标准、基本业务等法律知识，还融入了近期市邮政管理局、协会工作重点等。并通过此次大赛，强化了各快递企业安全生产、应急管理、寄递渠道安全的意识，普及了邮政、快递行业的相关法律法规知识，明确了企业“便捷高效、服务优质、将快递行业做大做强”的发展方向。

2.4月24日协会成功举办了第三届天津快递行业“诚信服务杯”羽毛球比赛。通过羽毛球赛丰富了快递推广生活，增进友谊，因为此类活动深受企业欢迎，协会将年举办。

三、协会职能充分发挥，行业凝聚力不断增强

（一）开展慰问活动

1.5月16日、17日协会先后前往北京、武清慰问圆通、申通患白血病员工，了解患病员工治疗情况及存在的困难，同时送上慰问金。

针对以上情况，协会向快递全行业发出倡议，号召各快递企业在依法经营的前提下，要关爱员工生活，了解员工疾苦，不断完善企业员工各类社会保障制度，切实维护员工基本权益，推进快递行业健康发展。

2.“双11”期间，协会全体工作人员先后前往规模以上快递企业及部分基层网点，实地了解快递企业“双11”应对工作方案，详细询问企业“双11”业务量、人员储备、车辆运行等情况，现场查看企业快递分拨中心、分拣场地运行状况，亲切问候奋战在一线的快递员工，并为他们送上慰问品。

3.11月20日，协会前往医院慰问因意外受重伤快捷快递员工，了解受伤员工身体恢复状况，并送上慰问金。同时联系媒体都市报道，引起社会关注，让更多的好心人帮助他渡过难关。协会通过此事，希望各快递企业关注员工安全，及时开展员工工作安全培训，灌输作业安全知识，提高员工安全意识，排查消除安全隐患。提示所有快递工作人员，在寄递过程中要注意安全，把安全放在第一位，各快递企业要及时为快递工作人员配备必要的防护设备，杜绝类似事件发生。

4.11月15日，协会前往天津韵达劝业场公司，表彰见义勇为快递小哥，狂追10分钟，历经搏斗，擒获小偷。并联系媒体对此事进行采访，向社会传递、释放快递正能量。

5.12月16日，韵达快递有限公司天津蓟县公司快递员工在收寄快件过程中，通过收寄验视发现用户所寄快件中藏有“枪状物”禁寄品，胆大心细的她立即将快件扣留，同时上报公司总部和市邮政管理局，并拨打110报警，协助公安部门将“嫌疑人”抓获。协会随即联系媒体进行报道，并对其严格落实收寄验视安全保障制度的行为大力表彰。

（二）参与会议

1～2月份，先后参加了天津市快递条例评审会、市政府科技和知识产权会议、快递业务师评审、管局四个百分百落实会议、市政府督查组新能源车核查和国宏新能源新产品发布会，推动天津市快递行业健康发展，完善行业制度，引进新能源电动车新车型。

（三）企业安检机配置落实

按照市邮政管理局工作部署，协助市邮管局落实安检机配置，与各中标企业接洽，了解性能，为将来保证售后维修、信息对接，筛选符合要求的产品，同时督促企业在规定的时间内完成采购计划。

（四）矛盾纠纷化解

1.5月18日，韵达快递报一家加盟网点遭围堵，并多次到企业总部封堵作业场所，协会代表赶赴现场参与协调，要求相关单位在出现违法情节时按照《邮政法》和两部一局文件精神果断处置，防止引发快递邮路中断问题出现。

2.6月1日，协会代表赴塘沽黄海路速递局协调解决员工皇甫建智由劳动纠纷引发围堵营业场所，堵塞邮路事件，经说服劝阻无效后，协会立即要求市速递局上报相关材料，由协会、管局上报公安经保总队。

（五）维权、自律

3月15日“国际消费者权益日”，协会召开了天津快递服务专题理事会，对天津市消协委托天津财经大学商学院对天津快递全行业做的“天津快递服务比较试验结果”提出质疑，并就此事对天津市快递行业整体声誉造成的严重负面影响表示谴责。协会代表在会上明确表态，将与相关部门进一步沟通，切实维护快递全行业的声誉和企业合法权益。继这次事件后，市消协于2016年12

月对天津市快递行业展开消费者满意度调查，调查结果显示天津市快递行业整体满意度为70.75%。协会得知此事后，主动与消协沟通联系，寻求理解与支持，希望市消费者协会加强对快递行业的正面宣传，引导消费者正确理解快递行业服务特性，同时协会希望各快递企业引以为戒，加强自身反省，及时增强服务意识，尽快补齐服务短板，营造安全、健康、诚实守信的服务环境。

四、加大快递科技投入，进一步拓展行业发展

（一）融合关联产业，延伸产业链

持续推广"人工服务站+智能快件箱"模式，有效解决快递进高校"最后一公里"问题。继续推进快递服务制造业发展，鼓励快递企业以"入场物流"、"仓储+配送+增值服务"一体化、"订单末端"配送等5种模式服务制造业。

（二）智能机器代替人工，提升工作效率

加大快递科技投入，实现快递业"从大到强"的转变，把信息时代的产品技术移植进快递的生产管理等环节中，用科技促发展、以服务创品牌。三是持续深化电子商务与物流快递协同发展。加快电子商务与物流快递信息公益性服务平台建设，促进电子商务企业和快递企业与服务平台对接，实现重点快递、电子商务企业信息对接、互联互通。

五、完善快递行业整体形象，落实示范快递网点建设

（一）快递网点服务标准规范化

8月24日，协会组织召开了"快递企业网点服务标准规范化培训"，针对8月10日至17日以来天津市邮政管理系统在对寄递企业营业场所进行集中执法检查中发现的问题，对20家企业网管经理和客服经理进行了网点服务标准规范化培训，按照邮政管理局工作部署，结合天津市快递行业实际情况编制了适用于快递企业各级网点的《天津市快递企业网点服务标准规范化（参考意见）》，从"硬件标准"和"软件标准"两个方面，安全、规范、服务、基础设施建设等多个角度出发，明确标准、创新规范、严格规章、完善制度，提升快递企业营业场所标准化建设水平。

（二）快递营业场所标准化建设持续推进

8月28日，市快递协会组织部分企业代表应辽宁省快递协会邀请赴沈阳快递协会、盘锦市考察，借鉴外省经验，学习快递服务标准化工作。1月19日，协会按照市邮政管理局规范快递企业营业场所总体工作部署，按照天津市邮政业创新转型年的总体要求，经市邮政管理局领导、各快递企业负责人开会研究，市快递协会理事会表决通过，以构建"美丽天津、健康快递"为背景，以推进快递业"转型升级、提质增效"为目的，以"一完二提三化"为总基调，即完善快递行业整体形象，提高行业服务水平，提升快递行业整体素质，快递营业场所标准化，快递服务制度规范化，快递员首问责任制普遍化，结合天津市快递业实际发展情况，在天津市开展快递营业场所星级服务窗口达标评定，组织快递企业成立领导小组和评审小组，制定标准，出台方案。历时60天，截至春节前，分别对天津市EMS、顺丰、圆通、中通、申通5家快递企业共计9家获评"五星级"快递网点完成授牌，同时接受申报评定网点近20家，并以快递协会网站、市邮政管理局网站、国家邮政局网站、中国快递协会网站的形式进行通报，同时以媒体、电台的形式在全市范围内进行宣传。

此次评定活动受到市邮政管理局领导的高度重视，并在各快递企业的大力配合之下顺利开展，效果显著。在完善快递业整体服务形象的基础上提高了服务水平，打造标准化快递营业场所的同时规范了服务制度，不仅夯实了快递服务基础设施，同时加强了快递服务安全保障，消除了安全生产隐患。

六、加强安全生产培训，增强安全生产意识

（一）按照市邮政管理局要求，加强快递企业安全生产知识普及，覆盖全市快递从业人员

协会按照市邮政管理局工作部署成立培训部，于2016年12月开始为天津市邮政业快递从业人员展开安全生产强化培训，分三年完成天津市邮政业快递从业人员安全生产培训36000人次，2017年力争完成三分之一。

（二）保障安全生产培训达到预期效果

培训对象按照从业人员分工不同区别划分，包括企业管理人员、内训师，网点经理，一线员工三部分。培训内容以行业现状、未来发展趋势、安全生产目前存在的主要问题、政策法规依据和安全生产为主，涉及快递员人身安全、寄递渠道安全、快件安全、快件信息安全、消防安全、交通安全、设施设备使用安全等多个方面。针对各类培训人员分别设计培训教材，做到因材施教，针对性强，以达到全体邮政业从业人员安全生产意识和综合素质全面提升的目的。

（三）保障培训人员落实到位

培训以集中培训和上门培训两种方式进行，最大化贴近快递企业实际情况，切实落实培训计划。四是坚持以建设“平安天津”，发展“安全邮政”理念为指导，以促进邮政业“转型升级”为动力，以加快推进快递业“提质增效”为重点，提高天津市邮政业快递从业人员整体素质，增强行业安全生产忧患意识，突出落实四项百分百制度重要性并贯彻落实，确保邮政全行业安全稳定，确保快递从业人员人身安全和寄递渠道安全，保障行业平稳、健康发展。

七、落实“绿色邮政”发展理念，扎实推进新能源汽车推广应用

按照国家能源战略和汽车产业的战略调整，以及面对日趋严重的环境压力，顺应“拓展产业链”发展要求，响应“绿色邮政”发展号召，继续深化推进新能源汽车推广应用，在“十二五”的基础上加强推广力度，创新推广模式，深化细化推广应用有效机制，保障完成推广任务目标。

1. 5月9日，市邮政管理局新能办、市快递协会召开全市邮政快递领域2016年新能源汽车推广应用工作会，解读了天津市新能源专用车地方财政补贴政策变化，听取各快递企业对新能源汽车的使用情况和意见反馈，结合“天津市2016年邮政快递领域新能源汽车推广应用实施方案”以及市新能源“十三五”规划方案，安排部署推广工作。一是深入了解目前在用的新能源汽车使用情况，积极协调解决存在的各类问题，解除企业后顾之忧，为下一步推广工作打好基础；二是继续引进适合邮政快递企业使用的车型，通过竞争机制促进车企提质降价；三是继续与车企、经销商协调，创新商业模式，满足快递企业需求；四是积极协调有关部门解决充电难，电价过高，电价不统一等问题，通过安全教育，隐患排查，督促企业逐步提高充电桩安装率；五是为鼓励企业使用新能源汽车，对企业在用燃油车进行摸底，根据新能源汽车推广进度逐年缩减燃油车《通行证》发放比例。

2. 积极考察新能源车企，走访外省邮政，借鉴经验，引入更多更好的新能源车型。此外，协会代表参加了车企与充电桩企业签约仪式，并表示希望车企、租赁公司做好服务，确保安全，为新能源汽车推广应用打好基础。

3. 积极跟踪快递新能源车辆使用情况，将用户使用过程中发现的问题及时反馈至车企，督促新能源车企及时改进工艺，完善以及弥补、整改、优化，督促清源公司对35辆新能源汽车召回完毕。

4. 积极参与推动政府利好政策落地。9月18日，按照市发改委关于申报新能源汽车充电基础设施建设资金补助的通知要求，经过10多天紧密工作，克服充电桩按桩单位分散，统计难、时间紧等重重困难，完成快递企业充电桩统计上报，并于10月底促成补贴资金的到位。此次上报充电桩共计130个，其中慢充127个，快充3个，补贴金额共

计199500元。利好政策的落地有效推进了天津市新能源汽车基础设施建设,并为完成“一车一桩”任务目标奠定了基础。

在邮政管理局的正确领导下,各快递企业的不懈努力下,截至2016年,天津市邮政快递领域共计完成884辆新能源汽车推广应用,推广应用数量位居全国同行业第一,占全国同行业推广应用总数量的三分之一,成效显著。同时在快递企业末端派送方面形成一定规模,为解决快递“最后一公里”难题做出突出贡献,为天津市发展“绿色邮政”探索了出路。

2017年,天津市邮政快递领取新能源汽车推广应用数量有望突破1000辆关口,成为全国同行业的里程碑。

在总结成绩的同时,我们还须清醒地看到,快递业在发展中存在的问题。一是员工稳定性较差,队伍流失情况较为严重。如春节期间快递服务空白,企业服务中断,根源在于企业文化欠缺,员工缺乏向心力、凝聚力、归属感。二是各项劳动保障制度不健全、不完善,企业管理不足,国家强制性规定落实不到位。三是企业安全培训教育体系不完善,员工安全意识薄弱,日常监督检查不到位,安全生产存在较多隐患。四是四项安全保障制度落实有待强化。五是基层党组织党建工作有待加强。

对于这些问题,我们要做到举一反三,未雨绸缪。一是完善企业文化制度,丰富员工业余文化生活,下放领导权能,深入到一线中,与基层员工打成一片。二是健全、完善各项劳动保障制度,落实相应劳动保险和福利,切实维护员工基本权益。三是加快推进安全培训教育体系建设,强化安全生产意识,加强日常监督检查,排除安全隐患,配合协会做好培训工作。四是切实落实四项安全保障制度,做好安检机配置、实名盾应用,推动诚信体系建设,实现持卡认证全覆盖。五是加强党的建设工作,充分发挥党员先锋模范作用,健全党建管理制度,认真贯彻落实上级党组织部署要求,促进党组织健康发展。

河北省快递协会工作情况

2016年是“十三五”规划实施的开局之年,在省邮政管理局的正确领导下,全省快递业深入学习贯彻习近平总书记系列重要讲话精神,牢固树立五大发展理念,以落实《河北省人民政府关于促进快递业发展的实施意见》为主线,主动适应经济发展新常态,锐意进取、真抓实干,努力为全省经济社会发展和民生需求提供服务和保障。2016年全省快递业务量突破9亿件,居全国第8位,增幅64.6%,居全国第7位;快递业务收入94亿元,居全国第10位,增幅67.8%,居全国第3位。快递服务满意度稳中有升,消费者申诉处理满意度达97.9%,在“稳增长、促改革、调结构、惠民生”中做出了积极的贡献。

过去的一年,省协会在省管局领导和相关处室的关心和指导下,在全体会员单位和各市协会同志的积极参与和支持下,充分发挥行业协会的桥梁和纽带作用,以贯彻“河北省人民政府关于促进快递业发展的实施意见”冀政发〔2015〕52号文件为重点内容、以快递企业网点标准化建设、推动快递业与相关产业联动等多项工作为切入点,本着“严格按章程办事、认真服务企业”的工作理念,圆满地完成了2016年全年工作。

一、围绕省管局工作重点,积极开展各项工作

(一)积极学习、宣传贯彻省政府〔2015〕52号文件

为进一步使会员单位了解、学习该文件的内容

及精神，2016年初，协会组织召开了对省政府〔2015〕52号文件的专项学习活动，并邀请参加该文件撰稿的同志为参会人员讲解文件内容及精神，使与会企业更加深入理解了文件的中心内容，重点项目及各项优惠政策的定制。参加学习活动的主要有省协会全体理事及以上单位负责人、省内主要快递企业负责人以及各地市快递协会负责人。本次学习贯彻活动，得到了与会人员的积极反响。

（二）紧密围绕企业需求，研究制定河北省快递企业网点标准化建设方案

按照河北省邮政管理局2016年重点工作任务，为在河北省全面推行快递网点标准化建设工作，协会以2015年工作成果为基础，在省管局市场处的指导下，制定出实施方案，并组织研究征求省内11家较大规模快递企业的意见。经省管局核准，省管局以文件形式正式通过了《推进快递企业网点标准化建设工作方案》。协会根据省标准化领导小组的工作部署，将该文件及时传达至各省级快递企业，同时建立起各市标准化建设小组联络群，以便进一步跟进此项工作的落实情况。

目前河北省各地市快递企业网点标准化共完成1221家，在全省末端网点总数的26.6%，完成了达到20%的年内网点标准化计划目标。按照方案总体要求，共上报较大快递企业网点标准化标杆557家，目前协会就如何进一步做好标杆网点验收工作，研究拟订量化指标，并实地对量化指标进行测试，确保下一步验收工作的顺利进行。

（三）贯彻国家局提出的“五个邮政”的要求，积极推广新能源车辆在快递领域的应用

从2016年初开始，协会针对新能源车辆在快递领域的推广及应用情况展开了专项工作，通过近两个月的信息收集、调研、走访工作，并大量采集其他省市、地区的相关数据；新能源车辆生产厂家信息；省内主要快递企业实际使用状况及需求缺口；认真研究省、市对新能源车辆的优惠政策，于5月中旬完成了河北省快递企业新能源车辆推广方案的制定工作。

同年6月开始，协会组织召开了“新能源、新技术推广应用座谈会”。参加本次会议的有省内较大快递企业负责人、主管人员；5家新能源汽车生产企业近40名代表参加。

截至目前，通过协会的多次沟通与实地走访，省邮政速递物流公司，已开始与新能源车辆厂家进行洽谈，并制定了采购意向。

二、深入企业调查研究，积极履行协会服务职责

（一）及时了解并反映企业在生产经营中遇到的问题

协会自2016年5月份开始对省内较有代表性的地市（邯郸、邢台、邢台清河、保定、承德、唐山、沧州、廊坊）及部分快递企业进行现场走访、调研，重点了解快递企业对省政府〔2015〕52号文件的落实情况，并邀请市快递协会一同组织召开了8场专题座谈会，总共有近120余人参加座谈，共收集各类意见建议17条，经协会汇总整理后形成专题汇报，报至省邮政管理局，为省管局领导和相关部门多方面了解行业现状提供了材料和依据。

（二）配合省管局，做好快递企业多项安全保障工作

为进一步确保省内快递企业平稳度过业务旺季，遵照省管局针对2016年快递企业务旺季工作的整体意见，协会共采取了三项保障工作：一是根据历年企业旺季特点，有针对性地在旺季前、旺季过程中，分阶段的向企业收集各类主要经营数据；二是组织调研小组到现场对企业经营状况进行了解、沟通；三是安排专人跟进、了解企业在旺季期间的车辆通行情况。尤其是2016年入冬以来，省内大部分地区均出现了不同程度的雾霾现象，对干线车辆进行了限行规定，影响了部分企业的正常运营，协会于10月中旬开始，了解企业支干线车辆通行情况，针对业务旺季期间可能出现的车辆限行问题，并积极参与对省管局提出了建设性

意见，参与拟订了“河北省关于支持快递业发展中保障车辆通行方案”。为解决部分企业干线车辆的通行问题，2016年协会共办理880份“快递车辆核准证”，基本保障了部分企业在限行期间干线车辆的运行问题。

根据省管局统一安排，在确保快递企业旺季生产平稳运行的前提下，协会对省内较大快递企业2017年用地情况进行了摸底调查。顺丰、韵达、中通、申通等企业由于需扩充分拨中心场地，而需求用地情况，并已向省管局相关处室提供了数据。

2016年暑期，协会由秘书长带队，对在酷暑中坚守岗位的一线快递员进行了慰问。并送去包括白糖、茶叶等具有防暑慰问品，该项活动，得到了相关企业的好评。

山西省快递协会工作情况

2016年，山西省快递协会根据国家邮政局的总体工作思路及山西省邮政管理局年度工作部署，在中国快递协会和省民间组织管理局的指导下，紧密结合协会工作特点，认真履行“服务、协调、自律”职能，继续深入扎实地开展了《企业自律公约》星级评定、优秀快递员评选等活动，使全体会员单位的“四基”（基本制度、基础管理、基础建设、员工基本素质）建设得到了不断巩固提高，依法规范诚信经营行为得到了不断加强。

一、通过会议、协会期刊等形式不断向全体会员传达学习快递行业相关法律法规，引导企业坚持依法规范经营

积极配合省局开展了快递企业空包刷信用行为，寄递渠道安全隐患大排查大整治，快递市场清理整顿专项行动以及全省快递市场经营秩序和安全生产大检查等活动，突出抓好“三个百分之百”制度落实，并取得了明显效果。

二、将企业纳入《企业自律公约》星级评定活动

坚持以“三化”（营业网点标准化、分拣中心规范化和作业流程制度化）建设为契机，将其纳入《企业自律公约》星级评定活动中，促进企业不断加强软硬件建设，使全省“三化”建设水平得到了大幅提高，营业网点标准化率达到77.9%。

三、做好重大活动、重要时期的快递服务保障工作

突出重点抓好杭州G20峰会、新疆维吾尔自治区成立五十周年、十八届六中全会召开以及“双11”“双12”等重大活动、重要时期的快递服务保障工作。协会及时深入会员单位进行督促指导帮助抓落实，发现问题积极帮助解决并及时向省邮政管理局汇报反映情况，确保了重要阶段重点环节安全平稳运行。

四、积极组织参加重要活动、会议

积极组织部分会员单位参加了“京交会”，召开了全省快递行业发展座谈会；参加了中国快递协会和省社会组织促进会组织的相关会议、培训、研讨等活动，并按时进行了年检，使协会的自身建设得到不断加强。

五、积极与政府相关部门进行沟通

借助《国务院关于促进快递业发展的若干意见》和山西省人民政府出台的《山西省支持快递发展的若干措施》，积极与政府相关部门进行沟通，努力为企业办实事、解难事，为行业发展营造良好氛围，特别是针对太原市“快递三轮车通行难问题”，多次与市公安交警部门进行协调并向市政府致函以求解决，截至目前已经取得初步成效。

内蒙古自治区快递协会工作情况

2016年,内蒙古快递协会在自治区民管局和内蒙古邮政管理局的正确领导下,以创新发展为主线,加强推进"智慧快递、安全快递、诚信快递、绿色快递"建设,认真履行协会章程,积极开展工作。主要有:

1. 在自治区各级领导及自治区民管局和自治区邮政管理局的关怀支持下,为2017年初圆满完成协会的换届改选做了充分准备工作。

2. 2016年,二十国集团领导人第十一次峰会在杭州市举行,协会为加强寄递物品安全管理,保障峰会顺利举办,要求全区各快递企业对寄往浙江省的邮件、快件严格执行收寄验视、安全检查。严格执行寄件人身份查验登记和寄递物品信息登记。峰会期间协会对在呼的部分快递企业进行了走访调研,认真了解了企业会员自律公约落实和快递业信用体系建设工作开展的情况,要求企业做到:制定好方案,建立好档案、定好制度,把诚信系统建起来运转好。以诚信树形象,以诚信赢发展。对于快递企业普遍存在员工流动性大,信用档案建立有一定难度的实际情况,建议企业根据实际用工情况有区别的建立员工的信用档案,实行分类登记、分类管理;关于如何解决好快递"最后一公里"问题,请自治区邮政管理局向上级反映尽快出台有关政策规定,以便使快递企业和地方政府有章可循,有力地促进快递业发展,惠及民生。同时,请呼市邮政管理局建议市政府,结合呼市实际,尽快出台有利于民生和行业经营的优惠政策和措施要求,建立长效机制,努力实现双赢。

3. 协会把贯彻落实好"十八大"提出的"积极培育社会主义核心价值观和社会主义道德行为规范"作为自查的标准,在加强自身建设的同时严格自律,以身作则,做到协会的信息资料真实、准确、完整、可靠;认真履行社会职责;全面贯彻执行民政部《关于开展行业协会行业自律与诚信创建活动的通知》的相关要求,严格履行换届选举、议事决策制度;根据《协会章程》发展会员,2016年发展新会员单位两个;严格执行民间社团组织财务管理制度,管好用好会费,保持财务收支平衡有盈余,维持协会工作正常运转;努力办好《内蒙古快递》会刊,使会刊在政策导向、信息交流、法规学习、行业引领等方面充分发挥其重要作用。

辽宁省快递协会工作情况

辽宁省快递协会以党的十八届六中全会和中央经济工作会议精神为引领,在省邮政管理局的正确指导下,全面落实国家邮政局、省邮政管理局、中国快递协会的各项工作部署,积极发挥行业协会的作用,以推进行业标准化落地为抓手,以创新派送模式为导向,以引导行业自律为保障,以提升行业发展环境为重点,促进企业提质升级、服务增效,为满足社会经济发展和人民群众生活需求做出了贡献。2016年全省快递企业业务量完成3.88亿件,是2011年的6.25倍,完成业务收入54.37亿元,是2011年的3.63倍,增幅居全国前列。较好完成了二届理事会确定的各项工作任务,为促进辽宁快递行业快速发展,发挥了积极作用。

一、扎实推进《快递服务》国家标准的达标工作，取得显著实效

《快递服务》国家标准是我国快递业发展的经验总结，具有科学性。《快递服务》国家标准，涉及快递企业生产、管理、安全和服务方方面面，对快递服务的各环节业务流程和操作规范作出了详细规定。2016 年，省快递协会积极认真总结各快递企业和各市快递协会在标准化建设方面的工作，根据工作实际情况，在 4 月份下发了《关于〈快递服务〉（国家标准）标准化建设评定工作的补充通知》，在企业申报的基础上对顺丰、百世等两家企业的标准化建设工作进行了全面、严格的评定验收，依据评定结果，授予顺丰速运有限公司浑南分拨场“五 A 级分拨中心”、授予百世快递有限公司分拨场“四 A 级分拨中心”，并组织在沈有区域分拨场地的快递企业到两家企业现场参观，学习标准化建设经验，省邮政管理局领导参加会议并提出要求。为确保三年奋斗目标的早日实现，结合盘锦市快递协会的有效做法，9 月又在盘锦市召开《快递服务》标准化建设现场经验交流会，全面启动全省快递营业网点的审定工作。省、市邮政管理局分管领导和快递协会负责人汇聚盘锦，听取盘锦市局的营业网点标准化建设工作经验介绍，现场学习交流，对确保省邮政管理局提出的全年 80% 的快递营业网点完成标准化建设的目标完成，提出落实要求和意见。

在省邮政管理局的引领、指导下，《快递服务》标准化建设工作扎实推进，形成了协会主导、企业参与、管局助推三方联动的有利态势。目前，全省快递企业的分拨现场组织管理、作业流程，设备改进，安全管理，风险控制，处理能力等都得到全面提升。在不断推进标准化建设的三年中，全省快递企业经受了业务旺季压力倍增的考验，无梗堵，无爆仓，无延误。各营业现场企业标识统一，服务标准和制度上墙公示，员工着装文明服务，内部设施井然有序，处理和派送时限达到要求。经过国家邮政局的服务满意度测评和申诉处理考核，全省多次获得第一始终排在全国前列。由于国家标准的落地实施，全省快递服务能力进一步增强，快递服务水平不断提升，全省 3000 个快递网点有近 2000 个达到和接近标准化要求。

二、不断创新派送模式，末端服务水平显著提升

快递末端投递一直是快递服务的瓶颈，也是快递服务投诉和申诉的主要内容，“路难上”“车难停”“门难进”“件难投”已成为快递企业员工郁积于胸的苦恼。省快递协会为解决快递投递服务“最后一公里”问题，先后召开多次研讨会和现场会，认真探索，积极引导，发现总结，不断创新。韵达公司以铁岭为试点，建门店，设网点，打造社区快件派送网络，在省快递协会和铁岭市邮管局的支持和指导下，探索“全门店、无段道”模式。在铁岭市内 6 个承包区域，建设中心店、合作门店（寄存点）130 多家。

为进一步总结快递下乡，推广农村快递末端投递服务平台建设经验和巩固乡镇快递平台建设成果，促进快递服务与农民网商协同发展，确保全省实现乡乡进快递。5 月 28 ~ 29 日，省邮政管理局和省快递协会联合召开全省快递下乡现场推进会，现场经验交流，总结“下乡”成果，理清巩固稳定网点的思路。

会议分现场参观和经验交流两部分进行。首先是现场参观，各市邮政管理局、市快递协会、相关品牌快递企业代表 50 多人，深入农村快递网点现场观摩，听取介绍，学习交流，比照样板找差距。在经验交流中，围绕农村快递下乡“建得起、立得往、用得久”的核心主题，铁岭市邮政管理局介绍了充分发挥市协会作用，“协商设点、共建平台、综合利用、有序发展”的“下乡”经验；营口市邮政管理局介绍了采取“$N+1$”模式巩固扩展乡镇快递平台建设成果的经验；本溪市邮政管理局介绍了促进快递服务与农民网商协同发展，提高网点稳

定性的经验。与会代表通过这次现场会，看到了“快递下乡”推进过程中的新情况，决心用先进经验指导本地的农村快递网点建设。

积极指导本溪、朝阳、葫芦岛等地管理局和协会开展快递下乡实践活动，帮助分析当地环境、特点、市场需求、企业能力，因地制易地制定快递下乡方案，并及时总结工作成果，指导全省“快递下乡“工程全面开展。目前，农村快递服务延伸到所有乡镇，覆盖率达 98.9%，农业大市铁岭已达到 100%，在完成数量的基础上，加强网点的服务质量建设。让农民得益，让企业得利，让普惠邮政在农村扎根，拉动全省城乡经济消费指数的增长。

三、宣传行业服务正能量，发展环境不断改善

快递业虽连续多年快速发展，但仍与建设小康社会的发展需求存在差距，小快件、大民生越来越受到新闻媒体的关注和社会群众的注视。正确引导新闻媒体客观报道行业发展的机遇、环境、困难及企业精神面貌，为行业发展营造良好的社会舆论氛围，已提到协会的重点日常工作。

省协会保持与主流新闻媒体的行业信息沟通，注重宣传行业亮点，新年、春节期间的企业战严寒，保畅通；申通公司快递员工见义勇为抓窃贼；“3·15”消费者权益保护日如何维权等，分阶段宣传行业服务特点和典型，以正能量向社会展现行业服务新风。

通过多年努力与协作，省内主流媒体辽宁电视台、沈阳电视台、辽沈晚报、华商晨报、时代商报等共报道行业动态、快递服务信息和好人好事多篇，促进了企业服务提升，得到了公众的理解，受到了政府的重视，行业发展环境得到明显改善。

四、强化培训指导，企业和人员素质、能力、水平得到提高

辽宁协会认真落实《邮政法》关于快递协会要“为企业提供信息、培训等方面服务”的要求，发挥协会人才优势，有声有色地开展各种培训。一是为促进快递服务电子商务发展，加快企业转型升级，省快递协会在沈阳举办全省快递企业管理人员 O2O 电子商务培训班，对 O2O 发展中如何提高快递公共服务质量做了专题讲座，对今后快递业发展怎么看与怎么办做了前瞻引导和提出解决方案。培训班还聘请业内知名学者做详尽介绍和案例分析。二是为推进快递服务标准化建设工作，组织企业网络运营和分拨现场管理人员，对贯彻国家邮政局颁发的《快递服务》《邮政业安全生产设备配置规范》和《快递营业场所设计基本要求》等行业标准等进行系统培训，逐条解读，听取企业管理人员对贯彻国家标准的认识和建议，结合培训重新修订《快递服务》标准化建设的评定细则，下发企业落实实施。经过系统培训，企业对标准化建设的认识更加提高，贯彻的信心更加充足，整改的标准更加达标，落实的速度更加加快。三是为促进快递业整体能力的提质增效，我们组织在沈规模以上快递企业负责人，学习参观邮政处理枢纽的自动分拣系统和指挥调度系统，掌握行业发展的前沿理念。

五、加强协会自身建设，开展灵活多样的协会活动，积极为行业发展服务

（一）加强与政府沟通，积极当好企业桥梁，促进行业发展

一是协调企业发展用地。多次组织在沈规模快递企业参加普洛斯快递产业园区招商推介会；浑南新区电子物流园区土地推介会；于洪区政府永安新城物流产业园区发展推介会。二是配合各级政府加快快递园区建设、为企业用地牵线搭桥。铁岭市政府为盘活新区沉淀地产建设快递处理园区，在利用何种建筑开发处理中心时举棋不定，省协会主动搭桥，为铁岭市交通局和邮政管理局安排考察汇通快递公司，召开座谈会，参观快件处理现场；帮助鞍山市经济开发区到上海快递总部、沈阳快递企业推介招商；配合沈阳市邮政管理局召

开企业用地座谈会和落实推进会，了解企业发展用地需求，帮助政府作出规划决策。三是帮助企业解决发展中的困难，在企业生产场地搬迁、企业变更和业务开展中遇到困难，协会积极与海关、公安、国安等政府职能管理部门沟通，取得支持，解决企业困难，保证安全生产、业务正常开展。同时，帮助企业联系省公安厅，立案解决经营诈骗问题，维护企业经营收益；配合沈阳海关快件监管中心通关测试和开通运行，引导快递企业就近组织快件进出口通关。四是促进校企合作，拓宽企业人才引进渠道。2014 年，协会积极为沈阳申通公司与辽宁职业学院搭建平台，经过多次沟通交涉，促成辽宁职业学院“沈阳申通”冠名班的签约。定向为企业培养快递中高级管理人才。2016 年，与鞍山市交通技术学校合作，成立快递业人才培训实习基地，指导学校设置对口专业，定向招收快递学苗。这种通过校企合作、产学结合、定向人才培养的方式，学校拓展教学渠道，企业获得高素质人才，学生毕业有就业保障，取得了一举多赢的社会效果。五是启动快邮合作，促进双赢发展。为了贯彻落实国家邮政局和辽宁省委、省政府关于农村电商及快递服务发展的有关部署，为充分发挥邮政乡镇邮政局所、村邮站、“三农”服务站、“农村 e 邮”站点等服务平台在农村快递服务体系建设中的主体作用，改善农村快递服务，支撑农村电商发展，起草了《辽宁省农村快递服务体系建设战略合作协议》，分发各企业讨论征求意见，为快递搭乘邮政便车下乡做好准备。

（二）组织会员参加东北三省快递发展论文撰写征文活动

东北三省快递协会紧紧围绕经济社会与行业发展，加强快递企业诚信体系建设，提高快递末端服务水平，连年开展论文撰写征文活动，全省快递管理人员和员工，在“快递企业加强诚信体系建设，提高快递服务水平”“快递企业加强行业自律、改善服务，提升企业经济效益”“提升快递末端投递服务水平创新探讨”“诚信快递、你我同行”等四个主题方面，撰写论文 103 篇，有 5 人获得东北三省论文评选一等奖，8 人获得二等奖，12 人获得三等奖，四个市协会获得组织奖。一、二、三等奖论文在《辽宁快递》杂志发表，向撰写人员和市协会下发获奖论文汇编 200 多本。

（三）开展快递企业旺季生产指导和慰问，解决旺季生产难题，激励员工生产热情

快递生产旺季期间，省快递协会都深入快递企业分拨现场，传达李克强总理的讲话，慰问一线员工。“双 11”和春节期间，省协会都组织部分专家前往分拨生产现场和营业网点，了解企业准备和生产情况，帮助分析作业流程，提高应对能力。在快件高峰来临后，又准备慰问品多次连夜到连续奋战、昼夜生产的快递企业，现场慰问，鼓舞士气，支持企业完成旺季生产任务。确保全省快件运输不瘫痪，分拨现场不爆仓，快件投递不积压，节假日店不闭、车不停、件不压，得到社会和用户肯定。

（四）开展形式多样的学习交流和专题调研，办好协会期刊

为掌握快递发展的前沿理念和先进管理经验，协会先后组织部分副会长单位负责人到韩国学习考察韩国邮政和快递企业服务和跨境电子商务，参观韩国邮政分拨现场和快递企业代办网点，与韩国快递企业座谈，听取企业服务和经营介绍，扩宽了服务理念和思路。为让各市协会和企业掌握行业发展最新理念和行业新技术应用成果，多次组织市协会和企业负责人参加省外快递业发展高峰论坛、峰会和成果推广会，通过这些会议，使参加人员开拓了眼界，增长了知识，树立了做好做大企业的信心，增强了办好协会的信念。组织在沈理事以上企业参观学习沈阳邮政中心局自动包裹分拣流水线和运行指挥调度中心，提高企业运用新技术提升生产能力和管理的认识。

省协会结合省管局提出的重点工作，多次深入各市、各企业开展快递汽车运行需求调研、市级快

递企业分拨现场升级改造调研、农村快递企业发展现状调研、农村快递代办现状和发展趋势调研等。

吉林省快递协会工作情况

2016年，在省委省政府关心指导下，在省邮政管理局正确领导下，全省快递业以科学发展为主题，以转变发展方式为主线，构建可持续发展的便捷高效、竞争有序、技术先进、服务优质的快递服务体系，加快推进"智慧快递、普惠快递、安全快递、诚信快递、绿色快递"建设，圆满完成了全年目标任务，不断推进了从"传统服务业"向"现代服务业"的转变，在促进经济社会发展和民生改善中发挥了重要作用。

（一）发展速度持续保持高速增长，在国民经济发展中的地位日益凸显

2016年，全省快递业务量完成1.4亿件，同比增长54.38%，快递业务收入完成25.39亿元，同比增长49.71% 快递最高日处理量达到240万件，继续保持"总量增势，稳中有进"的良好发展态势。

（二）发展环境不断优化，服务质量日益提高

省委、省政府领导高度重视快递业发展，多次作出重要批示，并到快递企业调研指导工作。年初省政府出台了《吉林省人民政府关于促进快递业发展的实施意见》等一系列扶持物流业、服务业、电子商务及民营企业发展的政策文件，对快递业的发展起到了重要的推动作用。吉林省快递业的内容纳入全省"十三五"规划纲要，一些居民住宅小区安装了智能快递箱，方便了用户取件，同时也提高了快递投送效率，快递车辆通行问题得到各方面的关注。与此同时，各级政府纷纷出台一系列支持快递业发展的利好政策，促进了快递与物流业、商贸流通业、电子商务、交通运输等关联产业协同融合发展，有效地促进了全省快递业的健康发展。

（三）基础设施不断完善，服务保障能力显著提升

近几年，全省快递基础设施建设进展顺利。继省邮政速递物流公司、省百世公司迁入新址后，长春快递产业园取得实质性进展，省圆通公司、省中通公司、长春申通公司相继破土动工。2016年完成土建工程和内部施工，2017年正式投入使用。项目共投资3亿元，使用面积近20万平方米，建成后各项配套设施将更加规范化，企业的生产效率、生产能力、生产环境得以提升，生产安全得到保证。各公司的生产、办公条件都有明显的改善。20家省级企业在分拣处理中心安装安检设备，58家地市级企业配置安检设备，有效提高寄递安全防范能力。自动化作业水平显著提升，机械化分拣设备、智能手持终端、智能快件箱加速推广，一线员工终端设备手持率达90%，基本实现随时随地联网扫描作业。从业人员素质不断提升，快递业务员持证上岗率达60%以上。

（四）行业自律体制建设逐步加强，快递安全制度进一步落实

通过几年来对快递行业的依法治理，增强法治意识，依法治推动发展，以法治提升服务，以法治规范市场，以法治保障权利，进一步提升了快递行业的自律能力，《邮政法》《吉林省邮政条例》等相关法律法规得到全面落实。快递企业无证经营、超范围经营及快件暴力分拣、丢失损毁、延误积压等问题得到有效遏制，寄递渠道安全和消费者合法权益得到有效保障。快件收寄实名寄递制度落地实施，快件安检制度逐步推进。

（五）协会职能作用充分发挥，各项重点工作有序推进

省快递行业协会按照省邮政管理局和省政府相关部门的要求，认真履行职责，代表本行业利益，维护会员合法权益。在构建快递行业自律机

制上,积极探索;在加强自身建设、提升快递服务、扩大行业宣传、协调各方面关系、积极为会员和消费者服务等方面组织开展活动,通过自身的工作,发挥其社团组织的作用。主要工作有:

一、认真开展“两学一做”学习教育活动,加强协会党组织建设

协会党总支认真按照省局党组《关于在全体党员中开展“学党章党规、学系列讲话,做合格党员”学习教育实施方案》,把“学党章、党规,学系列讲话,做合格党员”作为全年学习的重点内容认真组织学习。

通过学党章党规、学系列讲话,做合格党员为主题的学习教育活动,使每个党员同志都能够按党的章程办事,始终保持政治本色,全力践行党的宗旨,强化政治意识。比如,2016 年夏季长春市内整顿交通秩序,快递用电动三轮车屡屡被查扣,有的快递员对此不理解,甚至有抱怨情绪。协会党总支发现后及时向省局党组汇报并加强政策宣传,督促、引导业务员们正确对待,使之矛盾及时化解。

一年来,协会党总支十分重视党组织建设,先后召开两次党支部书记会议。并在协会理事会议上和几次组织召开的会议上都把加强支部建设,发挥党支部战斗堡垒作用作为主要内容。党组织的战斗堡垒作用得到充分发挥,共产党员的先锋模范作用在具体工作中得到具体体现。快递业务旺季期间,各企业的党支部书记都担任旺季期间保障工作的领导小组的负责人,党员同志都奋战在一线,党员的先锋模范作用和党支部的战斗堡垒作用得到充分体现。

二、发挥桥梁纽带作用,促进快递行业转型升级

一是认真贯彻落实国家促进快递业发展的意见,积极争取地方政策支持。定期向省邮政管理局及相关部门报告快递业发展情况、社会作用和企业发展诉求,在快递车辆通行等方面为快递企业提供更多支持。

二是配合省邮政管理局加快推进快递设施网络和快递园区建设。为加快推进快递园区建设,组织较大快递企业负责人到吉林师范大学四平校园快递园区参观学习,并组织召开“吉林省快递园区建设现场座谈会”,推进了校园快递园区建设步伐。

三、强化标准化管理,加快快递行业诚信体系建设

一是持续做好《快递服务》标准化建设的宣贯和监督检查工作。受省邮政管理局委托,在各市(州)邮政管理局配合下,组织开展了 2016 年度《快递服务》标准化建设情况的检查验收。检查、验收的企业共 165 家,有 121 家企业达到标准要求,标准化建设合格率达到 73%。

自 2009 年《快递服务》标准颁布以来,协会按照国家邮政局要求,对会员企业进行标准化建设工作的专项检查。帮助和指导会员企业按照《快递服务》标准的要求不断完善各种规章制度,加强企业内部的经营管理。

2016 年是协会组织开展的第 8 次标准化建设复查、验收工作的专项检查。通过“宣传学习、自查整改、达标申报、达标验收、综合评审、颁发牌匾”等形式,认真组织开展工作。按照省局市场处提供的 2015 年以前取得快递业务经营许可的企业 296 家,截至 2016 年底全省已达到标准化建设企业 239 家。标准化建设合格率达到 81%。此项工作得到了省邮政管理局的充分肯定,有利推动了企业贯彻、执行《快递服务》标准的自觉性。也为进一步加强和完善企业的经营管理提供了有利保证。

二是会同辽宁、黑龙江省快递协会联合组织开展了“诚信快递、你我同行”主题征文活动。征文活动共收到论文 76 篇,经东北三省共同进行评选,全省有 26 篇论文获奖。省邮政速递物流公

司、省中通大盈公司、省圆通速递公司分别获得优秀组织奖。76篇论文中，省邮政速递物流公司撰写25篇、省中通公司撰写21篇、省圆通公司撰写19篇，省邮政速递物流公司和省中通公司的征文来自全省各市（州）分公司经理和管理人员，其中：省邮政速递物流公司所属的延边州分公司就撰写了10篇，7个县（市）分公司都有人撰写了论文。76篇征文中有论述加强快递诚信体系建设重要性的、有用身边典型示例阐述诚信建设重要意义的、有以诗歌的形式来赞美身边快递员诚信服务的，他们撰写的论文水平都比较高。

四、开展争先创优，推进快递服务质效稳步提升

为进一步推动行业文化建设和精神文明建设，积极参与国家邮政局开展的中国梦·邮政情第二届寻找"最美快递员"评选活动。全省共推荐13名，经网上多轮投票，最终确定前50名为候选人，全省延边州邮政速递物流分公司刘力群、关俊杰最终入围。刘力群、关俊杰同志代表全省快递员到北京人民大会堂参加了颁奖大会，受到国家邮政局的表彰奖励，大大激发了全省快递业务员的服务热情和工作干劲。

五、强化维权意识，依法维护消费者和快递员工的合法权益

从2013年开始协会会同省消协等其他行业协会组织开展消费者维权活动。

一是组织召开了吉林省2016年"3·15"国际消费者权益日纪念大会。协会会同省消协等20家行业协会共同组织召开了吉林省2016年"3·15"国际消费者权益日纪念大会。会上对2015年度吉林省消费维权优秀义务监督员、2015年度用户满意单位进行了表彰。吉林省顺丰公司荣获"2015年度用户满意单位"称号、协会工作人员刘贵友同志被评为"2015年度吉林省消费维权优秀义务监督员"。刘英杰会长和省领导一起为获奖的单位和个人颁奖。

二是联合举办了"2016年纪念'3·15'国际消费者权益日现场咨询活动。"在活动现场协会工作人员就快递业务经营许可审批程序、快递实名制等问题回答了《新文化报》、《守望都市》等新闻媒体的采访。并就快件延误、丢失、内件短少的损失赔偿等问题回答了市民的咨询。一年来协会接到消费者的投诉电话43件，已全部转省局消费者申诉中心处理。

三是切实维护快递员工的合法权益。针对快递业务员连续被打事件，协会坚决支持中国快递协会的几次声明。并在协会几次召开的会议上，强调全省如发生快递业务员被打事件要立即向当地公安部门报告，同时要及时向省快递行业协会反映，协会将会提供法律援助。

六、坚持安全为基，督促企业提高安全生产管理水平

近年来，协会更加重视快递企业的安全生产，在督促企业提升安全生产管理水平上下功夫。

一是进一步加强企业的安全管理。推动快递企业成立安全生产委员会工作，完善安全管理备案制度，配备专职安全员，加强消防、交通、内保等方面的安全隐患治理。

二是配合省邮政管理局严格落实收寄验视制度。深入企业进行寄递渠道安全检查，明确收寄操作规程，特别是对危险化学品和易燃易爆品进行重点检查，对企业进行"收寄验收、实名收寄、过机安检"三项制度落实情况及安全生产情况检查，使"三个100%"落实到实处。

三是做好快递旺季服务保障工作。通过调研、检查等方式，督促企业推进"错峰发货、均衡推进"机制的实施，协会积极与各快递企业建立工作联系，随时掌握快递业务旺季期间各企业的生产情况，督促企业完善旺季服务和安全保障方案，落实《旺季指南》的要求，切实做好旺季期间的服务保障工作。并多次与新闻媒体沟通，及时反映全

省快递企业奋战“双 11”情况，做好宣传引导工作，使全省快递业务旺季服务保障工作总体呈现出“应对有方、运行顺畅、员工稳定、媒体鼓劲”的特点。

七、心系快递员工，送去一份爱心

在业务旺季期间广大快递员们战严寒、抗冰雪，为此而付出了辛勤的劳动和汗水。为推进快递企业继续做好业务旺季期间的服务保障工作，协会会同省邮政管理局开展了以“送温暖、献爱心”为主题的慰问活动，协会和省邮政管理局领导亲自到快递企业进行慰问，送去慰问品，送去一份关爱，送去一份爱心。

八、照章履职，认真落实各项规章制度

一是为服务会员为宗旨。在维护行业利益、消费者利益和社会公众利益方面开展工作，树立行业协会独立公正、行为规范、运作有序、代表性强、公信力高的形象。

二是按规定办理社会组织年度检查。按照省政府相关部门的要求，协会积极履行自身义务和职责，完善协会社团法人资格，按年度到民政部门和税务部门办理相关登记手续，做好社团法人登记证书、组织机构代码和税务登记年审工作。

三是按照现职公务员不得兼任社团组织职务的规定，对在协会兼职的公务员进行了分离。协会以“明确职责、依法自治、发挥作用”为目标，做到了政会分开、财产独立、人员分离、职能分开。

四是按照会员管理办法，做好会员发展和会费收缴、税费上缴及管理工作。加强会员管理，督促各会员单位认真履行会员义务，按时交纳会费，并做好会费的使用管理；积极发展新会员，不断壮大会员队伍，指导有关地市快递协会筹建工作；组织会员单位座谈交流、观摩学习等活动，建立与会员更紧密的联系机制，充分发挥会员企业的作用，推进协会各项工作的开展。

黑龙江省快递协会工作情况

一、即时召开会议，研究部署全年工作，组织协会围绕省管局提出的重点工作开展活动

一是经省管局同意，省快递协会乘借 2016 年元月 19 日召开的省邮政管理工作会议之际，组织召开了二届二十一次常务理事（扩大）会议，全面传达贯彻中国快递协会二届三次会员大会精神，在总结 2015 年协会工作的基础上，组织与会人员讨论和确定 2016 年协会重点工作和任务。来自全省 15 家省协会常务理事以上的快递企业、13 家网络型快递企业的负责人，共计 35 人参加了会议。

二是在省管局组织召开全省第一季度邮政经营运行通报分析培训会上，协会乘机组织召开了二届二十二次常务理事（扩大）会议，明确提出为贯彻和落实这次会议精神及訾小春局长的讲话要求，落实 2016 年协会重点工作和任务，近期将在 22 个以上的品牌网络型企业，继续组织开展 2016“提质增效、创优争先”竞赛，落实国家邮政局《关于开展“诚信快递、你我同行”主题征文活动的通知》，以及 2016 年东北三省快递协会开展优秀论文征集情况，实地复查和了解“三化”建设工作情况，以及快递下乡和企业发展中的诉求等调研活动。会上，还增补通过中铁快运哈尔滨分公司、新光速快递公司为省快递协会二届理事会成员单位，同意并吸纳哈尔滨德邦货运公司、

北京京邦达贸易公司哈尔滨分公司为省协会会员单位。

二、下发相关文件，对相关工作进行部署和安排，并提出具体操作和指导意见

（一）下发了《2016 年省快递行业协会工作安排》的通知文件，对全省 2016 年协会工作进行部署并提出具体要求和意见。

（二）下发了《关于缴纳二 O 一六年会费的通知》文件，对会员单位年度上缴会费提出要求。

（三）联合省管局下发了《关于获得 2015 年度“提质增效、创优争先”竞赛优胜单位及优秀组织奖的通知》文件，对获奖单位提出表彰和通报；并在全省邮政工作会议上配合省管局对优胜和组织优秀单位的 10 个快递企业颁发了奖牌。

（四）联合省管局下发了《关于组织全省网络型快递企业开展“提质增效、创优争先”竞赛活动的通知》文件，确定继续组织开展这项竞赛活动，并对竞赛的经营指标完成率、服务达标率以及不同规模企业的赛区划分等情况进行了详细规划和部署。

（五）联合省管局下发了《关于开展“诚信快递、你我同行”主题征文活动的通知》文件，按照国家邮政局、中国快递协会的要求，组织开展此项活动。

（六）会同辽宁、吉林省协会联合下发文件，在三省协会中组织开展以“诚信快递、你我同行”为主题的促进快递企业经营和服务健康发展的优秀论文征集活动。

三、组织开展全省网络型快递企业竞赛活动，促进经营和服务指标的提升和创新

省管局、省快递协会围绕省局工作会议提出的“稳中求进、持续求进、创新求进、实干求进”的总基调，加快实现邮政大省发展目标，力争 2016 年全省快递业务量完成 1.7 亿件，同比增幅不低于 35%，业务收入完成 27.3 亿元，同比增幅不低于 28% 目标，决定从 2016 年 1 月至 2016 年 12 月 31 日按照四大赛区的划分，在 22 家网络型快递企业继续开展以创新产品与服务、提升发展质量与效益，引导和促进快递企业做大做强的“提质增效、创优争先”竞赛活动；并从五个方面对竞赛提出具体要求。通过此竞赛最大限度地发挥企业管理者和广大员工在企业经营和服务双提高当中的主力军作用，激发企业主人翁奋发赶超创优争先的进取精神，提升全省快递业经营和服务指标在全国排名的优先位置。

四、会同省管局领导一同开展旺季生产服务慰问活动，把上级关怀和温暖送到企业最基层岗位上

2016 年新年伊始，在省管局主要领导的分别带领下，由省快递协会、省管局市场监管处组成的慰问小组，先后深入邮政 EMS、宅急送、圆通、顺丰、韵达、中通、申通、百世、天天、联邦、国通、优速、尼尔及龙江客运快件、民航快递等进行现场慰问，为在一线工作的员工送去了作业防寒手套、快餐面等慰问品。在深入快递企业慰问中，省管局、省快递协会的领导对正在快件分拨中心操作的员工还详细了解劳动强、作业班次的规定和休息时间安排、伙食的搭配及标准，安全操作规章制度的执行情况，危险品的机器识别和使用，作业现场的保暖和御寒设备的使用等一一进行了询问，对在严寒中辛勤工作的员工们表示敬佩和感谢。2016 年“双 12”之前，省协会再次组织旺季慰问，为快递企业送温暖，鼓干劲，购买米、面、油、肉等慰问品。

五、积极参与全国、省内评选最美快递员活动，组织开展“诚信快递、你我同行”征文征集活动

（一）积极参与国家邮政局组织开展的“寻找最美快递员”活动。国家邮政局组织的“寻找最美快递员”活动自 2016 年 3 月底活动开始时，按照

省管局领导的要求和部署，协会认真参与和掌握全国评选最美快递员活动的进程及结果。一是结合省管局开展的评选全省最佳快递员活动，在市地上报的基础上，根据个人事迹材料向国家邮政局推荐5名候选人；二是根据评委会从各大渠道推荐的470名当中优选100名快递员接受第二轮网上投票初始期，协会下发传真电报文件要求快递企业、快递协会重视和参与此项活动，并对省级推荐的候选人进行有组织的投票；三是组织省局、协会、快递企业对第二阶段的省七个重点候选人进行投票，并对评选投票即时进行跟踪和掌握。

（二）协助省管局组织评选2015度全省最美快递员评选、表彰活动。一是按照省管局的要求有重点的组织事迹先进、影响面大、正能量突出的个人事迹材料的文字整理，并报给国家局参加“寻找最美快递员”的活动评选及入围；二是为省内组织的“最美快递员评选表彰暨事迹报告会议”的最美快递员事迹报告，组织书面发言材料，为42名最美和优秀快递员制作荣誉证书并组织会议颁发荣誉证书程序；三是与省管局精神文明建设指导委员会联合下发表彰决定。

（三）根据国家邮政局、中国快递协会发出的关于开展“诚信快递、你我同行”主题征文活动的通知精神和要求，结合东三省快递协会联合下发的优秀论文征集和评选通知，会同省管局市场监管处下发文件一同组织开展“诚信快递、你我同行”优秀论文征集活动；经过两个月的时间征集，共收到“诚信快递、你我同行”主题征文和图片42篇，上报国家局25篇，征集经营和服务方面的优秀论文12篇，经相关部门的领导评议共评选出获奖优秀论文8篇。在这方面齐齐哈尔协会、鹤岗协会、大兴安岭协会及百事、圆通、申通快递企业对此项活动给以高度重视和关注，并推荐多篇优秀论文参加活动。有些好的优秀征文已经在龙江快递杂志陆续发表。全国有10个省被评为优秀组织奖，其中有省。

六、发挥协会专业委员会的作用并开展活动，通报企业开展经营服务自律情况，约束行业行为

（一）根据省管局訾小春局长的要求，省快递协会将市（地）团体会员单位中的四个协会设立专业委员会并委托专题课题进行研究，并形成文字进行交流和借鉴，得到了相关协会的重视并较好地完成了省协会赋予的工作任务。其中：哈尔滨快递协会《在快递行业发展中倡导诚信建设工作课题的研究报告》，齐齐哈尔快递协会《加快快递企业的“三化”建设课题研究的意见报告》，牡丹江快递协会《做好邮政管理举报投诉受理工作的课题研究报告》，大庆快递协会《监控摄像在快递分拣生产中起到的安全保障作用课题研究总结报告》都得到了省管局主要领导的赏识和认可，也为全省快递行业在这四个方面专业课题研究后，树立起了向前发展的风向标和研究课题方向。

（二）为促进行业在快递业大发展中的健康、持续、稳妥、有序、良好的氛围，省快递协会在省管局相关部门的配合下，较全面的对2015年全省快递市场的经营服务及自律情况进行了分析和通报。分析和通报从自律推进企业诚实体系建设、企业自律推动了依法治邮建设、企业自律提升快递行业服务质量、企业自律强化国家企业安全意识、快递企业对消费者投诉受理的行为、企业自律评定结果等六大方面展示了全省网络型快递企业好的做法和经验以及不良行为和问题、影响快递业健康发展的瓶颈。经协会委托的企业自律评定小组评定：省邮政速递物流、顺丰、宅急送、圆通、申通、龙江客运、百事、联邦快递为2015年度行业自律优秀企业；国通、韵达、尼尔、民航、天天为2015年度行业自律较好单位。协会还利用第三期龙江快递杂志全文刊发了顺丰、申通、圆通、宅急送、龙江客运快件行业自律年度报告，并配合省局相关部门对上诉网络型快递企业的主要负责人进行素质文字评议，同时用文件信函的方式反馈给相关网络型快递企业的总部。

七、贯彻落实省管局第一季度经营运行会议提出的工作重心任务，开展经营和服务为主的调研工作

省协会根据訾小春局长在省局召开的第一季度经营运行分析会上讲话中提到的“要咬定发展不放松，瞄准快递＋X，细化细分市场，精确实施营销，紧盯服务不懈怠，加快‘三化’建设，开展诚信服务，立规矩、强内控、重奖罚、保质量”要求，结合会议重新确定的下一步重点工作安排；在哈市及部分市（地）县快递企业开展了以“提质增效、创优争先”竞赛贯彻落实情况、“三化”建设复查情况、快递下乡及“诚信快递、你我同行”征文、了解企业在发展中的诉求等情况的调研活动。通过一个月的时间，先后深入22个快递企业和网点，了解和掌握了调研主要内容和实际情况，以及发现的问题。一是省管局和协会关于组织开展“提质增效、创优争先”竞赛方案下发后多数快递企业能够责成专人主抓，重新研究和制定全年经营和服务指标，并把指标层层分解到基层网点和班组，确保全年增幅指标的完成，对实现获得优胜单位荣誉充满信心。邮政EMS、顺丰、百事、圆通、韵达、中通、天天、优速、尼尔等快递企业都有自己的竞赛实施方案和措施计划，做到胸中有数，稳中发展和增值；二是“三化”建设依据2015年的进度和工作力度，不少快递企业都想趁热打铁力争在2016年完成达标任务，实现进度提前，保质保量，要求省局、协会尽快安排复查和评定；初步统计50%以上的网络型快递企业在年内都能实现达标；三是快递下乡、快递＋x有一定的突破，中通、百事快递企业下乡服务农村的覆盖面已达到100%，顺丰、中通、百事、天天、尼尔、龙江快件、北方邮联等快递企业在快递＋电子商务配送、快递＋冷链运输、快递＋国际小包、快递＋同城配货、快递＋海关放行、快递＋运输搭配等实现了合作发展和共赢；四是在调研组深入企业宣传讲解后，广达企业管理者和员工积极参加国家局、省管局和协会组织的“诚信快递、你我同行”的征文活动，论文、文言叙说文、诗歌、漫画图文并茂，踊跃参与和投稿，在不到10天内，就收到40多篇征文。通过调研发现的主要问题：一是“提质增效、创优争先”竞赛开展的不够平衡，宣传、创新力度不够，在增效方面国企不如民企积极性高涨，网络型快递企业经营数据和考核上报指标有水分；二是“三化”建设多数处在2015年达标状态，上半年工作进度和力度与2015年相比差距太大，尤其是在达标创建过程中资金短缺，个别企业年度实现规划达标有困难；三是实现快递下乡、快递＋x的发展渠道和创新仅停留在几个大型的网络型企业，多数企业还没有改变过去的经营服务模式，有可能拉住全省增幅指标实现的后腿；四是了解企业发展中的诉求方面主要是三轮车投送普遍受阻，交警部门不给力，总部给区域派送费用过低、员工和承包人没有积极性，以及低价格、改变运输成本收寄现象，发现运输车辆存在无通行证或使用假通行证现象存在。

八、积极配合省管局做好年度旺季生产服务保障工作

省快递协会根据省管局组织召开的全行业旺季生产服务保障会议精神和安排，积极、有效、认真地落实省快递协会承担的工作项目及要求。

根据国家邮政局和中国快递协会提出的“打一仗，进一步”的要求，以及省局提出的“全网不瘫痪、重要节点不爆仓”“保畅通、保安全、保平稳”的精神，省快递协会深入快递企业调查摸底，了解情况，准确研判2016年旺季生产服务保障工作的综合情况，为省管局调控和指挥旺季生产和保障提供准确依据。在旺季之前，协会深入21家快递企业采取现场调研和书面调查方式，了解和汇集

2016年大型网络型品牌企业迎战旺季生产和服务保障工作采取的应急预案和应急措施，就旺季生产高峰期的处理业务总量、峰值、峰期，以及扩大的分拨中心场地面积、储备人员、运输车辆保障等关键问题进行摸底和汇总，做到心中有数、预案到位、措施得力。

及时组织召开快递企业备战旺季生产新闻媒体通气会。按照省管局的工作安排省快递协会与省市场监管处、市管理局、市协会共同组织召开了黑龙江旺季生产服务保障新闻媒体通气会，就全省《关于做好2016年“双11”旺季生产服务保障工作》，以及新闻媒体关注的全省迎战“双11”旺季生产服务保障工作综合情况，向在哈的十家新闻媒体和记者进行通报和解答。

九、积极主动承担和配合省管局不同时期交办的工作，保障完成好协会的日常工作

（一）先后召开13次协会办公会议，及时传达省管局工作安排和省管局领导指示，研究目前工作新动态，及时调整协会工作，并研究具体落实措施和相关工作事宜。

（二）根据省管局訾局长在6月底组织召开的局长办公会议上确定的30项近期重点工作，涉及协会方面的工作进行了细化研究和采取应急措施进行落实和贯彻。

（三）配合了省管局做好2016年上半年两期安全生产培训班，以及全省邮政、快递企业加强消费者申诉处理工作的培训班举办和管理，共计培训270人，协会除了组织、管理培训任务外，还负责培训后的考试、评卷、颁发培训证书的后期工作。

（四）配合省管局做好2016年度快递企业车辆通行证的发放，全省共642个通行限行证得到及时发放和有序管理。

（五）对获得2015度“提质增效、创优争先”竞赛的优胜快递企业通过正式文件的形式反馈给上级主管公司。

（六）组织省内部分网络型快递企业参加国家邮政局、中国快递协会组织的第四届北京国际经济交流会快递板块的观摩和论坛发布活动。

（七）及时完成龙江快递期刊的协会信息动态及文字稿件的编辑和内容提供。

上海市快递协会工作情况

2016年是“十三五”开局之年，国务院颁发的《关于促进快递业发展的若干意见》等重要文件，为我国快递业的发展提出了要求、指明了方向。2016年也是我国快递业转型升级关键之年，5家快递企业成功上市融资，踏上了打造快递航母的快车道。协会按“起好桥梁、平台、港湾、纽带作用”的协会宗旨、“精准发力、有效举措、狠抓落实”的工作方针以及“创新发展、科学助力、夯实基础”工作要求，在上海市邮政管理局和上海市社会团体管理局的指导帮助以及全体理事、会员单位的支持下，结合行业发展和协会自身工作实际，充分发挥秘书处主观能动性，积极做好各项工作，为促进本市快递业的健康发展做出了应有的贡献。

在刚刚过去的一年中，协会坚持服务宗旨，在促进本市快递业健康发展方面开展了以下两个方面十七项工作。

一、创新服务功能，助推快递行业和快递企业更好发展

（一）主持制订《快递电子运单》标准，为我国快递业提质增效做贡献

长期以来，我国发送快件的运单都是多联手工填写格式的，不仅效率低，还容易出差错。随着快递业高速发展，国家邮政局决定推广使用快递

电子运单，以提高快递行业的工作效率。协会主动请战，主持了《快递电子运单》标准的制订工作，并根据上海快递行业长期实践的经验，在电子运单的基本要求、物理特性、信息内容、使用方法等方面作了广泛调研，制定的电子运单标准具有先进性、兼容性、实用性、安全性、便捷性。从2016年3月起，该标准规定的格式统一、使用方便、内容清晰的电子运单已在全国得到了广泛应用。据统计，我国快递企业电子运单的使用面已达到近80%，大大提高了我国快件的传送的速度和质量。协会的这项工作，为我国快递业作业的规范化、高效化、绿色环保化做出了贡献。

（二）组织外访、开展外联，为会员单位落实“三向”工程创造条件

“向下、向西、向外”是国家发展我国快递业的一项系统工程，为切实贯彻这一方针，协会认真开展了以下两项工作。

一是为使会员单位赶超有目标、合作有伙伴，协会于2016年5月上旬，首次组织圆通速递、中通快递、界龙现代等快递企业领导赴美国学习考察。在美期间，考察团与美国邮政总局、美国联邦快递总部、FBR航空设备公司、AMROC国邦物流国际有限公司等对口单位进行了深入的考察交流。此次学习考察，使会员单位开拓了眼界，结识了朋友，为上海快递企业开展对外合作将起到很好的推动作用。

二是积极与墨西哥、西班牙等国家的地方政府及有关集团联系，宣传、推荐中国快递企业，为上海快递企业走出国门、在当地建立海外快递网点牵线搭桥。这些工作为上海的快递企业实施“向下、向西、向外”工程创造了较好的条件。

（三）为落实快递业“安全三项制度”做实事

安全隐患一直是我国快递行业发展的一大软肋。为改变这一局面，国家制定了“实名收寄、开箱验视、过机安检”三项安全制度。快递企业在实际贯彻中，感到实名收寄和过机安检实施有困难：一是快递企业安检机少、安检人员缺；二是怕泄露个人信息客户不配合。

为解决第一个难题，协会在2016年3月组织召开“落实安全三项制度暨配置X光机工作研讨会”，讨论快递企业安全工作的现状和改进措施，并帮助企业落实安全要求，推荐适用的X光机产品。针对购置X光机成本高，企业负担重的实际情况，协会积极向上反映企业意见，争取政府部门为快递企业购置X光机实施补贴。同时，协会经过努力，确立培训课题、落实培训师资，筹备建立了“X光安检高技能人才培养基地资助项目”，得到上海市人力资源和社会保障局的同意与确认，为帮助快递企业培训安检人员打下了坚实基础。

为解决第二个难题，协会在2016年7月与公安部第三研究所联手召开落实三项安全制度交流研讨会，向本市规模以上快递企业介绍推广该研究所研发的身份证识别仪等高科技设备，打消快递企业和快递客户信息泄露顾虑，为落实实名收寄制度创造了良好条件。

在包括协会在内各个方面的努力下，快递企业的安全管控意识大为加强，添置了先进的安全设备，使“安全三项制度”得到了很好的贯彻落实。2016年G20峰会期间全国快递行业未出一件安全事故，其中也包含了协会的工作努力。

（四）举办“聚焦快递行业与资本市场”等系列论坛讲座，拓展企业转型升级、提质增效思路

一是举办“2016·上海快递论坛——聚焦快递行业与资本市场”。我国的快递业经过十多年高速发展，经营规模已雄踞世界第一。与此同时，许多快递企业也清醒地看到了自身发展的瓶颈，亟盼转型升级、提质增效、做大做强。而上市融资，使快递业与资本市场结合是行业发展的有效途径，因而上海各大快递企业纷纷争取上市。为帮助快递企业走好上市之路，协会于10月下旬，举办了“2016·上海快递论坛——聚焦快递行业与资本市场”。针对想上市的快递企业工作怎么

“做”、已上市的快递企业路怎么“走”、对上市快递企业行政部门怎么“管”等新课题,邀请国家邮政局、上海市政府有关部门、知名专家学者出谋划策,提供法律法规、政策层面以及操作方法、程序要求方面的真知灼见,并为企业在上市过程中遇到的困难、问题和上市以后如何规范化运作进行了答疑解惑。此次论坛在我国快递业界受到高度的重视和快递企业的热烈欢迎,为我国快递行业健康发展,打造中国快递航母出了一份力。

二是与上海国际智能快递柜组委会合作,在16年7月份举办“2016上海国际快递最后一公里高峰论坛”。论坛探讨了快递最后一公里的投递方式及推广智能快递柜对促进快递业发展的积极意义以及使用智能快递柜遇到的困难及解决办法等一系列问题。通过论坛,使快递企业和相关单位对减轻快递员派送压力、解决快递最后一公里难题提供了很好的解决思路。

三是为提升环境保护水平,组织、参与一系列促进快递业包装绿色环保活动。当前,我国的快件数量已稳居世界第一,随之而来的是快递包装箱、打包胶带、包裹填充物等各类包装材料的大量废弃,既不环保又浪费自然资源。为提升环境保护水平,促进快递业包装绿色环保水平,协会组织、参与一系列活动,如与市包装协会联办“互联网经济下,快递包装行业补短板、促发展”研讨会、参与“中国快递包装创新与可持续发展高峰论坛”等,提出减少过度包装、使用可降解环保材料、开展循环利用等建言献策,在社会上和快递行业中倡导绿色理念、提高环境保护水平。

(五)推行落实《快递专用电动自行车》团体标准,为解决快递“最后一公里”难题助一臂之力

快件要送到千家万户,最后一公里运输工具很重要。现实情况是,快递员使用的运输工具五花八门,安全隐患大,交警管理难,造成了客观存在的快递“最后一公里”难题。从2016年3月起,国家将对超标电动自行车实行严格管理,更进一步加剧了快递派送难的危机。为改变这一现状,协会积极参与制订《快递专用电动自行车》团体标准和落实工作。经过艰苦努力,现在该标准已通过了国家有关部门审定正式颁布,依此标准生产的快递专用电动自行车样车也已问世。我们希望,在不久的将来,形式统一、外形美观、安全实用的快递专用电动自行车能够出现在上海的大街小巷,既方便快递小哥快件派送,又可为上海城市的交通增添一道靓丽风景线。协会的这项工作为解决快递企业“最后一公里”难题助了一臂之力。

(六)积极开展快递行业文明单位和诚信企业创建工作

在市邮政管理局的领导下,协会积极参与上海市快递行业精神文明创建活动。一是积极参与快递行业精神文明建设工作。协会负责人担任管局精神文明创建办公室相关负责人,全程参与本市快递行业精神文明创建活动的宣传、促进、考核、表彰工作。二是结合各阶段实际,积极组织开展精神文明建设活动。如组织快递行业精神文明建设交流会、通过各类媒体宣传快递行业精神文明建设情况、做好管局2016年“体系构建年”中有关精神文明建设的各项工作等。三是结合上海市企业诚信创建,积极开展精神文明建设活动。协会充分发挥自身优势,将企业的精神文明建设和市诚信企业创建活动有机结合起来,做到工作正规化、规范化、主体化,减轻企业压力,提高创建工作效果。四是努力做好服务工作,提高企业参与精神文明建设积极性。在精神文明建设工作中做到服务主动、检查督促及时,对企业开展精神文明建设起到了很好的促进作用。五是努力做好配合工作,助推行业精神文明建设发展。管局组建快递行业精神文明创建领导小组和快递行业精神文明创建办公室,协会派员参加;管局召开各类精神文明工作会议,协会积极支持;《上海市快递行业精神文明创建工作简报》,协会也积极参与编辑,现在已编发了130期。协会努力做好这些配合工

作，推进了整个快递行业精神文明建设的步伐。

（七）注重人才培养，积极做好快递行业职业技能培训与鉴定工作

开展快递业务员职业技能鉴定工作是实施快递行业国家职业资格证书制度，提高从业人员素质，加快快递行业人才队伍建设的一项重要措施。在各企业的大力支持和配合下，2016年，上海市快递行业高技能人才培养基地完成了1729余名快递业务员职业技能培训和鉴定，合格1231人，合格率为71%。其中，五级（初级）报名1325人，鉴定合格966人，合格率73%；四级（中级）报名152人，合格93人，合格率61%；三级（高级）报名189人，合格136人，合格率72%；二级（技师）报名63人，合格36人，合格率57%。

为了在2017年把这项工作做得更好，2016年2月下旬，协会与上海邮政行业职业技能鉴定中心一起，在松江区举办了"2017年上海快递行业职业技能鉴定工作会议"。会议回顾总结了2016年上海快递行业职业技能鉴定工作情况，找出了差距，明确了方向；按照2016年工作要求，向各企业提出了培训鉴定指标。本市规模以上15家快递企业的有关领导参加了会议。协会有信心发挥好"上海市高技能人才培养基地"作用，切实做好2017年上海快递行业的职业技能鉴定工作。

（八）开展高温慰问及企业安全标准化网点调研

高温季节开展对企业一线员工的高温慰问是协会的一项传统工作，为高效做好这项工作，2016年协会根据实际情况，将高温慰问与快递企业安全标准化网点建设的调研结合起来进行。自8月25日起至9月27日的一个多月中，协会会同市邮政管理局相关领导赴圆通、申通、百世、韵达、EMS上海分公司、顺丰、天天、中通等十八个快递公司的网点进行了高温慰问及安全标准化网点建设情况调研，收到了很好的效果，既融洽了协会与网点的感情，又了解了基层安全标准化网点的建设情况，对今后进一步推进安全标准化网点的建设创造了条件。

（九）积极参与社会活动，提升快递行业影响力

2016年，协会主动参与一系列社会活动，努力提升上海快递行业影响力。5月份，协会参加"2016年长三角现代物流联动发展大会"；7月份，支持市工商联物联网产业商会举办"2016国际快递最后一公里高峰论坛"；10月份，参加上海市包装印刷协会举办"互联网经济下，快递包装行业补短板、促发展研讨会"；11月份，出席在北京举办的"中国快递包装创新与可持续发展高峰论坛"和"北京大数据高峰论坛"。2016年下半年至2016年3月，协会6次接受上海电视台、上海人民广播电台以及报纸杂志等媒体的采访，传递上海快递业正能量，增强市民对上海快递业的认识和理解，为快递业发展创造良好社会舆论氛围。通过这一系列活动，加强了协会与各类社会组织的联系，提升了快递行业的社会知名度和影响力。

二、认真做好协会自身建设工作

（一）召开二届三次、四次理事会及二届二次会员大会

经过充分准备，协会于2016年1月份和12月份先后召开了二届三次、二届四次理事会。讨论通过了协会工作报告，通过了增补理事单位、副会长单位、成立协会分支机构等决议，明确了协会工作指导思想，为协会开展工作明确了方向。

在成功召开二届三次理事会的基础上，协会于2016年3月召开了二届二次会员大会。经过全体会员审议，确认了二届三次理事会所通过的各项决议，为协会开展2016年工作奠定了思想和组织基础。

（二）成立协会奉贤、金山办事处

为促进本市边远地区快递企业的健康发展，

协会从2015年起着手组建上海市快递行业协会奉贤、金山办事处。经过一段时间的酝酿和筹备，在奉贤邮政管理局的支持下，上海市快递行业协会奉贤、金山办事处于2016年3月24日正式成立。办事处成立后，在协会的指导和奉贤邮政管理局的帮助下，已积极有效地组织开展了多项工作，为所辖地区的快递企业解决了不少实际问题，受到奉贤、金山地区快递企业的普遍好评。

（三）认真做好组织发展工作

经二届三次理事会同意、二届二次会员大会追认，2016年上半年，协会增补了北京京邦达贸易有限公司上海分公司、上海庆浦申通快递服务有限公司、上海极客快递有限公司、北京云鸟科技有限公司、上海中安电子信息科技有限公司、上海统冠企业管理有限公司等6家理事单位；增补了优速物流有限公司、北京京邦达贸易有限公司上海分公司等2家副会长单位；另外，经协会秘书处审核同意，新发展了15家会员单位。经二届四次理事会讨论同意，增补上海凯拿资产管理有限公司、上海安能聚创供应链管理有限公司等2家企业为本会理事单位，将提交本次会员大会追认同意。

（四）用心办好《上海快递》杂志

2015年，《上海快递》杂志成功进行了改版，2016年，又在进一步提高杂志的质量和作用方面作了新的努力。一是增加了杂志期数：将会刊由季刊改为双月刊，提高了杂志的时效性、信息量和影响力；二是扩大和延伸了杂志发送渠道，现在，杂志向上发到国家邮政局、中国快递协会，上海市政府各有关部门和上海市邮政管理局；横向发到各省直辖市邮政局、快递协会，上海各区邮政管理局和本市各有关协作单位；向下直接发送到全体会员单位。发送渠道的扩大和延伸，提高了快递行业信息向各有关方面传送的有效性；三是增加了杂志印量：从2016－1期起，由500本增加到700本，提高了杂志发放的覆盖面；四是组织了刊企互助合作活动：2016年与申通、韵达、中通、圆通、优速、百世等6家企业进行了有效合作。2017年初，又与安能公司进行了合作，各方反映良好；五是提高了杂志质量：2016年至今已编发的7期《上海快递》做到了基本无差错。通过会刊的有效宣传，增强了上海快递企业和上海快递协会的影响力和美誉度。

（五）升级改造协会网站

上海快递协会原网站从2008年建立至今已发挥了很好的作用。但在页面美化、栏目设置等方面已经落伍。协会用了近半年时间，花了一定的成本，委托专业网站设计公司对原网站进行了升级改造并于2016年9月30日正式上线。协会网站升级改造后，页面美观大方，栏目设置合理，内容更新速度也大为提高。协会新网站并与国家邮政局、中国快递协会以及各理事单位的网站作了有效链接，方便读者获取各方面信息。截至2016年2月，协会共上网各类信息388条，较好起到了传递上级精神、宣传协会以及会员单位工作情况的作用。

（六）合理配置、使用协会工作人员

2016年上半年，协会秘书处有一位工作人员辞职，协会从实际工作需要出发，从社会上新招聘了一位工作人员，保证了协会工作的正常进行；对3位工作人员，经工作能力和工作实绩的考察，予以提升职务，提高了他们做好协会工作的责任心和积极性。

（七）按国家规定，完成必要的年检、审计工作

按上海市社会团体管理局规定，各社会组织每年必须进行年检。2016年，协会经过认真梳理，将协会组织情况、人员情况、工作情况、党建情况、财务情况及2015年工作总结、2016年工作计划向市社团局作了网上汇报，已通过了市社团局2015年的年检。2016年的年检工作目前正在紧张进行。

在协会财务管理方面，一是通过税务局网上申报，完成了协会财务的“营改征”工作；二是委托上海润达会计师事务所对协会2016年的财务工

作进行了审计，结论是协会财务报表在所有重大方面，均能按照《民间非营利组织会计制度》规定，公允反映了协会2016年度的财务状况以及业务活动成果和现金流量。

（八）做好兼职取酬清理等工作

2016年8月，协会认真贯彻国家邮政局党组有关文件精神，对在市快递行业协会工作的上海市邮政管理局退休干部取酬情况进行了对照清理，除文件明确的“四样费用”外，其他费用一律按规定进行了清退。

协会认真开展的各项富有成效的工作，得到了上海市现代服务业联合会的高度肯定。2015年，协会被授予联合会“优秀活动奖”；2016年，协会被授予联合会的最高级别奖——“突出贡献奖”。协会获得褒奖，是协会的光荣，也是全体理事单位和会员单位的荣誉。

江苏省快递协会工作情况

江苏省快递行业在过去的一年里保持了持续快速发展的良好态势。2016年1～12月，全省快递业完成业务量28.38亿件，同比增长23.9%，业务收入完成339.2亿元，同比增长16.7%，快递业务量收分别居全国第三位和第四位。江苏省日均快递业务量达到777万件，年人均快递业务量突破35件。

2016年，省快递协会主要做了以下几个方面的工作：

一、坚持服务会员宗旨，推进行业健康发展

服务会员是协会的办会宗旨，如何更好服务会员、服务行业，是协会一直在研究的课题。协会高度关注行业发展中出现的热点、难点问题，不断提升自身服务会员的能力，积极帮助协调解决困难，努力推进行业服务能力与水平的提高。

根据协会2016年工作安排，为进一步推动新能源车辆在江苏省快递行业的应用，更好地解决“最后一公里”难题，协会在2015年开展的全省快递企业新能源汽车的测评工作的基础上，将全省快递企业正在使用的新能源汽车品牌进行调查摸底，对车辆的行驶性能、使用成本、售后服务等方面对快递行业的适用度进行评估和分析，并进行排名，将名次位于前列的编制进《江苏省快递行业新能源汽车推荐目录》（以下简称《目录》），目前已有两家企业的四个车型进入第一批《目录》，并将《目录》下发全省备案快递企业，为省内快递企业配置新能源汽车提供指导。

为推进快递行业信息化、智能化水平，协会调研了解了北斗导航技术在快递行业的应用。在调研过程中了解了北斗导航技术相关产品的性能以及在快递行业中应用的现状，考察了北斗导航产品管理平台的系统功能和操作流程，并与快递企业座谈了解了目前快递企业对北斗导航产品的使用情况。推动北斗导航技术在快递行业中的应用是“互联网+”快递的实际应用，下一步将推动北斗导航技术与车辆企业以及快递企业的进一步合作。

“G20”峰会及快递服务旺季期间，协会加强对企业的指导、协调和服务，督促企业加强组织管理，合理调配服务资源，提高应对能力，增强安全意识。在“G20”峰会及“双11”前，协会深入走访了EMS、顺丰、圆通、汇通、申通等多家企业的一线网点，实地了解企业运行状况及应对措施。要求各企业从一线网点开始抓好安全管理工作，落实好收寄验视、实名寄递、过机安检三项制度，确保寄递渠道稳定畅通。

二、做好在职培训工作，促进行业人才队伍建设

加快行业人才培养是江苏省快递业持续健康

发展的关键,也是协会历年来工作的重点。

2016 年是实施快递企业高级管理人员“512”培训计划(即利用 5 年时间培训 1000 名快递高级管理人员,每位学员接受 2 天全脱产的省级培训)的第二年。全年协会共举办两期培训班,共有 10 余个品牌的 100 余位高级企业管理人员参加了培训。在 2015 年课程设置的基础上,2016 年的课程更加有针对性和指导性,设置了江苏邮政业“十三五”规划解读、商务礼仪、领导者的战略思维等课程。经过培训使企业高管们丰富了知识,拓宽了视野,更新了观念。

此外,协会在人才培养方面继续加强与院校的合作,与南京邮电大学继续教育学院继续合作开设快递行业在职职工学历教育大专班,发动快递企业参加,不断提高行业从业人员的学历水平。

三、推进平台建设,提升行业社会影响力

2016 年,协会继续组织相关快递企业负责人参加了 2016 年“京交会”及中国快递行业发展大会。参观了行业内最新的产品及服务,并参与了物流供需洽谈会、物流人才交流会等相关活动,给各快递企业提供了学习、交流、合作共赢的平台。

继续办好“江苏快递网”和《江苏快递》会刊这两个对外宣传平台。在 2015 年会刊改版的基础上,为更好地发挥宣传作用,在会刊里增加了彩页专题,针对近期的热点进行集中报道,目前已有“3・15”专题、“G20”专题以及“双 11”专题等相关热点专题,进一步对快递企业以及整个行业进行了宣传。进一步增强了刊物的可读性和时效性。

浙江省快递协会工作情况

2016 年,在浙江省邮政管理局的领导下,在中国快递协会的指导下,经过省快递行业协会第二届全体理事和会员的共同努力,协会主要做了以下工作:

一、总结召开了二届四次、五次理事会议学习中央领导对邮政快递服务工作指示,传达浙江省邮政管理局工作会议和中国快递协会第二届二次会员大会精神,作 2015 年协会工作报告,通报新增会员,并改选了省快递行业协会会长、秘书长。

二、根据省邮政管理局工作布置和要求,省协会就快递企业安检机配备工作,调查研究、收集资料、实地考察,听取意见、提出设施方案和意见建议。协会在调查研究的基础上,两次召集国内主要 7 家安检机生产厂家召开座谈会,并召开安检机厂家和省内主要快递企业参加的采购选配介绍会,加强双方的沟通、了解和交流。在协会网站宣传省财政厅、省综治委、省邮政管理局《关于下达寄递业安检机配备补助资金的通知》文件精神,为指导快递企业确保采购工作的顺利进行,减少盲目采购,协会还在省快递行业协会网站二次发布《关于购买安检设备相关要求的公告》,要求企业在采购过程中遵循质量和服务第一的原则,各项指标符合国家标准配置外,还应达到三项补充配置要求。协会还通过厂家座谈会和走访省内主要快递企业,了解安检机购置合同、配备模式、安装进度、管理方法和存在的问题,并及时将检查情况向省邮政管理局专题汇报。下一步协会将按照省邮政管理局的要求,继续配合做好后续安检机的安装检查,使用管理工作。为此项工作有序顺利进行,积极发挥协会的参谋和桥梁作用。

三、协会积极主动与省电子商务促进会、省综合交通物流协会等相关协会组织联系合作,建立联系制度协调机制和平台,积极与社会院校和培训企业互动合作,积极引导快递价格竞争向服务质量转变,引导深化快递企业与电商企业沟通协调机制,引导快递企业加强员工培训,拓宽快递企

业视野，推动快递持续发展。

积极组织快递企业参与省电子商务促进会、省快递行业协会、省综合交通物流协会共同举办的“浙江省电子商务百强评选”活动，我省8家快递品牌企业位列其中。通过评选活动，扩大全省品牌快递企业的社会知名度，彰显了快递企业与电商企业协同发展的地位和作用，促进快递企业与电子商务企业协同发展的紧密度。

四、为提高快递企业员工技能加强企业培训工作，协会通过与杭州弘毅人力资源公司的战略合作，将其作为协会的培训基地。协会领导主动到省邮政职业技能鉴定中心汇报协助开展培训工作进展，总共为为顺丰等在杭快递企业免费培训2000多人，通过考取国家统一颁发的“快递业务员上岗从业资格证书”，为企业节约了一定的培训费用。

五、协会积极努力办好协会网站和编撰《浙江快递》，及时转载和报道中央政府、省政府、国家邮政局领导重要讲话、法律法规、政策文件，行业发展数据，及时报道会员企业和全国同行业新情况、新发展，积极主动宣传行业发展动态，企业发展成果、会员企业风貌，积极发挥协会平台和协会一网一刊的作用，宣传了快递企业的社会地位和作用，扩大了快递企业的社会知名度和影响力。

六、根据领导指示，协会将联络浙江省交通物流行业协会共同举办“浙江省交通物流、快递行业‘优秀企业、先进个人’评比活动”。

七、协会积极完善各项规章制度，提高办事效率，积极发展会员，优化会员结构，坚持依法办会、民主办事，节约合理的原则，充分发挥快递协会的组织协调和服务功能，积极宣传快递行业发展新趋势新成果，快递企业的正能量，扩大快递服务的知名度和影响力，促进快递行业健康快速发展。

安徽省快递协会工作情况

2016年安徽省快递协会认真贯彻落实省邮政管理局的决策部署，积极服务于快递企业，促进行业健康发展，全省快递业务收入完成70.6亿元，同比增长53.0%；业务量完成6.9亿件，同比增长72.3%，快递业务量增长速度位居全国前列，中部第一。快递已经成为现代服务业的关键产业，在促进经济增长，拉动投资、刺激消费、增加出口、吸纳就业、服务民生等方面发挥越来越大的积极作用。协会在省邮政管理局的正确领导及全体会员的大力支持下，较好地完成了各项工作任务。主要做了以下十个方面的工作。

一、贯彻落实政策法规，优化行业发展环境

2016年以来，各项快递业扶持政策相继出台，协会利用杂志、信息在QQ群、微信群、朋友圈里分享了省快递业发展的利好消息，向社会广泛宣传，动员快递企业学好、用好相关政策，切实将政策红利落到实处。一是积极配合政府部门共同完成《省邮政业发展“十三五”规划》的编制工作，并在杂志、简讯上做好《规划》的宣贯工作。二是推进《安徽省关于促进快递业发展的实施意见》的有效落实。深入企业进行调研，了解企业需求，反映企业呼声，做好协调沟通工作。

二、增强依法、诚信经营意识，引导行业自律

2016年，协会以“快递行业诚信建设年”和快递市场清理整顿专项行动为契机，通过召开推进会、动员会，对会员企业加大宣传教育力度，引导企业诚信经营，完善行业守信激励和失信惩戒机制，协助政府部门对违反快递业务经营许可规定的快递企业进行督导，有效维护了快递市场

秩序。

三、发挥协调作用，解决行业发展中的突出问题

2016年，协会参加了“安徽高校‘校园快递’工作推进会”，与政府、企业、院校共同就校园快递的服务方式、管理模式及校企合作形式进行了深入探讨；主动配合政府部门办好“全省邮政业安全生产管理培训班”，增强企业安全意识，提高行业整体素质；继续加强与职业院校的联系，搭建校企合作平台，与安徽国际商务职业学院在人才定向培养、专业技能大赛等方面建立合作关系；对邮政速递、顺丰等部分会员单位进行了“营改增”政策实施情况问卷调查，了解企业税改情况，帮助企业降低成本、减轻负担。

四、加快推动快递行业与电子商务、先进制造业、现代农业等产业的协同发展

推动快递行业与电子商务协同发展。积极引导各快递企业加强与电子商务企业紧密合作，不断优化产品结构，实现自身的转型升级。

搭建快递行业与先进制造业的合作平台，召开“快递服务制造业座谈会”，与安徽江淮汽车股份有限公司共同探讨在新常态下，如何促进快递业与汽车制造业协同发展、合作共赢。2016年江淮汽车公司还为安徽快递企业量身定制了新能源纯电动物流车，积极响应建设“绿色邮政”的号召。

推动快递行业与先进农业协同发展。各会员单位稳步实施“快递下乡”工程，邮政的岳西猕猴桃项目、顺丰的五河螃蟹项目、申通的肥东草莓项目、百世的砀山水果项目等，这些项目带动了特色农产品销售，畅通了农产品进城渠道，有利于增加农民收入和方便群众生活。

五、适应新形势，提升服务能力，推动行业转型升级

协会协助会员单位通过加大投资力度、转变发展模式、规范经营行为，努力转型升级、提质增效。目前，顺丰、UPS、德邦、中铁快运、优速等多家快递企业的呼叫中心、分拨中心、仓储中心等20多个重大项目落户合肥、芜湖和蚌埠等地，总投资额超过70亿元。中通、百世等企业尝试转变发展模式，打造以高效率、低成本、综合性的“仓储+配送”一体化运营服务产品，抢占市场先机。圆通则通过从开展的标准化建设，规范经营入手，来增强服务水平，提高服务质量。

六、坚持安全为基，努力推动“平安快递”建设

协会在促进行业发展的同时，也在提升企业安全生产管理水平上狠下功夫。帮助会员单位提高安全生产意识，认真落实安全责任制和安全防范措施，积极推进收寄验视、实名收寄、过机安检制度，认真落实“三个100%”，配合政府部门做好重大活动期间、旺季服务期间的保障工作，确保了省快递行业在2016年G20峰会、“双11”“双12”期间寄递渠道安全畅通。

七、开展行业精神文明建设，树立行业新形象

2016年，全行业涌现出许多先进人物和典型事迹，蚌埠EMS快递员康进用周到的优质服务，朴实的敬业精神以及娴熟的业务技能，被蚌埠市评为市劳动模范和市“最美快递员”；合肥圆通快递员廖鹏在爆炸现场徒步勇救伤员，先后荣获首届“合肥优秀快递员”、“安徽好人”等称号，并被选入中国好人榜候选人，这是合肥快递员首次入围。协会通过大力宣传两人的先进事迹，在行业内发挥优秀典型的引领作用，在社会上彰显了新时代下安徽快递人的精神风貌。

八、加强党的领导，健全行业内党的组织建设

2016年，协会开展了非公企业党建工作专项

调查，截至目前，在138个会员单位中，企业负责人是党员的有68个，占全部的50%；对12个非公快递品牌的调查中，只有顺丰、嘉里大通、合肥中通、亳州申通、六安申通成立了党组织。调查显示，非公快递企业党组织所占比重还不高，快递企业的基层党建工作还需要不断完善，下一步我们要对符合条件的企业健全党的组织建设，充分发挥快递企业党组织在推动发展、服务群众、凝聚人心、促进和谐上的作用。

九、搭建沟通平台，发挥协会桥梁纽带作用

加强与消费者权益保护委员会的沟通，积极参与“快递业服务体验式调查”、快递服务质量提升联席会议等活动，开展了形式多样的交流与合作。

随同省邮政管理局拜访了顺丰、圆通、申通、中通、韵达、天天、优速等快递品牌总部，实地考察了总部先进的管理模式和现代化的分拣处理中心，进一步加深了与快递品牌总部之间的交流沟通。

协会注重维护与新闻媒体的关系，加强舆论引导，在“3.15”“双11”等重大活动期间，召开媒体通气会，接受安徽电视台、合肥电视台、《新安晚报》、《安徽商报》、《合肥晚报》、《市场星报》等多家媒体的采访，对社会关注的快递热点问题进行解答，积极宣传行业正能量，营造良好舆论氛围。

十、加强协会自身建设，做好各项基础工作

召开第三届一次会员大会。3月10日，协会第三届一次会员大会在合肥召开，省人大常委会副主任花建慧、中国快递协会副秘书长杨骏、省邮政管理局局长李勇等领导出席大会，并做了重要讲话。会议选举产生了协会第三届理事会，省邮政公司副总经理汪青当选新一届协会会长，原省邮政速递物流公司资深经理罗俊当选新一届协会副会长兼秘书长。

加强队伍建设，积极吸收与快递行业关联密切的上下游优质企业，申请入会。安徽国际商务职业学院、安徽江淮汽车股份有限公司、合肥德邦货运代理有限公司等单位，相继加入协会，使得协会更加具有代表性和多样性。目前，协会有理事单位27家、会员单位138家。

健全信息平台，加强信息交流。2016年协会创建了《安徽快递简讯》和“安徽快递微信群”，进一步丰富了交流渠道，使得工作开展更加便捷高效。

福建省快递协会工作情况

“十二五”以来，福建省快递业快速发展，市场规模逐年扩大，快递业发展既面临难得的历史机遇，也面对着诸多风险挑战。为推动全省邮政业健康快速发展，2016年8月，省邮政管理局联合省发展改革委编制了《福建省邮政业发展“十三五”规划》，“十三五”时期，经济发展将呈现出从高速增长转为中高速增长的新常态，邮政业发展也将由“十二五”期间的爆发式增长转入增速平稳、创新升级、结构优化、服务优质的新常态。快递服务将进一步拓宽服务领域，优化服务品质，提升服务能力，提高运行效率。“十三五”时期，“互联网+”战略的深入实施和供给侧结构性改革，将对生产、流通及消费领域产生变革性的影响，邮政业介入供应链、仓储、个性化定制等一体化综合服务向纵深发展，将极大地促进邮政业的改革创新。智能制造以及跨境电商、农村电商等新业态的出现，将极大推动快递业成为现代服务业新的增长点。

2016年是“十三五”开局之年，省快递行业在省政府发布的《关于支持快递业加快发展的七条措施》等政策支持下，把握机会，开拓进取，取得显

著成绩。2016 年,全省快递业务收入完成 134.83 亿元,居全国第 7 位,同比增长 33.7%。快递业务量完成 11.25 亿件,居全国第 6 位,同比增长 42.22%,收投比为 1.15∶1,较上年同期上升 0.03 个点。泉州、福州、厦门、莆田快递业务量和业务收入均进入全国前 50 位城市。

2016 年福建省快递行业协会的工作在省邮政管理局、省民政厅民间组织管理局的指导和帮助下,以加强快递企业之间的交流与合作、提高快递服务水平为目的,努力发挥好协会的"桥梁、平台、纽带"作用,共同推动快递行业健康有序发展。现将相关工作情况报告如下:

一、组织慰问活动,给快递企业送温暖

一是为快递企业送上"两节"慰问。在新年元旦和新春佳节即将到来之际,协会组织"两节"慰问,把省协会的情意,带到了全省骨干快递企业。

从 2015 年 12 月 22 日至 2016 年 1 月 17 日,省快递协会胡道平会长亲自率领慰问小组,先后深入到省骨干快递企业较为集中的福州、莆田、泉州、厦门、宁德五个市,慰问协会理事以上快递企业。

胡道平会长一行深入快递企业慰问一线员工,首先,表达了协会对理事以上单位员工的"两节"问候,给理事以上单位送上了节日的慰问礼品和慰问金,并与一线员工座谈、留影,融洽了省协会和理事以上会员的感情和亲情。其次,胡道平会长对理事以上快递企业对省快递协会的支持、关心表示感谢,譬如在泉州慰问 15 家理事以上快递企业,了解时值新旧交替之际,有 5 位新履职的总经理,协会希望在新的一年里加强上下联系,拟采取更多的创新方式保持互动,增进信任和友谊,同时获得理事以上单位的支持和认同。第三,胡道平会长深入企业慰问期间,了解"两节"期间各企业的经营状况、网络保障等情况 ,如省邮政 EMS 信心满满,在"两节"经营压力巨大的情形下,他们克服业务量骤增的压力,科学、合理调配资源,员工、设备加班加点,管理人员深入一线,即是指挥员又是战斗员,顺利完成了"两节"任务,得到了社会好评。在中通、圆通、申通、韵达等企业现场,协会看到他们储备充足的人员和运能,都表示一定打好"两节"收官之战。第四,胡道平会长边慰问,边了解情况,也对"两节"经营生产提出"三点"要求,一是要高度重视、严密组织。二是要强化措施、确保安全。三是要保障生产、关心员工。同时,胡道平会长还虚心地征求各理事单位对协会的意见和建议,我们把收集到的意见和建设进行分门别类,采纳吸收,进一步加强协会的建设。本次慰问向企业发放慰问金达 66000 余元。

二是看望慰问高温奋战在一线的邮政、快递企业员工。为引导快递企业采取有效措施,增强快递一线职工的防暑降温意识,确保行业生产的安全平稳运行。省邮政管理局、省协会及各市协会深入相关快递企业处理中心和生产一线,组织了一年一度的全省高温慰问活动,关爱广大快递企业基层员工身心健康,做好防暑降温工作,实施人文关怀,引导快递企业构建和谐的劳资关系,提升快递行业服务能力,提高服务质量,保障快递生产经营各项工作平稳运行。本次慰问快递企业 12 家,慰问金额 20000 元。

三是慰问受灾快递企业。2016 年特大台风莫兰蒂正面袭击厦门市,灾后第二天,省邮政管理局揭光武局长、省快递行业协会胡道平会长一行深入厦门了解受灾情况,同时慰问受强台风"莫兰蒂"袭击受灾严重的快递企业。在厦门市邮政管理局的引导下,省管局、省快递协会一行 ,先后来到了入驻厦门岛外的鹭申通快递公司、鹭韵达快递公司、厦门中通快递公司、厦门岛外圆通快递公司、厦门优速快递公司、厦门邮政速递公司。了解受灾快递企业的员工人身安全和邮件安全;深入邮件分拨中心实地了解生产产房、设备的受损程度和邮件的损失、延误情况;生产现场的水、电恢复情况;灾后自救、组织生产等情况。同时,慰问了坚守生产一线的快递员工,把省管局和省协会

的关爱送到受灾一线，激发了各快递企业员工克服困难、重建家园的信心。本次慰问向企业发放慰问金16000元。

二、积极参与省管局、省质量技术监督局、中国快递协会等相关单位召开的行业政策发布、行业标准及法规审议会议

一是参与由省管局组织召开的职鉴工作会议。会议部署了2016年职鉴重点工作任务，同时介绍职业培训鉴定资金补贴申报流程，并就做好2016年职鉴各项工作展开专题讨论。

省快递业务员职业技能鉴定工种已纳入地方鉴定工种项目，取得地方鉴定培训补贴政策，各快递企业要充分把握利好政策。快递业务员参加职业技能鉴定能够取得地方财政补贴是省职鉴工作取得地方政策支持的一大突破，这一补贴政策的取得，将大大减轻快递企业在开展业务员培训、鉴定方面的费用负担，各快递企业要提高参与职业培训和鉴定的积极性。由于厦门地区财政政策的特殊性，本次省人社厅和省财政厅出台的补助政策不含厦门地区，厦门管局将加强同市人社部门沟通，力争为厦门地区快递业务员职业培训、鉴定补贴取得相应补助。

对此出现的新情况，为充分做好省邮政管理局委托的培训工作，更好地落实省人社部门对于职鉴培训的资金扶持政策，协会于2016年4月发文征集了若干家可提供专业快递培训工作的服务单位，也经过了各市邮政管理局的认定和推荐，福建省闽北职业技术学院、福建省漳州财贸学校、福建省菲格职业培训学校、三明学院以及南平技师学院五家成为首批培训学校，为今后开展全省快递业务员职鉴培训、资补申请等工作奠定了基础。

快递业务员职业技能确认对提升快递行业人才水平和企业服务能力具有重要作用。《邮政法》规定申请经营快递业务的企业应具备相适应的服务能力，快递企业人员素质是体现企业服务能力的重要方面，各快递企业要继续组织做好快递业务员职业技能考前培训和职业技能考试工作。在今后的工作中，协会将落实会议部署，珍惜来之不易的利好政策，积极协调各有关部门，充分发挥协会和培训学校作用，切实推动《职业教育指导意见》落地实施，推进全省行业人才培养和职业技能鉴定工作迈上新台阶。

二是参与福建省地方标准《智能快件箱运营服务规范》的宣贯培训工作。这是全国首个关于智能快件箱运营服务方面的地方标准。宣贯培训重点介绍了《智能快件箱运营服务规范》标准出台的背景和编制过程，并对标准的框架、主要内容和特点一一进行了详细解读。本次标准的宣贯，是规范智能快件箱运营服务、保障用户合法权益的重要举措，对缓解末端投递瓶颈问题和提升快递服务水平起了积极作用。

《标准》的亮点体现在五个方面：一是突出公益性。随着快递成为民生工程，快递的社会基础服务性质越发突出。为保障用户权益，《标准》规定快件箱运营组织向用户收费应当征得用户同意，否则不允许向用户收费，体现了智能快件箱逐步成为邮政基础设施的趋势，体现公益性。二是突出安全性。《标准》要求智能快件箱运营组织应事先确认合作的快递服务组织取得合法经营资质，并由快递组织对注册的快递员信息进行审核，确保使用快件箱投件的人员身份真实、可靠，可快速溯源倒查，防止恶意注册和使用，确保用户打开智能快件箱的安全。三是突出隐私保护。一方面，《标准》要求智能快件箱运营组织采取措施保障用户的通信安全和通信秘密。非经用户授权，不得向第三方提供采集到的快件信息。未经用户同意不能向其发送与快递服务无关的广告信息。另一方面，随着智能快件箱的普及，用户可以选择智能快件箱作为收件地址（只详细到小区名称或楼号），更有效维护个人名址等隐私。四是突出消费者权益保护。《标准》要

求除事先约定的以外，快递企业使用智能快件箱投递快件，应事先征得用户同意。五是突出绿色发展。根据党的十八届五中全会提出的“绿色发展”理念，《标准》规定了智能快件箱回收时应合理环保处理，不能破坏场地原有的电气、通信设备，不影响周围环境，为人与自然和谐发展增添一份绿色。

标准的实施，将进一步提升全省快递末端服务水平，有效保障用户合法权益，促进电商与物流快递协同发展。

三是参与福州市快递业监管信息平台验收。为了提升监管的水平，福州市快递服务监管平台的开发被列为2015年福州市电子商务与物流快递协同发展试点工作内容之一。经过前期的系统招投标流程，中国电信福州分公司中标并完成平台开发工作。

此次验收工作由福州市邮政管理局组织，验收组由省数字办专家库的两名专家及省邮政管理局、省快递协会、福州局相关人员组成。市商务局相关人员见证了验收过程。经过对项目合同、项目标书、技术需求及项目工作报告的审查以及质询与论证，验收组一致同意通过福州市快递服务监管平台的验收，并对后期系统升级提出了建议。

四是参与《福建省邮政普遍服务保障办法》的审议工作。邮政业是现代服务业的重要组成部分，邮政网络是国家重要的通信基础设施，在促进国民经济和社会发展、保障公民基本通信权利等方面，发挥着十分重要的作用。近年来，在省委、省政府和国家邮政局的正确领导下，省邮政业发展环境日益优化，行业规模稳步提升，行业秩序不断规范，全行业保持了健康快速的发展势头。但是，随着信息技术与互联网技术的应用，用户对作为邮政业重要组成部分的邮政普遍服务业务的内容和质量提出了新的要求，省内传统的信函、汇兑和报刊等普遍服务已不适应新形势需求，邮政普遍服务创新发展、普惠发展的能力亟需进一步提升，邮政服务模式和服务范围亟需拓展，邮政服务水平和服务能力迫切需要提高。因此，通过制定《福建省邮政普遍服务保障办法》，进一步保障和规范邮政普遍服务，提升人民群众用邮服务水平，十分必要。审议会议主要通过了《福建省邮政普遍服务保障办法（草案征求意见稿）》的主要内容，并向社会及媒体公开征求意见。

11月1日，福建省政府召开第73次常务会议，审议《福建省邮政普遍服务保障办法》，最终《福建省邮政普遍服务保障办法》顺利通过审议，确定2016年3月1日起施行。这是省继《福建省邮政条例》和《福建省促进快递行业发展办法》之后，又出台的第三部邮政业地方立法。省“一体两翼”的邮政业法规体系正式构建完成。

五是参加中国快递协会在杭州召开的2016年各省（区、市）快递行业协会负责人座谈会。会上，中国快递协会杨骏副秘书长传达了国家邮政局年中工作会议上马军胜局长的重要讲话精神。

李惠德秘书长对2016年以来行业的发展特点和快递业未来发展趋势做出了分析，并对下一阶段的工作提出了要求，对2016年“双11”工作做出了部署。李惠德秘书长着重要求认真贯彻马军胜局长关于“双11”和旺季生产工作的重要指示以及刘君副局长讲话，提出快递协会对2016年“双11”工作的四点具体要求：一是各省市快递协会应成立快递服务保障工作领导小组，制订“双11”快递服务和安全保障方案及应急处理预案，及时调配生产资源，确保全程全网生产运行稳定。二是指导寄递企业要合理储备运能，充分预估“双11”当天最大收货量，准备好预收、派送包裹的场地、人员和车辆储备。三是协调快递企业、电商企业要签订错峰发货服务协议，尽可能避免业务洪峰超过警戒线。四是要求各快递企业要认真落实安全生产，确保三项制度，严禁收寄禁限寄物品，严防快件丢失损毁、火灾等安全隐患，确保业务高峰期间的服务质量和生产安全，维护用户权益，推动行业健康有序发展。

三、做好旺季生产的调研工作，保障寄递渠道安全、稳定、畅通

为了做好快递业务旺季生产工作，省协会认真落实国家邮政局“2016 年快递业务旺季服务保障工作方案”，全力实现“两不（全网不瘫痪、重要节点不爆仓）”“三保（保畅通、保安全、保平稳）”目标，保障省 2016 年快递业务旺季安全平稳运行。

“双 11”期间，中国快递协会张玉洲主任一行到福建调研“双 11”工作。这是中国快递协会确保做好 2016 年“双 11”快递服务工作的一项有力措施。省协会陪同调研。

“双 11”当天，中国快递协会、省协会一行先后深入福州顺丰区部、福州申通公司和福州乔韵达公司三家快递公司；12 日赴泉州顺丰一级邮件处理中心、福建中通泉州邮件处理中心和石狮申通等三家快递公司；13 日到厦门顺丰公司和厦门圆通二家快递公司调研。对各骨干快递企业应对 2016 年“双 11”的各项措施；对“双 11”现场组织、协调、指挥；对“双 11”安全生产和有序调度均表示认可。

每到一个快递企业调研，调研组都强调安全第一，要重视安全生产，把安全摆在第一位；要做好派送，切实提升服务质量，让用户满意；要加强内部管理，防止“爆仓”现象；要关心“双 11”员工生产、生活的安排，维护员工的权益，调动员工士气。

每到一个快递企业调研，调研组都和基层企业高管、员工一起就如何解决快递企业末端服务网点依法经营问题；加盟快递企业竞相压价无序经营、市场混乱的问题；安全生产执行“三个100%”和经营管理方面的压力以及如何落实的问题；快递企业电动三轮车投递通行难的现实等问题展开了讨论和探讨。

四、加强自身组织建设，提升行业服务水平

一是根据《福建省快递行业协会章程》及省民政厅民间组织管理局要求换届的工作指示，经二届七次理事会研究，省协会于 2016 年 7 月 26 日在福州召开了第三届会员代表大会暨第三届第一次理事会。会议选举了第三届理事会，并经国家邮政局批准及与会代表一致同意，表决通过了胡道平同志担任第三届理事会会长，蔡明辉同志担任常务副会长，张剑平等 28 位同志担任副会长，廖隆庆同志担任秘书长、林亚祥等 3 位同志担任副秘书长的决定。

会议期间，省协会作了第二届理事会的工作报告。报告从六个方面回顾了第二届理事会成立以来的工作。一是深入引导行业自律，营造有序市场秩序。二是积极开展交流活动，提升协会凝聚力。三是深化服务职能，加强行业正面宣传。四是提供行业咨询，增强协会服务支撑能力。五是加强协会联系，密切配合形成工作合力。六是树立品牌意识，完善协会自身建设。

同时，也对新一届暨第三届理事会提出了六点工作建议：一是坚持“服务、监督、协调、自律”的工作理念，引导行业规范发展；二是坚持开放的工作风格，强化行业交流沟通；三是坚持创新的协会工作，提升服务行业水平；四是坚持深化改革的工作方向，开创协会建设新篇章；五是坚持党对协会的领导，完善协会党组织建设；六是希望协会加强党的建设。

省民政厅民间组织管理局郭奇局长肯定了省快递行业协会在“提供服务、反映诉求、规范行为”等方面的积极作用，并向新一届理事会讲了五点希望：一是希望协会进一步做好会员服务工作；二是希望协会进一步加强行业自律；三是希望协会进一步发挥参谋助手作用；四是希望协会进一步规范自身行为；五是希望协会进一步加强人才队

伍的建设。

省管局王文胜副局长出席会议,并做重要讲话。他首先对第二届理事会取得的各项成绩表示肯定,同时也对新一届理事会工作提出了四点要求:一是要主动引导行业转型升级,二是要持续深入抓好服务,三是要强化桥梁纽带作用,四是要始终立足自身建设,并就 G20 峰会期间做好省寄递渠道安全管理工作,向参会代表提出了相关工作要求。

二是根据《中共福建省委组织部关于集中推进非公有制企业和社会组织党的组织和工作覆盖的通知》精神,成立中共福建省邮政管理局快递行业协会支部委员会。

省快递协会党支部党员大会于 2016 年 10 月 17 日召开。出席会议党员 4 名,党员大会按照成立选举的有关规定,支部书记实行等额选举,以无记名投票方式,选举胡道平同志担任中共福建省邮政管理局快递行业协会支部委员会支部书记。

省快递协会党支部通过对“两学一做”的学习,把党章党规从外在的规范转化为内在要求与自觉行动上,用党的理论武装头脑,用党章党规规范言行,把“两学一做”活动贯穿到日常的工作生活中去,利用一切可以利用的时间,善学善用,务求实效;深刻认识党的十八届六中全会精神的重要意义,自觉维护以习近平同志为核心的党中央权威,切实增强政治意识、大局意识、核心意识,看齐意识,做学习贯彻全会精神的带头者、践行人。将学习党章、党规、党纪与省协会工作相结合,科学安排好省协会各项工作。

省快递协会党支部将充分发挥党支部在政治思想引导、组织协调、服务指导作用,加强理论学习,提高思想素质;加强党性学习,坚定理想信念;加强业务学习,提高工作效能。强化责任,切实抓好协会党支部的党建工作。

三是落实中办、国办《行业协会商会与行政机关脱钩总体方案》的文件精神及省民政厅的要求指示,2016 年协会办公场所从省管局独立出来后,切实做到了人员和资产分开,实行独立财务管理。

五、加强行业精神文明建设,多种形式宣传行业风貌,塑造良好行业形象

由国家邮政局精神文明建设指导委员会主办,国家邮政局机关党委、中国邮政快递报社、中国快递协会共同承办的第二届中国梦 · 邮政情“寻找最美快递员”活动揭晓发布会在人民大会堂隆重举行,省宁德申通王功亮荣获全国“最美快递员”殊荣(全国仅 10 名基层快递员和 4 个快递员集体荣获“最美快递员”称号)。王功亮被誉为宁德“活地图”,刚进申通,他就深深明白,一个合格的快递员心里一定要“有本账”。为了掌握路线,他有空就去自己负责的片区画路线,晚上再骑着摩托车跑个遍,加强记忆。现如今,只要提起某个地方,他立马就能给画出个 3D 地图,活灵活现。王功亮从事快递员工作近 10 年来,曾被评为宁德市“最美青年快递员”,2015 年参与了宁德市“向上向善好青年——我们的一天”系列微纪录片之《快递员篇》的拍摄,传播行业正能量,在社会上引起极大的反响。

宣传工作是省协会常抓不懈的一项工作。每个季度省协会如期编辑出版会刊《福建快递》,省协会网站及时、准确地刊载各种行业资讯,通过各种平台,积极宣传国家法律、法规和方针政策,充分发挥舆论宣传和社会监督作用。

江西省快递协会工作情况

2016 年是“十三五”的开局之年，是全面贯彻落实国务院“关于促进快递业发展若干意见”的重要之年，省快递行业协会在中国快递协会、省邮政管理局、省民间组织管理局的指导下，认真贯彻落实全国、全省邮政管理工作会议精神和中快协有关工作部署，充分发挥协会沟通协调、行业自律功能，努力做到为政府分忧、为会员服务、为发展助力，为巩固扩大江西省快递业发展的良好态势、推动江西省快递业转型升级做出了应有贡献。

一、做好协会基础工作，积极开展协会活动

2016 年以来，省协会在人员少、经费有限的情况下，认真做好协会日常基础工作，积极组织开展各项活动。

（一）及时召开理事会，重大事项提交理事会研究决定

2 月初，省协会召开了二届十六次理事会。会议听取审议了省协会 2015 年度工作总结及 2016 年度工作计划；审议省协会 2015 年度财务收、支情况及 2016 年度财务收、支预算报告。评选出“优秀基层协会”3 家，“提质增效示范企业”4 家；全省最美快递员 10 名、优秀快递员 5 名。6 月份，省协会召开二届十七次理事会。会议听取了省协会上半年工作情况和省协会组织赴广东（深圳）学习考察情况报告，研究了下半年工作安排，讨论研究了《关于在全省快递企业组织开展“谋创新发展、促转型升级”十大成功典型范例评选活动方案》、《关于在全省快递企业组织开展“诚信示范窗口”评选活动方案》、《关于在设区市快递协会间继续开展“打基础、强服务”优秀基层协会评选活动意见》、《关于举办全省首届快递行业羽毛球比赛活动方案》等四个活动方案。

（二）服务会员企业，开展培训、交流、慰问活动

一是及时组织快递企业财务人员就“营改增”进行座谈培训，谈让也秘书长就“营改增”文件进行了解读，并提出了快递企业在“营改增”中应把握的重点和关键点，邀请了南昌市国税局袁斌处长就“营改增”的有关政策进行了宣讲，回答了大家的疑问，并与到会者建立了“微信群”，来自 13 家快递企业的 20 多位财务人员参加了培训。二是举办了全省快递企业宣传报道培训班。省级快递企业选拔了 1～2 名具有一定写作能力且热爱宣传报道的员工共 20 多人参加了培训，中国快递报、江西信息日报有关编辑记者讲授了新闻宣传报道知识和写作技巧，省协会蒋为农就“江西快递”投稿要求及奖励办法进行了宣讲。三是及时转发了几个涉及快递企业发展、管理的有关政府及部门文件，传达政府信息和要求。四是开展了春节、暑期走访慰问快递企业及员工活动，表达了省协会对快递企业及员工的关心关爱和敬意。五是继续办好《江西快递》会刊。2016 年已编印出版了四期《江西快递》内部刊物。通过《江西快递》会刊，积极宣传传达政府的政策信息，报道品牌快递改革创新动态和协会活动信息，发布行业发展数据及社会评价结果，宣传行业一线员工先进典型。同时，利用《江西快递》封面、封底免费为快递企业提供企业形象、品牌宣传，扩大企业影响。

（三）做好协会日常工作，加强协会经费管理

一是按时提交 2015 年省协会财务审计报告和社团年审工作报告。根据《社会团体登记管理条例》、《民间非营利组织会计制度》、省协会委托了专门审计部门对协会 2015 年账务收支情况进行了审计，并提交审计报告，同时编制了 2015 度

工作报告书，经省民间组织管理局审查并获得通过。二是加强了协会会费收缴。总体来说，在省协会的努力下，在各会员理事单位的大力支持下，省协会的会费收缴工作比较顺利。三是加强了协会经费的管理。协会经费来源十分有限，既要做到少花钱，多办事，又要做到遵章程、守规矩，必需加强管理。一年来，省协会认真执行财务管理规定，做到钱账分管、多人审核、分级审批，能不花的尽量不花，能节省的尽量节省，使省协会的财务状况逐年好转。四是不断发展壮大协会组织。在巩固2015年30个理事会员单位的基础上，2016年又发展了安能物流有限公司、京邦达有限公司、江西润昌汽车销售服务有限公司三个理事单位和广东天元实业集团股份有限公司江西分公司一个会员单位。

二、加强省、市协会互动，共促协会工作同进步

省、市协会同属一个行业，互为指导同向关系。为了加强省、市协会互动，达到同频共振、共同进步，2016年，省协会主要做了四个方面的工作。

（一）深入调研，指导了解市协会工作

8月，省协会谈让也秘书长到新余、萍乡两市协会调研，了解指导协会工作开展情况，并与两市邮政管理局领导进行了工作交流，现场深入萍乡莲花、新余分宜的快递企业了解快邮合作、村邮站建设、抱团下乡等方面的工作情况，并就协会开展安全自律、服务企业提出了指导意见。6月下旬，针对南昌市交通整治查扣多家快递企业电动三轮车问题，积极主动到南昌市协会、邮政管理局了解情况、商讨对策，提出应对办法。10月下旬又深入到九江共青城了解指导全省首个设立县级分会的情况，并通过座谈交流提出了指导意见。

（二）总结推广先进经验，转发指导典型作法

2016年，省协会先后转发推广了：吉安市协会“安全生产检查自律奖罚公约”、九江市协会“关于设立县级分会的做法”两个典型先进经验，并分别提出了“七点”意见建议，既充分肯定了他们的创新作法，又提出了进一步完善的意见，对全省推广具有较好的指导作用。

（三）继续组织开展“优秀基层协会”评选活动

2015年省协会组织各市协会开展“打基础、强服务”优秀基层协会评选活动，取得了较好成效。2016年，省协会继续组织开展“优秀基层协会”评选活动。为了巩固成效，鼓励更多设区市协会参与评选活动，对上年度评为“优秀基层协会”的，2016年不再列为评选对象，但要组织复评，复评合格的将给予“保持奖”，复评不合格的将“摘牌”列入下年度参评对象。

（四）组织召开了全省快递协会秘书长座谈会

11月30日，省协会在宜春召开了首次设区市快递行业协会秘书长座谈会，省邮政管理局市场监管处调研员熊贻点代表管局领导和宜春市邮政管理局领导到会指导。会上，各市协会总结交流了2016年工作情况及2017年工作思路，讨论了《江西省快递行业收寄验视专项自律公约》《江西省快递行业从业人员失信“黑名单”制度》，听取了对省协会工作的意见，会议开得紧凑、热烈，达到了预期效果。

三、开展快递行业精神文明建设，助推快递行业转型发展

开展快递行业精神文明建设，助推快递行业转型发展是各级快递行业协会义不容辞的职责。2016年，省协会在这个方面主要做了以下几项工作。

（一）积极组织参与省级“青年文明号”创建活动

按照省邮政管理局、团省委《关于在全省快递行业开展“青年文明号”创建活动的通知》文件要求，省协会积极组织全省各快递企业，认真开展省级“青年文明号”创建活动，各快递企业积极引导

广大快递行业青年员工弘扬“敬业、协作、创优、奉献”精神，充分发挥“青年文明号”在企业发展服务中的引领示范作用，取得了较好成效。根据团省委“关于评选2014－2015年江西省青年文明号的通知”要求，省协会一方面积极向团省委争取评选名额，另一方面及时组织各快递企业和市协会做好逐级申报、摸底筛选、参评材料、现场抽查等各项工作，经省协会和相关快递企业的共同努力，邮政EMS南昌分公司红角洲揽投部、江西顺丰速运有限公司市场销售部、江西省圆通速递有限公司客服部、杭州百世网络技术有限公司南昌分公司等四个优秀青年集体荣获江西省“2014－2015年度省级青年文明号”光荣称号。这是全省除单位系统外，以协会名义给予表彰名额仅二家之一的省级协会（另一个协会是省注册会计师协会），也是受表彰名额比上届翻了一番的行业协会。

（二）隆重举办了全省快递行业首届“邮政EMS”杯羽毛球比赛

9月27日至28日，江西省快递行业首届“邮政EMS”杯羽毛球比赛在南昌国际体育中心隆重举行，来自全省十一个设区市快递协会和各品牌省级快递企业及省邮政管理局等21支代表队、100多名运动员参加了比赛。这次比赛活动得到了省邮政速递物流有限公司的支持赞助。比赛活动在紧张热烈、顺利有序中圆满结束。为了取得参赛的优异成绩，很多设区市快递协会和品牌快递企业都组织开展了预选赛活动。通过这次比赛，进一步增强了全省快递行业的凝集力，加深了友谊，活跃了员工文体活动。

（三）“最美快递员”表彰隆重热烈，全国参评创历史佳绩

由省邮政管理局主办、省快递行业协会承办的第一届全省“最美快递员”表彰大会于4月15日在江西饭店隆重热烈召开。这次表彰大会得到了省文明办、省团委、省总工会的高度重视，相关领导出席了表彰大会并颁奖，省文明办领导发表了热情洋溢的讲话。江西电视台、江西日报等主流媒体进行了现场采访和报道。这次表彰大会采取了全新的舞台形式进行，巨大的电子屏播放了新录制的江西邮政业“十二五”巡礼宣传片《风鹏正举海天阔》和“最美快递员”事迹视频，由二位主持人对十位“最美快递员”分别致“颁奖词”，领导依次逐个进行颁奖合影。为了扩大对这次表彰大会的宣传，省协会还为这次大会特意制作了200本宣传册。这次表彰大会是江西邮政业有史以来最热烈隆重、最具震撼力、最令人难忘的一次表彰会，必将载入江西邮政的发展史册。

第二届中国梦・邮政情“寻找最美快递员”活动揭晓发布会在人民大会堂隆重召开，江西省铜鼓县捷一商务董事长罗芳（女）在省协会的积极推荐和组织投票下，荣获全国“最美快递员”殊荣（全国仅10名基层快递员和4个快递员集体获此殊荣）。同时，在全国470位参评快递员、有300万人参与投票的激烈竞争中，经过几轮评选，在最后“前50名位最美快递员候选人”中，省协会推荐的龚强如、曹金次、周豪杰有幸入选，并被邀请参加全国的表彰大会。这是江西邮政业参加全国邮政业争先创优以来获得的历史最好水平。

（四）组织开展“诚信服务示范窗口”评选活动

为了贯彻落实国家邮政局“关于加强快递企业信用体系建设的若干意见”，营造诚实守信的快递市场环境，树立诚信服务典型，2016年，省快递协会组织全省快递企业在全省范围内的揽投网点或客服班组，开展“诚信服务示范窗口”评选活动。评选活动主要从“服务场所规范达标”、“服务行为规范统一”、“社会评价优良领先”等三个方面开展创优评先。

（五）组织开展“谋创新发展、促转型升级”十大典型成功范例评选活动

为了贯彻落实“五大”发展理念，积极推进快

递业供给侧改革步伐，全面挖掘推广江西省快递业在创新发展方面的好经验好做法，省邮政管理局联合省快递协会在全省快递企业中组织开展“谋创新发展、促转型升级”十大典型成功范例评选活动。评选活动主要是从二年来江西省快递企业在“创新体制、运行机制”、“创新服务新模式、业务新功能”、创新“三向”“三进”“三服”新做法等方面有成效、可推广的成功典型中评选。

（六）组织开展“诚信快递、你我同行”主题征文活动

为营造快递行业诚实守信的良好氛围，省协会在全省邮政管理系统、快递企业中组织开展“诚信快递、你我同行”主题征文活动，活动得到了全省邮政管理系统、各快递企业的积极响应，活动期间共收到征文38篇，手工制作品1件，经组织评选，共评出一等奖3名，二等奖5名，三等奖5名。部分获奖作品选登在《江西快递》刊物上，供大家学习交流。

（七）继续推进“快邮合作”，做好总结推广工作

江西省快邮合作模式在全国已经引起了广泛关注，行业的主要媒体进行多次广泛的宣传报道，先后有福建、湖南、山东等省和国家局有关部门负责人到吉安、赣州等地学习考察，截至12月初，全省有32个县签订了快邮合作协议，有37个县（市）争取到了地方政府的政策和资金扶持，已建成90个乡镇的农村电商快递综合服务中心，有10个正在建设中。2016年累计合作代理代办的农村快件:48.03万件。总的来看，江西省快邮合作通过一年的试点推进，取得了较好的成效。

四、加强协会交流学习、开展协会行业自律

积极组织开展与兄弟省市快递协会的交流学习，开阔视野，取长补短是十分必要的。2016年，省协会组织了部分快递企业负责人和市协会负责人等一行十三人于5月5日至10日赴广东（深圳）进行了学习考察，通过五天来的“看、访、听、闻、谈”等形式，使我们深切感受到广东发达地区快递业高位高度发展的喜人态势，令人震撼；广东快递业的发展理念、创新经验和良好的发展环境让我们受益匪浅，不虚此行。同时，省协会2016年也接待了湖南、山东、福建等省协会来赣交流考察，通过座谈交谈，我们也吸取了他们的一些好经验、好做法，同时也介绍了江西省协会一些经验做法，通过交流，达到了相互学习、相互促进，共同提高的目的。

积极组织开展行业自律活动，是省快递协会的一项重要职责。2016年在全省“最美快递员”表彰大会上，由省协会提出并由最美快递员代表王超向全省快递员发出了“诚实守信、满意快递”自律倡议书，号召全省快递员做到“五点自律”（诚实守信、一诺千金；规范服务、热情礼貌；安全为先、永不麻痹；共生共赢，共享繁荣；热情助人，共创文明），呼吁全省快递员信守承诺、奉献社会，为践行行业责任，打造“满意放心快递”作出不懈努力。12月，省快递协会草拟了“江西快递行业收寄验视专项自律公约”和“江西省快递从业人员失信‘黑名单’制度”等两个讨论稿，目前，正在征求意见，协商讨论，计划2017年组织实施。

山东省快递协会工作情况

2016年在省邮政管理局的指导下，协会全体会员单位团结一致，认真贯彻落实党的方针政策，紧密结合快递服务实际，紧紧围绕促进发展这个中心，充分发挥协会服务、协调、自律的职能作用，积极探索，不断创新，着力提高工作水平，促进了行业健康持续发展，得到了企业、政府和社会的好

评和认可。主要做了以下工作：

一、围绕省管局中心工作，按照省管局计划安排，分别在菏泽和潍坊，组织了快递企业和当地政府以及电商有机融合的会议，参观了发展较快的电商产业园，为快递企业的发展提供了新的思路。建立对接和联动保障机制，利用各种资源，协调处理快递会员企业和电商企业有可能发生的事件，有效化解旺季压力，实现优质服务和安全发展齐头并重。

二、多次协调，组织快递企业参加了在济南国际会展中心举办的2016年国际电子商务服务产业博览会，展示了快递行业的品牌形象。

三、通过多次赴中通、申通等多家会员单位调研，了解快递企业意愿，组织召开了“绿色快递在山东”公益环保行动推进大会，标志着山东省快递行业用可降解绿色环保塑料包装袋逐步替代原来污染环境的快递塑料包装袋的正式启动。

四、与管局市场监管处一起陪同国家邮政局邮政用品用具质检中心对天壮环保进行考察，协助办理相关资质。与天壮环保共同赴中国快递协会，争取政策，推广绿色环保可降解包装袋。

五、分别在烟台和潍坊召开了两次地市协会秘书长座谈会，探讨协会的工作方向，寻求突破，推进工作有序发展，并组织部分地市快递协会秘书长及企业参观考察了潍坊北汽福田汽车公司，了解快递用各种车型，交流洽谈合作。进而邀请北汽福田相关负责人做产品推介，组织快递企业参与，以解快递企业用车需求。

六、联合地市快递协会，共同举办了全省快递会员企业高层培训班，邀请业内专家徐勇，进行了培训讲解；协助百世快递组织员工安全培训，争取农民工服务中心的资金补贴。

七、组织了部分地市协会会长和秘书长赴广西考察，同当地快递企业负责人座谈，了解了针对特色农业等领域如何开展快递服务配套工作，并参观了边贸电商和快递服务紧密合作的组织运作，开阔了视野。

八、与中邮保险公司联系洽谈合作，并设计适合快递行业的险种，为快递企业进行了推介；与天安保险公司共同组织快递企业座谈会，了解保险需求，促进合作。

九、与天九公司合作，就资本运作为快递企业提供服务。

河南省快递协会工作情况

2016年是全面深化改革的关键之年，也是“十三五”规划的开局之年。2016年，河南省快递协会在河南省邮政管理局、省民间组织管理局和中国快递协会的指导下，积极组织会员单位围绕促进快递行业发展、发挥协会桥梁纽带和服务协调作用，主要做了以下几个方面的工作：

一、推动各地市出台促进快递服务业发展的文件

河南省快递协会深入贯彻落实省政府促进快递服务业发展文件精神，协助管局推动各市政府出台促进快递服务业发展配套文件，为各地市快递业发展提供了基础保障。

二、积极与其他行业协会建立合作机制

与省电子商务协会建立沟通协调机制，推进电子商务与快递物流资源整合和上下游的协作配合、电子商务和快递服务市场的培育和发展。与省服装行业协会协商，筹备建立行业服务平台，尽快开展服装、快递企业座谈会。与省工信厅制造业协会协商，在省管局和省工信厅联合出台《关于推进快递服务制造业工作的指导意见》文件基础上，尽快召开快递服务制造业对接推介会。目前

正加紧筹备推进会相关事宜。

三、协助管局做好保障工作

2016年“双11”业务旺季期间,协助管局指导企业“错峰发货、均衡推进”,内部联动和多部门互动,确保了“全网不瘫痪、重要节点不爆仓、保畅通、保安全、保平稳”。

四、改善航空运输环境

为进一步了解河南航空快件发展的基本情况,省管局和省协会于2016年联合进行河南省航空快件业务调查,通过重点抽样方式,选取了经常使用航空运输方式寄递快件的重点网络型快递企业。调查数据表明,全省航空快件是新郑国际机场货运量的重要构成部分,河南航空快件货运量提升空间很大。省管局将建立多单位的协调协作机制,保障航空快件运递的通畅、稳定。

五、开展快递业诚信企业评选活动

加快推进河南省快递行业诚信体系建设,省协会和省管局继续联合开展快递行业诚信企业评选活动。通过利用各种媒介渠道的广泛宣传评选品牌快递企业,提高了企业诚信意识,帮助企业树立行业良好形象,有利于提高经济与社会效益。

湖北省快递协会工作情况

2016年,湖北省快递行业协会(以下简称协会)秉承服务、协调、自律、维权的宗旨,发挥理事会作用,紧紧围绕国家局、省局的中心工作,以促进行业持续健康发展、宣传行业发展主旋律为基本任务,创新工作思路,加强组织建设,积极开展法律法规宣传、诚信快递建设、新业务推介、专业人员培训、安防技能竞赛、高温及贫困员工的慰问、旺季服务调研、优秀快递员疗休、企业高管论坛等工作,以及采集、宣传、推广湖北省快递企业服务管理安全等方面的先进做法,先进人物事迹等方面做了实在有效的工作,为促进湖北省快递业健康持续发展履行了应有的职责。具体做了以下几方面重点工作:

一、创新工作模式,提升了协会凝聚力和推动力

一是为了减轻企业经济负担,在会费管理上采取了新办法。即对身兼省协会和武汉市协会双重会员身份的单位,明确统一由武汉市协会按标准收取会费,不搞重复收费。二是为提高省市协会的工作效率,在举办协会活动方面采取了新方式。即省市协会召开理事会、举办会员活动采取两家联办,避免重复举办。三是为便于开展工作,协会基础工作增加了新内容。建立了《主要快递企业会员单位基本情况登记表》《会员单位一览表》《会费收取统计表》《快递企业信息员统计报》《快递企业安全管理人员统计表》《快递企业历年业务发展情况对比表》《快递企业党组织、党团员、工会组织调查表》等8种新报表。

这些新举措有效提升了协会的工作效率,增强了协会的凝聚力,提高了会员参加协会活动的积极性。2016年协会会员数已超过2015年,达到86家。

二、组织诚信征文活动,推动了行业诚信体系建设

2016年3、4月,根据国家局、省局关于开展诚信快递体系建设的工作要求,协会承担了督促指导主要快递企业开展“诚信快递征文”活动的任务。除及时向各企业印发工作通知并附上活动指导意见、明确征文活动的时间、范围、内容、题材等

具体要求外，协会还加强了对各企业的指导督促。截至4月上旬，协会共收到各省级企业报送的包括论文、散文、漫画、诗歌等多种体裁的作品120篇。除了将全部征文报送省局、国家局外，协会挑选了部分优秀作品刊登在协会专刊上，为持续推动本省诚信快递体系建设提供了良好的舆论支撑。

三、关注热点，跟踪亮点，弘扬行业正能量和主旋律

2016年2月14日，咸宁嘉鱼圆通公司快递员张洋在工作途中不顾个人安危勇救失火居民家女子的事迹经网络传播后，协会迅速予以关注，在协会专刊上进行突出报道，并随同省管局领导赴嘉鱼对张洋进行慰问表彰。此外，协会还利用网站、专刊、工作会议、联谊活动等多种途径和方式，系统报道了7月湖北暴雨、高温、“双11”旺季等时间节点中，省市邮政管理部门卓有成效的工作举措、企业和员工同心协力保安全、保生产的感人事迹，全方位展现了湖北省行业正能量，弘扬了行业积极向上的主旋律。

四、开展新业务推介、培训和帮扶，服务了企业发展需要

2016年2月，为促进高校快递服务方式的转变，协会组织一次专题讨论会，邀请几家品牌快递公司负责人和产品服务商就智能快件箱进校园的合作模式进行充分研讨，并达成初步合作意向。10月，为促进保险业服务快递企业，协会通过在专刊上刊登相关文章及走访企业方式，积极推介孝感快递协会与孝感人保公司合作为快递企业提供优惠保险的经验，并取得初步成效。与此同时，协会十分关注农村快递发展，2016年10月主动联系六家品牌快递企业省公司对竹山快递园的建设提供资助，募集赞助资金8万元用于该县快递园快件分拨中心设备设施的购置完善，得到当地市县政府的好评。此外，为发挥企业信息员的作用，协会于2016年6月举办一期全省快递企业信息员培训班，来自22家企业的40名信息员参加了培训。12月，与市场处联合举办培训班，完成两期培训任务，培训安检机操作人员140人。这些活动较好地服务了快递企业的经营和发展需要。

五、组织开展慰问联谊活动，密切了协会与企业关系

2016年2月，协会领导会同省局领导赴湖北嘉鱼，对在投送快件途中不顾个人安危，勇救失火居民女子的圆通公司快递员张洋进行了表彰慰问。7月盛夏，协会领导会同省局领导深入22家快递公司了解生产情况，看望慰问一线员工，并送去降温物质。2016年8月，协会联合武汉管局、武汉市协会，精心组织开展了为期三天的有20家快递企业40名员工参加的全省优秀快递员赴张家界疗休联谊活动，把行业组织的关怀落实到员工。岁末年初，协会领导会同省局领导再次深入各快递企业进行旺季生产慰问，共走访企业二十余家、慰问贫困员工近三十余名，使员工感受到了政府和行业组织对一线员工的关心和爱护，较好地调动了广大员工爱岗敬业的工作积极性。

六、开展旺季生产等调研活动，维护了行业生产平稳运行

11月10日至12日，协会副会长周锦堂陪同中快协调研组深入武汉、咸宁多家快递企业及电商仓储场所进行调研，详细了解“双11”快件业务量及分拨转运场地、作业人员、生产设备等准备情况，并对旺季服务进行指导。11月15日，协会领导会同省局领导走访邮政速递华中陆运处理中心、湖北中通、申通、顺丰、武汉邮区中心局等5个快件分拣中心，详细调研指导“双11”期间各作业环节的组织管理及应急措施落实情况，并对一线员工进行慰问。此外，协会于2016年10月受省局委托组成调研组，就恩施快递企业委托第三方机构开展安全自查遭个别企业质疑进行实地调研。通过调查了解,肯定了恩施快递企业委托第三方开展安全自查活动的做法是新形势下由政府监管工作和行业协会自律工作的一种工作创新有效举措。并就如何进一步完善和进入工作常态化进行了深入研讨,为新形势下协会如何配合政府监管部门和重点工作,加强行业自律工作探索新的工作思路。

七、举办安防技能竞赛,提升了行业应急处置能力

为适应2016年寄递安全监管压力进一步加大的形势,促进快递企业落实安全主体责任,提高应急处置能力,确保"双11"旺季生产安全平稳运行,协会联合武汉管局和武汉市协会,于10月21日在武汉申通公司举行有20家主要快递企业组队参加的快递行业安防技能竞赛。竞赛包含安全理论笔试和消防灭火操作,结合实际,形式创新,受到省、市管局主要领导的充分肯定,并得到业内广泛好评,对于增强快递企业和员工的安全责任感、全面落实寄递安全管理制度,提高企业应对突发事件的能力起到有力的促进作用。

八、提高协会专刊质量,发挥了行业宣传主阵地作用

《湖北快递通讯》是协会专刊,也是本省快递行业的宣传主阵地之一。2016年以来,为更好地服务行业宣传工作,协会秘书处着眼于全面提升协会专刊——《湖北快递通讯》的质量。除对每篇稿件(含照片)的文字质量进行严格把关外,对栏目设置、版面编排也予以重视。固定栏目增设了"管局工作""评论建议",机动栏目增设了"迎战双11""图片解说",封面图片采用体现企业转型升级成效显著的照片,稿件题材增加了省、市管局工作信息及省内企业发展动态,使本土稿件信息达到60%以上。同时,督促指导印制单位不断提高专刊的美术编排水准,增强了刊物的可看性。

截至12月初,《湖北快递通讯》2016年已出版4期。除对企业转型升级、安全生产、应急管理、正能量事迹等进行了常态化报道外,专刊还重点宣传了国家关于促进快递业发展的政策法规、国家局及省局印发的规范性文件、行业"十三五"规划以及国家局、交通运输部、省政府、省交通运输厅、省市邮政管理局、中快协以及各市(州)党委、政府、综治办等部门的领导深入湖北省各寄递企业进行调研、指导、慰问等活动,为全行业又好又快发展提供了全方位的正面舆论宣传和引导服务。

九、完成协会财务审计、年检、会费收取等工作

2016年5月,聘请在民政部门备案的注册会计师事务所对协会2015年度财务情况进行了审计,并向协会理事会进行了通报。按照民政部门关于社团组织的管理规定,完成协会组织机构登记年审和会刊年审。按照协会章程规定,对属于省协会直接管理的副会长、理事单位的欠缴会费进行了催缴,取得预期效果。按照两协会协定,对武汉市协会以省市协会共同名义收取的会费进行了合理划分入账,保障了协会工作活动需要。同时,完成协会2016年度财务收支账务的整理。

湖南省快递协会工作情况

省快递行业协会第二届理事会成立以来,在中国快递协会和省邮政管理局的正确领导、省社会组织管理局的指导帮助及全体会员单位的支持下,按照"安全为基、发展为要、服务为上、管理为

本”的要求，围绕中心工作，根据市场、企业和消费者对快递的需求，坚持创新发展理念，在引导行业发展、增强服务能力、提升服务水平等方面积极开展工作，推动了行业安全、快速、健康、有序发展。过去一年，行业服务能力大提升。截至目前，全省法人企业数量为738家，分支机构2459个，乡镇末端网点数量达到4301个，快递服务覆盖全省90%以上的乡镇。全省快递从业人员近10万人，快件日均处理能力超过1200万件，快递时效得到进一步保障。过去一年，行业发展环境大优化。湖南省十三五规划将快递下乡列为重点工作，邮政快递配送体系建设纳入全省八大重点物流工程。省政府将快递纳入电商联席会议制度重点议题。省政府将快递纳入促进消费升级十大领域和消费升级重点行动。服务业专项财政资金对快递的覆盖支持。配合省局争取省政府拨付安检机配置专项资金2300万元。

一、强化自身建设

市州快递协会如期设立。在省局、市州邮政管理局的支持下，截至2016年11月底，全省14个市州全部设立快递行业协会。市州行业协会的成立，不仅壮大了协会会员队伍，更是增强了全省快递企业的行业意识、团体意识。协会会员规模持续拓展。根据行业发展需求，协会将邮电学校、用品用具企业吸纳为会员，进一步拓展会员覆盖面，有力促进行业上下游之间的沟通衔接。协会机制不断完善。协会的机构设置和职能进一步完善，内部管理制度进一步健全。制定出台了加强和改进农村快递服务工作的指导意见。聘用常年法律顾问，对行业政策进行法律风险评估，指导行业化解法律纠纷，维护会员合法权益。

二、突破发展瓶颈

快递园区建设艰难破题。积极协调与省市有关部门推进快递园建设，怀化、郴州快递园区落地实施。受制于政策环境等诸多因素影响，长沙快递园区在艰难中曲折推进。协调沟通省、市36个部门，省政府同意建设黄花国际机场国际快递航空中转枢纽、国际快件集散地。车辆通行难题得到缓解。协调长沙市政府和公安交警部门，每年为市快递企业办理城区投递配送车辆通行证193张。衡阳、邵阳、张家界等地通行难题有效破解。快递下乡惠民实事加速推进。聚焦农村快递服务短板，推动行业整合资源，组建“快递超市”，抱团下乡。株洲、湘潭快递网点覆盖全部乡镇，其他地区覆盖80%的乡镇。

三、严格规范自律

督促企业落实主体责任。发挥协会“助手、帮手、推手”的作用，层层传导、压实企业主体责任。协助娄底、怀化等地编发安全指导手册、建立工作台账。协助郴州实施实名登记本制度。探索方式加强价格自律。平息处理了岳阳、益阳等地与电商价格纠纷。指导怀化建立价格自律公约，探索以履约保证金方式加强约束，相互监督。组织企业间对标互查。开展互查行动，建立惩处机制，在比较中找差距，维护行业整体形象。

四、加强服务保障

重大节庆活动保障有力。配合省局开展收寄验视制度、化学品寄递安全、安全生产大检查等专项整治活动。圆满完成全国“两会”等重大节庆活动安保工作。旺季服务运行平稳。协助省局修订完善突发事件应急预案和年度旺季服务保障方案，协调电商平台和上游企业平衡发货，对接沟通主要媒体宣传引导，加强值班值守和督导检查，全行业没有发生爆仓、滚存积压、服务阻缺等重大事件。

五、全心服务会员

推动职鉴考试服务前移。优化流程，在株洲、郴州等地开设分考场，快递处理员、收派员实现落地开考。当前，全省累计通过职鉴人数达到近万余人。开展行业形象提升工程，印制下发快递门店建设标准指南，为会员单位提供标准化建设指导，目前全省快递城区营业网点标准化率达到52%。推动落实放管服务，耐心为企业提供咨询帮助。准入材料总体精减55%，企业许可办理时限由30个工作日缩减到17个工作日，变更时限由28个工作日缩减到12个工作日。开展爱心帮扶活动。救助家庭困难人员、受灾群体，开展捐资助学、爱心包裹等活动，主动承担社会责任。面对郴州快递员猝死事件，号召全体会员参与募捐活动。

六、开展文化建设

组织参与各式竞赛活动。组织全省企业与从业人员参与“诚信快递，你我同行”征文活动，选送作品30余篇，企业组分获一等奖、三等奖，多人获得个人组三等奖、优胜奖。组织同城快跑与邮电学校参加全国“互联网+”创业创新大赛，初赛获得全国一等奖。评先活动氛围高涨。协助省局制定考评细则，开展年度评先活动，营造出行业内比学赶超的良好氛围。开展最美快递员评选。组织全省快递行业参加全国评选。组织会员单位开展微摄像、微视频等活动，挖掘宣传员工先进事迹。湘潭等地也最美快递员评选，挖掘行业先进事迹，表彰了一批爱岗敬业、服务热情、诚实守信的从业人员，传递了正能量。

广东省快递协会工作情况

2016年是“十三五”规划开局之年，也是快递业发展的关键之年。广东快递业在面临“粗放式发展，结构性矛盾依旧突出，同质化竞争比较严重，发展环境还需进一步优化”的条件下，仍然呈现良好的发展态势。全省快递业务量累计完成76.7亿件，同比增长53%，占全国快递业务量的24.5%；实现快递业务收入880亿元，同比增长43%，占全国快递业务收入的22%，以单件快件货值160元计算，广东快递业承载了超2万亿货值的商品流通。快递服务满意度稳中有升，消费者对申诉处理工作满意率为97.6%，同比提高1.1个百分点；对企业申诉处理结果满意率为96%，同比提高1.5个百分点。这是省社会组织管理局和省邮政管理局正确领导的结果，是第三届理事会领导的结果，是全体会员单位积极参与支持的结果，更是全省所有快递人艰苦奋斗、扎实工作的结果。

一、以党建带群建，积极推进非公快递企业党建工作

为了加强协会党的建设工作，促进党的路线、方针、政策在行业协会的贯彻落实，扩大党的工作覆盖面和影响力、渗透力，助推非公快递企业的党组织建设，推进行业的健康发展，结合广东省实际，一方面，重视协会支部的自身建设，以夯实支部基础工作，发挥党员核心作用，营建和谐发展氛围，创建学习型支部作为党支部的工作抓手。另一方面，通过采取深入调研、掌握实情、统一认识、强化措施、分类指导等措施，积极倡导全省21个地市快递行业协会主动配合属地邮政管理局组建非公快递企业党组织。截至目前，全省已有19个地市成立了非公快递企业党组织，其余两个市也在积极引导企业组建党组织，力争早日实现党组织的全覆盖，得到了省邮政管理局的高度认可。

二、夯实安全基础，有效提升安全生产管理水平

（一）落实安全生产管理制度

2016年，全省快递企业坚持“安全为基”，紧紧围绕《快递安全生产操作规范》，认真落实企业安全生产责任制度，健全和完善了安全管理和应

急处置机制，全力做好服务保障工作，圆满实现了“保畅通、保安全、保平稳”工作目标，保障了“两会”、京交会、杭州G20峰会等重大活动期间全省寄递渠道的安全，并及时妥善处理了企业间的快件积压、扣件及矛盾纠纷等突发情况，把安全隐患消除在萌芽状态。

（二）抓好寄递渠道安全保障工作

结合省邮政管理局开展的全省邮政业“扫黄打非”专项检查、全省寄递渠道安全监管、快递市场清理整顿专项行动以及二十国集团（G20）峰会期间全省寄递渠道安全保障等各项工作，协会严格执行《2016年全省邮政行业安全监管工作要点》（粤邮管〔2016〕71号）文件要求，积极发挥桥梁和纽带作用。秘书处领导多次参加有关会议，并以走访带督导，主动抓好法律法规等安全教育工作，大力动员和督促企业增强政治意识、大局意识、忧患意识和责任意识，落实规范操作要求，确保了全省寄递渠道畅通、安全、平稳，有效推进了安全保障工作的顺利进行。

（三）举办主题体育运动会

为贯彻落实省邮政管理局及广东省安全生产工作相关会议精神，牢固树立安全发展理念，提升行业安全生产素质，加强行业文化建设，结合2016年“安全生产月”和“安全生产万里行”活动，协会组织举办了“广东省快递行业协会2016年‘安全杯’篮球邀请赛暨安全生产签字仪式”，有效增进了企业间的沟通交流，提高了员工的安全意识和素质，促进了企业进一步落实安全生产主体责任，引领了行业安全健康发展。

三、强化服务，发挥优势，搭建桥梁，营造良好环境

（一）认真做好政策宣贯工作

根据《广东省人民政府关于促进广东省快递业发展的实施意见》（粤府〔2016〕40号）及省邮政管理局的《关于促进广东省快递业发展重点工作系统内分工方案》，协会秘书处及时组织召开了专题会议，紧紧围绕“三个定位，两个率先”目标，以解决制约快递业发展突出问题、大力优化快递市场环境、完善网络基础设施为导向，制定并印发了《广东省快递行业协会关于印发促进广东省快递业发展重点工作系统内分工方案的通知》（粤快协〔2016〕23号），及时宣贯到企业，积极推进快递产业又好又快发展。

（二）扎实稳步推进脱钩工作

根据《国家邮政局关于印发〈邮政行业协会脱钩工作实施方案〉的通知》（国邮发〔2015〕280号）及《中共广东省委办公厅 广东省人民政府办公厅关于印发〈广东省行业协会商会与行政机关脱钩实施方案〉的通知》（粤委办〔2016〕62号）文件精神，协会秘书处组织召开专题会议，积极做好文件精神的宣贯及相关推进工作。

四、反映诉求，主动协调，为企业排忧解难

（一）协助企业做好维权工作

针对上半年深圳交警部门在全市范围内组织开展声势浩大的“法治通城2016”专项行动给快递业“最后一公里”运营带来的影响，协会秘书处领导高度重视，迅速组织召开了专题工作会议，认真研究应对措施，并将有关情况及时向省邮政管理局汇报，争取政府的协调和帮助，有效缓解了“禁摩限电”对快递投递“最后一公里”带来的不利影响。

（二）积极为会员发出行业呼声

针对“双11”期间制约快递服务“最后一公里”派送难焦点问题，协会于11月4日向省邮政管理局递交了《关于恳请解决“双11”期间快递车辆城市通行问题的请示》（粤快协〔2016〕42号），代表行业向政府发出呼声，提请出面协调有关部门加大对“双11”期间快递企业车辆通行的政策支持力度，解决城市快递车辆进城通行、停靠和装卸作业问题。省邮政管理局对协会提出的请求高度重视，及时向广东省人民政府递交了《关于恳请

解决“双11”期间快递车辆城市通行问题的请示》(粤邮管〔2016〕169号),恳请省人民政府给予大力支持。省人民政府办公厅作出了重要批示,要求省公安厅抓紧研究办理。有效缓解了“双11”期间的车辆管制问题,保障了旺季期间的投递时效,进一步提升了快递投递服务质量,促进了城市配送健康有序发展。

(三)积极为企业办实事

根据会员企业反映在办理项目准入、市场拓展、纠纷解决、品牌提升、无理投诉等方面存在的困难和问题,协会紧扣热点难点,积极发挥桥梁和纽带作用,想方设法主动与相关部门沟通协调,努力提供多元化服务,提高办事效率,减少企业的损失,降低社会负面影响,争取为快递企业创造良好的发展环境。

五、积极调研,为会员提供多元化的沟通渠道和交流平台

(一)开展走访调研,促进行业健康发展

为进一步加强与会员单位的联系,调查研究行业发展变化的情况,深入了解会员企业经营中的难点和破解困难的经验,收集会员企业有关信息,推广企业的现代科技研发产品,协会先后对全省110多家会员单位进行了走访,实地指导企业经营活动和同业协会工作的开展。通过召开座谈会、走访调查等形式,一方面及时掌握了行业发展中面临的主要矛盾与问题,听取了对协会工作的意见和建议,增进基层企业对面上情况的了解,另一方面及时向业务指导部门报告行业情况,反映业内意见和诉求,在一定程度上解决了企业的实际困难,受到了企业的好评。

(二)坚持参加行业之间合作交流

为进一步促进行业间的沟通交流,及时掌握行业运行的新形势、新问题,引领行业健康发展,协会秘书处领导分别于5月份和10月份,参加了“2016第二届中国(广州)国际物流核心竞争力峰会”“2016第四届京交会　中国快递行业国际发展大会”,聆听了专家学者探讨快递行业发展趋势及本国快递行业发展情况,分享了快递行业发展的丰硕成果,与行业间的企业进行了良好的沟通交流,并及时将信息宣传共享到广东省快递企业,为会员企业解疑释惑、坚定信心、凝聚共识、增强可持续发展动力和促进行业稳健运行发挥了积极作用。

(三)努力拓宽沟通交流平台

为进一步提高广东省快递企业的知名度,增强广东省快递业的核心竞争力,协会努力拓宽沟通交流平台,积极开展与同行业协会的联系交流,组织召开了全省各市快递行业协会秘书长座谈会,共议问题难点、共商思路方法、共推工作进步。配合中国快递协会进行了节前调研。协会通过开展调研交流,为企业提供市场信息,帮助企业解决问题,同时通过吸纳相关联的企业入会,以各种形式对先进技术、产品进行宣传、推广。

六、突出文化兴企业,积极推动行业文化建设持续健康、协调发展

(一)倡导行业协会举办技能竞赛活动

为提倡“崇尚技能”的优良之风,充分展示行业改革发展的丰硕成果,集中展现快递业务员的风采,努力营造全社会关心、支持快递行业发展的良好氛围,协会积极倡导省内同行业协会积极组织各类职业技能竞赛,通过技能竞赛活动,有效推动了快递行业树立“学业务、练技能”的新风尚,激发了广大快递从业人员努力学习、提高技能的积极性,培养和造就了一支知识型、技术型、创新型快递业务员队伍。

(二)致富思源,支持公益,展现行业形象

协会积极倡导企业行善,组织企业踊跃参与慈善公益事业,开展捐资助学、扶贫帮困等回报社会的公益活动。据不完全统计,广东快递企业累计捐献善款130万余元,受到社会的好评和赞许。这些公益活动,也充分显示了我们行业有着强大的凝聚力,对社会有爱心和责任心。

（三）激励先进，开展评优评先活动

为表彰在安全寄递渠道中成绩突出、表现优异的员工和集体，推进安全、优质、高效的“诚信邮政”建设，在企业中树立榜样，争做先进，激励员工认真做好寄递渠道安全保障工作，促进安全工作优质高效地开展，协会组织全省会员企业参与评选“2016 年寄递渠道安全保障工作先进单位和先进个人”活动，带动整个行业进一步提升员工安全文化素质，推动科学、有序、安全发展，为全面实施“十三五”规划打下扎实的安全基础。

七、发展壮大会员队伍，创新服务项目与平台

（一）积极发展会员，加大协会覆盖面

协会换届以来，通过日常服务工作接触等渠道，积极努力发展新会员。注重开展“企协合作”，积极发展团体会员。截至目前，共有 188 家会员，会员数量较换届前翻了一番。2016 年新发展会员 95 家，其中新增副会长单位 9 家、理事单位 32 家、会员单位 54 家，进一步加大了协会的覆盖面，丰富了会员结构，有效提升了行业的代表性和影响力。

（二）扩大服务范围，不断丰富服务行业公共需求的功能

一方面，出资购买了“全国交通违章代理系统”平台，为广大会员提供无偿服务。到目前为止，共有 61 家企业成为系统用户，得到了广大会员特别是快递企业的一致好评。另一方面，开设了“广东省快递行业协会微信公众号”，进一步畅通信息联络渠道，为广大会员单位发布信息、业务咨询，工作交流提供了方便，缩短了协会与企业、企业与企业之间的距离。

（三）发布网站、会刊信息，指导企业规范经营

网站与会刊是协会对外交流沟通的桥梁，也是与各会员单位加强横向联系的纽带，更是协会服务会员单位的一个重要平台。因此，我们一直致力于建好网站、办好会刊，一方面对网站的域名进行了更新；另一方面对会刊的版面进行了重新调整设计，注重充实内容，及时更新信息，更好地为会员提供优质服务，得到了会员单位的一致认可。

（四）开展行业培训，服务企业需求

为进一步做好企业服务工作，协会一是结合“营改增”财税体制改革，指派有关人员到票据中心参加了培训。二是指派专人对“交通违章代理操作系统”进行了专题培训，同时，邀请广东君厚律师事务所律师，举办了一场“快递企业管理提升法律讲座”，参与培训的会员企业达 60 多家，收到了良好的管理效应。

八、加强自身建设，夯实协会基础，提升服务能力和水平

（一）优化部门设置和人员结构

为进一步规范部门设置及人员管理，合理配置秘书处部室和人员结构，换届后，协会着手对内设机构和人员进行了重新调整和分工。将秘书处原“综合部”改为“办公室”，保留会员部、业务部，撤销“金融中心”，形成分工明确、各司其职、协调配合、步调一致、高效运作的管理机构，组建了一支执行力强、战斗力强的高效团队。

（二）健全规章制度，强化内部管理

为加强行业协会内部管理，本着“有利于开展工作、有利于提升服务水平、有利于稳定队伍”的原则，秘书处结合行业实际状况和协会多年来的实际运作经验，按照“保留适应的，废除过时的，修订欠缺的”原则，一方面组织人员专门对《广东省快递行业协会章程》和部分规章制度进行了梳理修订或废除，并以三届四次理事会为契机，提请全体理事会成员对章程的修改草案进行讨论、对部分不适用的规章制度进行废止；另一方面，对原《广东省快递行业协会管理制度汇编（试行）》等各项规章制度、办法进行集中梳理和修订。同时，着力加强财务管理，使每项工作都有章可循，使协会章程和制度规范的针对性和可操作性更强。

（三）规范档案管理，落实组卷归档

为完善档案管理，6月，秘书处联系聘请了档案管理专业人士，对协会2007年8月成立以来的各类制度、会议纪要、照片、会计凭证等文件资料进行整理归档。同时，开展了会员资料档案的专项整理工作，以确保会员资料数据准确无误。

2016年，协会的工作虽然取得了较好的成绩，但我们也清醒地看到存在一些不足，主要表现在：对行业协会的地位、作用的认识还不够；为会员服务的时效性、针对性还需要继续加强；行业间的活动较少，学习交流不够，还有待进一步增强。

广西壮族自治区快递协会工作情况

过去的一年是快递业发展进程中跨越提升、极不平凡的一年。党中央国务院高度重视邮政业发展，多次对邮政业改革发展做出重要指示批示，极大坚定了全行业加快发展的信心决心。协会深入学习贯彻国务院《关于促进快递业发展的若干意见》，在广西区邮政管理局和中国快递协会的指导下，在全体会员单位的大力支持和共同努力下，围绕广西区邮政管理局中心工作，坚持为企业服务的宗旨，结合我区快递业的实际，为促进广西快递业又好又快发展，发挥了积极的作用，较好地完成了各项工作任务，主要做了如下工作。

一、继续深入开展快递企业分等分级评审工作

按照国家邮政局的统一部署，广西区邮政管理局为加强对快递企业等级评定工作的组织领导，相应成立了广西区快递企业等级评定指导委员会和快递企业等级评定委员会。广西快递协会参加了国家邮政局、中国快递协会联合举办的快递企业等级评定培训班后，深入到快递企业，在广西圆通速递有限公司等企业就快递企业等级评定工作做了系统宣贯。

二、加强行业自律，规范企业行为

自协会制定“广西快递协会会员企业自律公约”以来，各会员单位本着共同协商、严守法律、公平竞争、诚实守信、顾全大局的积极态度，在规范快递市场秩序，营造良好经营环境，反对和抵制不正当竞争中做出了积极努力，也取得了良好效果。但在试行过程中，也出现一些问题。例如：低价竞争、快件延误、丢失损毁、野蛮分拣和投递服务差等问题并没有得到根本解决。为贯彻“一单到底”“一个品牌对用户”，品牌授权方作为服务质量第一责任人，要协调带动各加盟网点对快递服务全程负责，不能以“无法控制”“无法联系”等理由推诿敷衍服务质量保证责任，转移分化对用户的责任要求。协会对原“广西快递协会会员企业自律公约”进行了修订，下发各会员单位征求意见，并召开会长扩大会议进行了研究，下发施行相关文件，进一步规范了会员单位的自律行为。

三、关注、鼓励快递企业兼并重组，做大做强快递业务

国家邮政局在2011年6月提出的《关于快递企业兼并重组的指导意见》指出：“快递企业兼并重组，是优化产业布局，转变发展方式，提高发展质量和效益，促进快递产业转型升级和跨越式发展的必然要求；是切实增强服务能力，提高服务水平，转变竞争模式，实现做强做大的有效途径。”

协会十分关注快递企业的兼并重组，积极协助上海圆通速递有限公司在广西收购南宁华贸速递（圆通）有限公司，多次和中国快递协会和上海圆通总部沟通。广西圆通速递有限公司，正式注册运营后，经过协会理事会审议通过，广西圆通速

递有限公司成为了广西快递协会会员，同时担任了协会副会长单位一职。

广西亨运韵达速递有限公司、广西吉祥中通快递有限公司在其总部的支持下，完成了企业兼并重组，正式注册运营。这两个企业也先后加入了广西快递协会，并同时担任了协会副会长单位一职。

截至目前，中国邮政速递物流公司广西区分公司、中国邮政集团公司广西区分公司、广西顺丰速运有限公司、广州宅急送快运公司南宁分公司、广西圆通速递有限公司、广西亨运韵达速递有限公司、广西吉祥中通快递有限公司、杭州百世快递公司南宁分公司等快递公司（含分拨中心）均为直营公司，公司的管理能力、分拣能力、转运能力、全网的管控能力有了质的提升。直营的分拨中心发挥了枢纽作用，服务能力大大增强，服务质量有了明显改善，为进一步做大做强快递业务奠定了基础。

在企业兼并重组过程中，协会和被兼并重组的快递企业一直保持联系，维护他们的合法权益，促进妥善解决债权债务和员工安置等问题。目前，广西一些快递加盟企业规模小、实力弱、经营分散，产业集中度低，运营和管理能力滞后，服务水平不高等问题仍较突出，快递产业的整体能力和水平远不能满足经济社会发展的需要，这将制约广西快递业今后的发展。协会将时刻关注这个问题，鼓励、协助企业做好兼并重组工作，进一步增强服务能力，提高服务水平，转变竞争模式，做大做强快递业务。

四、深入企业，督促检查，力保快递旺季生产有序、平稳、安全运行

电商的快速发展，使快递业既获得加快发展的机遇，也面临巨大的挑战。每逢节假日，尤其是“双11”，成了快递业的“春运”。快递业在改变粗放经营模式的同时，必须提前储备运输、处理和配送能力。

针对旺季生产的形势，协会在节假日前，多次召开秘书长会议，要求各会员单位按照实际情况，安排好业务旺季快递服务工作，确保快递服务有序、平稳和安全。

“双11”生产高峰期间，协会会长带队组织副会长和理事单位的主要负责人，就“双11”期间的包件分发情况，到现场进行互检互查。各会员单位在总结历年迎战双“双11”所存在问题的基础上，及早制订应对及预防措施，有效增加场地、人员、车辆的投入，确保旺季服务顺利完成。吉祥中通快递有限公司、广西南宁申通速递服务有限公司、广西广州宅急送快运公司南宁分公司、杭州百世快递公司南宁分公司都增加了处理场地及设备，解决了原来场地不足的问题，有效地提高了处理效率，杜绝了爆仓积压问题的发生。新建成的广西区邮政速递物流有限公司分拣分发中心，运用了自动化程度较高的分拣流水线，优化路由、设置格眼、编制段道、合理调度、加快了处理效率，处理场地整洁有序，处处彰显了科技进步的力量。广西顺丰速运有限公司、广西圆通速递有限公司分拣封发场地的封闭式管理及广西亨运韵达速递有限公司的多层式分拣设备，都在“双11”旺季快递服务期间发挥了重要作用。

五、适应发展变化，重建协会架构，扩大会员覆盖面

按照国家邮政局的要求和广西邮政管理局的部署，广西各市陆续成立市级快递协会。针对这一新的情况，协会在向区邮政管理局提出健全协会架构建议的基础上，派员到各市协会进行调研，走访了当地的市邮政管理局，召开了相关市快递企业座谈会，阐述广西快递协会与各市快递协会关系，听取各市协会的意见。根据基层协会的反映和要求，区会制定了《广西快递协会团体会员单位管理办法》，明确了区、市快递行业协会间的业务指导、业务联系及业务管理关系，即各市快递行业协会成为广西快递协会的团体会员单位，在区、

市邮政管理局的重视、支持下,区、市快递协会在思想上、行动上协调一致,整合行业协会资源,建立区、市协会之间的信息通联工作机制,达到行业信息、业内动态、技术和经验交流的共享,协同组织开展行业大型活动,建立全网性突发事件的应急处理机制,发挥协会的协同支撑作用。在明确方向后,经过努力,目前,重建协会架构,扩大会员覆盖面的工作正逐步落实。

六、广泛开展协会各项活动,积极为广西快递企业发展服务

一是启动创建“青年文明号”活动,推进快递行业精神文明建设,保障快递企业健康发展。二是举办企业管理培训讲座,开阔视野,拓宽经营管理思路。三是积极参与广西企业与企业家联合会的评优活动,提升快递企业知名度。四是开展企业调研,为企业排忧解难。协会对会员单位“营改增”后的经营状况进行调研。由于快递企业成本费用中人工成本占比很大,可抵扣的进项税少,加上取得增值税发票不足,导致行业税负增加。此外会员单位在分支机构变更、揽投车辆配备及通行方面也存在不少困难。协会根据调研发现的问题,综合上报了区邮政管理局和中国快递协会。五是组织会员单位参与区内外各项活动。协会作为协办单位参加了由自治区发改委主办的第一届全区物流人才专场招聘会。协会组织了中国邮政速递物流公司广西区分公司、广西顺丰速运有限公司、广州宅急送快运公司南宁分公司、广西圆通速递有限公司、南宁越通速递服务有限公司、南宁市天递海航快递有限公司、南宁腾达融联速递服务有限公司、杭州百世快递有限公司南宁分公司等会员单位参会,并设立快递招聘专区。六是认真办好《广西快递信息》,为会员单位提供咨询、交流平台。截至目前,协会共出版《广西快递信息》60 期。为会员单位提供了“政策指南”“领导讲话”“行业资讯”“协会信息”“快递论坛”等栏目,宣传国家方针政策,提供行业发展状况,解答企业疑难问题。对加强会员单位的联系,交流经营发展情况起到了积极作用。

海南省快递协会工作情况

2016 年是“十三五”开局之年,在省邮政管理局和中国快递协会的指导下,认真贯彻省邮政管理局年初工作会议精神,以努力推进《海南省促进快递业发展实施方案》落实为主线,强化行业自律,营造诚实守信良好的快递市场环境为目标。始终围绕省邮管局的中心工作,统一思想,凝聚力量,形成合力,充分发挥桥梁纽带作用,促进行业健康发展。

一、强化行业自律,助推企业落实安全主体责任

(一)注重责任担当

认真贯彻落实省邮政管理局关于保障旺季快递服务保障培训工作会议精神,依据国家邮政局提出的旺季服务保障工作“三不、三保”的目标要求。协会以旺季安全生产和服务保障工作为起点,按照各级政府的要求,采取各项措施持续落实企业安全主体责任。一是及时召开了规模网络企业负责人参加协会旺季服务保障工作协调小组会议,认真传达学习省邮政管理局服务保障培训会议精神,不断提升企业负责人的思想认识。二是深入学习旺季保障工作指南,行业自律公约和旺季保障工作承诺书等,进一步明确协会与企业在旺季服务中的工作责任,并就前期准备工作进行交流。研判发展新趋势,共商应对策略。

(二)开展调研督导

深入生产一线开展调研活动。“双十二”期

间，快递协会秘书长率队先后前往海口、三亚地区的邮政EMS、海汽快递、顺丰、申通、圆通、中通、韵达、天天、宅急送、百世快递等14个规模以上快递企业及部分网点，实地了解快递企业旺季应对工作方案，详细询问企业旺季期间的业务量，人员储备及车辆运行等情况，现场查看企业分拨中心，分拣场地运行状况，了解企业各项安全制度执行情况，督促企业不断完善内控保障措施来强化责任主体的落实。在开展调研的同时，对这十四家重点网络企业一线员工进行了慰问，并送上慰问品。

（三）加强沟通协调

保持与12305的沟通联系，及时了解用户申诉情况，注意搜集媒体信息，对被媒体曝光的企业，及时提示做好应对工作，妥善处理用户申诉问题，把负面影响尽量降低。

二、强化落实责任主体，推动行业诚信建设

为规范行业经营行为，构造规范稳定的市场竞争秩序，促进行业健康发展，协会在与会员企业签订2015年度质量责任书的基础上，持续与会员企业签订了《海南省快递企业2016年度快递服务质量目标责任书》，责任书对企业的责任主体和责任追究都有明确的设定。本年度签订责任书的有在本省辖区内二十个网络共32家会员企业，本责任书一式叁份，企业、政府部门、协会各一份，三家共同监督。通过签订服务质量责任书，一是进一步落实了企业的社会主体责任，强化了企业的自我自治，推动行业诚信建设，提升行业服务质量和服务水平；二是进一步完善行业监督体系，加强与政府部门的联合监督以及接受社会和用户的监督。支持和维护企业信誉，促进企业平等竞争，共同营造协调、高效、有序、健康的发展环境；三是加大了引导力度，引导企业努力打响名牌，鼓励企业间联合打造“区域品牌”，从无序竞争走向抱团发展。

三、强化服务，反映诉求，发挥桥梁纽带作用

协会是企业联系政府和企业间的桥梁和纽带，服务企业发挥好平台作用，这是协会重要工作之一。

（一）做好新规新政的宣传工作

协会保持与政府部门之间的沟通联系，对政府部门出台相关的新规新政及重大事件的工作部署精神，通过各种途径及时传递给企业。一是为配合2016年本省快递市场清理整顿专项行动，为便于企业能准确把握专项清理工作的内容，协会及时把专项清理工作内容摘要印发给企业。二是按省邮政管理局的工作部署，协会重点配合推进《海南省促进快递业发展实施方案》和《海南省邮政业发展“十三五”规划》的宣传培训工作。按省邮政管理局琼邮管〔2016〕155号文关于贯彻实施“十三五”规划工作安排，协会召开常务理事会议，认真学习研究协会对规划宣传工作意见，印发给会员企业，引导企业开展好规划的宣传培训工作。三是为进一步助推“十三五规划”的深入宣传，协会还将《海南省邮政业发展“十三五”规划》文本，省邮政管理局领导在规划宣贯培训会议上的讲话及规划的解读材料，编辑成学习读本印500册发给各会员企业组织开展宣传、培训学习。

（二）开展调研活动

在西部管理局的支持和帮助下，协会深入西部东方市对东方辖区内的快递市场开展调研。召开东方地区12家快递企业负责人座谈会，利用座谈会开展《海南省促进快递业发展实施方案》，《海南省邮政业发展“十三五”规划》进行宣传。以座谈会的形式了解区域行业发展规模，企业发展状况，旺季保障工作及行业发展过程中遇到的难点问题，了解快递下乡镇伸延布点状况，交流探讨快递下乡镇的做法与规模和提议。如：快递下乡工程，由于辖区企业规模小，实力弱，派件量少，多数企业采取代收代派，但成本高又难于管理，提议区

域管理部门能牵头搭建平台，探索乡镇网点管理模式，推进企业抱团下乡，共建乡镇“快递超市”+“乡邮站”的快递下乡模式，向民营企业开放农村配送网络。同时，对快递车辆、快递三轮车上路难的问题，提议政府部门加强沟通协调，尽早争取“路权”，为企业取得权益和破解发展中的瓶颈，解决快递“最后一公里”服务民生问题。

四、加强组织建设，增强自身活力

深入学习社团组织改革方案和新的管理办法精神，以建设“服务型、自律型、和谐型、创新型”协会为目标，推动自身的组织建设，不断增强自身活力。一是加强学习，不断提升服务能力。注重业务学习，及时把握上级有关社团组织改革和新的管理规定精神实质。积极主动配合省社团组织管理部门做好社团组织登记改革工作，按改革工作要求，精心整理上报上年度报告材料，做好上年度财务审计工作，顺利完成组织法人登记和组织机构代码“二证合一”的换证工作。二是做好会员发展工作，及时调整会员组织结构。本年度新增企业会员3个，自动退会会员企业1个。会员企业从上年度的49个增加到51个，调整补充理事单位3个。积极接纳新会员，充分发挥会员企业作用，促进会员企业间的沟通交流与合作。三是强化内部管理。严格按章程规定办事，抓好各项制度的落实，本着“勤俭办会，严控支出”的原则，加强财务管理，抓好会费的收缴管理和年度审计制度工作的落实。四是按国家局年鉴工作要求，认真做好上年度年鉴材料的搜集和撰写上报。五是主动与外省快递协会的沟通交流，就新形势下协会如何发挥服务与桥梁作用进行交流，相互学习，共同取进。

重庆市快递协会工作情况

重庆市快递协会在重庆市邮政管理局的正确领导下，2016年度协会的工作开展顺利有序，主要工作如下：

一、认真履职，积极参加中国快递协会组织的各项活动

1. 秘书处参加中快协二届三次会员大会，听取了中国快递协会工作报告；通报《快递业发展“十三五”规划》；京交会情况介绍，对协会下一步工作做了明确的部署。

2. 组织企业参加第四次京交会快递行业（国际）发展大会，开阔了眼界，对行业上下游行业融合，快递业实现绿色发展必将产生重要的推动作用。

3. 按照中国快递协会章程，履行会员义务，重庆市快递协会每年按照通知规定的时间缴纳当年会费。

二、积极配合，认真完成业务主管部门组织的各项工作

1. 组织全市主要企业参加由管理局组织的“诚信快递、你我同行”“3.15”座谈会，参加会议的企业一致表示，企业在抓好企业效益的同时，努力提升服务质量，积极做到诚信服务客户，做好末端配送，让客户满意。

2. 积极参与配合由共青团重庆市委、管理局和协会联合组织召开2016年重庆市快递行业青年文明号创建工作推进会，全市63家企业参加了此次青年文明号的创建，其中13家单位获奖；邮政管理局7个分局领导共计80多人参加了会议。

3. 协助组织全市企业参加管理局召开的突发事件风险管理工作培训和突发事件风险管理实施方案解读。通过培训，提高企业在突发事件风险意识和实际操作能力。共计85人参加。

4. 为进一步推动重庆市快递业信用体系建设,维护正常的社会经济秩序;加大对失信行为的惩戒力度,保护人民群众的切身利益,通过逐步建立违法失信主体“黑名单”和联合惩戒制度,强化行业自律,有效加强重庆市快递行业信用体系建设,按照管理局的要求建立快递企业诚信登记表,并按照各分局提供的执法依据逐一登记。

5. 按照管理局的统一安排,协会协助普服处圆满完成,参加2016年全国邮票发行监督管理培训班参会人员的报道工作,共接待来自全国参会人员68人。

6. 在管理局领导高度重视和关心下,8月29日协会顺利召开了二届三次理事会,管理局领导和21个理事参加了会议,会议通过了由会长做的二届协会工作报告;举手通过同意关于原秘书长辞去秘书处职位的申请;选举产生了新的二届三次副秘书长人选;审议通过增补新的副会长、常务理事和理事单位名单。重庆市邮政管理局副局长周向东到会并发表了重要讲话,进一步明确了协会今后的重点工作和职责,协会将围绕工作重点开展工作。

7. 由国家邮政局人事司组织的“互联网+”快递先进技术高级研修班的学习,按照市场处的要求,协会推荐重庆顺丰快递管理者参加研修班的培训学习,此次培训班注重培养专业技术人才和更新工程项目培训方面的培训。

三、加强信息交流,发挥协会桥梁作用

1. 为降低快递企业配送成本,提高配送效率,减少快递重复配送,3月10日参加重庆市商委组织召开的快递企业共同配送工作研究座谈会,会上主要围绕重庆市委、政府相关会议精神,从快递行业市场目前情况,存在的主要问题进行了分析,进行了讨论。重庆市商委商贸物流处张处长、电子商务处处长、重庆市邮政管理局副局长周向东、市场监管处邓坚处长、重庆市电子商务协会、EMS、顺丰、三通一达、天天、华宇、百事快递参加了本次会议。

2. 参加由市物流与供应链协会牵头,市发展改革委、市统计局组织召开的配合建立物流统计体系,启动2014年和2015年重点物流统计工作会,重庆市相关协会到会参加。经请示领导向物流与供应链协会报送全市快递行业具有代表性的12家单位名单。

3. 参加由重庆市商委物流处组织的关于重庆市“十三五”商贸物流网络体系建设规划,征求行业协会和相关企业意见的座谈会。会后向管理局市场处汇报,并在市场处的关心指导下完成了向市商委物流处回复的意见建议。

4. 8月26日应邀参加由物流与供应链协会零担物流分会、重庆同程达物流服务有限公司组织召开的,城市共同配送服务平台启动仪式暨重庆同程达物流服务项目启动庆典活动,重庆市相关主管部门领导、物流协会会员单位、重庆市相关协会,共200多人参加了此次活动,现场与关联企业和重庆市各协会代表现场签约,为以后的城市共同配送搭建合作平台。

5. 为推进快递“向西向下”服务拓展工程,支持农产品物流体系建设,积极协助会员单位与区县政府牵线搭桥,把当地较好的农产品引进城市推广到全国,先后为顺丰重庆分公司联系长寿商委和万州商委,洽谈与长寿、万州当地较大的果农、果商合作推广线上线下农产品的推广和销售,解决农产品进城难的问题,丰富快递业务产品,使企业可以多样化的为市场提供服务。

四、备战“双11”,秘书处积极为企业服好务

1. 为确保旺季服务运力畅通和做好人员储备,受理事单位委托,通过联系物流协会,推荐几家较有实力的物流运输公司,经过多次电话沟通交流,于9月22日组织召开了快递企业与物流运输公司对接座谈会,会议得到管理局市场部领导的大力支持与鼓励,座谈会收到预期效果,会后双方企业进行深度的合作洽谈。

2. 在人员储备方面，得到市场处和民政局支持与帮助，经过多次联系学院，最终确定两家院校推荐给企业进行对接，提前为旺季服务最好充分准备。

3. 根据国家局2016年旺季服务保障工作的统一部署，协会按照管理局工作要求，及时与企业之间加强信息沟通，建立理事单位微信群，督导企业做好旺季服务准备工作；建立企业旺季准备情况统计和旺季值班负责人联系电话的备案；并统计在“双11”期间企业每天的进出口量；由管理局市场处组织走访主要企业分拨中心实地查看，询问各项旺季准备情况，确保2016年旺季服务安全、有序、平稳运行。

4. 为充实旺季快运干线运输，提高服务时限和铁路运力，使企业与铁路两方互惠互利，为旺季服务提供多条选择，协会受会员委托，积极向主要品牌单位推荐铁路动车和快速列车推出信息；从11月11日开始，顺丰重庆分公司已经与中铁快运股份有限公司重庆中心营业部开展合作，每天一趟快速列车，满载20吨的快件从重庆发往北京。

五、社会公益活动，会员单位积极参与传成

在联合救灾公益活动方面，会员单位积极参与传成企业正能量，重庆快捷快递在公益活动方面做出的表率，得到公益活动组织的高度评价和认可，从2016年5月10日至2016年7月25日期间，重庆快捷快递先后出动车辆10余台协助运价值73万元的救灾物资送至重庆秀山、酉阳、奉节、南川、荣昌、石柱、丰都各受灾乡镇，受益人数超过3000人。

四川省快递协会工作情况

在四川省邮政管理局的正确指导下，四川省快递协会在2016年顺利换届。协会在各相关部门的大力支持下，新一届理事会和全体会员单位的共同努力，新一届理事会已正常运转。

一、认真贯彻国家的方针政策，引导快递企业转型升级，做大做强

近年来，国家十分重视快递业的发展。李克强总理多次点赞快递业，主持召开国务院常务会议，审议通过了《物流业发展中长期规划》，确定农产品物流、制造业物流与供应链管理等12项重点工程，提出到2020年基本建立现代物流服务体系的目标和要求。

2015年10月，国务院出台了《关于促进快递业发展的若干意见》(以下简称《意见》)。这是国务院首次出台的全面指导快递业发展的纲领性文件，是快递业发展进程中的重要里程碑，体现了国家对快递业的高度重视、殷切期望和巨大支持。

《意见》出台后，省快递协会迅速将《意见》全文印发各会员单位学习，并召开会议传达国家邮政局关于深入学习贯彻《意见》的电视电话会议精神，引导各会员单位深刻领会和重点把握《意见》对快递业定位、重要作用和存在问题的科学判断，深刻理解《意见》提出的促进快递业发展的总体要求、重点任务和政策措施，强调要把贯彻落实《意见》作为当前和今后一段时间的中心工作，全面提升快递行业的供给能力、运行效率、安全职能和服务质量。四川省快递面临转方式、调结构、防风险的任务还较重，谋划好明年的工作思路，为“十三五”规划在四川快递业实现开门红奠定坚实基础。

二、围绕旺季快递服务和保障快递业务健康发展深入快递企业调研及开展检查活动

(一)树立行业典型、弘扬正能量，组织评选优秀快递员

2016年初，经过省邮政管理局同意，为表彰先

进、树立典型，进一步提升快递旺季的服务能力和水平，推动快递服务工作再上新台阶，省快递协会组织了“2015 年度四川省快递旺季服务优秀快递员”评选活动。经各快递企业评选推荐和评选委员会审核，55 位快递员获得 2015 年度四川省快递旺季服务优秀快递员荣誉称号。协会还将获奖单位和个人名单通报给部分新闻媒体。通过“评优”活动，省快递协会号召全行业管理者和员工虚心向受到表彰的员工学习，进一步发扬成绩、再接再厉，努力提升服务能力和水平，继续在快递服务生产中发挥表率作用，为人民群众提供更加迅速、准确、安全、方便的快递服务。

（二）“双 11”期间深入调研，确保企业安全平稳运行

2016 年“双 11”期间快件揽投件量与最高日处理量均创下历史新高，省快递协会高度重视，根据国家邮政局、省邮政管理局的统一部署，按照“保畅通、保安全、保平稳”的工作目标，充分发挥了行业协会的组织协调作用。加强与各企业相关负责人的沟通联系，详细了解了旺季期间收寄、处理、派送等生产环节的运营安排及业务量变动情况、员工劳动强度及收益情况，协调处理企业在高量运行情况下遇到的问题。为四川省“双 11”期间的安全平稳有序运行贡献出应有的力量，有力地保障了四川省旺季保障工作扎实推进。

各快递企业对“双 11”旺季生产均有积极准备和预案，对成倍增长的业务量应对有序，几个处理中心没有发现大的积压现象，企业管理人员参加生产，并增加临时用工，企业领导亲临现场指挥调度，将快递业务旺季宣传保障工作落到实处。

三、搞好快递交流活动，助推快递行业“走出去”战略

省快递协会组织按照中国快递协会的统一部署，组织四川省快递企业参加 2016 中国（杭州）快递业高峰论坛、第四届京交会，这些会议内容非常丰富，理念新颖，开阔视野，拓宽思路，都是非常难得的“充电”机会，促进了快递企业向“品牌优、实力强、后劲足”方向发展。

贵州省快递协会工作情况

2016 年全省邮政按照“五位一体”总体布局和“四个全面”战略布局要求，在全省大数据、大健康、智能制造及高效生态农业蓬勃发展的有利良机下，准确把握和主动适应经济发展新常态，坚持稳中求进工作总基调，截至 11 月底，全省邮政业务总量累计完成 386879. 58 万元，同比增长 26. 24%；邮政业务收入完成 416344. 85 万元，同比增长 31. 59%；其中，快递业务量累计完成 9946. 52 万件，同比增长 57. 51%；快递业务收入累计完成 192286. 15 万元，同比增长 63. 39%，为国家“稳增长”战略做出积极贡献。

贵州省快递协会在贵州省邮政管理党组的正确领导下，在中国快递协会具体业务指导下，在会长、副会长、理事、会员单位的大力支持和积极配合下，充分发挥桥梁纽带作用，反映行业诉求，强化行业自律，努力服务会员企业，推动行业健康有序发展。具体地在“制度执行、财务管理、开展活动、加强企业调研、争取地方政策、服务企业”等五个方面做了如下工作：

一、制度执行

1. 始终坚持及时向各会员单位宣贯上级和相关职能部门会议、文件精神。

2. 按照规范的工作流程，定期向职能部门（民

政厅)请示汇报,较好地完成了职能部门要求的工作任务。

3. 本着资源共享的原则,协会加强同各会员单位的沟通联系,通过全方位多形式的信息平台,更好地服务于会员。

4. 根据协会的工作需要和经济状况,由一个在全职、兼职的工作团队开展日常工作。

二、财务管理

1. 按照国家税务机关的要求,全面、准确、及时地报送财务报表。

2. 本着合法、合理地筹集、管理、使用资金,节约开支,提高资金使用效率;建立健全财务规章制度,规范财务行为;如实反映协会经费使用情况,对经费使用的合法性、合理性进行监督;防止资产流失,确保财物安全等原则进行内部管理。

三、开展活动

1. 根据省直工委党建工作的相关精神,组织贵州圆通速递有限公司到贵州省黔东南苗族侗族自治州天柱县高酿镇上花村实施“六一”儿童节扶贫捐赠工作;根据省邮政管理局定点帮扶对象的实际情况,协调安顺、黔南教育部门和快递企业,解决了两名贫困生勤工俭学的就业岗位。

2. 积极向快递企业宣贯:加强二十国集团(G20)峰会期间寄递物品安全管理的通知、第二届“寻找最美快递员”活动、全国“互联网 +”快递大学生创新创业大赛活动。

3. 为了认真贯彻落实国邮发〔2016〕24 号文件精神,引导快递业市场主体诚信合法经营,提高消费者诚信和依法维权的意识能力,营造诚实守信的市场环境,协会策划、组织开展“诚信快递、你我同行”“3 · 15”主题宣传活动。本次活动中,协会共发放各种相关宣传资料 1000 余份,为消费者提供快递纠纷投诉维权咨询服务,认真向广大消费者宣传关于寄递常识、《国务院关于促进快递业发展的若干意见》文件精神、行业动态等内容。

4. 按照中组部《关于集中推进非公有制企业和社会组织党的组织和工作覆盖的通知》(中组通字〔2016〕40 号)、中共贵州省委组织部、省委非公企业和社会组织工委《关于转发中共中央组织部(关于集中推进非公有制企业和社会组织党的组织和工作覆盖的通知)的通知》(黔组通〔2016〕115 号)和《关于印发(关于开展全省非公有制企业和社会组织集中组建“百日攻坚”行动工作方案)的通知》(黔非公社会党工发〔2016〕6 号)文件精神,通过调查、统计、走访、座谈、组建,实现了全国首个省级快递物流园区(双龙物流园区)非公快递企业党建工作的“双覆盖”,在园区内快递企业还建立了两个支部,就协会本身,已向贵州省邮政管理局提出了书面申请指派党建指导员,与此同时还掌握了全省非公快递企业党员的基本情况。

5. 每年的快递业务旺季特别是“双 11”都是对快递服务能力和安全保障的双重考验。协会高度重视快递旺季服务工作,根据贵州省邮政管理局对 2016 年“双 11”的服务保障工作安排,节前向全省快递企业发出了“2016 年快递业务旺季服务保障倡议书”,节中出资数万元采购“双 11”慰问品,节后到品牌企业调究,同时 2016 年春节又慰问快递企业。

6. 参加中国快递协会协办、主办的“2016 年第四届京交会”、“2016 年杭州快递行业高峰论谈会”进一步拓宽了视野,更好地发挥协会的作用。

四、加强行业自律,服务质量与水平不断提高

贯彻中央综治办、公安部等九部门《关于加强邮件、快件寄递安全管理工作的若干意见》,针对快递业存在的安全软肋,协会多次与公安、交通等部门联合检查行业存在的安全生产隐患,号召行业坚守发展底线,维护快递安全。

五、加强企业调研、增强服务意识，积极服务行业发展

1. 协会对企业进行调查研究，为政府决策提供依据。2016 年五月，协会配合贵州省邮政管理局完成由贵州省总工会安排布置的“非公快递企业职工生存与发展状况调研”。

2. 参与协调贵州省交通职业技术学院进行了人才的培训、招聘、使用的校企合作。

云南省快递协会工作情况

一、强化行业法律法规的宣贯落实

主动配合省邮政管理局贯彻落实政府部门有关快递行业的政策法规的实施。2016 年，云南省政府出台了《关于促进快递业发展的实施意见》和《关于推进“快递下乡”加快农村电子商务与邮政快递协同发展的实施意见》等政策性文件；加强了省政府办公厅《关于进一步加强物流和寄递业安全管理的通知》等工作要求的贯彻执行；对加强行业规范管理，完善企业规章制度，改善发展环境发挥了应有的作用。

二、积极反映诉求，拓展沟通渠道

2016 年 3 月，省委、省政府高度重视快递行业发展，由省交通运输厅组织牵头召开了《省政府关于促进快递业发展的实施意见》研讨会，省快递协会和邮政企业、云南顺丰速运应邀参加了会议，大家对省邮政管理部门起草的《实施意见》给予了高度关注和支持，省协会配合市邮管局和公安机关启动了“物流和寄递业安全管理信息系统”建设。

三、快递“向西、向下”成效明显

为贯彻落实快递“向西、向下”工程，按照省邮管局和省商务厅联合印发的《关于推进“快递下乡”加快农村电子商务与邮政快递协同发展的实施意见》精神，云南快递行业把“快递下乡”与精准扶贫工程紧密结合，截至 2016 年底，新增乡镇快递网点 690 个，全省乡镇快递服务网点总数达到 1570 个，乡镇覆盖率为 51.53%。

四、快递行业自律和诚信建设不断加强

根据《国家邮政局关于加强快递业信用体系建设的若干意见》通知精神，省快递协会与省管局联合开展了以“诚信”为主题的行业建设工作，通过在行业内成立诚信体系建设组织领导机构，落实快递企业经营主体责任，建立健全快递企业诚信系统档案，加强企业的诚信文化宣传教育等多种方式，逐步形成了以守法、履责、诚信为核心的企业诚信文化。

五、快递服务质量稳步提升

为进一步提高全省快递服务质量，维护消费者合法权益，促进快递行业健康发展，省邮政管理局出台了“提升快递服务质量联席会议制度”，建立政府、企业、行业协会和社会公众共同参与的综合协调机制。2016 年，客户申诉处理效率和处理问题的速度得到有效提升，消费者对处理结果满意率为 98.1%。

六、开展“诚信快递、你我同行”主题征文活动

到 5 月中旬，省协会共收到快递企业报送的征文投稿 18 篇，经省协会组织评审，共推荐了八篇优秀征文上报国家邮政局，省快递协会在《云南快递资讯》刊登了优秀征文。2016 年，全省共组织开展了 3 批次的快递业务员职业技能鉴定考试，

参加人数达1879人次，通过人数达1206人，目前全省快递从业人员持证人数已达8550人。

七、召开云南省快递协会三届一次会员大会，顺利完成换届工作

12月3日，云南省快递业协会在昆明召开了第三届一次会员大会，55家会员单位的代表出席了大会，大会总结回顾省快递协会四年来的工作成绩和经验，明确下一步的工作任务，审议并表决通过了各项工作报告，选举产生了新一届理事会。

八、规范协会财务管理工作

协会秘书处始终坚持“节俭、廉洁”的原则，严格执行《民间非营利组织会计制度》和协会财务制度，坚持委托会计师事务所对协会上年度的财务收支情况进行审计，按时参加年检，促进了收好、管好、用好协会经费。协会按照省民政厅的要求，按时按规定提供《社会团体年度检查报告书》及相关资料，顺利通过社团组织的年度审查。

九、贯彻落实协会与行政机关脱钩工作

协会认真落实《云南省邮政行业协会脱钩工作实施意见》通知精神，积极配合省邮政管理局开展工作，一是机构脱钩，从协会《章程》上取消了省管局与协会的业务管理关系，逐步理顺省管局对协会的监管职责和委托协会承担的职能；二是资产财务方面，协会原无偿使用省管局的办公房逐步改为租用，挂靠在协会的财务进行了清理；三是人员脱钩，原省管局在职四名公务员在协会兼职，已办理退出手续；四是认真填写脱钩基本情况和推进情况报表，脱钩工作正在按要求有序推进。

西藏自治区快递协会工作情况

2016年，西藏自治区快递行业协会根据《中央办公厅　国务院办公厅关于印发行业协会商会与行政机关脱钩总体方案》（中办发〔2015〕39号）、《民政部　国家发展改革委员会关于做好全国性行业协会商会与行政机关脱钩试点工作的通知》（民发〔2015〕150号）精神及要求积极稳妥推进快递行业协会脱钩及试点工作，加快形成政社分开、权责明确、依法自治的现代社会组织体制促进行业协会成为依法设立、自主办会、服务为本、治理规范、行业自律的社会组织。

根据《关于公布2016年全区行业协会商会脱钩试点名单的通知》（藏发改体改〔2016〕886号）的精神要求，西藏自治区快递行业协会与行政机关脱钩试点工作已得到明确批复。

陕西省快递协会工作情况

2016年在省委省政府关心指导下，在省邮政管理局正确领导下，省快递行业协会认真履行职责，大力提升协会作用力，全省快递企业主动适应、把握、服务经济发展新常态，认真落实“五大发展”理念和“五个快递”的总体要求，不断改革创新、科学发展，实现了“十三五”良好开局，主要表现在：

一、行业发展速度加快、发展态势稳中有进

2016是“十三五”规划开局之年，陕西省快递业发展态势稳中有进。全年陕西省快递业务量实现3.69亿件，同比增长81.3%，增幅全国排名第二；快递业务收入实现45.65亿元，同比增长

67.33%，增幅全国排名第三。全行业业务收入占全省 GDP 的比重为 0.43%，提高了 0.1 个百分点。全省快递企业达到 420 家，分支机构 2018 个，网点 5485 个。全年服务用户超过 10 亿人次，支撑网络零售交易规模接近 600 亿元，新增就业 1 万余人。继续保持了“总量增势、稳中有进”的良好发展态势。

二、政策环境持续改善，服务质量日益提高

近年来，省委、省政府领导高度重视快递业发展，多次作出重要批示，并到快递企业调研指导工作。省政府出台的一系列扶持物流业、服务业、电子商务及民营企业发展的政策文件，分别在不同领域对快递业的发展起到了重要的推动和支撑作用。省邮政业发展“十三五”规划和 10 个市级规划编制发布。省政府《关于促进快递业发展的实施意见》出台，明确陕西省快递业“十三五”发展目标、重点任务和政策措施。省局持续强化与省级部门间的协调沟通，与省交通厅建立快递业发展协调联动机制，推动陕西加快成为全国快递业“向西向外”发展的重要战略支点；与省工信厅联合出台《关于加快推进快递服务制造业工作实施意见》，促进陕西省快递业与制造业协同发展；与民航陕西监管局联合出台《关于促进快递与民航产业协同发展的意见》，打通航空快件“绿色通道”。在省委一号文件、省政府关于电子商务、商贸流通、“互联网 + 流通”等多个文件中，主动反映行业诉求，争取政策支持。同时，积极帮助快递企业上市融资，为顺丰、圆通、申通、德邦等企业上市提供有力支持。与此同时，各级政府纷纷出台一系列支持快递业发展的利好政策。宝鸡、咸阳、渭南、榆林市政府出台了促进快递业发展的实施意见和扶持措施。汉中局与洋县政府签订了《共同推进邮政快递与农村电子商务协同发展战略合作协议》，整合寄递、供销等多方资源，更好地服务“三农”。西安、咸阳、渭南、铜川等地市出台了快递专用电动三轮车城区通行管理措施，推进 1 万余辆快递电动三轮车纳入形象、标识、编码“三统一”通行管理，为解决城市快递车辆道路通行开辟了思路。榆林、渭南、汉中等 3 个市局积极协调争取地方政府促进快递园区建设、安检机配置、快递下乡、新能源汽车等政策性补贴 4740 万元，有效地促进了陕西省快递业的健康发展。

三、基础设施不断完善，行业服务能力不断提升

近几年，陕西省快递基础设施建设进展顺利。快递专业类物流园区建设布局日趋完善，顺丰西安电商产业园和陆运中心、西安港务区邮件处理中心、申通西北转运中心、EMS 集散中心等重点项目加快建设，咸阳中通快递仓储物流园、榆林市久旭快递物流园区二期工程建成投产，圆通科技中心落地陕西。年内行业总投资达到 14 亿元。行业末端服务不断改进，快递服务网点标准化建设持续推进，共建成标准化网点 1146 个，主要品牌企业城区自营网点标准化达标率达到 77%。“快递下乡”工程加速推进，新增乡镇快递网点 547 个，总数达到 2393 个，覆盖率达到 95%，提高了 15 个百分点。新能源车辆用于城市末端投递方面取得了明显成效。

四、坚持创新发展，倡导绿色发展理念

推动大数据、信息科技在快递生产领域上的应用，快递企业生产自动化程度显著提升。倡导绿色发展理念，大力推广新能源车辆用于快递运输和投递服务。西安、宝鸡、榆林等地市在推广新能源车辆方面取得了明显成效。积极引导主要品牌企业发挥网络优势，推进结构调整，促进业务转型升级，丰富服务内涵，拓展服务领域，培育服务热点，建立健全多层次、多样化和个性化的产品体系。

五、坚持示范引领，推进企业转型升级

（一）“向下”工程深入推进

加速推进“快递下乡”工程，全年新增乡镇快

递网点547个,总数达到2393个,覆盖率达到95%,提高了15个百分点。其中,西安、咸阳、铜川、渭南、延安、汉中等6个地市乡镇网点覆盖率达到100%。"向下"工程的持续推进,不断释放出农村市场活力,通过快递销售的农特产品数量持续增加,逐步实现了"网货下乡、农货进城"的双向流通。

(二)"三进"、"三上"工程成效显著

积极引导快递进高校工作,因地制宜协调快递企业、专业第三方、院校等各方积极性,全省高校规范收投率达到98%。汉中首家电商物流快递集散配送中心平台建成,收到较好成效。咸阳国际机场快递专用货运航线达到5条(顺丰2条、EMS 2条、圆通1条),全省航空运邮量约达到15万吨,增长50%。快递上高铁成为2016年陕西省"双11"新亮点,西安铁路局与顺丰等快递企业联系对接,推出高铁快运当日达、次晨达、次日达、隔日达,采用客货混运的方式,体验试水高铁快运。

(三)产业联动拓展工程纵深发展

快递业与制造业、现代农业、电子商务等关联产业融合发展的趋势明显加快,推进西安、宝鸡、咸阳、汉中快递服务制造业试点,全面开展产业联动项目库建设,全年共打造快递服务制造业试点项目25个,累计产生快件量105万件,直接服务制造业累计产值5.8亿元;引导快递企业围绕农特产品定向提供包装、仓储、运输的标准化、定制化服务,初步形成陕西的樱桃、洛川苹果、眉县猕猴桃、大荔冬枣等一批示范项目,形成业务发展新的增长点。其中,咸阳武功农产品电商销售规模跃居全国县域第二、西北第一,日发货量达到5万件,年销售额突破10亿元。

(四)深入贯彻落实"三项制度"

督促企业全面落实实名寄递、收寄验视、快件安检三项制度,严格执行用户身份查验、核对和信息登记,确保用户信息可录入、可查询、可核对、可追溯。加快推动安检机的配置,实行挂账销号管理,推动全省快递企业配置X光机191台,基本实现省际快件出口100%过机安检。西安局、安康局联合公安部门在全市推广使用手机APP实名收寄系统,通过技术手段落实实名收寄和验视制度,取得了良好的效果。

六、协会职能作用充分发挥,各项重点工作有序推进

2016年是"十三五"开局之年,省快递行业协会按照省邮政管理局和省政府相关部门的要求,认真履行职责,代表本行业利益,维护会员合法权益。在构建快递行业自律机制上,积极探索;在加强自身建设、提升快递服务、扩大行业宣传、协调各方关系、积极为会员和消费者服务上,组织开展活动;通过自身的工作,发挥其社团组织的作用。主要工作有:

(一)发挥桥梁纽带作用,促进快递行业转型升级

一是认真落实国家促进快递业发展的若干意见,积极争取地方政策支持。定期向省邮政管理局及相关部门报告快递业发展情况、社会作用和发展诉求,争取各级政府在用地、税收、融资、人才、车辆通行等方面为快递企业提供更多支持。二是配合省邮政管理局加快推进快递设施网络和全省快递园区建设。三是加强与企业的联系。多次组织重点快递企业负责人以座谈、观摩、调研等形式,加强协会与企业、企业与企业间的交流、沟通和协作;协助企业举办新产品推广会、产品发布会等,帮助企业出谋划策,搞好经营服务。同时,积极助力新能源运输车的推广使用,地市联系新能源运输车厂商,引导快递企业购买,解决末端投递运输问题。

(二)强化标准化管理,加快快递行业诚信体系建设

一是持续做好贯标工作。贯彻落实《快递服务》国家标准,加强行业自律,将规范企业行为作

为重要任务，在建立行业自我约束机制上积极探索，做好工作。二是在全省快递行业实行《快递行业失信警示制度》和《快递行业安全自律公约》，从制度法规层面推进行业诚信体系建设和服务安全工作的落实。

（三）开展争先创优，推进快递服务质效稳步提升

1. 开展“快递服务优秀网点”评选活动。为加强对基层网点的规范化管理，解决“最后一公里”服务问题。继2015年，2016年协会继续在全省组织开展了“快递服务优秀网点”评选活动，共评选出48家快递基层服务优秀网点，促进了快递企业服务质量的提高。

2. 开展“优秀快递员”评选活动。为进一步推进行业文化建设和精神文明建设，树立宣扬先进模范典型，展示陕西省快递人的时代风采和精神风貌，传递行业发展正能量，自2014年起，每年在全省快递行业组织开展“优秀快递员”评选活动。2016年共有38名辛勤工作在快递一线的优秀快递人员受到表彰奖励，大大激发了全省快递人员的服务热情和工作干劲。

（四）坚持安全为基，督促企业提升安全生产管理水平

近年来，协会更加重视快递企业的安全生产，在督促企业提升安全生产管理水平上下功夫。一是推动快递企业成立安全委员会工作，由企业法人亲自担任委员会主任，督促有条件的企业建立安全警务室，完善备案管理制度，配备专职安全员，加强消防、交通、内保等方面的隐患治理。二是配合省邮政管理局严格落实收寄验视制度，明确收寄验视操作规程，深入企业就寄递渠道“三个100%制度”落实情况进行现场调研和检查，使“三个100%”落到实处。三是积极配合省邮政管理局，开展安全生产大检查、危险化学品和易燃易爆物品安全整治、寄递渠道清理整顿等专项活动。四是做好快递旺季服务保障工作。通过调研、检查等方式，督促企业推进“错峰发货、均衡推进”机制的实施，并做好宣传引导和上传下达工作。圆满完成全国“两会”、G20峰会、西洽会、新疆亚欧博览会、第三届世界互联网大会以及业务旺季等重要节点的寄递安全保障工作。

（五）照章履职，认真落实各项规章制度

一是围绕服务会员的宗旨，在维护行业利益、消费者利益和社会公共利益方面开展工作。树立行业协会独立公正、行为规范、运作有序、代表性强、公信力高的形象。二是按规定办理社会组织年度检查。按照省政府相关部门的要求，协会积极履行自身义务和职责，完善协会社团法人资格，按年度到民政部门和税务部门办理相关登记手续，做好社团法人登记证书、组织机构代码和税务登记年审工作，近几年均顺利通过年度审检。三是按照会员管理办法，做好会员发展和会费收缴、税费上缴及管理工作。

（六）强化服务，不断提高工作效率

一是按章组织召开会员年会、理事会。2016年认真筹备组织召开会员大会，总结上年度工作，分析快递行业发展形势，明确发展思路，安排布置当年协会工作；按时召开理事会会议。2016年，协会召开理事会3次；在6月份召开了会员大会暨换届大会；指导榆林市、汉中市成立快递行业协会。协会每季度编发一期杂志，及时更新协会网站，扩大行业宣传，及时为会员企业提供行业政策、行业动态、企业发展情况、协会工作、社会反响等信息服务；二是做好会员吸纳及会费收缴工作。根据快递企业经营变动和协会工作需要，按照《章程》，做好理事及会员变更工作。三是围绕服务会员的宗旨，在维护行业利益、消费者利益和社会公共利益方面开展工作。树立行业协会独立公正、行为规范、运作有序、代表性强、公信力高的形象。四是按规定办理社会组织年度检查。按照省政府相关部门的要求，协会积极履行自身义务和职责，完善协会社团法人资格，按年度到民政部门和税

务部门办理相关登记手续，做好社团法人登记证书、组织机构代码和税务登记年审工作，近几年均顺利通过年度审检。

2016年省快递协会认真落实国家局、省局的各项部署，顺利完成了各项工作任务，促进了行业发展，维护了市场秩序。这些成绩的取得，离不开国家邮政局、省委省政府、省邮政管理局、中国快递协会的正确领导，也是各会员单位、各有关部门以及社会各界关心支持的结果。在此我代表省快递协会表示衷心的感谢！回顾2016年协会工作，由于协会换届，工作人员调整，协会的日常组织工作还有不到位的地方，为会员服务的意识还有待提高，有针对性地开展活动较少。针对以上存在问题我们将在2017年协会工作中积极探索，认真改进。

甘肃省快递协会工作情况

2016年，在甘肃省邮政管理局的正确领导和大力支持下，以及全体会员单位和协会工作人员的共同努力下，甘肃省快递协会圆满地完成了协会第三届会员代表大会的召开暨换届改选工作；并且根据中共甘肃省委办公厅、甘肃省人民政府办公厅关于印发《甘肃省行业协会商会与行政机关脱钩实施方案》的通知（甘办发〔2016〕27号）和国家邮政局关于《邮政行业协会脱钩工作实施方案》的通知要求，积极稳妥地进行着甘肃省快递协会与甘肃省邮政管理局的行政脱钩工作。围绕以上两项核心工作，协会2016年开展了如下主要工作：

一、深化改革，加快发展

2016年，对于甘肃省快递协会来讲是一个加快发展的年份，首先，协会在甘肃省邮政管理局的领导与关心下，在中国快递协会和甘肃省民间组织管理局指导下，继续深入学习贯彻党的十八大和十八届三中、四中、五中、六中全会精神，深入学习贯彻习近平总书记系列重要讲话，以全面深化改革为动力，贯彻落实中央及地方党委、政府和各级业务主管部门有关行业协会商会与行政机关脱钩改革的重要工作，甘肃快递协会按照国家邮政局印发的《邮政行业协会脱钩工作实施方案》的通知要求，“积极稳妥推进邮政行业协会脱钩试点工作，加快形成政社分开、权责明确、依法自治的现代社会组织体制”，于2016年5月第三届会员代表大会暨协会领导换届改选工作结束后，着手安排并顺利进行着快递协会与省邮政管理局的脱钩工作，为今后甘肃快递行业协会规范发展迈上新的台阶打下坚实基础，真正成为促进甘肃快递协会依法设立、自助办会、服务为本、治理规范、行为自律的社会组织。

二、加强行业自律，维护行业形象，坚守社会利益

为进一步促进甘肃快递业科学发展，本着共同协商、严守法律、公平竞争、诚实守信、顾全大局、加强自律的积极态度，促进行业的良性发展。

协会针对每个会员单位签订的《甘肃省快递行业自律公约》，要求快递企业牢记社会责任，合法开展经营活动，为广大消费者提供优质服务，进一步规范快递市场秩序，营造良好经营环境，反对和抵制不正当的市场竞争；严格遵循《协会章程》，倡导行业模范遵守国家政策法规、社会公德，倡导诚信经营，在会员间构建一个统一、公平、公开和公正的共赢市场竞争环境。

针对会员在提供快递服务中存在的超时限、速度不快、业务不精、态度不好等服务质量问题，与会员单位签订《快递服务质量自律公约》，并委

托中介机构开展快递服务质量测评，据此作为快递服务质量奖惩依据，督促和指导会员单位进一步完善企业内部管理制度，提高自身服务能力，从而以此推动全省快递企业的服务水平上台阶。

三、履行宗旨，发挥桥梁和纽带作用

协会秘书处是协会常设的办事机构，服务企业是快递协会的宗旨之一。2016 年 6 月协会新当选会长、秘书长主持召开理事会，安排部署协会的日常工作，强调加强协会工作职责和职能，要求协会工作人员通过自我管理、自我服务、自我协调的服务宗旨，为规范快递企业行为，促进快递行业健康有序和“又好又快”发展，发挥好服务会员单位的作用。

2016 年 10 月，兰州市公安局交警支队发布了《关于调整规范城区道路货运机动车辆限行管控的措施》通告。按照通告内容，兰州乃至全省的邮政快递邮件运输车辆将受到极大的影响，致使邮件运输车辆无法正常运行，为此甘肃省快递协会协同兰州市邮政管理局前往市交警支队，就邮政快件运输车辆通行难、进城难等问题向交警支队领导提交了《关于保障我市邮政快递车辆行业车辆便捷通行的请示》报告，以确保兰州邮政快递邮件车辆能够正常运行。经相互沟通、共同协商，双方达成共识，对于进出市区的邮政运输车辆不受限行规定，将运行在兰州市范围的快递邮件配送车辆统一由省快递协会负责办理车辆准予通行证的前期审核工作，为下一步规范管理快递邮件车辆和配送车辆打下基础。

为认真贯彻落实《兰州市交通秩序大整治行动实施方案》，进一步规范快递行业车辆管理，切实提升快递行业车辆安全文明行驶形象。2016 年末，兰州市交警支队副支队长徐刚前来市邮政管理局专题召开会议，对邮政快递行业不文明的交通违法行为进行了通报，并提出将于 2017 年 1 月至 6 月的半年时间，在全市范围内针对快递车辆不文明行驶的交通违法行为等问题，进行专项治理整顿活动。为此，省快递协会领导高度重视，安排协会工作人员及时与兰州市邮政管理局、兰州市交警支队相关领导进行沟通，根据交警支队通报的快递车辆违章行驶、随意停放、随意调头、乱闯红灯等违法行为，以及全市各快递企业运行车辆行驶不规范、外观不清晰、标识不统一、服务人员衣着不整洁等现象，协会积极配合市邮管局和交警支队全面落实快递车辆“四统一”要求，统一快递标识、统一快递车型、统一车辆号牌、统一快递员着装，对行驶的快递车辆按要求全部粘贴反光条，同时还邀请交警部门负责人为快递驾驶人员进行交通安全法律法规等常识的现场培训，以提高快递从业人员的安全法律知识，增强快递人员文明出行、安全驾驶、遵章守纪、自我约束的基本素养。在兰州市邮政行业交通秩序整治行动誓师大会上，全市 12 家快递企业的 300 台快递车辆，以干净整洁、规范有序、鲜明而又崭新的面貌出现在甘肃大剧院门前，接受交警管理部门领导的检验。在此次活动中甘肃快递协会充分发挥了连接政府与企业之间相互沟通、共同协作、规范化发展的桥梁与纽带的作用。下一步协会还将根据交警部门要求，将在兰所有快递企业的派送人员和车辆一律按要求进行着装、标识和出行规范进行统一，让快递企业的形象成为城市建设中一道亮丽的风景。

四、继续推行行业转型和标准化建设

为进一步加快推进快递企业转型升级和标准化建设，提高行业服务质量水平，提升快递企业形象，促进快递企业健康发展，省快递协会积极协助业务主管单位对全省 11 个重点品牌寄递服务企业进行全省快递服务质量测试及消费者满意度调查工作，指导快递公司进一步规范服务，提升服务质量，测试范围首次实现全省 14 个市州全覆盖。协会还根据业务主管单位有关“开展星级快递企业评选活动”的指导意见，制定了《星级快递企业评选实施办法和评定标准》，在全省快递行业推行标准化建设和星级企业评定工作中，组织重点会员单位专门召开星级企业推进会；经过协会星级企业评定领导小组的认真研究，按照星级企业评定办法，先后赴地市、县对推荐的30多个企业进行检查验收，并在企业等级评定过程中，审核验收小组严格评估企业的服务功能、人员素质、服务质量和安全生产、信息网络安全等制定评级的必备条件和基础管理指标、服务质量指标、企业安全生产指标、遵章守纪指标等具体评定细则，通过验收评定，共评选出“3A”级快递企业9家，“2A”级快递企业39家，并在协会第三届会员代表大会上进行表彰和颁牌，为行业发展树立了标杆。截至目前，全省获得星级快递企业称号的快递公司已达48家。企业的整体形象得到了明显的提升。根据业务主管单位的工作安排，2016年以后的星级快递企业评定工作时间，将由原来的一年一次评定，改为两年一次评定；以保障今后参与星级评定的企业，能够更加全面地完善自身的各项基础工作，确保星级企业的评定工作高质量、高成效。

五、承担社会责任，提供帮扶捐助

根据省委、省政府关于落实中央精准扶贫工作的安排，岷县马坞乡秦家沟村被列为甘肃省邮政管理局结对帮扶的对象。为此，省管局领导高度重视，精心安排抓落实，先后为该村修筑河堤、硬化村道、修建水泉，贯通自来水，连接信息网络，帮扶农民工就业等等，实实在在地为当地农民脱贫致富尽职尽责。

5月25日，省邮管局前往扶贫点马坞乡秦家沟村，开展捐助和走访调研活动。正值“六一”儿童节来临之际，省快递协会积极配合邮管局向秦家沟村小学92名学生和全村14名留守儿童捐助了新书包、字典、课外书、红领巾等价值近万元的学习用品；协会工作人员还跟随邮管局分成三组走访了18户贫困家庭，了解了他们的居住生活，生产及收入等方面情况，共同分析了致贫原因，明确了增收措施，增强了脱贫致富奔小康的信心。

六、活跃会员文化生活，成效显著

在各项工作和活动的开展中，我们始终把尊重会员的权利，保障会员利益放在首位，竭力为全体会员服务，并注重结合企业、员工和社会的需要；在2016年理事会工作计划中协会领导提出，选择适当的时机，为会员单位举办一届体育文化项目的活动，以活跃快递企业员工文化生活，增强企业员工锻炼身体的意识，为企业之间提供一个互相学习与合作交流的机会。为此，协会工作人员积极筹划、精心组织、全面安排，于国庆六十七周年之前组织开展了第一届甘肃省“快递杯”男子篮球赛活动，共有15个快递企业参与了比赛，并取得了很好的成绩；这次活动举办的非常成功，不仅赛出了企业员工的技能、还彰显出了企业员工的风格，得到了省、市邮管局领导、协会领导和各快递企业领导、员工的一致好评。通过这次活动，使得企业之间相互切磋、取长补短、共同进步的氛围愈加浓烈，也为我们快递协会今后开展此类活动增强了信心，奠定了基础。

七、服务企业，关爱员工

为落实国家邮政局快递业务旺季服务保障工作的相关要求，贯彻国家邮政局和中国快递协会针对2016年快递业务旺季工作实际情况，甘肃快递协会成立了由宝勒德会长任组长、景辉秘书长任副组长、其他副会长和协会工作人员为成员的“双11”快递服务保障工作领导小组，按照甘肃省邮政管理局落实“双11”服务保障工作的相关要求，省协会向全省各快递企业会员单位发出了“双11”快递业旺季服务保障倡议书，倡议全省各快递企业遵章守纪、规范服务、认真谋划、积极应对、加强验视、确保安全、合理调度、畅通渠道。确保

2016 年的“双 11”旺季服务工作圆满完成。省快递协会在“双 11”期间积极配合省、市邮管局领导，深入在兰各快递企业分拨中心、作业网点慰问一线员工，为加班加点工作在一线的员工们送去温暖、送去关爱。

八、发挥网站信息交流平台的作用

自 2013 年，协会建立了属于自己的专属网站，成为为行业和会员提供交流和服务的平台，在此平台上协会充分利用网站资源，多形式、多角度地宣传行业发展动态，传达国家对快递行业的相关政策、法规信息，登载企业员工的先进事迹，传播弘扬企业文化精神，经常性的报道会员单位的工作业绩和正能量活动，使之成为客观、公正、权威的行业宣传平台。

九、财务工作，井然有序

协会的经费来源以会员缴纳会费为主，协会严格按照规定收取会员会费，在经费管理方面，主要由协会办公室负责，所有会费皆为协会公共收入，任何人不得私自占用、挪用。协会自成立之初就设立了账册及财务清单，由协会办公室财务人员详细列载经费收支，并定期向协会负责人进行汇报，同时接受协会全体会员的监督。协会的经费必须用于协会的相关工作和活动，经费使用以高效和节约为原则。每次活动前由承办人员详列预算，活动过后提交正规、清楚的收据或发票等凭据，做到财务收支协调合理，并及时妥善的交于财务进行报账。

十、资产档案，妥善管理

协会成立近十年以来，往届成员也为我们留下了丰富的协会文档资料。在协会的发展中，许多协会资料和档案等在换届和工作人员调换、调离中存在部分混淆和缺失的现象，因此在 2016 年的工作中，协会工作人员加强了各种资产、文档的有效管理。对后续新增加的所有资产和文档等，做到分门别类的存档和备份，将其存储到协会的网络硬盘里，以备不时之需，做到资产、文档永不遗失。

青海省快递协会工作情况

2016 年是“十三五”的开局之年，是全面贯彻落实国务院“关于促进快递业发展若干意见”的重要之年。面对经济下行压力加大的局面，快递业主动适应经济新常态，青海省快递业继续保持良好的发展态势，实现了稳中有进的目标。2016 年青海省快递全年完成业务量 1078.6 万件，同比增长 50.5%；快递业务收入完成 3 亿元，同比增长 64.7%。

省快递协会在中国快递协会、省邮政管理局、省民间组织管理局的指导下，认真贯彻落实邮政管理工作会议和中国快递协会有关工作部署，统一思想、凝聚力量，充分发挥桥梁纽带作用，反映行业诉求，强化行业自律，努力服务会员企业，为巩固扩大青海快递业发展的良好态势、推动青海省快递业转型升级做出应有的贡献。主要做了以下工作。

一、做好协会基础工作，积极参加协会活动

2016 年以来，省协会在人员少、经费有限的情况下，认真做好协会的日常工作，积极参加中快协组织的各项活动。

（一）做好协会日常工作，加强协会经费管理

一是按时提交 2015 年财务审计报告和社团年审工作报告。根据《社会团体登记管理条例》、《民间非营利组织会计制度》协会委托专门审计部门对协会 2015 年财务收支情况进行了审计，并提交审计报告，同时编制了 2015 年度工作报告书，

经省民间组织管理局审查并通过。二是加强协会会费收缴工作。总体来说，在协会的努力下，在各理事单位的大力支持下，协会的会费收缴工作比较顺利。三是加强协会的经费管理。协会的经费来源十分有限，要做到遵章程、守规矩，必须加强管理。一年来，协会认真执行财务管理规定，使协会的财务状况逐年好转。四是不断壮大协会组织。在巩固2015年的基础上，2016年又发展了京邦达有限公司成为会员单位。

（二）按照中国快递协会的要求，由秘书长带队参加了2016年5月在北京举办的主题为“助力新经济、培育新动能”的2016中国快递行业（国际）发展大会

会议就“加强农村物流基础设施建设支撑农业电子商务快速健康发展”、快递业“十三五”展望、“快递供给侧改革探索”等主题进行了演讲，青海省参加会议的企业代表全面了解中国快递业在经济“新常态”下的新形势和新格局，结合青海实际，探寻行业未来发展之路。

二、提高快递行业技能，促进快递行业健康发展

在西宁市邮政管理局的积极争取和协调下，西宁市劳动竞赛委员会将快递行业职业技能竞赛纳入第四届职工职业技能大赛序列。协会配合西宁市邮政管理局精心组织，周密安排，提前做好各项准备工作，成功举办西宁市第四届职工职业技能大赛快递行业职业技能竞赛，对选手进行快件包装与捆扎、禁限寄物品识别、快递员应知应会等项目的综合能力测评，展现西宁快递行业技能人才风采，全面提升西宁快递企业技能人才整体素质。

本次竞赛集中展现了快递从业人员的职业风貌，营造了快递技能人才交流、学习和竞技的良好氛围，对促进全行业技能人才队伍建设、提高全行业职工队伍素质、提升快递服务能力和质量等方面具有重要意义。

三、加强行业自律、服务快递企业、协助管理局加强行业监管工作

省、市（州）两级邮政管理部门上下联动，建立政府、协会、企业三位互动的保障机制。全面开展青海省“G20峰会”“亚欧博览会和文博会”“十八届六中全会”、“第三届世界互联网大会”和“双11”业务旺季期间寄递渠道安全保障工作。强化重点活动期间安保工作落实，部署开展专项整治，重大节点期间，对企业主体责任不落实、“三项制度”执行不严格、安全隐患排查不到位等问题进行重点检查。

宁夏回族自治区快递协会工作情况

2016年，宁夏快递协会在中国快递协会和宁夏邮政管理局的指导下，在全体会员单位的配合和支持下，基本完成了全年工作任务，取得了一定成绩。

一、动员快递企业积极参与“互联网+”快递大学生创业创新大赛

为贯彻落实《关于广泛动员符合条件的员工积极参加全国“互联网+”快递大学生创业创新大赛的通知》，宁夏快递协会积极配合中国快递协会发文要求完成工作。深化高校创新创业教育改革，把创新创业教育融入人才培养，切实提高大学生创新精神、创业意识和创新创业能力。以创新引领创业、创业带动就业，提升就业质量、实现青春梦想。推动大赛创新创业成果的展示和转化，推进“互联网+快递”融合发展，促进快递业转型升级和提质增效。

二、配合做好关于加强二十国集团(G20)峰会期间寄递物品安全管理的工作

积极配合宁夏邮政管理局做好各企业动员工作,树立政治意识、大局意识、核心意识、看齐意识,加强企业管理,在健全和完善安全管理制度的前提下,成立以一把手为第一负责人的快递安全领导小组,在G20峰会期间建立24小时领导带班制度,为G20峰会提供优质、安全、快捷的快递服务。

三、配合做好快递服务质量专项整治工作

为提高快递服务质量,维护消费者合法权益,促进快递行业健康发展,协会配合宁夏邮政管理局做好全区快递服务质量专项整治工作,督促快递企业结合区内实际情况认真贯彻执行。

四、加强协会自身建设,扎实开展协会各项工作

2016年,协会认真学习国家的各项方针政策,法律法规,努力提高协会工作人员的政策水平,提高协会"服务、协调、自律"能力,发挥协会自身优势,促进协会各项工作的有效开展。

一年来,在宁夏邮政管理局的大力支持和正确领导下,在中国快递协会的指导下,协会做了一些工作,取得一定成绩。与此同时,协会也意识到还存在不少困难的问题。一是协会工作还滞后于区邮政管理局的中心工作,桥梁纽带作用发挥不够充分;二是协会解决会员单位的实际困难的能力还不足,对会员单位面临的困难和问题还了解不够深入;三是协会工作还不够贴近会员单位实际需求,致使部分会员单位对协会组织的一些活动参与的积极性不高,个别会员单位至今还未缴纳会费。四是因经费等问题未能按时编辑出版《宁夏快递》会刊、不能组织举办各项活动。协会将认真总结不足,按照协会章程,努力把协会办成"会员之家",不辜负会员单位的期望。

新疆维吾尔自治区快递协会工作情况

2016年,新疆快递协会在新疆邮政管理局和中国快递协会领导下,在全体会员单位的大力支持下,以"围绕中心、服务大局、服务会员、服务行业"为宗旨,在提升行业服务质量,搭建行业合作平台,指导行业依法经营、政策引导、为会员单位服务等方面积极开展工作,圆满完成各项工作任务。

一、认真贯彻落实国家邮政局年度工作会议精神

2016年年初,新疆快递协会召开了会长办公会议和年度会员大会,及时传达了国家邮政局工作会议精神,要求各会员单位在快递业发展中要结合新疆实际情况,注重规模、速度、安全、质量、效益等多维度的平衡与发展,着力解决行业发展过程中困难和问题。新疆主要快递企业按照国家邮政局和新疆邮政管理局的要求,抢抓机遇,加强能力建设和网络布局,服务的广度和深度进一步扩大。同时,主要快递企业对县域和主要乡镇的网点布局也深入推进。新疆提出并稳步实施的"快递下乡、进团场"工程。在市场竞争中快递企业内部的优化整合,提升了服务质量,增强全网的管控能力,使全区快递业发展又上一个新的台阶。

二、广泛开展协会各项活动,积极做好服务工作

2016年,协会按照全区邮政管理工作会议安排,紧紧围绕社会稳定和长治久安的总目标,坚持"稳中求进"的总基调,努力做好以下工作:

一是学习了中国快递协会和新疆邮政管理局

全年工作部署,梳理了全年工作任务,针对国家对快递业的扶持政策,成立了新疆快递协会微小企业扶持政策研究领导小组,通过学习讨论,统一了思想,明确了任务,坚定了信心。协会秘书处认真梳理,转发了国务院、自治区人民政府有关扶持微小企业相关政策文件,并深入企业进行了调研宣讲,指导企业如何结合实际利用好政策,抓住机遇加快发展,扎实有效地开展了此项工作。

二是认真开展调查研究,积极为会员服务。根据自治区经济工作会议精神和区管局工作安排,协会开展了狠抓安全、强化管理为重点的调研活动,深入地区各网络快递企业进行调研。调研的重点是掌握和了解寄递渠道安全保障制度和收寄验视制度执行情况;快递企业规范化服务活动开展情况;听取地州会员单位的合理诉求及对协会工作的建议和意见等。协会采取实地调查、座谈交流、传达政策、征询意见的方式,取得良好的效果。

三是为确保寄递渠道安全,提高行业维稳能力,新疆快递协会会同邮政管理局举办了安检机操作培训班,邀请专业技师现场讲解,来自乌鲁木齐地区快递企业部分参加了培训。培训活动分理论和实际操作两部分,专业技师通过投影进行理论讲解,并在实际操作中对物品分辨及确认给予指导,大大提高了操作人员的技能素质。

四是在“双11”旺季服务期间,由新疆邮政管理局安长来局长带领协会全体人员分别到快递企业作业现场慰问了基层员工,以示对基层员工工作生活的关心。

三、发挥行业自律作用规范市场秩序

目前,新疆快递市场尚存在一些不规范行为,如企业无证经营,超范围经营现象时有发生。企业间恶性竞争,乱打价格战,行业安全保障水平低下,损害消费者合法权益,企业转型升级兼并重组中一些内部经营纠纷出现的矛盾等。为此,年初会长办公会议专门进行了讨论,提出要进一步强化行业自律作用,广泛开展诚信经营教育活动,要求各会员单位以诚信经营为基点,以自律公约为准绳,提高自身自觉履行法定义务和责任,自觉维护市场秩序,共同抵制行业内的违法违规行为。

四、积极协助快递企业抓好旺季生产运营

根据区邮政管理局统计,新疆作为投递量为主的西部省份,迎来了“双11”之后快件处理高峰,面对严峻的运营形势,新疆快递行业协会发挥组织协调作用,协助快递企业在“双11”期间实现安全平稳有序运行。

一是结合中国快递协会安排部署,要求各网络快递企业提前谋划,精心组织,完善预案,抓好旺季服务保障关键环节和重点部位,确保收寄、分拨、运输、派送四大环节和投诉受理渠道安全畅通,努力实现国家邮政局提出的“不瘫痪、不爆仓、不延误”,“保畅通、保安全、保平稳”奋斗目标。

二是深入到基层企业督导检查前期备战工作。在“双11”前夕,协会深入乌市多数网络企业和部分地州快递企业检查督导前期备战工作,在“双11”邮件处理高峰期间每天奔波在现场一线,同时又分别到新疆顺丰、圆通、汇通、韵达、五家渠等网点检查督导,检查前期服务保障工作。督导组经过座谈了解和实地查看,各快递企业能认真落实国家邮政局电视电话会议精神,按照区邮政管理局提出的要求,成立了以主要领导挂帅的“双11”保障工作领导小组,设立了以企业网络运行负责人和信息管理负责人为核心的“双11”业务旺季生产运行指挥调度中心,制定 了可行性方案,扩大了分拣场地,提高了运能,增加了人员,较好地保障了业务高峰期的正常运营。

五、加强协会自身建设

一是不定期召开会长办公会议,及时传达国家邮政局、新疆邮政管理局、中国快递协会会议精

神，安排部署协会日常工作，经常深入各基层会员单位调查了解企业创新管理和发展愿景，通过各副会长单位向所辖下属单位或加盟企业贯彻协会的意见、要求，并向协会反映基层单位建议和诉求。二是加强会员队伍建设，积极发展新会员。三是继续加强协会各项制度建设，使协会工作更为规范。四是继续做好信息交流工作。做好《天山快递》杂志的编辑和发行工作，向会员单位提供政策信息、通报行业资讯、介绍协会工作、交流创新成果，拓宽会员视野，成为联系广大会员单位的一个交流平台。五是为提高协会工作人员综合素质，积极参加行业重要会议和重大活动。

第九篇　人　物　志

2016 年 4 月 27 日,北京,人民大会堂。

跨越 2015 ~ 2016,第二届中国梦 · 邮政情“寻找最美快递员”活动揭晓发布会在这里盛大开启。

这一天,距离“五一”国际劳动节还有 3 天。“最美快递员”候选人按捺住内心的激动,从人民大会堂东门外广场拾级而上。我们在这里,用一场仪式,礼赞“最美快递员”,并借此向奋战在一线的 200 万快递从业者致敬!

在此之前,为了全景呈现“最美快递员”的本真,《快递》杂志派记者赶赴他们工作和生活的地方,去探寻他们成为“最美”的内核因子。并在发布会前后,抓住一切时机,和“最美”获得者及“最美”候选人对话。我们期望,可以记录和展现“最美”;可以探究美与爱相伴的心路历程;可以一起来汲取正能量,让行业之美、人性之爱得到最大程度的发挥。

著名作家沈从文在文章《美与爱》中说:“ 我们实需要一种美和爱的新宗教,来煽起更年轻一辈做人的热诚,激发其生命的抽象搜寻,对人类明日未来向上合理的一切设计,都能产生一种崇高庄严感情。”

对行业而言,如此;对社会而言,亦如此。

党旭延:一位创新上瘾症“患者”

“寻找最美快递员”活动评审委员会推荐词:

你创新经营理念,开启一站式园区服务项目;你拓宽服务思路,把“快递 +”打造成地方样板;你转动着时代的车轮,和年轻的快递业共成长;你呼应着大众创业、万众创新,和更多像你一样的人一起,打造着中国经济增长的新引擎。

领奖台上,党旭延把奖杯举过头顶,一字一顿地告诉大家他接下来要做的事情—想新鲜的点子,为客户提供极致的服务。他说“最美快递员”的称号含金量大,对于他网点的发展和活动的推广很有帮助,尤其是对他正在推进的快递绿色包装项目。

2014 年年初,在餐饮业中已经小有成就的他接手了河南孟州中通快递,那不是一个完美的时机,快递业竞争十分激烈,党旭延入局晚,又有做老大的打算,因此初期投入极大。硬件上从店面装修到车辆配置,软件上从人员招聘到管理机制变革,不出一年,孟州中通竟有翻天覆地的改变,日进出港单量从 500 票变为 4500 多票,业务量增长 9 倍。

孟州距离河南省省会郑州有 100 多公里,人口 40 万,典型的小县城。党旭延没把这里看成落后的地方。他推出店内无线网络和孟州中通微信公众号,并为客户提供微信或支付宝等电子支付方式。党旭延还推出了会员卡制度，他为每位会员提供一张可与银行安全等级相媲美的会员卡，并开发了一整套操作系统。快递业人员流动性大，但不管员工怎么换，只要客户拿出会员卡，显示器上有关该客户的价格、常用地址等一清二楚。月底结算也可以通过系统自动完成，用户黏性与运营效率双双提高，看似简单的会员制，却给孟州中通带来了巨大的变化。

一年多的时间，党旭延把死了的网点做活，这似乎还不够。"对电商件的过度依赖使我们的议价权和主动权大大减弱，要改变快递业的被动地位，就要建立一个以快递为核心的新生态"。2015 年 9 月，他投资 150 万元创办了淘易电商园区，目前入驻商户共 22 家，他要让快递与电商重新认识彼此。

党旭延为这些客户提供电商销售全程解决方案。客户只需提供产品，淘易将为客户提供办公地区，解决产品拍摄、文案编写、互联网营销、客户服务等问题。最重要的是，这些大客户的快递配送均由孟州中通完成。业务单量提升只是搭建淘易的第一步，党旭延看到更大的图景—通过淘易形成孟州地区电子商务发展的孵化器，带动电商发展，最终受益的还是快递。

见证党旭延快递之路的，还有一块在核心区位的广告牌，"世界的 UPS 孟州的 ZTO"、"淘易，让淘宝更容易"两句广告语概括了他从深耕快递到转型"快递 +"的路径。接下来，这块被党旭延"承包"了的广告牌上还要打出最新的标语—"中通蓝让天空更蓝"。他要拿出一部分资金来培养用户循环使用快递包装的习惯，同当初做快递一样，他要改变的是一种风气，要把他看不惯的东西慢慢剔除，用现在的话讲，这很"任性"。

这种"任性"与他爱看的小说主人公有几分相似。他喜欢孔二狗的名作《东北往事》，这是一部黑帮风云奇谈。党旭延倒真有书中主人公的底色，做事业稳快准狠，做人随意洒脱。而拿到"最美快递员"的奖杯后，党旭延竟一改幽默的文风，在朋友圈发了八个字：心怀感恩，低头前行。他说他最该感谢的，其实是这个年轻的行业，他选对了。

张建明：家乡人民的"好儿子"

"寻找最美快递员"活动评审委员会推荐词：

你的行囊总是鼓的，装满了乡亲们的生活日用；你的钱袋总不空着，以备乡亲们的不时之需；你的双手总被乡亲们长久地握着，你是最受他们欢迎的人。10 年，一人，一车，行走 18 万公里，你服务着家乡人民，成为大家最深远的牵挂。

从北京站坐火车，向西穿过一座座山，三四个小时后，当火车驶进平原，离张建明居住和工作的地方才开始近了。这里是张家口，一个离北京很近却没有高铁的小城市，在广阔的平原上遍布风电塔，已经进入春天，但这里的黄土地上依然鲜有绿色，当地人操着地道的晋北方言（大同、包头、张家口方言都为晋语），让生于晋北的记者感到又回到了家乡。

张建明工作在一个叫九连城的镇上，那里是张家口市国家级贫困县沽源县里最贫穷的一个地方。下了火车，还要在汽车上颠簸两个小时才能到达九连城邮政支局，也就是张建明的家。记者去采访张建明时所走的这条路，也正是他十年前弃工返乡的路。

在北京打工四年，表现不错

的张建明本可以继续留在北京，挣着比老家更高的工资，体味大城市的生活氛围，但他最终选择了离开。不爱说话的他跟记者说，他还是喜欢安静的地方，离开北京，是因为那里太吵，他静不下来。

刚回到家乡的张建明，就应聘到了邮政公司当一名乡邮员，这一干就是10年。他负责两条乡级邮路的邮件和快件的派送工作，每天都要跑一整条，而每一条都串起了15个村庄。村子里交通不便，一到雨季道路就泥泞不堪，到了冬季就冰雪封路，村子里的乡亲们连日常生活用品都难以买到。乡亲们的不便，张建明看到眼中记在心里，热心的他利用投递之便，经常为乡亲们捎带生活用品，他的行囊也变得总是满满的。

张建明的身上还总是带着几百元钱，以备村民的不时之需。家住红圪塄村的陈仲魁老人今年82岁，生活和出行存在诸多不便。张建明除了及时把邮件送到老人家里，每到老人发工资的时候，他就先用身上的钱垫上，让老人早点放心，回头他再去把钱取出来。在投递的空闲时间，他还主动帮老人干家中的杂活。一次，老人去邻村探亲，回家时晕倒在路旁，恰巧被路过的张建明看到。他立刻把老人送到家中，跑前跑后，出钱为老人请医生、拿药。清醒后，老人握着张建明的手久久不愿放开。张建明经常借钱给乡里的困难户，有时候一年半载都不见对方还，他也不会主动去催，他说乡亲们过日子都很艰难，自己能帮多少就帮多少。

张建明就这样坚守了十年，一人，一车，没有假期，行程18万公里。十年中，他投递的报刊总数达192万份，邮(快)件1.5万余件，从未出现过一次失误。十年中，他从未为自己选择离开北京后悔，就算十年后再次回来，看到北京天翻地覆的变化，他也没有后悔。

但就是这样一个默默地坚守着的北方汉子，在“最美快递员”的颁奖现场忍不住流下了眼泪。他的事迹也让包括现场颁奖礼仪在内的很多观众忍不住热泪盈眶。当颁奖活动结束的时候，张建明在自己的微信朋友圈里写下了这样一段文字：“十年了！这十年中无人能明白我在乡间小路时的孤独。十年了！无人能知道我的辛苦我的付出！今天为了这十年，一切都是值得的。我会一直干下去的，今天是我今后更大的动力，相信明天会更加美好。”

张洋：“救人时，我根本没想那么多”

“寻找最美快递员”活动评审委员会推荐词：

作为军人，你曾为保家卫国练就铮铮铁骨；作为快递员，你于无声处演绎着大舞台上的小角色。生死时速间，你冲进火场，砸开铁窗，奋力救人，一个鲜活生命因你而延续；日常工作时，你是一个爱岗敬业的快递小哥，微笑着为千家万户送去无限欢乐。

一顶棒球帽，一身圆通工服，一张帅气的脸庞，站在领奖台上的张洋自信、阳光。

今年28岁的张洋出生在湖北嘉鱼，曾是一名英姿飒爽的防爆武警，2006年退伍后去佛山工作了几年，后来不幸遭遇了车祸，右脚脚踝骨折。在养伤时又意外摔断右脚，期间总共做了三次手术。2013年，张洋再三权衡后决定回嘉鱼发展。在家中休养调整了一年多，他进入圆通当起了快递员。不过直到现在，他还是不能做剧烈运动，就连跑步这样简单的运动，也只能慢跑而不能快跑。“有时候要送比较重的大件时，大家都会帮我一把。”

就是这样一位脚踝有旧伤的快递小哥，却在居民楼突发大火时，第一时间赶到现场，徒手爬上3楼撞开防盗窗救出被困女子。“我只是出于本能反应，当时根本没想那么多，脑海里就一个念头—把她救出来。”提及救火的事情，张洋显得非常平静。

而当时的情况却十分危急，火势迅速蔓延，消防官兵还没有赶到火灾现场，“水火无情，我早一分钟上去救人就多一分生的希望。或许，错过那短短的几分钟，就失去了最佳的救援时机。”用脚踹、用手掰，结实的防盗网纹丝不动。同事递给张洋一根钢筋，但钢筋都撬弯了也不管用。“我心里特别着急，上来了就这么又下去，我真的不甘心，一定要想办法把人救出来。”

突然有同事提醒道，防盗网的右侧恰好有一个上了锁的小门，“那时我就想，这个小门是被困女士唯一的希望，也是我唯一的希望。”张洋顺着防盗网爬上去，一边用左手抓住发烫的防盗网，一边拼尽全身的力量用右肘撞击小门，也不记得撞击了多少下，终于，防盗网的门窗被打落在地。那一瞬间，张洋悬着的心落地了，“这下里面的人有救了”。回想起当时所发生的一切，张洋仍然历历在目。

从爬窗去救人，到成功将人救下，张洋前前后后只用了10分钟，体验了一次真正的“生死时速”。不过，张洋坦言，对于从小就比较贪玩调皮，又在防爆支队接受过专业训练的他来说，起初心里还是有点儿底的，“比如怎么爬上去、怎么救人，我自己心里还是有一点点把握的。”救完人后，张洋默默地转身回到公司继续工作。

当问及为什么会有那样的勇气去救人时，张洋坚定地说：“是部队改变了我。以前我做什么事都是只想着自己，从来不考虑别人的感受，是在部队学会了很多做人的道理，明白了什么是无私、奉献。”说起自己的这段军旅生涯，张洋很是自豪。而军人的作风也早已经融入他的骨子里。

“现在，我做任何事情都是争取在最短的时间做到最好。”这一点在他的快递工作中体现得尤为突出，虽然干快递的时间并不算长，但他已经是公司里的业务能手，去年“双11”，张洋最高的派件纪录达到了260～270件/天。“以前自己也网购，也抱怨过快递员，甚至冲他们发过脾气。但当自己做了快递员后，才真正理解了这个行业的艰辛。”现在，在他的带动下，家人和朋友也都更加理解和尊重快递员了。“他们会对快递小哥说声‘谢谢’，也会自己下楼取件，让快递小哥少爬几层楼。”

说起未来，张洋自信满满：“干一行爱一行，做一行精一行。不管做什么工作都要做到最好，当快递员也一样。如果再有人遇到危险，我还是会在第一时间冲上去。”

王功亮：把一份手绘地图传下去

“寻找最美快递员”活动评审委员会推荐词：

你用脚丈量路线，客户用心丈量你。客户需求就是命令，绘制地图只为尽快抵达。看似容易，成却艰辛，踏实、坚持是你的底色，热心、服务是你心中不败的花。你，是百万勤劳快递员的杰出代表，是构筑快递业高楼大厦的一粒沙。

“咔咔咔”，领奖台上，王功亮画满地图的小本子一拿出来，大家的相机纷纷聚拢，对准了那个画满了红蓝黑线条的人工地图本。这个18岁进入申通，干了8年多快递的快递员，没想到有一天可以带着自己的地图本来到北京。

“北京城太大了，在这里送快件，可真难”。其实，王功亮不知道，宁德市辖区也不小，1664平方公里的面积甚至比北京的城八区还要大一些。每次一有新的片区需要派送，识路能力很强的王功亮就被视为头号人选，日子久了，他竟跑遍了宁德市所有的片区。现在，只要有人问起，他就能马上拿起笔他在本子上画出一张地图，红蓝黑三种颜色的线条，勾勒出他眼中的宁德市，格外真实而质朴。

王功亮能记住派送路线，所依靠的东西既简单又不简单。简单的是他白天派送时候刻意去记忆，回到网点就把记住的路线画在纸上，到了晚上，所有人都回家了，他又骑车再去派送的区域逛一逛，检查自己是否画错了。日子这样度过一天，并不是什么难题。然而8年的坚守，让每一次记忆—绘画—检查的路径变得不简单。

从业8年里，王功亮一直钻研一件事情，那就是如何做一个效率高、不出错的派送员。而定下这样的目标还是源于一次失误。当年入行，他忘记了一个客户的一份重要文件，虽然这一单快件没有给客户造成重大损失，但却成为他事业生涯的第一课，在他心中始终抹不掉痕迹。他明白了，受人之托就要忠人之事，送快递，远没有那么简单。

也就是在这以后，他总是把提高配送效率、为客服提供更快更好的服务放在心上，终于一步一个脚印，成长为所在网点的中层管理人员。但那一个画满地图的小本子他始终拿在身上，每当网点新进员工，他都会把这份手绘地图传下去，既分享了知识，又传承了精神，网点的快递员们更是以这个85后的年轻人为榜样。王功亮就这样一步步成长，直至站上人民大会堂“最美快递员”的领奖台。

手捧奖杯让他欣慰不已，然而事业上的种种成就也让他再次感到对家人的愧疚。儿子所在的幼儿园他没有去过几次，更别说花更多的时间陪伴儿子成长。而让他欣慰的是，此次来北京参加“最美快递员”揭晓发布会，他的爱人随他一同前来，这是他们夫妻二人第一次出远门，“就当作一次蜜月旅游吧，我想带她尝尝没吃过的菜，看看没见过的风景”，王功亮不停地向记者询问北京的好去处，长城、天坛、颐和园，这些地方他打算带着爱人好好玩一番。“不管他们啦！我要好好放松一下。”王功亮嘴上这样说着，还是忍不住拿起画满地图的小本子看了又看。藏不住的，正是他对快递事业深深的热爱。

在这个行业中，有人兢兢业业、有人任劳任怨，归于一点，他们具有绝对专业的服务精神，无论从哪一条路出发，通向的都是为客户提供最好服务的终点，而王功亮选择用双脚去丈量每一次派送，让风雨去伴随每一次抵达，他是百万平凡快递员的代表，做着百万平凡快递员在做的不凡事。

王小敏：“点亮心灯，照亮自己温暖他人”

“寻找最美快递员”活动评审委员会推荐词：

经历人生磨难，站起来成为生活的强者；满怀感恩之心，俯下身去点亮盏盏心灯。你是一叶扁舟，在人生之海经历跌宕起伏；你永葆爱心，在公益之路遍洒温润；你更热爱事业，用诚信和贡献打造着心目中快递的模样。

“那些孩子像极了小时候

的自己，我想尽自己最大的努力去帮助他们……”站在“最美快递员”揭晓发布会的领奖台上，王小敏道出了自己组建“点亮心灯”公益群的初衷，而他的故事也感染了在场的每一个人。

这位干练的西北汉子，是甘肃省优速快递的负责人，也是“点亮心灯”微信公益群的组建者。在他心里，“点亮心灯”也有着特殊的含义—在大山深处，很多孩子早上四五点就起床了，走十几公里的山路去上学，“我们能做的就是点亮一盏盏心灯，让孩子们在前行的道路上不再孤单。”

之所以热衷公益，帮助需要帮助的人，更是缘于他坎坷的人生经历。王小敏出生在甘肃天水一个并不富裕的家庭，初中还未毕业就辍学在家。“小时候老听别人说‘深圳遍地是黄金’，我也想去看看‘遍地黄金’到底是什么样。”2002 年，只有十七八岁的他，揣着父亲凑来的 300 元钱只身前往深圳。一张火车票就花去了 230 元，口袋里只剩下 70 元的他不得不露宿街头。

后来，他在餐馆找到了一份打杂的工作，勉强可以维持生计。“可干了一段时间，觉得这不是自己想要的生活，刚好自己手里也攒了一点点钱，就在罗湖花 30 块钱买了一辆二手自行车，进入康京广快递公司当起了快递员。”本来一切都往好的方向发展，但就在他干快递的第 6 天不幸遭遇了车祸。尽管保住了性命，却也留下残疾。

面对挫折，王小敏并没有放弃。“车祸后，我一边调养身体，一边在快递公司里干些杂活。老板看我工作很用心，就正式聘用了我，做过操作、干过客服，最后一直做到了客服经理。”回想起那段经历，王小敏没有丝毫抱怨，“反而正是那段时间的积累，成就了现在的自己。”在快递业摸爬滚打了 5 年多，也有了一定的经验和积累。2007 年，王小敏注册了深圳西北龙国际快递有限公司，专门代理 DHL 的国际快递业务。

从那次车祸开始，他更懂得了生命的可贵，当自己有能力时，他就想着怎么能帮助别人。“一次偶然的机会，我被 QQ 群里一组照片吸引了，照片里的几个孩子，他们站在教室外面，衣服破旧，满手冻疮，捧着课本在看书，他们就像是小时候的自己。我想尽我所能帮助孩子们。没别的，只是心疼他们。”于是，王小敏和几个 QQ 好友一起联手帮助家乡的孩子。

一边做快递一边做公益，在深圳的生活平静、快乐。然而，一张火车票又一次改变了他的人生轨迹。2007 年春节，因为没有买到回家的火车票，除夕那天父亲在甘肃老家哭了整整一夜，“那时我就下定决心，以后要回甘肃发展。”2008 年金融危机爆发，王小敏的生意也受到影响，“当时赚的钱都赔了，刚好得知优速在甘肃招加盟商，于是回到甘肃创业，一边做快递一边还能陪伴家人。”

刚开始生意并不好，慢慢有了起色后他又想继续做公益。在一个好友的提醒下，2015 年王小敏组建了“点亮心灯”公益群，“优速的很多同事都在里面，周围的一些爱心人士也加入了我们。”对于未来，王小敏说：“我想把快递做好，让我的快递兄弟们能够体面的生活，让自己有更多的能力去帮助需要帮助的人。我想用心活着，让自己的心灯一直亮着，照亮自己也能给别人带来温暖。”

胡细根:对快递的爱细水流长

“寻找最美快递员”活动评审委员会推荐词:

你用劳动者最朴素的方式,回答了生活中最深奥的问题:有比永恒更坚固的承诺,有比伟大更持久的热情。六年的光阴,小胡变成老胡,不变的是任劳任怨、尽职尽责地处理好每一票快件。什么叫服务?一次承诺,以心相托。

这是胡细根“第二次”获得“最美快递员”称号了。2015年10月,世界小商品之都义乌举办了“最美快递员”评选,胡细根凭借优秀的业务能力入选。他没想到几个月后,他居然在全国200万快递员中脱颖而出,成为站在人民大会堂上高举“最美快递员”奖杯的人。颁奖当天,他始终微笑着,双手托起心爱的奖杯,在签名板前不停地拍照。一个不算高、不算白、话不多、只是微笑着的“最美”形象被定格在镜头中。

2009年,胡细根从江西老家来到浙江义乌打拼。那时快递业刚刚起步,他看准了这个行业以后的发展前景,“既然下定决心做快递,就要到业务量最大的地方去”。就这样,胡细根来到浙江义乌,一干就是六年。六年里,小胡变成老胡,事业越来越顺利,生活越来越甜蜜,不变的唯有对快递事业的一腔热忱。“每天早晨我都要把当天的工作规划好,我要为客户负责,不能耽误任何一个人的快件”,胡细根凭借一份难得的责任感和勤奋,成为所在网点的中流砥柱。

他丰富的派送经验也常常让他成为解决棘手问题的专家。去年,一位年轻的业务员把客户的护照弄丢了,找了几天都没找到,只好向胡细根求救。他答应下来后,首先锁定了目标,然后以派送地址为圆心,以两三公里为半径,把这个区域中所有的超市、写字楼和住宅楼问了个遍,终于在第三天,找到了客户的护照。“自己的派送不能耽误,还要花很多时间去跟别人描述这个快件,最终能找到真是不容易”。胡细根把护照送到客户家中时,客户拿出一沓钱塞给他,胡细根婉言谢绝了。“这就是我该做的,我为什么要拿客户的钱”。几天后,胡细根所在的网点里挂上了一面鲜艳的锦旗,是那个客户送来的。胡细根虽然感动,但还是觉得浪费了客户的钱,心里过意不去。

六年中,这些可爱的用户让胡细根爱上了自己的事业,而他不知道,他的勤劳朴实也让客户爱上了他。在“最美”活动现场,胡细根没有其他快递员那么局促,他微笑地看着大屏幕,别人的故事也会让他感动。而当大屏幕上出现妻子的镜头时,胡细根目光中的暖意涌了出来。

胡细根的妻子是一位客户服务人员。他低头讲起自己的爱人,满是羞涩。他说爱人会放弃自己周末休息的时间,陪他去送快件。两个人挤在一辆三轮车上,你二楼、我三楼地配合着,一个小区很快就送完了,这样的“小游戏”也让派送多了无限乐趣。相濡以沫中,既有彼此爱之深,更有夫妻二人以快递为乐的职业精神。

正是有了妻子的大力支持,胡细根实现了自己入职第一天就定下的目标—做最优秀的快递员。六年里他休假时间总计不足30天,饱满的热情是清晨叫醒他的闹钟,家人的支持则是推动他奔跑的一份力。就这样,六年里零投诉、零差错,晚上十点接起客户的电话,他仍有力气把疲惫的四肢“组装”起来,马力十足地冲向揽收地。他,终于成为一位名副其实的优秀快递员。

罗芳:你的微笑让世界如此美丽

“寻找最美快递员”活动评审委员会推荐词:

魄力是火,智慧是犁。你凭借才华,扩土开疆。一副柔弱的肩膀,一肩挑快递,一肩挑电商。从4人到200人,从2家到28家。你创造机会与人共享富裕,独留辛劳与汗水。众人追随是最好的赞誉,业绩攀升是最美的诠释。

罗芳在领奖台上微笑着,讲述着自己为何要干快递的故事。2013年,她和快递员到铜鼓县最偏远的一个乡体验派件,遇到了一位老乡。老乡打开包裹,幸福地告诉她,这是在外打工的孩子寄回来的。孩子们一年只能回来一两次,但因为有了快递和网购,她和孩子们的联系越来越紧。也是这位老乡,看到快递为网购带来的方便,也将自家的蜂蜜委托农村服务站外销到全国各地,一年的收入,从2万元增长到10万元,同时还带领着20多位村民一起做电商。她说:“如果讲信念的话,我从事这个行业,是一件很骄傲的事情。”

如雷般的掌声应和了她的骄傲,大家用掌声告诉这个此次获得“最美快递员”殊荣的10位个人中唯一的女性,告诉这个一直在微笑的女孩,“你值得骄傲”。

从4个员工、一台电脑、7平方米的小店开始创业,到如今开创“快递+电子商务+创业孵化”的捷一模式,罗芳改变了当地多年来“守着金山却不能转化成效益”的困境,也成就了自身的价值。在她的带领下,不仅实现快递服务网络向下延伸,更把山沟里的各种农副产品推向了全国,一大批农民在罗芳的带领下脱贫致富。

两年前,记者到铜鼓县采访时,铜鼓县人民政府副县长赖国梁就评价说,捷一商务整合县内快递资源,实际上是“把五根指头握成了拳头”,“集中力量打通了铜鼓县通往外界的交通物流瓶颈,既可以把县内的优质特色产品送出去,也可以把外界的优质资源引进来,对促进县域经济发展所做出的贡献,不可低估。”

一肩挑电商,一肩挑快递,罗芳对电商与快递的关系认识得更深—“鱼和水”。曾经,快递网络不全,好东西卖不出去,她做电商第一年就亏损100万元;如今,快递的发展助推了她电子商务的成长。据记者了解,2015年,捷一商务网上销售额突破5亿元,不仅在铜鼓,在整个江西都是电子商务的佼佼者。其引领、示范、带动作用,已经开始显现。

获得“最美快递员”殊荣,罗芳告诉记者,她完全“没有想到”。她没有想到自己创办的事业能发展到今天这样的程度,更没有想到自己会成为“最美快递员”。在她看来,要成为“最美”,至少要具备三方面条件:一是社会贡献大;二是服务基层群众;三是要有开拓创新的能力。她觉得,虽然自己一直在努力,但在这三个方面,“做得还不够好”。

谈及未来,成为“最美”之后的罗芳,有很多想法。在她看来,“帮助他人,是一件快乐的事情”。她希望公司的规模能够进一步扩大,“至少为1万人提供就业岗位”;她希望自己能够变得更加强大,可以有更大的能力和更多的精力去帮助需要帮助的人;她也希望,有更多的人和她一起创业,一起改变家乡的面貌。当然,和普通女孩一样,她也希望有更多的时间去读书、旅游、逛街……

在采访中,她也一直微笑着,如同两年前采访她一样,用自信和行动告诉大家,“我们都可以”。

陈兆麟:眼光有多远世界有多大

“寻找最美快递员”活动评审委员会推荐词:

一束鲜花,数次派送。用工作成人之美,用职责助人圆梦。你传递的是一份甜蜜爱意,践行的是一种行业承诺。你牵线爱,让爱在恋人心中长存;你传递情,让承诺在用户心中扎根。你用尽心血,不负客户所托。

他戴着个很精致的蓝牙耳机,透明的夹子,银白相间的机身。他托一托眼镜架,手指修长洁白,十指交叉放在腿上,专注地看着屏幕。这个人,怎么看都不像一位快递员。他是来自联邦快递的一位优秀员工,名叫陈兆麟。在领奖台上,他操着一口“港普”,一字一顿地讲述着自己如何把送快递看成一段成人之美的旅程;回到台下,他顽皮起来,笑着说自己是一个“有故事的快递员”。

2008 年,陈兆麟决心去外企看一看,感受他们的管理方式和文化氛围,恰好联邦快递招聘,他前前后后经历数次笔试和面试,终于成功签约,工号775313。

陈兆麟做快递之前就有丰富的职业经验,而选择做快递也是冲着外企的管理经验和文化氛围去的,他没有想到,自己的快递事业竟一干就是八年。

2013 年 5 月 3 日,陈兆麟的宝贝出生了。他惊讶地发现,自己的工号竟然神奇地预料到孩子的降生。775313,开头两位数字是他的出生年份,后头两位数字是孩子的年份,而中间两位数字竟然是孩子的生日。这让他对联邦快递又多了一份感情,似乎冥冥之中,他跟这里有缘。

做了快递员后,陈兆麟的生活发生巨大改变,从前生活习惯的不规律和每天挂在嘴边的生意经统统不见,一副白手套、一辆车、一片区,他的生活被一车快件包围,日复一日。意外的是,这样的派送非但没让他厌倦,反而让他乐此不疲。他是一个责任感极强的人,天性又有一些浪漫之情,因此他会把每一次派送看成一段成人之美的旅程,始终践行着联邦快递对客户的“紫色承诺”。

2015 年情人节,是陈兆麟难忘的一天。当天晚间,陈兆麟准备下班,同事小胡告诉他有一位北京的客户送给广州女朋友的鲜花还没有签收,客户非常着急。这位先生想给女朋友一个惊喜,但收件人并没有保持开机,始终联系不上。陈兆麟话不多说,抱着鲜花迅速出发了。一路费尽周折,不停拨打收件人电话,途中终于接通了。无奈的是,由于是情人节,收件人约了闺蜜去参加聚会,已经离开公司回家了。陈兆麟没有放弃,他问清住址后,马上改道直奔收件人住所。但是到了目的地后摁门铃没人开门,陈兆麟再次拨打电话,收件人抱歉地告诉他,他又去了另一个地方。当时已经很晚,广州城洋溢着情人节的甜蜜气氛,霓虹灯下,陈兆麟对自己说:我干的就是成人之美的事情,我不能就这么放弃!于是他忍着饥饿,第三次改变目的地,终于在收件人聚会的酒吧里,把这束鲜花送到她手中。收件人惊呆了,既为男朋友的心意感动,更为快递小哥的坚持而感动。后来,北京的客户打电话告诉陈兆麟:“幸亏有你,你的坚持让我们的爱情成为好事多磨的佳话。”

陈兆麟本可以过另一种生活。他的父母长期生活在香港,家庭条件优越。但从小与祖母一起在广州长大的他,有着极强的自立能力,从 15 岁开始就能够赚钱养家,想要的一切都是靠自己争取。而如今,拿到“最美快递员”的奖杯,陈兆麟也是当之无愧。他说一个人的眼光有多远，世界就有多大。这不意味着攀上金钱的高峰，更多的是在找到人生的乐趣。做快递，他秉承承诺，乐在其中，足够了。

曹晓祥："我想要这样做"

"寻找最美快递员"活动评审委员会推荐词：

从一张照片出发，你的公益路一走就是21年。从两个人到一个群体，公益的力量日渐壮大。面对质疑，你从不退缩；面对荣誉，你绝不迷失。你不忘初心，只愿做一颗"螺丝钉"；你砥砺前行，将善心善举一直留在路上。

"朋友听说我在人民大会堂领奖，吓了一跳，立马打电话过来问是怎么回事。"4月27日上午，"最美"揭晓发布会刚一结束，曹晓祥手中的电话就响个不停。

这并不是曹晓祥第一次站在领奖台上，但却是他最激动、最难忘的一次——获得"最美快递员"称号，到北京在人民大会堂领奖。而这一切，都源于他21年坚持做公益。"很多人都问我，坚持21年是怎么做到的。其实我自己觉得这并没有什么，一直以来都只有一个简单的信念—我想要这样做。"面对记者的提问，百世快递江苏泰州快递员曹晓祥的回答坚定而坦然。

在"想要做"的背后，更深层的原因则是受家庭教育潜移默化的影响。从小生长在工厂家属大院里的曹晓祥性格温和，父亲对他的管教也一直很严，"父亲在厂子里很有威望，谁家有点什么事儿都会找他帮忙调解，谁家有困难了，他都会热心帮助。父亲像山，母亲像水，凝聚成了一个家庭。也正是从小的这种生活经历，让我觉得帮助别人是件快乐的事情。"曹晓祥说。

90年代，刚刚参加工作的曹晓祥在一家乡镇企业当钳工，"当时感觉自己的人生一眼就望到头了，总觉得人生不应该就这么平淡，应该折腾折腾，做点什么。"一次偶然的机会，看到一张希望工程的照片，一个衣着破旧的小女孩站在台阶上，他父亲在旁边无助地流着眼泪，"当时自己的生活还可以，根本想不到还会有人过得这么穷苦，看到照片的那一瞬间就被深深地打动了，我把自己一个月的工资53块钱全部捐了出去。"也正是从那时开始，曹晓祥就参与到希望工程的捐助中。

之后，曹晓祥也经历了下岗、再就业等波折，不过，他的公益之路却一直坚持了下来。除了捐资助学外，曹晓祥参加无偿献血也有17个年头，至今累计献血量超过15000毫升；2007年5月，他又成为造血干细胞志愿捐献者；2001年9月，曹晓祥如愿以偿地成为一名注册志愿者；2007年6月，曹晓祥与姐姐共同创办了泰州地区第一个综合型公益网站—泰州公益网；2015年5月，为了合法合规地开展公益活动，曹晓祥的"泰州市飞翔公益服务中心"正式注册成立……渐渐地，曹晓祥的公益之路也越走越宽。

说起做快递，曹晓祥直言："最开始的想法是为了多赚点钱，因为做公益需要用钱。但当自己真正成为一名快递员后，才体会到了身上所肩负的另一份责任。每当把快件送到客户手里，客户说一声'谢谢'时，我心里别提有多高兴了。做公益，做快递，都是让我开心的事儿。"

在他看来，快递工作虽然十分繁重辛苦，但也为从事公益事业提供了窗口和渠道。每天，在收派快件、提供热情周到服务的同时，他也抓住机会向客户们宣传无偿献血知识，并为有心人提供爱心帮扶的信息。曹晓祥还十分有心地在快递面包车身上张贴了宣传海报。快递车走街串巷，他将无偿献血的理念播撒到城市的每个角落。在曹晓祥的鼓舞带动下，公司很多快递员都参与到公益事业中，泰州百世快递日益成为一个充满仁爱的大集体。

“作为一名志愿者，在助人的同时，也是自助。在使其他生命活出色彩的同时，也可以从中得到思想上的升华，学会与人沟通，学会关爱他人，也更深刻地领悟到生命的意义。”曹晓祥说，未来他将继续努力工作，为更多的客户提供优质的服务，也希望有更多的人参与到公益事业当中。

文国仁：“我坚信，付出定会有回报”

“寻找最美快递员”活动评审委员会推荐词：

从装卸员、分拣员……到转运中心经理，15 年的坚守，你一步一个脚印，踏实沉稳。“双 11”件量激增，在堆积如山的货物面前、在缺乏信心的员工面前，你自信从容，亲自带领团队连续奋战了三天三夜，你是大家心中的“工作巨人”。

80 后，15 年坚守，24 小时开机，“工作巨人”……左手紧握红色证书，右手高高举起奖杯，那一刻，他多年的坚持得到了回报。走下领奖台，“最美快递员”、天天快递北京转运中心经理文国仁，在第一时间接受了本刊记者的采访，和我们一起分享他的快递故事。

“凡事贵在坚持。”当问及获奖感受时，他的回答简单而干脆。2001 年，文国仁从内蒙古老家来到北京打拼，进入天天快递做起了装卸工。“那时团队里人少，我只要忙完自己手头的工作，就会帮其他同事一起干活，派件、取件、打包、操作、发货等都做过。”他说，“我是从农村出来的，从小就在家里干农活，这对我来说都是小意思。”

正是这段经历，让文国仁渐渐变成了一名全能型操作人才，也为他日后走上管理岗位打下了坚实的基础。而事事追求完美的性格，也让他在业务技能方面更胜一筹。“做每件事情之前，我都会给自己定个标准，争取把每件事都做到最好。”在做装卸工时，文国仁所装的车就是满载率最高的。就这样，事事都争着去做，事事又要做到最好，他从装卸、分拣一直做到了转运中心经理。

走上管理层，如何带好团队，文国仁也有自己的“独门秘籍”。“我是从一线员工走到管理层的，所以我更知道一线员工心里是怎么想的，他们最需要的是什么。营造一个良好的团队氛围，让每一个人在里面都有干劲，这一点非常重要。”他说，自己坚持这么多年，团队的良好工作氛围也是吸引他、留住他的重要原因之一，他也希望自己带领的团队能留住每一位员工的心。

留人留心并不是一句空话，文国仁又是怎么做的呢？“任何工作都要手把手去教，我当时是怎么做的，都会一点点交给下属。”平日里只要一有空，他就会到操作场地去，把自己的经验毫无保留地分享给员工。在“双 11”全员奋战的时候，文国仁会带领团队中的管理层走进一线，“我们和一线员工一起干着同样的活，该装车装车，该分拣分拣，没有任何区别。”“在一起”所带来的标杆效应，也让文国仁的团队更具战斗力，每一次都能出色地完成任务。在他看来，操作无大事，但是所有的小事情又都是大事情，所以一定要把每一件小事做好。

他在内蒙古老家的父母，由哥哥一家照顾，这让他的心里踏实了很多。“刚开始做快递的时候，家里人并不理解，他们根本不知道什么是快递。现在老家农村种地的老大爷、老大妈都知道快递是什么。”文国仁自豪地说，现在他虽然没有太多的时间回去陪父母，但也会经常会打电话、视频聊天，也会通过快递给父母寄一些东西，父母也会通过快递给他寄一些土特产，快递渐渐地成了维系他和父母亲情的一座桥梁。

“行业发展越来越快，我们每一个置身于行业中的人都有压力。但每当回家看到孩子可爱的样子时，再大的压力也都释然了。”对于未来，文国仁说自己没有太大的规划，“我相信坚持一定会有回报。也希望行业发展越来越好，有更多的人能理解我们、支持我们。”

中通海南团队：从快递人到“菜侠”

“寻找最美快递员”活动评审委员会推荐词：

20辆车，30个人。这不是数字，而是一支讲奉献、能战斗的队伍。救急如救火，你们挺身而出，起早贪黑，舍弃小家的团聚，换来众人的笑颜。你们放弃小我，成就暖心之举；甘于奉献，最是难能可贵。

穿着中通快递的服装，干着职业卖菜的行当，不知道你有没有听说过，反正记者是第一次听说。这事还得从中通海南分公司经理许再应接到的一个电话说起。

今年正月初二，许再应接到在做公益时认识的朋友—海口菜篮子集团董事长符明全的一个电话，电话内容是市政府为平抑海口日益高涨的菜价，调配了一批平价蔬菜，但苦于过年期间无人愿意运输，希望许再应能够帮帮忙。想到当时五十元一斤的豌豆苗、十几元一斤的白菜和豆角，许再应认为这是一个为老百姓干实事的机会，便立即答应下来。春节期间，海口的大部分中通快递员都返乡过年，许再应就召集在海口以及回到附近城市过年的公司管理干部来做义工，因为很多都是一起闯荡的兄弟，他的倡议立刻得到30多名员工的响应，有的员工还带着亲戚来帮忙。随后，许再应又调配20辆货车参与运输。就这样，许再应带着他的团队开始了一段义务“卖菜”的生涯。

二月的早上6点，天还没有亮，海口市秀英港的菜篮子蔬菜加工配送中心已经灯火通明、热火朝天。装载着蔬菜的车辆陆陆续续地驶出大门，发往市政府平价菜临时直销点。而在蔬菜加工配送中心仓库内部，几十名身穿中通快递工服的快递员正忙着手头上的工作，分拣、加工、搬运、登记……

许再应笑着说：“说实话，卖菜的技术含量真不如干快递高。分拣和运输我们是行家，与复杂的快件相比，30多个品种的蔬菜分拣起来很容易，但首先得认识都是什么菜。规划运输路由，这更是小菜一碟。”

虽说操作容易，但依然是辛苦活儿。“每天凌晨4点半就得起床，5点半从家中赶到蔬菜加工配送中心，将蔬菜进行分拣、装车，运到直销点。之后，我们也会帮助直销点的志愿者搭帐篷、销售、过秤、打扫卫生等。一天下来我们要将菜分送到30个平价菜临时销点，每到一个点就要干这些工作，非常辛苦。”许再应说，“每天晚上9点多才能回家，中午一般吃一些盒饭。”说到吃饭，许再应有些不好意思起来，“因为是过年期间，很难找到做饭的师傅，盒饭供应不上，又没有时间都回家吃饭，所以有时候我们就吃自己‘卖的菜’，胡萝卜、白萝卜等，用钥匙刮一刮就吃。”

许再应自己都没想到，从他答应帮菜篮子集团这个忙之后，就一直“卖菜”卖到了今天。“本来以为干三四天就完事，结果干到了今天，还签了三年的协议，卖菜如今成了海南中通在海口的一项业务。”许再应说，“作为一家地方企业，必须学会承担社会责任和义务。我们是在这片土地上成长起来的，就有义务去做一些力所能及的事情。”

许再应还对记者讲了一件十分有趣的事。有一天，许再应穿着中通工服买完菜回家时，一位路过的老人还上前询问他手里的菜怎么卖。“因为此次菜篮子工程的影响，老百姓们真把我们中通人当成了卖菜的。”许再应笑着说，“如今，我们的菜篮子团队已经另起炉灶，在此次活动部分骨干的基础上扩招了不少新员工，达到了58人，他们都穿着中通的工服，拿着中通的工资。我们的队伍在海口当地还有个很时髦的外号—‘菜侠’！”

顺丰江苏团队：“16小时”的爱心总动员

“寻找最美快递员”活动评审委员会推荐词：

一声倡议，群相呼应。你们挺身而出，又悄然引退。你们不求回报，你们不需赞誉，快速响应，勇于担当，原本就是行业品质。今日，300“壮士”为生命加油；明日，生命赞歌将重新响起。那一刻，你们都是英雄。

时间拉回到2016年2月25日晚上22:00，江苏卫视《南京零距离》播出的一则“南京血库告急”的信息，牵动了顺丰速运江苏公司员工的心。当天夜里，江苏顺丰党支部、工会相关负责人连夜召开会议，决定在公司内部发起“无偿献血、奉献爱心”的倡议。

第二天一早，得到消息的顺丰员工就通过各种途径报名，与此同时，公司与南京红十字会血液中心取得联系，当天下午14:00，红十字会的爱心献血车就开到了公司楼下。经过献血前的体检、抽血、初筛等各种程序，当天共有300多名顺丰员工一起排队献血—从得到消息，到发起号召，再到开始献血，前后耗时仅16小时—顺丰人用行动证明：不仅快递送得快，在公益事业面前，顺丰的响应速度依旧“杠杠的”。

献血，是我们绝大多数人都能轻易实现的爱心之举。挽起你的手臂，当你的热血缓缓流出，或许，你就会在不久的将来，挽救一个人的性命。在顺丰速运江苏公司这场关于爱心的总动员中，我们无法逐一将300多位爱心人士一一找到，他们可能是公司的高管，也可能是电话机前的客服，可能是公司的前台，也可能是每天风里来雨里去的快递小哥，你不知道他的名字，但此刻，他们都是顺丰人，他们书写了一个大大的“人”字。

来到北京，登上人民大会堂的领奖台，顺丰速运江苏团队的代表李世里很激动，他通过微信告诉记者，其实他们只是做了一件普通的，但又非常有意义的公益活动，没有想到会获得“最美快递员”的殊荣。在他看来，

"最美快递员"的标准，是"社会认可、人民认可、行业认可"。"行业给了我们这么高的荣誉，在这场以为生命加油为主题的爱心活动中，我们有义务和责任去做好、做实。"李世里表示，"最美快递员"的称号，对于顺丰江苏团队而言，意味着今后在爱心活动的路上，要求更高，"我们在做好服务社会的同时，还要将爱心活动延续下去。"

李世里告诉记者，在这次"为生命加油"的爱心献血结束后不久，不少顺丰员工都收到了南京市红十字会血液中心发来的短信，说"您的血液于×月×日×时×分已经用到病人身上"，这就是爱心的价值。

实际上，热衷于公益活动一直以来是顺丰所倡导的企业文化。据记者了解，顺丰速运成立了专门的基金会，长期在偏远贫困山区开展捐资助学活动。在重大自然灾害面前，也经常可以看到顺丰的身影。这一次爱心献血活动，在某种程度上，可以说是顺丰一以贯之的公益精神的体现。

李世里向记者表示，企业文化不是写在宣传册上的文字，也不是空洞的口号和标语，而是体现在实实在在的行动中，体现在每一处微不足道的细节里。积极参与公益行动，对顺丰员工而言，"会带来更高的社会参与率，有利于建设良好的企业文化，提升员工的荣誉感和归属感，更有利于吸引优秀的人才"。

"爱心活动这条路我们会一直走下去，让更多的顺丰人加入到爱心团队中来，用更好的行动来回馈社会。"

国通申诉组团队：将微笑服务进行到底

"寻找最美快递员"活动评审委员会推荐词：

一部电话，一只耳麦，每天数百通申诉电话；焦躁、抱怨，指责，甚至谩骂。你们没有迟疑，安抚、询问、解答，记录、回访、存档。我们看不到你们的样子，却能够"听"到你们的耐心和微笑，你们用心，兑现着客户至上的承诺。

"你好，国通快递，工号6115，很高兴为您服务。请问有什么可以帮到您？您好，感谢您选择国通快递，请提供您的取件地址和联系电话。请问还有什么需要帮助的吗……"

这是国通客服申诉组成员每天早上8:20~8:30的晨读上都要重复练习的术语，这样日复一日的练习至今已持续了四年。当她们在记者面前异口同声地示范这些礼貌用语时，记者仿佛置身在了她们辛勤耕耘的工作环境中。

申诉组里的四个女孩，靠发扬团队精神成为国通客服中心乃至整个国通快递的学习榜样，被誉为申诉组的"四朵金花"，她们就是于妞妞、孙桂梅、王玲和郭兰兰。孙桂梅为大姐，妞妞是二姐，王玲是老三，兰兰是小妹，四人平日都以姐妹相称，亲似一家人。

"四朵金花"来自五湖四海，她们都有着各自不同的爱好，但工作时的"爱好"却是相同的—怀揣着真心和耐心，用积极的心态为每一位客户提供最优质的服务。"四朵金花"每次与客户的交流，都严格按照晨读中的"开头语—工号—结束语"这一流程进行。除了完成规定的语术之外，无论是来电投诉还是12305转办的申诉，她们都会按照回复时效和结案时效规范处理。在处理过程中，遇到客户的抱怨是常有的事情，而且由于四人是国通客服的最后一道“关口”,往往所遭受的是客户最猛烈的情绪宣泄,而她们要做到的只能是微笑和忍耐。

“说实话,你们真的不委屈吗?”当于妞妞和郭兰兰代表团队站在“最美快递员”的颁奖台上领奖时,主持人这样问她们。“不委屈!”于妞妞坚定地说。三个字代表了国通申诉组团队追求主动服务的最高境界。但电话中甜美的声音背后,也曾有过失落和迷茫,甚至痛哭流涕。岁月的打磨和意志的凝聚让四朵金花练就了积极乐观的心态和大度的胸怀。当面对问题时,她们首先想到的就是换位思考,有效地解答客户提出的每一个问题。发生问题并不可怕,积极有效处理才是关键。

大姐孙桂梅有时在处理客户赔偿问题时,会主动加对方为好友,在申诉处理完成后,她也不会删除。同事不解地问她:“为什么不删去?”孙桂梅说:“与客户沟通中,我发现这位客户经常通过国通寄快件。要是有什么问题需要咨询或者处理的时候,可以直接通过 QQ 找到我,而不是等他去 12305 申诉后再来处理。这样,不仅可以及时处理客户的问题,也可以降低 12305 的申诉量。”

这样的例子,也发生在小组其他成员的身上。有时下班时间过去很久,王玲还在接听客户的电话,客户接连不断地发问、咨询,她始终面带微笑地为客户服务。解答完客户咨询的问题时,她总是再次询问客户:“请问还有什么可以帮到您?”时间一分一秒过去,超出下班时间已经 30 多分钟了,王玲还在耐心为客户解答。“有时候这样的电话会持续一个小时。”王玲说。

于妞妞说:“作为国通快递的一员,维护好客户,处理好每一次申诉是我们的职责,我们代表的不是个人,代表的是国通快递。”在“四朵金花”的眼里,客户的事就是她们的事。服务就是要靠那份热心和真诚。客户的问题得以圆满解决,她们才会很快乐。

京东阆中配送站:“当你老了,有我!”

“寻找最美快递员”活动评审委员会推荐词:

陪伴是最长情的告白,守护是最沉默的陪伴。做一次好事容易,把好事一直做下去却不易!多年如一日,不管谁入职,都要记住一位特殊客户的名字,关心他、服务他、照顾他。无言的默契,让爱心传承,让情谊永驻。

“罗元春的母亲老了,有他陪伴;当他老了,谁来陪伴?”

“有我!”“有我!”“有我!”……

这是一个发生在快递员和客户之间的温暖故事。这也是一段暖心的视频。视频中,京东阆中配送站站长郑颖略带忧虑的提问和配送站兄弟们坚定的回答,让发布会现场的观众,心里暖暖的。

“不管谁入职,都要记住‘春哥’这个名字。”这是郑颖为配送站兄弟们立下的“规矩”。与其说是“规矩”,不如说这就像他们习惯称罗元春为“春哥”一样,已经成为一种习惯。

在配送站的墙上,有一个专门为罗元春设立的爱心捐款箱,大伙发了工资,或者有零钱的时候,会自觉地把捐款箱塞满。大伙凑的钱,会全部用来为罗元春购买生活必需品——对于因脑瘫而逐渐丧失行动能力罗元春母子,能够送货上门的网购是他们接触社会的唯一方式—最近一次，配送站的兄弟们为“春哥”带去了他最喜欢吃的拌饭酱。

发布会前夕，记者在四川省阆中市福利院见到了“春哥”母子。尽管小脑萎缩已经让罗元春的语言表达越来越吃力，但他还是清晰地记得：最初为他送快递的配送员叫陈林；现在负责给福利院送货的叫李柏杨，前不久还帮他重装了电脑；京东配送站的郑老大（郑颖）还经常带着其他员工去看他……

2014 年 2 月，京东阆中配送站建站。一次偶然的送货上门了解到罗元春的特殊情况后，京东阆中配送站对罗元春母子的照顾就此开始。郑颖说：“是罗元春教育了我，他诠释了‘久病床前有孝子’。”李柏杨说：“‘春哥’也很不容易，年纪轻轻遗传了母亲的脑瘫，自己行动不便，还要照顾病得更重的母亲。”每一位受访的配送员都不愿过多地谈及他们为“春哥”做了什么，他们更愿意说的，是“春哥”带给他们的感悟和现在的窘境，他们希望有更多的人，可以一起来帮助“春哥”。他们为“春哥”未来的生活揪着心，这样的感情，已经超越了快递员和客户，更像是家人。

采访中，陈林讲述了他和“春哥”的一个小故事。有一次到罗元春家送货，进门时不小心被生锈的挂钩划伤了手，血流了出来，而他并没有察觉，倒是罗元春首先发现了。“‘春哥’用含糊不清的话，心急地责备我，怎么这么不小心，他那急切的表情，就像是家里的兄长对弟弟的关怀。”说到这里，陈林的眼眶，竟有点微微发红。

当选“最美快递员”，郑颖和他团队的兄弟们都很淡然。郑颖说，这对他们不会有任何影响，“过去我们照顾‘春哥’母子，今后我们还是一如既往地照顾好他们母子”。

不过，郑颖也告诉记者他的“私心”—罗元春母子的病情每况愈下，已经住进了当地福利院，但他们母子并不符合福利院免费收养的政策，尽管福利院考虑到他们的实际情况已经在费用上进行了减免，每月仍要缴纳 4000 多元的护理费，这笔钱，目前完全依靠罗元春母亲的兄弟姐妹东拼西凑和爱心人士的捐助，而这样的局面已经不可持续。郑颖希望，媒体对他们当选“最美快递员”的关注，能够转为对罗元春母子的关注，让他们得到更多人的帮助。

第十篇　行业展望

2017年中国快递市场发展趋势

2016年是中国邮政体制改革实施十周年,五家民营快递企业先后改制上市,给这一历史节点增添了浓墨重彩的一笔。2017年中国快递业仍将保持平稳良好发展势头,可能呈现以下发展趋势:在全球快递业中的地位将更加稳固更加突出,在国民经济和社会发展中的作用将更加凸显。快递价格趋于稳定,竞争将走向质量、品牌和差异化;快递企业将以能力建设为主,行业兼并重组步伐加快。众包化和平台化等新模式新业态发展将更加迅猛;农村和跨境寄递服务发展将持续提速。快递物流化和物流快递化趋势将加将更加明显。主要市场主体将加快运营资本化、管理现代化、业务多元化、服务专业化、版图国际化进程,行业发展模式带来的风险和压力也在逐步累积。

一、我国快递业在全球的地位将更加稳固更加突出

邮政体制改革以来,我国快递业持续快速健康发展,态势良好,连续6年保持了50%左右的高速增长。2016年业务量达到312.8亿件,增长51.4%,净增106.1亿件,年增加量首次超过100亿件,且每月同比增长都稳定在50%左右(单月最高增速为66.2%,最低增速为40.4%),可以说快中趋稳。从需求侧看,传统电商动能依然强劲,新型电商、现代农业、跨境电商、制造业等新动能正在加快孕育;从供给侧看,快递企业的供给能力和水平都得到了大幅改善和提升。综合供需两侧因素判断,行业仍然处于快速成长期,预计2017年快递业务量将达到423亿件,同比增长35%,在全球快递业务量的占比将提升5个百分点左右,对全球快递业务量增长的贡献率将达到60%以上。

从企业层面看,2017年中国很有可能产生快递业务量世界第一的企业。我国多家快递企业业务量处在世界前列,2016年全球快递业务量最高的企业在50亿件左右,2017年将有望超过65亿件。从单月看,1月将是业务量的谷底,业务量峰值依然应该出现在11月,预计单月快件量将突破50亿件,但同比增速可能放缓,日峰值处理量将可能超过3亿件。

二、快递业在国民经济和社会发展中的作用将更加凸显

在国家邮政局"打通上下游、拓展产业链、画大同心圆、构建生态圈"发展思路的指引下,随着行业规模的快速扩张,业务边界的持续拓展,融合发展步伐的不断加快,我国快递业将更加广泛、更加深入地融入国民经济和社会发展,其基础性、战略性、先导性作用将进一步强化,2017年在稳增长、调结构、惠民生以及支撑国家重大战略中的地位和作用必将进一步凸显。

一是在稳增长中的作用将更加凸显。尽管快递本身的营业收入和增加值较小,对国民经

济的直接贡献不大,但总体贡献率越来越大。2016 年以邮政快递支撑的网络实物零售对 GDP 增长的贡献率达到 17% 左右。如果将没有纳入统计范围的社交等新型电商考虑在内,贡献率应该更高。2017 年包裹里的中国经济将更加靓丽,行业支撑带动的消费额将接近 5.5 万亿元人民币,净增约 1.5 万亿人民币,对消费支出增长的贡献率将达到 40% 以上,对 GDP 增长的贡献率将达到 30% 以上。此外还将带动上游物流装备、智能设备、包装箱、车辆、航空货运等关联产业发展。在与相关产业的联动方面,除与电子商务继续保持紧密联动外,快递业将与先进制造业、现代农业和商贸流通领域等发生更为广泛和密切的联系。在与物流产业和替代性业态的交叉、融合、渗透方面,快递业与配送、零担运输、快运等产业将产生更多的互动互融,进一步提升我国物流运行效率。

二是在调结构中的作用将更加凸显。小包裹凸显调结构的大方向,广东、浙江、江苏、上海、北京的快递业务量合计占全国业务量超过 2/3,这些地区服务业占比高、产业发展层级高、对资源的依赖程度低。快递包裹收件量成为衡量一个地区经济活力的重要指标,投递量成为一个地区消费能力和消费升级的重要指标。除了带动消费外,快递参与制造业产业链分工在向更广更深拓展。2017 年,在消费升级驱动和服务业领跑的背景下,快递业在调结构中的作用将更加凸显。

三是在惠民生中的作用将更加凸显。快递的配送成本只占网购包裹均价的 6.2%,极大降低了流通成本,改善了民生。2017 年全国人均快递量将达到 30 件以上,接近美国的 7 成,成为人民生活须臾不可或缺的一部分。2017 年需要新增快递从业人员 20 万至 30 万人,可占到全国新增就业人口约 2 个百分点。

此外,行业在“一带一路”、精准扶贫、制造业 2025 以及区域发展战略等国家重大战略的服务作用也将更加凸显。

三、快递价格趋于稳定,竞争将走向质量、品牌和差异化

2016 年快递业务收入 3974.4 亿元,同比增长 43.5%,增加额首次超过 1000 亿元。扣除国际快递部分,国内部分的平均单价 11.5 元,较 2015 年下降 0.2 元。从单月看,进入 2016 年 3 月之后保持了基本稳定,没有出现以往的下降趋势。再加上各要素成本全面上扬,预计 2017 年快递单价将趋于稳定。全行业业务收入有望突破 6450 亿元,其中快递业务收入有望突破 5165 亿元。

在价格稳定的基础上,市场竞争必然走向服务质量和差异化。从服务质量看,消费者有效申诉比例在持续下降,2017 年预计仍然维持下降趋势,总体服务质量将不断改进。同时,竞争将更加突出品牌效应,各市场主体将紧盯当日达、次日达、急速达等时限承诺服务发力,凸显自身的品牌价值。此外,差异化将是未来发展的另一条主线。市场容量足以容纳多家有特色的快递企业,市场也需要不同定位和特色化企业去满足不同的需求。2016 年净增快递业务量达到 106 亿件,2017 年也将净增 100 亿件以上。行业内排行前 8 位(CR8)的占比小于 80%,CR8 之外将有约 100 亿件的市场容量,超过 2013 年全国快递业务量,这样的市场规模,将为差异化发展带来巨大空间。德邦、优速、速尔、快捷等中等规模品牌快递企业的迅速崛起就证明了这一点。

分工和差异化将围绕 4 个维度开展:第一个维度是功能环节维度,也就是垂直分工,围绕揽收、运输、分拣、投递、仓储、增值服务等环节进行专业化布局;第二个维度是区域范围,围绕国际性、全国性、区域性、省内、同城等进行细分;第三个维度是服务对象的产品类别,也就是水平分工,如生鲜行业、服装行业、

3C行业、大家电行业、图书行业,或者奢侈品等特殊类别。第四个维度是服务品质的层次,有个性化定制服务,有限时达、准时达、极速达等高品质标准服务,也有价格低廉的经济型服务。2017年的行业分工将沿着这几个方向继续深化,长远来看,将形成以几个综合型寄递企业寡头为主导,数量众多的区域性、专业性寄递企业并存,大中小协调发展的格局。

四、快递企业将以能力建设为主,行业兼并重组步伐加快

五家上市快递企业首次募集资金超过240亿元人民币,相当于他们2015年利润总和的5.5倍,为行业转型升级注入了强大动力。2017年是上市之后的第一年,也是真正发挥资本杠杆作用的第一年。2017年将以设施投入、基础能力建设为主,为打造综合快递物流服务提供商,提升国际运递能力奠定基础,为下一轮竞争抢得先机,行业的自动化、信息化和智能化水平将得到大幅提升。例如:圆通2016年12月推出定增85亿元计划,用于投资建设11处快递、快运、仓储相结合的综合转运枢纽,购买13架航空货运飞机。顺丰募集资金80亿元,用于航材及飞行支持,冷运车辆与温控设备购置,信息服务平台及下一代物流信息化技术研发,转运中心(中转场、电商产业园)建设。申通拟募集48亿元中的28亿元用于在业务核心区域新建29个转运中心或物流中转平台,并配套建设仓储基地,为客户提供仓库租赁、运营、配送等仓配一体化服务。

2017年,借助资本平台,行业兼并重组的步伐将加快,围绕快递产业链上下游加强资源整合可能有多家快递企业登陆资本市场。

五、众包化和平台化等新模式新业态发展将更加迅猛

新业态新模式主要体现在寄递服务的首末两端,众包化和平台化趋势将进一步明显。末端已经成为行业发展的最大瓶颈因素,是城市管理矛盾最突出、消费者感受最直接、行业形象展示最直观、处理能力制约最明显的环节。2017年,末端投递的压力依然较大,平均每天新增的投递量将超过3000万件。按照现有投递能力,需要新增30万左右投递人员,30万辆投递车辆。一是用工矛盾突出,二是城市通行矛盾突出,迫切需要提升末端多样化程度,矛盾的解决好了就是发展机遇,2017年在投递方式上的创新步伐将加快,特别是与社区生活相结合,能够增强用户黏性的模式将有望得到快速发展。

在揽收端,散件揽收的平台化趋势将加速。2016年揽收端众包平台刚刚开始运营,如菜鸟裹裹、指尖快递等。随着消费习惯的逐渐形成,O2O模式和即时消费渗透率将快速提高,从而将O2O模式及相应的即时配送从餐饮、外卖等形式向更多品类扩展,进一步助推城市众包配送平台的快速发展。除了“平台+配送员”的模式之外,还将出现“平台+平台+配送员”的模式。

六、农村和跨境寄递服务发展步伐将持续提速

在农村市场,快递乡镇覆盖率达到了80%,在网络布局市场教育和铺垫完成之后,2017年可能是农村包裹快递市场爆发的一年,特别是农产品进城的“垂直服务+大同城模式”将得到大规模推广和复制,引发农村快递包裹市场快速发展。

在跨境寄递市场,邮政企业延续在跨境轻小件市场的主导地位,其国际小包和国际E邮宝业务将继续保持快速增长;与此同时,快递企业在跨境寄递出口业务上也有望取得积极进展,特别是几家上市快递企业将有望借助资本力量,加强国际干线运输通道建设。例如,重点线路的包机运输,甚至不排除收购当地区域公司的可能性。部分企业也在加强与国外邮政网络的合作,进行联合服务。同时,随着中欧班列运邮测试的完成,中欧班列运邮将进入常态化,跨境

电商的持续高速增长等都将为跨境寄递市场带来大幅增长。

七、快递物流化和物流快递化趋势将更加显著

仅靠寄递服务在参与产业分工中很难掌握主动权。传统的规模化寄递企业会向综合化方向发展。除了寄递，还要发展零担物流、供应链管理等综合服务能力，从寄递服务提供商转型为综合性快递物流运营商。2016年，多家快递企业积极布局快运市场。2017年，快递和快运市场势必将加速融合。快递物流化要经历四个主要层次，从最初的提供单一寄递服务，经过提供部分增值服务（如仓储），再到提供供应链（物流）部分环节的优化服务，最后实现物流供应链的整体优化服务。资本的注入将加速快递物流化进程。

此外，随着制造业供应链的扁平化，“工厂—用户”正在取代“工厂—经销商—用户”，原来从事“工厂—经销商”的物流企业也在加速拓展“工厂—用户”的快递市场，如德邦、安能等，物流快递化的步伐也在加快。

八、主要市场主体将加快运营资本化、管理现代化、业务多元化、服务专业化进程、版图国际化化进程

一是运营资本化。2016年10月20日，随着上海证券交易所的一声锣响，圆通正式成为中国快递第一股；7天后，中通顺利在纽交所敲钟上市，将海外快递第一股收入囊中；申通、顺丰、韵达借壳上市方案先后过会，并拿到批文；德邦的IPO申请也得到证监会的受理。同时，百世、天天、优速、全峰等快递企业也各有斩获，先后获得数量不菲的融资。完成上市和融资的快递企业将走出资金短缺的困境，供给能力和水平加速提升；困扰行业发展的科技和人才两大短板亦将得到有效补充，行业的优胜劣汰和兼并重组的步伐必然加快，打造具备国际竞争力的“快递航母集群”的目标渐行渐近。

二是管理现代化。在上市的进程中，快递企业的内部管理在不断提升和规范。诚然，在快递企业的成长中，家族制管理曾经起到非常重要的作用，以血缘、亲情和地域关系为纽带建立起加盟制度，形成稳定了组织架构和较强的执行力。但家族制管理已经难以满足新形势下快递企业发展需要，其应该建立现代企业管理制度，处理好主营与兼营、制度建设与人本管理的关系，形成一套包含人才、营销、财务等在内的科学有序又符合自身实际特点现代管理体系。已经有越来越多的职业经理人进入投身到快递业中，快递企业的现代化管理能力有望得到快速提升。

三是业务多元化。随着“快递下乡”工程的深入推进，快递服务现代农业的成效愈加显著，越来越多的农产品通过寄递渠道销往全国各地，而快递也与电商一起成为精准扶贫工作的现实抓手。在现代制造业转型升级的当口，快递主动出击为其提供物流解决方案，助其降本增效。目前，全国已形成427个重点示范项目，涵盖航天、汽车、造船、制药、电子等多个领域。同时，为了与通达系形成区隔，新锐快递企业选择发力快运市场，给特定群体提供优质服务。还有一些快递企业开始打造集团化、多元化发展模式，纷纷试水电商、金融、科技、文化等领域。

四是服务专业化。随着人民生活水平的提高，消费者对快递服务的需求呈现出多样化和个性化态势，快递细分市场也借此有了长足发展。越来越多的快递企业开始推出“半日达”“次晨达”“次日达”等多种时效类产品，供客户选择。同时，为了给电商大客户提供更为专业、便捷的，部分快递公司开始推出仓配一体化服务，大幅度提升了电商件的仓配效率和寄递时限。针对生鲜产品的配送需求，多家快递企业推出了冷链服务，从而让阳澄湖大闸蟹、山东烟台大樱桃等越来越多的生鲜产品迅速登

上市民的餐桌。温控寄递技术的发展,也让快递企业有了试水和进军医疗保健等市场的机遇。

五是网络国际化。随着"一带一路"战略的不断推进,中国已经和沿线30多个国家签署合作协议。越来越多的国内企业借助这一战略实施,实现了企业效益的逆势上扬,获得发展的新空间。"走出去"同样也是中国快递的未来方向和重要使命。在"一带一路"战略的引领下,已有明确发展目标和方向的各快递企业纷纷以成立海外分公司、建海外仓、与当地物流企业合作等方式将触角不断向外延伸。而中欧班列的开通和申通海外包机的推出也让国内快递企业"走出去"提供了更多的选择。

九、行业发展模式带来的风险和压力在逐步累积

2017年,要警惕资本市场对短期利润的追求与行业长期健康发展之间的矛盾。为追求规模增长带来的"故事"效应,从而维持股价,以便在资本市场融资,违背商业规律,不顾长远发展,只顾眼前规模,进行低层次价格竞争,推高总部利润,牺牲加盟商和一线员工的利益,陷入加盟企业缺方向感、基层网点缺安全感、一线员工缺获得感的泥潭不能自拔。在国际业务上,既要防止止步不前,也要防止盲目出海。

此外,随着规模扩大,安全风险、绿色风险也在加大,绿色安全发展已经成为行业相关主体的广泛共识,势必在2017年取得重大进展。

附 录

相关文件(索引)

• 国务院关于同意在天津等12个城市设立跨境电子商务综合试验区的批复
http://www.gov.cn/zhengce/content/2016-01/15/content_10605.htm

• 国务院关于深入推进新型城镇化建设的若干意见
http://www.gov.cn/zhengce/content/2016-02/06/content_5039947.htm

• 国务院关于深化制造业与互联网融合发展的指导意见
http://www.gov.cn/zhengce/content/2016-05/20/content_5075099.htm

• 国务院关于印发"十三五"国家科技创新规划的通知
http://www.gov.cn/zhengce/content/2016-08/08/content_5098072.htm

• 国务院关于印发"十三五"脱贫攻坚规划的通知
http://www.gov.cn/zhengce/content/2016-12/02/content_5142197.htm

• 国家发展改革委关于当前更好发挥交通运输支撑引领经济社会发展作用的意见
http://www.ndrc.gov.cn/zcfb/zcfbtz/201505/t20150527_693694.html

• 国家标准《社会治安综合治理基础数据规范》(GB/T 31000—2015)
http://news.xinhuanet.com/legal/2016-01/29/c_128684931.htm

•《关于对电子商务及分享经济领域炒信行为相关失信主体实施联合惩戒的行动计划》
http://www.creditchina.gov.cn/newsdetail/15400

• 推进"互联网+"便捷交通　促进智能交通发展的实施方案
http://www.sdpc.gov.cn/gzdt/201608/W020160805323860189154.pdf